U0113759

国家社会科学基金冷门绝学研究专项项目（批准号：18VJX091）结项成果

亚美尼亚文明史

The History of Armenian Civilization

● 亓佩成　著

中国社会科学出版社

图书在版编目（CIP）数据

亚美尼亚文明史 / 亓佩成著．—北京：中国社会科学出版社，2024.1
ISBN 978－7－5227－3016－5

Ⅰ．①亚…　Ⅱ．①亓…　Ⅲ．①文化史－亚美尼亚　Ⅳ．①K936.9

中国国家版本馆 CIP 数据核字(2024)第 034246 号

出 版 人　赵剑英
责任编辑　宋燕鹏
责任校对　李　硕
责任印制　李寡寡

出　　版　中国社会科学出版社
社　　址　北京鼓楼西大街甲 158 号
邮　　编　100720
网　　址　http://www.csspw.cn
发 行 部　010－84083685
门 市 部　010－84029450
经　　销　新华书店及其他书店

印刷装订　北京君升印刷有限公司
版　　次　2024 年 1 月第 1 版
印　　次　2024 年 1 月第 1 次印刷

开　　本　710×1000　1/16
印　　张　57.25
字　　数　825 千字
定　　价　358.00 元

凡购买中国社会科学出版社图书，如有质量问题请与本社营销中心联系调换
电话：010－84083683

乌拉尔图王国埃瑞布尼城堡遗址（作者合影）

加尼神庙

塔特夫修道院

被蒙古人摧毁的阿穆柏尔特要塞遗址

目　　录

前　言 …………………………………………………………………… (1)

第一章　地理、气候和自然资源 ……………………………………… (1)

第二章　史前定居文化 ………………………………………………… (6)
　第一节　霍夫克洞穴遗址 …………………………………………… (6)
　第二节　舒拉韦利—朔姆文化 ……………………………………… (7)
　第三节　库拉—阿拉斯河文化 ……………………………………… (8)
　第四节　特里亚勒季—瓦纳佐尔文化……………………………… (14)
　第五节　哈雅萨王国：约公元前1500年至前1200年 …… (15)

第三章　乌拉尔图王国：公元前860年至前590年 ………… (18)
　第一节　王国的兴起与发展………………………………………… (20)
　第二节　乌拉尔图王国的衰亡……………………………………… (25)
　第三节　乌拉尔图社会 ……………………………………………… (27)

第四章　波斯帝国属亚美尼亚：公元前570年至前331年 … (36)
　第一节　耶烈万杜尼王朝的兴起…………………………………… (36)
　第二节　波斯帝国统治下的亚美尼亚社会 ……………………… (38)
　第三节　波斯文化对早期亚美尼亚文明的影响 ……………… (40)

第五章　亚美尼亚王国：公元前321年至公元428年 ………（44）
第一节　阿尔塔什斯王朝 ………………………………………（45）
第二节　亚美尼亚文明的雏形 …………………………………（63）
第三节　阿沙库尼王朝 …………………………………………（67）
第四节　亚美尼亚文明的转向：皈依基督教 ……………（89）
第五节　亚美尼亚王国的衰落 ………………………………（105）
第六节　第一次亚美尼亚瓜分 ………………………………（116）
第七节　亚美尼亚字母的发明 ………………………………（121）

第六章　拜占庭和萨珊属亚美尼亚 …………………………（133）
第一节　萨珊属亚美尼亚：428—646年 …………………（133）
第二节　拜占庭属亚美尼亚 …………………………………（159）
第三节　三次德温宗教会议与宗教生活的规范 …………（175）
第四节　亚美尼亚民族史学的肇始：莫夫谢斯·科列那茨 ……………………………………………（178）

第七章　阿拉伯人的入侵与统治：654—884年 …………（186）
第一节　阿拉伯人的征服与拜占庭的态度 ………………（188）
第二节　倭马亚王朝的统治 …………………………………（195）
第三节　阿拔斯王朝的统治 …………………………………（207）
第四节　8—10世纪亚美尼亚文明的特点 …………………（218）

第八章　马米科尼扬家族的兴衰：4—8世纪 ……………（227）
第一节　中国起源之谜 ………………………………………（228）
第二节　马米科尼扬时代 ……………………………………（242）
第三节　马米科尼扬家族的陨落 ……………………………（268）

第九章　巴格拉图尼王国：885—1045年 …………………（273）
第一节　哈里发统治的减弱与纳哈拉的叛乱 ……………（273）
第二节　巴格拉图尼王国的崛起 ……………………………（279）

第三节　封建统治的巩固 …………………………………… (281)
第四节　封建分裂与繁荣 …………………………………… (295)
第五节　特拉布宗遗嘱和王国的覆灭 ……………………… (306)
第六节　王国灭亡的原因及对拜占庭的影响 ……………… (318)

第十章　突厥人的入侵及其统治后果：11—14 世纪 ………… (322)
第一节　突厥人的入侵 ……………………………………… (324)
第二节　格鲁吉亚王国：1005—1490 年 …………………… (345)
第三节　扎卡里德公国：1201—1360 年 …………………… (364)

第十一章　亚美尼亚与蒙古帝国：1220—1344 年 …………… (370)
第一节　蒙古对南高加索的征服 …………………………… (372)
第二节　蒙古在大亚美尼亚的统治策略 …………………… (383)
第三节　帖木儿的入侵 ……………………………………… (395)
第四节　黑羊王朝和白羊王朝的统治 ……………………… (398)
第五节　亚美尼亚人的流散 ………………………………… (402)

第十二章　奇里乞亚亚美尼亚王国：1078—1375 年 ………… (411)
第一节　鲁本王朝 …………………………………………… (413)
第二节　海屯王朝 …………………………………………… (438)
第三节　吕西尼昂王朝 ……………………………………… (474)
第四节　小亚美尼亚社会和文化 …………………………… (478)
第五节　11—14 世纪亚美尼亚文明的特点 ………………… (483)

第十三章　奥斯曼帝国属亚美尼亚：1453—1918 年 ………… (488)
第一节　第三次亚美尼亚瓜分 ……………………………… (488)
第二节　奥斯曼帝国治下的亚美尼亚社会 ………………… (491)
第三节　亚美尼亚文艺复兴 ………………………………… (515)
第四节　民族解放运动和民族主义的兴起 ………………… (525)
第五节　柏林会议上的亚美尼亚问题 ……………………… (541)

第六节　哈米德事件 …………………………………………（550）
第七节　1908 年革命与青年土耳其党人的霸权…………（559）
第八节　1915 年亚美尼亚事件 ……………………………（565）

第十四章　伊朗属亚美尼亚：1502—1828 年 ……………（574）
第一节　15—18 世纪亚美尼亚文明的特点 ………………（574）
第二节　新朱利法亚美尼亚人的商业帝国 ………………（577）
第三节　东亚美尼亚的政治变迁：1639—1828 年…………（626）

第十五章　俄属亚美尼亚：1828—1917 年 ………………（632）
第一节　亚美尼亚与俄国的早期关系 ……………………（632）
第二节　俄国的吞并：1828 年割让 ………………………（635）
第三节　俄属亚美尼亚社会 ………………………………（644）
第四节　亚美尼亚国家意识的形成 ………………………（655）
第五节　从共识到冲突：学校、教会危机和一战 …………（661）

第十六章　亚美尼亚第一共和国 …………………………（668）
第一节　共和国的诞生 ……………………………………（669）
第二节　政府体系的建设 …………………………………（671）
第三节　巴黎和会上的亚美尼亚问题 ……………………（678）
第四节　亚美尼亚与阿塞拜疆的冲突 ……………………（682）
第五节　共和国的外交 ……………………………………（686）
第六节　土耳其和苏俄的入侵 ……………………………（689）

第十七章　亚美尼亚苏维埃社会主义共和国 ……………（694）
第一节　亚美尼亚的苏维埃化 ……………………………（694）
第二节　亚美尼亚新经济政策 ……………………………（698）
第三节　斯大林时代的亚美尼亚 …………………………（702）
第四节　赫鲁晓夫时代的亚美尼亚 ………………………（708）
第五节　勃列日涅夫时代的亚美尼亚 ……………………（711）

第十八章　纳卡战争的由来与现实 …………………………… (719)
第一节　戈尔巴乔夫的纳卡政策 …………………………… (720)
第二节　纳卡冲突的升级 ………………………………… (727)
第三节　“环”行动与亚阿关系的恶化 ……………………… (730)
第四节　苏联的撤出与全面战争的爆发 …………………… (733)
第五节　戈兰博伊行动 …………………………………… (740)
第六节　国际社会的调解 ………………………………… (742)
第七节　2020 年纳卡战争 ………………………………… (746)
第八节　纳卡问题的影响 ………………………………… (748)

第十九章　国家秩序的构建与现代亚美尼亚社会 ………… (751)
第一节　国家秩序的重塑 ………………………………… (751)
第二节　追求新秩序：天鹅绒革命 ………………………… (760)
第三节　19—20 世纪亚美尼亚文明的特点 ………………… (768)

第二十章　中国—亚美尼亚交流史 …………………………… (786)
第一节　中国史料中的亚美尼亚 …………………………… (786)
第二节　亚美尼亚人在中国 ……………………………… (793)
第三节　哈尔滨的亚美尼亚社区 …………………………… (800)
第四节　亚美尼亚与中国的外交关系 ……………………… (803)

参考文献 ……………………………………………………… (806)

译名对照表 …………………………………………………… (851)

后　记 ………………………………………………………… (885)

前　言

亚美尼亚高地是人类文明的摇篮之一，其历史与两河流域文明、古埃及文明一样悠久。高地上的亚美尼亚人以适应性强和坚忍不拔的精神著称，他们的文明是少数几个能够延续到今天的小国文明之一。亚美尼亚人是如何生存下来的？如何对世界文明作出贡献的？人们知之甚少，甚至遗忘了它的存在。因此，全面考察亚美尼亚历史和文化，有助于我们认识这个古老民族的过去和现在，也有利于当下中国与亚美尼亚的交流。

在人类文明的发展过程中，世界因浪漫气魄和勇于探索的精神而丰富多彩。在革命云涌、王朝更迭和国家兴衰的过程中，无数英雄永远留在了国家荣誉的卷轴上。这一切产生了一种特殊的自豪感——爱国主义或民族记忆。在亚美尼亚人的荣誉卷轴里，我们看到了一个各方面都非常优秀的民族：世界上最早的基督徒、受过良好的教育、富有进取心。亚美尼亚人爱好和平，遵纪守法，渴望积累财富。他们把主要精力投向了哲学、教育、商业和书籍，而不是战争和武器，其结果是，他们的家园不断被征服，人民不断遭到驱逐。直到今天，亚美尼亚人仍是一个在大国夹缝中艰难求生的民族。

正是基于上述认识，笔者决心勾勒“亚美尼亚文明史”。为避免民族偏见，笔者在撰写过程中参考了第三方史料及其观点。本研究成果耗费了笔者大量精力和财力。在书稿的撰写过程中，笔者几乎走访了今亚美尼亚共和国的每一个城市、修道院和历史遗址。其间，笔者获得了各种原始资料，并与很多亚美尼亚学者和民间人士进行了深入交流，洞悉了他们的历史观、民族价值观。在亚美尼亚期间，笔者特意到农村观察亚美尼亚人的民风、民俗，熟悉了他们的生活方式。为拓展研究，笔者还到格鲁吉亚、伊朗、黎巴嫩和土耳其各地进行了实地调查，获得了很多一手资料，从而为书稿的顺利完成打下了坚实基础。

一　亚美尼亚文明的历史序列

《创世纪》记载了诺亚方舟在亚拉腊山着陆的故事，这一事件被亚美尼亚人视为人类文明的开端。亚美尼亚人不仅对之引以为豪，更是声称自己的文明为亚拉腊文明，自己的民族精神为亚拉腊精神。根据传说，方舟着陆后，诺亚的后代和所有的鸟兽开始在地球上繁衍生息。尽管诺亚方舟的故事只是传说，但的确在人类文明史上有一定的象征意义。

抛开传说不谈，青铜时代的亚美尼亚已经步入了文明的门槛。高加索库拉—阿拉斯河史前文化遗址出土的遗物充分证明了亚美尼亚历史的悠久。在今亚美尼亚的阿雷尼—1 洞穴遗址中出土了世界上最古老的酒庄（距今约 6100 年）、皮鞋（距今约 5500 年）、草裙（距今约 5900 年）和人脑（距今约 6000 年）。亚美尼亚国家历史博物馆珍藏的大量史前石器、陶器和青铜器，表明了亚美尼亚高地史前文化的辉煌。在南美索不达米亚的苏美尔文明出现以前，苏美尔人主要生活在亚美尼亚高地上。

根据亚美尼亚人的说法，公元前 15 世纪末，亚美尼亚高地西部出现了第一个亚美尼亚人的国家——哈雅萨王国。亚美尼亚人据此称呼自己的国家“哈雅斯坦”。在亚美尼亚语中，“哈雅萨”的后缀“萨”相当于“哈雅斯坦”的后缀“斯坦”，意为“哈雅人的国家”。一些赫梯铭文和古希腊文献记载了它的存在，著名的博阿兹考伊楔形文字泥板提到了依次相继的三个王名，时间约为公元前 1390 至前 1335 年。哈雅萨王国与赫梯帝国毗邻，强盛时期对后者形成强有力的挑战。除此之外，亚美尼亚高地上还存在一些操原始亚美尼亚语的部落。公元前9世纪，他们逐渐走向统一，是为乌拉尔图王国。

乌拉尔图王国是亚美尼亚文明史上最为杰出的篇章之一。它与亚述帝国持续征战了数百年，但在公元前714年被击溃。公元前612年，米底帝国摧毁乌拉尔图王国，将其纳入版图。不久，波斯帝国的居鲁士大帝吞并了米底帝国。也就是在这个时候，“亚美尼亚”一词首次出现在《贝希斯敦铭文》中。亚美尼亚人的源流问题引起了许多学者的兴趣。古希腊历史学家希罗多德认为，亚美尼亚人是从安纳托利亚西端的弗里吉亚迁徙到亚美尼亚高地的，也有学者认为，他们来自更遥远的东方或是当地的土著。无论如何，亚美尼亚人的语言表明他们是印欧人种。

从大流士一世开始，亚美尼亚文明的历史脉络逐渐清晰起来。当时，它以波斯帝国的省辖地或附属国的身份登上了西亚政治舞台。因此，古代亚美尼亚文化深深烙上了波斯文化的痕迹。公元前331年，亚历山大大帝战胜波斯帝国末代君主大流士三世，希腊文化大举进入亚美尼亚文化。

在波斯帝国灭亡后的一段时间，亚美尼亚宣布独立，但不久沦为塞琉古帝国的附庸。自此，亚美尼亚成为东西方帝国激烈争夺的对象，比如西方的罗马帝国（包括拜占庭），东方的帕提亚帝国、萨珊帝国、阿拉伯帝国、塞尔柱帝国和蒙古帝国都试图将其据为己有。在这一过程中，亚美尼亚人付出了惨重的代价。近现代时期，它又成为奥斯曼帝国和伊朗萨法维帝国激烈争夺的对象。1828年，俄国吞并东亚美尼亚（或大亚美尼亚）。从此，亚美尼亚人与俄国结下了不解情缘。1936年，亚美尼亚共和国正式成为苏联的一个加盟共和国。前苏联解体后，亚美尼亚宣布独立。独立后的亚美尼亚即今天的亚美尼亚共和国。

纵观亚美尼亚历史序列，它大部分时间以帝国附庸的形式存在，但具讽刺意味的是，统治过它的帝国大都消失在了历史长河中，而亚美尼亚却一直延续到今天。

二　亚美尼亚文明的核心特征

历史上，亚美尼亚人的疆域要比现在广阔得多：以亚拉腊山谷为中心，向西延伸至地中海东岸的小亚细亚，东部与伊朗高原接壤，疆域几乎包括整个亚美尼亚高原。历史上的亚美尼亚有大亚美尼亚和小亚美尼亚之分。大亚美尼亚又称“东亚美尼亚”，大致相当于今天的亚美尼亚共和国；小亚美尼亚又称西亚美尼亚（今土耳其安纳托利亚高原东半部），以今土耳其东南部的奇里乞亚为中心。亚美尼亚人在这片土地上繁衍生息了数千年，创造了辉煌的文明。那么，亚美尼亚文明有哪些特征呢？

第一，开放性。亚美尼亚介于欧亚交接地带，扼守东西方交通要道。这种地理特征使亚美尼亚问题成为一个持续性的政治问题，而非单纯的地理问题，即使在21世纪初，这个问题依然存在。这一地理特征使亚美尼亚文明极具开放性，比如亚美尼亚高地是诸多民族（波斯人、阿拉伯人、突厥人、蒙古人和拉丁西方人）的栖息之处。如此一来，亚美尼亚文化兼收并蓄，比如在他们的历史文化遗产中既可以发现古希腊罗马文化的遗存，又能见到波斯文化、阿拉伯文化和中国文化的痕迹。在埃里温名为“玛坦纳达兰”的古籍博物馆内珍藏着三幅绘有中国文化符号的13世纪手稿细密画。亚美尼亚人虽然受到各种文化模式的影响，但他们并没有迷失自己，而是在吸收其他文化元素的同时又与外来文明势力保持着一定的距离。总之，亚美尼亚人固执地坚守了自己的语言、宗教和文化，在人类文明史上获得了一种独特身份。

第二，流散性。亚美尼亚既与毗邻地区的政治、文化保持了一致性，又维持了自身的独特性。它最早的政治组织形式是部落联盟，但却没有像近东其他国家那样发展出高度发达的中央集权体制。提格兰大帝时期，亚美尼亚王权虽然十分强大，但也只是昙花一现。究其原因，亚美尼亚政治的分散主要在于：（1）连绵的山脉和纵横的沟壑地形阻碍了中央集权的形成；（2）亚美尼亚人追求自治的特性阻碍了王权的有效表达；（3）连续不断的战争阻碍了中央权威的酿成。因此，中世纪亚美尼亚封建分裂割据非常严重，国王只不过是名义上的首领而已。历史上的亚美尼亚经历了三次瓜分，每次瓜分都将亚美尼亚分成东亚美尼亚和西亚美尼亚。战争期间，亚美尼亚人纷纷逃亡他处，与之相应的是，亚美尼亚文化和民族身份呈现出强烈的流散性特征。11 世纪末，流散的亚美尼亚人在奇里乞亚建立了自己的政权——小亚美尼亚王国。该王国的建立是亚美尼亚文明流散性特征的最好诠释。当时，小亚美尼亚与东亚美尼亚文化遥相呼应，并先于西欧开启了强调“以人为中心”和“因信得救”的文艺复兴运动。近现代时期，奥斯曼亚美尼亚人和俄国亚美尼亚人在民族主义、自由主义、浪漫主义和社会主义思潮的影响下，民族集体意识觉醒，并最终建立了自己的共和国。现代亚美尼亚文明仍有强烈的流散性：共和国境内的亚美尼亚人与境外的亚美尼亚人。境外的亚美尼亚人数量远远超过共和国人口数量。空间上的分裂必然导致了文化上的分散，比如东亚美尼亚人的精神中心在埃奇米阿津，流散亚美尼亚人的精神中心在黎巴嫩的山省。尽管如此，世界各地的亚美尼亚人都保持了民族身份、语言和宗教的一致。

第三，剑与十字架的融合。剑与十字架的融合是亚美尼亚文明最为重要的特征。亚美尼亚是世界历史上第一个承认基督教为国教的国家（301 年）。亚美尼亚宗教既不属东正教，也不属天主教，而是自成一家——使徒教。今天的亚美尼亚仍享有“教堂之国”的美誉。一般情况下，亚美尼亚知识分子习惯将信仰道德化、民族化。在他们看来，宗教和道德属同一实用范畴，以自我为中心的信仰理论是无用的。因此，无论在什么情况下，亚美尼亚人始终认为，坚持基督教信仰不但必要，而且是对付敌人的利器，这就是剑与十字架的融合。451 年，马米科尼扬家族的红色瓦尔丹倒在了捍卫信仰自由的阿瓦雷尔之战中，这成为剑与十字架融合的标志性事件。另外，在帝国战争的背景下，宗教信仰不再是单纯的意识形态问题，而是被严重政治化、民族化了，成为文明对抗的一部分。数个世纪以来，西方的罗马帝国与东方的波斯帝国、阿拉伯帝国都竭力将亚美尼亚纳入自己的文明体系，但均以失败告终。正因为如此，亚美尼亚人的宗教信仰有了一定的世俗功能：抵制外族入侵和谋求民族独立。因此，对亚美尼亚宗教的理解，不能简单地用宗教思维来解读，而应将其上升到民族信仰的地位。

三　亚美尼亚文明的核心要素

历史上的亚美尼亚大部分时间依附于强权，然而，统治过它的民族或帝国几乎都消失在了历史长河中，而历经两千多年的亚美尼亚文明却延续至今。那么，维系亚美尼亚文明的要素有哪些呢？

公元 301 年是亚美尼亚文明的一个重要分水岭。当时，西方的罗马帝国仍视基督教为异端，东方的波斯人奉琐罗亚斯德教（又称拜火教或袄教）为国教。这一年，亚美尼亚成为世界历史上第一个承认基督教为国教的国家。在此之前，亚美尼亚人与他们的波斯邻居一样，主要信仰琐罗亚斯德教。亚美尼亚人皈依后对基督教的信仰始终不渝，至今未变。大主教是全亚美尼亚人的最高精神领袖，独立于天主教的教皇和东正教的大牧首，他们之间不存在任何隶属关系。从长远影响看，基督教强化了亚美尼亚民族的独立性和统一性。451 年，波斯人为消除亚美尼亚人的宗教信仰，引发了世界历史上第一次捍卫基督教信仰的战争——阿瓦雷尔之战。在马米科尼扬家族的瓦尔丹的指挥下，亚美尼亚人挫败了波斯人的企图，赢得了宗教信仰自由权。二百年后，阿拉伯人持真主之剑，几乎使整个近东伊斯兰化。令人惊讶的是，亚美尼亚人没有被伊斯兰浪潮吞噬，而是像一叶孤舟顽强地屹立于伊斯兰文化包围圈中。因此，基督教对亚美尼亚人来说格外重要，是他们的精神寄托和民族之魂。在国家政治实体不复存在的“黑暗时期”，教会起到了国家职能的作用，并把世界各地的亚美尼亚人联系在一起，基督教转变并强化为民族宗教。在这种情况下，政府的传统作用减弱（或不存在），民族认同不再依赖于国家机构，而是以社区和教会的作用形式表达出来。简言之，基督教身份是亚美尼亚文明的核心要素。

亚美尼亚文字是亚美尼亚文明延续的重要文化保障。405 年，梅斯罗布·马什托茨发明了 36 个亚美尼亚字母（今 39 个）。亚美尼亚语是印欧语系的一个独立分支，在发音上接近于希腊语（以及弗里吉亚语）和印度—伊朗语系。亚美尼亚字母发明后，国王命令他的亚美尼亚臣民使用民族文字阅读和书写，圣经和福音书成为最流行的书写（或抄写）对象。从此，亚美尼亚知识分子开启了自我理解和自我启示的新阶段。文字对文明的延续有着十分重要的作用，如果说基督教给亚美尼亚民族注入了强大的精神力量，那么亚美尼亚文字则保障了亚美尼亚文明的延续。很难想象一个民族（或国家）在没有自己文字体系的情况下，能避免不被历史淘汰的命运。正是有了亚美尼亚文字，亚美尼亚人的故事才流传了下来。近现代时期，流散在世界各地的亚美尼亚人有意识地强化对母语的掌握。在这种情况下，亚美尼亚人虽失去了自己的国家，但相同的语言、文化和宗教为亚美尼亚民族的复兴奠定了扎实的文化基础。

商业为亚美尼亚文明的发展和繁荣提供了强大的物质基础。人们对亚美尼亚人经商的天赋及其成就了解甚少。事实上，亚美尼亚地理位置优越，处于东西方交通的十字路口，古丝绸之路正是从这里进入西方世界。受益于丝绸之路的缘故，亚美尼亚人形成了擅长经商的传统。另外，由于家园经常被他者占领，人民流离失所，几无耕地进行农桑之作，经商便成为无奈的选择。随着时间的推移，亚美尼亚人的经商成就在 17—18 世纪达到顶峰。其时，伊朗伊斯法罕新朱利法城的亚美尼亚商人在古丝绸之路上演绎了一段传奇：建立了一个西到大西洋，东到中国，北到大不列颠，南到印度洋的世界性商业帝国。奥斯曼帝国、伊朗萨法维帝国、印度莫卧儿帝国和东南亚的国际贸易几乎被亚美尼亚商人垄断。欧洲的东印度公司在上述地区的商贸活动也只有仰仗亚美尼亚人的帮助，才能顺利开展。商业上的成功为亚美尼亚文明的延续提供了物质基础。成功的商人慷慨资助民族文化和教育事业，促成了现代民族主义和民族意识的复兴。但是，商人毕竟是分散的，他们没有国家长而有力的臂膀实现国家的愿景。最终，英属东印度公司将亚美尼亚商人赶出了世界贸易帝国的舞台。然而，亚美尼亚商人的成功表明，非国家行为体也可以在民族身份的重塑和现代国家的构建中发挥关键作用，这对民族主义理论的核心观点——只有国家实体才能实现民族的形成，提出质疑。也就是说，在国家不存在的情况下，民族身份仍可构建，文明仍可延续。

亚美尼亚人对书籍的热爱是他们的文明能够传承下来的另一个重要因素。目前，在埃里温名为“玛坦纳达兰”的古籍博物馆内藏有大约 2.3 万份手稿和卷轴，50 多万份宗教敕令和各类档案期刊。其中，最早的可追溯至公元 5 世纪。它们是亚美尼亚最为珍贵的历史文化遗产之一。数个世纪以来，亚美尼亚不断遭到外族入侵，成千上万的人被迫流散到世界各地，但大量手稿却完整保存了下来，这是因为信奉基督教的亚美尼亚人有崇拜书籍的习俗，视手稿为圣物，认为卖掉或损毁它是亵渎神灵。然而，亚美尼亚古手稿经历了与亚美尼亚人相似的悲情——许多手稿在战争期间被洗劫一空或付之一炬。尽管如此，许多人不惜冒着生命危险拯救了大量手稿。例如，1915 年，两位亚美尼亚女子在土耳其穆什的一座修道院废墟中发现了一份亚美尼亚古手稿，为了不使它落入敌人之手，她们将书稿分成两半，打算将其送到埃奇米阿津。第一位女士成功送到了目的地。第二位女士不幸途中病逝，去世前她把手稿埋在埃尔祖鲁姆的一座修道院中，一位俄罗斯官员发现后把它带到了第比利斯，交给了亚美尼亚人。如今，埃里温青年公园内有一座献给两位女士的雕像。在亚美尼亚手稿中，泥金彩饰手稿最为珍贵。它的制作程序相当复杂，要经过羊皮纸打磨、文本抄写、配图、上漆、镀金和装订等若干工序，有的甚至还要镶嵌宝石和黄金。亚美尼亚人愿意为制作手稿支付巨资，体现了他们对民族文化的珍视。中世纪末，新朱利法亚美尼亚商人成为现代书籍印刷和出版的先驱。1512 年，第一批印刷版亚美尼亚语书籍在威尼斯出版。2012 年，为纪念亚美尼亚图书出版 500 周年，埃里温被联合国教科文组织评为“世界图书之都”。

纳哈拉是维系亚美尼亚文明的中坚力量。纳哈拉即贵族或亲王的意思。纳哈拉制是中世纪亚美尼亚文明的核心要素之一。可以说，不了解纳哈拉制就不可能真正理解亚美尼亚人的生活和历史。428 年，萨珊皇帝废黜了亚美尼亚国王，王权的功能转到纳哈拉手中。纳哈拉制度为中世纪亚美尼亚提供了一种外部屈从和内部独立的生存方式，维护了文明的特性。纳哈拉最早为氏族部落的首领，后来从希腊、罗马、拜占庭、伊朗和中国迁来的一些社会精英融入纳哈拉体系中。纳哈拉人总是在国家危难之时自觉或不自觉地挺身而出，挽救民族于危亡。亚美尼亚教会也属于纳哈拉。他们有着强烈的民族意识，大力提倡和资助民族教育和文化事业。然而，在蒙古入侵的过程中，纳哈拉人消失殆尽。之后，亚美尼亚商人和军事贵族崛起。纳哈拉的影响至今尚存，比如今天的亚美尼亚国防部亦称纳哈拉。在亚美尼亚文明史上，人民群众的力量似乎被历史学家遗忘了。中世纪亚美尼亚作家很少关注普通人物的生存状况，把主要笔墨放在了描述王公贵族的英雄事迹上。尽管如此，亚美尼亚文明能够延续至今，并在动荡中创造出丰富多彩的文化和适合本民族的生存机制，说明它的韧性相当强。

综上所述，亚美尼亚给我们提供了一个多元文化背景下小国生存机制的生动案例。亚美尼亚人的生存环境非常复杂，东西方大国总是不失时机地企图将它纳入自己的文明体系。然而，机智的亚美尼亚领导人审时度势，运用灵活的外交手腕，成功保住了自己的民族文化身份。关于这一点，笔者称它为“亚美尼亚经验”。

本书地名翻译借鉴了一些电子地图的译法。需要指出的是，今亚美尼亚共和国都城的正确译法应为“耶烈万”，而不是埃里温，但为适应国人的习惯，本书仍使用“埃里温”一词。由于作者水平有限，本书难免有不妥之处，幸读者谅之！

Preface

The Armenian Highlands is one of the cradles of human civilization, as old as ancient Mesopotamia and Egypt. The Armenians lived in the Highlands were best known for their adaptability and perseverance. Their civilization is one of civilizations that has survived to this day. How did the Armenians survive? How did they contribute to human being? For most Chinese people, it is poorly understood. Therefore, a comprehensive study of Armenian history and culture is helpful for Chinese to know their past and present, and is also conducive to the current exchanges between China and Armenia.

In the development of human civilizations, the world became colorful by the romantic and exploring spirits. Rise and fall of various dynasties and nations in the process of human revolutions, countless heroes were imprinted forever on the scroll of national honors. All this gave rise to a special kind of pride—patriotism or national memory. In the Armenian honor scrolls, we find a people who are excellent in many aspects: the world's first Christians, well-educated, more enterprising. Armenians are peaceful, law-abiding and eager to accumulate wealth. Instead of war and weapon, they devoted their energies to philosophy, education, commerce, and manuscripts, with the result that their homes were continually conquered and the people was expelled. To this day, Armenia is still a nation struggling to survive between great powers.

Based on such recognitions, I decided to work on the "history of Armenian civilization". In order to avoid any prejudices, I compared different material sources and views. This work took me a lot of energies and funds. I visited almost every city, monastery and historical site in modern Armenia, during of which I obtained a variety of original materials and visited many famous Armenian scholars, getting insights into their views on their own history and national values. When living in Armenia, I specially went to some villages to observe Armenian customs, getting familiar with their life style. I also went to Georgia, Iran, Lebanon and Turkey for field investigations, and obtained a lot of first-hand dates, which laid a solid foundation to fulfill this book.

The Timeline of Armenian Civilization

The *Book of Genesis* tells the story of Noah's Ark landing on Mount Ararat, an event seen by Armenians as the beginning of human civilization. Armenians are not only proud of this story, but also claim that their civilization is Ararat Civilization and their national spirit is Ararat Spirit. According to the legend, after the ark landed, Noah's descendants began to populate on the earth. Although the story of Noah's Ark is just a legend, it does have some symbolic significance in the history of human civilization.

In Early Bronze Age, Armenian Highlands was almost on the threshold of civilization. Prehistoric Relics unearthed from the Kura-Aras river sites in the Caucasus testify the old history of Armenian civilization. For example, the earliest known winery (about 6100 years old), leather shoe (about 5500 years old), straw skirt (about 5900 years old) and human brain (about 6000 years old) were discovered from Areni-1 cave in Armenia. History Museum of Armenia has a large collection of prehistoric stone tools, pottery and bronzes. Before the emergence of the Sumerian civilization in South Mesopotamia, Sumerians lived in Armenian highlands. All above shows the glory of Armenian civilization.

According to the legend of Armenians, there country are called Hayastan, equivalent to "land of the Hay" . At Late Bronze Age, the The Hayasa-Azzi confederation appeared in the Armenian Highlands. Several Hittite inscriptions and ancient Greek texts recorded its existence, and the cuneiform tablets of Boğazköy mentioned the names of three successive kings who ruled Hayasa (or Azzi), dating from *ca.* 1390 – 1335 BC. Hayasa was adjacent to the Hittite Empire, and came to challenge to the Hittite Empire. In addition, there are several Proto Armenian-speaking tribes in the highlands. In the 9th century BC, they were gradually unified by Urartu, or Kingdom of Van.

The Urartu Kingdom was a remarkable stage in the history of Armenian civilization. It fought against Assyrian Empire for hundreds of years, but finally was defeated in 714 BC. In 612 BC, the Medes conquered Urartu. And then, Cyrus the Great annexed the Medes. It was at this time that the word "Armenia" appeared in the *Behistun Inscription.* The origin of the Armenians has aroused the interest of many scholars. The ancient Greek historian Herodotus believed that they migrated from Phrygia of Western Anatolia, while some scholars believed that they came from the East or were natives of Highlands. In any case, Armenian language shows that they are Indo-European.

Since Darius I, the history of Armenian civilization became clear. At that time, Armenia appeared on the political stage of West Asia as a province or vassal state of the Achaemenid Empire. Thus, ancient Armenian culture was deeply branded with Persian culture. In 331 BC, Alexander the Great defeated Darius III, the last ruler of the Persian Empire, and then Hellenistic culture entered into Armenian society.

After the fall of the Achaemenid Empire, Armenia declared its independence, but soon became a vassal of the Seleucid Empire. Since then,

Armenia became a theater of imperial rivalry, such as Greeks, Parthians, Romans, Sasanian Empire, Byzantine Empire, Arabs, Seljuk Empire, Mongols, Ottoman Empire, the successive Safavid, Afsharid, and Qajar dynasties of Iran, and the Russians, all trying to claim Armenia as their own. Armenians paid a heavy sacrifices in the process of imperial rivalry. In 1828, Russia annexed Eastern Armenia (or Greater Armenia) from Iran. Since then, Armenians and Russia had been deeply attached. In 1936, the Republic of Armenia officially became a republic of the former Soviet Union. After the collapse of the Soviet Union, Armenia declared independence.

Throughout the history of Armenia, it had existed for most of its history as a vassal of empires, but ironically, the empires that ever ruled it mostly disappeared, while Armenian civilization has survived until now.

The Making of Armenian Civilization

Historically, the territory of the Armenians was much larger than it is today: centered in the Ararat Valley, extending westward to Asia Minor on the eastern coast of the Mediterranean, and bordering the Iranian plateau to the east, almost including the entire Armenian Plateau. The historical Armenia was divided into Greater Armenia and Lesser Armenia. Greater Armenia, also known as Eastern Armenia, was roughly equivalent to the present-day Republic of Armenia; Lesser Armenia was also called Western Armenia (the eastern half of the Anatolian Plateau in modern Turkey), centered on Cilicia in modern southeastern Turkey. Armenians had been living on this land for thousands of years, creating a splendid civilization. So, what are the characteristics of Armenian civilization?

The first is openness. Armenia lies between Europe and Asia, on the cross road of the East and West. This geographical feature made Armenian Question a continuing political question rather than a purely geographical issue, still working even at the beginning of the 21st century. This feature also made Armenian civilization extremely open to other civilizations. For example, the Armenian Highlands were inhabited by various ethnic groups. In this way, Armenian culture was easy to absorb the elements from other cultures. For example, in their cultural heritage, we can find the remains of ancient Greek and Roman culture, as well as the traces of Persian, Arab and Chinese culture. At Matenadaran in Yerevan, there are three manuscripts of 13th century with Chinese cultural symbols. Although Armenians culture was influenced by different patterns, they did not lose their identity, but developing a kind of culture of their own that kept a certain distance from alien forces. In a word, Armenians have stubbornly clung to their language, religion and culture, and acquired a unique identity in the history of human civilizations.

The second is dispersion. Armenian had not only maintained a political and cultural conformity with the neighboring regions, but also maintained its own uniqueness. Its earliest form of political organization was tribal alliances, but it did not develop a highly developed centralized system like other countries in the Near East. During the reign of Tigranes the Great, the Armenian monarchy, though very powerful, was short-lived. The main reasons for the fragmentation of Armenian politics are: (1) the continuous mountains and ravines that prevented the formation of centralized power; (2) the self-governing character of the Armenian people that prevented the effective expression of central power; (3) continuous wars that hindered the establishment of central authority. Therefore, the feudal division was very serious in Medieval Armenia, and the king was only a nominal head. Historical Armenia went through three main divisions, each of which divided Armenia into Eastern and Western Armenia. As Armenians fled all over the world during the war, their culture and identity took on a strong diaspora characteristics. At the end of the 11th century, the Armenians in diaspora established Armenian Kingdom of Cilicia. The establishment of this kingdom was the best example of the diaspora character of Armenian civilization. At that time, Cilician Armenia echoed the culture of Eastern Armenia and started the Renaissance, which emphasized "human-centered" and "salvation by faith" before Western Europe. In modern times, Ottoman Armenians and Russian Armenians, under the influence of nationalism, liberalism, romanticism and socialism, awakened their national consciousness and finally established their own country. Modern Armenian civilization still has a strong diaspora characteristic: Armenians within and outside the Republic. The number of Armenians outside the Republic far exceeds the population of the Republic. The fragmentation of space has inevitably led to the dispersal of cultures, such as the Eastern Armenian spiritual center in Etchmiadzin and the Western Armenian (or diaspora Armenians) in Lebanon. Despite this, Armenians around the world have maintained a consistent ethnic identity, language and religion.

The third is integration of the sword and cross. It is the most important feature of Armenian civilization. Armenia was the first country in the world to recognize Christianity as a state religion (301). Armenian religion, based on the Apostolic teachings, is neither Orthodox nor Catholic. Today, Armenia still enjoys the reputation of "Church Country". In general, Armenian intellectuals have a habit of moralizing and nationalizing faith. In their view, religion and morality belong to the same practical category, and self-centered theories are useless. Therefore, no matter what the circumstances, Armenians always regarded the Christian faith as a weapon against the enemy, which was the integration of the sword and the cross. In 451, Vardan Mamikonian, the martyr of the Battle of Avarayr in defense of faith freedom, became the symbol of the spirit of sword and cross. In addition, in the context of imperial war, religious was not a simple ideological issue, but was heavily politicized and nationalized, becoming a part of the confrontation between civilizations. For centuries, the Roman Empire in the West and the Persian and Arab Empires in the East tried to integrate Armenia into their civilization but to no avail. Because of this, Armenian religion had a secular function: resisting foreign invasion and seeking national independence. Therefore, the Armenian religion cannot be understood simply by religious thinking, but should be elevated to the status of a national faith.

The Keys of Armenian Civilization

In Armenian history, it was often subject to great powers. However, most people or empires that ruled it disappeared into history, while the Armenian civilization has survived for more than two thousand years. So what are the elements that sustain Armenian civilization?

The year 301 was an important turning point in Armenian civilization. At that time, the Roman Empire in the West still regarded Christianity as heresy, and the Persians in the East adopted Zoroastrianism as their state religion. That year, Armenia became the first country in the world to recognize Christianity as a state religion. Before that, Armenians, as their Persian neighbors, were primarily Zoroastrians. Since then, Armenians never change their religion. The Catholicos is the spiritual leader of all Armenians, independent of Pope and the Orthodox Patriarch, there being no affiliation between them. In the long run, Christianity strengthened the independence and unity of Armenians. In 451, Sassanid Persia launched a war to eliminate the Armenian religious, triggering the first battle in defense of Christian faith in the world. Under the Sparapet Vardan Mamikonian, the Armenians defeated the Persians attempts and finally won the religious freedom. About two hundred years later, the Arabs taking the sword of Allah, islamized almost the entire Near East. Astonishingly, Armenians had not been swallowed up by Islamism, but was like a lonely boat in the circle of Islamic culture. Therefore, Christianity was particularly important for Armenians as their soul. During the "dark ages" when their political entity ceased, the Armenian Apostolic Church connected Armenians around the world, and Christianity was transformed and strengthened into a national religion. The traditional role of government was diminished (or non-existent), and national identity was no longer dependent on state institutions, but was expressed in the form of Armenian communities and churches. In short, Christianity is the key of Armenian civilization.

Armenian writing system is another important key for the continuation of Armenian civilization. Armenian alphabet was invented by Mesrop Mashtots in 405, which was a fundamental step in strengthening Armenian national identity. Armenian language is a branch of the Indo-European. After the invention of the Armenian alphabet, the king ordered his subjects to read and write in the national script. The *Bible* and the *Gospels* became the most popular objects of writing (or transcription). From then on, Armenian intellectuals began a new stage of self-understanding and self-revelation. Writing played an important role in the continuation of civilization. If Christianity injected a strong spiritual power into the Armenian civilization, the Armenian alphabet is the guarantee of Armenian civilization. It is hard to imagine a nation (or state) without its own writing system avoiding the fate of being eliminated by history. It was the Armenian writing system that the Armenian story survived. In modern times, Armenians scattered around the world have consciously strengthened their mastery of their mother language. In this case, Armenians lost their country, but the same language, culture and religion laid a solid cultural foundation for the revival of Armenia.

Commerce provided a strong physical basis for the development and prosperity of Armenian civilization. Little is known about the Armenian commercial talent for Chinese. Armenia located at the crossroads of East-West trade route, from which the ancient Silk Road entered the Western world. Thanks to the Silk Road, Armenians formed a tradition doing business. In addition, as their homes were often occupied by others, the Armenians were expelled and there was little arable land for farming, so doing business became a helpless choice. Over time, Armenian commerce reached its peak in the 17th – 18th centuries, When Armenian merchants in the Iranian city of New Julfa in Isfahan created a legend along the ancient Silk Road, building a worldwide commercial website that reached west to the Atlantic Ocean, east to China, and north to Great Britain, south to the Indian Ocean. International trade in the Ottoman Empire, Safavid, Mughal and Southeast Asia was almost monopolized by Armenian merchants. The European East India Company's trade activities in the above areas can only be carried out smoothly with the help of Armenians. Commercial success provided a basis in the development of Armenian civilization. Successful merchants generously financed Armenian culture and education, contributing to the revival of modern Armenian nationalism and consciousness. But, after all, merchants were scattered, and they did not have the long arms of state power to carry out its goal. Eventually, the British East India Company drove Armenian merchants out of the global trading. However, the success of Armenian merchants showed that non-state actors can also play a key role in the reshaping of national identity and the construction of the modern country, challenging the view of nationalist theory that nation formation can only be achieved by state entities. That is to say, in the absence of nation, national identity can still be constructed and civilization can continue.

Loving book was another important factor in the survival of Armenian civilization. At present, Matenadaran, the Mesrop Mashtots Institute of Ancient Manuscripts, contains a total of some 23000 manuscripts and scrolls. It is the largest collection of Armenian manuscripts in the world. Furthermore, over 500000 documents such as imperial and decrees of catholicoi, various documents related to Armenian studies, and archival periodicals. They are one of the most precious historical and cultural heritages of Armenia. Through centuries of foreign invasions, thousands of people were forced to scatter around the world, but a large number of manuscripts survived intact because of the Christian Armenian practice of worshipping books, viewing manuscripts as sacred and considering it blasphemous to sell or destroy them. However, Armenian manuscripts experienced a similar tragedy as Armenians: many were looted or burned during the war. Nevertheless, many Armenians risked their lives to save a large number their manuscripts. In 1915, during the Armenian Genocide, two Armenian women found an Armenian manuscript in the ruins of a monastery in Mush, Turkey. To keep it out of enemy hands, they divided it into two parts and planned to send it to Etchmiadzin. The first lady made it to her destination. The second woman died of illness on the way, burying the manuscript in a monastery in Erzurum. A Russian official found it and brought it to Tbilisi, where it was given to the Armenians. Among Armenian manuscripts, the illuminated manuscripts are the most precious. It was made by a complex process of parchment polishing, text copying, drawing, painting, gilding and binding, and in some cases even gemstones and gold. Armenians are willing to pay huge funds to make manuscript, reflecting the value of their national culture. In the late Medieval Ages, the Armenian merchants in New Julfa were pioneers in printing of modern books. In 1512, the first printed Armenian books were published in Venice. In 2012, Yerevan was named "World Book Capital" by UNESCO in commemoration of the 500th anniversary of the printing of Armenian books.

Nakharar system was the backbone of Armenian civilization. Nakharar was a hereditary title of the highest order given to houses of the ancient and medieval Armenian nobility. It was one of the main elements of medieval Armenian civilization. So, it is impossible to understand Armenian life and history without understanding the Nakharar system. In 428, the Sassanid king deposed the Armenian king and the functions of kingship were transferred to the nakharars. The Nakharar system provided a way of external subservience and internal independence for medieval Armenians, greatly maintaining Armenian civilization. At first, the nakharars were the tribal chieftain, and later was some elites from Greece, Rome, Byzantium, Iran and China who were integrated into the Nakharar system. The nakharars had always come to the rescue, consciously or unconsciously, in times of national peril. The Armenian Church was a part of Nakharar system. They had a strong national consciousness, vigorously advocate and subsidize ethnic education and cultural undertakings. However, during the Mongol invasions in the thirteenth century, the nakharars were almost eliminated. Then came the rise of the nobles of merchants and military. The influence of Nakharar system is still existing today, for example, the Armenian Minister of Defence also known as Nakharar. In the history of Armenian civilization, the power of the common people seemed to be forgotten by historians. Medieval Armenian writers paid little attention to the lives of them and always focused their attention on the heroic deeds of princes and kings. Nevertheless, Armenian civilization has survived to this day, creating a colorful culture and a survival mechanism suitable for the nation in the turbulence, which shows that it is quite resilient.

To sum up, the Armenians offered a vivid example of the survival mechanisms for small country in a multicultural context. Armenians had been living in a complex environment, and the great powers from the East and West, never lost any chance to incorporate them into their own civilization world. Yet Armenian leaders managed to preserve their national cultural identity by skilled diplomacy. This is the "Armenian Experience". This book contains 20 chapters, describing the history of Armenian civilization from prehistory to 2023.

第一章　地理、气候和自然资源

亚美尼亚最初的名字叫哈依克，中古时期称“哈雅斯坦”，意谓“哈雅人的国家”。在亚美尼亚人的传说中，诺亚的后裔哈依克战胜巴比伦国王贝尔①后称呼自己的国家为“哈雅斯坦”。今天的亚美尼亚人仍使用这一术语。也有一种说法，“哈雅斯坦”源于铜器时代晚期的哈雅萨部落，“亚美尼亚”一词只是周边民族对它的称呼。根据5世纪亚美尼亚历史学家的说法，“亚美尼亚”一词源于哈依克的后裔“亚兰”。

亚美尼亚高原是亚美尼亚文明的诞生地。它介于黑海和里海之间，与安纳托利亚高原、高加索山脉、阿拉斯河低地、伊朗高原和美索不达米亚接壤。亚拉腊山谷将它分为东西两部：西亚美尼亚和东亚美尼亚。历史上，亚美尼亚人有四个地理政治单位：大亚美尼亚、小亚美尼亚、索芬尼和科马根。② 铁器时代，亚美尼亚高原曾经有多个名称，其中最著名的是“亚拉腊”。亚美尼亚高原上的民族成分十分复杂，在已知的大部分历史中，主要人口是亚美尼亚人。中世纪，随着阿拉伯人和突厥人的涌入，高地人口结

---

① 在美索不达米亚人的宗教中，贝尔表示“主”“主人的”意思。因此，贝尔只是一个称号，而不是真正的人。阿卡德语的早期译者认为，苏美尔语“恩利尔”的表意文字应解读为“贝尔”。贝尔也经常出现在亚述人和新巴比伦人的铭文中，有学者据此认为贝尔就是马尔杜克神。相关观点，可参见 James Orr, *The International Standard Bible Encyclopedia*, Vol. 5, Chicago: Howard-Severance Company, 1915, p. 349。

② Rouben Paul Adalian, *Historical Dictionary of Armenia*, Lanham, MD: Scarecrow Press, 2010, pp. 336 – 338.

构发生巨变。“1915年亚美尼亚事件”后，西亚美尼亚人口基本消失。今天，亚美尼亚高原东半部主要居住着亚美尼亚人、阿塞拜疆人和格鲁吉亚人，西半部主要居住着土耳其人、库尔德人和少数亚述人。

亚美尼亚高原平均海拔在1000—2000米，南邻叙利亚和伊拉克，西接小亚细亚，北邻黑海，东靠里海，东南是伊朗高原，总面积约61万平方千米。[①] 历史上的亚美尼亚包括今土耳其东部、伊朗西北角及今阿塞拜疆和格鲁吉亚共和国的部分地区。

亚美尼亚高原地形复杂，有许多自然边界。库拉河和阿拉斯河将东亚美尼亚高地与里海低地分开；黑海山脉与小高加索山脉相连，形成高地的北部边界；托罗斯山脉与上扎格罗斯山脉、伊朗高原相接，将其与叙利亚、库尔德斯坦和伊朗隔开，形成它的南部边界；西部边界介于幼发拉底河西部和托罗斯山脉中段的北部延伸线之间。历史上，频繁的火山活动造成了许多山脉和山峰，其中最为著名的是亚拉腊山（在今土耳其境内）。[②] 亚拉腊山海拔5173米，终年积雪覆盖，是整个西亚地区最高的山峰。亚拉腊山在亚美尼亚人的心目中有着重要地位，是整个亚美尼亚族的精神家园，故亚美尼亚文明又称亚拉腊文明。高地上水资源丰富，三个最大的湖泊分别是塞凡湖、凡湖和乌鲁米耶湖。层层山脉把高原分割成不同的地理单位。它的西部自然边界不是很清晰，逐渐向安纳托利亚高原下沉，东南部向伊朗高原敞开，北部与格鲁吉亚交界，这种地形特点很容易遭到外来入侵。历史上，它的邻居——格鲁吉亚人、阿塞拜疆人、伊朗人、库尔德人、叙利亚人、阿拉伯人和古安纳托利亚人，都深刻影响了亚美尼亚历史发展的进程。

从地表上看，今天的亚美尼亚共和国粗犷壮丽，沟壑纵横，土地肥沃，岩石众多。著名的塞凡湖像珍珠一样镶嵌在中东部。这里气候

---

① Robert H. Hewsen, “The Geography of Armenia”, in Richard G. Hovannisian, ed., *The Armenian People from Ancient to Modern Times, Volume I: The Dynastic Periods: from Antiquity to the Fourteenth Century*, New York: St. Martin’s Press, 1997, p. 5.

② 历史上，亚拉腊山一直是亚美尼亚人的领地。根据1921年《莫斯科条约》，它成为土耳其领土。亚美尼亚人视亚拉腊山为国家和民族统一的象征。

差异明显，小高加索山脉中部的山谷地带属亚热带气候，盛产橘子、柠檬和橄榄等水果，其他地方基本属大陆性气候，夏季炎热干燥，降雨稀少，冬天严寒，降雪充沛。山区夏天的平均气温在10℃—22℃，冬天平均温度在－2℃—－14℃。亚拉腊山谷一带1月的平均温度在－5℃左右，6月平均温度在25℃左右。春秋季霜冻频发，有时土壤地表温度可以降到－28℃。热量分布取决于地区的海拔高度，即使在同一城市内，相邻市区之间的温差也会在2℃—3℃。亚美尼亚超过90%的地方海拔在1000米以上，这是形成上述气候特征的主要原因。它的年平均降水量在200—800毫米，但地区差异明显。第一个雨季从春天开始持续到初夏，10月进入第二个雨季。冬天降雪量很大，一直持续到4月份。山坡的降雪厚度高达100—150毫米，有些山峰全年降雪。亚美尼亚春天短暂，秋天时节较长，阳光充沛，果实茂盛。夏秋季是访问亚美尼亚的最好时节。

今天的亚美尼亚共和国总面积约为3万平方千米，农业用地占71.3%，森林覆盖率为7.7%，特别保护区及其他用地占8.6%，其余多为山地。今亚美尼亚76.5%的领土海拔在1000—2500米，山脉约占全国总面积的47%。亚美尼亚自然资源丰富，有金、铁、银、铜、钼、锌、铅和铝等矿产。此外，它还是世界上凝灰岩和珍珠岩的最大产地。埃里温素有“粉红之城”之称，这是因为广泛使用凝灰岩作建筑材料的缘故。

水是大自然赏赐给亚美尼亚人最慷慨的礼物。亚美尼亚人创作了许多关于水的传说和歌曲。在埃里温有一个卖水的男孩的雕像，街头遍布名为“普拉普拉克”的公共饮水设施。普拉普拉克在亚美尼亚非常受欢迎，流出的水为清凉可口的天然山泉水，水质十分新鲜和干净，可以直接饮用。在杰尔穆克、比吉尼、久姆里、迪利然、埃里温和塞凡等城市中，矿泉水种类十分丰富，其中杰尔穆克和比吉尼出产的天然苏打水最为盛名，据说能治疗多种消化道和新陈代谢疾病。遍布各地的温泉度假村和疗养地每年吸引了成千上万的游客。

亚美尼亚高原被视为西亚的水源地。塞凡湖是最大的淡水湖泊。

幼发拉底河、底格里斯河、阿拉斯河、库拉河、哈吕斯河、盖尔河和其他一些河流都源于亚美尼亚高原。阿拉斯河是亚美尼亚人的母亲河，发源于素有“千湖之山”之称的布拉堪山脉。它与库拉河汇合后，流入里海，共同养育了亚拉腊山谷一带的人民。亚美尼亚人一般称呼较大的湖泊为海，比如叫塞凡湖“格哈马海”。塞凡湖是世界上最著名的内陆淡水湖之一，约29条河流流入这个鱼腥味十足的湖泊。湖中过去曾经有一个岛屿，但由于过度开发，水平面下降，岛屿如今已变成了半岛。凡湖（今土耳其境内）是亚美尼亚高地上另一个神奇的盐碱湖泊，面积是塞凡湖的两倍多。在古代，岸边曾经有几个港口，湖中有7个较大的岛屿，但现在已全部沉入湖中。乌鲁米耶湖是最大的咸水湖，附近动植物稀少。目前，只有塞凡湖完全在亚美尼亚境内，附近有著名的塞凡修道院（又称黑色修道院）。

由于阳光充沛，亚美尼亚水果久负盛名。亚美尼亚杏，香甜可口，是亚美尼亚的国果。中世纪阿拉伯地理学家伊本·胡尔达兹比赫声称，亚美尼亚杏的“味道比蜜还甜美”①。如今，共和国首都埃里温每年都举办名为“金杏节”的国际电影节，亚美尼亚民族乐器“杜杜克”便由杏木制成。石榴在亚美尼亚非常受欢迎，象征着丰饶和好运。葡萄是最重要的经济作物之一。自远古起，亚美尼亚人的祖先就种植各类葡萄。亚美尼亚酿酒的历史非常古老，“阿雷尼—1酒庄”已有六千多年的历史。古希腊将军色诺芬途经亚美尼亚时，当地人用葡萄酒和啤酒款待他。乌拉尔图人以嗜酒著称，考古学家在埃瑞布尼遗址发现了480个储存葡萄酒的陶罐，足以证明亚美尼亚酿酒史的悠久。目前，酿酒业仍是亚美尼亚最为重要的产业，“亚拉腊”牌白兰地享誉世界，曾经是斯大林送给丘吉尔的上等礼物。

---

① ［阿拉伯］伊本·胡尔达兹比赫：《道里邦国志》，宋岘译注，中华书局1991年版，第132页。

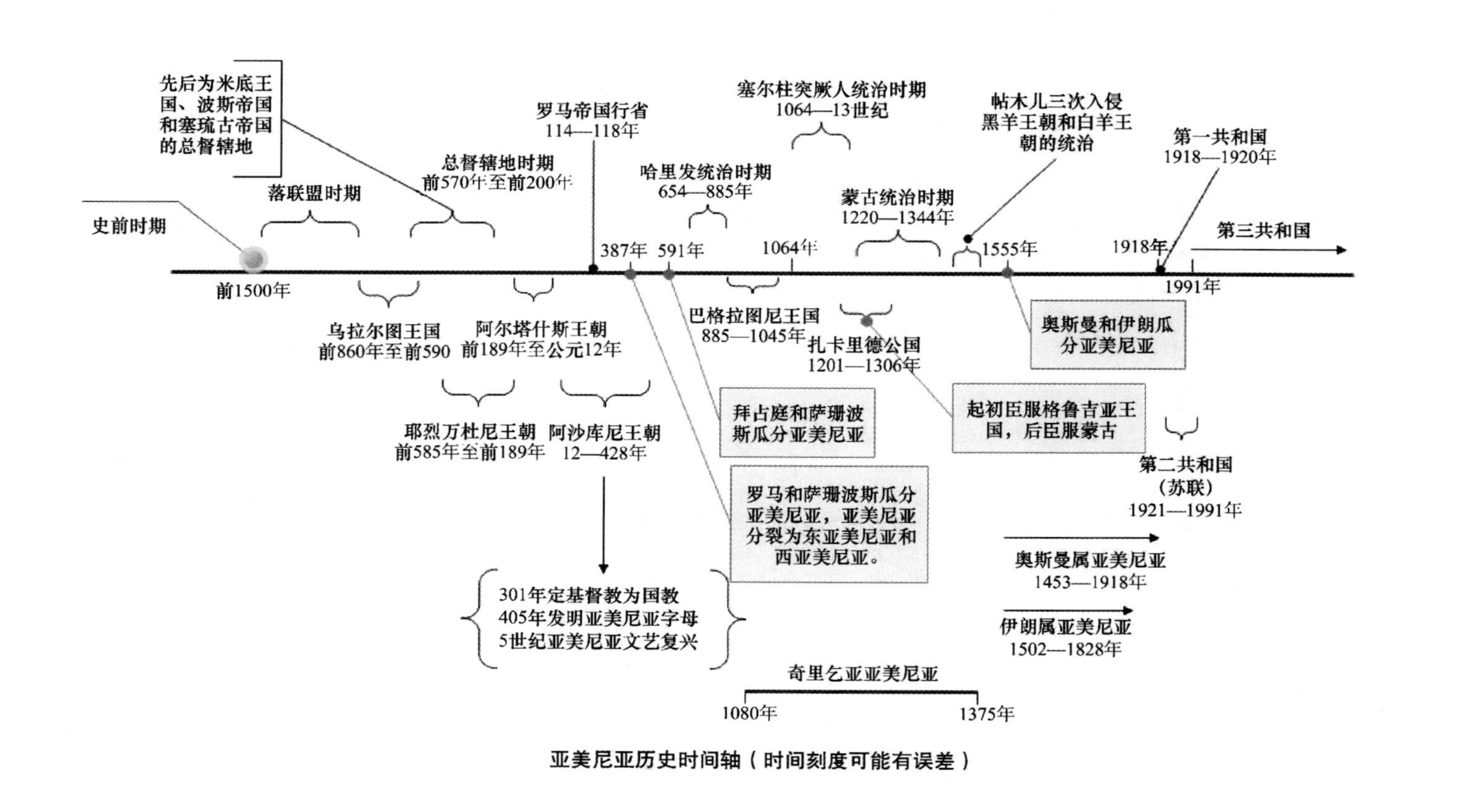

亚美尼亚历史时间轴（时间刻度可能有误差）

第二章　史前定居文化

从地理上看，南高加索可细分为不同的地理单位，发达的古代交通网将它们连接在一起，并与古代文明中心保持着密切的联系。因此，南高加索并非一个孤立的高地。然而，直到最近，南高加索的史前文明才为人所知。这里最早的人类活动遗迹是100多万年前阿舍利文化时期的黑曜石打磨工具。旧石器时代中晚期，高地上出现定居点，如霍夫克—1洞穴遗址。[①] 阿雷尼—1洞穴遗址中出土了世界上最古老的皮鞋、草裙、酒庄和人脑。亚拉腊平原地区的阿克纳申和阿拉塔申遗址可追溯到新石器时代。南高加索中部地区的舒拉韦利—朔姆文化存在的时间约为公元前6000年至前4000年。青铜器时代的库拉—阿拉斯河文化（前3400年至前2000年）十分发达，后被特里亚勒季—瓦纳佐尔文化（前2200年至前1500年）取代。

第一节　霍夫克洞穴遗址

今天的亚美尼亚夹在近东和北高加索之间，政治因素给考古工作带来诸多不便。由于研究不足，旧石器中晚期的亚美尼亚信息不是很完整，目前很难将该时期的考古记录与其他地区出土的文物联系起来。

---

① R. Pinhasi, et al., "Hovk 1 and the Middle and Upper Paleolithic of Armenia: A Preliminary Framework", *Journal of Human Evolution*, Vol. 55, No. 5, 2008, pp. 803 - 816.

霍夫克洞穴遗址是亚美尼亚旧石器文化遗址的典型代表，位于亚美尼亚北部一个海拔2040米高的山脊上。2005年、2009年，考古学家对这个洞穴进行了挖掘，发现了少量人类石制矛头、刀具、陶器碎片等史前遗物，以及大量的野生动物的遗骸，时间可追溯到15万—25万年前。① 上述考古发现表明，更新世晚期至上新世早期，早期智人、尼安德特人或现代智人已经活跃在南高加索地区。霍夫克洞穴人可能是一个分布更广泛的古人类网中的一部分，因为这一文明的遗物一直延伸到黎凡特地区。然而，霍夫克洞穴人的活动水平较低，对动物的利用率不高，这说明史前人类食物的来源并非完全依赖狩猎。

第二节 舒拉韦利—朔姆文化

考古学家认为，舒拉韦利—朔姆文化是高加索地区最早的新石器文化。"舒拉韦利—朔姆"一词源于格鲁吉亚的舒拉韦利镇和阿塞拜疆的朔姆土丘，两者之间的距离只有70千米左右。20世纪50—70年代，苏联考古学家在两地进行考古时，发现了该遗址。② 在小高加索山脉北麓的丘陵地带，发现了一些同样文化特征的遗址，③ 说明该文化分布广泛。舒拉韦利—朔姆文化的典型特征是圆形或半椭圆形的泥砖建筑。根据使用目的的不同，这些建筑大小不一，生活区的直径在2—5米，库房的直径在1—2米。④ 约在公元前6000年至前4000年间，该文化开始使用黑曜石和金属工具，饲养牛、羊、猪等牲畜，种植小麦、大麦、葡萄等农作物，人们已经

① R. Pinhasi, et al., "Hovk 1 and the Middle and Upper Paleolithic of Armenia: A Preliminary Framework", *Journal of Human Evolution*, Vol. 55, No. 5, 2008, pp. 803 - 816.

② Bertille Lyonnet, et al., "Mentesh Tepe, an Early Settlement of the Shomu-Shulaveri Culture in Azerbaijan", *Quaternary International*, Vol. 395, 2016 (February), pp. 170 - 183.

③ Bertille Lyonnet, et al., "Mentesh Tepe, an Early Settlement of the Shomu-Shulaveri Culture in Azerbaijan", p. 170.

④ Caroline Hamon, "From Neolithic to Chalcolithic in the Southern Caucasus: Economy and Macrolithic Implements from Shulaveri-Shomu Sites of Kwemo-Kartli (Georgia)", *Paléorient*, Vol. 34, No. 2, 2008 (January), pp. 85 - 135.

进入农业定居阶段。[①] 出土的妇女雕像暗示了人们对生育的崇拜。根据陶器材质的分析，考古学家将该文化分为粗糙、装饰、彩饰、染色和抛光5个发展阶段。[②] 有学者推测，该文化源于近东的哈逊那文化和哈拉夫文化。[③]

曼泰什土丘遗址位于今阿塞拜疆西北部的塔乌兹区。考古学家在这里发现了几处新石器时期墓葬，其中3处是幼儿坟墓，第4处是多人墓葬，另外两处（一个婴儿和一个成年人）具体日期不详。[④] 场地的占用序列不同，最早的可追溯到新石器时代（公元前6000年上半叶），最近的属舒拉韦利—朔姆文化早期阶段，出土的动植物有驯化的迹象。[⑤] 在今格鲁吉亚共和国南部的马尔内乌利的舒拉韦利·戈拉遗址附近发现了种植葡萄的证据，碳年代测定约为公元前6000年。[⑥]

关于舒拉韦利—朔姆文化的起源，人们提出了很多假设，但它的终点仍是模糊的，许多研究还在进行中。

第三节　库拉—阿拉斯河文化

库拉—阿拉斯河文化得名于库拉河和阿拉斯河，存在的时间约在公元前3500年至前2000年间。[⑦] 该文化遗址主要分布在亚美尼亚高原

---

① Bertille Lyonnet, et al., "Mentesh Tepe, an Early Settlement of the Shomu-Shulaveri Culture in Azerbaijan", pp. 170 – 183.

② Caroline Hamon, "From Neolithic to Chalcolithic in the Southern Caucasus: Economy and Macrolithic Implements from Shulaveri-Shomu Sites of Kwemo-Kartli (Georgia)", pp. 86 – 134.

③ T. Kiguradze, "Caucasian Neolithic", in Melvin Ember and Peter N. Peregrine, eds., *Encyclopedia of Prehistory*, New York: Plenum Publishers, 2001, pp. 55 – 76.

④ Bertille Lyonnet, et al., "Mentesh Tepe, an Early Settlement of the Shomu-Shulaveri Culture in Azerbaijan", pp. 170 – 183.

⑤ Bertille Lyonnet, et al., "Mentesh Tepe, an Early Settlement of the Shomu-Shulaveri Culture in Azerbaijan", p. 170.

⑥ Nana Rusishvili, *The Grapewine Culture in Georgia on Basis of Palaeobotanical Data*, Tbilisi: Mteni Association, 2010, pp. 12 – 13.

⑦ Christoper Edens, "Transcaucasia at the End of the Early Bronze Age", *Bulletin of the American Schools of Oriental Research*, No., 299/300, 1995, pp. 53 – 64.

及其附属的南高加索地区，一直延伸到托罗斯山脉、黎凡特和北高加索一带，核心区域在今亚美尼亚中南部。长期以来，人们对它的兴衰过程争议不断。库拉—阿拉斯河文化要晚于舒拉韦利—朔姆文化，但两者差异明显，它们之间的联系还不是很清楚。有人认为，东格鲁吉亚的肖尼文化可能是舒拉韦利文化向库拉—阿拉斯河文化的过渡。[①]

库拉—阿拉斯河文化早期，人们沿赫拉兹丹河两岸定居。附近连绵山脉中的洞穴壁画证实了这一点。有些定居点虽由石墙包围，但大部分建筑物之间没有显著差异，聚落间的大小和性质也区别不大。[②] 这表明，在相当长的一段时期内，社会等级发展缓慢。泥砖房子最初是圆形的，后来发展成有1—2个房间的矩形结构建筑。定居点和墓地呈现出从低地河谷向高地扩张的态势，有学者认为这是农业社会向畜牧业社会的转变或印欧人大规模到来的结果，因为在这一扩张过程中，仍然存在低地农业定居点。[③] 无论如何，当时的人们已经开始多元化生产。

随着时间的推移，库拉—阿拉斯河文化向外扩张：向西进入埃尔祖鲁姆平原，西南进入奇里乞亚地区，东南进入凡湖和乌鲁米耶湖盆地一带，最后进入今天的叙利亚和巴勒斯坦地区。总之，库拉—阿拉斯河文化覆盖范围很广，包括今天的亚美尼亚、阿塞拜疆、车臣、达吉斯坦、格鲁吉亚、印古什共和国、北奥塞梯、伊朗和土耳其的部分地区。[④]

---

① T. Kiguradze, and M. Menabde, "The Neolithic of Georgia", in A. Sagona, ed., *A View from the Highlands: Archaeological Studies in Honour of Charles Burney*, Leuven: Peeters, 2004, pp. 345 - 398. 肖尼文化存在的时间约为公元前五千年，主要分布在今阿塞拜疆、格鲁吉亚、亚美尼亚、北高加索、伊朗西北部和土耳其东部等地区。该文化遗址发现的房屋呈圆形，半埋在土中，不见泥砖。种种迹象表明，该文化居民倾向于游牧生活方式。相关观点，可参见 M. Poulmarch and F. Le Mort, "Diversification of the Funerary Practices in the Southern Caucasus from the Neolithic to the Chalcolithic", *Quaternary International*, Vol. 395, 2016 (February), pp. 184 - 193。

② Christoper Edens, "Transcaucasia at the End of the Early Bronze Age", pp. 53 - 64.

③ Christoper Edens, "Transcaucasia at the End of the Early Bronze Age", p. 55.

④ K. Kh. Kushnareva, *The Southern Caucasus in Prehistory: Stages of Cultural and Socioeconomic Development from the Eighth to the Second Millennium B. C.*, Philadelphia: University of Pennsylvania Museum of Archaeology, 1997, p. 44.

农业和畜牧业是库拉—阿拉斯河文化的经济基础，人们会使用工具研磨面粉。值得注意的是，在前库拉—阿拉斯河文化时期，南高加索地区没有发现马骨的遗骸，但大约从公元前3300年开始，马骨遗骸分布广泛，马有驯化的迹象。该文化与美索不达米亚和小亚细亚存在着贸易往来，主要文化特征是衍生出了各种变体。① 库拉—阿拉斯河文化的冶金业十分发达，金属制品遗迹分布广泛：从北部的伏尔加河、第聂伯河、顿涅茨河流域延伸到南部的叙利亚、巴勒斯坦和安纳托利亚西部一带。库拉—阿拉斯河文化早期，金属使用还不是很普遍，但后来却表现出“早熟的冶金发展”态势，并对周边地区产生了强烈影响。②

葡萄酒的故乡在今格鲁吉亚和亚美尼亚。最早的葡萄栽培技术可追溯到舒拉韦利—朔姆文化时期。斯蒂芬·巴蒂尤克认为，库拉—阿拉斯河人将葡萄栽培和酿酒技术传播到美索不达米亚的新月地带和地中海东岸。③ 显然，盛酒陶器（例如以克拉克遗址为代表的酒杯陶器）的传播也与这些民族的活动有关。

土葬是基本的墓葬形式。在茨特利·戈雷比遗址中，有的墓葬在村外，有的在房屋地板下或建筑物之间。④ 他们这样做的目的是标记墓穴的存在，方便祭祀。早期阶段，墓穴随处可见，但随葬品缺乏一致性。即使在同一遗址中，类型也各不相同。在单一文化框架下，随葬品的不一致非常奇怪，因为丧葬仪式反映了古人的文化基础，很少受到外部习俗的影响。由此可见，库拉—阿拉斯河文化是多元文化的综合体——不同文化个体生活在一起的文化。这表明，自史前时代开

---

① Amjad Jaimoukha, *The Chechens: A Handbook*, London and New York: Routlege Curzon, 2005, pp. 25 - 26. “它是当时的主要文明之一，与美索不达米亚文明齐名，并与之建立了贸易关系。它是高加索地区的土著文化，它的重要变体是……”

② James P. Mallory and Douglas Q. Adams, eds., *Encyclopedia of Indo-European Culture*, London: Fitzroy Dearborn, 1997, pp. 341 - 342.

③ Stephen D. Batiuk, “The Fruits of Migration: Understanding the ‘longue dureé’ and the Socio-Economic Relations of the Early Transcaucasian Culture”, *Journal of Anthropological Archaeology*, Vol. 32, No. 4, 2013, pp. 449 - 477.

④ M. Poulmarch and F. Le Mort, “Diversification of the Funerary Practices in the Southern Caucasus from the Neolithic to the Chalcolithic”, pp. 184 - 193.

始，高加索就是多元文化的聚居地，这与今天的情况一致。

大约在公元前3200年至前2200年间，亚美尼亚经历了一系列定居文化阶段。20世纪30年代，在今埃里温申加维特区发现了一处库拉—阿拉斯河文化定居点遗址。[①] 它介于科泰克高原和亚拉腊平原之间的丘陵地带，占地6公顷，规模庞大，似乎是附近定居点的中心。考古学家认为，申加维特人居住在互通互联的矩形或圆形结构房屋中。建筑物由粘土或大型石块建成。在一些住宅内，有仪式炉和家庭窖，附近有大型粮仓。考古学家在这里发现了一些粮食储藏坑和成千上万的陶器，以及圆柱形石砌入口、防御墙和一条直通赫拉兹丹河的秘密隧道。这种独特布局在近东其他史前定居点不常见。考古学家甚至认为，申加维特文化由不同的社区构成，人们根据职业或社会地位生活在不同的区域，比如石匠或农民住在一起，商人住在其他区域。[②] 笔者有幸在该遗址旁边的博物馆获赠一块史前打砸石器。

申加维特文化处于部落生活向定居生活的过渡阶段。[③] 因此，它的社会和文化水平几乎与美索不达米亚、安纳托利亚高原等周边地区同步。物证表明，申加维特居民与今天的伊拉克、俄罗斯、伊

---

① 1936—1938年间，前苏联历史遗迹保护委员会的叶夫根尼·贝伯尔德扬（Yevgeni Bayburdian）和霍夫塞普·奥贝利（Hovsep Orbelli）首次对申加维特遗址进行挖掘。大清洗期间，贝伯尔德扬被处决，发掘工作停止。1958年，桑德罗·萨达良（Sandro Sardarian）重启挖掘工作，但在阿富汗战争开始后停止。1968年，为纪念埃里温建城2750周年，该遗址附近的一个小型博物馆对外开放。同年，一批建筑遗址经修复后向公众开放。2000年，在考古学家哈科柏·西蒙尼扬（Hakop Simonyan）的指导下，开始了大规模挖掘工作。2009年，宾夕法尼亚威得恩大学的米切尔·罗斯曼（Mitchell S. Rothman）教授加入了西蒙尼扬领衔的考古团队，分别在2009、2010和2012年进行了三次挖掘。在发掘过程中，地层剖面显示该遗址共有8—9个不同的考古地层，时间约在公元前3200—前2500年之间。考古学家发现公元前2200年时该遗址仍在使用。相关观点，可参见 Hakob Simonyan and Mitchell Rothman, "Regarding Ritual Behaviour at Shengavit, Armenia", *ANES*, No. 52, 2015, pp. 1－46。

② Simonyan H. E., "The Archaeological Site of Shengavit: An Ancient Town in the Armenian Highland", *Fundamental Armenology*, No. 1, 2015, pp. 1－25.

③ J. B. Wiener, "Shengavit", *Ancient History Encyclopedia*, 2017－9－25, www.ancient.eu/Shengavit/, 2018－3－9.

朗和土耳其有着广泛的贸易联系，鼎盛时期的人口约5000人。①

发现的其他考古遗物还有各种石器、权杖头、锄头、锤子、磨床、纺锤轮、矛头、剥皮器、骨针、陶器和坩埚（可容纳10千克冶炼金属），数量远远超过了居民的需求，显然用于对外贸易。大量黑曜石碎片、陶器、冶金和武器表明，可能有行会协调生产。② 其中最有趣的发现是一系列刻有花卉、几何图形和动物图案的“装饰品”。大多数手工艺品用粘土或动物骨头制成。金、银、铜等贵重金属以及用宝石和玻璃制成的精美饰物和珠子暗示着社会分化。武器铸造模具残骸以及各种青铜合金表明，申加维特人的冶金水平非常高。在外围的一些定居点出土了一些陶器，说明人口扩张。③

申加维特遗址最古的人工制品可追溯到铜石并用时代。根据考古文化层，申加维特定居文化经历了四个发展阶段（前3500年至前3000年、前3000年至前2700年、前2700年至前2300年、前2300年至前2000年）。④ 第二阶段末期，人们建起了巨大的城墙，墙宽4米，外墙和内墙使用巨大的玄武岩垒筑，内部填上各种小石块。⑤ 防御城墙和通往赫拉兹丹河的秘密隧道，说明战事增多。

总之，申加维特文化定居点规模庞大，远远超过了同期其他库拉—阿拉斯河文化遗址。考古资料表明，城内粮食储备充足，与外部有着广泛的贸易联系。像防御城墙这样巨大的公共工程，只有在强有力的领导下，才能建造起来。权杖、玛瑙和其他装饰品，暗示了王权的存在。因此，申加维特定居点是一个城邦君主制国家。

---

① Hakob Simonyan and Mitchell Rothman, “Regarding Ritual Behaviour at Shengavit, Armenia”, pp. 1-46. 申加维特区遗址房屋排列紧密，西蒙尼扬计算出每1000平方米就有16个房间，据此推算6公顷的土地上共有900—1000个房间。如果一半是房屋，每户10—12人，那么申加维特区的最高人口数量会超过5000人。

② Simonyan H. E., “The Archaeological Site of Shengavit: An Ancient Town in the Armenian Highland”, pp. 1-25.

③ J. B. Wiener, “Shengavit”, *Ancient History Encyclopedia*, 2017-9-25, www.ancient.eu/Shengavit/, 2018-3-9.

④ J. B. Wiener, “Shengavit”, *Ancient History Encyclopedia*, 2017-9-25, www.ancient.eu/Shengavit/, 2018-3-9.

⑤ Hakob Simonyan and Mitchell Rothman, “Regarding Ritual Behaviour at Shengavit, Armenia”, pp. 1-46.

西蒙尼扬和罗斯曼对于申加维特的手工业和农业活动的解读不一。在西蒙尼扬看来，一些业主的墓葬有明显的外来物品，说明该文化已开始了专业化生产。罗斯曼认为，从建筑规模、布局和内容方面看，手工业生产仅为满足城镇居民需要，而非用于交换，社会政治生活有限。西蒙尼扬主张把整个库拉—阿拉斯河文化视为单一社会政治单位。① 总的来说，申加维特的社会结构还有待进一步研究。

公元前30世纪中期，库拉—阿拉斯河文化突然结束，被一股新文化势力取代。在纳迪尔山区遗址中，考古学家发现了物质文化生产急剧中断和遭到巨大破坏的证据。② 这说明库拉—阿拉斯河文化遭到入侵。公元前2600年后，防御工事的加强说明战事的增加。然而，暴力不是库拉—阿拉斯河文化结束的唯一原因，今伊朗阿塞拜疆省的克内丘遗址就没有遭到破坏的痕迹，而是被人们主动放弃的。③ 总之，库拉—阿拉斯河文化以不同的方式突然结束了。一个分布广泛的文化几乎在同一时间消失，的确令人费解。目前，学术界主要有两种解释：外来入侵说和移民说。④ 如果外来入侵导致库

---

① Hakob Simonyan and Mitchell Rothman, "Regarding Ritual Behaviour at Shengavit, Armenia", pp. 1 – 46.

② Karim Alizadeh, et al., "The End of the Kura-Araxes Culture as Seen from Nadir Tepesi in Iranian Azerbaijan", *American Journal of Archaeology*, Vol. 122, No. 3, 2018, pp. 463 – 477.

③ Karim Alizadeh, et al., "The End of the Kura-Araxes Culture as Seen from Nadir Tepesi in Iranian Azerbaijan", p. 463.

④ 有学者对库拉—阿拉斯河物质文化的突变是否意味着新来者涌入的结果提出质疑。普特里兹认为，没有证据支持新文化势力进入南高加索。她认为库拉—阿拉斯河文化后期的变化只是公元前3千纪近东社会互动的结果。相关观点，可参见 M. Puturidze, "Social and Economic Shifts in the South Caucasian Middle Bronze Age", in A. T. Smith and K. S. Rubinson, eds., *Archaeology in the Borderlands: Investigations in Caucasia and Beyond*, Los Angeles: Cotsen Institute of Archaeology, 2003, pp. 111 – 127。科尔推测，一批车轮上的民族从北方草原地带进入南高加索，库拉—阿拉斯河人随之放弃了这里，迁到了更遥远的南部。相关观点，可参见 P. L. Kohl, "Migrations and Cultural Diffusions in the Later Prehistory of the Caucasus", in R. Eichmann and H. Parzinger, eds., *Migration und Kultur transfer: Der Wandel vorder-und zentralasiatischer Kulturen im Umbruch vom 2. zum 1. Vorchristlichen Jahrtausend. Ak ten des Internationalen Kolloquiums*, Berlin, 23. bis 26. November 1999, Bonn: Rudolf Habelt, 2001, pp. 313 – 326。科尔还描绘了南高加索地区移民的迁徙，认为他们的出走不一定是外部入侵的结果，而是为了寻找更好的牧场。相关观点，可参见 P. L. Kohl, *The Making of Bronze Age Eurasia*, New York: Cambridge University Press, 2001, pp. 18, 112, 121。

拉—阿拉斯河文化突然消失，那么入侵者是谁？他们从哪里来？他们在文化和种族上是否为同一族群？入侵者规模是否足够强大到消灭一个分布广泛的文化？如果居民自愿迁走，他们为什么放弃家园？学者对这些问题莫衷一是。

第四节 特里亚勒季—瓦纳佐尔文化

公元前2200年至前1500年间，在亚美尼亚、格鲁吉亚南部和土耳其东北部，特里亚勒季—瓦纳佐尔文化蓬勃发展起来。有学者推测，它属印欧文化。① 该文化与古代世界其他文明中心联系密切。例如，在特里亚勒季发现的一口大锅几乎与迈锡尼圆顶墓中出土的大锅相同，它的陶器也与近东其他地区的陶器非常相似。②

该文化的埋葬形式非常特殊。丰富的土葬表明，社会分化十分显著——贵族墓室大而豪华，有的还有四轮马车陪葬。在一些坟墓中出土了许多金器，并与伊朗和伊拉克发现的金器非常相似。坟冢形式与轮式交通工具表明，该文化与操原始印欧语的库尔干文化相同。另外，黑色抛光陶器与库拉—阿拉斯文化的陶器非常相似。这表明，该文化受到南方新月沃土文明的影响。根据亚美尼亚创始人哈依克的传说，大约在公元前2107年，他击败巴比伦战神贝尔后建立了第一个亚美尼亚人的国家。从历史上看，这一事件与苏美尔古田王朝摧毁阿卡德王国几乎发生在同一时期。正如传说所言，哈依克带着“300余家庭成员”离开了阿卡德。阿卡德王国的衰落导致美索不达米亚黑暗时代的开始，这是哈依克离开美索不达米亚的历史背景。

① John A. C. Greppin and I. M. Diakonoff, “Some Effects of the Hurro-Urartian People and Their Languages upon the Earliest Armenians”, *Journal of the American Oriental Society*, Vol. 111, No. 4, 1991 (Oct. – Dec.), pp. 721.

② Joan Aruz, eds. , *Cultures in Contact: From Mesopotamia to the Mediterranean in the Second Millennium B. C.* , New York: The Metropolitan Museum of art symposia”, Metropolitan Museum of Art, 2013, p. 12.

第五节　哈雅萨王国：约公元前1500年至前1200年

特里亚勒季—瓦纳佐尔文化结束后，亚美尼亚高地上出现了一个名为“哈雅萨—阿齐”的部落联盟（后文称哈雅萨王国）。[①] 它的信息几乎全部来自赫梯文献。有学者认为，该部落联盟源于特里亚勒季—瓦纳佐尔文化，公元前2千纪上半叶从南高加索扩张到安纳托利亚高原东北部一带。[②]

哈雅萨的首份记录发生于赫梯国王图达里亚三世统治时期（约前1360年至前1344年在位）。[③] 根据《穆尔西里二世纪事》记载，[④] 该部落联盟不断袭扰赫梯帝国的东部边疆。图达里亚三世及其继任者苏庇路里乌玛一世（约前1344年至前1322年在位）击败了哈雅萨国王卡兰尼后，它成为赫梯帝国的附属国。哈雅萨国王哈

---

① 20世纪20年代，瑞士学者埃米尔·费利尔（Emil Forrer）破译的赫梯铭文证明了哈雅萨王国的存在。它的西部边界大致在今土耳其锡瓦斯和亚美尼亚的埃奇米阿津之间，与今土耳其的埃拉泽和迪夫里伊（Divriği）接壤。东部边界远到凡湖附近。哈雅萨和阿齐的关系不明确，通常认为他们是两个联盟王国：北部的哈雅萨和南部的阿齐。关于两个王国关系的性质，有些学者认为阿齐是哈雅萨的一个地区，或哈雅萨和阿齐是同一地区的不同名称。相关观点，可参见 I. M. Diakonoff, *The Pre-history of the Armenian People*, New York: Caravan Books, 1984, pp. 45 – 47。Vartan Matiossian 认为，“哈雅萨”是民族名，“阿齐”是“哈雅萨人的土地”或“政体”的意思。相关观点，可参见 Vartan Matiossian, “Azzi-Hayasa on the Black Sea? Another Puzzle of Armenian Origins”, in Richard G. Hovannisian, ed., *Armenian Pontus: the Trebizond-Black Sea communities*, Costa Mesa, CA: Mazda Publishers, 2009, p. 75。根据 Massimo Forlanini 的说法，两者可能为同一政治实体，但随着新统治王朝的确立，名字从哈雅萨变成了阿齐。相关观点，可参见 Massimo Forlanini, “The Ancient Land of ‘Northern’ Kummaḫa and Aripša ‘Inside the Sea’”, in Metin Alparslan, ed., *Places and Spaces in Hittite Anatolia I: Hatti and the East*, Proceedings of an International Workshop on Hittite Historical Geography in Istanbul, 25th – 26th October 2013, Istanbul: Türk Eskiçağ Bilimleri Enstitüsü, 2013, p. 2。

② Aram Kosyan, “To the East of Hatti”, in Aynur Özfırat, ed., *Essays in Honour of Veli Sevin*, Istanbul: Yayinlari, 2014, p. 279.

③ R. P. Ghazaryan, “The development of the Armenian Statehood: Kingdom of Hayasa (XIV – XIII centuries BC)”, *Հիմնարար հայագիտություն* (Fundamental Armenology), No. 1, 2015, pp. 16 – 20.

④ J. – P. Grélois, “Les Annales Decennales de Mursili II (CTH 61. 1)”, *Hethitica*, IX, 1988, pp. 17 – 145.

卡纳统治时期，双方签署和平条约。[①] 条约的主要目的是确保赫梯帝国东部边疆的安全。为了达到这个目的，苏庇路里乌玛将自己的妹妹嫁给了哈卡纳。双方承诺，如果一方与第三国（米坦尼王国）发生战争，双方共同参战。赫梯人的神谕表明，苏庇路里乌玛并不信任哈雅萨国王。[②]

值得注意的是，条约称哈卡纳是阿齐国的统治者，这给哈雅萨与阿齐关系的解读带来困惑。两者位于今土耳其东北部，哈雅萨靠北，阿齐在南。两者虽为不同的政治实体，但政治和语言相近。为共同应对赫梯的威胁，两者结盟或本来就是同一政治实体。哈雅萨—阿齐联盟覆盖的区域后来构成了小亚美尼亚以及大亚美尼亚的西南部。前基督教时代的很多亚美尼亚神庙都在原哈雅萨领土内。

公元前 14 世纪 20 年代，赫梯帝国爆发瘟疫，哈雅萨趁机反叛，但被穆尔西里二世（约前 1321 年至前 1295 年在位）击败，哈雅萨—阿齐联盟解体。《穆尔西里二世纪事》描述了他与哈雅萨人的战争：哈雅萨人民起来造反，用战车围住了加努瓦拉。从赫梯和哈雅萨之间的通信来看，哈雅萨王国有驿卒。“哈雅萨人民”说明王权受到制约，王国存在人民大会或长老议事会等政治机构。[③] 军队是哈雅萨王国的统治基础，兵力相当可观（步兵 1 万人，战车 700 辆）。[④]

值得注意的是，“哈雅萨”一词与亚美尼亚语“哈依克”“哈伊”“哈雅斯坦”十分相似，这不仅让人产生哈雅萨人参与了亚美尼亚民族形成的联想，或它曾经是一个说亚美尼亚语的国家。“-assa”“-asa”分别是赫梯语、卢维语的属格后缀。因此，哈雅萨

---

① Trevor R. Bryce, *The Kingdom of the Hittites*, Oxford University Press, 1988, pp. 160-120.

② Hans Gustav Güterbock, “The Deeds of Suppiluliuma as Told by His Son, Mursili II”, *Journal of Cuneiform Studies*, Vol. 10, No. 2, 1956, pp. 41-68.

③ R. P. Ghazaryan, “The Development of the Armenian Statehood: Kingdom of Hayasa (XIV-XIII centuries BC)”, p. 19.

④ R. P. Ghazaryan, “The Development of the Armenian Statehood: Kingdom of Hayasa (XIV-XIII centuries BC)”, p. 19.

是赫梯人或卢维人的名字，意思是“哈依人的土地”，这与“哈雅斯坦”的意思相同。有学者认为，“哈雅萨—阿齐”是“亚美尼亚族”的赫梯语翻译。也有学者认为，“哈伊”在原始印欧语中是“金属”的意思，因此“哈雅斯坦”是“金属之地”的意思，指该地区发展起来的早期冶金技术。①

在哈雅萨王国，有祭司主持宗教仪式。哈雅萨人的万神殿出现在赫梯语铭文中。赫梯和哈雅萨签署的条约提到了哈雅萨人的14个崇拜中心——哈雅萨王国的14个定居点。② 苏庇路里乌玛在条约中威胁说，如果哈雅萨人破坏和约，将摧毁他们的房屋、田地、葡萄园和牲畜。由此推测，青铜时代晚期的亚美尼亚高地农牧业发达。从考古学上看，哈雅萨时代也是拉迦申—梅萨莫尔（前1500年至前700年）文化的全盛时期。③

综上所述，青铜时代晚期的哈雅萨王国的情况鲜为人知。学者对它与亚美尼亚人的关系众说纷纭，但毋庸置疑的是，亚美尼亚人至少继承了部分哈雅萨王国遗产。它与赫梯帝国的紧密关系，说明亚美尼亚高地与安纳托利亚高原自古互动频繁。

---

① Vartan Matiossian, “Azzi-Hayasa on the Black Sea? Another Puzzle of Armenian Origins”, p. 75.

② R. P. Ghazaryan, “The Development of the Armenian Statehood: Kingdom of Hayasa (XIV - XIII centuries BC)”, p. 19.

③ 拉迦申—梅萨莫尔文化介于青铜时代晚期至铁器时代早期，主要分布于今亚美尼亚境内。该遗址出土了许多青铜物品以及一辆保存完好的四轮战车。相关观点，可参见 Sharon R. Steadman and John Gregory McMahon, *The Oxford Handbook of Ancient Anatolia* (10, 000 - 323 *BCE*), New York: Oxford University Press, 2011, pp. 478 - 479。考古学家将该文化与乌拉尔图楔形文字证明的埃蒂乌尼（Etiuni）部落联盟联系起来。埃蒂乌尼是铁器时代早期阿拉斯河北部的一个部落联盟的名城，大致与后来的亚美尼亚王国的亚拉腊省相对应。乌拉尔图文献经常提到它，一些学者认为他们说亚美尼亚语。相关观点，可参见 Armen Petrosyan, “Towards the Origins of the Armenian People: The Problem of Identification of the Proto-Armenians: A Critical Review”, *Journal for the Society of Armenian Studies*, Vol. 16, 2007, pp. 25 - 66。

第三章　乌拉尔图王国：公元前 860 年至前 590 年

公元前 3000 年至前 1500 年间，咸海、里海和黑海地区的印欧部落学会了冶铁技术，并开始向外迁徙。来自亚洲的东印欧语系部落和来自欧洲的西印欧语系部落分别进入南高加索和小亚细亚。前者与当地的胡里安人、加喜特人、米坦尼人等高加索部落发生冲突（或融合），创造出一种混合文化；后者在小亚细亚建立了赫梯帝国，并在公元前 1300 年左右发展成为一个延伸至幼发拉底河流域的强大帝国。与此同时，南方的亚述人融入美索不达米亚的闪族文化中。高加索人和安纳托利亚人与东印欧人结盟，频繁与赫梯人、亚述人征战。随着西亚诸民族交流的增强，他们开始记载一些非本民族的信息，比如赫梯人和亚述人提到了亚美尼亚高原上的奈里、乌拉尔图以及其他部落联盟。青铜时代的亚美尼亚文明正是通过高地上锻造的第一个国家——乌拉尔图王国（又名凡国）的故事来讲述的。大约公元前 1200 年，弗里吉亚取代赫梯帝国，亚述王国进入休眠期。公元前 9 世纪，亚美尼亚高原上的诸部落走向统一，是为乌拉尔图王国，原地方小型国家转变为乌拉尔图王国的行省。

“乌拉尔图”一词来自亚述铭文。亚述国王萨尔玛那萨尔一世（约前 1274 年）在他的《年代记》中声称征服了乌拉尔图人的领土。[①]

---

① Paul E. Zimansky, *Ancient Ararat: A Handbook of Urartian Studies*, New York: Caravan Books, 1998, p. 28.

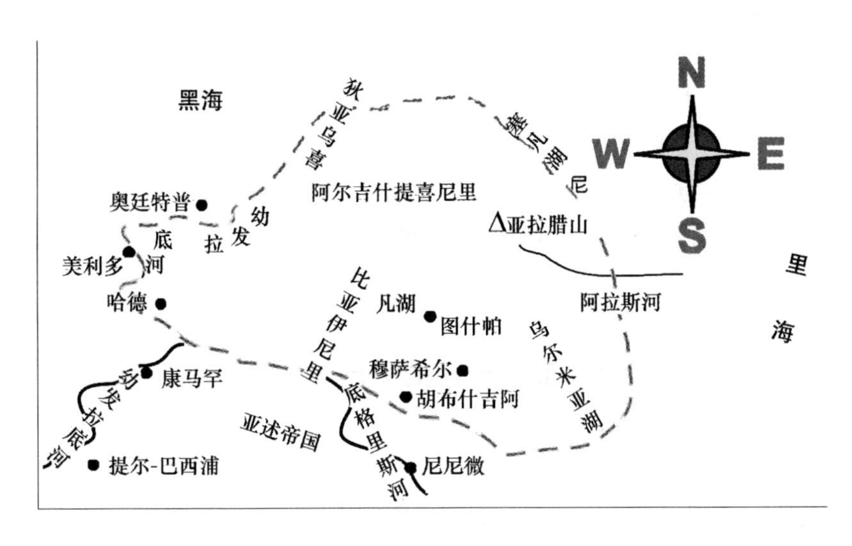

地图1　乌拉尔图王国疆域（公元前7世纪）

亚述文献中的“乌拉尔图”是个地理名词，而非国名。另外，“乌拉尔图”与《圣经》里的“亚拉腊”、阿卡德语中的“乌拉什图”和亚美尼亚语中的“亚拉腊”为同源词；乌拉尔图人使用的“比亚伊尼里”也是一个地理名词，是亚美尼亚语“凡”的词根。① 因此，人们通常称乌拉尔图人的国家为“凡国”。乌拉尔图人自认为是战神哈尔迪的后裔，称自己的国家为“奈里”。奈里是公元前13年至前11世纪亚美尼亚高地上的一个较为松散的部落联盟。在大流士一世的《贝希斯敦铭文》中，“乌拉尔图”一词演变成“亚美尼亚”。

乌拉尔图王国兴起于公元前9世纪中叶，都城在图什帕（今土耳其凡城），鼎盛时期疆域包括小亚细亚东部、黑海东南部和里海西南地区。一般认为，乌拉尔图人源自胡里安人。他们的语言类似于胡里安语，并与赫梯语、亚美尼亚语有亲缘关系，属印欧语系的一个分支。乌拉尔图文字为新亚述楔形文字的变种。19世纪上半叶以前，它的历史几乎不为人所知。1827年，德国东方学者舒尔茨（1799—1829年）代表法国东方社会研究所到凡湖地区科考，发现

---

① I. M. Diakonoff, “Hurro-Urartian Borrowings in Old Armenian”, *Journal of the American Oriental Society*, Vol. 105, No. 4, 1985 (Oct. Dec.), pp. 597 - 603.

了乌拉尔图语铭文。19 世纪 40 年代，英国考古学家、外交家莱亚德考察和描述了凡堡的石制墓穴情况。19 世纪 80 年代，学者们开始系统性地收集乌拉尔图语铭文，产生了乌拉尔图学。目前，通过考古学家和历史学家的不懈努力，乌拉尔图王国的故事重见天日。在今亚美尼亚国家历史博物馆和埃瑞布尼博物馆珍藏着大量乌拉尔图遗物。

第一节　王国的兴起与发展

赫梯帝国的崩溃给乌拉尔图人提供了统一高地各部落集团的机会。公元前 9 世纪，它成为亚述帝国最强劲的竞争对手，高地人逐渐摆脱了落后的部落生活模式，向国家过渡。在此之前，亚美尼亚高地没有多少财富值得外部势力去掠取，但在这之后的数千年里，它成为东西方帝国竞相掠夺的对象。

亚美尼亚高地的统一有助于应对亚述帝国的挑战。在两大帝国的角逐中，亚述帝国虽取得了一定的成功，但乌拉尔图人的战斗力十分强悍，有效遏制了亚述的扩张步伐。从某种意义上说，两者的斗争可视作新印欧人对老闪米特人的挑战。①

乌拉尔图王国的首位国王是阿拉麦（约公元前 860 年至前 843 年在位）。据说，他是“美男阿拉”人物的原型。阿拉统一亚美尼亚高原后，自冕“万王之王”。在亚美尼亚人的传说中，他英俊潇洒，深得亚述女王塞米勒米斯的芳心。阿拉死后，绝望的塞米勒米斯离开富饶的阿拉斯河谷地，来到凡湖东岸。在那里，她发现一座东西绵延不绝的石山，北面下沉到低地的平原地区，南面一直延伸到港口。大山脚下有几股清泉和一些村庄。当女王看到此情此景，立刻喜欢上了它，在那里建了一座壮丽的城市。城里有石屋和浴池，街道宽阔，郊区有各种花园、果园和葡萄园。她修筑了一条水渠，在高耸的峭壁上筑了一座城堡。堡垒里有壮观的宫殿，岩壁上

① George A. Bournoutian, *Concise History of the Armenian People: From Ancient Times to the Present*, p. 11.

刻着讲述她丰功伟绩的文字。这一传奇故事来自5世纪亚美尼亚历史学家莫夫谢斯·科列那茨的叙述。①

事实上，塞米勒米斯所建的堡垒就是凡城，美男阿拉便是乌拉尔图国王阿拉麦。② 根据正史记载，塞米勒米斯是亚述国王沙姆什—阿达德五世（前824年至前811年在位）的妃子，但没有证据表明她进入亚美尼亚并与阿拉麦陷入爱河。尽管如此，莫夫谢斯的描述为凡城和乌拉尔图王国的建立提供了一个时间序列，19世纪的欧洲学者正是在莫夫谢斯的启发下发现了乌拉尔图王国的存在。亚述国王萨尔玛那萨尔三世（约前860年至前825年在位）声称乌拉尔图人的首位统治者是阿拉姆。因此，阿拉、阿拉麦和阿拉姆可能为同一人。

总而言之，乌拉尔图王国的崛起使亚述统治者感到了威胁。公元前832年，亚述国王决定北伐。北伐的主要目的是夺取通往美索不达米亚的铁器贸易路线。当时，近东铁矿产地主要集中在小亚细亚的东南角，乌拉尔图人控制着它的对外贸易通道。亚述帝国以"血腥之狮"著称，善于作战，但它的进攻被乌拉尔图国王萨杜里一世（前834年至前828年在位）击退。在与亚述人的战争过程中，乌拉尔图人学会了亚述人的作战方法，军事实力不断增强。不久，他迁都图什帕。图什帕的战略位置非常重要：既可以远离高加索山脉中"野蛮"部落的袭击，又占据凡湖盆地的核心区域。图什帕建在山顶上，城墙沿陡坡而建，民宅凿于悬崖峭壁之中。但不知何故，乌拉尔图统治者放弃了它，将统治中心转移到亚拉腊山北麓。

萨杜里一世的成功粉碎了亚述不可战胜的神话，被征服地区揭竿而起。亚述国王萨尔玛那萨尔三世把主要精力放在了镇压国内叛乱上，乌拉尔图趁机加速了高原部落的统一进程，并仿照亚述帝国的政治体制加强了中央集权。乌拉尔图国王伊什普伊尼（前828年

---

① Movses Khorenatsi, *History of the Armenians*, trans. Robert W. Thomson, pp. 96 – 108.

② David Marshall Lang, *Armenia: Cradle of Civilization*, Boston: George Allen & Unwin, 1970, p. 85.

至前810年在位）继续致力于国家的统一，建立了行省制度，国家机构日益完善。亚述帝国的行省制度就是仿效乌拉尔图人的，这一制度后来又被波斯帝国所继承。对外，伊什普伊尼夺取了邻邦穆萨西尔。[①] 从此，穆萨西尔成为乌拉尔图人的宗教中心，国王的加冕仪式就在这里举行。为应对亚述帝国的威胁，巩固统治，他让儿子迈努阿（前810年至前786年在位）与其共治。共治期间，乌拉尔图王国继续向东扩张，势力渗透到乌鲁米耶湖南岸。

公元前800年，迈努阿成为唯一的统治者。乌拉尔图的扩张，引起了狄亚乌喜王国[②]的不满，双方爆发冲突，后者战败，被迫向乌拉尔图称臣纳贡。他到处兴建堡垒，留下各种炫耀功绩的铭文。他重建了图什帕，沿悬崖峭壁筑起厚厚的城墙。为发展农业，他修建了大量灌溉渠道，其中“沙米拉姆渠”至今仍在向凡城供水。为抵御斯基泰人和辛梅里安人的入侵，他在亚拉腊山北麓修筑了一座名为“迈努阿喜尼里”的堡垒。连绵不断的战争和城市建设完善了国家机构，一套旨在加强中央集权的行政管理制度建立起来。在宗教方面，他为各部落的神建造了一座万神殿。

经过几代国王的励精图治，至公元前8世纪，乌拉尔图王国成为西亚领土面积最大的帝国之一，疆域北抵黑海沿岸，西到幼发拉底河发源地，东至大不里士，南接底格里斯河源头。这一时期，乌拉尔图人的建筑、冶金和艺术达到鼎盛。

阿尔吉什提一世（前786年至前764年在位）统治时期，乌拉尔图王国达到极盛。他是古代西亚最强大的霸主之一，也是乌拉尔图王国的第六代君主。在他统治下，乌拉尔图的军事力量无所匹敌。考古学家在凡城的一个墓穴旁发现了一块刻有乌拉尔图铭文的

---

① 在阿卡德语铭文中，穆萨西尔字面意思是“蛇的出口”。公元前9—前8世纪的亚述文献证实了它的存在。

② 狄亚乌喜为格鲁吉亚人的早期部落联盟（公元前12世纪）。乌拉尔图铭文提到它，大体位于黑海南岸的小亚细亚东北方向。公元前1112年，亚述国王提格拉特·帕拉沙尔一世俘获了狄亚乌喜的部落首领。公元前845年亚述国王萨尔玛那萨尔三世再次征服它。乌拉尔图王国崛起后，它成为乌拉尔图人的征伐目标，但最终被格鲁吉亚的一支部落摧毁。

巨大岩石——《阿尔吉什提一世编年史》，又称《霍霍尔编年史》。它是古代东方最大的铭文。铭文记载，他开疆拓土，发动了一系列战争。亚美尼亚历史博物馆东侧的一份铭文复制品如是说："哈尔迪神无比强大。哈尔迪神的武器威力巨大。由于哈尔迪神的强大，我袭击了马纳，占领了伊尔库尼，到达了亚述。一年内［俘虏］5481人，有些人被杀，有些活命；［夺］马286匹，大牛2251头，小牛8205头。"公元前782年，他在乌拉尔图北部建造了埃瑞布尼城堡。[①] 埃瑞布尼地理位置十分优越，位于亚欧商路的十字路口。1950年秋，亚美尼亚考古学家在埃瑞布尼城堡发现了两份铭文。目前，埃瑞布尼历史博物馆尚存有一份，被亚美尼亚人视为埃里温的"出生证"。铭文如是说：

> 凭哈尔迪神之威力，迈努阿之子阿尔吉什提筑造了这个固若磐石的要塞，宣布埃瑞布尼为比亚伊尼里之荣耀并令王的敌人生畏。阿尔吉什提说："在我完成这项伟大的工程之前，这里一片荒凉。藉著哈尔迪神之威力，迈努阿之子阿尔吉什提是强大之王、比亚伊尼里之王、图什帕之王。"[②]

为增加城市人口，阿尔吉什提一世将6600个俘虏带到城堡。[③] 古代西亚国家对俘虏进行长途转移是一种习惯性作法，这有双重目的：既可以削弱敌人，又能给本国提供廉价劳动力。在这种情况下，俘虏不得不长途跋涉，彻底失去自己的家园。

埃瑞布尼建在阿拉斯河谷底一个山丘上，视野开阔，能俯瞰四周，是攻打胡里安部落控制的塞凡湖地区的跳板。王室、寺庙和储藏室建立在阿林博德连绵的山丘上。从1959年起，考古学家经过连

---

① 埃瑞布尼又名"阿林博德（Arin Berd）"或"血腥之塞"，在亚美尼亚语中是"血垒"的意思。它是乌拉尔图的一座军事重镇，埃里温（耶烈万）得名于该城。

② Konstantine Hovhannisyan, "Erebuni", *Armenian Soviet Encyclopedia*, Vol. 4, Yerevan: Armenian Academy of Sciences, 1979, p. 9.

③ Konstantine Hovhannisyan, "Erebuni", *Armenian Soviet Encyclopedia*, Vol. 4, Yerevan: Armenian Academy of Sciences, 1979, p. 90 – 91.

续15年的发掘，基本上还原了城貌。宫殿中的壁画栩栩如生，至今隐约可见。身临其境，足以让人联想到昔日王室的富丽堂皇以及国王指点江山的场景。不知何故，乌拉尔图人放弃了这座堡垒，将财富转移它处。考古工作者在这里只发现了少量遗物，如密封的陶器、装饰品、铜器和铁器等。埃瑞布尼既是乌拉尔图人的军事基地，也是重要的政治、经济和军事中心。为发展富饶的阿拉斯河谷洼地，他们大力发展农业和园艺业。

公元前776年，阿尔吉什提一世在阿拉斯河谷另建新城阿尔吉什提喜尼里。[①] 它建在山脊上，四周筑有城墙，周围洼地被开辟成农田和葡萄园。城里有农庄、神庙、仓库和宫殿。出土的一些保存完好的房屋里有各种各样的餐具和酒窖设备。考古学家在这里发现了一些地基铭文和遗物。

阿尔吉什提一世统治末期，乌拉尔图王国进入全盛时期，影响渗透到地中海东岸，完全控制了高地到小亚细亚的贸易路线。在一座弗里吉亚王室墓穴中发现了公元前8世纪中期的一些乌拉尔图遗物，如动物头型的罐子、一口巨大的公牛头饰铜锅和长着翅膀的人物雕像等。值得注意的是，乌拉尔图人的商品远销到爱琴海诸岛、希腊大陆和亚平宁半岛，表明乌拉尔图人的贸易范围十分广泛。

乌拉尔图的崛起及其对地中海贸易路线的控制，严重损害了亚述帝国的利益，但此时的亚述帝国风雨飘摇，无力对外扩张。具有讽刺意味的是，乌拉尔图的军事结构借鉴了亚述帝国，并用来多次击败亚述。公元前9世纪，它的军事力量尚处于原始部落水平，尚不能完全与亚述相提并论，但到了阿尔吉什提一世时代，乌拉尔图士兵的装束几乎与亚述帝国的相同。乌拉尔图人的艺术、文化及其统治阶级的生活方式也深受亚述帝国文化的影响。埃瑞布尼博物馆中现存的乌拉尔图人的艺术实例清楚地证明了这一点。

---

① 今亚美尼亚阿尔马维尔。

萨杜里二世（前763年至前735年在位）统治时期，国势蒸蒸日上。他在凡城山坡的南面竖起了两块刻有其统治年代的石碑，但只完整保存下来一块。第一块石碑记载了他在位时期发生的一些大事，第二块记载了他与亚述人的战争。铭文还记载了幼发拉底河上游河谷一带亚美尼亚人的一些情况。在塞凡湖沿岸发现了他新建工程的铭文。

萨杜里二世两次出征康马罕，打通了通往叙利亚的通道。他与亚珥拔和大马士革结盟，从亚述帝国手中夺取了阿勒颇，切断了亚述通向地中海的商路。他在图什帕城墙上刻下了“伟大之王、强大之王、宇宙之王、奈里之王、无人能及之王、值得称奇的牧羊人、不怕战争的王、使不屈从于他权威的人卑躬屈膝的王”。对外扩张充实了国库，但这种优势非常短暂。不久，重新崛起的亚述帝国终结了乌拉尔图的繁荣。

乌拉尔图的霸权建立在军事基础之上，其衰落则是这种优势丧失的结果。公元前745年，随着亚述国王提格拉特帕拉沙尔三世（前745年至前727年在位）的崛起，近东的政治优势转向亚述帝国。公元前743年，他在亚珥拔击败乌拉尔图联军，俘获了大批俘虏。根据亚述编年史记载，萨杜里二世被迫退至幼发拉底河对岸。公元前735年，亚述帝国兵伐亚美尼亚高地，攻破凡城。亚述铭文说：“我把萨杜里围在他的都城图什帕，我在城门前大开杀戒。我在这座城市竖起了我的威严。”①

第二节 乌拉尔图王国的衰亡

鲁萨一世（前735年至前713年在位）统治时期，王国内外交困。鲁萨一世留下来的铭文不多。在南高加索地区，鲁萨一世非常活跃，考古学家在埃瑞布尼发现了一些刻有阿尔吉什提一世、萨杜里二世和鲁萨一世的青铜盾牌和杯子等物品，铣䄂邱也发现了一些

① Daniel David Luckenbill, ed., *Ancient Records of Assyria and Babylonia*, Vol. I, Chicago: University of Chicago Press, 1926, item 785, p. 281.

类似的文物，这说明鲁萨一世把注意力转向了高地北部。当时，一些游牧部落（特别是辛梅里安人）已越过高加索山脉，威胁到了王国的安全。

辛梅里安人是一支生活在黑海北岸的半游牧部落。公元前8世纪迁徙到南高加索和小亚细亚一带。根据公元前714年的亚述史料记载，辛梅里安人的故乡是一个名叫“加米尔”或“乌什狄什”的地方。他们曾经征服格鲁吉亚和东西班牙，格鲁吉亚语称他们为“吉米里”。[①] 根据格鲁吉亚历史学家的说法，辛梅里安人对格鲁吉亚和东西班牙文化产生了重要影响。

辛梅里安人进入乌拉尔图后，大肆抢劫和破坏，但这些游牧民族不懂得如何利用城堡。为了抵御辛梅里安人的入侵，鲁萨一世在凡湖附近修建了2座堡垒。公元前714年，亚述摧毁了乌拉尔图人的宗教圣地穆萨西尔，掳走了哈尔迪神像。哈尔迪神是乌拉尔图人的保护神，在乌拉尔图人心目中有着至高无上的地位。鲁萨二世闻讯后，羞愤至极，拔刀自尽。此后，乌拉尔图改变外交策略，不再与亚述争雄，而是集中力量向南高加索和小亚细亚方向发展。阿尔吉什提二世（前714年至前680年在位）上台后，夺回了穆萨西尔。

公元前7世纪晚期，北方游牧民族不断入侵乌拉尔图。萨杜里三世（前639年至前635年在位）向亚述国王阿舒尔巴尼拔求援，并称后者为“父”。这说明两大帝国不再是一种平等关系，乌拉尔图成为亚述帝国的附庸。

公元前612年，米底国王库阿克撒列斯大帝伙同斯基泰人和新巴比伦国王那波帕拉沙尔（前626年至前605年在位）摧毁了亚述帝国。同一时期的乌拉尔图遗址表明，王国毁于大火。公元前590年，米底人夺取凡城。这说明了两种情况：（1）米底摧毁了乌拉尔图；（2）王国继续存在，但被本土兴起的亚美尼亚王朝（耶烈万杜

---

① 东西班牙是古希腊罗马人对格鲁吉亚王国的称谓。今格鲁吉亚的东部及南部通常指“高加索西班牙”或“东西班牙”，以别于今伊比利亚半岛的西班牙。高加索西班牙人是今格鲁吉亚人的主要先民。

尼王国）取代。古希腊历史学家色诺芬的说法支持第二种观点。色诺芬说："在米底入侵很久以后，亚美尼亚的奥龙提德王朝被米底国王阿司杜阿该斯推翻。"[①] 古罗马地理学家斯特拉波说："在古代，亚美尼亚粉碎了叙利亚帝国之后，统治了整个亚洲。但是后来，在阿司杜阿该斯统治的时代失去了强大的统治权……"[②] 中世纪亚美尼亚编年史家证实了这一说法。根据莫夫谢斯的叙述，亚美尼亚王子帕路易·斯格奥狄协助米底国王库阿克撒列斯大帝及其同盟者征服了亚述，库阿克撒列斯大帝立他为亚美尼亚国王，但不久米底征服了亚美尼亚。[③] 总之。乌拉尔图灭亡后，亚美尼亚高地的情况不是很清晰，目前，最为接受的理论是，操原始亚美尼亚语的亚美尼亚人逐渐同化了高地其他部落集团，成为高地的主人。[④]

亚美尼亚人在一定程度上继承了乌拉尔图人的文化、习俗、地理和语言。大流士一世在《贝希斯敦铭文》中用古波斯语称这一地区为亚美尼亚，用巴比伦语称它为乌拉尔图。显然，亚美尼亚和乌拉尔图有着某种程度的连续性。然而，随着乌拉尔图王国的垮台，人们对它的记忆逐渐褪去。小部分乌拉尔图人保留了自己的民族特性，希罗多德说阿拉罗狄欧伊人是残存的乌拉尔图人，住在波斯第18行省。[⑤]

第三节　乌拉尔图社会

一　乌拉尔图政制

乌拉尔图王国确立了一套完整的统治规范，并有能力在广阔的地域上投射权威，这明显与以前的高地部落政治实体不同。尽管乌拉尔图人继承了某些先前的政治传统，但并非历史直线发展的结

---

① ［古希腊］色诺芬：《居鲁士的教育》，沈默译，第125—127页。

② Strabo, *The Geography of Strabo*, Vol. 5, trans. Horace Leonard Jones, p. 235.

③ Movses Khorenatsi, *History of Armenians*, trans. Robert W. Thomson, pp. 100 - 101.

④ Anne Elizabeth Redgate, *The Armenians*, p. 50.

⑤ 在希罗多德的《历史》中，波斯帝国共有20个总督辖地，见［古希腊］希罗多德《历史》，王以铸译，第238页。

果。事实上，他们很少或根本不想与先前的统治王朝有任何关系，比如乌拉尔图人的碑文几乎没有提及任何先前的国家，因此，很难确定它的政治谱系。[①] 然而，当它从东安纳托利亚的部落集团中脱颖而出时，东安纳托利亚和高加索地区的政治、经济、文化联系更加紧密。

乌拉尔图人统一亚美尼亚高地后，建立了一个联邦制国家。国王是最高统治者、最高祭司。与邻国亚述和巴比伦不同，乌拉尔图人的公共生活不是很活跃。为巩固王权，统治者极力宣扬君权神授理论。哈尔迪神是乌拉尔图人的至高之神。亚述国王萨尔贡二世对它的加冕仪式描述如下：

> ……乌拉尔图的人民……他们把他和他的太子带到穆萨西尔城的哈尔迪神前，作为礼物献给他们的神。他们在它面前献祭无数的肥牛和肥羊。全城的人摆设筵席。他们在哈尔迪神面前给他戴上王冠，赐给他乌拉尔图的权杖。[②]

仪式表明，君权神授。君权神授所在地在穆萨西尔城的哈尔迪神庙。乌拉尔图统治者为哈尔迪神修建了无数神庙，并把自己描绘成哈尔迪神的仆从。神庙是王权合法化的象征，国王定期向神献祭，以表达感激之情。王权世袭，父死子继。国王有各种各样的夸张头衔，比如“强大的王”“伟大的王”“国中之王”“万王之王”“图什帕之王”“比亚伊尼里之王”。几乎每个国王都使用过其中的一些头衔——明确国王在官僚等级中的地位和合法权力。然而，国王的头衔不是一成不变的，而是随着王国政治的变化而变化。“万王之王”说明乌拉尔图王国是一个联邦君主制国家。亚述国王在许多场合提到了乌拉尔图的部落群体和他们的王，比如提格拉特帕拉

---

① Adam T. Smith, “The Making of a Urartian Landscape in Southern Transcaucasia: A Study of Political Architectonics”, *American Journal of Archaeology*, Vol. 103, No. 1, 1999, pp. 45 – 71.

② Ali Çifçi, *The Socio-Economic Organisation of the Urartian Kingdom*, Boston: Brill, 2017, p. 276.

沙尔一世遇到了一个由23个王领导的乌拉尔图部落联盟，还有一次提到了来自奈里的60个王。[①] 因此，“万王之王”是乌拉尔图人成功统一高原各部落的反映。遗憾的是，乌拉尔图国王的铭文没有提供国家管理模式、行政结构和王权作用的信息。但一些行政文件表明，国王有时会亲自处理具体事务，比如所有的碑文都以时任国王的名义竖立起来。刻有铭文的金属物品和其他器皿也与王权表达有关。

王国各部大臣主要由王室成员担任。偏远地区主要由当地统治者管理，皇家总督督察。这些地区须定期向国王进贡。靠近首都的地区由国王的亲戚直接管理。行省制是乌拉尔图王国的主要行政模式。国王任命的总督在行省内享有完全的自主权，因此，地区的繁荣在很大程度上取决于当地统治者。亚述文献和乌拉尔图铭文证明了这一点。最早提到“总督”一词的乌拉尔图铭文是迈努阿统治时期的巴金石碑，碑文说一位名叫“季蒂亚”的人被任命为埃拉泽的总督。[②] 萨杜里二世和鲁萨一世的铭文也提到国王任命行省总督一事。战时，总督负责招募军队，协助国王作战。总督叛乱时有发生。亚述国王萨尔贡二世的一封信描述了乌拉尔图总督的反叛。叛乱失败后，国王杀害了包括20个太监在内的100多人。[③] 然而，行省的具体数量是多少？它们的边界在哪？它们的行政组织结构怎样？无从而知。迪亚科诺夫认为，亚述国王提格拉特帕拉沙尔三世的行省制改革就是从乌拉尔图人那里学习的。[④]

人民是国王的财产，有义务参与国家建设——建造皇室、庙宇和堡垒。大部分平民享有一定的自由，可以经营自己的农场，雇用仆人或使用奴隶。贵族依靠国家津贴生活。

---

① D. D. Luckenbill, *Ancient Records of Assyria and Babylonia*, Vol. 1, Chicago: The University of Chicago Press, 1936, p. 81

② Ali Çifçi, *The Socio-Economic Organisation of the Urartian Kingdom*, p. 197.

③ Ali Çifçi, *The Socio-Economic Organisation of the Urartian Kingdom*, p. 200.

④ Igor M. Diakonoff, *Urartskij Pis' ma i Dokumenty*, Leningrad-Moscow: Izdatel'stvo Akademii Nauk SSSR, 1963, p. 66.

二 乌拉尔图军事

强大的军事力量是乌拉尔图王国强大的重要保障。乌拉尔图人的尚武精神可从他们对哈尔迪神的崇拜中窥见一斑。哈尔迪神是乌拉尔图人的战神、国王的保护神和王国的象征。国王总是声称他们的军事成功来自哈尔迪神的威力，似乎掩盖了乌拉尔图人的军事效能。军队分三个兵种：战车兵、骑兵和步兵。虽然乌拉尔图文献很少提到战车的使用情况，但大量的腰带、头盔、盾牌和箭袋等遗物都有战车的插图。青铜战车配件有轴帽、轴销、缰绳环、轭架和马鞍，上面一般都刻有铭文。有迹象表明，政府监督马匹饲养。公元前9世纪和前8世纪早期的车轮配备六根辐条，后来使用八根辐条的轮子。[①] 这样的战车更加稳固，容纳更多的武器。战车是地位、权力和威望的象征，只有贵族才有资格使用。考虑到高原地形的崎岖，战车主要用于狩猎或游行。骑兵才是最重要的兵种。腰带、头盔和箭袋是骑兵的标配，使用的武器几乎与步兵相同，比如弓箭、长矛和盾牌。骑兵从贵族中招募。亚述国王萨尔贡二世在第八次远征时说："我击败鲁萨……亲手俘获了他的皇家子嗣，也就是他的骑兵260人。"[②] 步兵的标准装备是弓箭、长矛、盾牌、头盔和刀剑。亚述人的信件两次提到了行省总督召集军队的情况。步兵分为长矛兵和弓箭兵，他们是军队的支柱。战时，总督指挥行省部队，跟随主要部队投入战斗。国王的常备军驻扎在都城图什帕。乌拉尔图人是如何维持常备军和行省军队的，不得而知。行省军队战时出征，平时务农。俘虏有时也会被征召入伍。国王或总司令指挥整个部队作战。

乌拉尔图王国的扩张主要发生在公元前9世纪末和前8世纪初，此后密集的军事远征相对较少。扩张目的不仅在于控制金属矿石等自然资源，也在于兼并农耕地区。乌拉尔图和亚述帝国的资料表

---

① Ali Çifçi, *The Socio-Economic Organisation of the Urartian Kingdom*, p. 242.

② D. D. Luckenbill, *Ancient Records of Assyria and Babylonia*, Vol. 2, Chicago: The University of Chicago Press, 1937, p. 8.

明，乌拉尔图国王热衷于与亚述争霸。公元前7世纪的军事活动的主要目的是掠取财富。战利品和贡品是王国最重要的收入来源。战俘为王国提供了大量的廉价劳动力。毫无疑问，军队在乌拉尔图人的经济生活中发挥了重要作用，也是亚美尼亚高原各部落团结在一起的主要力量。

图3－1　乌拉尔图人的战车模型（埃瑞布尼博物馆）

三　乌拉尔图文化

乌拉尔图文化在东安纳托利亚高原、亚美尼亚高原和伊朗高原西北部产生了广泛的影响。最早的乌拉尔图文字是象形文字，后来使用楔形文字。[①] 乌拉尔图楔形文字有500多种形式，很多有多重含义。[②] 乌拉尔图铭文内容大多是对建筑和宗教奉献的记载。纸莎草的封印表明，他们的通讯语言是阿拉米文。公元前2世纪的亚美尼亚人也使用阿拉米字母。毫不奇怪，字母文字更适合对外交流。

① James Russell, "The Formation of the Armenian Nation", in Richard G. Hovannisian, ed., *The Armenian People from Ancient to Modern Times, Volume I: The Dynastic Periods: from Antiquity to the Fourteenth Century*, p. 28.

② George A. Bournoutian, *Concise History of the Armenian People: From Ancient Times to the Present*, p. 14.

王室铭文经常使用“依哈尔迪神的意愿”的表达，波斯帝国借鉴了这一用法。乌拉尔图国王的“大王”“万王之王”的称号也被波斯帝王承袭。建筑是乌拉尔图人的杰出成就，风格独具特色，主要用岩石作建筑材料，有明显的地域特色。现存的石头废墟主要是堡垒、城墙、神庙和岩石墓穴。神庙呈方形，有厚厚的院墙，顶部使用泥砖。乌拉尔图城堡的规模十分宏伟，令人印象深刻。巨大的工程表明，国家经济实力雄厚，王权强大。

乌拉尔图人有崇拜圣树的习俗。在一些作品中，六翼天使、精灵和国王守护着圣树，象征着乌拉尔图人对民族文化的珍视。铜制酒杯上印有圣树，士兵的青铜腰带和头盔上刻有圣树。在色彩斑斓的壁画、宫廷柱廊和其他建筑中，几乎都绘有生命之树。19 世纪七八十年代，当地寻宝者向欧洲博物馆出售了一些乌拉尔图人的青铜碎片。碎片来自一个乌拉尔图国王的御座。研究发现，御座用青铜铸成，金箔镀金。这些碎片目前保存在大英博物馆、冬宫博物馆、卢浮宫和大都会艺术博物馆中。

随着领土的扩张，乌拉尔图人的万神殿挤满了被征服地区的神灵。此举无疑是为巩固统治所需。因此，乌拉尔图人的神五花八门，比如有当地的土著神，也有印欧人和亚述人的神。凡城的一段铭文，列举了 79 位神。尽管如此，乌拉尔图人的神也是有选择的，比如塞凡湖北部地区的神被排除在万神殿之外，这是他们视北方为蛮族之地有关。另外，山神、水神和象征自然界各种现象的神灵都在乌拉尔图人的万神殿名单中。哈尔迪神是至高之神、战神和保护神，其次是雷雨神特什拜、太阳神希维尼。它们共同形成了乌拉尔图人特有的三位一体神：哈尔迪神之子特什拜，特什拜之妻希维尼。巴比伦女神南娜被奉为智慧女神。祭祀仪式露天举行，用羊、牛和其他动物作牺牲。乌拉尔图没有人祭的习俗。

乌拉尔图王国的楔形文字碎片被他们的后裔们遗忘了近三千年之久。当亚美尼亚历史学家记录自己历史的时候，并不知道乌拉尔图王国的存在。5 世纪亚美尼亚历史学家莫夫谢斯描绘了亚美尼亚人反抗亚述人的斗争，声称亚述女王塞米勒米斯贪恋阿拉的美貌并导致了他的死。虽然阿拉麦（或阿拉）与塞米勒米斯不是同时代的人物，但却体现了两国的密切关系。

乌拉尔图人善于修筑水坝和灌溉渠，以提高农作物产量。生产工具和设备主要有铁干草叉、犁、斧头、锄头和镰刀，说明农业和畜牧业同等重要。发达的灌溉系统有助于增加农业产量。与近东其他国家相比，乌拉尔图人的耕地相对较少，生长季节短，但在有灌溉设施的地方，农业产量很高。[①] 发达的灌溉系统是乌拉尔图经济繁荣的关键要素。国王的所有农场都集中在灌溉渠周围。修筑灌溉渠需要进行大规模的人口动员。发达的灌溉系统，使乌拉尔图人实现了粮食自给。国王迈努阿在凡湖盆地建造了许多水库，肥沃的土壤得到灌溉。堡垒通常建在靠近水渠的地方，以便更好地管理和维护供水设施。[②] 沙米拉姆渠是国王迈阿努建造的最著名的水利设施。它长达51千米，为都城图什帕居民带来源源不断的淡水，遗迹至今尚存。今天，凡城地区的人们称它为“塞米勒米斯运河”。乌拉尔图铭文说：“依哈尔迪神的意愿，伊什普伊尼之子迈努阿开凿了这条水渠。水渠名叫迈努阿水渠。”[③] 在凡湖流域，从早春到8月初，农民为汲水，封锁水闸，在河床上种植牧草。夏季草可以保持水分，旱季可以收割起来为牲畜过冬作准备。葡萄是最重要的经济作物。沙米拉姆渠沿线的一段铭文说：“这是迈努阿之妻塔利亚的葡萄园，名为塔利亚喜尼里。”[④] 公元前9世纪30年代的一份铭文说：“萨杜里之子伊什皮尼建了这葡萄园，建了这花园，铭文献给神……”

乌拉尔图人种植小麦、大麦和芝麻等农作物，花园和果园业发达。[⑤] 完善的灌溉系统加上有利的气候条件，使东安纳托利亚非常适合种植葡萄。乌拉尔图的葡萄栽培技术十分发达。尽管在一些城

---

① Ali Çifçi, *The Socio-Economic Organisation of the Urartian Kingdom*, p. 29.

② Oktay Belli, “Urartian Dams and Artificial Lakes Recently Discovered in Eastern Anatolia”, *Tel Aviv*, Vol. 21, No. , 1, 1994, pp. 77 – 116.

③ M. Chahin, *The Kingdom of Armenia: A History*, New York: Routledge, 2001, p. 74.

④ Ali Çifçi, *The Socio-Economic Organisation of the Urartian Kingdom*, p. 66.

⑤ Ali Çifçi, *The Socio-Economic Organisation of the Urartian Kingdom*, p. 62.

市遗址中发现了葡萄干，但大多数葡萄用来酿酒。在附近的亚述，葡萄生长的条件不如乌拉尔图，因此他们大量进口乌拉尔图葡萄酒。葡萄酒也是贡品、战利品和易货商品。几乎每座城市都有一个很大的酒库，特什拜尼的一个酒库可以容纳 37 万升酒。葡萄酒（在水罐中）在阳光下陈酿，直到变得浓稠和甜美。考古发现表明，乌拉尔图人使用硫磺治疗酒病。色诺芬在后乌拉尔图时代游历了东安纳托利亚和美索不达米亚，描述了当地居民的“大麦酒”以及它的储存和酿造方法。啤酒储存在地下大罐子里，用吸管喝，色诺芬形容它虽很烈，但感觉却很好。

自新石器时代以来，东安纳托利亚高地就进行动物养殖。前乌拉尔图时代奈里部落的主要职业就是饲养动物。公元前 2 千纪，亚述人袭击奈里定居点的主要目的是抢夺耕牛。畜牧是农民最重要的经济活动之一，最常见的牲畜有山羊、绵羊、猪、牛和马等。在安纳托利亚东部地区，畜牧业是土地的主要利用形式。在农村，几乎每家每户都饲养鸡、鸭、鹅等家禽，它们是农民的重要经济来源，但肉类饮食比率非常低，牛奶等副产品是人们最重要的蛋白质来源。考古发现表明，乌拉尔图存在牛奶加工和奶酪制作。马匹在经济和军事上都很重要。乌拉尔图人的盾牌上刻有马的形象。在乌拉尔图人的艺术作品中，可以找到亚述和早期伊特鲁里亚文化影响的痕迹，这足以说明古代世界贸易范围之广，交流之频繁。贸易基于易货而非货币。贵重物品经常被没收为战利品或贡品。贸易和战争是乌拉尔图富国强兵的重要因素。

国王是全国土地的最高所有者，自由民和士兵一般也拥有自己的土地。由于史料缺乏，乌拉尔图的土地占有关系不是很清楚。地方要向中央政府纳税，赋税一般为粮食和牲畜等实物。

乌拉尔图人的金属加工业异常发达，在古代世界堪称一绝。他们善于制造精美的武器、饰件和陶器，其中一些完整保存了下来。学界普遍认为，乌拉尔图是古代近东金属加工业的中心。亚述国王萨尔贡二世从哈尔迪神庙中掳走了 30 多万件珍贵物品，其中包括大量铜器、铁器和银器，这足以表明金属器物在乌拉尔图宗教生活中的重要性。[①] 亚美尼亚高地盛产铜、铁和金等矿产，这里发现了可以追溯到公元前 9500 年的金属制品。[②] 在阿尔马维尔城堡西部，考古工作者挖掘出一个大型手工作坊。作坊有 14 个车间，人们戏称它为“铁匠之家”。[③] 出土的熟铁方坯、炉渣和熔炉表明，整个生产过程都在车间内进行。总体上看，乌拉尔图人借鉴了亚述人的艺术特色，但冶金艺术风格简单。如果没有铭文，很难辨别两者之间的区别。尽管如此，乌拉尔图人的作品也有自己的特点：偏爱装饰而非写生，善于模仿而非改进。在乌拉尔图社会，铁、铜、金和银的使用有明显的区别。铁通常用于制造武器和农具，如犁头、镰刀、锄头、刀具、凿子、铲子、锥子、扁条、钉子、钩子和锤子；青铜主要用于制造军事装备，如头盔、盾牌、剑、箭袋、箭头、匕首和马具，以及烛台、蒸锅和腰带等日常用具；黄金和白银用来制作首饰，如耳环、手镯和祈祷匾等。乌拉尔图人的冶炼技术对高加索和斯基泰人的手工业生产产生了重要影响。在南高加索和希腊世界，发现了大量的乌拉尔图人的铜器和铁制品。亚述国王萨尔贡二世从穆萨西尔哈尔迪神庙中掳走的一尊青铜雕像，重达约 1.8 吨。[④]

---

① Ali Çifçi, *The Socio-Economic Organisation of the Urartian Kingdom*, p. 121.

② James Russell, “The Formation of the Armenian Nation”, in Richard G. Hovannisian, ed. , *The Armenian People from Ancient to Modern Times*, *Volume I*: *The Dynastic Periods*: *from Antiquity to the Fourteenth Century*, p. 29.

③ Boris B Piotrovsky, *The Ancient Civilization of Urartu*, London: Nagel Publishers, 1969, p. 139.

④ Daniel David Luckenbill, ed. , *Ancient Records of Assyria and Babylonia*, Vol. I, p. 281.

第四章　波斯帝国属亚美尼亚：公元前570年至前331年

乌拉尔图王国灭亡后，亚美尼亚高地小国林立。然而，自乌拉尔图灭亡至波斯帝国建立的这段时期是亚美尼亚高原的权力空白期，乌拉尔图语铭文突然消失了。[①] 其间，高原上的政治发展状况，不是很清晰，亚美尼亚处于米底王国统治之下。不久，阿契美尼德波斯帝国征服了这片土地，将其收归为总督辖地。波斯帝国统治时期，亚美尼亚族以一个独立民族的身份出现在亚美尼亚高原上。

第一节　耶烈万杜尼王朝的兴起

乌拉尔图王国灭亡后，在原乌拉尔图遗址的西南部，兴起了一个以帕鲁尔为首的王国。当时，米底国王库阿克撒列斯为击败亚述帝国，请求帕鲁尔提供军事支援，并承诺成功后加冕他为亚美尼亚国王。公元前612年，帕鲁尔联合高原诸势力，伙同米底和新巴比伦王国，捣毁了亚述帝国都城尼尼微。为回馈帕鲁尔的支持，米底

---

① 乌拉尔图王国灭亡后，乌拉尔图语被原亚美尼亚语取代，停止了书写。相关观点，可参见 James P. T. Clackson, "Classical Armenian", in Roger D. Woodard, eds. , *The Ancient Languages of Asia Minor*, Cambridge, UK: Cambridge University Press, 2008, pp. 124 – 144。"在安纳托利亚东部山区，操亚美尼亚语的人取代了先前操乌拉尔图语的人。"

国王赐他“亚美尼亚王”称号。[①] 公元前6世纪中叶，亚美尼亚高原中部兴起了另一个国家——耶烈万杜尼王国。[②] 它是中世纪亚美尼亚王国三个王朝中的第一个王朝，另外两个分别是阿尔塔什斯王朝和阿沙库尼王朝。

耶烈万杜尼王朝的首位统治者是耶烈万德（前570年至前560年在位）。在古希腊学者那里，他因将王位禅让给提格兰一世，又作“短命的奥龙提德”。耶烈万杜尼家族的起源信息不是很明确，古典史家没有留下这方面的记载，但该家族与乌拉尔图皇室存在着某种联系。[③] 耶烈万德击败高原上的各个小国后，以自己的家族名字创建了耶烈万杜尼王国。在这个新统一的亚美尼亚国家里，印欧部落占主体。随着时间的推移，亚美尼亚人逐渐同化了高原上的其他部落。耶烈万杜尼王国的建立标志着亚美尼亚国家的形成，并继承和发展了乌拉尔图人的宗教、文化和社会习俗。[④] 不久，该家族的两个分支在索芬尼和科马根确立了亚美尼亚人的统治权。

耶烈万德统治时期，米底王国是西亚最强大的国家之一。埃兰、卡帕多西亚、亚美尼亚、帕提亚和波斯都处在米底王国的统治之下。亚美尼亚是米底王国的总督辖地之一，但有相当大的独立性。

提格兰一世（前560年至前535年在位）是耶烈万杜尼王国的第二任君主。莫夫谢斯称他是亚美尼亚诸王中“最聪明、最强大和最勇敢的王”[⑤]。在米底国王阿斯提阿格斯（前585年至前550年在

---

① 莫夫谢斯在描写这一事件时声称他的史料来自迦勒底人、亚述人和波斯人的材料。“这些事迹在迦勒底人、亚述人和波斯人的古卷中……他们在我们的土地上任命省长，又作总督。”见 Movses Khorenatsi, *History of Armenians*, trans. Robert W. Thomson, pp. 108 – 109。

② 希腊人称该王朝为奥龙提德王朝，亚美尼亚人称耶烈万杜尼王朝（Yervanduni）或埃鲁蒂德（Eruandid）王朝，存在的时间约为公元前6世纪至前200年。在希腊作家那里，“耶烈万德”又作“奥龙特斯（Orontes）”。

③ 关于耶烈万杜尼家族起源的论述，可参见 Simon Payaslian, *The History of Armenia: From the Origins to the Present*, New York: Palgrave Macmillan, 2007, p. 10; George A. Bournoutian, *A Concise History of the Armenian People: from Ancient Times to the Present*, p. 20。有历史学家认为，该家族来自伊朗并与阿契美尼德王朝有着某种联系。耶烈万杜尼王朝的统治者强调家族血统来自阿契美尼德王朝，目的是增加政权的合法性。

④ Simon Payaslian, *The History of Armenia: From the Origins to the Present*, p. 8.

⑤ Movses Khorenatsi, *History of Armenians*, trans. Robert W. Thomson, pp. 113 – 114.

位）的一次军事远征中，他为米底王国提供了4000骑兵和2万步兵。[①] 根据古希腊作家色诺芬的描述，提格兰与居鲁士大帝关系良好，两人经常在一起狩猎。[②] 米底王国与新巴比伦王国战争爆发后，他不再效忠米底。公元前553年，居鲁士大帝推翻米底王国，建立了阿契美尼德波斯帝国。亚美尼亚转而成为波斯帝国的总督辖地。古希腊历史学家希罗多德[③]和古罗马地理学家斯特拉波[④]证实了它的这种政治身份。公元前521年，冈比西斯去世，波斯帝国爆发“高墨达暴动”，附属国纷纷叛乱，但大流士一世最终平息了各地的叛乱。《贝希斯敦铭文》描述了这一事件，首次提到了“亚美尼亚”一词。铭文中的“亚美尼亚”一词与阿卡德语、埃兰语的“乌拉尔图”一词同义。也就是说，在波斯人眼中，亚美尼亚等同于乌拉尔图。尽管如此，亚美尼亚并不是历史上的乌拉尔图，但两者存在着某种传承关系。

第二节　波斯帝国统治下的亚美尼亚社会

大流士一世改革后，亚美尼亚被一分为二：西亚美尼亚归属波斯第13行省，东亚美尼亚归属波斯第18行省。行省总督在耶烈万杜尼家族成员中任命，定期向中央政府缴纳赋税。波斯波利斯的考古遗迹证明了这种附属关系。众所周知，波斯帝国对被征服地区的统治比较宽容，只要被征服者定期纳贡，以示臣服，波斯统治者不会干涉各民

---

① ［古希腊］色诺芬：《居鲁士的教育》，沈默译笺，第76页。在希罗多德笔下，协助居鲁士灭米底王国的是哈尔帕格斯，见［古希腊］希罗多德《历史》，王以铸译，第65—68页。

② ［古希腊］色诺芬：《居鲁士的教育》，沈默译笺，第116页、120页。

③ 根据希罗多德的说法，亚美尼亚在波斯帝国第13行省，每年向波斯缴纳400塔兰特，见［古希腊］希罗多德《历史》，王以铸译，第237页。

④ Strabo, *The Geography of Strabo*, Vol. 5, trans. Horace Leonard Jones, p. 307. “在古代叙利亚帝国分裂之后，大亚美尼亚统治着整个亚洲，尽管它仍保持着古代的荣耀，但后来在阿斯提阿格斯时期，它的强权被居鲁士和波斯人夺走了；埃克巴塔纳是波斯国王和马其顿国王过冬的要塞，马其顿在推翻波斯人之后占领了叙利亚。直到今天，它仍是帕提亚国王的优势所在并给其带来安全。”

族的生活习俗和宗教信仰。这对亚美尼亚民族来说显得格外重要，因为政治宽容才使他们有了发展民族文化的机会。结果，波斯帝国统治时期，亚美尼亚人迅速成为高原上的主体民族，并与伊朗建立了紧密的关系，共享波斯文化体系。

希波战争期间（前499年至前449年），亚美尼亚人与波斯人并肩作战。公元前368年，在征服奇里乞亚的战争中，它为波斯提供了1万人的辅助部队。[①] 在亚历山大大帝征服波斯的过程中，亚美尼亚人参加了高加美拉战役（前331年），亚美尼亚步兵和重装骑兵一直紧随大流士三世。[②]

波斯帝国统治时期，色诺芬的《长征记》提供了一些亚美尼亚社会的信息。公元前401年，色诺芬率领1万希腊雇佣兵，经亚美尼亚抵达黑海沿岸。根据色诺芬的说法，亚美尼亚是一个繁荣的国家，交通十分便利；农村物资丰富，粮食充盈，美酒香醇，有葡萄干和各种豆类；妇女作战勇猛，村舍防御严密并都有哨塔。[③]

随着波斯帝国的衰落，行省总督纷纷独立。公元前4世纪中叶，耶烈万杜尼王朝与它的西部邻国发起大总督起义（前366年至前360年）。大总督起义是小亚细亚总督反抗阿尔塔薛西斯二世统治的暴动，并得到了埃及法老的支持。亚美尼亚总督耶烈万德一世（前401年至前344年在位，注意不要与前文的耶烈万德混淆）被举荐为起义领袖。他为希腊人夺回了伊奥利亚的珀加蒙，雅典人为此授予他公民权和金花环。[④] 耶烈万德一世去世后，大流士三世担任亚美尼亚行省总督。希腊化时期的科马根王国（前163年至公元72

---

① ［古希腊］希罗多德：《历史》，王以铸译，第496页。

② James Russell, "The Formation of the Armenian Nation", in Richard G. Hovannisian, ed., *The Armenian People from Ancient to Modern Times, Volume I: The Dynastic Periods: from Antiquity to the Fourteenth Century*, p. 41.

③ ［古希腊］色诺芬：《长征记》，崔金戒译，第8、97—101页。

④ 关于耶烈万德一世参与大总督起义的内容，可参见 Maria Brosius, *The Persians: An Introduction*, Hoboken: Taylor & Francis, 2006; Richard Nelson Frye, *The History of Ancient Iran*, Vol. 3, München: C. H. Beck, 1984。

年）诸王都声称自己是耶烈万德一世的后裔，宣称自己的祖先是大流士一世（耶烈万德一世的妻子是阿尔塔薛西斯二世的公主）。[①] 波斯帝国对血统非常重视，只有来自皇家血统的人才有资格继承王位，这一传统被亚美尼亚历代统治者所继承。

耶烈万杜尼统治者经常与波斯统治者联姻，家族首领出任亚美尼亚行省总督，但须向波斯国王进贡，并与帝国军队并肩抗击外敌。只要这些义务没有终止，波斯就不会干涉他们的臣民，也不干涉当地的风俗和宗教习惯，这是波斯帝国的一贯作法。因此，亚美尼亚总督区虽为波斯帝国的藩属，却保持了相当的独立性。波斯帝国统治时期是亚美尼亚族的形成和巩固时期。随着波斯御道的建设，贸易路线上兴起一些城市。结果，一种更加同质化的亚美尼亚文化出现了。另外，亚美尼亚人虽受波斯语言、风俗和宗教的影响，但它是一个独立的文明单位，并非波斯帝国总督辖区那么简单，正因为如此，波斯统治者确定亚美尼亚人生活的地方为独立的行政单位——亚美尼亚行省，色诺芬反复强调了这一点。

第三节　波斯文化对早期亚美尼亚文明的影响

波斯总督辖地时期正是亚美尼亚文明的塑造和形成时期，因此，早期亚美尼亚文明深深烙上了伊朗文化因素。两者在地理上非常接近，而且波斯文明程度远远高于亚美尼亚，因此发达的波斯文化很容易成为亚美尼亚人学习的对象。上述两个因素使波斯文化对亚美尼亚影响了数千年之久，今天的亚美尼亚人和伊朗人仍然有着特殊的感情。

在波斯帝国统治下，亚美尼亚人直接将波斯众神搬到亚美尼亚高地。例如，亚美尼亚人的创造之神阿拉马兹德源于琐罗亚斯德教的阿胡拉·马兹达。[②] 阿拉马兹德是丰饶之神、雨水之神和众神之

① J. M. Cook, *The Persian Empire*, New York: Barns & Noble Books, 1993, pp. 170 – 263.

② David Leeming, "Armenian Mythology", in *The Oxford Companion to World Mythology*, Oxford University Press, 2005, p. 29.

父。他的生活方式跟波斯人的阿胡拉·马兹达一样：很少与妻子住在一起，又是厄娜喜特神和死亡女神斯潘达拉梅的丈夫。①

厄娜喜特神原为亚美尼亚人的战神，但在波斯宗教的影响下，演变成了司生育和治疗的女神。在亚美尼亚，她还是智慧神、水神、农业神和饥民的喂食者。与波斯不同的是，亚美尼亚人的偶像崇拜主要表现为对厄娜喜特神的崇拜。② 根据斯特拉波的说法，亚美尼亚人崇拜波斯人和米底人的宗教，特别是厄娜喜特神。③ 博伊斯说，亚美尼亚国王是厄娜喜特神的坚定崇拜者，纳瓦沙德节便是献给她的。④ 在古亚美尼亚历中，纳瓦沙德节是庆祝新年的节日，这一天是亚美尼亚新年的第一天（8月11日），庆祝活动一直持续到9月9日。节日期间，无论穷人还是富人，都聚集在一起，庆祝哈依克战胜贝尔的事迹。届时，全国各地王公贵族云集到厄娜喜特圣像所在地巴加万⑤，庆祝粮食和葡萄的丰收。宴会持续两周，其间人们举办各种体育比赛和赛马活动，获胜者会得到奖赏。这一天，国王还要举行狩猎仪式，最后人们在皇家宴会中结束庆祝活动。⑥

亚美尼亚人还崇拜一些从欧洲借来的神，比如瓦汗神是从弗里吉亚人那里传来的。⑦ 古亚美尼亚人视瓦汗神、阿拉马兹德神、厄

---

① A. H. Sayce, "Armenia", in James Hastings, ed., *Encyclopedia of Religion and Ethics*, Vol. 1, Edinburgh: T&T Clark, 1908, pp. 793 - 794.

② Mary Boyce, *Cambridge History of Iran*, Vol. 3 (2), Cambride: Cambridge University Press, 1983, p. 1003.

③ Strabo, *The Geography of Strabo*, Vol. 5, trans. Horace Leonard Jones, p. 341.

④ Mary Boyce, *Cambridge History of Iran*, Vol. 3 (2), p. 1007.

⑤ 巴加万（Bagavan）位于历史悠久的巴格烈万德省（Bagrevand）。它是前基督教时代亚美尼亚人的宗教中心和王陵所在地。亚美尼亚国王梯利达特三世就是在这里受洗并皈依基督教的。自那时起，亚美尼亚人在河边岩石上刻下了大量十字架，非基督教神庙改成了基督教修道院。20世纪前，恩帕特山附近的山坡上矗立着十几个基督小教堂，是全亚美尼亚大主教圣纳西斯一世（St. Nerses I, 353—373）的祈祷地。1877—1878年俄国和波斯战争期间，这里的修道院遭到破坏。20世纪40年代后，当地极端穆斯林彻底毁灭了那里的基督教遗迹。

⑥ Armen Khachikyan, *History of Armenia: A Brief Review*, Yerevan: Edit Print, 2010, p. 47.

⑦ David Leeming, "Armenian Mythology", *The Oxford Companion to World Mythology*, p. 177.

娜喜特神三位一体。在亚美尼亚神话中，瓦汗是火神、雷神、战神和“龙的收割者”。他因征服恶龙，故得名“龙的收割者”，但他又也与古波斯战神韦勒斯拉纳有关。在《阿维斯陀》中，后者是胜利的本原和给予者。①

古希腊罗马学者证实了波斯宗教对亚美尼人的影响。如前文所述，希罗多德、色诺芬和斯特拉波都见证了亚美尼亚人与波斯人崇拜同样的神，穿同样的衣服，说同样的语言。由此可推断，公元前6世纪至前4世纪，亚美尼亚人的政治和社会生活结构与波斯帝国区别不大。公元前401年，当色诺芬经过亚美尼亚时，描述了亚美尼亚人的乡村生活。

> “这里的房舍是地下的，有一个像井口的洞孔，但下面很宽敞。驮兽有通道进入，而居民则用梯子进出。房舍里有大小山羊、绵羊、牲畜、家禽。所有这些动物都在房舍里养育、饲喂。这里也有小麦、大麦和豆类以及大碗的麦酒。这种饮料上面浮飘着大麦粒；里面有麦秆，有大些的，有小些的，没有节。人渴时把麦秆放到口里吸吮。这是一种极烈性的饮料，可以用水稀释，喝惯了是非常好的……
>
> “次日，色诺芬带村长出发去见客里索甫斯。每过一个村庄就转去访问那里住下的队伍，见到他们各处都生活奢裕、精神愉快。没有一处不留他们吃饭再走，没有一处不席间摆上美羔、小山羊、小牛肉和家禽，连同好多块大麦和小麦面包。每当有人出于友情要为另一人祝酒，便拉他到摆大碗之处，俯身而饮，像牛饮一般……
>
> “……这时色诺芬把村长暂时带回他自己的家，并给村长一匹他弄到时已相当老的马去喂肥、供献，因为他了解到它是太阳神的圣物……”②

---

① Mary Boyce, *History of Zoroastrianism*, Vol. I, Leiden: Brill, 1975, p. 63.

② ［古希腊］色诺芬：《长征记》，崔金戎译，第101—103页。

根据色诺芬的描述，公元前5世纪初的亚美尼亚社会水平尚处于农业和部落阶段，族长对公社成员拥有绝对的权力。然而，他们的生活还是相当和平的，主要职业是务农，而非贸易和畜牧业。到了斯特拉波时代（公元前1世纪），亚美尼亚人虽仍以务农为主，[①]但已经在印度和巴比伦之间从事长距离贸易，甚至可以“佩戴黄金饰品”了。[②]从色诺芬的描述还可以看出，尽管亚美尼亚语与波斯语有一定的区别，但在相当程度上波斯化了，社会结构以部落、氏族和家庭为基础。在宗教方面，色诺芬提到亚美尼亚人崇拜像太阳神一样的圣物，说明琐罗亚斯德教在亚美尼亚有着广泛的影响。斯特拉波声称米底人、波斯人和亚美尼亚人习俗相近，米底人是“亚美尼亚习俗的始祖”[③]。斯特拉波还说：“现在，所有波斯人的神圣仪式都由米底人和亚美尼亚人共同举行；但是，亚美尼亚人对厄娜喜特神的崇拜单独举行，他们在各地特别是阿克里西尼[④]为她建造神庙。在那里，他们奉献给她男奴和女奴。”[⑤]色诺芬和斯特拉波都注意到了亚美尼亚的马祭现象。马祭与琐罗亚斯德教对太阳神密特拉的崇拜有关。因此，早期亚美尼亚人与波斯人共享同样的习俗。

尽管波斯文化对亚美尼亚影响较大，但亚美尼亚文明是在当地传统影响下逐渐形成的。正如古典学者所观察到的，亚美尼亚人使用自己的语言，并有自己的政府机构和统治核心。因此，波斯帝国统治下的亚美尼亚人保持了独立的民族身份。

---

① Strabo, *The Geography of Strabo*, Vol. 5, trans. Horace Leonard Jones, p. 219. “现在（高加索）伊比利亚平原上居住着一些人，他们倾向于农耕与和平的生活，穿亚美尼亚人和米底人的服装。”

② Strabo, *The Geography of Strabo*, Vol. 5, trans. Horace Leonard Jones, p. 243.

③ Strabo, *The Geography of Strabo*, Vol. 5, trans. Horace Leonard Jones, p. 313.

④ 阿克里西尼是幼发拉底河上游的一个狭长地带，大致相当于今土耳其的埃尔津詹省，主要城市是埃尔津詹，附近有亚美尼亚阿萨息斯王族的陵墓。

⑤ Strabo, *The Geography of Strabo*, Vol. 5, trans. Horace Leonard Jones, p. 341.

第五章　亚美尼亚王国：公元前321年至公元428年

公元前334年，亚历山大大帝开始了他的旷世东征。在与大流士三世决战前，亚历山大派人到亚美尼亚索取马匹和物资。[①] 在公元前331年的高加美拉战役中，亚美尼亚总督在波斯军队右翼攻入马其顿方阵的后方。然而，大流士三世逃离了战场，波斯帝国灭亡。征服波斯后，亚历山大大帝建立起了一个地跨亚、欧、非三洲的大帝国。在这个帝国里，希腊人成为新的统治精英，并自印度洋至地中海东岸建起了一系列希腊化城市。那个时代，希腊语成为通用语言，希腊艺术、宗教、哲学与东方文化相结合，赢得了大批追随者。

征服波斯帝国后，亚历山大把亚美尼亚的统治权交给了耶烈万杜尼家族。亚历山大大帝死后，他的继承者们为瓜分帝国遗产爆发了继承者战争，各方于公元前323年签署《巴比伦分封协议》。公元前321年，亚历山大的将军们重新签署《特里帕拉迪苏斯分封协议》，将亚历山大帝国一分为四，塞琉古帝国取得了从印度到幼发拉底河之间的广大领土。这样一来，亚美尼亚成为塞琉古帝国的总

---

① 亚历山大大帝是否到过亚美尼亚有很多争议，有学者声称他从来没有到过亚美尼亚。相关观点，可参见 N. G. L. Hammond, "Alexander and Armenia", *Phoenix*, Vol. 50, No. 2, 1996, pp. 130 – 137。妮纳·加索扬认为，亚历山大对亚美尼亚的影响很小，见 Nina Garsoïan, "Alexander the Great and His Successors (331 – 188B. C.)", in Richard G. Hovannisian, ed., *Armenian Van/Vaspurakan*, *Historic Armenian Cities and Provinces*, California: Mazda Publishers, 2000, p. 44。

督辖地。塞琉古帝国统治时期，亚美尼亚分裂为几个独立的公国。普鲁塔克说，亚历山大大帝死后，他的部将尼奥普托列墨斯给亚美尼亚造成了巨大破坏。[①] 公元前321年，尼奥普托列墨斯去世，耶烈万杜尼家族恢复统治权，建立了亚美尼亚王国，都城在阿尔马维尔，后迁到耶烈万达沙特。[②] 与此同时，小亚美尼亚的米特里达梯宣布独立。

塞琉古帝国为实现完全吞并亚美尼亚的目的，极力煽动贵族叛乱。公元前3世纪，亚美尼亚高地上出现了三个亚美尼亚人的政权：大亚美尼亚、科马根和索芬尼。大亚美尼亚在亚美尼亚高原的东部，科马根在高地的西北部，索芬尼在大亚美尼亚的西南角。由于大亚美尼亚的地理环境相对隔绝，塞琉古帝国对它的影响较小。小亚美尼亚包围在希腊化文化圈内，经常被塞琉古帝国、本都王国和卡帕多西亚控制，希腊文化影响较大。索芬尼在波斯帝国的皇家御道上，政局非常不稳定，成为近东大国激烈争夺的对象。

公元前201年，安条克三世（前241年至前187年在位）逐个吞并了三个分裂的亚美尼亚政权，整个亚美尼亚沦为塞琉古帝国的总督辖地。布匿战争后，罗马帝国越过巴尔干半岛，进入亚洲。公元前191年，罗马在温泉关击败塞琉古舰队，次年在马格尼西亚战役中击溃安条克三世。从此，塞琉古帝国一蹶不振。大亚美尼亚贵族阿尔塔什斯趁机叛乱，推翻耶烈万杜尼王朝，建立了阿尔塔什斯王朝。公元前188年，罗马帝国和塞琉古帝国签署《阿帕美条约》，承认了阿尔塔什斯家族的统治权。索芬尼的统治权交给了扎里亚德雷斯。

第一节　阿尔塔什斯王朝

阿尔塔什斯王朝又称亚美尼亚第一王国（前189年至公元12

---

① ［古希腊］普鲁塔克：《希腊罗马名人传》第2卷，席代岳译，吉林出版集团有限公司2011年版，第1050页以下。

② 耶烈万达沙特（Yervandashat）是亚美尼亚13大古都之一。公元前210年至前176年，它是耶烈万杜尼王朝的都城，4世纪60年代被波斯人摧毁。

年)，西方学者称它为阿尔塔希德王朝，统治区域包括大亚美尼亚、索芬尼和美索不达米亚的部分地区。该时期，亚美尼亚人的主要竞争对手是罗马人、塞琉古人和帕提亚人。阿尔塔什斯王朝是亚美尼亚文明巩固和发展的时期。随着波斯皇家御道的开通，区域贸易的发展，更加同质化的亚美尼亚民族形成。尤为值得一提的是，张骞的“凿空”发生在这一时期。古丝绸之路将中国与亚洲西端的亚美尼亚联系起来。中国史书中的“阿蛮”便是亚美尼亚，亚美尼亚人称中国人为“Chenk”(具体见第八章)。丝绸之路的畅通，给亚美尼亚人的经济生活注入了新的活力，大批亚美尼亚商人加入丝路贸易中来，成为东西方经济文化交流的使者。

一 阿尔塔什斯王朝的政制

公元前189年，阿尔塔什斯一世（前189年至—前159年在位）与索芬尼的统治者联合推翻了耶烈万杜尼王朝，建立了阿尔塔什斯王朝。当时，帕提亚帝国还未崛起，塞琉古帝国因《阿帕美条约》元气大伤，罗马帝国尚没有足够的实力称霸小亚细亚。因此，国际局势非常有利于亚美尼亚人的崛起。阿尔塔什斯一世登基不久，积极对外扩张，吞并了米底人、高加索阿尔巴尼亚人和伊比利亚人（格鲁吉亚人）居住的区域。斯特拉波说：“尽管亚美尼亚以前是一个很小的国家，但是安条克大帝的前任大将阿尔塔什斯和扎里亚德雷斯在他失败后登基为王，他们联手扩张自己的国家，割取邻国的土地——我的意思是他们从米底人的国土上夺走了……所以他们都说同样的语言。”①5世纪的莫夫谢斯证实了阿尔塔什斯一世的扩张：

> 阿尔塔什斯命人从东方和北方招聚庞大军队，连他都不知道有多少人。但在路上和安歇之处，[他命]每人留下一块石头作统计。然后他向西进军，俘虏了吕底亚的克里萨斯王。他在亚洲发现了阿耳特弥斯、赫拉克勒斯和阿波罗的镀金铜像，

---

① Strabo, *The Geography of Strabo*, Vol. 5, trans. Horace Leonard Jones, p. 325. 扎德里亚迪兹来自耶烈万杜尼家族，公元前200年被塞琉古帝国国王安条克三世任命为索芬尼总督。

将它们带到我们的国家，放在阿尔马维尔……阿尔塔什斯已经征服了两海之间的土地。他的船只挤满了大海，欲要征服整个西方。[①]

然而，阿尔塔什斯一世企图吞并索芬尼的努力失败了，本都王国控制了小亚美尼亚。[②] 根据斯特拉波的描述，亚美尼亚经过一千多年的发展，高地上的哈雅萨—阿齐部落、奈里部落和乌拉尔图遗民已经融合为亚美尼亚族，生活在一个国家里，讲同一种语言。领土扩张给亚美尼亚人带来巨大财富，贵族与国王的关系更加紧密，王国实现了前所未有的统一。遍布各地的边界石碑见证了领土的广袤和王权所及的势力范围，正因为如此，阿尔塔什斯一世成为亚美尼亚人最受尊崇的国王之一。

罗马帝国对阿尔塔什斯一世王权的确认，使大亚美尼亚统治者产生了一种期望——依靠罗马的力量巩固在亚美尼亚高地的统治。[③] 然而，阿尔塔什斯一世很清楚：亚美尼亚很容易成为东西方地缘政治角逐的牺牲品，他亲手推翻的耶烈万杜尼王朝就是在这种外部竞争和内部派系斗争中倒台的。因此，他深刻认识到了巩固王权和提高军事战斗力的重要性。耶烈万杜尼王朝继承了乌拉尔图和波斯帝国的社会政治结构，阿尔塔什斯王朝自然也承袭了它的君主政体。国王是一切法律和政治合法性的源头，拥有对外宣战、媾和、签署条约和缔结同盟的权力。随着国家领土的扩张和经济的繁荣，国王的作用越来越强大，权力越来越集中。君主之下是国王任命的各部官员，分别负责赋税、交通、商业、海关、农业和公共工程等事务。国王与他的大臣们共同构成了亚美尼亚的官僚体制——纳哈拉制度。纳哈拉制度在亚美尼亚历史上起到了极为重要作用，是亚美尼亚文

① Movses Khorenatsi, *History of the Armenians*, trans. Robert W. Thomson, p. 148.

② George A. Bournoutian, *A Concise History of the Armenian People: From Ancient Times to the Present*, p. 29.

③ A. D. H. Bivar, "The Political History of Iran under the Arsacids", in Ehsan Yarshater, ed., *Cambridge History of Iran*, Vol. 3 (1), Cambridge: Cambridge University Press, 1983, pp. 28 – 29.

明延续的核心要素之一，也是亚美尼亚封建制度的主要内容。

具体来说，阿尔塔什斯一世加强中央集权的措施主要有：（1）编纂土地持有法，调整国王与各级贵族之间的关系；（2）促进贸易和经济的发展，鼓励发展水利灌溉；（3）改革行政和财政制度；（4）将全国划分为四大军区，军区长官由国王任命的总督统治。[①] 总督从国王那里得到采邑，但须向国王宣誓效忠，负责镇守边疆。最初，总督尚不世袭，但随着时间的推移，他们的离心倾向越来越严重，军区实际上沦为半自治领地。

阿尔塔什斯一世治下的所有政府部门被贵族家族把持。亚美尼亚的贵族又称纳哈拉，纳哈拉是国王授予贵族家族的最高世袭头衔。国王将各部官职授予纳哈拉家族成员，职位的高低取决于他们对国王的忠诚度。纳哈拉制虽在一定程度上加强了王权，但又容易发展成为地方割据势力，不利于王权的加强。尽管如此，纳哈拉制是亚美尼亚政治制度的基础，并在一定程度上保证了国家的稳定。然而，贵族并不总是国家稳定的中坚力量，他们很少团结一致，有时甚至彼此掀起战事。另外，大亚美尼亚互为隔绝的地理特点也容易使贵族呈现出高度分裂的状态。因此，贵族往往根据政治环境的变化，决定是否与国王合作。在这种情况下，国王需要高超的政治平衡技巧。

总之，纳哈拉垄断了亚美尼亚政治、经济和文化，形成世家大族，国王是纳哈拉人的总头目。他们控制的农村地产是王国的经济基础。[②] 然而，此时的亚美尼亚纳哈拉制度尚不成熟，处于形成时期。阿沙库尼王朝时代，他们在借鉴帕提亚官僚制度的基础上，确立了发达的纳哈拉制度。

二　希腊化文化的影响

古希腊历史学家色诺芬途经亚美尼亚时，没有谈到城市，说明公元前5世纪以前的亚美尼亚社会发展水平较低。然而，随着希腊文化的传入，封闭的农业社会开始转型，城市出现。一般来说，王

① Simon Payaslian, *The History of Armenia: From the Origins to the Present*, p. 17.

② Simon Payaslian, *The History of Armenia: From the Origins to the Present*, p. 15.

室与城市之间关系密切，并给予城市一定的自治特权。在阿尔塔什斯一世统治期间，至少有10座城市拔地而起。[①] 随着城市人口的增加和经济实力的增强，城市必然寻求自治或独立。城市也是外国商人和希腊化文化传播的中心地带。希腊文化的传入削弱了波斯文化在近东的霸权，随之而来的文化断裂似乎更为持久和重要。由于地理位置的原因，索芬尼遭到希腊文化的第一波冲击，然后从那里逐渐渗透到大亚美尼亚。

公元前176年，为彻底摆脱耶烈万杜尼王朝的影响，阿尔塔什斯一世在迦太基将军汉尼拔的提议下在亚拉腊山对面建立了一座以自己名字命名的新城——阿尔塔沙特。[②] 斯特拉波说："它坐落在一个像半岛一样的弯道上，城墙周围是护城河，除地峡外，周围有壕沟和栅栏。"[③] 阿尔塔沙特是一座典型的希腊化城市。工程完工后，阿尔塔什斯一世将其他地方的希腊、波斯圣像都搬到该城，该城成为亚美尼亚王国的政治和宗教中心。[④]

在希腊文化的影响下，亚美尼亚人开始模仿希腊人铸造货币。银币上刻有国王的肖像和希腊文字，有些国王甚至自称"希腊之友"。[⑤] 在扎格罗斯山脉与亚美尼亚接壤的阿弗罗曼村发现了一份希腊羊皮纸契约，暗示了当地居民非常熟悉希腊语和法律。[⑥] 在阿尔马维尔还

---

① Simon Payaslian, *The History of Armenia: From the Origins to the Present*, p. 15.

② George A. Bournoutian, *A Concise History of the Armenian People: From Ancient Times to the Present*, p. 29.

③ Strabo, *The Geography of Strabo*, Vol. 5, trans. Horace Leonard Jones, p. 325.

④ Movses Khorenatsi, *History of the Armenians*, trans. Robert W. Thomson, p. 149. 根据莫夫谢斯的描述，耶烈万德一世建巴格兰城，用于存放阿尔马维尔带来的神像。后来，阿尔塔什斯将那里的宙斯、阿耳特弥斯、雅典娜、赫菲斯托斯和阿佛洛狄特等神像带到了亚美尼亚。莫夫谢斯说："这些事件不是由一两个希腊历史学家描述的，而是由许多人描述的。由于对这些事件怀疑，我们作了许多调查。"这说明希腊文化对亚美尼亚的影响可能在公元前5世纪末就已经开始了。

⑤ Nina Garsoïan, "The Emergence of Armenia", in Richard G. Hovannisian, ed., *The Armenian People from Ancient to Modern Times, Volume I: The Dynastic Periods: From Antiquity to the Fourteenth Century*, p. 50.

⑥ Nina Garsoïan, "The Emergence of Armenia", in Richard G. Hovannisian, ed., *The Armenian People from Ancient to Modern Times, Volume I: The Dynastic Periods: From Antiquity to the Fourteenth Century*, p. 51.

发现了一块碑铭，上面可以找到马其顿日历以及亚美尼亚人对希腊诗人赫西奥德和悲剧诗人欧里庇得斯等经典作品的引用。① 上述情况表明，希腊文化的影响已渗入大亚美尼亚的中心地带。

尽管受到希腊文化的冲击较大，但古老的波斯文化仍扎根于亚美尼亚社会。例如，耶烈万杜尼王朝和阿尔塔什斯王朝列王的名字都源于波斯语。阿尔马维尔铭文虽用希腊文，但它们却摆放随意，接近于涂鸦，赞格祖尔和其他地方的官方铭文全部用波斯官方用语阿拉米文。② 自大流士一世征服美索不达米亚后，阿拉米文一直是波斯帝国的官方用语。在塞凡湖地区发现的阿尔塔什斯时期的铭文是已知的首个亚美尼亚阿拉米文记录。③ 在阿尔塔沙特的发掘过程中，出土了刻有波斯骑士形象的泥板和一些希腊风格的雕像；在第比利斯北部附近的发掘现场，一位贵妇的墓志铭同时使用了希腊文和阿拉米文。④ 上述情况反映了希腊文化与波斯文化传统在高加索的融合，也反映了亚美尼亚人更重视波斯文化的事实。

综上所述，希腊文化元素不仅丰富了亚美尼亚高地的文化，也使亚美尼亚成为地中海世界的一部分。随着地中海文明圈的互动，希腊化文化的影响力日益加深，亚美尼亚高地出现了文化繁荣的局面，一个日益复杂的亚美尼亚文明在波斯文化和希腊文化的融合下产生了。从此，亚美尼亚人不再置身于一个同质性的世界里，而是逐渐成为东西方大国的“战争剧场”。另外，随着地中海世界和东方世界对立的加剧，亚美尼亚文明的统一性和民族特性受到挑战，并产生一定裂变。

---

① Nina Garsoïan, “The Emergence of Armenia”, in Richard G. Hovannisian, ed., *The Armenian People from Ancient to Modern Times, Volume I: The Dynastic Periods: From Antiquity to the Fourteenth Century*, p. 51.

② Nina Garsoïan, “The Emergence of Armenia”, in Richard G. Hovannisian, ed., *The Armenian People from Ancient to Modern Times, Volume I: The Dynastic Periods: From Antiquity to the Fourteenth Century*, p. 56.

③ George A. Bournoutian, *A Concise History of the Armenian People: From Ancient Times to the Present*, p. 28.

④ Nina Garsoïan, “The Emergence of Armenia”, in Richard G. Hovannisian, ed., *The Armenian People from Ancient to Modern Times, Volume I: The Dynastic Periods: From Antiquity to the Fourteenth Century*, pp. 51 – 52.

三　罗马帝国的介入

罗马帝国的崛起彻底改变了近东和地中海文明圈的政治格局，亚美尼亚人与罗马人之间的爱恨情仇从此上演。由于亚美尼亚王国占据了南高加索和东安纳托利亚高原的大部分地区，因而它成为东西方帝国的缓冲地带。公元前4世纪30年代，亚历山大大帝征服了这一地区，将其纳入西方文明的范畴。在亚历山大大帝死后不久，塞琉古帝国在这里建立了统治。正是在这一时期，亚美尼亚人开始直面日益强大的罗马帝国。

罗马帝国在东地中海世界的登场，使近东出现了亲罗马阵营和反罗马阵营。两股势力的对立带来一系列复杂的外交问题。本都王国的米特里达梯三世（前220年至前183年在位）和法那西斯一世（前195年至前155年在位）为遏制罗马东扩的野心，与濒临崩溃的塞琉古帝国结盟；而卡帕多西亚希望借助罗马帝国的力量抵御本都王国和塞琉古帝国的威胁。由于黑海港口对亚美尼亚经济至关重要，阿尔塔什斯一世为保证通往黑海港口道路的畅通和实现控制小亚美尼亚的野心，决定与本都王国结盟，而小亚美尼亚又与本都王国存在着联盟关系。复杂的同盟关系以及近东各国的影影绰绰，使他们不能有效联合起来应对即将到来的挑战。

塞琉古帝国的衰落激起了阿尔塔什斯一世的扩张野心。公元前168年，他出兵美索不达米亚。当时，塞琉古国王安条克四世（前175年至前164年在位）正欲攻打埃及，罗马的阻挠和亚美尼亚的进攻，迫使他撤兵，转而进兵索芬尼，欲夺取大亚美尼亚。在公元前165年的一次战役中，他俘获了阿尔塔什斯一世。此时，塞琉古的主要敌人已是帕提亚，于是他释放了阿尔塔什斯一世。

亚美尼亚局势让罗马帝国十分不安。当时，罗马正与迦太基进行最后一战，所以尚未准备好与近东兵戎相见。在这种情况下，帕提亚轻而易举地填补了近东权力的空白，在美索不达米亚不断扩大势力范围。帕提亚的崛起引起了罗马人的警惕。为争夺亚美尼亚这个缓冲地带，罗马与波斯人进行了一场持续近700多年的战争（公元前66—公元628年，包括拜占庭和萨珊波斯的战争）。在双方绞杀的过程中，亚美尼亚高地成为主战场。

由于罗马无暇他顾，亚美尼亚很快成为帕提亚攻伐的对象。公元前105年，帕提亚的米特里达梯二世（前144年至前88年在位）击败阿尔塔瓦兹德一世（前159年至前115年在位）后，将其侄儿提格兰（后来的提格兰大帝）扣押为人质。[①] 两国缔结条约，实现了和平。这时，罗马与波斯人的冲突尚未开始。于是，近东的和平促进了中国与波斯、亚美尼亚和罗马帝国之间的贸易，这使得张骞的“凿空”成为可能。亚美尼亚是古丝绸之路的必经之地，阿尔塔沙特就是一个重要的中转站。为了促进贸易的发展，阿尔塔什斯王朝建立了铸币厂。[②] 随着东西方贸易的发展，亚美尼亚高地上出现了一批新的城市，而新城市的出现又推动了希腊文化的进一步传入，索芬尼与大亚美尼亚在文化上更加趋同。这一时期，阿拉米文虽为官方用语，但希腊语似乎更受欢迎，平民主要使用亚美尼亚语。

第三次布匿战争后，罗马将目光投向东方。公元前96年，罗马的奇里乞亚总督苏拉与帕提亚妥协，共同瓜分了两大帝国在美索不达米亚的势力范围，这激起了本都王国和小亚美尼亚统治者米特里达梯六世（前120年至前63年在位）的不满。两者决定将罗马人赶出小亚美尼亚。不久，亚美尼亚高地成了血雨腥风的战场。

四　提格兰大帝的崛起

提格兰大帝（提格兰二世）统治时期（前95年至前55年在位），亚美尼亚成为罗马帝国东部最强大的帝国。亚美尼亚王国迎来第一个独立发展的黄金时代。

提格兰在泰西封作人质期间，帕提亚国王米特里达梯二世将自

---

① 阿尔塔瓦兹德膝下无子，立侄为继承人，参见 Hakob Manandyan and George A. Bournoutian, *Tigranes II and Rome: A New Interpretation Based on Primary Sources*, Costa Mesa, CA: Mazda Publishers, 2007, p. 19。

② George A. Bournoutian, *A Concise History of the Armenian People: From Ancient Times to the Present*, p. 30.

己的女儿嫁给了他。公元前95年，提格兰一世（前115年至前95年在位）死。为夺取王位，提格兰说服帕提亚国王让他返回亚美尼亚。根据斯特拉波的说法，他向波斯君主承诺一旦登基就把伊朗北部的“70座山谷”割让给帕提亚。[①] 在帕提亚的支持下，提格兰返回亚美尼亚，成功登上宝座，是为提格兰二世。由于这层关系，亚美尼亚与帕提亚暂时确立了友好关系，提格兰二世政权得到巩固。

亚美尼亚民族特性之一就是当外部条件和平时，就会表现出惊人的爆发力。公元前2世纪，塞琉古帝国已无力东山再起，帕提亚政权尚在巩固之中，罗马陷入内战。外部压力的消失激起提格兰二世的扩张野心。当时，国内局面也有利于他的崛起：贸易集聚起来的财富和人口的增长为他的扩张活动提供了强大的物质基础和人力资源；贵族急于获取新的土地和财富。上述因素成为亚美尼亚帝国崛起的条件。

公元前94年，提格兰二世占领索芬尼王国，亚美尼亚与罗马的关系随之恶化。二年后，提格兰二世试图吞并本都王国统治下的小亚美尼亚，但后者向他提出共同占领卡帕多西亚的建议。提格兰二世同意了本都王国的提议。[②] 为巩固双方关系，提格兰二世娶本都国王米特里达梯六世的女儿克娄巴特拉为妻。[③] 克娄巴特拉在亚美

---

① Strabo, *The Geography of Strabo*, Vol. 5, trans. Horace Leonard Jones, p. 339. “提格兰很善变，当初他是帕提亚的人质；他通过他们（帕提亚人）获得了回家的特权，他们因此得到了亚美尼亚境内70座山谷的回报；掌权后，他不仅夺回了这些地方，还摧毁了他们的国家。”

② Simon Payaslian, *The History of Armenia: From the Origins to the Present*, p. 20.

③ 此处的克娄巴特拉与埃及艳后不是同一人。这里的克娄巴特拉因还有一个叫克娄巴特拉的妹妹，所以称她为“老克娄巴特拉”。她对提格兰大帝的职业生涯影响很大，嫁给提格兰时只有16岁，育有三儿两女，其中一女嫁给了帕提亚国王帕科鲁一世（前55—前37年在位），另一女嫁给了米底的阿特罗帕特尼王国（Atropatene）的米特里达梯一世（前67年至前66年在位）。公元前68年，阿尔塔沙特战役之后，提格兰二世与罗马帝国缔结和平条约，激起了本都王国的不满。在克娄巴特拉父亲的挑唆下，她煽动王子们造反。公元前66年，罗马将军庞培俘虏了小提格兰，将其掳到罗马作人质。公元前58年，小提格兰在罗马政治家克洛狄乌斯·普尔喀（Publius Clodius Pulcher，前93年至前52）的帮助下逃离罗马。提格兰大帝晚年，他的另外两个儿子试图弑父夺位，但被挫败。王子叛乱失败后，克娄巴特拉逃回本都，度过余生，参见 Adrienne Mayor, *The Poison King: The Life and Legend of Mithradates, Rome's Deadliest Enemy*, New Jersey: Princeton University Press, 2009, pp. 263, 494, 522, 526。

尼亚人的政治生活中发挥了重要作用。

提格兰二世与本都结盟的主要目的是消除帕提亚和罗马帝国的双重威胁。对于本都国王来说，“与这位冉冉崛起的黑海帝王结盟是非常有益的”[①]。因为，亚美尼亚处于从中国到黑海的北方丝绸之路上，与其结盟能从丝路贸易中获取巨额利润。然而，与本都联盟，使亚美尼亚有与罗马直接开战的风险。

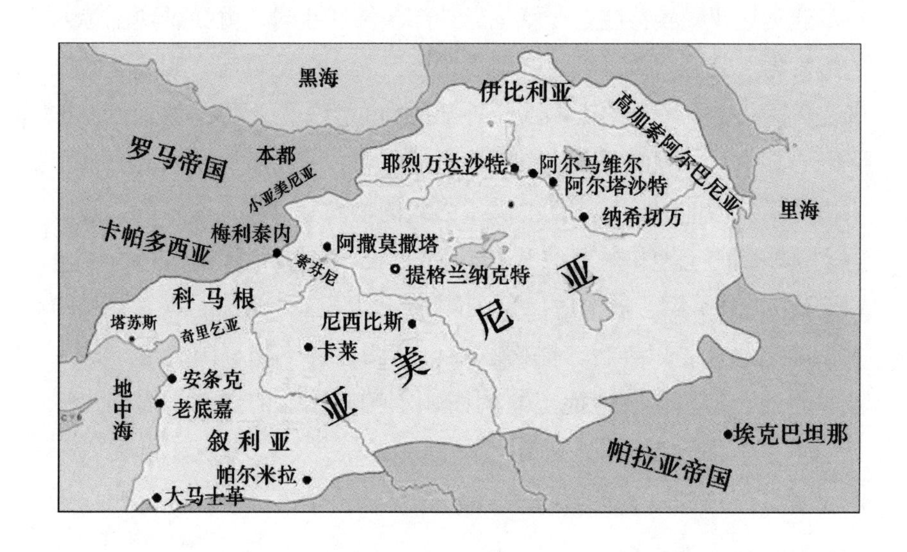

图 5－1　亚美尼亚帝国（提格兰大帝统治时期）

在小亚细亚东部，北方游牧民族的入侵为提格兰二世提供了攻打帕提亚的机会。公元前 90 年，他夺回割给帕提亚的 70 座山谷，然后向南推进，占领了北美索不达米亚及其临近的大片领土。到公元前 85 年时，提格兰二世已经占领了阿特罗帕特尼、高加索伊比利亚和阿尔巴尼亚、科马根、阿迪亚波纳、奥斯若恩、奇里乞亚、叙利亚和腓尼基。[②] 至此，提格兰二世建立了一个幅员辽阔的庞大帝

① Adrienne Mayor, *The Poison King: The Life and Legend of Mithradates, Rome's Deadliest Enemy*, p. 262.

② George A. Bournoutian, *A Concise History of the Armenian People: From Ancient Times to the Present*, p. 32.

国，领土从里海延伸到地中海东岸。犹太历史学家约瑟夫斯（37—100）对提格兰大帝的扩张战争记忆犹新，形容亚美尼亚人的入侵是一件可怕的事情，几乎摧毁了哈斯摩王国。① 约瑟夫斯说："提格兰的出现打破了由法利赛人统治、上帝赐福的和平王国的神话；亚美尼亚国王带来的恐慌的记忆被小心翼翼地重新唤起。"②

公元前84年至前83年间，提格兰大帝占领了叙利亚的安条克城。安条克曾经是塞琉古帝国的统治中心、叙利亚的都城，现在它变成了亚美尼亚人的统治中心。在发现的一枚亚美尼亚铸币上，一面刻有提格兰大帝的肖像，另一面刻有戴尖塔王冠、手持胜利棕榈的妇女形象。③ 当提格兰大帝驰骋近东时，罗马正忙于米特里达梯战争（前88年至前63年）和内部党争，没有精力干预东方事务。在新征服的土地上，提格兰大帝继承了波斯帝国的统治模式：只要被征服者定期向亚美尼亚上缴贡赋和提供兵役便可自治。普鲁塔克说他崛起初期，实力薄弱，后来陆续征服了很多国家，"这是过去从未有人做到的事"④。

为控制丝绸之路，促进经济的发展，斯特拉波说他把希腊人迁到美索不达米亚，把阿拉伯人迁到亚美尼亚，对犹太人也持欢迎态度；为彰显自己的丰功伟业，他建新都提格兰纳克特，"从被他摧毁的十二座希腊城中将百姓招聚到那里"⑤。罗马历史学家阿庇安说城市规模宏伟壮观，"每墙高50腕尺（22米），墙基都有马厩"⑥。法国历史学家查尔斯·罗林（1661—1741）说："他常常使帕提亚

---

① Titus Flavius Josephus, *The Complete Works of Flavius Josephus*, trans. William Whiston, Arkansas: Attic Books, 2008, p. 749.

② G. Boccaccini, "Tigranes the Great as 'Nebuchadnezzar' in the Book of Judith", in Géza G. Xeravits, ed., *A Pious Seductress: Studies in the Book of Judith* (Deuterocanonical and Cognate Literature Studies 14), Berlin and New York: De Gruyter, 2012, p. 55-69.

③ Nina Garsoïan, "The Emergence of Armenia", in Richard G. Hovannisian, ed., *The Armenian People from Ancient to Modern Times, Volume I: The Dynastic Periods: from Antiquity to the Fourteenth Century*, p. 55.

④ ［古希腊］普鲁塔克：《希腊罗马名人传》第2卷，席代岳译，第912页。

⑤ Strabo, *The Geography of Strabo*, Vol. 5, trans. Horace Leonard Jones, p. 339.

⑥ Appian, *Appian's Roman History*, Vol. 2, trans. Horace White, first printed 1912, reprinted 1932, 1955, 1962, Printed in Great Britain, p. 399.

人的骄傲降为卑，把希腊人的城市统统搬到米底，征服了叙利亚和巴勒斯坦，给阿拉伯人定律法。人们以东方的方式尊敬他，甚至崇拜他。”①

随着领土的扩大，希腊文化对亚美尼亚的影响日益增强。从那时起，亚美尼亚文化、民族性格和文明特质开始向西方靠拢。王后克娄巴特拉对亚美尼亚文化的希腊化发挥了关键作用，在她的影响下，希腊修辞学家和哲学家受到高规格接待，希腊演员经常被邀来举行盛大演出。希腊语的使用非常普遍，甚至成为官方用语。提格兰大帝的继承人阿尔塔瓦兹德二世（前 55 年至前 34 年在位）能用希腊文著书立说；在他妹妹嫁给帕提亚国王的婚礼上，上演了希腊悲剧诗人欧里庇得斯的《酒神女信徒》。② 然而，亚美尼亚的宫廷仪式和生活方式仍沿袭波斯人的传统。

提格兰大帝统治时期，亚美尼亚各方面呈现出繁荣的局面。然而，亚美尼亚人的霸权不符合罗马帝国的利益。在元老院看来，亚美尼亚已经处在南下进攻埃及和犹太的边缘，于是决定彻底结束米特里达梯战争，解决东方问题。公元前 74 年，卢库勒斯（前 118 年至约前 56 年）当选为执政官。第二年，他从奇里乞亚出发，攻打本都。米特里达梯六世战败后逃到亚美尼亚。鉴于同盟关系，提格兰大帝被迫直面罗马的威胁。卢库勒斯派人到提格兰大帝那里，要求他交出米特里达梯六世，但被拒绝。由于忌惮罗马帝国的威胁，他与米特里达梯六世没有走得过近。根据普鲁塔克的说法，他“不肯拨冗去看岳父”，而是将他“安置在对身体有害的沼泽地区”③。尽管如此，两者最终冰释前嫌，决定共同对付罗马。

公元前 69 年春天，卢库勒斯率领 2 个军团，500 骑兵，越过幼发拉底河，突入亚美尼亚，包围了亚美尼亚都城。当时，提格兰大帝正在巡视帝国南部边疆，没有预料到罗马人的进攻会如此之快。

① Charles Rollins, *Ancient History*, *Vol. 4*: *History of the Macedonians*, *the Seleucidae in Syria*, *and Parthians*, New York: R. Carter, 1844, p. 461.

② ［古希腊］普鲁塔克：《希腊罗马名人传》第 2 卷，席代岳译，第 1010 页。

③ ［古希腊］普鲁塔克：《希腊罗马名人传》第 2 卷，席代岳译，第 912—913 页。

他立即集结25万步兵、5万骑兵，准备与罗马决战。在决战之前，他派6000骑兵突破罗马防线，攻入提格兰纳克特，护送王室成员安全撤出。卢库勒斯的第一反应是发起突攻。提格兰大帝派大将米特罗巴赞斯指挥一支2000人的骑兵，阻击罗马军团，但失败了。[①] 这时，米特里达梯六世向提格兰大帝建议：不搞肉搏战，实行焦土战术，断绝罗马补给。米特里达梯六世与罗马人多次交手，深谙罗马军团的战斗力。无疑，他的建议是正确的。但在数倍于敌的情况下，提格兰大帝轻敌了。阿庇安说他这样揶揄岳父："如果他们作为使者来到这里，那就太多了；如果是敌人，那就太少了。"[②]

公元前69年10月6日，在提格兰纳克特战役中，亚美尼亚的多国部队惨败，被迫撤到阿尔塔沙特。受命保卫提格兰纳克特的希腊雇佣兵把这座城市交给了卢库勒斯，罗马人洗劫了它。提格兰纳克特的陷落标志着亚美尼亚在近东霸权的结束。接着，卢库勒斯率军深入亚美尼亚，以期占领阿尔塔沙特。提格兰大帝派人到帕提亚寻求援助，同时迅速集结了7万步兵和3500骑兵。帕提亚恐怕得罪罗马，既未答应提格兰大帝的请求，也未明确拒绝。公元前68年，在穆拉特河一役中，提格兰大帝重创罗马军团，卢库勒斯被迫撤出亚美尼亚。罗马元老院召回卢库勒斯，派将军庞培前往东方。庞培是罗马帝国最负盛名的军事家之一，实战经验丰富，他迅速击溃米特里达梯六世，结束了长达25年的米特里达梯战争。不久，庞培与帕提亚结盟，准备攻打亚美尼亚。

正如斯特拉波所说，提格兰大帝是多变的。此时，他不愿与罗马人继续作战，因为宫廷内斗困扰着他。他的妻子克娄巴特拉育有三子。王子们为争夺王位，内讧不已。当他放弃与罗马开战的计划时，克娄巴特拉煽动王子们叛乱。公元前68年，他的儿子小提格兰试图篡位，失败后逃到帕提亚国王弗拉特斯三世（前70年至前57年在位）那里。在帕提亚的支持下，小提格兰攻入亚美尼亚，失败后逃到庞培那里。小提格兰希望庞培击败父王后，立自己为亚美尼亚国王。

---

① Appian, *Appian's Roman History*, Vol. 2, trans. Horace White, p. 399.

② Appian, *Appian's Roman History*, Vol. 2, trans. Horace White, p. 401.

小提格兰逃出亚美尼亚后，弗拉特斯三世亲率大军攻入亚美尼亚。面对罗马和帕提亚的双面夹击，提格兰大帝决定亲自到庞培营帐中寻求和平。出于礼节，庞培命令保民官和骑兵长官迎接他。[1]公元前66年，在庞培的营帐中，双方缔结《阿尔塔沙特和约》。和约规定罗马承认亚美尼亚为盟友，亚美尼亚有权保留自己的国王，但要放弃罗马已占领的领土，并支付如下赔款：给庞培本人6000个塔兰特，每个士兵50个德拉马克，每个百夫长1000个德拉马克，每个保民官1万个德拉马克。[2] 条约的签署，使亚美尼亚保持了主权和领土完整。小提格兰对事态的发展非常不满，但被庞培逮捕，沦为罗马的人质。对于庞培来说，这样的安排更符合罗马人的利益，因为罗马的主要敌人是帕提亚，而非亚美尼亚，吞并亚美尼亚将会使罗马直面波斯人的威胁。因此，扶持一个不过于强大的亚美尼亚作为缓冲区，更符合罗马帝国的利益。如果扶持小提格兰，势必引起亚美尼亚人的不满，不利于亚美尼亚政局的稳定。正因为如此，庞培才放弃了与帕提亚联手对抗亚美尼亚的承诺。

与罗马人实现和平后，提格兰大帝又统治亚美尼亚10年，于公元前55/56年去世。提格兰大帝是亚美尼亚历史上最为杰出的帝王之一，成为亚美尼亚民族最为骄傲的回忆。然而，这个帝国却像波斯帝国一样，没有把一个多元文化和多民族国家整合为有共同价值观的大一统国家。上述问题也是古代西方和近东其他国家始终没有解决好的问题，因此他们不可能像古代中国那样建立一个基于共同信仰体系的大一统国家。

提格兰大帝崛起之际，正是罗马和帕提亚帝国无暇他顾之时，因此近东权力的真空促成了他的成功。但到了公元前1世纪中叶，这种条件不复存在了，亚美尼亚帝国没有足够的实力同时对抗东西方任何一个帝国，取而代之的是帕提亚和罗马帝国在亚美尼亚高原的角逐。另外，提格兰大帝用人不当，刚愎自用，听不进正确的意见，是他失败的一个重要原因。例如，当有人提前告诉他卢库勒斯

---

① Appian, *Appian's Roman History*, Vol. 2, trans. Horace White, p. 439.

② Appian, *Appian's Roman History*, Vol. 2, trans. Horace White, p. 439.

正向提格兰纳克特进军时，他以扰乱军心为由下令处决了这个人。[①]这使别人再也不敢向他汇报罗马军事动向的真实信息。再如，对于米特里达梯六世的正确意见，他置若罔闻。尽管如此，提格兰大帝的统治仍为亚美尼亚创造了和平发展的必要条件，并在以后的动乱岁月中为亚美尼亚文明的发展奠定了基础。拉兹米克·帕诺相指出："短命的提格兰帝国一直是现代亚美尼亚民族主义者的骄傲。"[②]提格兰大帝的英雄形象不仅为亚美尼亚人所传颂，也成为西方文学家津津乐道的创作主题。例如，1691年，意大利歌剧作家弗朗西斯科·西尔瓦诺斯创作了剧本《提格兰：亚美尼亚之王》，多位著名作曲家为它谱曲。[③]

五　帝国的角逐与王朝的灭亡

阿尔塔瓦兹德二世（前55年至前34年在位）统治时期，亚美尼亚已经脆弱不堪。此时的罗马帝国更似侵略者，而非盟友。在这种情况下，亚美尼亚迅速改善与帕提亚的关系。公元前54年，罗马前三头同盟之一的克拉苏出征帕提亚。克拉苏是罗马首富，一直幻想成为东方的征服者，急于寻求一次战场上的胜利，以获取更大的政治资本。第二年，他跨过幼发拉底河，要求阿尔塔瓦兹德二世给他提供支援。帕提亚为消除潜在的威胁，决定出兵亚美尼亚。于是，阿尔塔瓦兹德二世建议克拉苏取道亚美尼亚南下，这样可以避开叙利亚沙漠直接攻入泰西封，并承诺给他提供1万重装骑兵和3万步兵。[④]然而，傲慢的克拉苏对他的建议置若罔闻，执意从沙漠开赴美索不达米亚，然后再杀入泰西封。克拉苏急于求胜的性格特点反映了商人嗜赌的冒险特性。阿尔塔瓦兹德二世也是在对赌：希望克拉苏与他一道对付帕提亚。

---

① Appian, *Appian's Roman History*, Vol. 2, trans. Horace White, p. 399.

② Razmik Panossian, *The Armenians: From Kings and Priests to Merchants and Commissars*, New York: Columbia University Press, 2006, p. 42.

③ G. Boccaccini, "Tigranes the Great as 'Nebuchadnezzar' in the Book of Judith", pp. 55 - 69.

④ ［古希腊］普鲁塔克：《希腊罗马名人传》第2卷，席代岳译，第995页。

克拉苏的固执己见迫使阿尔塔瓦兹德二世调整与帕提亚的关系，因为帕提亚国王奥罗德斯二世（前 57 年至前 37 年在位）的军队已经攻入亚美尼亚。此时，罗马军团正在沙漠中艰难行军，士兵疲惫不堪。克拉苏被迫向亚美尼亚求援，但阿尔塔瓦兹德二世在回信中建议他班师回朝，并声称只有与帕提亚的战事结束后才能与克拉苏会师。克拉苏执意继续行军。阿尔塔瓦兹德二世和克拉苏的分歧促使亚美尼亚倒向帕提亚。阿尔塔瓦兹德二世将自己的妹妹——提格兰大帝与克娄巴特拉的女儿劳迪丝，嫁给了帕提亚的法定继承人帕科鲁一世（前 63 年至前 38 年在位）。① 亚美尼亚和帕提亚的战事就这样戏剧性地结束了。

当克拉苏知道阿尔塔瓦兹德二世与奥罗德斯二世结盟的消息后，认为亚美尼亚背叛了罗马。然而，克拉苏已经没有机会惩罚亚美尼亚了，在公元前 53 年的卡莱战役中兵败被杀。在阿尔塔沙特庆祝劳迪丝和帕科鲁一世的婚礼上，亚美尼亚和帕提亚两国的君主陶醉在欢乐之中。普鲁塔克说："宫廷举行很多次盛大而奢华的宴会和表演，各种希腊的著作和戏剧，只要适合当前的情景，都在他们的前面高声朗诵和表演。"② 正当人们酒至半酣时，波斯士兵送来了克拉苏的头颅。

卡莱之战是世界历史上著名的以少胜多的战役之一，也是帕提亚帝国最为经典的一场战争。它暂时阻止了罗马东扩的步伐，奠定了帕提亚在近东霸权。从此，罗马帝国不再信任亚美尼亚，西塞罗的演说证明了这一点。③ 在罗马政坛上，凯撒与庞培的斗争愈演愈烈，暂时搁置了为克拉苏复仇的计划。亚美尼亚与帕提亚的联盟，在一定程度上打消了罗马对亚美尼亚的觊觎之心。然而，亚美尼亚不希望失去罗马这个盟友，因为阿尔塔瓦兹德二世非常清楚：帕提亚是亚美尼亚潜在的威胁，王国的生存取决于罗马和帕提亚实力的

① ［古希腊］普鲁塔克：《希腊罗马名人传》第 2 卷，席代岳译，第 1010 页。

② ［古希腊］普鲁塔克：《希腊罗马名人传》第 2 卷，席代岳译，第 1010 页。

③ ［古希腊］普鲁塔克：《希腊罗马名人传》第 3 卷，席代岳译，第 1570 页。"他（西塞罗）拒绝接受各国国王所送的礼物。"

平衡。公元前38年，亚美尼亚和帕提亚同盟瓦解。

凯撒被刺后，一个新的三头同盟出现在罗马政坛上：安东尼、屋大维和雷必达。后三头同盟未有放弃征服亚美尼亚的打算。当时，帕提亚经常骚扰罗马帝国的东方行省。公元前41年，在埃及女法老克娄巴特拉的催促下，安东尼试图从帕提亚人手中夺回罗马鹰徽，以提高自己在罗马的声望。安东尼继承了庞培在近东的政策，要求阿尔塔瓦兹德二世为他提供军事援助，并于公元前36年进入亚美尼亚，准备从那里发起对帕提亚的军事行动。根据普鲁塔克的说法，阿尔塔瓦兹德二世给他提供了6000骑兵和7000步兵。[①] 但是，当战争打响后，阿尔塔瓦兹德二世率军撤出了安东尼的联军。[②] 帕提亚人再次粉碎了罗马军团的进攻。在阿尔塔瓦兹德二世的帮助下，安东尼的残余部队撤到亚美尼亚。安东尼将自己的失败归咎于阿尔塔瓦兹德二世的中立态度，出其不意地攻陷了阿尔塔沙特，拘留了阿尔塔瓦兹德二世及其王室成员，然后将他们带到埃及，同时宣布亚美尼亚为罗马帝国的一个东方行省。

阿尔塔瓦兹德二世的长子阿尔塔什斯设法逃到帕提亚，他就是后来的亚美尼亚国王阿尔塔什斯二世（前30年至前20年在位）。公元前35年，阿尔塔瓦兹德二世在埃及被处死。安东尼为纪念征服亚美尼亚，特铸币纪念，并象征性地把亚美尼亚王位授予他与埃及法老的儿子。安东尼的行为点燃了罗马人的怒火。公元前31年，屋大维在亚克兴海战中击败安东尼，次年进入埃及，返回时顺便把阿尔塔瓦兹德二世的次子提格兰三世（前20年至前10年在位）带回了罗马。

公元前30年，帕提亚国王弗拉特斯四世（前37年至前2年在位）将罗马驻军赶出亚美尼亚，扶持阿尔塔什斯二世登上亚美尼亚王位。从此，亚美尼亚彻底转向亲帕提亚的反罗马外交。亡国杀父之仇，使这位年轻的国王失去理智，屠杀了亚美尼亚境内的所有罗

---

① ［古希腊］普鲁塔克：《希腊罗马名人传》第3卷，席代岳译，第1667页。

② ［古希腊］普鲁塔克：《希腊罗马名人传》第3卷，席代岳译，第1668页。

马人。[1] 事实证明，国王的反罗马政策引起了亚美尼亚贵族集团的不满，他们请求奥古斯都让提格兰三世作他们的王。奥古斯都欣然同意，派继子提比略率领一支罗马军团护送提格兰三世进入亚美尼亚。在提比略和提格兰三世到达之前，宫廷阴谋集团谋杀了阿尔塔什斯二世。罗马人将提格兰三世推上亚美尼亚宝座。[2] 阿尔塔什斯二世之死是亲罗马派占据上风的结果。公元前20年，提比略在阿尔塔沙特为提格兰三世举行了盛大的加冕礼。提格兰三世早年流亡罗马，接受的是罗马的教育，自然属于亲罗马派。在他统治的10余年时间里，亚美尼亚政局稳定。

提格兰四世（前8年至公元1年在位）登基后，他按照血统纯洁的波斯风俗，娶妹妹埃拉托，并与其共治。[3] 但是，作为罗马帝国的附庸，提格兰四世的王权不仅没有得到奥古斯都的批准，二元政制也没有得到罗马帝国的认可。[4] 由于罗马的反对，提格兰四世转而支持帕提亚。罗马历史学家弗斯图斯报告说，亚美尼亚王国非常强大，反罗马情绪正在形成。[5] 帕提亚国王弗拉特斯五世（前2年至公元4年在位）也积极煽动亚美尼亚人的反罗马情绪。在这种情况下，奥古斯都派养子盖乌斯·凯撒出兵东方。为避免与罗马爆发全面战争，弗拉特斯五世停止支持亚美尼亚，转而与罗马缔结条约。根据条约规定，罗马是亚美尼亚的宗主国，但允许后者自治。[6] 这进一步激起了亚美尼亚人的反罗马情绪，埃拉托被迫放弃王位。公元2年，提格兰四世被杀。奥古斯都任命阿里奥巴尔扎内斯二世（公元2—4年在位）为亚美尼亚国王。[7] 阿里奥巴尔扎内斯二世曾

---

① M. Bunsen, *Encyclopedia of the Roman Empire*, New York: Infobase Printing, 2009, p. 48.

② H. Temporini & W. Haase, *Politische Geschichte*, Berlin & New York: Walter de Gruyter, 1980, p. 979; R. Naroll, V. L. Bullough and F. Naroll, *Military Deterrence in History: A Pilot Cross-Historical Survey*, Albany, NY: State University of New York Press, 1974, pp. 161 – 162.

③ V. M. Kurkjian, *A History of Armenia*, Indo-European Publishing, 2008, p. 73.

④ M. Bunsen, *Encyclopedia of the Roman Empire*, pp. 199 – 200.

⑤ William Smith, ed., *Dictionary of Greek and Roman Biography and Mythology*, Vol. III, London: John Murray, 1891, pp. 813 – 814.

⑥ M. Bunsen, *Encyclopedia of the Roman Empire*, pp. 199 – 200.

⑦ M. Bunsen, *Encyclopedia of the Roman Empire*, p. 36.

出任过阿特洛帕特尼王国的国王，是奥古斯都忠实的附庸。当他在盖乌斯·凯撒的陪同下来到亚美尼亚时，亚美尼亚人群情激奋，举兵起义。[①] 盖乌斯·凯撒镇压了起义，洗劫了起义总部阿尔塔吉拉城。在阿尔塔吉拉，阿里奥巴尔扎内斯二世举行了加冕礼。两年后，他被阴谋集团杀害，其子阿尔塔瓦兹德四世（公元4—6年在位）在位仅2年也被杀害。奥古斯都任命提格兰五世（公元6—12年在位）为亚美尼亚国王，然而他的统治也受到亚美尼亚人的激烈反对。贵族们将埃拉托再次推上亚美尼亚王位。钱币肖像证实了公元6—12年埃拉托与提格兰五世的共治。[②] 公元12年，提格兰五世和埃拉托的统治被推翻，奥古斯都任命帕提亚的沃诺奈斯一世（公元12—18年在位）为亚美尼亚国王，阿尔塔什斯王朝灭亡。这一时期，亚美尼亚国王不是来自罗马帝国，就是来自帕提亚帝国，而这一情况还将继续上演。

第二节　亚美尼亚文明的雏形

外部压力不但没有消灭亚美尼亚，反而促成了真正意义上的亚美尼亚民族国家的形成。当东西方实力平衡且任何一方无法消灭另一方时，提格兰大帝创建了一个短命的亚美尼亚帝国。提格兰大帝之后，亚美尼亚人继续玩弄平衡战术，在东西方帝国的夹缝中求生。公元12年，阿尔塔什斯王朝灭亡了，随后亚美尼亚沦为罗马帝国的附庸。

阿尔塔什斯王朝持续了约177年。这一时期，古希腊罗马文化深入高地，给亚美尼亚文明烙上了西方古典文化元素。阿尔塔什斯王朝时期，亚美尼亚人的历史信息大多来自希腊罗马人的笔下，因此他们对亚美尼亚人的描述难免有偏见，而前基督教时代的亚美尼亚民族文学作品似乎以某种神秘的方式消失了，只有一些零星的史诗保存了下来。这究竟是由于没有亚美尼亚字母的缘故，还是由于

---

① M. Bunsen, *Encyclopedia of the Roman Empire*, p. 36.

② Hovannisian, *The Armenian People from Ancient to Modern Times, Volume I: The Dynastic Periods: From Antiquity to the Fourteenth Century*, p. 62.

基督教极端分子对异教文学的破坏和仇恨所致，没有人能说得清楚。所以，前基督教时代亚美尼亚的历史信息呈碎片化状态。

亚美尼亚王权的情况可以通过提格兰大帝的银币肖像窥探一斑。在他的铸币上，王冠呈八角形，两侧用鸟装饰。在东方君主制国家里，王冠是王权的象征，亚美尼亚政体无疑为君主专治制。值得注意的是，这一时期的亚美尼亚国王像大多数希腊统治者一样没有胡须，说明上层社会对希腊文化的热衷。

农业是亚美尼亚的经济基础，但随着丝绸之路的开通，贸易成为国民经济的重要组成部分。波斯帝国的皇家御道促进了亚美尼亚与外部世界的交流。色诺芬的《居鲁士的教育》就有亚美尼亚人到印度经商的记载。① 这说明该时期的亚美尼亚人不但知道通往印度的陆路路线，而且还熟悉印度次大陆的政治、地理、社会、文化和经济等情况。居鲁士二世曾问亚美尼亚人："亚美尼亚之子，以及夏尔底亚（迦勒底）的人们，我有些事情想问一问你们。请告诉我，如果我从我自己的部队里派一个人到印度去的话，你们是不是能够派一些你们自己当地的乡民跟着一起去，这样也好为我的部队带路，帮助我们得到我所想要的东西？"② 这是亚美尼亚人熟知前往印度通道的证据之一。亚历山大大帝的东征，进一步打通了东西方贸易的通道，新的海陆贸易通道也不断被开辟出来，贸易开始具有全球化特点。汉代中国张骞出使西域，使希腊、波斯、美索不达米亚、印度、中亚和埃及之间的贸易往来更加频繁，而亚美尼亚人则是这个新兴贸易网的重要中转站。此时，希腊文明使波斯文明黯然失色，亚美尼亚人的政治霸权红利开始显现，从事商贸活动的记载多了起来，高地上涌现出一批贸易城市，而贸易则是亚美尼亚家底殷实的最为重要的一个因素。

"亚历山大门"③ 附近的希腊化城市杜拉欧罗普斯、阿帕美、

① ［古希腊］色诺芬：《居鲁士的教育》，沈默译，第153页。

② ［古希腊］色诺芬：《居鲁士的教育》，沈默译，第153页。

③ 亚历山大门又称"里海门"，相传是亚历山大大帝在高加索建立的一道抵御北方蛮族入侵的屏障，具体位置不详。

老底嘉[①]位于地中海通往大夏、印度贸易路线的北部，埃克巴坦纳是这条商道的交汇点，从这里出发有一条穿过扎格罗斯山脉，经塞琉西亚、伊朗西北部到达南高加索和黑海的商道。[②] 该条商道在古代黑海经济圈中起着至关重要的作用。伊朗西北部的希腊化城市的出现就归功于地中海世界与东方贸易联系的加强。亚美尼亚处于经巴比伦、米底到顿河的商路上，这条国际贸易路线从伊朗西北部横穿亚拉腊山谷，抵科尔基斯，然后从那里沿黑海东岸进入南俄草原。[③]

受益于东西方贸易的繁荣，公元前3年至前2世纪，亚美尼亚出现了一批新兴城市，比如阿杰什、阿尔马维尔、阿尔塔沙特、扎雷哈万、凡城、提格兰纳克特、阿肯、埃尔津詹、拜波尔特、克拉特、穆什、沃斯坦和阿赫塔马尔，等等。上述城市都位于古丝绸之路上。

根据古罗马作家普林尼的记载，公元前285年，塞琉古一世（前305年至前281年在位）派总督伯特勒克尔斯（约公元前312年至前261年）到亚美尼亚考察开通里海到黑海的运河，以开辟到东方的新贸易路线（特别是到北印度）。[④] 这充分说明了亚美尼亚在古代东西方贸易中的地位。普林尼转述瓦罗的话说：从印度到大夏约有7天的航程，印度的商品经大夏国的奥克苏斯河（阿姆河的旧称），过里海后到达居鲁士那里。[⑤] 斯特拉波到过亚美尼亚，他在《地理学》中描述了亚美尼亚与印度的商业情况。他说亚美尼亚是连接印度与北高加索的重要站点，商人用骆驼从印度、

---

① 又称劳迪西亚或老底嘉（Laodicea）。它是今叙利亚最大海港拉塔基亚的古名，为塞琉古时期希腊人所建。

② Hakob Manandian, *The Trade and Cities of Armenia in Relation to Ancient World Trade*, trans. N. G. Garsoïan, Lisbon: Livrafia Press, 1965, p. 31.

③ Hakob Manandian, *The Trade and Cities of Armenia in Relation to Ancient World Trade*, trans. Nina Garsoïan, p. 38.

④ Pliny the Elder, *The Natural History*, Vol. 1, trans. John Bostock and Henry T. Riley, London: Henry G. Bohn, 1855, p. 39.

⑤ Pliny the Elder, *The Natural History*, Vol. 1, trans. John Bostock and Henry T. Riley, p. 35.

巴比伦运来的商品在亚美尼亚和米底收货；由于亚美尼亚人十分富有，他们可以佩戴金饰。① 阿尔塔沙特是东西方转运贸易的仓储中心，市内设有海关。由于地理位置的原因，伊朗也起到了东西方贸易桥梁的作用。② 中国的丝绸、瓷器和茶叶，正是经伊朗、亚美尼亚出口到西方。

亚美尼亚商人在从事国际中转贸易的同时，也出口本国产品。普林尼说亚美尼亚水果丰富，盛产李子、苹果、梨、樱桃、月桂、葡萄和橄榄等，并生产金属制品、染料、粮食、葡萄酒、食用油、马匹和驴。这些都是亚美尼亚重要的出口产品。普林尼还特别提到亚美尼亚出产各种名贵草药。③ 由于在国际贸易中积累了巨额财富，古希腊和罗马学者异口同声地声称亚美尼亚是一个非常富庶的国家。卢库勒斯拿下提格兰纳克特后发现了一个巨大的金库，间接证明了亚美尼亚人的富裕程度。

在军事上，亚美尼亚维持着一支庞大的常备军。普鲁塔克说，提格兰大帝有 1 万弓箭手和投石兵，5500 骑兵，其中 17000 士兵装备着精钢甲胄；建制步兵 15 万；各类工程兵 35000，负责修护道路，搭建桥梁，疏通水道，砍伐树木，以及执行各类勤务等。④ 亚美尼亚帝国有 120 个行省。⑤ 总督由国王的亲信担任，或从当地贵族中任命。提格兰大帝时期，亚美尼亚武装力量最高时达 30 万人，其中 1/3 来自亚美尼亚，其余的来自各附属国。⑥

农民占人口的多数，还没有完全被束缚在土地上，但地位已经向农奴方向发展。土地最高所有权属国王、贵族或乡村公社。奴隶数量有限，亚美尼亚没有像古希腊罗马那样发展出成熟的奴隶制生

---

① Strabo, *Geography*, Vol, XI, trans. H. L. Jones, London, 1917, v, 8.

② Vahan Baibourtian, *International Trade and the Armenian Merchants in the Seventeenth Century*, New Delhi: Sterling Publishers, 2004, p. 3.

③ Pliny the Elder, *The Natural History*, Vol. 3 of 6, trans. John Bostock and Henry T. Riley, pp. 122 – 123.

④ [古希腊] 普鲁塔克：《希腊罗马名人传》第 2 卷，席代岳译，第 918 页。

⑤ Armen Khachikyan, *History of Armenia: A Brief Review*, p. 94.

⑥ Armen Khachikyan, *History of Armenia: A Brief Review*, p. 94.

产方式。贵族是王权的统治基础，耶烈万杜尼王朝时期形成的四大贵族或总督在王国政治生活中举足轻重。由于内部斗争和外部干预等因素，阿尔塔什斯王朝末期的政治结构支离破碎，政权更迭频繁。在这种情况下，亚美尼亚社会开始向封建主义过渡。

阿尔塔什斯王朝的贵族既讲希腊语，也说波斯语，但阿拉米文是官方用语。普通人说亚美尼亚语，顽强地保持着传统民风。[①] 该时期，波斯文化和希腊文化对亚美尼亚的影响非常显著，并且随着彼此互动的增强，影响逐步加深。亚美尼亚人将这些外来文明因子吸收到本民族文化传统中，形成了一个更为复杂和独特的亚美尼亚文明。简言之，亚美尼亚文明是东西方文明的结晶。与此同时，亚美尼亚人在外族连续入侵的过程中加强了民族认同感，并由此发展出一种自觉抵制被同化的原动力。总之，阿尔塔什斯王朝时期，亚美尼亚文明的雏形已基本形成。

第三节　阿沙库尼王朝

阿沙库尼王朝（12—428）又称亚美尼亚的阿萨息斯王朝。它是帕提亚皇族的分支在亚美尼亚建立的一个统治王朝，在亚美尼亚文明史上留下了辉煌的记忆：301 年定基督教为国教；405 年发明亚美尼亚字母；5 世纪文艺复兴。上述历史事件奠定了亚美尼亚文明的基础，亚美尼亚民族价值观成型。

一　罗马和帕提亚的对峙与妥协

亚美尼亚地理位置十分重要，位于东西方交通的十字路口。它在古代近东历史上仿佛是东西方世界的大门，谁控制了它，谁就掌握了进入对方世界的钥匙。为此，罗马和帕提亚对峙了两百多年的时间（公元前 53 年至公元 217 年）。

公元 12 年，出身帕提亚皇族的沃诺奈斯在奥古斯都的旨意下，

---

① Hovannisian, *The Armenian People from Ancient to Modern Times, Volume I: The Dynastic Periods: From Antiquity to the Fourteenth Century*, p. 64.

登上亚美尼亚人的王位。然而，帕提亚国王阿尔达班三世（10—35、36—38年在位）希望立自己的儿子为亚美尼亚国王，并昭示罗马帝国罢黜沃诺奈斯。奥古斯都不想开战，答应了帕提亚方面的要求。公元14年8月19日，奥古斯都去世，帕提亚趁机把罗马势力赶出了高地。罗马新皇帝提比略（14—37年在位）无意放弃亚美尼亚，派侄子日耳曼尼库斯前往东方，意欲与阿尔达班三世和解。公元18年，经提比略批准，日耳曼尼库斯在阿尔塔沙特加冕本都国王波莱蒙一世的儿子芝诺为亚美尼亚国王。芝诺即位后易名阿尔塔什斯，史称阿尔塔什斯三世（18—35年在位）。[①] 显然，这是日耳曼尼库斯与亚美尼亚贵族妥协的结果，毕竟这样一个名字更容易让帕提亚接受。阿尔塔什斯三世非常喜欢亚美尼亚文化，塔西佗说他出身显赫，是罗马三巨头之一安东尼的长孙，受过良好的教育，祖父是伊壁鸠鲁学派著名演说家芝诺，外祖父和祖母都是庞培的挚友。[②]

当罗马元老院得知阿尔塔什斯三世加冕的消息后，欢腾不已。日耳曼尼库斯返回罗马时，罗马人向他欢呼，玛尔斯神庙两侧竖起了刻有他雕像的拱门。玛尔斯是罗马神话中的国土、战争、农业和春天之神。由此可见，亚美尼亚在罗马帝国中的重要性。然而，帕提亚没有放弃亚美尼亚的打算。阿尔塔什斯三世去世后，阿尔达班三世率领一支军队，开进亚美尼亚，将阿萨息斯一世推上了亚美尼亚宝座。提比略不承认他的合法性，后被阴谋毒死。

阿萨息斯一世死后，帕提亚国王阿尔达班三世立王子奥罗德斯（35、37—42年在位）为亚美尼亚国王。在罗马的支持下，伊比利亚亲王米特里达梯（35—37、42—51年在位）率领亚美尼亚和伊比利亚联军击败帕提亚，夺取了亚美尼亚王位。公元37年，性情乖戾的罗马皇帝卡利古拉（37—41年在位）废黜了米特里达梯的王位，罗马皇帝克劳狄（41—54年在位）上台后又恢复了他的王位。然而，这位伊比利亚出身的亚美尼亚国王很快与伊比利亚国王法拉斯

---

① ［古罗马］塔西佗：《编年史》，王以铸、崔秒因译，第110页。
② ［古罗马］塔西佗：《编年史》，王以铸、崔秒因译，第110页。

曼斯（1—58年在位）的关系恶化。法拉斯曼斯命令王子拉达米斯图斯（51—53、54—55年在位）攻入亚美尼亚，米特里达梯战败。罗马历史学家狄奥·卡修斯报道了米特里达梯在皇帝克劳狄面前的辩解："我不是被带到你这里来的；我来了。如果你怀疑，放了我，试着找到我。"① 这次，罗马帝国对亚美尼亚王位一事，反应没有以前那么强烈，只要求拉达米斯图斯撤出亚美尼亚。在罗马驻叙利亚总督召集的一次会议上，塔西佗记载了罗马人的态度："有一些人对罗马的荣誉表示了关切，但大多数人以安全为由，建议谨慎行事。"②

帕提亚的沃洛加西斯一世（51—78年在位）认为这是控制亚美尼亚、提高自己在国内声望的绝好机会。③ 公元51年，他调集大军进入亚美尼亚，驱走伊比利亚人。然而，冬季的严寒和一场可怕的瘟疫迫使波斯人撤出亚美尼亚，拉达米斯图斯趁机杀回，惩罚了那些支持帕提亚的亚美尼亚城市。不久，亚美尼亚发生暴动，梯利达特一世（52—58、62—88年在位）登基。拉达米斯图斯和怀孕的妃子芝诺比娅匆忙逃走。由于芝诺比娅无法忍受长时间骑马带来的痛苦，劝说拉达米斯图斯体面地结束她的生命，以免被俘后遭到凌辱。拉达米斯图斯抱着她，拔出弯刀，刺向怀孕的妻子，然后将她扔进了阿拉斯河，匆匆逃向母地伊比利亚。然而，芝诺比娅没有死，被当地牧羊人发现后交给了亚美尼亚国王。④ 战争不仅给平民带来痛苦，同样给统治者带来不幸。

罗马帝国一直关注着亚美尼亚事态的发展。在皇帝尼禄（54—68年在位）的命令下，罗马将军科尔布罗（7—67）率领一支庞大的军队前往东方。公元58年春天，科尔布罗从卡帕多西亚进入亚美尼亚，伊比利亚国王从北方攻入亚美尼亚，科马根国王从西南方向杀入亚美尼亚。在帕提亚的支持下，梯利达特一世四处袭击罗马军

---

① Dion Gassius, *Roman History*, Vol. 8, trans. Earnest Cary, London: William Heinemann, 1925, p. 19.

② ［古罗马］塔西佗：《编年史》，王以铸、崔秒因译，第385页。

③ M. Bunsen, *Encyclopedia of the Roman Empire*, p. 544.

④ ［古罗马］塔西佗：《编年史》，王以铸、崔秒因译，第387—388页。

队。科尔布罗也使用同样的战术回击。最后，梯利达特一世被迫逃出阿尔塔沙特城，罗马占领了这座富庶而又宏伟的亚美尼亚都城，将其夷为平地。同年夏天，科尔布罗沿着崎岖的地形，向提格兰纳克特进军，但在途经塔伦时遭到亚美尼亚人的伏击。尽管如此，大多数亚美尼亚人已经放弃抵抗，准备接受罗马人的统治，提格兰纳克特城的人亲自为罗马人打开了城门。

罗马皇帝尼禄把亚美尼亚王冠赐给了卡帕多西亚王室的最后一个后裔——提格兰六世（58—61 年在位）。帕提亚国王沃洛加西斯一世对亚美尼亚局势的变化非常不满，当提格兰六世攻打帕提亚附属国阿迪亚波纳[①]时，帕提亚认为这是罗马的公然入侵，于是决定为梯利达特一世夺回亚美尼亚王冠。他命令将军莫尼塞斯率领一支铁甲骑兵杀入亚美尼亚，他本人也亲率大兵进入亚美尼亚。科尔布罗得知消息后，派出 2 个罗马军团，秘密支援提格兰六世，并要求军队谨慎行事，不要盲打莽撞。同时，他向皇帝尼禄求援。科尔布罗将其余军团安置在幼发拉底河岸边，让他们随时听令出击。[②]

莫尼塞斯率领的帕提亚军队很快杀到提格兰纳克特城下。由于准备充分，防守严密，波斯军队始终未能破城。罗马和帕提亚的战局陷入僵持状态，这时爆发了蝗灾，饲料严重匮乏。面对僵局，科尔布罗派一名百夫长到沃洛加西斯一世营帐谈判。此时，沃洛加西斯一世无意与罗马死磕到底，于是派人到罗马向尼禄提出如下和平条件：罗马和帕提亚都从亚美尼亚撤军，提格兰六世下台，恢复梯利达特一世的亚美尼亚王位；两国永久和平。[③]

谈判期间，沃洛加西斯一世为表诚意，释放了罗马战俘，从亚美尼亚撤军，梯利达特一世留在了亚美尼亚。随后的一段时间，双方都没有采取军事行动，亚美尼亚问题悬而未决。科尔布罗利用这

---

① 亚美尼亚人称阿迪亚波纳为“新施拉坎（Nor Shirakan）”。它曾是亚述帝国的一个附属国，后相继臣服于亚美尼亚王国、帕提亚帝国和萨珊帝国，都城阿贝拉（今伊拉克埃尔比勒城）。

② ［古罗马］塔西佗：《编年史》，王以铸、崔秒因译，第 509—510 页。

③ ［古罗马］塔西佗：《编年史》，王以铸、崔秒因译，第 512 页。

一时机，整顿军纪，加强战备。根据塔西佗的说法，他遣散年老体弱者，把整个军团安置在卡帕多西亚边境一带过冬。①

帕提亚和罗马的一系列外交活动是双方避免公开战争的努力。然而，罗马政府拒绝了沃洛加西斯一世的条件，战争在公元58年春天再次打响。战前，罗马派卡帕多西亚总督帕伊图斯出任总指挥，企图在亚美尼亚建立直接统治，以解决亚美尼亚问题。不久，帕伊图斯召集第4、5、12军团以及本都和卡帕多西亚的辅助部队，科尔布罗率领第3、6、10军团以及叙利亚的辅助部队，开赴亚美尼亚。帕伊图斯好战心切，刚愎自用，战前放出狂言嘲笑科尔布罗：只不过安置一个有名无实的国王而已。② 帕提亚的沃洛加西斯一世平息国内叛乱后，紧急集结大军开赴亚美尼亚。一场规模空前的古代大战即将打响。

公元58—62年，罗马和帕提亚的战争以小规模冲突为主，双方互有胜负，但提格兰纳克特被波斯人夺取。战前，帕伊图斯信心十足。61年，他仅率领第4、12军团开向提格兰纳克特，科尔布罗则留在亚美尼亚加固幼发拉底河边境线的防御工事。帕伊图斯占领了一些亚美尼亚人的堡垒，但由于缺乏补给，不得不向西撤退，打算过冬后再战。

帕提亚原本打算先夺取叙利亚，但科尔布罗准备充分，组建了一支配备着弩机和投石机的强大舰队，并在幼发拉底河上架起一座桥。这迫使波斯人放弃了进攻叙利亚的计划，转而攻打亚美尼亚。帕伊图斯的兵力分散，把第5军团安置在本都，甚至给官兵放了假。当得知沃洛加西斯一世已经率领大军进入亚美尼亚时，他派出一个百人队侦查敌情，结果被沃洛加西斯一世全歼。帕伊图斯惊慌失措，急忙撤退。③ 然后，他派一支分遣队占领了托罗斯山脉中的隘口，企图阻止波斯人的进军。这样一来，帕伊图斯的兵力更加分

---

① ［古罗马］塔西佗：《编年史》，王以铸、崔秒因译，第512页。

② ［古罗马］塔西佗：《编年史》，王以铸、崔秒因译，第513页。

③ 阿撒莫撒塔在亚美尼亚索芬尼王国内，靠近幼发拉底河。耶烈万杜尼王朝的阿撒米斯一世建造了该城，在今土耳其的埃拉泽省。

散，无法集中优势兵力攻击敌人。自负的帕伊图斯不愿向科尔布罗求援。根据塔西佗的说法，士兵陷入恐慌之中，人们费了很大周折才让他意识到自己的险境。[①] 此时，科尔布罗虽已做好支援帕伊图斯的准备，但他打算在帕伊图斯千钧一发之时再施以援手。为此，他令手下3个军团中的每个军团派出1000重装兵、800骑兵和800步兵，整装待命。[②]

这时，亚美尼亚和波斯联军已经把帕伊图斯的罗马军团围困在郎戴亚。帕伊图斯彻底绝望了，紧急向科尔布罗求援。科尔布罗迅速率领叙利亚军队，载着粮草，奔赴郎戴亚。途中，他收编了被帕提亚击溃的罗马散兵。当闻讯科尔布罗的救兵即将到达时，帕提亚向包围圈中的罗马军团发起总攻。沮丧的帕伊图斯祈求停战，写信给沃洛加西斯一世："沃洛加西斯为了亚美尼亚人出兵反对罗马，但亚美尼亚一直是在罗马宗主权的保护之下，或是由（罗马）皇帝选定的国王进行统治的。"[③] 沃洛加西斯一世回信说："他们曾经安排在此时此地对亚美尼亚的命运作出决定。"[④] 沃洛加西斯派出一位骑兵将领会晤了帕伊图斯。谈判时，帕伊图斯向帕提亚将领列举了罗马皇帝赐封给亚美尼亚国王的各项法令，但帕提亚将领回答说："罗马人只是在名义上保有或有权处理亚美尼亚事务，但实权在帕提亚手里。"[⑤] 最终，双方约定停战，条件是罗马军队全部撤出亚美尼亚领土，并在附近的阿尔撒尼亚斯河上修一座桥，以让沃洛加西斯的大象通过。[⑥] 当帕伊图斯的罗马军团撤离时，亚美尼亚人趁机从罗马人手中抢走了大量牲畜和奴隶。

在梅利泰内附近的幼发拉底河岸边，帕伊图斯的罗马军团与赶来的科尔布罗汇合。帕伊图斯劝说科尔布罗再次攻打亚美尼亚，以

---

① ［古罗马］塔西佗：《编年史》，王以铸、崔秒因译，第516页。
② ［古罗马］塔西佗：《编年史》，王以铸、崔秒因译，第516页。
③ ［古罗马］塔西佗：《编年史》，王以铸、崔秒因译，第518页。
④ ［古罗马］塔西佗：《编年史》，王以铸、崔秒因译，第518页。
⑤ ［古罗马］塔西佗：《编年史》，王以铸、崔秒因译，第518—519页。
⑥ ［古罗马］塔西佗：《编年史》，王以铸、崔秒因译，第519页。

扭转战局，但被科尔布罗拒绝。科尔布罗认为，在没有元老院授权的情况下，他没有权力这样做。在叙利亚，科尔布罗会晤了沃洛加西斯一世派来的使节。波斯使者向他提出撤出幼发拉底河桥头堡上的罗马驻军，但科尔布罗要求波斯军队撤离亚美尼亚。沃洛加西斯一世同意了科尔布罗的条件，双方都撤出了亚美尼亚。亚美尼亚王位再次悬虚。事实上，帕提亚控制了亚美尼亚。

罗马皇帝似乎对亚美尼亚发生的实际情况不了解，以为帕伊图斯在郎戴亚大获全胜。塔西佗尖刻地说："人们已经在修建记功碑和凯旋门，准备纪念对帕提亚人的胜利。"① 63年春天，罗马统治者的幻想随着波斯代表团的到来破灭了。沃洛加西斯一世给罗马人捎来这样一句话："诸神、各个国家的命运的仲裁者已经把亚美尼亚的所有权给予了帕提亚。"② 尼禄和元老院审讯了陪同波斯使者到来的百夫长后，才知道罗马惨败的真实程度，帕伊图斯在他的公文中隐瞒了真相。用塔西佗的话说，此时的罗马人决定接受一场冒险的战争，而不是可耻的和平。帕伊图斯被召回，科尔布罗重新负责攻打亚美尼亚，并赋予他统领东方各附属国和总督的特权。

科尔布罗重整罗马军队，把士气低落的第4、12军团撤回叙利亚，调来训练有素的第3、6军团，命令驻守本都的第5军团和新到的第15军团以及大批附庸国的辅助部队在梅利泰内集合，然后向亚美尼亚挺近。③ 当罗马军队越过幼发拉底河时，遇到了亚美尼亚和帕提亚派来的全权使节。科尔布罗重申了罗马的立场：如果梯利达特一世接受罗马皇帝的加冕，可以避免战争。④ 梯利达特一世接受了科尔布罗的条件，约定在郎戴亚谈判。对亚美尼亚人来说，这个地方见证了他们的斗争，而科尔布罗提出在郎戴亚谈判，只不过是希望挽回一点罗马的面子罢了。

---

① ［古罗马］塔西佗：《编年史》，王以铸、崔秒因译，第519页。
② ［古罗马］塔西佗：《编年史》，王以铸、崔秒因译，第519页。
③ ［古罗马］塔西佗：《编年史》，王以铸、崔秒因译，第528页。
④ Dion Gassius, *Roman History*, Vol. 8, trans. Earnest Cary, p. 125.

公元64年，罗马和帕提亚签署《郎戴亚和约》，结束了持续5年的战争（58—63）。条约规定，未来的亚美尼亚国王由帕提亚王子担任，但由罗马皇帝加冕，这就是著名的“郎戴亚妥协”。事实上，这个妥协是罗马帝国和帕提亚帝国都未能彻底征服亚美尼亚的结果。亚美尼亚王国的合法地位得到双方的确认。

公元66年，梯利达特一世率领3000随从前往罗马。在那里，尼禄以最高规格接待了他，并为他举行了隆重的加冕礼。皇帝连续数天举办了一系列庆祝活动和角斗赛。加冕典礼后，尼禄送给梯利达特一世大量珍贵礼物、金钱和一批经验丰富的泥瓦匠，以帮助他重建被战争摧毁的阿尔塔沙特城和加尼神庙。至此，罗马和帕提亚为争夺亚美尼亚控制权的热战结束。阿沙库尼王朝正式确立了大亚美尼亚和索芬尼的统治权，小亚美尼亚则由罗马附属国希律王朝统治。

根据《郎戴亚和约》的规定，伊朗的帕提亚皇族的王子出任亚美尼亚国王，但加冕权归罗马皇帝。因此，亚美尼亚实际上成为准自治国家：既非罗马帝国的行省，也非帕提亚帝国的附属国，而是罗马和帕提亚实力平衡的结果。在以后的两个半世纪里，双方基本上都遵守了《郎戴亚和约》的规定。由于亚美尼亚国王来自伊朗的阿萨息斯家族，亚美尼亚与波斯的关系更为紧密，当罗马人过多地干涉亚美尼亚事务时，很容易引起亚美尼亚人的反叛情绪。

公元72年，罗马皇帝韦帕芗（69—79年在位）将小亚美尼亚划入卡帕多西亚行省。几年后，梯利达特一世去世，萨纳特鲁克（88—110年在位）即位。根据莫夫谢斯的描述，当埃德萨国王阿布加的妹妹把尚在襁褓中的萨纳特鲁克从埃德萨带到亚美尼亚途经柯瓦茨山脉时，遇到了一场突如其来的暴风雪。这时，一条白狗给孩子取暖，他才有幸活了下来。[①]“萨纳特鲁克”是“狗的礼物”的意思（萨纳在古亚美尼亚语中是“狗”的意思，特鲁克是“给”的意思）。萨纳特鲁克还是美索不达米亚奥斯若恩的国王（91—109年

① Movses Khorenatsi, *History of Armenians*, trans. Robert W. Thomson, pp. 177 - 178.

在位），但关于他的信息很少。[①]

萨纳特鲁克去世后，帕提亚国王奥斯罗斯一世（110—129年在位）未经罗马同意，擅自将侄子阿什卡达尔（110—113年在位）扶上亚美尼亚王位。[②] 此举显然违背了“郎戴亚妥协”的原则。罗马皇帝图拉真视这一事件为帕提亚向罗马开战的信号。113年，图拉真出兵东方。奥斯罗斯一世迫于压力废黜了阿什卡达尔，另立帕塔马西里斯（113—114年在位）为亚美尼亚国王。114年，图拉真在亚美尼亚接见了他。帕塔马西里斯希望图拉真加冕他为亚美尼亚国王，但被拒绝，亚美尼亚沦为罗马帝国的一个行省。[③] 根据罗马历史学家卡西乌斯·狄奥的说法，图拉真派人把帕塔马西里斯从亚美尼亚送回帕提亚。[④] 在这件事上，图拉真同样破坏了“郎戴亚妥协”的原则。帕塔马西里斯在途中神秘地消失了，有学者猜测图拉真下令杀死了他。[⑤] 事实上，帕塔马西里斯的最终去向，未见史料记载。经笔者研究，他于148年来到中国洛阳后易名安世高，从事佛经翻译工作。[⑥]

---

① 比较各种文献，萨纳特鲁斯的统治时间可能始于公元2世纪。有些学者认为他在公元75—110年间继承了梯利达特一世的王位，但这一假设缺乏明确的证据。2世纪的古希腊历史学家和哲学家阿里安（Arrian）在他的《安息军团》（*Parthicae*）一书中将他与希腊罗马最杰出的人相提并论。《圣徒传记》将亚美尼亚的圣徒撒迪厄斯及其女儿圣桑度赫（St. Sandukht）的殉难归咎于他。110年，亚美尼亚王位传给了阿什卡达尔，但有些资料称萨纳特鲁斯是117年反图拉真起义的领袖，参见 Nina Garsoïan，“The Aršakuni Dynasty（A. D. 12 - ［180?］ -428）”, in Richard G. Hovannisian, ed., *The Armenian People from Ancient to Modern Times*, *Volume I*: *The Dynastic Periods*: *from Antiquity to the Fourteenth Century*, pp. 69 - 70.

② M. Bunson, *A Dictionary of the Roman Empire*, Oxford University Press, 1995, p. 303.

③ M. Bunson, *A Dictionary of the Roman Empire*, p. 313.

④ “然而，他（图拉真）允许帕塔马西里斯离开，去任何他喜欢的地方。所以他把王子和他的安息同伴一起送走了，并派一支骑兵护送他们，以确保他们不会与任何人交往，不会叛乱；但他命令所有跟随王子来的亚美尼亚人留在原地，因为他们已经是他的臣民了。”参见 Cassius Dio, *Roman History*, Vol. 8, trans. Earnest Cary, Harvard University Press, 1955, p. 399。

⑤ Nina Garsoïan：“The Aršakuni Dynasty（A. D. 12 - ［180?］ -428）”, in Richard G. Hovannisian, ed., *The Armenian People from Ancient to Modern Times*, *Volume I*: *The Dynastic Periods*: *from Antiquity to the Fourteenth Century*, p. 69.

⑥ 相关观点，可参见拙文《〈郎戴亚和约〉与安世高身份之谜解析》，《外国问题研究》2021年第2期，第91—98页。

116 年，罗马皇帝图拉真占领了泰西封，终于实现了征服波斯人的愿望。有学者认为，图拉真发起的帕提亚战争（115—117）是罗马和波斯“两个世纪的政治姿态和激烈竞争”的高潮①。然而，图拉真对亚美尼亚和美索不达米亚的宏伟计划最终“因征服东方的战略性错误和对叛乱的低估而终止”②。连续的军事失利和帝国内部的叛乱，使图拉真心力交瘁。117 年，他在奇里乞亚去世。新皇帝哈德良把帝国的边界退回到幼发拉底河对岸。这时的亚美尼亚国王是帕提亚国王沃洛加西斯三世（105—147 年在位）——亚美尼亚的沃洛加西斯一世（117—147 年在位）。该时期，亚美尼亚经济繁荣，贸易发达，新建埃奇米阿津城。③

161 年，帕提亚国王米特里达梯四世的儿子沃洛加西斯四世（147—191 年在位）进入亚美尼亚，攻打叙利亚，罗马—帕提亚战争（161—166 年）再次爆发。这次战争的起因还是为争夺亚美尼亚。帕提亚进入亚美尼亚后，罗马皇帝马可·奥勒留（161—168 年在位）立即派卢修斯·维鲁斯前往东方。163 年，维鲁斯派斯塔提乌斯·普里斯库斯把大不列颠和叙利亚的罗马军团调到亚美尼亚。在阿尔塔沙特，普里斯库斯接受了沃洛加西斯四世的投降，罗马执政官苏霍姆斯（144—161、164—186 年在位）出任亚美尼亚国王。④

166 年，罗马军队发生瘟疫，帕提亚趁机收复大部分失地，苏霍姆斯被迫撤到叙利亚。罗马同意恢复“郎戴亚妥协”，亚美尼亚王权交给了沃洛加西斯二世（186—198 年在位）。198 年，沃洛加西斯二世继承帕提亚皇位，是为帕提亚的沃洛加西斯五世（198—208 年在位），而亚美尼亚王位交给其子霍斯罗夫一世（198—217

---

① Rose Mary Sheldon, *Rome's Wars in Parthia: Blood in the Sand*, London: Vallentine Mitchell, 2010, p. 143.

② Rose Mary Sheldon, *Rome's Wars in Parthia: Blood in the Sand*, p. 143.

③ George A. Bournoutian, *A Concise History of the Armenian People: From Ancient Times to the Present*, p. 42.

④ Dion Gassius, *Roman History*, Vol. 9, with an English translation by Earnest Cary, London: William Heinemann Ltd, first printed 1927, reprinted 1955, p. 5.

年在位）。不久，罗马人俘虏了霍斯罗夫一世，将自己的人推上亚美尼亚王位。然而，亚美尼亚人反抗罗马统治的斗争并未停息。根据新的罗马—帕提亚妥协，霍斯罗夫一世的儿子梯利达特二世（217—252年在位）接过了亚美尼亚王冠。①

图5－2　公元150年的亚美尼亚疆域

此时，罗马和帕提亚争夺亚美尼亚控制权的斗争已经持续了2个多世纪，给亚美尼亚人带来无尽的灾难和痛苦，然而任何一方未能完全控制亚美尼亚，也无法完胜对方，这是亚美尼亚人民争取民族独立斗争的结果。塔西佗说："从很早的时候起，亚美尼亚这个地方的民族性格和地理形势是难以捉摸的，因为它同我们各行省接壤的边界很长，它向内地一直延伸到米底亚的地方。这样一来，亚美尼亚人就被夹在罗马和帕提亚两大帝国之间。不过他们和这两个帝国，却一直都不和；它厌恶罗马，又妒忌帕提亚。"② 这段时期，亚美尼亚人的国王不是来自罗马，就是帕提亚，却没有一个出身亚

① Dion Gassius, *Roman History*, Vol. 9, with an English translation by Earnest Cary, pp. 305－403.

② ［古罗马］塔西佗：《编年史》，王以铸、崔秒因译，第110页。

美尼亚族。这些外来的君王，不是被驱逐，就是意外死亡。帕提亚战争使罗马帝国付出了高昂的代价，这可以从罗马3世纪危机金银币含量的下降中看出。帕提亚帝国最终不堪重负，被萨珊波斯王朝取代。

二　亚美尼亚封建制度

跟大多数东方国家一样，亚美尼亚王国是一个世袭封建君主制国家。由于阿沙库尼王朝的国王来自帕提亚皇室，亚美尼亚社会自然借鉴了帕提亚的官僚制度，形成了独具特色的封建主义，即纳哈拉制度。纳哈拉制度是中世纪亚美尼亚封建制度的主要形态。中世纪亚美尼亚社会阶层从上到下依次分为国王、贵族、骑士、平民、农民和奴隶。①

国王是国家元首，号称“王”“大王”“万王之王”，每一称号都反映了国王对最高统治权的渴望。阿尔塔什斯王朝的国王们的头衔有“神”“善良”“和蔼”等装饰性词汇，说明王权有神化的趋势。② 由于该王朝的政治地位取决于罗马和帕提亚，所以国王没有铸造货币、发动战争和签署条约的权力，但国王可以颁布国内敕令。在罗马作家那里，很少有亚美尼亚国王主动挑起战事和签署条约的报道。在外交上，帕提亚和罗马帝国视亚美尼亚事务为国内问题还是国际问题，含混不清，有时两者都视其为内政。但在王国独立时期，国王拥有内政、外交的自主权。

国王的宫廷全部由贵族组成。国王是政府的最高首长，各部官员由国王任命。行政官僚机构主要有：将军、执事、加冕官、近卫军长官、皇家财政、堡垒行政官和最高法院法官。③ 亚美尼亚将军“斯帕佩特”官职世袭，即使国王也无权罢免。将军一直由马米科尼扬家族的成员担任，直到被巴格拉图尼家族取代时为止。执事负责赋税，以及城市、国防、公路、桥梁和运河的建设工作；加冕官

---

① Simon Payaslian, *The History of Armenia*: *From the Origins to the Present*, p. 30.

② Armen Khachikyan, *History of Armenia*: *A Brief Review*, pp. 91 – 93.

③ Simon Payaslian, *The History of Armenia*: *From the Origins to the Present*, p. 30.

主持王室礼仪和外交事务工作。[①] 财务大臣主管财政和皇室杂务。最高法院法官由大祭司出任，负责管理宗教事务。秘书处负责各行政司的运作和王室事务，秘书长同时也是国王的秘书。除上述官职外，还有专门管理王室档案的书吏。[②] 王位继承和颁布新法等重大问题须提交人民论坛讨论。[③] 上述官职都由国王任命，职位由不同的纳哈拉家族成员世袭。莫夫谢斯在谈到亚美尼亚国王沃洛加西斯一世的治国方针时说：

> 他在皇宫里，制定了固定的规则，为观众、会议、宴会和娱乐活动规定了时间。他把军队的军衔分开：第一、第二、第三，依此类推。他任命两个秘书，一个负责记录福利，另一个处理惩罚事务……其中一个王子必须继承王位并和国王住在一起，其他的儿女到哈什特克[④]的皇家领地去。[⑤]

由于亚美尼亚国王来自波斯王室，很多波斯贵族跟随他们的主人迁到亚美尼亚，并从国王那里得到封地。这样一来，亚美尼亚社会结构一定程度上波斯化了。帕提亚帝国灭亡后，又有大批波斯贵族迁到亚美尼亚，其中马米科尼扬家族和金萨健家族[⑥]最为有名。然而，亚美尼亚文化已经相当程度上希腊化了，新来的波斯贵族逐渐融入这一文化潮流中，接受了希腊文化。因此，无论是旧贵族，还是新来的波斯新贵，非常熟悉希腊文化。随着时间的推移，迁来

---

① Armen Khachikyan, *History of Armenia: A Brief Review*, p. 93.

② Simon Payaslian, *The History of Armenia: From the Origins to the Present*, p. 30.

③ Armen Khachikyan, *History of Armenia: A Brief Review*, p. 94.

④ Movses Khorenatsi, *History of the Armenians*, trans. Robert W. Thomson, pp. 144 – 145. 哈什特克（Hashteank）是国王的直属领地，大致相当于今土耳其埃尔津詹省。埃尔津詹山谷是前基督教时代亚美尼亚人的圣地，供奉着阿娜喜特女神。

⑤ Movses Khorenatsi, *History of the Armenians*, trans. Robert W. Thomson, pp. 144 – 145.

⑥ 据说，金萨健家族（Kamsarakan）是波斯七贵之一的凯伦—巴拉维（Karen-Pahlav）家族的分支。该家族在亚美尼亚的封地位于亚拉腊地区。亚美尼亚王国垮台后，这个家族控制着北部边界，影响巨大，地位仅次于马米科尼扬家族。传统上，该家族承担给亚美尼亚国王提供600匹战马的封建义务。在政治上，它同马米科尼扬家族一样，属于亲拜占庭派。

的波斯贵族逐渐亚美尼亚化。在这种情况下，亚美尼亚贵族和波斯贵族之间，通婚现象非常普遍，帕提亚人的巴拉维语也逐渐取代了阿拉米语。古亚美尼亚语中的波斯语外来词和衍生词，大多发生在这一时期。不过，这些词汇大多与战争、狩猎、贸易和宫廷政治有关。如前文所述，亚美尼亚国王须经罗马皇帝加冕，因此，对抗罗马干涉的最有效方法就是亚美尼亚彻底波斯化。在这种情况下，阿沙库尼王朝历代统治者极力推广波斯式生活方式，任命波斯贵族担任皇家各部要职。

由于战事频繁，国王常常封赐给贵族领地作为采邑，以保证他们的生活和提供军役的能力。随着时间的推移，贵族的离心倾向愈来愈强，逐渐在自己的领地内取得了本属王权的行政、司法、税收、军事和铸币等权利。3 世纪晚期，土地世袭，农民成为依附于土地上的纳税农奴。这样，亚美尼亚封建制度就形成了。贵族通过占领或赎买的方式不断扩大地产，使中世纪亚美尼亚变成了一个由若干纳哈拉家族领地组成的王国。贵族家族由族长统治，其他家族成员轮流统治着其中的一小块地产。最为显赫的纳哈拉人一般都是亲王或行省总督。

分封后的亚美尼亚最终形成了一个以国王为首的封建王国。亚美尼亚的分封制与中世纪西欧的封建主义并不完全相同。西欧的分封虽然也是以封臣提供军役为条件，但封臣可以继续分封，也就是说，封臣也有自己的封臣。亚美尼亚贵族只能从国王那里得到封地，不能再继续分封，所以，亚美尼亚封建地主阶级是一个以国王为首的、若干纳哈拉家族构成的利益集团，也就是门阀政制。国王只是纳哈拉名义上的最高统治者。王室财政收入主要来自王室地产或其他不动产。封建地产是家族的私人财产，施行长子继承制。如果家族首领死后没有继承人，须经全体家族成员同意后，继承权才能转让。为保全家族财产，内婚制流行，否则财产会以嫁妆的形式转到另一个家族。

贵族家族生活在设防的村落里，大部分时间花在狩猎和宴会上。每个纳哈拉家族都有特定的社会功能。阿沙库尼家族的成员担任国王，马米科尼扬家族的成员出任将军，巴格拉图家族的成员充当骑兵首领和加冕官。纳哈拉都有自己的军队，规模取决于领地的大小。贵族对官职和封地的世袭占有权不可剥夺，但以向国王服军役为条件。贵族所生之子授予“塞普赫”爵位。战争期间，势力强大的纳哈拉可召集10个骑兵队。在这种情况下，纳哈拉人提供的军役取代了国王的常备军，因此，亚美尼亚的封建制脱胎于纳哈拉制度，其结果是阿沙库尼王朝社会由大大小小的纳哈拉领地构成，每个贵族家族都可以世袭自己的职位和荣誉。至3世纪晚期，所有文官或军人的封地发展成世袭领地，累世公卿。纳哈拉人以担任王室职位为荣，称这种封建义务为“纳哈拉服务”。[①]

纳哈拉制是中世纪亚美尼亚文明的核心要素，内容在某种程度上类似中国魏晋南北朝的士族门阀制度。可以说，如果不了解纳哈拉制度，就无法理解亚美尼亚历史及其前进的动力。众所周知，贵族的历史和人民大众的历史一样悠久，其起源可以追溯到部落社会时期。当亚美尼亚部落从雅利安部落中分离出来的时候，人们推选出一位首领来领导人们抵抗外来入侵。部落首领通常是最优秀的部落成员，地位十分显赫，纳哈拉制度就是在这种传统基础上逐渐形成的。也就是说，纳哈拉制度是亚美尼亚氏族部落传统与帕提亚官僚制度融合的产物。纳哈拉（naxarar）一词的演变证明了这一点。该词来自帕提亚人的词汇“naxvadār”，原意是“拥有至高无上地位的人”[②]。在亚美尼亚，它最初用来指行省总督，表示“统治者”“省长”的意思。有时，宫廷贵族也使用这一称号。然而，在贵族职位的世袭化过程中，纳哈拉一词的最初含义逐渐演变为“贵族”“亲王”的等价词。经过几个世纪的发展以后，所有封建地主家族的族长统称为纳哈拉。[③] 除了这一分析之外，还有另一种解释：根据亚美尼亚词汇“第一个创造

---

① 纳哈拉服务（nahararardom/nahararutyun）指贵族家族为王室提供的特定服务，比如巴格拉图尼家族世袭加冕官（aspetutyun），马米科尼扬家族世袭军队统帅（sparapetutyun）。

② H. Ačaṙean, *Hayerēn Armatakan Baṙaran*, Yerevan: Yerevan State University, 1971, p. 79.

③ Armen Khachikyan, *History of Armenia: A Brief Review*, pp. 106 – 107.

的（nah）”“第一个出生的（arar）”的意思衍变而来。①

不同时期的亚美尼亚学者提到了不同数量的纳哈拉，但大致在100—300人。当然，贵族的数量是个变量，并随着时间的推移而变化。在亚美尼亚历史语境中，贵族形成于乌拉尔图王国时期，比如拉什图尼家族和阿茨鲁尼家族。尽管绝大多数贵族都来自亚美尼亚族，但仍有外来贵族的案例，比如从中国迁来的马米科尼扬家族。但大部分外来贵族主要来自希腊、罗马和伊朗，中国的马米科尼扬家族仅为个例。

贵族的世袭领地一般固定不变，比如阿尔巴克省一直由阿茨鲁尼家族继承和统治，塔伦省一直由休尼克家族统治，瓦斯普拉坎省一直由拉什图尼家族统治。贵族家族都有自己的徽章，最常见的象征是雄鹰、狮子和山羊。例如，阿尔塔什斯王朝的盾形纹章由两只雄鹰组成，巴格拉图尼家族的徽章是一只叼着羊的鹰。所有的贵族家族都在《皇家登记册》《军事登记册》中登记。《皇家登记册》和《军事登记册》的区别是录入的标准不同，前者是那些有着巨大政治和经济影响力的家族，后者是军事贵族家族。② 无论前者，还是后者，都是国王的封臣。为确保纳哈拉人的忠诚，国王授予纳哈拉人不同的世袭爵位。

农民是纳税主体和主要生产者，奴隶制发展不充分。随着封建制度的发展，农民对地主的依赖性增强，逐渐沦为农奴。赋税一般是粮食等实物，城乡之间的交换也用粮食来完成。工匠在农村生活中有着特殊角色，生活条件略好于纯粹务农的农民。阿尔塔什斯一世统治时期，亚美尼亚政府试图进行土地改革，以确定土地所有权，结果贵族趁机兼并农民土地，甚至公有土地也变成了纳哈拉家族的私人地产。封建统治阶级成员都是自由人，不用纳税。自由人也包括神职人员。

---

① Melik Vrej Atabekian, “The Areminian Nobolity: History, Institutions, and Structure”, *Noyev Kovchev Monthly*, Vol. 4, No. 74, 2004 (April), http://www.bvahan.com, 2020-05-19.

② Aleksan Hakobyan, “《Գահնամակ ազատաց և տանուտէրանց Հայոց》և《Զօրանամակ》(《The Gahnamak of Armenian Azats and Tanuters》 and《Zōranamak》)”, *Bazmavep*, No. 3-4, 2011, pp. 485-550.

随着大地产所有制的发展，纳税农民家庭的数量不断减少，严重影响到国库的收入。农民和城市平民都是非自由人，属于纳税阶级。他们除承担赋税外，还须履行其他各种封建义务，在军队中只能作步兵。市民的地位高于农民。沃洛加西斯一世告诫他的臣民："市民比农民更值得尊敬，农民要像尊重亲王一样尊敬市民。但是市民不应该向农民过分吹嘘自己，要像兄弟般和睦相处，且不要彼此怨恨地生活在一起——这是繁荣、和平和幸福的真谛。"①

封建地主阶级的壮大必然会削弱王权，加剧封建分裂。最初，王室还能够从全国各地收取税收，但随着时间的推移，王室收入越来越依赖王室地产。毋庸置疑，国王是全国最大的地主，他的世袭地产占据了亚美尼亚最大、最肥沃的亚拉腊省，此外还在边境地区有一些皇家要塞和堡垒城市。城市由国王任命的市长管理。② 在希腊化文化的影响下，国王热衷建造以自己名字命名的城市。城市居民如果从事商业贸易活动，需要纳税。很多亚美尼亚城市位于丝绸之路上。

封建制初期，由于封建领地主要来自国王的赏赐，所以纳哈拉倾向于加强王权，因为王权的强大有利于财富的增长。《皇家登记册》《军事登记册》确定了国王和纳哈拉之间的封建权利和义务。前者列出了纳哈拉人在宫廷中的地位和皇家宴会坐垫的次序。③ 坐垫代表了贵族家族首领在王室餐桌上的座次，次序根据纳哈拉的经济和军事实力决定，但也受传统习俗的影响。由于纳哈拉是国王的封臣，所以，《皇家登记册》由国王亲自拟定和御笔。纳哈拉的职位很少变化，代代相传，只有在叛国罪、家族破裂等特殊情况下，国王才有权变更。坐垫的等级次序是亚美尼亚的一项古老传统，须严格遵守。莫夫谢斯说《皇家登记册》中的首个领主名单由国王沃洛加西斯一世钦定。④ 事实上，它是一份封建地主名单，国王根据他们的政治权重和影响力，按顺序排列。名单中的前10位全部来自

① Movses Khorenatsi, *History of the Armenians*, trans. Robert W. Thomson, pp. 144 – 145.

② Armen Khachikyan, *History of Armenia*: *A Brief Review*, p. 110.

③ 纳哈拉人根据《皇家登记册》的优先次序在皇家会议或宴会上享有一个相应的固定座位。

④ Movses Khorenatsi, *History of the Armenians*, trans. Robert W. Thomson, pp. 144 – 145.

最大的纳哈拉家族，他们占据了国家的所有高级官职，政治影响力巨大；其余的为小领主，地位较低，只担任一般官职。①

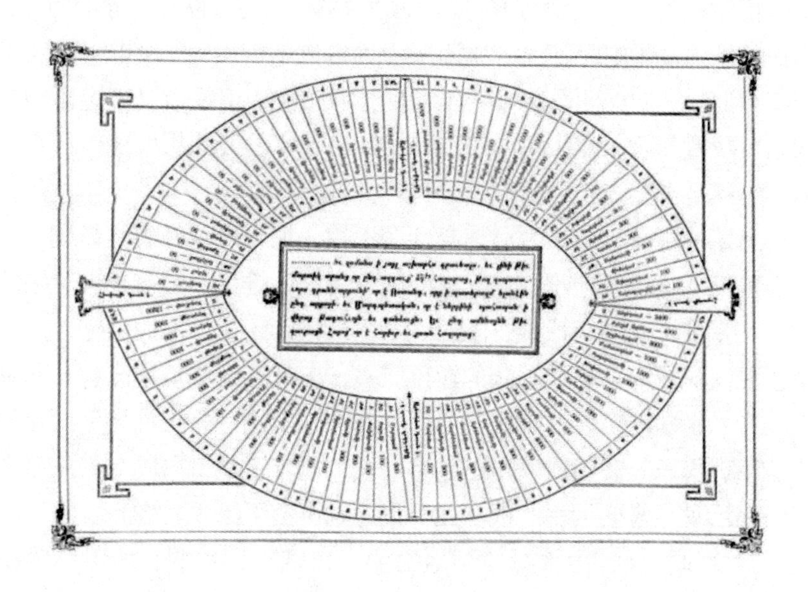

图 5-3　亚美尼亚军事登记册（公元 1—5 世纪）

亚美尼亚人的勇猛在近东世界享有盛名。在波斯帝国和拜占庭帝国的行伍中，经常看到亚美尼亚军人的影子，有的还担任军事要职。希罗多德、色诺芬、斯特拉波和马可·波罗，都对亚美尼亚人的尚武精神感叹不已。亚美尼亚武装力量主要由常备军和纳哈拉的武装部队组成。拜占庭皇帝和波斯“万王之王”都非常赏识亚美尼亚军人，喜欢将他们投送到主要战场上，以取得决定性的胜利。《军事登记册》不仅列出了纳哈拉家族承担的兵役义务，还规定了配备的武器、装备以及武装人数。每个纳哈拉家族提供的兵力，从几十到上百、上千不等，最多可达 1 万人。②

① Armen Khachikyan, *History of Armenia*: *A Brief Review*, pp. 110 - 111.

② 1842 年，Hovanes Shahatuniants 在“Storagrutiwn kathoghike Echmiatzni yew hin gawarracn Ayraratay（埃奇米阿津大教堂和古亚拉腊地区说明）”第二卷第 58 页发表了该份文件。今天，它存放在玛坦纳达兰（Matenadaran）博物馆内。

现存的阿沙库尼王朝时期的《军事登记册》写在一张羊皮纸上，列出了大亚美尼亚的四大军区：北部军区、南部军区、东部军区和西部军区。每个军区由21或22个纳哈拉家族（或公国）组成，并注明了他们提供的武装人数。根据规定，阿沙库尼王朝的总兵力为12万余人，其中8万余人来自纳哈拉家族，4万余人属皇家军团和禁卫军。[①] 战时，纳哈拉召集自己的武装力量，按照登记册的规定备战。必要时，他们在国王或将军的指挥下，支援其他军区。提格兰大帝的总兵力最多时达30万。

根据《军事登记册》图示，整个作战部队按照地平线方向分成四翼，每一翼都有一位总督担任副司令，皇家卫队由近卫军长官指挥。[②] 军事命令一旦下达，所有的纳哈拉对自己属于哪一翼、在哪里报道、在什么时间集合，了然一心。骑兵是主要战斗力量。登记册中间的文字为：

> ……在八万四千人中，你安置勇士去侍奉你并守卫你所继承的皇室之门。愿他们为王而战。愿禁卫军能够尽心保护王后和国库。亚美尼亚总兵力为十二万。[③]

综上所述，亚美尼亚社会结构有着强烈的民族特色和宗法制特点。纳哈拉制度与中世纪西欧洲封建制度有一定的相似性：国王是封建主之首；贵族统治着自己的家族；长子继承制；爵位和土地不可剥夺。总而言之，亚美尼亚封建社会体系建立在一套精心设计的世袭等级制度基础之上，封建地主阶级在享受一定封建权利的同时须履行一定的封建义务。

三　罗马帝国与萨珊波斯的争夺

随着罗马和帕提亚关系的缓和，亚美尼亚统治者被迫作出新的

① http：//zoraweb. com/zoranamak, 2019 - 3 - 30.

② Armen Khachikyan, *History of Armenia: a Brief Review*, p. 112.

③ L. Shahinian, *The Armenian Encyclopedia*, Vol. 3, Yerevan: ASE, 1977 - 1979, p. 704. 登记册上列出的实际兵力为12.5万，与文字描述有出入，原因未知。

外交抉择。霍斯罗夫一世本打算保持中立，但罗马皇帝塞维鲁夺取泰西封后（198），他认为，与罗马结盟更符合亚美尼亚人的利益。于是，他给塞维鲁送去人质和贡品。[①] 此后一段时期，霍斯罗夫一世得到了塞维鲁及其继承者卡拉卡拉（198—217 年在位）的庇护。然而，不知何故，罗马逮捕了霍斯罗夫一世及其家人，从而导致了亚美尼亚人的起义（214—216）。[②] 217 年，霍斯罗夫一世死，罗马将亚美尼亚王冠赐给了他的儿子梯利达特二世。

224 年，萨珊取代帕提亚，亚美尼亚文明发生质变。帕提亚帝国崩溃后，许多贵族逃到亚美尼亚，梯利达特二世极力支持他们恢复伊朗的统治权。正因为如此，萨珊王朝视亚美尼亚统治者为死敌。另外，帕提亚政权的倒台从根本上打破了罗马和波斯人之间的妥协。在这种情况下，萨珊自然要夺取亚美尼亚这块战略要地。对于罗马帝国来说，“郎戴亚妥协”已经失去实际意义，因此，不遗余力地支持亚美尼亚对抗萨珊。也就是从这一时期开始，亚美尼亚文明与波斯文明分道扬镳。

萨珊王朝起家于伊朗高原南部的法尔斯。在那里，古老的波斯文化和琐罗亚斯德传统顽固地延续了下来。224 年，萨珊国王阿尔达希尔一世（224—242 年在位）推翻帕提亚末代君主阿尔达班四世（213—224 年在位）。[③] 两年后，他在泰西封加冕“万王之王”。亚美尼亚国王梯利达特二世意识到了伊朗新政权的威胁，于是打开高加索之门，引入斯基泰人，并同时争取到了罗马的支持。当时，中

---

① Nina Garsoïan, “The Aršakuni Dynasty (A. D. 12 - [180?] - 428)”, in Richard G. Hovannisian, ed., *The Armenian People from Ancient to Modern Times, Volume I: The Dynastic Periods: from Antiquity to the Fourteenth Century*, p. 71.

② Nina Garsoïan, “The Aršakuni Dynasty (A. D. 12 - [180?] - 428)”, in Richard G. Hovannisian, ed., *The Armenian People from Ancient to Modern Times, Volume I: The Dynastic Periods: from Antiquity to the Fourteenth Century*, p. 71.

③ Schippmann 认为，以前的学者误认为帕提亚末代君主是阿尔达班五世，实际上应该是阿尔达班四世。他是帕提亚国王沃洛加西斯五世的儿子。相关观点，可参见 K. Schippmann, “Artabanus (Arsacid kings)”, in Ehsan Yarshater, ed., *Encyclopaedia Iranica, Vol. II: Anamaka through Atar al-Wozara*, Costa Mesa, CA: Mazda Publisher, 1987, pp. 525 - 536。

亚的贵霜帝国也嗅到了萨珊的威胁，支持亚美尼亚的反萨珊联盟。[1]然而，阿尔达希尔一世成功挫败了反萨珊联盟，亚美尼亚单独与萨珊顽强斗争十余年后失败。萨珊的阿尔达希尔一世建立起了一个幅员辽阔的波斯帝国，爱德华·吉本说："整个国家估计有540座城市，6万个村庄，大约4000万人口。"[2]

沙普尔一世（240—270年在位）统治时期，萨珊国势日盛。244年，他在美索不达米亚击败罗马皇帝戈尔迪安三世（238—244年在位），后又迫使新皇帝阿拉伯人菲利普（244—249年在位）签署和平条约，并向萨珊支付赎金，放弃对大亚美尼亚的保护权。[3] 260年，他在卡莱之战中俘获了罗马皇帝瓦勒良（253—260年在位）。4世纪罗马历史学家欧特罗皮乌斯说："瓦勒良在美索不达米亚的一场战役中被波斯国王沙普尔击败，不久被囚禁起来，在波斯人可耻的奴役下老去。"[4] 252年，沙普尔一世进入亚美尼亚，梯利达特二世逃往罗马。

在与萨珊的斗争中，梯利达特二世顽强斗争了12年，爱德华·吉本称赞他："在与萨珊波斯帝国的斗争中，只有亚美尼亚国王保住了性命和独立，尽管他与罗马人联盟，但最重要的还是靠自己的勇气，他的军队保持了常胜的英明。"[5]

占领亚美尼亚后，沙普尔一世册封王子赫尔马兹德（252—270年在位）为"亚美尼亚大王"。[6] 亚美尼亚成为萨珊波斯帝国的一个行省。为扫除希腊、罗马文化的影响，沙普尔一世在亚美尼亚大力推广琐罗亚斯德教。270年，沙普尔一世死，赫尔马兹德（270—271年在位）即

---

① M. Chahin, *The Kingdom of Armenia: A History*, p. 251.

② ［英］爱德华·吉本：《罗马帝国衰亡史》第1卷，席代岳译，吉林出版集团有限公司2011年版，第167页。

③ George A. Bournoutian, *A Concise History of the Armenian People: From Ancient Times to the Present*, p. 46.

④ Eutropius, *Abridgement of Roman History*, trans. the Rev. John Selby Watson, New York: Hinds and Noble, 1853, p. 69.

⑤ ［英］爱德华·吉本：《罗马帝国衰亡史》第1卷，席代岳译，第220页。

⑥ Nina Garsoïan, "The Aršakuni Dynasty (A. D. 12 – [180?] –428)", in Richard G. Hovannisian, ed., *The Armenian People from Ancient to Modern Times, Volume I: The Dynastic Periods: from Antiquity to the Fourteenth Century*, p. 73.

位，亚美尼亚王位交给了其弟纳塞赫（270—293 年在位）。萨珊的统治虽打断了亚美尼亚的独立地位，但也给它带来一段和平时光。①

事实证明，萨珊帝国对大亚美尼亚的统治是短暂的。沙普尔一世死后，萨珊帝国江河日下，罗马帝国复兴，东西方实力的平衡再次倒向罗马。270 年，罗马皇帝奥勒良击败波斯人，萨珊被迫同意重新划分亚美尼亚，亲罗马国王霍斯罗夫二世（279—287 年在位）登上亚美尼亚国王宝座。根据亚美尼亚人的说法，萨珊国王雇用了一个叫阿纳克的帕提亚贵族暗杀霍斯罗夫二世。阿纳克设法赢得了霍斯罗夫二世的信任，杀害了国王。愤怒的亚美尼亚贵族屠杀了阿纳克一家。在这一大屠杀中，只有两个幼童被救出：霍斯罗夫二世的儿子和阿纳克的儿子，前者被送到罗马帝国，后者便是后来的启蒙者格雷戈里。② 具有讽刺意味的是，正是在两者的努力下，亚美尼亚人皈依了基督教。

在萨珊国王和亲波斯贵族的合谋下，萨珊重新控制了大亚美尼亚，亲罗马派遭到清洗。293 年，纳塞赫到泰西封继承了萨珊王位，这激起了罗马重新控制亚美尼亚的企图。在戴克里先（284—305 年在位）的支持下，梯利达特三世（287—330 年在位）登上了亚美尼亚王位。③ 梯利达特三世便是那位被救出来的霍斯罗夫二世的儿

---

① George A. Bournoutian, *A Concise History of the Armenian People: From Ancient Times to the Present*, p. 46.

② 霍斯罗夫二世被刺杀的故事尽管如史诗般感人，但它与一些萨珊铭文有矛盾之处，学者难以给出合理的解释。3 世纪，亚美尼亚只有梯利达特二世和梯利达特三世的统治最漫长。根据亚美尼亚人的传统说法，梯利达特三世在襁褓中时被带到罗马。然而，根据希腊资料记载，他是一个成年人的父亲。也有一种说法，霍斯罗夫二世死于兄弟之手，而不是帕提亚贵族阿纳克。相关观点，可参见 Nina Garsoïan, "The Aršakuni Dynasty (A. D. 12 - [180?] -428)", in Richard G. Hovannisian, ed., *The Armenian People from Ancient to Modern Times, Volume I: The Dynastic Periods: from Antiquity to the Fourteenth Century*, p. 72。爱德华·吉本承认谋杀一说。相关观点，可参见［英］爱德华·吉本《罗马帝国衰亡史》第 1 卷，席代岳译，第 220 页。笔者认为，霍斯罗夫二世被杀是亲罗马派和亲波斯派斗争的结果。

③ 根据亚美尼亚人的说法，梯利达特三世在罗马期间因阻止暗杀李锡尼的兵变而引起了戴克里先的注意。另一说法认为，当哥特人首领挑战戴克里先时，梯利达特保护了皇帝的安全，于是戴克里先给了他一支兵马，把波斯人逐出了亚美尼亚。最为重要的是，戴克里先没有干涉亚美尼亚皈依基督教一事。相关观点，可参见 M. Chahin, *The Kingdom of Armenia: A History*, p. 253。

子，他的童年在罗马度过，从小接受的是希腊罗马式教育。亚美尼亚学者吹嘘说，“他以勇敢的行为彰显了自己的青春”[1]。据说，在戴克里先与高卢人的一次战斗中，梯利达特三世作战勇敢，俘获了高卢人的国王。当戴克里先知道他是亚美尼亚国王霍斯罗夫二世的儿子时，决定助他夺回亚美尼亚王位。[2] 亚美尼亚史家的记载有些夸张，戴克里先将他扶上亚美尼亚王位的根本原因是政治因素，因为梯利达特三世登上亚美尼亚王位后自然会视有杀父之仇的波斯人为敌人，这符合罗马帝国的政治利益。

298年，戴克里先击败萨珊君主纳塞赫，双方签署一项为期40年和平的《尼西比斯和约》，正式确认亚美尼亚国为缓冲区。亚美尼亚的边界被重新划分：索芬尼脱离大亚美尼亚；小亚美尼亚从卡帕多西亚分出，成为一个独立的行省。[3] 至此，阿沙库尼王朝在亚美尼亚的合法统治地位再次得到罗马帝国和萨珊波斯帝国的确认。

第四节　亚美尼亚文明的转向：皈依基督教

公元3世纪是世界历史上的一个动荡的时代：罗马帝国陷入3世纪危机，中国由盛进入乱世。阿沙库尼王朝继续统治着亚美尼亚，但是，这个来自波斯的王朝经过几个世纪的统治后已经蜕变为一个真正意义上的亚美尼亚人的王朝，并导致了亚美尼亚贵族身份的形成，而这种身份在亚美尼亚人的历史上要比平民和王室重要得多。亚美尼亚贵族身份的基础是希腊罗马文化和波斯文化。因此，亚美尼亚文明在一定程度上是东西方文化融合的结果。然而，随着萨珊对亚美尼亚仇视的加深，亚美尼亚文明的张力向西方靠拢，其主要标志是皈依了基督教。

---

① M. Chahin, *The Kingdom of Armenia: A History*, p. 253.

② Father Michael Chamicii, *History of Armenia*, Vol. I, printed at Bishop's College Press by H. Townsend, 1827, p. 158.

③ George A. Bournoutian, *A Concise History of the Armenian People: From Ancient Times to the Present*, pp. 46 – 47.

一　亚美尼亚人的早期信仰

数千年以来，东西方帝国以千变万化的形式在亚拉腊山周围牵动着亚美尼亚人。罗马帝国努力将亚美尼亚塑造为缓冲区，而亚美尼亚人本来与波斯人共享一个信仰，但后来却成了波斯文化的叛逆者。当伊斯兰教继承了波斯文明的衣钵时，亚美尼亚人在意识形态上与它的东方邻居格格不入，却又与西方若即若离，成为近东文化圈中的一座“孤岛”。亚美尼亚人顽强地坚守着自己的文明，成功避免了被其他文明势力同化的命运。强大的印欧语系文化、小亚细亚文化、乌拉尔图文化和稳定的闪米特信仰，共同构成了亚美尼亚文明的纹理。在此过程中，亚美尼亚人的政治命运虽经常被邻国操纵，但征服它的帝国始终未能改变亚美尼亚文明的属性。要解开这个历史之谜，首先要弄清楚亚美尼亚人的宗教信仰。

总体来看，前基督教时代的亚美尼亚人的宗教信仰属波斯文明范畴，主要信奉琐罗亚斯德教。尽管如此，亚美尼亚人也有自己的宗教实践，并在一定程度上冲淡了波斯人的宗教信仰。

早期亚美尼亚神话起源于古印欧和乌拉尔图传统，并融合了美索不达米亚人、波斯人和希腊人的思想。有迹象表明，古亚美尼亚人的原始宗教形式是自然崇拜，但随着时间的推移，他们开始崇拜有民族属性的神。

亚美尼亚人的早期信仰与他们的神秘起源有关。根据莫夫谢斯的说法，他们的始祖是哈依克，族谱是：雅弗、哥篾、提拉、陀迦玛。陀迦玛生哈依克，哈依克的后裔依次是亚玛拿克、阿拉马斯、阿马西亚、吉拉姆、哈马、亚兰、阿拉。[1] 哈依克是哈依克王朝的创始人，侍奉巨人宁录。据莫夫谢斯和阿弗里卡纳斯[2]（160—240）

① Movses Khorenatsi, *History of Armenians*, trans. Robert W. Thomson, pp. 74 – 75.

② 阿弗里卡纳斯（Sextus Julius Africanus）生活于公元2世纪末至3世纪初。他是著名的基督教旅行家和历史学家，著有五卷本《世界史》，内容涵盖了从创世纪到公元221年的历史。该作品已遗失，内容只见于其他作家的摘录。

的说法，哈依克与巴比伦的统治者贝尔发生了一场恶斗。① 在莫夫谢斯的笔下，哈依克英俊潇洒，一头浓密的卷发，两眼炯炯有神，力大无穷。在所有巨人中，他是最勇敢和最有名的，是所有暴君的克星。当人类生活在这片广袤土地上并被无数凶猛而强大的巨人肆虐时，每个人都在愤怒中拔剑相向，这迫使贝尔不得不在全国推行暴政，但哈依克却不肯屈服暴力统治，于是在巴比伦生了亚玛拿克后，带着众子女300余人去了亚拉腊山脚下的平原地带定居了下来，并给那里取名哈依克高地。贝尔劝说哈依克回去，但被拒绝了。于是，贝尔决定攻打哈依克，但是卡德摩斯将这个消息透漏给了哈依克。哈依克在凡湖岸边集结军队，声称宁死不愿为奴。在交战中，哈依克用箭射死了贝尔。之后，哈依克建立了一个亚美尼亚人的国家，成为亚美尼亚人的第一个统治者。上述是莫夫谢斯讲述的传奇故事。②

如今，这个故事在亚美尼亚耳熟能详，并有许多象征含义：（1）赋予亚美尼亚人类文明摇篮的美誉；（2）将亚美尼亚的起源与《圣经》联系起来；（3）给亚美尼亚族注入反暴政、反压迫的正义力量；（4）把自由、独立和正义置于国家起源的中心；（5）使亚拉腊山成为亚美尼亚族的精神象征；（6）亚拉腊平原自古以来就是亚美尼亚人的家园。哈依克和贝尔的故事具有如此强烈的象征意义，以至于亚美尼亚民族主义者将它视为身份认同的范例。

在古典亚美尼亚语中，亚美尼亚人自称哈依，自己的国家为哈依克，意思是“亚美尼亚人是哈依克的后裔”。在现代亚美尼亚语中，亚美尼亚人称自己的国家为“哈雅斯坦”。因此，哈依克之于亚美尼亚人，如同黄帝之于中国人，都是民族起源的奠基人。根据莫夫谢斯的叙述，哈依克与贝尔的战争发生在迦勒底王朝的第三代

① Michael Russell, *A Connection of Sacred and Profane History: From the Death of Joshua to the Decline of the Kingdoms of Israel and Judah*, London: William Tegg, 1865, p. 334.

② Movses Khorenatsi, *History of Armenians*, trans. Robert W. Thomson, pp. 85 – 89.

统治者时期，当时迦勒底人统治着巴比伦及阿卡德王国的残余领土。[①] 阿卡德王国约亡于公元前 2154 年，当时美索不达米亚城邦战争频繁。因此，如果莫夫谢斯的描述可靠的话，那么哈依克生活的年代应当在公元前 30 世纪末至公元前 20 世纪初。莫夫谢斯将亚美尼亚人的始祖神化，是可以理解的，毕竟每个民族都喜欢把自己的始祖刻画成一个无所不能的英雄形象。

从历史的角度来说，石器时代的亚美尼亚人已经发展出宗教思想的基本要素。例如，在亚美尼亚高原山区一带发现的公元前 7000 年至前 4000 年的岩画，反映了史前猎人的生活方式及其对超自然现象的思考。在今亚美尼亚共和国境内，钖西安的史前巨石阵和梅察莫尔史前定居点岩石上的恒星天空图，表明史前亚美尼亚人对天体有了一定的认识。[②] 此外，史前时期的亚美尼亚人有了对海洋生命起源的思考（如对龙的崇拜），这类石头雕像一般放置在泉水或水渠的附近。[③] 史前部落都有自己崇拜的神，但随着部落联盟的形成，部落神都住进了古亚美尼亚人的万神殿中。古亚美尼亚人还从原始印欧人那里继承了一些基本的崇拜元素。例如，他们最古老的祭仪是崇拜太阳神阿拉。阿拉代表着生命的重生和循环，是创造之神。[④] 古亚美尼亚人称自己为“太阳之子”。在印欧语系最古老的类型崇拜中，还有对苍鹰、雄狮和天空的崇拜。

哈依克是古亚美尼亚万神殿中至高无上的神，亚美尼亚人以此来确定自己的种族。随着时间的推移，亚美尼亚高原上出现了非雅利安起源的新神。由于亚美尼亚人长期处于波斯帝国统治之下，于是他们的神在波斯宗教实践下发生了变化，比如至尊神瓦纳图尔被阿拉马兹德取代，生育女神纳尔被厄娜喜特神取代。[⑤] 厄娜喜特神是亚美尼亚人的土地守护神、生育女神和善神。琐罗亚斯德教在亚美尼亚的影响一直持续到帕提亚帝国晚期。希腊化时代，亚美尼亚

---

① Movses Khorenatsi, *History of Armenians*, trans. Robert W. Thomson, p. 90.

② Armen Khachikyan, *History of Armenia: A Brief Review*, pp. 99 – 100.

③ Armen Khachikyan, *History of Armenia: A Brief Review*, p. 100.

④ Armen Khachikyan, *History of Armenia: A Brief Review*, p. 103.

⑤ Mary Boyce, *Zoroastrians: Their Religious Beliefs and Practices*, p. 84.

人的神又与希腊人的神灵联系起来。总之，前基督教时代亚美尼亚众神经历了乌拉尔图文化、闪米特文化、波斯文化和希腊文化的几个影响阶段。然而，亚美尼亚人对外来宗教的皈依是不完整的，比如波斯人和亚美尼亚人虽都声称自己是阿胡拉—马兹达的崇拜者，但他们似乎从未视彼此为同一教派中人。这一点也适用于亚美尼亚人对希腊和罗马诸神的崇拜。

二　亚美尼亚皈依基督教的原因与影响

301 年是亚美尼亚文明的一个重要分水岭。这一年，亚美尼亚定基督教为国教，成为世界历史上第一个承认基督教为国教的国家，比罗马帝国早了近一个世纪（392 年）。皈依基督教是亚美尼亚文明发展史上最重要的历史事件。自改信基督教后，亚美尼亚人逐渐远离波斯文明，向西方文化靠拢，并在亚美尼亚文明史上烙上了最为深刻的印迹，对亚美尼亚民族产生了全面而深刻的影响。

公元 3 世纪，罗马帝国经历了一场生死危机。235 年，皇帝塞维鲁的遇刺使帝国陷入经济危机。与此同时，蛮族入侵，政治动荡，内战迭起，西部的高卢帝国和东部的帕尔米拉王国的独立更是严重威胁着帝国的统一和完整。罗马皇帝奥勒良的再征服运动和戴克里先的文治武功，最终使这场危机在 284 年结束。3 世纪危机标志着古代向中世纪的转型。在伊朗高原，萨珊帝国取代了帕提亚。在中国，国家分裂为魏、蜀、吴三国。对于亚美尼亚民族来说，3 世纪也是一个重要的转折期——戴克里先的退位、罗马帝国的分裂、君士坦丁大帝的统一之战，使罗马人无暇他顾。就在这个关键时期，伊朗高原的萨珊帝国伺机吞并亚美尼亚，并不遗余力地推广琐罗亚斯德教，禁止亚美尼亚人崇拜偶像。正是在这样的历史背景下，亚美尼亚人改信了基督教。

启蒙者格雷戈里（257—331）对亚美尼亚人的皈依起到了关键作用。亚美尼亚人认为，“启蒙者”称号是因为他给亚美尼亚人带来基督教，照亮了人们的灵魂。在此之前，亚美尼亚人主要信奉琐罗亚斯德教。

格雷戈里是帕提亚贵族阿纳克的儿子，阿纳克是暗杀霍斯罗夫二世的凶手。在那场暴动中，他被救出后送到卡帕多西亚的凯撒利亚。在那里，他师从皮尔米利亚诺斯，成为虔诚的基督徒。成年后，他娶米里亚姆为妻。米里亚姆是一位亚美尼亚亲王的女儿，父女两人都是虔诚的基督徒。在某个时刻，格雷戈里离开卡帕多西亚，成为梯利达特三世的秘书。① 这为基督教在亚美尼亚的传播奠定了基础。

诞生于罗马帝国的基督教从两个方向进入大亚美尼亚、小亚细亚和美索不达米亚。基督教在叙利亚扎根后，从小亚细亚传入亚美尼亚。格雷戈里就是在小亚细亚的卡帕多西亚接触到基督教的。在南方，基督教先是在美索不达米亚立足，然后向西传到埃德萨。② 由于这两个地方都居住着大量的亚美尼亚人，很多人改信基督教后将其带入了亚美尼亚。早期基督教教义因民主的宗教原则很容易被大众接受。③ 简言之，在正式宣布皈依基督教前，亚美尼亚人改信基督教的社会条件已经成熟。

然而，3 世纪末叶亚美尼亚人仍以信奉琐罗亚斯德教为主，梯利达特三世本人也不例外。他是典型的多神论者，崇拜各种各样的神灵。在一次宗教仪式上，他命令格雷戈里在女神厄娜喜特神像前放一束花，但后者以自己是基督的追随者为由拒绝了国王的命令。国王被激怒了，当有人告诉他格雷戈里是阿纳克的儿子时，国王下令把他扔进了霍尔维拉普修道院（深坑修道院）的地牢中。④

在格雷戈里被囚禁的那些年，一群信奉基督教的修女逃离罗马，来到了亚美尼亚。当梯利达特三世听说这些修女中的希普西姆有绝世之美时，把她们召进宫殿。国王要求与希普西姆结婚，被拒绝后

---

① V. M. Kurkjian, *A History of Armenia*, p. 97.

② Simon Payaslian, *The History of Armenia: From the Origins to the Present*, p. 35.

③ Simon Payaslian, *The History of Armenia: From the Origins to the Present*, p. 35.

④ George A. Bournoutian, *Concise History of the Armenian People: From Ancient Times to the Present*, p. 48. 霍尔维拉普（Khor Virap）修道院又称“深坑修道院”，在亚拉腊山对面的一个小山丘上，位于今亚美尼亚和土耳其的交界处，离阿尔塔沙特城仅 8 千米。修道院过去有一所神学院，是亚美尼亚天主教徒的主要聚居地之一。启蒙者格雷戈里在这里被囚禁了 13 年，地牢至今尚存。

下令杀害了所有的人。事后，国王病倒了。据说，他染上了野猪的习性，在森林里游荡。这时，国王的妹妹梦见只有关在地牢中的格雷戈里才能医治好国王的病。此时，格雷戈里已在深坑中13年，靠信奉基督的修女每天扔给他一块面包，活了下来。格雷戈里出狱后奇迹般地治愈了国王的疾病，这一年是公元301年。在神甫的劝说下，国王立即宣布基督教为国教。[①] 格雷戈里成为亚美尼亚基督教会的第一任教宗。

以上是亚美尼亚人深信不疑的一种说法，来自阿伽桑格罗斯的叙述。[②] 阿伽桑格罗斯是梯利达特三世的书吏，记载了格雷戈里的相关事迹，亚美尼亚人一直非常喜欢这段文案。值得注意的是，该传说与《但以理书》第四章中新巴比伦国王尼布甲尼撒二世精神错乱的说法如出一辙。由此可判断，叙述者可能将格雷戈里的真实生活与希普西姆殉道的故事有意编织成一个连贯的传奇故事，向人们讲述亚美尼亚受洗的"好消息"。

尽管改信基督教的叙事混淆了事实与传说，但历史现实要比这个准神话故事复杂得多。事实上，亚美尼亚人皈依基督教的动机，是由一系列内外因素决定的。首先，萨珊帝国的敌视是最为重要的外部因素。如前文所述，在亚美尼亚问题上，萨珊不像以前的帕提亚那样宽容，而是不遗余力地在亚美尼亚推广琐罗亚斯德教。波斯人的宗教狂热已经严重威胁到亚美尼亚人的民族身份。例如，沙普尔二世不仅是琐罗亚斯德教的狂热追随者，而且对异端实施严厉的宗教迫害。正是在他统治时期，《阿维斯陀》整理、编撰完成。因

---

① 亚美尼亚定基督教为国教的具体时间尚有争议，亚美尼亚人认为在301年，但有的历史学家认为亚美尼亚人的皈依日期在《米兰敕令》(313)之后。也有一种观点认为，亚美尼亚在301年定基督教为国教后一直秘而不宣，直到罗马帝国宣布基督教为合法宗教后才在314年正式对外宣布基督教是亚美尼亚人的国教。相关观点，可参见Razmik Panossian, *The Armenians: From Kings and Priests to Merchants and Commissars*, p. 42; A. E. Redgate, *The Armeniansm*, Oxford: Blackwell, 1998, pp. 115 – 116。亚美尼亚是第一个定基督教为国教的事实已得到学者的普遍认可。埃塞俄比亚、埃及和叙利亚的基督教会也声称自己是最早的基督教机构。尼西亚会议之后，基督教事实上已经成为罗马的主要宗教。

② Agathangelos, *History of the Armenian*, trans. Robert W. Thomson, Albany: State University of New York Press, 1976, pp. 189 – 191, 217 – 243, 365 – 371, 401 – 415.

此，亚美尼亚皈依基督教与君士坦丁大帝将基督教合法化有着同样的动机：反萨珊帝国意识形态作祟。其次，罗马帝国的默许是促成亚美尼亚皈依基督教的另一个外部因素。在亚美尼亚受洗之际，基督教在罗马帝国还是非法的。因此，亚美尼亚统治阶层在决定皈依之前，必须评估它带来的政治后果。然而，戴克里先的统治已经降低了对基督教的敌意，何况如果亚美尼亚表现出强烈的反萨珊态度，罗马统治者肯定容忍或支持亚美尼亚人改信基督教的作法。毕竟，在政治家眼里，政治利益才是首要的。因此，没有罗马帝国的默许，亚美尼亚人不可能公开皈依基督教。也许正是基于上述考虑，亚美尼亚领导人作出了集体皈依基督教的决定——选择一个萨珊和罗马都不认可的宗教为民族宗教。

除上述两个外部因素外，一系列内部因素也促成了亚美尼亚人宗教信仰的改变。在当时的历史条件下，多神教信仰已不适应社会发展的趋势，一神教信仰有利于中央集权的加强和民族凝聚力的巩固。一神教能为君主政体提供哲学和意识形态上的辩护，梯利达特三世及其支持者敏锐地意识到了这一点，于是决定利用一神教取代多神教，将王权视作神的唯一代表。王权至上不仅有利于政治、经济的集权，也符合整个统治集团的现实利益。废旧改新意味着剥离旧制度，削弱既得利益集团的势力，以满足新社会利益集团的诉求。何况，当时已有很多亚美尼亚人改信基督教，具备了意识形态改革的群众基础。因此，在社会精英的推动下，亚美尼亚人皈依基督教成为顺理成章的事情。

总之，在启蒙者格雷戈里的推动下，梯利达特三世在301年宣布基督教为国教。次年，格雷戈里前往凯撒利亚，接受了希腊主教李安迪[1]的任命，成为首任全亚美尼亚人的教宗。[2] 返回亚美尼亚

---

① 凯撒利亚的李安迪（Leontius of Caesarea）是马萨卡（Mazaca）的大主教。马萨卡即凯撒利亚，李安迪于325年参加了第一次尼西亚会议。东正教会称他为“和平天使”，1月13日是庆祝他的节日。相关观点，可参见 Matthew Bunson, et al., *Our Sunday Visitor's Encyclopedia of Saints*, Indiana: Our Sunday Visitor Publishing, 2003, p. 490。

② George A. Bournoutian, *Concise History of the Armenian People: From Ancient Times to the Present*, p. 48.

后，他给国王和贵族进行了洗礼，本人获得了“启蒙者”的荣誉。紧接着，梯利达特三世颁布敕令，授予格雷戈里全权负责国家皈依基督教一事。当统治者决定以国家力量推行新意识形态时，不可避免地引发剧烈的文化暴动。在宗教极端分子的狂热下，前基督教时代的非基督文化标记几乎被悉数摧毁。

在基督教化过程中，格雷戈里刚柔并举，将整个亚美尼亚民族成功引上了基督教文明的发展轨道。他下令摧毁一切异教神庙及其与之相关的社会、经济和文化组织。例如，在厄娜喜特神庙的废墟上，他主持建造了埃奇米阿津大教堂。[①] 根据10世纪芝诺布·哥拉克的描述，格雷戈里的第一道宗教敕令就是摧毁异教庙宇，杀害了敢于反抗的1038名祭司。[②] 值得庆幸的是，加尼神庙幸存了下来，如今它已成为亚美尼亚建筑艺术的瑰宝和旅游胜地。

教育是传播和加强基督教信仰的另一手段。在推广基督教信仰的过程中，格雷戈里认识到儿童教育的重要性。他向国王进谏：“应该把每省、每地区的孩子们带来，以便指导他们。把这些野蛮的、未开化的、愚昧的土人投入教育的熔炉中，用炽热的精神之爱烧掉堕落的邪教污秽和锈迹。”[③] 国王听从了格雷戈里的建议，下令把各省、各地区的儿童聚集在一起，对他们进行宗教和文学艺术方面的训练。孩子们被分到不同的班级中。在每个班级中，学生分成两组，一组学习叙利亚语和文学，另一组学习希腊语。办学经费由国家财政支出。阿伽桑格罗斯说：“这个国家中的那些野蛮、懒惰、愚昧的人在很短的时间内都成了先知的门生、使徒的学者和福音的后嗣，对上帝的戒律不敢懈怠。”[④] 在格雷戈里和其他传教士的努力下，亚美尼亚、格鲁吉亚和高加索阿尔巴尼亚地区的人民基本上接受了基督教信仰。

---

① Simon Payaslian, *The History of Armenia: From the Origins to the Present*, pp. 36 – 37.

② Blogosuavs, “In Nomine Jassa”, http://www.jassa.org/? p = 5282, 2019 – 4 – 10.

③ Cornelia B. Horn, “The Lives and Literary Roles of Children in Advancing Conversion to Christianity: Hagiography from the Caucasus in Late Antiquity and the Middle Ages”, *American Society of Church History*, Vol. 76, No. 2, 2007, pp. 262 – 297.

④ Agathangelos, *History of the Armenians*, trans. and commentary by R. W. Thomson, p. 375.

皈依基督教是亚美尼亚民族史上的大事，确立了中世纪亚美尼亚文明的文化载体——基督教文化。然而，亚美尼亚人的基督教具有相当的民族特色：既非东正教，也非天主教，而是使徒教。从某种意义上说，皈依基督教宣告了亚美尼亚中世纪的开始，并成功塑造了亚美尼亚人的民族性格。① 从现实结果来看，新兴的基督教会及其教阶制度与现存的亚美尼亚封建社会相适应，教会成为拥有地产和农奴的大地主，在国家权力机构中发挥着相当重要的作用（甚至是决定性的作用）。高级神职人员几乎全部来自纳哈拉阶层，垄断了文化和教育事业。大主教②是全亚美尼亚人的最高精神领袖，教职世袭。为换取纳哈拉人对基督教的支持，梯利达特三世不断扩大他们的政治、经济和军事特权，封建领地演变成半自治独立机构。封建地主以与王权的结合为起点，又以脱离王权为终点。

然而，波斯人的琐罗亚斯德教在亚美尼亚已经存在很长时间了，影响力非常大，国内出现了亲基督派与亲波斯教派之间的斗争。罗马历史学家尤西比乌斯提到，皈依基督教后，梯利达特三世击退了罗马皇帝马克西米努斯二世（310—313 年在位）的入侵。③ 马克西米努斯在基督教编年史上臭名昭著，因为他在《加列里乌斯宽容敕令》（311 年）之后继续迫害基督徒，这促使亚美尼亚统治阶级决定改善与萨珊的关系。不久，君士坦丁大帝颁布《米兰敕令》，基督教成为罗马人的合法宗教，两国关系迅速改善，亚美尼亚文明进一步向西方靠拢。

启蒙者格雷戈里之后，其子阿里斯塔克斯出任大主教（325—

---

① Yevgenya Ghalumyan, et al., *History of Medieval Armenia*, Yerevan: Academic Council of Yerevan State University Faculty of History, 2016, p. 16.

② 大主教“Catholicos”一词是亚美尼亚教会最高领袖的称谓。这个词来自古希腊语“καθολικός”，复数形式是“καθολικοί”，意思是“全体的”。该词还有其他各种翻译，如“第一任大主教”“宗长”“都主教”“大主教”。笔者在咨询亚美尼亚人的基础上，认为采用“大主教”一说更合适。亚美尼亚人的大主教既不从属于希腊正教会，也不从属于罗马天主教会。在亚美尼亚人心目中，大主教的地位相当于罗马教会的教皇或东正教的最高牧首。

③ Yevgenya Ghalumyan, et al., *History of Medieval Armenia*, p. 16.

333 年在职)。阿里斯塔克斯参加了第一次尼西亚会议（325 年)。该会议是基督教历史上的第一次世界性主教会议，大会确定了以《尼西亚信经》为基础的信仰准则。阿里斯塔克斯回到亚美尼亚后，继续致力于亚美尼亚人的基督教化。弗坦尼斯任职大主教期间(333—341)，亚美尼亚人的基督化加速。弗坦尼斯的儿子在东高加索传播基督教时被杀，南高加索地区的基督化进程就此结束。[①] 在亚美尼亚人基督化的过程中，他们机智地与传统文化结合起来。例如，前基督教时代的圣烛节和泼水节都以基督教节日的形式庆祝。正因为如此，基督教才逐渐扎根到亚美尼亚文化中，成为亚美尼亚人的民族之魂。

基督教对亚美尼亚社会的影响是全面而又深刻的。首先它带来了家庭关系和婚姻习俗的改变。前基督教时代，亚美尼亚流行一夫多妻制和近亲结婚。皈依后，根据新的宗教教义，这些习俗被严格禁止。然而，贵族强烈反对一夫一妻制。354 年，大主教圣纳西斯一世（353—373 年在职）在阿什季沙特[②]举行宗教集结，谴责那冥顽不化者，禁止堂兄妹之间的婚姻。[③] 纳西斯一世的某些改革措施甚至激起了国王的不满，以至于被流放到埃德萨。在阿沙克二世(350—368 年在位）统治后期的某个时刻，大主教去了君士坦丁堡。根据 5 世纪亚美尼亚历史学家浮士德的记叙，罗马皇帝瓦伦斯(364—378 年在位）对他指摘自己亲阿里乌斯教派的行为愤怒不已。[④] 444 年，沙哈比万宗教会议通过了几项关于高级神职人员和家庭关系的决议。《沙哈比万敕令》重申了夫权在家庭中的支配地位：新娘因丈夫付给她父母彩礼赋予了他控制妻子的权利。[⑤] 这项法令

---

① Yevgenya Ghalumyan, et al., *History of Medieval Armenia*, p. 17.

② 阿什季沙特（Ashtishat）是大亚美尼亚最古老的城市之一，在今土耳其代里克(Derik）镇。阿什季沙特曾有许多宗教庙宇。亚美尼亚皈依基督教后，启蒙者格雷戈里下令拆毁了那里的异教建筑。

③ David Marshall Lang, *Armenia: Cradle of Civilization*, p. 160.

④ P ‘awstos Buzand, *The Epic Histories*, trans. Nina G. Garsoian, Cambridge: Harvard University Press, 1989, p. 99.

⑤ Simon Payaslian, *The History of Armenia: From the Origins to the Present*, p. 37.

揭示了波斯习俗的深刻影响。沙哈比万宗教会议是亚美尼亚的第二次宗教会议。①

萨珊君主伊嗣埃二世（438—447 年在位）统治时期，波斯加强了对亚美尼亚宗教事务的干涉。然而，大主教圣霍夫塞普一世（437—452 年在职）拒绝了波斯人的要求，于 449 年召开阿尔塔沙特宗教会议。这次宗教集结是“按照亚美尼亚领主和杰出的纳哈拉人的命令”召开的，共有 17 位主教和 18 位纳哈拉人参加了会议。②这表明，5 世纪时，基督教已得到亚美尼亚人的普遍认可。

从长远影响看，亚美尼亚的基督教化加强了民族的独立性和统一性，正如尼娜·加索扬所说：“教会从一开始就促成了亚美尼亚人的民族特性，并为全体人民的忠诚提供了一个中心点，这种忠诚独立于政治框架，也独立于国运。”③ 在亚美尼亚文明史上，尽管国家不断遭到入侵，甚至国家不复存在，但亚美尼亚文明一直持续到今天，这在很大程度上应归功于亚美尼亚人对基督教信仰的执着。对亚美尼亚人来说，基督教将全亚美尼亚人（特别是流散到世界各地的亚美尼亚人）联系起来，并为他们提供了一个强有力的文化和信仰框架。在这种情况下，基督教转变并强化为民族特性。总而言之，宗教身份是亚美尼亚民族身份认同的核心要素。何况，集体皈依一种与邻国截然不同的信仰，本身就反映了亚美尼亚人寻求独立的愿望。当罗马帝国正式承认基督教为国教并在西欧取得优势地位之时，亚美尼亚人拒绝了 451 年迦克墩宗教公会对基督本性的定义，并随后脱离了拜占庭的东正教。当伊斯兰教横扫西亚，甚至波斯文明融入伊斯兰文明圈后，亚美尼亚人恪守自己的宗教信仰，避免了被伊斯兰化的命运。伊朗萨法维帝国统治时期，阿巴斯一世授予亚

---

① Vasken Hakobyan, ed. , *The Book of Cannon Law*, Burbank: Publication of the Western Diocese of the Armenian Church, 2010, p. 22. 4—17 世纪，亚美尼亚总共召开了 23 次教公会议，几乎平均每个世纪召开一次。

② Vasken Hakobyan, ed. , *The Book of Cannon Law*, p. 23.

③ Nina Garsoïan, “The Aršakuni Dynasty (A. D. 12 – [180?] –428)”, in Richard G. Hovannisian, ed. , *The Armenian People from Ancient to Modern Times, Volume I: The Dynastic Periods: from Antiquity to the Fourteenth Century*, p. 83.

美尼亚人完全的宗教特权。然而，亚美尼亚人对基督教的坚持，也使他们付出了惨重的代价，尤以1915年亚美尼亚事件为甚。总而言之，皈依基督教使亚美尼亚文明与波斯文明渐行渐远，并被西方世界视为东方的堡垒。十字军东征期间，亚美尼亚人与西方拉丁教会建立了密切联系。因此，基督教化对亚美尼亚文明的影响是深刻的，贯穿了4世纪以降整个亚美尼亚文明史的发展过程。

三　亚美尼亚教会及其四大宗主教区

亚美尼亚使徒教会（简称“亚美尼亚教会”）是世界上最古老的基督教教会之一。它是亚美尼亚人的民族教会，一直以来被亚美尼亚人视为民族身份的守护者。有时，亚美尼亚教会亦称亚美尼亚东正教会。然而，这个表述不准确，因为它在506年已与东正教会分道扬镳。根据传统说法，亚美尼亚教会源于公元1世纪圣使徒巴塞洛缪和撒迪厄斯的传教活动，两者分别是耶稣的十二门徒之一，约200年后亚美尼亚人才将基督教定为国教。早期亚美尼亚教会对相邻的格鲁吉亚和高加索阿尔巴尼亚的基督教化发挥了不可估量的作用。

亚美尼亚人将基督教定为国教后不久，亚美尼亚教会脱离了凯撒利亚教会，逐步走上了独立发展的道路。尽管如此，它仍与叙利亚教会关系密切，因为后者为亚美尼亚教会提供了圣经、礼拜仪式和教会术语等宗教内容，这一关系直到发明亚美尼亚字母并将《圣经》翻译成亚美尼亚语时才结束。在506年的德温教公会议上，亚美尼亚教会拒绝了基督的二元论，接受了（亚历山大里亚的）圣西里尔的一性论。迦克墩宗教公会之后，罗马教会开始视亚美尼亚教会为一性派。亚美尼亚教会放弃迦克墩公会的决议，切断了它与西方教会的联系。因此，亚美尼亚教会既不效忠于罗马教廷，也不效忠于君士坦丁堡的东正教会。7世纪初，当格鲁吉亚教会脱离亚美尼亚教会并宣布与东正教统一时，亚美尼亚教会剥夺了格鲁吉亚人在亚美尼亚教堂领受圣餐的资格。高加索阿尔巴尼亚教会虽在亚美尼亚教会控制之下，但它始终与格鲁吉亚教会保持着密切联系。

亚美尼亚教会的教宗称作大主教，全称是“全亚美尼亚人的大主教”。启蒙者格雷戈里是首位全亚美尼亚人的大主教。目前，亚美尼亚教廷在圣埃奇米阿津大教堂。历史上，它经过多次变迁：485—927年从埃奇米阿津迁到德温城，13世纪搬到奇里乞亚，15世纪迁回埃奇米阿津。大主教是教会的灵魂人物。与之相比，国王似乎只是一个虚构的金箔。最初，大主教职位由格雷戈里家族世袭。按照惯例，格雷戈里的后裔都要嫁入王室。如果国王受到大主教的谴责，会给王权带来严重后果。当王位空虚时，选择王位继承人的不是大主教，而是纳哈拉。目前，亚美尼亚教会有四个宗主教区：埃奇米阿津、奇里乞亚、君士坦丁堡和耶路撒冷。一般认为，埃奇米阿津教区的大主教是整个亚美尼亚教会的最高领袖，并享有“全亚美尼亚人的最高主教和大主教”的称号。奇里乞亚教区享有“奇里乞亚豪族宗主教区”称号。它虽在精神上忠诚于埃奇米阿津教区，但在行政上自治。1930年，它从奇里乞亚的西斯搬到今黎巴嫩的山省。今亚美尼亚最高宗主教区在亚美尼亚共和国，但亚美尼亚民族主义者倾向于支持奇里乞亚教区，这种分裂在北美亚美尼亚人中间尤为明显。

耶路撒冷和君士坦丁堡教区建立的时间相对较晚，但他们也承认埃奇米阿津教区的最高地位。638年，圣索福洛尼斯①死后，希腊人没有为耶路撒冷任命主教，于是亚美尼亚教会开始为耶路撒冷教区指派主教。除几次中断外，直到今天，耶路撒冷的亚美尼亚教区还在运行。14世纪初，耶路撒冷圣詹姆斯大教堂宣布主教萨尔吉斯一世（1281—1313年在职）为独立大主教，亚美尼亚耶路撒冷宗主教区就此诞生，但它仍承认埃奇米阿津教区的最高地位。十字军东征结束后，耶路撒冷的亚美尼亚宗主教区为改善与穆斯林的关系，在埃及会晤了马穆鲁克总督。马穆鲁克政府在教堂西部入口用阿拉

① 圣索福洛尼斯（Sophronius，560—638）是耶路撒冷基督教牧首（634—638年在职），正统教义的主要代表人物。相关观点，可参见 Hugh Kennedy, *The Great Arab Conquests: How the Spread of Islam Changed the World We Live in*, Philadelphia: Da Capo Press, 2007, p. 90。

伯语刻下了一份保护它的声明。由于耶路撒冷宗主教区接近圣地并与亚美尼亚主要人口隔绝，因此它在君士坦丁堡和埃奇米阿津的宗教分裂中发挥了关键作用。

1461年，奥斯曼苏丹穆罕默德二世创建了君士坦丁堡亚美尼亚教区。当时，穆罕默德二世任命一位亚美尼亚主教为帝国的亚美尼亚社区的宗教领袖。由于奥斯曼帝国统治下的领土包括了大部分亚美尼亚领土，因此君士坦丁堡教区虽在精神上效忠埃奇米阿津，但实际上是最有实力的亚美尼亚教区，这种情况一直延续到第一次世界大战结束时为止。君士坦丁堡的亚美尼亚教区总部设在今伊斯坦布尔库姆卡帕附近的圣母主教座堂内。

亚美尼亚教会是亚美尼亚人的最高宗教权威机构。一般情况下，在东方教会传统中，教会的最高领袖是“牧首”，但在亚美尼亚教阶中，大主教的地位相当于天主教的教皇和东正教的牧首。大主教之下有若干首席主教、总主教、主教、牧师以及为教会服务的俗人等。在教会管理结构中，既有神职人员，也有世俗人员。世界各地的亚美尼亚社区几乎都有亚美尼亚教区。在20世纪的中国，哈尔滨曾经有一个亚美尼亚教区。北京、泉州和广州曾有亚美尼亚人的教堂。

从礼拜仪式的角度看，亚美尼亚教会与天主教会、东正教会有许多共同之处，比如主教的法冠、法衣几乎相同，并使用同样的圣幕。礼拜吟唱时，许多教堂里有管风琴伴奏。亚美尼亚圣歌和拜占庭的圣歌一样，主要由赞美诗组成。最古老的亚美尼亚赞美诗是散文诗，其中纳西斯·施诺哈利①的赞美诗最为有名。官方赞美诗《沙拉坎》由1166首圣歌组成。②

---

① 纳西斯·施诺哈利（Nerses Shnorhali），又称“雅致的纳西斯四世”，1166—1173年间任亚美尼亚大主教。他学识渊博，是著名的神学家、诗人、作家和赞美诗作曲家，被誉为“亚美尼亚的费内隆（1651—1715）”。相关观点，可参见Nicholas Holding, *Armenia with Nagorno Karabagh*, Chalfont St. Peter: Bradt Travel Guides, 2006, p. 44。

② Miloš Velimirović, “Christian Chant in Syria, Armenia, Egypt, and Ethiopia”, in Richard Crocker and David Hiley, eds., *The New Oxford History of Music* (2nd ed.), Oxford: Oxford University Press, 1990, pp. 9 – 14.

教长级别以下的牧师可以在神职授任前结婚，后代的姓氏前一般有前缀“Der”或“Ter”，意谓“主”的意思，以表明他们的血统。已婚的牧师称作“卡哈纳”。亚美尼亚教会将圣诞节定在每年的1月6日，这与西方的12月25日不同。亚美尼亚教会使用的《圣经》是《旧约圣经》的希腊文译本，即“七十士译本”。1923年以后，亚美尼亚教会停止使用亚美尼亚历，开始使用公历，但耶路撒冷的亚美尼亚宗主教区仍使用儒略历，把圣诞节的庆祝活动定在每年公历的1月19日。

亚美尼亚使徒教会不同于亚美尼亚天主教会，后者属于自治的东方天主教会，与罗马天主教会一致。1742年，教皇本笃十四世建立了亚美尼亚天主教会。1749年，亚美尼亚天主教会在黎巴嫩的巴祖玛修建了一座修道院。“1915年亚美尼亚事件”期间，亚美尼亚大部分天主教徒流散到黎巴嫩和叙利亚等邻国。除天主教外，也有部分亚美尼亚人信仰东正教，但数量非常有限。

亚美尼亚宗教民族化严重，非亚美尼亚族的人不被接纳为教会成员，但如果父母中有一人是亚美尼亚人，婴儿受洗后可成为亚美尼亚教徒。妇女不担任神职，但可在女修道院内任执事一职。女执事一般不承担牧师职责，但如果教区很小，没有足够男性的话，女性会担任祭台女助手或领读经文的信徒。通常，女子会参加管风琴唱诗班，并可在教区委员会中任职，或参加一些募捐活动，有时也会从事一些主日学校、妇女公会和教会办公的工作。如果牧师已婚，他们的妻子会积极参加教区活动，并冠以“耶雷茨金”的称号。①

今天的亚美尼亚共和国已实现了政教分离，但教会因经常干预政府事务而备受批评。例如，由于前总统罗伯特·科恰良在竞选时得到了亚美尼亚教会的支持，而遭到了前总理赫兰特·巴格拉特扬的批评，后者声称教会是一个“不可碰触”的组织，收入和支出不

① Phyllis Zagano, “Catholic Women's Ordination: The Ecumenical Implications of Women Deacons in the Armenian Apostolic Church, the Orthodox Church of Greece, and the Union of Utrecht Old Catholic Churches”, *Journal of Ecumenical Studies*, Vol. 43, No. 1, 2008, pp. 124 – 137.

公开透明。[①] 今天，宗教生活仍在亚美尼亚人的精神生活中有着不可替代的作用，亚美尼亚素有“教堂之国”之称。

历史上，亚美尼亚教权和王权的关系不像中世纪西欧那样斗争激烈，教会很少干涉王权。在亚美尼亚失去主权的岁月里，教会取代了国家的角色，成为维系亚美尼亚精神和文化统一的核心力量。

第五节　亚美尼亚王国的衰落

梯利达特三世和格雷戈里去世后不久，亚美尼亚进入封建割据时代，纳哈拉的独立性增强，并在邻国的支持下对抗中央王权。在国内离心势力和国外敌对势力的双重威胁下，亚美尼亚王国逐渐衰落，并最终被瓜分。

霍斯罗夫三世（330—339 年在位）即位后，为遏制贵族的分裂，他把纳哈拉的家人迁到新建都城德温。为使这些达官贵人不嫌寂寞，他在城市附近规划并修建了一个以自己名字命名的森林猎场，以供贵族们狩猎、军事演习和娱乐所用。狩猎场至今尚存。1958 年，亚美尼亚政府把它列为国家自然森林保护区。保护区的面积约为 23213.5 公顷，海拔 700—2800 米。[②] 保护区内有一些史前人类活动遗迹，一些岩石上镌刻着史前图像。古丝绸之路从霍斯罗夫森林中穿过。

霍斯罗夫三世统治后期，亲波斯派与亲罗马派斗争激烈。提格兰七世（339—350 年在位）在国内积极推行阿里乌斯教派，因而他的统治遭到神职人员和军事贵族的普遍反对。大主教圣胡斯克一世经常批评他的公共政策和私人行为，结果被处死。不久，国王又以阿茨鲁尼家族、拉什图尼家族与波斯勾结为由，屠杀了两大家族的

---

① “No Separation of Church and State in Armenia? Opinion”, 2010 - 12 - 23, *www.epress.am*, 2019 - 4 - 14.

② Mr Hervé Lethier, *Report on the Spot Expert Appraisal of the Khosrov Forest State Reserve*, 23 - 25, Strasbourg: Standing Committee (37th meeting), 2017 (May), pp. 1 - 13.

大部分成员。[1] 派系斗争和封建分裂严重削弱了国家实力。在对外政策上，他有意避免与罗马、萨珊发生直接冲突。然而，亚美尼亚的战略地位不容许它独立发展：罗马企图把萨珊势力赶出亚美尼亚，反之亦然。在沙普尔二世的反罗马战争中，提格兰七世被俘，双眼被弄瞎。亚美尼亚人被沙普尔二世的残暴激怒，把波斯军队赶出了亚美尼亚。沙普尔二世战败后，与罗马签署一项条约，同意释放提格兰七世及其家室。但他双目失明，意志消沉，将王位禅让给次子阿沙克二世（350—370 年在位）。

阿沙克二世的登基是罗马皇帝君士坦提乌斯二世（337—361 年在位）和沙普尔二世妥协的产物。[2] 在统治的早期阶段，他对罗马和萨珊都敬而远之，把主要精力放在国内经济建设上。在教会的支持下，他推行社会改革，具体措施有：（1）广建修道院，使僧侣专心从事传教活动；（2）禁止主教、僧侣与家人同住；（3）约束神职人员的生活方式；（4）为麻风病人建立医院；（5）广建学校，鼓励使用亚述语、希腊语从事教学；（6）禁止近亲结婚、一夫多妻、离婚、异教活动、酗酒和血亲复仇；（7）提倡奴隶主宽待奴隶，减轻农民的负担。[3] 上述改革措施在一定程度上提高了亚美尼亚人的文明程度，增强了王室的权威。为削弱地方割据势力，他在亚拉腊山南麓新建都阿沙克万。[4] 阿沙克万地处小亚细亚、伊朗高原、高加索和美索不达米亚的十字路口，是古丝绸之路的一个重要站点。该城被特许为绝对自由市，任何人（包括罪犯）都可以搬到城中居住，并获得自由身份。因此，城内的居民都希望从国王那里得到庇护，王权迅速加强。然而，这却违背了封建地主阶级的利益，他们

---

① Mr Hervé Lethier, *Report on the Spot Expert Appraisal of the Khosrov Forest State Reserve*, p. 103.

② George A. Bournoutian, *Concise History of the Armenian People: From Ancient Times to the Present*, p. 51.

③ Vasken Hakobyan, ed., *The Book of Cannon Law*, p. 20.

④ 阿沙克万（Arshakavan）又名达伦克（Daruynk），今土耳其多乌巴亚泽特（Doğubayazıt）。

趁国王访问格鲁吉亚时，捣毁了该城。[①] 阿沙克万城的建立与摧毁表明，国王为王权寻找新的统治基础，但封建势力过于强大，王权未能制服地方割据势力。

国王的婚姻常常会上升为政治问题，阿沙克二世与奥林匹亚丝（？—361年）的结合便是这方面的例子。后者是克里特岛富商阿贝拉乌斯的女儿。[②] 阿贝拉乌斯是君士坦丁堡最重要的元老之一，政治影响力巨大。萨珊视这桩婚事为威胁。根据浮士德的描述，国王在未离婚的情况下另娶帕兰赛姆。[③] 不久，帕兰赛姆毒死了奥林匹亚丝。该事件迅速上升为政治事件。教会疏远了阿沙克二世。在基督徒看来，这预示着国王对他们的迫害。浮士德讲述的这个故事看起来虽像一个浪漫主义的悲情戏剧，但却暗示了亲罗马派和亲波斯派的斗争以及基督教尚未在亚美尼亚彻底站稳脚跟的事实。因为，阿沙克二世违背了基督教一夫一妻的教规，而波斯传统却允许一夫多妻。

公元4世纪中叶，罗马与萨珊开战，亚美尼亚再次面临严峻的外部考验。沙普尔二世极力争取阿沙克二世的支持。浮士德说，他受邀到波斯宫廷谈判。沙普尔二世为示隆重专门从亚美尼亚运来泥土，铺在他的皇家花园内，并赐给阿沙克二世无上的荣耀和大量金银财宝。阿沙克二世向沙普尔二世承诺了他的忠诚。[④] 在浮士德看来，阿沙克二世与萨珊结盟是收买的结果，但事实远没这么简单，因为东西方优势的平衡此时向伊朗倾斜：沙普尔二世时期的萨珊帝国异常强大，罗马帝国由于忙于内斗和应付蛮族入侵，无暇他顾。在这种情况下，阿沙克二世宣誓效忠萨珊帝国实为无奈之举。另外，帝国争霸不容许亚美尼亚中立。阿沙克二世与沙普尔二世结盟后，他们在尼西比斯的一场战役中击败罗马人，这是自阿沙库尼王朝与萨珊帝国长期对峙以来的首次军事合作。然而，当沙普尔二世向阿沙克二世提议把自己的女儿嫁给他时，被阿沙克二世拒绝了。

---

① Yevgenya Ghalumyan, et al., *History of Medieval Armenia*, p. 24.

② John Robert Martindale, eds., *The Prosopography of the Later Roman Empire*: *Volume* 1, *AD* 260 – 395, *Parts* 260 – 395, Cambridge University Press, 1971, pp. 3 – 4.

③ P ‘awstos Buzand, *The Epic Histories*, trans. Nina G. Garsoian, p. 145.

④ P ‘awstos Buzand, *The Epic Histories*, trans. Nina G. Garsoian, pp. 146 – 147.

根据浮士德的说法，国王之所以拒绝这桩婚事是因为沙普尔二世的女儿不是基督徒。① 浮士德的说法虽有一定的道理，但如果亚美尼亚国王与萨珊联姻，亚美尼亚王位很可能落入波斯人手中，这才是阿沙克二世拒绝沙普尔二世的根本原因。沙普尔二世决定除掉亚美尼亚国王，这迫使阿沙克二世迅速倒向罗马，并亲自到凯撒利亚与皇帝君士坦提乌斯二世签署了一项同盟条约。此时，君士坦提乌斯二世已病入膏肓（361 年 11 月 3 日去世），宣布尤里安为合法继承人。

沙普尔二世希望与罗马新政权和谈，但遭到尤里安的拒绝。尤里安傲慢地表示绝不同意“在美索不达米亚几个城市的硝烟和废墟中召开和平会议”，宣布要与波斯人决一死战。② 363 年，尤里安派出一支 3 万人的军队，兵分两路，讨伐萨珊。爱德华吉本说：“像这样协调周密的计划要获得成功，主要依靠亚美尼亚国王的强力支持和协助。”③ 尤里安攻入泰西封后焚毁了沙普尔二世的皇宫。然而，波斯人巧妙利用迂回战术，击溃了伊朗领土上的罗马军队。363 年 6 月 26 日，在萨马拉一役中，尤里安因受伤过重去世。新皇帝约维安（363—364 年在位）即位当天凌晨下令撤出伊朗。在撤退过程中，罗马人不断遭到波斯人的袭扰，但最终还是成功地退到底格里斯河边的杜拉城。罗马军队在那里停了下来，希望架桥到达对岸的罗马领土。当架桥不成后，罗马皇帝与沙普尔二世签订了一项为期 30 年和平条约。条约规定：罗马永久放弃亚美尼亚的主权要求。④ 罗马历史学家马塞林（330—400 年）认为，罗马让另一基督教国家独自对抗异教国家是可耻的。⑤ 无论如何，罗马帝国把亚美尼亚拱手让给了波斯人。历史证明，当罗马和波斯的实力失衡时，

---

① P ‘awstos Buzand, *The Epic Histories*, trans. Nina G. Garsoian, p. 152.

② ［英］爱德华·吉本：《罗马帝国衰亡史》第 2 卷，席代岳译，第 262 页。

③ ［英］爱德华·吉本：《罗马帝国衰亡史》第 2 卷，席代岳译，第 268 页。

④ ［英］爱德华·吉本：《罗马帝国衰亡史》第 2 卷，席代岳译，第 293 页。

⑤ Ammianus Marcellinus, *Roman History*, Vol. II, with an English translation by John C. Rolfe, London: Harvard University Press, first published 1940, reprinted 1948, 1956, 1963, 1986, 2000, p. 589.

就是亚美尼亚灾难的开始，只要一方足够有能力对付另一方时，亚美尼亚就相对安全。

没有了罗马帝国的支持，沙普尔二世没有了顾忌。364—369年间，浮士德提供了他27次入侵亚美尼亚的信息。[①] 在瓦萨克·马米科尼扬将军的领导下，亚美尼亚人表现出了杰出的民族气节，勇敢地击退了波斯人的多次入侵，甚至一度反攻到伊朗境内。当沙普尔二世发现不能征服亚美尼亚时，诱使亚美尼亚国王和他的将军到波斯宫廷和谈。结果，萨珊国王囚禁了阿沙克二世和瓦萨克。

在萨珊统治者眼里，亚美尼亚就是第二个帕提亚。另外，萨珊帝国不允许身边出现一个强大的亚美尼亚，更不允许它成为一个独立的国家。对亚美尼亚来说，失去了罗马帝国的支持，统治阶层丧失了抵抗萨珊帝国的信心，于是很多亲波斯派贵族逃到沙普尔二世那里，加入了反攻自己国家的行列。据浮士德记载，贵族梅鲁詹·阿茨鲁尼不仅投靠了沙普尔二世，还改信了琐罗亚斯德教，并多次充当波斯军队入侵亚美尼亚的急先锋；阿沙克二世的亲戚苏伦·巴拉维也背叛了国王。[②] 对于部分贵族来说，与其忍受持续不断的掠夺和屠杀带来的痛苦，倒不如臣服于一个拜火的异教国家。至此，亚美尼亚作家证实了4世纪阿米安·马塞林所说的“约维安和平”带来的后果。贵族的大批叛逃，使王国陷入混乱。对于阿沙克二世来说，只有他的家人与马米科尼扬家族的瓦萨克是自己的坚定支持者。在这种情况下，阿沙克二世被迫前往沙普尔二世的宫廷寻求和平。显然，陷于囹圄中的亚美尼亚国王已无法阻止波斯人的入侵。最终，沙普尔二世征服了亚美尼亚，并极力在高加索推广琐罗亚斯德教。

根据浮士德的描述，沙普尔二世的太监德拉斯塔玛特在368/369年的某个时刻拜访了狱中的阿沙克二世。[③] 德拉斯塔玛特是亚美尼亚人，他在与贵霜人的战斗中曾经救过沙普尔二世，从而获得了

---

① P ‘awstos Buzand, *The Epic Histories*, trans. Nina G. Garsoian, p. 154ff. 浮士德可能夸大了沙普尔二世入侵亚美尼亚的规模。

② P ‘awstos Buzand, *The Epic Histories*, trans. Nina G. Garsoian, pp. 161 – 167.

③ P ‘awstos Buzand, *The Epic Histories*, trans. Nina G. Garsoian, p. 199.

探监的机会。当阿沙克二世见到德拉斯塔玛特时，回忆起当年的辉煌岁月，然后在无比沮丧中拿起客人的刀自杀了。这个亚美尼亚人被刚才目睹到的一切感慨万分，从阿沙克二世的胸膛里抽出刀，刺向了自己。忠心耿耿的瓦萨克被沙普尔二世剥皮，挂在了囚禁阿沙克二世城堡的门口。沙普尔二世试图把亚美尼亚国王的尸骨带到伊朗，但被马米科尼扬家族夺回，然后将其遗骸葬在了阿格茨克村。浮士德的描述虽充满浪漫主义色彩，但至少说明亚美尼亚人对国家的认同感是如此之强烈。

阿沙克二世的一生跌宕起伏，当沙普尔二世击败尤里安时，他的命运就注定了，因为亚美尼亚所面对的是一个复杂的国内外政治环境。另外，他生活在一个信仰转型的时代，宗教因素助长了贵族的叛乱。尽管爱德华·吉本对他充满偏见，声称他软弱无能，[①] 但这位亚美尼亚国王的确是一位伟大的君主，在许多方面颇有建树。例如，他在改革总设计师纳西斯一世的帮助下进行了一系列改革。亚美尼亚国王阿沙克三世这样给他盖棺定论：“献给大地和海洋之王阿沙克，他的容貌和形象就像我们的神，他的运气和命运比所有的国王都要好，他的精神境界就像大地之上的苍穹。”[②]

沙普尔二世入侵期间，阿沙克二世的妻子帕兰赛姆及王子帕普（370—374 年在位）躲在阿塔格尔萨城堡（在今亚美尼亚阿尔马维尔省内）避难。[③] 马塞林说，沙普尔二世打算建立一个非阿萨息斯家族出身的亚美尼亚王国。[④] 据浮士德报道，一些纳哈拉人承认了

---

① ［英］爱德华·吉本：《罗马帝国衰亡史》第 2 卷，席代岳译，第 269 页。“用宗教和感恩为借口来掩饰他的胆小和怠惰。”

② Movses Khorenatsi, *History of the Armenians* (5*th* – 8*th century*), translation and commentary by Robert Thomson, p. 82.

③ Noel Lenski, *Failure of Empire*: *Valens and the Roman State in the Fourth Century A. D*, Los Angeles: University of California Press, 2003, pp. 133, 170 – 181.

④ Ammianus Marcellinus, *Roman History*, Vol. III, trans. John C. Rolfe, London: Harvard University Press, first printed 1939, revised and reprinted 1952, 1958, 1964, 1972, 1986, p. 83. 在阿米安·马塞林的笔下，亚美尼亚将领哥拉克（Glak）和瓦汗·马米科尼扬分别作赛勒克斯（Cylaces）和阿尔塔班斯（Artabanes）。“这种仁慈的行为鼓励赛勒克斯和阿尔塔班斯派使者到瓦伦斯那里请求支援，并把他们所说的帕普赐给他们，以作他们的王。”

沙普尔二世的宗主权。[①] 这意味着沙普尔二世企图将萨珊王朝的管理体制与亚美尼亚的纳哈拉传统相结合，以达到彻底征服亚美尼亚的目的。

阿沙克二世去世后，沙普尔二世派兵围攻帕普母子藏身的阿塔格尔萨。围城期间，帕兰赛姆以丈夫的名义成功说服反叛的瓦汗·马米科尼扬回心转意，使帕普逃走。据罗马政治家忒弥修斯（317—390年）报告，帕普来到了正在马西亚诺波里斯[②]过冬的罗马帝国皇帝瓦伦斯（364—378年在位）那里。[③] 瓦伦斯接见了帕普，让他留在凯撒利亚。369年，应亚美尼亚贵族的要求，帕普返回国内。[④] 与此同时，皇帝瓦伦斯派总督弗拉维乌斯·阿林特乌斯（？—378）前往南高加索，加冕帕普为亚美尼亚国王，同时另加冕格鲁吉亚的绍尔玛格二世（361—363、370—378年在位）为西伊比利亚国王。沙普尔二世视这些为战争行为，夺取了高加索伊比利亚，然后集中精力攻打围困已久的阿塔格尔萨要塞。要塞于370年冬天陷落，无数亚美尼亚皇家宝藏被洗劫一空，帕兰赛姆被奸杀。入侵期间，沙普尔二世大肆迫害当地基督徒，迫使他们皈依拜火教。[⑤] 浮士德描述了波斯人的暴行：

> ［波斯人］还占领了瓦加尔沙帕特城，将其拆毁、挖掘、推倒在地。他们从那城里抢劫了19000户人家。他们在城中没有撇下一幢建筑，因为都被拆毁了。他们攻击了整个国家，把一切已成年的男子都杀了，又把妇女和儿童掳去。他们攻取了亚美尼亚王的所有要塞，在里面添满给养，留下人看守。他们攻取了伊鲁达沙特城，从那里攻取了20000户亚美尼亚人，

---

① P ‘awstos Buzand, *The Epic Histories*, trans. Nina G. Garsoian, p. 170ff.

② 今保加利亚境内的罗马古城。

③ Noel Lenski, *Failure of Empire: Valens and the Roman State in the Fourth Century A. D*, p. 133.

④ Ammianus Marcellinus, *Roman History*, Vol. III, trans. John C. Rolfe, p. 83.

⑤ Noel Lenski, *Failure of Empire: Valens and the Roman State in the Fourth Century A. D*, pp. 170 - 181.

> 30000 户犹太人，夷平了城，挖通了城。他们还占领了巴格烈万德的扎雷哈万城，从那里带走了 5000 户亚美尼亚人和 8000 户犹太人。他们把这座城市夷为平地。他们夺取了位于阿吉奥维特地区的大城市扎里沙特，掳走了 1 万 4 千户犹太人和 1 万户亚美尼亚人，摧毁了这座城。他们占领了托茨布地区的凡城，烧毁了它，把它夷为平地，从那里掳走了 5000 户亚美尼亚人和 18000 户犹太人。①

371 年，沙普尔二世发起春季攻势，但在德兹拉夫战役中被击溃。浮士德把胜利归功于马米科尼扬家族的穆什赫一世（？—374/378）。莫夫谢斯和马塞林指出，罗马皇帝瓦伦斯的将军没有投入战斗，而是致力于保护帕普。② 德兹拉夫战役后，萨珊把精力转到对付东方的贵霜帝国上，暂时停止攻打亚美尼亚。罗马趁机控制了亚美尼亚，拆除了拜火教寺庙。隐退已久的圣纳西斯一世表示全力支持帕普。新的地缘政治条件为帕普的国内改革提供了机会，在罗马人的支持下，他重建了被战争摧毁的城市。然而，无休止的战争导致过高的死亡率和过低的生育率，帕普不得不采取措施增加人口：（1）关闭修道院，令僧侣回家结婚；（2）节省开支；（3）鼓励神职人员及其家属为国效劳；（4）没收教会财产；（5）禁止教会向农民征税，努力恢复农业生产。③

沙普尔二世虽没有再次进攻亚美尼亚，但也没有完全放弃。在罗马，皇帝瓦伦斯最初尽力避免与萨珊直接交战，但在 373 年的巴加万战役中④，罗马与波斯再次交火。马塞林说：

> 在冬天快结束的时候，波斯国王沙普尔由于在前几次战斗

---

① P'awstos Buzand, *The Epic Histories*, trans. Nina G. Garsoian, pp. 175 – 176.

② Movses Khorenatsi, *History of Armenians*, trans. Robert W. Thomson, pp. 296 – 298; Ammianus Marcellinus, *Roman History*, Vol. III, trans. John C. Rolfe, pp. 163 – 165.

③ Yevgenya Ghalumyan, et al., *History of Medieval Armenia*, p. 28.

④ 浮士德所述的巴加万战役即罗马历史学家阿米安所述的瓦格班塔战役（Battle of Vagabanta）。

中所激发的自信而变得狂妄自大，他的军队的人数和力量都大大增加了，他派遣骑兵、弓箭手和雇佣兵入侵我们的领土。为对付这些势力，图拉真将军和阿勒曼尼人的前国王瓦多玛留斯依照皇帝（瓦伦斯）的命令，率领强大的军队执行击退波斯而不是进攻的策略。当罗马军团来到有利地带瓦格班塔时，出其不意地遭到敌人骑兵的猛烈进攻，然后他们佯装撤退，以免首先伤害到敌人，从而被判违反条约；最后，他们在不得已的情况下投入战斗，杀死许多波斯人，大获全胜。在随后的间隔期，双方进行了几次小规模的战斗，结果各不相同；停战协议已经达成，夏天也结束了，双方将领各奔东西，但仍然敌对。①

浮士德也描述了这场战役，声称当波斯军队袭击亚美尼亚腹地时，帕普在巴加万集合，准备战斗。② 亚美尼亚将军穆什赫一世杀进波斯阵营，俘虏了包括沙普尔二世妻妾在内的大批波斯人，但不知何故他把沙普尔二的妃子们还给了波斯人。亚美尼亚人收复了大片领土，其中包括罗马皇帝约维安割让给萨珊的一些领土。③ 战胜波斯后，帕普企图摆脱罗马的控制，建立一个真正意义上的独立国家。然而，他的王冠是罗马人给的，因此不得不考虑罗马因素。于是，他借助改革手段试图脱离罗马的束缚。首先，他从教会改革入手。自启蒙者格雷戈里以来，亚美尼亚教会主教一直由凯撒利亚大主教任命，而凯撒利亚宗主教区在罗马的控制之下，这显然对亚美尼亚教会和国家极为不利。帕普提出，亚美尼亚教会主教授职权应归国王。凯撒利亚大主教拒绝了国王的要求。为反击凯撒利亚的霸权，他取消教会特权，没收教会财产，恢复了阿里乌斯派信仰。帕普打破教会传统的行为，遭到了包括圣纳西斯一世在内的神职人员的普遍反对。373 年，帕普毒死了圣纳西斯一世。然而，浮士德把

---

① Ammianus Marcellinus, *Roman History*, Vol. III, trans. John C. Rolfe, pp. 187 – 189.

② P ‘awstos Buzand, *The Epic Histories*, trans. Nina G. Garsoian, p. 189.

③ 亚美尼亚人又称阿扎尼（Arzanene）为阿哈茨尼克（Aghdznik）。它是亚美尼亚王国西南部的一历史地区，面积约17530平方千米。亚美尼亚人又称科杜内（Corduene）为科尔恰克（Korchayk），在今土耳其凡湖以南。

国王毒死圣纳西斯一世的原因归咎为后者经常指责国王的放荡生活（帕普是同性恋）。[①]

圣纳西斯一世死后，帕普下令亚美尼亚主教不得去凯撒利亚接受圣职。凯撒利亚对亚美尼亚事态的发展无比惊讶。浮士德说，凯撒利亚大主教召开紧急主教会议，谴责帕普的作法，责令他交出主教任命权。[②] 然而，这没有改变帕普摆脱罗马帝国控制的决心，他一方面派遣使者到伊朗寻求支持，另一方面又派使者到瓦伦斯那里要求罗马偿还占领的亚美尼亚领土。在罗马，帕普的使者对瓦伦斯说："放弃凯撒利亚和其他10个属于我们的城市吧。埃德萨城是我们祖先建造的。如果你不想发生任何骚乱，那就放弃吧。否则，我们将发动大规模战争。"[③] 帕普的罗马外交政策遭到亲罗马派贵族的反对，但年轻气盛的国王固执己见，未听进任何建议。圣纳西斯一世被杀一事激化了教会与帕普的矛盾，亲罗马派贵族联合起来，反对他们的国王，索芬尼也声称不再效忠帕普。[④]

罗马对征服亚美尼亚的兴趣不亚于波斯人。由于担心亚美尼亚倒向伊朗，皇帝瓦伦斯攻入亚美尼亚，企图抓获帕普，但没有成功。于是，他效仿沙普尔二世，邀请帕普到塔苏斯谈判，以协商解决两国的分歧。但是，帕普觉察到了瓦伦斯的阴谋，打道回府。374年，在瓦伦斯的秘令下，罗马驻亚美尼亚军队阴谋杀害了帕普。[⑤] 亚美尼亚失去了一位年轻而又充满活力的统治者，他曾打算加强王权，使亚美尼亚摆脱外来统治，但却失败了，这也许是亚美尼亚王国的宿命。

亚美尼亚贵族对帕普被杀一事无动于衷。帕普的两个儿子尚在襁褓之中，王位继承问题给罗马提供了控制亚美尼亚的机会。在这种情况下，帕普的侄子瓦拉扎特（374—378年在位）登基。瓦拉扎

---

① P'awstos Buzand, *The Epic Histories*, trans. Nina G. Garsoian, pp. 203 – 205.

② P'awstos Buzand, *The Epic Histories*, trans. Nina G. Garsoian, p. 210.

③ P'awstos Buzand, *The Epic Histories*, trans. Nina G. Garsoian, p. 213.

④ George A. Bournoutian, *Concise History of the Armenian People: From Ancient Times to the Present*, p. 52.

⑤ Yevgenya Ghalumyan, et al., *History of Medieval Armenia*, p. 29.

特虽不是帕普的直系后裔，但出身帕提亚皇族，其父与帕普是同父异母的兄弟。

瓦拉扎特生性勇猛，名字的含义是“野猪的赠礼”。“Varaz”一词来自波斯语“warāz”，意思是“野猪”；“dat”源于波斯语“dātan”，是“给予”的意思。野猪在古代西亚是英勇和凶猛的象征。瓦拉扎特的勇猛在古代奥林匹克运动会上表现出来。莫夫谢斯称他精力充沛，风度翩翩，身体强壮，曾在埃及的赫利奥波利斯城杀死过一头狮子，即位之前的某个时间参加了奥林匹克运动会，获得了拳击项目的冠军。[①] 瓦拉扎特是有记载的第二位参加古代奥林匹克运动会的亚美尼亚人，第一位是梯利达特三世。[②] 瓦拉扎特的胜利也可以从现存的备忘录中得知，该备忘录今保存在希腊奥林匹亚的奥林匹克博物馆内。1998年5月8日，亚美尼亚国家奥林匹克委员会提议在希腊奥林匹亚的国际奥林匹克学院竖立一座瓦拉扎特的半身像，半身像的作者是著名的雕刻家列翁·托卡马江。[③]

抛开这些不谈，在罗马皇帝瓦伦斯的支持下，瓦拉扎特成功登上了亚美尼亚王位。由于他从小生活在君士坦丁堡，对亚美尼亚的具体情况不是很熟悉。亚美尼亚人出于对罗马帝国的忌惮没有为帕普之死复仇，接受了这位新王，何况新王本来就出身帕提亚皇族，而且还是一位名闻天下的奥运冠军。当时，亚美尼亚国内最有权势的家族是马米科尼扬家族，该家族的穆什赫一世奉行亲罗马外交政策，为亚美尼亚王室立下了汗马功劳。当其他封建贵族纷纷投靠沙普尔二世时，穆什赫一世始终忠心耿耿。370年，在瓦伦斯的交涉下，世袭将军“斯帕佩特”授给了穆什赫一世。从此，亚美尼亚武装力量皆由马米科尼扬家族的成员统领。穆什赫一世功高盖主，与罗马关系密切。当他与罗马当局谈判建立一个共同防御体系时，引

① Movses Khorenatsi, *History of Armenians*, trans. Robert W. Thomson, p. 301.

② P‘awstos Buzand, *The Epic Histories*, trans. Nina G. Garsoian, p. 424.

③ N. Khanjyan, *Ministry of Nature Protection of the Republic of Armenia—Specially Protected Nature Areas of Armenia*, Yerevan: Tigran Metz Publishing House, 2004, p. 8.

起了瓦拉扎特和贵族的不满，设计杀害了穆什赫一世。[1]

穆什赫一世的死使亚美尼亚和罗马的联合防御作战计划宣告破产。穆什赫一世的兄弟曼纽尔从波斯返回亚美尼亚后，继承了斯帕佩特职位。在波斯期间，曼纽尔参加了与贵霜帝国的战争，立下赫赫战功。378 年，曼纽尔将瓦拉扎特赶出了亚美尼亚，宣布帕普的儿子阿沙克三世（378—387 年在位）和沃洛加西斯三世[2]（378—386 年在位）共为亚美尼亚国王，并将女儿瓦尔丹杜克特嫁给了阿沙克三世，王后扎曼杜赫特摄政。扎曼杜赫特是亚美尼亚历史上杰出的贵妇之一，她是帕普的妻子，在亚美尼亚享有极高的社会地位，历经四代国王的统治：帕普、瓦拉扎特、阿沙克三世和沃洛加西斯三世。曼纽尔是事实上的统治者，浮士德说亚美尼亚在他统治期间享受了七年的和平。[3] 当时，罗马皇帝正忙于内部事务，对亚美尼亚政坛的变化未作出反应。385 年，曼纽尔去世，年幼的阿沙克三世无力应对国内复杂的派系斗争，逃到西亚美尼亚，向拜占庭寻求庇护。

第六节　第一次亚美尼亚瓜分

亚美尼亚政治事态的发展一直困扰着波斯统治者。事实证明，亚美尼亚既非完全寄希望于波斯人，也不愿意臣服于罗马帝国。375 年，为彻底解决亚美尼亚问题，沙普尔二世向瓦伦斯提议：罗马必

---

① Zabelle Boyajian, *Armenian Legends and Poems*, with an introduction by Viscount Bryce, New York: E. P. Dutton, 1916, p. 170.

② 曼纽尔·马米科尼扬举荐双王制，目的是避免王室内讧，维护亚美尼亚政局的稳定。但这也为亚美尼亚的分裂埋下了祸根。沃洛加西斯和阿沙克三世都推崇阿里乌斯派，巴加万火神庙里矗立的一尊雕像便是证明。386 年，沃洛加西斯三世去世，阿沙克三世成为唯一的王，参见 Nina Garsoïan, "The Aršakuni Dynasty (A. D. 12 - [180?] -428)", in Richard G. Hovannisian, ed., *The Armenian People from Ancient to Modern Times, Volume I: The Dynastic Periods: from Antiquity to the Fourteenth Century*, p. 80; A. Terian, *Patriotism and Piety in Armenian Christianity: The Early Panegyrics on Saint Gregory*, New York: St Vladimir's Seminary Press, 2005, p. 18。

③ P'awstos Buzand, *The Epic Histories*, trans. Nina G. Garsoian, p. 224.

须撤出亚美尼亚或放弃伊比利亚，否则萨珊将扶植前伊比利亚国王阿斯帕库雷斯二世（363—365年在位）复辟。① 该建议是瓜分亚美尼亚的前兆。375—376年，双方就亚美尼亚问题展开一系列谈判。② 376年，瓦伦斯派骑兵长官维克托（？—383）到萨珊帝国就亚美尼亚问题进行谈判，并下令绍尔玛格二世从伊比利亚撤军。至此，罗马放弃了伊比利亚，绍尔玛格二世的伊比利亚王国不复存在。谈判的使者抱怨说："波斯国王吹嘘自己公正，满足于自己应得的东西，但当亚美尼亚人要按照自己喜欢的方式生活时，他却对亚美尼亚怀有邪恶的贪念。"马塞林说："谈判的使者很好地履行了自己的职责，只是超出了职责范围，接受了亚美尼亚供给的一块小地方。"③

马塞林的描述印证了浮士德的说法。根据浮士德的陈述，穆什赫一世建议拜占庭在亚美尼亚各城市建立军事基地，由罗马帝国出资武装亚美尼亚军队，共同对抗波斯人。④ 拜占庭皇帝欣然同意这项联合作战计划，因此，马塞林提到的小块地方应是亚美尼亚的罗马驻军所在地。

376年秋，苏伦率领代表团访问罗马皇帝，但没有取得实质性成果。次年，哥特战争（376—382）使谈判中断。马塞林在叙述此事时随口提到了一个非常重要的事实：罗马军团从亚美尼亚召回后被派往欧洲。这解释了瓦拉扎特在曼纽尔之前覆灭的原因：曼纽尔废黜罗马的附庸国王，选择与波斯结盟，并允许苏伦率兵驻扎在亚美尼亚。马塞林的描述证实了浮士德的叙述，他说："从色雷斯那里得到这个消息，皇帝瓦伦斯万分悲痛，他因种种忧虑，心烦意乱。鉴于迫在眉睫的威胁，他迅速派遣骑兵司令官维克托前往波斯，安排

---

① Ammianus Marcellinus, *Roman History*, Vol. III, with an English translation by John C. Rolfe, p. 309.

② Norman H. Baynes, "Rome and Armenia in the Fourth Century", in Reginald L. Poole, ed., *The English Historical Review*, Vol. 25, London: Longmans, Green and Co., 1910, p. 641.

③ Ammianus Marcellinus, *Roman History*, Vol. III, with an English translation by John C. Rolfe, pp. 309 - 311.

④ Buzandats' i P' awstos (Faustus of Byzantium), *The Epic Histories attributed to Pawstos Buzand*, trans. and commentary by N. G. Garsoïan, Cambridge, Mass.: Harvard University Press, 1989., pp. 256 - 257.

亚美尼亚的地位……当这些人来到更适合用小股部队进行秘密游击战以减少敌人人数的地方时，他们转而采取了破坏性的、不合时宜的计划，反对从亚美尼亚带来的这些疯狂呼号的野蛮人。”①

在亚德里亚堡之战中哥特人击败罗马，皇帝瓦伦斯战死。此后，西哥特人转战意大利，进一步动摇了罗马帝国的统治。亚德里亚堡战役给罗马带来的影响是灾难性的，直接导致了萨珊对亚美尼亚的入侵。384 年，波斯使者到达君士坦丁堡，呼吁皇帝狄奥多西一世（379—395 年在位）重启亚美尼亚问题的谈判。这时，曼纽尔已经去世，罗马没有了后顾之忧，同意了波斯提出的瓜分亚美尼亚的方案：罗马控制西亚美尼亚，波斯控制东亚美尼亚。经过数百年的长期斗争，两大帝国最终用外交手段决定了另一个国家的命运。386 年，沙普尔三世的使者访问君士坦丁堡，随后罗马皇帝派全权大使到泰西封商谈分割亚美尼亚的计划。次年，双方签署《埃克盖茨条约》，将亚美尼亚一分为二。② 浮士德描述了双方的说辞：“因为这个强大而富饶的王国夹在我们之间。如果我们能扰乱并毁灭这个王国，那就太好了。首先［让我们］把它和我们所建立的阿沙库尼王国分成两部分，然后［我们］努力打击他们，使他们贫穷，［使］他们臣服，这样他们在我们之间就抬不起头来。”③

根据协定，东亚美尼亚属萨珊帝国，西亚美尼亚属罗马帝国。萨珊帝国得到了原亚美尼亚王国的 4/5，剩余的 1/5 归罗马帝国。④ 应纳哈拉人的请求，沙普尔三世派瓦拉扎特的儿子霍斯罗夫四世（385—388，417—418 年在位）为东亚美尼亚国王，阿沙克三世为西亚美尼亚国王。从形式上说，东、西亚美尼亚仍由阿沙库尼王朝

---

① Ammianus Marcellinus, *Roman History*, Vol. III, with an English translation by John C. Rolfe, pp. 425 – 427.

② Razmik Panossian, *The Armenians: From Kings and Priests to Merchants and Commissars*, p. 39.

③ Buzandats' i P' awstos (Faustus of Byzantium), *The Epic Histories attributed to Pawstos Buzand*, trans. and commentary by N. G. Garsoïan, pp. 233 – 234.

④ Norman H. Baynes, "Rome and Armenia in the Fourth Century", in Reginald L. Poole, ed., *The English Historical Review*, p. 643.

统治。这样，罗马和萨珊实现了36年的和平。浮士德说："亚美尼亚王国被削弱、分裂和分散。从那以后，它的辉煌开始衰落。"① 爱德华·吉本指出："亚美尼亚因为不断的战争和倾轧形成分裂，这种不正常的现象使古老的王国突然灭亡。"②

亚美尼亚的分裂，标志着阿沙库尼王朝进入最后阶段。在罗马方面，阿沙克三世的宫邸在埃克盖茨，领土不断被蚕食。390年，阿沙克三世在郁郁寡欢中去世，没有留下继承人。从此，君士坦丁堡政府不再任命新的亚美尼亚国王，将西亚美尼亚降为行省。在萨珊方面，万王之王巴赫拉姆四世（388—399年在位）于389年废黜了霍斯罗夫四世，将其囚禁在泰西封。在亚美尼亚贵族的要求下，瓦拉扎特的另一个儿子巴拉姆沙普尔（388—417年在位）被推上了亚美尼亚王位。

巴拉姆沙普尔是波斯语"巴拉姆"和"沙普尔"的组合，两者都是萨珊皇族用名。因此，这个名字表达了亚美尼亚对萨珊的臣服，也说明波斯文化对亚美尼亚文化的影响。巴拉姆沙普尔的统治给阿沙库尼王朝带来最后的辉煌。在宗教方面，他任命萨哈克·帕特夫③为大主教（348—439年在职）。萨哈克·帕特夫是启蒙者格雷戈里家族的最后一位大主教，并得到了萨珊国王伊嗣埃一世（399—420年在位）的特许。在外交方面，他努力处理好与拜占庭和萨珊的关系。在内政方面，他得到了纳哈拉人的支持。由于保持了良好的外交关系，国内宗教势力得到安抚，亚美尼亚经济出现一定的繁荣，拜火教的影响降到最低。然而，巴拉姆沙普尔对亚美尼亚文明最大的贡献是资助发明了亚美尼亚字母，具体见后文。

巴拉姆沙普尔去世后虽有一子，但年龄太小，尚不能继承王位。大主教萨哈克·帕特夫恳求伊嗣埃一世释放霍斯罗夫四世，重掌亚

---

① Buzandats' i P' awstos (Faustus of Byzantium), *The Epic Histories attributed to Pawstos Buzand*, trans. and commentary by N. G. Garsoïan, p. 234.

② ［英］爱德华·吉本：《罗马帝国衰亡史》第3卷，席代岳译，第207页。

③ 萨哈克·帕特夫（Sahak Partev，348—439年在职），又作"亚美尼亚的以撒（Isaac）"。他是圣纳西斯一世的长子，在君士坦丁堡接受了良好的教育，精通希腊修辞、艺术、哲学和语言学，对亚美尼亚民族文化的发展作出了巨大贡献。他是亚美尼亚字母发明的倡导者和主要赞助人。

美尼亚王权。伊嗣埃一世同意了萨哈克的请求。霍斯罗夫四世仅在位八个月后去世，伊嗣埃一世决定把亚美尼亚王位赐给长子沙普尔四世（418—420 年在位）。沙普尔四世竭力引导亚美尼亚人皈依拜火教，但他的努力是徒劳的，因为基督教信仰已深入人心。不久，伊嗣埃一世被谋杀，沙普尔四世回泰西封继承了萨珊皇位。沙普尔四世的匆忙离开，使亚美尼亚王位空缺，纳哈拉人趁机控制了亚美尼亚政局。422 年，萨珊皇帝加冕巴拉姆沙普尔的儿子阿尔塔什斯四世（422—428 年在位）为亚美尼亚国王。

阿尔塔什斯四世上台后，易名阿尔达希尔，以示对萨珊帝国的尊重。[①] 大主教萨哈克鼎力支持他的统治。然而，贵族的离心倾向已经超出了国王的控制能力，许多纳哈拉头面人物很快以国王的恶习为由试图推翻他。大主教呼吁贵族们尊重国王的权威并与国王合作，但纳哈拉人对大主教的呼吁置之不理。这说明，贵族已经对亚美尼亚君主政体失去信心，在他们看来，波斯的直接统治更为可取。[②] 公元 428 年，应亚美尼亚贵族的请求，萨珊国王巴拉姆五世（420—438 年在位）废黜了阿尔塔什斯四世。从此，亚美尼亚成为萨珊帝国的一个行省，维米尔沙普尔（428—442）出任亚美尼亚的马尔兹班。马尔兹班是波斯人对"边境省份总督"的称呼。至此，中世纪亚美尼亚王国历经耶烈万杜尼王朝、阿尔塔什斯王朝和阿沙库尼王朝后灭亡了。数百年以来，亚美尼亚人第一次发现没有了自己的国王。在遥远的西部，罗马皇帝狄奥多西一世已经将小亚细亚划入以塞巴斯蒂亚为中心的亚美尼亚第一行省和以马拉蒂亚为中心的亚美尼亚第二行省。[③] 这两

---

① V. M. Kurkjian, *A History of Armenia*, p. 108.

② Agop J. Hacikyan, et al., *Heritage of Armenian Literature*, *Vol. 1: From the Oral Tradition to Golden Age*, p. 84; Adalian, *Historical Dictionary of Armenia*, p. 177.

③ Nina Garsoïan, "The Aršakuni Dynasty (A. D. 12 – [180?] – 428)", in Richard G. Hovannisian, ed., *The Armenian People from Ancient to Modern Times*, *Volume I: The Dynastic Periods: from Antiquity to the Fourteenth Century*, p. 93. 塞巴斯蒂亚（Sebastia）和马拉蒂亚（Malatya）都是罗马统治下的亚美尼亚城市的拉丁名。前一个为今土耳其锡瓦斯，后一个为今土耳其巴特尔加齐（Battalgazi）。

个行省由罗马总督统治，驻扎在那里的军队由军事公爵指挥。阿沙库尼王朝的灭亡意味着持续了近一千年的亚美尼亚君主制国家寿终正寝。

第七节　亚美尼亚字母的发明

亚美尼亚文字是世界上最为独特的文字之一，由亚美尼亚学者梅斯罗布·马什托茨于405年发明。学者普遍认为，亚美尼亚语是印欧语系的东支，与斯拉夫语、印度—伊朗语系、波罗的海语系有许多共同之处。亚美尼亚的地理位置解释了亚美尼亚语与印欧语系的亲缘关系。然而，它却没有像拉丁语和古希腊语那样，成为一种消亡的文字，今天的亚美尼亚人仍在使用亚美尼亚文字，而且它的词汇量和语法仍在不断发展、扩大和改进。由于历史的关系，现代亚美尼亚语有东亚美尼亚语和西亚美尼亚语之分。

现代亚美尼亚语，词汇丰富。长达几个世纪的波斯统治给它增添了许多波斯语词汇；基督教的传播又使它从叙利亚语和希腊语中引进了大量词汇；十字军东征期间，它又吸收了大量法语词汇；在奥斯曼帝国的长期统治下，一些突厥语词汇渗入亚美尼亚语中；苏联时期，大量俄语词汇进入亚美尼亚语。近年来，随着中国文化影响力的持续扩大，亚美尼亚语吸收了一些汉语词汇。

多数学者认为，衡量一个社会进入文明的标准有文字、城市和国家等要素的确立。的确，这是一个社会步入文明的重要标准，但亚美尼亚似乎是个例外。从文字的角度来说，亚美尼亚人在字母发明前已经建立了国家，大流士一世的《贝希斯敦铭文》确认了这一点。从城市建立的角度来说，如前文所述，前亚美尼亚字母时代，亚美尼亚人早就有了自己的城市。另外，在亚美尼亚字母发明前，他们已经有了完善的宗教体系、灌溉事业和艺术创作等精神文明内容。所以，如果将亚美尼亚字母的发明当作亚美尼亚文明的起点，无论如何也说不通，也不符合历史事实。何况在亚美尼亚字母发明前，他们有自己的民族语言，甚至可能有自己的文字。因此，亚美尼亚文明的起点，要远远早于亚美尼亚字母的发明。

自梅斯罗布发明亚美尼亚字母后，它虽历经一些变化，但今天的亚美尼亚人仍在使用它。从这个角度来说，亚美尼亚文明是一个没有中断的、连续的文明。历史上，亚美尼亚不断遭到外来入侵，其人民流散到世界各地，但他们至今仍屹立在世界民族之林，并保持着自己的民族特性，使用着本民族的文字，信奉着自己的民族宗教，有着自己的民族国家。

亚美尼亚字母的发明对于保持这个民族的特性和文明有着十分重要的作用，正如亚美尼亚学者拉兹米克·帕诺相所说："基督教似乎不足以维持亚美尼亚文化的独特性，需要另一种手段来体现语言上的差异和维持国家的统一。"① 毋庸置疑，亚美尼亚字母的发明塑造和完善了亚美尼亚文明的内容。可以说，如果没有亚美尼亚字母，亚美尼亚文明很可能被其他文化势力同化。正是有了亚美尼亚字母，才有了亚美尼亚文明的连续性。那么，前亚美尼亚字母时代，亚美尼亚人使用何种文字和语言呢？

一　原亚美尼亚语

原亚美尼亚语指亚美尼亚字母发明前的亚美尼亚语。由于亚美尼亚语是印欧语系分支中唯一已知的语言，因此尚不能用比较法来重建它的早期历史；相反，语言学家通过重建原始印欧语系和其他分支的关系，拼凑出了亚美尼亚语的早期发展阶段。②

目前，语言学家对原亚美尼亚语的历史发展情况尚不完全清楚，有很多猜测。尽管如此，但可以确定的是，它属于印欧语系。亚美尼亚语有许多层次的外来词，显示出它与印度雅利安米坦尼语、安纳托利亚语、闪米特语（如阿卡德语）和胡里安—乌拉尔图语有着

---

① Razmik Panossian, *The Armenians: From Kings and Priests to Merchants and Commissars*, p. 44.

② William M. Austin, "Is Armenian an Anatolian Language", *Language*, Vol. 18, No. 1, 1942, pp. 22 - 25.

长期接触的痕迹。原亚美尼亚语的发音，变化多样且相当古怪，而且在许多情况下是不确定的，这阻碍了语言学家对亚美尼亚语属性的确认，误认为它是伊朗语系的一个分支。1874年，德国学者海因里希·胡布斯奇曼确认亚美尼亚是印欧语系的一个独立分支。[①] 现代研究表明，亚美尼亚语与希腊语、弗里吉亚语相近的断言并没有在语言材料中得到证实，学者们一致认为，它与印度伊朗语的关系就像希腊语和弗里吉亚语的关系一样密切。[②]

根据迪亚科诺夫的说法，亚美尼亚人是胡里安人、乌拉尔图人、卢维人和穆什基人混居的结果，在他们到达亚美尼亚高地后，原亚美尼亚语占据主导地位并逐渐取代了其他语言。[③]

上述是语言学家从语言学角度对原亚美尼亚语的阐释。从历史的角度看，原亚美尼亚语就是亚美尼亚字母发明前亚美尼亚人所使用的语言。对原亚美尼亚语的认知是一个关系到亚美尼亚文明的起点的问题，因此有必要从历史的角度认识亚美尼亚字母发明前的亚美尼亚语。然而，这是一个非常困难的课题，因为目前几乎所有的亚美尼亚语书写文本都产生于5世纪之后，在此之前的亚美尼亚信息主要来自古希腊罗马资料。这也难怪，上古时代，似乎只有古代亚述、波斯、犹太、中国、希腊和罗马等民族或国家对历史情有独钟，建立了完善的历史撰写体系。虽然其他古文明也非常重视本民族和国家的历史记忆，但大多以口述、结绳、树叶等形式流传，其中也包括前亚美尼亚字母时代的亚美尼亚人。

毋庸置疑，在梅斯罗布发明亚美尼亚字母前，亚美尼亚人肯定有自己的语言和书写体系。很难相信一个主权国家在拥有完善管理体制和宗教信仰体系的背景下没有自己的书写体系。乌拉尔图人在亚美尼

① Rüdiger Schmitt, "Von Bopp bis Hübschmann: Das Armenische als indogermanische Sprache", *Zeitschrift für vergleichende Sprachforschung*, 89, Band, 1975, pp. 3 – 30.

② P. Vavroušek, "Frýžština", *Jazyky starého Orientu*, Praha: Univerzita Karlova v Praze, 2010, p. 129; J. P. Mallory and Douglas Q. Adams, *Encyclopedia of Indo-European Culture*, p. 419; James P. T. Clackson, "Classical Armenian", *The Ancient Languages of Asia Minor*, New York: Cambridge University Press, 2008, p. 124.

③ J. P. Mallory and Douglas Q. Adams, *Encyclopedia of Indo-European Culture*, p. 419.

亚高原上建立了该地区最早的国家，他们说的语言被称之为迦勒底语，最早可证实的乌拉尔图语可追溯到公元前9世纪，但到公元前5世纪时，这种语言只局限于精英阶层使用，普通人使用的语言是原亚美尼亚语。乌拉尔图语，既不属闪语系，也不属印欧语系，而是被归类为胡里安—乌拉尔图语系，并留下了大量楔形文字泥板。[①] 胡里安—乌拉尔图人的文化及其语言对亚美尼亚文化产生了重要影响，主要证据就是亚美尼亚语中有胡里安—乌拉尔图语词汇。[②]

乌拉尔图王国灭亡后，亚美尼亚地区先后被米底人和波斯人统治。在大流士的《贝希斯敦铭文》中，亚美尼亚有“王”存在。公元前5世纪，色诺芬到过亚美尼亚，他在《长征纪》中说亚美尼亚人所说的语言跟波斯人的非常相似，这说明当时的亚美尼亚人与波斯人一样，使用阿拉米语。在塞凡湖地区发现的阿尔塔什斯统治时期的铭文是亚美尼亚历史上发现的首个阿拉米文书面记录。所以说，在亚美尼亚字母发明前，亚美尼亚人有自己的书写体系。亚历山大的斐洛（约前20年至公元50年）指出，希腊哲学家和历史学家（米西亚的）梅特罗多勒斯（约前145年至前70年）的《论动物》被翻译成亚美尼亚语；此外，斐洛作品的少量片段也被译成了亚美尼亚语。[③] 梅特罗多勒斯是亚美尼亚国王提格兰大帝的密友和宫廷历史学家。3世纪的罗马神学家希波吕托斯（170—235）在描述同时代罗马皇帝塞维鲁时，提到亚美尼亚人是拥有独特字母表的民族之一；2世纪的雅典人菲洛斯特拉图斯写道，在潘菲利亚抓到一只豹子，脖子上戴着一根刻着亚美尼亚文“国王阿萨息斯献给尼西扬神”的金链子。[④]

---

① Jeffrey J. Klein, “Urartian Hieroglyphic Inscriptions from Altintepe”, *Anatolian Studies*, Vol. 24, 1974, pp. 77 - 94.

② John A. C. Greppin and I. M. Diakonoff, “Some Effects of the Hurro-Urartian People and Their Languages upon the Earliest Armeinans”, *Journal of the American Oriental Society*, Vol. 111, No. 4, 1991, pp. 720 - 730.

③ Philo of Alexandria, *The Works of Philo*, trans. C. D. Yonge and Foreword by David M. Scholer, Massachusetts: Hendrickson Publishers, 1997. p. 29.

④ Philostratus, *The Life of Apollonius of Tyana*, Vol. I, trans. F. C. Conybeare, Loeb Classical Library, 1912, pp. 120 - 121.

莫夫谢斯在他的《亚美尼亚史》中经常提到前基督教时代亚美尼亚国王与其他国家统治者之间书信往来的情况。莫夫谢斯还提到，埃德萨的巴戴山（154—222）读了前基督教时代一位亚美尼亚祭司的作品，将它翻译成叙利亚语，后又译成希腊语。① 原亚美尼亚语时代，亚美尼亚字母存在的另一个重要证据是他们崇拜智慧女神提尔。提尔是古亚美尼亚侍奉书写、学校、修辞和艺术的女神。② 在亚美尼亚神话中，她是哈依克之子和阿拉马兹德的首席信使、占卜师和解梦师，专门记录人的善恶行为，并引导灵魂到冥府。据说，她每年用一个月的时间记录人们的生死，其他十一个月用来给作家、诗人、音乐家、雕塑家和建筑师力量。既然在字母发明前，亚美尼亚人已经开始崇拜掌管书写的神，那么他们在公元5世纪前已经存在书写体系，就不足为奇了。

5世纪，亚美尼亚历史学家柯云指出，梅斯罗布发现了一份古亚美尼亚字母表，并试图把它融入自己的字母表中。柯云如是说："然而，当他们意识到这些字母不足以构成亚美尼亚语的所有音节时，他们发现自己又一次陷入了同样的焦虑之中，并在一段时间内致力于寻找解决办法。"③

有学者提出了一种印欧语族希腊—亚美尼亚—雅利安分支的假想，认为这个分支是希腊语、亚美尼亚语和印度—伊朗语的祖先。公元前30世纪中期，希腊—雅利安语分裂为原希腊语和原印度—伊朗语，原亚美尼亚语介于原希腊语和原印度—伊朗语之间，理由是亚美尼亚语只与印度—伊朗语、希腊语有一些共同特征。④

综上所述，有证据表明在梅斯罗布发明字母表前，亚美尼亚人

---

① Movses Khorenatsi, *History of Armenians*, trans. Robert W. Thomson, pp. 212 - 213.

② Paris Herouni, *Armenians and Old Armenia*, Yerevan: Tigran Metz Publishing House, 2004, pp. 8, 133.

③ Koryun, *The Life of Mashtots*, trans. from Old Armenia (Grabar) by Bedros Norehad, Yerevan: Yerevan State University Publishing, 2012, p. 36. 柯云是最早用亚美尼亚语进行历史书写的作家之一，他的《马什托茨生平》写于公元5世纪，内容包含了很多亚美尼亚字母发明的细节。

④ Koryun, *The Life of Mashtots*, trans. from Old Armenia (Grabar) by Bedros Norehad, p. 36.

有自己的书写体系，但使用不是很普遍，因为关于这方面的记载只见诸史家的零星记载。希腊化时代，希腊词汇大量进入原亚美尼亚语体系中，如前文所述，统治阶层对希腊文字或作品并不陌生。阿沙库尼王朝时期，波斯词汇大量进入原亚美尼亚语体系，正因如此，语言学家曾错误地将它归类为伊朗语。因此，亚美尼亚语是在复杂的文化互动的过程中产生的，继承并发展了一些古老而又丰富的混合文化因子。

总之，亚美尼亚自古就有自己的语言和书写体系，但已经很难确定原亚美尼亚语诞生的具体时间。另外，梅斯罗布发明亚美尼亚字母并不是凭空捏造的，而是在长期文化沉淀的基础上的一种创新。然而，原亚美尼亚字母在多大程度上能够幸存下来就不得而知了。梅斯罗布是否恢复了古亚美尼亚字母，还是简单地丢弃它后又发明了全新的字母，或只是对原亚美尼亚字母进行了一些改进，不得而知。但不可否认的是，他为亚美尼亚文明的发展做出了极大贡献。

历史上的亚美尼亚不断遭到入侵，其文化的摧残程度可想而知。皈依基督教后，统治者又有意识地摧毁了异教文化的任何痕迹，这更增加了学者研究原亚美尼亚语的难度。莫夫谢斯的以下阐述很好地解释了前基督教时代亚美尼亚人没有留下足够史料和文明痕迹的原因，他说：

> 我们的君王和列祖轻忽学问，对理性的生活漠不关心。我们虽然是一个小国，人口有限，力量薄弱，而且经常被别人统治，但在我们的土地上发生了许多英勇的事迹，值得用文字记录下来；尽管如此，没有一个人把它们写下来。因此，如果他们不愿为自己所想，不愿名流千古，我们对这些人的指责是多么恰当，因为我们要求他们做更伟大的事，要求他们讲述比他们更早发生的事。但有人可能会说：正是因为永无止息的战争，才没有写作与文学。①

① Movses Khorenatsi, *History of Armenians*, trans. Robert W. Thomson, p. 69.

总而言之，亚美尼亚人集体皈依基督教后把先前的“异教文化”一扫而空，原亚美尼亚语的一些信息也在这一过程中消失了。

二　古典亚美尼亚语

公元405年，梅斯罗布发明了亚美尼亚字母。在此之前，亚美尼亚人的艺术和文化表达主要借用希腊语，官方文件和铭文则使用拉丁文或波斯文（巴拉维语），基督教礼拜仪式使用叙利亚语。由于大多数亚美尼亚人目不识丁，因此口述史流行，也就是说，吟游诗人以口口相传或演唱的形式将前字母时代的亚美尼亚人的故事流传了下来。[①] 亚美尼亚字母发明后，这一情况改变了。加扎尔·帕佩茨描述了梅斯罗布发明亚美尼亚字母的动机，他说：

> 这些学生不得不长途跋涉，花费很多助学津贴，在叙利亚语学校里学习很长时间，然后到亚美尼亚人的修道院和教堂里用叙利亚语诵读《圣经》。结果，广袤土地上的民众无法理解或受益于［宗教服务］。叙利亚语的难度使政府官员感到吃力，也没有给人民带来任何好处。长久以来，可敬的梅斯罗布·马什托茨一直在考虑改变这种情况。令他遗憾的是，当时并不存在亚美尼亚文字，因此不可能通过使用亚美尼亚语而是要借助于外国语言来赢得教会中善男信女的灵魂。[②]

事实上，除加扎尔·帕佩茨所说的直接动机外，亚美尼亚字母的发明，还有其深刻的政治和社会背景——亚美尼亚人担心被其他文明势力同化。长期以来，亚美尼亚一直是罗马人和波斯人的主战场。在这一背景下，亚美尼亚民族不仅面临着国家灭亡的威胁，还有陷入民族文化消亡的危机。在亡国灭种的危急关头，亚美尼亚人

---

① George A. Bournoutian, *Concise History of the Armenian People: From Ancient Times to the Present*, p. 53. 在中世纪亚美尼亚和帕提亚，古桑人（Gusan）指民间艺人。亚美尼亚历史学家浮士德和莫夫谢斯都提到过这类群体。

② Ghazar P'arpec'i, *History of the Armenians*, trans. Robert Bedrosian, New York: Sources of the Armenian Tradition, 1985, pp. 25 – 26.

迫切需要找到一种能够延续和增强民族文化特性的途径，而文字是维系民族和文化延续最为重要的载体。传教布道是发明亚美尼亚字母的另一个重要因素。如前文所述，使用外来文字传教，既不方便，也不利于福音的传播。作为基督的坚定信仰者，亚美尼亚人需要用民族语言实践他们的宗教事业。正是在这一背景下，亚美尼亚字母应运而生。

387 年的亚美尼亚瓜分使亚美尼亚宗教领袖们意识到它带来的后果：东亚美尼亚人面临着改宗琐罗亚斯德教的危险，西亚美尼亚处于希腊正教会的威胁之下，这对亚美尼亚人的宗教事业来说无疑是一个沉重的打击。宗教领袖们很快意识到使用民族文字传播基督教的重要性和必要性，因为只有这样才能避免波斯和希腊宗教带来的影响。另外，亚美尼亚教会羽翼未满，一系列内部问题亟需解决。首先，相当一部分亚美尼亚人尚未皈依基督教，还有大量的琐罗亚斯德教和阿里乌斯派的追随者；其次，叙利亚教会的礼拜仪式影响了亚美尼亚教会的权威；最后，希腊正教会势力过于强大，有吞并亚美尼亚教会的趋势。正因如此，宗教领袖们倾囊相助梅斯罗布发明亚美尼亚字母。

宗教和政治密不可分。亚美尼亚人是一个具有强烈独立意识的民族。在国家被瓜分的背景下，统治精英们意识到：只有民族文字才是维护民族统一的最好方式，只有使用民族语言才能在宗教和政治上将亚美尼亚文明与其他文明区别开来。

亚美尼亚字母发明的直接原因是被瓜分后的人们使用语言带来的障碍。瓜分后的亚美尼亚人经历了一场语言危机。在拜占庭领土上，亚美尼亚人被禁止使用宗教语言叙利亚文；波斯地区禁止使用希腊文。如此一来，两地的亚美尼亚人面临文化消亡的危险，因此使用民族语言来维护民族团结显得格外重要。

正是在上述背景下，梅斯罗布发明了亚美尼亚字母表。它对巩固亚美尼亚人的民族特性起到了不可替代的作用。梅斯罗布出身显赫。他的学生兼传记作者柯云说，梅斯罗布受过良好的教育，精通希腊语和波斯语，由于他的虔诚和学识而被任命为国王的秘书，负责撰写希腊语和波斯语诏令。[①] 据说，他在修道院学习期间，过着饥寒交迫的生活，整夜祈祷和研读《圣经》，以为将来传经布道的人生事业做准备。经过一段时间的学习后，他在阿拉斯河附近宣讲福音。然而，在布道过程中，他遇到一些困难，因为当时的亚美尼亚人没有自己的文字，而是使用希腊语、波斯语和叙利亚语。显然，这不适合亚美尼亚语的发音。再者，用叙利亚文写成的圣经和礼仪，信徒们难以理解，布道者需要不断地重复。为改变这种状况，梅斯罗布决定发明亚美尼亚人的文字，他的这一想法立刻得到了大主教萨哈克和国王巴拉姆沙普尔的支持。405 年，梅斯罗布终于成功发明了 36 个亚美尼亚字母。

亚美尼亚字母发明后，亚美尼亚人首先将一些基督教哲学文献翻译成亚美尼亚语。第一部译作是叙利亚文和希腊文《圣经》。[②] 据说，梅斯罗布在字母发明后写下的第一句亚美尼亚语是所罗门《箴言篇》中的“ճանաչել զիմաստութիւն եւ զխրատ，իմանալ զբանս հանճարոյ（要知晓智慧和训诲，明白通达的言语）”[③]。

为普及和推广新文字，国王下令在全国各地兴建学校，教授年轻人学习新字母。与此同时，牧师和抄写员开始翻译各类神父著作、教规和宗教礼仪，其中最为重要的一项工作是把《圣经》翻译成亚美尼亚文。与此同时，叙利亚文礼拜仪式译成亚美尼亚文，并借鉴了凯撒利亚的圣巴西尔（329—379）礼拜仪式，以便使新的仪式更具民族特色。

为提高亚美尼亚人的宗教知识水平，在门徒的帮助下，萨哈克筹建了一所高等教育学校，并派遣留学生到埃德萨、梅利泰内、君士坦丁堡和其他各地学习。这些人后来大部分都精通希腊语语法、逻辑学、哲学和修辞学。回国后，他们致力于将新柏拉图哲学作品

---

① Koryun, *The Life of Mashtots*, trans. from Old Armenia (Grabar) by Bedros Norehad, pp. 28 – 27.

② George A. Bournoutian, *Concise History of the Armenian People: From Ancient Times to the Present*, p. 55.

③ Koryun, *The Life of Mashtots*, trans. from Old Armenia (Grabar) by Bedros Norehad, p. 93.

译成亚美尼亚语。亚里士多德的作品似乎最受欢迎，在亚美尼亚语档案中有3000多份关于他的手抄本。[①] 另外，大批希腊语、叙利亚语基督教杰作也被译成亚美尼亚语。例如，亚历山大的亚塔那修(296—373)、耶路撒冷的西里尔（313—386)、圣巴西尔、二格雷戈里[②]、约翰·赫里索斯托姆（349—407)、叙利亚的圣厄弗冷等人的作品。亚美尼亚人的译作为人类知识的保存和传承作出了重要贡献，其中包括相当一部分已失传的希腊、罗马、波斯、希伯来和叙利亚语作品。现在，古典亚美尼亚语仍是亚美尼亚教会的礼拜用语，这对原始印欧语系的重建起到了不可替代的作用。

亚美尼亚人为什么会普遍接受新发明的字母并能延续至今呢？这与梅斯罗布发明字母表时充分利用了民族语言和已经影响甚久的希腊语、波斯语有关。基督教传入亚美尼亚之前的祭祀文是巴拉维语，之后，叙利亚语和希腊语是基督教经文最主要的文字。亚美尼亚语与这两种语言都有一些相似之处。例如，从语法上讲，早期亚美尼亚语与希腊语、拉丁语有很多共同之处，甚至有人提出希腊语是亚美尼亚语近亲的假想，如霍尔格·裴特生认为希腊、亚美尼亚语同源词的数量比任何其他印欧语系语言要多得多；安托万·梅耶研究了两者形态学和音韵学上的一致性后，认为希腊语和亚美尼亚语的母语是地理位置相近的方言；格奥尔格·冉生认为，从词汇和词法上看，希腊语与亚美尼亚语的关系最为密切；福特森评论说："当我们在公元5世纪找到最早的亚美尼亚语记录时，任何早期亲缘关系的证据都已缩减到一些诱人的片段。"[③]

需要特别指出的是，亚美尼亚语吸收了很多波斯语词汇。在字母发明之前，亚美尼亚历史的发展与波斯文明发展的轨迹互为相应。因此，亚美尼亚人在波斯文化的长期熏陶下，其语言必定融入大量波斯语词汇。

---

① George A. Bournoutian, *Concise History of the Armenian People: From Ancient Times to the Present*, p. 55.

② "二格雷戈里"指拿先斯的格雷戈里（Gregory of Nazianzus, 329—390）和尼撒的格雷戈里（Gregory of Nyssa, 335—395)。拿先斯是卡帕多西的一座小镇。

③ "Armenian language", from Wikipedia, 2019-4-23.

亚美尼亚字母表的发明是亚美尼亚文学的开端，是延续和发展亚美尼亚民族最强大的文化要素。萨哈克和梅斯罗布努力的结果是亚美尼亚族从东方的其他民族中分离出来，成为一个既有东方文化因素又有西方文化特质的民族。如果没有亚美尼亚字母，亚美尼亚族很可能会被相邻的波斯人或叙利亚人同化，或在成长过程中夭折。

综上所述，亚美尼亚字母的发明在亚美尼亚文明发展史上造成了这样一个后果：通过博学的宗教领袖和学者的不懈努力，希腊和叙利亚基督教文本翻译成了亚美尼亚文，然后亚美尼亚人振兴了自己的民族文化。在这一过程中，教会逐渐控制了文学和教育事业，并在统治阶级的支持下，建立了基督教话语体系。因此，中世纪亚美尼亚文化、身份和历史都是通过基督教这面神学的棱镜折射出来的。

不可否认的是，亚美尼亚字母为亚美尼亚文明的发展提供了一个强大的文本载体，民族内部交流不再需要借助外来语言实现，这是亚美尼亚文明发展的关键要素。随着时间的推移，在知识精英的支持下，语言使用规则逐渐标准化，并被所有亚美尼亚人接受。正如拉兹米克·帕诺相所说，这部“神启”的剧本最终获得了带有“密码”的光环。[①] 最后，亚美尼亚人的语言、文字、宗教互为补充，突出了亚美尼亚族与其他民族的不同，于是共同的文化标记将世界各地的亚美尼亚人联系在一起，为亚美尼亚文明的延续和传承奠定了扎实的文化基础。

三　现代亚美尼亚语

由于历史的原因，现代亚美尼亚语有东亚美尼亚语和西亚美尼亚语之分。现代亚美尼亚共和国、纳戈尔诺—卡拉巴赫、俄罗斯、格鲁吉亚和伊朗的亚美尼亚人都说东亚美尼亚语，只是发音和声调略有不同。在一些流散社区里，东、西亚美尼亚语之间的发音差别很大。大多数情况下，受过一定教育的东亚美尼亚人能够理解西亚美尼亚语；反之亦然。东亚美尼亚语以埃里温方言为

① Razmik Panossian, *The Armenians: From Kings and Priests to Merchants and Commissars*, p. 46.

基础，是亚美尼亚共和国的官方用语。商业翻译一般都用东亚美尼亚语。

20 世纪，奥斯曼境内的亚美尼亚人主要说西亚美尼亚语。在 1915 年事件期间，大量西亚美尼亚人逃离土耳其，流散到世界各地。因此，西亚美尼亚语成为流散语言。然而，随着亚美尼亚侨民对东道国语言的使用，西亚美尼亚语的使用程度越来越低，甚至有灭绝的危险。在亚美尼亚共和国北部，有几十万人讲西亚美尼亚语的卡林方言，主要分布在久姆里、阿提克、阿胡良和希拉克省的 130 个村庄内。① 西亚美尼亚语的音系与古典亚美尼亚语的差异主要表现在停顿和词缀上。东亚美尼亚语音体系保留了古典亚美尼亚语的停顿和词缀的三种特性：浊音、清音和送气音。与之相比，西亚美尼亚语的语音体系只有一个双向区别：发声和送气音。另外，东亚美尼亚语沿用了传统或改良后的正字法拼写体系。20 世纪 20 年代，共和国政府对东亚美尼亚语进行了正字法改革，但人们对其褒贬不一。在伊朗，操东亚美尼亚语的人仍然使用传统正字法。两种正字法差异不大，互为相通。

---

① S. H. Baghdassarian-Thapaltsian, “Շիրակի դաշտավայրի բարբառային նկարագիրը (Dialect Description of Shirak Valley)”, *Bulletin of Social Sciences*, No. 6, 1970, pp. 51 -60.

第六章　拜占庭和萨珊属亚美尼亚

387 年瓜分使亚美尼亚的西半部成为拜占庭的一部分，即拜占庭属亚美尼亚或西亚美尼亚；东半部成为萨珊帝国的一部分，即萨珊属亚美尼亚或东亚美尼亚。分裂后的东、西亚美尼亚分别走上了不同的道路。亚美尼亚帝国曾经在幼发拉底河以东获得大片领土，且人口占多数。但在查士丁尼改革后，他们便失去了这些领土，人口结构向去亚美尼亚化方向发展。尽管如此，亚美尼亚人在拜占庭帝国取得了很大的成功，比如很多拜占庭皇帝是亚美尼亚人或有亚美尼亚血统。萨珊帝国对亚美尼亚的统治分为三个阶段：252—299 年、387—428 年、428—646 年。前两个时期，前文已作论述，这里不再赘述。428 年，萨珊帝国废黜了阿沙库尼王朝的最后一位国王，东亚美尼亚沦为波斯帝国的一个行省——马尔兹班亚美尼亚。萨珊帝国控制下的东亚美尼亚虽遭到一定程度的破坏，但亚美尼亚社会结构完整保存了下来。尽管如此，波斯人的统治并没有给亚美尼亚人带来什么好运，比如亚美尼亚作家把这一时期的伊朗描绘成一个与自己格格不入的敌对国家。亚美尼亚文学诞生于 5 世纪下半叶便是对波斯文化抵制的结果。7 世纪，阿拉伯人征服亚美尼亚高地，建立了亚美尼亚公国，波斯人的统治结束。

第一节　萨珊属亚美尼亚：428—646 年

萨珊当局与基督教（主要是叙利亚）社会的第一次接触平淡无

奇。3世纪晚期，琐罗亚斯德教的主要威胁是摩尼教，其他宗教团体除偶尔受到一些干扰外，并没有遭到大规模迫害。然而，这种相对温和的局面随着《米兰敕令》正式承认基督教的合法地位发生了根本性改变。政治忠诚往往与宗教一致相符，也就是政治正确与宗教正确同等重要。宗教是国家意识形态和国家意志的体现，即使今天也不例外。波斯人视信奉基督教亚美尼亚为政治威胁，因此不遗余力地指责他们是"罗马人在波斯领地上的间谍""是陛下的叛徒……因为他们的信仰和仪式与罗马人的一致"，甚至把基督徒描绘成"亚美尼亚人和罗马人派来密谋反对万王之王的使者"①。亚美尼亚极力反驳这些指控，声称："我们所有人都一致恳求我们仁慈的上帝，为万王之王伊嗣埃一世的胜利和显赫的日子锦上添花，让陛下的日子代代相传，万古长青。"② 然而，亚美尼亚人的妥协无济于事。当然，宗教因素只是原因之一，亚美尼亚的战略缓冲价值才是几个世纪以来帝国竞争的根本原因。正是这个根本原因，才造成了亚美尼亚的分裂。

一 马尔兹班的统治

"马尔兹班（marzbān）"是总督的意思。阿维斯陀语"mar"的意思是"边境"或"国界"，后缀"bān"是"守护者"的意思，引申含义为负责镇守伊朗边疆省份的"军事指挥官"或"边疆总督"。③ 有学者认为，"马尔兹班"一词源于帕提亚帝国，也有一些学者认为大流士一世统治时期就已经存在。④

---

① S. H. Baghdassarian-Thapaltsian, " S. H. Baghdassarian-Thapaltsian, " Շիրակի դաշտավայրի բարբառային նկարագիրը (Dialect Description of Shirak Valley)", *Bulletin of Social Sciences*, No. 6, 1970, p. 96.

② Jean Baptiste Chabot, ed., *Synodicon Orientale ou Recueil de synodes nestoriens*, Paris: Imprimerie Nationale, 1902, p. 258.

③ Parvaneh Pourshariati, *Decline and Fall of the Sasanian Empire: The Sasanian-Parthian Confederacy and the Arab Conquest of Iran*, I. B. Tauris in association with the Iran Heritage Foundation, 2008, p. 503.

④ Richard N. Frye, *The History of Ancient Iran*, p. 224.

波斯人的军事编制可追溯至阿契美尼德波斯帝国时期。[①] 萨珊帝国的军事组织比帕提亚时期的军事体系更为复杂。萨珊时代，血统原则非常重要，贵族爵位世袭，资历较高的马尔兹班有银王座，镇守亚美尼亚的马尔兹班有金王座，[②] 反映了亚美尼亚行省的重要性。当国家进入战争状态时，马尔兹班是战地总指挥，和平时期维护贸易路线的安全。此外，马尔兹班还负责打击贝都因人、白匈奴和突厥部落的入侵，处在外敌进犯的第一道防线。霍思劳一世（531—579 年在位）军事改革期间，萨珊创建了 4 个边疆总督区，马尔兹班的权力被陆军参谋长取代。[③] 阿拉伯人崛起后，伊斯兰文明继承了萨珊的社会、行政和军事结构，马尔兹班消失。[④]

马尔兹班统治时期，萨珊君主曾三次大规模迫害亚美尼亚基督徒。波斯人之所以容忍亚美尼亚人发明字母、创建学校，部分因为在于他们认为亚美尼亚人会在意识形态上脱离拜占庭，但恰恰相反，亚美尼亚的新文化运动拉近了它与拜占庭的距离。

马尔兹班由萨珊君主提名，代表“万王之王”统治东亚美尼亚。估计大约有 300 万亚美尼亚人生活在马尔兹班的统治之下。[⑤] 尽管如此，波斯人容忍了亚美尼亚传统政治结构和习俗的存在。与之相反，查士丁尼一世改革后，西亚美尼亚沦为东罗马帝国的地方行政单位，原亚美尼亚人享有的各种特权不复存在。根据拜占庭法律，西亚美尼亚取缔了长子继承制，遗产在孩子（包括女性后代）之间平均分配。在这一制度安排下，以长子继承制为基础的纳哈拉制度，很快分崩离析，西亚美尼亚的社会精英逐渐融入拜占庭帝国

---

① Richard N. Frye, *The History of Ancient Iran*, Munich: C. H. Beck, 1984, p. 316.

② David Nicolle, *Sassanian Armies: The Iranian Empire Early 3rd to Mid-7th Centuries AD*, Stockport: Montvert, 1996, p. 10.

③ David Nicolle, *Sassanian Armies: The Iranian Empire Early 3rd to Mid-7th Centuries AD*, pp. 53 – 55.

④ Mohsen Zakeri, *Sasanid Soldiers in Early Muslim Society: The Origins of' Ayyārān and Futuwwa*, Otto Harrassowitz Verlag, 1995, p. 11, 110.

⑤ Suren Yeremyan, *Մարզպանական Հայաստան* (Marzpan Armenia), Soviet Armenian Encyclopedia, Vol. 7, Yerevan: Armenian Academy of Sciences, 1981, pp. 313 – 315.

的官僚体系中。因此，拜占庭去亚美尼亚化非常严重，萨珊亚美尼亚却没有发生这一情况。

马尔兹班位高权重，在行省内对人民有生杀大权，拥有完全的行政、司法和宗教自主权。尽管如此，他不能剥夺纳哈拉人的传统特权。由于亚美尼亚国王不复存在，纳哈拉人相较以前享有更大的封建特权。执事大都由亚美尼亚人担任，并且比阿沙库尼王朝时期权力更大。世袭将军也完全由亚美尼亚人担任。在马尔兹班统治下，纳哈拉人根据领地的大小建立自己的军队，“国家骑兵”或“皇家部队”由将军指挥。税吏全部为亚美尼亚人，遍布亚美尼亚的每一个角落。金矿开采由特别监督员监督。法院和学校由亚美尼亚神职人员管理。有时，纳哈拉人会被擢升为马尔兹班，比如瓦汗二世·马米科尼扬在485年出任马尔兹班。综上所述，这就解释了为什么亚美尼亚贵族请求萨珊君主废黜他们的国王的原因了——没有国王的专制统治享有更多的既得利益。

马尔兹班的行政中心设在德温城，城里居住着萨珊政府派来的大批祆僧，负责归化亚美尼亚基督徒。德温是贸易之城，位于丝绸之路上，波斯商人和拜占庭商人都愿意将他们的商旅团队停靠在此，进行补给。因此，亚美尼亚虽为萨珊帝国的臣属，但纳哈拉人仍然控制着许多地区，保持着自治，他们须向萨珊政府纳税，执行万王之王的敕令。根据亚美尼亚史料记载，纳哈拉人住在富丽堂皇的豪宅里，穿着奢华的服装，戴着昂贵的珠宝，过着波斯贵族一样的奢华生活。[①] 在这种情况下，一些纳哈拉人利令智昏，伙同波斯人拆除了启蒙者格雷戈里的府邸，把教宗任命权交给了萨珊君主。显然，萨珊的目的是对抗拜占庭，因为东正教会已经成为基督教世界的领袖，萨珊统治者视其为巨大威胁。

431年以弗所公会改变了萨珊政府对亚美尼亚教会的看法。

① George A. Bournoutian, *Concise History of the Armenian People: From Ancient Times to the Present*, p. 58.

以弗所公会是罗马皇帝狄奥多西二世（346—395 年在位）召集的一次宗教集结，旨在谴责聂斯托利派，维护教会的统一。聂斯托利教派强调基督的人性和神性的区别，认为圣母玛利亚为基督之母而非上帝之母。大约 250 名主教出席了这次宗教会议。议程在激烈的辩论和相互指责的气氛中进行，导致了亚历山大牧首西里尔和狄奥多西二世关系的紧张。最终，西里尔击败聂斯托利派，将其赶出了教区，造成了基督教教派的分裂。于是，萨珊大力支持聂斯托利派，也就是众所周知的东方教会。[①] 萨珊想当然地认为，亚美尼亚教会属聂斯托利派，故容忍了它的存在。[②] 在波斯人的控制下，亚美尼亚教会失去了与西方教会的联系，并被其他基督教会孤立，而这种孤立产生了严重的宗教和政治后果。

二　阿瓦雷尔战役

萨珊的民族、宗教压迫最终引起了亚美尼亚人的反抗。笔者将亚美尼亚人抵抗波斯统治的战争称为“亚波战争”。亚波战争分两个阶段，第一阶段在 450—451 年间，第二阶段在 481—484 年间。其间，阿瓦雷尔战役终结了两者的宗教之争。阿瓦雷尔战役是世界历史上第一次为捍卫基督教信仰而进行的战争。在这次战争中，波斯人虽取得了战术上的胜利，但亚美尼亚人赢得了战略上的胜利。484 年，双方签署《纳瓦萨克条约》，确认了亚美尼亚人的宗教信仰自由权。

如前文所述，亚美尼亚王国是第一个承认基督教为国教的国家。428 年，萨珊皇帝任命马尔兹班统治亚美尼亚。在马尔兹班统治的早期阶段，萨珊对亚美尼亚的世俗事务较为宽容。维米尔沙普尔是

① George A. Bournoutian, *Concise History of the Armenian People: From Ancient Times to the Present*, p. 59.

② George A. Bournoutian, *Concise History of the Armenian People: From Ancient Times to the Present*, p. 59.

第一任马尔兹班，他将执事授给瓦汗二世·阿马图尼。[1] 然而，在意识形态领域，波斯人就不那么宽容了。428 年，萨珊当局废黜了萨哈克的宗教领袖地位，任命叙利亚人为亚美尼亚人的大主教。[2] 莫夫谢斯如是说：

> 他（波斯国王）将大主教的宝座交给另一个叫塞缪尔的叙利亚人，这样他就可以成为萨哈克的竞争对手和反对大主教的人了，于是他决定了他的职责：协助马尔兹班监督和评估所需赋税、法庭和其他世俗机构。他释放了萨哈克大帝，给他留下了同一位［主教］领地上的几个村子，让他只住在自己的领地内，他的权威囿于那儿，仅负责传授传统宗教教义并任命塞缪尔所认可之人。[3]

可见，维米尔沙普尔上任伊始就对神职人员的特权、教会财产的使用作了严格的限制。萨珊的目的是切断格雷戈里家族所鼓吹的亚美尼亚教会和希腊教会之间的联系，并竭力将亚美尼亚教会纳入波斯宗教体系。亲迦克墩教派资料《论亚美尼亚情势的变迁》叙述了叙利亚

---

① 自公元4世纪起，阿马图尼家族（Amatuni）见诸史料，其领地范围在凡湖和乌鲁米耶湖之间的阿塔兹（Artaz）公国（亚美尼亚一历史地区）。该家族的统治中心在今伊朗马库（Mākū）一带。428 年，该家族的瓦汗二世（Vahan II Amatuni）被任命为"哈扎拉佩特/执事（hazarapet）"，以协助马尔兹班统治。然而，萨珊帝国在亚美尼亚人强推琐罗亚斯德教的作法，导致阿马图尼家族反叛。起义失败后，瓦汗二世被流放到戈尔甘（Gorgan，今伊朗戈勒斯坦省省会）。572—591 年罗马—波斯战争期间，该家族协同萨珊国王与拜占庭皇帝莫里斯作战。阿拉伯灭萨珊帝国后，阿马图尼家族举行了数次反阿拉伯起义，失败后逃到了格鲁吉亚或拜占庭帝国。其中，萨普·阿马图尼（Sapuh Amatuni）及其子率领 12000 人来到拜占庭帝国，并于 790 年在黑海地区的拉齐斯坦（Lazistan）建立了哈马姆森公国（Principality of Hamamshen）。13 世纪和 14 世纪，该家族在格鲁吉亚名声显赫。中世纪之后，这个家族的名字消失在历史记录中。1784 年，一个同名的格鲁吉亚家族声称自己是阿马图尼家族的后裔，在格鲁吉亚王国享有极高的社会地位。俄国吞并格鲁吉亚后，1826 年 3 月 25 日，这个家族获得了大公的尊耀。

② Nina Garsoïan: "The Marzpanate", in Richard G. Hovannisian, ed., *The Armenian People from Ancient to Modern Times, Volume I: The Dynastic Periods: From Antiquity to the Fourteenth Century*, p. 98.

③ Movses Khorenatsi, *History of Armenians*, trans. Robert W. Thomson, p. 343.

大主教的反复无常和凯撒利亚教廷对亚美尼亚教会的谴责。[①] 由于波斯人的阻挠，亚美尼亚人没有参加以弗所公会。亚美尼亚教会与西方教会的疏远，引起了亚美尼亚基督徒的不满。在444年沙哈比万宗教会议上，“40名主教，众牧师、执事、众官员和教会的全体信众以及所有的亲王、各地区和省份的首脑都来了”[②]。会议的目的是重新确认启蒙者圣格雷戈里、圣纳西斯、萨哈克和梅斯罗布确立的社会秩序。这说明，亚美尼亚人对教会的前途和命运感到忧虑。437年，萨哈克拒绝出任大主教的邀请，表明亚美尼亚人开始转向君士坦丁堡。[③]

尽管如此，马尔兹班并没有放弃强行改宗亚美尼亚人的尝试，并视其为拜占庭帝国的“第五纵队”。439年，随着萨珊国王伊嗣埃二世（439—457年在位）的上台，亚美尼亚人和波斯人的关系急转直下。伊嗣埃二世是琐罗亚斯德教的狂热追随者，许多资料都提到了他的虔诚，他本人的名字就是“被神所造”的意思。[④] 伊斯兰文献声称他不像其父那样放纵，过着禁欲的生活。[⑤] 他在萨珊资料中的正面形象与基督教资料中的负面形象，形成鲜明对比。在亚美尼

---

① Nina Garsoïan: “The Marzpanate”, in Richard G. Hovannisian, ed., *The Armenian People from Ancient to Modern Times, Volume I: The Dynastic Periods: from Antiquity to the Fourteenth Century*, p. 98; Alexander P. Kazhdan, ed., *The Oxford Dictionary of Byzantium*, Vol. 2, Oxford: Oxford University Press, 1991, p. 1437. 亚美尼亚语版《论亚美尼亚情势的变迁》(*Narratio de rebus Armeniae*) 成书于700年，但该文献只存于希腊语译本中，原作已遗失。文章从亲迦克墩教派的观点出发，论述了亚美尼亚教会和希腊教会的关系。

② Vasken Hakobyan, ed., *The Book of Cannon Law*, p. 22.

③ Nina Garsoïan: “The Marzpanate”, in Richard G. Hovannisian, ed., *The Armenian People from Ancient to Modern Times, Volume I: The Dynastic Periods: From Antiquity to the Fourteenth Century*, p. 98.

④ S. Wise Bauer, *The History of the Medieval World: From the Conversion of Constantine to the First Crusade*, New York: W. W. Norton Company Inc., 2010, p. 122.

⑤ 伊嗣埃二世迫害的大部分是亚述人和犹太人，他在今伊拉克东北部城市基尔库克屠杀了约15.3万亚述基督徒，参见 Önver A. Cetrez, eds., *The Assyrian Heritage: Threads of Continuity and Influence*, Uppsala: Uppsala University Press, 2012, pp. 258–259。根据犹太编年史载，他对波斯犹太人的迫害始于456年，达到了“祈求宽恕”的程度。他禁止犹太人在公开场合举行与安息日有关的活动，并下令处决了几名犹太人的领袖。伊斯法罕的犹太人社区为报复他，活剥了两名祆僧的皮，结果导致叛乱加剧。相关观点，可参见 Nosson Dovid Rabinowich, ed., *The Iggeres of Rav Sherira Gaon*, Jerusalem: Moznaim Publication Corp., 1988, p. 117。

亚学者眼里，他的统治是亚美尼亚历史上的“黑暗时代”。

与哌哒人的战争结束后，伊嗣埃二世把主要精力放在推广琐罗亚斯德教事业上。445—446 年，他大肆镇压国内的基督徒，将其逐出波斯人的军队，派宰相米赫尔・纳塞赫到亚美尼亚推广琐罗亚斯德教。纳塞赫一到亚美尼亚，就强令要求亚美尼亚人改信马兹达神。447 年，萨珊全权代表丹沙普赫到亚美尼亚进行人口普查，终止了亚美尼亚教会享有的免税特权，解除了大主教的最高法院院长的职务，将其权力转给琐罗亚斯德教首领。[1] 加扎尔・帕佩茨记载了伊嗣埃二世写给亚美尼亚贵族的敕令（449 年）：“……写下你们所谓的信仰的［原则］，以便我们看出你们到今日是何等的迷惘。当你们像我们一样成为接受我们真正信仰的人时，那么伊比利亚人和阿尔巴尼亚人就不敢偏离我们和你们想要的了。”[2]

伊嗣埃二世的敕令说明了事态的严重性。纳哈拉人看到敕令后，加扎尔说：“这是仇敌的暗箭，是从他们那里射出的，又苦又毒，巧妙地射向基督的信众。”[3] 当亚美尼亚人犹豫不决时，波斯人试图拆毁亚美尼亚人的教堂，建造火神庙。波斯人的粗暴行为点燃了亚美尼亚人的怒火。当伊嗣埃二世将亚美尼亚主要贵族召到泰西封并强迫他们切断与拜占庭教会的联系时，亚美尼亚人的愤怒达到了顶点，立即召开宗教会议（449）。[4] 会议由大主教霍夫塞普一世（437—452 年在职）主持，明确拒绝了伊嗣埃二世的要求。加扎尔

---

① Simon Payaslian, *The History of Armenia*: *From the Origins to the Present*, p. 41.

② Ghazar P‘arpec‘i, *History of the Armenians*, trans. Robert Bedrosian, pp. 71 - 72. 加扎尔・帕佩茨（Ghazar Parpetsi，约 442—6 世纪）是亚美尼亚著名的编年史家和历史学家，著有《亚美尼亚史》。他与马米科尼扬家族关系密切，参加了 451 年的阿瓦雷尔战役。465—470 年，他到君士坦丁堡留学，学习语言、宗教、文学和古典哲学。返回亚美尼亚后，他热衷于亚美尼亚人的教育事业。484—486 年间，他一直住在休尼克省。在瓦汗・马米科尼扬的邀请下，他监督瓦加尔沙帕特城修道院的重建工作。490 年，他因被指控为异端，被迫离开修道院，移居到拜占庭帝国。493 年，应瓦汗・马米科尼扬的建议，他续接浮士德的《历史》撰写《亚美尼亚史》。加扎尔的《亚美尼亚史》由三部分构成，第一卷以 387 年亚美尼亚的分裂开始，描述了亚美尼亚字母的发明和东亚美尼亚君主制的消失；第二卷描写了 451 年的反波斯起义；第三卷描写了 481—484 年间的反波斯起义。

③ Ghazar P‘arpec‘i, *History of the Armenians*, trans. Robert Bedrosian, p. 72.

④ Ronald Grigor Suny, *The Making of the Georgian Nation*, p. 23.

记载了亚美尼亚人的回信："理性的人应该只崇拜和敬畏上帝。"[1]由于加扎尔本人经历了亚美尼亚和萨珊局势恶化的整个过程，因此他的描述比较真实。在伊嗣埃二世看来，亚美尼亚人亲希腊正教会的作法对帝国安全构成威胁。当然，除宗教因素外，政治安全也是伊嗣埃二世所担心的——绝不容许亚美尼亚倒向罗马。因此，伊嗣埃二世的亚美尼亚政策是几百年来波斯地缘政治战略的延续，只不过在他那里，矛盾彻底激化了。

另外，萨珊政治、经济日益恶化的现状，迫使萨珊君主转移国内矛盾。波斯贵族的倾轧与连年的战争，使萨珊统治者不得不依赖对外掠夺充实国库。伊嗣埃二世的父王巴赫拉姆五世曾敏锐地意识到财政问题会导致政治危机。[2] 在亚美尼亚方面看来，波斯人的教义与他们的信仰格格不入。因此，一个决心维护文明延续的民族不会容忍自身文化的消亡。另外，伊嗣埃二世的亚美尼亚政策，已经触动了纳哈拉人和教会的经济利益，而纳哈拉和教会是亚美尼亚社会的根基。因此，在波斯人取代亚美尼亚人占据各级官职并在不断提高赋税的情况下，萨珊帝国失去了纳哈拉人的支持。在这种情况下，无论是亚美尼亚世俗精英，还是教会领袖，都不再支持萨珊帝国，而这些亚美尼亚贵族曾恳求波斯君主废黜自己的国王。

在波斯人的威胁下，纳哈拉人再次分裂为亲罗马派和亲波斯派。这一情况在亚美尼亚历史发展中始终未有改变。精英阶层的两面性决定了这个国家和文明的命运：一方面，由于贵族的自私导致它经常臣服于另一个强权；另一方面，当这个民族陷于生死存亡的境地时，他们又义无反顾地挺身而出，共同抵御外部入侵。纵观整个亚美尼亚历史，统治精英就是在这种矛盾中前进的。一些亲波斯派出于现实利益的考虑，皈依了琐罗亚斯德教，以换取降低赋税和继续享有特权的好处。军事贵族和宗教贵族是亲罗马派，他们希望在拜占庭的支持下挫败伊嗣埃二世的阴谋。马米科尼扬家族的瓦尔丹二世（387—451）和大主教霍夫塞普一世就属于亲罗马派。

---

① Ghazar P'arpec'i, *History of the Armenians*, trans. Robert Bedrosian, pp. 75 – 78.

② Simon Payaslian, *The History of Armenia: From the Origins to the Present*, p. 41.

伊嗣埃二世的激进政策也激起了亚美尼亚平民的不满。他们群情义愤，揭竿而起。相邻的伊比利亚和阿尔巴尼亚人也加入了亚美尼亚起义的大军，南高加索局势迅速恶化。时任马尔兹班休尼克家族的瓦萨克（442—452 年在职）忧心忡忡，陷入两难境地。他既不属亲波斯派，也非亲罗马派。他提出了一个折衷路线：表面上皈依琐罗亚斯德教，事实上信奉基督教。[①] 然而，决心造反的亚美尼亚人不允许他犹豫。[②] 瓦萨克被迫同意起义，尽管这并非他的本意。

在战争一触即发之际，亚美尼亚贵族仍然没有放弃和谈的希望，他们期盼能够在信仰基督教的基本条件下效忠“万王之王”。在这种情况下，伊嗣埃二世命令亚美尼亚代表团前往泰西封和谈。当代表团抵达时被要求立即改信琐罗亚斯德教，否则被处死。在不得已的情况下，代表团假装答应了伊嗣埃二世的要求。“变节”的消息一经公布后，随行人员立即向国内发出消息：谈判代表（特别是瓦尔丹二世）已经接受了琐罗亚斯德教。[③] 当代表团返回国内时，亲罗马派已经公开叛乱。为避免不必要的麻烦，瓦尔丹二世前往拜占庭，寻求军事援助。东罗马帝国皇帝狄奥多西二世（408—450 年在位）与瓦尔丹二世有着良好的私人关系。

在亚美尼亚国内，瓦萨克提出了一个秘密计划：纳哈拉和教会假装叛乱，然后他以马尔兹班的身份将他们逮捕入狱，以此应付即将到来的军事行动，从而达到保护纳哈拉和教会领袖的目的。与此同时，瓦萨克和其他亚美尼亚贵族向君士坦丁堡派出代表团，请求瓦尔丹二世立即返回国内，领导人民抵抗萨珊帝国的入侵。[④] 瓦萨克说：“没有他（瓦尔丹二世），我们所有的希望和计划都将化为泡影。”[⑤]

狄奥多西二世接见了亚美尼亚代表团，承诺尽快出兵。[⑥] 然而，

---

① 加扎尔·帕佩茨指出，瓦萨克的儿子在萨珊作人质，见 Ghazar P‘arpec‘i, *History of the Armenians*, trans. Robert Bedrosian, p. 106。

② Ghazar P‘arpec‘i, *History of the Armenians*, trans. Robert Bedrosian, p. 106.

③ Simon Payaslian, *The History of Armenia: From the Origins to the Present*, p. 42.

④ Simon Payaslian, *The History of Armenia: From the Origins to the Present*, p. 42.

⑤ Ghazar P‘arpec‘i, *History of the Armenians*, trans. Robert Bedrosian, p. 100.

⑥ Simon Payaslian, *The History of Armenia: From the Origins to the Present*, p. 42.

他在450年7月28日渡吕科斯河时不慎从马上跌落，因脊柱受伤身亡。狄奥多西二世的意外死亡，使联合作战的计划化搁置起来。新皇帝马西安（450—457年在位）亟需巩固皇位，无暇他顾，况且此时的意大利北部爆发了瘟疫和饥荒，罗马财政陷入破产的境地。[①]另外，匈奴人首领阿提拉（434—453年在位）对罗马的威胁近在咫尺。在这种情况下，罗马皇帝耗尽了帝国微薄的财力，从“野蛮人”那里赎买了和平。453年，阿提拉突然去世，罗马的压力暂时缓解。在“上帝之鞭”威胁帝国都城大门的那段时间，拜占庭皇帝自然不敢激怒萨珊。正是在这种情况下，马西安放弃了援助亚美尼亚人的打算。[②] 亚美尼亚代表团对罗马的态度非常失望。瓦尔丹二世无功而返，更糟糕的是，马西安向伊嗣埃二世发出密信，告知了罗马政府的态度。当亚美尼亚代表团回国时，瓦萨克的秘密计划也宣告破产。

在与敌人开战前，亚美尼亚人首先爆发内战。由于没有从拜占庭那里得到支援，亲波斯派反对起义。亲罗马派坚持认为，如果不采取行动，亚美尼亚将会在未来的战争中不堪一击。在瓦尔丹二世的领导下，反波斯派袭击了波斯人的火神庙，浇灭了神庙中的火，处死了一些祆僧。加扎尔说：“水火是兄弟，但这种拥抱与其说是兄弟情谊，倒不如说是敌意。”[③] 瓦萨克和亲波斯集团坚持认为，此时的萨珊帝国在其他地方已经没有了战事，如果在这个节骨眼上发动叛乱，肯定会招致伊嗣埃二世的全面报复，这样一来，亚美尼亚人既不能自卫，也不能保卫国土。[④] 由于担心反波斯集团的舆论主导亚美尼亚的政治走向，瓦萨克逮捕了一些亲罗马派成员。[⑤] 巴格拉图尼家族保持了中立。

---

① J. B. Bury, *History of the Later Roman Empire from the Death of Theodosius I to the Death of Justinian*, New York: Dover Publications, 2012, pp. 236－237.

② John Robert Martindale, Arnold Hugh Martin Jones and J. Morris, eds., *The Prosopography of the Later Roman Empire: Vol. 2, A D* 395－527, Cambridge: Cambridge University Press, 1980, pp. 85－86.

③ Ghazar P‘arpec‘i, *History of the Armenians*, trans. Robert Bedrosian, p. 109.

④ Simon Payaslian, *The History of Armenia: From the Origins to the Present*, p. 43.

⑤ Simon Payaslian, *The History of Armenia: From the Origins to the Present*, p. 43.

瓦萨克的担心不是没有道理的：如果与波斯人开战，亚美尼亚几乎没有任何胜算的可能。然而，在全国上下反波斯舆情高涨的情况下，骚乱已遍布各地。他要么造反，要么镇压起义。最终，他选择了后者。瓦萨克的兵力远远超过瓦尔丹二世的叛军。在与波斯人开战前，他采取行动，镇压叛军，逮捕了一些神职人员，占领了瓦尔丹二世的一些军事要塞，强迫士兵离开军营。与此同时，他向萨珊君主报告了这一情况，并警告说，如果不立即进行武装干预会导致更大的骚乱，商业安全会遭到破坏，严重影响帝国国库收入。①

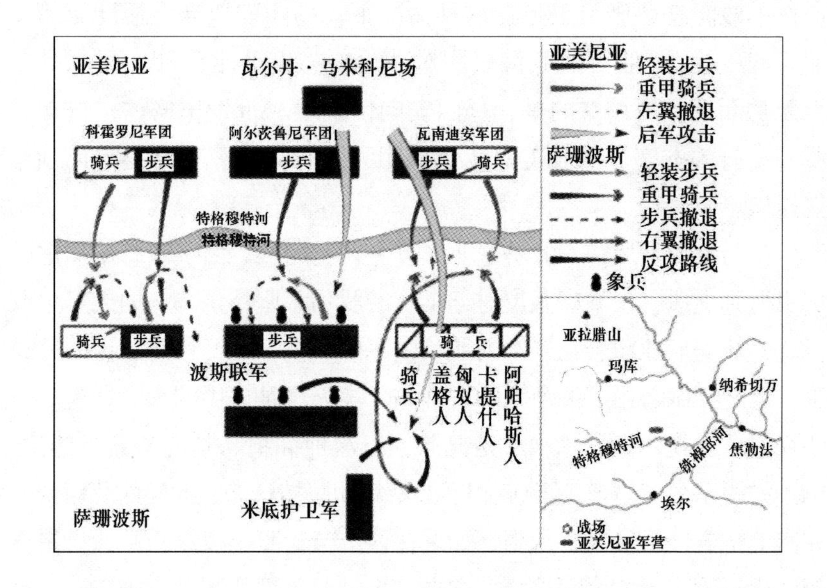

图 6－1　阿瓦雷尔战役

双方之间的紧张局势使亚美尼亚社会两极分化严重。随着春天的临近，亲罗马派与亲波斯派自相残杀，亚美尼亚彻底陷入混乱。事实上，瓦萨克最初基于现实政治的外交策略符合亚美尼亚人的利益，但是，在外敌即将兵临城下的情况下，他镇压亲罗马派的举动，将亚美尼亚置于更危险的境地，不符合亚美尼亚人的

① Simon Payaslian, *The History of Armenia: From the Origins to the Present*, p. 44.

利益。开战前，亚美尼亚统治阶层首先陷入内斗的旋涡，再加上短视的极端民族主义，最终导致了阿瓦雷尔之战的失败。因此，与其说亚波战争是亚美尼亚人与波斯人的战争，倒不如说是亚美尼亚人的内战。[①]

波斯人强制推行琐罗亚斯德教的作法，并非只限于亚美尼亚，格鲁吉亚和高加索阿尔巴尼亚遭到了同样的遭遇。就在亚美尼亚人紧张备战之际，伊嗣埃二世首先攻打上述两个地区，阿尔巴尼亚请求亚美尼亚人援助。于是，瓦尔丹二世率领一支军队，渡过库拉河，支援北方盟友。在阿尔巴尼亚，瓦尔丹二世击败了波斯军队，攻入萨珊的北部边界。在那里，他与匈奴人签订了一项条约。[②] 这一事件极大地触动了伊嗣埃二世，他决定组织一场针对亚美尼亚的战役。

拜占庭的退出，使波斯人没有了后顾之忧。451 年初夏，穆斯坎·纽萨拉夫特率领一支庞大的波斯军队（包括一支精锐的不死军和象兵，兵力总计达 22 万人），浩浩荡荡地从东方开赴亚美尼亚。[③] 波斯大军进攻的消息加剧了纳哈拉人的分裂，亲罗马派迅速投入战斗。战前，瓦尔丹二世的 6.6 万大军举行了圣餐仪式。[④] 5 月 26 日，双方在阿瓦雷尔激烈交火。亚美尼亚人多次击退波斯人的进攻，但毕竟寡不敌众，瓦尔丹二世战死沙场。5 世纪亚美尼亚历史学家耶吉舍说："战士们无数的头盔和闪亮的盔甲像阳光一样闪耀。成千上万的刀剑闪闪发光，无数的长矛在摇曳，好像可怕的火焰从天上倾泻而下。"[⑤] 加扎尔记载了双方的伤亡情况，他说："通过大量的调查和询问，我们发现，在战斗现场与纳哈拉高级官

---

① R. N. Frye, "The Political History of Iran under the Sasanians", in Ehsan Yarshater, ed., *The Cambridge History of Iran*, Vol. 3 (1), New York: Cambridge University Press, 1983, p. 147.

② Yevgenya Ghalumyan, et al., *History of Medieval Armenia*, p. 37.

③ David M. Lang, "Iran, Armenia and Georgia", in Ehsan Yarshater, ed., *The Cambridge History of Iran*, Vol. 3 (1), p. 521.

④ David M. Lang, "Iran, Armenia and Georgia", p. 521.

⑤ Eghishē, *The History of Vardan and the Armenian War*, trans. Robert W Thomson, Cambridge, Mass.: Harvard University Press, 1982, pp. 323 – 324.

员一起殉难的人数为276人。在坚固的城池里，被刀杀或被大象践踏的，共有750人。这样，共有1026人死亡。这些名字都写在生命册上。关于伊朗的伤亡，从伊朗军事指挥官那里了解到的人认为3544这个数字是准确的。”[①] 亚美尼亚教会将殉难者全部追授为圣徒。[②] 今天，在亚美尼亚历忏悔日的星期四，人们仍然纪念民族英雄瓦尔丹二世。

瓦萨克因没有参战被教会历史学家指控为叛国贼，今天的亚美尼亚人仍不敢给自己的孩子取名“瓦萨克”。尽管如此，伊嗣埃二世认为瓦萨克对叛乱负全责，下令处死了他，其封建领地转给别人，行省总督交给阿杜尔·霍尔米兹德（452—465年在职）。瓦尔丹二世的支持者被放逐到里海东南一带，大主教霍夫塞普一世等神职人员被传唤到泰西封后殉难。秋后算账的作法反而坚定了亚美尼亚人继续反抗波斯统治的决心，瓦尔丹二世及其倒下的战友们上升到宗教和民族英雄的地位。因此，萨珊帝国不仅没有达到征服亚美尼亚人的目的，反而使亚美尼亚人更团结，这是伊嗣埃二世始料未及的。为避免发生新的叛乱，他不得不从亚美尼亚撤军，承认纳哈拉人的封建特权，施行较为温和的宗教政策，并释放了囚禁在泰西封的部分亚美尼亚贵族（其中包括瓦尔丹二世的侄子瓦汗二世）。

拜占庭没有参加阿瓦雷尔之战，亚美尼亚人非常失望。451年，拜占庭皇帝马西安在迦克墩召集第四次基督教大公会议，制订了著名的《迦克墩信经》。亚美尼亚教会没有派代表参会，也不承认其决定。从那时起，亚美尼亚教会与希腊正教会正式分离，并否定了聂斯脱利派的二性论和优迪克主义[③]的极端一性论。

阿瓦雷尔战役对亚美尼亚人来说意义非凡，它不仅捍卫了亚美尼亚人的基督教信仰，也增强了亚美尼亚人的民族信心，保证了亚

---

① Ghazar P‘arpec‘i, *History of the Armenians*, trans. Robert Bedrosian, p. 131.

② Yevgenya Ghalumyan, et al., *History of Medieval Armenia*, p. 38.

③ 优迪克（Eutyches，380—456）是君士坦丁堡郊外的一座修道院的院长。他谴责聂斯脱利派教义为异端邪说，但这同样使他走上了宗教极端路线，结果被斥责为异端。

美尼亚文明的延续。因此，阿瓦雷尔之战虽看起来只是一个具体的历史事件，但通过这个棱镜可以清楚地观察到两国人民之间的差异。亚美尼亚人虽在军事上失败了，但却赢得了精神上的胜利，因为基督教仍然是他们的宗教，并被用作抵御外族入侵的战斗口号。从此，剑与十字架融合的精神烙在了亚美尼亚人的民族性格之中，成为他们捍卫信仰自由、国家独立和反抗民族压迫的精神象征。瓦尔丹二世成为亚美尼亚民族主义者效仿的英雄，进入了现代亚美尼亚人的民族意识之中。

三　《纳瓦萨克条约》

阿瓦雷尔之战后，伊嗣埃二世放松了对亚美尼亚的控制。然而，南高加索人民并没有放松对波斯人的警惕，继续进行着反萨珊统治的斗争。457 年，伊嗣埃二世去世，萨珊帝国陷入内战。高加索阿尔巴尼亚国王瓦赫二世（444—463 年在位）趁机宣布独立。459 年，萨珊国王卑路斯一世（459—484 年在位）率兵开进阿尔巴尼亚。在此期间，由于亚美尼亚没有作出过激反应，卑路斯一世授予亚美尼亚人完全的宗教自由特权，并与君士坦丁堡政府签署了一项共同防御北方游牧人入侵的条约。[①] 为释放善意，卑路斯一世释放了关押在泰西封的全部纳哈拉人。[②] 然而，卑路斯一世的善意，并非意味着要放弃亚美尼亚。例如，他派亚美尼亚人到阿富汗充实东部边防，并命令纳哈拉人的非长子可以有继承权，以削弱亚美尼亚大地产制。[③]

就在亚美尼亚人期盼情况好转之际，伊比利亚国王瓦赫坦一世

---

① Touraj Daryaee, *Sasanian Persia: The Rise and Fall of an Empire*, London and New York: I. B. Tauris, 2008, p. 25. 伊朗和拜占庭在 387 年签署了一项共同抵御北方游牧民族入侵高加索的条约。根据这项条约，拜占庭定期向萨珊帝国支付约 230 公斤黄金。拜占庭认为这是防御费用，但波斯人认为这是拜占庭臣服的象征。拜占庭曾经停止向波斯支付这笔钱财，但于 474 年又恢复了支付。

② Nina Garsoïan: "The Marzpanate", in Richard G. Hovannisian, ed., *The Armenian People from Ancient to Modern Times, Volume I: The Dynastic Periods: from Antiquity to the Fourteenth Century*, p. 101.

③ Yevgenya Ghalumyan, et al., *History of Medieval Armenia*, p. 38.

(447/449—502/522 年在位）发起反波斯起义。起义的导火线是舒莎妮克事件。当时，瓦斯肯是南格鲁吉亚总督，他的妻子是马米科尼扬家族的舒莎妮克。瓦斯肯是亚美尼亚米赫兰家族的亲戚，为换取担任南格鲁吉亚总督的资格，改信了琐罗亚斯德教。舒莎妮克是虔诚的基督徒，这使瓦斯肯杀死了他的妻子。舒莎妮克事件使伊比利亚国王瓦赫坦一世非常震惊，因为他以前下令禁止在格鲁吉亚传播琐罗亚斯德教。舒莎妮克事件后，瓦赫坦一世决定起兵，摆脱波斯人的统治。

伊比利亚人的叛乱给亚美尼亚提供了复仇的机会。他们在希拉克召集会议，商讨起义。[①] 然而，马米科尼扬家族的瓦汗一世对于是否加入叛乱，犹豫不决。[②] 最终，希拉克会议决定建立独立政府，一致推举大主教霍夫汉内斯一世（又称圣约翰一世，478—490 年在职）为最高法官，巴格拉图尼家族的族长[③]萨哈克二世（481—482）为马尔兹班，马米科尼扬家族的瓦汗一世统领军队。[④]

值得注意的是，在亚美尼亚人建立的政府结构中，他们使用了波斯官衔“马尔兹班”，而不是直接推出自己的国王。在传统纳哈拉体系中，该官职一直不存在。这说明亚美尼亚贵族在重建国家的尝试中不愿意恢复王权。希拉克会议后，亚美尼亚发生兵变，马尔兹班阿杜尔·古什纳普（465—481 年在职）被迫放弃德温，退守阿尔塔沙特，伺机反扑。481 年，他率 7000 骑兵，向叛乱分

---

① Yevgenya Ghalumyan, et al., *History of Medieval Armenia*, p. 38.

② René Grousset, *Histoire de l' Arménie des origines à 1071*, Paris: Payot et Rivages, 1947, p. 221.

③ 阿斯佩特（Aspet）是巴格拉图尼家族的世袭爵位。该词源于古波斯语“＊viθa/visapati”，是“族长”的意思。相关观点，可参见 N. Adontz, *Armenia in the Period of Justinian*, trans. N. Garsoïan, Lisbon: Calouste Gulbenkian Foundation, 1970, p. 312。也有学者认为，该词源于波斯语“骑兵长官（＊aspapati）”。相关观点，可参见 J. Markwart,“Die Genealogie der Bagratiden und das Zeitalter der Mar Abas und Ps. Movses Xorenac ‘i”, *Caucasica*, Vol. 6, No. 2, 1930, p. 68。在巴格拉图尼家族中，阿斯佩特意谓“骑士”，参见 Cyril Toumanoff,“Aspet”, *Encyclopedia Iranica*, Vol. II, Fasc. 8, 2011, p. 792。

④ Yevgenya Ghalumyan, et al., *History of Medieval Armenia*, p. 39.

子发起总攻，但在阿科里被亚美尼亚骑兵击溃，阿杜尔·古什纳普阵亡。[①]

阿科里战役后，瓦汗一世退到德温，准备应对萨珊大兵的到来。483年初，波斯人的报复终于来了，但在纳斯哈帕特[②]之战中被击败。这时，伊比利亚的瓦赫坦一世向亚美尼亚求兵，声称匈奴人已经答应加入反波斯阵营。瓦汗一世和萨哈克二世决定出兵援助伊比利亚，然而，当他们到达格鲁吉亚时却发现匈奴人没有如约出现。瓦赫坦一世建议立即开战，不必等匈奴人的到来。瓦汗一世和萨哈克二世同意了瓦赫坦一世的建议，向波斯大军发起总攻。正当厮杀正酣时，一批亚美尼亚和格鲁吉亚贵族退出了战斗，联军被击败，萨哈克二世阵亡。[③] 由于冬天临近，波斯军队返回泰西封。484年，波斯大军兵临亚美尼亚，瓦汗一世逃到山区一带，伺机反扑。[④]

局势的变化总是出人意料。484年，卑路斯一世死，萨珊帝国陷入混乱，被迫与匈奴人和解。巴拉什（484—488年在位）为镇压国内叛乱，决定与亚美尼亚人讲和，以换取亚美尼亚的军事支持。484年，萨珊帝国与亚美尼亚代表瓦汗一世签署《纳瓦萨克条约》，内容如下：

（1）悉数拆毁亚美尼亚境内的现有火神庙，不再建造新的火坛；

（2）亚美尼亚人可以自由信奉基督教，停止皈依琐罗亚斯德教；

（3）不再赐给皈依琐罗亚斯德教的人领地；

（4）波斯国王亲自管理亚美尼亚，不再通过代理人治理；

---

① René Grousset, *Histoire de l' Arménie des origines à 1071*, p. 218. 阿科里在亚拉腊山的北坡。

② 纳斯哈帕特（Nersehapat），阿瓦雷尔平原上的一个村庄。

③ Yevgenya Ghalumyan, et al., *History of Medieval Armenia*, p. 39.

④ René Grousset, *Histoire de l' Arménie des origines à 1071*, p. 223.

(5) 亚美尼亚协助巴拉什击败觊觎王位之人。[①]

条约签署后，巴拉什归还了马米科尼扬家族和其他纳哈拉人的财产。瓦汗一世出任马尔兹班，全力支援巴拉什镇压萨珊叛乱。由于这一缘故，巴拉什提高了亚美尼亚贵族的地位。[②] 至此，亚美尼亚人不仅成功捍卫了宗教信仰自由权，而且成功说服波斯人承认亚美尼亚的自治权。从那时起，亚美尼亚的所有官职都由纳哈拉人担任，并享有世袭继承权。同时，他们还获得了选举国家统治者的权利，但提名人须经萨珊君主的确认。马米科尼扬家族的瓦汗一世成为事实上的无冕之王，在国内政策上拥有绝对的发言权。纳哈拉人的封建特权得到了萨珊政府的确认。

自5世纪晚期至6世纪上半叶，萨珊帝国不再强迫亚美尼亚人改变宗教信仰，政治生态的正常化使亚美尼亚领导人有机会将精力转移到国内经济和文化建设上来。485年，大主教霍夫汉内斯一世将教廷搬到德温。国内外和平条件给他提供了整顿宗教秩序、确立礼拜仪式的机会。他规定，除大斋节外，周六、周日不禁食；除周三和周五纪念殉道者的节日外，酒、橄榄油和鱼都列入了非禁食日的食物名单。具体来说，他制定教规如下：

(1) 除非牧师身体健康，否则应在60岁退休；

(2) 一日行两次圣餐仪式的牧师如同强盗，要将其钉在十字架上；

(3) 从事商业活动和秘密收税的牧师是欺骗上帝的人，要除名；

(4) 祭司“在礼拜仪式上流基督的血”，不可宰杀“死畜”的动物献祭；

(5) 说恶言的人是咒诅圣灵，会成为撒旦的喇叭和迫害守护天使的人；

① R. N. Frye, “The Political History of Iran under the Sasanians”, p. 149.

② R. N. Frye, “The Political History of Iran under the Sasanians”, p. 149.

(6) 凡按耶稣所说承认自己罪的人,“你当无数次地饶恕他们”。[①]

德温城在国内外和平条件下恢复了宗教和商业中心的地位,阿尔塔沙特再次成为近东国际贸易的中心,许多被摧毁的城市得到重建,亚美尼亚经济、文化呈现出繁荣的局面。现存的大量石头建筑表明,亚美尼亚人进行了大规模的建筑活动。和平同样促进了国际贸易的增长,各地交通要道上设置了海关。[②] 6 世纪拜占庭历史学家普罗科匹厄斯对德温城的优越地理位置和财富称赞如下:

> 现在,德温是一片各方面都很优秀的土地,特别是拥有健康的气候和丰富的水资源;从埃尔祖鲁姆出发,要走八天的路程。在那个地区有适合骑马的平原,许多人口稠密的村庄毗邻而舍,许多商人在那里做生意。他们从印度和邻近的伊比利亚地区,从波斯统治的所有国家以及一些受罗马统治的国家带来商品,在那里交易。那儿的基督教牧师在希腊语中作“大主教”,因为他掌管着整个地区。从德温右行 120 个赛道的距离,就像从罗马人的土地上走出来一样,有一座大山,很难攀登,非常险峻。[③]

总之,该时期亚美尼亚人享受着难得的和平与繁荣。489 年,瓦汗一世与阿尔巴尼亚国王瓦恰甘三世(487—510 年在位)击退了

---

① Vasken Hakobyan, ed., *The Book of Cannon Law*, pp. 23 – 24.

② Nina Garsoïan: “The Marzpanate”, in Richard G. Hovannisian, ed., *The Armenian People from Ancient to Modern Times, Volume I: The Dynastic Periods: from Antiquity to the Fourteenth Century*, p. 102.

③ Procopius of Caesarea, *History of the Wars: Books I – II, the Persian War*, trans. H. B. Dewing, Cambridge, MA: Harvard University Press, 1914, pp. 479 – 481. 在该书中,德温作“Doubios”;埃尔祖鲁姆作“Theodosiopolis”;赛道(stade)是希腊长度单位,一个赛道约长 150—210 米。

匈奴人的入侵。[①] 然而，随着拜占庭—波斯战争的重启，亚美尼亚的和平中断。

四　第二次亚美尼亚瓜分

直到6世纪下半叶，亚美尼亚一直保持着自治地位。瓦汗一世去世后，其弟瓦尔德（505/510—509/514在职）接任马尔兹班。当时，萨珊君主卡瓦德一世（488—496、499—531年在位）正筹措资金献给𠿕哒人，因为后者曾帮他夺取了王位。不幸的是，底格里斯河流量异常，洪水爆发，造成严重饥荒。[②] 走投无路的萨珊国王向拜占庭求助，但遭到皇帝阿纳斯塔修斯一世（491—518年在位）的拒绝。卡瓦德一世决定武力掠夺东罗马东部边境省份，随之两国在奥斯若恩、美索不达米亚、亚美尼亚和南安纳托利亚高原爆发了安娜斯塔西娅战争（502—506），两国百年和平协议宣告终结。最终，由于匈奴人入侵亚美尼亚，双方达成停战协议（506）。条约的具体条款鲜为人知，但普罗科匹厄斯声称双方签署了为期七年的和平协议。[③] 萨珊与拜占庭关系的调整，在南高加索地区引起震动。当卡瓦德一世要求伊比利亚国王瓦赫坦一世臣属萨珊时，被严词拒绝，伊比利亚战争爆发（526—532），瓦赫坦一世战死。7世纪，亚美尼亚史学家谢别奥斯提到，马米科尼扬家族的瓦尔德使用了拜占庭贵族爵位“帕特里克”。[④] 因此，安娜斯塔西娅战争和伊比利亚战争期间，亚美尼亚站在了拜占庭一方。

战争结束后，瓦尔德被逐到波斯，不久客死异乡，亚美尼亚长达25年的自治结束。由于卡瓦德一世担心亚美尼亚叛乱会招致拜占庭的干涉，故保留了亚美尼亚的宗教自由政策。据谢别奥斯的报

① Gérard Dédéyan, *History of the Armenian People*, Tolosa: Privat Press, 2007, p. 193.

② Procopius of Caesarea, *History of the Wars*: *Books I – II*, *the Persian War*, p. 62.

③ Procopius of Caesarea, *History of the Wars*: *Books I – II*, *the Persian War*, p. 77.

④ Sebeos, *The Armenian History Attributed to Sebeos*, trans. with notes by R. W. Thomson, Historical Commentary by James Howard-Johnston, Liverpool University Press, 2000, pp. 5 – 6.

道，亚美尼亚人没有发动新的叛乱，继续臣服于波斯人的统治。[①] 12 世纪，亚美尼亚历史学家塞缪尔·阿内茨说："在贵族瓦汗的兄弟瓦尔德·马米科尼扬之后，波斯的马尔兹班统治亚美尼亚 11 年。亚美尼亚政府传给了吉努尼家族的姆杰伊，姆杰伊统治了 30 年。"[②]

萨珊君主霍思劳一世（531—579 年在位）上台后，撕毁了与拜占庭的和平条约，入侵美索不达米亚和叙利亚，拜占庭—波斯战争再次爆发（540—562）。两国交战期间，亚美尼亚仍然是他们激烈争夺的对象。在此期间，纳哈拉又分成亲罗马派和亲波斯派。战争期间，霍思劳一世进行军事改革，将萨珊波斯划分为四大军区，军区事务由将军全权负责，亚美尼亚属北部军区。[③] 这意味着亚美尼亚在萨珊帝国中的地位下降。

564 年，霍思劳一世任命苏伦家族的希霍尔·维斯纳普（564—572 年在职）出任马尔兹班。此时，亚美尼亚已经和平许久，但这一切被希霍尔·维斯纳普的严厉统治打破了。希霍尔·维斯纳普在亚美尼亚强行推广琐罗亚斯德教，在德温城建造火神庙，甚至杀死了数位马米科尼扬家族的成员。[④] 在小瓦尔丹·马米科尼扬的领导下，亚美尼亚人揭竿而起，攻占了德温城。571 年，希霍尔·维斯纳普被杀。亚美尼亚的叛乱与拜占庭皇帝查士丁二世（565—574 年在位）的计划十分吻合，后者以此为由拒绝支付波斯保卫高加索的费用，并欢迎亚美尼亚叛军成为帝国的臣民。[⑤] 随之，拜占庭—波斯战争（572—591）爆发。其间，战争双方在亚美尼亚高地上进行了惨无人道的焦土战术，人们纷纷逃离亚美尼亚。

---

① Sebeos, *The Armenian History Attributed to Sebeos*, p. 6.

② Cyrille Toumanoff, "Vice-rois iraniens (Marzpans) d' Arménie", *Les dynasties de la Caucasie chrétienne de l' Antiquité jusqu' au xixe siècle: Tables généalogiques et chronologiques*, Rome, 1990, pp. 506 - 507. 塞缪尔·阿内茨（Samuel Anetsi）是首次使用亚美尼亚年代学的作者。

③ Richard Nelson Frye, "The Polictical History of Iran under the Sasanians", p. 154.

④ Richard Nelson Frye, "The Polictical History of Iran under the Sasanians", p. 159.

⑤ Richard Nelson Frye, "The Polictical History of Iran under the Sasanians", p. 154.

575年，霍思劳一世攻入亚美尼亚。起初，波斯军队获得了绝对性的胜利，拜占庭帝国东部似乎有并入波斯版图的趋势。然而，战局陡转，拜占庭不仅击败了波斯人，而且占领了部分伊朗领土，掠夺了很多地方。576年，萨珊失去继续作战的信心，表示愿意和谈。此时，波斯军队在亚美尼亚发起的反攻中取得了重大胜利，谈判一度中断。578年，霍思劳一世想当然地认为波斯已经取得了绝对优势，再次进攻亚美尼亚。在纳哈拉人的支持下，拜占庭军队痛击波斯军队，萨珊被迫提出休战。不久，霍思劳一世率领一支由12000波斯士兵和8000萨比尔—阿拉伯人组成的联军，蹂躏了叙利亚的瑞塞纳和康斯坦提亚的周边地区，战局再次发生逆转。①

在双方的拉锯战中，新上任的拜占庭最高军事指挥官莫里斯进入战场，占领了波斯人的大量定居点，战局很快有利于拜占庭，和平谈判再次重启。然而，霍思劳一世的突然去世，使谈判戛然而止。萨珊新王霍尔密兹德四世（579—590年在位）对基督徒的统治比较宽容，拒绝了迫害基督徒的请愿书，甚至声称所有的臣民都有宗教信仰自由权，为此还屠杀了上千名极端祆僧。② 尽管如此，亚美尼亚人的境遇并没有改善，萨珊和拜占庭的战争仍在继续。这时，匈奴人已经越过高加索地区，进入萨珊领土。590年，霍尔密兹德四世在波斯宫廷内讧中被弄瞎双眼，霍思劳二世（590—628年在职）即位。霍思劳二世是阿拉伯人侵前最后一位比较有作为的萨珊君主，但在即位伊始同样陷入兄弟相阋的斗争。为夺取萨珊王位，他向拜占庭皇帝莫里斯一世寻求支持，并表示愿意停止干涉亚美尼亚事务。莫里斯一世同意了霍思劳二世的请求，答应帮他击败篡夺王位的巴赫拉姆·楚宾③。霍思劳二世伙同拜占庭和亚美尼亚，

① Geoffrey Greatrex and Samuel N. C Lieu, *The Roman Eastern Frontier and the Persian Wars*, New York and London, U. K: Routledge, 1992, p. 160.

② A. Shapur Shahbazi, "Hormozd IV", *Encyclopaedia Iranica*, Vol. XII, Fasc. 5, 2012, pp. 466 - 467.

③ 巴赫拉姆·楚宾（Bahram Chobin），绰号"密特拉的仆人"。他从霍思劳二世手中篡夺了萨珊王位，以巴赫拉姆六世的身份执政仅一年（590—591）。

出兵攻打巴赫拉姆·楚宾。孤注一掷的巴赫拉姆·楚宾写信给穆什赫二世：

> 我本以为，当我与你们的敌人作战时，你会从你的地区来助我。这样，你和我就可以齐心协力地除掉大家的祸患萨珊家族……至于你们亚美尼亚人，表现出不合时宜的忠诚，难道萨珊家族没有摧毁你们的土地和主权吗？不然，你们的列祖为何悖逆，离开他们的国为你们的国争战到今日呢？[①]

巴赫拉姆·楚宾信中所说的“离开他们的国”指的是马米科尼扬家族来自中国一事，后文将会详述此事。他承诺，如果穆什赫二世接受他的提议，一起攻打霍思劳二世，他会允许亚美尼亚人建立一个由阿萨息斯家族统治的国家，并享有与萨珊的同等地位。然而，穆什赫二世拒绝了这个看起来很诱人的提议。因为，巴赫拉姆·楚宾的提议表面上看起来充满诱惑，但如果亚美尼亚人真的与其结盟，将会遭到莫里斯和霍思劳二世的联合攻击。因此，纳哈拉人明智地拒绝了这个提议。巴赫拉姆·楚宾兵败逃走后，被霍思劳二世贿赂的突厥人暗杀，亚美尼亚人随后又帮他平息了另一场叛乱。霍斯劳二世对亚美尼亚人的帮助感恩戴德。

亚美尼亚人支持霍思劳二世的另一个原因是后者对基督徒的宽容。据说，霍思劳二世娶一基督徒女子为妻，并指定她的儿子为继承人。事实上，霍思劳二世与基督教的关系很复杂，他的妻子和财政部长都是基督徒。在他统治期间，基督教一性派和聂斯脱利派之间不断发生冲突。霍思劳二世赞成一性论，命令臣民坚持一性论——这也许是受到妻子及其御医加百利[②]影响的结果。后两位都支持一性论。霍思劳二世还经常向基督圣地分发钱财和礼物，因

---

① Sebeos, *The Armenian History Attributed to Sebeos*, p. 20.

② 辛加尔的加百利（Gabriel of Sinjar）是霍思劳二世的御用医师。他在萨珊帝国基督教派间的对抗中扮演了十分重要的角色。

此，他的表现致使一些亚美尼亚人认为他已经皈依了基督教。[①] 总而言之，霍思劳二世统治期间，基督教在萨珊帝国广泛传播，琐罗亚斯德教没落。

591 年，拜占庭与萨珊帝国签署和平协议，再次瓜分亚美尼亚。拜占庭获得了2/3 的领土，剩余的1/3 归伊朗。根据新的协议，德温是两国的边界城市；埃里温城归拜占庭帝国。“591 年瓜分”是拜占庭和波斯长期斗争的结果。此后，无论是拜占庭的莫里斯，还是萨珊的霍思劳二世，都实施了减少亚美尼亚人口的策略，将他们征召到非洲、巴尔干或中亚的战场上。[②] 6 世纪，亚美尼亚历史学家谢别奥斯保存了莫里斯一世给霍思劳二世的信函，内容如下：

> 他们是一个乖僻和不听话的民族，在我们之间制造麻烦。来吧，我要把我的集合起来，送到色雷斯去。你把你的集合起来，把他们带到东方去。如果他们死了，我们的敌人也就死了；如果他们杀了，他们就杀了我们的敌人；但我们会生活在和平中。若他们仍在本地，我们就不得安宁。[③]

在被拜占庭和波斯征召的亚美尼亚人中间，涌现出了一位杰出的亚美尼亚民族英雄——（巴格拉图尼家族的）斯姆巴特四世（？—616 或617 年）。关于他的记载主要见于谢别奥斯的作品。斯姆巴特四世是曼纽尔·巴格拉图尼的儿子。6 世纪 80 年代的某个时候，莫里斯与阿瓦尔人开战，要求亚美尼亚提供 2000 精锐骑兵。[④] 于是，亚美尼亚贵族安排斯姆巴特四世和萨哈克·马米科尼扬各自率领1000 骑兵火速赶赴君士坦丁堡。莫里斯一世承诺战后

---

① Richard Nelson Frye, “The Polictical History of Iran under the Sasanians”, p. 166.

② George A. Bournoutian, *Concise History of the Armenian People*: *From Ancient Times to the Present*, p. 66.

③ Sebeos, *The Armenian History Attributed to Sebeos*, p. 31.

④ Sebeos, *The Armenian History Attributed to Sebeos*, p. 38.

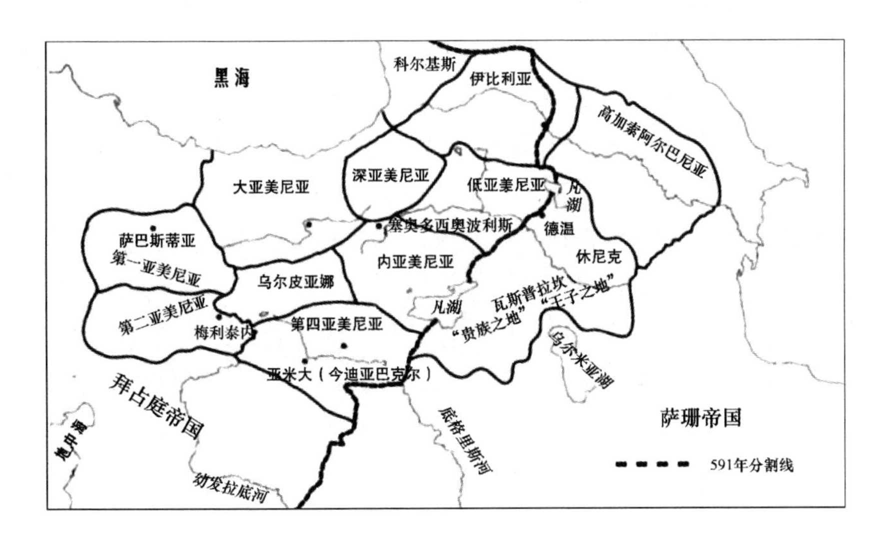

图 6－2　公元 591 年亚美尼亚瓜分

让他们重返家园，但斯姆巴特四世和纳哈拉人商议后，决定不到色雷斯白白送死，于 589 年发动起义。起义失败后，他被抓到君士坦丁堡，扔进了竞技场。据谢别奥斯的说法，当斯姆巴特四世进入斗兽场时，他们放了一只熊来对付他，但斯姆巴特四世活了下来。[①] 他的英勇获得了极高的人气，莫里斯一世在最后一刻赦免了他，将其流放到"遥远的岛屿"，后来又流放到非洲。过了一段时间后，斯姆巴特四世逃回亚美尼亚，于 595 年被霍思劳二世任命为亚美尼亚和里海南部地区的马尔兹班。[②] 斯姆巴特四世在这个职位上任职到 602 年，最初主要用来镇压呼罗珊叛乱，后又奉诏回泰西封。在那里，他得到了极高的荣耀，甚至被任命为萨珊帝国的财政部长。此时，萨珊与拜占庭已经和解。602 年，将军福卡斯篡夺拜占庭皇位，霍思劳二世对君士坦丁堡发起进攻。他表面上是为莫里斯一世报仇，实为夺取拜占庭领土。604 年，霍思劳二世夺回了大片失去的领土，两国边境线重新回到 591 年的状态。607 年，斯姆

① Sebeos, *The Armenian History Attributed to Sebeos*, p. 39.

② John Robert Martindale, eds., *The Prosopography of the Later Roman Empire: Vol. III, AD 527－641*, Cambridge University Press, 1992, pp. 1209－1211.

巴特四世返回亚美尼亚，权倾朝野。“他在亚美尼亚的时间虽短，但卓有成效”，妮纳·加索扬说，“斯姆巴特以非凡的力量重申了波斯国王在亚美尼亚领土上的权威，恢复了孱弱不堪的亚美尼亚的尊严，召开宗教会议，选出新的大主教亚伯拉罕一世，当时这个职位已经空缺3年了”①。在斯姆巴特四世的推动下，重建了圣格雷戈里教堂。

607年，霍思劳二世紧急召回斯姆巴特四世，以与突厥—哌哒人作战。斯姆巴特四世击退了突厥—哌哒人，洗劫了东呼罗珊，手刃了他们的王。霍思劳二世喜出望外，赐予他及其子瓦拉季罗茨二世极高的荣誉和官职。② 谢别奥斯说：“他是国王霍思劳宫殿里排名第三的贵族。”③

尽管霍思劳二世时代，亚美尼亚和萨珊关系稳定，但无休无止的战争大大削弱了拜占庭和萨珊的实力。此时，伊斯兰阿拉伯人强势崛起，新成立的哈里发国家在7世纪30年代末击败了拜占庭和萨珊王朝，成为该地区最强大的帝国。从此，亚美尼亚开始面对新的威胁——阿拉伯穆斯林。亚美尼亚的马尔兹班时代结束。

亚美尼亚历史上的马尔兹班时期，学者关注较少，通常将其一笔带过。事实上，这个国家的不稳定性和不确定性并不影响该时期亚美尼亚史的构建。马尔兹班时期亚美尼亚的历史特点是：（1）它成为拜占庭和萨珊帝国的主战场；（2）波斯人企图将琐罗亚斯德教强加于亚美尼亚人，并引起了马米科尼扬家族两个瓦尔丹的叛乱；（3）宗教纷争撕裂了这个民族，使其既疏远了拜占庭，又与波斯文明分道扬镳；（4）拜占庭和萨珊帝国强行驱逐亚美尼亚精英阶层的作法严重削弱了纳哈拉人的力量，马米科尼扬家族

① Nina Garsoïan: “The Marzpanate”, in Richard G. Hovannisian, ed., *The Armenian People from Ancient to Modern Times, Volume I: The Dynastic Periods: from Antiquity to the Fourteenth Century*, pp. 112 – 113.

② John Robert Martindale, eds., *The Prosopography of the Later Roman Empire, Vol. III: A. D. 527 – 641*, Cambridge: Cambridge University Press, 1992, pp. 1363 – 1364.

③ Sebeos, *The Armenian History Attributed to Sebeos*, p. 53. 雅维坦·霍思劳（Javitean Khosrow）是萨珊帝国的一种爵位。“雅维坦”是“永恒的”意思。

在亚美尼亚的地位动摇。然而，5—7 世纪也是亚美尼亚文明孕育的一个时代，亚美尼亚文学迎来了第一个黄金时代，妮纳·加索扬指出："马尔兹班时期，亚美尼亚社会基础和教会机构在一定程度上得到巩固，他们可以在没有政治结构的情况下维持自己的生活，并能够维持一种足够根深蒂固的民族意识，以承受阿拉伯统治的冲击。"①

第二节　拜占庭属亚美尼亚

拜占庭属亚美尼亚又称西亚美尼亚，在原亚美尼亚王国的西半部。著名的亚美尼亚城市阿尼、卡尔斯、凡城、比特利斯、穆什和埃尔祖鲁姆，都在西亚美尼亚境内。西亚美尼亚今属土耳其领土，但它仍与东亚美尼亚有着密切的联系。不同历史时期，拜占庭对西亚美尼亚的控制程度不同，领土的大小也有所不同。事实上，自罗马帝国被狄奥多西皇帝的两个儿子瓜分后，外来势力（特别是亚美尼亚人）在拜占庭宫廷中占据了主导地位。

387 年，拜占庭政府将西亚美尼亚划分为两大行政区：北部的亚美尼亚第一行政区，都城在塞巴斯蒂亚；南部的亚美尼亚第二行政区，都城在梅利泰内。每个行政区分别由一位皇帝指定的总督统治，两位总督都对本都帝国教区（罗马教区）负责，并都有军团和骑兵驻扎，但官僚机构官职都由亚美尼亚贵族担任，行政上对君士坦丁堡政府负责。西亚美尼亚的贵族在向帝国政府纳税和提供兵役的同时，可以拥有自己的领地。西亚美尼亚的南部地区又称罗马五头政治统治区或拜占庭南部总督区。② 它是拜占庭对抗东方势力的重要缓冲区，不受帝国军事或

---

① Nina Garsoïan: "The Marzpanate", in Richard G. Hovannisian, ed., *The Armenian People from Ancient to Modern Times, Volume I: The Dynastic Periods: from Antiquity to the Fourteenth Century*, p. 115.

② 五头政治（Pentarchy）是东正教历史上倡导的一种教会组织模式。它在拜占庭皇帝查士丁尼一世的法律中得到充分的体现。在这一政制模式下，基督教会管理权交给罗马帝国五大圣公会领袖：罗马、君士坦丁堡、亚历山大、安条克和耶路撒冷的教会领袖。

行政控制。[1] 因此，拜占庭帝国统治下的西亚美尼亚实际上是亚美尼亚人的自治区。

亚波战争期间，亚美尼亚人没有参加451年迦克墩公会。由于这个原因，亚美尼亚教会和拜占庭教会之间的关系发生巨变。拜占庭—波斯战争（572—591）结束后，君士坦丁堡政府在西亚美尼亚建立了直接统治。为了巩固统治，莫里斯一世支持当地亚美尼亚教会中的亲迦克墩派。593年，西亚美尼亚宗教会议在塞奥多西奥波利斯召开，大会宣布完全拥护《迦克墩信经》，这为亚美尼亚教会的分裂创造了条件。

然而，拜占庭帝国和亚美尼亚之间的关系飘忽不定，经历了从友好到敌对，从军事互助到完全占领的阶段。亚美尼亚战略位置十分重要，因此，历代拜占庭皇帝对亚美尼亚事务特别关注，并通过各种手段巩固对西亚美尼亚的统治。反之亦然，亚美尼亚人深刻影响了拜占庭政治发展的走向，多达1/5的拜占庭皇帝都是亚美尼亚人或具有亚美尼亚血统。[2] 在帝国各部要职中也充斥着大量亚美尼亚人。总之，亚美尼亚人在拜占庭帝国取得了巨大成功，活跃在社会各个层面。

尽管东、西亚美尼亚分属不同的国家，但两地的亚美尼亚人仍有许多沟通渠道，往来频繁。[3] 5世纪，阿尔塔沙特成为拜占庭和伊朗高原之间最重要的贸易城市之一。埃德萨有伊朗聂斯托利派的大

---

① George A. Bournoutian, *Concise History of the Armenian People: From Ancient Times to the Present*, p. 65.

② 拜占庭亚美尼亚裔皇帝或皇后有：莫里斯一世（Maurice I, 582—602）、菲利皮科斯（Philippikos, 711—713）、阿尔塔瓦兹德（Artabasdos, 741—743）、利奥五世（Leo V, 813—820）、狄奥多拉皇后（Theodora, 829—867）、迈克尔三世（Michael III, 842—867，母亲亚美尼亚人）、利奥六世（Leo VI, 886—912）、亚历山大三世（Alexander III, 912—913）、君士坦丁七世（913—959）、罗曼努斯一世（Romanos I, 920—944）、罗曼努斯二世（959—963）、尼基弗鲁斯二世（Nikephoros II, 963—969）、约翰一世（969—976）、巴西尔二世（976—1025）、君士坦丁八世（1025—1028），罗曼努斯三世（1028—1034）、迈克尔四世（1034—1041）、迈克尔五世（1041—1042）、君士坦丁九世（1042—1055）、狄奥多拉女皇（1054—1056）和迈克尔六世（1056—1057）。

③ George A. Bournoutian, *Concise History of the Armenian People: From Ancient Times to the Present*, p. 64.

型神学院和翻译中心，很多波斯亚美尼亚人在那里学习和生活。两地的亚美尼亚居民通婚现象也十分普遍，旅行虽然有时受到限制，但并不妨碍两地人民之间的交流。波斯人对东亚美尼亚的压力有时会传导到拜占庭，促使拜占庭政府支持东亚美尼亚人的反波斯事业。然而，随着亚美尼亚字母的发明和文学教育活动的复兴，特别是亚美尼亚教会的独立立场，使拜占庭统治者提高了对亚美尼亚人的警惕。但总体而言，5 世纪 80 年代以前，君士坦丁堡对亚美尼亚人的管制比较宽松。451 年，由于拜占庭没有参加东亚美尼亚的阿瓦雷尔战争，两者关系恶化。485 年，拜占庭的亚美尼亚贵族发动叛乱，两者关系进一步恶化。

从（伊索里亚人）芝诺皇帝（474—475、476—491 年在位）开始，拜占庭开始调整对西亚美尼亚的统治政策。芝诺将罗马法引入亚美尼亚社会，关闭埃德萨的波斯神学院（489 年），学校被迫搬到原址尼西比斯，一批聂斯脱利派教徒移到波斯。[①] 拜占庭的敌对行为以及拒绝支付保卫高加索的费用，使拜占庭和萨珊开始了新一轮的冲突，这一问题一直持续到查士丁尼上台后才暂时得以解决。查士丁尼在西亚美尼亚推行的一系列政策给亚美尼亚社会带来巨大变化。在具体阐述查士丁尼带来这种巨变之前，有必要简要陈述一下中国丝绸在其中所发挥的作用。

一　丝绸贸易与罗马—波斯战争

众所周知，中国丝绸垄断了中世纪国际消费市场，是罗马帝国达官贵族争相追逐的消费品。彼时，丝绸在罗马帝国价格昂贵，堪比黄金，君士坦丁堡每年要为此消耗巨额资金。例如，在罗马皇帝奥勒良时代，一镑丝绸可以卖到 12 两黄金。[②] 关于中国丝绸运到西方的陆路和海上贸易路线，英国历史学家爱德华·吉本详述如下：

---

① J. B. Segal, *Edessa: The Blessed City*, Piscataway, N. J.: Gorgias Press LLC, 2005, p. 95.

② ［英］爱德华·吉本译：《罗马帝国衰亡史》第 4 卷，席代岳译，第 50 页。

> 陆路：从撒马尔罕到陕西最近的市镇是艰辛而危险的旅程，至少需要60天、80天或者100天。他们渡过锡尔河就进入沙漠，除非军队和地区的守备部队加以约束，否则游牧族群会认为市民和旅客都是合法掠夺的对象。运输丝绸的商队为了避开鞑靼的强盗和波斯的暴君，探察一条位置更靠南边的路线。他们越过西藏的高山，顺着恒河或印度河而下，在古泽拉特和马拉巴尔的港口，耐心等待一年一度西方船队的来到。
>
> 海路：（中国人）航海的范围从日本群岛延伸到马六甲海峡……从这里开始能将陆地保持在视线之内，沿着海岸抵达顶端的阿钦海岬，每年总有10—20艘船来到此地，上面装着中国的货物……苏门答腊和锡兰之间的直线距离大约300里格，中国和印度的航海人员依靠飞鸟指示航向，或是乘着季风，就是方形船也能安全穿越海洋……宽阔的海港特林奎马尔成为东方和西方船队的集结中心。这个人情味浓厚的岛屿，距离两端的国家有概等的航程，中国的丝商把买来的沉香、丁香、豆蔻和紫檀木装船上，与波斯湾的居民维持自由而且利润很高的商业活动。①

以上是18世纪英国历史学家爱德华·吉本在《罗马帝国衰亡史》中提出的从中国到西方的陆上和海上丝绸之路的路线。意大利旅行家马可·波罗沿着陆上丝绸之路来到中国，但他没有将这条东西方路线与丝绸之路联系起来。19世纪，德国旅行家李希霍芬才首次提出“丝绸之路”一词。然而，笔者认为，爱德华·吉本才是最早提出“丝绸之路”概念含义的人。正如上文所述，他详细描绘了从中国到西方的陆路和海上丝绸之路的路线，声称“从中国海岸到叙利亚海岸的行程长达242天”②。因此，李希霍芬虽使用了“丝绸之路”一词，但真正提出和论述丝绸之路的人应该归功于爱德华·吉本。

---

① ［英］爱德华·吉本译：《罗马帝国衰亡史》第4卷，席代岳译，第50—52页。
② ［英］爱德华·吉本译：《罗马帝国衰亡史》第4卷，席代岳译，第50页。

亚美尼亚是中国丝绸经波斯进入罗马的必经之地。事实上，在查士丁尼之前，罗马与萨珊帝国大打出手的部分原因在于夺取丝绸之路的控制权。众所周知，自汉朝张骞“凿空”了与西方的陆路通道后，中国正式对外开放。然而，丝绸之路的历史早在汉代之前就已经存在，比如阿契美尼德时期波斯人建立的皇家御道，成为丝绸之路的主干道之一。这条御道从波斯北部的苏萨一直延伸到小亚细亚的地中海沿岸，沿途设有驿站，供使节或商旅使用。希罗多德这样称赞波斯人的御道：

> 在全程当中要走多少天，在道上边设置多少人和多少马，每隔一天的路程便设置一匹马和一个人；雪、雨、暑热、黑夜都不能阻止他们及时地全速到达他们那被指定的目的地。第一名骑手把命令交给第二名，第二名交给第三名，这样这个命令依次从一个人传给另一个人。①

在巴比伦，一条分道穿过扎格罗斯山和贝希斯敦山，抵达米底都城埃克巴坦纳后向东进入大夏国和印度交界处。这条“高速公路”显然不仅用于帝国邮政和军事目的，更是为商队通行便利之需。希罗多德说：“在亚美尼亚有 15 个驿馆和 56.5 个帕勒桑，而那里有一座要塞。从亚美尼亚，道路便进入了玛提耶涅人的地带。”② 斯特拉波曾旅行到亚美尼亚，他的《地理学》描述了亚美尼亚与印度商业发展的情况。根据斯特拉波的说法，亚美尼亚是印度与北高加索斯基泰人的重要连接点，他说：“这些部落用骆驼运输印度和巴比伦的商品，在亚美尼亚和米底收货，而且由于他们的财富可以佩戴金饰。”③ 亚美尼亚城市阿尔塔沙特就位于这条商路上，是东西方最重要的贸易转运和仓储中心之一，市内设有海关哨所。

---

① ［古希腊］希罗多德：《历史》，王以铸译，第 598—599 页。

② ［古希腊］希罗多德：《历史》，王以铸译，第 367—368 页。帕勒桑（parasang）是古代波斯的距离单位，约相当于 300 千米。希罗多德说，玛提耶涅人是一个居住在哈里斯河西部的民族。在王以铸的译本中，亚美尼亚译为“阿尔美尼亚”。

③ Strabo, *The Geography of Strabo*, Vol. V., trans. H. L. Jones, p. 219

西方的商品经过这条商路，沿黑海东岸穿过科尔基斯、阿尔塔沙特，再转向东方。亚美尼亚是东方商品进入西方世界的桥头堡。①

亚历山大大帝征服波斯后，于公元前 329 年 8 月在今塔吉克斯坦建立了亚历山大埃舍特城，意思是“最遥远的亚历山大城”，即今塔吉克斯坦第二大城市苦盏（胡占德）。② 它是古丝绸之路上的商业重镇，亚历山大曾经把受伤的退伍军人留在那里，继续前进。随着时间的推移，这些马其顿战士与当地居民通婚，创造了希腊—大夏文明，并在塞琉古帝国时期呈现出繁荣的局面。帕提亚帝国崛起后，控制了中亚进入罗马的丝绸之路。帕提亚帝国即中国史书中的安息。汉武帝曾派使团访问了帕提亚国王米特里达梯二世。萨珊帝国垄断了罗马的丝绸生意，激起了罗马帝国对波斯人的不满，并为此大打出手。因此，争夺丝绸贸易控制权也是罗马—波斯战争的一个重要原因。有趣的是，波斯帝国的丝绸贸易却掌握在亚美尼亚人手中，甚至“波斯商人经常到亚美尼亚”批发丝绸，然后再将其转运到罗马。③ 到了 17—18 世纪时，新朱利法的亚美尼亚人已经成为丝绸之路上最为辉煌的缔造者，将丝绸之路的作用发挥到极致。

查士丁尼时代，尽管拜占庭和波斯人的战争接连不断，但远东和西方之间的贸易未受到太大的影响。中国的丝绸经陆路和海路抵达波斯后，再经叙利亚和亚美尼亚出口到拜占庭。有时，运往西方市场的货物绕过南俄草原后经南高加索到达拜占庭。拜占庭政府对丝绸贸易进行严格而又复杂的控制，每一笔交易都要通过海关监事的批准。海关监事驻扎在边境集镇上，是唯一有资格从外国商人手中购买丝绸的机构。④

---

① Vahan Baibourtian, *International Trade and the Armenian Merchants in the Seventeenth Century*, p. 3.

② John Prevas, *Envy of the Gods: Alexander the Great's Ill-Fated Journey across Asia*, Cambridge: De Capo Press, 2004, p. 121.

③ ［英］爱德华·吉本：《罗马帝国衰亡史》第 4 卷，席代岳译，第 50 页。

④ Heleanor B. Feltham, "Justinian and the International Silk Trade", *Sino-Platonic Papers*, No. 194, 2009, p. 16.

罗马—波斯战争期间，途经叙利亚和亚美尼亚的贸易路线遭到严重破坏。为在经济上打压对方，波斯宣布对输入拜占庭的铜等战略物资实行禁运，同时提高进入君士坦丁堡的丝绸关税。6世纪40年代，地震和鼠疫彻底摧毁了途经叙利亚的丝绸之路。[①] 另一条商路从黑海地区经亚美尼亚进入拜占庭，萨珊帝国在黑海和里海之间"用提防、双重城墙和铁制的城门予以加强"[②]。因此，查士丁尼时代，中国丝绸被萨珊垄断。普罗科匹厄斯说："查士丁尼非常忧心，臣民的财富不断流入一个充满敌意而又崇拜偶像的国家。"他甚至指责查士丁尼：

> "在腓尼基的贝鲁特和推罗，早已有人用丝绸做衣服。住在这些地方的商人，以及所有与贸易有关的工匠和工人，很早就定居在那里，贸易从这些城市扩张到世界各地。但是在查士丁尼统治时期，君士坦丁堡和其他城市的商人提高了这些服装的价格，声称这些服装的价格是波斯人提高的，而且提高了罗马进口的关税。
>
> "皇帝假装对这件事很生气，颁布了一项法令，宣布这样的衣服每磅卖不超过8个金币；凡违法者没收其财产。在大家看来，这似乎是不可能的，也是徒劳的。因为以高价进口丝绸的商人不可能以更低的价格卖给他们的顾客。因此，他们决定彻底不做这类买卖，私下里尽其所能地把现有的库存脱手，卖给那些喜欢把钱花在这种漂亮衣服上的名流们……
>
> "君士坦丁堡和其他所有城市的丝绸商人，无论在海上还是陆上，显然都遭到了严重的损失。上面所说的市民几乎突然变成了乞丐。工匠和机械师被迫与饥荒作斗争，许多人因此离开这个国家逃往波斯。只有皇上的司库才能处理这件事，把上

① Heleanor B. Feltham, "Justinian and the International Silk Trade", p. 26.

② ［英］爱德华·吉本：《罗马帝国衰亡史》第4卷，席代岳译，第76页。

面所说的利润分给皇上，皇上自己拿走了大部分利润。[①]

普罗科匹厄斯说查士丁尼派使者到埃塞俄比亚和阿拉伯半岛，要求后者为了自己的宗教信仰自由，与共同的敌人作战。“因为他的旨意是叫埃塞俄比亚人从印度买丝绸，卖给罗马人，就可以赚很多钱。罗马人却只得到一个好处，那就是不再强迫他们把银子给仇敌。”[②] 查士丁尼对丝绸重视的信息来自同时代普罗科匹厄斯的笔下，后者根据自己所熟悉的和亲身经历记载了查士丁尼的活动，其描述相当可靠。然而，除丝绸贸易因素外，查士丁尼与波斯开战的另一个原因便是亚美尼亚问题。如前文所述，亚美尼亚不仅扼守丝绸之路的咽喉，而且还是东西方帝国的战略缓冲区。关于这一点，这里不再详述。下文继续讨论拜占庭治下的亚美尼亚。

二　查士丁尼的亚美尼亚政策

532 年，萨珊国王霍思劳一世提议查士丁尼签署一份永久和平协议。当时，查士丁尼打算征服非洲和意大利，于是为确保东部边境的安全，接受了萨珊的条件。根据这份协议，拜占庭支付萨珊 5000 公斤黄金；波斯人负责保卫高加索关隘并停止攻打德拉。[③] 539 年，霍思劳一世以拜占庭违反“永久和平条约”为由，宣布开战。战争爆发后，萨珊首先攻打叙利亚，攻陷了安条克城。查士丁尼以经济手段反击波斯人的入侵，协助埃塞俄比亚商人将东方贸易路线从波斯湾转到红海港口。543 年，查士丁尼派出 3 万大军，攻打东亚美尼亚。[④] 然而，在一个叫盎格隆的地方，拜占庭被一支 4000 人

---

① Procopius, *The Secret History*, trans. with an introduction by G. A. Williamson, Harmondsworth: Penguin Books, 1966, pp. 165 ff.

② Procopius of Caesarea, *History of the Wars: Books I – II, the Persian War*, trans. James Loeb, p. 193.

③ ［英］爱德华·吉本：《罗马帝国衰亡史》第 4 卷，席代岳译，第 167 页。

④ ［英］爱德华·吉本：《罗马帝国衰亡史》第 4 卷，席代岳译，第 173 页。

的亚美尼亚军队击败。① 第二年，霍思劳一世包围埃德萨，但没有成功，两个月后撤离。爱德华·吉本说，双方停战的原因是瘟疫所致。② 波斯军队撤退后，查士丁尼派使者到泰西封，与霍思劳一世签署了为期5年的停战协议。13世纪亚美尼亚史学家乞剌可斯·冈扎克茨（1200—1271）描述了瘟疫的一些情况，他说：

> 查士丁尼时代，太阳暗了18个月，每天有3个小时是亮的，白天黑夜什么都看不见。那一年，果实没有成熟，仿佛整个国家正在经历一场漫长的疾病。发生了一场不合时宜的瘟疫，这种瘟疫以前从未发生过。首先，它始于君士坦丁堡。第1天有5000人死亡；第2天1万人死亡；第3天1.5万人死亡；第4天1.8万人死亡；直到一天内有30万人死亡。病者的手上出现赤疮，他们立刻死去。当一个人走进房子内，会看到所有人都死了。瘟疫在全国各地流行，许多城市因此无人居住。只有胡姆斯城（今叙利亚霍姆斯）还在，因为住在那里的人都投靠了施洗者约翰。查士丁尼和伊朗国王霍思劳和解，所有基督徒的契约在全世界盛行。③

瘟疫促成了拜占庭和波斯的和解，后世学者称这次瘟疫为“查士丁尼瘟疫”。它是地中海世界爆发的第一次大规模鼠疫。乞剌可斯提供的具体数字虽不一定准确，却反映了瘟疫给拜占庭帝国造成的破坏程度。528—535年间，查士丁尼发起了一系列行政改革。④ 改革的目的，正如这位改革家自己所说：“我们要把它放在保险柜里。”⑤

---

① ［英］爱德华·吉本：《罗马帝国衰亡史》第4卷，席代岳译，第173页。

② ［英］爱德华·吉本：《罗马帝国衰亡史》第4卷，席代岳译，第173页。

③ Kirakos Ganjakets ‘i’s, *History of the Armenians*, trans. Robert Bedrosian, New York: Sources of the Armenian Tradition, 1986, pp. 35 – 36.

④ Jonathan Shepard, ed. , *The Cambridge History of the Byzantine Empire c.* 500 – 1492, Cambridge, UK: Cambridge University Press, 2008, p. 159.

⑤ Nicholas Adontz, *Armenia in the Period of Justinian: The Political Conditions Based on the Naxarar System*, p. 106.

这成为查士丁尼进行改革的座右铭。

查士丁尼视武力为国家统治的基础，必然导致帝国主义外交。他沉浸在理想化的古罗马帝国中，幻想恢复过去的荣耀，故被不切实际的梦想冲昏了头脑。他幻想自己能够重振久已消亡的罗马精神，发起了广泛的征服。因此，查士丁尼的长期统治是在不间断的战争中度过的，他时而出兵东方，时而攻伐西方，把罗马军团从帝国的一端转移到另一端，企图将昔日罗马帝国的领土都放进帝国的“保险柜”中。结果，他打败了涌入原西罗马帝国的蛮族军队，征服了意大利、非洲，甚至西班牙的哥特人、非洲的汪达尔人和摩尔人，而半自治的西亚美尼亚也在他欲放入“保险柜”的名单中。具体来说，查士丁尼在西亚美尼亚的改革措施如下：

首先，他将西亚美尼亚划分成4个行政区。第一亚美尼亚，首府在西奥多西奥波利斯；第二亚美尼亚，首府在塞巴斯蒂亚；第三亚美尼亚，统治中心在梅利泰内；第四亚美尼亚（五头政治或南部总督区）以马提罗波利斯为统治中心。每个行政区设置一名总督、若干税吏，以维护统治，确保帝国的收入。[①]

其次，将罗马法（特别是在遗产继承领域）推广到西亚美尼亚。[②] 根据罗马法，男女享有同等继承权，然而纳哈拉封建体制始终坚持长子继承制，女子没有继承权。长子继承制可以确保纳哈拉大地产的完整，避免由于领地的碎片化导致家族势力衰落。然而，查士丁尼的罗马法改变了这一点，女性和非长子都有了合法继承父母财产的权利。当然，这项法律的改变不是给妇女争取权利，而是削弱纳哈拉人的势力。因为，根据新的法律规定，妇女可以把家庭财产转移给丈夫，而丈夫可以不属于原宗族社会，甚至可以是外族人。同样，非长子与长子享有平等继承权，进一步削弱了大地产

---

① George A. Bournoutian, *Concise History of the Armenian People: From Ancient Times to the Present*, p. 65. 西奥多西奥波利斯（Theodosiopolis）即埃尔祖鲁姆；马提罗波利斯（Martyropolis）是在今土耳其东南部迪亚巴克尔（Diyarbakır）附近的一个村庄。

② George A. Bournoutian, *Concise History of the Armenian People: From Ancient Times to the Present*, p. 65.

制。因此，查士丁尼的非长子继承制改革是为削弱大土地所有制，这样一来，几代纳哈拉人长期坚持的大地产最终被分割成若干小块领地。随着时间的推移，这些小块土地上的亚美尼亚人被分割成纯粹的个体，亚美尼亚原宗族关系破裂，纳哈拉结构解体。查士丁尼的这项改革，无疑对以纳哈拉为核心内容的亚美尼亚传统文化形成致命打击。如果按照这样的模式发展下去，亚美尼亚文化必将荡然无存。中国古代社会不存在这样的问题，因为它的继承制是在同一文化结构和国家实体中进行的，因此，不存在平等继承制导致文化消亡的问题。查士丁尼的改革受到有远见的纳哈拉人的激烈反对，阿沙库尼家族起兵反抗，但由于实力不济，无法阻止罗马法的实施。尼古拉斯·阿登茨评价道：

> 亚美尼亚人无遗嘱继承习俗是一个不容置疑的事实。然而，当我们问为什么帝国当局对它表现出敌意时，唯一可能的解释是皇帝想要削弱纳哈拉制。同历史上发展起来的任何一种本土制度一样，纳哈拉制度是抵御外国侵略者的堡垒，它阻碍了帝国主义集权的目的。查士丁尼的要求跟任何其他反对纳哈拉土地统一的措施一样，必然会削弱建立在土地基础上的亲王的权利。①

尽管如此，查士丁尼的改革有利于维护和巩固帝国的统一。西亚美尼亚境内的武装力量由亚美尼亚纳哈拉人组成和领导，他们与波斯人有着千丝万缕的联系。因此，查士丁尼意识到，如果不消除亚美尼亚各省与帝国其他各省之间的差异，亚美尼亚不但容易脱离帝国统治，甚至被波斯人占领。另外，查士丁尼上台之时，正是拜占庭与波斯人战争最激烈之际。由于边疆省份防御不足，拜占庭军队甚至被弱小的东亚美尼亚军队击败，因此如果不进行改革，那么拜占庭更无法与更强大的波斯人作战。正是这样的政治环境，才促使查士丁尼在西亚美尼亚发起改革。

---

① Nicholas Adontz, *Armenia in the Period of Justinian: The Political Conditions Based on the Naxarar System*, p. 153.

总之，查士丁尼的改革给西亚美尼亚社会带来的影响是深远的。纳哈拉人最终失去了自治权，随着时间的推移，部分亚美尼亚人被同化，进入帝国官僚阶层。然而，查士丁尼对待亚美尼亚贵族的方式导致了亚美尼亚人的反叛，有些贵族失败后拖家带口迁徙到东亚美尼亚。查士丁尼之后，拜占庭和波斯人的战争仍在继续。最终，双方在562年签订了为期50年的停战协定。根据规定，拜占庭向萨珊支付保护高加索山口的费用。

查士丁尼之后，一些亚美尼亚家族被强行带到君士坦丁堡，但数量有限。6世纪晚期，小瓦尔丹·马米科尼扬的反波斯起义失败后，其追随者和大主教约翰二世（557—574年在职）逃到拜占庭。[①] 591年，亚美尼亚被第二次瓜分，莫里斯皇帝大力推行移民政策，很多亚美尼亚人迁徙到塞浦路斯。627年晚些时候，希拉克略在美索不达米亚发起针对波斯人的冬季攻势。拜占庭方面出动了约2.5—5万兵力以及来自突厥汗国的4万士兵，萨珊波斯方面主要兵力为1.2万亚美尼亚精兵。[②] 希拉克略使用焦土战术，在尼尼微战役中击溃了波斯联军，东亚美尼亚落入拜占庭帝国手中。然而，拜占庭在东亚美尼亚的统治非常短暂。不久之后，大马士革的阿拉伯人征服了东亚美尼亚。

三　亚美尼亚与拜占庭的关系

历史上，亚美尼亚与拜占庭关系密切。许多亚美尼亚人在拜占庭社会中有着举足轻重的地位，如前文所述，大概有1/5的拜占庭皇帝拥有亚美尼亚血统，甚至有的亚美尼亚裔皇帝开启了拜占庭的黄金时代，比如希拉克略和巴西尔一世的父亲都是亚美尼亚人。总之，两者在宗教、政治、军事和文化方面有着千丝万缕的联系。然而，评估亚美尼亚与拜占庭之间的关系需要注意：

---

① George A. Bournoutian, *Concise History of the Armenian People: From Ancient Times to the Present*, p. 88.

② Walter Emil Kaegi, *Heraclius: Emperor of Byzantium*, New York: Cambridge University Press, 2003, pp. 158 - 159, 167.

首先，无论是罗马历史学家，还是亚美尼亚历史学家，总带着有色眼镜和固有的偏见来描述对方的外交政策和内部事务。其次，亚美尼亚几百年来政治地理不断变迁、分裂和再分裂，给两者之间的关系带来许多模糊和不确定的因素。历史上，亚美尼亚一直是帝国激情表演的剧场，造成了它在近东和地中海主要大国之间政治地位的模糊。亚美尼亚的每一个历史阶段，似乎都凸显了这个问题。例如，亚美尼亚与拜占庭、萨珊的关系既不确定，又似是而非。最后，受民族主义影响，一些历史学家故意遗漏或篡改了部分史实，使得某些时段的历史不够完整。例如，730—850 年、925—980 年的亚美尼亚和拜占庭交集的历史就相对沉寂。

总而言之，亚美尼亚是罗马帝国不确定的盟友。由于中世纪亚美尼亚王国是阿萨息斯家族的一个分支建立的，这使得亚美尼亚人与萨珊波斯之间的关系异常紧张。梯利达特三世的皈依使本已紧张的局势变得更加复杂，因为萨珊君主为维护统治的合法性总是试图消灭亚美尼亚的阿萨息斯家族。当他们发现这一目标难以实现时，便试图在文化上同化亚美尼亚人，企图将琐罗亚斯德教强加给亚美尼亚人，结果导致了 451 年阿瓦雷尔战役的爆发。另外，亚美尼亚人因教义纷争与西方的关系越来越疏远。当东西方两个帝国发现它是一个难以对付的邻居时，共同瓜分了它，但亚美尼亚问题并没有得到解决。

阿沙克三世去世后，罗马帝国在西亚美尼亚建立了直接统治，但没有立即废除纳哈拉人的传统权利，也没有直接征税和建立军事基地。[①] 普罗科匹厄斯声称，正是这种军事上的弱点使亚美尼亚“很容易成为蛮族的猎物”[②]。事实上，亚美尼亚人与波斯人的宗教、社会和文化上的传统渊源，是罗马不信任亚美尼亚并充满忧虑的重要原因之一，但普罗科匹厄斯没有注意到这一点。6 世纪上半叶，

---

① Jonathan Shepard, ed., *The Cambridge History of the Byzantine Empire c.* 500 – 1492, pp. 158 – 159.

② Procopius, *On Buildings*, Vol. III, trans. H. B. Dewing and G. Downey, London: Harvard University Press, 1940, pp. 182 – 183.

查士丁尼出台了一系列改革措施，废除了亚美尼亚贵族的各种特权。

第一次波斯战争于532年结束，但这并没有给亚美尼亚的政治地位带来任何变化。528年，君士坦丁堡政府废除了纳哈拉人的武装特权，权力移交给行省总督。最终，纳哈拉的传统继承权与帝国惯例相一致。536年，西亚美尼亚领土被划分成四个亚美尼亚行省。值得注意的是，“亚美尼亚”一词的使用本身就说明了亚美尼亚人的民族存在感，而这种存在感在以后的历史中还会持续增强。查士丁尼改革之后，当局不鼓励官员说亚美尼亚语，也不鼓励他们效忠亚美尼亚教会。随着时间的推移，部分亚美尼亚人只能融入拜占庭的封建制度中，失去民族特性。

除政治因素外，宗教是连接亚美尼亚和拜占庭关系的重要纽带。亚美尼亚将基督教定为国教后，建立了有组织的教会，故在情感上接近奉东正教为正统的拜占庭帝国。然而，两者在教义问题上存在分歧。乔纳森·谢泼德分析了亚美尼亚教会与帝国教会、波斯教会、格鲁吉亚教会之间的三封信函。[①] 信的内容反映了亚美尼亚教会对希腊正教会的态度以及亚美尼亚人的早期神学立场。第一封信是（梅利泰内的）主教阿卡丘斯[②]在431年写给亚美尼亚教会领袖萨哈克的。5世纪初，梅斯罗布派遣留学生到罗马学习希腊语，阿卡丘斯在梅利泰内接见了这些留学生。当他从学生口中得知亚美尼亚人正潜心研究（摩普绥提亚的）西奥多[③]的作品时，非常惊恐，因为后者主张基督有两种本性：神性和人性，而基督的二元论刚被以弗所公会拒绝。亚美尼亚人对西奥多的兴趣并不令人惊讶，因为以西奥多为代表的传统教义在彼时的基督教文化中心埃德萨非常盛行。萨哈克以亚美尼亚教会领袖的身份签署了寄给阿卡丘斯的信，

① Jonathan Shepard, ed., *The Cambridge History of the Byzantine Empire c.* 500 - 1492, pp. 164 - 165.

② 梅利泰内的阿卡丘斯（Acathius of Melitene，约384—439年）是亚历山大西里尔的忠实追随者和以弗所公会上聂斯脱利派的坚决反对者。

③ 摩普绥提亚的西奥多（Theodore of Mopsuestia，约350—428年），392—428年摩普绥提亚的主教，亦称安条克的西奥多。他是安条克注释学派的杰出代表。

他的答复彬彬有礼，但很谨慎，否认亚美尼亚人参与任何异端邪说，但没有具体说明何种异端邪说。当阿卡丘斯听说聂斯脱利派在亚美尼亚很有影响力时，他随即向亚美尼亚世俗当局发出了第二封信，但没有得到任何回应。①

第三封信是君士坦丁堡牧首普罗克洛斯（434—446 年在职）写给亚美尼亚主教的，它的影响最为深远。这封信是应亚美尼亚主教耶兹尼克·科赫巴茨的请求写的——他在翻译希腊文本时向牧首寻求道成肉身的权威解释。普罗克洛斯在信中详细说明了这一事项，亚美尼亚的答复由萨哈克和梅斯罗布签署。他们在定义了自己的信仰之后，向君士坦丁堡牧首保证：亚美尼亚教会没有传播西奥多的邪说。普罗克洛斯的信成为亚美尼亚正统教派的基石，对以弗所公会的早期强调给亚美尼亚教会产生了深刻影响。因此，亚美尼亚神学家的呐喊是以弗所公会而非 20 年后召开的迦克墩公会。②

451 年，基督教第四次普世大公会议在博斯普鲁斯海峡边举行。这次宗教会议非但没有达成令各方都满意的神学定义，反而造成了拜占庭教会和亚美尼亚教会之间的裂痕。482 年，拜占庭皇帝芝诺颁布《联合诏令》，试图调和《迦克墩信经》的支持者与一性论之间的分歧，然而却更加剧了基督教派之间的纷争。③ 尽管如此，《联合诏令》成了亚美尼亚教义的正统，亚美尼亚人甚至视皇帝芝诺是“受过宣福的皇帝”。第一次德温宗教会议确认了基督的一性论，④第二次德温宗教会议又进行了重申。从此，亚美尼亚教会完全脱离了罗马教会的二性论。

在 591 年的瓜分中，拜占庭得到了赫拉兹丹河和阿扎特河以西的亚美尼亚。为消除亚美尼亚人潜在的威胁，皇帝莫里斯将大量亚

① Jonathan Shepard, ed., *The Cambridge History of the Byzantine Empire c.* 500 – 1492, p. 165.

② Jonathan Shepard, ed., *The Cambridge History of the Byzantine Empire c.* 500 – 1492, p. 165.

③ 由于埃及、巴勒斯坦、叙利亚的穆斯林聚居区经常受到波斯萨珊的攻击，因此，拜占庭芝诺皇帝希望通过这一行动安抚那里的基督徒。

④ Yevgenya Ghalumyan, et al., *History of Medieval Armenia*, p. 40.

美尼亚人驱赶到巴尔干半岛，以充实边防。然而，将亚美尼亚人纳入希腊正统才是莫里斯最为重要的策略。在君士坦丁堡召开的一次宗教会议上，一些亚美尼亚主教出席了会议，意味着亚美尼亚人将要接受《迦克墩信经》。593 年，亚美尼亚教会中的亲拜占庭派在塞奥多西奥波利斯召开宗教会议，宣布接受迦克墩决议，并选举（巴格兰的）约翰三世（592—610 年在职）[①] 为迦克墩亚美尼亚教区大主教。[②] 伊比利亚大公也宣布接受迦克墩决议，接受了牧首格雷戈里一世（590—604 年在职）的圣餐仪式。然而，德温大公摩西二世明确回击了拜占庭同化亚美尼亚人的作法。他的声明保存在一份罕见的亲迦克墩教派的亚美尼亚文件中，他说："我不会越过阿扎特河；我不吃炉烤的饼，也不喝温水。"[③] 在摩西二世眼中，阿扎特河不仅是一条地理界河，也是一条精神界河。另外两项评论提到了礼拜仪式的不同作法：亚美尼亚人使用无酵面包，不把温水与酒混合。[④] 在神学家的书面记录中，教义问题虽格外突出，但仪式的差异才是两个教会疏远的最重要的原因。

尽管亚美尼亚教会内部呈现出分裂的趋势，但每当拜占庭军队撤出亚美尼亚时，教会的统一就奇迹般地恢复了，这种模式在亚美尼亚历史上不断重演，然而，希腊正教会和亚美尼亚教会的统一从未实现。[⑤]

莫里斯时代是亚美尼亚历史上的和平时代，这一描述来自一个

---

① 巴格兰的约翰（John of Bagaran），又称巴格兰的约夫汉内斯（Yovhannes）或霍夫汉内斯（Hovhannes）。巴格兰是亚美尼亚阿尔马维尔省的一个村庄。在定基督教为国教前，它曾是亚美尼亚人的宗教中心。中世纪，它是亚美尼亚王国都城之一。1394 年被帖木儿摧毁。

② John Meyendorff, *Imperial Unity and Christian Divisions*: *The Church* 450 – 680 *A. D.* (The Church in History 2), Crestwood, NY: St. Vladimir's Seminary Press, 1989, pp. 108 – 109, 284, 343.

③ Jonathan Shepard, ed., *The Cambridge History of the Byzantine Empire c.* 500 – 1492, p. 170.

④ Jonathan Shepard, ed., *The Cambridge History of the Byzantine Empire c.* 500 – 1492, p. 170.

⑤ Jonathan Shepard, ed., *The Cambridge History of the Byzantine Empire c.* 500 – 1492, p. 170.

被称作“伪沙普尔”的故事集。故事说，莫里斯召见住在亚美尼亚的父亲大卫时，大卫说：“我不能来。比起罗马帝国，我更喜欢我的小花园。”[①] 然后，大卫当着信使的面把花园里最大的甜菜根头砍掉，向信使们指出莫里斯应该如何对待他的权贵们。[②] 在莫里斯的父亲看来，最大的甜菜根头无疑是纳哈拉人，砍掉它意味着要消除亚美尼亚贵族的威胁。

总体而言，亚美尼亚人与拜占庭和波斯人的关系都比较紧张，与北方邻国的关系也逐渐疏远。例如，当格鲁吉亚人坚决信奉东正教并排斥亚美尼亚人的一性论时，双方决裂。[③] 又如，在第三次德温宗教会议上，亚美尼亚人驱逐了格鲁吉亚人。尽管如此，两国人民之间存在着广泛的血缘关系，交流密切。另外，在亚美尼亚北部的陶—卡拉杰季地区，[④] 有很多信奉《迦克墩信经》的亚美尼亚人，两国人民在那里混居在一起。

莫里斯政府的倒台给萨珊帝国提供了收复亚美尼亚领土的机会。然而，希拉克略的统治将见证波斯人的失败和中东新势力的崛起。7 世纪初，亚美尼亚文明的基石已经形成，亚美尼亚教会从拜占庭教会分裂出去，但不得不在东西方之间探索自己的发展之路。

第三节 三次德温宗教会议与宗教生活的规范

451 年，第四次基督教大公会议在迦克墩举行。会议宣布，基

---

① N. Adontz, “Les Légendes de Maurice et de Constantin V, empereurs de Byzance”, *Annuaire de l' institut de Philologie et d' Histoire Orientates*, 2, Brussels, 1934, pp. 1 – 12. 阿登茨在文章中试图证明莫里斯的父亲是亚美尼亚人。

② N. Adontz, “Les Légendes de Maurice et de Constantin V, empereurs de Byzance”, *Annuaire de l' institut de Philologie et d' Histoire Orientates*, 2, Brussels, 1934, pp. 1 – 12.

③ Jonathan Shepard, ed. , *The Cambridge History of the Byzantine Empire c.* 500 – 1492, p. 171.

④ 陶—卡拉杰季（Tao-Klarjeti）是古代中世纪格鲁吉亚的一个省，现在是土耳其阿尔特温省的一部分，介于历史上的亚美尼亚和格鲁吉亚之间。陶是格鲁吉亚的一个历史地区，在今土耳其安纳托利亚东部地区。这个名字来源于该地区的原始格鲁吉亚居民——陶契（Taochi）。

督的两种本性既不像聂斯脱利派所宣称的那样分裂，也不像优迪克所主张的那样混乱。由于亚美尼亚人正忙于同波斯人作战，没有派代表出席公会。与波斯人的战事结束后，亚美尼亚教会才召开主教会议回应迦克墩公会的决议。

第一次德温宗教会议由大主教巴伯肯一世（490—516 年在职）主持，20 名主教和 14 名纳哈拉人出席。[①] 10 世纪亚美尼亚历史学家乌卡坦尼斯[②]说，他们签署了一份《统一协议》，“至今仍以文字形式存在”[③]。亚美尼亚和格鲁吉亚教会一致拒绝《迦克墩信经》，拒绝宣读“利奥大卷”，并阐述了他们对基督的两种本性的认识——神性和人性在信仰上是统一的。《统一协议》是亚美尼亚最古老的教会文件之一。

第二次德温宗教会议于 554 年召开，由巴格烈万德的纳西斯二世[④]主持。会议声明谴责了聂斯脱利派，再次驳斥了迦克墩公会的决定，重申了一性论。此外，大会为规范教会生活通过了 87 条教规，确认了亚美尼亚教会的民族特性，决定将公元 551 年定为亚美尼亚历的元年，亚美尼亚字母取代阿拉伯数字。由于中世纪亚美尼亚历史学家把 551 年确定为亚美尼亚元年，因此，为了得到亚美尼亚历史学家所说的准确日期，需要在给出的日期另加上 551 年。[⑤]

---

① Vasken Hakobyan, ed., *The Book of Cannon Law*, p. 25.

② 塞巴斯蒂亚的乌卡坦尼斯（Ukhtanes of Sebastia，约 935—1000）是 10 世纪亚美尼亚著名历史学家和高级教士。早年，他师从纳雷克修道院（Monastery of Narek）的创始人阿纳尼亚（Anania），著有《亚美尼亚先祖和国王的历史》《格鲁吉亚人和亚美尼亚人的断交史》《查德人的洗礼史》。查德人（Tzad）是一个基督教团体，可能起源于亚美尼亚。他们都是亚美尼亚使徒教会的成员，后改信伊比利亚高加索东正教，信奉《迦克墩信经》。相关观点，可参见 Agop J. Hacikyan, et al. , *Heritage of Armenian Literature*, *Vol.* 1: *From the Oral Tradition to Golden Age*, pp. 250 - 252。

③ Vasken Hakobyan, ed. , *The Book of Cannon Law*, p. 25.

④ 巴格烈万德的纳西斯二世（Nersess II of Bagrevand，548—557 年在职）为全亚美尼亚大主教。巴格烈万是亚美尼亚的一个历史地区，它最初由马米科尼扬家族统治，后转到巴格拉图尼家族手中。

⑤ 古亚美尼亚历以 365 天为一年，这与太阳年和儒略历之间的对应关系随着时间的推移渐行渐远。亚美尼亚年元年始于儒略历 552 年 7 月 11 日，其日期的解析包括基督教的星期名、日名、月名、年号、月号，以及 552 年以后的宗教节日。亚美尼亚历法分为 12 个月，每个月 30 天，另外再加上“多余的”（aweleac‘）5 天。

第二次德温宗教会议是迫于拜占庭皇帝查士丁尼的压力召开的，当时查士丁尼支持亚美尼亚贵族向迦克墩公会所确定的基督论转变，并给予改宗的贵族高官厚禄。在这次会议上，亚美尼亚教会打算彻底脱离君士坦丁堡。① 第三次德温宗教会议于604年召开，制定了如下7条教规：

(1) 主教如在不知情或在压力下偏离真道，可在公开和书面批驳其错误后，再获接纳；

(2) 自愿背离真道的主教，可由当时的牧师对自己的错误进行忏悔和批判之后接受他的回归。然而，他的最终回归取决于大主教和主教们的决定；

(3) 第二次偏离真道的主教在他的案件提交主教学院之前必须忏悔、赎罪；

(4) 希望加入亚美尼亚教会的主教和牧师可以被接纳为非信徒；

(5) 任何希望返回亚美尼亚教会的牧师只能通过他的主教实现；

(6) 遵守教规的牧师将受到祝福；

(7) 凡违反教会教规者，一律逐出。②

第三次德温宗教会议通过的教规表明，神职人员“偏离真道”的现象已经非常严重，甚至到了不得不制定教规加以约束的地步。然而，从这次会议开始，亚美尼亚教宗空缺，直到607年选出亚伯拉罕一世时为止。

在阿拉伯人到来之前，亚美尼亚大主教埃兹尔（630—641年在职）应拜占庭皇帝希拉克略的要求召开了一次宗教会议（633）。出席这次会议的人数非常有限。拜占庭方面提出了一志论——基督除具有人性外还有“一种意志”，即“神的意志”是

① Vasken Hakobyan, ed., *The Book of Cannon Law*, p. 26.

② Vasken Hakobyan, ed., *The Book of Cannon Law*, pp. 26 - 27.

唯一的。亚美尼亚人被迫接受这一说法。埃兹尔死后不久，他们又恢复了自己的立场。[1]

三次德温宗教会议是在拜占庭和萨珊激烈斗争的历史背景下召开的。起初，萨珊王朝支持聂斯托利派，以削弱亚美尼亚教会的影响，但亚美尼亚教会始终没有屈服。在整个纳哈拉封建制度体系中，教会是重要的一环，具有完全的独立性，这是萨珊帝国竭力削弱亚美尼亚教会的一个重要原因。萨珊君主有时也会利用亚美尼亚教会和东正教会之间的分歧，默认亚美尼亚教会的宗教活动。无论如何，三次德温宗教会议巩固了亚美尼亚文明的基督教属性。

第四节　亚美尼亚民族史学的肇始：莫夫谢斯·科列那茨

历史书写承载了一个民族和国家的记忆。如果一个国家和民族不注重自己的历史书写，那么它的文明肯定是不完整的。纵观人类文明史，真正注重历史书写的民族或国家其实不多。

史学在亚美尼亚文学中具有重要地位，它不仅塑造了亚美尼亚后代如何看待本民族历史的方式，而且为人类文明史留下了一笔宝贵的财富。在亚美尼亚人的经典作品中，像莫夫谢斯·科列那茨的《亚美尼亚史》影响深远。莫夫谢斯之于亚美尼亚，如司马迁之于中国、希罗多德之于西方，被誉为亚美尼亚人的“史学之父”。

莫夫谢斯的《亚美尼亚史》是亚美尼亚古老文学遗产的化身，保存了很多前基督教时代亚美尼亚人的历史。鉴于此，他在亚美尼亚历史上的卓越地位无与伦比。莫夫谢斯将希腊、亚述、希伯来语文本与口头传统和民间故事融为一体，并将其植入圣经传统中，形成了亚美尼亚特色的历史构建方式。然而，作者在文本中

---

① Vasken Hakobyan, ed., *The Book of Cannon Law*, p. 27.

加入了一些自己的修饰，给现代历史学家带来一定的困惑——从传说中分离出真相。尽管如此，莫夫谢斯作为第一个用亚美尼亚语撰写亚美尼亚通史的学者，非常值得称道。现代历史学家罗伯特·汤姆森说："它的基本目的是给子孙后代留下一份描述伟人事迹的可靠记录。"①

莫夫谢斯本人的经历恰当地反映了亚美尼亚人对民族历史书写的重视。410 年，他出生在塔伦省的一个乡村里，最初在休尼克省接受教育，后又转学到梅斯罗布和大主教圣萨哈克兴办的学校学习。② 出于翻译《圣经》的需要，莫夫谢斯成为第一批被派往海外的留学生之一。这些学生于 432—435 年间相继到埃德萨、耶路撒冷和亚历山大学习。在亚历山大学习 5—6 年后，莫夫谢斯返回亚美尼亚，当时梅斯罗普和大主教萨哈克已经去世。莫夫谢斯在他的著作中表达了对两人的缅怀："哦，逝者已矣！啊，多么悲痛的历史！我怎能忍受这些痛苦呢？我怎能心灵坚强，用语言报答我的父（梅斯罗普和萨哈克），使我得生、得养。在他们的教育下，我得以再生，他们把我送去与别人一起成长。当他们希望以我博学精通的知识让我们重返荣耀时……我未能及时赶到这里来见他们，也没能给他们合上双眼，听他们最后的遗言并祝福他们。"③

然而，返回国内的留学生却不得不面对复杂的政治氛围：不仅遭到亚美尼亚人的蔑视，甚至被视为敌对分子。虽然亚美尼亚历史学家将此归咎于民众的无知，但萨珊波斯的意识形态和政策才是主要因素，因为统治者"无法容忍刚从希腊学习中心毕业并受过高等

---

① Robert Thomson, "Armenian Literary Culture Through the Eleventh Century", in Richard G. Hovannisian, ed., *The Armenian People from Ancient to Modern Times, Volume I: The Dynastic Periods: From Antiquity to the Fourteenth Century*, p. 216.

② 也有学者认为莫夫谢斯出生在亚美尼亚休尼克省的科雷纳村（Khorena）。相关观点，可参见 Stepan Malkhasyants, "Introduction", in Gagik Kh. Sargsyan, ed., *Movses Khorenatsi's*, ՀայոցՊատմություն, ԵԴար, Yerevan: Hayastan Publishing, 1997, p. 7. 莫夫谢斯的亚美尼亚语名称是Մովսես Խորենացի，拼做 Movsēs Xorenac ‘i。

③ Movses Khorenatsi, *History of Armenians*, trans. Robert W. Thomson, pp. 351 – 352.

教育的年轻学者”[1]。在这种政治氛围下，莫夫谢斯躲进了瓦加尔沙帕特附近的一个村庄，在那里隐居了几十年。

一个偶然的机会，大主教古特（461—471 年在职）旅行到该地，遇到了莫夫谢斯并与其共进晚餐，但大主教不知道他的真实身份。起初，莫夫谢斯默不作声，在大主教门生的鼓励下，莫夫谢斯发表了精彩的演讲。大主教被莫夫谢斯的才华和雄辩能力吸引，发现他正是自己寻找的可造之材。事实上，古特是莫夫谢斯的同学。[2]

巴格拉图尼家族的萨哈克听说莫夫谢斯博学多识后，邀请他写一部关于亚美尼亚民族历史的著作。[3] 莫夫谢斯答应了萨哈克的请求，开始撰写自创世纪以来的亚美尼亚史。他在开篇“致萨哈克·巴格拉图尼的问候”中如是说：“通过你那难能可贵的请求，我已经意识到你身上源源不断地洋溢着神圣的恩宠及对知识的精神追求，我已经在你的面前认识到你的灵魂。我对你的要求很感兴趣，尤其是对我的职业。所以我不但要赞美你，也要为你祈求，让你这样的人流芳百世。”[4] 在这儿，莫夫谢斯暗示萨哈克是亚美尼亚历史上第一个赞助撰写亚美尼亚史的人。接着，他又解释撰写历史的原因：“虽然我们是一个小国，人口有限，力量薄弱，经常受别人的统治，但在我们的土地上发生了许多英勇的事迹，值得用文字记录下来；然而，没有一个人把它们写下来。”[5]

从内容来说，莫夫谢斯的“历史”构建了一个从史前神话至他那个时代的亚美尼亚通史。18 世纪以前，他的“历史”有着教科书般的地位，是亚美尼亚人学习历史的必读之物。由于资料有限，莫夫谢斯把民间口述史融入他的作品中，比如哈依克与贝尔作战的故

---

① Agop J. Hacikyan, et al., *Heritage of Armenian Literature*, *Vol.* 1: *From the Oral Tradition to Golden Age*, p. 307.

② Stepan Malkhasyants, *Խորենացու առեղծված շուրջը* (About the Enigma of Khorenatsi), Yerevan: Armfan Publishing, 1940, p. 15.

③ Stepan Malkhasyants, *Խորենացու առեղծված շուրջը* (About the Enigma of Khorenatsi), p. 16.

④ Movses Khorenatsi, *History of Armenians*, trans. Robert W. Thomson, p. 65.

⑤ Movses Khorenatsi, *History of Armenians*, trans. Robert W. Thomson, p. 69.

事。值得注意的是，莫夫谢斯讲述了马米科尼扬家族的来源，并认为，这个家族来自中国。除《亚美尼亚史》外，他的其他作品还有《给圣玛利亚的信》《论基督的变形》《希普西姆和她的同伴》《亚美尼亚教堂礼拜赞美诗》《亚美尼亚语法学评论》《亚美尼亚教会职务说明》等。[①]

总而言之，莫夫谢斯的“历史”是首部亚美尼亚语史学著作，亚美尼亚人为此赋予了它太多的民族自豪感。在此之前，亚美尼亚语作品不存在。基督教、亚美尼亚字母和莫夫谢斯的《历史》共同构成了中世纪早期亚美尼亚文明的因子。[②]

尽管一些学者对莫夫谢斯的写作时间和史料来源颇有争议，[③]

---

① Gagik Kh. Sargsyan, ed., *Մովսես Խորենացի* (Movses Khorenatsi), Soviet Armenian Encyclopedia, Vol. 8, Yerevan: Armenian Academy of Sciences, 1982, pp. 40 – 41.

② Armen Khachikyan, *History of Armenia: A Brief Review*, pp. 132 – 136; James R. Russell, “EZNIK OF KOŁB”, *Encyclopædia Iranica*, Vol. IX, Fasc. 2, pp. 129 – 130.

③ 19世纪，史学界出现了重新审视古典资料的潮流，莫夫谢斯的《历史》同样受到了质疑。阿尔弗雷德·冯·古希米德的结论开启了对莫夫谢斯作品“吹毛求疵的阶段”。相关观点，可参见 Jean-Pierre Mahé's review of Aram Topchyan's *The Problem of the Greek Sources of Movsēs Xorenac'i's History of Armenia*, *Revue des Études Arméniennes*, No. 30, 2005 – 2007, p. 505; Giusto Traina, “Moïse de Khorène et l'Empire sassanide”, in Rika Gyselen, ed., *Des Indo-Grecs aux Sassanides: Données pour l'histoire et la géographie historique*, Leuven: Peeters Publishers, 2007, p. 158。受此影响，许多欧洲和亚美尼亚学者在19世纪末20世纪初著史时，降低了莫夫谢斯的史料价值和地位，并认为他的《历史》完成于公元7—9世纪的某个时候。相关观点，可参见 Aram Topchyan, *The Problem of the Greek Sources of Movsēs Xorenac'i's History of Armenia*, Leuven: Peeters Publishers, 2006, pp. 5 – 14, notes 21 – 22, 31 – 33。亚美尼亚语言学家、古典亚美尼亚文学家斯捷潘·马科希扬茨将19世纪末至20世纪初的这种早期批判比作一场“竞赛”，并声称：“每个学者试图对莫夫谢斯的批判超过另一个学者。”相关观点，可参见 Stepan Malkhasyants, *Խորենացու առեղծված շուրջը*, pp. 2 – 5。孔尼白、马努克·阿贝江和斯捷潘·马科希扬茨等学者拒绝接受上述学派的结论，理由是这一时期的民族志和考古学研究证实了莫夫谢斯作品中发现的一些信息，因此他们支持莫夫谢斯的著述时间为5世纪。相关观点，可参见 Hacikyan, et al, *Heritage of Armenian Literature*, *Vol. 1: From the Oral Tradition to Golden Age*, pp. 305 – 306。20世纪下半叶，对莫夫谢斯持作品的争议再次出现，例如前哈佛大学亚美尼亚研究系主任罗伯特·汤姆森认为，莫夫谢斯的《历史》包含各种时代错误，说：“他是一流的表演者。他引用二手资料，就像读过原文一样；他创造档案，使书面文字和口头传统与自己的臆想相符；他以完全虚构的方式改写亚美尼亚历史。”“莫夫谢斯是一个大胆的、虚伪的骗子。”相关观点，可参见 Movses Khorenatsi, *History of the Armenians (5th – 8th century)*, translation and commentary by Robert Thomson, pp. 56 – 58. 然而，他对莫夫谢斯作品的评价受到了其他亚

但他的确给亚美尼亚人提供了一种可以追溯到2000多年前的历史归属感。无论如何，莫夫谢斯是第一个完整地从“创世”写到“现在”的全部亚美尼亚历史的第一人。[1]因此，对亚美尼亚族来说，对莫夫谢斯的学术争议已经不重要了，重要的是它给亚美尼亚人带来历史久远的自豪感。莫夫谢斯在题为“我们祖国历史之总结”中如是说：

> 这里没有对我们国家古代史的研究，由于时间所限，也不能调研所有希腊人的资料。同样，我们也没有（西西里的）狄

美尼亚学者的一致批评。相关观点，可参见 Armen Aivazian，Հայաստանի պատմության լուսաբանումը ամերիկյան պատմագրության մեջ（*The History of Armenia as Presented in American Historiography*），Yerevan：Artagers Press，1998，pp. 122ff。大英图书馆基督教中东部馆长弗瑞吉·内尔塞西扬对汤姆森的许多观点提出了异议，他说：“如果是这样的话，我们该如何解释莫夫谢斯完全专注于440年以前的事件，而对640—642年间阿拉伯人占领亚美尼亚事件沉默了？此外，如果《历史》的目的是‘提高巴格拉图尼家族的声誉’，那么这些事件应该是他的《历史》的核心主题；巧妙的处理会使巴格拉提尼家族出类拔萃……教会的利益并不指向8世纪。当宣布放弃塞奥多西波利斯会议制定的教会统一时，451年到641年间没有看到亚美尼亚人卷入《迦克墩信经》争论的任何回音。”相关观点，可参见 Vrej Nersessian，“Review of History of the Armenians”，*Journal of Ecclesiastical History*，Vol. 30，No. 4，1979（October），pp. 479－480。亚美尼亚古典文学学者、著名的莫夫谢斯传记研究者加吉克·萨尔格相也批评汤姆森不合时宜地过度批评和顽固地重述19世纪末20世纪初学者们曾经提出的观点。他指出，汤姆森忽略了这样一个事实：“与现代科学理伦规则不同，古代或中世纪的作家有自己的史料来源准则。”相关观点，可参见 Gagik Kh. Sargsyan，*The “History of Armenia” by Movses Khorenatzi*，trans. Gourgen A. Gevorkian，Yerevan：Yerevan University Press，1991，pp. 58－59，76。汤姆森对莫夫谢斯《历史》抄袭嫌疑的指控，还遭到了其他学者的反驳。他们认为，汤姆森是在用20世纪的史学标准来对待一位中世纪作家，并指出许多古典历史学家——无论是希腊的还是罗马的，都从事着同样的史学实践。耶路撒冷希伯来大学亚美尼亚研究中心研究员阿兰姆·托普强也同意这一观点，并指出，汤姆森指责莫夫谢斯没有说明资料来源的说法很荒谬，因为这是所有古典历史学家的普遍作法。相关观点，可参见 Vrej Nersessian，“Review of History of the Armenians”，*Journal of Ecclesiastical History*，pp. 479－480；Gagik Kh. Sargsyan，*The “History of Armenia” by Movses Khorenatzi*，p. 80；Aram Topchyan，*The Problem of the Greek Sources of Movsēs Xorenac‘i's History of Armenia*，pp. 33－35。

① Razmik Panossian，*The Armenians：From Kings and Priests to Merchants and Commissars*，p. 50.

奥多罗斯的作品，哪怕只要浏览一眼，我们就可以讨论每一件事，而不会忘记任何重要而又意义的、值得我们记录和陈述的事情。但就我们的能力和记录所需而言，我们已对从亚历山大大帝到圣梯利达特之死期间的历史事件都做了忠实的记述，这些都是很早很早以前的事。所以不要责难或责怪我们，看哪，我们要将这世代所经历的事，毫无错误地告诉你们……我用简单的语言来处理这段历史，这样就没有人因为它的修辞而被吸引，相反，如果人们希望我的叙述是真实的，他们就会认真而热切地阅读我们祖国的历史。①

对莫夫谢斯创作持强烈批判观点的罗伯特·汤姆森也承认莫夫谢斯的历史是对亚美尼亚传统的特殊贡献。简言之，莫夫谢斯为亚美尼亚历史书写传统奠定了基础，并对19世纪亚美尼亚民族主义的形成具有重要意义。亚美尼亚知识分子把他的“历史”看作权威的史料来源——首先证明他的观点，然后进一步提高民族意识。②

莫夫谢斯还是亚美尼亚民族起源故事的奠基者。众所周知，每个民族都喜欢在神话故事中寻找本民族的起源。莫夫谢斯的历史构建亦是如此——哈依克和贝尔的神话故事。当然，这个故事并非单纯的臆想或直接挪用别人的，而是基于亚美尼亚民族的口头传说。就大众认知而言，这个故事在现代民族主义思维中与客观真实一样。莫夫谢斯声称，亚美尼亚人是诺亚的直系后裔，先祖哈依克就来自这一血统。在所有的亚美尼亚作家笔下，哈依克是个正直的人，反对贝尔的独裁统治。哈依克及其追随者从巴比伦回到了方舟之地，贝尔一路追杀，在随后的战斗中，正义战胜了邪恶，贝尔被哈依克之箭射死。亚美尼亚民族之根就这样在亚拉腊山周围扎下了根。这个故事，如今已走进世界各地的亚美尼亚人的小学课堂，教授给所有

① Movses Khorenatsi, *History of Armenians*, trans. Robert W. Thomson, pp. 254 – 255.

② Razmik Panossian, *The Armenians: From Kings and Priests to Merchants and Commissars*, p. 51.

的小学生。[1] 因而，哈依克和贝尔的故事有许多象征成分：首先，它使亚美尼亚成为人类文明的摇篮；其次，它将亚美尼亚与圣经中人类发展的叙述联系起来；第三，它注入了反暴政和压迫的反抗精神；第四，它把自由、独立和正义置于国家起源的中心。最后，它使亚拉腊山成为亚美尼亚家园的象征，并理所当然地认为亚拉腊山（平原）是亚美尼亚人的永久家园。[2] 总之，在亚美尼亚民族意识中，哈依克的故事具有强烈的象征意义，并被亚美尼亚民族主义者经常引用为自我民族认同和小国人民反抗帝国暴政的范例。

当然，除莫夫谢斯外，5 世纪还涌现出了许多优秀作家，比如浮士德的《亚美尼亚史》、阿伽桑格罗斯的《亚美尼亚史》、柯云的《马什托茨生平》、耶吉舍的《瓦尔丹和亚美尼亚战争史》、加扎尔·帕佩茨的《亚美尼亚史》、耶兹尼克·科赫巴茨的《论上帝》以及“无敌大卫”的《哲学的定义》《亚里士多德释注》《前沿的智慧》，等等。

值得注意的是，前基督教时代的亚美尼亚文学作品都已不复存在（或没有）。假如“历史”指的是书写的历史，那么外来势力对它的蹂躏以及亚美尼亚族信仰的改变（皈依基督教），都给早期亚美尼亚文学作品造成了不可挽回的损失。在专制社会中，以公民为基础的教育概念不复存在，因为宗法制社会管理倾向于使法律成为习惯。然而，商业和行政管理需要书写，有证据表明前基督教时代亚美尼亚仅仅存在一些必要的书写技能。乌拉尔图人在亚美尼亚高地上留下了大量楔形文字，那时的亚美尼亚官员肯定知道如何阅读和书写它们。阿尔塔什斯一世统治时期，亚美尼亚人用阿拉米文标记财产。国际贸易的发展带来了字母文字。例如，商业词汇中叙利亚语的使用，表明亚美尼亚人与邻近地区有着广泛的交流。到了 5 世纪早期，在特意延续亚美尼亚民族意识的支配下，他们停止使用

---

① Razmik Panossian, *The Armenians: From Kings and Priests to Merchants and Commissars*, p. 51.

② Razmik Panossian, *The Armenians: From Kings and Priests to Merchants and Commissars*, p. 51.

借来的语言和文字系统。种种事实表明，亚美尼亚民族有着强烈的认同欲。

在史学领域，亚美尼亚学者发展出了一种极为复杂的史学美感。在被伊斯兰教统治之前，上文提及的亚美尼亚学者对东地中海盆地的历史记载几乎与地中海文明圈中的其他历史学家的记录同步。例如，浮士德的历史能从阿米安·马塞林的作品中得到印证；莫夫谢斯的历史内容也见于同时代其他罗马学者的作品。由于穆斯林阿拉伯人的入侵，这种同步在某种程度上失效了。然而，亚美尼亚人依据自身文化实践从事文学创作的习惯却一直没有中断。历史作品是最有修养的文学作品，中世纪史家大多叙事一些引人注目的事件，比如热衷于记录封建王朝的统治、帝国的冲突和精英的雄才大略，这在某种程度上塑造了亚美尼亚文化的轮廓和内容。

由于历史的原因，亚美尼亚人的叙事包含了更多的民族主义色彩。这既是对自我文明有意识的构建，也是对民族文化的精心呵护。自亚美尼亚字母发明后，民族的、国家的意识就立刻融入他们的历史作品中。例如，耶吉舍强调为真理和基督而战，并反复强调保护民族文化的必要性，他说："个人救赎虽为重要，但这并不是唯一的激励因素，因为国家的生存是必不可少的。"① 在讴歌瓦汗·马米科尼扬史诗般的英勇时，加扎尔同样表达了对国家和民族的关切。

---

① Eghishē, *History of Vardan and the Armenian War*, trans. Robert Thomson, pp. 105 – 130, 153 – 173.

第七章　阿拉伯人的入侵与统治：654—884年

公元7世纪，阿拉伯半岛上出现了一位影响人类文明进程的重要人物——麦加人穆罕默德。他创立的伊斯兰教改变了中世纪人类文明的格局。“伊斯兰”一词的原意为“顺从”或“和平”，信奉伊斯兰教的人统称为“穆斯林”。从宗教角度来说，亚欧大陆的人类文明至此大体可分为佛教文化圈、印度教文化圈、犹太教文化圈、基督教文化圈和伊斯兰教文化圈。在人类文明史上，这几大文化圈互相借鉴和碰撞，共同描绘了人类文明前进的宏伟画卷。

当先知穆罕默德于632年去世时，伊斯兰教已经在战场上取得了一系列令人瞩目的成就。哈里发的军队迅速征服了阿拉伯半岛。639年，他们从阿拉伯半岛鱼贯而出，进入埃及；43年后，到达了大西洋海岸；711年占领了西班牙。在不到一百年的时间里，阿拉伯人征服了整个北非，在地中海世界确立了一个新的社会秩序。阿拉伯人的征服，比以前任何侵略者所取得的成就更彻底，给人类文明带来的变化和影响是永久的和深刻的。

在阿拉伯人扩张期间，穆斯林几乎征服了整个近东，亚美尼亚也在他们征服名单中。阿拉伯人在亚美尼亚的统治持续了大约两个半世纪：640—884年。阿拉伯人统治下的亚美尼亚称为“阿美尼亚”或亚美尼亚酋长国，行政疆域包括大亚美尼亚、高加索伊比利亚和阿尔巴尼亚。[1] 哈里发最初允许一位亚美尼亚亲王代表哈里发统治，倭马亚王朝哈里发阿卜杜勒·马里克（685—705年在位）统治时期，阿拉伯人在该地区建立了以总督[2]为首的直接统治，都城设在德温。

自阿沙库尼王朝灭亡后的两个多世纪里，大亚美尼亚一直是波斯人统治下的一个半自治政治实体。亚美尼亚人和波斯人之间的关系虽然影影绰绰，甚至兵戎相见，但亚美尼亚社会结构和文化模式没有受到多大影响。拜占庭统治下的亚美尼亚亦是如此。因此，被罗马和波斯两次瓜分后的亚美尼亚文明并没有消失。然而，对信奉基督教的亚美尼亚人来说，伊斯兰文明是一个全新的异教文明，对基督教亚美尼亚文化具有极大的挑战性。尽管如此，在整个西亚几乎完全伊斯兰化的背景下，亚美尼亚人成功避免了穆斯林化的命运。然而，伊斯兰文明世界包围中的亚美尼亚文明，犹如一座文化孤岛，更像是博物馆中被玻璃橱窗围起来的一件古物。那么，在近东伊斯兰化的大潮中，亚美尼亚人为什么能够做到这一点呢？如前文所述，他们的语言、宗教、纳哈拉封建制度和强烈的民族独立意识，都成为这个问题的答案。然而，这些因素或那些因素并不能完全诠释这个问题，比如很多像亚美尼亚人一样拥有自己宗教和语言的文明体彻底淹没在伊斯兰化的汹涌浪潮中。因此，把环境作为身份的基础，不管它是多么复杂和奇特，无论这样或那样的因素，并不能成为文明危机或消亡的根本原因。也许，笛卡尔的"我思故我在"的思想能够解释文明的生存和成长的机理。也就是说，文明的主体首先要有自我存在和成长的意识或信心，才能够避免沦为历史长河中泛起的水花，消失在历史前进的洪流中。换句话说，亚美尼亚面对的文明环境本身并没有

---

① Arman Yeghiazaryan, "Արմինիա ոստիկանության սահմանները (Borders of the Vicegerency of Arminia)", *Պատմա‒բանասիրական հանդես* (*Patma-Banasirakan Handes*), Yerevan: Armenian Academy of Sciences, No. 1, 2005, pp. 243 - 258.

② "ostikan"是哈里发统治早期在亚美尼亚行省设置的总督称号。在现代史学中，它主要用于指包括大亚美尼亚在内的亚美尼亚省统治者，有时也称埃米尔。

问题，但当它被孤立在一个像博物馆中的玻璃橱窗中时，就变得与众不同了，并格外吸引历史学家的眼球。橱窗中的亚美尼亚文明生存的空间和时间与外层真实的空间和时间相对，并与之分离，延续到今天。外层的真实空间是伊斯兰世界，真实时间是自7世纪被阿拉伯征服后到1923年奥斯曼帝国寿终正寝的整个时段。在文明性质突变的大背景下，落在亚美尼亚人身上的历史灰尘，使他们不堪重负。

总而言之，对亚美尼亚文明来说，阿拉伯统治时期是一个非常时期。也正是在这个时期，亚美尼亚文明铸就了坚实的纹理和内涵。亚美尼亚人的政府机构、纳哈拉制度、宗教派别、文明趋势和普通个体以与伊斯兰文化相互作用的方式成熟了起来。

第一节　阿拉伯人的征服与拜占庭的态度

尽管阿拉伯资料与拜占庭、亚美尼亚资料存在某些冲突，但各种史料的记载是一致的，这使构建阿拉伯统治时期的亚美尼亚史成为可能。[①] 阿拉伯史料载，639/640年，第一支阿拉伯远征军到达了亚美尼亚，[②] 时阿拉伯将军阿卜杜勒·拉赫曼率领1.8万阿拉伯人进入塔伦和凡湖地区。[③] 这些阿拉伯战士虽然武器简陋，但勇敢无畏，并被狂热的宗教激情所鼓舞，而这种狂热在那个时代的民族中似乎从未出现过。642年1月6日，阿拉伯人对南高加索地区发起第二次远征，占领了德温，屠杀1.2万居民，掳3.5万人为奴。[④] 谢别奥斯说："他们架起梯子，上了墙，打开城门。敌军冲进城内，

---

① 早一点的作品可参见 Marius Canard and Claude Cahen, "Armīniya", in H. A. R. Gibb, eds., *The Encyclopaedia of Islam*, New Edition, Vo. I: A-B, Leiden: E. J. Brill, 1960, pp. 634 - 640。最近的作品可参见 Seta B. Dadoyan, *The Armenians in the Medieval Islamic World*, 3 Vols., New Jersey: Transaction Publishers, 2011 - 2013。

② Marius Canard and Claude Cahen, "Armīniya", in H. A. R. Gibb, eds., *The Encyclopaedia of Islam*, New Edition, Vo. I: A - B, p. 635.

③ Vahan M. Kurkjian, *A History of Armenia*, New York: Armenian General Benevolent Fund, 1958, pp. 173 - 185. 本书使用阿拉伯名的简称，以避免过于冗长，不利于阅读。

④ Sebeos, *The Armenian History Attributed to Sebeos*, p. 101.

用刀砍杀城里的居民。他们夺走了那城的财物就出来安营。”[①]

阿拉伯人的第一次军事入侵没有成功。亚美尼亚人在拉什图尼家族的西奥多的领导下把他们赶出了家园。西奥多曾是希拉克略皇帝的禁卫军首领，也是拜占庭属亚美尼亚亲王。639 年，他统一了亚美尼亚高地。[②] 644 年，一支规模更大的阿拉伯军队开进亚美尼亚，击退了拜占庭和亚美尼亚的联军。拜占庭皇帝君士坦斯二世（641—668 年在位）把失败归咎于西奥多。在各方压力下，亚美尼亚教会召开第四次德温宗教会议（645）。16 位主教出席了会议并制定了 12 条教规，其中规定：“主教在纯洁和正义中生活和服务，不能随意侵犯其他教区……要远离贪婪，不能没收修道院财产，并确保从修道院所得的财产是恰当的和合理的。”[③] 这是亚美尼亚人面对阿拉伯大规模入侵时坚定意志的表现，也是在混乱中对宗教生活的约束。此次宗教会议，纳西斯三世批准了希拉克省神学院院长改编的宗教赞美诗，奠定了亚美尼亚教会官方赞美诗体系《沙拉坎》。从此，亚美尼亚人在“沙拉坎”的歌声中顽强地维护着自己的文化，恪守着自己的民族信仰。

646 年，哈里发的将军哈比卜（617—662 年在位）发起大规模征服。[④] 他先向拜占庭控制区进军，然后再从西亚美尼亚向东迂回包抄大亚美尼亚。占领塞奥多西奥波利斯后，阿拉伯人挺进凡湖一带，进军德温。经数天围攻后，德温投降。不久，第比利斯也宣布投降。与此同时，另一支阿拉伯军队在萨尔曼（？—650）的指挥下，征服了高加索阿尔巴尼亚。根据谢别奥斯的说法，西奥多尽管多次击败阿拉伯人，但他在拜占庭与阿拉伯人达成停火协议后宣布臣服哈里发。[⑤]

---

① Sebeos, *The Armenian History Attributed to Sebeos*, p. 101.

② George A. Bournoutian, *Concise History of the Armenian People: From Ancient Times to the Present*, p. 70.

③ Vasken Hakobyan, ed., *The Book of Cannon Law*, p. 27.

④ Marius Canard and Claude Cahen, “Armīniya”, in H. A. R. Gibb, eds., *The Encyclopaedia of Islam, New Edition, Vo. I: A – B*, pp. 636 – 637.

⑤ Sebeos, *The Armenian History Attributed to Sebeos*, p. 112.

既然西奥多能够多次击退阿拉伯人的入侵，他为什么选择臣服呢？首先，这是由亚美尼亚人所面临的政治环境决定的。在阿拉伯入侵期间，拜占庭皇帝强行将亚美尼亚教会纳入希腊正统的作法给亚美尼亚人带来巨大压力。其次，萨珊帝国灭亡后亚美尼亚人失去了对抗拜占庭的资本。在649年的德温宗教会议上，亚美尼亚神职人员否决了拜占庭方面提出的建立教会联盟的提议。[①] 这意味着亚美尼亚人在未来的战争中将失去拜占庭的支持，不得不独自面对阿拉伯人的攻伐。因此，西奥多在拜占庭和阿拉伯人的双重压力下，迈出了与拜占庭帝国决裂的关键一步：臣服于阿拉伯人的统治。652年，他到大马士革与阿拉伯叙利亚总督穆阿维叶签署条约。在谢别奥斯的《历史》中，穆阿维叶对西奥多说：

> 这是我与你立的约，你要多少年就可以多少年。三年之内，我不向你索要贡物。但你们要起誓，随自己的心愿献上贡物。你要在你国中预备1.5万骑兵，从你国中提供粮草；我要把它算在国税里。我不要求你为叙利亚征召骑兵；但我命令他们无论到哪里，都要准备好执行任务。我不会派遣埃米尔，也不会派遣阿拉伯军队，甚至不会派遣一个骑兵去你的堡垒。敌人不得进入亚美尼亚；罗马人若攻击你们，我就照你们所求的，派兵支援你们。我指着至高的神起誓，我必不说谎。[②]

西奥多与穆阿维叶签订的不平等条约被基督教史学家指责为"与死亡立约，与地狱结盟"[③]，但这却是亚美尼亚人的无奈之举。

---

① George A. Bournoutian, *Concise History of the Armenian People: From Ancient Times to the Present*, p. 70.; Seta B. Dadoyan, *The Armenians in the Medieval Islamic World, Vol. I: Paradigms of Interaction Seventh to Fourteenth Centuries*, New Jersey: Transaction Publishers, 2011, p. 54.

② Sebeos, *The Armenian History Attributed to Sebeos*, p. 136.

③ Sebeos, *The Armenian History Attributed to Sebeos*, p. 136; Nina Garsoïan, "The Arab Invasions and the Rise of the Bagratuni", in Richard G. Hovannisian, ed., *The Armenian People from Ancient to Modern Times, Volume I: The Dynastic Periods: from Antiquity to the Fourteenth Century*, p. 121.

历史上，臣服一直是弱小国家的生存之道，至今未变。历史证明，当亚美尼亚面对自身无法抗衡的敌人时，为避免亡国灭种的危险，他们选择与强者为伍，以换取或多或少的自治。正因为如此，他们的文明才在各种险境中幸存了下来。西奥多与穆阿维叶达成的协议对亚美尼亚人是有利的：亚美尼亚获得了免税权（不包括宗教人头税）。短暂的和平给亚美尼亚人民带来发展的契机。例如，亚美尼亚建筑的两大杰作圣赫里普西姆教堂和兹瓦尔特诺茨大教堂都是在 7 世纪落成的。对阿拉伯人来说，与亚美尼亚人结盟也是有益的：能征善战的亚美尼亚骑兵正是阿拉伯扩张亟需的。因此，阿拉伯人最初乐于与亚美尼亚人维持这种和平。亚美尼亚人虽缴纳宗教人头税吉兹亚，但获得了宗教信仰的自由。9 世纪，阿拉伯历史学家拜拉祖里（806—892）记录了哈比卜攻打德温时与亚美尼亚贵族签订的城下之约：

> 以无限博爱、永久仁慈的安拉之名。这是哈比卜·伊本·穆萨利玛与达比尔（德温）的基督徒、拜火教徒、犹太人，包括在场的和不在的人，所立的约。我已赐给你们生命、财产、教会、礼拜场所和城池的安全。这样，你们就安全了，只要你们履行你们的约，缴纳吉兹亚，我们有责任履行我们的约。真主为证；有他作证就够了。[①]

很明显，亚美尼亚与阿拉伯人签署的条约是针对拜占庭帝国的。根据条约规定，阿拉伯人不但不会向亚美尼亚派遣统治者，而且还承诺当它受到拜占庭攻击时，出兵保护。显然，纳哈拉人欣然接受了阿拉伯人开出的条件。

亚美尼亚的投降严重威胁到拜占庭帝国的安全，皇帝君士坦斯二世十分震惊，于 653 年亲率 1 万大军，开赴亚美尼亚，企图恢复

① Abu Al-Abbas Ahmad Bin Jab Al-Baladhuri, *The Origins of the Islamic State*, Vol. I, trans. Philip Khuri Hitti, New York: Columbia University, 1916, pp. 314 – 315.

拜占庭的统治。[1] 然而，哈里发使者告诉他："亚美尼亚是我的；不要去那里。你若去，我必攻你，使你不能从那里逃跑。"君士坦斯二世答："那块地是我的，我要去那儿。你若攻击我，上帝是正义的审判者。"[2] 起初，拜占庭皇帝的反击得到很多纳哈拉人的支持，谢别奥斯说："皇帝和他所有的军队都一致诅咒领主西奥多·拉什图尼。"[3] 拜占庭大军压境，西奥多命令各地驻军加强防守，全部躲到堡垒中。皇帝企图摧毁亚美尼亚，"大主教、穆舍尔和亚美尼亚亲王们俯伏在地，流泪祈求，以免因为他们的罪彻底激怒皇帝，毁了这个国家"，谢别奥斯说，"皇帝接受了他们的请求，遣散了大部分军队。自己带着2万人去了亚拉腊地区"[4]。

事实上，拜占庭与亚美尼亚为敌的作法，极不明智，因为拜占庭的主要威胁是阿拉伯人，而非亚美尼亚人。在这种条件下，拜占庭应该搁置争议，团结亚美尼亚人，而不是目光短浅地迫害他们，将其推到阿拉伯人的怀抱中。在宗教问题上，君士坦斯二世的政策一样短视。648年，他颁布《型诏》，禁止讨论基督的本性，他说："如果他们这样做，主教将被解雇，俗人将被鞭笞和流放。"[5] 10年前，希拉克略皇帝为解决宗教纷争颁布《显示法》，将基督一志论定义为帝国教会的官方形式。[6] 然而，无论是《型诏》，还是《显示法》，都没有终结教义纷争，而这种纷争已经无休无止地持续数百年了，而且还将持续下去。在649年的拉特兰宗教会议上，教皇圣马丁（649—655年在职）谴责了这两部敕令。[7] 教派之争愈演愈烈。

---

① Sebeos, *The Armenian History Attributed to Sebeos*, p. 137.

② Sebeos, *The Armenian History Attributed to Sebeos*, p. 137.

③ Sebeos, *The Armenian History Attributed to Sebeos*, p. 137.

④ Sebeos, *The Armenian History Attributed to Sebeos*, p. 139.

⑤ *The Acts of the Lateran Synod of 649*, translated with notes by Richard Price, with contributions by Phil Booth and Catherine Cubitt, Liverpool: Liverpool University Press, 2014, pp. 262 - 263.

⑥ John B. Bury, *A History of the Later Roman Empire from Arcadius to Irene*, Vol. 2, London: Macmillan, 2005, p. 251.

⑦ *The Acts of the Lateran Synod of 649*, pp. 262 - 263.

君士坦斯二世本不希望看到宗教纷争的出现，却加剧了教派关系的紧张。根据谢别奥斯的记载，大主教纳西斯三世是亲西方教会者，“坚决同意迦克墩公会和《利奥大卷》”，但他始终未表露出自己的宗教主张，而是“把苦涩的毒药藏在心里直到君士坦斯国王来了”。君士坦斯二世支持大主教亲《迦克墩信经》的态度。谢别奥斯说：“在一个星期日，在圣格雷戈里教堂，宣布了迦克墩公会决议。礼拜仪式由一位罗马牧师用希腊语主持；国王、大主教和所有主教都领了圣餐，有的心甘情愿，有的极不情愿。”[①]

拜占庭皇帝和纳西斯三世的行径激起了亚美尼亚人的不满。654 年，君士坦斯二世黯然离开亚美尼亚。他既未能恢复亚美尼亚的统治，也未能争取到当地人民的支持。在阿拉伯人的帮助下，西奥多逐走拜占庭驻军，成为南高加索地区的最高统治者。[②] 655 年，阿拉伯人占领塞奥多西奥波利斯。次年，西奥多去世，拜占庭皇帝任命哈马扎普二世·马米科尼扬（约 617—661）为亚美尼亚总督。[③]

哈里发奥斯曼（644—656 年在位）被刺杀后，第一次穆斯林内战（656—661）[④] 分散了哈里发的注意力，阿拉伯人失去了亚美尼亚的控制权。这时，哈马扎普二世改善了与拜占庭的关系，纳西斯三世从君士坦丁堡返回，重掌大主教职权，并匆匆完成了当时尚未竣工的兹瓦尔特诺茨大教堂的建设。

661 年，穆阿维叶一世（661—680 年在位）在穆斯林内战中胜出，建立了倭马亚王朝（661—750）。他下旨晓谕亚美尼亚人：“你

---

① Sebeos, *The Armenian History Attributed to Sebeos*, p. 140.

② Marius Canard and Claude Cahen, “Armīniya”, in H. A. R. Gibb, eds., *The Encyclopaedia of Islam*, p. 636.

③ Marius Canard and Claude Cahen, “Armīniya”, in H. A. R. Gibb, eds., *The Encyclopaedia of Islam*, p. 637.

④ 第一次穆斯林内战，又称“第一次菲特纳”（First Fitna）。这是一场围绕哈里发合法继承权的斗争。第一次穆斯林内战打破了穆斯林乌玛的团结，导致了伊斯兰教永久分裂为什叶派和逊尼派。菲特纳是一个阿拉伯语的音译，有混乱、分裂、动荡和痛苦等多层含义。这个词在现代阿拉伯语中仍广泛使用。

们若不向我纳税，不服侍我，我就用刀砍杀你们。”[①] 为避免另一场战争，纳西斯三世接受了哈里发的条件，同意将人质送到大马士革，并每年向哈里发缴纳500大赫坎金。[②] 哈里发以“极大的荣耀”任命哈马扎普二世的兄弟格里戈尔·马米科尼扬为亚美尼亚总督。[③]

阿拉伯人要求用金钱而非实物支付贡品的作法，对亚美尼亚经济和社会产生了重要影响，因为亚美尼亚人不得不出售余粮和手工制品，以换取金钱，支付税金，这在相当程度上促进了亚美尼亚商品经济的发展。随着经济的复苏，亚美尼亚社会出现了活跃的市井生活。

综上所述，自阿拉伯帝国崛起并成为近东强权之后，亚美尼亚再次成为东西方帝国激烈角逐的对象。由于拜占庭外交政策的失败，亚美尼亚人臣服于阿拉伯帝国。在接下来两个多世纪里，阿拉伯帝国始终保持着对拜占庭的军事优势。在这个历史的转折点，亚美尼亚教会发挥了至关重要的作用。大主教纳西斯三世是迦克墩教派的坚定支持者，见证了倭马亚王朝的崛起。当时机成熟时，他在亚美尼亚推行《迦克墩信经》，基督二性论和一性论之间的纷争再次喧嚣尘上。二性论者认为，两种本性奇迹般地融合在基督身上；一性论者认为，基督的人性只是神性的一个方面。前者根源于希腊的二元论，后者反映了东方教会对神性表征的不信任。[④] 反《迦克墩信经》者一般使用世俗语言，受众广。当拜占庭欲提高意识形态的统一并迫害亚美尼亚人时，当地部族和阿拉伯人普遍支持他们反

---

① Ghewond (Łewond), *The History of Łewond: The Eminent Vardapet of the Armenians*, trans. Zaven Arzoumanian, Philadelphia: St. Sahag and St. Mesrob Armenian Church, 1982, p. 5.

② 大赫坎金（Dahekan/Դահեկան）是亚美尼亚人对金币的称呼。其名称源于波斯国王大流士一世时期，当时1大赫坎约等于8.36克。不同历史时期，它的重量单位不同，阿拉伯统治时期1个大赫坎约为4.45克。

③ Nina Garsoïan, “The Arab Invasions and the Rise of the Bagratuni”, in Richard G. Hovannisian, ed., *The Armenian People from Ancient to Modern Times, Volume I: The Dynastic Periods: from Antiquity to the Fourteenth Century*, p. 122.

④ Seta B. Dadoyan, *The Armenians in the Medieval Islamic World, Vol. I: Paradigms of Interaction Seventh to Fourteenth Centuries*, p. 54.

对拜占庭。正因为如此，当纳西斯三世迫使亚美尼亚基督徒从希腊牧师手里接受圣餐时，拜占庭失去了亚美尼亚这个最为重要的盟友。可以预见，迦克墩争议成了亲哈里发派和亲拜占庭派之间的标尺。

由于厌倦了拜占庭的压力，一些亚美尼亚贵族投靠了阿拉伯帝国，他们很清楚：抵抗阿拉伯人是徒劳的，而且对自己的国家和信仰是危险的。然而，新的超级大国的崛起使亚美尼亚人不得不认识新的宗教——伊斯兰教。与默罕默德同时代的谢别奥斯以一个亚美尼亚基督教徒的视角将亚美尼亚人眼中的异教国家比喻成四只野兽，并相信但以理的预言已经否定了伊斯兰教。在他眼中，四只野兽分别是：人形野兽（拜占庭）、熊形野兽（萨珊）、豹形野兽（圣经中的巨人族首领）、铜铁野兽（穆斯林）。[①] 谢别奥斯没有预料到，他的国家将被他所形容的“第四只野兽”包围至 21 世纪，在这个过程中，他的民族曾经辉煌和繁荣到极致，又曾经悲痛欲绝到撕心裂肺。总而言之，面对初生的伊斯兰文明，亚美尼亚人视它为基督世界中的异类。

阿拉伯人的征服客观上给亚美尼亚带来这样一个后果：瓜分后的亚美尼亚在阿拉伯人的征服下重新统一起来。也就是说，阿拉伯人实现了亚美尼亚人没有完成的统一事业。爱德华·吉本说：“阿拉伯人打破了罗马和波斯长期争执的边疆，过去抵抗沙普尔的军队和工程器具，现在被夷为平地。”[②]

第二节　倭马亚王朝的统治

倭马亚王朝是阿拉伯帝国的第二个哈里发国。当时，它是世界上最大的帝国，也是历史上的第五大帝国，中国史籍称之为“白衣大食”。

7 世纪下半叶的大部分时间里，阿拉伯人在亚美尼亚的存在感

① Sebeos, *The Armenian History Attributed to Sebeos*, p. 105.

② ［英］爱德华·吉本：《罗马帝国衰亡史》第 5 卷，席代岳译，第 227 页。

微乎其微。阿拉伯人认为，西奥多和穆阿维叶签署的条约使亚美尼亚实际上成为一个享有自治权的被征服之地。的确，正如亚美尼亚历史学家阿兰姆·捷尔—格温德扬（1928—1988）所说："该国享有自5世纪阿沙库尼王朝倒台以来从未有过的某种程度的独立。"[①] 根据双方达成的协议，纳哈拉人的赋税相对较低，必要时有义务给哈里发提供一定数量的骑兵。作为交换，阿拉伯人不在亚美尼亚驻军，但受到拜占庭攻击时，阿拉伯人提供军事援助。正因为如此，穆阿维叶时代，亚美尼亚经济有所恢复，历史学家格温德说："在亚美尼亚亲王格里戈尔统治期间，亚美尼亚人的土地一直处于和平状态，没有受到任何袭击和攻击。因为他是敬畏上帝的人，在真道上完全虔诚，有爱心，乐意待人，又照顾穷人。"[②] 在今亚美尼亚共和国的阿鲁克修道院的墙上，纪念马米科尼扬家族的格里戈尔及其妻子的碑文证实了这一说法。[③] 然而，随着穆阿维叶的去世（680），格温德笔下田园般的生活结束了，拜占庭皇帝查士丁二世（658—695、705—711年在位）占领了亚美尼亚，带走了部分人质，其中包括大主教萨哈克三世（677—703年在职）。[④]

哈里发阿卜杜勒·马里克统治时期，倭马亚政府平息了国内叛乱，统治日益巩固。此时，拜占庭在亚美尼亚的影响却日渐增长。外部条件的变化，促使阿拉伯人改变了对亚美尼亚人的宽容态度。从700年开始，哈里发的兄弟——阿塞拜疆总督穆罕默德·马尔万发起一系列战役，征服了南高加索。次年，哈里发建立亚美尼亚行

---

① Aram Ter-Ghewondyan, *The Arab Emirates in Bagratid Armenia*, trans. Nina G. Garsoïan, Lisbon: Livraria Bertrand, 1976, p. 20.

② Ghewond (Łewond), *The History of Ghewond: The Eminent Vardapet of the Armenians*, p. 54.

③ Nina Garsoïan, "The Arab Invasions and the Rise of the Bagratuni", in Richard G. Hovannisian, ed., *The Armenian People from Ancient to Modern Times, Volume I: The Dynastic Periods: from Antiquity to the Fourteenth Century*, p. 123.

④ Nina Garsoïan, "The Arab Invasions and the Rise of the Bagratuni", in Richard G. Hovannisian, ed., *The Armenian People from Ancient to Modern Times, Volume I: The Dynastic Periods: from Antiquity to the Fourteenth Century*, p. 123.

省。[①] 行省总督的职责仅限于国防和税收，行政职务主要由当地的纳哈拉人担任。亚美尼亚行省分为 4 个大区：高加索阿尔巴尼亚（1 区）、高加索伊比利亚（2 区）、阿拉斯河区（3 区）、塔伦区（4 区）。原亚美尼亚领土在第 3、4 区。每个大区由一位被称作“伊什汗”[②] 的盛大亲王统治，并向总督负责。[③] 盛大亲王平时负责征收税款，战时招募军队。

一　第一次反阿拉伯起义

亚美尼亚行省成立后，哈里发不断提高赋税，频繁征召亚美尼亚骑兵。第一任大总督上任伊始就剥夺了斯姆巴特的爵位，大主教萨哈克三世被强行驱赶到大马士革。尤为严重的是，阿拉伯统治者强行推广伊斯兰教法，招致了亚美尼亚人的不满，比如 10 世纪亚美尼亚大主教霍夫汉内斯·德拉斯哈纳克茨（897—925 年在职）把阿拉伯总督描述成“恶人”“傲慢无礼的人”。[④]

703 年，巴格拉图尼家族的斯姆巴特六世从大马士革返回国内，决定起义。同年冬天，战斗在阿拉斯河山谷的瓦尔丹克特镇附近打响。清晨，亚美尼亚骑兵发起攻击。阿拉伯人由于无法忍受冬天的严寒，未能完全投入战斗，许多人在惊恐中向阿拉斯河跑去，冰层破裂，溺毙者不计其数。[⑤]

尽管首战取得了胜利，但亚美尼亚领导人很清楚，未来的战争必须有拜占庭的支持才有胜利的把握。于是，斯姆巴特六世前

---

① Aram Ter-Ghewondyan, *The Arab Emirates in Bagratid Armenia*, p. 21.

② 伊什罕（ishkhan）为中世纪亚美尼亚封建爵位，亚美尼亚语作“իշխան”，字面意思是“亲王”“诸侯”，后成为“诸侯之诸侯”或“盛大亲王”的意思。它与其他封建头衔纳哈拉（nakharar）、帕龙（paron）、杜克（douk）、捷尔（ter）和马利克（melik）同时使用，有时也用它来代替上述称号。相关观点，可参见 V. M. Kurkjian, *A History of Armenia*, p. 147。

③ Lynn Jones, *Between Islam and Byzantium: Aght' amar and the Visual Construction of Medieval Armenian Rulership*, Aldershot, UK: Ashgate Publishing, 2007, pp. 1 – 2.

④ Hovhannes Draskhanakerttsi (Yovhannes Drasxanakertc 'i), *History of Armenia*, trans. K. H. Maksoudian, Atlanta: Scholars Press, 1987, p. 107.

⑤ Yevgenya Ghalumyan, et al., *History of Medieval Armenia*, pp. 45 – 46.

往君士坦丁堡寻求援助。与此同时，阿拉伯军队被全歼的消息使哈里发大为震惊，决定出兵平息叛乱。亚美尼亚局势迅速恶化，此时在大马士革作人质的萨哈克三世已筋疲力尽，积劳成疾。纳哈拉人请他出面与哈里发调解，萨哈克三世极力斡旋。最终，哈里发允许他离开大马士革前往上美索不达米亚的哈兰。在哈兰，他病入膏肓，临终之际给哈里发写了一封信，史学家格温德引述如下：

> ……你若与我的百姓讲和，他们必服侍你，给你纳税。求你止息你的刀，不流他们的血，不让你的手去掠夺，他们就必一心听从你。至于我们的宗教，让我们有权秉持我们所信的和所承认的。不要让你们中的任何一个人折磨我们，使我们背离我们的信仰。你若照我所恳求的去行，上帝必使你的律法兴旺，你的旨意成就，人们都服在你手下。你若不听我的劝，进入我的地，上帝必击碎你们的野心，不坚定你们所行的路，必使你们军心涣散，不成就你们的旨意。上帝必从四围加害与你，不容你的法度长久。如果你郑重其事我的请求，我的祝福就会降临到你身上。①

萨哈克三世软中带硬，企图在保留基督教信仰的条件下，臣服于哈里发。按照萨哈克三世的意愿，他的尸体被抬到大马士革，手里拿着信。霍夫汉内斯·德拉斯哈纳克尔茨声称，亚美尼亚人和哈里发国之间签署的新条约与萨哈克三世的努力有关，他说："……从他手中接过信读了一遍，他（哈里发）说：'是的，您的请求已经实现了，可敬的先知。'随即，他给亚美尼亚的纳哈拉人写了一封信，连同教宗的遗体，被隆重地送到了亚美尼亚。"②

705年，斯姆帕特六世率领拜占庭军团抵达亚美尼亚，但被阿

① Ghewond (Łewond), *The History of Ghewond: The Eminent Vardapet of the Armenians*, p. 60.

② Hovhannes Draskhanakerttsi, *History of Armenia*, trans. K. H. Maksoudian, p. 97.

拉伯军队击溃，起义宣告失败。[1] 斯姆帕特六世逃到黑海东岸一带避难，阿拉伯人夺回了德温城。应穆斯林当局的命令，阿拉伯人以“阴险狡诈”的方式——谎称骑兵登记，诱骗纳哈拉人到纳希切万。格温德痛苦地写道：

> 穆罕默德下达了非正义的命令，命令他在纳希切万的指挥官卡西姆把亚美尼亚贵族及其骑兵召集到城里，借口是［将他们登记在］皇家军事册中，以给他们发放津贴，然后解散回家。领主们天真地相信了背信弃义的狡猾猎人，很快就去了那里。他们一到那里，阿拉伯人就把他们分成两组，一组聚在纳希切万的教堂里，另一组送到克拉姆城的教堂里。阿拉伯人把他们关押起来，考虑如何灭尽他们。他们把他们聚集起来，把贵胄挑选出来，然后放火烧了圣所中其余的人。他们在上帝的圣坛前被活活烧死。[2]

阿拉伯历史学家雅库比（？—897）证实了这次屠杀，他说：“他命令收集柴火放在教堂周围；他关上贵族的门，下令放火焚烧教堂，把他们全烧了。”[3] 挑选出来的贵族在严刑拷打下被迫交出财产，然后被依次处死，其余的贵族被驱逐出境。由于阿拉伯人需要亚美尼亚人对付可萨人，因此，屠杀没有继续下去。新上任的阿拉伯总督阿卜杜勒·阿齐兹（706—709 年在职）安抚了亚美尼亚人，敦促流亡者返回家园。格温德称赞他是一个“精明和充满世俗智慧的人”[4]。最终，哈里发满足了萨哈克三世的遗愿，与亚美尼亚人签订条约。亚美尼亚神学家格里戈尔·塔特夫茨（1346—1406）说：

---

① Aram Ter-Ghewondyan, *The Arab Emirates in Bagratid Armenia*, p. 20.

② Ghewond (Łewond), *The History of Ghewond: The Eminent Vardapet of the Armenians*, pp. 66－67.

③ Matthew S. Gordon, eds., *The Works of Ibn Wāḍiḥ al-Ya'qūbī, An English Translation*, Vol. 3, Leiden and Boston: Brill, 2018, p. 973.

④ Ghewond (Łewond), *The History of Ghewond: The Eminent Vardapet of the Armenians*, p. 67.

> 穆罕默德签署并盖章了一项对亚美尼亚人的永久誓言，即自由信奉基督教的《大法令》……对每户征收的税包括钱4迪拉姆、大麦3马赞、毛发1束，毛巾1条。神职人员、贵族和骑士都免征这种税。据说，穆罕默德占领了塞凡湖及其湖岛，发出了另一项法令，即《小法令》，重申了亚美尼亚人信仰自由的权利，以及神职人员、贵族和骑士豁免赋税的权利。①

条约签署后，教会和神职人员的状况得到一定程度的改善，没有再发生强迫亚美尼亚人改宗伊斯兰教的情况。709年，斯姆巴特六世复职，重修了德温城。格温德说："他用门和扶墙加固城墙，用护城河围住城墙，灌满水保护这座堡垒。"② 总的来说，倭马亚哈里发对亚美尼亚比较宽容，部分原因在于阿拉伯人需要亚美尼亚骑兵抵御可萨人。在接下来的20多年里，亚美尼亚人与阿拉伯人经历了一段蜜月期，其宗教信仰基本未受到干涉。在此期间，亚美尼亚教会整理和收集了他们的教规，该时期被亚美尼亚史学家视为教会史上的里程碑。③

然而，当外部和平时，纳哈拉人的内斗接踵而至。当时，亚美尼亚最为强大的两大家族是马米科尼扬家族和巴格拉图尼家族。长期以来，马米科尼扬家族习惯了自己的优越地位，但日益强大的巴格拉图尼家族对其构成威胁，后者在阿拉伯人与可萨人的战争中因功勋卓著赢得了总督马尔万（后来的哈里发马尔万二世）的赏识。732年，巴格拉图尼家族的阿绍特三世（732—748年在职）出任盛大亲王，这激怒了马米科尼扬家族的格里戈尔和大卫两兄弟，抗议的结果是后者被流放到也门。743年，哈里发希沙姆（724—743年

---

① Seta B. Dadoyan, *The Armenians in the Medieval Islamic World, Vol. I: Paradigms of Interaction Seventh to Fourteenth Centuries*, p. 70.

② Ghewond (Łewond), *The History of Ghewond: The Eminent Vardapet of the Armenians*, p. 67.

③ George A. Bournoutian, *Concise History of the Armenian People: From Ancient Times to the Present*, p. 73.

在位）去世，兄弟二人回到亚美尼亚，发动叛乱。阿绍特三世逃到大马士革。在行省总督的批准下，格里戈尔·马米科尼扬接管了盛大亲王职位。然而，哈里发马尔万二世（744—750年在位）上台后，推翻了亚美尼亚行省总督的决定，支持阿绍特三世。于是，阿绍特三世在哈里发的命令下返回亚美尼亚，大卫被处死，格里戈尔逃遁他处。[①] 现在，阿绍特三世成了事实上的最高统治者，亚美尼亚的自治权再次得到确认。[②]

综上所述，倭马亚哈里发王朝的统治是亚美尼亚文明首次被一个全新的文明——伊斯兰文明统治的时代。尽管这一时期两者存在冲突，但远没有阿拔斯王朝时期那样激烈。倭马亚王朝统治下的亚美尼亚人虽被视为二等公民，但却享有了比拜占庭和萨珊帝国统治时期更大的政治和宗教自由。例如，阿拉伯在亚美尼亚维持的1.5万人的军事力量全部由亚美尼亚人组成，军事统帅也来自纳哈拉。[③] 尽管如此，亚美尼亚人（或行省）的宗教信仰毕竟令阿拉伯统治者不快（同样的问题也发生在帝国其他地区），故双方的矛盾不可调和，冲突不可避免。

二 亚美尼亚与阿拉伯人的矛盾

对亚美尼亚人来说，穆斯林的统治给亚美尼亚人的宗教信仰产生一定冲击，致使亚美尼亚社会内部出现宗教分歧，保罗教派就是这种分歧的结果。中世纪作家指责它为“相信耶稣是上帝义子的学说”“诺斯替主义者”“准摩尼教”。资料显示，保罗派的创始人是亚美尼亚人君士坦丁—西尔瓦诺斯（620—684），教众大多也是亚

① Nina Garsoïan, “The Arab Invasions and the Rise of the Bagratuni”, in Richard G. Hovannisian, ed., *The Armenian People from Ancient to Modern Times, Volume I: The Dynastic Periods: from Antiquity to the Fourteenth Century*, p. 129.

② Khalid Yahya Blankinship, *The End of the Jihàd State: The Reign of Hishām ibn ‘Abd al-Malik and the Collapse of the Umayyads*, New York: State University of New York Press, 1994, p. 153.

③ Mihran Kurdoghlian, *Պատմութիւն Հայոց* (History of Armenia), Vol. II, Athens: Hradaragutiun Azkayin Ousoumnagan Khorhourti, 1996, pp. 3－7.

美尼亚人。[①] 从某种意义上说，它的成员是基督教和摩尼教的不守规矩者。他们坚持二元论基础上的三位一体论，反对教会形式主义，反对生育、吃肉和持有财产，攻击宗教和世俗当局。[②]

叙利亚人米海尔提到，717 年，保罗主义者与亚美尼亚的阿拉伯行政长官签署了一项条约，加入了阿拉伯人的辅助军团。迫于宗教分歧的压力，720 年，大主教霍夫汉内斯四世·奥兹涅茨（717—729 年在职）主持召开第 5 次德温宗教会议，30 名主教出席。“我们看到我们的人民缺乏纪律”，大主教说，“甚至我们教会的信徒和教区领袖亦是如此”[③]。所谓“缺乏纪律”指保罗派分子的活动。大主教认为，有必要制定“正典法”，统一教义。[④] 为此，大会制定了 32 条教规，其中有：（1）禁止神职人员和俗人过量饮酒，否则剥夺接受圣餐的资格；（2）限制福佑婚姻的日期，婚姻祝福必须在圣所而不是其他地方；（3）只有大主教才能福佑圣油；（4）用石头而非木头建造圣坛和洗礼池，以便使之成为不可挪动的圣地；（5）祝福和奉献的木制十字架和福音书可作圣物崇拜。[⑤] 显然，上述教规是针对保罗教派制定的。换句话说，亚美尼亚教会不仅反对保罗派教义，也反对伊斯兰教信仰。在一篇名为“反保罗主义者”的论文中，大主教指出：“……狡猾地与暴君结盟……他们的武器给基督徒带来罪恶……他们研究那些虚假而晦涩的经文，把它们教导给那些无知的凡夫俗子……［我们］发现他们与那些邻国的人有类似的想法，不令人意外。”[⑥]

726 年，霍夫汉内斯四世在曼兹科特召开另一次宗教会议，23

---

① Herzog, “Paulicians”, in Philip Schaff, ed., *A Religious Encyclopaedia or Dictionary of Biblical, Historical, Doctrinal, and Practical Theology*, 3rd edition, Vol. 2, Toronto, New York & London: Funk & Wagnalls Company, 1894, pp. 1776 – 1777.

② George A. Bournoutian, *Concise History of the Armenian People: From Ancient Times to the Present*, p. 73.

③ Vasken Hakobyan, ed., *The Book of Cannon Law*, pp. 28 – 29.

④ Vasken Hakobyan, ed., *The Book of Cannon Law*, p. 29.

⑤ Vasken Hakobyan, ed., *The Book of Cannon Law*, p. 29.

⑥ Seta B. Dadoyan, *The Armenians in the Medieval Islamic World, Vol. I: Paradigms of Interaction Seventh to Fourteenth Centuries*, p. 76.

位主教和 8 名修道院院长出席了会议。叙利亚总主教亚塔那修和霍夫汉内斯四世签署了一项拒绝所有异端邪说的联合声明。会议通过了 10 条革除教门的教规，并讨论了如下问题：（1）圣诞节和主显节在 12 月 25 日还是 1 月 6 日；（2）圣餐用发酵面包还是无酵面包；（3）在圣餐杯里倒入酒还是水。叙利亚人在这些问题上意见不一，霍夫汉内斯四世宣称亚美尼亚人的立场不变，因为“这是圣格雷戈里确立的”①。最终，保罗教派离开亚美尼亚，在幼发拉底河西北部建立了一个共和国。②

同年，拜占庭帝国爆发了一场异常轰轰烈烈的文化大革命——圣像破坏运动。这场文化危机一度使亚美尼亚教会摆脱了东正教会的干涉。与此同时，倭马亚政府在叙利亚大肆迫害基督徒。在这种情况下，各宗教团体，包括基督教和伊斯兰教的反偶像崇拜主义者与分裂主义者被严重政治化。保罗派教众聚集在拜占庭与亚美尼亚接壤地带，发起了数场起义。在拜占庭眼里，他们都是好战分子和亲穆斯林的异教徒。747 年，君士坦丁五世（741—775 年在位）将保罗派教众逐到色雷斯。③ 总之，无论从宗教教义，还是从政治利益上看，保罗教派的出现及其活动都加深了亚美尼亚人和阿拉伯穆斯林之间的矛盾。

除宗教因素外，阿拉伯人向亚美尼亚地区的持续移民，加剧了两者的矛盾。由于亚美尼亚领土毗邻拜占庭帝国，北部是整个西亚抵御北方游牧民族入侵最重要的防线，因此，历代哈里发都不遗余力地鼓励阿拉伯人向亚美尼亚移民，以维持一定数量的阿拉伯人。不断迁入的阿拉伯人在整个幼发拉底河流域西侧建立了一系列酋长国，如此一来，亚美尼亚人的居住地成为拜占庭和阿拉伯人的战

---

① Vasken Hakobyan, ed., *The Book of Cannon Law*, p. 30.

② George A. Bournoutian, *Concise History of the Armenian People: From Ancient Times to the Present*, p. 73.

③ Seta B. Dadoyan, *The Armenians in the Medieval Islamic World, Vol. I: Paradigms of Interaction Seventh to Fourteenth Centuries*, pp. 76-77.

场。[1] 移民也导致了亚美尼亚地区人口结构的变化，新来者与当地人在生活习俗和宗教信仰格格不入，不可避免地产生矛盾。

沉重的赋税是亚美尼亚人对伊斯兰政权不满的最重要的原因。倭马亚王朝后期，军事开支巨大，哈里发取消了纳哈拉人和教会的免税特权，并于724—725年间对亚美尼亚行省进行人口普查。[2] 725年，哈里发取消了所有的税收优惠，不再按户征税，改为按人头、财产的多寡和牲畜的数量征税，这无疑增加了亚美尼亚人的财政负担。[3] 40年代，哈里发再次提高亚美尼亚人的赋税。[4] 与此同时，宗教迫害也在加剧，在这种情况下，亚美尼亚人向外流散。与之相反的是，阿拉伯人加速向小亚细亚东部移民。

阿拉伯哈里发的上述措施显然违反了他们先前与亚美尼亚达成的条约，招致亚美尼亚人的不满。此外，阿拉伯与拜占庭的常年战争，使贸易路线中断，亚美尼亚陷入严重的经济危机，赋税无法征收。除此之外，巴格拉图尼家族与马米科尼扬家族的冲突进一步加剧了亚美尼亚社会的内部矛盾，尤为严重的是，迁徙来的阿拉伯人建立的酋长国使亚美尼亚有永久分裂的危险。随着时间的推移，他们的矛盾逐渐激化。在阿拔斯王朝崛起的前夜，整个亚美尼亚处于异常严重的政治、宗教和经济危机之中。

三　第二次反阿拉伯起义

随着矛盾的加深，亚美尼亚人趁阿拔斯革命之机，发起第二次反阿拉伯起义。倭马亚王朝时期的阿拉伯帝国，地域辽阔，它的臣

---

① Seta B. Dadoyan, *The Armenians in the Medieval Islamic World, Vol. I: Paradigms of Interaction Seventh to Fourteenth Centuries*, p. 75.

② Khalid Yahya Blankinship, *The End of the Jihàd State: The Reign of Hishām ibn 'Abd al-Malik and the Collapse of the Umayyads*, pp. 123 – 124.

③ Nina Garsoïan, "The Arab Invasions and the Rise of the Bagratuni", in Richard G. Hovannisian, ed., *The Armenian People from Ancient to Modern Times, Volume I: The Dynastic Periods: from Antiquity to the Fourteenth Century*, p. 128.

④ Seta B. Dadoyan, *The Armenians in the Medieval Islamic World, Vol. I: Paradigms of Interaction Seventh to Fourteenth Centuries*, p. 77.

民大多数是非阿拉伯人或非穆斯林人。无论他们是否皈依伊斯兰教，都被视为二等公民。信仰和种族的不满终于导致了阿拔斯革命的爆发，中东政治的发展趋势是建立一个更具包容性的多民族国家。阿拔斯革命持续了两年多时间（744—747）。社会各阶层都支持推翻倭马亚王朝的统治，[①] 这在非阿拉伯血统的穆斯林中尤为明显，甚至阿拉伯穆斯林也对倭马亚王朝过分的无宗教生活及其游牧式的集权统治不满。[②] 此外，倭马亚统治阶层是出了名的不忠于伊斯兰教教法者，许多达官贵人迷恋于酒精、女色和音乐。在穆斯林看来，他们的不良嗜好几乎冒犯了所有的伊斯兰教派和穆斯林民族。[③] 因此，逊尼派和什叶派都支持推翻倭马亚王朝，而憎恨宗教歧视的非穆斯林臣民更是如此。[④]

阿拔斯革命给亚美尼亚人提供了一个宣泄不满的出口，企图推翻阿拉伯人的统治，实现国家独立。748 年，亚美尼亚巨头们聚集在一起，商讨起义。格温德说："当［阿拉伯人］之间的战争还在继续时，所有［亚美尼亚］土地上的领主都放下他们服从的枷锁，造以实玛利人的反……马米科尼扬家族的格里戈尔提出了这项计划，他这么做的目的是要把阿绍特赶下台。与此同时，亚美尼亚的所有贵族都去找亲王阿绍特，说服他参加他们毫无结果的计划。"[⑤] 当时，阿绍特三世已经失去了哈里发的庇护，尽管如此，他认为，起义是不可能成功的，于是恳求纳哈拉们："兄弟们，我看你们糊涂的计谋是行不通的。恰恰相反，这是一个狡猾的计谋，是一个灾难性的主张。很明显，与以实玛利人的残暴相比，我们的军队太少了，我们无法抵挡他们的军队，我们也无法将我们的国家从恶龙的口中逐走。它只会给我们的目标带来麻烦和危险。如果你们愿意，

---

① John L. Esposito, ed., *The Oxford History of Islam*, Oxford: Oxford University Press, 1999, p. 25.

② Bryan S. Turner, *Weber and Islam*, Vol. 7, London: Routledge, 1998, p. 86.

③ James Wynbrandt, *A Brief History of Saudi Arabia*, New York: Infobase Publishing, 2010, p. 58.

④ John L. Esposito, ed., *The Oxford History of Islam*, p. 25.

⑤ Ghewond, *The History of Ghewond: The Eminent Vardapet of the Armenians*, p. 26.

就接受我的劝告，我们不要这样做。让我们像现在一样向他们缴税，让我们留住我们的财产、葡萄园、森林和农场。”[①] 贵族们拒绝了阿绍特三世的劝告，威胁道：“如果你不加入我们的联盟，你的军队就不会和你在一起。我们不能容忍亚美尼亚正在经历的危机。”[②] 阿绍特三世只能在圣十字架前发誓，揭竿而起。

起义者与拜占庭皇帝君士坦丁五世取得了联系。那时的君士坦丁五世正在北叙利亚与阿拉伯人作战。根据格温德的记载，起义者得到了“不敬畏神”的保罗派教众的支持。[③] 由此可见，在拜占庭的支持下，亚美尼亚人众志成城，向阿拉伯穆斯林开战，并成功占领了穆斯林的主要据点卡林（埃尔祖鲁姆）。军事上的成功未能缓和马米科尼扬家族与巴格拉图尼家族之间的紧张关系，也未能维持建立起来的反阿拉伯统一战线。阿绍特三世与部分贵族退出了起义，打算投靠阿拉伯人。在阿绍特三世看来，阿拔斯王朝取代倭马亚王朝已是大势所趋，正如格温德所说：“上帝收回了他的宽恕，粉碎了他们的团结。”[④] 政治嗅觉灵敏的阿绍特三世已经意识到亚美尼亚注定要被阿拔斯王朝统治的结局，所以决定改变立场。然而，格里戈尔·马米科尼扬追上逃跑的阿绍特三世，弄瞎了他的双眼。格温德感叹道：“[他这样做] 损害了我们整个国家的荣耀，使它笼罩在黑暗之中，不仅他自己，而且所有的领主都陷入深深的悲痛之中。后来他们意识到 [他们所做的]，却无能为力……亚美尼亚人民的荣耀消失了。”[⑤]

749 年，格里戈尔·马米科尼扬在卡林病逝。盲人阿绍特三世名义上统治着这个国家，直到 750 年巴格达的阿拔斯王朝重新确立了对亚美尼亚的统治时为止。

第二次反阿拉伯起义的失败，严重削弱了纳哈拉人的力量。毫无疑问，最大的受害者是马米科尼扬家族，他们不仅失去了大部分

① Ghewond, *The History of Ghewond*: *The Eminent Vardapet of the Armenians*, p. 26.
② Ghewond, *The History of Ghewond*: *The Eminent Vardapet of the Armenians*, p. 26.
③ Ghewond, *The History of Ghewond*: *The Eminent Vardapet of the Armenians*, p. 26.
④ Ghewond, *The History of Ghewond*: *The Eminent Vardapet of the Armenians*, p. 26.
⑤ Ghewond, *The History of Ghewond*: *The Eminent Vardapet of the Armenians*, p. 26.

家族领地，还失去了数百年来在亚美尼亚一直享有的荣耀和优势。阿绍特三世也黯然退出了亚美尼亚政治舞台，但他的统治暗示着巴格拉图尼王国的建立已经为时不远了。

第三节　阿拔斯王朝的统治

阿拔斯王朝（750—1258）是由先知穆罕默德的叔父阿拔斯的后裔建立的一个政权。倭马亚王朝灭亡后，它的都城从哈兰迁到巴格达。阿拔斯哈里发国是伊斯兰帝国的第三个哈里发国家。它与同时代的拜占庭帝国、中国和印度是当时世界上最强大的国家。在中国史籍中，它被称作“黑衣大食”。

750 年，阿拔斯革命重塑了伊斯兰文明社会秩序。阿拔斯革命指阿拔斯推翻倭马亚王朝统治的历史事件。阿拔斯王朝的建立，再次改变了亚美尼亚人与穆斯林的关系。然而，任何一个文明的凝聚力并不总是铁板一块，文明的成长总是伴随着内部的分裂与冲突，文明的衰落往往首先从内部开始，外部因素只是给它带来致命一击。穆斯林的历史也不例外。然而，在这座帝国大厦里，另一股强大的力量（蒙古）正在积聚。

一　哈里发的亚美尼亚税收政策

阿拔斯王朝时期，统治主体已不再完全是阿拉伯人，波斯因素开始与伊斯兰帝国上层统治阶级联系在一起。在对待帝国臣民的政策上，阿拔斯王朝进行了一些调整：如果一个人能够皈依穆斯林的话，不管是否为阿拉伯血统，他与阿拉伯人的政治地位没有什么差别。因此，在阿拔斯政府机构里不仅可以看到阿拉伯人，也可以看到波斯人、突厥人，甚至皈依的亚美尼亚人。在这种情况下，泛穆斯林政府一开始就采取了削弱亚美尼亚人的激进政策。

750 年，阿拔斯王朝的第一任哈里发阿布·阿拔斯·萨法赫（749—754 年在位）残酷镇压了亚美尼亚人的叛乱，大肆掠夺亚美尼亚人的财富，并课以重税。格温德如是说：

> 他（阿拔斯）派他的兄弟，另一个阿卜杜勒（曼苏尔）在他的国土中四处奔走。首先，他来到亚美尼亚人的土地上，用痛苦和折磨使每个人破产，他甚至要求向死者征税。他又使许多孤儿寡母受苦，折磨众教会的祭司和差役，戏弄他们，用棍打他们，迫使他们说出死者和家属的名字。他以苛刻的赋税恶毒地折磨我们这块土地上的人民，征收沉重的人头税，并在他们的脖子上戴上铅封……当他离开我们的土地时，令耶齐德（亚美尼亚行省总督，752—754、759—770、775—780 年在职）负责在亚美尼亚人的土地上作出判决和征税。[①]

耶齐德任命巴格拉图尼家族的萨哈克七世（755—761 年在职）为盛大亲王，停止拨付原倭马亚王朝给亚美尼亚人的防务津贴，费用改从征收的税款中扣除。穆斯林再次占领亚美尼亚使拜占庭皇帝君士坦丁五世感到了威胁。751 年，他攻打到卡林，“摧毁城墙”[②]。在这期间，很多亚美尼亚人跟随皇帝迁到了拜占庭。

哈里发曼苏尔（754—775 年在位）大幅度提高亚美尼亚人的赋税，迫害基督徒。亚美尼亚行省每年需要支付 1300 万迪拉姆，其中的 1/2 由亚美尼亚人承担。[③] 格温德说：“由于拿不出银子，整个亚美尼亚陷入无法忍受的痛苦之中。”[④] 为逃避统治者的敲诈勒索，纳哈拉人纷纷出逃，仅阿马图尼家族就有 3 万余人移居到希腊。[⑤] 根据 11 世纪亚美尼亚资料报道，曼苏尔政府派向亚美尼亚的税吏

---

① Ghewond, *The History of Łewond*: *The Eminent Vardapet of the Armenians*, p. 123.

② Ghewond, *The History of Łewond*: *The Eminent Vardapet of the Armenians*, p. 124.

③ Seta B. Dadoyan, *The Armenians in the Medieval Islamic World*, *Vol. I*: *Paradigms of Interaction Seventh to Fourteenth Centuries*, p. 77. 阿拉伯地理学家伊本说：“亚美尼亚每年收入 4000000 迪尔汗。”见［阿拉伯］伊本·胡尔达兹比赫《道里邦国志》，宋岘译注，第 133 页。

④ Ghewond, *The History of Ghewond*: *The Eminent Vardapet of the Armenians*, pp. 127 – 129.

⑤ Step ‘anos Tarōnec ‘i, *The Universal History of Step ‘anos Tarōnec ‘i*, trans. Tim Greenwood, Oxford, UK: Oxford Universtiy Press, 2017, p. 195.

“把以前的估价提高一倍并在每个人的脖子上戴上铅封”①。13 世纪的乞剌可斯说：

> 马尔万之后，以实玛利人的首领是阿卜杜勒（阿拔斯），然后是另一个阿卜杜勒（曼苏尔），一个肮脏而又爱钱的人，他的族人叫他阿卜杜勒当，意思是“一便士的父亲（或仆人）”，在夏甲人②的语言中就是这个意思。他爱一个便士的银子胜过爱上帝。正是阿卜杜勒建立了巴格达。他的税收给亚美尼亚带来许多弊病；他使这个国家陷入困境，要求活人为死人交税。亚美尼亚停止了银矿开采……城市被毁，700 人死亡，1200 人被俘。穆什赫·马米科尼扬、塞缪尔和其他亚美尼亚骑士在复活节期间被以实玛利人杀害。③

阿拔斯王朝的苛税严重打乱了亚美尼亚社会秩序。为整顿混乱的局面，768 年，亚美尼亚教会在高加索阿尔巴尼亚都城帕塔夫进行宗教集结。大主教西昂·巴沃尼奇（767—775 年在职）主持会议，目的是“审查亚美尼亚教会的管理状况”④。帕塔夫会议设立了 24 项教规，规定：（1）神职人员不得因不明原因离开自己的修道院；（2）禁止第四代内的近亲结婚，福佑这类婚姻的牧师将被革职；（3）只有在配偶死亡并忏悔之后才能再婚。⑤ 上述教规是在亚美尼亚社会混乱的情况下出台的。教会的及时干预，在一定程度上稳定了社会秩序，避免了因神职人员的逃离导致普通民众的出走。穆斯林一夫多妻制和近亲结婚的习俗不符合基督教教规，因此教会对婚姻的规定，避免了穆斯林习俗对亚美尼亚社会的冲击。

---

① Step ‘anos Tarōnec ‘i, *The Universal History of Step ‘anos Tarōnec ‘i*, p. 195.

② 夏甲人（Hagarenes）是中世纪叙利亚人、希腊人、科普特人和亚美尼亚人用来描述征服美索不达米亚、叙利亚和埃及的早期阿拉伯人。

③ Kirakos Ganjakets ‘i, *History of the Armenians*, trans. Robert Bedrosian, p. 65.

④ Vasken Hakobyan, ed., *The Book of Cannon Law*, p. 31.

⑤ Vasken Hakobyan, ed., *The Book of Cannon Law*, p. 31.

曼苏尔竭泽而渔的赋税政策的动机是什么呢？首先，他推翻倭马亚王朝的公开口号是自己是“真正”的伊玛目。因此，为显示政权的合法性，新政权要表现出更狂热的宗教激情。其次，伊斯兰外部边界的重新洗牌，使南高加索地区彻底摆脱了拜占庭帝国的干预。最后，新防御工事和定居点的建设需要大量金钱，而边境省份支付的成本尚不到一半，这似乎是曼苏尔决定取消支付纳哈拉人军事津贴并提高赋税的原因之一。然而，统治者的严酷必然引起被统治者的反抗，亚美尼亚人再次起义。

二　第三次反阿拉伯起义

在民族生死存亡的关键时刻，亚美尼亚人起义了。这次起义是历次反阿拉伯起义中规模最大的一次。起义首先在瓦斯普拉坎爆发，领导者是阿茨鲁尼家族的三兄弟，并得到了阿马图尼家族的支持。[①] 瓦斯普拉坎被誉为亚美尼亚文明的摇篮，有“贵族之地”的美誉，亚美尼亚历史上多次起义都是从这里开始的。瓦斯普拉坎的叛乱分子试图把阿拉伯人赶出凡湖地区，但由于双方实力悬殊，最终以失败告终。762 年，三兄弟战死。然而，亚美尼亚人与阿拉伯人的斗争并没有停止，并迅速蔓延到整个亚美尼亚行省，但起义的领导权转到了马米科尼扬家族手中。

774 年，马米科尼扬家族的阿尔塔瓦兹德和穆什赫七世分别在自己的领地内杀掉穆斯林税吏，举兵造反。受此影响，各地纷纷效仿，袭击阿拉伯税务官。纳哈拉人蜂拥而至，支持起义，甚至时任盛大亲王巴格拉图尼家族的斯姆巴特七世（761—775 年在职）也加入起义队伍中来。起义者袭击了巴格烈万，夺取了一些堡垒，击败了从德温派来的 4000 阿拉伯骑兵。[②] 格温德给起义贴上了预定的标签：“看哪，你得救的时候到了，因为王的杖必再一次回到陀迦玛

① Vardanyan V. M., “The Armenian Princely System in Vaspurakan during the Struggle of the Armnian People against the Caliphate's Dominance (the 8th Century)”, *Fundamental Armenology*, No. 2, 2015, pp. 1 - 6.

② Ghewond, *The History of Łewond: The Eminent Vardapet of the Armenians*, p. 130.

族（亚美尼亚人），[1] 你必从以实玛利族中讨回报应。不要担心你的人数比他们少。因为你们中的每一个人可以征服一千个敌人，而你们中的两个人可以征服成千上万个敌人。”[2] 受起义成功的鼓舞，纳哈拉人集结了一支 5000 人的队伍，夺取了卡林。然而，萨哈克三世的儿子阿绍特认识到了起义带来的后果，他劝说起义者：“你们太年轻了，我知道你们无法抗拒那多头龙（阿拔斯王朝）的力量……他的国库可以为他们提供无限的物资……事实上，拜占庭帝国的皇帝对他们也无能为力。”[3] 起义者不仅不接受阿绍特的建议，反而认为他是叛国者。但阿绍特的忠告还是起到了一定作用，阿茨鲁尼家族和阿马图尼家族返回了自己的领地。巴格拉图尼家族的斯姆巴特七世不顾劝说，决心与马米科尼扬家族并肩战斗。

775 年，哈里发派遣埃米尔·伊斯玛仪率领 3 万呼罗珊兵进入亚美尼亚。在 4 月 25 日的巴格烈万战役中，亚美尼亚起义惨败。然而，巴格烈万战役的影响是深远的，正如马克·惠托所写，这场战争是“南高加索政治的分水岭”[4]。叛军被血腥镇压，随后反对派遭到清洗。在这场屠杀中幸存下来的马米科尼扬家族、巴格拉图尼家族、阿马图尼家族、拉什图尼家族、萨哈鲁尼家族和金萨健家族“要么从属其他家族，要么流亡拜占庭”[5]。事实上，除巴格拉图尼家族外，其他家族在亚美尼亚历史上不再发挥作用。起义失败后，巴格拉图尼家族为保存实力，决定完成阿拔斯哈里发下达的赋税任务。阿茨鲁尼家族也及时改变立场，宣誓效忠哈里发，并填补了巴格拉图尼家族放弃瓦斯普拉坎后的权力真空。阿拔斯王朝对伊比利

---

① 陀迦玛（Togarmah）是《创世纪》第 10 章“列国志”中的一个人物，诺亚的后裔代表了古希伯来人所知的民族。陀迦玛是雅弗的后裔之一，代表了安纳托利亚一些人的始祖。在中世纪一些神话中，陀迦玛是高加索和西亚地区人民的祖先，其中包括格鲁吉亚人、亚美尼亚人和一些突厥人。

② Ghewond, *The History of Łewond: The Eminent Vardapet of the Armenians*, p. 131.

③ Ghewond, *The History of Łewond: The Eminent Vardapet of the Armenians*, pp. 132 - 133.

④ Mark Whittow, *The Making of Orthodox Byzantium*, 600 - 1025, London: Macmilian Press Ltd., 1996, p. 213.

⑤ Mark Whittow, *The Making of Orthodox Byzantium*, 600 - 1025, p. 213.

亚贵族也进行了大清洗，并实行了一项新的移民政策，更多的阿拉伯穆斯林移居到南高加索。9—10 世纪，南高加索的穆斯林元素已经占据主导地位，高加索阿尔巴尼亚完全伊斯兰化了。①

拜占庭缺席了亚美尼亚人的起义。以前，尽管他们因教义问题矛盾重重，但也不能过于夸大它的实际意义，这可以从亚美尼亚人每次遭到劫难时，便向拜占庭帝国迁徙一事中看出来。因此，亚美尼亚与拜占庭之间的联系从未中断。那么，拜占庭为什么没有支持亚美尼亚人的起义呢？纵观亚美尼亚史，他们的政治逻辑是一如既往地鼓励外来势力的介入。阿拉伯人对南高加索的征服始于639 年，到652 年时，阿拉伯人的压力已经足够使西奥多接受穆阿维叶提出的慷慨条件。于是，他同意了亚美尼亚、格鲁吉亚和阿尔巴尼亚的投降，一起合并为阿拉伯帝国治下的亚美尼亚行省。然而，这次投降绝不是最后一次。拜占庭人不甘心失败，就在第二年，开进亚美尼亚，占领了德温。然而，拜占庭夺回亚美尼亚的尝试只是南柯一梦，很快就被赶了出来。第一次穆斯林内战鼓励了拜占庭的短暂回归。阿拉伯人围攻君士坦丁堡的失败（678）和第二次穆斯林内战的余波，为拜占庭在南高加索的回归提供了第三次机会。但与以往一样，哈里发帝国的政治动荡没有持续很久，局势很快稳定了下来，任何挑战新秩序的行为都被残酷镇压了下去。②

伊斯兰势力渗入南高加索地区后，拜占庭能发挥影响力的地方仅囿于特拉布宗。③ 如上文所述，由于宗教信仰共同基于迦克墩正统学说的缘故，君士坦丁堡同亚美尼亚之外的南高加索地区的政治联系更为紧密。尽管如此，随着阿拔斯王朝帝国统治秩序的确立，拜占庭对阿拉伯人在南高加索的扩张已经彻底无能为力了。拜占庭的退出，使得阿拔斯王朝迅速成为南高加索的统治力量，这时能够平衡穆斯林势力的力量反而来自可萨人。8—10 世纪初，除了短暂

① Aram Ter-Ghewondyan, *The Arab Emirates in Bagratid Armenia*, pp. 29 ff.

② Mark Whittow, *The Making of Orthodox Byzantium*, 600 – 1025, pp. 209 ff.

③ Mark Whittow, *The Making of Orthodox Byzantium*, 600 – 1025, p. 210.

的和微不足道的例外，拜占庭人被彻底排挤出南高加索。[1] 因此，拜占庭帝国缺席亚美尼亚人的第三次起义，也就可以理解了。

亚美尼亚起义失败的原因是多方面的。每当阿拉伯人试图强推伊斯兰教教法或提高亚美尼亚人的赋税时，哈里发的统治就会被起义打断。然而，起义总是间歇性的，从来没有形成泛亚美尼亚特征，也从来没有明确的目标、纲领和持之以恒的精神，更没有广泛发动群众。其次，纳哈拉人虽充满炙热的爱国情怀和追求民族独立的精神，但缺乏团结。在民族生死存亡的时刻，他们虽不惜自我牺牲，但一旦能够与敌人妥协且能苟且时，就安于享受外来统治下的自治或半自治地位。因此，阿拉伯人仅利用纳哈拉人之间的对抗就成功遏制了叛乱。也正因为叛乱，才导致了传奇人物萨逊的大卫诞生。

巴格烈万战役的影响是巨大的，纳哈拉人失血过多，有些家族再也没有恢复元气。起义被镇压后，曼苏尔废除了纳哈拉人享有的各种特权和军事补贴，实施更为苛刻的税收政策。之后，哈里发加紧了对南高加索省份的统治，邻国伊比利亚的贵族也被消灭殆尽。从 8 世纪中期开始，阿拉伯加速了在南高加索的殖民进程，大批阿拉伯部落到此定居，这一进程导致了阿尔巴尼亚的伊斯兰化，而亚美尼亚和伊比利亚则在一系列阿拉伯酋长国的控制之下，顽强地维护着他们的基督教文明。在亚美尼亚，纳哈拉被摧毁后所留下的权力真空被两大家族填补：南部的阿茨鲁尼家族和北部的巴格拉图尼家族。

三　贸易的停滞和经济的衰落

阿拉伯哈里发统治时期是亚美尼亚历史上的一个“黑暗时代”。这一时期，亚美尼亚经济几乎到了崩溃的边缘。当时，亚美尼亚还没有从一系列战争中恢复过来，就迎来了阿拉伯人带来的恐怖和灾难。7 世纪 40 年代，阿拉伯人从亚美尼亚南部、美索不达米亚和阿

---

[1] Mark Whittow, *The Making of Orthodox Byzantium, 600 - 1025*, p. 211.

塞拜疆方向，周期性地袭击亚美尼亚，伴之而来的是掠夺、破坏和人口被掳。不堪重负的亚美尼亚人接受了哈里发的统治，但有一个明确的条件：亚美尼亚内部自治和保留纳哈拉封建制度。

至7世纪50年代，阿拉伯人确立了在亚美尼亚的统治。在哈里发统治的第一阶段（也就是倭马亚王朝时期），亚美尼亚人发现阿拉伯人的统治不是十分苛刻，尚可接受。但在第二阶段，也就是阿拔斯王朝统治时期，亚美尼亚经济状况急剧恶化。

倭马亚王朝统治早期，阿拉伯人对亚美尼亚人的剥削虽然相对温和，但经济遭受到的打击是毁灭性的：如果它效忠哈里发，就会受到拜占庭的惩罚；如果投靠拜占庭，就会遭到阿拉伯人的报复。叙利亚历史学家戴奥尼夏（？—845）在描述阿拉伯—拜占庭战争（716—717）期间阿拉伯人对亚美尼亚的屠戮时说："这个国家以其无数的人口、众多的葡萄园、大片的谷物和各种各样的树木而闻名。从那时起，城空了，在亚美尼亚各省没有留下人口。"① 如果说倭马亚王朝与拜占庭的战争是亚美尼亚经济遭到破坏的主要原因，那么阿拔斯王朝统治时期，亚美尼亚被榨干的原因主要是不堪重负的赋税。苛捐杂税导致了人们的起义，结果被镇压下去。阿拉伯人从各户收取4迪拉姆银、3篮子麦（约29.376公斤）、1根大麻绳、1副铁手套。② 724—725年，希沙姆下令在亚美尼亚人口普查，统计了人、牛和土地的数量。③ 在这一改变之后，所有的赋税优惠都被取消了，哈里发不再像以前那样按户征税，而是引入了人头税、土地税和家畜税等新税种。新的赋税政策很快使农民和城市中下层人民破产。

由于经济遭到沉重打击，亚美尼亚陷入严重的经济危机。关于这一点，描述8世纪40年代亚美尼亚、美索不达米亚北部局势的

① Dionysius of Tell-Mahre, *La Chronique de Denys de Tell-Mahre*, trans. J-B. Chabot, Paris: Émile Bouillon Library, 1896, p. 12.

② Hakob Manandian, *The Trade and Cities of Armenia in Relation to Ancient World Trade*, trans. N. G. Garsoïan, p. 130.

③ Hakob Manandian, *The Trade and Cities of Armenia in Relation to Ancient World Trade*, trans. N. G. Garsoïan, p. 131.

资料极具启发性。如上文所述，亚美尼亚历史学家格温德证实，在哈里发曼苏尔统治时期，由于极度缺乏白银和黄金等贵金属，人们已经无法使用货币缴纳税款。它造成的灾难性后果是显而易见的，由于无法筹集到纳税所需款项，人们被迫以极低的价格变卖财产。据叙利亚人米海尔的说法，在美索不达米亚北部，当驴、牛以 1 迪拉姆的价格出售时，当地居民正把自己的孩子以 5 迪拉姆的价格交给税吏。[①] 历史学家格温德描述了货币危机的间接原因，他写道：

> [哈里发] 阿卜杜勒 [阿卜·贾法尔·曼苏尔] 做了他内心想做的一切邪恶的事情，他的灵魂被金钱的贪婪所折磨……在曼苏尔之后，他的儿子穆罕默德·马赫迪（775—785 年在位）继承了他的王位……他废除边疆税，允许商人从事贸易，满足穷人的需求。然后，这个国家就有了大量的白银，新发现的白银来源地也在扩大，这个国家的居民在强制征税的压力下得到了安宁……这是由于在我国亚美尼亚山区又发现了银。在他统治期间，人们开采纯银矿石来满足纳税的需要。[②]

从古典史家描述中可以看出，亚美尼亚经济衰退的表现之一是货币经济到自然经济的转变。政治动乱切断了通向黑海港口的国际陆路贸易。然而，在经济停滞、过境贸易持续下降的同时，新贸易、新城市开始崛起，这与倭马亚时代世界贸易的发展密切相关。这一理论显然与上述古典史家提供的证据相矛盾，并且与哈里发和拜占庭贸易关系的事实不符。尽管阿拉伯征服为世界范围内的长距离贸易和跨文化交流创造了有利条件，但毫无疑问，亚美尼亚在阿拉伯统治的最初几个世纪失去了国际贸易的中心地位，这是因为阿

① Michael the Syrian, *Chronicle*, cited in Hakob Manandian, *The Trade and Cities of Armenia in Relation to Ancient World Trade*, trans. N. G. Garsoïan, p. 131.

② Ghewond, *The History of Łewond: The Eminent Vardapet of the Armenians*, pp. 154 – 155.

拉伯帝国的国际贸易不是在亚美尼亚与拜占庭边境省份上发展起来的，而是主要与中国、印度、西班牙和整个南欧国家的贸易中成长起来的。另外，阿拉伯的繁荣期正值它与拜占庭的战争时代，在这种情况下，阿拉伯人与后者发生直接贸易关系的事实几乎可以忽略不计。从本都的托罗斯山脉到地中海沿岸，绵延着一条宽阔的边境线，两边都布满了堡垒和军事要塞。几个世纪以来，那里冲突连绵不断。只有在巴格拉图尼王朝崛起之时，途经亚美尼亚到特拉布宗的东西方贸易才成为可能。

综上所述，7—8 世纪正是阿拉伯哈里发国与拜占庭激烈斗争的时期。因此，在哈里发看来，亚美尼亚的军事意义远远大于它的经济意义。结果，亚美尼亚的国际贸易急剧衰退，甚至完全中断。

阿拉伯和拜占庭的战争给亚美尼亚城市产生了不可估量的消极影响。一方面，城市成为阿拉伯人的军事基地或殖民地；另一方面，城市在亚美尼亚人反阿拉伯起义期间多次遭到重创。这两方面的因素使它与拜占庭的贸易中断。据亚美尼亚和阿拉伯史料记载，德温、纳希切万和埃尔祖鲁姆等亚美尼亚城市都有阿拉伯驻军。因此，在阿拉伯人看来，城市的军事意义要大于它的经济意义，故这些城市被阿拉伯人称为亚美尼亚的“边境堡垒”①。在南高加索的北端，也有很多阿拉伯人的哨所，大部分都在今阿塞拜疆境内。北部哨所的建立，既可以预防拜占庭的进攻，也可抵御可萨人的入侵。拜拉祖里列举了一长串阿拉伯人建造的城市名单。② 显然，这些城市除了军事用途外，也是重要的商贸中心，并在巴格拉图尼王朝巩固时期出现了一定程度的繁荣。因此，亚美尼亚城市被毁、贸易中断与新城市、新贸易的崛起并不矛盾。

亚美尼亚新贸易的崛起，主要指南高加索各城市与阿拉伯人、可萨人和斯拉夫人的贸易。由于与拜占庭的贸易关系中断，南高加

---

① Hakob Manandian, *The Trade and Cities of Armenia in Relation to Ancient World Trade*, trans. N. G. Garsoïan, p. 133.

② Ahmad Ibn Yahya al-Baladhuri, *The Origins of the Islamic State: being a translation from the Arabic*, Vol. I, pp. 305 - 307.

索贸易中心转移到库拉河盆地一带。从 7 世纪开始，可萨人在黑海北岸和第聂伯河之间的大草原上定居下来。俄国学者克留柴夫斯基（1841—1911）说：

> 公元 8 世纪，他们中间有来自南高加索的阿拉伯人和犹太人定居了下来。犹太人的影响如此之大，以至于可萨汗国连同他们的宫廷和可萨部族上层，都改信犹太教。可萨人扩散到伏尔加河和顿河接壤的广阔草原上，在伏尔加河下游建立了统治中心。在那里，他们的首都阿提勒（汉语古籍称之为阿得水）很快成了一个巨大的通晓多种语言的市场。穆斯林、犹太人、基督徒和异教徒生活在一起。①

除了亚美尼亚人、可萨人和犹太人之外，基辅罗斯人也加入国际贸易中来。阿拉伯地理学家伊本（820—912）著有《道里邦国志》，他与罗斯首领留里克（862—879 年在位）和阿斯科尔德（？—882 年在位，第聂伯河上第一个维京王国的创建者）同时代。伊本记载了通往亚美尼亚的商路：从阿塞拜疆边陲城市卧尔珊到亚美尼亚城市达比尔共有 47 个驿站。② 罗斯商人把货物运到黑海，在那里抽取 1/10 的关税，然后他们沿顿河到达可萨人的城镇查姆里奇，该城首领也从他们那里拿走 1/10 后再从那里乘船进入里海，再用骆驼把货物运到巴格达。③ 马南德扬据此认为，8—10 世纪，南高加索的繁荣主要是他们同俄罗斯南部发展起来的国际贸易促成的。④ 也就是说，阿拉伯统治时期的亚美尼亚人的主要贸易活动转到了高加索北部。

---

① Vasili O. Kliuchevsky, *A Course in Russian History*, Vol. I, trans. Marshall S. Shatz. Armonk, New York: M. E. Sharpe, 1991, p. 146.

② ［阿拉伯］伊本·胡尔达兹比赫：《道里邦国志》，宋岘译注，第 130 页。

③ ［阿拉伯］伊本·胡尔达兹比赫：《道里邦国志》，宋岘译注，第 165 页。

④ Hakob Manandian, *The Trade and Cities of Armenia in Relation to Ancient World Trade*, trans. N. G. Garsoïan, p. 135.

第四节　8—10世纪亚美尼亚文明的特点

阿拉伯人的统治特点不同于拜占庭和波斯时代，后两者对亚美尼亚统治的本质是企图通过宗教或其他纽带将亚美尼亚融入自己的文明体系。然而，无论是希腊人还是波斯人，都没有在亚美尼亚殖民的想法。拜占庭皇帝莫里斯曾经下令将亚美尼亚军团转移他处，但这一政策没有殖民的动机，波斯人亦是如此。

哈里发帝国的组织方式不同于拜占庭和萨珊王朝。伊斯兰教随着阿拉伯人的征服运动迅速传播。与之相伴的是，阿拉伯人和阿拉伯语大规模输出并植入高加索地区。无疑，这有助于伊斯兰教在新领地上的传播和巩固。然而，亚美尼亚却是一个例外，基督教在这里已经根深蒂固，而且为了维护这种信仰，他们已经与拜占庭和波斯斗争了几个世纪。另外，在阿拉伯人到来的时候，亚美尼亚人有自己的民族语言，并被视为保持民族特性最为重要的符号。因此，当伊斯兰教和阿拉伯语在其他地方取得统治地位的时候，亚美尼亚本土宗教和语言并没有被消灭。不过，这一情况使亚美尼亚成为伊斯兰文化圈中的“孤岛”。相较于拜占庭和波斯，哈里发的宗教政策比较宽容。由于亚美尼亚行省总督只有政治属性，而非宗教领袖，所以，纳哈拉人能够在不放弃宗教信仰的情况下在阿拉伯帝国谋得一些高官要职，但在阿拉伯帝国的其他省份，基督教徒除非变节，否则几乎不可能取得这样的政治地位。然而，这一不寻常的情况有时会使高傲的哈里发无法容忍，因此，改变亚美尼亚的宗教现状，必然成为哈里发既定的统治政策。

倭马亚王朝曾在亚美尼亚推行了某些严厉的措施，但无论是倭马亚哈里发，还是后来的阿拔斯哈里发，都没有改变亚美尼亚文明的基本特征，亚美尼亚人的宗教、语言和民族价值观都未发生变化。7世纪末，穆斯林内战还在继续，因此，阿拉伯人在7世纪上半叶对亚美尼亚的入侵，与其说是远征，倒不如说是无序的掠夺。阿拉伯人认为，自他们第一次进入亚美尼亚起，就已经征服了它，但事实上，整个 7 世纪，亚美尼亚享有自阿沙库尼王朝灭亡以来从未有过的某种程度的独立。[①] 他们和阿拉伯人之间的关系基于叙利亚总督穆阿维叶和西奥多达成的协定。根据这项协定，亚美尼亚只要向哈里发表示轻微的敬意，并在需要时向阿拉伯人提供一支武装力量就足够了。

随着哈里发统治的巩固和帝国制度的完善，亚美尼亚人的政治环境发生变化。哈里发阿卜杜勒·马里克加强了对亚美尼亚的控制，形成了包括亚美尼亚、伊比利亚和阿尔巴尼亚在内的亚美尼亚行省。于是，阿拉伯帝国开始在一些军事重镇驻军或移民，在德温建立了行政机构。尽管如此，倭马亚王朝对亚美尼亚内部自治的削弱远没有阿拔斯王朝时期那样尖锐。倭马亚统治集团的主体为阿拉伯人，阿拉伯元素占主导地位，非阿拉伯人只作补充，参与政治生活的程度非常有限。尽管亚美尼亚只是一个例外，但这并不说明阿拉伯人对亚美尼亚人有特殊的好感，对纳哈拉人的屠杀就充分表明了与之相反的情况。因此，倭马亚王朝的宽容，一方面是因为阿拉伯人尚没有能力完全征服亚美尼亚，另一方面是亚美尼亚人斗争的结果。

阿拔斯王朝统治集团的主体已不再限于阿拉伯人，比如波斯因素就在倭马亚王朝的垮台中起了决定性作用。[②] 对于独立意识特别强，地缘位置又特别重要的亚美尼亚，泛穆斯林阿拔斯政府企图使用激进的税收手段彻底控制这个国家，用鲜血淹没亚美尼亚人的起义。三次反阿拉伯起义失败后，马米科尼扬家族倒台，残余的纳哈拉人纷纷出走，只有一些小的王公贵族在边缘省份苟延残喘，这给阿拉伯部落向亚美尼亚的迁徙和殖民敞开了大门。

在大批穆斯林向亚美尼亚移民的同时，亚美尼亚人向外流散，这是哈里发统治时期的一个最为重要的特点。阿拉伯人本身就是一个善于迁徙的民族，穆罕默德从麦加迁到麦地那更赋予了移民一层神圣的光环，“希吉拉”和“徙志”就是“迁徙”或“出走”的意思。起初，阿拉伯人只是零星地迁徙到亚美尼亚，巴格烈万

---

① Aram Ter-Ghewondyan, *The Arab Emirates in Bagratid Armenia*, p. 20.

② Aram Ter-Ghewondyan, *The Arab Emirates in Bagratid Armenia*, p. 21.

战役之后，移民的步伐加快。阿拉伯人向亚美尼亚移民的目的主要有：（1）传播伊斯兰教；（2）抵御拜占庭和可萨人的入侵；（3）巩固对亚美尼亚的统治。出于军事需要，大量阿拉伯人在亚美尼亚和拜占庭接壤的城市中定居了下来。[①] 这些军事移民一方面起到了威慑作用，另一方面能在战时给阿拉伯军队提供后勤支持。为抵御可萨人的入侵，哈里发把阿拉伯部落分散到阿尔巴尼亚某些地区。从阿拉伯人统治早期起，那里就有大批阿拉伯人定居。为了对抗拜占庭，8 世纪末叶以前，阿拉伯人主要向毗邻拜占庭的亚美尼亚地区移民，随着时间的推移，穆斯林移民向亚美尼亚腹地推进。例如，从阿拉伯人征服亚美尼亚伊始，苏莱姆部落在亚美尼亚西部省份参加了对拜占庭的战争，后来该部落迁到大亚美尼亚各中心省份；凯斯部落的曼苏尔·本·德加瓦纳在梅利泰内南部建立了一个以自己名字命名的要塞。[②] 很明显，在第三次反阿拉伯起义之后，阿拔斯王朝在亚美尼亚维持了一定数量的穆斯林人口。

阿拉伯历史学家和地理学家雅库比是亚美尼亚行省总督瓦迪赫的亲戚，873 年以前，他一直生活在亚美尼亚。在伊朗塔希尔王朝赞助下，他写下了《雅库比纪事》《列国志》。作者对阿拉伯人在亚美尼亚的殖民非常感兴趣，留下了大量信息，亚美尼亚历史学家反而很少关注此类问题。根据雅库比的记载，苏莱姆部落是迁徙到亚美尼亚最重要的阿拉伯部落之一，参加了穆斯林征服亚美尼亚的早期军事行动，并被哈里发安置在亚美尼亚与拜占庭帝国的接壤地带。[③] 9 世纪穆斯林历史学家拜拉祖里（806—892）声称耶齐德的母亲出身亚美尼亚休尼克贵族。[④] 耶齐德在与可萨汗国（唐朝史料中的突厥可萨部）的短暂冲突中发挥了重要作用。759/760 年，为

---

① Aram Ter-Ghewondyan, *The Arab Emirates in Bagratid Armenia*, p. 29.

② Aram Ter-Ghewondyan, *The Arab Emirates in Bagratid Armenia*, pp. 29 - 30.

③ Matthew S. Gordon, eds., *The Works of ibn Wāḍiḥ al-Ya‘qūbī, An English Translation*, Vol. 3, p. 1011.

④ Hugh Kennedy, *The Early Abbasid Caliphate: A Political History*, London and Sydney: Croom Helm, 1986, pp. 57 - 58.

改善与可萨人的关系，他与可萨可汗巴特尔联姻。巴特尔送给女儿10 万迪拉姆的嫁妆，在一批富有的随从护送下南下。两年后，公主和她的两个孩子突然死亡，可萨可汗怀疑女儿是被毒死的，于是两次出兵南高加索，摧毁了高加索阿尔巴尼亚、亚美尼亚和伊比利亚，占领了第比利斯。耶齐德逃脱了抓捕，可萨人带着成千上万的俘虏和战利品返回了北方。①

不久，耶齐德与拜占庭开战，收复了埃尔祖鲁姆，占领了小亚细亚的一些城镇。② 此后，他突然消失在历史学家的视野中，但他的家族在亚美尼亚仍有重要影响力。雅库比说，他的儿子哈尔迪、艾哈迈德和孙子苏拉米都担任过亚美尼亚行省总督。③ 苏莱姆部落的其他家族成员也在亚美尼亚担任高级官职，并鼓励阿拉伯人向亚美尼亚移民。哈里发哈伦·拉希德（786—809 年在位）也鼓励阿拉伯士兵和商人的殖民。在南高加索各地，出现了众多的阿拉伯殖民地。阿塞拜疆的巴达、格鲁吉亚的第比利斯和亚美尼亚的冈扎克、德温、纳希切万、迪亚巴克尔等城市成为阿拉伯人的首选殖民地，并分别由一名埃米尔统治。④ 雅库比描述了哈里发拉希德统治时期的移民潮：

> 拉希德任命优素福代替库扎伊玛为总督。他把许多尼扎里耶人⑤迁到这个省份，那时阿拉伯的也门人［在亚美尼亚］已经占大多数。在优素福的日子里，尼扎里耶人越来越多。然后拉希德任命耶齐德为总督，他从四面八方带来了这么多的拉比雅人，所以今天他们统治了这个省。他牢牢地控制着这个省，谁也不能招惹麻烦。此后，拉希德任命哈米德为总督……他同

---

① Kevin Alan Brook, *The Jews of Khazaria* (Second Edition), Plymouth: Rowman & Littlefield Publishers, Inc., 2006, pp. 129 – 130.

② Hugh Kennedy, *The History of Al-Tabari, Vol. 29: Al-Mansur and Al-Mahdi*, New York: State University of New York Press, 1990, pp. 70, 79, 206.

③ Matthew S. Gordon, eds., *The Works of ibn Wāḍiḥ al-Ya'qūbī, An English Translation*, Vol. 3, p. 922ff.

④ George A. Bournoutian, *Concise History of the Armenian People: From Ancient Times to the Present*, pp. 74 – 75.

⑤ 尼扎里耶派是历史上什叶派穆斯林的第二大分支，仅次于十二伊玛目。

> 一群来自迪亚尔·慕达尔部落的人前往亚美尼亚，但在那里只待了4个月就失散了。①

从雅库比的描述可以看出，阿拉伯半岛南部的也门部落先于其他阿拉伯人来到亚美尼亚，但雅库比没有直接说明他们的具体地点。尽管如此，善于经商的也门阿拉伯人无疑会将东西方交通要道上的亚美尼亚城市作为首选殖民地。迪亚尔·慕达尔部落和拉比雅部落属于北方部落。因此，阿拉伯南、北部落之间不可调和的仇恨很可能延伸到了亚美尼亚。显然，哈伦·拉希德统治时期，北方阿拉伯部落在亚美尼亚殖民地中占优势，也门人反而在亚美尼亚没有留下任何殖民地。②

迁徙到亚美尼亚的阿拉伯部落不仅有特定的目的，而且有明确的模式。他们大多定居在所谓的“亚美尼亚行省第四区”，即亚美尼亚地区。拜拉祖里在《伊斯兰国的起源》中用以下方式定义了第四区的范围：“申夏特、卡利卡拉、克拉特·阿吉什和巴朱奈斯构成亚美尼亚行省第四区。”③ 所有这些地方都是军事重镇，居住着大量阿拉伯军事移民，形成抵御拜占庭的第一道防线。另外，阿拉伯人还建造了许多城市和军事要塞。根据拜拉祖里的记载，阿拉伯将领库巴德在抵御可萨人洗劫的同时，率领1.2万人建了360座城市，其子努失儿完也建立了大量要塞、堡垒和城市。④ 拜拉祖里说：“努失儿完开始修建城墙。他用石头和铅临海筑墙。宽300迪拉（每个迪拉有两臂长），高到山顶。他吩咐人用船把石头运到海里，等石头露出水面，就在上面建

---

① Matthew S. Gordon, eds., *The Works of ibn Wāḍiḥ al-Ya'qūbī, An English Translation*, Vol. 3, p. 1177 – 1178

② Aram Ter-Ghewondyan, *The Arab Emirates in Bagratid Armenia*, p. 31.

③ Ahmad Ibn Yahya al-Baladhuri, *The Origins of the Islamic State: being a translation from the Arabic*, Vol. I, accompanied with annotations, geographic and historic notes of the Kitàb Fitûh al-Buldàn of al-Imàm abu-l Abbàs Ahmad ibn-Jàbir al-Balàdhuri, trans. Phillip Hitti, London: P. S. King & Son, Ltd., 1916, p. 305.

④ Ahmad Ibn Yahya al-Baladhuri, *The Origins of the Islamic State: being a translation from the Arabic*, Vol. I, pp. 306 – 307.

墙。这堵墙伸入海中约 5 公里。建造完成后，他在入口处安上铁门，让 100 骑兵守卫。在此之前，保卫这个地方需要 5 万士兵。"[①] 阿拉伯地理学界伊本证实了该城的建造工作，他说："当墙建成后，在入口处悬吊起一些铁门，派 100 骑兵守卫每扇门。原先守卫此地需要 5 万步兵。"[②]

在阿拉伯人迁入亚美尼亚的同时，亚美尼亚人向外流散。由于政治、经济和宗教原因，亚美尼亚人的迁出促进了阿拉伯部落的迁入。拜占庭是纳哈拉人外迁的首选目的地。7 世纪，大约 700 封建领主拖家带口流散到希腊、意大利和保加利亚等地区；8 世纪，2000 封建主逃到拜占庭帝国。[③] 封建主外迁时往往携带大批扈从、农民和牧师等人，规模相当可观。

马米科尼扬家族的瓦尔丹二世的后裔也移居到拜占庭，其中有些成员还跻身帝国高官行列。在 705 年亚美尼亚起义前，巴格拉图尼家族也离开了亚美尼亚。"斯姆巴特和他的领主们离开了这片土地，请求拜占庭皇帝给他们一座城市居住，为他们的牛群提供牧场"，格温德说，"亚美尼亚土地上已没有了贵族"[④]。

阿拔斯王朝的苛捐杂税加剧了亚美尼亚人向外流散的势头，如格温德所述，每个人都放弃了财产，只是为了能够活下来。纳哈拉人的流失，改变了亚美尼亚的政治格局，比如马米科尼扬家族在亚美尼亚本土消失得无影无踪。来到拜占庭的亚美尼亚人，一部分融入帝国官僚体系中，一部分被征召入伍。在皇帝利奥四世的一次战役中，他的 3 名将军中有 2 人是亚美尼亚贵族。[⑤]

在哈里发统治下，亚美尼亚本土的这种双向移民模式，给亚美

---

① Ahmad Ibn Yahya al-Baladhuri, *The Origins of the Islamic State: being a translation from the Arabic*, Vol. I, p. 308.

② ［阿拉伯］伊本·胡尔达兹比赫：《道里邦国志》，宋岘译注，第 277 页。

③ Tigran Yepremyan and Nicolas Tavitian, "An Introduction to the Armenian Diaspora in Europe", *Europäisches Journal für Minderheitenfragen*, 2017 (June), Issue 1 – 2, pp. 31 – 61.

④ Tigran Yepremyan and Nicolas Tavitian, "An Introduction to the Armenian Diaspora in Europe", p. 33.

⑤ Tigran Yepremyan and Nicolas Tavitian, "An Introduction to the Armenian Diaspora in Europe", p. 155.

尼亚社会带来的影响是深刻的。迁徙到亚美尼亚的阿拉伯部落迅速填补了纳哈拉外逃和平民出走留下的空白，建立了一系列公国或酋长国。然而，这些埃米尔们不仅与哈里发矛盾重重，也时常与当地封建主发生冲突。最终，这些酋长国成为阿拔斯帝国的飞地。与此同时，随着阿拉伯人与亚美尼亚人通婚现象的增加，有些阿拉伯人皈依了基督教，有些亚美尼亚人皈依了伊斯兰教，甚至有的阿拉伯部族融入纳哈拉封建体系中。在这种情况下，埃米尔不再是临时总督或驻军指挥官，而是把亚美尼亚当成了家园。

众所周知，阿拉伯部落军事贵族兴起于阿拉伯半岛，当他们迁徙到亚美尼亚时，那里的经济条件和社会结构与沙漠中的情况截然不同。在阿拉伯沙漠，各部落有明确的活动区域，他们四处游荡，只关心羊群。显然，这与以农业和手工业为主的亚美尼亚社会不同。因此，新来者与当地人的经济生产，既能互补，又不可避免地发生冲突。

从政治社会的角度看，在阿拉伯社会中，部落是最重要的社会单位，家庭血缘关系在社会生活中起着决定性的作用，因此每个部落成员都要忠于首领，具有明显的父权特征。部落首领一般是从给定部落中占据主导地位的家族中选出来的。然而，当打着伊斯兰教旗号的阿拉伯部落成群结队地从干旱的沙漠驶向肥沃地区时，情况发生了改变。倭马亚王朝后期，在被征服土地上永久定居的倾向和获取土地的欲望发展起来。这样一来，阿拉伯人逐渐适应了当地风俗习惯，上层开始与亚美尼亚贵族同流，甚至结成同盟。这种现象在阿拔斯王朝时期尤为明显，标志着阿拉伯社会结构的转型。因此，阿拉伯人不仅受到被征服地区土地制度的影响，而且也在很大程度上受被征服地区政治、经济和生活方式的影响。然而，这种影响因地而异。尽管如此，阿拉伯人始终未能占据多数，亚美尼亚人没有像其他民族一样彻底改变宗教信仰。因此，许多阿拉伯贵族为获得世袭高官，都愿意进入纳哈拉体系中。例如，贾哈普·卡伊斯娶了马米科尼扬家族的一个女继承人。[①] 因这桩婚事，他取得了纳

---

① Aram Ter-Ghewondyan, *The Arab Emirates in Bagratid Armenia*, pp. 33, 34, 48.

哈拉的世袭特权和部分世袭领地。当然，这并不是个例，其他阿拉伯贵族也愿意与纳哈拉人联姻，比如贾哈普·卡伊斯的侄子萨瓦德娶了巴格拉图尼家族的公主。[①] 很明显，建立家庭关系的先决条件是接受纳哈拉制度的既定习俗，这是阿拉伯部落贵族在亚美尼亚取得成功的必不可少的步骤。由此可见，纳哈拉制度对阿拉伯部落的局部影响非常大。当然，这种情况并不适用于所有的阿拉伯部落，有的部落则尽可能与纳哈拉人保持一定距离，顽固地坚守着自己的传统生活方式和习俗。[②]

对哈里发来说，阿拉伯移民是一把双刃剑。9世纪上半叶，阿拉伯殖民者表现出强烈的分离主义倾向，融入亚美尼亚封建体系的趋势日益明显。起初，殖民者积极支持地方武装抵抗拜占庭和可萨人的袭击。但是，他们一旦拥有了土地，便开始寻找一切机会，切断与哈里发的联系，企图成为独立的统治者。因此，无政府主义的阿拉伯部落酋长国与哈里发之间必然发生冲突，甚至与纳哈拉人一道对抗巴格达的哈里发政权。[③] 在亚美尼亚人的反阿拉伯起义中，也能见到阿拉伯人的影子。[④] 哈伦·拉希德去世后，哈里发的权威开始衰落，亚美尼亚的埃米尔们的独立倾向愈益严重，总督驻地从德温迁到巴达。阿拉伯权力的分裂，为巴格拉图尼家族阿绍特一世的崛起提供了机会。然而，当哈里发承认巴格拉图尼王朝的阿绍特一世为合法的国王时，其他阿拉伯酋长国无疑也会向哈里发提出独立的政治要求。因此，当拜占庭铲除了亚美尼亚的一些酋长国时，受益的不是亚美尼亚人，反而是库尔德人，具体见后文。

城市的崛起是阿拉伯统治的另一个重要特点。阿拉伯人出于经济和军事目的，偏爱居住在城市中。如前文所述，他们在亚美尼亚建立了许多城市，加速了亚美尼亚城市化的进程，促进了经济的增长。阿拉伯人到来之前，纳哈拉人的主要根据地在农村；阿拉伯人

① Aram Ter-Ghewondyan, *The Arab Emirates in Bagratid Armenia*, p. 48.

② Aram Ter-Ghewondyan, *The Arab Emirates in Bagratid Armenia*, pp. 48 – 49.

③ George A. Bournoutian, *Concise History of the Armenian People: From Ancient Times to the Present*, p. 75.

④ Aram Ter-Ghewondyan, *The Arab Emirates in Bagratid Armenia*, p. 49.

到来之后，市井生活给亚美尼亚经济和社会文化生活注入了新的活力。生活在城市中的人，逐渐摆脱了纳哈拉制度的束缚和对教会的依附，为封建制度的解体埋下了种子。在阿拉伯人占据优势的地方，伊斯兰教法成为普遍适用的法律体系，这无疑破坏了亚美尼亚传统，导致一些地区伊斯兰化。

总之，阿拉伯人的统治给南高加索带来的影响是深刻的。亚美尼亚的邻居阿塞拜疆和伊朗最终都伊斯兰化了，但亚美尼亚人的基督教信仰却铁板一块，始终未从一种宗教文化变为另一种宗教文化。如前文所述，亚美尼亚文明的正统与异端的两分法是在公元5世纪提出并概念化的。从那时起，亚美尼亚人的信仰、语言和宗法制的观念成为亚美尼亚文明的基本要素。几个世纪以来，他们一直以武力维持着这些文明的因子。在阿拉伯人到来之前，亚美尼亚文明是在拜占庭和波斯的平衡中成长起来的，亚美尼亚制度的正统性也正是在两者的宗教信仰的基础上形成的。政治上追求独立的精神曾经使亚美尼亚人既放弃了琐罗亚斯德教，又疏远了拜占庭的希腊正统，但阿拉伯人的到来完全打破了这种旧有的模式，一个全新的、主要基于城市的宗教政治文化植入亚美尼亚社会。

第八章　马米科尼扬家族的兴衰：4—8 世纪

2019 年 5 月 14 日，中国国家主席习近平在北京举行“亚洲文明对话大会”之际会见了亚美尼亚总理尼科尔 · 帕希尼扬。其间，帕希尼扬说：“这是一个很好的与您见面并讨论两国前景的机会，亚美尼亚和中国都是历史悠久的文明古国。亚美尼亚手稿早在 5 世纪就描述了我们两国人民之间的关系。这些关系有商业的、人道主义的和政治方面的内容。与中国建立建设性和富有成效的关系对我们非常重要。”① 2019 年 4 月 2 日，亚美尼亚驻华全权大使谢尔盖 · 马纳萨良访问天津师范大学时告诉笔者：亚美尼亚的马米科尼扬家族来自中国。

帕希尼扬提到的 5 世纪亚美尼亚手稿指的是莫夫谢斯的《亚美尼亚史》；“两国人民之间的关系”指马米科尼扬家族的祖先从中国迁到亚美尼亚一事。笔者正是基于该家族起源于中国的缘故，在本章中单独论述马米科尼扬家族的起源与兴衰。

公元 4—8 世纪的亚美尼亚是马米科尼扬家族的时代。家族领地主要在亚美尼亚历史上的塔伦、萨逊和巴格烈万地区。428—652 年间，这个家族的很多成员出任马尔兹班（总督），代表波斯“万王之王”统治亚美尼亚。然而，该家族最负盛名的是阿瓦雷尔战役中牺牲的瓦尔丹。

---

① Stepan Kocharyan, “Կայացավ վարչապետ Փաշինյանի և Չինաստանի նախագահի հանդիպումը”, 2019 - 5 - 14, https: //armenpress. am/eng/news/974724/, 2019 - 6 - 11.

马米科尼扬家族的守护神是圣霍夫汉内斯·卡拉佩特，亦称“施洗者约翰”。至今，在土耳其穆什省西北35千米处的森格里村尚存有公元4世纪启蒙者圣格雷戈里修建的圣霍夫汉内斯·卡拉佩特修道院，或称“哥拉克修道院”。该修道院是马米科尼扬家族塔伦亲王的大本营，其家族成员被视为施洗者约翰的圣斗士和守护神。根据亚美尼亚人的传说，这个修道院有治愈精神疾病的神奇功效。今天，在亚美尼亚人民的心目中，马米科尼扬家族仍享有极高的威望。

第一节　中国起源之谜

亚美尼亚和中国（后文简称“亚中”）互动的历史源远流长。“亚美尼亚”一词在汉语语境中有“亚洲的美丽少女”之意，“中国”一词在中世纪亚美尼亚手稿中作“Chenk”“Chinistan”，在现代亚美尼亚语中拼写为“Ch’inastani”，意谓“光明之国”。

马米科尼扬家族的起源一直是历史之谜，目前有各种假说，如“大夏说”“吐火罗说”“高加索说”“斯基泰说”等。5世纪，亚美尼亚史学家莫夫谢斯声称，三百年前，中国的一个贵族奋起反抗同父异母的兄弟——中国的天子。失败后，他们逃到波斯国王那里，波斯国王不顾天子引渡罪犯的要求，把他们送到了亚美尼亚。关于这件事，莫夫谢斯专门在“马米科尼扬家族从哪里来和什么时候兴起的”章节中进行了阐述，内容如下：

> 萨珊的儿子阿尔达希尔（224—241年在位）死了，将波斯王位留给儿子沙普尔（241—272年在位）。据说，在他的时代，马米科尼扬祖先从东北来到亚美尼亚，他来自所有民族中最勇敢和高贵的国家，我指的是中国人的土地，故事是这样的：
>
> 在阿尔达希尔去世的那一年，有个叫阿尔博克的中国天子——在他们的语言里是“王国的荣耀”的意思。他有两个收养的兄弟，分别叫鲍多赫和马姆贡，他们都是伟大的诸侯。当

鲍多赫诋毁马姆贡时，中国天子阿尔博克命令杀死马姆贡。马姆贡听说后，不遵王命，带着随从逃到波斯国王阿尔达希尔那里。阿尔博克派使者寻求引渡，但被阿尔达希尔拒绝了，中国国王准备对他发动战争。但此时阿尔达希尔去世，沙普尔登基。

现在，沙普尔虽没有把马姆贡交给他的主，不过也没有让他［继续］呆在雅利安人的土地上（伊朗），而是打发他及其所有的随从像流放一样把他们送到了亚美尼亚总督那里。然后，他派人去见中国的国王，说："我父曾在太阳下向你起誓，我不能将马姆贡交到你手里，愿你别盛怒。我已将他从我的国逐到极西，这已等同于死亡。所以我们之间不再有战争。"正如他们所说，中国人是天下所有居民中最热爱和平的人，所以同意和平共处。显然，中国人民真正致力于和平与生活。

他们的国家有各种各样的果子，有美丽的植物装扮，丰富的藏红花、孔雀和丝绸……至于我们的衣服，就是少数人穿的袍子，在他们看来，是平常的衣服。中国的土地如此广袤。

于是，马姆贡违背自己的意愿来到我们的国家，遇到了返程中的梯利达特……①

以上是莫夫谢斯对马米科尼扬家族起源的描述。那么莫夫谢斯的史料来源是什么呢？是道听途说，还是有据可循？如前文所述，梅斯罗布发明亚美尼亚字母后，出于翻译《圣经》的需要，派莫夫谢斯等一批留学生前往叙利亚的埃德萨、埃及的亚历山大、拜占庭的君士坦丁堡和希腊的雅典等地学习希腊语和叙利亚语。彼时，中国的丝绸早已在上述各地闻名遐迩，因此，博学多识的莫夫谢斯不可能不知道中国的存在。根据莫夫谢斯的说法，马姆贡到达亚美尼亚的时间在阿尔达希尔一世去世前不久（稍早于公元241 年的某个时间），这个时间与莫夫谢斯生活的时代相距约 200 年。从时间差上说，它与莫夫谢斯生活的时代，并不是很遥远，

① Movses Khorenatsi, *History of the Armenians*, trans. Robert W. Thomson, pp. 229 – 233.

因此，亚美尼亚人对马姆贡一事应该尚有记忆。另外，在莫夫谢斯时代，马米科尼扬家族已经在亚美尼亚声名显赫，因此，他不可能杜撰一个同时代贵族家族起源的故事。中国学者张星烺认为，莫夫谢斯引用了希腊人的材料，马米科尼扬家族迁徙到亚美尼亚一事虽不见于中国正史，但足以说明古代中国已经与亚美尼亚有了政治上的联系。①

莫夫谢斯引用的史料，用他自己的话说，是在尼尼微档案馆里发现的一份关于世界各国历史的希腊语手稿。这份手稿依照亚历山大的命令编撰，遗憾的是，他没有说出手稿的具体名称。前哈佛大学亚美尼亚研究系主任罗伯特·汤姆森认为，莫夫谢斯的《历史》存在各种各样的时代错误。② 1978 年，汤姆森翻译出版了莫夫谢斯的《亚美尼亚史》，他在“序言”中指出，莫夫谢斯对中国的描述来源于 7 世纪亚美尼亚科学家阿纳尼亚·希拉克茨（约 610—685）的长版本（L）和短版本（S）《地理学》。③ 然而，汤姆森的“莫夫谢斯并非生活于 5 世纪的观点”不被学术界接受，④ 大多数学者承认莫夫谢斯的《历史》比较可靠，而且也是完成于 5 世纪，具体见前文相关论述。

事实上，莫夫谢斯和阿纳尼亚都在很大程度上使用了希腊资料，特别是后者广泛使用了 4 世纪亚历山大的帕普斯（290—350）的地

---

① 张星烺：《中西交通史料汇编》第 3 册，中华书局 1978 年版，第 10 页。

② Robert W. Thomson, “Armenian Literary Culture through the 11th Century”, in Richard G. Hovannisian, ed., *The Armenian People from Ancient to Modern Times, Volume I: The Dynastic Periods: from Antiquity to the Fourteenth Century*, p. 215.

③ Ananias of Širak, *The Geography of Ananias of Širak: the Long and the Short Recensions*, introduction, tanslation and commentary by Robert H. Hewsen, Wiesbaden: Dr. Ludwig Reichert Verlag, 1992, p. 2.

④ Petros Hovhannisyan, “Review of History of the Armenians”, *Banber Yerevani Hamalsarani*, Vol. 45, 1982, pp. 237 – 239; Levon Ter-Petrosyan, “Movses Khorenats ‘i, History of the Armenians, Translation and Commentary on the Literary Sources by Robert W. Thomson (Review)”, *Patma-Banasirakan Handes*, No. 1, 1980, pp. 268 – 270; Vrej Nersessian, “Review of History of the Armenians”, *Journal of Ecclesiastical History*, pp. 479 – 480; Albert Musheghyan, “Որտե՞ղ է գտնվել Մովսես Խորենացու հիշատակած Բյութանյան”, *Patma-Banasirakan Handes*, 1, 1990, and idem “Վասպուրական տերմինի նշանակությունը Հայ դասական մատենագրության մեջ”, *Iran Nameh*, 2 – 3, 1996.

理资料（现已失传），而帕普斯的地理资料又以公元 2 世纪托勒密的《地理学》为基础。[①] 根据《地理学》的描述，托勒密对“蚕丝民族（中国）”有所了解，甚至记载了地中海到中国的丝绸路线。[②] 因此，到叙利亚和希腊留学的莫夫谢斯从希腊文献中知道了中国的一些情况。

尽管莫夫谢斯对马米科尼扬家族源于中国一事的论述最为学者所接受，但最早提到该家族来自中国的亚美尼亚学者却是拜占庭的浮士德。浮士德生活于 4 世纪末 5 世纪初，稍早于莫夫谢斯。他用希腊文著有 6 卷本《亚美尼亚史》，前两部已遗失。他详述了 4 世纪亚美尼亚国王阿沙克二世和帕普统治期间的亚美尼亚历史，其中两次提到了马米科尼扬家族起源于中国。第一次记在第 5 卷第 4 章中。根据浮士德的说法，巴加万之战后，帕普与他的将军穆什赫一世·马米科尼扬有一段对话，内容如下：

> 当国王帕普听到这些话时，哭了起来，从椅子上站起来，抱着穆什赫，伏在穆什赫的脖子上哭着说：“敢于说穆什赫坏话的人该死，你是一个勇敢而可敬的人。从民族上看，他（马米科尼扬家族的祖先）和我们一样光荣。因为他的祖先离开中国，来到我们这里。他们为我们的祖先而生，他的父为我的父而死。他忠心耿耿地劳累到死。上帝常常藉着我们父的祷告和祈求，使我们得胜。”[③]

在第 5 卷第 37 章中，浮士德再次提到了马米科尼扬家族的起源。这次是曼纽尔·马米科尼扬与亚美尼亚国王瓦拉扎特的对话：

---

① Ananias of Širak, *The Geography of Ananias of Širak: The Long and the Short Recensions*, introduction, tanslation and commentary by Robert H. Hewsen, p. 1.

② J. Lennart Berggren and Alexander Jones, *Ptolemy's Geography: An annotated translation of the theoretical chapters*, Princeton: Princeton University Press, 2000, pp. 22, 27, 71, 72, 74, 150.

③ Buzandats' i P' awstos (Faustus of Byzantium), *The Epic Histories attributed to Pawstos Buzand*, trans. and commentary by N. G. Garsoïan, p. 218.

> 因为我们的祖先是中国的君王。因兄弟相争，［为免］流血，我们离开那［地］，来到这里［在亚美尼亚］栖身。最早的阿萨息斯国王知道我们是谁，我们来自哪里。[①]

除莫夫谢斯和浮士德外，7 世纪佚名作品《亚美尼亚初史》(又称《先民史》)[②] 的第四章题为“马米科尼扬家族的起源”，内容如下：

> 他们是我们国家先祖亚美纳克先祖的后裔，但他们是在帕提亚人的国王阿尔达万[③]和亚美尼亚霍斯罗夫大帝时从中国来的——这是我从一个大人物那里听到的，他以使者的身份从中国国王那里到了霍斯罗夫国王那里。我在朝廷上问他：“亚美尼亚有一个贵族家族，据说来自你们的国家。”他回答说：“我们国家的诗人提到马米科和科纳克，他们是勇敢而杰出的血亲兄弟，他们是卡纳姆亲王的儿子，卡纳姆亲王在中国排名第二。这人死后，他们的国王娶了他的遗孀为妻。她生了一个儿子。现在这个儿子在他父亲死后，成功地坐上了父王的宝座。他的两个同母异父的弟兄［马米科和科纳克］竟背叛他。他们召集一部分领主和军队，宣誓团结一致。他们密谋杀死他们的兄

---

① Buzandats‘ i P‘ awstos (Faustus of Byzantium), *The Epic Histories attributed to Pawstos Buzand*, trans. and commentary by N. G. Garsoïan, p. 263.

② 这部名为《亚美尼亚初史》或《先民史》的短篇作品描述了亚美尼亚人的早期传奇历史。《初史》共六个章节（三个叙事性章节和三个按时间顺序排列的章节）。第一章叙述了亚美尼亚人的始祖哈依克；第二章描述了帕提亚王朝的兴起和亚美尼亚阿萨息斯王朝的建立；第三章是一个简短的“年谱”；第四章叙述了马米科尼扬家族的起源，但缺少了起始行或段落；第五章和第六章列出了一份拜占庭、波斯王表，最后以萨珊帝国末代君主伊嗣埃三世（632—651）的统治结束。关于《初史》的作者，颇有争议。罗伯特·休森认为，它是由亚美尼亚国王梯利达特三世（287—330）的秘书阿伽桑格罗斯（Agathangelos）所著。相关观点，可参见 Robert H. Hewson, “The Primary History of Armenia: An Examination of the Validity of an Iimmeoriality Transmitted Historical Tradition”, *History in Africa*, Vol. 2, 1975, pp. 91 - 100。

③ 阿尔达万即帕提亚末代君主阿尔达班四世（Artabanus IV，约 216—224 年在位）。

弟——天子，打算接管他的王国。

马米科和科纳克在当地的一个地方集结兵力对付他；这个国家的军队分成了两支。天子闻讯后，也召集他的军队，出去与他们作战。他们互相攻伐，拔剑相向，叛军被全部消灭了。马米科和科纳克就逃到了正在贵霜的巴赫－沙阿斯坦（在今阿富汗境内）的帕提亚国王那里。两国之间有和平条约。

那时，天子坚持不懈地从安息国王那里寻找他们："消灭[他们]。否则，我们之间的和平条约就会被撕毁。"然而，后者赦免了这两个人，没有把他们交到他手上，而是友好地给他写信说："愿我们之间的和平誓言坚如磐石，因为我已经向他们发誓，不会杀害他们。"但我把他们带到世界的边缘，带到太阳进入母亲的地方。"

于是，安息国王命令他的军队严加看管他们，连同他们的妻子、儿子和他们的所有财产，把他们带到亚美尼亚，交给他的亲戚阿萨息斯国王，他是亚美尼亚的国王。他们在那里子孙众多，来自马米科和科纳克的后裔成了大族。①

上述史料都来自亚美尼亚历史学家的作品。英国历史学家爱德华·吉本在《罗马帝国衰亡史》中也讲述了一个马米科尼扬家族的祖先如何逃避中国皇帝追捕的故事，他说：

在亚美尼亚贵族中出现了一个同盟，他们的命运非凡，不容忽视。他的名字叫马姆贡，出身斯基泰人，承认他权威的部落数年前驻扎在中华帝国的边陲，那时中国的势力已到粟特。由于马姆贡得罪了他的主人，退到奥克苏斯河（阿姆河的旧

① 1978 年，罗伯特·汤姆森将《亚美尼亚初史》（或《先民史》）的译本以附录的形式附在译作莫夫谢斯的《亚美尼亚史》一书中，见"The Primary History of Armenia", in *Movses Khorenats ' i History of the Armenians*, trans. Robert W. Thomson, pp. 367 – 368. G. V. Abgaryan 以大量手稿及文献碎片为基础出版了评述版谢别奥斯的作品，其中包括了《初史》，见 G. V. Abgarya, ed. , *Patmut' iwn Sebe ' osi*, Erivan: Haykakan SSH GA Hratar, 1979, pp. 55 – 56。

> 称）岸，并向沙普尔恳求庇护。中国皇帝以主权为由要求交出逃亡者。波斯君主以友好习俗为借口，但又为避免战争，承诺将马姆贡流放到大地的极西，进行惩罚。正如他所描述的，它的可怕程度不亚于死亡本身。亚美尼亚被选为流放之地，指定了一大块区域给这些斯基泰部落，他们可以在那里放牧他们的牛羊，根据季节迁徙他们的营地……亚美尼亚王公深知马姆贡的优点和实力，对他十分尊敬；由于非常信任马姆贡，他（亚美尼亚国王）得到了一个勇敢而又忠实的仆人，有效地助他恢复了权势。①

上述是详细描述马米科尼扬家族起源的四种说法，其中前三个来自5—7世纪亚美尼亚历史学家。爱德华·吉本的描述无疑基于亚美尼亚史家的记载，内容基本一致，只不过在他那里，这个家族与中国的天子已经没有亲缘关系了，而且年表晚了近半个世纪。②

综合上述史家的看法，可以发现以下几个共同特征：（1）马米科尼扬家族的确与中国有关，并在中国有着重要的政治地位；（2）他们被中国皇帝击败后逃到伊朗，再辗转到亚美尼亚；（3）马米科尼扬家族到达亚美尼亚的时间约为阿尔达希尔一世去世的那一年（241年），也就是曹丕篡汉20余年后；（4）马米科与马姆贡为同一人；（5）亚美尼亚史家异口同声地称呼中国人为“Chenk”，中国皇帝为“Chenbakur”。上述亚美尼亚史家的描述，应该不是互相抄袭的结果，而且学界几乎一致认为，马米科尼扬家族的祖先来自中国。尽管如此，确定马

---

① Edward Gibbon, *The History of the Decline and Fall of the Roman Empire* (revised), Vol. I, Philadelphia: Porter and Coates, 1845, p. 239.

② 吉本说，286年马姆贡与亚美尼亚结成同盟，因此吉本笔下马姆贡到亚美尼亚的时间比莫夫谢斯说的时间晚了40余年。亚美尼亚历史学家米歇尔·图曼尼恩认为，马米科尼扬家族从中国来到亚美尼亚的时间是公元前221年左右，当时秦国正大规模对外征服。相关观点，可参见Robert Bedrosian, “China and the Chinese according to 5 - 13th Century Classical Armenian Sources”, *Armenian Review*, Vol. 34, No. 1 - 133, 1981, pp. 17 - 24。

米科尼扬家族是否来自中国的另一个关键证据是确定“Chenk”和“Chenbakur”的含义。

目前，造成马米科尼扬家族源于中国的各种争议主要是对“Chenk”一词的解读。[①] 亚美尼亚历史学家尼古拉斯·阿登茨（1871—1942）推测，亚美尼亚早期史料中的“Chenk”不是中国人，而是亚美尼亚西北部詹族（Tzans）部落的称呼。[②] 他给出的理由是，中世纪亚美尼亚语“詹族”发音为“Chanik”，因此，“Mamikonean”一词是格鲁吉亚语“mama”（父亲）加上了亚美尼亚语词缀“ik”构成的。20 世纪 20 年代，又有学者提出一种假设——亚美尼亚资料中的“Chenk”是对河间地带操伊朗语的某个族群的称呼，比如中国西北部的吐火罗人。[③] 亚美尼亚文学家马努克·阿贝吉扬（1865—1944）提出，马米科和科纳克是印度民间传说中的吉萨尼赫和季米特尔。[④] 爱德华·吉本认为，该家族的祖先是斯基泰人。法国的让—皮埃尔·马艾则认为，马米科尼扬家族为伪中国人家谱，纯粹为传说。[⑤] 其他一些说法没有提到遥远的中国，比如瓦汗·库尔克坚持认为，该家族最初是在亚美尼亚国王梯利达特二世统治时期从阿富汗北部的大夏移民过来。[⑥] 那么，亚美尼亚史家笔下的“Chenk”是否是“中国人”一词呢。要正确解读该词的含义，需要将语言学与历史背景结合起来。

众所周知，中国与西亚的经济文化交流自史前时代就已存在，到了安息和萨珊波斯帝国时期，中国与波斯人的交往已成为常态，甚至互派使节。在波斯语中，“中国”一词作“Chīn”，而波斯语的“Chīn”又源于《罗摩衍那》《摩奴法典》中对“中国”一词的梵

---

① 笔者所接触到的外文文献一致将“Chenk”解读为中国。

② Nicholas Adontz, *Armenia in the Period of Justinian: The Political Conditions Based on the Naxarar System*, p. 313.

③ H. Skold, “L’ Origine des Mamiconiens”, *Revue des etudes armeniennes*, 1925, pp. 134 - 135.

④ Manuk Abeghian, *Աշխատանքները* (Works), Vol. III, Yerevan, 1968, p. 447.

⑤ ［法］让—皮埃尔·马艾：《亚美尼亚人和中国》，《复旦大学学报》（社会科学版）2014 年第 3 期，第 33—45 页。

⑥ Vahan M. Kurkjian, *A History of Armenia*, p. 108.

语称呼“Cīna”。[1] 尽管梵语“中国”一词的起源尚有争论，但毫无疑问，它与“秦”有关。[2] “秦”是中国第一个统一王朝的称呼，与西部民族接触较多，中亚到西亚一带的人民在汉朝末年时期仍称中国为“秦国”。亚美尼亚语“Chenk”由“chen” + “k”构成，后缀“k”在亚美尼亚语中表示“人”的意思，故“Chenk”的含义表示“中国人”。换句话说，亚美尼亚史家借鉴了波斯语“Chīn”，称中国人为“Chenk”。如前文所诉，亚美尼亚语从波斯语中吸收了大量词汇，何况马米科尼扬时代，亚美尼亚本身就是波斯帝国的属国，故“Chen”源于波斯语“Chīn”是完全有可能的。

“Chenbakur”是确定马米科尼扬家族是否来自中国的另一个关键词。“Chen”为“秦”，即“中国”的意思，“bakur”在波斯语中意谓“神之子”。[3] “Chen + bakur”应为“中国的神之子”，即中国的皇帝，也就是天子的意思。9 世纪，阿拉伯历史学家雅库比称中国的国王为“Baghbūr”，[4] 间接证实了“Chenbakur”为中国“天子”的含义。“Baghbūr”在阿拉伯史料中反复出现，意为“上帝之子”。

7 世纪，亚美尼亚地理文献对中国的描述，证实了笔者的上述推断。阿纳尼亚·希拉克茨是亚美尼亚著名的地理学家、天文学家、哲学家、数学家和化学家，其作品非常可靠，被誉为亚美尼亚的“自然科学之父。”[5] 他的《地理学》详细描述了大亚美尼亚、

---

① Geoff Wade, “Geoff Wade, “The Polity of Yelang (夜郎) and the Origin of the Name ‘China’”, *Sino-Platonic Papers*, No. 188, 2009 (May), p. 20. 英语单词“China”的形容词“Chinese”源于葡萄牙语“chinês”，而葡萄牙语“chinês”源于波斯语“Chīn (چين)”，波斯语“Chīn”又源于《罗摩衍那》和《摩奴法典》中的梵语“Cīna (चीन)”。

② Martin Martino, “Preface”, in *Novus Atlas Sinensis*, Vienna, 1653, p. 2.

③ Ananias of Širak, *The Geography of Ananias of Širak: Ašxarhac‘oyc‘, the Long and the Short Recensions*, introduction, translation and commentary by Robert H. Hewsen, p. 240. 在该书的第 127 条注解中，休森说“Chenbakur”来自中部伊朗语“Cen baypubr”，即中国皇帝的意思，意谓“神之子”。休森在追溯中国国王阿博克的兄弟，也就是马米科尼扬家族的起源时，把“Chenbakur”翻译为“王国的荣耀”。

④ Matthew S. Gordon, eds., *The Works of ibn Wāḍiḥ al-Ya‘qūbī, An English Translation*, p. 1139.

⑤ Robert W. Thomson, “Armenian Literary Culture through the 11 Century”, in Richard G. Hovannisian, ed., *The Armenian People from Ancient to Modern Times: Vol. I: The Dynastic Periods: From Antiquity to the Fourteenth Century*, pp. 199 – 240.

南高加索和波斯帝国的历史地理。该作品有两个版本：长版本（L）和短版本（S）。长版本是原稿。① 他在描述欧洲、北非和亚洲时(从西班牙到中国的已知世界)②，使用了现已失传的 4 世纪亚历山大的帕普斯的《地理学》。阿纳尼亚在其《地理学》中详述了“Chenk”的地理位置，他说：

> 第 34 个国家是斯基泰……东面与中国接壤……伊马厄斯山（喜马拉雅山）以南的拐弯处是印度，并向更远的艾莫德山延伸，艾莫德山将斯基泰人和印度人分隔开来。东面与中国接壤。
>
> ……
>
> 第 35 个国家是印度……它从那里一直延伸到艾莫德山（唐古拉山）和中国的边界，在恒河的东部和西部分成两部分。③
>
> ……
>
> 第 37 个亚洲国家是西瓦尼卡，即中国。它的西部与斯基泰人接壤，北部和东部与未知的土地接壤，南部与印度接壤。中国是一片辽阔的平原，居住着 29 个民族……这里出产的丝绸比其他任何国家都多、都好。勤劳的人民通过纺织业致富。国王或“Chenbakur”，居住在该国东南部的西拉（西安）。④

根据阿纳尼亚的描述，可以发现，他对中国地理位置的描述基

① John A. C. Greppin, “Comments on Early Armenian Knowledge of Botany as Revealed in the Geography of Ananias of Shirak”, *Journal of the American Oriental Society*, Vol. 115, No. 4, 1995, pp. 679 – 684.

② Edward G. Mathews, Jr. , “Anania of Shirak”, in Paul T. Keyser and Georgia L. Irby-Massie, eds. , *Encyclopedia of Ancient Natural Scientists: The Greek Tradition and its Many Heirs*, London-New York: Routledge, 2008a, p. 71.

③ Ananias of Širak, *The Geography of Ananias of Širak: Ašxarhacʻoycʻ*, the Long and the Short Recensions, introduction, translation and commentary by Robert H. Hewsen, pp. 74 – 75.

④ Ananias of Širak, *The Geography of Ananias of Širak: Ašxarhacʻoycʻ*, the Long and the Short Recensions, introduction, translation and commentary by Robert H. Hewsen, p. 76. 该书第 241 页的第 116 条注解说：“西瓦尼卡（Siwnikia）肯定是赛里斯，也就是‘丝绸民族’。”第 128 条注解说：“西拉（Sera）来自拉丁语‘丝绸’，即中国古都西安府，位于黄河交汇处以北 100 英里的渭河附近，但也有可能指洛阳。”

本正确。然而，阿纳尼亚使用的资料主要源自希腊，因此，也使用了希腊罗马作家的“赛里斯国”术语，[①] 而赛里斯国在亚美尼亚语中的发音是“Siwnikia”。除此之外，“Chenbakur”一词反复出现在阿纳尼亚的地理学中，而且意思与莫夫谢斯等亚美尼亚史家所指的一样，皆谓“天子”。

亚美尼亚学者格温德的《亚美尼亚史》进一步实证了“Chenk”就是“中国人”的意思。格温德被公认为值得信赖的亚美尼亚历史学家，其《历史》主要讲述了632—788年间阿拉伯帝国统治的一些情况，并正确列出了哈里发国的君主列表。他在描述中国时也使用了“Chenk”“Chenbakur”一词。在第11章中，他如是说：

> 在此期间，将军穆罕默德［伊本·马尔万］怒火中烧，［这次］攻打的是中国人的土地。他向以实玛利人的王公请求了许多军队，并承诺要使中国的国王臣服于他。哈里发召集了很多军队，多达20万人，把他们交给了他。带着这支大军，穆

---

① 赛里斯国（Serica）是古希腊罗马地理学家已知的亚洲最东端的国家，通常指周、秦、汉时期的中国北部。这个词汇是通过陆路丝绸之路传到西方的，并与通过海上丝绸之路传到西方的“秦尼（Sinae）”形成鲜明对比。中世纪，西方对中国北方的称呼为“契丹（Cathay）”，对中国南方的称呼为“蛮吉（Mangi）”。在西方古典文献中，赛里斯国的居民称作“赛里斯”。有时，赛里斯也用于指中国的其他地区。在汉人征服塔里木盆地后，西方通往中国的道路更加畅通，萨珊征服帕提亚帝国后，丝绸之路在某种程度上又被封锁了。苏格兰东方学者亨利·裕尔（1820—1889）总结了古典地理学家对赛里斯国的印象，承认了赛里斯国就是中国、赛里斯人就是中国人的说法。他说：“如果我们省略反常的陈述和明显的寓言，将赛里斯和他们的国家的古代信息结合起来的话，那么结果如下：赛里斯人的地区是一个地域广阔、人口众多的国家，东临海洋，到达了宜居世界的极限，西到喜马拉雅山和大夏。那里的人文明、温和、公正、节俭，避免与邻居发生冲突，甚至羞于同房，但不反对处理他们自己的产品，其中生丝是最主要的产品，但也包括丝绸制品、精美的毛皮和质量上乘的铁。这显然是对中国人的定义。”相关观点，可参见 Henry Yule，“China § China as Known to the Ancients”，*Encyclopædia Britannica*，9th ed.，New York：Charles Scribner's Sons，1878，p. 627；［英］亨利·裕尔：《东域纪程录从：古代中国闻见录》，张绪山译，中华书局2008年版，第2、13、14页。拉丁语形式“Serica”和“Seres”分别源于希腊语“Sērikē（Σηρική）”和“Sēres（Σηρες）”，后者源于希腊语“丝绸（sērikós/σηρικός）”。因此，很多学者将丝绸与中国联系起来。然而，也有一些古典主义学者不认可这种说法，比如克里斯汀·拉森认为，赛里斯人指斯基泰人、大夏人或康居人等。相关观点，可参见 Christian Lassen，*Indische Alterthumskunde*，*Vol. I*：*Geographie und die älteste Geschichte*，Bonn：H. B. Koenig，1874，p. 321。

罕默德离开了大马士革，向东进发，越过了阿索尔斯坦（Aso-restan，亚述）、波斯人的土地和呼罗珊，直到他到达了中国的领土。他在一条名叫波提斯（Botis）的大河边扎营。他在给中国国王的战书中写道："为什么只有你一个人如此顽固地拒绝臣服于我们的哈里发，而其他国家却因惧怕我们而战栗？你们不顺服我们，投靠谁呢？你把我们看作是你的侍女吗？你们若不负我们的轭，我必使你们的地赤地千里，荒无人烟，使你们的国灭亡。不要掉以轻心，迟迟不回这信；请立即答复。

中国人的国王称作"Chenbakur"，一读到这份文件，他就把所有的文武百官召集到面前，仔细商讨该如何回应。他们商量后，写了这样一篇回信：

"难道你比从创世以来治理世界的诸王更强大吗？统治全世界的巴比伦王、马其顿王、波斯人的国王怎么就不能统治我们的土地呢？你要明白，你比任何一条狗都无礼，你被欲望的枷锁束缚。因此，你对我美丽的土地表达了你邪恶的欲望，这使你和那些与你一道来的士兵冒着生命危险。难道大马士革没有墓地供你安葬吗？现在你要明白，我们的土地从来没有臣服过谁，我也不会是造成这种局面的人。然而你们若求我的恩赐，像君王一样，我必赐给你们。这样，你们就可以活着来，平安地回你自己的地方去了。"

穆罕默德再次写信给天子："给我3万美女，我赐你和平，否则我将在战场上与你交战。"于是，中国国王同意了，给穆罕默德回信说："待在你的军队里，直到我满足你的请求。"与此同时，他命令他的部队在几辆大车周围挂上帘子，把全副武装的精锐骑兵藏在里面，代替那些索要的姑娘们。这样，他就可以用陷阱把他们捉住。他们到了河边，在对面安营扎寨。4万多骑兵藏在战车里。天子和几个人在离他们不远的地方扎营，然后打发人去见穆罕默德将军："来吧，把你向我索要的3万女子——这是我在全国范围内为你的显贵所挑选的女子，都带走吧。现在你们给我一个你们军队首领的名单，与我众女孩的

> 数目相对应，从河这边带过去，我要拈阄，把我的女孩给那些到我这里来的人，免得你们争吵。”然后［天子］派船过河去接他们。现在［阿拉伯人］愚蠢地从他们的军队中挑选了3万有名望的人，派他们过河。渡河一结束，中国皇帝就下令进攻以实玛利士兵。①

格温德记载的这场战争应该是中国唐朝与倭马亚王朝之间的拨换城（阿克苏）之战，战争的结果是阿拉伯人失败，伊本·马尔万等少数残兵逃走。另一位提到“Chenk”的13世纪亚美尼亚学者是瓦尔丹·阿雷夫特茨（1198—1271）。他在其所撰的《地理志》中说，波斯的东边是中国，那里非常富庶，甚至老百姓都能穿丝绸，马米科尼扬家族就是从那儿来的。②

除上文提到的亚美尼亚学者外，还有很多中世纪亚美尼亚学者多次提到中国，其中“Chenk”使用的频率最多，另外还有“Chenes”“Chinumachin”“Chinastan”等其他形式。综上所述，亚美尼亚学者笔下的“Chenk”一词毫无疑问即中国人，“Chenbakur”即中国的皇帝，而且已被亚美尼亚学者互为旁证。因此，亚美尼亚史家所说的马米科尼扬家族来自中国的信息是可靠的。

尽管如此，“Mamikonean”一词的具体含义，历来并不为人所知。根据一些亚美尼亚史学家的描述，“Mamik”和“Konak”来到亚美尼亚开创了马米科尼扬家族，因此，“Manikonean”是“Mamik”+“Konak”的组合，意谓“马米科和科纳克家族的人”。但马米科和科纳克听起来不像中国人的名字，亦不见于中国历代志。

上述是从史料和语言学的角度阐述马米科尼扬家族的起源。从历史学角度，探究亚美尼亚史料中的一些中国元素，同样可以确定该家族是否来自中国。莫夫谢斯提到了丝绸。众所周知，丝绸是古代中国特有的文化符号。在中世纪，只有中国的丝绸才享誉世界，这一情况

---

① Ghewond, *The History of Łewond: The Eminent Vardapet of the Armenians*, pp. 37 – 39.

② Vardan Areweits ‘i, “Ashxarhats ‘uyts’ Vardanay Vardapeti”, cited in Robert Bedrosian, “China and the Chinese according to 5 – 13th Century Classical Armenian Sources”, pp. 17 – 24.

一直持续到 17 世纪伊朗丝绸占据西方市场时为止。因此，包括莫夫谢斯在内的中世纪亚美尼亚历史学家所说的丝绸不可能来自其他地区。另外，从时间上推断，马米科尼扬的先祖到达亚美尼亚的时间约为 241 年，这个时间正与中国的三国时代相吻合。那时，中国天下被曹、刘、孙姓把持，王室内讧和军阀混战严重，这一政治生态正与亚美尼亚作家记载相一致。那么，马米科尼扬家族的祖先是中国历史上的哪一个人物呢？首先，从发音上看，马氏的名字与中国的皇家姓氏无关。因此，有好事者根据“马”的发音，推测马米科尼扬家族的先祖为中国马超的后裔马抗。但笔者经“中华经典古籍库”大数据搜寻，马抗不见于《三国志・马超传》原文，在其他资料中也未查到此人，但有马承。《三国志・马超传》最后一句话为：“‘臣门宗二百余口，为孟德所诛略尽，惟有从弟岱，当为微宗血食之继，深托陛下，余无复言。’追谥超曰威侯，子承嗣。”此后，史书再无提及马承。的确，当时以马超为首的羌胡化凉州军事集团，确实有能力在中国排名第二，因此也不能完全排除马超后裔在亚美尼亚开创马米科尼扬家族的可能性。然而，这只是一种推测，而非实证。

那么，亚美尼亚作家笔下的马米科尼扬家族的祖先是否另有所指，并非来自中国呢？依逻辑判断，这种可能性很低。公元 3 世纪的亚美尼亚人已经与波斯人、格鲁吉亚人、印度人等交流密切，因而他们不可能将马米科尼扬家族祖先的面孔与这些民族区别不开，更不可能在地理上将“Chenk”与中亚、印度或南高加索等地区相混淆。如果真的像尼古拉斯・阿登茨所认为的那样——马米科尼扬家族的祖先来自格鲁吉亚，那么亚美尼亚史学家一定会认为这是一件非常普通的事情，不会大书特书。因为，历史上的亚美尼亚贵族与格鲁吉亚贵族通婚现象非常普遍，故格鲁吉亚移民对于亚美尼亚人来说，不是什么新鲜事。因此，马米科尼扬家族的先祖肯定与本地亚美尼亚族有很大的区别，且让人印象深刻。因此，完全有理由相信亚美尼亚作家所认定的马米科尼扬家族来自中国一说。何况，今天的史学界和亚美尼亚民间已普遍认可了亚美尼亚学者的说法——马米科尼扬家族起源于中国。

需要指出的是，马米科尼扬祖先也许并非来自中国皇室，但他们肯定生活在中国范围之内，当到亚美尼亚后，为提高自己的声望，他们就像西亚其他贵族家族一样声称自己来自皇室后裔，这与伊斯兰世界中不断有人声称自己是赛义德后裔的方式没有什么区别。总之，马米科尼扬家族为中国与亚美尼亚的友好关系增添了一份魅力，正如亚美尼亚总理尼科尔·帕希尼扬所说："亚美尼亚手稿早在5世纪就描述了我们两国人民之间的关系。"

第二节　马米科尼扬时代

无论马米科尼扬家族的起源如何，该家族深刻影响了亚美尼亚历史发展的进程。马米科尼扬家族祖先到达亚美尼亚之时，正是国王梯利达特二世反抗萨珊君主沙普尔一世入侵之际。因此，能征善战的马姆贡立刻得到了梯利达特二世的赏识。当时，亚美尼亚的休库尼家族也与国王为敌，于是梯利达特二世宣布："谁把休库尼亲王捉到我这儿，我就把这个家族的村庄、庄园和所有领地的统治权永远交给他。"① 马姆贡抓住了机会。

当梯利达特二世出征阿尔巴尼亚时，马姆贡假装联合休库尼家族发动叛乱，赢得了后者的信任。有一天，他说服休库尼亲王离开城堡去狩猎。打猎时，他射杀了休库尼亲王，占领了城堡。事后，马姆贡告知了国王。梯利达特二世听到这个消息后，兑现了自己的诺言，把休库尼家族的领地赐给了马姆贡。就这样，马姆贡以自己的名字给本家族取名马米科尼扬。上述是5世纪亚美尼亚历史学家莫夫谢斯的描述。

自此，马姆贡在亚美尼亚开创了马米科尼扬家族。不久，该家族通过联姻的方式获得了亚美尼亚北部的陶—卡拉杰季、塔伦、萨逊和巴格烈万德等广大领地，成为亚美尼亚最大的纳哈拉。马米科尼扬家族地位的第二个来源是"斯帕佩特"爵位。斯帕佩特是"大

① Movses Khorenatsi, *History of Armenians*, trans. Robert W. Thomson, pp. 235 - 236.

元帅”“总司令”“将军”的意思。亚美尼亚军职世袭，因此最高军事指挥权始终掌握在马米科尼扬家族手中，其他家族没有资格问鼎。在世袭领兵制下，即使担任这一职务的是不能履行职责的儿童，也必须从该家族中临时任命一个人，代替其履行职责，[①] 国王无权改变这一传统。[②] 该家族地位的第三个来源是它常年维持着一支 3000 人的骑兵部队，而且军功显赫。除此之外，太傅也出自这个家族，也是职位世袭。马米科尼扬家族的女性成员，一般会嫁入王室。由此可见，它在亚美尼亚王国的地位十分显赫，在某些情况下，起着实际统治的作用，这一情况直到 9 世纪巴格拉图尼家族崛起时才结束。

尽管大权在握，但在亚美尼亚习惯法下，马米科尼扬家族的人不能篡夺王位，但他们能够在王室衰弱或王位空缺时起到国王的作用。因此，至公元 4 世纪末，马米科尼扬家族的作用仅次于来自帕提亚的阿萨息斯王族。事实上，这个家族的穆什赫和曼纽尔都曾担任过摄政王。在政治立场上，该家族属于亲拜占庭派。

一　精忠报国的瓦萨克

马米科尼扬家族的瓦萨克是亚美尼亚国王阿沙克二世最为强干和忠实的将军。阿沙克二世是提格兰七世的次子，在其父统治的某个时间，沙普尔二世入侵亚美尼亚，将国王及其家人掳到泰西封，其中包括阿沙克二世。被囚泰西封期间，提格兰七世被弄瞎双眼。沙普尔二世的暴行激怒了亚美尼亚贵族，他们在罗马人的帮助下与沙普尔二世开战。沙普尔二世兵败后，与亚美尼亚贵族签署了一项条约，阿沙克二世及其王室成员被释放出狱。由于提格兰七世不能继续履行国王的职责，王位禅让给阿沙克二世。

然而，沙普尔二世并未打算彻底放弃亚美尼亚，他以高官厚禄

① Buzandats‘i P‘awstos (Faustus of Byzantium), *The Epic Histories attributed to Pawstos Buzand*, trans. and commentary by N. G. Garsoïan, p. 81.

② Buzandats‘i P‘awstos (Faustus of Byzantium), *The Epic Histories attributed to Pawstos Buzand*, trans. and commentary by N. G. Garsoïan, p. 218.

为诱饵招安了马米科尼扬家族和阿茨鲁尼家族中的一些人。此时，阿沙克二世专注于军事改革，奖励忠诚的将军，严惩不忠诚者，并制定了一项雄心勃勃的计划：建立新城阿沙克万。阿沙克二世鼓励人们到该城定居，甚至赦免迁到该城的罪犯。在阿沙克二世的鼓励下，大约15万人居住在该城。阿沙克二世希望以此加强王权，但不满的亚美尼亚贵族趁国王外出访问时，摧毁了该城。在罗马—波斯战争期间，阿沙克二世发现，自己被罗马人出卖，于是独自承担起保卫亚美尼亚的重任。当沙普尔二世发现无法征服亚美尼亚时，假装邀请阿沙克二世到泰西封和谈。在瓦萨克的陪同下，阿沙克二世来到泰西封。在泰西封期间，瓦萨克忠心耿耿，维护了亚美尼亚人的尊严。亚美尼亚史学家浮士德说：

> 有一天，亚美尼亚国王阿沙克走进伊朗国王的马厩。伊朗国王的马夫坐在马厩里。当他看到国王时，不尊崇国王并对国王表示不敬，而是用伊朗语侮辱说："亚美尼亚山羊之王，来坐在这捆干草上。"亚美尼亚的斯帕佩特马米科尼扬家族的瓦萨克听到这话后，怒发冲冠，拔出腰间宝剑，在马厩里砍下了这个伊朗国王马夫的人头。因为他不愿听见、不能忍受辱骂他的王。许多时候，他宁死也不愿别人辱骂他的王。他大胆地做了这一件事，无论他们在伊朗境内，还是在别人的地方、别人的大堂之上。①

沙普尔二世听说这事后，不但没有责怪瓦萨克，反而敬佩他的忠心。瓦萨克的哥哥瓦尔丹一世极力劝说阿沙克二世臣服沙普尔二世，但遭到了瓦萨克的激烈反对。在瓦萨克的协助下，阿沙克二世假装发誓效忠沙普尔二世，逃离了泰西封。沙普尔二世恼羞成怒，发誓以"太阳、水和火"之名报仇，然后下令用铁链锁住阿沙克二

---

① Buzandats' i P' awstos (Faustus of Byzantium), *The Epic Histories attributed to Pawstos Buzand*, trans. and commentary by N. G. Garsoïan, pp. 146 - 147.

世许过愿的福音书，用戒指将其封住，派人仔细看守。[1]

沙普尔二世差遣瓦尔丹一世去见阿沙克二世，希望他能遵守诺言，效忠波斯。瓦萨克极力反对，煽动国王说："是瓦尔丹把你出卖给伊朗国王，想要毁灭你。"[2] 他建议国王尽快除掉瓦尔丹一世。阿沙克的妻子也用类似的话提醒国王，声称瓦萨克才是可靠的。国王同意了瓦萨克的建议，一些纳哈拉人聚集在瓦萨克周围，准备除掉瓦尔丹一世。

当瓦萨克的部队进入了瓦尔丹一世的堡垒时，瓦尔丹一世的人没有采取任何防预措施。他们认为瓦萨克是为和平而来。瓦萨克毫不费力地进入了瓦尔丹一世的堡垒，当时瓦尔丹一世正赤身洗头，瓦萨克的人手起刀落，杀死了瓦尔丹一世。瓦尔丹一世的妻子已身怀六甲，即将分娩，当听到丈夫被杀的消息后，迅速逃跑了。[3]

马米科尼扬家族兄弟相阋，暗示了国内亲波斯派和亲拜占庭派的斗争，也说明了坚持民族独立者与投降派的斗争。纵观亚美尼亚历史，无论是亲西方，还是亲东方，或坚持民族独立的派系斗争，贯穿了整个亚美尼亚政治史。总体上看，马米科尼扬家族属于亲拜占庭派。在浮士德看来，瓦萨克对瓦尔丹一世的仇恨是因为前者嫉妒后者在亚美尼亚和萨珊所享有的崇高地位，从而导致了他对瓦尔丹一世的背叛。事实显然没有这么简单，政治分歧才是他们兄弟阋墙的根本原因。瓦萨克是亚美尼亚的最高军事统帅，一直以来坚持主权独立，因此，既反对臣服于萨珊，也反对与拜占庭走得过近。例如，阿沙克二世被波斯国王释放后不久，瓦萨克集结了 26 万人的部队，洗劫了卡帕多西亚，并连续 6 年侵袭拜占庭。[4] 因此，为避

---

① Buzandats' i P' awstos (Faustus of Byzantium), *The Epic Histories attributed to Pawstos Buzand*, trans. and commentary by N. G. Garsoïan, p. 147.

② Buzandats' i P' awstos (Faustus of Byzantium), *The Epic Histories attributed to Pawstos Buzand*, trans. and commentary by N. G. Garsoïan, p. 148.

③ Buzandats' i P' awstos (Faustus of Byzantium), *The Epic Histories attributed to Pawstos Buzand*, trans. and commentary by N. G. Garsoïan, pp. 148 – 149.

④ Buzandats' i P' awstos (Faustus of Byzantium), *The Epic Histories attributed to Pawstos Buzand*, trans. and commentary by N. G. Garsoïan, p. 125.

免瓦尔丹一世说服亚美尼亚国王臣服于萨珊的图谋，瓦萨克对自己的亲兄弟痛下杀手。

在波斯战争期间，阿沙克二世希望坐收渔翁之利。在此期间，拜占庭没有争取亚美尼亚的支持，与之相反，沙普尔二世屡屡向他抛出橄榄枝，并提醒阿沙克二世之前作出的承诺："我知道，如果你和我们站在一起，我们就会胜利。"① 权衡利弊之后，阿沙克二世派瓦萨克召集40万精锐大军开赴前线，与波斯人一道向拜占庭开战。② 亚美尼亚人战斗力十分强悍，兵种由骑兵、长矛兵、剑兵、弓箭兵、军刀队和战斧手组成。骑兵身穿盔甲，头戴钢盔，身披战袍，号兵相伴。359年，瓦萨克来到尼西比斯城对面，安营扎寨。当时，萨珊军队尚未到达，好战心切的瓦萨克在波斯援军尚未到达之际，向拜占庭阵地发起猛攻。浮士德说："他们把所有人都杀了，没有一个拜占庭士兵活下来，亚美尼亚人拿走了拜占庭军队的战利品，无法估计他们得到了多少财宝或掳获物。"③ 不久，沙普尔二世的军队也赶到了，当他看到亚美尼亚军队大获全胜时，非常惊讶，奖给瓦萨克"金银、丝绸和珍珠"，④ 并打算将自己的女儿嫁给阿沙克二世。然而，这桩婚事遭到瓦萨克和休尼克亲王安多夫克的强烈反对。安多夫克的女儿是阿沙克二世的妻子，如果国王娶了沙普尔二世的女儿势必影响到本家族在亚美尼亚的地位。对于瓦萨克来说，他也极力反对亚美尼亚臣服萨珊。为保住女儿的婚姻，安多夫克给瓦萨克送来大量黄金，瓦萨克用这笔黄金贿赂其他纳哈拉人，结果"所有权贵都被贿赂的金钱蒙蔽了双眼"，一致反对国王的婚事。⑤

---

① Buzandats'i P'awstos (Faustus of Byzantium), *The Epic Histories attributed to Pawstos Buzand*, trans. and commentary by N. G. Garsoïan, p. 150.

② Buzandats'i P'awstos (Faustus of Byzantium), *The Epic Histories attributed to Pawstos Buzand*, trans. and commentary by N. G. Garsoïan, p. 150.

③ Buzandats'i P'awstos (Faustus of Byzantium), *The Epic Histories attributed to Pawstos Buzand*, trans. and commentary by N. G. Garsoïan, p. 150.

④ Buzandats'i P'awstos (Faustus of Byzantium), *The Epic Histories attributed to Pawstos Buzand*, trans. and commentary by N. G. Garsoïan, p. 151.

⑤ Buzandats'i P'awstos (Faustus of Byzantium), *The Epic Histories attributed to Pawstos Buzand*, trans. and commentary by N. G. Garsoïan, p. 153.

阿沙克二世拒绝联姻，引起了沙普尔二世的不满，由此导致两国持续数年的战争。阿沙克二世向拜占庭寻求援助，但被拒绝。拜占庭皇帝约维安反而与沙普尔二世达成和平协议，并写信给后者："我给你尼西比斯城和美索不达米亚的叙利亚。此外，我还撤出亚美尼亚。如果可以的话，征服他们，让他们听你差遣。我是不会帮他们的。"①

在得到拜占庭的承诺后，沙普尔二世立即攻打亚美尼亚。瓦萨克迅速集结 6 万骑兵，全副武装，手持长矛，同心协力，击败了波斯人的入侵。沙普尔二世落荒而逃，瓦萨克一路追击到伊朗边境。不久，沙普尔二世重新集结兵力，"数量像海边的沙子一样，并有无法估量的大象"，兵分三路杀向亚美尼亚。② 亚美尼亚同样兵分三路，迎击波斯大军。第一路由瓦萨克率领，第二路由阿沙克二世的弟弟巴格斯指挥，第三路由阿沙克二世亲自指挥。亚美尼亚再次击败了沙普尔二世的入侵。

在强大的波斯人的威胁下，许多亚美尼亚贵族投靠了沙普尔二世。例如，大贵族阿茨鲁尼家族的梅鲁占放弃了基督教信仰，接受了拜火教，并多次率领波斯军队在亚美尼亚烧杀抢掠。在阿沙克二世最为艰难的时刻，只有瓦萨克对国王始终不渝，把波斯人赶出了亚美尼亚。沙普尔二世大为恼火，再次派重兵蹂躏了这个国家，杀死了许多亚美尼亚人。"妇女和儿童被扔在马车车辕下碾死，许多男人被大象踩死。"③ 尽管波斯人拆毁了大量要塞和堡垒，但无法拿下阿尼城。阿尼城内有许多阿沙库尼王朝时期君王的陵墓，里面珍藏着无数珍宝。梅鲁占让波斯人爬上城墙，从堡垒上扔下无数财宝。浮士德说，波斯人企图把亚美尼亚国王的尸骨带到伊朗人的土

---

① Buzandats' i P' awstos (Faustus of Byzantium), *The Epic Histories attributed to Pawstos Buzand*, trans. and commentary by N. G. Garsoïan, p. 154.

② Buzandats' i P' awstos (Faustus of Byzantium), *The Epic Histories attributed to Pawstos Buzand*, trans. and commentary by N. G. Garsoïan, p. 154.

③ Buzandats' i P' awstos (Faustus of Byzantium), *The Epic Histories attributed to Pawstos Buzand*, trans. and commentary by N. G. Garsoïan, p. 157.

地上，但未能打开坚固的萨纳特鲁克的陵墓。[①]

波斯人的行径对亚美尼亚人来说是奇耻大辱。瓦萨克听到这个坏消息后，迅速集结精心挑选的 6 万精锐。[②] 这次，贵族们同心同德，决定为保卫家园和妻儿老小与波斯人死战到底。瓦萨克率军开到亚拉腊地区。在这里，他们发现了波斯军营。夜里，瓦萨克发起突袭，沙普尔二世仓皇逃跑。亚美尼亚人一路追击，夺回了被波斯人掳走的亚美尼亚先王的尸骨。瓦萨克把夺回的骸骨埋在阿拉加措特恩省一个名叫阿格茨克村的新陵墓中。2016 年 11 月，考古学家发现并打开了这座陵墓。

然而，沙普尔二世不肯善罢甘休，又数次入侵亚美尼亚，但均被瓦萨克击败。在对抗波斯入侵的过程中，很多纳哈拉人背叛了亚美尼亚，连著名的苏伦家族也投靠了沙普尔二世。那些没有背叛的纳哈拉人向大主教纳西斯抱怨："你自己知道，我们的王阿沙克使我们争战不止一年，已经有三十年了。我们用剑、刀、镖和矛擦去额头上的汗水。我们再也忍受不了了，我们再也不能战斗了。我们最好离开阿沙克，去见伊朗国王，就像已经臣服于他的我们的同胞所做的那样。我们将这样做，因为我们不能再打下去了。若阿沙克与沙普尔继续争战，让他的岳父安多夫克和将军瓦萨克去吧。"[③] 大主教竭力劝说贵族们要同仇敌忾，然而，厌倦战争的贵族们说："来，我们走吧！咱们各回各家去吧。因为我们再也不想听到这样的话！"[④] 亚美尼亚贵族的自私和安于自治的态度，在这里表现得淋漓尽致。沙普尔二世则趁机游说瓦萨克背叛阿沙克二世，但被拒绝。瓦萨克精忠报国的精神是一个民族屹立不倒的精神之魂。

---

① Buzandats' i P' awstos (Faustus of Byzantium), *The Epic Histories attributed to Pawstos Buzand*, trans. and commentary by N. G. Garsoïan, p. 157.

② Buzandats' i P' awstos (Faustus of Byzantium), *The Epic Histories attributed to Pawstos Buzand*, trans. and commentary by N. G. Garsoïan, p. 158.

③ Buzandats' i P' awstos (Faustus of Byzantium), *The Epic Histories attributed to Pawstos Buzand*, trans. and commentary by N. G. Garsoïan, p. 168.

④ Buzandats' i P' awstos (Faustus of Byzantium), *The Epic Histories attributed to Pawstos Buzand*, trans. and commentary by N. G. Garsoïan, p. 169.

亚美尼亚贵族的分歧，给沙普尔二世提供了机会。他再次邀请阿沙克二世到泰西封和谈，并送给他丰厚的礼物、盐和一枚刻有野猪图案的戒指，以示诚意。沙普尔二世威胁说，如果阿沙克二世不到泰西封，将再次发起攻击。① 阿沙克二世本打算继续抗争，但迫于国内反战的压力，他鼓起勇气到萨珊宫廷。在瓦萨克的陪同下，他离开亚美尼亚，去进行所谓的和谈，但当他们一踏入沙普尔二世的宫廷就被捕了。瓦萨克和亚美尼亚国王被逮捕后，沙普尔二世下令用骆驼从亚美尼亚运来土和水，铺满了他的半个宫邸，另一半铺上伊朗的土，以示亚美尼亚和萨珊的合并。沙普尔二世在这里召见了瓦萨克和他的王。浮士德记下了波斯君主与瓦萨克的对话：

沙普尔说："喂，狐狸，是你妨碍了我们，让我们这么累。是你多年来摧毁了雅利安人。为什么？我要用狐狸之死来杀死你。"

瓦萨克回答："既然你认为我个子矮，那你就没有准确测量我的尺寸。从前，我在你们眼中是狮子，现在却是狐狸。当我是瓦萨克时，我是巨人，一只脚踩在一座山上，一只脚踩在另一座山上。当我抬起右脚时，我右脚下的山就会倒在地上。当我抬起左脚时，左边的山就会倒在地上。"

沙普尔问道："请告诉我，你把哪两座山夷为平地？"

瓦萨克回答："这两座山，一座是你，一座是拜占庭皇帝。上帝允许的时候，我把你和拜占庭皇帝都打到在地，因为我们的父纳西斯福佑我们，上帝没有抛弃我们。我们若照他的话行，领受他的劝诫，你要知道，我们是可以教训你的。我们要睁着眼睛，进入深渊。所以，做你想做的吧。"②

---

① Buzandats‘i P‘awstos (Faustus of Byzantium), *The Epic Histories attributed to Pawstos Buzand*, trans. and commentary by N. G. Garsoïan, p. 169.

② Buzandats‘i P‘awstos (Faustus of Byzantium), *The Epic Histories attributed to Pawstos Buzand*, trans. and commentary by N. G. Garsoïan, p. 173.

沙普尔二世虽对瓦萨克的桀骜不驯敬佩有加，但下令剥了他的皮，然后用干草填满躯体，将其悬挂在关押亚美尼亚国王堡垒的城墙上。上述信息主要来自浮士德的描述，尽管瓦萨克的故事充满悲情主义色彩，但也的确反映了马米科尼扬家族的杰出军事能力。浮士德生活于5世纪，几乎与瓦萨克同时代，因此他的叙述真实反映了马米科尼扬家族如何忠于自己的祖国并勇敢反抗外敌入侵的事实。贵族的高贵品格必须将其杰出的军事才能与为民族独立献身的辉煌业绩相匹配。毋庸置疑，瓦萨克在这方面，表现得尤为突出。因此，历史的首要目的是记录伟大的事迹，而不是专注于琐碎的吃喝拉撒，以便后人能记住祖先的荣耀，为后人树立良好的榜样。浮士德虽没有明确说明瓦萨克的道德和政治目的，但他的目的已经达到了。沙普尔二世与瓦萨克的对话以较为自然的方式呈现出拜占庭和波斯帝国长期争夺亚美尼亚的事实。从瓦萨克开始，亚美尼亚人的大元帅“斯帕佩特”成为马米科尼扬家族的世袭爵位。

二　穆什赫一世的鸿门宴

公元370年，东罗马皇帝瓦伦斯将亚美尼亚人的“斯帕佩特”爵位赐给了马米科尼扬家族的穆什赫一世（瓦萨克的儿子）。4年后，新国王瓦拉扎特确认了这一爵位。在帕普统治期间，穆什赫一世是击败波斯入侵的关键人物，浮士德这样高度评价他：

> 英勇的亚美尼亚大元帅满怀复仇之心，他一生充满热情，公正、努力地为亚美尼亚王国效力。他日夜工作。他在战争中效犬马之劳，甚至不允许从亚美尼亚的边境地区带出一粒粮食。他为祖国而活，为英勇的名声而死，为本国的主、祖国的人民和基督教信仰而死，为信仰上帝和基督的受洗者而死，为保卫教会、圣物而死，为基督的殉难者、上帝的圣约而死，为保护兄弟姐妹、亲朋友好而死。穆什赫将军总是在英勇的战斗中，愿意为这片土地献出自己的生命。他不在乎自己的性命，却终

身为本国的主——阿萨息斯人呕心沥血。[①]

摄政期间，穆什赫一世按照家族习惯，担负起保卫亚美尼亚的重任。他经常向国王献治国良策，认为只有经济繁荣才能保证国家的安全。他还向拜占庭皇帝建议在亚美尼亚打造一个抵抗波斯入侵的共同防御阵线。浮士德和罗马历史学家阿米安的记载证实了这一点。拜占庭当局接受了穆什赫一世的建议。因为，如此一来，亚美尼亚便会在拜占庭的掌控之中。然而，穆什赫一世的计划遭到贵族的强烈反对。斯姆巴特·萨哈鲁尼向新王瓦拉扎特进言：

从先祖时代起，马米科尼扬人就一直在毁灭陛下的阿萨息斯族人，因为他们从一开始就是你的敌人。他们一直在消耗亚美尼亚这个国家。穆什赫尤为如此，他是一个邪恶和奸诈的人。你的仇敌爱他，你所爱的人恨他。他和你打交道的时候，总是背信弃义，口是心非，充满恶意。因为，在帕普时代，在伊朗战争期间，穆什赫本可以杀死伊朗国王沙普尔好几次，但为什么没有？相反，他释放了敌人。有一次，他抓住沙普尔国王的女人们，然后把她们小心翼翼地送回沙普尔的宫中。他抓住了阿尔巴尼亚的国王乌尔纳伊尔，却不想杀他，反而放走了敌人。难道拜占廷的将军们不是奉穆什赫的命令和他的建议杀死了帕普国王吗？因为穆什赫巴结拜占庭皇帝，使他对国王帕普怀恨在心，直到他杀了他。他死在你手里是应当的。他不应该活着。陛下，如果你不赶快行动，他计划用城市把亚美尼亚填满，使它成为拜占庭军队驻扎的军事基地。在那之后，拜占庭皇帝要么把亚美尼亚王权从你手中夺走，要么穆什赫杀了你，由他来统治。[②]

---

① Buzandats'i P'awstos (Faustus of Byzantium), *The Epic Histories attributed to Pawstos Buzand*, trans. and commentary by N. G. Garsoïan, p. 212.

② Buzandats'i P'awstos (Faustus of Byzantium), *The Epic Histories attributed to Pawstos Buzand*, trans. and commentary by N. G. Garsoïan, pp. 215 – 216.

在贵族们的反复劝说下，瓦拉扎特决定除掉穆什赫一世，但惧于穆什赫一世的势力，他们决定举办一次高端宴会，诱杀穆什赫一世。瓦拉扎特让所有的王公贵族前来赴宴，以消除穆什赫一世的怀疑。事前，瓦拉扎特做了大量准备，告诉杀手："当你们看到大元帅穆什赫酩酊大醉时，我出去上厕所，然后你们拿下他。"[①] 宴会上，瓦拉扎特以各种理由拒绝饮酒，以保持清醒，穆什赫一世却喝得烂醉如泥。当瓦拉扎特站起来要入厕时，所有的纳哈拉人站起来，仿佛要向国王致敬。这时，埋伏手把穆什赫一世拿住。穆什赫一世天真地看着国王说："这是为什么?"国王回答："去问帕普国王为什么。"国王走到外面，穆什赫一世怒吼道："这是我辛辛苦苦用血汗换来的奖赏吗?当我策马杀敌的时候，死神就应该向我走来。"[②] 这时，斯姆巴特·萨哈鲁尼拔出了绑在腿上的匕首，割断了穆什赫一世的喉咙。

表面上看，穆什赫一世之死是陷害所致，但事实上是纳哈拉集团政治分歧的结果。历史上，亚美尼亚的政治逻辑是利用东西方之间的平衡维持独立或自治，因此，他们既不希望自己的国家完全倒向西方，也反对过于依赖东方。当穆什赫一世提出与拜占庭建立共同防御阵线时，他的命运就注定了。另外，亚美尼亚最高军事指挥权长期以来被马米科尼扬家族把持，自然引起包括国王在内的纳哈拉人的不满。瓦拉扎特年轻力壮，不愿意在穆什赫一世的摄政下行使有限的王权。综上因素，穆什赫一世被杀就在情理之中了。作为职业军人，他没有战死沙场，而是被自己的同胞割喉，实为穆什赫一世的悲剧。

三　摄政王曼纽尔

穆什赫一世的死，使亚美尼亚与拜占庭的联合防御体系计划破产。瓦拉扎特把大元帅爵位赐给了太傅斯姆巴特·萨哈鲁尼，马米科尼扬家族的领导权交给了穆什赫的弟弟曼纽尔。早些时候，曼纽

---

① Buzandats‘ i P‘ awstos (Faustus of Byzantium), *The Epic Histories attributed to Pawstos Buzand*, trans. and commentary by N. G. Garsoïan, p. 216.

② Buzandats‘ i P‘ awstos (Faustus of Byzantium), *The Epic Histories attributed to Pawstos Buzand*, trans. and commentary by N. G. Garsoïan, pp. 216 – 217.

尔（约 323—386）和康莫斯兄弟两人被沙普尔二世掳为人质，并被投放到东方的贵霜战场上。由于两人军功赫赫，沙普尔二世允许他们返回自己的国家。曼纽尔一回到亚美尼亚，立即率领族人发动起义，夺回了马米科尼扬家族的世袭将军爵位。在与瓦拉扎特决战前，曼纽尔给国王写去一封信，内容如下：

> 我们族人自古以来所付出的一切，都是忠心耿耿地效忠你们阿萨息斯家族。我们为你们献出了生命，为你们而生，为你们而死。我们所有的祖先都为你们而战。穆什赫的父亲瓦萨克为阿沙克王战死，我们一直在为你们族人的王国辛勤付出。你们这些阿萨息斯人，不但没有给予奖赏，反而毁灭了那些没有被敌人杀死的［马米科尼扬人］。我的兄弟，勇敢的穆什赫从童年起就为你们操劳一生。他击杀你们的仇敌，使敌人不能杀死他。但你把他杀死在椅子上。事实上，你甚至不是阿萨息斯族的人，而是一个私生子。所以，你们不认可为阿萨息斯效劳的人。我们不是你的仆人，乃是你的同伴，甚至在你之上。因为我们的祖先是中国的君王。因兄弟相争，（为免）流血，我们离开那［地］来到这里，［在亚美尼亚］栖身。最早的阿萨息斯王知道我们是谁，我们来自哪里。但是，既然你不是阿萨息斯人，就离开这地，不要死在我手中。①

瓦拉扎特回信：

> 如果我不是阿萨息斯人，我怎么能戴上我阿萨息斯先祖的王冠，怎么能获得我先祖的国土，怎么能替我叔父向你作恶的兄弟穆什赫报仇呢？你既如自己所说，不是从这地来的，乃是从中国来的，［中国才是你做王的地方］。既然你们流亡到这儿，就不要像你哥哥一样自寻死路。因我的仁慈，我释放你。去中国人的国

---

① Buzandats'i P'awstos (Faustus of Byzantium), *The Epic Histories attributed to Pawstos Buzand*, trans. and commentary by N. G. Garsoïan, p. 218.

> 家，留在那里，像国王一样统治你的国家。但如果你不愿意去[中国]，你会死在我的手上，下场会像穆什赫一样。①

从双方的言辞看，都不愿妥协，火药味十足。378 年，双方在今埃尔祖鲁姆一带展开决战。曼纽尔及其子赫米亚克、阿切斯击败了瓦拉扎特的军队，但曼纽尔身负重伤，因为瓦拉扎特用矛刺进了曼纽尔的嘴里，曼纽尔“拔出国王的矛，掉了许多牙”②。在国王与曼纽尔的冲突中，亚美尼亚贵族伤亡惨重。最终，国王被囚禁到一个要塞中，后逃到拜占庭。斯姆巴特·萨哈鲁尼等国王的支持者被处死。这是亚美尼亚统治集团内部的一场激烈冲突，严重削弱了王国的实力，直接导致了拜占庭帝国和萨珊帝国瓜分了亚美尼亚。这一事件之后，亚美尼亚的实际领导权转到了马米科尼扬家族手里。大元帅曼纽尔成为事实上的最高统治者。他召集所有显贵和纳哈拉人，宣布阿沙克三世和沃洛加西斯三世共为新王，帕普的遗孀扎曼杜赫特摄政。拜占庭对亚美尼亚政局的动荡失声了。为避免萨珊帝国的干涉，曼纽尔与萨珊君主达成妥协，保证效忠沙普尔二世，以换取亚美尼亚的自治。

379 年，萨珊君主阿尔达希尔二世登基。根据浮士德的描述，伊朗派苏伦率领 1 万全副武装的骑兵开到亚美尼亚，并给亚美尼亚新王带来王冠、皇袍和玉玺。③ 很明显，阿尔达希尔二世打算在亚美尼亚长期驻军，建立直接统治。这遭到亚美尼亚贵族的反对，曼纽尔认为萨珊的目的是要推翻他在亚美尼亚的实际统治。结果，曼纽尔出其不意地歼灭了苏伦的军队。这导致了萨珊对亚美尼亚的多次军事报复，但均被曼纽尔击退。此后，萨珊国王因忙于国内事务，没有再入侵亚美尼亚。此时的拜占庭无暇他顾。曼纽尔利用难

---

① Buzandats' i P' awstos (Faustus of Byzantium), *The Epic Histories attributed to Pawstos Buzand*, trans. and commentary by N. G. Garsoïan, p. 219.

② Buzandats' i P' awstos (Faustus of Byzantium), *The Epic Histories attributed to Pawstos Buzand*, trans. and commentary by N. G. Garsoïan, pp. 218 – 219.

③ Buzandats' i P' awstos (Faustus of Byzantium), *The Epic Histories attributed to Pawstos Buzand*, trans. and commentary by N. G. Garsoïan, p. 224.

得的和平，整顿国内秩序，浮士德说："整个亚美尼亚在他的保护下处于和平状态，这个国家的所有的人都享受着吃喝玩乐的日子，直到亚美尼亚分裂和王国灭亡时为止。"①

384 年，王后扎曼杜赫特去世，曼纽尔摄政，并让年少的国王娶了自己的女儿。385 年，曼纽尔病重，将帅印交给了儿子阿尔塔希尔三世（347—386），并叮嘱他一定要尽臣子的本分，效忠国王阿沙克三世。然后，他又给拜占庭皇帝写去一封信，希望能够庇护亚美尼亚和国王阿沙克三世。弥留之际，他向身边的人喃喃说道：

> 从我的童年起，我就一直在战斗中汲取营养，勇敢地承受着所有的创伤。为什么我不能在战斗中死去，而是像动物一样死去？我若为国争战而死，教会和众神的约不至于被践踏，那就好了。然而，我并没有为本地的王族阿萨息斯人，为我们的女人和孩子，为虔诚的人民，为战友和亲密朋友之间的兄弟情谊而死。虽然我勇敢地振作起来，但我还是在床上不幸地死去。②

与其他马米科尼扬家族的成员一样，曼纽尔的人生充满浪漫主义悲情色彩。他们都兢兢业业，为亚美尼亚出生入死。浮士德以对话的形式，揭示了马米科尼扬家族的高尚精神和优良的世俗道德品质。弥留之际，曼纽尔给拜占庭帝国皇帝写信，反映了亚美尼亚领导人在强大的帝国体系中希望保持半自治的微妙心态。个体的政治决策和行动，有时会在塑造历史时发挥关键作用。总之，曼纽尔的去世，使亚美尼亚已经无法依靠自身实力来维持东西方之间的平衡，阿沙克三世失去了进行有效统治的左膀右臂。387 年，拜占庭和波斯瓜分了亚美尼亚。

---

① Buzandats' i P' awstos (Faustus of Byzantium), *The Epic Histories attributed to Pawstos Buzand*, trans. and commentary by N. G. Garsoïan, p. 229.

② Buzandats' i P' awstos (Faustus of Byzantium), *The Epic Histories attributed to Pawstos Buzand*, trans. and commentary by N. G. Garsoïan, p. 282.

四 红色英雄瓦尔丹

曼纽尔去世后，马米科尼扬家族的领导权转到了哈马扎斯普一世（370—432）手中。哈马扎斯普的妻子是大主教圣萨哈克的女儿。[1] 由于萨哈克生前没有男嗣，膝下只有一个女儿，故将全部家产和领地赠给了哈马扎斯普一世。如此一来，亚美尼亚最为显赫的军事贵族家族和宗教贵族家族融为一体，亚美尼亚政治进入马米科尼扬王朝时代。哈马扎斯普一世的长子便是亚美尼亚历史上著名的瓦尔丹（387—451）。为区别前面的瓦尔丹，历史学家将这里的瓦尔丹称为瓦尔丹二世或红色瓦尔丹。7 世纪，亚美尼亚历史学家加扎尔·帕佩茨和耶吉舍详细记载了他的英雄事迹。谢别奥斯使用"红色"一词来形容瓦尔丹，具体含义不清楚。

432 年，瓦尔丹出任斯帕佩特，掌管国家最高军事指挥权。当时，萨珊帝国虽安置马尔兹班统治亚美尼亚，但基本上不干涉它的两个关键机构：纳哈拉制度和教会。前者是当地贵族根据亚美尼亚世袭传统形成的，拥有大片自治领地；后者是亚美尼亚人的精神家园。马尔兹班统治时期，纳哈拉人是亚美尼亚事实上的统治者，有些人投靠了萨珊政府，甚至皈依了琐罗亚斯德教。然而，萨珊帝国并没有直接取缔亚美尼亚教会，而是通过传教士传教的方式企图归化亚美尼亚人，并以削减教会赋税特权的方式间接攻击亚美尼亚教会。因此，亚美尼亚教会在波斯人的统治下非常低调，小心翼翼地维持着教堂和修道院的运行。

萨珊君主伊嗣埃二世的极端宗教主义政策打破了亚美尼亚人和波斯人的这种默契。长期以来，萨珊君主一直怀疑亚美尼亚基督徒是波斯领土上的第五纵队。伊嗣埃二世和他的宰相米赫尔·纳塞赫不但提高亚美尼亚人的赋税，而且还要求纳哈拉人和宗教神职人员必须改宗琐罗亚斯德教，否则便被处死。萨珊的高压政策给亚美尼亚文明的生存与延续形成严重挑战。亚美尼亚学者耶吉舍描述了伊

---

① Movses Khorenatsi, *History of Armenians*, trans. Robert W. Thomson, p. 315.

嗣埃二世对亚美尼亚人的迫害，说他使“教会的自由沦为奴隶”“增加了国家税收负担”①。加扎尔·帕佩茨与马米科尼扬家族关系密切，声称所有的纳哈拉家族的首领、纳哈拉之子，以及主教和牧师全都团结在瓦尔丹周围。②

瓦尔丹等纳哈拉人聚在一起商讨对策，决定拒绝萨珊君主的无理要求。伊嗣埃二世听到这个消息后，大为恼火，立即传唤瓦尔丹等贵族到泰西封。伊嗣埃二世对来到泰西封的纳哈拉人威逼利诱，声称如果改信琐罗亚斯德教，就允许他们返回家园，否则“我将消灭你们连同你们的女人、孩子和国家”③。在死亡面前，纳哈拉人沉默了，瓦尔丹勇敢无畏地陈述道：“如果我抛弃自己坚守的信仰，会觉得自己很可悲；何况我因惧怕和追求虚妄的荣耀而背弃了从上帝口中所领受和学习的真谛。但愿不是这样。我的回答是宁死也不叛教，我不能没有上帝。”④ 瓦尔丹的回答铿锵有力，其他人面面相觑，向萨珊君主建议：“王阿，求你容我们彼此商议几天，然后给陛下一个确切的答复。”⑤ 经过几天的讨论后，纳哈拉人决定假装答应波斯国王的要求，然后每个人都返回自己的领地，再决定投降还是逃跑。

瓦尔丹等人表面上答应了伊嗣埃二世的要求，波斯人举行了盛大的庆祝活动，相信从此会天下太平，国泰平安。南高加索三地的贵族告别之后，各自返回了自己的国家。尽管如此，伊嗣埃二世对亚美尼亚贵族的承诺仍持怀疑态度，将马尔兹班瓦萨克的两个儿子扣为人质。

瓦尔丹等人皈依琐罗亚斯德教的消息迅速传到国内后，人们信以为真，义愤填膺，“宁死也不愿看到这种灾难降临并忍受它们”，加扎尔·帕佩茨说，“他们所吃的喜乐晚餐变为灰烬，他们所喝的被眼泪搀杂。”⑥ 纳哈拉人偷偷回到各自家中，避免出现在公共场

---

① Eghishē, *The History of Vardan and the Armenian War*, trans. Robert W Thomson, Cambridge, Mass.: Harvard University Press, 1982, p. 76.

② Ghazar P'arpec'i, *History of the Armenians*, trans. Robert Bedrosian, p. 106.

③ Ghazar P'arpec'i, *History of the Armenians*, trans. Robert Bedrosian, pp. 83 – 84.

④ Ghazar P'arpec'i, *History of the Armenians*, trans. Robert Bedrosian, pp. 84 – 85.

⑤ Ghazar P'arpec'i, *History of the Armenians*, trans. Robert Bedrosian, p. 85.

⑥ Ghazar P'arpec'i, *History of the Armenians*, trans. Robert Bedrosian, p. 96.

合。亲波斯派趁机煽动人们谴责马米科尼扬家族。

国内舆论使瓦尔丹陷入绝望，他和家人决定前往西亚美尼亚，以躲开国内纷争。瓦尔丹的离开，顿时在亚美尼亚引起恐慌。民族主义者急忙派人劝他返回，瓦萨克也呼吁他返回亚美尼亚。因为，纳哈拉人知道，如果没有瓦尔丹的领导，他们在未来的战争中无法战胜波斯人。这时，男女老少，“全副武装，头戴头盔，腰间佩剑，手持盾牌”，准备为信仰和自由而战。[①] 亚美尼亚人深信，马米科尼扬家族的传统就是服务于这个神圣的家园，为它而来，为它而死。作为一名军人，瓦尔丹曾在波斯军队中参加过40多次战斗，并在呼罗珊战役中立下赫赫战功。因此，瓦尔丹成了亚美尼亚人战胜波斯人的精神支柱。

劝说瓦尔丹的人在一个名叫阿拉曼内的村庄遇到了他，然后将瓦萨克和其他主教等人的信交给他。根据加扎尔·帕佩茨的记载，信的内容可概括为：你走了，我们都要灭亡；你们既然谨慎自守，就不可丢弃要灭的灵魂。[②] 瓦尔丹抱怨道：

> 我的兄弟、家人和我认为，我们选择并找到拯救我们的灵魂，是世界上最重要的事情。我们已经学会并坚信这一不可动摇的信念：如果一个人即使赢得了全世界，却失去了自己，又有什么意义呢。我们不仅寻求为自己的灵魂受益，而且也为他人的救赎欢欣鼓舞。我们并不是因惧怕刀剑逃跑。任何熟悉我们国家的人都知道这是不可能的。亚美尼亚人，你们所有人从历史和你们前辈的叙述中确切地知道，这个家族一直在为我们的福祉斗争，而不是仅仅为我们自己。然而，回想起你们对我们的祖先所表现出的背信弃义的两面性，我们离开是为了躲避。因为你们总是把我们置于绝境，却又置身事外。[③]

---

① Ghazar P'arpec'i, *History of the Armenians*, trans. Robert Bedrosian, p. 106.
② Ghazar P'arpec'i, *History of the Armenians*, trans. Robert Bedrosian, p. 101.
③ Ghazar P'arpec'i, *History of the Armenians*, trans. Robert Bedrosian, p. 102.

从瓦尔丹的回答中，可以看出他对国内局势的发展不满；同时也表明，5 世纪时，马米科尼扬家族仍认为自己不是本地部族，这又不得不使我们想到该家族来自中国的说法。最终，瓦尔丹在得知拜占庭皇帝不支持亚美尼亚起义的决定后，返回了国内。

亚美尼亚局势已经变得非常紧张，许多波斯僧侣秘密写信给萨珊政府，讲述了亚美尼亚起义的情况：纳哈拉人的妻子一看到波斯僧侣，就拒绝接受教导；家长们命令子女不要接近波斯传教士，甚至不给他们面包吃。结果，在亚美尼亚的波斯传教士们天天饿着肚子四处游荡，但他们也不敢直接逃跑，以防被杀。①

当起义的消息泄露后，国家陷入混乱。瓦尔丹召集教俗人士，公开对大家说："我们隐瞒真相和容忍毁灭到什么时候呢？计划叛乱的消息已传遍各地。让我们在光天化日下行动吧。"② 于是，瓦尔丹集结部队，揭竿而起。在起义队伍面前，他发表了一篇至今为亚美尼亚人所熟知的演讲：

> "你们和我打过许多仗。在某些方面，我们英勇地战胜了敌人；在另一些国家，我们遭遇过失败。但是我们的胜利比失败多得多。然而，所有这些战斗都是为了暂时的荣耀，因为我们是在一个不共戴天的国王（波斯国王）的指挥下战斗。那些逃跑的人在全国都被打上懦夫的烙印，遭到无情的死亡威胁；但那些勇敢向前的人赢得了英勇的名声，并从一个临时的、不共戴天的国王那里得到了大量礼物。现在，我们身体上有无数伤口和疤痕。我们因英勇的行为获得了巨大的回报。但是，我认为所有这些都是不光彩的，所有的荣耀都是无用的，因为它们终究会烟消云散。
>
> "现在，我们既然能为一个不共戴天的国王英勇战斗，那么，我们为永生的主做了多少呢？他是活着的人和死去的人的主，必按各人所行审判各人。的确，即使我们活到老，我们最

① Ghazar P'arpec'i, *History of the Armenians*, trans. Robert Bedrosian, pp. 104 – 105.

② Ghazar P'arpec'i, *History of the Armenians*, trans. Robert Bedrosian, p. 105.

终还是要放弃我们的肉体，为了进入永生的上帝面前，我们将不再与他分离。

“所以，我勇敢的同胞们，我呼吁你们，尤其是因为你们中的许多人在勇气上超过了我，而且在位阶上也比我高。但是，既然你们为了你们的自由任命我为你们的领袖和统帅，愿我的话，或大或小，在你们众人的耳中蒙悦。

“不要怕外邦人众多；不要逃避不共戴天的敌人的可怕刀剑；若上帝使我们得胜，我们就必消灭他们的强大，使正义得以高举。如果我们在这场战斗中迎接神圣死亡的时刻已经到来，让我们怀着喜悦的心接受它，而不是用懦弱玷污我们的英勇和勇敢。

“我尤其没有忘记，我在这里回想起我和你们中的一些人，像一个可鄙的孩子一样如何应付这个无法无天的统治者。假装顺从他那不洁的旨意，瞒过了他。但是上帝亲自见证，我们在心里怎样与主紧紧相连。我们竭力安慰那些遭难的朋友，以让他们与我们一道攻击那个不敬的君主，以在我们的地上能行上帝所赐的祖传的律法，这是你们自己明明知道的。既然我们不能帮助他们，也就不可能为了人类的爱而放弃我们的上帝，来拯救我们的生命。

“现在上帝用大能帮助我们打赢两三场战役，使我们获得勇气的名声：我们猛烈攻击了皇家军队，无情地杀了波斯僧，清除了亵渎上帝的神像，推翻了（波斯）国王不敬的法令，我们制服了大海的狂怒，使海中的大浪平息，使海中的波浪停歇，使大海的暴怒平静。那在天上打雷的，超过他的本性，愿意降卑自尊对我们说。他想用言语和命令来破坏神圣的教会，现在却用弓、枪和剑来战斗。他认为我们穿上基督的外衣，现在已经意识到正如他无法改变他的肤色一样永远实现不了他的目的，因为我们对基督的信仰犹如磐石一般不可动摇。不是在这儿，而是在天堂，那里既不刮风也不下雨，也不需要食物。我们虽然肉体在尘世，但我们确因信仰矗立在天堂，那里不是人造的，乃基督所造，没有人能阻挡。

“坚定支持我们果断的将军，他永远不会忘记你们的英勇事迹。勇敢的战士！上帝藉着我们的事业，显出他的大能来，这对我们来说是极大的荣誉。如果为了我们神圣的信仰摧毁敌人，那么我们家族英勇的名字会留给教会——所盼望的赏赐从上帝而来，我们各人若按内心的善意和自己的英勇永存后世——我们为证明我们的主耶稣基督的大能而死，这样的赏赐岂不更宝贵：如果可能，甚至天上的天使也渴望得到这样的赏赐！因为这些赏赐不是为所有的人，乃是为蒙上帝恩惠的人准备的，所以赐给我们这样的机会，不是因我们自己正义的行为，而是因为主的宽宏大量。正如《圣经》所言：只是罪在哪里显多，恩典就更显多了。

"这句话很适合我们的情况：我们从前在人类面前好像是最不敬虔的，现在不但在所有人面前，就是在天使和万能的上帝面前，也显得越发正义了。因为当我们的不敬被人知道的那一天，许多人在神圣的教堂里流泪，甚至我们所爱的人也会流下更多的眼泪。甚至连我们的朋友也被激怒，用刀威胁我们，渴望用痛苦的死亡惩罚我们，我们的臣仆逃跑了。因为远道而来的人听说过我们基督的故事，却不知我们的意图，所以他们不断地为我们哀悼，在他们的无知中对我们横加诅咒。更糟的是，地上的人不但转脸不看我们，天上的天使亦是如此，不愿意看见我们脸上的愁容。

"现在是我们洗去身上一切耻辱的时候了。曾几何时，我们身心痛苦，好像居丧的人一样；今天，我们在这两方面都是快乐的、谨慎的、清醒的，因为我们看见我们仁慈的主是我们的领袖。我们的统帅不是一个人，而是所有烈士的统帅。恐惧是怀疑的标志。我们很久以前就否定了怀疑；让恐惧从我们心中消失。"①

瓦尔丹在战斗前夜的演讲来自 5 世纪下半叶耶吉舍的记载，虽然它充满浪漫主义文学色彩，但也反映了亚美尼亚文明的一个发展规

① Eghishē, *The History of Vardan and the Armenian War*, trans. Robert W Thomson, pp. 153 – 156.

律：当民族陷于生死存亡的时刻，亚美尼亚精英们义无反顾，扛起民族斗争的大旗。瓦尔丹的演讲充满个性与激情，当时在场的人一定被他的个人魅力所倾倒。因此，这不仅仅是亚美尼亚人维护宗教自由的一场战争，更是一场维护民族独立的斗争。总之，亚美尼亚人民公开团结在瓦尔丹周围，开赴前线。451 年 5 月 26 日，两军在瓦斯普拉坎平原上的阿瓦雷尔展开决战。亚美尼亚方面分成三条战线，每条战线由一名军事指挥官指挥。瓦尔丹亲率一支精锐骑兵坐镇中线，向波斯军队发起总攻。战斗打响时，亚美尼亚最初占据上风，加扎尔·帕佩茨说："一些伊朗人倒在地上，死于刀剑，一些人掉进河里淹死了。还有一些人散落在田野和茂密的森林里。"① 此时，瓦萨克及其追随者利用民族主义军队的缺席，公开反对起义，逮捕了马米科尼扬家族的孩子们，将其押送到泰西封。瓦尔丹闻讯后对大家说："如果我们活着，我们的孩子将得到保护，在他们各自的地方长大，成为亲王，而撒旦的随从将带着极大的悔恨在尘世和天堂被羞辱和嘲笑。"② 虽然亚美尼亚人作战勇猛，但仍寡不敌众，瓦尔丹战死。之后，瓦尔丹的侄子瓦汗一世继续领导起义，抵抗波斯人的入侵。484 年，亚美尼亚人的斗争终于得到了回报，双方签署《纳瓦萨克条约》，亚美尼亚恢复自治，享有宗教信仰自由权。

瓦尔丹死后被亚美尼亚教会追为圣徒。至今，亚美尼亚很多基督教教堂都以圣瓦尔丹的名字命名，甚至美国纽约市的圣瓦尔丹大教堂也是以他的名字命名。1916 年，美国亚美尼亚侨民成立了一个名为"瓦尔丹骑士团兄弟会"的慈善组织，它的名称就是以红色瓦尔丹命名的。亚美尼亚历史学家基沃克·阿斯兰追忆道："亚美尼亚教会永远不会忘记这一值得纪念的时刻，基督教成功抵抗住了攻击。直到今天，我们仍向瓦尔丹致敬，他为捍卫信仰献出了自己的生命。"③

亚美尼亚军队虽然失败了，但远未达到被摧毁的程度，他们以

---

① Ghazar P'arpec'i, *History of the Armenians*, trans. Robert Bedrosian, p. 116.

② Ghazar P'arpec'i, *History of the Armenians*, trans. Robert Bedrosian, p. 119.

③ Kevork Aslan, *Armenia and the Armenians: from the Earliest Times until the Great War* (1914), trans. from the French by Pierre Crabites, New York: The Macmillan Company, 1920, p. 54.

一些要塞和堡垒为根据地，继续进行反波斯人的游击战争。“红色战士”瓦尔丹用鲜血把革命者和那些还没有意识到国家危险的人团结在了一起，耶吉舍说：

> 他们离开了自己的家园、城市和市镇；新娘离开她的床，新郎离开他的新房；老人放弃了舒适的椅子，婴儿放弃了母亲的乳房；少男、少女，无论男女，都起来了，逃往远方的营寨。他们不发怨言，只吃草，忘记了吃惯的食物。他们认为洞穴是自己高大住所的公寓，地下住所就像涂了壁画的大厅。他们唱着圣诗，带着圣洁的喜悦诵读。每个人对自己来说都是教堂，每个人都是牧师；他们的身体就是侍奉上帝的圣坛，灵魂就是供物。没有人为那些倒在刀下的人绝望地哀悼，也没有人为他们最亲密的朋友焦躁不安。他们心平气和地忍受着失去全部财产的痛苦。他们耐心地忍受着所有的疲劳，他们不抱任何快乐的希望，因为他们最尊贵的亲王、兄弟、儿女和许多朋友都分散到不同的藏身之处。①

同时代历史学家加扎尔·帕佩茨说：“宁可在基督教信仰中死去，也不愿因贪恋荣耀和叛教而迷失自我。”② 总而言之，瓦尔丹之死，唤起了亚美尼亚人的民族意识和危机感，尽管充满强烈的宗教色彩。瓦尔丹为维护亚美尼亚人的宗教信仰自由而牺牲，亚美尼亚教会追授他为圣人。今天，在亚美尼亚忏悔日的星期四（一般在 2 月份），人们举行“圣瓦尔丹节”，以缅怀他们的民族英雄瓦尔丹。③

---

① Eghishē, *The History of Vardan and the Armenian War*, trans. Robert W Thomson, pp. 176 – 177.

② Ghazar P‘arpec‘i, *History of the Armenians*, trans. Robert Bedrosian, p. 214.

③ J. Gordon Melton and Martin Baumann, *Religions of the World, Second Edition: A Comprehensive Encyclopedia of Beliefs and Practices*, Santa Barbara, California: ABC-CLIO, 2010, p. 183; Ronald Grigor Suny, *Looking toward Ararat Armenia in Modern History*, Bloomington: Indiana university press, 1993, p. 4; Robert Armot and Alfred Aghajanian, *Armenian Literature: Comprising Poetry, Drama, Folklore, and Classic Traditions*, Los Angeles, CA: Indo-European Pubication., 2007, p. 5.

五 瓦汗一世的胜利

亚美尼亚的动乱打击了伊嗣埃二世归化亚美尼亚人的信心，此后的萨珊君主采取较为温和的统治政策，以缓和社会矛盾。卑路斯一世感叹道：“在我领导下的所有民族中，到目前为止，最没用、最糟糕的是叙利亚人，但亚美尼亚人甚至比叙利亚人更糟糕。”[①] 因此，萨珊虽取得了战术上的胜利，但却在战略上输给了亚美尼亚人。485 年，瓦尔丹的侄子瓦汗一世擢升为马尔兹班。在其统治时期，亚美尼亚繁荣昌盛，这可从当时的许多新建项目中可见一斑，比如德温大教堂就建于该时期。

根据瓦汗一世的密友加扎尔·帕佩茨的说法，瓦汗一世囚于泰西封时改信琐罗亚斯德教“降低了他的信仰”[②]。瓦汗一世的三个兄弟都被死在泰西封，他本人在古加尔克侯爵的协助下获释。加扎尔·帕佩茨描述了他的性格，说他是“聪明、仁慈和有正确判断力的人”，卑路斯国王甚至也认为他“非常值得尊敬”[③]。

瓦汗一世回到亚美尼亚后，夺回了家族财产，于是有人诽谤他：“如果我们坐视不管，他会把我们全部消灭。”[④] 亚美尼亚矿产资源丰富，瓦汗一世的金矿监督官是一个令人羡慕的差事，引起了亲波斯派的嫉妒。加扎尔·帕佩茨说，一个叙利亚人前往泰西封，向萨珊国王报告说瓦汗一世囤积了大量黄金，意图从拜占庭和匈奴人那里招募一支军队。瓦汗一世听说这事后，立即亲往泰西封，给萨珊君主献上了一大笔金钱，[⑤] 请求卑路斯国王对他的诬陷进行调查，最终获得了萨珊君主的信任。

亚美尼亚处处受波斯掣肘的行为，使瓦汗一世内心无法平静。他渴望抹去叛教的污点。加扎尔·帕佩茨说：“他内心有一种怀疑，也许他被这个世界的荣耀所迷惑，因忘记对来世的敬畏而受到伤

---

① Ghazar P ‘arpec ‘i, *History of the Armenians*, trans. Robert Bedrosian, p. 211.

② René Grousset, *Histoire de l' Arménie des origines à 1071*, p. 224.

③ Ghazar P‘arpec‘i, *History of the Armenians*, trans. Robert Bedrosian, pp. 226 – 227.

④ Ghazar P‘arpec‘i, *History of the Armenians*, trans. Robert Bedrosian, p. 227.

⑤ Ghazar P‘arpec‘i, *History of the Armenians*, trans. Robert Bedrosian, p. 192.

害。这种担忧一直在他的脑海里翻腾。”[1] 由于萨珊君主不断命令南高加索贵族到伊朗东部边境作战，引起了人民的普遍不满。伊比利亚瓦赫坦一世的起义，得到了亚美尼亚人的响应。在这种情况下，亚美尼亚民族主义精神再次被点燃，人们对萨珊帝国的不满达到顶点。

481 年，亚美尼亚人一致推选瓦汗一世为新领袖。纳哈拉人非常清楚马米科尼扬家族的传统，并洞悉瓦汗一世极力摆脱叛教的心理，于是商议说：“这对他和我们来说都是得救的时候。对他来说，这使他从痛苦中解脱出来，并同时也使我们从被迫为之侍奉之人的怀疑和压迫中解脱出来。”[2] 然而，瓦汗一世对是否加入叛乱，犹豫不决。他说：“因为我深知雅利安人的力量和威力，深知拜占庭人的软弱和奸诈，我也从你们的经历中了解你们，知道你们如何向我们的祖先起誓，然后又违背誓言。至于你们所说的伊比利亚、格鲁吉亚和匈奴人——伊比利亚人是一个特别轻浮的民族而且几乎没有骑兵；谁知道匈奴人会怎样呢，因为他们没有参与其中，谁知道他们是否会出兵。”[3] 纳哈拉人没有被这番直率的话吓倒，反驳道：“我们既不相信拜占庭，也不相信匈奴人，而是通过圣格雷戈里的祷告，通过我们祖先的殉难，取悦救世主基督，寄希望于上帝的仁慈。如果我们最终死去，我们情愿一同灭亡，也不愿意看见教会天天受辱，信徒背道。”[4]

宗教道德与家族传统使瓦汗一世别无选择，因此，不管他愿不愿意，都要联手瓦赫坦一世举兵起义。纳哈拉人决定成立新政府。瓦汗一世要求其他起义者在《福音书》的圣十字架上宣誓效忠新的马尔兹班——巴格拉图家族的萨哈克二世。瓦汗一世任斯帕佩特，掌管军事。在接下来的四年里，瓦汗一世取得了许多胜利。有时，他巧妙地从前线撤退或躲过封锁线逃走。他三次占领德温城，四次

---

① Ghazar P‘arpec‘i, *History of the Armenians*, trans. Robert Bedrosian, pp. 224 – 225.
② Ghazar P‘arpec‘i, *History of the Armenians*, trans. Robert Bedrosian, p. 229.
③ Ghazar P‘arpec‘i, *History of the Armenians*, trans. Robert Bedrosian, pp. 230.
④ Ghazar P‘arpec‘i, *History of the Armenians*, trans. Robert Bedrosian, pp. 230 – 231.

战胜波斯军队。第一次胜利是阿科里战役，300起义者击败了阿杜尔·古什纳普的7000正规军。第二次胜利是在阿塔兹地区的纳斯哈帕特战役中取得的。纳斯哈帕特是阿瓦雷尔平原上的一个小村庄，31年前，瓦尔丹就是在这里战死沙场的。第三次胜利是在一个叫埃雷兹的村庄，他们在夜间突袭了波斯军营。第四次，也是最辉煌的一次，瓦汗一世率领40个士兵击败了近4000波斯正规军。① 加扎尔·帕佩茨生动地说：

> 他一头扎进整个伊朗旅，仿佛这是一场倾盆大雨，落在地上就消失了。瓦汗和他那些勇敢的宣誓者们，像狮子一样，从人群中猛扑过去，从另一边冲了出来。他和随从杀死了伊朗军队中许多强大的战士。其中有骄傲的休尼克亲王格迪昂，他们用枪刺入了他的腋窝，将其刺死。他们发出可怕的怒吼声，把那个不虔诚的人所信赖的盔甲撕裂了，用矛尖扎进他的肝。格迪昂经过几天痛苦地喘息后，没有认罪就了结生命。②

格迪昂是亲波斯派亚美尼亚贵族，曾狂妄地吹嘘："我不会用箭攻击瓦汗和其他亚美尼亚人，而是要用箭矢将他们分散在山谷和平原上。"③ 然而，这位骄傲的叛国者最后被起义军手刃。此后，瓦汗一世率领起义队伍，转入游击战。萨珊新君主巴拉什上台后，决定和平解决亚美尼亚问题。他派高级专员尼科霍尔·瓦什纳斯普前往亚美尼亚谈判。当他到达边境时，尼科霍尔派遣使节通知瓦汗一世谈判的目的。瓦汗一世派使者会见了他，提出以下三个条件：

> （1）亚美尼亚人按照基督教的教义和仪式进行宗教崇拜。不能任命亚美尼亚人为波斯僧。拆除亚美尼亚的圣火坛；
>
> （2）恢复纳哈拉人的权利和特权；

---

① Ghazar P' arpec' i, *History of the Armenians*, trans. Robert Bedrosian, p. 299.

② Ghazar P' arpec' i, *History of the Armenians*, trans. Robert Bedrosian, pp. 300 – 301.

③ Ghazar P' arpec' i, *History of the Armenians*, trans. Robert Bedrosian, p. 301.

(3) 当纳哈拉被指控犯有某种罪行时，国王亲自调查并作出判决。[①]

尼科霍尔同意了这些条件，邀请与瓦汗一世会晤。当 8 名波斯贵族作为人质送到亚美尼亚营地后，瓦汗一世动身前往波斯营帐。瓦汗一世走近尼科霍尔的营帐时，命令手下吹响号角。波斯官员反对，声称："只有雅利安人的大元帅进入营帐时才吹响号角"，瓦汗一世回答："只有为雅利安人的国王效劳时，才遵守雅利安人的规定。"[②] 双方的会晤非常愉快，尼科霍尔转达了萨珊君主的问候以及对瓦汗一世勇气和智慧的钦佩：

"你已经让整个雅利安人的世界看到并承认你的两种能力(智慧和勇气)。因为你们人数虽少，但勇气可嘉，且常常以少胜多，给我们造成大量伤亡，让我们疲于应战。你展现出了智慧，知道什么时候该战斗，什么时候该妥协，使你的人毫发无损。

"你与那些人团结在一起，不怕牺牲，勇敢地投身于这一事业。至于你们当中那些已经死去的人，诸神会让卑路斯因不敬而流血；至于你们还活着的人，是无罪的和无辜的……在我的调解下，我安排他们返回亚美尼亚，国王将把这份协议盖章后寄给你。"[③]

根据加扎尔·帕佩茨的描述，一番客套之后，双方签署和平协议。尼科霍尔为瓦汗一世的代表团举行了宴会，瓦汗一世答应协助萨珊镇压国内叛乱。[④] 作为回报，萨珊恢复了马米科尼扬家族和金萨健家族的封建爵位和特权。485 年，瓦汗一世被任命为马尔兹班。

---

① Ghazar P'arpec'i, *History of the Armenians*, trans. Robert Bedrosian, pp. 318 – 319.
② Ghazar P'arpec'i, *History of the Armenians*, trans. Robert Bedrosian, p. 327.
③ Ghazar P'arpec'i, *History of the Armenians*, trans. Robert Bedrosian, pp. 330 – 331.
④ Ghazar P'arpec'i, *History of the Armenians*, trans. Robert Bedrosian, p. 336.

大主教霍夫汉·曼达库尼（478—490年在职）在德温大教堂主持了就职仪式。对亚美尼亚人来说，这是一个值得庆祝的日子，他们为保卫国家的生存权和宗教信仰自由权已经战斗和牺牲了近半个世纪。至此，他们成功了。自亚美尼亚被瓜分后，萨珊王朝统治者始终没有放弃把琐罗亚斯德教强加给亚美尼亚人的企图，伊嗣埃二世登基后，这种企图进一步加剧。经过多年的低强度冲突后，亚美尼亚人终于达到目的了。在瓦汗一世的就职仪式上，“教堂里挤满了各阶层的人，有纳哈拉人、自由人、贵族和平民”，加扎尔·帕佩茨说，“男女老少，甚至洞房里的新娘也匆匆赶到教堂。神殿容不下众人。教堂外的门廊、街道和周围的广场上都挤满了人。对虔诚、善良和理性正直的人们来说，这是一个无比欢乐和幸福的日子，但对愚蠢的无赖来说，这是一个含泪哀悼和伤心欲绝的日子”①。大主教在布道中强调了仁爱、和谐、和解、宽恕的美德及其必要性。这位德高望重的大主教敦促获胜一方对国内亲萨珊派温和一些。

历史上，亚美尼亚人一直将红色瓦尔丹和瓦汗一世作为自由和勇敢的象征。当国家有难时，亚美尼亚精英表现出的那种舍身为国、披肝沥胆和坚忍不拔的精神，浩气长存。他们的爱国热情和对自由的热爱，拯救了亚美尼亚的基督教信仰，而萨珊波斯的迫害曾差点彻底摧毁了它。

瓦汗一世以马尔兹班的身份统治了亚美尼亚20年（485—505）。在此期间，谢别奥斯说，他修复了各地被毁的大教堂，“使国中太平”②。

第三节　马米科尼扬家族的陨落

瓦汗一世之后，他的弟弟瓦尔德接过亚美尼亚的统治权（约505—510）。在此期间，萨珊政府与拜占庭的战争，大多发生在亚

① Ghazar P'arpec'i, *History of the Armenians*, trans. Robert Bedrosian, p. 355.

② Sebeos, *The Armenian History Attributed to Sebeos*, p. 5.

美尼亚本土之外。因此，亚美尼亚人享受了一段珍贵的和平时光，经济有所发展。但是，瓦尔德仅任职四年便去世。瓦尔德的去世标志着亚美尼亚长达 25 年的和平结束。萨珊君主卡瓦德一世因害怕叛乱，没有取缔亚美尼亚人的宗教自由权。

6 世纪下半叶，亚美尼亚再次成为帝国激烈争夺的对象。571—572 年，小瓦尔丹（即瓦尔丹三世）反波斯起义失败后逃到拜占庭。小瓦尔丹起义的失败标志着马米科尼扬家族的陨落。尽管如此，马米科尼扬家族在亚美尼亚政治舞台上仍然举足轻重，他们多次从拜占庭皇帝那里获得亲王爵位，比如当拜占庭皇帝康斯坦斯二世在 651 年到亚美尼亚时，授予该家族成员“亚美尼亚骑兵亲王”。[①] 根据谢别奥斯的说法，该家族成员还担任过拜占庭禁卫军首领和将军等职务。在现代亚美尼亚首都埃里温以西不远的阿鲁克村，仍可以看到以格里戈尔·马米科尼扬和他的妻子海伦名字命名的宏伟宫殿，毗邻的圆顶大教堂废墟证明了这个家族在 7 世纪中叶的兴盛。

然而，马米科尼扬家族对拜占庭帝国的忠诚并非铁板一块。他们的政治立场摇摆不定，有时会逆转，这是亚美尼亚封建统治集团的一贯政治逻辑。阿沙库尼王朝末期，曼纽尔成为亚美尼亚的摄政王，但他同时也向萨珊帝国寻求帮助。穆什赫二世虽经受住了巴赫拉姆·楚宾的诱惑，但与拜占庭一道协助萨珊国王霍思劳二世夺回了宝座，并因此而被任命为马尔兹班。瓦汗一世的反叛也以擢升为马尔兹班告终。种种迹象表明，马米科尼扬家族的政治立场摇摆于拜占庭和萨珊之间，但总体上亲拜占庭。

627 年，拜占庭帝国皇帝希拉克略对萨珊帝国发起了一场全面战争，结束了波斯人在亚美尼亚的统治。然而，拜占庭在该地区的统治随着阿拉伯哈里发的戏剧性崛起迅速结束。637 年，阿拉伯人占领了萨珊帝国都城泰西封。公元 639—650 年间，阿拉伯人征服了亚美尼亚，紧随其后的是阿拉伯与拜占庭帝国的长期战争，亚美尼

---

① Sebeos, *The Armenian History Attributed to Sebeos*, p. 36.

亚仍像以前一样成为一枚棋子。701 年，亚美尼亚正式成为倭马亚王朝的一个行省。

阿拉伯帝国统治早期，马米科尼扬家族在与巴格拉图尼家族的竞争中陨落。732 年，阿绍特三世夺取了斯帕佩特职位，直接导致了格里戈尔·马米科尼扬的反阿拉伯起义。起义失败后，他被哈里发流放到也门。格温德说："马米科尼扬家族的格里戈尔和大卫去见以实玛利人的哈里发，写了一封反对阿绍特权威的信。哈里发命令他们到也门沙漠中去，在监狱中度过余生。"① 748 年，格里戈尔的第二次起义又以失败告终，次年在拜占庭去世。

从 8 世纪 50 年代开始，马米科尼扬家族的封建领地逐渐转到巴格拉图尼家族手中。70 年代，阿塔维兹德成为族长，并领导了一次反阿拉伯人的起义，格温德说：

> 现在我将描述以实玛利人的野蛮和疯狂是如何达到顶点的。因为当亚美尼亚人的领主们看到他们陷入这场灾难的程度时，他们把自己的生命交到了自己的手中，并决定采取行动。然而他们无法实现自己的目标，因为他们人数很少。尽管如此，他们还是认为勇敢地死去比活在危险中要好，所以他们选择了反叛——放弃服从以实玛利人。这次叛乱是由马米科尼扬家族的阿塔维兹德发起的。②

阿塔维兹德之后，家族的领导权转到穆什赫四世和塞缪尔二世手中，后者把他的女儿嫁给了亚美尼亚的治安官——巴格拉图尼家族的斯姆巴特七世。774—775 年，亚美尼亚再次爆发反阿拉伯起义，穆什赫六世战死沙场，这给马米科尼扬家族致命一击。战争结束后，穆什赫六世的两个儿子在瓦斯普拉坎避难，结果被阿茨鲁尼家族的梅鲁詹二世杀害。他的女儿成为马米科尼扬家族的最后一位继承人，嫁给了亚美尼亚的阿拉伯部落首领贾哈普·卡伊斯，后者

---

① Ghewond, *Ghewond's History*, trans. Robert Bedrosian, p. 112.

② Ghewond, *Ghewond's History*, trans. Robert Bedrosian, 136 – 137.

因这层婚姻关系继承了马米科尼扬家族的领地。[①] 这段婚姻还创造了以曼兹科特为中心的穆斯林酋长国——凯斯特王朝（860—964）的产生，并结束了马米科尼扬家族在亚美尼亚高地的政治生涯。马米科尼扬王朝结束。

瓦尔丹二世的后裔在拜占庭帝国的领土上幸存了下来，甚至一度问鼎拜占庭皇位，比如福卡斯和腓利皮克斯·巴尔达尼斯（711—713 年在位）。[②] 774—775 年起义失败之后，马米科尼扬家族的人搬到了格鲁吉亚，于是有人猜测格鲁吉亚的李帕季德—奥贝里亚尼和图马尼什维利家族是马米科尼扬家族的后裔。[③]

据记载，800 年左右，库尔迪克·马米科尼扬统治着凡湖东南部的萨逊地区。半个世纪后，另一个叫格里戈尔·马米科尼扬的人把巴格烈万拱手让给了穆斯林，后被巴格拉图尼家族占领。自那之后，马米科尼扬家族消失在历史学家的视野中。

关于马米科尼扬家族的历史，笔者主要依据浮士德、耶吉舍、加扎尔·帕佩茨和谢别奥斯等亚美尼亚古典史家的材料构建。约翰·马米科尼扬的《塔伦史》是一个特别的作品。[④] 从题名看，它似乎是一部历史作品，但事实上只是一部短篇浪漫历史故事。《塔伦史》分为五部分，旨在描述拜占庭和伊朗战争期间发生在塔伦地区的历史事件。当时，伊朗国王霍思劳二世多次入侵塔伦，马米科尼扬家族（塔伦的王族）的五代人为保卫这个地区进行了英勇的抵抗。然而，作者以一种伪历史风格写作，试图模仿并将浮士德和谢别奥斯的信息融入自己的作品中。例如，他经常提供战斗人员和伤亡人员的数字，不过大都是纯粹的想象。此外，他还陶醉于描述血淋淋的战争细节。对约翰来说，敌人仿佛是非人类。因此，《塔伦

---

① Aram Ter-Ghewondyan, *The Arab Emirates in Bagratid Armenia*, pp. 33, 34, 48.

② Nika Garsoïan, "Mamikonean", Alexander Kazhdan, ed., *The Oxford Dictionary of Byzantium*, Oxford University Press, 1991, pp. 1278 – 1279.

③ Cyril Toumanoff, "The Mamikonids and the Liparitids", *Armeniaca*, Venice, 1969, pp. 125 – 137.

④ John Mamikonean, *History of Taron*, trans. Robert Bedrosian, New York: Sources of the Armenian Tradition, 1985.

史》与其说是历史，倒不如说是浪漫小说，一定程度上反映了困难时期亚美尼亚人的愿望。

马米科尼扬家族是早期基督教亚美尼亚最显赫的家族，仅次于执政的阿萨息斯家族。这个家族为维护亚美尼亚人的基督教身份作出了重大牺牲和重要贡献。如今，瓦尔丹的殉道精神已经成为亚美尼亚人反抗暴政、追求自由的象征。这一象征不仅是亚美尼亚人的骄傲，而且也为中国和亚美尼亚的友好关系增添了一份浪漫主义色彩。

第九章　巴格拉图尼王国：885—1045 年

阿拉伯哈里发帝国统治近两个世纪后，巴格拉图尼家族建立了一个独立的王国，史称巴格拉图尼王国或巴格拉提德王国。巴格拉图尼王国是亚美尼亚历史上的黄金时代，今天很多壮观而又宏伟的亚美尼亚修道院大多修建于这一时期。

相对于马米科尼扬家族来说，巴格拉图尼家族更注重外交手段。拜占庭和阿拉伯的战争持续了近一个世纪，始终没有赢家，但两国的统治者都渴望亚美尼亚成为缓冲国。随着阿绍特一世声望的提升，哈里发承认了他的盛大亲王地位，885 年又承认他是亚美尼亚国王。

11 世纪上半叶见证了巴格拉图尼王国的衰落和崩溃。随着拜占庭皇帝巴西尔二世的胜利，亚美尼亚被迫割地求和。1045 年，拜占庭帝国军队占领了亚美尼亚，巴格拉图尼王国灭亡。

第一节　哈里发统治的减弱与纳哈拉的叛乱

巴格拉图尼家族是亚美尼亚历史上最为古老的贵族家族之一。亚美尼亚编年史家几乎都是神职人员，因此，他们努力将国家的起源与圣经联系起来，以证明哈依克为亚伯拉罕后裔。根据这一论点，巴格拉图尼家族的人声称祖先来自大卫王；但他们有时也会戴上穆斯林头巾，取阿拉伯名字。① 4 世纪时，这个家族在亚美尼亚获

① George A. Bournoutian, *Concise History of the Armenian People: From Ancient Times to the Present*, p. 82.

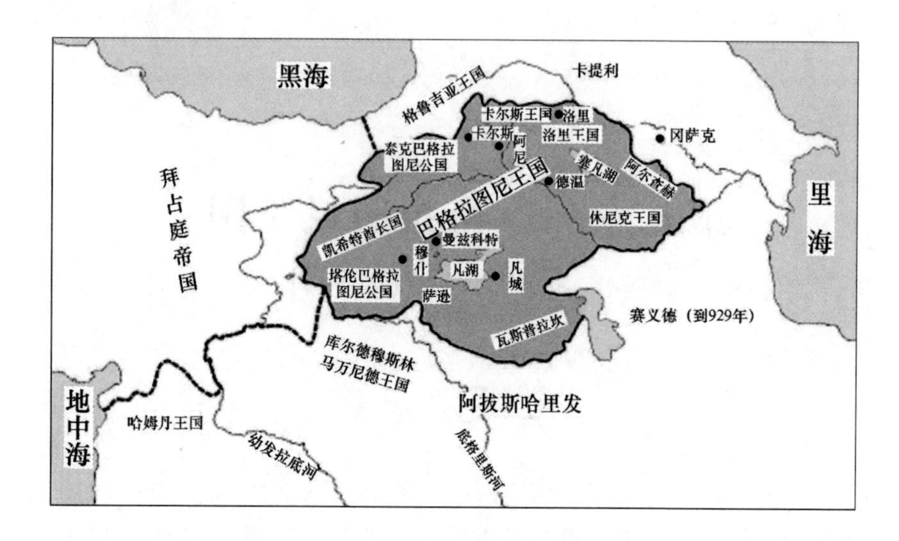

图 9－1　巴格拉图尼王国鼎盛时期疆域

得了纳哈拉爵位，担任骑兵长官和加冕官。① 历史上，该家族统治着休尼克、洛里、瓦斯普拉坎、瓦南德、塔伦和塔伊克等地区。根据历史学家西里尔·图曼诺夫的说法，格鲁吉亚的巴格拉季昂尼王朝源于该家族。②

从政治角度看，428—885 年可以说是亚美尼亚史上的一个“黑暗时代”：(1) 纳哈拉的分裂和背叛；(2) 拜占庭和波斯在亚美尼亚领土上的战争；(3) 阿拉伯人的入侵。但在普遍的政治和社会动荡之外，却有一片和平绿洲的存在，那就是教会和修道院。在那里，神职人员制作了最早的一批泥金彩饰手稿，其他文学知识活动也在有条不紊地进行，但大多带有强烈的宗教色彩。8 世纪最后十几年，亚美尼亚虽动荡不安，但也预示着一个新时代的到来。

750 年，反阿拉伯起义失败后，巴格拉图尼家族努力改善与阿拔斯王朝的关系。8 世纪 70 年代初，该家族终于赢得了哈里发的支持，两者的关系迅速升温。在第三次起义中，该家族拒绝卷入其

① Vahan M. Kurkjian, *A History of Armenia*, p. 186.

② Cyril Toumanoff, “Armenia and Georgia”, J. M. Hussey, ed., *The Cambridge Medieval History*, Vol. 4, Cambridge: Cambridge University Press, 1966, p. 609.

中，明智地疏散了家族中的显赫成员，以免遭到政敌的打击。然而，随着阿拉伯移民数量的增加和新埃米尔行政区的设立，亚美尼亚社会和政治结构复杂起来，很难再有一个势力能够完全控制亚美尼亚。需要指出的是，阿拉伯部落移民的到来并没有改变高地上亚美尼亚人口占多数的情况，但亚美尼亚人口也远未达到绝对主导地位的程度。[①] 历史学家乔治·布诺季扬观察到，“阿拉伯权力的这种分裂”为巴格拉图尼家族的复兴提供了机会。[②]

8 世纪末，由于担心拜占庭帝国染指东安纳托利亚，哈里发拉希德支持巴格拉图尼家族在亚美尼亚建立霸权。9 世纪初，肉食者阿绍特不断蚕食马米科尼扬家族的领地，同时积极镇压叛乱的埃米尔们，以示对哈里发的忠诚。804 年，哈里发正式任命阿绍特为总督，其叔父在格鲁吉亚建立了伊比利亚的巴格拉季昂尼王朝。826 年，阿绍特把家族领地遗赠给了两个儿子：巴格拉特和斯姆巴特八世。前者得到了塔伦和萨逊，继承了总督的职位；后者被封为施佩尔和塔伊克地区的斯帕佩特。[③] 然而，兄弟俩既不能解决彼此之间的分歧，也未能组成统一的反穆斯林阵线。与此同时，阿尔茨鲁尼家族在瓦斯普拉坎建立了政权，休尼克亲王瓦萨克与巴巴克联姻。巴巴克是波斯人和胡拉米叶教派[④]的领袖，起义失败后在阿尔查赫地区定居了下来。[⑤]

有趣的是，一些穆斯林与亚美尼亚家族结盟共同反抗巴格达的哈里发政权或其他亚美尼亚家族。因此，9 世纪上半叶，亚美尼亚

---

① George A. Bournoutian, *Concise History of the Armenian People: From Ancient Times to the Present*, p. 75.

② George A. Bournoutian, *Concise History of the Armenian People: From Ancient Times to the Present*, p. 75.

③ Gnel Grigoryan, *Տարոնի Բագրատունիների Ֆեոդալական Իշխանությունը IX – X Դարերում* (The Feudal Bagratuni Principality of Taron from the 9th to 10th Centuries), Yerevan: Armenian SSR: Armenian Academy of Sciences, 1983, p. 56.

④ 胡拉米叶教派（Khorramdin）又称“新玛兹达克教派（Mazdakite）”。玛兹达教派是一个兴起于 5 世纪晚期的波斯共产主义团体。

⑤ George A. Bournoutian, *Concise History of the Armenian People: From Ancient Times to the Present*, p. 75.

成为各穆斯林部族、巴格拉图尼家族、阿尔茨鲁尼家族和瓦萨克家族激烈斗争的场地，意识形态和种族的差异让位于世俗利益。在东部，9 世纪上半叶，阿塞拜疆的巴巴克运动分散了哈里发的注意力，亚美尼亚贵族获得了相当大的行动自由权。阿拉伯历史学家拜拉祖里尖刻地说：

> 在这些首领中，库扎迈哈（亚美尼亚行省总督）是最严厉的。正是他在达比尔（德温）和安纳沙瓦地区（纳希切万）引进了按地区而不是按农作物产量缴纳土地税的制度。亚美尼亚贵族并没有像往常一样停止占有他们的土地，每个人都试图保全自己的地盘；每当税吏来到边境时，他们就会哄骗他；如果他们发现他公正不阿，正颜厉色，并带有武装，他们就会屈服并缴纳土地税，否则他们就会认为他软弱可欺，看不起他。①

拜拉祖里的描述，反映了哈里发对亚美尼亚行省的控制越来越弱。哈里发穆阿台绥姆（833—842 年在位）时期，税吏仅能“接受任何可以上交的土地税”②。然而，哈里发统治的削弱，既没有增进纳哈拉人的团结，也没有给亚美尼亚带来和平。在休尼克地区，巴巴克与瓦萨克女儿结婚，在阿尔查赫和巴拉萨坎地区定居了下来。但是，当地王朝对巴巴克的反抗，促使他毁灭了西休尼克省和巴拉萨坎。总之，巴巴克运动鼓励了亚美尼亚人和亚美尼亚穆斯林挑战哈里发的权威。

836 年，穆阿台绥姆派阿夫辛到亚美尼亚捉拿巴巴克。阿夫辛承诺，如果谁能够捉住巴巴克，将获得一定自治和减免赋税的特权。巴巴克被出卖，一年后被抓获。这场持续了 20 年的起义使整个

---

① Abu Al-Abbas Ahmad Bin Jab Al-Baladhuri, *The Origins of the Islamic State*, Vol. I, p. 330.

② Abu Al-Abbas Ahmad Bin Jab Al-Baladhuri, *The Origins of the Islamic State*, Vol. I, p. 330.

亚美尼亚行省成了阿夫辛的政治舞台，直接影响了亚美尼亚人的政治生活。

巴巴克运动之后，他的一些追随者聚集在另一位领袖——陀拔思单国的马扎亚尔（825—839 年在位）周围，再次发起了反哈里发运动。马扎亚尔得到了当地拜火教教徒的支持，他们到处掠夺穆斯林村庄，进攻阿拔斯王朝控制的边境地区。为加强反哈里发起义的实力，马扎亚尔试图争取陀拔思单国贵族的支持。根据 13 世纪伊朗历史学家伊本·伊斯凡迪亚尔的记载，马扎亚尔宣称："阿夫辛、巴巴克和我曾宣誓我们要从阿拉伯人手中夺回这个国家，把政府和国家还给萨珊族。"[①] 结果，阿夫辛被控支持叛军，于 841 年被哈里发杀害。随后，阿塞拜疆的赛义德家族成员担任新的指挥官。这时，托德拉基运动蔓延到亚美尼亚。托德拉基派是一个反封建基督教异端派别，于 9 世纪初至 11 世纪，在亚美尼亚兴盛起来。他们主张废除传统宗教仪式，否认教会的封建特权，支持农民的财产权，主张男女平等。乔治·布诺季扬认为，他们是保罗教派的残余和巴巴克运动的追随者，或是受这两个教派影响的社会底层群众。[②] 封建混战带来的社会动荡是托德拉基派产生的根本原因。

当外部压力稍微缓解时，亚美尼亚内部纷争随之泛起。833 年，霍夫汉内斯四世（833—855 年在职）当选为教宗，几年后巴格拉特将其流放到艾瑞修道院（今格加尔德修道院），要求重新选举大主教。巴格拉特的弟弟斯姆巴特八世和休尼克亲王支持霍夫汉内斯四世，在 841 年恢复了他的大主教职位。关于这次宗教纷争的具体原因不是很清楚，尼娜·加索扬认为，这应该与拜占庭的圣像破坏运动或托德拉基派运动有关。[③]

---

① Said Nafisi, *Babak Khorramdin Delawar-e-Azerbaijan* (Babak Khorramdin, the Brave Heat of Azerbaijan), Tehran: Tabesh Publishers, 1955, p. 57.

② George A. Bournoutian, *Concise History of the Armenian People: From Ancient Times to the Present*, p. 76.

③ Nina Garsoïan, "The Arab Invasions and the Rise of the Bagratuni", in Richard G. Hovannisian, ed., *The Armenian People from Ancient to Modern Times, Volume I: The Dynastic Periods: from Antiquity to the Fourteenth Century*, p. 139.

在亚美尼亚宗教纷争之际，巴格达政局也风雨飘摇。836年，穆阿台绥姆迫于压力，把都城迁到萨马拉。847年，穆塔瓦基勒（847—861年在位）在突厥人的支持下继任哈里发。为确立伊斯兰教的正统地位，他大肆迫害非穆斯林。正是在这种背景下，亚美尼亚在850—851年发生大规模骚乱。叛乱的导火线是亚美尼亚人拒绝新任总督阿布塞特（阿拉伯资料中的阿布·赛义德）入境。巴格拉特派人将所需贡赋带到边境地带交给阿布塞特。巴格拉特声称，亚美尼亚虽是哈里发的附属国，但享有自治地位。哈里发认为，这是亚美尼亚公开独立的信号。考虑到这些新情况，穆塔瓦基勒派大将优素福镇压叛乱，但被巴格拉特击败。不久，哈里发派遣一支新的军队开进亚美尼亚，抓获了巴格拉特。

852年，巴格拉特在萨马拉被杀害，直接导致了泛亚美尼亚解放运动的兴起，并迅速蔓延到格鲁吉亚等地区。哈里发派军队前去镇压，企图彻底征服纳哈拉人。在这次起义中，巴格拉特的弟弟拒绝加入叛军，其目的是向哈里发暗示：自己是哈里发的忠诚臣民。[①]然而，穆塔瓦基勒不接受任何妥协。阿拉伯军队在突厥人布加·凯比尔将军的指挥下，蹂躏了亚美尼亚。853年，布加·凯比尔逮捕了大部分纳哈拉人，把他们带到萨马拉。纳哈拉人被迫在皈依伊斯兰教和死亡之间作出抉择，除斯姆巴特八世外，其余纳哈拉人同意叛教，史称萨马拉变节。[②] 亚美尼亚贵族被囚萨马拉8年（853—861）。很显然，9世纪50年代，纳哈拉叛乱是巴巴克运动影响的结果，正如拜拉祖里所说，这一时期他们变得如此勇敢，甚至根据自己的意愿向哈里发纳税。

肉食者阿绍特对哈里发的统治小心翼翼，甚至协助哈里发镇压国内叛乱，但到他的儿子斯姆巴特八世成为亚美尼亚大元帅时，新的政治形势改变了纳哈拉人的政治立场。当时，哈里发专注于镇压

---

① George A. Bournoutian, *Concise History of the Armenian People: From Ancient Times to the Present*, p. 77.

② George A. Bournoutian, *Concise History of the Armenian People: From Ancient Times to the Present*, p. 77.

巴巴克运动，对亚美尼亚的骚乱无能为力。在此期间，亚美尼亚的埃米尔们趁机扩大领地。根据托马斯·阿茨鲁尼（约生活于 9—10 世纪）的说法，一些阿拉伯移民跟随布加·凯比尔涌入亚美尼亚人的土地，“拈阄定界并坦然自若地住在堡垒中”①。这里所指的移民大部分是已经定居在亚美尼亚的阿拉伯人，很少是新移民，他们企图在混乱局势中将无主土地和堡垒据为己有。

穆塔瓦基勒的军事行动是阿拔斯哈里发直接控制亚美尼亚的最后尝试。从表面上看，此时的亚美尼亚局势与巴格烈万战役后的情形十分相似，但近东国际形势已经完全不同于以前了。861 年，穆塔瓦基勒被突厥人杀害，加速了阿拔斯王朝的灭亡。867 年，拜占庭帝国皇帝巴西尔一世即位，东罗马帝国的辉煌回归。他对阿拉伯人的一系列军事行动削弱了阿拔斯王朝对亚美尼亚的统治，东西方实力恢复平衡，亚美尼亚的命运随之逆转，被囚禁的纳哈拉人返回亚美尼亚后，随即与阿拉伯的埃米尔们展开斗争。

第二节　巴格拉图尼王国的崛起

纳哈拉制的发展最终走上了再次建国的道路。亚美尼亚人梦想再次拥有自己的国王。王权在混乱中代表着秩序，也能成为民族凝聚力的核心。历史发展证明，亚美尼亚人取消王权并没有给他们带来和平。857 年，阿绍特一世从父亲手中接过帅印，从阿拉伯人手中逐步夺回了亚美尼亚人的领土。② 在阿拉伯入侵亚美尼亚两个多世纪后，阿拉伯埃米尔已经很难维持他们在亚美尼亚的统治权了。事实上，纳哈拉人已经完全脱离了阿拉伯人的统治。巴格拉图尼家族的威望如日中天，软弱不堪的哈里发政权和拜占庭都极力争取亚美尼亚的支持。至此，独立的内外条件已经成熟：（1）拜占庭和阿拔斯王朝都专注于内部事务，没有精力插手亚美尼亚问题；（2）巴

① Thomas Artsruni, *History of the House of Artsrunik*, trans. Robert W. Thomson, Detroit: Wayne State University Press, 1985, pp. 151 – 152.

② Yevgenya Ghalumyan, et al., *History of Medieval Armenia*, p. 48.

格拉图尼家族势力强大，其他家族很难与其抗衡；（3）萨马拉变节动摇了亚美尼亚人的传统政治观，反王权势力已经没有足够的支持者。正是在这样的政治生态下，阿绍特一世崛起。

阿绍特一世是斯姆巴特八世的儿子。在其早期阶段，他因对抗阿拉伯人而被拜占庭所青睐。然而，拜占庭统治者一如既往地坚持自己的策略：亚美尼亚教会融入希腊正教体系。考虑到阿拉伯人的威胁，教义分歧让位于现实利益，亚美尼亚教会领袖向君士坦丁堡作出了模棱两可的承诺。885 年，哈里发穆塔米德认为，亚美尼亚与其落入拜占庭之手，倒不如承认阿绍特为王。根据大主教霍夫汉内斯·德拉斯哈纳克尔茨的记载，哈里发给他送来“王冠……皇家长袍、礼物、荣誉、良马、武器和装饰品”[①]。哈里发的馈赠等于承认了亚美尼亚的独立地位，尽管这只是实现统治的一种手段。就这样，一个新的亚美尼亚王朝诞生了，但它以哈里发附属国的形式存在。为了抵消阿拉伯人的影响，巴西尔一世也给阿绍特一世送来一顶王冠。在新都城巴格兰，阿绍特一世举行了盛大的加冕典礼。如此一来，巴格拉图尼家族在亚美尼亚的地位空前提高，然而，亚美尼亚并未完成真正的统一，也未能有效阻止阿拉伯人和拜占庭人的入侵。大亚美尼亚的 5 个主要地区中的 4 个最终发展成为独立的小王国。[②]

自阿沙库尼王朝倒台以来到阿绍特一世加冕的这段时期，大主教事实上为全亚美尼亚人的唯一代表，是各方势力的主要协调者。也就是说，在国家不复存在的岁月里，大主教取代了国王的角色，是亚美尼亚各地诸侯的领袖。因此，亚美尼亚宗教有一定的世俗功能。君主制复兴后，大主教秉承古老的宗教仪式，在加冕礼上为国王受膏。如果可能的话，大主教还会协调国王和纳哈拉之间的矛盾，并在需要时，发挥一定的外交职能。国王不在时，他负责保管首都城门的钥匙。有时，当国王推行不受欢迎的某项措施时，他会站在国王一边反对人民。

---

① Yovhannes Drasxanakertc ‘i, *History of Armenia*, trans. K. H. Maksoudian, p. 128.

② Simon Payaslian, *The History of Armenia*: *From the Origins to the Present*, p. 53.

第三节　封建统治的巩固

9 世纪末，阿拉伯哈里发国已经处于衰落的边缘。为了控制亚美尼亚，哈里发从纳哈拉人中任命行省总督，把亚美尼亚人的王冠交给了巴格拉图尼家族的人。为避免亚美尼亚完全倒向巴格达，拜占庭皇帝也送来了王冠。东西方互为竞争的帝国各自送给亚美尼亚王冠的场景在亚美尼亚历史上不断上演，这种情况在世界历史上可谓绝无仅有。这一方面反映了亚美尼亚的重要性，另一方面也反映了东西方帝国对它的垂涎。巴格拉图尼王国的诸王皆励精图治，致力于国家经济文化建设。10—11 世纪，亚美尼亚商业发达，城市繁荣，人口增多。

一　阿绍特一世的施政

阿绍特一世的父亲是忏悔者斯姆巴特八世，弟弟是阿巴斯。862 年，哈里发任命阿绍特一世为盛大亲王，阿巴斯为斯帕佩特，承认了巴格拉图尼家族在亚美尼亚的统治地位。阿绍特一世不断蚕食马米科尼扬家族的领地，并以联姻的形式加强了与阿茨鲁尼家族和休尼克家族的关系。[①] 863 年，他击败曼兹科特的凯斯特部族，然后又征服了高加索伊比利亚的埃米尔们。阿绍特一世加冕后，大主教激动地说：“通过我们伟大国王阿绍特亲王的加冕，我们目睹了早已终止的王国的复兴。”[②]

然而，国内形势的发展并不乐观，许多纳哈拉人及其追随者（包括农民）纷纷逃离亚美尼亚，人口数量急剧减少。拜占庭将迁徙过来的亚美尼亚人安置到卡帕多西亚，以交换他们在亚美尼亚的领地，并迫使他们接受迦克墩教义。因此，拜占庭亚美尼亚人相当一部分已经脱离了亚美尼亚教会，并在一定程度上希腊化了。本土人才的大量流失几乎抽干了亚美尼亚的军事力量，留下来的纳哈拉

① René Grousset, *Histoire de l' Arménie des origines à 1071*, pp. 367, 372, 375, 378.

② Yovhannes Drasxanakertc 'i, *History of Armenia*, trans. K. H. Maksoudian, p. 64.

人为争夺财富和地盘，严重破坏了高地的稳定。在这样的条件下，阿绍特一世软硬兼施，极力稳定国内政局。最终，他凭借高超的政治智慧竖起了权威，驻扎在阿塞拜疆的行省总督只起监督作用。

亚美尼亚人是一个宗法观念非常强的民族，并在此基础上形成了典型的门阀政治。巴格拉图尼家族建立的君主政体，重塑了纳哈拉结构。休尼克家族和阿茨鲁尼家族勉强接受了王权的合法性，其他的家族认为巴格拉图尼家族尽管在阿尔塔什斯王朝和阿沙库尼王朝时代担任过加冕官，但不应该给自己加冕。[①] 因此，巴格拉图尼家族的王权有时会与纳哈拉人的政治抱负发生冲突。为争取更多贵族家族的支持，巴格拉图尼王朝的领导人经常利用职务任命权笼络人心，但大部分职位和封地落入本族人手中，反而进一步加剧了它与其他贵族家族之间的紧张关系。

阿绍特一世统治期间，亚美尼亚经济文化复兴，修复和翻新了许多修道院。今天塞凡湖旁边的塞凡修道院就是他的女儿玛利亚姆于 874 年建立的。为纪念妻子卡特兰尼德，879 年阿绍特一世下令雕刻了亚美尼亚第一块石刻十字架。[②] 此后，亚美尼亚人竞相模仿制造石刻十字架。在今天的亚美尼亚共和国，留存下来的石刻十字架已经成为亚美尼亚文明的见证，是人类宝贵的文化遗产之一。

在宗教方面，他支持亚美尼亚教会的独立，极力避免与希腊正教会合并。862 年，君士坦丁堡牧首佛提奥斯一世（858—867、877—886 年在职）分别致函亚美尼亚大主教撒迦利亚一世（855—876 年在职）和阿绍特一世，试图吞并亚美尼亚教会。为避免得罪拜占庭，阿绍特一世给出了一个模棱两可的回应。阿绍特一世在与西方教会保持一定距离的同时，支持亚美尼亚教会与高加索阿尔巴

---

① Nina Garsoïan, "The Independent Kingdoms of Medieval Armenia", in Richard G. Hovannisian, ed., *The Armenian People from Ancient to Modern Times*, *Volume I*: *The Dynastic Periods*: *from Antiquity to the Fourteenth Century*, p. 150.

② Patrick Donabédian, *Jean-Michel Thierry*, *Les arts Arméniens* (The Armenian Arts), Paris: Éditions Mazenod, 1987, p. 530.

尼亚教会的分离。[①] 在军事方面，他组建了一支 4 万人的常备军，为王权的巩固奠定了基础。[②] 在外交上，他小心翼翼地处理巴格达和拜占庭事务。然而，阿绍特一世统治的时间非常短。890 年，他在“光荣而彻底地恢复了亚美尼亚秩序之后病重而死”[③]。

二　斯姆巴特一世的殉道

阿绍特一世去世后，其子斯姆巴特一世（890—914 年在位）即位。阿绍特一世以强大的个人魅力和辉煌的个人成就赢得了贵族的忠诚，但新建立的国家也掩盖了一些潜在的问题，比如各地的穆斯林酋长国难以控制，阻碍了王权的加强。[④] 尤为严重的是，阿拉伯的赛义德家族始终威胁着王国的安全。此外，纳哈拉人极度自私自利，缺乏远见，有时他们支持王权，有时又与之斗争，比如阿茨鲁尼家族对巴格拉图尼王权的合法性不断提出质疑。即使在巴格拉图尼家族内部，也是纷争不断，比如阿巴斯觊觎王位，多次试图推翻斯姆巴特一世的统治。

在这种情况下，斯姆巴特一世必须谨慎行事。首先，他争取到大主教基沃克二世（877—897 年在职）的支持。892 年，斯姆巴特一世在希拉克修道院的大教堂而非自己的都城加冕。显然，他这是向国内的纳哈拉人、哈里发和拜占庭皇帝传达这样的政治信息：王权神授。根据同时代历史学家的报告，哈里发穆塔迪德（892—902 年在位）吩咐阿塞拜疆总督穆罕默德·阿夫辛（892—901）给他送来皇袍、骏马和黄金甲，正式确认了斯姆巴特一世的王权。[⑤]

高加索阿尔巴尼亚人被阿拉伯人征服后接受了伊斯兰教。高加

---

① Jannic Durand, “Reliquaires et orfèvrerie liturgique (Reliquaries and Liturgical Goldsmithery)”, *Armenia sacra—Mémoire chrétienne des Arméniens* (IVe-XVIIIe siècle) [Sacred Armenia-Christian Memory of Armenians (4th – 18th Centuries), Paris: Somogy/Musée du Louvre, 2007, p. 198.

② Yevgenya Ghalumyan, et al., *History of Medieval Armenia*, p. 48.

③ Yovhannes Drasxanakertc ‘i, *History of Armenia*, trans. K. H. Maksoudian, p. 130.

④ Seta B. Dadoyan, *The Armenians in the Medieval Islamic World, Vol. I: Paradigms of Interaction Seventh to Fourteenth Centuries*, p. 114.

⑤ Yovhannes Drasxanakertc ‘i, *History of Armenia*, trans. K. H. Maksoudian, p. 132.

索阿尔巴尼亚大约相当于今天的阿塞拜疆，与今天欧洲的阿尔巴尼亚是两个完全不同的地里概念，它们之间没有任何关系。阿绍特一世加冕之后，哈里发停止向亚美尼亚派遣总督。但为间接控制亚美尼亚，哈里发把亚美尼亚的征税权委托给阿塞拜疆总督穆罕默德·阿夫辛。亚美尼亚的赋税由当地亲王征收，交给总督后再转交给哈里发。[①] 这个所谓的“阿拔斯方案”给亚美尼亚带来一个问题：如果阿夫辛是亚美尼亚总督，显然有权干涉亚美尼亚内政。然而，斯姆巴特一世又是一个事实上的独立统治者，并与拜占庭有着千丝万缕的联系，而且还从拜占庭皇帝手中接过一顶王冠。正因为如此，“阿拔斯方案”给阿塞拜疆的赛义德家族与亚美尼亚的冲突埋下了祸根。

斯姆巴特一世注意到了阿拉伯人对亚美尼亚—拜占庭联盟的恐惧。当他与拜占庭皇帝利奥六世（886—912 年在位）缔结联盟时，阿夫辛找到了干涉亚美尼亚的借口。根据霍夫汉内斯·德拉斯哈纳克尔茨的描述，斯姆巴特一世率军赶到阿塞拜疆边界，会晤了阿夫辛，声称他与拜占庭的联盟不仅对双方都有利，而且还会“增加你们的财富”[②]。当阿夫辛听到这番抚慰的话后，霍夫汉内斯·德拉斯哈纳克尔茨说：“阿夫辛看到边境的精兵悍将后，把邪恶的威胁变成了友好的表示。然后，他们骑上火红的骏马，互相寒暄后交换了皇家礼物，阿夫辛回到了阿特罗帕特尼。”[③]

阿夫辛的威胁激起了亚美尼亚埃米尔们摆脱王权控制的野心。当斯姆巴特一世返回德温城下时，发现城门紧闭。[④] 当时，德温城的统治者（埃米尔）是阿拉伯二兄弟：穆罕默德和乌马亚。亚美尼亚的埃米尔是亚美尼亚国王的臣属，他们的反抗显然是阿夫辛煽动的结果。斯姆巴特一世攻下德温城后，逮捕了阿拉伯二兄弟。霍夫汉内斯·德拉斯哈纳克尔茨说：“用铁链和铁棒拷问他们，又从他

① Aram Ter-Ghewondyan, *The Arab Emirates in Bagratid Armenia*, p. 60.
② Aram Ter-Ghewondyan, *The Arab Emirates in Bagratid Armenia*, p. 138.
③ Aram Ter-Ghewondyan, *The Arab Emirates in Bagratid Armenia*, p. 138.
④ Aram Ter-Ghewondyan, *The Arab Emirates in Bagratid Armenia*, p. 138.

们那里取了许多金银财宝，然后用铁镣捆住他们，送到利奥皇帝那里。”①

占领德温具有重大的政治意义。从地理上看，它是阿拉斯河山谷和整个亚美尼亚高地的中心。从霍斯罗夫三世起，德温就被用作阿沙库尼王朝的首都，是中世纪亚美尼亚王国的政治、经济中心。428 年，亚美尼亚王国灭亡后，德温先后成为萨珊、拜占庭和阿拉伯的总督驻地，也是君士坦丁堡以东人口最多、最富裕的城市之一。占领德温之后，斯姆巴特一世立即着手消除各种分裂主义倾向。霍夫汉内斯·德拉斯哈纳克尔茨说：

> 从那以后，他毫无疑问地使臣民屈服于他奴役的枷锁，并着手吞并更多的土地，他监视着所有的人，使他们服从。有的用温和的语言，有的用武力。于是，强大的格鲁吉亚近卫军首领及其追随者被他的正义折服。无论谁动手攻击他，他就用大能的手击败他们，使他们伏在自己的脚下。②

然而，持续的战争和频繁的地震，使斯姆巴特一世步履艰辛。在 893 年的一次大地震中，德温城连同 7 万居民被摧毁。③ 霍夫汉内斯·德拉斯哈纳克尔茨、托马斯·阿茨鲁尼④和阿拉伯历史学家伊本·艾西尔（1160—1233）都记录了这次地震。其中，霍夫汉内斯·德拉斯哈纳克尔茨说：

> 出乎意料的是，大约在这一夜的这个时候，德温市发生了严重的震动，给该市居民造成广泛的破坏、恐怖、毁坏和生命的损失；因为地震摧毁了城中的一切城墙，权贵的府邸和百姓

---

① Yovhannes Drasxanakertc ‘i, *History of Armenia*, trans. K. H. Maksoudian, p. 139.

② Yovhannes Drasxanakertc ‘i, *History of Armenia*, trans. K. H. Maksoudian, p. 139.

③ N. N. Ambraseys and C. P. Melville, *A History of Persian Earthquakes: Cambridge Earth Science Series*, Cambridge: Cambridge University Press, 2005, p. 38.

④ Thomas Artsruni, *History of the House of Artsrunik*, p. 372. 托马斯·阿茨鲁尼说，这次地震造成了 7 万人死亡。

> 的房舍仿佛瞬间变为荒凉的磐石。地震还摧毁了大主教的教堂和其他地基坚实的殉教堂……由于不可能把大量尸体埋进坟墓里，许多人被扔进了深渊、沟壑和峡谷里。①

根据伊本·艾西尔的记载，地震发生在893年12月14日至894年1月12日，他说：

> 闪瓦鲁月（伊斯兰历第10个月），月亮昏暗，德温城和这个国家的人民仍然在黑暗中，并一直持续到晚上，黑风刮到深夜的第3个时辰。到了第3个时辰，城就震毁了，只剩下1000所房屋。此后，地震了5次，从废墟中扒出来15万人，他们都死了。②

地震发生后不久，阿夫辛攻打德温，亚美尼亚教廷被迫迁到瓦加尔沙帕特。霍夫汉内斯·德拉斯哈纳克尔茨将这一系列事件与腐败、贪婪、傲慢和无能的官员联系起来。他写道，正是因为他们的傲慢无礼，才引发了针对神职人员和修道院的大规模起义。③ 由此可见，斯姆巴特一世统治时期，社会状况出现了普遍恶化的迹象，王权受到挑战。休尼克家族动摇了，瓦斯普拉坎亲王转向效忠阿夫辛，南部的阿尔茨尼克的埃米尔趁机夺取了塔伦。④尤为严重的是，巴格拉图尼家族和阿茨鲁尼家族之间的猜疑和敌意很快给王国带来严重的后果。当斯姆巴特一世进军阿尔巴尼亚和格鲁吉亚时，阿夫辛趁机夺取了德温和纳希切万，在卡尔斯俘

---

① Yovhannes Drasxanakertc ‘i, *History of Armenia*, trans. K. H. Maksoudian, p. 140.

② Ibn al-Athīr, *Annales du Maghreb & de l' Espagne, traduits et annotées par E. Fagnan*, Alger: Typographie A. Jourdan, 1898, pp. 282 – 283.

③ Yovhannes Drasxanakertc ‘i, *History of Armenia*, trans. K. H. Maksoudian, pp. 141 – 142.

④ Nina Garsoïan, "The Independent Kingdoms of Medieval Armenia", in Richard G. Hovannisian, ed., *The Armenian People from Ancient to Modern Times, Volume I: The Dynastic Periods: from Antiquity to the Fourteenth Century*, p. 154.

获了王后和一些王室成员。斯姆巴特一世被迫逃到塔伊克地区避难。为赎回妻子，他将长子阿绍特二世和侄子送到阿塞拜疆作人质，又把侄女嫁给了阿夫辛。此外，阿夫辛还制服了阿茨鲁尼家族的首领阿绍特—萨尔吉斯。①

斯姆巴特一世不但未能实现兴国安邦的重任，还经常和邻国发生争吵。出于政治上的原因，他把格鲁吉亚的王冠戴在了伊比利亚亲王阿特尔奈谢赫二世（888—923 年在位）的头上。这引起了纳哈拉人的不满，他们呼吁阿夫辛采取行动。然而，这位阿塞拜疆总督对哈里发的忠诚飘忽不定，拒绝将应缴税款上交给巴格达。由于担心阿夫辛过于强大，哈里发穆克塔菲（902—908 年在位）解除了他对亚美尼亚的控制权。901 年，阿夫辛死于瘟疫，弟弟优素福（901—919 年、922—929 年在职）继承了总督职位。②

亚美尼亚有了哈里发的支持，优素福的统治变得非常谨慎。阿夫辛的儿子戴夫达德听到父亲的死讯后，从德温逃到阿特罗帕特尼，休尼克和瓦斯普拉坎的统治者再次重申了对斯姆巴特一世的忠诚。亚美尼亚人见风使舵的习性，在这里表现得淋漓尽致。902 年，在阿绍特—萨吉斯的帮助下，斯姆巴特一世击溃了凯斯特部落的叛乱。与此同时，他向哈里发提出了亚美尼亚版的“阿拔斯方案”：将税款直接交给哈里发，不再给阿塞拜疆总督。显然，穆克塔菲接受了他的提议，给他送来皇袍、王冠、金腰带、宝剑和一匹骏马。③新“阿拔斯方案”意味着总督的收入大幅减少，优素福大为不满，说服哈里发把亚美尼亚年税提高一倍。这迫使斯姆巴特一世提高地主的赋税，而这些人显然憎恨额外负担，于是联合起来反对国王。在这种情况下，亚美尼亚局势迅速恶化，纳哈拉和埃米尔的分离主义再次泛起。

① Yovhannes Drasxanakertc ‘i, *History of Armenia*, trans. K. H. Maksoudian, pp. 151 - 152.

② W. Madelung, “The Minor Dynasties of Northern Iran”, in R. N. Frye, *The Cambridge History of Iran*, *Vol.* 4: *From the Arab Invasion to the Saljuqs*, Cambridge: Cambridge University Press, 1975, pp. 198 - 249.

③ Yovhannes Drasxanakertc ‘i, *History of Armenia*, trans. K. H. Maksoudian, p. 155.

由于斯姆巴特一世的税收方案直接威胁到了赛义德家族的利益，优素福打算彻底征服亚美尼亚，于902年向高地开进。斯姆巴特一世率军阻击。时值严寒的冬天，不利于作战，再加上斯姆巴特一世的军队数量远超优素福，于是后者提出议和。霍夫汉内斯·德拉斯哈纳克尔茨亲历了整个事件，他说："我本人，也就是写这篇文章的人，也受到了总督诚挚的尊敬，他送给了我一件适合我这个地位的人穿的长袍，还收到了一头带有镀金饰品的骡子。"[①] 由此可见，优素福的第一次入侵并没有成功，而是以互惠协定的方式结束了冲突。然而，斯姆巴特一世不得不向阿塞拜疆总督进贡，权威受到削弱。值得注意的是，大主教赞颂了这一时期的繁荣：

> 每个人都生活在先祖的遗产中，有自己的土地、葡萄园、橄榄园及各种果树。在荆棘里开垦田地，结实百倍。收割之后，谷仓里装满了粮食；收获完葡萄后，地窖里装满了葡萄酒。山上的人都欢天喜地，因为他们在山坡上放牧的牛羊甚多。我们的纳哈拉觉得自己很安全，不受掠夺的侵扰，在偏僻的地方、村庄和居民点，用石头建起教堂，并在上面刷上厚厚的白漆。[②]

经济的繁荣，激起了斯姆巴特一世的扩张野心，征服了阿布哈兹王国[③]（778—1008）。不久，他作出了一个非常不明智的决定：在优素福和穆克塔菲的冲突中支持哈里发。[④] 这使得巴格拉图尼家族和赛义德家族的关系恶化。这一次，阿茨鲁尼家族的加吉克一世（879—936）与优素福结盟。斯姆巴特一世发现后，迅速从前者手

① Yovhannes Drasxanakertc ‘i, *History of Armenia*, trans. K. H. Maksoudian, p. 157.

② Yovhannes Drasxanakertc ‘i, *History of Armenia*, trans. K. H. Maksoudian, p. 158.

③ 阿布哈兹王国（Kingdom of Abkhazia）是中世纪高加索地区黑海沿岸的一个封建王国，兴起于8世纪80年代，1008年与格鲁吉亚王国合并。

④ Yovhannes Drasxanakertc ‘i, *History of Armenia*, trans. K. H. Maksoudian, p. 160. 根据霍夫汉内斯·德拉斯哈纳克尔茨的说法，哈里发穆克塔菲向斯姆巴特一世下达报复优素福的命令，并承诺减免亚美尼亚一年的赋税。

中夺走了纳希切万，送给了休尼克亲王。908 年，当曼兹科特的埃米尔发动叛乱时，哈里发加冕加吉克一世为王，瓦斯普拉坎宣布独立（908—1021）。加吉克一世的分裂活动点燃了国内冲突的导火线，亚美尼亚进入了一个以分裂为特征的新时期。

哈里发穆克塔菲去世后，继任者穆克塔迪尔（908—932 年在位）与赛义德家族和解，优素福终于可以抽出精力对付斯姆巴特一世。909 年，优素福与加吉克一世联手占领了纳希切万，控制了休尼克地区，亚美尼亚人纷纷逃离家园。战争持续了 8 年，在此期间，无论是拜占庭皇帝，还是哈里发，都未向斯姆巴特一世提供援助，纳哈拉人也不愿意支持他。在 911 年的一次战役中，斯姆巴特一世的儿子和大主教被俘。在支付了大笔赎金后，大主教获释并记下了他的回忆：

> 我盼着加吉克国王的到来，出于他的基督徒的职责，我希望他能以某种方式帮助我从囚禁中解脱出来。但我的期望没有实现，我受到了更严厉的监禁。但是，当南方清新的微风融化了冬天的严寒时，总督召集了一支庞大的军队，带着恶意出发了，来到我们的土地上，我带着镣铐跟着他。
>
> ……
>
> 他用铁栅栏和脚镣把我关在德温。从那一刻起，我就被那些刽子手们毒打、监禁、拷问，被监禁在一个黑暗而又狭窄的地方，他们的侮辱带有死亡的恶臭。我被扔进地牢里，甚是痛苦。从晚上到黎明，守卫们可怕的喧闹声和聒噪声一直困扰着我，我无法入睡，无法让我的躯体得到休息。①

根据大主教的描述，加吉克一世因自己的叛国良心备受折磨，请求斯姆巴特一世的宽恕，并提出与之结盟。此时的斯姆巴特一世退到有“蓝色城堡”之称的伯德卡波特。它坐落在亚拉腊山以东的

---

① Yovhannes Drasxanakertc ‘i, *History of Armenia*, trans. K. H. Maksoudian, pp. 164 - 165.

岩石高地上。913 年，优素福封锁了它。斯姆巴特一世为免屠城，投降了。此时的加吉克一世仍表示愿意与斯姆巴特一世合作。优素福在得知加吉克一世变节的消息后，把斯姆巴特一世关进了德温的地牢，但这并不是这位国王的最后的痛苦。914 年，优素福在围攻耶恩扎克城时，为恐吓守军，下令用铁链把斯姆巴特一世拖到堡垒前，然后施以酷刑，逼迫他改信伊斯兰教。然而，斯姆巴特一世拒绝放弃基督教信仰，优素福在城墙前处死了他，把尸体带到德温，挂在了市中心的十字架上。霍夫汉内斯·德拉斯哈纳克尔茨说："十字架升起的地方成为基督徒和非基督徒的朝圣之地。"① 根据后来的亚美尼亚作家提供的资料显示，斯姆巴特一世的尸首被取下后，送到了塞凡湖东南的瓦内万修道院。② 11 世纪，亚美尼亚历史学家斯捷潘诺斯·阿索吉克的《世界史》，对斯姆巴特一世的政绩评价如下：

> 在斯姆巴特统治期间，他统治了亚美尼亚和伊比利亚的所有领土，并得到了对手的城池。他在位的时候，正如其父时代，亚美尼亚繁荣昌盛。正如先知所说："人人都在自己的葡萄树和无花果树下休憩。"随着人口和财富的增加，农村变成了城镇，城镇变成了城市，直到牧羊人和牧牛人穿上了丝绸衣服。他［斯姆巴特］在希拉克万修道院建了救世主教堂，教堂有高大的圆顶和装饰好的石墙。③

10 世纪，霍夫汉内斯·德拉斯哈纳克尔茨是巴格拉图尼王国最为重要的人物之一，是一系列历史事件的亲历者。他的"历史"虽从亚美尼亚人的立场出发，但可靠性较强。他生活的时代，恰逢巴

---

① Yovhannes Drasxanakertc'i, *History of Armenia*, trans. K. H. Maksoudian, p. 177.

② Nina Garsoïan, "The Independent Kingdoms of Medieval Armenia", in Richard G. Hovannisian, ed., *The Armenian People from Ancient to Modern Times, Volume I: The Dynastic Periods: from Antiquity to the Fourteenth Century*, p. 157.

③ Cited in Ibid., p. 153. 斯捷潘诺斯·阿索吉克，又称"塔伦的斯蒂芬"，他的《世界史》（Tiezerakal patmuṭ῾iwn）主要讲述了从创世到公元 1004 年的历史。

格拉图尼国王阿绍特一世和斯姆巴特一世努力从外国统治下解放亚美尼亚。在这个动荡不安的时代，他因崇高的宗教地位而成为近东国际舞台上最为重要的政治人物之一。他的教区管辖范围不仅包括亚美尼亚王国，还延伸到阿尔巴尼亚人和格鲁吉亚人那里。拜占庭希望通过他来调解高加索的混乱局势，以免自己受到哈里发的进攻。909 年，他带着丰厚的礼物亲自拜访了优素福，希望他能和斯姆巴特一世和解。926 年，他再次拜见了优素福，希望将亚美尼亚教廷迁到德温。这位历史学家和大主教频繁参与政治，甚至到君士坦丁堡游说皇帝帮助亚美尼亚人，但拜占庭几乎没有给他留下任何成功的余地。总而言之，在 10 世纪前 25 年里，他发挥了重要的政治作用，并以独特的视角洞察和分析了当时所发生的一系列历史事件。

三　铁人阿绍特二世

斯姆巴特一世被残忍折磨致死后，纳哈拉人反应激烈，努力重申亚美尼亚的独立地位，并着手促进王国的统一事业，支持斯姆巴特一世的长子阿绍特二世（914—929 年在位）为新王。如前文所述，在斯姆巴特一世危难之际，加吉克一世开始考虑转换结盟的对象。如果不是一种夸大的自负的话，他认为优素福灭掉斯姆巴特一世后，会确立阿茨鲁尼家族在亚美尼亚的权势。然而，随着战事的发展，他意识到优素福除掉斯姆巴特一世后，阿茨鲁尼家族一定会成为下一个攻击目标。正是他对地缘政治的敏锐观察，才决定效忠斯姆巴特一世。然而，在大主教看来，他的转变是良心受到折磨并为“摆脱对其罪恶的指控”的缘故。①

总之，优素福对斯姆巴特一世的残忍使他失去了亚美尼亚人的支持。亚美尼亚人迅速倒向了阿绍特二世的“铁人”阵营，并一致希望他把穆斯林赶出大亚美尼亚。②

---

① Yovhannes Drasxanakertc ‘i, *History of Armenia*, trans. K. H. Maksoudian, p. 177.

② George A. Bournoutian, *Concise History of the Armenian People: From Ancient Times to the Present*, p. 85.

阿绍特二世的首要目标是把优素福的军队赶出亚美尼亚。为回击阿绍特二世的进攻，优素福在德温加冕阿绍特二世的同名堂兄为王（反王阿绍特）。亚美尼亚各地的埃米尔趁机叛乱，国家进入无政府状态。尤为严重的是，气候变化给亚美尼亚带来严重的饥荒。“温和的北方气候被凛冽的南风取代，美好的春天变成了冬日的荒凉”，大主教说，“从前我们耕种的人极其热心，现在却灰心丧志。那时，我们的粮仓是满的，现在却空空如也”①。战争和饥荒给亚美尼亚人民带来无尽的苦难，人口大幅减少，粮食颗粒无收，甚至达到了“慈悲的母亲亲手烹熟自己的孩子作食物”的地步。② 亚美尼亚的混乱引起了君士坦丁堡牧首尼古拉斯一世（901—907 年、912—925 年在职）的担忧，他给亚美尼亚大主教写去一封信，这封信收录在后者的《亚美尼亚史》中，内容如下：

> 谨以君士坦丁堡总主教兼上帝之仆的仁慈之心，写信给我们最圣洁的、热爱上帝的精神之父和我们最亲爱的兄弟大亚美尼亚的霍夫汉内斯大人。尼古拉斯奉主的名问安。
>
> 我想，阁下并非不知道我们对亚美尼亚人、伊比利亚人和阿尔巴尼亚人的深切悲痛和悲哀，他们是你忠实的人民，以实玛利萨拉森人的暴君对他们施加了无尽的痛苦和折磨。因我们的身体已经超出了我们的范围，虽然我们无法亲眼目睹危险降临到你的羊群，但是，当我们听到你们的土地正遭受恶人之手的苦难时，我们以深切的个人悲痛表示痛惜，并以极大的悲恸表示哀悼。如果距离遥远的我们仅道听途说到这些消息就十分悲痛时，那么你和你受苦的羊群一同被那不虔诚的邪恶的叛军迫害，棍棒殴打，岂不更严重。我们做些什么正确的和合适的呢？正义如何降临，以消除近在咫尺的愤怒呢？
>
> 现在，这似乎非常适合教宗阁下。首先，任何时候都有必

① Yovhannes Drasxanakertc ‘i, *History of Armenia*, trans. K. H. Maksoudian, pp. 186 – 187.

② Yovhannes Drasxanakertc ‘i, *History of Armenia*, trans. K. H. Maksoudian, p. 188.

要祈求神的眷顾和帮助，举起你的双臂，求主耶和华怜恤你的羊群，也就是亚美尼亚人、伊比利亚人和阿尔巴尼亚人。想想公益事业，不能容忍没有它。你要担当这重任，随时用上帝的知识劝诫众人，用基督赐给你的权柄约束他们、赦免他们。你托付在这权柄里，行天地之事。至少，停止他们之间邪恶的敌对行为。不可使他们像野兽一样，怒气冲冲地相互杀戮。让他们回归人类的理性和基督的安宁，在那里，亚美尼亚、伊比利亚、阿尔巴尼亚的人民将得到拯救。

我的谦恭使我急于先写信给阁下，给您这个简短而友好的忠告。我们也寄给了你们的近卫军首领格鲁吉亚亲王同样的一封信，我们建议他们听取你的意见，忘记仇恨，寻求彼此之间以及亚美尼亚和阿尔巴尼亚亲王之间的友谊、团结、和平。

……

只有到那时，你和我们才赦免他们肆意杀戮的罪孽。你们要照自己的圣洁，将各人的权柄赐给各人，让各人回归自己从前所虔敬的道。以后，愿基督的平安常在你们中间，愿我们的谦卑里有你们那圣洁发光的祷告。①

牧首的信函表明，亚美尼亚的混乱程度已经达到了令人咋舌的地步。大主教读完这封信后，无比感慨，劝伊比利亚国王放弃战争。然而，亚美尼亚的内乱没有停止的迹象，反而愈演愈烈。大主教心疼之余，给拜占庭皇帝君士坦丁七世（913—959年在位）写了一封信，希望他出面干涉亚美尼亚内政，帮助亚美尼亚人“拿起武器向外邦人报仇”②。拜占庭皇帝在回信中要求阿绍特二世去君士坦丁堡“以便作出对双方都有利的安排”③。

914年，阿绍特二世访问君士坦丁堡，得到了摄政王佐伊·卡

---

① Yovhannes Drasxanakertc ‘i, *History of Armenia*, trans. K. H. Maksoudian, pp. 189–191.

② Yovhannes Drasxanakertc ‘i, *History of Armenia*, trans. K. H. Maksoudian, p. 193.

③ Yovhannes Drasxanakertc ‘i, *History of Armenia*, trans. K. H. Maksoudian, p. 198.

博诺西娜皇后的资助。与此同时，优素福在格鲁吉亚展开大规模军事行动。受此影响，拜占庭成立了一支援助阿绍特二世的军队。[①] 915 年，在利奥・弗卡斯的指挥下，拜占庭军队奔赴上幼发拉底河，进入塔伦地区，途中未遇到阿拉伯人的任何抵抗。[②] “反王”阿绍特无法阻挡拜占庭的进攻。由于正值严寒的冬季，拜占庭军队放弃攻打德温。但时，拜占庭军队的到来提高了阿绍特二世在亚美尼亚的地位，纳哈拉人纷纷倒向他这一边。

此后，战争进入游击战阶段，阿绍特二世先后解放了巴格烈万、希拉克、古伽尔克和塔希尔等一系列要塞和堡垒。战斗迅速向瓦斯普拉坎、凡湖盆地蔓延开来。阿绍特二世的军事成功为他赢得了“铁人”称号，声望大大提高。最终，除了“反王”阿绍特以外，大多数纳哈拉家族都团结在他的周围。不久，“反王”阿绍特投降。除拜占庭因素外，阿绍特二世成功的一个重要原因是优素福被哈里发关押在巴格达，而他在阿塞拜疆的副手苏布克则比较收敛，承认了阿绍特二世“诸王之王”的称号。[③]

具有讽刺意味的是，拜占庭对阿绍特二世与阿拉伯人的密切关系十分不满，于是派遣一支军队进入亚美尼亚，攻打德温，但没有成功。纳哈拉人唯利是图的性格表现得淋漓尽致。922 年，哈里发释放了优素福，这时苏布克已经去世。923 年，优素福来到亚美尼亚，要求阿绍特二世向他交税，但被断然拒绝。此时的阿拔斯哈里发国已摇摇欲坠，各地起义风起云涌，优素福被迫将精力放到镇压国内叛乱上。928 年，优素福在库法被卡尔马特人杀害。随后，阿塞拜疆的波斯人和库尔德人发生冲突。上述种种事件，减轻了穆斯林对亚美尼亚的威胁。与此同时，拜占庭皇帝罗马努斯一世

---

① Steven Runciman, *The Emperor Romanus Lecapenus and His Reign: A Study of Tenth-Century Byzantium*, Cambridge: Cambridge University Press, 1988, pp. 129 – 33, 154 – 56.

② Steven Runciman, *The Emperor Romanus Lecapenus and His Reign: A Study of Tenth-Century Byzantium*, p. 131.

③ Nina Garsoïan, "The Independent Kingdoms of Medieval Armenia", in Richard G. Hovannisian, ed., *The Armenian People from Ancient to Modern Times, Volume I: The Dynastic Periods: from Antiquity to the Fourteenth Century*, p. 160.

（920—944 年在位）将注意力从东方转移到叙利亚与阿拉伯人的战事上，在这种情况下，亚美尼亚获得了喘息的机会。阿绍特二世没有男嗣，女儿嫁给了保加利亚的索菲亚·尼古拉斯公爵，是为保加利亚沙皇塞缪尔的母后。929 年，阿巴斯一世·巴格拉图尼即位。

第四节　封建分裂与繁荣

亚美尼亚的分裂是由内部纷争和外部威胁造成的。事实上，巴格拉图尼家族的崛起就是拜占庭和阿拉伯实力此消彼长的结果。在拜占庭帝国进攻阿拉伯并取得一系列胜利的时候，亚美尼亚的态度显得格外重要。如果亚美尼亚人在右翼发起对阿拉伯人的进攻，或协助拜占庭把战事引到安纳托利亚高原东部，那么拜占庭对阿拉伯人的进攻就会更加从容。阿拔斯哈里发也认识到了这一点，因此，对亚美尼亚的统治政策作出调整，承认了阿绍特一世国王的地位。在接下来的时间里，阿绍特一世在拜占庭和阿拉伯的战争中保持中立，专注于国内建设，亚美尼亚经济和文化呈现出繁荣的景象。拜占庭皇帝巴西尔一世也承认了阿绍特一世的王权。然而，巴格拉图尼王朝的统治者并没有成功遏制封建分裂，各地亲王和埃米尔虽表面上服从国王的统治，但贵族的分裂主义和叛乱活动一直受到外来势力的支持。由于亚美尼亚的统一和强大既不符合巴格达和拜占庭的利益，也不符合纳哈拉和埃米尔的利益，因此，亚美尼亚国王的头衔是空洞的，缺乏实质内容。事实上，10 世纪，南高加索的所有大封建贵族都成了割据一方的诸侯，并拥有与阿绍特一世及其继承者一样的王权和王冠，封建分裂严重。

斯姆巴特一世的死伴随着迫害、处决和强迫改宗等一系列违背亚美尼亚民族意志行为的发生。与此同时，国家四分五裂，农业和经济遭到重创。在斯姆巴特一世去世前，亚美尼亚总督区在名义上还是哈里发国的一个税区，现在却分崩离析了。伊比利亚由卡特利王国、阿布哈兹王国、卡赫季公国和第比利斯酋长国组成。塔伦的巴格拉图尼王国成了一个独立的政治单位。高加索阿尔巴尼亚北部是阿尔巴尼亚王国，东部是希尔凡酋长国和杰尔宾特酋长国。原大亚美尼亚最东部的帕塔卡兰省和巴达成为阿塞拜疆领土。简言之，10 世纪，亚美尼亚被细分成一系列王国、公国或酋长国，国王只是名义上的最高统治者而已。[①]

纳哈拉人互相倾轧，然而到了亡国灭种的最后关头却又团结一致，这种现象在亚美尼亚历史上司空见惯。阿绍特二世统治时期，亚美尼亚封建关系呈现出新的特点：诸侯割据和封建制大庄园的出现。[②] 社会变迁使纳哈拉阶层的构成发生了很大变化，许多传统的纳哈拉家族，如马米科尼扬家族、金萨健家族、格努尼家族、拉什图尼家族让位给巴格拉图尼家族、阿茨鲁尼家族、休尼克家族。这一时期，巨大的封建庄园不仅包括原领地上的大庄园，还包括新领土上建立起来的大庄园。然而，封建领主对土地的占有并不牢固。例如，巴格拉图尼家族的扩张是以牺牲马米科尼扬家族、金萨建家族的领地为代价，而前者的领地又被阿茨鲁尼家族和凯斯特家族所掠取。领地的扩张常常诉诸武力或以购买的方式实现，比如巴格拉图尼家族向金萨建家族购买了希拉克地区。有时，封建领地被国王剥夺，然后再以采邑的形式赏赐给与王室关系密切的贵族，结果导致了纳哈拉人的内部纷争，致使他们反对国王的统治。斯姆巴特一世起初将纳希切万赐给了瓦斯普拉坎，后又赐给了休尼克亲王，这成为阿茨鲁尼家族叛乱的借口。领地的随意赏赐摧毁了巴格拉图尼王国的统治基础。另一个例子是优素福从休尼克家族中夺走的领地赏赐给了戈赫顿[③]地区的埃米尔，导致了休尼克统治者和戈赫顿统治者的纷争。在这种情况下，封建主要求国王颁布特许证，确立领地的所有权。结果，国王滥发特许证，进一步加剧了封建主之间的纷争。[④] 显然，大土地所有制不利于亚美尼亚高地的统一。随着封

---

① Aram Ter-Ghewondyan, *The Arab Emirates in Bagratid Armenia*, p. 69.

② Aram Ter-Ghewondyan, *The Arab Emirates in Bagratid Armenia*, p. 69.

③ 戈赫顿（Goghtn）是瓦斯普拉坎省的一历史地区，大致相当于今阿塞拜疆纳希切万的奥尔杜巴德·拉永（Ordubad Rayon）。

④ Aram Ter-Ghewondyan, *The Arab Emirates in Bagratid Armenia*, pp. 69 – 70.

建关系的加深，各省的离心倾向逐渐增强。当然，像阿绍特一世这样极具个人魅力的政治人物尚能遏制叛乱，具备维护国家统一的能力，但当外来势力足够强大时（如赛义德家族的优素福），王权就无能为力了。

除上述因素外，阿拉伯酋长国的存在也是分离主义倾向加剧的重要因素。作为迁徙来的殖民者，阿拉伯酋长国一开始就离心离德。他们在亚美尼亚环境中保留了穆斯林特征，并与阿塞拜疆、叙利亚和上美索不达米亚以及巴格达哈里发保持着特定的种族和宗教关系。因此，相对于亚美尼亚国王来说，埃米尔们更愿意效忠母国。从另一方面来说，埃米尔作为地方自治的亚美尼亚亲王，同亚美尼亚本地的纳哈拉家族一样，为维护自己的利益表现出强烈的分离主义倾向。因此，埃米尔的反集权斗争也是亚美尼亚分裂主义的一个重要组成部分，并在一定程度上将亚美尼亚分裂为不同的政治单位。例如，德温酋长国从希拉克和阿沙鲁尼克[1]地区分裂出休尼克和阿尔查赫，凯斯特酋长国使塔伦地区完全脱离了亚美尼亚，同时还将瓦斯普拉坎从希拉克和阿沙鲁尼克地区分裂出去。[2] 有时，各酋长国之间也互相攻伐。但是，阿拉伯酋长国和阿拉伯人毕竟占少数，有的埃米尔融入了亚美尼亚封建体系，有的则被别的酋长国吞并。例如，阿茨鲁尼家族的加吉克一世为获得建筑材料，袭击了穆斯林苏拉里德家族的阿尔茨尼克地区的一个村庄；哈里发的一个将军对穆斯林谢巴尼部落大开杀戒，因为后者掠夺了一支商队。[3] 结果，该部落残余成员被亚美尼亚纳哈拉体系同化。至 10 世纪时，亚美尼亚只剩下 4 个酋长国：德温酋长国、戈赫顿酋长国、曼兹科特酋长国和卡林（即埃尔祖鲁姆）酋长国。[4]

然而，就是在这样的一个动荡时期，亚美尼亚经济出现了相当程度的繁荣，这是因为从 9 世纪上半叶开始，外部政治条件的变化

---

① 阿沙鲁尼克（Arsharunik），亚美尼亚一历史地区，大体在今阿拉斯河以北的亚拉腊省。

② Aram Ter-Ghewondyan, *The Arab Emirates in Bagratid Armenia*, p. 70.

③ Aram Ter-Ghewondyan, *The Arab Emirates in Bagratid Armenia*, p. 71.

④ Aram Ter-Ghewondyan, *The Arab Emirates in Bagratid Armenia*, p. 71.

有利于经济的复兴和城市的崛起。这些外部有利因素可归结为以下几个方面：

第一，9世纪下半叶，马其顿王朝统治下的拜占庭强势回归，而阿拔斯哈里发则日渐衰落。拜占庭皇帝巴西尔一世利用哈里发的衰落，摧毁了阿拉伯人的一系列堡垒。此时，亚美尼亚作为东西方的重要缓冲国，对哈里发和拜占庭来说，至关重要。正因为如此，阿绍特一世才被巴格达和拜占庭双双承认为亚美尼亚国王。优素福发起的战争尽管给亚美尼亚造成了严重破坏，但巴格拉图尼王国仍与拜占庭和巴格达当局维持了良好关系，没有卷入两者的战争。因此，自10世纪30年代后，亚美尼亚经历了100多年的和平。

第二，稳定的外部环境促进了商业的繁荣。亚美尼亚地处东西方国际商路的中心，并与拜占庭和哈里发都保持了密切关系，这种独特的身份使它成为近东过境贸易最为理想的中转站。古尔科—克里亚辛认为，在这种情况下，亚美尼亚不仅在政治上，而且在经济上成为一个缓冲区，因为它是唯一维系两个交战国之间贸易往来的国家。①

第三，阿拉伯统治者鼓励商业贸易，间接促成了亚美尼亚经济的繁荣。众所周知，阿拉伯人是一个非常善于经商的民族，商业理论非常发达。例如，阿拉伯历史学家、哲学家伊本·赫勒敦（1332—1460）在《历史绪论》中对商业、商人、城市、关税、物价、赋税及其社会效益等的论述可谓精彩绝伦。他在论述赋税时说："免除赋税和关税比其他任何事情都有可能使个体的资本增长，迅速盈利。这些人不知道统治者每减少一次赋税会造成多大的损失。因此，统治者必须防范这些人，不要理会任何有损其收入和统治的建议。"② 关于商品的价格，他说："持续的低价对那些不得不

① Hakob Manandian, *The Trade and Cities of Armenia in Relation to Ancient World Trade*, trans. N. G. Garsoïan, p. 138.

② Ibn Khaldun, *The Muqaddimah: An Introduction to History*, trans. Franz Rosenthal, Vol. 2, New York: Princeton University Press, 1967, p. 96.

依靠低价交易的商人是有害的。”① 关于国际贸易，他说：“当商人把商品从一个国家运到另一个国家时，商品就变得更有价值了。”② 关于商人的性格，他说：“因为商人大多忙于买卖，必然要狡猾。如果商人总是耍花招，这就成了他的主要性格品质。自然品质与男子气概相差甚远。”③ 哈里发马蒙（813—833 年在位）时代，伊本·赫勒敦从他人手中获得了一份税收单据。根据单据记录，亚美尼亚向巴格达上缴的年贡为 1300 万迪拉姆、20 块绣花地毯、580 英镑杂色布、1 万磅咸鱼、1 万磅鲱鱼、200 头骡子、30 只猎鹰。④ 10 世纪时，亚美尼亚每年给哈里发的年贡降为 100 万迪拉姆。⑤ 这表明 9—10 世纪，亚美尼亚人的赋税呈下降趋势，从而推动了生产力的增长。

基于上述因素，亚美尼亚经济在 9 世纪上半叶复苏，并在 10 世纪和 11 世纪上半叶达到鼎盛。亚美尼亚的繁荣体现在同时代阿拉伯作家的作品里，作者几乎异口同声地承认亚美尼亚是哈里发国最富庶的地方之一。中世纪亚美尼亚作家的叙述证实了这一点，如上文霍夫汉内斯·德拉斯哈纳克尔茨描述了亚美尼亚人的幸福生活。

10 世纪，农业已不再是财富积累的唯一产业，亚美尼亚人通过经商积累起了巨大资本。这一时期，城镇里活跃着各种铁匠、木匠、裁缝和面包师。货币广泛流通，促进了金融业的发展。西蒙·巴亚斯良认为，活跃的商品生产和市场活动刺激了资本主义萌芽的出现。⑥ 马南德扬甚至认为，如果没有塞尔柱人入侵的话，亚美尼

---

① Ibn Khaldun, *The Muqaddimah: An Introduction to History*, trans. Franz Rosenthal, Vol. 2, p. 338.

② Ibn Khaldun, *The Muqaddimah: An Introduction to History*, trans. Franz Rosenthal, Vol. 2, p. 340.

③ Ibn Khaldun, *The Muqaddimah: An Introduction to History*, trans. Franz Rosenthal, p. 344.

④ Ibn Khaldun, *The Muqaddimah: An Introduction to History*, trans. Franz Rosenthal, Vol. 2, p. 364.

⑤ Hakob Manandian, *The Trade and Cities of Armenia in Relation to Ancient World Trade*, trans. N. G. Garsoïan, p. 140.

⑥ Simon Payaslian, *The History of Armenia: From the Origins to the Present*, p. 63.

亚封建制度很可能在新型经济关系中倒台。[①] 商人资本集中在商业上，独立于封建领主的财政权利，而传统的纳哈拉人的财富建立在土地基础之上。

11 世纪，亚美尼亚历史学家阿里斯特克斯·拉斯蒂弗茨[②]描述了巴格拉图尼王国时期亚美尼亚城市的繁荣，说阿尼城“举世闻名”[③]。从 10 世纪下半叶开始，阿尼成为巴格拉图尼王国的都城。阿里斯特克斯在描述埃尔祖鲁姆附近的商业城市阿克恩时，赞美道：

> 像阿克恩这样的城市，因迷人而闻名于世。正如伟大的先知以赛亚所说的耶路撒冷，它就像一座坐落在山上的城市，海洋和陆地加强了它的力量。过去的日子亦是如此，当它被大量的好东西包围时，一切都如你所愿。就像一个新婚的女人，她迷人的美丽和闪闪发光的装饰品，是每个人都想要的。因为它的首领有仁德，审判官是公义和廉洁的。城中的商人是教堂的建造者和装饰者，是给牧师提供栖息的人，也是施舍者和穷人的供养者。商业买卖没有欺诈，交易没有背叛，投机者受到谴责和鄙视，行贿者的礼物被拒收。每个人都为虔诚奋斗。牧师是虔诚的祈祷者，服从教会的训诫。因此城市的商人是光荣的，顾客就像人民的国王一样。我们的城市像一颗珍贵的宝石，闪耀着灿烂的美丽，在所有的城市中最

---

① Hakob Manandian, *The Trade and Cities of Armenia in Relation to Ancient World Trade*, trans. N. G. Garsoïan, p. 142.

② 阿里斯特克斯·拉斯蒂弗茨（Aristakes Lastivertsi）是 11 世纪亚美尼亚牧师、历史学家。他的《历史》写于 1072—1079 年间，描述了 1000—1071 年的一些历史事件，其中包括拜占庭和亚美尼亚的关系、塞尔柱突厥人的入侵和托德拉基运动。他以总结亚美尼亚人民的悲情遭遇开篇，随后的章节描述了拜占庭对陶—塔伊克地区的征服（1000—1022）、亚美尼亚和格鲁吉亚亲王之间的冲突与合作、1047—1064 年塞尔柱突厥人的入侵和曼兹科特之战（1071）。他的资料证实并补充了拜占庭、阿拉伯和伊朗史料，参见 Aristakes Lastivertc ‘i, *Aristakes Lastivertc ‘i's History*, trans. Robert Bedrosian, New York: Sources of the Armenian Tradition, 1985, “preface”。

③ Aristakes Lastivertc ‘i, *Aristakes Lastivertc ‘i's History*, p. 161.

为美丽，装扮最为充分。[①]

阿里斯特克斯强调“海洋和陆地”，显然指城市的财富来自海洋贸易和陆地贸易，即财富主要来自国际贸易。根据霍夫汉内斯·德拉斯的说法，当阿夫辛在9世纪末准备要惩罚斯姆巴特一世时，这位亚美尼亚国王以经济利益为借口说：

> 你为什么无故地向我们发怒呢？我若与（拜占庭）皇帝结盟，也是为你们的缘故。[我想] 我可以轻而易举地从希腊人的土地上得到你和哈里发所需要的东西，并送给你绚丽的衣服、装饰品和器皿，供你自己使用。我也愿意为你们值得信赖的商人开路，使他们有权进入自己的土地，使用希腊人的财物，增加你们的财富。[②]

从斯姆巴特一世的口吻看，亚美尼亚将本国通往拜占庭的商路向阿拉伯商人开放，无疑会给哈里发政权带来巨额财富。上述例证表明，过境贸易是巴格拉图尼王国城市崛起和经济繁荣最主要的因素。物质财富的增长，使封建贵族和教会积累起可观的货币资本，为建筑活动的开展创造了有利条件。亚美尼亚城市，特别是那些位于过境贸易路线上的城市，变得更富裕，街道更宽阔，规模也更宏伟。国王和封建巨头们竞相建造富丽堂皇的教堂、宫殿和府邸，互相攀比。[③] 毫无疑问，这些都需要巨额资本，至今在阿尼和卡尔斯仍看到这些宏伟建筑的废墟。在今天的亚美尼亚共和国，存有大量该时期修建的修道院。

市场的扩大使城市和农村的联系更加紧密。不断增长的城市人口扩大了对农产品的需求。城市中心的商业庭院或驿馆是农村地区

---

① Aristakes Lastivertc‘i, *Aristakes Lastivertc‘i's History*, pp. 78 – 79.

② Yovhannes Drasxanakertc‘i, *History of Armenia*, trans. K. H. Maksoudian, p. 138.

③ Hakob Manandian, *The Trade and Cities of Armenia in Relation to Ancient World Trade*, trans. N. G. Garsoïan, p. 140.

货物交换的重要场所，也是当地人和外来商人交换货物、信息和起流言蜚语的地方。随着时间的推移，农村经济越来越多地依赖城市。另外，城市里有着广泛的就业前景，吸引着农村贫困人口向城市转移，甚至超过了城市的承载能力。根据哈鲁蒂乌扬的研究，巴格拉图尼王国约有 50 座城市，大城市的人口在 2.5 万—10 万人，中型城市的人口在 1 万—2 万人，小城镇的人口在 3000 人—9000 人，而阿尼、卡尔斯和德温等相对较大的城市，人口超过 10 万。①城市之间有道路相连，前往阿拉伯半岛、伊朗高原、高加索和黑海沿岸城市的道路畅通无阻，即使小城镇市场上的商品也琳琅满目，用于销售附近村庄的农产品或进口商品。②

中世纪亚美尼亚城市一般由三部分组成：城堡、市区和郊区。统治阶级、贵族和富有的商人生活在市区，大多数人住在城外。纳哈拉人更喜欢住在防卫森严的孤立社区里，与外界保持最低限度的接触。③ 居住在市内的封建主为了保护自己的人身和财产安全，一般会豢养一批武丁。武丁的给养由封建主供给，他们的日常工作除保护主人和维持秩序外，还要监督施工人员，护送税吏，逮捕和惩罚违法乱纪的人。城市人口也包括神职人员。11 世纪初，在国王支持下，高级神职人员聚敛了巨额财富，并享有一些特权，比如大主教彼得一世·科塔达兹（1019—1058 年在职）是一位拥有大地产、农奴和巨额资本的大封建主。④

随着城市化的进展，出现了一系列社会问题。农民的封建义务开始从实物地租向货币地租转变。从阿里斯特克斯·拉斯蒂弗茨的叙述中不难看出，货币经济的扩张伴随着各种社会丑恶现象的发生。高利贷资本的野蛮扩张使富人不断从中下层人民身上榨取高额利息，贫富差距不断拉大，底层人民生活困苦。阿里斯特克斯在描

① V. M. Harutyunyan, “Միջնադարում Հայաստանում քաղաքաշինության մշակույթը (The Culture of City Construction in Armenia in the Middle Ages)”, *Patmabansirakan Hands*, No. 2, 1963, pp. 85 – 99.

② Simon Payaslian, *The History of Armenia*: *From the Origins to the Present*, p. 62.

③ Simon Payaslian, *The History of Armenia*: *From the Origins to the Present*, p. 62.

④ Simon Payaslian, *The History of Armenia*: *From the Origins to the Present*, p. 63.

述阿克恩城的乱象时说：

在皮浪的绝对怀疑主义者进入我们的教会之后，正义的统治变得不公正，对银子的爱变得比对上帝的爱更尊贵，对财神的爱甚过基督。于是，所有谦逊的秩序都被颠覆了，结果一片混乱。阿克恩亲王与盗贼作伴、作孽、作银钱的奴仆。审判官收受贿赂，贿赂夺走了正义；孤儿和寡妇的案件没有得到辩护。高利贷和投机倒把成了法律，小麦产量成倍增长，以至土地疲惫，不能在适当的时候长出粮食，养活人民。欺骗朋友的自夸有智慧。强暴的说我有大能。富人掠夺邻家穷人的房舍，没收他们的田地。[①]

在巴格拉图尼王国最后的日子里，埃德萨的马修声称，财富主要掌握在少数统治阶级成员手中。他在描述塞尔柱人易卜拉欣攻占阿克恩城的时候，记载了从神职人员手中夺走的巨额财富，他写道：

在亚美尼亚历 489 年（公元 1049—1050 年）……异教徒的部队到达了著名的亚美尼亚城镇阿克恩，城镇人口众多，没有防御工事，里面有无数男人和女人，无数的金银财宝……敌人掠夺的金银绸缎多得无法用文字记下来……易卜拉欣抢劫了乡村主教达图克的金库，有 40 头骆驼从他的金库中出来，800 头公牛每六匹拴在一起从他家里牵出来。当时有 800 座教堂用于神圣的礼拜仪式。由于这样一个残酷的结局和歼灭，美丽而受人喜爱的阿克恩城被毁了。[②]

与贵族、商人和神职人员的富有相反，底层人民生活在洞穴或茅

---

① Aristakes Lastivertc ‘i, *Aristakes Lastivertc ‘i's History*, pp. 79 – 80.

② Matthew of Edessa (Matt' eos Urhayec' i), *Armenia and the Crusades: Tenth to Twelfth Centuries: The Chronicle of Matthew of Edessa*, trans. from the original Armenian with a commentary and introduction by Krikor H. Maksoudian, Maryland: University Press of Amertca, 1993, p. 76.

草屋中。[1] 封建统治阶级的压榨导致农民起义风起云涌。10 世纪初，农民起义打着宗教旗帜，反抗各种形式的压迫。目击者霍夫汉内斯·德拉斯哈纳克尔茨描述了亚拉腊平原的农民如何与封建地主作斗争，以及如何摧毁他们的城堡和抢劫他们财产的情况。他的证词："穷人试图超越富人，仆人照着所罗门的话骑上主人的骏马，他们的主人匍匐在地上。他们藐视那些曾经践踏他们的人，在大暴乱中变得傲慢无礼。"[2] 休尼克省也爆发了农民起义。906 年，塔特夫修道院建成后，根据一项亲王的特别法令，邻近村庄的所有权转移到修道院僧侣手中。农民断然拒绝了亲王的无理要求，与教会进行了长期的斗争，并最终演变成公开起义。在休尼克省亲王斯姆巴特的帮助下，修道院镇压了起义。不久，起义再次爆发。总而言之，10 世纪，农民起义不断，社会秩序混乱。大主教感叹道："一切美德、正直、繁荣与和平都崩溃了，取而代之的是堕落与荒凉。"[3]

在农民起义被屡次镇压的背景下，反封建基督教派别"托德拉基派"在亚美尼亚兴起。该教派在 9 世纪初至 11 世纪期间兴盛于凡湖以北的托德拉基市。创始人斯姆巴特·扎雷哈瓦茨主张废除教会及其所有的传统仪式。他们否认教会的灵魂不朽及其各种封建学说，支持农民财产权以及男女平等，甚至模仿早期基督教徒建立了自己的社区，并积极参加了 10 世纪的农民起义。托德拉基运动在许多方面与保罗运动相似，有学者甚至认为它是该教派运动的继续。如果说保罗派运动是在外敌入侵下兴起的，那么托德拉基运动则是亚美尼亚国内阶级斗争的体现。最终，在亚美尼亚封建主、拜占庭皇帝和哈里发的联合镇压下，该教派被歼灭。历史学家阿里斯特克斯·拉斯蒂弗茨详细描述了托德拉基教派的消失。

这一时期，社会矛盾延伸到意识形态领域。一方面，大量神秘

---

① Hakob Manandian, *The Trade and Cities of Armenia in Relation to Ancient World Trade*, trans. N. G. Garsoïan, p. 142.

② Yovhannes Drasxanakertc 'i, *History of Armenia*, trans. K. H. Maksoudian, p. 186.

③ Yovhannes Drasxanakertc 'i, *History of Armenia*, trans. K. H. Maksoudian, p. 186.

末世论充斥在教会经院文学中，预示着封建制度即将崩溃；另一方面，体现劳动群众愿望的世俗文学作品出现，表明中世纪亚美尼亚学者开始关注普通人民的生活。安捷夫的霍斯罗夫（902—964）是一位杰出的神秘主义诗人和宗教评论家，他描写了亚美尼亚教会及其宗教仪式。亚美尼亚高级教士、历史学家塞瓦斯蒂亚的乌赫塔尼斯（935—1000）描写了格鲁吉亚和亚美尼亚教会的分裂。格里戈尔·马吉斯特罗斯（990—1058）精通宗教和世俗文学，以及叙利亚和希腊文学。他搜集到许多亚美尼亚哲学和科学手稿，翻译了柏拉图的《律法》《对话录》《克力锡亚斯篇》《蒂迈欧篇》《斐多篇》，高加索的许多牧师都是他的学生。其他学者，诸如大主教彼得一世的作品、哲学家约翰的作品、神秘主义学者格里戈尔·纳雷卡茨（约 940—约 1011）的诗歌《耶利米哀歌书》，都是这一时期非常不错的教会经院文学作品。与神秘主义学者相反，12 世纪，一位被称作伪沙普赫的匿名作家描述了 7—10 世纪亚美尼亚的一些民间故事。[①]《萨逊的大卫》是亚美尼亚最为著名的民间史诗之一，讲述了亚美尼亚人的传奇英雄大卫保家卫国的故事。该史诗基于 8—10 世纪亚美尼亚反抗阿拉伯统治的真实故事改编，并在 16—19 世纪开始广为人知，于 1873 年形成书稿。史诗由若干诗行组成，按不规则的长度排列成韵组。虽然大卫没有史诗人物的传统形象——傲人的尊严和威武的身材，却是一位充满爱国情怀的人，一位热爱生活和崇尚自由的人。他的人性弱点增加了史诗的魅力。在大卫与他的儿子小马赫发生的众多事件中，恶魔和精灵都扮演了重要角色，使史诗更具吸引力和可读性。简言之，《萨逊的大卫》体现了亚美尼亚民族的美好愿望、思想和感情，并戏剧化地表达了人们对国家的挚爱，体现了亚美尼亚人英勇无畏和坚强不屈的精神。[②]

综上所述，10—11 世纪，亚美尼亚社会，矛盾尖锐而深刻。马南德扬从经济学的角度，认为这一时期的社会矛盾是货币无序扩张

① Yovhannes Drasxanakertc‘i, *History of Armenia*, trans. K. H. Maksoudian, p. 90.

② ［亚美尼亚］佚名：《萨逊的大卫》，严永兴译，译林出版社 2018 年版，“译序”。

和高利贷资本猖獗的结果。[①] 然而，他却忽视了统治阶级的贪婪，以及外部威胁对亚美尼亚社会的影响。

第五节　特拉布宗遗嘱和王国的覆灭

1020 年，加吉克一世去世，[②] 他的儿子瓜分了他的王国，巴格拉图尼王国迅速衰落。事实上，摧毁亚美尼亚王国的潜在因素一直存在，只不过被强大的统治权威所掩盖。具体来说，造成王国灭亡的原因既有内因，也有外因。

从外部因素来说，巴格拉图尼王朝的国王虽有时非常强大，但在政治上却是阿拔斯哈里发的附庸，并在名义上由穆斯林驻地总督统治。总督行政办公总署设在今阿塞拜疆的巴达。自 428 年阿沙库尼王朝结束以来，亚美尼亚不再存在国王，只有地方诸侯王的存在。9 世纪，盛大亲王为全亚美尼亚亲王之首，负责向人民征税并将所得税款转交给总督。阿塞拜疆的总督试图直接控制亚美尼亚，拜占庭帝国也不失时机的东扩，这都严重威胁着王国的生存。

巴格拉图尼王国是由几个独立的公国组成的联邦制国家，许多家族王朝互为对立，且都不失时机地削弱对手。因此，地方政权对中央王权的忠诚和国家统一的本质是概念性的，即受共同语言或宗教信仰的支配。因此，亚美尼亚人无任何国家统一的政治理念。这一点不同于中国的历史政治发展逻辑：统一是政治家孜孜不倦的追求目标和最高理想。

亚美尼亚纳哈拉家族的自治观念根深蒂固，他们互相倾轧，甚至不惜诉诸武力，以摆脱中央政府的统治，这严重削弱了国家的实力。10 世纪下半叶，巴格拉图尼家族的内部斗争日趋激烈：961 年，阿绍特三世的兄弟穆什赫宣布为卡尔斯国王；数十年后，阿绍

---

① Hakob Manandian, *The Trade and Cities of Armenia in Relation to Ancient World Trade*, trans. N. G. Garsoïan, p. 142.

② 加吉克一世去世后与斯姆巴特二世合葬在塔武什省的迪利然村（Dilijan）的哈格阿特辛（Haghartsin）修道院内。

特三世的儿子居尔根成为伊比利亚的卡特利公国亲王；982 年，休尼克亲王宣布为王。上述种种行径严重削弱了王权的统治基础，国家四分五裂，正如大主教霍夫汉内斯·德拉斯哈纳克尔茨所说："我们的国王、贵族和亲王们试图分裂并夺走每个纳哈拉的家园。"①

根据加吉克一世的安排，王位传给了他的两个儿子：霍夫汉内斯·斯姆巴特和阿绍特，两者地位平等。② 事实证明，双头政治既不明智，也不切实际，更不适合亚美尼亚国情。结果，加吉克一世去世后，他的两个儿子立即陷入内讧，这使得本来就不牢固的中央王权体系分崩离析。这场政治危机大约持续了两年多时间，最终兄弟两人在大元帅瓦赫兰·巴列沃尼（967—1045）和格鲁吉亚国王乔治一世（1014—1027 年在位）的斡旋下和解。根据双方达成的谅解备忘录，霍夫汉内斯·斯姆巴特以阿尼为都城，统治亚拉腊平原、希拉克和阿拉加措特恩省，是为斯姆巴特三世（1020—1040 年在位）；阿绍特统治王国东部的省份，是为阿绍特四世（1021—1039 年在位），并在斯姆巴特去世后继承阿尼王位。③ 长久以来，亚美尼亚一直坚持长子继承制，按照这一传统，斯姆巴特三世才是合法的王位继承人。加吉克一世的安排破坏了这一传统，激起了非长子的政治野心，给政权的顺利交接带来麻烦。姆巴特三世和阿绍特四世虽最终实现和解，但两者的军事冲突从未停止过，严重削弱了本来就很脆弱的中央王权。

除统治阶级的内部斗争外，贫富差距同样削弱了王国的根基。如前文所述，在亚美尼亚经济繁荣的同时，社会矛盾激化，并导致了保罗派、托德拉基教派和各种神秘末世论思想的产生，而亚美尼亚统治者自始至终没有很好地解决这些问题。另外，不断发生的地震和饥荒等自然灾害，更使国王的统治雪上加霜。

亚美尼亚王国赖以独立的基础是东西方势力的平衡，一旦失衡，它便丧失了独立的基础。巴格拉图尼王国后期正是拜占庭帝国的黄

---

① Yovhannes Drasxanakertc ‘i, *History of Armenia*, trans. K. H. Maksoudian, p. 186.

② Simon Payaslian, *The History of Armenia: From the Origins to the Present*, p. 71.

③ Simon Payaslian, *The History of Armenia: From the Origins to the Present*, p. 71.

金时代——马其顿王朝，而此时的阿拔斯哈里发已成为白益王朝（932—1055）的傀儡，统辖地域只囿于巴格达及其周围的一小块地区。东西方优势的天平倒向拜占庭一方，拜占庭皇帝也充分利用有利条件，不失时机地向东扩张，首要目标便锁定了亚美尼亚。因此，巴格拉图尼王国后期，亚美尼亚面临的主要外部威胁已不再是巴格达的哈里发政权，而是强大的拜占庭帝国。

然而，亚美尼亚和拜占庭的关系错综复杂。早在前基督教时代，亚美尼亚人就定居在罗马帝国东部一带，并已上升到显赫的地位。查士丁尼虽然强行将亚美尼亚人迁移到拜占庭，但数量有限。6 世纪晚期，大量亚美尼亚人涌入拜占庭。红色瓦尔丹的后裔和大主教徒约翰二世在反抗萨珊帝国失败后也逃到君士坦丁堡。这部分亚美尼亚人应召进入拜占庭军队，在珀加蒙定居下来。拜占庭皇帝莫里斯的移民政策与第二次亚美尼亚瓜分，迫使成千上万的亚美尼亚人涌入拜占庭，其中很大一部分在塞浦路斯定居下来。7 世纪下半叶，保罗派分子被赶出亚美尼亚后在拜占庭的本都地区定居下来。阿拉伯入侵之时，更多的亚美尼亚人移居到拜占庭，其中有些在奇里乞亚定居下来。11 世纪，随着巴格拉图尼王国社会矛盾的激化，又有一批纳哈拉人迁到奇里乞亚、君士坦丁堡和帝国的其他中心城市。随着时间的推移，亚美尼亚人成为拜占庭帝国最为重要的政治力量。① 精明能干的亚美尼亚人在拜占庭从事商业、贸易和农业。亚美尼亚人以英勇善战而闻名。根据 6 世纪拜占庭历史学家普罗科匹厄斯的记载，仅在查士丁尼的军队中就有 16 位亚美尼亚裔将军。8—11 世纪，大量亚美尼亚人在拜占庭军队中担任要职，其中一些人甚至在拜占庭与阿拉伯战争中起到了决定性的作用。有些亚美尼亚军事领导人被拜占庭皇帝任命为总督，有些则成为皇权背后不可忽视的力量，并在废立皇帝方面发挥了重要作用。希拉克略王朝和马其顿王朝的很多皇帝都是亚美尼亚移民的后裔。这一时期，亚美尼亚人在拜占庭帝国的政治和军事地位达到前所未有的程度，他们

---

① George A. Bournoutian, *Concise History of the Armenian People: From Ancient Times to the Present*, p. 88.

在与阿拉伯人、斯拉夫人和保加利亚人的作战中取得了巨大的军事成就，但具有讽刺意味的是，正是具有亚美尼亚血统的马其顿王朝对巴格拉图尼王国的分裂负有主要责任。[1]

来自拜占庭威胁的征兆出现在 10 世纪，军区制改革使帝国的行政管辖权延伸到亚美尼亚西南部的塔伦公国，而塔伦公国由巴格拉图尼家族后裔统治。949 年，拜占庭将军，即未来的皇帝约翰一世（969—976 年在位），攻陷了堡垒城市卡林（埃尔祖鲁姆），打开了长驱直入亚美尼亚腹地的门户。11 世纪，拜占庭开始大规模入侵亚美尼亚。根据马修的记载，巴西尔二世在加吉克一世去世后不久便发动了入侵亚美尼亚的军事行动。马修说："亚美尼亚历 470 年（1021—1022），巴西尔率领数不清的军队向东进发，向亚美尼亚国王索要阿尼和卡尔斯。"[2] 面对拜占庭的咄咄逼人之势，斯姆巴特三世被迫宣布巴西尔二世为继承人。马修形容他是"一个懦弱的人"[3]。巴西尔二世返回国内后，写信给格鲁吉亚国王乔治一世，要求他臣服拜占庭。乔治一世断然拒绝，拜占庭—格鲁吉亚战争（11—13 世纪）爆发。1021 年秋，巴西尔二世在北欧卫队[4]的增援下，开进亚美尼亚，一路杀到格鲁吉亚境内。乔治一世坚壁清野，烧毁了奥尔图城[5]。9 月 11 日，在帕拉卡齐奥湖[6]（现土耳其锡尔迪尔）的希里姆尼村附近发生了一场血腥战斗，巴西尔二世胜利，乔治一世向北退到王国境内，躲了起来。12 月，瓦斯普拉坎国王谢涅克里姆迫于塞尔柱人的威胁，将王国交给了巴西尔二世。次年春

---

① George A. Bournoutian, *Concise History of the Armenian People: From Ancient Times to the Present*, pp. 88 – 89.

② Matthew of Edessa, *Armenia and the Crusades: Tenth to Twelfth Centuries: The Chronicle of Matthew of Edessa*, p. 46.

③ Matthew of Edessa, *Armenia and the Crusades: Tenth to Twelfth Centuries: The Chronicle of Matthew of Edessa*, p. 46.

④ 瓦兰吉卫队（Varangian Guard）亦称北欧卫队，是 10—14 世纪拜占庭帝国的一支精锐部队，也是皇帝的禁卫军。其成员主要有斯堪的纳维亚的北欧人和英格兰的盎格鲁—撒克逊人，善于山区作战。巴西尔二世统治时期，作战凶悍的瓦兰吉卫队歼灭了保加利亚人，进攻法蒂玛王朝，攻打亚美尼亚和格鲁吉亚，平定了尼基弗鲁斯·福卡斯的叛乱。

⑤ 奥尔图，今土耳其东部的埃尔祖鲁姆省。

⑥ 帕拉卡齐奥湖（Palakazio），今土耳其锡尔迪尔（Çildir）。

天，巴西尔二世从海陆两路兵进格鲁吉亚，乔治一世被迫将大部分领土交给了巴西尔二世。

在拜占庭—格鲁吉亚战争期间，斯姆巴特三世站在格鲁吉亚一方。战败后，他派大主教彼得罗斯一世（1019—1058 年在职）前往特拉布宗进行和平谈判。巴西尔二世要求他将亚美尼亚领土遗赠给拜占庭，斯姆巴特三世被迫同意。这就是特拉布宗遗嘱，亚美尼亚人称之为“失落的令状”。①

特拉布宗遗嘱激起了亚美尼亚人对国王的普遍不满。在阿绍特四世和大主教彼得罗斯一世的领导下，亚美尼亚人发起了一场反对国王的抵抗运动。抵抗运动失败后，彼得罗斯一世于 1037 年逃往瓦斯普拉坎。几年后，他返回阿尼，但被捕入狱。后世亚美尼亚历史学家也谴责斯姆巴特三世的无能。然而，根据亚美尼亚当时的情况来看，也许这是斯姆巴特三世无奈的选择。因为，当时的亚美尼亚领土已被拜占庭蚕食殆尽，况且高加索地区出现了一股新兴势力——塞尔柱突厥人。瓦斯普拉坎国王谢涅克里姆就是为远离突厥人的侵袭投奔了巴西尔二世，也许这一事件触动了斯姆巴特三世——既然最大的亚美尼亚诸侯国已投靠了拜占庭帝国，如果继续与拜占庭为敌，那么在与塞尔柱突厥人的战争中，自己一定会成为孤家寡人；而且，中央王权已分崩离析，王位竞争异常激烈，一些省份早已疏远了国王，如果此时拜占庭各个击破，亚美尼亚势必被吞并。另外，巴西尔二世对于愿意归附拜占庭的纳哈拉人，都给予丰厚的物质、领地和各种荣誉爵位，这吸引了大批亚美尼亚精英向拜占庭迁徙，使亚美尼亚人口和人才空心化。② 按照这种逻辑，斯

① Simon Payaslian, *The History of Armenia: From the Origins to the Present*, p. 71.

② 亚美尼亚人向拜占庭迁徙的另一个因素可能与亚美尼亚大饥荒有关系。根据马修的记载，1032—1033 年，亚美尼亚“全地遭遇大饥荒。有许多人死于这场饥荒，也有许多人因为没有面包出卖自己的女人和孩子。”参见 Matthew of Edessa, *Armenia and the Crusades: Tenth to Twelfth Centuries: The Chronicle of Matthew of Edessa*, p. 55. 亚美尼亚历史学家阿里斯特克斯·拉斯蒂弗茨也记载到了这次饥荒，他说：“在我们亚美尼亚的 482 年（1033—1034）的一个星期五晚上，许多有学识的人看到了月蚀就相信反基督者的诞生是在那一天发生的，或者它预示着非常大的灾难。的确，这样的灾难确实发生在我们这个时代。”参见 Aristakes Lastivertc ‘i, *Aristakes Lastivertc ‘i's History*, p. 43.

姆巴特三世签署并坚持特拉布宗遗嘱也就可以理解了。尽管拜占庭得到了亚美尼亚大部分领土，但削弱亚美尼亚的政策对拜占庭来说也不是什么好事，甚至是错误的，因为它失去了一个在未来能有效抵抗突厥人入侵的屏障。事实也如此，当它拆掉这个屏障时，也敲响了自己的丧钟。

特拉布宗遗嘱带来的影响和后果是显而易见的。彼得罗斯一世的被捕入狱并没有结束国内纷争，阿绍特四世更是深感不安，因为这份遗嘱否定了他先前与斯姆巴特三世达成的协议——阿绍特四世继承阿尼王位。因此，阿绍特四世为保住阿尼的继承权前往君士坦丁堡，恳求皇帝重新审议遗嘱。在君士坦丁堡，帝国政府同意延长军事支援，但只针对穆斯林埃米尔入侵并占领阿绍特四世领土时才生效。他又到巴格达，争取哈里发的军事和外交支持，但没有证据表明他成功说服哈里发。[①]

君士坦丁堡支持阿绍特四世的目的是对抗高地上的埃米尔。事实上，拜占庭皇帝早已把亚美尼亚视为缓冲国，并坚持斯姆巴特三世的合法地位。但阿绍特四世不甘心失去阿尼，用尽手段赢得继承权。他向阿尼发去消息，称自己的健康每况愈下，邀请斯姆巴特三世到塔林会晤，以商后事。当斯姆巴特三世到达时，阿绍特四世逮捕了他，命令仆从处死他的兄长；但这位仆从拒绝了阿绍特四世的命令，释放了斯姆巴特三世。[②] 此后不久，无论是命运注定还是巧合，斯姆巴特三世和阿绍特四世双双死于 1041 年。前者没有男嗣，王国留给了年仅 15 岁的侄子加吉克，即加吉克二世（1041—1045 年在位）。[③] 讽刺的是，阿绍特四世也葬在阿尼城——他梦寐以求却从未统治过的城市。马修说，阿绍特四世一生只有在死的时候才进入阿尼城。[④] 阿里斯特克斯·拉斯蒂弗茨感叹道："亚美尼亚的生命

---

① Simon Payaslian, *The History of Armenia: From the Origins to the Present*, p. 72.

② Simon Payaslian, *The History of Armenia: From the Origins to the Present*, p. 72.

③ Matthew of Edessa, *Armenia and the Crusades: Tenth to Twelfth Centuries: The Chronicle of Matthew of Edessa*, p. 63.

④ Matthew of Edessa, *Armenia and the Crusades: Tenth to Twelfth Centuries: The Chronicle of Matthew of Edessa*, p. 63.

走到了尽头。因为一年之内，掌管我们土地的阿绍特（四世）和霍夫汉内斯（斯姆巴特三世）兄弟二人都死了。”

新王加吉克二世面临的国内外情况十分复杂。拜占庭继续蚕食亚美尼亚领土，皇帝迈克尔五世（1041—1042 年在位）“发现了那份与亚美尼亚有关的文件，开始关心如何获取阿尼城和这片土地，仿佛它是他自己的遗产”①。亚美尼亚领导层陷入分歧，独立派反对将亚美尼亚人的王国交给拜占庭，投降派担忧不履行遗嘱会导致战争。最终，亲拜占庭派发动叛乱，占领了阿尼城。亚美尼亚人对国家的未来充满疑虑和彷徨，阿里斯特克斯·拉斯蒂弗茨不无忧虑地说：“阿绍特死后，亚美尼亚军队变得懈怠，蔑视战争。他们受罗马人辖制，醉酒成狂，靠西特琴（类似吉他的一种乐器）吟唱取乐。他们不再统一，不再互相帮助。”②

为达成和解，加吉克二世释放了大主教彼得罗斯一世，极力打压亲拜占庭派。然而，拜占庭并不打算放弃遗嘱变为现实的可能，连续三次出兵亚美尼亚，但都未获成功。于是，拜占庭竭尽全力征服亚美尼亚，决定将其纳入帝国统治。为此目的，拜占庭皇帝在 1041—1042 年间向亚美尼亚南部派遣了一支庞大的军队，同时说服高加索阿尔巴尼亚国王从东部进攻亚美尼亚。在 1042 年阿尼城的攻防战中，瓦赫兰·巴列沃尼将军击败拜占庭军队，马修说：“对于罗马军队来说，这是非常可怕的一天，因为 2 万人马只剩下 100 人。”③ 时至今日，很多亚美尼亚文学作品仍在讴歌瓦赫兰的英勇事迹。据说，他建造了马尔马森堡垒和修道院，他本人也埋葬在那里。

胜利促使瓦赫兰·巴列沃尼和大主教彼得罗斯一世为 18 岁的加吉克二世举行了加冕礼。“亚美尼亚所有的贵族都聚集在大主教彼得罗斯面前，加吉克奉圣灵之恩、尊贵的亲王之命，被膏为亚美尼

---

① Aristakes Lastivertc ‘i, *Aristakes Lastivertc ‘i's History*, p. 53.

② Matthew of Edessa, *Armenia and the Crusades*: *Tenth to Twelfth Centuries*: *The Chronicle of Matthew of Edessa*, p. 63.

③ Matthew of Edessa, *Armenia and the Crusades*: *Tenth to Twelfth Centuries*: *The Chronicle of Matthew of Edessa*, p. 67.

亚人的国王。”然而，胜利的代价是高昂的，拜占庭“连续4次进入亚美尼亚境内，直到他们用刀剑和炮火使整个国家无人居住”，阿里斯特克斯·拉斯蒂弗茨回忆说：“当我想到这些灾难时，我的感官离开了我，我的大脑变得混乱，恐惧使我双手颤抖，我无法继续我的写作。因为这是一个痛苦的叙述，值得流很多泪。”①

战胜拜占庭后，加吉克二世和将军瓦赫兰·巴列沃尼立即投入抵抗塞尔柱突厥人的战争中。当时，塞尔柱人已经在地平线上逼近高地。塞尔柱人是突厥乌古斯部落联盟的一支，最初定居在西伯利亚和中国之间的阿尔泰地区。10世纪中叶，他们联合起来，以酋长塞尔柱命名自己的部落，征服了西南亚。10世纪末，突厥部落呈弧形从东部、东北部和南部袭击亚美尼亚高地。早期突厥人的入侵大多由在德拉米特人②军队中服役的突厥人发起，主要目的是掠夺战利品和俘虏。然而，这些小股突厥人（有时不到5000人）给亚美尼亚造成的破坏（特别是未设防的地区）却相当严重。③ 10世纪时，乌古斯④土库曼人部落穿过中亚和伊朗北部，大量定居在阿塞拜疆。当时，这些乌古斯人和其他突厥人也正在入侵南俄，并渗透到南高加索以北地区。11世纪，随着乌古斯部落逐渐在小亚站稳脚跟，钦察突厥人占领了从喀尔巴阡山到阿尔泰山之间的草原地区。大约在1018年，瓦斯普拉坎遭到阿塞拜疆突厥人的攻击，大约1.4万余人离开家园，来到拜占庭，其中包括大批贵族、政府官员和军事领导人。⑤ 大约是1021年，从纳希切万到德温的亚美尼亚地区均

---

① Aristakes Lastivertc ‘i, *Aristakes Lastivertc ‘i's History*, p. 55.

② 德拉米特人（Daylamites）是伊朗北部山区里海西南岸的一支伊朗民族，大体在今吉兰省的东南部。在萨珊帝国和哈里发帝国统治期间，德拉米特人被用作雇佣兵，因此很多人皈依了伊斯兰教。德拉米特和吉兰是唯一能够成功抵御住穆斯林征服的伊朗地区。

③ Robert Bedrosian, “Armenian during the Seljuk and Mongol Periods”, in Richard G. Hovannisian, ed., *The Armenian People from Ancient to Modern Times*, *Volume I*: *The Dynastic Periods*: *from Antiquity to the Fourteenth Century*, p. 243.

④ 乌古斯人（Oghuz）系中世纪中亚突厥人的一支，凡二十四部，其起源由于不同史料之间的转写而名称不同。乌古斯人是古代西突厥最大的部落联盟，居住在锡尔河、阿姆河和突厥斯坦城周边地区。乌古斯名称源自其先祖乌古斯汗。

⑤ Simon Payaslian, *The History of Armenia*: *From the Origins to the Present*, p. 74.

遭到土库曼部落的袭击。从1029年起，土库曼人开始从阿塞拜疆和美索不达米亚北部袭击亚美尼亚各个地区。1037年，塞尔柱人首领图格里勒（990—1063）击溃乌古斯部落联盟，建立了塞尔柱帝国(1037—1197)；1041年，它征服了陀拔斯单国和里海沿岸的居尔甘。塞尔柱帝国的崛起把突厥人的侵袭浪潮推向高峰，标志着突厥人（土耳其人）在近东霸权的开始。[①]

塞尔柱人对亚美尼亚的大规模入侵始于11世纪40年代。在此之前，突厥部落对亚美尼亚的攻击一般为掠夺性质，且不受塞尔柱人的控制。但之后，塞尔柱人开始称这些掠夺者为"奴隶、仆从和臣民"，并谴责他们在亚美尼亚的暴行。[②] 这说明，塞尔柱人已经有了在该地区建立长久统治的意识。1040年，乌古斯部落联盟的两兄弟——塞尔柱部族的图格里勒和查基尔（989—1060），击败伽色尼王国（10—12世纪），[③] 占领了呼罗珊全境。占领伊朗后，亚美尼亚成为塞尔柱人的下一个主要攻击目标，这是因为：

首先，亚美尼亚地理位置具有重要的战略意义，扼守着近东交通的咽喉。如果拿下它，可以向西长驱直入，直达富庶的拜占庭帝国，甚至可以将连接亚欧大陆的黄金桥梁君士坦丁堡据为己有。

其次，土库曼人已经在亚美尼亚取得了一系列成功，使塞尔柱人了解到了亚美尼亚防御的薄弱。造成这种现象的原因，拜占庭负有不可推卸的责任。长期以来，它痴迷于吞并亚美尼亚人的土地，正如马修所说："他们唯一关心和希望的是把所有亚美尼亚亲王和勇敢的指挥官从东方赶走，强制他们在希腊人中间定居下来。"[④] 事实上，拜占庭皇帝不是没有认识到突厥入侵会带来严重后果，而是他们希望建立一个从格鲁吉亚、亚美尼亚延伸到美索不达米亚的缓

---

① 刘景华：《人类六千年》（上），中国青年出版社2017年版，第511页。

② Seta B. Dadoyan, *The Armenians in the Medieval Islamic World, Vol. I: Paradigms of Interaction Seventh to Fourteenth Centuries*, p. 131.

③ 伽色尼王国是一个突厥化马穆鲁克人的穆斯林王朝，在977—1186年间统治着伊朗东北部的呼罗珊、阿富汗和印度西北部次大陆的大部分地区。

④ Matthew of Edessa, *Armenia and the Crusades: Tenth to Twelfth Centuries: The Chronicle of Matthew of Edessa*, p. 96.

冲区，以作基督教文明和东方伊斯兰文明的边界。然而，这一政策却以强制亚美尼亚贵族及其附庸移居到小亚细亚并接受《迦克墩信经》为代价。事实证明，这项政策产生了完全相反的效果：不仅使小亚细亚东部失去了本土的防御者，而且加剧了亚美尼亚族和希腊族裔的紧张关系，削弱了帝国的实力。

再次，塞尔柱人的首领图格里勒与土库曼人的关系逐渐恶化，于是前者将危险的土库曼人引向亚美尼亚，以减轻塞尔柱人的压力。因此，塞尔柱人向西扩张是一件令人困惑的事情，因为它伴随着突厥部落的大规模迁徙。这些部落只是塞尔柱帝国统治下名义上的臣民，但他们的关系被一种更为复杂的动态关系所控制：塞尔柱人旨在建立一个有序的国家，但大部分突厥部落对无序掠夺和获取新牧场更感兴趣，因此后者常常不受塞尔柱人的控制，胡作非为，而塞尔柱人容忍了这种现象的发生——有助于缓和突厥人内部的紧张关系。因此，在占领了伊朗的雷伊[①]（1042 年）和哈马丹（1043 年）后，图格里勒关闭了土库曼人进入这些城市的大门，以防止他们破坏伊朗中部省份，而成千上万的心怀不满的游牧民前往阿塞拜疆，然后从那里进入亚美尼亚。亚美尼亚富饶的牧场成为吸引突厥部落的一块磁铁。简言之，这是塞尔柱帝国战略的一部分：首先鼓励土库曼人进入一个地区进行掠夺，然后再派遣自己的忠实军队控制该地区。[②] 1042 年，约 1.5 万土库曼人袭击并洗劫了瓦斯普拉坎，并在凡湖东北岸附近击败了拜占庭军队。[③]

由于突厥人的侵袭已经形成规模之势，亚美尼亚人掀起了抵制突厥人入侵的热潮。突厥人的进攻刚刚被击退，自命不凡的拜占庭人接踵而至。皇帝君士坦丁九世（1042—1054 年在位）再次提出阿

① 雷伊（Rey）是德黑兰东南部的一座伊朗城市。

② Robert Bedrosian, "Armenian during the Seljuk and Mongol Periods", in Richard G. Hovannisian, ed., *The Armenian People from Ancient to Modern Times, Volume I: The Dynastic Periods: from Antiquity to the Fourteenth Century*, p. 244.

③ Robert Bedrosian, "Armenian during the Seljuk and Mongol Periods", in Richard G. Hovannisian, ed., *The Armenian People from Ancient to Modern Times, Volume I: The Dynastic Periods: from Antiquity to the Fourteenth Century*, p. 244.

尼的主权要求。在征服无望的情况下，皇帝诱骗加吉克二世到君士坦丁堡和平解决特拉布宗遗嘱问题。在信中，君士坦丁九世说："我只需要看到你，然后将你的王国还给你，将你的土地和城市作你永久的遗产。"① 马修说："他写了一封信给亚美尼亚国王加吉克，其中包括非常庄严的誓言；他是如此的无耻，以至于把基督教福音书和基督圣十字架的遗物寄给亚美尼亚人，以示［他真诚］的证明和承诺。"②

加吉克二世拒绝前往君士坦丁堡，然而他的大臣却不遗余力地怂恿他："王啊，你为什么惧怕遵行所立的誓呢。这誓是凭着所差来的福音和基督的圣物所立。不要为我们担心，因为我们会为你而死。"③ 在得到大主教和其他领导人的保证后，他于 1045 年前往君士坦丁堡。"智者发誓，愚者相信，或者说愚者一口吞下多汁如奶酪的谎言"，阿里斯特克斯·拉斯蒂弗茨说，"我不知道为什么加吉克相信他们，无论是因为誓言和十字架，还是因为他不成熟，或因为胆小，但无论如何，他把阿尼城的钥匙给了彼德罗斯"④。

在君士坦丁堡，皇帝要求他将阿尼城及其领土割让给拜占庭。加吉克二世断然拒绝了皇帝的要求后被软禁起来。这时，亲拜占庭派把阿尼城的 40 把钥匙送到了君士坦丁九世手中，并在信中说阿尼城和整个东方都是皇帝的。⑤ 随后，皇帝召见了加吉克二世，把阿尼城的钥匙和投降书放到他面前。马修记载了加吉克的反应：

> 加吉克国王见这些人背信弃义后恸哭地说："基督要在我和那些欺骗我的人中间审判。"接着，加吉克国王对蒙那马裘

---

① Aristakes Lastivertc 'i, *Aristakes Lastivertc 'i's History*, p. 59.

② Matthew of Edessa, *Armenia and the Crusades: Tenth to Twelfth Centuries: The Chronicle of Matthew of Edessa*, p. 71.

③ Matthew of Edessa, *Armenia and the Crusades: Tenth to Twelfth Centuries: The Chronicle of Matthew of Edessa*, p. 71.

④ Aristakes Lastivertc 'i, *Aristakes Lastivertc 'i's History*, p. 59.

⑤ Matthew of Edessa, *Armenia and the Crusades: Tenth to Twelfth Centuries: The Chronicle of Matthew of Edessa*, p. 72.

> 斯（君士坦丁九世）说："只要我是亚美尼亚的领主和国王，我不会将亚美尼亚交到你们手中，因为你们欺骗我，把我带到君士坦丁堡。"加吉克坚持了30天，当他找不到出路时，才把阿尼城交到了罗马人手中。[①]

作为补偿，君士坦丁九世赠给加吉克二世卡帕多西亚的一块领地，但不允许他返回亚美尼亚。在塞尔柱人大举入侵前夕，拜占庭终于完成了吞并亚美尼亚的心愿。即便如此，拜占庭的神职人员对亚美尼亚人的宗教生活并不满意，坚持让他们改信东正教。至此，亚美尼亚无论在政治上，还是在经济上，都沦为了拜占庭的附庸，残余的纳哈拉人遭到清洗。当亚美尼亚人获悉贵族背信弃义时，马修说："阿尼城的所有人都聚集在亚美尼亚王陵之地，为这个被抛弃的亚美尼亚国家哭泣。他们为他们的王座哭泣，为他们的国王加吉克哭泣，深深地哀悼。此外，他们为巴格拉图尼王国哭泣。"[②]

流亡中的亚美尼亚国王倍感痛苦。在卡帕多西亚，亚美尼亚人遭到蔑视，比如凯撒利亚主教马克给他的狗取名"亚美尼亚"。[③] 这对亚美尼亚人来说是奇耻大辱。加吉克二世十分愤怒，当听说新皇帝君士坦丁十世（1059—1067年在位）要给亚美尼亚亲王加冕时，他以幼稚的方式报复拜占庭：命令随从侵犯遇到的妇女，把主教和那只狗装进袋子里殴打。[④] 期间，他向塞尔柱帝国苏丹阿尔普·阿斯兰（1063—1072年在位）求助，希望帮他夺回亚美尼亚王位，但无果而终。

---

① Matthew of Edessa, *Armenia and the Crusades: Tenth to Twelfth Centuries: The Chronicle of Matthew of Edessa*, p. 72.

② Matthew of Edessa, *Armenia and the Crusades: Tenth to Twelfth Centuries: The Chronicle of Matthew of Edessa*, p. 73.

③ Matthew of Edessa, *Armenia and the Crusades: Tenth to Twelfth Centuries: The Chronicle of Matthew of Edessa*, pp. 121 - 122.

④ Matthew of Edessa, *Armenia and the Crusades: Tenth to Twelfth Centuries: The Chronicle of Matthew of Edessa*, pp. 122 - 123.

第六节 王国灭亡的原因及对拜占庭的影响

1079年5月5日（或11月24日），当加吉克二世在凯撒利亚的乡间道路上散步时，一撮希腊人抓住他，将其绞死在城垛上，埋葬在堡垒外。据亚美尼亚编年史家记载，6个月后一个亚美尼亚人趁着夜色取出国王的尸骨，偷偷埋葬在一个叫皮祖的修道院内。[①]马修说："这是以巴格拉图尼家族为代表的阿尼王国的终结。"[②] 显然，亚美尼亚人仍视他为自己的国王。因此，加吉克二世的死引起了亚美尼亚人的不满。马修本人也义愤填膺，将突厥人比作罗马人的兄弟，并不失时机地提醒读者拜占庭的背信弃义，比如他在描述图格里勒时说：

> 亚美尼亚历498年（1049—1050），蒙那马裘斯背信弃义，以虚假的誓言将亚美尼亚王国从巴格拉图尼王朝手中夺走，在大主教彼得（彼得罗斯）统治亚美尼亚教会时期——灾难的迹象——在苏丹图格里勒的命令下，神的愤怒从波斯而来。[③]

抛开马修的成见不谈，松散的政治结构是巴格拉图尼王国灭亡的重要原因。纳哈拉政治结构（或家族政治）阻碍了中央集权政府的建立。根据亚美尼亚传统，纳哈拉人享有世袭自治特权，因此他们对王权离心离德，并不失时机地摆脱中央政府的控制。纳哈拉人的忠诚仅限于自己的领地，而非在混乱中带来秩序的王权。另外，多山的地理环境阻碍了地区间的沟通和交流，纳哈拉人之间缺乏统一性和协调性，这也解释了阿沙库尼王朝面临的难题——无法剥夺

① Matthew of Edessa, *Armenia and the Crusades: Tenth to Twelfth Centuries: The Chronicle of Matthew of Edessa*, p. 145.

② Matthew of Edessa, *Armenia and the Crusades: Tenth to Twelfth Centuries: The Chronicle of Matthew of Edessa*, p. 145.

③ Matthew of Edessa, *Armenia and the Crusades: Tenth to Twelfth Centuries: The Chronicle of Matthew of Edessa*, p. 76.

或根本没有意识去打压地方自治特权。毫无疑问，这严重削弱了亚美尼亚王国的统治基础。唯一的例外发生在 974 年，当时拜占庭大军压境，瓦斯普拉坎、休尼克、洛里和卡尔斯的领主与国王实现了联合，此后几乎再也没看到这种团结局面的出现。有趣的是，纳哈拉人却始终坚持并追求亚美尼亚文化的传承，也正是因为这一点，亚美尼亚文明才能够延续到今天。另外，亚美尼亚民族缺乏帝国意识，无扩张野心，安于现状，乐意与外部强权达成某种妥协，以维持生存。上述种种因素似乎成为亚美尼亚民族生存的悖论。

巴格拉图尼王国灭亡的另一个原因是 1045—1046 年间的大地震。马修描述了地震的威力：

> 亚美尼亚历 494 年（1045—1046），上帝的暴怒降临到所有生灵身上。因为耶和华看他所造之物甚是愤怒，一场可怕的地震发生了……许多教堂被震塌了，连地基都塌陷了。名为埃尔津詹的小镇被完全摧毁。地裂开了，男男女女都沉入深坑；一连多日，这些地方发出他们的哀嚎声。那是夏天，在那段时间里，大地日复一日地震动……就在这个夏天，大地一片黑暗，虽然天穹出现的时候还是晴的，但太阳和月亮都显出血色。①

从马修的描述中，可以看出地震的破坏程度超出了我们的想象，这也解释了为什么拜占庭轻而易举地拿下阿尼城、突厥人如入无人之地的原因了。

如前文所述，历史上的亚美尼亚赖以独立的外部条件是东西方实力的平衡，这种平衡使得任何一方都无法完全吞并亚美尼亚。在东西方的帝国争霸战中，只要它们之间的平衡被打破，另一方会毫不犹豫地吞并亚美尼亚，比如拜占庭的撤退导致了穆斯林的征服。随着拜占庭马其顿王朝的崛起，外部条件再次平衡，巴格拉图尼王国正是在这种国际环境下诞生的。拜占庭对穆斯林酋长国的军事成

---

① Matthew of Edessa, *Armenia and the Crusades: Tenth to Twelfth Centuries: The Chronicle of Matthew of Edessa*, p. 73.

功，间接促成了亚美尼亚的独立。然而，巴西尔二世上台后，东西方的平衡再次转向拜占庭一方，于是它完全吞并了亚美尼亚，并在宗教上企图将亚美尼亚人纳入“正统”。1060 年，马修批判道：“罗马人以另一种方式与亚美尼亚人作战；他们开始批判他们的宗教信仰……企图给上帝的教会带来混乱……他们试图摧毁并击溃基督徒的真正信仰。”[①] 遗憾的是，纳哈拉人在面对外部威胁时仍互相倾轧，亲手把他们的国王和阿尼城的钥匙交给了拜占庭。具有讽刺意味的是，削弱亚美尼亚的拜占庭皇帝大多是亚美尼亚裔。

对于拜占庭来说，吞并亚美尼亚是要建立一道抵御伊斯兰世界的屏障，但却从此直面塞尔柱人的攻伐。为完全实现控制亚美尼亚的目的，拜占庭解散了亚美尼亚武装力量。[②] 拜占庭人“每逢遇见勇猛的勇士，就弄瞎他的双眼，或者把他丢进海里淹死”，马修愤愤地说，“他们把勇敢的年轻人变成宦官，给他们穿上又宽又长的衣服而非勇敢之人穿的结实的铠甲；他们给他们的肩膀和脖子上围上宽围巾，而不是铁甲。这些太监说起话来像女人一样温顺和温柔，（拜占庭人）不停地思量着消灭这些勇敢的年轻人”[③]。显然，帝国政府有意削弱亚美尼亚人的斗志。结果，高地变得毫无防备，群龙无首，这对拜占庭本身产生了致命影响，因为亚美尼亚本土防御力量的薄弱使突厥人西进的门户洞开。换句话说，拜占庭人亲手为突厥人打开了涌入小亚细亚的大门，把自己送进了坟墓。

总而言之，1045 年阿尼投降后，拜占庭帝国完成了吞并亚美尼亚的任务，伊比利亚军区总督接管了阿尼城。总督驻地由卡林迁到阿尼，合并后的军区改称“伊比利亚—亚美尼亚军区”或“伊比利

---

① Matthew of Edessa, *Armenia and the Crusades: Tenth to Twelfth Centuries: The Chronicle of Matthew of Edessa*, 96.

② Robert Bedrosian, “Armenian during the Seljuk and Mongol Periods”, in Richard G. Hovannisian, ed., *The Armenian People from Ancient to Modern Times, Volume I: The Dynastic Periods: from Antiquity to the Fourteenth Century*, p. 243.

③ Matthew of Edessa, *Armenia and the Crusades: Tenth to Twelfth Centuries: The Chronicle of Matthew of Edessa*, p. 97.

亚—阿尼军区”。[①] 总督逮捕了大主教彼得罗斯一世，尽管后者曾经亲手将阿尼城的钥匙献给了帝国皇帝。不久，著名的拜占庭将军卡塔卡隆·凯卡梅诺出任阿尼总督。他是亚美尼亚人，担任总督期间多次击退了塞尔柱人的进攻。约翰·斯基利兹说：“这是生命卫队队长[②]卡塔卡隆·凯卡梅诺、亚美尼亚军区部队指挥官，负责安全事务。他带着 300 骑兵和 500 步兵。由于急于留下罗马帝国的一点余烬，迫使所有能携带武器的当地人民都去服役。”[③] 可见，拜占庭已经掏空了亚美尼亚高地的人力资源。[④] 与此同时，大量的乌古斯突厥人开始向拜占庭与亚美尼亚交界地带集结。因此，拜占庭的亚美尼亚政策极不明智。希腊人对保卫亚美尼亚毫无兴趣，只想着撤退到希腊和色雷斯这些肉搏之地。历史学家阿里斯塔克斯·拉斯蒂弗茨（1002—1080）生动地表达了希腊人的背叛给亚美尼亚人带来的痛苦，他说：“耕地成了野兽的住处，田野成了鹿的牧场。令人向往的多层宏伟住宅成了妖妇和马人（游牧的突厥人）的住所。”[⑤] 盘踞在中亚的突厥人蜂拥而出，对拜占庭的安全构成致命威胁。对亚美尼亚人来说，他们的死亡之疼又持续了 20 多年，尤以卡佩特隆和曼兹科特战役为甚。

---

① Nina Garsoïan, “The Byzantine Annexation of the Armenian Kingdoms in the 11 Century”, in Richard G. Hovannisian, ed., *The Armenian People from Ancient to Modern Times, Volume I: The Dynastic Periods: from Antiquity to the Fourteenth Century*, p. 192.

② 生命卫队队长（protospatharios）是拜占庭帝国中期（8—12 世纪）最高宫廷爵位之一，一般授予高级将领、省长以及外国亲王。

③ John Skylitzes, *A Synopsis of Byzantine History*, 811 – 1057, trans. and notes by Jean-Claude Cheynet, Cambridge, UK: Cambridge University Press, 2010, p. 382. 卡塔卡隆·凯卡梅诺（Katakalon Kekaumenos,? —约 1060）著有一本自传，后来的希腊历史学家约翰·斯基利兹以该自传为主要参考资料，描写了卡塔卡隆·凯卡梅诺将军的职业生涯，对其成就给予高度赞扬。

④ Speros Vryonis, *The Decline of Medieval Hellenism in Asia Minor and the Process of Islamization from the Eleventh through the Fifteenth Century*, Berkeley, Los Angeles and London: University of California Press, 1971, p. 86.

⑤ Aristakes Lastivertc ‘i, *Aristakes Lastivertc ‘i's History*, pp. 50 – 52.

第十章　突厥人的入侵及其统治后果：11—14 世纪

巴格拉图尼王国虽达到了亚美尼亚封建社会的顶端，但分裂割据严重削弱了中央政府的权威。历史表明，亚美尼亚陷入内讧时很容易成为外部入侵的受害者。拜占庭在 1045 年占领了阿尼，塞尔柱人于 1064 年占领了这座城市。1071 年，塞尔柱人在曼兹克特战役中击败拜占庭，占领了亚美尼亚和安纳托利亚的大片地区。至此，高地上亚美尼亚人的主导地位永远结束。12 世纪末至 13 世纪初，在格鲁吉亚王国的帮助下，亚美尼亚人解放了高地北部的几个地区，建立了扎卡里德亚美尼亚公国（1201—1360）。[①]

11—14 世纪，蒙古人和花剌子模人蹂躏了亚美尼亚。不久，疲惫不堪的亚美尼亚被帖木儿摧毁。经过近 4 个世纪的战争与再战争，高地的人口、经济和社会结构发生了质的改变：如果说 11 世纪初亚美尼亚人尚为高地的多数族裔，那么到了 14 世纪末，他们已经沦为少数族裔；如果说 11 世纪初纳哈拉制度还盛行于高地

① 扎卡里德家族的格鲁吉亚名字为“姆哈尔杰利（Mkhargrzeli）”，意谓“长臂的”。这个家族声称祖先是阿契美尼德王朝的阿尔塔薛西斯二世。西里尔·图曼诺夫说，该家族是亚美尼亚巴拉夫尼家族的一个分支。相关观点，可参见 Cyril Toumanoff, “Kamsarakan”, *Encyclopaedia Iranica*, Vol. 15, Fasc. 5, 2010, pp. 453 - 455。然而，扎卡里德家族声称自己是亚美尼亚族。相关观点，可参见 Joseph Strayer, *Dictionary of the Middle Ages*, Vol. 1, New York: Charles Scribners Sons, 1982, p. 485。“亚美尼亚在这一期间对格鲁吉亚的依赖程度是一个很有争议的问题。扎卡里德家族铭文表明，他们是亚美尼亚人，而且经常独立行事。”曼兹科特战役后，扎卡里德家族迁到格鲁吉亚南部的亚美尼亚地区，在以后的数百年里，它逐渐成为格鲁吉亚王室中最为显赫的家族。

大部分地区，那么到了 14 世纪末，它仅见于人迹罕至的山区；如果说 12—13 世纪亚美尼亚经济和贸易还值得羡慕，那么到了 14 世纪末，高地已经变得险象环生。所有这一切，可以说从突厥人的入侵开始。

中亚游牧民族的入侵在亚美尼亚史上并不新鲜。尽管各入侵群体及其内部之间千差万别，但也有一定相似之处。在每一波入侵之前、其间或之后，都有成千上万的不受控制的游牧散兵涌入高地。起初，他们的兴趣仅仅在于掠夺财富和为羊群寻找牧场。掠夺的结果是，城市被毁，灌溉系统遭到破坏，耕地成了牧场，商旅断绝。在亚美尼亚史家笔下，最不可控的游牧民是土库曼人，他们与那些在高地上企图建立长久统治的游牧民族形成鲜明对比。然而，土库曼人与各突厥国家之间维持着一种微妙的平衡。事实证明，这种平衡是不可持续的。土库曼人击垮了入侵者孕育的每一个突厥国家。一方面，好战的土库曼人对于这些游牧民族的远征是必要的；另一方面，他们勇往直前的毁灭冲动常常被那些希望建立稳定统治的突厥势力所诟病。因此，土库曼人不仅仅是亚美尼亚和中东穆斯林国家的祸水，也是塞尔柱统治者的祸胎。对塞尔柱统治者来说，奉令不遵的土库曼人是一个严重威胁，以至于塞尔柱苏丹不得不派兵镇压。①

正如不同入侵群体之间存在差异一样，11—14 世纪，流散在各地的亚美尼亚人在不同的政治、民族、经济和文化的刺激下，也呈现出不同的形态，信奉各种宗教，例如使徒教、东正教、天主教和伊斯兰教。总之，在蒙古人到来的前夜，亚美尼亚高地远非单一的种族、文化和宗教社会，即使在亚美尼亚人控制的领土上，地理衍生的离心倾向也使各地呈现出不同的社会文化形态。②

---

① Robert Bedrosian, "Armenia during the Seljuk and Mongol Periods", in Richard G. Hovannisian, ed., *The Armenian People from Ancient to Modern Times, Volume I: The Dynastic Periods: from Antiquity to the Fourteenth Century*, p. 242. 在 1049 年、1052 年、1053 年，塞尔柱"正规军"与小亚细亚的土库曼叛军发生交战，进一步加剧了亚美尼亚高地的混乱。

② Robert Bedrosian, *The Turco-Mongol Invasions and the Lords of Armenia in the 13 - 14th Centuries*, Ph. D., Columbia University, 1979, p. ii.

第一节　突厥人的入侵

突厥人对亚美尼亚高地的最终政治占领，既不是一天发生的，也不是一两个部族完成的。11—15世纪，突厥各部向小亚细亚的入侵、移民历时400余年。

1016年，阿塞拜疆埃米尔的突厥雇佣兵袭击了亚美尼亚东南部。大约在1021年，伊朗的土库曼乌古斯部落洗劫了从纳希切万到德温城之间的广大地区。从1029年开始，土库曼各部从阿塞拜疆和美索不达米亚北部出发，袭击了亚美尼亚各地。[①] 如前章所述，塞尔柱人的正式入侵发生在11世纪40年代。1042年，约1.5万土库曼人袭击并洗劫了瓦斯普拉坎，并在凡湖东北岸附近击败了拜占庭军队。这次袭击，由塞尔柱首领图格里勒精心策划，是塞尔柱人正式入侵亚美尼亚的标志。同一年，另一支突厥部落袭击了亚拉腊平原上的村落。

拜占庭应对突厥入侵的策略是建立一道从格鲁吉亚、亚美尼亚延伸到北美索不达米亚的缓地带，以作基督教文明与伊斯兰文明的分界线。作为该政策的一部分，拜占庭强行迁走亚美尼亚人，并竭力将迦克墩教义强加于他们。亚美尼亚人的离开使高地上的亚美尼亚人从多数族裔沦为少数族裔，显然不利于遏制突厥人的西进。在防御空虚的情况下，塞尔柱人深入亚美尼亚，先后夺取了埃奇米阿津（1047）、马纳吉（1048）、阿克恩（1048）、拜波尔特（1054）、梅利泰内（1057）、锡瓦斯（1059）、阿尼（1064）和凯撒利亚（1067）等一系列重要城市或地区。[②]

拜占庭想方设法阻挡突厥人的入侵，但其帝国政策让亚美尼亚人毫无防备。塞尔柱人也明白亚美尼亚防御空虚，于1064年夺

---

① Robert Bedrosian, *The Turco-Mongol Invasions and the Lords of Armenia in the 13 – 14th Centuries*, p. 67.

② Robert Bedrosian, "Armenia during the Seljuk and Mongol Periods", in Richard G. Hovannisian, ed., *The Armenian People from Ancient to Modern Times, Volume I: The Dynastic Periods: from Antiquity to the Fourteenth Century*, p. 245.

取了阿尼城。洛里、卡尔斯和休尼克的诸侯王纷纷宣誓效忠塞尔柱苏丹，大部分亚美尼亚领土被塞尔柱人收入囊中。波斯学者穆思妥菲（约 1330—1440）说："亚美尼亚臣服于他，那个国家的国王将女儿嫁给了阿尔普·阿斯兰。"[①] 1067 年，阿尔普·阿斯兰把阿尼城卖给了沙达迪德王朝的统治者。沙达迪德王朝是库尔德人在德温建立的一个逊尼派穆斯林王朝，历史上曾经统治过亚美尼亚的占贾、德温、阿尼和高加索的阿兰。[②] 面对塞尔柱人的严重威胁，拜占庭组织了卡佩特隆和曼兹科特会战，结果被塞尔柱人击溃。战争的结果是，拜占庭帝国被迫割地求和。不久，西欧发起了十字军东征。

一　卡佩特隆战役

约 1045 年，塞尔柱苏丹图格里勒的堂兄库塔尔米什突袭瓦斯普拉坎，俘虏了该地的拜占庭指挥官。不久，聋子哈桑从大不里士进入格鲁吉亚，但在凡湖以东被当地拜占庭军队全歼。在图格里勒的同父异母的弟弟易卜拉欣·伊纳尔（？—1060）的领导下，突厥人开始了大规模入侵。1047 年，图格里勒在呼罗珊组建了一支 10 万土库曼人的军队，在易卜拉欣·伊纳尔的指挥下大规模袭击亚美尼亚。[③] 阿拉伯历史学家伊本·艾西尔报告说，易卜拉欣接收了从南高加索来的乌古斯人，但由于无法给他们提供给养，于是将他们引

---

① Ḥamd Allāh Mustawfī Qazvīnī, *The Ta' ríkh-i-guzída or "Select history" of Hamdul' láh Mustawfí-i-Qazwíní*, compiled in A. H. 730 (A. D. 1330), and now reproduced in fac-simile from a manuscript dated A. H. 857 (A. D. 1453) by Edward G. Browne, Leiden: E. J. Brill, 1910, p. 96.

② Andrew C. S. Peacock, "Nomadic Society and the Seljūq Campaign in Caucasia", *Iran and Caucasus*, Vol. 9, No. 2, 2005 (Jan.), pp. 205–230; C. E. Bosworth, "Shaddadids", in P. Bearman, eds., *The Encyclopedia of Islam*, Vol. 9, Leiden: Brill, 1997, p. 169. 阿兰是高加索阿尔巴尼亚的古代中世纪地名。在前伊斯兰时代，它大致相当于今阿塞拜疆共和国。

③ Alexander Daniel Beihammer, *Byzantium and the Emergence of Muslim-Turkish Anatolia, ca. 1040–1130*, New York: Routledge, 2017, pp. 74–77.

入亚美尼亚，摧毁了这个国家。①

同上次突袭一样，塞尔柱人的军队从大不里士出发，沿着阿拉斯河进入瓦斯普拉坎。消息很快传到君士坦丁堡。拜占庭军队在奥特鲁平原安营扎寨，把“全部农民、妇女和儿童及一切有价值的东西”都藏到防御工事之内。② 君士坦丁九世下达指令，要求他们在格鲁吉亚将军李帕特四世的增援部队到来之前不要轻举妄动。与此同时，他派人告诉李帕特：如果还是罗马人的盟友，就调动所有可用的军队，去见罗马指挥官，一起与野蛮人作战。③ 驻扎在奥特鲁的拜占庭军队按照吩咐等待着格鲁吉亚援军的到来。时间在流逝，战机也慢慢丧失。拜占庭指挥官担心突厥人会赶在李帕特到来之前开战，于是退回了营垒中。由于不能与拜占庭军队直接交火，塞尔柱人攻击了邻近的阿克恩城。这是一个富有的市镇，城里住满了亚美尼亚和叙利亚商人。市民在城外设置路障，顽强抵抗了一段时间。最后，塞尔柱人火烧阿克恩城，守军在熊熊大火和箭矢下溃逃。约翰·斯基利兹说：“据报道大约有 15 万人死于刀剑或火灾。”④ 埃德萨的马修也说有 15 万人被屠杀，“被掠夺的金银绸缎难以用文字记录下来”⑤。当时，亚美尼亚尚没有如此人口规模的城市，故两者很可能夸大了这个数字。

李帕特率领的格鲁吉亚军队到达后，拜占庭—格鲁吉亚联军从

---

① Ibn al-Athīr, *Annales du Maghreb & de l' Espagne, traduits et annotées par E. Fagnan*, pp. 456 – 457; Anthony Kaldellis, *Streams of Gold, Rivers of Blood: The Rise and Fall of Byzantium, 955 A. D. to the First Crusade*, New York: Oxford University Press, 2017, pp. 197 – 198. 约翰·斯基利兹声称入侵者的人数达到了 10 万，规模是哈桑的 5 倍。塞尔柱人的军队中除了大量突厥人外，还有很多德拉米特人雇佣军。相关观点，可参见 John Skylitzes, *A Synopsis of Byzantine History*, 811 – 1057, pp. 401ff。

② John Skylitzes, *A Synopsis of Byzantine History, 811 – 1057*, p. 423.

③ John Skylitzes, *A Synopsis of Byzantine History, 811 – 1057*, p. 423.

④ John Skylitzes, *A Synopsis of Byzantine History, 811 – 1057*, pp. 423 – 424. 阿克恩城是 10—11 世纪亚美尼亚著名古镇，距拜占庭城市塞奥多西奥波利斯东 55 千米，在亚美尼亚和伊比利亚接壤的阿拉斯河左岸。

⑤ Matthew of Edessa, *Armenia and the Crusades: Tenth to Twelfth Centuries: The Chronicle of Matthew of Edessa*, p. 76.

奥特鲁撤到卡佩特隆。[①] 伊本·艾西尔声称拜占庭—格鲁吉亚联军兵力达 5 万人，[②] 而阿里斯特克斯·拉斯蒂弗茨则把人数提高到 6 万。[③] 根据约翰·斯基利兹的说法，拜占庭指挥官科考梅诺斯建议突袭，但李帕特说："今天是星期六，我们格鲁吉亚人在这一天上战场是不合法的。"[④] 战机就这样失去了，突厥人反而有了足够的时间集结军队，形成阵型，可以随时发起攻击，后者"不管愿不愿意，必须随时投入战斗"[⑤]。

1048 年 9 月 18 日晚，科考梅诺斯和亚伦分别指挥右翼和左翼，李帕特坐镇中军，对面是易卜拉欣的塞尔柱军队。根据约翰·斯基利兹的描述，战斗在深夜打响，一直持续到"公鸡打鸣"之时。李帕特侄子战死，本人因战马受伤被易卜拉欣俘获。关于李帕特被俘的原因，埃德萨的马修、阿里斯特克斯·拉斯蒂弗茨和约翰·斯基利兹三位史家的描述大相径庭。马修的描述带有强烈的反拜占庭倾向，声称："当罗马军队看到李帕特的勇敢时背叛了他，他们在异教徒面前抛弃了格鲁吉亚人，这样就使他不会获得英勇的名声。"[⑥] 阿里斯特克斯·拉斯蒂弗茨则声称，两位拜占庭指挥官的对抗使亚伦在战斗中放弃了自己的战斗位置，导致困在中间的李帕特被俘。[⑦] 约翰·斯基利兹的描述相对客观一些，被现代学者所接受。

卡佩特隆战役，无论对拜占庭来说还是对塞尔柱帝国来说，喜

---

① 卡佩特隆（Kapetron），今土耳其哈桑卡尔堡（Hasankale Castle），又称"帕辛莱尔堡（Pasinler Castle）"，在埃尔祖鲁姆以东 40 千米处。

② Ibn al-Athīr, *Annales du Maghreb & de l' Espagne, traduits et annotées par E. Fagnan*, p. 455; Wolfgang Felix, *Byzanz und die islamische Welt im früheren* 11. *Jahrhundert: Geschichte der politischen Beziehungen von 1001 bis 1055* (Byzantium and the Islamic World in the early 11th Century: History of the Political Relationships from 1001 to 1055), Vienna: Verlag der Österreichischen Akademie der Wissenschaften, 1981, p. 166 (note 101).

③ Aristakes Lastivertc 'i, *Aristakes Lastivertc 'i's History*, p. 86.

④ Matthew of Edessa, *Armenia and the Crusades: Tenth to Twelfth Centuries: The Chronicle of Matthew of Edessa*, p. 79.

⑤ John Skylitzes, *A Synopsis of Byzantine History, 811 – 1057*, p. 425.

⑥ Matthew of Edessa, *Armenia and the Crusades: Tenth to Twelfth Centuries: The Chronicle of Matthew of Edessa*, p. 79.

⑦ Aristakes Lastivertc 'i, *Aristakes Lastivertc 'i's History*, p. 87.

忧参半。尽管拜占庭战胜了突厥人，但李帕特的被俘和易卜拉欣的成功逃脱，使许多中世纪作者认为，拜占庭人输掉了这场战争。对亚美尼亚人来说，卡佩特隆战役给他们带来了巨大的灾难和破坏，因为战场发生在亚美尼亚人的土地上，用阿里斯特克斯·拉斯蒂弗茨的话来说："从那天起……整个国家就像一片待收割的田野；跟在收割者后面的是捆麦子的人，麦捆被收了去，只剩下些碎秸，可作鹿的饲料。"① 根据伊本·艾西尔的记载，易卜拉欣带回了10万俘虏和大量战利品，其中包括大量马匹和羊群，以及8000件装在10000头骆驼背上的盔甲。② 显然，伊本·艾西尔的描述虽有夸大之嫌，但塞尔柱人从亚美尼亚人那里掠夺了大量财富和人口，以至于拜占庭大亨尤斯塔西奥斯·布瓦拉斯形容1051年的亚美尼亚"肮脏不堪……住着蛇、蝎子和野兽"③。

战后，拜占庭和塞尔柱帝国建立了对等外交关系，君士坦丁九世加强了东部防御工事，但不久之后将主要精力转移到巴尔干半岛佩切涅格人的战事上，这给突厥人的重新入侵提供了机会。1064年，阿尔普·阿斯兰率领塞尔柱大军进攻阿尼，经过25天的艰难围攻，成功占领了这座古城，城中居民遭到屠杀。阿拉伯历史学家希伯特·伊本·贾沃齐（1185—1256）援引目击者的话说：

> 他们使用波斯剑，没有放过任何人……在那里，人们可以看到人类各个时代的悲伤和灾难。孩子们从母亲的怀抱中被夺走，被无情地扔向岩石，母亲们用泪水和鲜血浸湿了身体……城从这头到那头堆满了被杀之人的尸体，[被杀之人的尸体]堆成了一条路……军队进了城，屠杀居民，抢掠烧毁，把城夷为平地，俘虏了所有活着的人。尸体如此之多以至于堵住了街

---

① Aristakes Lastivertc 'i, *Aristakes Lastivertc 'i's History*, p. 88.

② Ibn al-Athīr, *Annales du Maghreb & de l' Espagne*, *traduits et annotées par E. Fagnan*, pp. 456 – 457; Alexander Daniel Beihammer, *Byzantium and the Emergence of Muslim-Turkish Anatolia*, *ca.* 1040 – 1130, p. 80.

③ Paul A. Blaum, "Diplomacy Gone to Seed: A History of Byzantine Foreign Relations, A. D. 1047 – 1057", *International Journal of Kurdish Studies*, Vol. 18, No. 1, 2004, pp. 1 – 56.

道；一个人走到哪里都要跨过他们的尸体。被掳的人不少于5万。我下定决心要进入这座城市，亲眼目睹这场毁灭。我试着找一条不需要趟过尸体的街道，但这是不可能的。①

阿尼的沦陷使埃德萨的马修无比悲痛，他说：

亚美尼亚族就这样被奴役了，就像大海从这头涨到那头一样，整个国家填满了鲜血。我们祖先的家园被摧毁和掠夺。亚美尼亚国家的根基被连根拔起。拯救的希望已荡然无存，我们沦为异教徒和外来野蛮人的奴隶。②

亚美尼亚大主教哈奇克二世（1058—1065 在职）听到阿尼城被屠的消息后，悲痛欲绝，不久撒手人寰。总之，亚美尼亚历史学家普遍将突厥入侵时期描述成一个混乱的时代。这一时期，大量的突厥游牧民族和他们的牲畜在小亚细亚东部地区繁衍生息，许多城市遭受重创或被遗弃，城市生活衰落，农业生产凋敝，饥荒蔓延，贸易停滞。更糟糕的是，拜占庭统治集团并没有因为塞尔柱人的威胁停止吞并大亚美尼亚的野心。1064—1065 年间，卡尔斯国王被迫将其领土割让给拜占庭。然而，就在君士坦丁堡宣布拥有卡尔斯主权之际，阿尔普·阿斯兰将其夺走了。更让亚美尼亚人难以接受的是，拜占庭强迫亚美尼亚人改信东正教。拜占庭的作法，导致帝国内部种族骚乱频发，暗杀活动迭起。③ 因此，亚美尼亚人对塞尔柱人的入侵似乎没有作太激烈的反应，正如罗伯特·贝德罗相所说：“一些亚美尼亚人并不把反拜占庭的突厥人看作是上帝派来惩罚亚

① Cited in John Julius Norwich, *Byzantium*: *The Apogee*, New York: Viking, 1991, pp. 342 – 343.

② Matthew of Edessa, *Armenia and the Crusades*: *Tenth to Twelfth Centuries*: *The Chronicle of Matthew of Edessa*, pp. 104 – 105.

③ Johannes Avadall, *History of Armenia*, Vol. 2, Calcutta: Bishop's College Press, 1827, p. 154.

美尼亚罪恶的人，而是把他们视为报复希腊人的绝好工具。”① 事实上，塞尔柱帝国内部也矛盾重重，土库曼人不愿意服从苏丹的权威，他们在亚美尼亚高地不断发动武装叛乱，给亚美尼亚人带来无尽的痛苦。

二　曼兹科特战役

塞尔柱帝国崛起后，亚美尼亚成为它与拜占庭帝国激烈争夺的对象。阿尔普·阿斯兰在1070年占领了曼兹科特，马修说：“就像笼罩在黑暗中的乌云，带来了许多不信任和流血。他突袭了曼兹科特，在一天之内就占领了这座城市，因为那里没有驻军，罗马守卫者已经逃跑了。”②

1071年2月，拜占庭皇帝罗马努斯四世（1068—1071年在位）提出，要与阿尔普·阿斯兰续签1069年和平协议。③ 当时，塞尔柱苏丹正与埃及的法蒂玛王朝开战，因此，愉快地续签了条约，停止攻打埃德萨，转而攻打阿勒颇。罗马努斯四世续签和平条约的真实目的在于分散阿尔普·阿斯兰的注意力，不久他亲率大军开进亚美尼亚，企图收复曼兹科特。穿越小亚细亚的行军漫长而艰辛，1071年6月，拜占庭军队到达塞奥多西奥波利斯。在那里，他的将军建议继续攻打塞尔柱人控制的地区，以在突厥人反应过来之前活捉阿尔普·阿斯兰。罗马努斯四世认为，此时，阿尔普·阿斯兰要么离他很远，要么根本不会阻击拜占庭的突袭，于是向凡湖挺进，希望尽快夺回曼兹科特。然而，阿尔普·阿斯兰与他的摩苏尔盟军，以及3万骑兵早已进入该地区，打算瓮中捉鳖，活擒拜占庭皇帝。

---

① Robert Bedrosian, “Armenian during the Seljuk and Mongol Periods”, in Richard G. Hovannisian, ed., *The Armenian People from Ancient to Modern Times, Volume I: The Dynastic Periods: from Antiquity to the Fourteenth Century*, p. 245.

② Matthew of Edessa, *Armenia and the Crusades: Tenth to Twelfth Centuries: The Chronicle of Matthew of Edessa*, p. 130.

③ 1068年，拜占庭皇帝罗马努斯四世派曼纽尔·康尼努斯（Manuel Comnenus）攻打塞尔柱人，但被击败。由于阿尔普·阿斯兰正集中精力准备与埃及的法蒂玛王朝作战，于是在1069年与拜占庭签署了一份和平条约。

8月26日，在曼兹科特，塞尔柱突厥大军与拜占庭军队激烈交火。战前，阿尔普·阿尔斯兰身穿白色长袍，在军队面前发表了激动人心的演讲，他说：

> 罗马民族没有神，所以今天波斯人和罗马人的和平与友谊的誓言作废了；从今以后，我要用刀剑消灭所有崇敬十字架的人，所有基督徒的土地都要被没收……从今以后，你们都要像雄狮、苍鹰一样，昼夜在田野奔跑，屠杀基督徒，不要怜恤罗马人。[①]

这是一场鼓舞军心的演讲，阿尔普·阿斯兰誓言要在战斗中死去。罗马努斯四世继续向曼兹科特挺进，于8月23日轻而易举地占领了这座亚美尼亚人的堡垒城市。8月26日，拜占庭军队排列成左、中、右三个队形，向塞尔柱阵地进军。罗马努斯四世亲率中军。据说，一名土耳其士兵对阿尔普·阿斯兰说："我的苏丹，敌军正在逼近。"阿尔普·阿斯兰回答说："我们也正在逼近他们。"[②]塞尔柱人在拜占庭阵前的4000米外排成新月阵型，当拜占庭军队逼近时，万箭齐发，与此同时，他们的新月阵型不断向后移动，两翼包抄拜占庭军队。拜占庭人抵挡住了箭雨的攻击，在下午结束时占领了阿尔普·阿斯兰的营地。然而，箭矢给拜占庭的左右两翼造成极大损失，几乎全线崩溃。当作战军团试图投入近身格斗时，塞尔柱骑兵躲开了，这是草原骑兵的经典打跑战术。由于无法近距离与塞尔柱人格杀，罗马努斯四世被迫在夜幕降临时下令撤退。然而，罗马努斯四世的政敌杜卡斯故意无视皇帝的命令，回到曼兹科特城外的营地，塞尔柱人趁机发起反攻。拜占庭右翼几乎立即溃败，然而，他们认为，要么是亚美尼亚人背叛了他们，要么是塞尔柱人的辅助部队背叛了他们。有些中

---

① Matthew of Edessa, *Armenia and the Crusades: Tenth to Twelfth Centuries: The Chronicle of Matthew of Edessa*, p. 135.

② John Julius Norwich, *A Short History of Byzantium*, New York: Vintage Books, 1997, p. 239.

世纪作家认为，亚美尼亚人是第一批逃走的，而突厥雇佣兵却始终忠心耿耿。[①] 然而，其他资料显示，亚美尼亚步兵作战勇猛，一直坚持到最后，没有抛弃皇帝，皇帝的私人卫队和亚美尼亚步兵遭到了最大的伤亡，甚至当罗马努斯四世看到亚美尼亚步兵的勇敢时，许诺给他们闻所未闻的奖赏。[②] 总之，拜占庭的左翼坚持了一段时间后，很快被击败，阵型中心的罗马努斯四世和北欧卫队被塞尔柱人团团围住，罗马努斯四世被俘，幸存者纷纷逃离战场。

当罗马努斯四世被带到阿尔普·阿斯兰面前时，苏丹不相信这个浑身是血和衣衫褴褛的人是拜占庭皇帝。在确认他的身份后，阿尔普·阿斯兰把他的靴子放在皇帝的脖子上，强迫其亲吻。两者有一段著名的对话：

> 阿尔普·阿斯兰："如果我以囚犯的身份被带到你面前，你会怎么做？"
>
> 罗马皇帝："也许我会杀了你，或者让你在君士坦丁堡的大街上游街。"
>
> 阿尔普·阿斯兰："我的惩罚要重得多。我原谅你，给你自由。"[③]

阿尔普·阿斯兰与罗马努斯四世议和，并护送皇帝回君士坦丁堡。事实上，这是塞尔柱苏丹不愿与拜占庭全面交恶的结果，因为塞尔柱人还没有足够的实力消灭拜占庭。埃德萨的马修在听了亲历者的描述后，写下了自己的看法，回忆了拜占庭人长期以来对亚美尼亚人的所作所为：

---

① Ian Heath and Angus McBride, *Byzantine Armies*, *886 - 1118*, London: Osprey, 1979, p. 27. 在拜占庭军队中，有突厥部库曼人（Cumans）、法兰克人、诺曼人和保加利亚雇佣兵。

② David Nicolle, *Manzikert* 1071: *The Breaking of Byzantium*, Oxford: Osprey Publishing, 2013, pp. 80 - 81.

③ R. Scott Peoples, *Crusade of Kings*, Rockville, MD: Wildside Press, 2008, p. 13. 曼兹科特战役后，阿尔普·阿斯兰与罗马努斯达成和平协议。根据协议，拜占庭帝国支付赎金100万个金币，每年贡金36万个金币，两者联姻。

> 二年后（993—994），强大的罗马民族出发了，带着许多军队来到亚美尼亚。罗马人带来了刀剑和奴役，无情地袭击了基督徒……在这方面他们与异教徒没有什么不同。[①]

塞尔柱人的胜利彻底改变了近东地区的政治格局，东西方的国际平衡倒向穆斯林突厥人。曼兹科特战役标志着突厥人在安纳托利亚优势地位的开始，约30 年后，十字军东征开始，东西方文明的冲突继续上演，包括爱德华·吉本在内的大多数历史学家都认为，这场战役是东罗马帝国灭亡的开端。[②] 然而，对拜占庭帝国来说，这并不是一场迫在眉睫的灾难。在塞尔柱人眼里，战役的胜利表明拜占庭并非是不可征服的千年罗马帝国（拜占庭人和塞尔柱人这样称呼它）。事后来看，拜占庭和同时代历史学家一致认为，拜占庭的衰落与这场战争有关。保罗·戴维斯说："拜占庭的失败限制了它对安纳托利亚的控制权，而安纳托利亚则是招募士兵的主要场所。从此，穆斯林控制了该地区，拜占庭帝国仅囿于君士坦丁堡周边地区，不再是一支强大的军事力量。"[③] 遗憾的是，突厥人的胜利切断了东西方贸易联络的通道，这也解释了1096 年第一次十字军东征的原因之一：重新打通丝绸之路。

三　近东亚美尼亚人的"势"

曼兹科特战役标志着近东旧秩序的结束和新时代的开始。1074 年，拜占庭皇帝迈克尔七世（1071—1078 年在位）组织了一次新的远征，但却是一个更糟糕的失败。拜占庭帝国不得不把小亚细亚和亚美尼亚割给了塞尔柱帝国。从此，亚美尼亚成为塞尔柱帝国的一

---

① Matthew of Edessa, *Armenia and the Crusades: Tenth to Twelfth Centuries: The Chronicle of Matthew of Edessa*, p. 41.

② ［英］爱德华·吉本：《罗马帝国衰亡史》第 5 卷，席代岳译，吉林出版集团股份有限公司 2011 年版，第 454—456 页。

③ Paul K. Davis, *100 Decisive Battles from Ancient Times to the Present: The World's Major Battles and How They Shaped History*, Oxford: Oxford University Press, 1999, p. 118.

部分，拜占庭在亚美尼亚事务中不再起关键作用，取而代之的是突厥人在亚美尼亚高地的主导地位。对亚美尼亚族来说，这场战争深刻改变了高地的人口和政治结构。战后，拜占庭政府采取了一项政策：将部分亚美尼亚人口从高地迁出，安置在安纳托利亚高原的西部和西南部，于是卡帕多西亚和奇里乞亚的亚美尼亚人口骤增。与此同时，很多亚美尼亚人自愿迁到拜占庭。随着时间的推移，亚美尼亚人成为拜占庭帝国最有影响力的族群之一。叙利亚（尤其是北部）也出现了大量亚美尼亚社区，权势非常大。[①] 根据大马士革的伊本·卡兰尼西（约1071—1160）的说法，1146年1月17日，埃德萨的亚美尼亚人推翻本地统治者，建立了亚美尼亚人的统治。[②]

在亚美尼亚人向外流散的同时，一些游牧部落涌入亚美尼亚，这在一定程度上造成了亚美尼亚故地亚美尼亚族的空心化现象。地缘政治的变化导致了亚美尼亚教廷的变迁。11世纪末至12世纪初，它几经变迁，最终在1149年迁到奇里乞亚。在这种情况下，亚美尼亚人的最高宗教领袖从此称为“全亚美尼亚人的大主教”。[③] 这是亚美尼亚流散在政治上的反映。

在亚美尼亚的流散移民中，有的成了商人，有的成为手工业者或艺人，有的成为拜占庭皇帝、将军，有的成为穆斯林统治者的雇佣兵。亚美尼亚人巴德尔·贾马尔（1015—1094）当初只是一个被叙利亚埃米尔买下来的奴隶，后来皈依了伊斯兰教，1074年升至法蒂玛王朝的军事指挥官，后来成为仅次于哈里发穆斯坦绥尔（1036—1094）的宰相。[④] 卡马尔·萨利比指出，巴德尔对伊斯兰教的皈依，确保了他在法蒂玛王朝的职业生涯，但这并不妨碍他与亚

---

① Seta B. Dadoyan, *The Armenians in the Medieval Islamic World, Vol. II: Paradigms of Interaction Seventh to Fourteenth Centuries*, pp. 10, 32.

② Abū Ya' lá Ḥamzah ibn Asad ibn al-Qalānisī, *The Damascus Chronicle of the Crusades*, extracted and trans. from the Chronicle of Ibn Al-Qualānisī by H. A. R. Gibb, Mineola, New York: Dover Publications, 2002, pp. 269 – 270.

③ Yevgenya Ghalumyan, et al., *History of Medieval Armenia*, p. 62.

④ Christopher Tyerman, *God's War: A New History of the Crusades*, Cambridge: Belknap Press, 2006, p. 128.

美尼亚追随者（其中一些人也成了穆斯林）的关系。[①] 改信穆斯林的亚美尼亚人是法蒂玛王朝中一支不可忽视的政治力量。卡马尔·萨利比在总结 11—12 世纪法蒂玛王朝政治局势时指出，当巴德尔前往叙利亚时，汉达尼德王朝的埃米尔趁机与柏柏尔军官合谋夺取了开罗政权。[②]

巴德尔的儿子阿夫达尔（1066—1121）也是一位杰出的政治家，他担任宰相期间进行了税制改革，改革一直持续到萨拉丁接管埃及时为止。阿夫达尔的绰号是“伊斯兰的荣耀”“信仰的保护者”。伊本·卡兰尼西说：“他是逊奈教义的坚定信徒，行为正直、公正，热爱军队和平民百姓，善于谋略、雄心勃勃、勇敢果断、知识渊博、机智过人。他慷慨大方，直觉准确，有一种不做坏事的正义感，避免使用一切残暴手段。”[③] 1121 年，阿夫达尔被谋杀，伊本·卡兰尼西惋惜道：“所有的眼睛都为他哭泣，所有的心都为他悲伤。在他之后没再出现他那样的人，他的死使政府名誉扫地。”[④]

由于拜占庭和突厥人吞并了亚美尼亚的缘故，分属于不同阶层、背景的亚美尼亚人与近东其他地区的经济、文化互动更为频繁，这种互动在一定程度上脱离了自 5 世纪以来集聚起来的所谓“亚美尼亚正统”的标准。以巴德尔父子为首的亚美尼亚人，便是很好的例证。事实上，国家主权的丧失使亚美尼亚人比以往更政治化。前一个时期，亚美尼亚政治和文化主要集中在教会和贵族的手里，而这一时期主要是一些具有军事和商业背景的个人或团体。例如，纳哈拉人迁居时往往带着大量扈从和家属，一些势力较大的纳哈拉人在奇里乞亚开辟了自己的广阔天地，建立了奇里乞亚王国。法国历史学家克劳德·卡昂（1909—1991）这样评价该时期的亚美尼亚人：

---

① Kamal Salibi, *Syria under Islam- Empire on Trial 634 – 1097*, p. 126.

② Kamal Salibi, *Syria under Islam- Empire on Trial 634 – 1097*, p. 126.

③ Abū Ya' lá Ḥamzah ibn Asad ibn al-Qalānisī, *The Damascus Chronicle of the Crusades*, p. 164.

④ Abū Ya' lá ḥamzah ibn Asad ibn al-Qalānisī, *The Damascus Chronicle of the Crusades*, p. 164.

> 亚美尼亚人在其民族独立的历史上从未像现在这样在近东历史上发挥如此重大的作用。他们转到拜占庭进行军事殖民，或者是为躲避突厥人的入侵自发地移民到那里，然后分散到卡帕多西亚、托罗斯山脉和奇里乞亚；在季亚尔·穆达尔[①]的不同地点也能发现亚美尼亚人，那里的埃德萨是一个准亚美尼亚城市……在叙利亚北部的塔尔·巴希尔省的所有的要塞和堡垒中都有亚美尼亚人。众所周知，亚美尼亚人的殖民地曾在安条克、拉塔基亚、阿尔塔·阿法米娅、卡法德比亚，甚至在平原上也存在过。少部分亚美尼亚人从那里扩散到叙利亚南部，相当数量的人移民到埃及。在埃及，亚美尼亚人皈依了伊斯兰教。巴德尔·贾马尔和他的儿子阿夫达尔在11世纪末至12世纪初招募军队，战胜了反叛的黑人和土耳其人，阻止了法蒂玛埃及的解体。哈里发哈菲兹（1130—1149年在位）统治时期，我们找到了一位没有皈依伊斯兰教的亚美尼亚宰相。[②]

因此，巴格拉图尼王国灭亡后的亚美尼亚大流散导致了亚美尼亚人在小亚细亚的全面崛起，不过它最初不是以有形的国家政治实体的形式出现（奇里乞亚王国除外），而是以无形的殖民或与地区强权联盟（或互动）的形式实现的。这个时期，近东的“势”似乎在亚美尼亚人这边。

曼兹科特战役之后，亚美尼亚虽被洗劫一空，但在一些偏远山区、小城市和乡村仍然定居着大量亚美尼亚人——因为高山阻隔或积雪覆盖，使突厥人难以完全征服这里。

拜占庭帝国和塞尔柱人的入侵迫使亚美尼亚贵族寻找保护领地

---

① 季亚尔·穆达尔（Diyār Mudar）是上美索不达米亚3个省份中最西部省份的阿拉伯名；拉塔基亚（Latakia）为叙利亚港市；阿尔塔·阿法米娅（Artūh Aphamia）为一叙利亚古城；卡法德比亚（Kfardebian）是黎巴嫩山省克塞尔万区的一个自治市。

② Claude Cahen, *La Syrie du nord à l' Époque des Croisades et la Principauté Franque d' Antioche* (North Syria at the Time of the Crusaders and the Frankish Principality of Antioch), Paris: Librairie Orientaliste Paul Geuthner, 1940, pp. 184 - 185.

的方法。在亚美尼亚北部、东北部、南部以及西南部，仍然存在一些小的亚美尼亚公国，比如卡尔斯、洛里和休尼克地区仍在一定程度上保持着独立。然而，随着时间的推移，这些残存的小公国完全失去了抵御塞尔柱人的能力。1065 年，卡尔斯的最后一位国王搬到了奇里乞亚。① 11 世纪末至 12 世纪初，亚美尼亚高地上形成了一系列穆斯林酋长国：沙达迪德酋长国统治着阿尼，阿赫拉特公国②（1100—1206）统治着亚美尼亚南部，冈扎克总督统治着亚美尼亚东北部。1113 年，洛里王国灭亡；1170 年，冈扎克总督占领了休尼克王国都城巴哈伯德③，烧毁了 1 万多份亚美尼亚手稿，休尼克王国灭亡。④

---

① 963 年，巴格拉图尼王权转到阿尼后不久，卡尔斯升到王国地位。由于卡尔斯的统治权被阿尼家族把持，故它在多大程度上独立于阿尼王国不得而知。就在阿尔普·阿斯兰占领阿尼后不久，为免遭屠城命运，卡尔斯末代国王加吉克—阿巴斯向突厥人宣誓效忠。1065 年，加吉克—阿巴斯将他的王国割让给拜占庭帝国。塞尔柱突厥人占领卡尔斯后不久，很快放弃了卡尔斯的统治权，成了一个小酋长国，其领土与亚美尼亚历史上的瓦南德地区相当，毗邻沙达迪德酋长国。卡尔斯酋长国臣服于埃尔祖鲁姆的萨尔图吉王朝（Saltukids，1071—1202），后者是在曼兹科特战役后由阿尔普·阿斯兰的将军萨尔图克（Saltuk）建立的。1206 年，扎卡里德家族夺回了卡尔斯，将其纳入阿尼的封地。1242 年蒙古人征服了卡尔斯。如今，卡尔斯已是土耳其领土。相关观点，可参见 Babken Arakelyan，eds.，“Կարս（Kars）”，*Armenian Soviet Encyclopedia*，Vol. 5，Yerevan：Armenian Encyclopedia，1979，pp. 342 - 344。

② 阿赫拉特（Ahlahshahs/Shah-Armens，土耳其语：Ahlatşoahlar Beyliği），又称“亚美尼亚人的沙阿”或“阿赫拉特的统治者”。由于高地大多数人是亚美尼亚人，故有的酋长冠以“亚美尼亚人的王”的称号。这样的酋长国大多位于凡湖西北岸的阿赫拉特地区（即亚美尼亚历史上的塔伦地区），见 Robert H. Hewsen，*Armenia：A Historical Atlas*，p. 129；H. G. T' urshyan，“Շահ-ի-Արմեններ [The Shah-i Armens]”，*Historico-Philological Journal*，No. 4，1964，pp. 117 - 134。阿赫拉特（Ahlat）是亚美尼亚人的一个历史地区，在今土耳其安纳托利亚东部的比特利斯省。阿赫拉特公国在凡湖东北，是由阿尔普·阿斯兰的军事指挥官“奴隶”索克曼（Sökmen the Slave）在曼兹科特战役后建的一个土库曼人的公国（beylik）。索克曼及其继承者认为他们是当地亚美尼亚亲王的继承者，故使用“亚美尼亚人的沙阿”称号。土库曼统治者的这一称谓反映了统治地区多为亚美尼亚人的现实，参见 Oya Pancaroğlu，“The House of Mengüjek in Divriği：Constructions of Dynastic Identity in the Late Twelfth Century”，in A. C. S. Peacock and Sara Nur Yildiz，eds.，*The Seljuks of Anatolia：Court and Society in the Medieval Middle East*，London：I. B. Tauris，2013，p. 54。

③ 巴哈伯德（Baghaberd）是中世纪亚美尼亚人的一座堡垒城市。巴哈伯德又称“大卫·贝克堡（David Bek's Castle）”，位于今休尼克省卡潘市（Kapan），相传为公元 4 世纪亚美尼亚贵族巴哈克（Baghak of Sisak）建立。

④ Yevgenya Ghalumyan，et al.，*History of Medieval Armenia*，p. 63.

四 塞尔柱帝国的统治及其影响

在亚美尼亚历史上，信奉伊斯兰教的统治者对信奉基督教的亚美尼亚人进行统治是常有的事。在古代世界，宗教和政治密不可分。事实上，宗教迫害对亚美尼亚人来说并不陌生，比如在塞尔柱人到来之前，他们遭到拜占庭和哈里发的宗教迫害。拜占庭的宗教正确很容易引起亚美尼亚人的反希腊情绪，因此，亚美尼亚人对突厥人的早期入侵没有过激反应，甚至认为，后者是上帝派来惩罚拜占庭的。在历史学家阿里斯塔克斯·拉斯蒂弗茨的眼中："拜占庭军队因酗酒和放荡的生活变得麻木不遂，无法照顾自己……［波斯人］（塞尔柱人）杀死了24000人，灾祸不是因为波斯人的正义，乃是因我们不敬的基督徒军队举起了苦毒之剑，正如主所说：恶者必被铲除。"①

1058年1月，哈里发授予塞尔柱苏丹图格里勒"东西方之王"称号。伊斯兰资料详细叙述了受职仪式，并强调了图格里勒继承伊朗传统的重要性。哈里发授予图格里勒7件荣誉长袍，每一件都有一个黑边或黑领，另外还有一条散发着麝香味的金色锦缎头巾，一顶镶有珠宝的王冠，一条项链和一把镀金的剑。据说，这身行头沉重得让这位强壮的突厥人无法向地面鞠最后一躬。仪式结束时，哈里发宣布图格里勒为"东西方之王"。② 1070年，当塞尔柱人占领耶路撒冷时，开始雇佣波斯大臣，采用波斯爵位，力图建立一个中央集权制的君主制国家，其声望在穆斯林世界如日中天。俄国学者迪米特里·科罗别伊尼科夫提出，塞尔柱人渴望成为一个世界性帝国，建立普遍统治。③ 曼兹科特战役的胜利，使拜占庭

---

① Aristakes Lastivertc ‘i, *Aristakes Lastivertc ‘i's History*, pp. 39 – 40.

② Dimitri Korobeinikov, "‘The King of the East and the West’: The Seljuk Dynastic Concept and Titles in the Musslim and Christian Sources", in A. C. S. Peacock and Sara Nur Yildiz, eds., *The Seljuks of Anatolia: Court and Society in the Medieval Middle East*, p. 70.

③ Dimitri Korobeinikov, "‘The King of the East and the West’: The Seljuk Dynastic Concept and Titles in the Musslim and Christian Sources", in A. C. S. Peacock and Sara Nur Yildiz, eds., *The Seljuks of Anatolia: Court and Society in the Medieval Middle East*, pp. 69 – 70.

帝国失去了安纳托利亚高原的主导地位。由于军区制的废除，拜占庭的军事实力进一步削弱。然而，阿斯兰并没有亲自进入安纳托利亚，而是命令他的土库曼将军在被征服的土地上建立忠于塞尔柱苏丹的王国。于是，土库曼人在极短的时间内占领了小亚细亚，一直挺进爱琴海，在安纳托利亚高原上建立了一系列小公国。

1072 年，随着阿尔普·阿斯兰的去世和马里克沙一世（1072—1092 年在位）的即位，亚美尼亚人的境况开始好转。马里克沙不像其父阿斯兰和叔父图格里勒那样侵略成性，较为仁慈。他在波斯学者尼扎姆·莫尔克（1018—1092）的辅佐下，致力于秩序的重建。马修记载了这一时期塞尔柱人对亚美尼亚人的宽容，他说："亚美尼亚历的 539 年（1090—1091），当亚美尼亚大主教帕塞格目睹基督徒受到迫害并被征收苛捐杂税时，带着厚礼去见了征服者苏丹马里克沙。当马里克沙看到帕塞格时，向大主教表达了崇高的敬意，并答应了他的任何要求，免除了所有教堂和修道院及其神职人员的纳税义务；此外，他还给帕塞格写了一份豁免保证书。"[①] 塞尔柱帝国统治政策的变化主要基于以下几个因素：

第一，小亚细亚的土库曼酋长国在政治上已独立于伊朗。他们互相攻伐，严重影响了帝国的稳定。塞尔柱帝国的统治核心在伊朗，年轻的苏丹及其继承者们崇尚的是伊朗文化，而非突厥文化。因此，马里克沙竭力制止土库曼人的肆意掠夺，避免各酋长国之间的攻伐，以达到巩固统治的目的。

第二，曼兹科特战役期间，塞尔柱人夺取了耶路撒冷，在巴勒斯坦和叙利亚南部建立了一个公国，从而诱发了第一次十字军东征，阻止了突厥人向西渗透的凶猛势头。1096 年之后，西欧各国的封建骑士在农民十字军之后继续向东出征，攻占了耶路撒冷和地中海东部沿岸地区，并在那里按照西欧模式建立了一些拉丁小封建王国，从而加强了拜占庭和奇里乞亚亚美尼亚人的力量。

---

① Matthew of Edessa, *Armenia and the Crusades: Tenth to Twelfth Centuries: The Chronicle of Matthew of Edessa*, p. 156.

到 12 世纪时，小亚细亚的突厥国家已经处于基督教势力的包围中：北边的格鲁吉亚，西边的拜占庭，南边的拉丁十字国和奇里乞亚王国。因此，脆弱的塞尔柱帝国不得不调整与亚美尼亚人的关系。

第三，塞尔柱人建立的国家比较脆弱，政治分裂严重。塞尔柱突厥人虽控制了亚美尼亚高原的大部分地区，但穆斯林酋长国统治者表现出强烈的分离主义倾向。他们有时通过联姻的方式联合起来，或为了对付共同的敌人团结起来，但更多的是互相攻伐。整个 12 世纪，伊朗的塞尔柱帝国都企图控制这些难以驯服的酋长国，但收效甚微。

最后，塞尔柱帝国虽已成为亚美尼亚高原上的主人，但他们毕竟是少数族裔，因此，不得不面对这样一个现实：小亚细亚东部的亚美尼亚人口占绝大多数，西部的希腊人占绝大多数，而两者都属基督教文明圈。在这种情况下，统治者和被统治者之间不得不达成某种程度上的权宜之计：互相妥协，实现社会稳定。所以，马里克沙同意大主教帕塞格的请求，也就可以理解了。

基于上述因素，在蒙古人到来之前，塞尔柱帝国对亚美尼亚人的统治相对宽容。马修在描述 11 世纪末的情况时，写道："每个人都受到保护，拥有他应得的东西，因此所有亚美尼亚人都过着幸福和安全的生活。"[①] 13 世纪亚美尼亚历史学家瓦尔丹·阿雷夫特茨说："当苏丹巴尔基雅鲁克（1094—1105 年在位）统治波斯和亚美尼亚时……人口得到养育，土地得到建设，修道院和神职人员（从赋税中）解放出来。"[②] 值得注意的是，在罗姆苏丹国[③]（1077—1308）军队中服役的亚美尼亚人和格鲁吉亚人还获得了封建采邑伊克塔。这些原本附带各种封建义务的采邑很快成为世袭领地。征服

---

① Matthew of Edessa, *Armenia and the Crusades: Tenth to Twelfth Centuries: The Chronicle of Matthew of Edessa*, p. 160.

② Vardan Arewelts 'i (Vardan Areveltsi), *Compilation of History*, trans. Robert Bedrosian, New Jersey: Sources of the Armenian Tradition, 2007, p. 62.

③ 罗姆苏丹国（Sultanate of Rūm）是塞尔柱人的旁支在小亚细亚建立的酋长国，因拜占庭统治下的小亚称罗姆，故得名。

者和被征服者之间文化和制度的融合有时通过联姻实现，这种融合使很多基督徒皈依了伊斯兰教。

13—15 世纪，突厥人再次大规模涌入安纳托利亚高原，高地的文明结构发生质变，基督徒从多数变成少数，并一直持续到今天。总而言之，塞尔柱突厥人的入侵及其统治，对亚美尼亚文明的影响是深刻的。具体来说：

首先，高地上的亚美尼亚人逐渐从一个多数族裔变成少数族裔，而这一进程的起点就是从塞尔柱人的入侵开始的，因此大多数亚美尼亚历史学家普遍将塞尔柱统治时期描述为“黑暗时代”。这段时期，亚美尼亚人的迫害感格外强烈。根据克里斯托弗·沃克的说法，在接下来的几个世纪里，亚美尼亚人的历史几乎是在连绵不断的灾难史中度过的。① 然而，最为血腥的入侵是 14 世纪八九十年代帖木儿的袭击。

其次，塞尔柱统治时期，贸易停滞，城市和农田被毁，大批亚美尼亚人逃亡。例如，在突厥人攻陷阿尼时，许多人逃到了热那亚人的克里米亚等地。从克里米亚，亚美尼亚人又迁徙到东欧各地，特别是到波兰王国与罗马尼亚中部的特兰西瓦尼亚一带。② 由于亚美尼亚人已经不能在传统故地上重新建立国家，因此，大批亚美尼亚人在拜占庭移民政策的鼓励下迁徙到地中海东岸的奇里乞亚地区。在向外流散的同时，残余的纳哈拉人几乎消失殆尽（除了一些山区飞地），亚美尼亚封建制度开始解体。③

最后，在突厥入侵期间及之后的相当一段时间内，许多亚美尼亚人迫于穆斯林的迫害（或因为突厥统治者的经济诱惑）皈依了伊斯兰教。当然，这是一个渐进的过程，最初只限于那些面临生死存

---

① Christopher Walker, *Armenia: The Survival of a Nation* (2nd edition), New York: St. Martin's Press, 1990, p. 31.

② Tigran Yepremyan and Nicolas Tavitian, "An Introduction to the Armenian Diaspora in Europe", *Europäisches Journal für Minderheitenfragen*, pp. 31 – 61.

③ Sirarpie Der Nersessian, "The Kingdom of Cilician Armenia", in Kenneth M. Setton, ed., *A History of the Crusades*, Vol. 2, Philadelphia: University of Pennsylvania Press, 1962, pp. 630 – 631.

亡的人，以及被卖到中东奴隶市场上的亚美尼亚妇女和儿童。[①] 那些与突厥人通婚的亚美尼亚女子也皈依了伊斯兰教。当塞尔柱帝国确立了在高地的统治之后，其他亚美尼亚人——不论是被塞尔柱军事学校吸收的亚美尼亚男童，还是在各个突厥酋长国中身居要职的亚美尼亚高官，都改变了信仰。[②] 这种自愿或非自愿改宗的结果是，这一群体被排斥在亚美尼亚史料之外，成为亚美尼亚作者眼中的"叛徒"。

然而，跨文化交流并不总是单向的，突厥人在一定程度上出现了亚美尼亚化现象。塞尔柱帝国统治时期，亚美尼亚人是小亚细亚的主体人口，与异族的通婚不仅发生在上层之间，也发生在普通人之间。结果，在亚美尼亚高地上形成了一些既非单纯的亚美尼亚人，也非单纯的突厥人的社区。至13世纪时，小亚细亚东部的塞尔柱苏丹几乎都有一个亚美尼亚妻子、父母或祖父母。[③] 有证据表明，达尼什曼德酋长国（1104—1178）[④] 的创建者，也就是土耳其史诗中的英雄马里克·达尼什曼德（？—1104）就是伊斯兰化的亚美尼亚人，从他战友们的亚美尼亚名字来看，他的核心幕僚亦是如此。[⑤] 达尼什曼德王朝的铸币通常印着十字架或（和）基督的半身像。凡湖地区阿赫拉特酋长国统治者自称"亚美尼亚人的沙阿"，反映了

① Robert Bedrosian, "Armenian during the Seljuk and Mongol Periods", in Richard G. Hovannisian, ed., *The Armenian People from Ancient to Modern Times, Volume I: The Dynastic Periods: from Antiquity to the Fourteenth Century*, p. 249.

② Robert Bedrosian, "Armenian during the Seljuk and Mongol Periods", in Richard G. Hovannisian, ed., *The Armenian People from Ancient to Modern Times, Volume I: The Dynastic Periods: from Antiquity to the Fourteenth Century*, p. 249.

③ Robert Bedrosian, "Armenian during the Seljuk and Mongol Periods", in Richard G. Hovannisian, ed., *The Armenian People from Ancient to Modern Times, Volume I: The Dynastic Periods: from Antiquity to the Fourteenth Century*, pp. 249 - 250.

④ 突厥人的达尼什曼德酋长国（Danishmendids）位于安纳托利亚高原东部。12世纪早期，它是罗姆苏丹国强有力的竞争对手，参加了抵御十字军东征的战争。

⑤ Robert Bedrosian, "Armenian during the Seljuk and Mongol Periods", in Richard G. Hovannisian, ed., *The Armenian People from Ancient to Modern Times, Volume I: The Dynastic Periods: from Antiquity to the Fourteenth Century*, p. 250.

土库曼统治地区的亚美尼亚民族构成和政治历史的现实。① 突厥人的亚美尼亚化是征服者与被征服者文化融合的结果。又如，11—13 世纪的突厥人建筑大都出自穆斯林化亚美尼亚人之手。②

尽管突厥人的入侵及其统治给亚美尼亚文明带来不可估量的破坏，但亚美尼亚文化并未消亡，反而顽强地生存了下来，甚至在塞尔柱帝国末期至蒙古人到来之前实现了一定程度的复兴，这是因为一些关键因素确保了亚美尼亚民族的延续。这些因素可总结为：

首先，近东基督教势力崛起，比如欧洲的十字军、格鲁吉亚的巴格拉季昂尼王朝、拜占庭的科穆宁王朝（1081—1185）和奇里乞亚的亚美尼亚王国。与之相反的是，突厥集团分裂成一系列小国。政治形势的显著变化对亚美尼亚人的复兴十分有利。1122 年，格鲁吉亚国王大卫四世（1089—1125 年在位）从穆斯林手中解放了第比利斯和诸多亚美尼亚城市。在格鲁吉亚王国的庇护下，亚美尼亚的扎卡里德公国兴起，并在 12 世纪和 13 世纪达到顶峰。残余的纳哈拉人纷纷投靠扎卡里德公国，并在格鲁吉亚女王玛拉（1184—1213 年在位）的支持下，重新征服了亚美尼亚大部分地区。

其次，新精英阶层的出现。1199 年，奇里乞亚的列翁一世（1199—1219 年在位）加冕，并得到了西欧的正式承认，从而开辟了从欧洲经亚美尼亚、格鲁吉亚通往亚洲的贸易路线，为该地区带来新的财富。随着国际贸易的发展，亚美尼亚商人阶层出现，他们建立了一个从中国、印度到意大利各城邦共和国的庞大贸易网络。此外，大亚美尼亚的扎卡里德王朝统治者与许多纳哈拉家族通婚，建立了自己的官僚体制。如此一来，一个新的但不同于旧封建贵族家族的军事或商业贵族崛起。在这些显赫家族中，有些人甚至得到了塞尔柱人、蒙古人和帖木儿的青睐，并得到了征服者的支持和庇护。这样，一个新的世俗精英阶层出现在亚美尼亚社会中，并以这

---

① H. G. T' urshyan, “Շահ-ի-Արմեններ (The Shah-i Armens)”, *Historico-Philological Journal*, pp. 117 – 134.

② Oya Pancaroğlu, “The House of Mengujek in Divrigi: Constructions of Dynastic Identity in the Late Twelfth Centruy”, in A. C. S. Peacock and Sara Nur Yildiz, eds., *The Seljuks of Anatolia: Court and Society in the Medieval Middle East*, pp. 31 – 36.

样或那样的形式在不同地方生存了下来。

最后，也是最为重要的，入侵期间的亚美尼亚教会正常运转。在国破家亡的时候，教会成为亚美尼亚人的精神寄托和灵魂归属的家园，从而维系了亚美尼亚文明的延续。事实上，修道院和教会里的神职人员有时会得到突厥人和蒙古人的资助，但更多的时候，他们遭到迫害。除了经常遭到穆斯林统治者的骚扰外，亚美尼亚教会还不断受到来自拜占庭东正教会和欧洲拉丁教会的威胁。历史上，亚美尼亚教会曾不止一次屈从于拜占庭东正教会和拉丁教会。当然，也有许多领袖人物皈依了东正教、天主教或伊斯兰教，然而，这没有成为普遍现象，大部分亚美尼亚人固执地坚守了自己的教会体制，坚持了宗教独立和对教会的忠诚。因此，国家主权不复存在的时候，教会扮演了亚美尼亚文明发展和延续的角色。

由于上述因素，在中世纪突厥和蒙古入侵期间，亚美尼亚仍然有延续甚至发展民族文化的强大物质基础和保证。新手稿的制作虽不如以前那么活跃，但博学的亚美尼亚神职人员仍在书写历史、从事艺术创作和创办高等教育机构。法律、科学和医学知识在混乱中仍取得了一定的进步。因此，突厥人的统治虽具有极大的破坏性，但并没有抹去亚美尼亚人的身份，反而为其繁荣和转型提供了其他途径。但是，也不应假定亚美尼亚文明从本质上反对或不受突厥文化的影响。例如，这一时期的亚美尼亚泥金彩饰手稿融合了东西方的各种艺术风格。总而言之，亚美尼亚领土上的文明冲突产生了一种文化活力，征服者和被征服者都受到了影响，如果说有什么不同的话，那就是在外部文化和结构压力下，民族身份具有很高的可塑性。

在伊斯兰化崛起以前，与亚美尼亚文明最为密切的文化是波斯文化、拜占庭文化和叙利亚基督教文化。然而，随着亚美尼亚基督教社区日益受制于新的穆斯林政府，东方文化因子渗入亚美尼亚文化中。这种转变在11世纪就已经显现出来，格里戈尔·拉斯维尔茨的职业和学术生涯就是一个很好的例子。他是巴拉夫尼家族的一位博学的亲王，在拜占庭吞并阿尼王国之后出任埃德萨总督，管辖着美索不达米亚地区，并与当时的亚美尼亚大主教彼得罗斯一世有着共同的亲希腊倾向。此外，他还是前现代时期亚美尼亚作家中唯一按照古典惯例详述自己私人信件并加以出版的人。[①] 他的《信札》共有 80 多封，揭示了当时的政治和宗教问题。此外，他对阿拉伯语非常着迷，因此，他的作品既有荷马式的希腊风格和拜占庭式的晦涩，也有同时代的阿拉伯风格。彼得·考伊详细阐述了中世纪亚美尼亚文学、法律、医学甚至宗教是如何受希腊文化（拜占庭文化）、阿拉伯文化、突厥文化、波斯文化和拉丁文化的影响。[②] 他的研究结果表明，只要保留民族文化的核心特征，民族身份的可塑性并不意味着一定被同化。

第二节　格鲁吉亚王国：1005—1490 年

格鲁吉亚王国是一个中世纪欧亚混合型君主制国家，位于黑海东端，大高加索山脉主峰南侧。它的南部是历史悠久的亚美尼亚，两者有很多相似的文化和民族特征，并都在 4 世纪早期皈依了基督教。事实上，格鲁吉亚人自称“萨卡特维洛”。[③] 国王大卫四世和玛拉统治时期，是格鲁吉亚王国的黄金时代。13 世纪，它被蒙古人

---

① Peter Cowe, “Medieval Armenian Literary and Cultural Trends: 12 - 17 Centuries”, in Richard G. Hovannisian, ed., *The Armenian People from Ancient to Modern Times, Volume I: The Dynastic Periods: from Antiquity to the Fourteenth Century*, p. 294.

② Peter Cowe, “Medieval Armenian Literary and Cultural Trends: 12 - 17 Centuries”, in Richard G. Hovannisian, ed., *The Armenian People from Ancient to Modern Times, Volume I: The Dynastic Periods: from Antiquity to the Fourteenth Century*, p. 312.

③ Donald Rayfield, *Edge of Empires: A History of Georgia*, p. 94. “格鲁吉亚”一词是其他国家的人对这个国家的称呼，源于波斯语“gur ğān”，意为“狼群之地”。格鲁吉亚人称自己的国家为“萨卡特维洛（Sakartvelo）”，意思是“卡特维尔人之地（Land of Kartvelians）”。这个名字来自格鲁吉亚的核心地区卡特利。希腊和拜占庭人称它为“伊比利亚”。“Sakartvelo”一词由两部分组成：词根“kartveli-i”指格鲁吉亚中部地区（卡特利）的居民，它的前缀和后缀组合“sa-o”是通用地理标识，意思是“居住的区域”。9 世纪初，卡特利特指共享相似文化、宗教和语言的格鲁吉亚地区。13 世纪，“萨卡特维洛”正式用来指格鲁吉亚王国。“卡特维尔人”也是现代格鲁吉亚人的自称。相关观点，可参见 Gregory Peradze, “The Pilgrims' Derivation of the Name Georgia”, *Georgica*, nos. 4 & 5, 1937 (Autumn), pp. 208 - 209.; Alexander Mikaberidze, *Historical Dictionary of Georgia* (2 ed.), Lanham: Rowman & Littlefield, 2015, p. 3.; Hans Henrich Hock and Ladislav Zgusta, *Historical, Indo-European, and Lexicographical Studies*, Berlin: Walter de Gruyter, 1997, p. 211。

侵，但在40年代又成功恢复主权。在接下来的几十年里，黑死病和帖木儿的入侵几乎摧毁了这个封建王国。拜占庭帝国和特拉布宗帝国倒台后，高加索地缘政治局势恶化，格鲁吉亚王国陷入四分五裂的状态。黑羊王朝和白羊王朝的入侵几乎摧毁了它。在1490—1493年间，王国分裂为卡特利王国、卡赫季王国和伊梅列季王国。每个王国都由巴格拉季昂尼家族的分支统治。不久之后，它又分裂为5个独立或半独立的封建公国，格鲁吉亚王国灭亡。

王国鼎盛时期，亚美尼亚北部出现的扎卡里德公国臣服于它。格鲁吉亚王国的强大和扎卡里德公国的出现，暂时改变了高加索地区的政治和文化格局。

一　王国的形成与突厥大入侵

跟中世纪亚美尼亚一样，格鲁吉亚王国也位于帝国争霸战的前沿。由于各种因素，早期格鲁吉亚政治分散，诸侯割据，这使它很容易成为阿拉伯大征服的牺牲品。在反抗阿拉伯人的斗争中，巴格拉季昂尼家族[①]控制了伊比利亚南部的陶—卡拉杰季省，建立了格鲁吉亚公国，但名义上臣服于拜占庭帝国。[②] 此后，它不断与阿布哈兹王国、第比利斯的埃米尔、卡赫季人和亚美尼亚的巴格拉图尼王朝争夺格鲁吉亚中部领土（卡特利）。888年，巴格拉季昂尼家族在伊比利亚确立统治，但未能实现国家的统一。不久，该家族分裂为三支，主要分支留在陶省，另一支控制着卡拉杰季省。

736年，巴格拉季昂尼家族与拉齐卡人、阿布哈兹人[③]组成的伊比利亚联盟击退了阿拉伯人的入侵。军事上的成功，加速了格鲁吉

① 巴格拉季昂尼王朝建于中世纪，直到19世纪初的最后一个国王被俄罗斯人推翻时为止。然而，这并不是格鲁吉亚王室的终结，家族成员在俄罗斯帝国地位显赫。前苏联建立后，该家族成员搬到了欧洲。巴格拉季昂尼王朝是世界历史上现存最古老的基督教王朝之一。学者普遍认为，它与亚美尼亚的巴格拉图尼王朝有着共同的渊源。

② 拜占庭人称其为伊比利亚的“古罗帕尔特（Kouropalatate）”，意思是“宫殿守护者”。

③ 拉齐卡是罗马/拜占庭时期的科尔基斯地区（Colchis）的拉丁语名称。阿布哈兹人是高加索西北民族，如今主要居住在黑海沿岸的阿布哈兹地区。19世纪末，在高加索地区的人口大迁移中，大量的阿布哈兹人移居到土耳其，也有许多人生活在前苏联的俄罗斯和乌克兰境内。

亚封建国家的形成。9 世纪，西格鲁吉亚教会脱离君士坦丁堡，承认姆茨赫塔[①]大主教的最高权威；与此同时，阿布哈兹教会语言也从希腊语改成了格鲁吉亚语。随着拜占庭力量的削弱，格鲁吉亚教会与东正教会的分歧随之消失。[②] 然而，拜占庭与格鲁吉亚的矛盾并未消除，两者断断续续地斗争了两个世纪，史称“拜占庭—格鲁吉亚战争（1014—1208）”。战争期间，格鲁吉亚封建诸侯国之间互相残杀，内讧不已。

1008 年，阿布哈兹王国的巴格拉特三世（1008—1014 年在位）加冕为“伊比利亚人的国王”，成为阿布哈兹和伊比利亚统一王国的首位君主。之后，他迅速扩张，削弱各地封建诸侯势力，统一了除第比利斯之外的东、西格鲁吉亚。在此期间，他积极开展外交活动，成功避免了拜占庭和穆斯林邻国的干涉。总之，巴格拉特三世统治时期是格鲁吉亚历史上极为重要的一段时期，为巴格拉季昂尼家族在格鲁吉亚的崛起奠定了基础。巴格拉特四世（1027—1072 年在位）统治时期，格鲁吉亚的统一势头已经不可逆转。但是，陶省被拜占庭夺走，第比利斯在穆斯林埃米尔手中，东部的卡赫季和赫里季[③]也不在王权统治范围内。即便如此，此时的格鲁吉亚王国最大的威胁已不再来自内部，而是它的两个强大邻居：拜占庭帝国和塞尔柱帝国。

11 世纪 40 年代末，塞尔柱人成功建立了一个横跨中亚和西亚的庞大帝国。塞尔柱帝国的威胁促使格鲁吉亚政府改善与拜占庭的关系。为确保联盟的安全，巴格拉特四世将女儿玛丽亚嫁给了拜占庭皇帝迈克尔七世（1071—1078 年在位）。11 世纪 60 年代，塞尔柱人首次出现在格鲁吉亚，阿尔普·阿斯兰摧毁了格鲁吉亚王国的

---

① 姆茨赫塔（Mtskheta）是格鲁吉亚最为古老的堡垒城市之一，在第比利斯以北 20 千米处。它曾经是格鲁吉亚王国的政治、经济中心。

② Ronald Grigor Suny, *Armenia, Azerbaijan, and Georgia*, Darby, PA: Diane Publishing, 1996, pp. 157 - 182.

③ 赫里季（Hereti），格鲁吉亚一历史地区，大致相当于今卡赫季州东南角和阿塞拜疆西北部地区。

西南省份，吞并了卡赫季。[1] 1071 年，同一波突厥人在曼兹科特战役中击溃了拜占庭军队。尽管如此，格鲁吉亚很快便从突厥人的入侵中恢复过来，夺回了陶省。突厥人的入侵同样给拜占庭帝国造成极大的威胁。为巩固与格鲁吉亚的关系，拜占庭皇帝赐给格鲁吉亚国王乔治二世（1072—1089 年在位）“凯撒”称号，并将卡尔斯要塞交还给他，让其负责保卫拜占庭帝国东部边疆的安全。然而，乔治二世既无法有效抵御塞尔柱人的攻击，也未处理好国内问题，拜占庭的退出反而使格鲁吉亚直面突厥人的威胁。

1076 年，塞尔柱苏丹马里克沙一世大举入侵格鲁吉亚，许多地方被夷为平地。几年后，大批突厥人涌入格鲁吉亚，揭开了“突厥大入侵”的序幕。[2] 期间，许多城镇被毁，幸存下来的人躲到深山中藏了起来。眼看王国被毁，乔治二世来到伊斯法罕，向马里克沙一世投降，承认了塞尔柱帝国的宗主权。马里克沙一世承诺格鲁吉亚可以免遭入侵，但必须每年纳贡。[3]

然而，屈辱投降并没有为格鲁吉亚换来和平。突厥人继续季节性地进入格鲁吉亚领土，到库拉河河谷一带放牧，占领了格鲁吉亚南部的一些重要堡垒和要塞。这给格鲁吉亚社会经济带来了毁灭性打击，耕地变成了牧场，农民纷纷逃走。时格鲁吉亚编年史家哀叹道：“那时没有播种，没有收获。土地遭到破坏，变成了森林；走兽取代了人，住在庄稼地里。这片土地上所有的居民都受到了令人难以忍受的压迫；这是空前绝后的，比所有听说过或经历过的破坏严重得多。”[4] 类似的情况也出现在邻国亚美尼亚，并在阿里斯塔克斯·拉斯维尔茨的《周边民族给我们带来的苦难史》中有所反映。

---

① Ronald Grigor Suny, *The Making of the Georgian Nation*, p. 34.

② Robert W. Thomson, *Rewriting Caucasian History: The Medieval Armenian Adaptation of the Georgian Chronicles: The Original Georgian Texts and the Armenian Adaptation*, Oxford: Clarendon Press, 1996, p. 311. “突厥大入侵”（didi turkoba），又译“大突厥麻烦”。这一术语源于 12 世纪格鲁吉亚编年史家，并被现代格鲁吉亚学者采纳，特指 11 世纪 80 年代年代乔治二世统治时期突厥部落对格鲁吉亚的入侵。

③ Robert W. Thomson, *Rewriting Caucasian History: the medieval Armenian Adaptation of the Georgian Chronicles: The original Georgian texts and the Armenian adaptation*, pp. 312 - 313.

④ Cited in Ibid., p. 311.

在国内问题上，乔治二世陷入困境，可以说是内忧外患。格鲁吉亚大贵族利用王权的衰弱，割据一方。例如，当乔治二世试图征服卡赫季国王阿格萨尔坦一世（1058—1084 年在位）时，后者向塞尔柱帝国投诚，并皈依了伊斯兰教。[①] 面对国内复杂的局面，乔治二世自感无能为力，于 1089 年将王位禅让给儿子大卫四世。

二　收复失地运动

格鲁吉亚的收复失地运动亦称格鲁吉亚再征服战争，指 1048—1213 年间格鲁吉亚与塞尔柱帝国战争的总称。战争之前，突厥人血洗了高加索地区，格鲁吉亚学者称其为“突厥大入侵”。收复失地运动是欧洲基督教世界对外扩张的一部分，它与西班牙的收复失地运动和欧洲的十字军东征几乎同步。格鲁吉亚的收复失地运动的主要发起者是大卫四世和玛拉女王。

（一）大卫四世

大卫四世统治时期（1089—1125），格鲁吉亚成为亚美尼亚封建领主的避难所和名义上的宗主国。埃德萨的马修如是说：“大卫是一位圣洁贤惠的王，拥有所有类型的虔诚和正义的行为；此外，他还表现出对亚美尼亚族的同情和友好。他把残余的亚美尼亚军队聚集在周围。他在格鲁吉亚建立了一个亚美尼亚城市，取名戈拉，并在那里建造了许多教堂和修道院。因此，他以极大的尊重和宽容对待亚美尼亚民族。”[②]

事实证明，大卫四世是一位杰出的政治家和军事家。对内，他成功镇压了贵族的叛乱活动，加强了中央王权；对外，他赶走了土库曼人，有效地应对了突厥人的威胁，停止向塞尔柱帝国纳贡。1089—1100 年间，他组织小股部队摧毁了一系列孤军作战的塞尔柱军队，把逃离的格鲁吉亚人遣返回家园。大卫四世的成功与十字军

---

① Mariam Lordkipanidze, *Georgia in the* 11 - 12 *Centuries*, Tbilisi: Ganatleba Publishers, 1987, p. 78.

② Matthew of Edessa, *Armenia and the Crusades*: *Tenth to Twelfth Centuries*: *The Chronicle of Matthew of Edessa*, p. 231. 戈拉（Gora），即现在的格鲁吉亚城市戈里（Gori），意谓“丘陵”，中世纪格鲁吉亚军事重镇。

东征和基辅罗斯对突厥人的威胁密切相关，两者降低了塞尔柱帝国对南高加索地区的关注度。

1103 年，大卫四世分别在鲁伊西和乌尔伯尼斯修道院召集了一次宗教集结，是谓“鲁伊西—乌尔伯尼斯公会议”。宗教会议限制了教会的权力，驱逐了反叛的神职人员，确立了格鲁吉亚人的东正教信仰。[①] 次年，大卫四世的支持者在格鲁吉亚东部的卡赫季抓获了效忠于塞尔柱帝国的阿格萨尔坦二世（1102—1105 年在位），统一了格鲁吉亚。同年，他在埃尔津基战役中击溃了塞尔柱军队，夺取了萨姆什维尔德、鲁斯塔维、吉什和洛里等一系列军事重镇。

虽然取得了一定的胜利，但大卫四世仍面临着一系列挑战：人民精疲力竭，亟需休养生息；离心离德的大贵族不时反叛；第比利斯仍在塞尔柱人手中。迫于这些政治现实，他成立了一个名为“告密者”的秘密间谍组织，专门监督贵族的一举一动。为减少对封建领主的军事依赖，他在 1118—1120 年间进行军事改革。首先，他将 4 万户家庭组成的钦察部落安置在北高加索地区，每户钦察人和格鲁吉亚家庭要提供一名士兵、一匹战马和一件武器。[②] 其次，组建了一支 4 万人组成的常备军，其核心是一支 5000 名训练有素的“莫纳斯帕”骑兵卫队。莫纳斯帕在格鲁吉亚语中是“仆从军”的意思，起到禁卫军和常备军的双重作用。这些骑兵训练有素，装备精良，主要由无地贵族和外国雇佣兵（主要是北高加索的奄蔡人、切尔克斯人和钦察人）组成。[③] 莫纳斯帕完全依靠国王过活，与旧封建贵族没有任何关系。这样，国家军事力量由三部分组成：封建领主提供的武装部队、常备军和雇佣兵。全部武装力量由一个名叫

---

① Donald Rayfield, *Edge of Empires: A History of Georgia*, p. 88. “大卫制止了封建贵族利用教会聚敛财富的和挑战国王的行为：贵族们任命未到法定年龄和未受过教育的子女担任主教，而这些人又任命不合格的牧师，批准非法婚姻，纵容鸡奸等。会议不仅禁止这些虐待行为，甚至规定了未成年人结婚的最低年龄和资格……”

② 钦察是一个组织松散的突厥部落联盟，可能源于中国边疆一带，9 世纪时西迁到西西伯利亚，11 世纪夸过伏尔加河出现在黑海以北的大草原上。在大卫王的军事改革中，他们在格鲁吉亚北部受洗，皈依了基督教。

③ Valeri Silogava, *History of Georgia from the Ancient Times through the “Rose revolution”*, Tbilisi: Caucasus University Publishing House, 2007, p. 242.

“埃米尔斯帕萨拉”的总司令指挥。它由两个词汇组成：埃米尔和斯帕萨拉。“埃米尔”源于阿拉伯语，是“总督”“指挥官”“亲王”“酋长”的意思；“斯帕萨拉”源于波斯语，是“军长”的意思。阿拉伯文化和波斯文化对南高加索地区的双重影响，从这个词汇中可见一斑。骑兵卫队由国王亲自指挥，军事装备等各项开支由王室财政拨款。改革后的新型军事武装力量有效地抵御了突厥人的入侵。大卫四世和玛拉女王正是依靠这支武装力量，从突厥人手中收复了大部分领土，称霸南高加索。

然而，大卫四世很清楚，格鲁吉亚军事力量尚无法有效应对穆斯林国家的协同进攻，而且格鲁吉亚越强大，穆斯林联盟发动袭击的可能性也就越大。基于上述考虑，他在萨姆什维尔德战役中故意示弱，佯装败给了塞尔柱苏丹的 10 万大军中的一支先遣队，成功造成了对方的轻视，分散了塞尔柱苏丹对格鲁吉亚王国的注意力。然后，他各个击破，逐个收复了突厥人的占领区，控制了黑海和里海之间的贸易路线。

格鲁吉亚的崛起引起了塞尔柱帝国的担心。1121 年，苏丹马哈茂德二世（1105—1131 年在位）组建了一个由近东各地突厥部落首领组成的大穆斯林联盟，宣布对格鲁吉亚发动圣战。史学界对大穆斯林联盟的规模存有争议：从惊人的 40 万—60 万人，再到现代格鲁吉亚学者估计的 25 万—40 万人之间。尽管如此，所有的消息来源一致认为大穆斯林联盟的军队要比格鲁吉亚的 5.6 万人（其中包括 1.6 万钦察人和一些十字军战士）多得多。[①] 1121 年 8 月 12 日，双方在第比利斯以西 40 千米的迪戈里交火。战前，大卫四世把主力部队安扎在峡谷地带，然后派儿子、继承人季米特里厄斯一世

① Donald Rayfield, *Edge of Empires: A History of Georgia*, pp. 92 – 93. 根据 12 世纪法国或诺曼十字军沃尔特的《安条克战争》和马修的《编年史》记载，塞尔柱帝国兵力为 60 万人，见 Walter the Chancellor, *The Antiochene Wars*, trans. Thomas S. Asbridge, et al., New York: Routledge, 1999, p. 63; Matthew of Edessa, *Armenia and the Crusades: Tenth to Twelfth Centuries: The Chronicle of Matthew of Edessa*, pp. 227 – 228。13 世纪《小亚美尼亚王国编年史》载，塞尔柱帝国的兵力约 40 万，见 Smbat Sparapet, *Smbat Sparapet's Chronicle*, trans. Robert Bedrosian, New Jersey: Sources of the Armenian Tradition, 2005, p. 68。

(1125—1156 年在位) 包围敌人。两个破釜沉舟的策略确保了大卫四世的胜利：用树木和巨石堵住峡谷，阻止自己的人撤退；用苦肉计打发 200 名全副武装的法兰克骑兵假装叛逃到塞尔柱人营帐中。当塞尔柱人接受这些十字军的投降时，法兰克骑兵突然对毫无防备的穆斯林军官大开杀戒。大卫四世的苦肉计果然奏效，塞尔柱大军失去军事指挥官后，士气低落，群龙无首。

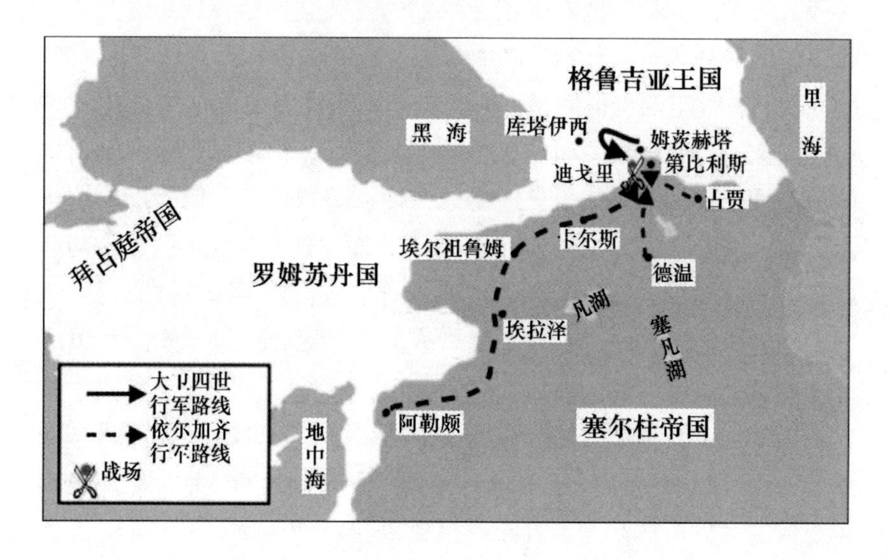

图 10－1 迪戈里战役（1121 年 8 月 12 日）

迪戈里战役只持续了三个小时，大卫四世取得了绝对性的胜利，突厥人在格鲁吉亚和亚美尼亚的霸权瓦解。该战役的胜利标志着格鲁吉亚在近东的崛起，并彻底改变了地区政治平衡，朝着有利于格鲁吉亚政治霸权的方向发展，同时也间接促成了亚美尼亚扎卡里德公国的兴起。紧接着，大卫四世清除了残余的穆斯林抵抗势力，次年二月占领了第比利斯，并迁都于此。第比利斯是世界上最为古老的城市之一，公元 4 世纪的格鲁吉亚史料首次提到它，但那时它还不是王国的都城，只是一座设防的城市而已。便利的地理条件促进了第比利斯的发展，成为欧亚交通的枢纽。根据格鲁吉亚传说，公元 458 年，伊比利亚国王瓦赫坦一世在库那河岸边的树林里狩猎时，打伤了一只野鸡

(也有一种说法是一只鹿)。受伤的猎物跑到一处硫磺泉边，热水治好了它的伤口。国王对泉水的疗效非常惊讶，决定在它周围建造一座城市，“第比利斯”(意思是“温暖”)一词就是这样来的。现在的第比利斯城有很多著名的温泉，是著名的旅游胜地。从 6 世纪开始，第比利斯开始成为卡特利王国的都城，人口不断增长。735 年，阿拉伯人征服第比利斯后统治了它近 4 个世纪。

占领第比利斯后，大卫四世并未驱逐或迫害穆斯林和犹太人，而是表现出了极大的宽容，同时他也对苏菲派和穆斯林学者给予庇护，并减免其赋税。当时，第比利斯的总赋税为 1 万第纳尔，其中每个穆斯林公民每年支付 3 第纳尔，犹太人每人每年 4 第纳尔，格鲁吉亚人每人每年 5 第纳尔。[①] 为安抚穆斯林，他任命什叶派穆斯林担任市长，禁止在城内屠宰猪。[②] 阿拉伯历史学家巴德尔丁·阿尼（1361—1451）声称，大卫四世“比穆斯林统治者更尊重穆斯林的情感”[③]。

1123 年，德马尼西解放，塞尔柱帝国失去了南格鲁吉亚的最后一个据点。次年，亚美尼亚城市希尔凡和阿尼解放，王国的边界推到阿拉斯河盆地。亚美尼亚人视大卫四世为解放者，许多人追随他南征北战。其时，铜币上刻下了“万王之王、乔治之子大卫和弥赛亚之剑”的铭文。[④] 大卫四世尊重其他民族宗教和文化的行为，为他赢得了“建造者”的美誉。为调和亚美尼亚人的一性论和格鲁吉亚人的二性论之间的分歧，他主持召开了一次宗教会议，教会领袖约阿内和神学家阿尔森（1089—1125）主导了长达 9 个小时的辩论。[⑤] 可以预见，亚美尼亚教会并没有和格鲁吉亚教会达成一致意见。

格鲁吉亚王国的崛起，引起了拉丁十字军的注意。大卫四世胜利的消息传到了耶路撒冷。据说，耶路撒冷国王鲍德温二世

---

① Donald Rayfield, *Edge of Empires: A History of Georgia*, p. 93.

② Vladimir Minorsky, “Tiflis”, in M. Th. Houtsma, eds., *First Encyclopaedia of Islam: 1913 - 1936*, Brill, 1993, p. 755.

③ Ivane Javakhishvili, *K' art' veli Eris Istoria* (The History of the Georgian Nation), Vol. 2, Tbilisi State University Press, 1982, pp. 184 - 187.

④ Donald Rayfield, *Edge of Empires: A History of Georgia*, p. 103.

⑤ Donald Rayfield, *Edge of Empires: A History of Georgia*, p. 103.

(1118—1131 年在位) 伪装成苦行僧，拜访了他。有学者认为，中世纪西欧流行的“长老约翰”人物的原型是大卫四世。①

综上所述，在格鲁吉亚和亚美尼亚历史上，大卫四世有着非常重要的地位。统治晚期，格鲁吉亚基本完成统一，只有东南部的占贾尚在突厥人手中。大卫四世不仅改变了格鲁吉亚历史发展的进程，而且促进了格鲁吉亚文化的转型。当时，波斯势力已经衰落，但在他的资助下，希尔凡和占贾等城市成为波斯文化中心，如著名的波斯浪漫诗人尼札米（1141—1209）一生在占贾度过。以前，格鲁吉亚文学风格主要以拜占庭式、教会风格为主，但在吞并希尔凡之后，格鲁吉亚学者接触到以哲学、神秘主义、英雄主义、浪漫主义为主题的世俗文学作品。随着对外文化交流的增加，格鲁吉亚语也逐渐发生变化，比如古格鲁吉亚语的动词时态和前缀在 11 世纪发生了一些变化。在波斯文化的影响下，波斯词汇大量进入格鲁吉亚语，而阿拉伯语和突厥语的影响较小，这一点非常像亚美尼亚的情况。教会也向世俗法庭转变，从而激发了宫廷文学的兴起。在这种情况下，更适合书写的骑兵草书体字母表取代了旧字母表，而草书字母表最早的样本来自大卫四世的诗歌。大卫四世的诗歌水准十分精湛，他的 11 首忏悔诗流传至今。② 总之，大卫四世成为巴格拉季昂尼王朝诸王的学习标杆。

大卫四世非常重视教育。他精心挑选一些格鲁吉亚人的孩子

---

① Donald Rayfield, *Edge of Empires*: *A History of Georgia*, p. 94. 长老约翰的传说众说纷纭，至今没有统一的说法。这个传说源于一系列圣徒传、传奇和游记，并与中世纪亚、欧、非的公众想象结合在了一起。这个集异国情调与基督教传说于一体的故事一直吸引着中世纪西方人的想象。有学者认为，长老约翰来自印度。相关观点，可参见 Robert Silverberg, *The Realm of Prester John*, Athens, OH: Ohio University Press, 1996, pp. 29 – 34。马可·波罗曾讨论过成吉思汗和长老约翰的战争，他说：“在他们（女真）的语言中，国王的称号叫王罕，和我们语言中的长老·约翰的意思一样。”见［意］马可·波罗《马可波罗游记》，陈开俊、戴树英等译，第 57 页。1329 年，多米尼加传教士约达努斯的《奇迹描述》第 6 章第 2 节出现了一个非洲版的长老约翰的故事，见 Friar Jordanus, *Mirabilia Descripta*: *The Wonders of the East*, edited by Henry Yule, London: Hakluyt Society, 1863。此后，很多欧洲作家认为长老约翰来自埃塞俄比亚。也有学者认为，长老约翰是成吉思汗。无论如何，这个传奇在 12 世纪的欧洲广泛传播，背景是十字军与塞尔柱人的对抗。

② Donald Rayfield, *Edge of Empires*: *A History of Georgia*, pp. 94 – 95.

到君士坦丁堡学习希腊语，并吩咐他们将译作带回国内。他创立的杰拉蒂学院，成为东正教世界的重要学术中心。由于该学院的努力，时人称它为“新希腊”“第二个阿托斯圣山”①。除杰拉蒂学院外，伊卡托学院也是时格鲁吉亚最负盛名的学术中心之一。大卫四世认为，自己与圣经中的大卫有诸多相似之处，其诗歌分享了同时代欧洲十字军的理想主义热情，对后者来说，大卫四世是天然盟友。②

大卫四世的继承者季米特里厄斯一世、大卫五世、乔治三世统治时期（1125—1184），格鲁吉亚的霸权进一步巩固。在此期间，巴格拉季昂尼王朝偏爱使用亚美尼亚贵族，比如扎卡里德家族、奥贝良家族和阿茨鲁尼家族都为格鲁吉亚王国的统一事业发挥了重要作用。亚美尼亚贵族不仅在格鲁吉亚军队中指挥作战，而且还在新成立的政府部门中担任要职。

乔治三世登基首年，发起了对突厥人的战争，从塞尔柱帝国附庸埃尔迪古兹王朝（亦称阿塞拜疆的阿塔贝格）手中解放了德温。12 世纪 60 年代初，埃尔迪古兹王朝与其他塞尔柱酋长国结成联盟，与格鲁吉亚开战。1163 年，盟军击溃乔治三世。然而，就在塞尔柱联盟庆祝胜利并准备发起新的远征时，乔治三世进军阿兰，占领了纳希切万和贝拉甘。埃尔迪古兹王朝力不从心，向乔治三世提议停战。乔治三世同意议和。1177 年，格鲁吉亚贵族叛乱。次年，他把王位禅让给女儿玛拉。

（二）玛拉女王

玛拉女王（1184—1213 年在位）统治时期是格鲁吉亚历史上的黄金时代。拜占庭帝国的衰落和塞尔柱帝国的解体，使它成为该地区最成功的国家之一，疆域范围大致从今天的俄罗斯南部延伸到伊朗北部，西到安纳托利亚高原东侧。玛拉女王时代见证了格鲁吉亚建筑、绘画和诗歌的繁荣，以及政治、经济和文化的进步。因此，

---

① Nano Chatzidakis, *Byzantine Mosaics*, Vol. 7, Athens: Ekdotike Athenon, 1994, p. 22.

② Donald Rayfield, “Davit IV”, Robert B. Pynsent, S. I. Kanikova, *Reader's Encyclopedia of Eastern European Literature*, New York: Harper Collins, 1993, p. 82.

格鲁吉亚史学家骄傲地将这一历史时期称为“格鲁吉亚文艺复兴”“东方文艺复兴”。①

玛拉天资颖慧，能力卓越超群。在巩固前任成果的同时，她成功平息了贵族的叛乱，粉碎了俄罗斯丈夫的政变。亚美尼亚问题是格鲁吉亚外交的头等大事。12 世纪末，亚美尼亚贵族扎卡雷和伊万涅兄弟两人，率领格鲁吉亚军队占领了通往亚拉腊平原的一系列军事要塞和城市。1199 年，阿尼解放，玛拉女王将该城的统治权交给了兄弟两人。紧接着，兄弟两人从突厥人手中收复了大片亚美尼亚领土。格鲁吉亚的胜利使罗姆苏丹国的苏莱曼二世（1196—1204 年在位）大为震惊。1202 年 7 月 27 日，在埃尔祖鲁姆北部的巴辛一役中，苏莱曼二世的穆斯林联军被击退。格鲁吉亚军队大获全胜，不仅缴获了无数战利品，还活捉了埃尔津詹的埃米尔。巴辛战役巩固了格鲁吉亚的霸权地位，抑制了塞尔柱王朝的复兴。紧接着，格鲁吉亚军队占领了德温、卡尔斯、阿赫拉特、埃尔祖鲁姆和埃尔津詹等亚美尼亚城市。1204—1205 年，格鲁吉亚人进入“亚美尼亚人的沙阿”之领地，占领了包括曼兹科特在内的塞尔柱帝国的大片领土。

穆斯林统治者无法接受这一现实，决定对格鲁吉亚发起协同打击。阿赫拉特的统治者向埃尔祖鲁姆的埃米尔图格鲁沙请求援助。当后者的军队抵达时，阿赫拉特沙阿已向格鲁吉亚发起总攻。习惯了胜利的格鲁吉亚人低估了穆斯林的力量，没有做好充分准备，结果惨败。1205—1206 年，格鲁吉亚军队以征服阿赫拉特为目标，发起另一场战役，摧毁了苏丹国的领土，但穆斯林军队再次突袭，夺回了阿赫拉特。两次失败和阿赫拉特的失守，给格鲁吉亚的国际地位造成了不利影响。因此，玛拉急需发动另一场战争，挽回格鲁吉亚的国际声誉。1206 年，在第二任丈夫大卫·索斯兰的指挥下，格鲁吉亚军队夺回了卡尔斯和阿拉斯河沿岸的一些军事重镇。卡尔斯的埃米尔向阿赫拉特的统治者请求援助，但后者没有回应。卡尔斯位于东西方贸易路线上，是塞尔柱帝国靠近格鲁吉亚的一个军事重镇。对塞尔柱帝国来

① Adrian Brisku, *Bittersweet Europe: Albanian and Georgian Discourses on Europe*, 1878 – 2008, New York: Berghahn Books, 2013, p. 134.

说，失去卡尔斯城与丢掉阿尼一样痛苦。

1207 年，新兴的阿尤布王朝接管了“亚美尼亚人的沙阿”的领地。与此同时，格鲁吉亚发起了解放南亚美尼亚的战争，对东安纳托利亚高原的阿尤布王朝形成挑战。阿尤布王朝苏丹阿迪勒一世（1200—1218 年在位）立即作出反应，伙同霍姆斯、哈马和巴勒贝克的埃米尔，包围了格鲁吉亚军队。不幸的是，伊万涅在阿赫拉特郊区视察时意外落入穆斯林之手。后者要求签署三十年停战协议，玛拉女王被迫答应了苏丹的要求。[1] 至此，收复亚美尼亚失地的战争陷入停滞，凡湖地区留给了大马士革的阿尤布王朝。

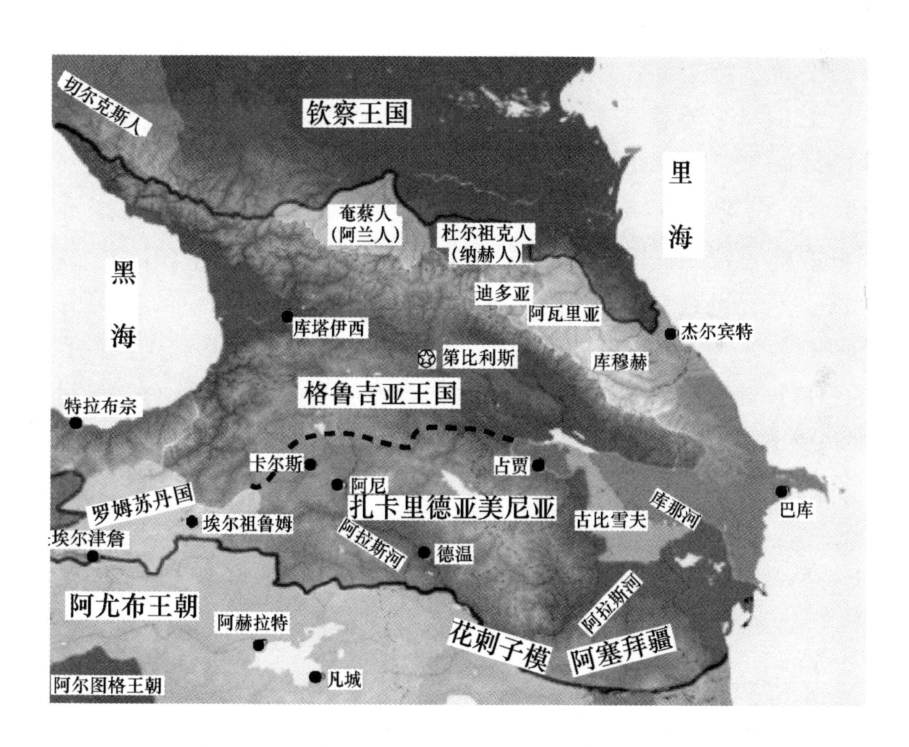

图 10-2　玛拉女王统治时期的格鲁吉亚王国疆域

尽管如此，格鲁吉亚并未停止对外扩张的步伐，而是将目光转

① R. Stephen Humphreys, *From Saladin to the Mongols: The Ayyubids of Damascus, 1193-1260*, New York: State University of New York Press, 1977, p. 131.

向了伊朗的塞尔柱帝国的大本营。根据格鲁吉亚和亚美尼亚编年史家的记载，1209 年，扎卡雷兄弟摧毁了伊朗的阿尔达比勒，以报复当年穆斯林对阿尼城的屠戮。[①] 在与穆斯林的最后一次大战中，兄弟两人率军穿过格鲁吉亚各属国，经纳希切万和焦勒法（又称朱利法），杀到伊朗西北部的马兰德、大不里士和加兹温，沿途屠戮了穆斯林定居点。这些胜利把格鲁吉亚的威望推到顶峰。至此，格鲁吉亚人建立了一个从黑海到里海、从高加索山脉到凡湖的泛高加索帝国。一位格鲁吉亚历史学家对玛拉女王赞不绝口，声称玛拉大帝是“从本都海（黑海）到居尔甘海，从斯佩里到杰尔宾特，从可萨人到斯基泰人的所有高加索土地上的”主人。[②]

然而，特拉布宗帝国的建立才是玛拉女王最引以为傲的政治遗产。1204 年，在格鲁吉亚军队的支持下，特拉布宗的阿列克谢一世（1204—1222 年在位）和大卫在摇摇欲坠的拜占庭帝国东北部的本都省建立了特拉布宗帝国。阿列克谢和大卫是玛拉女王的亲戚，他们的父亲是拜占庭皇帝安德罗尼可一世（1183—1185 年在位）。安德罗尼可一世遇刺后，年幼的兄弟两人逃到格鲁吉亚避难，在玛拉女王庇护下长大。据说，玛拉女王扶植两人建立特拉布宗帝国的目的是报复拜占庭皇帝抢劫了一艘从格鲁吉亚驶往阿陀斯山修道院的商船之事，但实为团结拜占庭科穆宁王朝的残余势力，以在格鲁吉亚西南部建立一个缓冲国。[③] 除此之外，她还打算利用拜占庭帝国的衰弱，提高格鲁吉亚在近东国际政治舞台上的影响力，以取代拜占庭的东正教之首的角色。[④] 总而言之，特拉布宗帝国的建立反映了格鲁吉亚在近东政治和军事实力的强大。

---

① Mariam Lordkipanidze, *Georgia in the* 11 – 12 *Centuries*, trans. David Skvirsky, Tbilisi: Ganatleba Publishers, 1987, p. 154.

② Kalistrat Salia, *History of the Georgian Nation* (2nd ed.), trans. Katharine Vivian, Paris: Académie française, 1983, pp. 177 – 190.

③ Antony Eastmond, *Royal Imagery in Medieval Georgia*, University Park, PA: Pennsylvania State Press, 1998, pp. 153 – 154.

④ Antony Eastmond, *Royal Imagery in Medieval Georgia*, pp. 122 – 123. 当时，格鲁吉亚传教士遍布北高加索及整个东地中海地区。玛拉女王的年代记大肆赞扬对基督徒的庇护，以及对埃及、保加利亚和塞浦路斯修道院的赞助。

12世纪，耶路撒冷有8座格鲁吉亚修道院，玛拉女王非常关心这些修道院的财产和安全。根据萨拉丁的秘书伊本·沙达德（1145—1234）的报告，阿尤布王朝征服耶路撒冷后，玛拉派使节到苏丹那儿请求归还被没收的格鲁吉亚修道院财产。萨拉丁的回应没有记录在案，但女王的努力似乎取得了成功：玛拉死后不久，著名的法国史学家和神学家魏顿（1160—1240）获得了阿克城的主教职位。魏顿的记载证明了格鲁吉亚势力在耶路撒冷的存在，他声称："与其他基督朝圣者不同的是，格鲁吉亚人可以扛着旗帜自由进入这座城市。"[1] 伊本·沙达德报告说，为得到真十字架，玛拉女王的出价高于拜占庭皇帝，愿意付给萨拉丁20万枚金币。然而，萨拉丁没有答应她的要求，因为萨拉丁认为真十字架是他在哈丁战役（1187年7月4日）中得到的最重要的战利品。[2]

玛拉女王的成功是在大卫四世的基础上完成的，但也与她个人的聪明才智和灵活的外交技巧有关。在她统治期间，格鲁吉亚政治稳定，经济繁荣，文化昌盛。伴随着这种繁荣，独特的格鲁吉亚文化从拜占庭、波斯文化的影响中脱颖而出。尽管如此，格鲁吉亚人仍然与西部的拜占庭文化有较多共鸣，而与东部的穆斯林文化有较深的隔阂。亚美尼亚人亦是如此。

玛拉女王时期，格鲁吉亚东正教建筑被重新设计，一系列大型圆顶教堂矗立起来。源自拜占庭的王室权力表达方式经过各种修改，进入了格鲁吉亚王室，以巩固女王前所未有的女性统治地位。例如，现存的五幅女王教堂肖像明显模仿了拜占庭风格，但也特别突出了格鲁吉亚主题和波斯式的女性之美。[3] 因此，格鲁吉亚文化虽借鉴了拜占庭文化元素，但也在一定程度上受到东方文化的影响。例如，那个时代的格鲁吉亚铸币既有格鲁吉亚语，也有阿拉伯语铭文，表明它与东方穆斯林国家的密切贸易关系。硬币背面的阿

---

① Johannes Pahlitzsch, "Georgians and Greeks in Jerusalem (1099 - 1310)", in Krijnie Ciggaar and Herman Teule, eds., *East and West in the Crusader States*, Leuven and Dudley: Peeters Press, 1996, pp. 38 - 39.

② Antony Eastmond, *Royal Imagery in Medieval Georgia*, pp. 122 - 123.

③ Antony Eastmond, *Royal Imagery in Medieval Georgia*, pp. 94, 108 - 110.

拉伯语铭文宣称她是“弥赛亚的勇士”①。玛拉女王时代，尽管教父文学蓬勃发展，但已经失去了昔日的主导地位，原创世俗文学兴起。这种趋势在绍塔·鲁斯塔韦利（1160—1220）的史诗《豹皮骑士》中得到充分体现。②

总之，玛拉女王凭借她的个人魅力和政绩扩大了格鲁吉亚人的影响。她夸张的皇室头衔强调了王国的霸权，在以她的名字发行的货币和特许状上写着：“奉上帝旨意，阿布哈兹人、卡特维尔人、阿兰人、卡赫季人、亚美尼亚人的万王之王和女王之女王”“希尔凡沙阿和诸王之王”“东方和西方的独裁者”“世界的荣耀和信仰”“弥赛亚勇士”。由此可见，玛拉女王获得了格鲁吉亚君主前所未有的专制权力，但贵族议事会继续运作。玛拉女王自身的声望和格鲁吉亚封建制度的扩张，暂时阻止了地方分裂主义倾向。③ 疆域的辽阔，政治的稳定，促进了格鲁吉亚商业和手工业的发展，它们反过来又为国家和宫廷带来新的财富。从邻国征收的贡品和战利品充实了国库，当时的格鲁吉亚有这样一种说法：“农民像贵族，贵族像亲王，亲王像国王。”④

玛拉女王不仅在格鲁吉亚史上，而且在整个高加索史上是一位非常重要的人物。她成为格鲁吉亚诗人或编年史家长期颂扬的对象，其中《玛拉生平：女王之女王》《列王纪和颂词》，都脍炙人口，是圣化玛拉女王的文学源头。因此，在高加索地区，玛拉女王是一个神话般的存在，被当作丰饶之神放进了格鲁吉亚人的万神殿中。东正教会册封她为圣徒，她成为那个时代格鲁吉亚福音书抄写

① Stephen H. Rapp, “Coinage of Tamar, Sovereign of Georgia in Caucasia: A Preliminary Study in the Numismatic Inscriptions of Twelfth-and Thirteenth-Century Georgian Royal Coinage”, *Le Muséon*, Vol. 106, No. 3 - 4, 1993, pp. 309 - 330.

② Donald Rayfield, *The Literature of Georgia: A History*, pp. 73 - 83.《豹皮骑士》颂扬了英雄时代的骑士理想，是格鲁吉亚最伟大的文学成就之一。史诗创作背景是玛拉女王的文治武功。它的手抄本曾经是每个格鲁吉亚新娘的嫁妆。

③ Ronald Grigor Suny, *The Making of the Georgian Nation*, p. 43. 格鲁吉亚东北部边境在 1212 年举行起义，经过三个月的激战后被伊万涅平息。

④ Ronald Grigor Suny, *The Making of the Georgian Nation*, p. 40.

者“三位一体的第四体”①。数个世纪以来，格鲁吉亚诗人声称玛拉是他们创作的主要灵感。据说，鲁斯塔韦利被女王的爱吞噬，在修道院中度过了余生。鲁斯塔韦利的诗中有一个戏剧性的场景：老练的国王为他的女儿戴上王冠——乔治三世与玛拉的隐喻。鲁斯塔韦利评论说：“不管雌狮还是雄狮，幼狮一样好。”② 格鲁吉亚编年史家还将她提升为“寡妇的保护者”，并特别强调了她的女性之美——美丽、谦卑、仁慈、忠诚和纯洁。③ 玛拉的理想化因她去世后发生的一系列历史事件被强化——花剌子模和蒙古人的入侵终结了格鲁吉亚霸权。所有这些都助长了格鲁吉亚人对她的崇拜程度，模糊了理想和真实人格之间的女王形象。

尽管玛拉女王从未亲赴战场，但格鲁吉亚的一系列军事胜利塑造了她的另一个形象——巾帼英雄，并在 16 世纪俄罗斯文学作品“沙皇皇后迪娜拉”中得到呼应。故事讲述的是一个虚构的格鲁吉亚王后与波斯人作战的事迹。恐怖的伊凡大帝在夺取喀山之前，以玛拉为榜样，鼓励他的军队勇往直前，并把她描述为“伊比利亚最聪明的女王”④。在 19 世纪西方浪漫主义和民族主义的影响下，人们对玛拉女王有了现代性认识，在他们眼中，玛拉女王是东方女性之美的典范。⑤ 在格鲁吉亚文学中，玛拉女王更是被严重浪漫化，但与俄罗斯和西欧的观点截然不同，格鲁吉亚浪漫主义者沿袭了中世纪传统，把她描绘成一位温柔和圣洁的女人，永远统治着一个处于战争状态的国家。在贝塔尼亚修道院废墟中发现的一幅 13 世纪的玛拉壁画，更是强化了这一观点。目前，它成为格鲁吉亚广为流行的板画的创作来源，并启发了格鲁吉亚诗人格里高尔·奥贝利亚尼

---

① Donald Rayfield, *Edge of Empires: A History of Georgia*, p. 117.

② Donald Rayfield, *Edge of Empires: A History of Georgia*, p. 74.

③ Antony Eastmond, "Gender and Orientalism in Georgia in the Age of Queen Tamar", in Liz James, ed., *Women, Men and Eunuchs: Gender in Byzantium*, London and New York: Routledge, 1997, pp. 100 - 118.

④ Kalistrat Salia, *History of the Georgian Nation* (2nd ed.), trans. Katharine Vivian, p. 189.

⑤ Antony Eastmond, "Gender and Orientalism in Georgia in the Age of Queen Tamar", Liz James, ed., *Women, Men and Eunuchs: Gender in Byzantium*, p. 116.

(1804—1883）为它创作了一首浪漫诗歌。当格鲁吉亚文学界对俄罗斯帝国的统治和镇压作出反应时，他们将玛拉时代与当下情况对比，于是，他们在文学作品中哀叹业已无法挽回的过去。总而言之，玛拉女王是格鲁吉亚黄金时代的化身，这种看法一直延续到今天。

三　格鲁吉亚王国的覆灭

乔治四世（1213—1223 年在位）奉行孤立主义外交政策，这使得他能够积蓄力量，建立起一支强大的军队。1210 年，乔治四世镇压了穆斯林诸侯国的叛乱后，准备远征耶路撒冷，以配合十字军收复圣地。然而，蒙古人已经接近格鲁吉亚边境，并在 1211 年、1222 年的两场战役中摧毁了整个格鲁吉亚军队。与此同时，国内纷争泛起。于是，他将王位传给妹妹鲁苏丹（1223—1245 年在位)。不幸的是，第比利斯遭到花剌子模人的洗劫，格鲁吉亚黄金时代结束。

1235—1236 年，蒙古军队不费吹灰之力占领了这个被花剌子模人摧毁的国家。鲁苏丹女王逃到格鲁吉亚西部的安全地带，贵族们则躲进堡垒中深居简出。1240 年，蒙古人确立了对格鲁吉亚的统治。1242 年，鲁苏丹被迫接受蒙古汗国的宗主权，每年纳金币 5 万，并将儿子送到蒙古宫廷中作人质，战时提供一定的武装。

蒙古统治者占领格鲁吉亚后，在高加索建立了“谷儿只国”，通过鲁苏丹女王间接统治，其领土范围包括格鲁吉亚和亚美尼亚在内的整个南高加索地区。1245 年，鲁苏丹去世，蒙古人将高加索地区划分为 8 个万户。1259—1330 年期间，格鲁吉亚人为摆脱伊尔汗国的统治，进行了数次争取独立的斗争，但均告失败。乔治五世(1299—1302 年在位）奉行灵活的外交政策，获得了代表征税的权力。1335—1344 年间，他利用伊尔汗国的内乱，趁机把蒙古军队赶出了格鲁吉亚。次年，他在冷山举行盛大的庆祝活动，并在那里屠杀了反对派贵族，恢复了王国的统一。统一后的格鲁吉亚王国出现了短暂的经济和文化复兴。1325—1338 年间，乔治五世制订了两部法典，一部规范了君臣关系，另一部约束了偏远山区的混乱。

就在格鲁吉亚复兴之际，黑死病夺去了近一半的人口。[①] 雪上加霜的是，1386—1403 年间，帖木儿 8 次入侵格鲁吉亚，几乎摧毁了这个国家。当乔治七世（1393—1407 年在位）被迫接受帖木儿的和平条件并同意向后者称臣纳贡时，他已经有职无权了。土库曼人的入侵给格鲁吉亚最后致命一击，乔治七世被杀，君士坦丁一世（1407—1412 年在位）被俘。囚禁期间，君士坦丁一世的桀骜不驯激怒了黑羊王朝统治者卡拉·优素福，后者下令处决了 300 名格鲁吉亚贵族，并亲手杀死了君士坦丁一世。

亚历山大一世（1412—1442 年在位）曾试图恢复日渐衰落的王国，然而土库曼人的威胁始终未解除。大约 1434 年，他怂恿亚美尼亚亲王贝什肯二世·奥贝良攻打黑羊王朝，结果招致了土库曼人的大规模报复。1490 年，王国分裂为卡特利、卡赫季、伊梅列季三个小王国，每个王国都由巴格拉季昂尼家族的分支统治。不久，又分裂出 5 个半独立的公国：奥迪西、古里亚、阿布哈兹、斯瓦涅季和桑茨季。曾经统一和强大的格鲁吉亚王国正式寿终正寝。

中世纪格鲁吉亚王国经历了一个政治、经济和文化的黄金时代。为了实现这些目标，国王们很大程度上依赖于教会的威望，并给予教会各种特权，以获取政治支持。与此同时，格鲁吉亚诸王们利用国家权力干涉教会事务，尤以鲁伊西—乌尔伯尼斯公会议为甚，会议谴责了亚美尼亚的一性论。在接下来的几个世纪里，教会仍然是格鲁吉亚封建制度的一个重要组成部分，其经济和政治影响力堪比国王。

同亚美尼亚一样，基督教是中世纪格鲁吉亚文化的核心元素之一。格鲁吉亚艺术家为宗教目的发展出了特殊的艺术形式，其中有书法、教堂音乐、景泰蓝珐琅圣像。哈胡利三联画[②]和“十字穹顶

---

① Barbara A. West, *Encyclopedia of the Peoples of Asia and Oceania*, New York: Infobase Publishing, 2010, p. 229.

② 哈胡利三联画是世界上最大的搪瓷艺术品之一，高度为 1.47 米，宽度为 2.02 米，包括 100 多件格鲁吉亚和拜占庭景泰蓝珐琅标本，其历史可追溯至 8—12 世纪。目前，它保存完好，藏于第比利斯的格鲁吉亚国家艺术博物馆中。

风格”建筑是中世纪格鲁吉亚教堂的典型特色，最著名的宗教建筑有杰拉蒂修道院、巴格拉季大教堂、斯韦蒂茨霍韦利大教堂和伊卡托修道院建筑群。

11—13 世纪，格鲁吉亚哲学发达，杰拉蒂神学院的约阿内·彼得里齐试图将基督教与亚里士多德和新柏拉图的思想糅合起来。玛拉女王的统治标志着格鲁吉亚艺术的黄金时代，宗教主题逐渐让位于世俗文学。如前文所述，这一趋势在格鲁吉亚民族诗人鲁斯塔维利的史诗《豹皮骑士》中达到顶峰。史诗颂扬了中世纪骑士精神、人文主义理想。

9—11 世纪是格鲁吉亚修道院的黄金时代。格鲁吉亚传教士在南高加索的传教和布道活动中扮演了重要角色，无论是在君士坦丁堡、罗马和亚历山大，还是在安条克和耶路撒冷，都能见到格鲁吉亚传教士的身影。[①] 今北高加索的车臣、印古什、达吉斯坦、北奥塞梯、巴尔卡里亚纪念碑铭文见证了格鲁吉亚修士的活跃，西奈山、阿托斯圣山和巴勒斯坦等地有格鲁吉亚人建立的修道院。

第三节　扎卡里德公国：1201—1360 年

扎卡里德公国是扎卡里德家族建立的一个亚美尼亚公国。亚美尼亚人称它为“扎卡良·哈雅斯坦”，都城在阿尼。最初，它为格鲁吉亚王国的藩属，从 1236 年开始臣服于蒙古帝国。1360 年，黑羊王朝占领阿尼，扎卡里德公国灭亡。

1045 年，巴格拉图尼王国崩溃后，拜占庭帝国和塞尔柱帝国先后占领了大亚美尼亚。突厥大入侵期间，扎卡里德家族从亚美尼亚搬到了格鲁吉亚南部。在接下来的一百多年里，这个家族在格鲁吉亚声名鹊起。据说，其族名源于波斯帝国的阿尔塔薛西斯二世。[②]

① “Kingdom of Georgia”, from Wikipedia, 2020 - 06 - 03.

② Rouben Paul Adalian, *Historical Dictionary of Armenia*, p. 83.

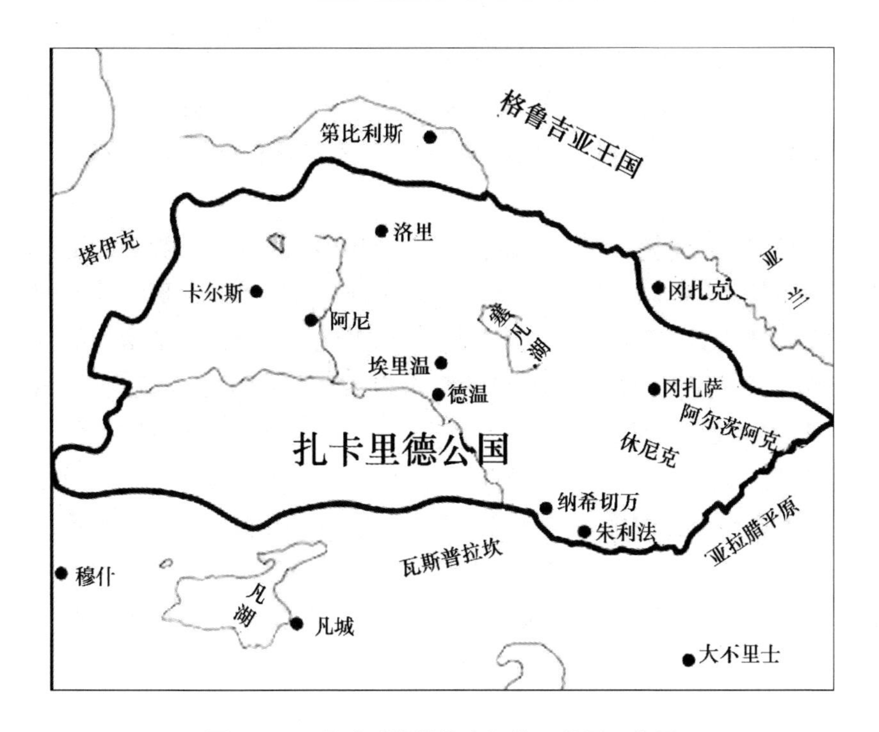

图 10－3　鼎盛时期的扎卡里德亚美尼亚公国

由于小亚细亚提供了比亚美尼亚更多的战利品，而且气候温暖适宜，因此塞尔柱人占领大亚美尼亚后，委托给地方诸侯统治，然后继续向西部进发。塞尔柱人移走它处给纳哈拉人提供了复兴的机会。

格鲁吉亚的成功吸引了大批亚美尼亚人。对于格鲁吉亚人来说，亚美尼亚人是没有威胁的。1161 年，乔治三世任命伊万涅·奥贝利为阿尼总督，任命萨吉斯·扎卡良为副总督。1177 年，两人协助乔治三世成功镇压了国内叛乱，提高了该家族在格鲁吉亚的地位。女王玛拉统治时期，该家族的成功仍在继续。

格亚联盟为格鲁吉亚王国的再征服运动铺平了道路，这是格鲁吉亚历史上唯一一次越过亚美尼亚高地挑战穆斯林突厥部势力。[1]为增强军事实力，格鲁吉亚统治者吸收大批亚美尼亚难民应征入

---

① Rouben Paul Adalian, *Historical Dictionary of Armenia*, p. 29.

伍，扎卡雷和伊万涅兄弟崛起，成为军事领袖。在兄弟两人的指挥下，格亚联军遏制了突厥人在南高加索的扩张势头。1191 年，扎卡雷被擢升为“大元帅”；1212 年，伊万涅从宰相晋升为“阿塔贝格”。[①]

1201 年，玛拉女王将阿尼城赐给了兄弟二人，代表格鲁吉亚国王进行统治，[②] 并委托两人管理亚美尼亚东北部的解放区，扎卡里德公国建立。鼎盛时期，扎卡雷兄弟几乎统治着整个大亚美尼亚的北部地区：伊万涅及其后裔统治着包括德温在内的东半部，扎卡雷及其后裔以阿尼为中心，统治着大亚美尼亚的西北部。这时的扎卡里德公国的疆域大致相当于巴格拉图尼王朝时期的亚美尼亚。值得注意的是，该公国虽为格鲁吉亚王国的藩属，义务似乎仅限于军事方面，因为亚美尼亚人向扎卡里德政府纳税，而非格鲁吉亚的巴格拉季昂尼王朝，但也不排除扎卡里德政府向格鲁吉亚王国纳贡的可能性。[③]

扎卡里德王朝统治时期，许多纳哈拉人投奔到他们的麾下。通过与新旧纳哈拉家族的联姻，该家族巩固了在亚美尼亚的统治。例如，扎卡雷兄弟的长妹嫁给了丘里江家族的阿巴斯二世，二妹嫁给了阿尔查赫亲王哈桑，三妹嫁给了哈钦的领主瓦赫坦。[④] 第二个巩固统治的措施是将亚美尼亚重组成若干省份，每省由一位亲王统治，而亲王显然是从立下军功的人中选拔，但他们须提供兵役和纳税。第三个巩固统治的措施是模仿格鲁吉亚王室设置不同的政府部

---

① Robert Bedrosian, “Armenian during the Seljuk and Mongol Periods”, in Richard G. Hovannisian, ed., *The Armenian People from Ancient to Modern Times, Volume I: The Dynastic Periods: from Antiquity to the Fourteenth Century*, p. 253. 阿塔贝格是突厥人的贵族世袭爵位，指臣服于国王的公国或省的统治者，并负责培养皇储。

② Vladimir Minorsky, *Studies in Caucasian History*, New York: Taylor's Foreign Press, 1953, pp. 102 – 103.

③ Robert Bedrosian, “Armenian during the Seljuk and Mongol Periods”, in Richard G. Hovannisian, ed., *The Armenian People from Ancient to Modern Times, Volume I: The Dynastic Periods: from Antiquity to the Fourteenth Century*, p. 253.

④ Robert Bedrosian, “Armenian during the Seljuk and Mongol Periods”, in Richard G. Hovannisian, ed., *The Armenian People from Ancient to Modern Times, Volume I: The Dynastic Periods: from Antiquity to the Fourteenth Century*, p. 254.

门。扎卡雷任命瓦奇·瓦丘扬为盛大亲王，其家族成员担任扎卡里德公国的大管家、王室主管和王子们的守护者；伊万涅在其管辖范围内任命布巴克为盛大亲王。[1] 值得注意的是，布巴克被格鲁吉亚人称为“大元帅”，这与扎卡雷在格鲁吉亚王室中的最初头衔相同，说明扎卡里德公国创制了一个与格鲁吉亚王国相同的官僚制度。

在收复失地运动的过程中，纳哈拉人的构成发生了一些变化。除了旧的纳哈拉外，新兴军事贵族崛起。这部分人因军功从领主那里获得封地及封地上附着的行政权。他们拥有巨大的财富，构成了社会的上层阶级。另外，随着混乱的结束和经济的恢复，大商人阶层崛起。这些人是非传统的纳哈拉人，但拥有巨额资本。大商人的资产大部分是现金，而非传统的不动产。有些商人家族将资本投入购买地产或其他不动产上。有时，他们买下整个庄园，兴建教堂。例如，这一时期最为著名的建筑是“启蒙者圣格雷戈里大教堂”，东侧墙壁上刻有一段霍尼茨家族的铭文。该家族在亚美尼亚历史上鲜为人知，铭文如下：

> 664 年（1215），在上帝的恩典下，阿尼城的领主是强大的扎卡雷……我——提格兰，神的仆人，霍尼茨家族的苏莱姆·斯巴托雷茨的儿子，为了我的主和他们的孩子长命百岁，建造了圣格雷戈里修道院。我用合法的财产从它的主人那里买下这个悬崖边上灌木丛生的地方，我费了很大的力气，花了很多钱，才把它建好。我以圣格里戈尔·卢萨沃利奇（启蒙者圣格雷戈里）的名义建了这座教堂，并在里面装潢了很多东西。[2]

铭文表明，教堂是由富商提格兰·霍尼茨出资建造的，完工于 1215 年。他不仅支付了修道院的全部建设费用，还提供了十字架、

---

① Robert Bedrosian, “Armenian during the Seljuk and Mongol Periods”, in Richard G. Hovannisian, ed., *The Armenian People from Ancient to Modern Times, Volume I: The Dynastic Periods: from Antiquity to the Fourteenth Century*, p. 254.

② “The Church of Saint Gregory of Tigran Honents”, 2000 - 04 - 04, *http://virtualani.org/tigranhonents/index.htm*, 2019 - 10 - 31.

灯、金银器皿和宗教遗物等珍贵物品。教堂内部装饰极为奢华，并融合了格鲁吉亚建筑风格，这既说明了亚美尼亚经济的恢复，也说明了扎卡里德公国与格鲁吉亚王国政治密切的现实。由于霍尼茨家族在亚美尼亚史上鲜为人知，说明它是新兴的商人家族，而且资本雄厚。

在另一份铭文中，一位叫乌梅克的大商人于1242年以4000达克特金币（欧洲古代贸易货币）的价格买下了一座教堂。① 达克特金币表明，亚美尼亚商人与意大利城邦共和国之间有着密切的贸易关系。

商人的上述行为表明，扎卡里德王朝统治时期，亚美尼亚人的经济文化生活达到了一个新的高度。尽管大商人很富有，但他们几乎没有什么政治背景，也不像军事贵族那样享有较高的政治地位，这不同于传统的纳哈拉家族。总而言之，扎卡里德时期的亚美尼亚贵族群体扩大了。

中世纪，亚美尼亚学者似乎对普通人民的生活状态关注不多，他们的历史几乎被修史者遗忘了。某些经济史学家认为，11世纪中叶，突厥入侵对农民产生了暂时的解放作用，因为游牧经济并不需要农民依附于土地上，正如11—12世纪殉道者暗示的那样，皈依伊斯兰教成为许多亚美尼亚人提高经济地位的一种选项。然而，对于大多数基督教信仰情节浓厚的农民来说，他们对土地的依附程度越来越高。该时期的格鲁吉亚文件表明，地主可以将土地及其附着的农民一块出售。铁匠、石匠和裁缝等城市手工业者群体不断壮大，并建立了自己的行会组织。尽管如此，他们仍处于社会底层。

蒙古帝国的瓦解撕碎了东西方贸易路线。统治者日益繁重的赋税和人民日益增长的不安，严重损害了亚美尼亚的经商环境。1319年，大地震摧毁了阿尼，大量人口移居国外，曾经辉煌的大都市逐渐被遗弃。然而，与其他城市相比，阿尼给亚美尼亚人留下了最为

① Robert Bedrosian, "Armenian during the Seljuk and Mongol Periods", in Richard G. Hovannisian, ed., *The Armenian People from Ancient to Modern Times*, *Volume I*: *The Dynastic Periods*: *from Antiquity to the Fourteenth Century*, p. 255.

深刻的记忆。19 世纪，阿尼的重新发现对亚美尼亚浪漫主义思想产生了巨大影响，这成为时亚美尼亚人寻求自治（或独立）的合法性借口。在被土耳其吞并之前（1920），阿尼一直是亚美尼亚历史学家和诗人光顾的地方，他们来这里寻找过去的辉煌，为逝去的荣耀和悲惨命运谱写哀歌。在 20 世纪的大部分时间里，地处土耳其和前苏联交界处的阿尼几乎无人问津。虽然一些外国游客获准参观该地，但土耳其当局禁止亚美尼亚人进入阿尼古城废墟。有证据表明，与该地点有关的一些历史建筑被炸毁。[①] 即便如此，阿尼遗迹仍然吸引着成千上万的来自世界各地的人，并成为亚美尼亚艺术和建筑灵感涌现的源泉。

在文化方面，12 世纪末至 13 世纪初，扎卡里德公国与奇里乞亚王国遥相呼应，亚美尼亚文化呈现出繁荣的双子塔景象。前者属于传统的大亚美尼亚历史故地，后者是亚美尼亚移民建立的殖民国家。就大亚美尼亚地区来说，这一时期出现了许多杰出的学者，比如麦基塔尔·赫拉茨。他是 12 世纪著名的医师，被亚美尼亚人誉为“医学之父”。他最为杰出的代表作《发烧缓解》讨论了外科手术、饮食和心理治疗等医学知识。该时期的其他著名学者还有：格里戈尔·特加赫（约 1133—1193）、纳西斯·朗布龙茨、麦基塔尔·高什、大卫·甘贾克、瓦尔丹·阿雷夫特茨、雄辩家阿里斯塔克斯和格里戈尔·斯凯夫拉茨（约 1160—1230），等等。[②] 蒙古入侵打断了南高加索的政治生态。1244 年，蒙古帝国征服了大亚美尼亚，扎卡里德公国的宗主权从格鲁吉亚转到了蒙古人手里。1360 年，黑羊王朝占领大亚美尼亚，扎卡里德公国灭亡。

---

① Rouben Paul Adalian, *Historical Dictionary of Armenia*, pp. 83 - 84.

② Vladimir Minorsky, *Studies in Caucasian History*, pp. 102 - 103.

第十一章　亚美尼亚与蒙古帝国：1220—1344年

13世纪，高加索地区遭到新一轮攻击——蒙古西征。纵观亚美尼亚文明史，它经历了更多的外族入侵和占领，如波斯人、罗马人、拜占庭人、阿拉伯人、突厥人、蒙古人和俄国人都统治过它。13—14世纪是蒙古人的时代，他们建立了世界历史上最庞大的陆地帝国。1220—1344年，蒙古统治了大亚美尼亚一百余年的时间。

1206年，铁木真在斡难河河源建立了大蒙古国，尊号成吉思汗。1207—1211年，大蒙古国先后招附了叶尼塞河下游的黠戛斯部、畏兀儿部、哈剌鲁部。此后数年，他们主要用兵中国中原地区和朝鲜。从1218年开始，成吉思汗把目光转向西方，开启了三次大西征的序幕。在13世纪的某个时候，蒙古西征的目标指向了亚美尼亚，但在此之前，高加索人对蒙古人闻所未闻，更无法理解他们会在蒙古人的征服名单上。当蒙古人出现时，亚美尼亚历史学家格里戈尔·阿克内茨称他们为“弓箭手国家”的人。

蒙古大征服前夕，欧亚大陆基本上处于权力真空的状态，这为蒙古人的成功提供了可能。当时，由于金宋的内讧，中国处于分裂和相对弱小的状态；中亚分裂成若干汗国或城邦；中东的阿拔斯哈里发王朝正在衰落；俄罗斯四分五裂。因此，欧亚大陆缺乏一个强有力的中央政权对抗蒙古人的铁蹄。亚美尼亚的政治环境与欧亚大陆的其他地区颇为相似：西部处于塞尔柱人的统治之下；北部和东部地区隶属格鲁吉亚；南方部分地区被阿尤布王朝控制，只有一些人迹罕至的偏远山区掌握在亚美尼亚人手中。因此，大亚美尼亚的政治分裂使它非常容易成为蒙古人的攻击目标。

对亚美尼亚人来说，蒙古人的统治虽为痛苦，但相较于塞尔柱人和花剌子模人的残酷程度，破坏程度要低得多。1236—1244 年，蒙古人向南高加索地区发起全面进攻。从亚美尼亚资料看，亚美尼亚人遭到的打击并不像札兰丁那样残忍可怕，纳哈拉人服从了蒙古人的权威。征服亚美尼亚后，蒙古统治者保留了纳哈拉制度，并利用这一现成的制度对亚美尼亚进行间接统治。1256 年，旭烈兀建立了伊尔汗国，亚美尼亚成为伊尔汗的世袭领地。伊尔汗国的统治者利用亚美尼亚骑兵与塞尔柱人、哈里发、马穆鲁克苏丹、金帐汗国可汗作战。结果，大批亚美尼亚贵族战死沙场，纳哈拉制遭到毁灭性打击。

蒙古人在亚美尼亚推行的统治政策与他们在俄罗斯的统治手段基本相似：千方百计挑起各封建集团的争端，以巩固蒙古人的统治。蒙古人认为，教会是重要的政治力量，可以利用它为自己的统治服务，因此，免除了神职人员的赋税。在这种情况下，亚美尼亚文化发展的进程没有中断。尽管如此，蒙古人定期人口普查，征收各种各样的税，并强迫亚美尼亚人履行各类封建义务，对亚美尼亚文明的成长产生了不利影响。

由于极度沉重的赋税和蒙古官员肆无忌惮的勒索，亚美尼亚经济状况迅速恶化。事实上，整个蒙古帝国都一样，包税人的压榨给被征服地区的人民带来沉重负担。因此，大批亚美尼亚人的出走并不奇怪。不可思议的是，亚美尼亚与蒙古建立了军事同盟关系，关于这方面的内容，详见奇里乞亚亚美尼亚王国。

伊尔汗国结束后，伊朗分裂成几个穆斯林国家，丘拜尼王朝、札剌亦儿王朝[①]、金帐汗国和黑羊王朝都声称拥有南高加索的主权。这一混乱时期，亚美尼亚人的生活异常艰辛。14 世纪的最后 20 年，帖木儿横扫高加索。帖木儿死后，他的儿子们没能保住征服成果。

---

① 丘拜尼王朝（Chobanids）是一个由泰赤乌部后裔建立的王朝，兴起于 14 世纪的波斯，首都在大不里士。札剌亦儿王朝（Jalairids），首都在巴格达，大致范围包括今伊拉克、伊朗西部和阿塞拜疆等地。

15 世纪初，土库曼人的黑羊王朝和白羊王朝占领了亚美尼亚。土库曼人统治时期，亚美尼亚经济生活倒退，文化凋敝。

第一节　蒙古对南高加索的征服

蒙古对大亚美尼亚的入侵持续了 20 多年，最终他们通过突袭、外交斡旋和军事入侵等手段实现了对高地的统治。蒙古对亚美尼亚的征服不是一场全面战争，而是分几个阶段逐步完成的——侦察远征、初期征服、土地再分配和最后的入侵，且每个阶段互为关联，彼此协调。

蒙古与亚美尼亚人的接触发生在大蒙古国与花剌子模战争期间。在蒙古大规模西征前，花剌子模已经扩张到中亚一带，长期控制着东西方贸易。1219 年元月，为报复花剌子模屠杀蒙古使者和商队之事，成吉思汗亲率 20 万大军征讨花剌子模国，其统治者逃离。第二年，蒙古悍将速不台和哲别率领一支约 2 万人的军队，追捕花剌子模国王穆罕默德二世。[①] 穆罕默德二世逃到里海的一个小岛上，同年在那里死去。然而，两位将军在成吉思汗的授权下继续向西执行侦察任务。事实上，征服高加索并不在速不台的原计划范围之内。一般来说，库里台会作出远征的决定后，蒙古人才会进入具体的实施阶段。当花剌子模国王逃到里海的孤岛上时，他的儿子札兰丁

① 亚美尼亚史家记载的速不台进入亚美尼亚的时间不一致。根据斯捷潘诺斯·埃皮斯科波斯和乞剌可斯·刚扎克茨的记载，蒙古人出现在亚美尼亚的时间在亚美尼亚历的 669 年（1220），见 Step ‘anos Episkopos, “Step ‘anos Episkoposi Taregrut’ iwne”, in Hakobyan, *Manr Zhamakagrut’ iwnner ZhG-ZhE*, Vol. 1, 1951, p. 38; Kirakos Gandzakets ‘i, *History of the Armenians*, trans. Robert Bedrosian, p. 165。格里戈尔·阿克内茨给出的时间是亚美尼亚历的 663 年（1214），比前者给出的时间略早，见 Grigor Aknerts ‘i, *History of the Nation of Archers*, trans. Robert Bedrosian, New Jersey: Sources of the Armenian Tradition, 2003, p. 3。格里戈尔·阿克内茨的说法缺乏其他史料支撑，因为前两个历史学家给出的库南战役的时间都在 1221 年。另外，13 世纪亚美尼亚历史学瓦尔丹·阿雷夫特茨和一位来自塞巴斯蒂亚的匿名作家都声称蒙古人在 1220 年出现在亚美尼亚。亚美尼亚历的 669 年（1220），瓦尔丹·阿雷夫特茨说：“那些看起来像外国人和听起来也像外国人的人叫蒙兀儿人和鞑靼人，从中国（Chin）而来。”见 Vardan Arevelts ‘i, *Compilation of History*, trans. Robert Bedrosian, p. 84。作者声称速不台在这一年率领 2 万鞑靼人到达了古加尔克。

(1199—1231 年在位）逃到了印度。[1] 在这种情况下，横扫伊朗的蒙古将军的注意力为什么突然转向了亚美尼亚和格鲁吉亚呢？也许蒙古人为躲避 1221 年的严冬需要到木干草原或阿兰草原过冬的缘故，也许蒙古人发现了亚美尼亚的战略地位和价值。总之，两位蒙古将领决定北上。

亚美尼亚高地介于伊朗高原到安纳托利亚高原的十字路口、小亚细亚和南俄草原的交叉口。肥沃的木干草原就在附近，非常适合放牧。曾经旅行到大亚美尼亚的马可·波罗说：

> 大亚美尼亚地域辽阔，每逢夏季，东方鞑靼人的一部分军队开到这里度夏，因为这里的草原，水草丰美，适于放牧……大亚美尼亚的中部地区，耸立着一座巍峨的高山……山顶上皑皑白雪终年不化……靠近山脚下的平原，低洼地区，由于浸润着融化的雪水，土壤十分肥沃，芳草萋萋，茂密繁盛。每逢夏季，邻近各国的牲畜，成群结队地麇集在这里，也不必因此而担心饲料的缺乏。[2]

水草丰美的亚美尼亚，对于善于游牧骑射的蒙古人来说是一块理想的根据地：从这里不仅可以轻易北上，还可以向西长驱直入安纳托利亚高原。正是基于上述因素，成吉思汗决定占领亚美尼亚，继而夺取整个高加索。

根据 13—14 世纪佚名作品《蒙古秘史》的记载，速不台转战高加索是为劫掠财富。绰儿马罕在一次会议上向成吉思汗建议："从日出之地到日落之地，敌国百姓尽多，派我等烈狗前去，若能得天地之佑护，破取敌国，为您取来数不尽的金银财宝、百姓人烟。若问派往何处？说这西边有个叫巴黑塔惕（巴格达，《元史·本纪》作"哈塔"）百姓聚居的合里伯莎勒坦国（阿拔斯哈里发）。

---

① Peter Jackson, *The Mongols and the West, 1221 - 1410*, London and New York: Routledge, 2005, p. 39.

② ［意］马可·波罗：《马可波罗游记》，陈开俊、戴树英等译，第 5 页。

我们去攻取它。"[1] 之后，成吉思汗派绰儿马罕攻打巴格达，"又派速别额台（速不台）勇将出征北方"[2]。1220 年，速不台和哲别的先遣队出现在亚美尼亚。乞剌可斯·冈扎克茨描述了亚美尼亚人与蒙古人的第一次接触，他说：

> 亚美尼亚的 669 年（1220 年），当格鲁吉亚人为他们的征服沾沾自喜时……许多组织良好的分遣队出乎意料地冲破杰尔宾特的城门，来到阿尔巴尼人的土地上，然后经过亚美尼亚人和格鲁吉亚人的土地。他们杀死路上遇见的人和牲畜，甚至连狗也杀了。除了马，他们一点也不在乎昂贵的衣服或其他东西。他们很快朝第比利斯来……关于［蒙古人］的信息，即他们是法师和（或）基督教信徒、奇迹的创造者，为基督徒报仇以摆脱塔吉克人的暴政，是错误的。据说他们带着便携的帐篷教堂来，以及一个能创造奇迹的十字架。他们在十字架前放着一伊法[3]大麦，众兵从上面取下来，给他们的马吃。然而，供给是用不完的，因为最初的数量会留到他们全部用完的时候。他们自己的食物也是如此。这些都是遍地虚假的谣言。因此，当地的居民并没有设防，甚至一位牧师带着他的教众和十字架来到他们面前。敌人用刀把他们全部杀死了……他们无耻地攻击、摧毁了许多地区。[4]

洗劫了亚美尼亚和阿尔巴尼亚后，1221 年 1 月，蒙古军队在成吉思汗的增援下，冒着严寒和暴风雪，向格鲁吉亚逼近。[5] 格鲁吉亚国王乔治四世闻讯后，召集所有的精锐骑兵准备迎战。速不台派出他的骑射兵，进攻后再佯装撤退。格鲁吉亚骑兵嗅到了机会，追

---

① 特·官布扎布：《蒙古秘史》，阿斯钢译，新华出版社 2005 年版，第 256 页。

② 特·官布扎布：《蒙古秘史》，阿斯钢译，第 256 页。

③ 伊法（ephah），古希伯来人的容量单位，约合 40 升或 9 加仑。

④ Kirakos Gandzakets 'i, *History of the Armenians*, trans. Robert Bedrosian, pp. 165 – 166.

⑤ ［伊朗］志费尼：《世界征服者史》上册，何高济译，内蒙古人民出版社 1980 年版，第 172 页。"冬季来临，他们到达木干，在那里过冬；那一年，道路被大雪封锁。"

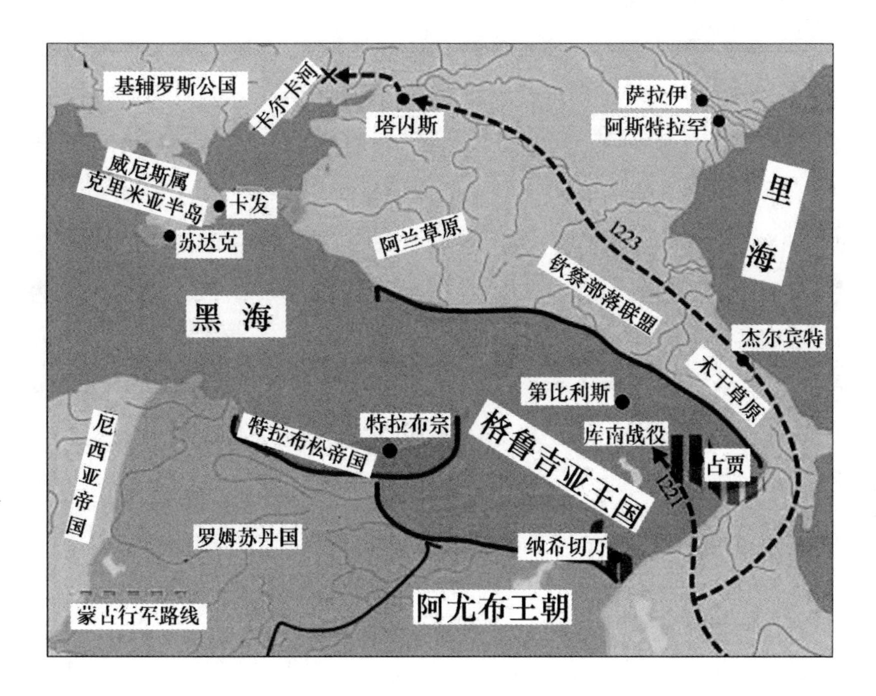

图 11－1　库南战役示意图（1222 年 9 月）

击蒙古“败兵”。正如速不台所料，格鲁吉亚骑兵进入了蒙古人的埋伏圈。乞剌可斯说：“因为敌人设下埋伏，他们从后面袭击格鲁吉亚军队，摧毁了他们。那些逃跑的蒙古人也转而攻击他们，把他们困在中间。”① 根据波斯历史学家拉施特（1247—1318）的《史集》和阿拉伯历史学伊本·艾西尔的记载，蒙古人在一次短暂的侦察远征中击败了格鲁吉亚军队。

蹂躏了格鲁吉亚之后，蒙古军队于春天撤退到阿尔查赫，为新一轮的攻击作准备。不久，他们入侵了大不里士。大不里士长官沙姆斯·大不里士②花了一大笔钱买下了这座城市的豁免权。1221 年

① Kirakos Gandzakets‘i, *History of the Armenians*, trans. Robert Bedrosian, p. 167.

② 沙姆斯·大不里士（Shams Tabrizi，1185—1248），著名的穆斯林波斯诗人，其墓地被联合国教科文组织提名为世界文化遗产。他的名言：“这个世界就像一座山。你的回音取决于你自己。如果你喊出好的东西，世界会还给你。如果你喊出不好的事情，世界也会还给你。即使有人说你的坏话，也要说他的好话。改变你的心态去改变世界。”参见“Shams Tabrizi Biography”，https：//esotericquotes. com/shams-tabrizi-biography。

8 月，蒙古人屠戮了哈马丹后向北转移，途经纳希切万、阿尔达比勒和占贾时大开杀戒，然后又折回格鲁吉亚。

这一次，国王乔治四世和扎卡里德公国的伊万涅集结了大约 7 万兵力，严阵以待。同时，他们向阿塞拜疆和卡拉赫特的统治者寻求援助，并从里海海岸调回了正在为罗马教皇作战的 3 万十字军，速不台则得到了当地突厥人和库尔德人的增援。[①] 1222 年 9 月，两军在库南平原相遇。哲别带着5000 人埋伏起来，速不台出战。蒙古人的战术是主力先攻，然后佯装撤退，接着第二支蒙古军队下山包围并消灭敌人。格鲁吉亚和亚美尼亚人对这种战术毫无防备，一直追到科特曼河。这时，哲别将军突然冲出，结束了战斗。乔治四世和伊万涅落荒而逃。[②]

乔治四世胸部受重伤，1223 年 1 月 18 日去世。库南战役对格鲁吉亚人来说是一场惨败，但对蒙古人来说只是小试牛刀。然而，蒙古军队没有过多停留，掠夺了亚美尼亚北部和希尔凡后向北进军，穿过高加索后进入南俄草原。在那里，他们在卡尔卡河战役（1223）中击溃了罗斯人和钦察人的联军。不久，速不台带着足够的战利品班师回朝。至此，成吉思汗派出的这支先遣队扫荡了高加索山脉南北，破罗斯—钦察人联军，历时 3 年，征服 14 国，破 30 余城，歼敌 17 万，行程5000 余千米，以极小的代价取得了极大的成功。[③] 然而，这只是拔都大规模西征的前奏。

在亚美尼亚文献中，蒙古人经常被描述成“野蛮的鞑靼人”。然而，对蒙古入侵亚美尼亚的实际研究表明，在“蒙古人”“鞑靼人”的总称之下，还存在着各式各样的部落或群体，而且追求的目标也各不相同。但对蒙古人来说，目标是建立一个世界性帝国。

亚美尼亚人和格鲁吉亚人对蒙古人的身份十分困惑。乞剌可斯

① 罗旺扎布、德山等：《蒙古族古代战争史》，民族出版社 1992 年版，第 173 页。

② Alexander Basilevsky, *Early Ukraine: A Military and Social History to the Mid-19th Century*, McFarland: McFarland & Co., 2016, p. 163.

③ 特·官布扎布：《蒙古秘史》，阿斯钢译，第 256 页“评注”。

的记录表明，他不知道攻击者是谁，也没有提到蒙古人的名字。1223 年，格鲁吉亚女王给教皇霍诺留斯三世（1216—1227 年在职）写去一封信，抱怨说："格鲁吉亚人以为蒙古人是基督徒，因为他们与穆斯林作战，但结果证明他们是异教徒。"①

蒙古人的入侵改变了第五次十字军东征的命运。当时，格鲁吉亚正计划在北方开辟第二战线，但由于被蒙古人歼灭的缘故，他们已无力配合十字军的行动。

速不台和哲别的军队带着十字架的诡计，使西方基督教世界想起了大卫王和长老约翰的传奇故事。因此，信奉基督教的亚美尼亚人和格鲁吉亚人看到侵略者手中拿着十字架时，一定非常困惑。显然，他们还没有准备好如何与蒙古人打交道。扎卡里德公国的伊万涅也给教皇霍诺留三世写去了一封投诉信。② 1223 年，蒙古人占领了第聂伯河西岸的小镇诺夫哥罗德—斯维亚托波尔奇，《加利西亚—伏尔涅纪事》的描述与亚美尼亚人的报道惊人的相似："人们没有意识到他们的变节，拿着十字架出来迎接他们，但鞑靼人屠杀了所有的人。"③ 蒙古人是否收集了情报或为故意误导西方基督徒有意使用十字架，尚不清楚。毫无疑问，正如杰克逊所说："这肯定是蒙古人的战术之一。"④ 据估计，他们大概是从当地的穆斯林那里得知高加索基督徒战斗时有把十字架高高举起的习惯，也有可能他们知晓十字架在高加索人民中十分受尊敬。正如格鲁吉亚女王鲁苏丹所说，我们没有设防是因为我们相信他们是基督徒，历史学家格里戈·阿克内茨无奈地说："上帝赋予他们（蒙古人）夺取我们土地的权利和胜利。"⑤ 总而言之，蒙古人的情报没有让他们失望，他们轻而易举地占领了高加索。

速不台在高加索地区的军事行动中使用了中国的弩炮。成吉思

---

① Claude Mutafian, *Roma-Armenia*, Rome: Edizioni de Luca, 1999, p. 149.

② Peter Jackson, *The Mongols and the West, 1221 - 1410*, p. 49.

③ *Galician-Volynian Chronicle*, trans. George A. Perfecky, Munchen: Wilhelm Fink Verlag, 1973, p. 30.

④ Peter Jackson, *The Mongols and the West, 1221 - 1410*, p. 49.

⑤ Grigor Aknerts 'i, *History of the Nation of Archers*, trans. Robert Bedrosian, p. 4.

汗在1214年组建了一支弩炮部队，并在1220年的河间地带用于实战。[①] 对于真正的火器来说，这并不是太早，两个世纪之前的中国就已经有了投掷火药炸弹的用法。

上述是蒙古入侵亚美尼亚的第一阶段。当蒙古人从高加索地区返回时，大量的突厥部落向西推进，其中被蒙古人追击的钦察人进入亚美尼亚，并将其作为抵抗蒙古人的根据地。蒙古人的第一波入侵，给高加索人民的生命和财产造成了巨大损失，突厥人的肆虐更使亚美尼亚人的家园几乎毁灭殆尽。1225年，逃亡印度的札兰丁返回伊朗，攻占了南高加索的大片领土。[②] 总之，蒙古撤退后，南高加索的形势不仅没有缓解，反而异常紧张。志费尼说，札兰丁摧毁了第比利斯的教堂，烧杀掳掠，“局势现在失去控制”[③]。

1229年，窝阔台汗（1229—1241年在位）下令绰儿马罕（1218—1248）攻打札兰丁，蒙古对南高加索的第二波入侵开始。绰儿马罕曾经是怯薛军成员，《蒙古秘史》多次提到他，早期参加了速不台和哲别攻打金朝、钦察和俄罗斯的一系列战役。如前文所述，绰儿马罕是一位可以接近成吉思汗的高级将领。成吉思汗派绰儿马罕攻打巴格达的阿拔斯王朝，之后来到了亚美尼亚，但未跟随速不台的先遣军返回蒙古草原。格里戈尔·阿克内茨的描述证实了这一点。根据这位亚美尼亚史家的说法，绰儿马罕在一次军事会议上说：“对他们耕地的毁灭和破坏已经足够了，把葡萄园和田地收获的一半给我们，自己留下一半。”[④] 格里戈尔·阿克内茨紧接着又指出，绰儿马罕派这些事件的目击者去见成吉思汗，成吉思汗批准了他的和平建议，让他留在亚美尼亚。1229年，窝阔台汗为完成成吉思汗征服阿拔斯哈里发的遗愿，“继前去征讨合里伯莎勒坛的搠

① Kenneth Warren Chase, *Firearms: A Global History to 1700*, Cambridge University Press, 2003, p. 58.

② 札兰丁被蒙古人追击到阿富汗，后又逃到印度。蒙古人在印度河战役中全歼其残余军队。德里苏丹考虑到与阿拔斯哈里发的关系，拒绝了札兰丁的庇护请求。

③ ［伊朗］志费尼：《世界征服者史》下册，何高济译，第516页。

④ Grigor Aknerts ‘i, *History of the Nation of Archers*, trans. Robert Bedrosian, pp. 4 – 5.

(绰) 儿马罕之后，又派出了斡豁秃尔、蒙格秃二将去增援”[1]。基于上述理由，蒙古先遣队撤离后，绰儿马罕留在了近东。根据志费尼的说法，窝阔台汗令他率 3 万军士到呼罗珊和伊拉克剿灭札兰丁的残余势力。[2] 当绰儿马罕的蒙古大军到达伊朗高原时，南部的卡尔斯和科尔曼的波斯王朝自愿臣服，西部的哈马丹和伊朗的其他地方悉数被占领。

在蒙古征服即将到来前，亚美尼亚和格鲁吉亚已经被札兰丁摧毁，因而毫无防御能力。1231 年冬天，蒙古军队从赖城[3]和呼罗珊进入阿塞拜疆。志费尼说：“鞑靼大军人多势大，像蚂蚁和蛇。不管什么堡垒和城池都挡不住他们。”札兰丁仓皇逃往迪亚巴克尔，被当地土匪杀害。[4] 札兰丁的复国运动虽声势浩大，但他穷兵黩武，不注重防范，又整日沉溺于酒色，引起近东各国人民的不满。拉施特说：“他们全都起来反对他……格鲁吉亚人、亚美尼亚人、阿兰人、钦察人……在某地会合。”[5] 陷入孤立的札兰丁注定了失败的命运，[6] 曾经辉煌一时的花剌子模帝国被蒙古人送进了坟墓。

札兰丁死后，蒙古人在该地区最强大的对手消灭了。绰儿马罕终于可以腾出手来，攻打格鲁吉亚和亚美尼亚。从战略上来讲，阿塞拜疆地理位置重要，富饶的木干草原就在旁边，能给蒙古战马提供源源不断的饲料。1231 年，他从大不里士穿过木干草原，进入亚美尼亚，占领了冈扎克城，揭开了大规模入侵亚美尼亚和格鲁吉亚

---

① 特·官布扎布：《蒙古秘史》，阿斯钢译，第 268 页。

② ［伊朗］志费尼：《世界征服者史》上册，何高济译，第 220 页。

③ 赖城（Rayy），波斯人的宗教圣地和丝绸之路上的一个重要站点。赖城有五千多年的历史，相传建于米底帝国时期，后来成为安息帝国的都城，641 年被阿拉伯人占领。8 世纪哈里发马赫迪统治时期，它的重要性日益增强，在西亚地区仅次于大马士革和巴格达。

④ ［伊朗］志费尼：《世界征服者史》下册，何高济译，第 539 页。札兰丁之死众说纷纭，志费尼说他被一群库尔德人杀害，见［伊朗］志费尼《世界征服者史》下册，何高济译，第 546 页。

⑤ ［波斯］拉施特：《史集》第 2 卷，余大钧、周建奇译，商务印书馆 1985 年版，第 44 页。

⑥ 志费尼说他“把矛盾的种子撒在某人心里，用人的心血去浇灌它的根芽”；当被蒙古军队追击时，他“宁要女人的腰肢，不要马背，宁爱窈窕淑女，不爱瘦马”，见［伊朗］志费尼《世界征服者史》下册，何高济译，第 540—542 页。

的序幕。[1] 瓦尔丹·阿雷夫特茨记载了这一事件：

> 绰儿马罕围困冈扎克几天，占领了它，无情地摧毁了它，只留下了小孩子和他们喜欢的女人。他们从这次胜利中获得了力量，进入格鲁吉亚王国，把该地区内著名的地方和坚固的堡垒分给了他们称之为"那颜"的显赫王公。每个亲王都去了分配给他的城堡中。[2]

乞剌可斯作类似描述，内容如下：

> 突然，鞑靼人的军队来了，四面包围了冈扎克，用无数的战争机器作战。他们袭击了城市周边的果园。然后用弩炮攻破了城墙……他们杀了一些人，把其余的人都掳走了。然后，他们挖开烧焦的房屋，把能发现的任何东西都搬走。他们为此忙了很多天，然后离开了。[3]

占领冈扎克后，蒙古军队很快征服了亚美尼亚和格鲁吉亚。乞剌可斯说：

> 蒙古人散布在平原、山脉和山谷中，像蝗虫一样多，像倾盆大雨一样倾泻在大地上。大地呈现出一幅最可怜和哀悼的景象……他们的箭袋发出的嗖嗖声使每个人充满恐惧……遍地都是死人的尸首，无人葬埋。情人眼里含着泪水，但没有人敢哭，

---

① 绰儿马罕占领冈萨克的日期，亚美尼亚史料说法不一。瓦尔丹·阿雷夫特茨说它发生在1225年；格里戈尔·阿克内茨说发生在1224年；乞剌可斯没有给出具体的日期；斯捷潘诺斯·奥贝良（Stepanos Orbelian，1250—1305）说发生在1231年，斯捷潘诺斯·埃皮斯科波斯给出的时间也是1231年。关于攻打冈萨克的时间讨论，参见 Bayarsaikhan Dashdondog, *The Mongols and the Armenians (1220－1335)*, Boston: Leiden, 2011, pp. 53－54。

② Vardan Arewelts 'i, *Compilation of History*, trans. Robert Bedrosian, New Jersey: Sources of the Armenian Tradition, 2007, p. 85.

③ Kirakos Gandzakets 'i, *History of the Armenians*, trans. Robert Bedrosian, p. 198.

因为他们害怕那些不虔诚的人。这个国家笼罩在哀悼的氛围中，它的壮丽之美被摧毁了。①

乞剌可斯将这次入侵解释为："因为他们的首领和大将绰儿马罕被恶魔和枪伤弄聋了耳朵。然而这权柄还没有离开他的家族，因为他的妻儿和家族的人都在掌权。"② 绰儿马罕的残疾解释了他为什么没有完成征服阿拔斯哈里发的任务而是被成吉思汗派往高加索的原因。1241 年，绰儿马罕死，拜住那颜继任。绰儿马罕在伊朗和高加索地区的军事行动为伊尔汗国（1256—1335）的建立铺平了道路。

1236 年，蒙古军队发起全面进攻，这是蒙古入侵高加索的第三阶段也是最后一次入侵。在这次入侵中，格鲁吉亚和亚美尼亚几乎没有进行像样的反抗就投降了，或逃之夭夭。蒙古人经过长时间的围攻，占领并洗劫了德温、阿尼、卡尔斯、埃尔祖鲁姆和凡城，较小的城市被夷为平地，许多人被残酷地杀害，或沦为奴隶，或被送往蒙古。到 1243 年时，蒙古彻底征服了亚美尼亚，格鲁吉亚别无选择，只能向蒙古人屈服。从此，扎卡里德公国不再是格鲁吉亚的藩属，转而臣服于蒙古帝国。

蒙古轻而易举征服亚美尼亚的原因有以下几个因素：首先，大亚美尼亚缺乏一个强有力的中央集权政府。尽管扎卡里德王朝事实上是一个独立的国家，但它在政治上非常松散。另外，扎卡里德王朝一分为二，每部分之下又分成若干小公国，显然影响了彼此协调的能力。其次，在蒙古人出现之前，大亚美尼亚地区已经被札兰丁摧毁，完全没有实力再次对付外来入侵。最后，亚美尼亚人在心理上还没有准备好如何对付蒙古人。正如前文所述，当亚美尼亚人看到拿着十字架的蒙古人时，他们希望蒙古人成为基督徒的复仇者，以帮助他们摆脱突厥人的暴政。当意识到新的敌人不可战胜时，他们又认为，上帝安排蒙古人来惩罚他们，唯一的出路就是接受现

---

① Kirakos Gandzakets 'i, *History of the Armenians*, trans. Robert Bedrosian, pp. 200 - 201.

② Kirakos Gandzakets 'i, *History of the Armenians*, trans. Robert Bedrosian, p. 227.

实：臣服新的征服者。上述因素同样适用于亚美尼亚与其他入侵者的关系。

最终，蒙古帝国完成了大亚美尼亚的征服。蒙古人在追逐封建领主的过程中，有时也会使用谈判手段，诱使纳哈拉人投降。在实践中，蒙古人采用的某些军事战术以及弩炮起到了非常重要的作用。一般来说，蒙古人在进攻之前先对进攻目标进行仔细研究和分析，留出足够的时间部署兵力。

1243 年 6 月 26 日，克塞山战役爆发，给安纳托利亚局势带来重要影响。克塞山战役是蒙古与罗姆苏丹国之间的一场战争。战前，拜住那颜（1228—1260 年在职）准备充分，自信地告诉格鲁吉亚军官："他们越多，胜利就越光荣，我们就能得到更多的战利品。"[①] 结果，蒙古人取胜。罗姆苏丹国的失败直接导致了塞尔柱帝国的解体，特拉布宗帝国也成为蒙古帝国的附属国。此时，奇里乞亚的亚美尼亚国王海屯一世目睹了高加索和小亚细亚权力的转移，决定在蒙古人入侵之前臣服蒙古。为获取盟国的地位，他亲自前往蒙古帝国都城和林。从此，安纳托利亚的实际控制权掌握在蒙古人手中。拜住成为蒙古大汗在亚美尼亚、阿塞拜疆、格鲁吉亚、叙利亚、罗姆和西部伊朗的统治代表。

1258 年，在旭烈兀的指挥下，蒙古军队洗劫了巴格达，结束了阿拔斯哈里发王朝，许多穆斯林被杀害。旭烈兀正式建立了以蔑剌哈为中心的伊尔汗国。旭烈兀自称"伊尔汗"，代表大汗统治着这个新的蒙古汗国，自己充当小可汗的角色。尽管没有证据表明蒙哥汗赐给他"伊尔汗"的封号，但很明显，他在 1259—1260 年统治期间使用了这个称号。然而，"伊尔汗"一词的起源并不明朗，大多数学者认为，它源于古突厥语"elkhan"，意为"统治者"；另一种解释是"顺从的统治者（可汗）"的意思。[②]

① Henry Desmond Martin, "The Mongol Army", *Journal of the Royal Asiatic Society*, No. 1 - 2, 1943, pp. 46 - 85.

② Reuven Amitai-Preiss, *Mongols and Mamluks*: *The Mamluk-Ilkhanid War*: 1260 - 1281, Cambridge: Cambridge University Press, 1995, p. 14.

旭烈兀将伊朗变为自己的世袭领地后，亚美尼亚再次经历了一次浩劫。旭烈兀选择阿塞拜疆的木干草原为自己的大本营，而在此之前，那里一直是拜住那颜的营地。当旭烈兀命令拜住撤离高加索、为自己腾出地盘时，拜住和他的军队带着怨恨向西挺进，沿途洗劫了埃尔祖鲁姆、埃尔津詹、锡瓦斯、凯撒利亚和科尼亚等城市。与此同时，成吉思汗的子孙们穿过里海门来到高加索，投靠旭烈兀。然而，新来者并不安分守己，所到之处，尸骨遍野。无论如何，大亚美尼亚的宗主权转移到了伊尔汗国手中，从此，亚美尼亚骑兵被迫跟随蒙古人南征北战，结果大批亚美尼亚人死在故土之外。

13 世纪 60 年代，高加索成为伊尔汗国和金帐汗国（1219—1502）的临时战场。金帐汗国又称钦察汗国，是成吉思汗孙子拔都建立的。金帐汗国的都城在伏尔加河下游的萨莱。拔都的继任者别儿哥是虔诚的穆斯林，对信奉萨满教的旭烈兀心怀不满，当后者在巴格达对穆斯林大开杀戒时，别儿哥被彻底激怒了。于是，他同埃及的马穆鲁克王朝结盟，于 1261 年、1265 年、1266 年在高加索地区同伊尔汗国爆发了一系列冲突，亚美尼亚成为两个蒙古汗国厮杀的战场。蒙古汗国之间的自相残杀使亚美尼亚暴露在新一轮暴力冲突中。1334 年，伊尔汗不赛因把格鲁吉亚总督职位授予札剌亦儿人谢赫·哈桑，标志着蒙古帝国在高加索统治的结束。

第二节　蒙古在大亚美尼亚的统治策略

蒙古人对高加索地区的统治持续到 14 世纪 30 年代末，对大亚美尼亚的统治从 1220 年持续到 1344 年。在蒙古帝国与被征服者之间的关系中，亚美尼亚和蒙古的关系格外值得关注。本部分只讨论蒙古与大亚美尼亚的关系，小亚美尼亚与蒙古的关系，另作论述。

关于蒙古在大亚美尼亚统治的行政结构情况，亚美尼亚资料留下的叙述并不多。在伊尔汗国接手高加索之前，蒙古人将这里分成

5大行政区，进行间接统治。① 伊尔汗国建立后，旭烈兀颁布的第一道敕令是要求统治区的所有首领和人民向他投降。投降的要求很简单，只要宣誓效忠即可。许多当地贵族发现，与其被毁灭，倒不如投诚蒙古人。必须指出的是，在蒙古人侵期间，亚美尼亚受到的冲击没有持续很长时间，破坏程度远低于东部的伊朗和伊拉克。扎卡里德亚公国对蒙古人的反抗也不是很激烈，亚美尼亚封建制度保留了下来。对于蒙古人来说，只要被征服者承认可汗的宗主地位，不仅可以保留住自己的财产，而且还能保留自己的部分封建特权。阿尔查赫大公哈桑·贾拉勒的遭遇说明了这一点。由于蒙古人一时难以攻克哈桑·贾拉勒的堡垒，于是同他谈判。乞剌可斯说："（蒙古人）把他的土地和其他的土地还给他，但命令他每年到他们那里服役。"② 为进一步巩固与蒙古人的关系，哈桑·贾拉勒专程拜访了孛儿只斤·拔都的长子撒里答。"撒里答把哈桑带到父亲拔都那里，他的父亲非常尊敬他，把他的遗产还给了他"，乞剌可斯说，"他还收到一份保证阿古安人大主教纳西斯及其财产的自由，并保证他在其教区内自由旅行，没有人敢违反他说的话"③。当哈桑返回家园时，遭到了税吏的勒索，他又去蒙古都城和林觐见了蒙哥汗。亚美尼亚贵族阿瓦格·扎卡良投降绰儿马罕后，也收回了自己的领地。乞剌可斯说："许多被掳的人都因他重获自由。（绰儿马罕）把他所有的领地还给了他，与他建立了坚不可摧的友谊。"④

蒙古人的投降条件一般包括以下几项内容：（1）在可汗的军队中服役；（2）为蒙古军队提供物资；（3）缴纳税款；（4）亲自到和林向大可汗以示臣服；（5）对蒙古人百依百顺。阿瓦格·扎卡良投降后，蒙古人要求他觐见大可汗。乞剌可斯说："（大可汗）给了他一位漂亮的新娘，把他送回了自己的国土。他还写信给他的指挥

① Robert Bedrosian, "Armenia during the Seljuk and Mongol Periods", in Richard G. Hovannisian, ed., *The Armenian People from Ancient to Modern Times, Volume I: The Dynastic Periods: from Antiquity to the Fourteenth Century*, p. 259.

② Kirakos Gandzakets 'i, *History of the Armenians*, trans. Robert Bedrosian, p. 231.

③ Kirakos Gandzakets 'i, *History of the Armenians*, trans. Robert Bedrosian, p. 296.

④ Kirakos Gandzakets 'i, *History of the Armenians*, trans. Robert Bedrosian, p. 220.

官，让他们把土地还给他。”[①] 伊尔汗国建立后，近东臣服者改为觐见伊尔汗。1258 年，摩苏尔、法尔斯、罗姆和高加索的王公贵族到蔑剌哈拜见了旭烈兀。

然而，蒙古统治者对反叛的封建贵族毫不手软。13 世纪 60 年代初，反蒙古起义失败后，哈桑·贾拉勒等一批亚美尼亚、格鲁吉亚贵族被折磨致死。乞剌可斯感叹道，这些人“付出了很多财富却没能挽救自己的性命”[②]。尽管如此，总体来说，蒙古统治者对投降的亚美尼亚封建领主比较宽容，并获得了教会、商人和部分封建主的支持。具体来说，蒙古在大亚美尼亚的统治策略如下：

一　宗教宽容

蒙古统治者对被征服地区的宗教信仰持比较宽容的态度。入侵期间，亚美尼亚人的教堂基本都幸免于难。今阿穆柏尔特遗址说明了这一点，要塞遗址位于今亚美尼亚阿拉加措特恩省的阿拉加茨山上。在亚美尼亚语中，它是“空中堡垒”的意思。该遗址最初是石器时代的一个定居点，青铜时代的乌拉尔图王国开始在这里修筑堡垒，罗马帝国时代它成为亚美尼亚统治者的避暑圣地。后来，它不断被扩建，7 世纪时成为金萨健家族的府邸，至今尚有其城墙遗址。11 世纪 40 年代，塞尔柱人占领了这座要塞。大约 4 个世纪后，巴拉夫尼家族的瓦赫朗买下了它，并在 1206 年对其进行重建，同时还建立了圣阿斯特瓦茨辛教堂（又称圣母玛利亚教堂）。1236 年，蒙古人摧毁了这个要塞，但教堂完好保存了下来，至今还矗立在要塞遗址上。

很多西征蒙古人都是聂斯脱利派基督徒，因此，他们来到亚美尼亚后，对信奉基督教的亚美尼亚人表示同情。例如，1242 年，他们促成了纳西斯大主教的回归。乞剌可斯说：“因为在很长一段时间内，由于钦察人这个嗜血而又野蛮的民族，纳西斯和他的前任都

① Kirakos Gandzakets ‘i, *History of the Armenians*, trans. Robert Bedrosian, p. 225.

② Kirakos Gandzakets ‘i, *History of the Armenians*, trans. Robert Bedrosian, p. 327.

不敢在教区活动。现在，纳西斯经过整个教区，安全地返回了修道院。"[1] 根据乞剌可斯的证词，一个叫西缅或拉班—阿塔的叙利亚人带着成吉思汗的谕旨阻止蒙古将领滥杀基督徒的行为。"拉班"在叙利亚语中是"教会博士"的意思，"阿塔"在蒙古语中是"神父"的意思。[2] 乞剌可斯说：

> 当拉班到来时，许多事情对基督徒来说都变得有利，杀戮和囚禁停止了。他在钦察人的城里建教堂，以前没有人敢说出基督的名字，甚至大不里士和纳希切万对基督徒更有敌意，以至于基督徒不敢公开出现或走动，更不用说建教堂或装上十字架了。然而，[拉班] 竖起十字架，建起教堂……基督徒按照基督教的习俗，公开用蒙面十字架、福音书，举行礼拜仪式，埋葬死者，而反对他们的人被处死。没有人敢违抗拉班的命令。相反，鞑靼人的军队把他当作国王一样尊敬，没有他，他们既没有计划，也没有行动。[3]

蒙古人还资助亚美尼亚人修复了一些宗教建筑。1248 年，奇里乞亚大主教康斯坦丁为修建圣撒迪厄斯修道院[4]向大亚美尼亚地区送去了许多礼物和金钱，蒙古人因此加快了修建工作。[5] 斯姆巴特·奥贝良收到了一项解放亚美尼亚教堂和牧师的法令。拜住将军的妻子是虔诚的基督徒，在她的鼓励下，斯姆巴特·奥贝良翻修了休尼克省的塔特夫修道院。拔都的长子撒里答也是基督徒。乞剌可

---

① Kirakos Gandzakets 'i, *History of the Armenians*, trans. Robert Bedrosian, pp. 253 – 254.

② Kirakos Gandzakets 'i, *History of the Armenians*, trans. Robert Bedrosian, p. 238.

③ Kirakos Gandzakets 'i, *History of the Armenians*, trans. Robert Bedrosian, p. 239.

④ 圣撒迪厄斯修道院 (Monastery of Saint Thaddeus)，今伊朗阿塞拜疆省的一座古亚美尼亚修道院，建于公元68 年。1319 年地震后，修道院进行了大规模重建，但没有保留原来的建筑结构。祭坛周围的部分建筑可以追溯到7 世纪。2008 年 7 月，它被列入联合国教科文组织世界遗产名录。

⑤ Robert Bedrosian, "Armenia during the Seljuk and Mongol Periods", in Richard G. Hovannisian, ed., *The Armenian People from Ancient to Modern Times*, *Volume I*: *The Dynastic Periods*: *from Antiquity to the Fourteenth Century*, p. 261.

斯说："在父亲（拔都）的默许下，他为教士和教会写了一份自由令并到处分发，威胁要处死那些向教会或神职人员征税的人，无论他们来自哪个民族。"① 亚美尼亚教会领袖利用蒙古统治者给予的特权，从蒙古人和土库曼人那里获得了相当大的宗教让步。

然而，蒙古人的宗教政策相当复杂，历经多次转变。阿鲁浑和怯的不花进行人口普查时，并利用穆斯林恐吓基督徒。1258 年，巴格达被围期间，蒙古人鼓励军队中的基督徒杀害城中的穆斯林。在1259—1261 年的高加索叛乱中，阿鲁浑摧毁了格鲁吉亚人的一些教堂。显然，蒙古人为了达到统治的目的，巧妙利用了穆斯林和基督徒之间的矛盾。13 世纪末，当伊尔汗国改信伊斯兰教后，亚美尼亚教会地位下降。但总体而言，蒙古人对宗教持开放态度，因而得到了亚美尼亚神职人员的支持。

二 鼓励商业

众所周知，蒙古统治者十分重视商业。蒙古西征的导火线便是为报复花剌子模对蒙古商队的侵害。在入侵的第一阶段，蒙古人煞费苦心地阻止商队受到攻击。例如，他们在攻打埃尔祖鲁姆时（1242），富有的亚美尼亚商人受到了蒙古统治者的特别眷顾。在蒙古入侵的第二阶段，亚美尼亚人口减少，满目疮痍，但经济发展未中断。13 世纪下半叶，亚美尼亚经济生活复苏。这一时期出现的教堂、宫殿和其他建筑物，一般都富丽堂皇。萨赫马丁夏宫正门上的1261 年铭文成为亚美尼亚商业崛起的证据，铭文说：

> 710 年（1261）夏天，正值旭烈兀可汗统治世界的时候，我，阿维季克的儿子萨赫马丁，用我老老实实挣来的钱，从万王之王的儿子阿尔塔希尔手中买下了梅伦的皇家领地，供我和孩子们享用。愿上帝让我们快快乐乐地永远住在这里。725 年，在阿八哈汗统治世界的时候，因为我，萨赫马丁大人，没有避

① Kirakos Gandzakets 'i, *History of the Armenians*, trans. Robert Bedrosian, p. 295.

> 暑的地方住，便从其物主那里买下了这些被称为“皇家领地”的葡萄园和花园。在没有大师傅的情况下，我凭着自己的聪明才智起草了一项建筑方案，奠定了这座宫殿的基础，并在10年内完成了它。愿上帝使萨赫马丁大人世世代代地使用它。共花费了4万达克特—大赫坎金。①

不难猜测，萨赫马丁是大商人。他在梅伦建造夏宫的费用花费了4万达克特—大赫坎金，这在当时是一笔巨大的开支。达克特指的是威尼斯金币，一个达克特金的价值约相当于12法郎。② 因此，萨赫马丁为建造他的宫殿总共花费了约50万金法郎。达克特金币的使用，表明13世纪下半叶的亚美尼亚商人与意大利城邦之间有着密切的商业往来。梅伦在今土耳其境内，位于阿尼城以南34千米处。20世纪20年代，萨赫马丁宫殿遗址被土耳其人捣毁。

蒙古帝国是一个有着全球化意识的帝国。蒙古统治时期，亚美尼亚人的国际贸易得到空前发展。乞剌可斯提供了一些这方面的宝贵信息，他声称商旅团队在绰儿马罕统治下享有赋税豁免权。根据乞剌可斯的证词，叙利亚人拉班带着一份来自可汗的特许状，宣称：“商人大胆地穿梭在各地，没有人敢欺负那些提到拉班名字的商人。”③ 根据拉施特的说法，如果商队在农村地区遇到强盗，应由当地居民负责赔偿；地方官吏应该派兵戍守在危险地带，保证商贾的交通安全。④

毋庸置疑，重商主义的动力在于商人能够给帝国财政带来源源不断的收入。蒙古帝国幅员辽阔，为东西方商业大交流提供了

---

① Marr, “New Material for Armenian Epigraphy”, H. A. Manandian, *The Trade and Cities of Armenia in Relation to Ancient World Trade*, trans. N. G. Garsoïan, p. 188. 达克特，中世纪流通于欧洲各国的一种货币；大赫坎为亚美尼亚、拜占庭和萨珊波斯时代使用的质量单位，1大赫坎约等于4.53克。

② H. A. Manandian, *The Trade and Cities of Armenia in Relation to Ancient World Trade*, trans. N. G. Garsoïan, p. 188.

③ Kirakos Gandzakets ‘i, *History of the Armenians*, trans. Robert Bedrosian, p. 239.

④ ［波斯］拉施特：《史集》第3卷，余大钧译，第467页。

诸多便利，商人可以安全地往来于东西方。再者，大规模征服运动结束后，蒙古人放弃使用武力，转而利用商业将所有臣民统一在“长生天”下。因此，蒙古帝国统治下的世界贸易范围空前扩大。在这一空前的国际交流中，一边是波斯、南高加索、南俄、中亚、蒙古和中国等国家或地区，另一边是地中海世界和整个欧洲，而意大利城市共和国和亚美尼亚商人则是中间人，他们通过贸易的方式将欧亚两端联系起来。因此，蒙古的大一统是全球化的开始。

蒙古时代，最重要的贸易路线不是南方的海路，而是经北方突厥人地域到达黑海港口、再经亚美尼亚到达特拉布宗的陆路。这可以部分解释蒙古人虽多次试图征服叙利亚但没有像攻打北方那样彻底。由于商路的转移，许多大型贸易枢纽城市出现在这条贯通东西方的北方“高速公路”——从中国经中亚、南俄草原、伊朗北部、亚美尼亚抵达黑海的贸易圈。从13世纪下半叶开始，大不里士经合赞可汗（1295—1304年在位）重建后成为阿塞拜疆最重要的商业中心。除大不里士外，伊朗西部的苏丹尼耶经阿鲁浑（1284—1291年在位）及其继承者的建设后成为新的商业中心。由于贸易路线的转移，黑海贸易圈发生巨大变化。黑海北岸出现了许多大型贸易中心。13世纪60年代，热那亚人占领了克里米亚半岛上的卡法（今费奥多西亚）。在他们的统治下，卡法成为热那亚人的殖民贸易中心。

热那亚人和威尼斯人利用他们的舰队和黑海殖民地，到处寻找新的市场和航线，扩大了与东方贸易的联系。从马可·波罗的珍贵记述中可知，13世纪下半叶，从黑海驶来的热那亚船只“已经开始在里海航行”①。丝绸是中世纪国际贸易最为重要的商品之一，从意大利史料中可以看到旭烈兀时代热那亚商人、威尼斯商人通过亚美尼亚到大不里士和苏丹尼耶的丝绸贸易。14世纪，佛罗伦萨的裴哥罗梯在《通商指南》中描述了从地中海东岸的阿亚斯到大不里士的

① ［意］马可·波罗：《马可波罗游记》，陈开俊、戴树英等译，第8页。

贸易路线。[1] 这条路线横穿锡瓦斯、埃尔津詹、埃尔祖鲁姆抵大不里士。另一条商路是从大不里士出发，经霍伊、曼兹科特、埃尔祖鲁姆到达黑海的特拉布宗。[2]

13 世纪，奇里乞亚的西斯、马米斯特拉、阿达纳和塔苏斯都是重要的国际贸易城市，意大利商人在这些城市里开办工厂或贸易公司。[3] 根据马可·波罗的记载，从中亚运来的"各种香料、丝绸、毛织品和其他商品"都可以在这里买到；威尼斯、热那亚和其他国家的巨商大贾云集于此，试图出售他们的商品，同时购买所需要的东西。[4]

随着国际贸易的扩大，亚美尼亚商人活跃于世界各地。他们把东方的香料、丝绸、宝石、药品和其他奢侈品贩卖到西方，然后再把西方的毛料、亚麻、皮革和其他制成品运到东方。在这个过程中，他们也向外出售自己的产品。马可·波罗提到，大亚美尼亚和格鲁吉亚接壤的地方出产一种石油，可以用来制成医治皮肤病的药膏，各地人们"长途跋涉到这里来贩运这种燃料油"[5]。

亚美尼亚商人活跃在贸易路线的各个据点，特拉布宗、大不里士、苏丹尼耶、北京、俄罗斯南部城市、黑海北岸和意大利全境都能见到亚美尼亚商人的身影。[6] 由于他们联系广泛，会说各种语言，蒙古官员有时雇佣他们为使者。大量亚美尼亚神职人员出现在可汗的宫廷里或远东的主要商贸站点上，其中大多数人从事翻译工作或

---

① Francesco Balducci Pegolotti, *La pratica della mercatura*, edited by Allan Evans, Cambridge: The Academy, 1936, pp. 112 – 117.

② Robert Bedrosian, "Armenia during the Seljuk and Mongol Periods", in Richard G. Hovannisian, ed., *The Armenian People from Ancient to Modern Times*, *Volume I*: *The Dynastic Periods*: *from Antiquity to the Fourteenth Century*, p. 262.

③ H. A. Manandian, *The Trade and Cities of Armenia in Relation to Ancient World Trade*, trans. N. G. Garsoïan, p. 190.

④ ［意］马可·波罗：《马可波罗游记》，陈开俊、戴树英等译，第 3 页。

⑤ ［意］马可·波罗：《马可波罗游记》，陈开俊、戴树英等译，第 5—6 页。

⑥ Robert Bedrosian, "Armenia during the Seljuk and Mongol Periods", in Richard G. Hovannisian, ed., *The Armenian People from Ancient to Modern Times*, *Volume I*: *The Dynastic Periods*: *from Antiquity to the Fourteenth Century*, p. 262; George A. Bournoutian, *Concise History of the Armenian People*: *From Ancient Times to the Present*, p. 112.

为亚美尼亚商人提供宗教服务。教堂或其他建筑物铭文透露出有利于商人的社会氛围，比如前文提到的萨赫马丁动辄用成千上万的金币来建造自己的府邸。

随着商业活动的增加，一些亚美尼亚城市繁荣起来。要阐明蒙古时期贸易对亚美尼亚城市的影响，必须考虑到两个重要因素。第一，一般情况下，亚美尼亚城市大多为高加索地区的国际贸易中心城市，然而伊尔汗国的统治使贸易中心转到不里士和苏丹尼耶。因此，在东地中海的国际贸易中，大亚美尼亚已不再享有巴格拉图尼王国鼎盛时期所享有的商业地位了。第二，在过境贸易路线从阿尼和卡尔斯向亚美尼亚南部转移的同时，亚美尼亚商人开始向安纳托利亚西南的奇里乞亚转移，正是这个原因，蒙元时期途经亚美尼亚前往大不里士或特拉布宗的欧洲旅行者，大都没有提到大亚美尼亚的阿尼和卡尔斯。[①] 黑海贸易路线转移的结果是，阿尼和卡尔斯的商业重要性下降，奇里乞亚的重要性增加。对此，马南德扬指出，阿尼城的贫困恰恰发生在意大利与大不里士、苏丹尼耶的贸易繁荣期。[②] 总之，14 世纪初，亚美尼亚古都阿尼失去了国际贸易中心的地位。

尽管亚美尼亚北部城市的商业地位重要性下降，但南部的一些城市因为靠近大不里士的贸易路线，逐渐繁荣起来。这方面的历史信息可以在马可·波罗的游记中找到。马可·波罗声称，埃尔津詹位于“咽喉要道”上，从特拉布宗到克里米亚必须取道拜波尔特。[③] 拜波尔特在特拉布宗到埃尔祖鲁姆的交通要道上。马可·波罗的这些信息被 16 世纪意大利地理学家拉穆西奥的《航海旅行》证实。后者声称，穆什和马尔丁是亚美尼亚南部最重要的贸易和制造业中

① H. A. Manandian, *The Trade and Cities of Armenia in Relation to Ancient World Trade*, trans. N. G. Garsoïan, p. 197.

② H. A. Manandian, *The Trade and Cities of Armenia in Relation to Ancient World Trade*, trans. N. G. Garsoïan, p. 198.

③ ［意］马可·波罗：《马可波罗游记》，陈开俊、戴树英等译，第 5 页。巴伊布尔特，今土耳其境内。它曾经是古丝绸之路上的一个重要站点。马可·波罗和土耳其探险家埃夫利亚·切莱比（Evliya Çelebi，1611—1684）曾经访问过这个地方。如今，在这里仍能发现中世纪亚美尼亚城堡及几座历史悠久的清真寺、土耳其浴场和陵墓等遗迹。

心，那里的人们生产各式各样的衣服，“有各种工匠和商人并都是鞑靼国王的臣民”①。

总而言之，在蒙古统治下，途经大亚美尼亚的商路南移。地中海贸易圈和黑海贸易圈连为一体，贸易规模庞大，并一直持续到伊尔汗国灭亡时为止。伊尔汗国灭亡后，各地处于无政府状态，途经亚美尼亚的商队贸易陷入停滞，但这只是暂时的，17—18 世纪时，亚美尼亚商业重新崛起，新朱利法的大商人几乎垄断了全球丝绸贸易。综上所述，由于蒙古统治者对商业的重视，亚美尼亚商人成为最大的受益者，因而这个阶层支持蒙古人的统治。

三　分而治之

蒙古统治的另一个社会基础是那些效忠蒙古的封建贵族。在被征服者的土地上，蒙古统治者把新得到的土地分封给功臣、将军和宠臣。获得分封的人在自己的领地内享有行政权、军事权和征税权。在亚美尼亚，一些封建贵族也得到了这种分封，他们向自己的蒙古领主纳税并履行封建义务。这一政治安排一方面使某些有权势的贵族脱离了原有的政治安排，另一方面分化了被征服地区封建地主的团结，达到了巩固统治的目的。

蒙古统治亚美尼亚之前，扎卡里德家族是格鲁吉亚王权名义上的封臣。蒙古人的政治安排改变了这种格局，直接使亚美尼亚臣属于自己，这方面最著名的例子是休尼克省的奥贝良家族。② 13 世纪，亚美尼亚历史学家斯捷潘诺斯·奥贝良的《休尼克省史》，记载了这个贵族家族的政治影响力。1251 年、1256 年，该家族亲王斯姆巴特带着一颗璀璨的宝石来到和林，说服蒙哥汗免除了休尼克省的赋税。在蒙古人皈依伊斯兰教之前，奥贝良家族借助蒙古人的权势，积极扩大在亚美尼亚的影响，甚至该家族的博特尔还被伊尔汗

① Giovanni Battista Ramusio, *Il Viaggio di Giovan Leone e le Navigazioni*, Vol. Unico, L. Plet, 1837, p. 153. See H. A. Manandian, *The Trade and Cities of Armenia in Relation to Ancient World Trade*, trans. N. G. Garsoïan, p. 200.

② Steven Runciman, *The Emperor Romanus Lecapenus and His Reign: A study of Tenth-century Byzantium*, pp. 160 – 161.

任命为苏丹尼耶和大不里士的市长。[1] 另一个获得分封的亚美尼亚贵族是前文提到的阿尔查赫大公哈桑·贾拉勒。同一时期，卡尔斯、特拉维、贝拉坎脱离了格鲁吉亚的控制，蒙古人将其赠给了阿茨鲁尼家族的沙屯。乞剌可斯说："因为沙屯是一个风度翩翩的人，是一个勇猛的战士，旭烈兀把他列为最优秀的勇士之一，于是将萨逊地区送给了他。"[2]

蒙古人善于利用复杂的继承问题，达到分而治之的目的。例如，蒙古人利用格鲁吉亚王室内讧，将其分化成两个对立的派系：乔治四世的儿子大卫七世（1247—1270 年在位）和鲁苏丹的儿子大卫六世（1245—1293 年在位）。贵由可汗最终批准了两位君王的统治，并将三分之一的国库据为己有，达到了分裂格鲁吉亚的目的；又如蒙古人以牺牲扎卡里德王朝和巴格拉季昂尼王朝为代价，支持奥贝良家族和阿茨鲁尼家族的政治野心。除此之外，蒙古人还怂恿贵族们反抗他们的王，如此一来，格鲁吉亚和亚美尼亚的统一被颠覆，蒙古人达到了控制两国的目的。1266 年，旭烈兀的长子阿八哈给予格鲁吉亚的贾凯利家族的萨吉斯一世（1268—1285 年在位）特别庇护，使该家族领地萨穆茨卡赫（大致相当于今天的扎瓦赫季州）从格鲁吉亚分裂出去。格鲁吉亚国王季米特里二世（1259—1289 年在位）企图粉碎伊尔汗国的阴谋，实现王国的复兴，但被处死。格鲁吉亚王国陷入混乱。

蒙古人在格鲁吉亚分而治之的模式，同样适用于亚美尼亚。根据乞剌可斯的描述，蒙古人把亚美尼亚人的"马都夺走了"，这一情况在察合台死后愈演愈烈，以致阿瓦格·扎卡良逃到了格鲁吉亚女王鲁苏丹那里参加了反蒙起义。蒙古人为了惩罚阿瓦格，把他的领地交给更加忠诚的沙恩沙。[3] 除了操纵纳哈拉人权势外，蒙古人还故意制造冲突，破坏贵族之间的团结。为此，蒙古人把某些显赫的纳哈拉人召到自己的宫廷中，授予他们一些象征性的官职，这一

---

① Stephanos Orbelian, *History of the Land of Sisakan*, Tiflis, 1910, pp. 421 – 477.

② Kirakos Gandzakets 'i, *History of the Armenians*, trans. Robert Bedrosian, p. 322.

③ Kirakos Gandzakets 'i, *History of the Armenians*, trans. Robert Bedrosian, pp. 226 – 227.

点在 1256 年旭烈兀建立伊尔汗国之后，格外明显。

除了在格鲁吉亚和亚美尼亚贵族之间制造不和外，蒙古人还以联姻的方式巩固在该地区的统治。高加索文献资料提到了 8 个这样的例子，奇里乞亚资料提到了一些亚美尼亚名流都有蒙古人配偶的情况。① 具体见后文奇里乞亚章节。

蒙古人加强统治的另一个措施是要求显赫的封建领主每隔 2—3 年去蒙古宫廷觐见大汗。伊尔汗国建立之前，亚美尼亚贵族到和林，之后到大不里士。因此，整个 13 世纪，许多亚美尼亚贵族不得不整日风尘仆仆，鞍马劳神地踏上前往东方的旅程。有些旅行是自愿的，以满足个人利益或解决一些当前事务，如小亚美尼亚国王海屯一世；有些旅行是强迫的，如前文提到的阿瓦格。另外，亚美尼亚贵族还要为蒙古人提供一定数量的骑兵，结果很多人死在战场上。频繁征召使亚美尼亚人不堪重负，于是他们参加了 1259—1261 年的格鲁吉亚反蒙起义。

"觐见"和跟随蒙古人出征，使纳哈拉人不得不长期离开自己的家园，结果导致了其他贵族政治野心的膨胀，并觊觎常年在外贵族的领地。的确，有些亚美尼亚贵族得到了蒙古人的信任和重用。例如，当乞剌可斯谈到沙恩沙的儿子扎卡里在 1258 年攻打巴格达时说："（扎卡里）参加了鞑靼军队的战斗，表现出了英勇的男子汉气概，因此受到了旭烈兀大汗和总督阿鲁浑的尊敬。"② 普罗什·哈格巴季扬是另一位被蒙古人重用的亚美尼亚亲王，他也参加了攻打巴格达的战役。在乞剌可斯笔下，普罗什·哈格巴季扬和察合台并肩作战，表现勇猛，赢得了蒙古人的尊重。③ 亚美尼

① Robert Bedrosian, "Armenia during the Seljuk and Mongol Periods", in Richard G. Hovannisian, ed., *The Armenian People from Ancient to Modern Times, Volume I: The Dynastic Periods: from Antiquity to the Fourteenth Century*, p. 263.

② Kirakos Gandzakets 'i, *History of the Armenians*, trans. Robert Bedrosian, p. 329.

③ Kirakos Gandzakets 'i, *History of the Armenians*, trans. Robert Bedrosian, p. 321. 乞剌可斯声称自己完全有资格撰写 13 世纪的亚美尼亚历史，其一，他本人受过系统的教育，而且非常熟悉教会组织；其二，纳哈拉普罗什·哈格巴季扬参加了蒙古人对巴格达的征服，并向他讲述了所见所闻。

亚亲王塔萨伊奇·奥贝良被阿八哈汗授予一系列荣誉。尽管如此，无论是格鲁吉亚贵族，还是亚美尼亚贵族，当他们一旦表现出不顺从的态度时，就会被屠杀。例如，立下赫赫战功的扎卡里仅仅因为回家探望妻子（其父参与了反蒙古起义），旭烈兀就下令“肢解他后扔给了狗”①。

第三节　帖木儿的入侵

伊尔汗国倒台以后，亚美尼亚高地上的各突厥部落蠢蠢欲动，试图将亚美尼亚高地据为己有。帖木儿帝国是西察合台贵族帖木儿于 1370 年开创的帝国，首都最初在撒马尔罕，后迁至今阿富汗西北部的赫拉特，疆域以中亚的乌兹别克斯坦为中心。

帖木儿的入侵是中亚势力对亚美尼亚高地的最后一次大规模入侵（1386—1387、1394—1396、1399—1403），但却给亚美尼亚造成了最为严重的破坏。帖木儿入侵前，高加索地区已经被土库曼人、库尔德人、奥斯曼人和北部的金帐汗国的蒙古人洗劫一空。因此，脆弱的亚美尼亚和格鲁吉亚不堪一击。1386 年，帖木儿第一次袭击亚美尼亚，夺取了休尼克的埃尔扬克。亚美尼亚历史学家托夫马说：“（帖木儿）摧毁了我们古老的、受人尊敬的巴格拉图尼家族的北门之管。他夺取了这座城池及其周围的所有村庄。”② 接着，帖木儿又洗劫了纳希切万和亚拉腊地区，于 11 月 22 日攻陷了第比利斯。托夫马说：“被杀的人超过了活下来的人。”③ 格鲁吉亚国王巴格拉特五世（1360—1393 年在位）及其家人被俘。为保全性命，巴格拉特五世假装皈依伊斯兰教，向帖木儿建议：“请给我许多军队，我要到格鲁吉亚去，把那里的一切都交给你，因为那里的人会说 8 种语言，我要征服他们，让他们

---

① Kirakos Gandzakets ‘i, *History of the Armenians*, trans. Robert Bedrosian, p. 330.

② T ‘ovma Metsobets ‘i, *History of Tamerlane and His Successors*, trans. Robert Bedrosian, New York: Sources of the Armenian Tradition, 1987, p. 9.

③ T ‘ovma Metsobets ‘i, *History of Tamerlane and His Successors*, trans. Robert Bedrosian, p. 10.

改信你们的宗教。"[1] 于是，帖木儿释放了巴格拉特五世，交给他2万军队。在巴格拉特五世的秘密协助下，他的两个儿子乔治七世（1393—1404年在位）和君士坦丁一世（1405—1407年在位）在阿尔查赫地区摧毁了帖木儿的军队，杀死了1.2万人。[2]

在木干草原过完冬天后，帖木儿率军闯过亚美尼亚南部的卡杰贝鲁尼克和查帕古尔地区，[3] 但被盘踞在那里的土库曼人击败。于是，帖木儿兵分两路，一支深入北部的埃尔祖鲁姆，另一支在帖木儿的率领下转向塔伦地区。这些突厥化蒙古人所到之处，哀鸿遍野。与此同时，一些土库曼部落加入了对亚美尼亚的掠夺。托夫马目睹了他们的暴行，说："土库曼军队占领了希赞克兰村（今土耳其希赞地区）。在那里，人们目睹了痛苦的灾难，父亲抛弃了儿子……当时我也在场。"[4] 1387年，帖木儿包围了凡城。经过40天的围困，守军粮草耗尽，只好弃城投降。许多妇女和儿童都成了帖木儿的奴隶，7000个男子被从城墙上抛下摔死。托夫马说："被杀的人填满了下面的山谷。"[5]

1394年，帖木儿从呼罗珊出发，经巴格达向西挺进。他从美索不达米亚北部进入亚美尼亚西部，继而攻打正在袭击希尔凡的金帐汗国的脱脱迷失。击败脱脱迷失后，帖木儿洗劫了南俄的阿斯特拉罕。完成征服后，他立儿子米兰沙为伊朗、伊拉克、亚美尼亚和高加索地区的统治者。米兰沙也像其父一样，继续扩大在高加索地区的战争。尽管帖木儿父子势如破竹，但高加索地区的军事力量并没

---

① T'ovma Metsobets'i, *History of Tamerlane and His Successors*, trans. Robert Bedrosian, New York: Sources of the Armenian Tradition, 1987, p. 11.

② T'ovma Metsobets'i, *History of Tamerlane and His Successors*, trans. Robert Bedrosian, p. 11.

③ 卡杰贝鲁尼克（Kajberunik），历史上曾经是阿沙库尼王国宫廷贵子们的疗养地；查帕古尔（Chapaghjur）即今土耳其宾格尔（Bingöl），在土耳其语中为"千湖之地"，现为著名的旅游胜地。

④ T'ovma Metsobets'i, *History of Tamerlane and His Successors*, trans. Robert Bedrosian, p. 18.

⑤ T'ovma Metsobets'i, *History of Tamerlane and His Successors*, trans. Robert Bedrosian, pp. 20-21.

有被完全歼灭。1399 年，格鲁吉亚国王乔治七世夺回了埃尔扬克，释放了被关押的格鲁吉亚和亚美尼亚人。帖木儿闻讯后，亲率大军从撒马尔罕开赴高加索。托夫马说："850 年（1401），帖木儿，这条带着死亡气息的巨龙，从撒马尔罕出发，进攻我们的土地，进攻叙利亚，摧毁了阿勒颇及其周边地区。然后，他从那里往大马士革去，到了大马士革，他们在城南击杀全地，直到将城攻取。"[1] 在大马士革度过冬之后，帖木儿袭击了亚美尼亚东北部和格鲁吉亚南部，很多人被掠夺为奴。这一次，他"掳来的人口比天上的星星还多，比海边的沙子还多，足有 6 万户"[2]。1403 年，格鲁吉亚被迫向帖木儿投降。1403—1404 年，帖木儿在阿尔查赫过冬后，返回撒马尔罕，次年去世。帖木儿入侵期间，亚美尼亚人口大幅减少。

帖木儿征服的主要目的是掠夺而不是建立稳定的统治。具有讽刺意味的是，帖木儿的后裔巴布尔征服印度后建立了莫卧儿帝国，而亚美尼亚人在莫卧儿帝国找到了新的生存之地，几乎垄断了它的国际贸易。帖木儿入侵高加索是他与金帐汗国脱脱迷失争霸战的一部分。由于金帐汗国经常袭击和掠夺帖木儿帝国边境，才导致后者兴师动众，讨伐脱脱迷失。高加索成为最大的牺牲品，不堪重负的亚美尼亚失去了再次崛起的资本。

帖木儿痴迷于伊斯兰教，对基督徒的态度不是很友好。有一次，帖木儿占领一座要塞后，将那里的 30 个钦察人和 300 个基督徒分开，然后下令杀死基督徒。[3] 在大马士革期间，帖木儿以伊斯兰教领袖的身份处理了一起教派纷争案件。当时该城统治者的妻妾、宗教法官、伊斯兰法学家和宗教学院的院长等人来到帖木儿面前，向他诉说："这座城市里所有的人都是罪犯和鸡奸犯，尤其是那些虚伪和骗人的毛拉。"帖木儿对他们说："如果你们说谎，我就杀了你

① T ‘ovma Metsobets ‘i, *History of Tamerlane and His Successors*, trans. Robert Bedrosian, p. 50.

② T ‘ovma Metsobets ‘i, *History of Tamerlane and His Successors*, trans. Robert Bedrosian, p. 53.

③ T ‘ovma Metsobets ‘i, *History of Tamerlane and His Successors*, trans. Robert Bedrosian, p. 35.

们。”他们回答说：“愿女人不说谎；传召我们的领袖，我们在他们面前作证。”帖木儿召集全城所有的伊斯兰宗教领袖来见他，质问法官和院长：“这是谁的城市？”他们回答说：“先知的、陛下的。”帖木儿又问：“你带《古兰经》了吗？”他们说：“我们的生与死是他写的，但我们不读它。”帖木儿质问：“先知让你们犯罪了吗？”他们说：“发发慈悲吧。”帖木儿说：“如果有这样一个［邪恶的］人，对他的公正判决是什么？”他们回答：“应该用最恶毒的酷刑折磨他，毁灭他和他的全家。”帖木儿说：“那个人就是你们。”他们回答：“这是穆斯塔法的城市。这样的事过去没有，将来也不会发生。”① 于是帖木儿把首领们的妻子召来，当着他们的面，证明他们所做的是不虔诚的事。通过这段对话，可以看出帖木儿以伊斯兰宗教领袖自居的心态，而这种心态也是他对高加索基督徒大开杀戒的原因之一。

后帖木儿时代，奥斯曼人和土库曼人填补了他留下的权力空白。奥斯曼人把主要精力放在攫取拜占庭帝国的领土上，而土库曼人把主要精力放在夺取亚美尼亚高地上。1453 年，征服者穆罕默德占领了君士坦丁堡，奥斯曼帝国崛起，并最终控制了中东、北非和东欧的大部分地区，只有伊朗、东亚美尼亚和格鲁吉亚躲过了他们的铁蹄。

第四节　黑羊王朝和白羊王朝的统治

早在帖木儿入侵之前，土库曼人的黑羊王朝（1374—1468）和白羊王朝（1378—1501）已经出现在亚美尼亚高地上。学者普遍认为，土库曼人的统治是近东历史上的一个“黑暗时代”。一些来自伊朗和叙利亚的库尔德部落加入了早些时候迁到亚美尼亚的突厥部落行列。简言之，这一时期整个近东遭到不同程度的破坏，经济文化倒退，城市生活停滞。

黑羊王朝因他们的旗帜上绘有黑羊图案故名，领土包括今阿塞

① T ‘ovma Metsobets ‘i, *History of Tamerlane and His Successors*, trans. Robert Bedrosian, pp. 50 – 51.

拜疆、亚美尼亚、伊朗西北部、东安纳托利亚和伊拉克东北部的广阔地域。黑羊王朝在宗教倾向上偏爱什叶派。

黑羊王朝是穆斯林乌古斯突厥部落的一支。他们最初在今阿富汗的赫拉特建立了统治中心，卡拉·优素福统治时期夺取了大不里士和巴格达，控制了大亚美尼亚。当时一位亚美尼亚文士说："亚美尼亚 860 年（1411），在独裁者卡拉·优素福期间，他就像《但以理书》中描述的最凶猛的野兽，吞噬和剁碎了自己的人和外来的人，无论他们是酋长还是臣民。事实上，他同样地杀害和残酷地折磨他们，这使我们想起了以前那个叫帖木儿的跛子所犯下的暴行，因为［我们］也遭受了同样的灾难。"① 然而，托夫马声称黑羊王朝的统治相对温和，他说：

> 在这个时候，在上帝的关怀下，格鲁吉亚和阿尔巴尼亚的所有土地上都有了和平与建设，从阿切什到亚拉腊，人们居住的地方不再荒凉，都处于建设状态中。尽管征收了很多税，但和平没有受到干扰。众教会纷纷涌现出牧师和执事，那些在帖木儿时期变节的人……回归信仰。在阿切什，他们把钦察人占领的修道院交给了教会；信徒们欢天喜地。②

卡拉·优素福相对温和的统治是因为他需要亚美尼亚人的支持，以对抗其他突厥部落。然而，随着卡拉·伊斯坎达尔（1420—1436 年在位）的上台，亚美尼亚人的境况急剧恶化，许多人遭到屠杀或被囚禁。1421 年，一位文士说："卡拉·优素福死后，亚美尼亚境内到处都是激烈的骚动和混乱，因为骑兵部队处于混乱之中，他们互相残杀和掠夺。一支由 5000 户人家组成的劫掠部队进入了卡杰贝鲁尼克省，带走了许多战利品和俘虏。"③

---

① Avedis K. Sanjian (selected, trans. and annoted), *Colophons of Armenian Mauscripts: A Source for Middle Eastern History*, 1301 – 1480, p. 134.

② T ‘ovma Metsobets ‘i, *History of Tamerlane and His Successors*, p. 60.

③ Avedis K. Sanjian (selected, trans. and annoted), *Colophons of Armenian Mauscripts: A Source for Middle Eastern History*, 1301 – 1480, p. 148.

伊斯坎达尔与帖木儿的战争进一步摧毁了亚美尼亚，许多人被俘或被变卖为奴。托夫马无奈地感叹道："伊斯坎达尔那头恶龙和嗜血的野兽……带走了许多奴隶，灭绝亚美尼亚人。"[①] 战乱迫使很多人流散到异国他乡。帖木儿击败伊斯坎达尔后，溃败的土库曼散兵在亚美尼亚土地上大肆掠夺，许多城市、修道院和村庄被洗劫一空。托夫马描述了人们的恐惧："（他们）想让大海把我们淹死。因为他们打他们，用棍抽他们。"[②] 后来，伊斯坎达尔试图与亚美尼亚人和解，任命一名亚美尼亚贵族为他的顾问。尽管如此，他给亚美尼亚带来的损失难以估量。

伊斯坎达尔的兄弟贾汉沙（1438—1467 年在位）篡位上台后，大肆迫害亚美尼亚人，洗劫了塔特夫修道院，但他也寻求与亚美尼亚人和解，将土地分配给封建主，鼓励他们重建教堂，并于 1441 年批准亚美尼亚教廷迁至埃奇米阿津。不久，他与白羊王朝开战。

白羊王朝因旗帜绘有白羊故名，疆域大致在今亚美尼亚、阿塞拜疆、伊朗和伊拉克地区。历史上，白羊王朝与黑羊王朝不断征战，15 世纪中后期，灭黑羊王朝，并击败帖木儿帝国，成为西亚地区最强大的国家之一。

白羊王朝也是乌古斯突厥部落的一支，宗教倾向上偏爱逊尼派。根据拜占庭帝国史料记载，从 14 世纪 40 年代起，白羊王朝部落出现在本都山脉以南的拜波尔特。[③] 该王朝与拜占庭交往频繁，创始人卡拉·奥斯曼（1378—1435 年在位）娶了拜占庭的一位公主。

1402 年，白羊王朝统治者从帖木儿手中得到了第一块封地——今土耳其的迪亚巴克尔。此后很长一段时间，在黑羊王朝的打击下，白羊王朝陷入困境，无法继续扩张。1467 年，随着乌尊·哈桑

---

① T'ovma Metsobets'i, *History of Tamerlane and His Successors*, trans. Robert Bedrosian, p. 71.

② T'ovma Metsobets'i, *History of Tamerlane and His Successors*, trans. Robert Bedrosian, p. 71.

③ T. A. Sinclair, *Eastern Turkey: An Architectural & Archaeological Survey*, Vol. 1, London: Pindar Press, 1989, p. 111.

(1453—1478 年在位) 击败黑羊王朝的贾汗·沙，白羊王朝崛起。从此，这两个土库曼人的王朝展开了激烈的角逐，战场遍及大亚美尼亚各地，当时一位亚美尼亚文士说："我们惧怕，逃跑，因为乌尊·哈桑的军队每天都在掳掠我们。"[①] 其间，奥斯曼土耳其人攻陷了君士坦丁堡。

奥斯曼人在安纳托利亚西部的扩张，给白羊王朝完全吞并亚美尼亚提供了机会。乌尊·哈桑击败帖木儿帝国的阿卜·赛义德·米扎尔（1451—1469 年在位）后，占领了巴格达和波斯湾地区，随后扩张到呼罗珊。与此同时，奥斯曼帝国向东扩张，迫使白羊王朝与安纳托利亚中部的卡拉曼王朝（1250—1487）结盟。随着白羊王朝向伊朗的推进，其权力中心逐渐东移，波斯文化很快渗入土库曼人的管理模式和文化中。[②] 在伊朗各省，乌尊·哈桑继承了原有的行政体系，保留了原有的官员，仅有的 4 个高级文职均由波斯人担任。

土库曼人统治时期，同时代的亚美尼亚学者记录了他们的不幸遭遇，甚至一些学者和教士本人也充满恐惧和愤懑，亚美尼亚人被迫穿戴能够识别基督教身份的衣服，承担沉重的赋税。雅库布(1478—1490 年在位) 的统治更加糟糕，他不仅向亚美尼亚人征收重税，而且没收了残余的纳哈拉人的封建领地。为保全财产，许多贵族把领地寄送给教会，另一些人则攒够钱财后远走他乡，少数小贵族退缩到偏远的阿尔查赫和休尼克地区。[③] 15 世纪末，白羊王朝被伊朗的萨法维帝国取代。

塞尔柱人、蒙古人和土库曼人的统治尽管具有一定的破坏性，但并没有抹杀亚美尼亚人的身份。该时期，亚美尼亚文化虽不像以前那么活跃，但仍有新的产出。事实上，亚美尼亚领土上的"文明冲突"产生了一种文化张力，影响了征服者和被征服者，比如种族

① Avedis K. Sanjian (selected, trans. and annoted), *Colophons of Armenian Mauscripts: A Source for Middle Eastern History*, 1301 – 1480, p. 251.

② Jean Aubin, "Etudes Safavides: Shah Ismail I et les notables de l' iraq Persan", *Journal of the Economic and Social History of the Orient*, No. 2, 1959, pp. 37 – 81.

③ George A. Bournoutian, *Concise History of the Armenian People: From Ancient Times to the Present*, p. 114.

间的文化借用和统治精英间的通婚现象。在这一过程中，亚美尼亚文明保持和延续了它的核心要素——身份、语言和宗教。

第五节　亚美尼亚人的流散

13—14 世纪，亚美尼亚先后被突厥人和蒙古人统治。蒙古人的统治曾给亚美尼亚带来一段难得的和平时代。伊尔汗国倒台之后，帖木儿和中亚各突厥化蒙古部落再次蹂躏了这片土地。因此，14 世纪是亚美尼亚文明的一个分水岭。从此，高地上的亚美尼亚人从一个多数族裔沦为少数族裔，而这个分水岭的始作俑者便是帖木儿和各突厥化蒙古部落。至此，亚美尼亚高地的主导力量从亚美尼亚人手中转到了突厥人那里，残存的亚美尼亚人栖息地犹如一叶孤舟，飘荡在伊斯兰文明圈中。

一　从多数族裔到少数族裔

帖木儿给亚美尼亚的打击是致命的，他造成的破坏比以往任何一次都严重得多。当然，除帖木儿外，土库曼部落集团和金帐汗国的打击同样加快了高地上的亚美尼亚人从多数族裔向少数族裔的转变。同时代的西班牙旅行家克拉维约提到，1383 年，金帐汗国的脱脱迷失不仅蹂躏了伊朗，而且占据了亚美尼亚全境，他们“沿途抢掠城市，摧毁堡垒，所过各境，纵兵任意而为”①。克拉维约来到埃尔祖鲁姆时感慨道：“城内既无堡垒，人口亦不稠密，不过仍然存有昔日亚美尼亚人所立的一所教堂。昔日城内的亚美尼亚人则生活富裕，建筑华美。现任城守是一位土库曼人。”② 克拉维约见证了亚美尼亚城市人口构成的变化，他说阿拉斯河岸的苏兹玛利城被脱脱迷失于 1386 年占领后，城内亚美尼亚人被屠杀殆尽，“乃迁伊斯兰

① ［西］克拉维约：《克拉维约东使记》，［土］奥玛·李查译，杨兆钧译，商务印书馆 1985 年版，第 105 页。

② ［西］克拉维约：《克拉维约东使记》，［土］奥玛·李查译，杨兆钧译，第 76 页。

教徒来填充”[①]。根据亚美尼亚学者的说法，塞尔柱时代，休尼克地区尚有 1000 个村庄，但到 13 世纪末只有 677 个村庄；阿茨鲁尼王国时代的瓦斯普拉坎尚有 4000 个村庄，但到 13 世纪末 14 世纪初，已成荒无人烟之地。[②] 14 世纪初，意大利旅行家鄂多立克到过亚美尼亚城市埃尔祖鲁姆，他说，在很久以前，这是“一个美丽和极富庶的城镇，如果不是鞑靼人和穆斯林给它造成极大损害的话，它仍会是一座富庶的城市”[③]。

尽管如此，仍有一些亚美尼亚公国顽强生存了下来，这是因为他们所在的区域地形险峻，侵略者难以到达，当然，也是他们与侵略者坚决斗争的结果。这些地方主要有：瓦约茨佐尔、休尼克、阿尔查赫、古伽尔克、拉什图尼克、莫克、萨逊和穆什等地。上述地方大多在今亚美尼亚共和国境内，它们的存在为现代亚美尼亚共和国的复兴奠定了地理基础。然而，亚美尼亚人的生存境况不容乐观，相当一部分人在连续不断的生存压力下改信了伊斯兰教。托夫马提到了贵族的生存困境：“帖木儿俘虏了所有的基督徒。他们杀害了显贵，俘虏了超过 6 万卑微的人……帖木儿用石头砸碎他们的头颅，使他们无法存活；敌人继续前进。这是我亲眼所见，亲耳听到的……在奥马尔（帖木儿的孙子）统治的第一年，有 3 个亚美尼亚亲王变节。”[④]

帖木儿大肆迫害亚美尼亚基督徒，教会面临严峻的挑战。根据托夫马的记载，1387—1388 年间的某个时间，锡瓦斯大主教斯捷潘诺斯因拒绝改信伊斯兰教被处死；1403—1406 年间，帖木儿摧毁了埃尔津詹教堂，这被西班牙旅行家克拉维约所证明。1404 年，克拉

---

① ［西］克拉维约：《克拉维约东使记》，［土］奥玛·李查译，杨兆钧译，第 78 页。

② Robert Bedrosian, “Armenia during the Seljuk and Mongol Periods”, in Richard G. Hovannisian, ed., *The Armenian People from Ancient to Modern Times, Volume I: The Dynastic Periods: from Antiquity to the Fourteenth Century*, p. 269.

③ ［意］鄂多立克等著：《海屯行纪·鄂多立克东游录·沙哈录遣使中国记》，何高济译，中华书局 2019 年版，第 34—35 页。

④ T ‘ovma Metsobets ‘i, *History of Tamerlane and His Successors*, trans. Robert Bedrosian, pp. 56 – 58.

维约来到埃尔津詹。根据他的记录，帖木儿屠杀了该城的基督徒，拆毁了全城的教堂，即使市长献给他 9000 两黄金和 9000 两白银，也无济于事。[①]

帖木儿的迫害并没有阻止亚美尼亚人对基督教信仰的执着。1404 年，克拉维约见证了特拉布宗亚美尼亚人对基督教信仰的虔诚。他说："他们处于异教徒包围之中，几乎得不到同教的任何援助，其信念之坚定，殊可钦佩。"[②] 众所周知，中世纪西班牙是一个保守的天主教国家，而亚美尼亚人的虔诚甚至连这位西班牙人都感到由衷钦佩。由此可见，亚美尼亚人对基督教信仰的执著非同一般。1404 年 6 月 1 日，克拉维约来到阿拉斯河岸的马可堡。根据他的记录，帖木儿将城堡主人的儿子带到伊朗，迫使他改信伊斯兰教，然而，后者没有放弃对亚美尼亚宗教和文化的热爱，仍"专心于亚美尼亚文字之学"[③]。

综上所述，13—14 世纪外族入侵和占领亚美尼亚期间，高地上的亚美尼亚人尽管从多数族裔沦为少数族裔，但亚美尼亚人通过自己的宗教信仰等途径，使自己的文明延续了下来。

二　流散商人及其社会功能

随着亚美尼亚核心地带被毁，贵族纷纷外迁，留下来的人大多为商人和农民。如果说农民当时的命运是艰难的，那以后就是折磨了。他们的苦难在很大程度上源于自然灾害和高强度的农业劳动。亚美尼亚精英阶层很少考虑到农民的利益，他们的法律和惯例的目的是剥夺农民对土地的占有权，这一点在所有中世纪亚美尼亚作品中都有所反映。中世纪亚美尼亚学者一般执着于记录他们对基督教信仰的虔诚，夸大外族入侵带来的破坏，颂扬亚美尼亚贵族的英雄事迹，对农民的生存状态置若罔闻。由于统治阶级没有照顾到农民阶级的利益，其法律和实践又旨在破坏农民的财产权，因此，在一

① ［西］克拉维约：《克拉维约东使记》，［土］奥玛·李查译，杨兆钧译，第 71 页。
② ［西］克拉维约：《克拉维约东使记》，［土］奥玛·李查译，杨兆钧译，第 81 页。
③ ［西］克拉维约：《克拉维约东使记》，［土］奥玛·李查译，杨兆钧译，第 80 页。

个农民占主体的社会，亚美尼亚失去了抵御外敌入侵的坚实基础。随着时间的推移，亚美尼亚农民也背井离乡，远走他处，进一步改变了高地人口的构成。此外，流散还分裂了亚美尼亚社会，使高地上统一的亚美尼亚民族逐渐瓦解，突厥人和库尔德人等其他种族元素反而占据了主导地位。结果，亚美尼亚高地变成了两个互为排斥的居住地：基督教社区和穆斯林社区。信奉基督教的亚美尼亚人处于从属地位，穆斯林处于支配地位。尽管如此，亚美尼亚人在没有国家保护的情况下，顽强生存了下来。

14—16 世纪，一股新的社会经济力量出现了：散居商人。在这个混乱和无政府时期，亚美尼亚人民的领导权交给了教会及其唯一的支持阶层——商人。事实上，随着上层精英集团（主要是纳哈拉）的消失，中产阶级主导了亚美尼亚人的政治生活。克拉维约的记叙证实了这一点。1404 年 5 月，克拉维约来到埃尔津詹，看到城中居民以亚美尼亚人为主，他说："城内人口稠密，街道及广场繁多，而政权多操于富绅手中。"[①] 这位西班牙宫廷大臣所到之处，几乎都能看到亚美尼亚商人的影子。商人没有自己的武装，生存条件取决于统治者的容忍度。贸易和商业是由市场推动的，市场的供求规律是亚美尼亚人无法控制的，因此亚美尼亚商人阶层逐渐具有移民的特点，或更准确地说，这种移民是一种流散，这种商业是一种流散商业（或移民商业）。

就亚美尼亚民族特性的演变而言，建立或加强这种流散极为重要。在中世纪末叶至 19 世纪的几个世纪里，身份形成的物理位置从亚美尼亚人的历史故地转移到了移民社区。19 世纪下半叶，流散的亚美尼亚社区仍然是这个民族的智力中心，当时亚美尼亚民族内部出现了文化复兴运动。这样，尽管家园条件不利，民族特征的演变在亚美尼亚本土以外的各个地方蓬勃发展，而这主要归功于商人。

亚美尼亚人散居现象要早于商人阶级的兴起。传统的纳哈拉阶

---

① ［西］克拉维约：《克拉维约东使记》，［土］奥玛·李查译，杨兆钧译，第 70 页。

层消失后，中产阶级取代了他们的地位，这一地位比以务农或在非农业经济领域以手工劳动为生的艺人更高。商人的城市生活特征使其在地理上更具流动性，在社会文化上更具适应性。蒙古统治者鼓励商业，促成了亚美尼亚商人的崛起。蒙古帝国的崩溃，使它完全暴露在中亚突厥部落的威胁之下。14 世纪 80 年代，帖木儿和土库曼人摧毁了仍在蒙古人统治下的城镇。从此，统治亚美尼亚的势力集团对牧民的兴趣超过了对商人和市民的关注，因为游牧民族更喜欢牧场而非商业，这一点已完全不同于蒙古帝国时期的重商主义精神。

1375 年，埃及的马穆鲁克王朝征服了奇里乞亚，标志着小亚美尼亚时代的结束，大批亚美尼亚人向欧洲流散，多达 15 万人迁到塞浦路斯、巴尔干半岛和意大利。[①] 流散的亚美尼亚人只能从事商贸活动，因为他们不可能从当地人那里获得土地，从事农业。因此，中世纪晚期到近现代早期，出现了亚美尼亚人的“商业流散”。到 17 世纪时，亚美尼亚商人以新朱利法为中心，建立起了一个世界性商业帝国。

总之，15 世纪以前，亚美尼亚人的流散主要是迫于帝国统治被迫进行的，或者是幸存者为逃避入侵者的蹂躏主动迁走。鲁本·阿达良指出：“从早期开始的渐进式搬迁，每一次都为亚美尼亚流散史揭开了一个新的篇章。”[②] 当代亚美尼亚侨民，基本上都来自现在的土耳其中南部、叙利亚和伊朗，而不是今天的亚美尼亚共和国。他们的祖先大部分因为家园遭到入侵而被迫迁走。15 世纪之后，特别是随着新航路的开辟，很多亚美尼亚人出于商业目的，主动流散到世界各地。他们一般居住在世界各地的城市中心，并建立自己的社区，对当地的经济和政治产生了一定的影响。到 19 世纪末，奥斯曼帝国、俄罗斯帝国、伊朗和埃及的亚美尼亚社区已逐渐趋于同质

① Melvin Ember, eds. , *Encyclopedia of Diasporas: Immigrant and Refugee Cultures around the World*, Vol. 1, New York: Springer Science & Business Media, 2004, pp. 36 – 43.

② Rouben Paul Adalian, “The Historical Evolution of the Armenian Diasporas”, *Journal of Modern Hellenism*, No. 6, 1989, p. 81.

化，抑或丧失了经济和政治影响力，缩小为城市中一个无足轻重的社会群体。

在亚美尼亚史上的至暗时刻，经济和文化生活停滞不前，甚至完全倒退，亚美尼亚人把主要精力放在挽救他们尚存的国家机构中，寻求新的和更安全的栖息地，以避免民族被毁的可能。尽管它不幸的根源来自一系列游牧部落的破坏（或征服者对亚美尼亚人的刻意遣散），但事实证明，亚美尼亚选择在海外建立殖民地的作法是可行的。然而，流散的亚美尼亚人从没有忘记他们的历史故地，忧郁的怀旧文化总是弥漫在异国他乡。17—18 世纪，亚美尼亚商人遍布印度和东南亚一带。到 19 世纪，亚美尼亚人的文化生活已经完全转移到这些新聚居地，其中最大的是俄罗斯统治下的第比利斯和奥斯曼帝国统治下的君士坦丁堡。①

政治制裁是侵略者的另一种优势，但这一时期，教会几乎没有任何收入。因此，如果没有商人的捐助，教会只是一个简单的存在而已。散居亚美尼亚资产阶级的兴起与欧洲的商业扩张同步进行，并受后者制约。亚美尼亚商人专门充当东西方之间的中间人。在很短的时间内，世界各地的城镇广场，如波兰、丹麦、意大利、俄国、埃及、伊朗、印度和中国的各大城市中，都能看到亚美尼亚商人的影子。结果，在安纳托利亚、中东各地、俄罗斯南部、东欧和印度，亚美尼亚社区遍地开花，甚至中国的广州、泉州、北京、拉萨也出现了亚美尼亚社区。

由于亚美尼亚商人杰出的经商能力，很多国家鼓励他们到本国定居，以对抗外国的商业竞争。有些国家，如奥斯曼土耳其、伊朗和俄罗斯，指派亚美尼亚商人管理各种商业企业，这些企业是国家收入的重要来源。17—18 世纪，伊朗的伊斯法罕市的亚美尼亚人的商业资本，在世界上发挥了举足轻重的作用。1604 年以前，亚美尼亚人和伊斯法罕还没有建立联系，时萨法维沙阿阿巴斯一世决定利用亚美尼亚商人的经商天赋，发展伊朗国际贸易。为此，他下令将

---

① Rouben Paul Adalian, *Historical Dictionary of Armenia*, pp. 31 – 35.

老朱利法的亚美尼亚商人安置到伊斯法罕郊区的新朱利法城。老朱利法曾将自己定位为从亚洲进入欧洲的守门人。然而，阿巴斯一世更感兴趣的是亚美尼亚人的商业技能，指定他们垄断了伊朗与欧洲的生丝贸易。结果，新朱利法城的亚美尼亚人迅速富裕起来，亚美尼亚人的贸易网络很快扩张到印度、俄罗斯、波兰、丹麦和威尼斯，甚至到达了中国的珠三角。亚美尼亚人开辟的亚洲贸易通道，将欧洲的海上通道与亚洲的陆上通道连结起来。他们一次又一次地重复这种模式，一直延续到20世纪。

亚美尼亚商人与欧洲人的交往使他们了解到世界的变化，这些变化开创了亚美尼亚现代化的进程。相比其他亚洲民族，亚美尼亚人更善于吸收西方文化，并将其定义为与西方利益一致的亚洲民族。亚美尼亚商人对西方工业产品的熟悉，使其在方向上更具目标性，并在结果上更具实际意义。当大多数亚美尼亚人生活在被剥夺了公民权的伊斯兰国家时，商业为欧洲宗教改革前夕模糊的宗教倾向增添了一层现实色彩。到18世纪早期，欧洲的主要强国开始挑战东方统治者，而欧洲的政治结构使得身处东西方交界处的亚美尼亚人的优势发生逆转。对亚美尼亚人来说，欧洲君主制的力量变得更强大，法国的路易十四、俄国的彼得大帝、奥地利的玛丽娅·特蕾莎所领导的国家，都拥有左右亚美尼亚人的外交能力。

尽管商业提高了散居亚美尼亚人的经济和社会地位，但商业本身并不能改变亚美尼亚人失去国家的政治现实。对散居亚美尼亚人来说，空间的断裂和支离破碎的历史之间的联系取决于另一种手段——引进现代欧洲工业技术。因此，亚美尼亚人希冀在西方的帮助下复国，但更多的人选择了使用现代印刷技术。18世纪，亚美尼亚教士和商人共同促进了现代印刷书籍的大规模出版，两者都希望借助读写能力和书面文字来维持亚美尼亚族的同质化。对书籍的共同兴趣改变了亚美尼亚人的文化和命运，而这一切都是在散居商人的努力下完成的。

三　教会的国家职能

在国家机构不复存在的时代，教会起到了国家职能的作用。也就是说，流散时期的亚美尼亚人形成了一个无形的国家：教会是最高政府机构，所有的亚美尼亚人是它的国民。因此，国家不存在了，亚美尼亚文明依然存在和发展。

在散居者成为亚美尼亚社会最有活力的成分之前，亚美尼亚教会经过了详细的组织构建，这反映了亚美尼亚的一般现实——民族割裂和流散。一方面，它破坏了教会的团结；另一方面，它更能满足人民的需要，获得了国家职能的特殊作用。作为一个非军事武装力量机构，教会是流散者之间沟通的桥梁，也成为统治者和被统治者之间现成的“政府机构”。亚美尼亚人也乐意这样做，并重新定位了教会的功能，赋予它超越精神安慰和宗教管理的社会服务职能。在这个过程中，亚美尼亚教会成为一个国际性组织。因此，对亚美尼亚人来说，教会并不是单纯的宗教机构。当然，如果没有相关国家政府的批准，这一切也不会发生。15 世纪，当亚美尼亚教会国际化时，分散在世界各地的亚美尼亚人都以教会臣民的形式生活在一起，每个教区单位都以不同的“臣民”形式存在。一旦所有的教会开始运作时，一个遍及全球的亚美尼亚网络出现了。

马穆鲁克占领奇里乞亚后，亚美尼亚大主教被限制在西斯教廷里。早些时候，马穆鲁克王朝努力推动亚美尼亚耶路撒冷教区为伊斯兰世界中的亚美尼亚人的精神中心。然而，地理的遥远和旅行的危险使任何一个宗教中心无法战胜其他中心。奇里乞亚的亚美尼亚人更愿意坚持西斯教会领袖的地位，并希望他们的宗教制度固定化。从长远来看，奇里乞亚宗主教区的区域化更多地与亚美尼亚的社会发展有关，而与耶路撒冷关系不大。1441 年，一些亚美尼亚教士向黑羊王朝统治者请求恢复埃奇米阿津大教堂的宗教地位。黑羊王朝统治者同意了亚美尼亚人的请求。亚美尼亚学者一致认为，这是亚美尼亚人最明智的决定。从此，埃奇米阿津大主教成为全亚美尼亚人的最高领袖并延续至今。埃奇米阿津大教堂的意义不仅仅在于它的宗教功能，更在于它起到了国家职能的作用——尽管只是精神上的。

亚美尼亚人的流散促进了另一个宗教权威的形成。1453 年，奥斯曼占领了君士坦丁堡。在苏丹的支持下，亚美尼亚人创立了一个新的宗教分支——君士坦丁堡亚美尼亚教区。至1461年，君士坦丁堡的亚美尼亚大主教已与原拜占庭帝国的东正教牧首的地位相当。随着时间的推移，君士坦丁堡亚美尼亚教区的权威扩展到奥斯曼帝国全境，亚美尼亚米利特成为奥斯曼帝国的统治工具。1915年事件之后，奥斯曼境内的亚美尼亚人遭到驱逐。1930年，奇里乞亚教廷搬到了黎巴嫩的山省。黎巴嫩的亚美尼亚教区至今仍是流散亚美尼亚人的精神中心。

最后，由于失去了贵族和王室的资助，亚美尼亚文化的传承仅囿于贫穷的教会范围内。虽然当时的条件没有激发出多少创造力，但它抢救了亚美尼亚人的文化遗产——亚美尼亚文化从一个教士传到另一个教士，从一个修道院传到另一个修道院。即便如此，损失远远超过了能够保存下来的。对文化的破坏自古以来存在于各个文明社会中，侵略者、征服者和统治者对掠夺教会或焚毁书籍的行为不以为然。在被外族占领期间，一切有价值的东西几乎都被没收了，亚美尼亚人手中仅剩的只有手稿了。因此，手稿成为亚美尼亚人民最宝贵的财产，是为数不多的能够证明亚美尼亚文明辉煌的有形证据之一。

第十二章　奇里乞亚亚美尼亚王国：1078—1375年

塞尔柱人入侵期间，大批亚美尼亚难民逃到奇里乞亚，并在那里建立了一个亚美尼亚人的政权（1078—1375）——奇里乞亚亚美尼亚王国。它又称小亚美尼亚王国或新亚美尼亚王国。这个封建王国的统治中心在亚美尼亚高地之外，位于今土耳其东南部的亚历山大勒塔湾一带。小亚美尼亚与高加索地区的大亚美尼亚有着严格的区别，是两个截然不同的地理概念。① 它是亚美尼亚人在历史家园之外建立的殖民国家，国祚近300年，比大多数十字军国家存在的时间要长。

奇里乞亚三面环山，一面靠海。连绵不绝的托罗斯山脉，使这里易守难攻。靠海的一面有很多避风港，它们是中世纪西欧商人到东方的理想出发点。从军事、政治的角度看，它扼守小亚和叙利亚之间的交通要道。岩石峭壁之间的狭窄通道将小亚细亚、叙利亚、埃及和美索不达米亚的各大城市连接起来。因此，在东西方冲突和区域争霸战中，奇里乞亚的战略地位与大亚美尼亚同等重要。居鲁士大帝和亚历山大大帝曾经到过奇里乞亚。由于地形崎岖，交通不便，入侵者常常允许奇里乞亚自治，这是罗马帝国和拜占庭政府的一贯作法。

① “Cilicia”的中世纪亚美尼亚语“Կիլիկիո”发音为“Kilikio”。“Cilicia”的拉丁语为“Κιλικία（Kilikia）”。因此，亚美尼人对奇里乞亚的称呼应是拉丁语的对应音。目前，“Cilicia”一词的翻译五花八门，有“基利家”“奇里乞亚”“西利西亚”“西里西亚”等各种译法．笔者认为“奇里乞亚”译法更符合亚美尼亚人的读音。马可·波罗在他的游记中说，大、小亚美尼亚王国是有严格区别的，见马可·波罗《马可波罗游记》，陈开俊等译，第3页。

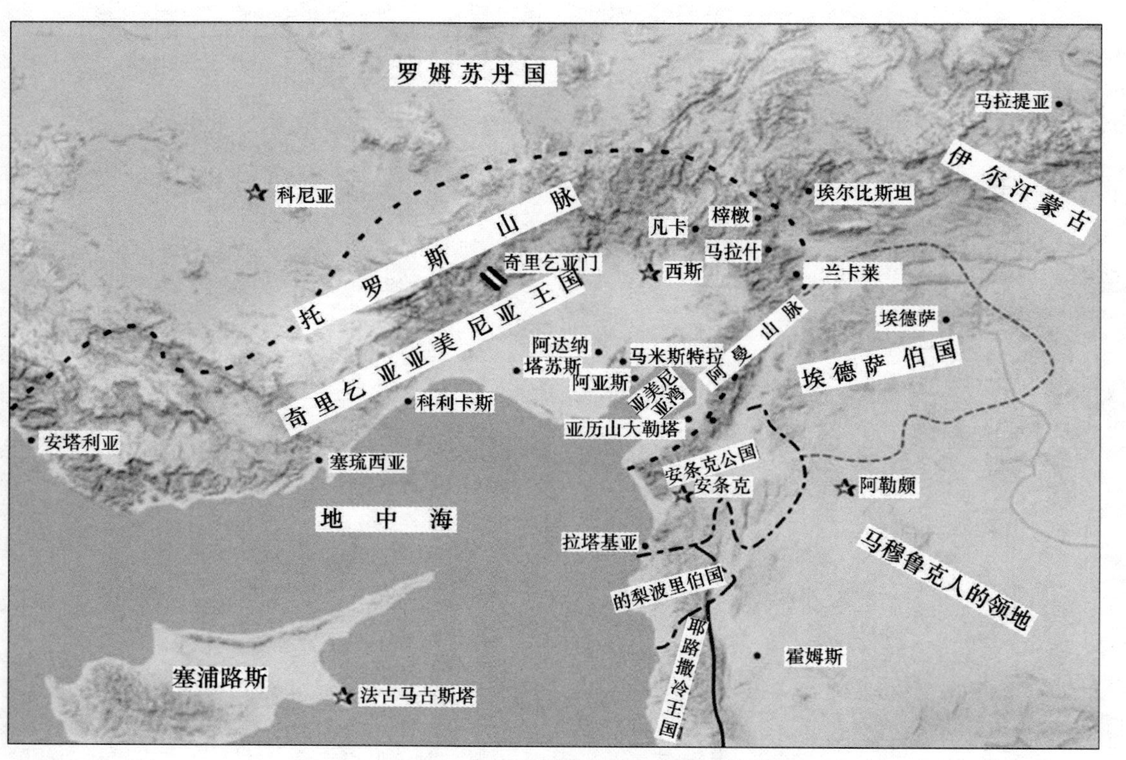

图12-1　鼎盛时期的奇里乞亚亚美尼亚王国

伊斯兰教兴起前，奇里乞亚属拜占庭帝国。之后，它被阿拉伯人占领。965 年，拜占庭皇帝尼基弗鲁斯二世（963—969 年在位）夺回奇里乞亚。1045 年，拜占庭帝国正式吞并大亚美尼亚，19 年后塞尔柱人占领了大亚美尼亚。拜占庭和突厥人的入侵，掀起了亚美尼亚人移民奇里乞亚的浪潮。在这种情况下，亚美尼亚人逐渐成为奇里乞亚的多数族裔。当然，在该地区的人口构成中，还有希腊人、亚述人、阿拉伯人、犹太人和突厥人。起初，拜占庭政府把奇里乞亚的统治权委托给亚美尼亚移民。随着时间的推移，它成为亚美尼亚人的世袭领地，但名义上效忠于君士坦丁堡。

第一节　鲁本王朝

至 11 世纪下半叶，奇里乞亚涌现出了一些亚美尼亚人的小公国。由于它们远离拜占庭的统治中心，且交通不便，拜占庭政府给予那里的亚美尼亚贵族一定的自治权。菲拉雷托斯·布拉卡米奥斯（？—1087）是最为成功的亚美尼亚贵族。他原是拜占庭帝国最杰出的将军之一，在曼兹科特战役中立下赫赫战功。1078—1085 年间，菲拉雷托斯以马拉什为中心建立了一个北到梅利泰内，南到叙利亚的公国。随着突厥人向西推进，大部分亚美尼亚公国被吞并，最终只有鲁本家族和海屯家族建立的公国顽强生存了下来。

一　鲁本公国的兴起

鲁本王朝的奠基者是鲁本一世（1025—1095）。乞剌可斯说，他是巴格拉图尼王国末代君主加吉克二世的亲戚。[①] 时亚美尼亚历史学家瓦赫兰也声称，他是“皇家血亲的首领”[②]。这既说明鲁本家族以大亚美尼亚的巴格拉图尼王国的继承者自居，也说明它得到了亚美尼亚人的普遍认可。

---

① Kirakos Gandzakets ‘i, *History of the Armenians*, trans. Robert Bedrosian, p. 100.

② Vahram, *Chronicle of the Armenian Kingdom in Cilicia during the Time of the Crusades*, London: Printed for the Oriental Translation Fund and Sold by J. Murray, 1831, p. 27.

加吉克二世被杀后，鲁本撤退到托罗斯山脉中，于1080年建立了一个公国。从此，鲁本一世依靠迁徙过来的亚美尼亚移民，不断扩大势力范围，蚕食拜占庭帝国领土。拜占庭皇帝对亚美尼亚人的崛起非常警觉，数次派兵讨伐，但都未获成功。1090年，鲁本夺取战略要塞凡卡（今土耳其费克），控制了从阿亚斯港到小亚细亚的贸易路线。阿亚斯港给鲁本家族带来源源不断的财政收入，为奇里乞亚经济的发展发挥了重要作用。

1095年，鲁本一世把爵位传给儿子康斯坦丁一世（1095—1100年在位）。康斯坦丁一世致力于经济建设，瓦赫兰说，他"开垦了土地，重建了城镇"①。这时，奇里乞亚地区增添了一个新的政治因素——拉丁十字军的到来。康斯坦丁一世敏锐地嗅觉到了西欧的政治力量，积极给十字军提供物资，以换取后者的支持。在十字军的帮助下，他夺取了拜占庭的堡垒城市西斯。1112年，托罗斯一世（1100—1130年在位）占领卡帕多西亚的堡垒城市克齐斯特拉，处死了镇守该城的三兄弟。三兄弟是暗杀加吉克二世的凶手。② 12世纪，亚美尼亚学者将托罗斯一世的复仇视为鲁本家族与巴格拉图尼家族有继承关系的证据。托罗斯一世的继承人康斯坦丁二世（1130）死于一场政变。瓦赫兰说："托罗斯死后，他唯一的儿子和继承人被一群邪恶的人投进了监狱，他们给了他一种毒品。于是，公国落到了托罗斯的弟弟列翁手里。"③

列翁一世（1130—1137年在位）利用拜占庭和十字军公国之间的矛盾，将领土扩张到地中海沿岸。1136年，安条克公爵康斯坦斯（1130—1163年在位）诱骗他到安条克城。列翁一世在割让马米斯特拉、阿达纳和萨万提卡尔后获释。④ 不久之后，他又夺回上述地区。列翁一世的扩张招致了拜占庭皇帝约翰二世（1118—1143年在位）的

① Vahram, *Chronicle of the Armenian Kingdom in Cilicia during the Time of the Crusades*, London: Printed for the Oriental Translation Fund and Sold by J. Murray, 1831, p. 28.

② Mihran Kurdoghlian, *Պատմութիւն Հայոց* (History of Armenia), Vol. II, pp. 33 - 36.

③ Vahram, *Chronicle of the Armenian Kingdom in Cilicia during the Time of the Crusades*, p. 30.

④ Simon Payaslian, *The History of Armenia: From the Origins to the Present*, p. 82.

报复。瓦赫兰说："列翁发现自己被一大群军队包围了，对自己的堡垒失去了信心，逃到了山里，但很快就被抓了起来，戴上脚镣押到皇帝面前。"[①] 列翁一世和他的两个儿子（鲁本和托罗斯）被抓到君士坦丁堡。最终，只有托罗斯二世（1144—1168 年在位）活了下来。[②]

托罗斯二世逃回奇里乞亚后，在十字军的支持下，从拜占庭人手中夺回了凡卡。[③] 与此同时，他利用拜占庭疲于应付突厥人的有利时机，横扫奇里乞亚平原，击败了海屯家族。1151 年，他将亚美尼亚教廷搬到了素有"罗马人的堡垒"之称的兰卡莱，[④] 大大提高了奇里乞亚的政治地位。从此，亚美尼亚人的政治、经济和文化中心从大亚美尼亚转移到奇里乞亚。

12 世纪下半叶，近东迭遭变乱，民不聊生，奇里乞亚却相对安定。鲁本王朝趁机不断蚕食奇里乞亚的拜占庭领土，这让皇帝曼努埃尔一世陷入两难境地——突厥人和亚美尼亚人的双重挑战。最终，拜占庭放弃了奇里乞亚主权。

在经历了近四分之一个世纪的战争后，托罗斯二世把政权交给了年幼的儿子鲁本二世，自己隐退到修道院中。托罗斯二世统治期间，奇里乞亚经济繁荣，政治和军事水平大大提高。1167 年，犹太旅行家便雅悯（1130—1173）来到奇里乞亚，他说："从塞浦路斯到古里库斯有四天的路程，古里库斯是亚美尼亚国土的起点，这是'山地统治者'托罗斯帝国的边界。"[⑤] 值得注意的是，这位犹太旅

---

① Vahram, *Chronicle of the Armenian Kingdom in Cilicia during the Time of the Crusades*, p. 31.

② Vahram, *Chronicle of the Armenian Kingdom in Cilicia during the Time of the Crusades*, pp. 33 - 35.

③ Steven Runciman, *A History of the Crusades Vol. II: The Kingdom of Jerusalem*, New York: Cambridge University Press, 1951, p. 331.

④ Angus Donal Stewart, *The Armenian Kingdom and the Mamluks: War and Diplomacy During the Reigns of Hetum II* (1289 - 1307), Netherlands: Brill Academic Publishers, 2011, pp. 33 - 34.

⑤ Benjamin of Tudela, *The Itinerary of Benjamin of Tudela*, Critical text, translation and commentary by Marcus Nathan Adler, London, Oxford University Press, 1907, p. 15. 古里库斯（Curicus），今土耳其梅尔辛省的科利卡斯（Corycus），为奇里乞亚著名古城，字面意思是"女儿堡"。

行家声称，托罗斯二世使用了“王”的称号——尽管只是敬语，却反映了鲁本公国在小亚细亚的政治地位。

1168 年，托罗斯二世去世，其兄马利赫（1170—1175 年在位）在突厥人的支持下杀害了鲁本二世。历史学家森帕德谴责了马利赫的行为，说：“他控制了他兄弟的公国，突厥人拿走了很多战利品。”①

马利赫注意保境安民，巩固了亚美尼亚人的权威。然而，他与穆斯林国家的密切关系引起了十字军、拜占庭和亚美尼亚贵族的反对。因为，当时的历史心理是基督教国家之间的合作，而非追求与穆斯林国家的友好。结果，他被侄子鲁本三世（1175—1187 年在位）推翻，奇里乞亚政局趋于稳定。瓦赫兰说：“他给这个国家制定了许多规定，嘱咐他的女儿们不要嫁给外国人，这样亚美尼亚人便不会被外国人统治，也不会受到暴君的骚扰。”②

二　公国到王国的嬗变

亚美尼亚人在奇里乞亚的真正崛起是在列翁二世时代实现的。在西方发起第三次十字军东征前夕，神圣罗马帝国皇帝腓特烈一世（1155—1190 年在位）和罗马教皇克莱门特三世（1187—1191 年在职）为换取列翁二世的支持，承诺授予他一顶王冠。③ 1189 年 5 月，腓特烈一世从雷根斯堡启程，率领一支精锐部队，进入小亚细亚。在德皇接近奇里乞亚时，列翁二世派使节去迎接这位来自欧洲的罗马皇帝。然而，“红胡子”大帝却因到河里洗澡溺亡。森帕德说：“由于他是一位老人，在那里被淹死了（1190 年 6 月 10 日）。”④ 德皇的意外死亡，使列翁二世从罗马人的皇帝那里得到王冠的目标成为未知数。尽管如此，他还是参加了法兰克国王对阿克城的围攻（1191 年 5 月 11 日）。

---

① Smbat Sparapet, *Smbat Sparapet's Chronicle*, trans. Robert Bedrosian, p. 86.

② Vahram, *Chronicle of the Armenian Kingdom in Cilicia during the Time of the Crusades*, p. 42.

③ David Marshall Lang, *Armenia: Cradle of Civilization*, p. 202.

④ Smbat Sparapet, *Smbat Sparapet's Chronicle*, trans. Robert Bedrosian, p. 92.

列翁二世的坚持终于得到了回报。新任神圣罗马帝国皇帝亨利六世（1191—1197年在位）和教皇塞莱斯廷三世（1191—1198年在职）答应给他一顶王冠，但条件是亚美尼亚教会须并入罗马天主教会。亚美尼亚人自古以来就不愿意就自己的宗教立场妥协，并被宗教英雄主义意识所控制。尽管如此，政治利益是首要的。列翁二世向亚美尼亚神职人员承诺：只在口头上屈服拉丁教会而不会真的付诸行动。这样，他才勉强得到了神职人员的同意。在列翁二世的伪装下，德皇亨利六世给他送来王冠。拜占庭皇帝阿历克塞三世（1195—1203年在位）闻讯后，也给他送来一顶王冠。显然，前者的王冠比后者送来的分量要重要得多。

加冕仪式本来定在亨利六世到达西斯之时举行，但皇帝因在1197年去世，典礼被迫改期。1198年1月，亨利六世的大臣——（希尔德斯海姆的）康拉德与美因茨大主教来到西斯，出席了列翁二世的加冕典礼。[①] 瓦赫兰激动地说："就这样，列翁声名鹊起，被法兰克人和希腊人的皇帝所熟知，蒙上帝恩宠，他们都授予他冠冕。"[②] 对亚美尼亚人来说，这是值得庆祝的一天，他们仿佛看到了王国的复兴，实现了亚美尼亚与欧洲十字军的整合。然而，列翁二世的政策是否符合亚美尼亚人的长远利益，值得怀疑，因为西化给他们带来的好处微乎其微。列翁二世似乎预感到了这一点，指定给他加冕的为亚美尼亚神职人员而非拉丁教会的神职人员。

无论如何，列翁二世将亚美尼亚公国提升到王国地位，并给他的国家和人民带来了稳定的政治局面。由于得到教皇的认可，热那亚和威尼斯向他寻求经商特权。1201年3月，列翁二世与热那亚签署一项商业条约，允许他们在奇里乞亚建立教堂和派驻领事。不久之后，威尼斯人也获得了类似的特权。奇里乞亚迅速成为国际贸易中心。[③]

---

① Steven Runciman, *A History of the Crusades Vol. III: the Kingdom of Acre and the Later Crusades*, p. 90.

② Vahram, *Chronicle of the Armenian Kingdom in Cilicia during the Time of the Crusades*, p. 44. 古亚美尼亚人经常将他们的国家与雅弗族的陀迦玛联系在一起。

③ David Marshall Lang, *Armenia: Cradle of Civilization*, p. 203.

从公国嬗变为王国后，列翁二世着手完善行政和司法体系。他仿照法国，建立了一套官僚制度，并使用一些法兰克人的官衔术语，如法警、元帅和总管等。奇里乞亚的封建制度成为法兰克封建制度的修改版，桀骜不驯的纳哈拉人或世袭亲王们都要发誓效忠国王。亚美尼亚农民享有自由人身份，本土农民沦为农奴。他按照西方模式建立了一套司法体系。最高法院设在都城西斯，法典以《安条克法典》为蓝本，结合高什法典，颁布实施。法典的颁布在一定程度上打破了传统贵族把持的“高等法院”。为完善商业秩序，他设立商业法庭。拉丁骑士团社区设有特别法庭，大主教有自己的教会法庭。①

列翁二世是奇里乞亚亚美尼亚的最后一位亲王，也是首个国王。他说服十字军、教皇和神圣罗马帝国皇帝授予他王冠。因此，对于失去家园的亚美尼亚人来说，他们重新建立了自己的国家。列翁二世的王国是在亚美尼亚历史家园之外建立起来的一个全新的政治组织。鉴于近东的政治局势，它将亚美尼亚人置于几大政治、宗教和文化的交汇处，并卷入了地区政治、军事和宗教斗争中。

三　安条克继承战争

安条克继承战争（1201—1219）是列翁二世与安条克公国就后者的继承权问题发生的一系列武装冲突的总称。在12世纪的最后几十年，欧洲十字军建立的安条克公国是该地区最主要的基督教势力之一，它的领土主要在今叙利亚境内。列翁二世的霸权对安条克公国形成挑战。1191年，列翁二世占领了叙利亚的堡垒城市巴格拉斯，为两国的冲突埋下了祸根。随后，列翁二世试图占领安条克，但遭到市民公社的激烈反对。

安条克公国亲王博希蒙德三世（1163—1201年在位）的长子雷蒙德是列翁二世的女婿。根据列翁二世与博希蒙德三世的约定，列翁二世的女儿爱丽丝的孩子将来继承安条克公国。然而，雷蒙德于

① David Marshall Lang, *Armenia*: *Cradle of Civilization*, p. 204.

1197 年去世，留下了尚在襁褓中的儿子雷蒙德・鲁本（1198—1222）。根据约定，他是安条克公国的法定继承人。博希蒙德三世认为，这对安条克公国不利，于是派人将爱丽丝母子送回奇里乞亚。美因茨大主教康拉德闻讯后匆忙赶到安条克，要求博希蒙德三世确认雷蒙德・鲁本的继承权。[①]

然而，博希蒙德三世的另一个儿子——的黎波里伯爵小博希蒙德却一直觊觎安条克的继承权。斯蒂芬说，他是一个“雄心勃勃”的年轻人。[②] 在安条克继承权问题上，圣殿骑士团、医院骑士团、市民公社、比萨人和热那亚人支持小博希蒙德。圣殿骑士团因巴格拉斯堡问题，对列翁二世耿耿于怀；医院骑士团虽不情愿与圣殿骑士团合作，但被小博希蒙德的贿赂收买了；市民公社对贵族的统治一直抱有敌意；比萨人和热那亚人被小博希蒙德的贸易特权吸引。[③] 1198 年底，小博希蒙德突然出现在安条克，驱逐了父亲。

列翁二世也有一个强大的盟友——罗马教皇英诺森三世（1198—1216 年在职）。列翁二世是教皇的新晋封臣，因此，英诺森三世不可能漠视亚美尼亚人的利益。3 个月后，在教皇的支持下，列翁二世进入安条克，小博希蒙德被迫返回的黎波里。与此同时，教皇英诺森三世为安抚圣殿骑士团，敦促列翁二世尽快解决巴格拉斯堡问题，但被列翁二世拒绝。

1201 年 4 月，老博希蒙德去世，小博希蒙德进入安条克，是为博希蒙德四世。列翁二世坚持雷蒙德・鲁本的合法继承权，于 1201—1206 年间屡次率军进入安条克公国，但每次都被迫退兵，因为阿尤布王朝的埃米尔和罗姆国苏丹趁机冲进奇里乞亚。虽然列翁二世最初赢得了英诺森三世的支持，但他的不妥协使他最终使失去

---

① Steven Runciman, *A History of the Crusades Vol. III: the Kingdom of Acre and the Later Crusades*, p. 99.

② Steven Runciman, *A History of the Crusades Vol. III: the Kingdom of Acre and the Later Crusades*, p. 99.

③ Steven Runciman, *A History of the Crusades Vol. III: the Kingdom of Acre and the Later Crusades*, p. 100.

了罗马教会的支持。在战争胶着不下的情况下，双方于1206年签署了为期八年的停战协定。①

冲突期间，教皇公使（加普亚的）彼得和安条克大主教（昂古莱姆的）彼得发生冲突，后者支持雷蒙德·鲁本的继承权，前者则极力反对。博希蒙德四世利用二彼得的分歧，联合市民公社，扶持东正教大主教西缅二世取代了（昂古莱姆的）彼得（1207）。然而，二彼得迅速和解，革除了博希蒙德四世和市民公社的教籍，并说服一些贵族反对博希蒙德四世。列翁二世率军进入安条克，但被博希蒙德四世击败。昂古莱姆的彼得被俘，在狱中酗酒而死。②

1208年，阿尤布王朝苏丹阿迪勒一世冲进的黎波里，给列翁二世创造了出兵安条克的机会。然而，博希蒙德四世却说服罗姆国苏丹凯考斯一世（1221—1220年在位）出兵奇里乞亚，列翁二世被迫退兵。无休无止的战争终于引起了英诺森三世的注意，特委托耶路撒冷大主教艾伯特·阿佛加德罗（1205—1214年在职）进行调解。阿佛加德罗是圣殿骑士团的盟友，极力劝说列翁二世把巴格拉斯堡还给骑士团。列翁二世听从了公使的意见，答应撤出巴格拉斯堡。③然而，列翁二世却违背诺言，拒绝交出巴格拉斯堡，并终止了与罗马教会的谈判。1211年，列翁二世伏击了一支给圣殿骑士团运送粮食的商队，激怒了教皇。于是，教皇颁布诏令，禁止基督教国家的统治者给列翁二世提供任何支持，并革除其教籍。与此同时，教皇敦促耶路撒冷国王（布里耶纳的）约翰代表圣殿骑士团进行干预。④为反制教皇，列翁二世把拉丁牧师赶出了奇里乞亚，收留了安条克大主教西缅二世。

---

① Jochen Burgtorf, "The Antiochene War of Succession", in Adrian J. Boas, ed., *The Crusader World*, The University of Wisconsin Press, 2016, pp. 196 - 211.

② Mary Nickerson Hardwicke, "The Crusader States, 1192 - 1243", in Kenneth M. Setton, eds., *A History of the Crusades, Vol. II: The Later Crusades*, 1189 - 1311, Madison, Wisconsin: The University of Wisconsin Press, 1969, p. 536.

③ Jochen Burgtorf, "The Antiochene War of Succession", in Adrian J. Boas, ed., *The Crusader World*, p. 201.

④ Guy Perry, *John of Brienne: King of Jerusalem, Emperor of Constantinople*, c. 1175 - 1237, Cambridge University Press, 2013, pp. 78 - 79.

1213 年，教皇英诺森三世决定发起一场新的十字军东征，希望列翁二世能够提供支援。这样，教皇与亚美尼亚教会的关系迅速改善，削弱了博希蒙德四世的地位。1219 年，列翁二世去世，博希蒙德四世复辟，安条克继承权战争就这样平淡地结束了。[①] 这场旷日持久的战争严重削弱了小亚细亚基督教国家的势力，为穆斯林势力的反扑提供了机会。安条克继承战争虽看起来只是近东的一场局部冲突，但西方教会和伊斯兰势力都不同程度地卷了进来。最终，战争以奇里乞亚的失败和安条克的胜利结束。安条克继承战争标志着亚美尼亚和十字军的关系从合作到公开冲突的转变，但这一冲突使拉丁西方逐渐放弃了对奇里乞亚的支持。

四 教会联盟之争

奇里乞亚王国的生存，在一定程度上取决于它与拜占庭和拉丁十字军王国的关系。与这种政治生态相应的是，亚美尼亚教会与希腊东正教会、罗马天主教会展开了一系列谈判，但由于后者因坚持自己的至尊地位，无果而终。

如前文所述，亚美尼亚教会自迦克墩公会开始，与西方教会渐行渐远。迦克墩公会确立了基督的两种本性，在接下来的几个世纪里，亚美尼亚人和希腊人之间的矛盾不断加深。亚美尼亚教会接受了以弗所教公会议上确立的“耶稣基督是上帝之道的唯一化身”的准则。[②] 帝国教会认为，亚美尼亚基督徒是一性论者；亚美尼亚人则认为，希腊人、拉丁人是聂斯脱利派。[③] 巴格拉图尼王国灭亡后，拜占庭视亚美尼亚人是不值得信任的臣民。因此，在拜占庭人的眼里，亚美尼亚人要么是镇压的对象，要么是教化的对象。为归化亚美尼亚人，拜占庭统治者尽量避免使用亚美尼亚人，而是把希腊人

① Jochen Burgtorf, “The Antiochene War of Succession”, in Adrian J. Boas, ed., *The Crusader World*, p. 203.

② Charles A. Frazee, “The Christian Church in Cilician Armenia: Its Relations with Rome and Constantinople to 1198”, *Church History*, Vol. 45, No. 2, 1976, p. 166.

③ Charles A. Frazee, “The Christian Church in Cilician Armenia: Its Relations with Rome and Constantinople to 1198”, p. 166.

安置到亚美尼亚各省主教的职位上。奇里乞亚大主教哈奇克二世（1058—1060年在职）的遭遇说明了这一点。当拜占庭皇帝迫使他改用希腊人的宗教仪式时，亚美尼亚神职人员起草了一份联合声明：永远不会屈服于希腊人的宗教仪式。于是，帝国政府开始向亚美尼亚教会征税，并视其为异教徒。哈奇克二世死后，拜占庭当局禁止亚美尼亚人选出自己的教宗，并以此作为统一亚美尼亚教会的手段。在接下来的5年里，亚美尼亚教宗空缺（1060—1065）。后来，经拜占庭宫廷圈内的亚美尼亚人的游说，君士坦丁十世才勉强同意亚美尼亚人选出教宗。1065年，亚美尼亚教会召开宗教会议，选举巴列沃尼家族的格里戈尔二世（1065—1105年在职）为大主教。亚美尼亚人期望新的教会领袖能够与君士坦丁堡和解，如果可能的话，愿意接受拜占庭的统治。[①] 不出所料，君士坦丁堡牧首约翰八世（1064—1075年在职）根本不打算与亚美尼亚教会妥协。"皇帝有摧毁亚美尼亚信仰的意图"，马修说，"他决心用他那邪恶的、混乱的、有缺陷的教义取代自古以来亚美尼亚人确立的信仰"[②]。

亚美尼亚教会和罗马天主教会之间也有着很长的历史故事，有时甚至不那么光彩。当他们与拜占庭的谈判破裂之后，西欧发起了十字军东征。亚美尼亚教会与拉丁教会的直接接触，正是发生在这一时期。[③] 在突厥人占领大亚美尼亚的背景下，大主教格里戈尔二世向罗马教廷派出使团，并给教皇格雷戈里七世（1073—1085年在职）写去一封信，希望拉丁教会能帮助亚美尼亚人摆脱突厥人的统治。这是亚美尼亚教会和罗马教廷之间的首次直接接触。教皇对东方基督徒的请求极为热情，写信给德皇亨利四世，建议他率军到东

① Charles A. Frazee, "The Christian Church in Cilician Armenia: Its Relations with Rome and Constantinople to 1198", *Church History*, Vol. 45, No. 2, 1976, p. 167.

② Matthew of Edessa, *Armenia and the Crusades: Tenth to Twelfth Centuries: The Chronicle of Matthew of Edessa*, p. 109.

③ Malachia Ormanian, *The Church of Armenia: Her History, Doctrine, Rule Discipline, Liturgy, Literature, and Existing Condition*, trans. form the French Edition by G. Marcar Gregory, London: A. R. Mowbray & Co, Ltd., 1912, p. 58.

方击退突厥人。教皇期望在远征中实现罗马教会与东方基督教会的合并，正如教皇指出的："所有的亚美尼亚人都背离了天主教信仰。"① 根据教皇寄给亚美尼亚大主教的信，教皇最为关心的是亚美尼亚教会应符合普世教会的作法，比如亚美尼亚人在圣酒中不掺水违背了拉丁福音中"基督身上流出的是带着血的水"的信仰。教皇尤为不安的是：（1）亚美尼亚人的圣膏油用黄油而非香脂；（2）迦克墩公会上被废黜的狄奥斯库若一世（400—454）的神学思想得到了亚美尼亚神学家的认可和尊敬。这一切都是拉丁教会不能接受的。除此之外，教皇还要求亚美尼亚人的礼拜仪式去掉"为我们钉死在十字架上"这句话，教皇认为，基督徒在礼拜仪式上增加一些别人忽略的东西是可耻的。②

总而言之，亚美尼亚宗教代表和格雷戈里七世的会晤开启了拉丁教会和亚美尼亚教会交流的新篇章。对罗马教廷来说，亚美尼亚人对"迦克墩信经"和"教皇利奥神学"的排斥是不可接受的。在教皇眼中，亚美尼亚教会处于君士坦丁堡而非罗马教会的宗教发展轨迹上，并想当然地认为，亚美尼亚人的宗教政策由拜占庭皇帝和东正教牧首决定。正当格里戈尔二世等待谈判结果时，亚美尼亚教会内部出现了问题：瓦拉格修道院③的保罗、阿尼城的帕塞格和修士西奥多罗斯纷纷宣布自己为教宗，这意味着亚美尼亚人同时有了4个教宗。他们之间互有敌意，制造了许多混乱。保罗看到了这一点，决定放弃教宗职位，隐退到修道院中。当时，亚美尼亚人都认为，格里戈尔二世才是真正的教宗，而帕塞格只是他的副手。1087年，帕塞格废黜了西奥多勒斯，亚美尼亚教会重归统一。

---

① Charles A. Frazee, "The Christian Church in Cilician Armenia: Its Relations with Rome and Constantinople to 1198", p. 169.

② Charles A. Frazee, "The Christian Church in Cilician Armenia: Its Relations with Rome and Constantinople to 1198", p. 169.

③ 土耳其人称瓦拉格修道院（Varagavank）为"七个教堂"。它位于凡城东南9000米的埃雷克山坡上，是11世纪亚美尼亚瓦斯普拉坎国王在一个宗教建筑遗址上修建的，最初用作阿茨鲁尼家族的王陵。

格里戈尔二世在生命的最后几年退居二线，教会的领导权落到了侄子帕塞格身上。[①] 1103 年，帕塞格来到埃德萨，在那里，他得到了鲍德温二世的欢迎。这时，亚美尼亚人对拉丁教会的失望已经开始显现，但是，大主教的到来阻止了任何迫在眉睫的问题。[②] 二年后，格里戈尔二世去世（1105 年 12 月 5 日），马修哀悼道："亚美尼亚信仰的支柱和这个东方国家教会的神圣堡垒倒塌了。"[③] 在这里，马修的悼词不仅指格里戈尔二世的去世，也带有亚美尼亚教会与拉丁教会联合的惆怅之情。

在此期间，希腊正教会对亚美尼亚人的影响急剧下降，拉丁教会的影响因十字军国家的存在反而与日俱增，这种此消彼长的情况影响了亚美尼亚人对希腊正教和拉丁教会的态度。在这种情况下，帕塞格试图与塞尔柱苏丹马里克沙寻求和解，甚至承诺：如果塞尔柱人保证亚美尼亚教会的自由，亚美尼亚人将忠诚于苏丹。[④] 这在一定程度上反映了亚美尼亚教会对西方教会的失望。不幸的是，当帕塞格在安条克的修道院内从事宗教活动时，被坍塌的露台砸死。[⑤] 随之，他与塞尔柱人的谈判终结，他的另一个侄子格里戈尔三世（1113—1166 年在职）当选为新教宗。

格里戈尔三世首先致力于改善与其他教区的关系，但他的示好并没有受到多少欢迎，因为塞凡湖一带的修道院反对任何外来宗教的影响——无论是希腊的还是拉丁的。[⑥] 结果，大亚美尼亚的保守

---

① 格里戈尔二世指定侄子为继承人后拜访了罗马教皇，后又去耶路撒冷和埃及的孟菲斯进行朝圣。

② Charles A. Frazee, "The Christian Church in Cilician Armenia: Its Relations with Rome and Constantinople to 1198", p. 171.

③ Matthew of Edessa, *Armenia and the Crusades: Tenth to Twelfth Centuries: The Chronicle of Matthew of Edessa*, p. 195.

④ Charles A. Frazee, "The Christian Church in Cilician Armenia: Its Relations with Rome and Constantinople to 1198", p. 169.

⑤ Malachia Ormanian, *The Church of Armenia: Her History, Doctrine, Rule Discipline, Liturgy, Literature, and Existing Condition*, trans. form the French Edition by G. Marcar Gregory, p. 54.

⑥ Charles A. Frazee, "The Christian Church in Cilician Armenia: Its Relations with Rome and Constantinople to 1198", p. 170.

主义者和奇里乞亚的自由主义者之间出现了真正意义上的分裂，这种分裂至今还存在于亚美尼亚教会内部。尽管如此，在纳西斯·施诺哈利（1102—1173）的协助下，格里戈尔三世继续寻求与希腊正教会或拉丁教会的联合。然而，12世纪30年代，列翁一世和他的两个儿子（鲁本和托罗斯）被囚于君士坦丁堡一事，加速了格里戈尔三世倒向拉丁教会的步伐，这是因为，鲁本王朝领地的灭失会危及亚美尼亚教会的独立地位，因此，改善与拉丁教会的关系便显得迫在眉睫。格里戈尔三世前往耶路撒冷朝圣，在1139年参加了安条克的拉丁教公会议。这次会议标志着亚美尼亚教会和拉丁教会高层接触的开始。① 拉丁教公会议的目的是审查安条克主教拉杜尔夫的合法性。应枢机主教阿伯里克和教皇使节的邀请，格里戈尔三世和纳西斯·施诺哈利应邀参加了会议，以协助监督审查程序。会议废黜了拉杜尔夫。

格里戈尔三世的拉丁十字军国家之行，取得了较好的效果。乞剌可斯描述了拉丁人对他的欢迎："他一到安条克，众民拿著火把和灯出现在他面前。他们非常尊敬他，请他坐在使徒彼得的座上。"② 会议结束后，在阿伯里克的陪同下，格里戈尔三世前往耶路撒冷。乞剌可斯报道："他一到耶路撒冷，法兰克人和大主教格里戈尔在我们两国人民之间播下了深厚的友谊。"③ 在亚美尼亚大主教和拉丁神职人员接触期间，他们肯定探讨了教会统一的问题。根据推罗的威廉报道，格里戈尔三世在耶路撒冷期间参加了一次拉丁教公会议。④ 教公会议由阿马尔里克（尚未成为耶路撒冷国王）在1140年的复活节召集，格里戈尔三世在会上表明了意欲拉丁教会建立密切关系的态度，并承诺使亚美尼亚教会仪式符合西方传统。⑤

---

① Seta B. Dadoyan, *The Armenians in the Medieval Islamic World, Vol. II: Paradigms of Interaction Seventh to Fourteenth Centuries*, p. 218.

② Kirakos Gandzakets 'i, *History of the Armenians*, trans. Robert Bedrosian, p. 108.

③ Kirakos Gandzakets 'i, *History of the Armenians*, trans. Robert Bedrosian, p. 108.

④ Aram I Catholicos Keshishian, *St. Nerses the Gracious and Church Unity*, Antelias: Catholicosate Publications, 2010, pp. 37 – 38.

⑤ Aram I Catholicos Keshishian, *St. Nerses the Gracious and Church Unity*, p. 173.

同时，他写信给教皇英诺森二世（1130—1143 年在职），表达了对亚美尼亚教会未来的担忧，并陈述了拜占庭迫害亚美尼亚人的事件。不久，他向西方派出了一个代表团，当时教皇尤金三世（1145—1153 年在职）正准备发起第二次十字军东征。亚美尼亚基督徒的出现，使教皇喜出望外，“没有什么比东方基督徒愿意追随教皇的权威更受欢迎的了”[①]。一场关于亚美尼亚人、希腊人、拉丁人礼拜习俗的辩论随之进行。罗马教会对宗教礼仪的兴趣似乎比宗教教义更大。最后，亚美尼亚代表同意在圣酒中加水以及在 12 月 25 日庆祝圣诞节。

总之，在第二次十字军到来之前，亚美尼亚教会加快了向拉丁教会靠拢的步伐。关于亚美尼亚地位的问题，教皇在 1165 年给格里戈尔三世送来一封信和一件宗教法衣，暗示罗马教会凌驾于亚美尼亚教会之上。从此，亚美尼亚教会和拉丁教会之间开始了频繁的书信往来。[②] 有些书信保存到了今天，成为研究亚美尼亚教会和罗马教会关系的宝贵资料。

正当亚美尼亚代表团与罗马教会达成妥协之际，囚禁在君士坦丁堡的托罗斯二世返回奇里乞亚，恢复了鲁本王朝的权势。在此期间，托罗斯二世与海屯家族的奥辛二世发生争执。1165 年，格里戈尔三世委托纳西斯·施诺哈利进行调停。纳西斯·施诺哈利博学多才，精通希腊语、拉丁语和叙利亚语，可以说，是东西方文化的集大成者。途经马米斯特拉时，他拜见了拜占庭总督阿列克谢·阿克索齐（1105—1187），后者提议，纳西斯写一篇关于亚美尼亚信仰的论述，并承诺代呈给皇帝。在纳西斯的声明信中，他表现出和解的态度：西里尔在第一次以弗所公会使用的术语为希腊人、亚美尼亚人所接受，因此教会之间没有理由不达成一致。[③] 关于迦克墩教义争议的问题，纳西斯避而不谈。亚美尼亚

① Aram I Catholicos Keshishian, *St. Nerses the Gracious and Church Unity*, p. 174.

② Seta B. Dadoyan, *The Armenians in the Medieval Islamic World, Vol. II: Paradigms of Interaction Seventh to Fourteenth Centuries*, p. 218.

③ Charles A. Frazee, “The Christian Church in Cilician Armenia: Its Relations with Rome and Constantinople to 1198”, p. 175.

教会与希腊教会之间的谈判似乎迈出了重要一步。然而，纳西斯没有忽视与拉丁教会的谈判，他在写给教皇的信中尊称教皇为"罗马的神圣教皇、首席主教和使徒彼得的继承者"①。在拜占庭方面，当纳西斯收到曼努埃尔一世的回信时，已经是大主教了（1166—1173年在职）。纳西斯向拜占庭皇帝建议举行一次宗教集结，以让希腊人和亚美尼亚人各自陈述自己的立场。1171年，曼努埃尔一世派代表团访问亚美尼亚。他与代表团们讨论了基督的本性和迦克墩教义等问题。最后，纳西斯和东正教会代表达成一项协议，基本接受了拜占庭的立场。

根据纳西斯与拜占庭教会达成的协议，他们共同构建了一个对双方来说更为温和的信仰体系。在给曼努埃尔一世的密信中，纳西斯承诺尽一切努力说服亚美尼亚神职人员同意与东正教会的和解。代表团回到君士坦丁堡后，报告说他们成功完成了任务。由于纳西斯的密信证实了这一点，皇帝曼努埃尔一世和大牧首米恰尔三世（1170—1178年在职）对此深信不疑。拜占庭方面立即起草了一份鼓励亚美尼亚人付诸行动的议程，并派代表团带着皇帝和大牧首的私人信函去跟纳西斯谈判。拜占庭代表提出了九点要求：（1）承认基督的两种本性；（2）遵守《迦克墩信经》；（3）12月25日庆祝圣诞节；（4）亚美尼亚人放弃1月6日庆祝主显节；（5）确定复活节日期；（6）在弥撒中使用发酵面包；（7）使用掺水的酒；（8）在三圣天圣歌赞美诗结尾处，不再使用亚美尼亚表述"圣主已被钉死在十字架上"；（9）大主教任命权交给拜占庭皇帝。② 上述九点要求，完全超出了纳西斯的接受范围。记录这一事件的安条克主教迈克尔陈述了自己的观点："在最后一刻希望改变信仰而不考虑别人的感受是不合适的。"③ 当纳西斯提出反对意见时，拜占庭代表突然拿出他写给曼努埃尔一世的密信，这让纳西斯非常尴尬，谈判随之

① Charles A. Frazee, "The Christian Church in Cilician Armenia: Its Relations with Rome and Constantinople to 1198", p. 175.

② T. S. R. Boase, eds., *The Cilician Kingdom of Armenia*, p. 17.

③ T. S. R. Boase, eds., *The Cilician Kingdom of Armenia*, p. 17.

中断。亚美尼亚神职人员坚决反对与东正教的联合，因为亚美尼亚人在历经几个世纪的帝国教会的迫害后，还没有准备好接受希腊神职人员的拥抱。纳西斯不得不接受现实，给曼努埃尔一世写去一封信，承诺将尽快召集会议，讨论拜占庭的九点要求，并希望拜占庭当局也应作出适当的妥协。[①]

不出所料，亚美尼亚教会与希腊正教的谈判毫无结果。大主教格里戈尔四世与塔苏斯主教纳西斯·朗布龙茨（1153—1198）继续追求两个教会的联合，并希望拜占庭当局能够减轻对亚美尼亚教会的压力。可以想象，谈判一如既往的失败。时亚美尼亚人大部分处于穆斯林、拜占庭和拉丁人的统治之下，因此，亚美尼亚教会领袖可供选择的机会不多，没有可供谈判的资本。1179 年，格里戈尔四世在兰卡莱召集了一次宗教集结，重申了基督既具人性也有神性的论点。除阿尼城主教巴赛尔出席会议外，东亚美尼亚神职人员全部拒绝参加。为避免分歧，拜占庭提出的九点要求从议程中删除了。纳西斯·朗布龙茨已经准备好了他的“演讲”，但没有宣读。这时，他已被亚美尼亚人怀疑为叛教者。在纳西斯·朗布龙茨准备好的演讲稿中，他强调了人在上帝面前都是平等的、宽容的必要性，他写道：

> 希腊人邀请过我们一两次。难道我们不应该回应他们，要么大胆地同意，要么让他们同意我们？如果他们坚持二性论，我们就要驳斥他们，责备他们；如果他们改变主意，我们接受他们，成为兄弟……即使一事无成，至少我们应向他们表示诚意。[②]

会后，纳西斯·朗布龙茨起草了一份包括他的“信经”在内的

---

① Charles A. Frazee, “The Christian Church in Cilician Armenia: Its Relations with Rome and Constantinople to 1198”, p. 176.

② “The Universal Encyclical”, cited in Seta B. Dadoyan, *The Armenians in the Medieval Islamic World, Vol. II: Paradigms of Interaction Seventh to Fourteenth Centuries*, p. 222.

一份会议纪要，33 名主教签署后送到了君士坦丁堡。在这些文件中，他阐述了亚美尼亚基督论的基本原则和信仰传统，并表示拒绝承认《迦克墩信经》。[①] 然而，信件尚未到达君士坦丁堡，曼努埃尔一世便去世了。新皇帝阿列克谢二世（1180—1183 年在位）对教会合并一事毫无兴趣。

1184 年，格里戈尔四世给教皇卢修斯三世（1181—1185 年在职）写去一封信，请他出面阻止拜占庭皇帝伊萨克二世（1185—1195；1203—1204 年在位）对亚美尼亚人的迫害。不久，他派遣（菲利普波利斯的）格雷戈里为全权特使，到罗马教廷向教皇陈述了兰卡莱会议上亚美尼亚人对信仰的表白。[②] 卢修斯三世热情招待了他的亚美尼亚客人，共同做了弥撒，然后让特使把一顶主教法冠、一件法衣和一枚戒指捎给大主教。“接受这些徽章，”教皇告诉特使，“把它们交给大主教，它们永远是高贵的象征。”[③] 另外，卢修斯三世还提出了改变亚美尼亚宗教习俗的一般要求：在 12 月 25 日庆祝圣诞节；在圣餐酒中加入水；在复活节前一周奉献圣油。[④] 特使返回奇里乞亚后，纳西斯·朗布龙茨将教皇的拉丁文书信翻译成亚美尼亚语，并记载如下：

> 634 年（1185），罗马教皇卢修斯打发菲利普波利斯的格雷戈里主教回来了。他带来了给我们主（格里戈尔四世）的回信和用拉丁字母写的教会习俗或仪式的书籍。他在塔苏斯找到了我们的主。那是在十月间。大主教得到了他职务象征的法衣和法冠，感谢上帝。他把教皇的信和教会礼仪的书给了我，即他

---

① Seta B. Dadoyan, *The Armenians in the Medieval Islamic World, Vol. II: Paradigms of Interaction Seventh to Fourteenth Centuries*, p. 222.

② Charles A. Frazee, “The Christian Church in Cilician Armenia: Its Relations with Rome and Constantinople to 1198”, p. 179.

③ Charles A. Frazee, “The Christian Church in Cilician Armenia: Its Relations with Rome and Constantinople to 1198”, p. 179.

④ Charles A. Frazee, “The Christian Church in Cilician Armenia: Its Relations with Rome and Constantinople to 1198”, p. 179.

> 的仆人，以便我能翻译它们。我把它们译成亚美尼亚语。我完全按照我们的语言语法来翻译，没有增加或改变任何东西。[①]

查尔斯·弗雷齐评价道："这时，拉丁礼拜法衣和仪式进入了亚美尼亚人的教堂。"[②] 此时，奇里乞亚的政治形势发生了戏剧性的变化：1187 年，萨拉丁占领耶路撒冷后，西方发起新的十字军东征已经显得十分必要。亚美尼亚公国的命运改变了，这是因为，德皇腓特烈一世为换取对十字军的支持答应了列翁二世的要求。教皇克莱门特三世认为，奇里乞亚是通往东方的大门，十字军国家的存在取决于亚美尼亚人的善意。列翁二世认为，这是一个提升自己政治前途的机会，于是同意了教皇和腓特烈一世的请求，并满怀希望的期待着十字军的到来。然而，腓特烈一世的意外死亡，使加冕一事暂时搁置起来。1193 年，格里戈尔四世不小心从马上跌落去世了。亚美尼亚教会内部关于教宗人选的问题产生分歧。在列翁二世看来，亲西方的纳西斯·朗布龙茨为最佳人选，然而，在大亚美尼亚神职人员的支持下，格里戈尔四世的堂弟瓦赫兰当选为大主教，是为格里戈尔五世。纳西斯·朗布龙茨对此极为不满。列翁二世为照顾民族主义情绪，同意格里戈尔五世（1193—1194 年在职）出任大主教。但对列翁二世来说，王国的政治前途是首要的，因此，当格里戈尔五世不能满足他的要求时，他将其囚禁起来。当格里戈尔五世试图逃跑时，意外跌落悬崖死亡。[③]

格里戈尔五世之死引起了东亚美尼亚神职人员的不满，他们怀疑纳西斯·朗布龙茨与格里戈尔五世的死有关。事实上，在此之前，纳西斯·朗布龙茨就因赞成与拉丁教会的联盟成为东方神职人

---

① Cite in Ibid. , p. 179.

② Charles A. Frazee, "The Christian Church in Cilician Armenia: Its Relations with Rome and Constantinople to 1198", p. 179.

③ 关于格雷戈里五世之死，乞剌可斯说："有一天，人们发现了他的尸体，腰上缠着麻布，倒在堡垒的墙上。一些人说，由于某些主教对他的仇恨把他扔出了墙外。"他质疑说："我们不知道这件事的真相是什么。只有公正的上帝才晓得真相。"见 Kirakos Gandzakets 'i, *History of the Armenians*, trans. Robert Bedrosian, pp. 112 – 113.

员的攻击目标。1195 年，纳西斯·朗布龙茨写下了他著名的“致列翁的信”，信中他以道歉的形式谴责了东亚美尼亚的极端保守主义和狭隘的思想。[①] 他解释说，他既不是异教徒，也不是叛逆者，尽管东亚美尼亚人认为，他打破了既定的传统，比如用特殊的服装和不戴头巾庆祝弥撒，但实际上自己是在恢复亚美尼亚的古老礼拜传统。[②] 面对纳西斯·朗布龙茨的激进言论，列翁二世不得不以民族感情为由警告他必须停止使用拉丁人的法衣和幕帐。纳西斯·朗布龙茨回答：

> 上帝的恩典给了我超越冷漠传统的理解，所以我唯一关心的是兄弟之爱。在我看来，亚美尼亚人和拉丁人一样，拉丁人与希腊人一样，希腊人与埃及人一样，埃及人和叙利亚人也没有什么不同。如果我宣称自己是某个国家的党徒，我怎么能与其他国家的基督徒打交道呢？在基督的恩典下，我愿打破一切隔阂。我对拉丁人、希腊人、叙利亚人的教堂也怀有同样的情感；对亚美尼亚人来说，我在他们中间保持平静，从不把自己与他们的特殊习俗联系起来。[③]

从纳西斯·朗布龙茨的立场来看，他是宽容和开明的神职人员，有着自由主义和普世主义的价值观。他的观点给我们提供了一幅引人注目的时代画卷：知识分子在任何时候都要追求自由并敢于表达自己的观点。关于亚美尼亚宗教和拉丁宗教的异同，纳西斯·朗布龙茨认为：

> 亚美尼亚人只是模仿了拉丁人的自由和放纵，却没有学习

① Seta B. Dadoyan, *The Armenians in the Medieval Islamic World, Vol. II: Paradigms of Interaction Seventh to Fourteenth Centuries*, p. 223.

② Seta B. Dadoyan, *The Armenians in the Medieval Islamic World, Vol. II: Paradigms of Interaction Seventh to Fourteenth Centuries*, p. 223.

③ Charles A. Frazee, “The Christian Church in Cilician Armenia: Its Relations with Rome and Constantinople to 1198”, pp. 183 – 184.

> 他们的虔诚。当亚美尼亚人带着法兰克人进入教堂时，法兰克人会在祈祷时泪流满面，而亚美尼亚人则像野兽一样麻木地站在他的身旁。①

纳西斯·朗布龙茨同意，如果列翁二世放弃法兰克人的习俗、不穿戴法兰克式服装，自己会改变宗教仪式。② 纳西斯·朗布龙茨不畏强权，追求自由和改革的精神，令人钦佩。塞塔·达多扬指出：

> 正是奇里乞亚人对新思想、新观点的开放精神促成了白银时代的形成和文化的开放。正是在奇里乞亚，通过这些12世纪人物的努力，亚美尼亚宗教文化发生了巨大转变，进入了一个新的阶段，可以说是文艺复兴。在十字军和拜占庭人间接存在的情况下，一个强大的拉丁化亚美尼亚王国被来自北部和东部的穆斯林国家包围，这被奇里乞亚人视为唯一的“自然环境”。③

列翁二世尽管赞同纳西斯·朗布龙茨的观点，但为安抚大亚美尼亚人的民族主义情绪，他选择了一个更顺从的继任者——纳西斯四世的侄子格里戈尔六世（1195—1203年在职）。纳西斯·朗布龙茨为这一选择拍手叫好，因为格里戈尔六世是亲拉丁教会者，赞成教会的统一。然而，这一决定却遭到了东亚美尼亚神职人员的反对，不承认格里戈尔六世的教宗地位，而是另选阿尼城主教帕塞格二世（1195—1206年在位）为教宗。奇里乞亚和大亚美尼亚的宗教分裂一直持续到1206年帕塞格二世去世时为止。

列翁二世既非幼稚的亲希腊派，也非单纯的亲拉丁派。他本人在拜占庭长大并接受的教育，因此更愿意与君士坦丁堡达成妥协。

---

① T. S. R. Boase, eds., *The Cilician Kingdom of Armenia*, p. 18.

② T. S. R. Boase, eds., *The Cilician Kingdom of Armenia*, p. 18.

③ Seta B. Dadoyan, *The Armenians in the Medieval Islamic World, Vol. II: Paradigms of Interaction Seventh to Fourteenth Centuries*, p. 177.

1197 年，他派纳西斯·朗布龙茨前往君士坦丁堡，商讨分歧，寻找共同点。这是亚美尼亚教会和东正教会的最后一次谈判，不出所料，无果而终。纳西斯·朗布龙茨写道：

> 我们与希腊人讨论之后，发现他们跟犹太人一样顽固，很无知并金钱至上，不愿意藉着圣灵的再生侍奉上帝，只停留在迂腐的字面上。我们在精神上的善意受到了极大的打击，我们怀着虔诚的希望来，带着困惑和失望离开。①

与拜占庭当局的谈判失败后，列翁二世努力寻求与拉丁教会的联合。显然，罗马教皇乐意看到东方的基督教王国能够成为西方与穆斯林世界之间的缓冲带。早些时候，穆斯林对西班牙和西西里的征服引起了欧洲人的警惕。列翁二世准备作出妥协，但却遇到了保守派和大亚美尼亚神职人员的激烈反对。尽管如此，教会联盟已经成为政治发展趋势。奇里乞亚与拉丁人之间的密切交往激起了拜占庭帝国当局的警惕，皇帝阿列克谢三世（1195—1203 年在位）再次发起了迫害亚美尼亚人的行动。在这种情况下，格里戈尔六世和纳西斯·朗布龙茨决定重启与希腊正教会的谈判。

1196 年，在塔苏斯，列翁二世和大主教格里戈尔六世举行宗教集结，博学多才的纳西斯·朗布龙茨发表了他的论点："《迦克墩信经》只是完成了对聂斯脱利派的拒绝，因此亚美尼亚教会应该欢迎它的决定。"拜占庭教会代表就亚美尼亚人的立场提出质询："他们有没有谴责优迪克（375—454）、狄奥斯库若、蒂莫西二世和所有反对迦克墩公会决定的人吗?"亚美尼亚人答道："他们的确谴责了优迪克，正如我们的圣父在我们面前憎恨他一样。但关于狄奥斯库若，我们不知道他和优迪克一个心眼儿。如果能够证明他持有优迪克说，那么他当然应当受到谴责。"关于二性论，亚美尼亚人借用西里尔谴责聂斯脱利派的措辞予以答复："'为我们钉死在十字架

① Jacques de Morgan, *The History of the Armenian People*, Boston, MA: Hayrenik Association, 1965, pp. 219 – 220.

上’的礼拜用语只是为了纪念基督。”关于圣餐中使用无酵面包的问题，亚美尼亚人发起反攻，质问希腊人：“为什么你们在神圣的仪式中使用发酵面包，与罗马和我们伟大的教会传统相反?”①

塔苏斯宗教会议结束后，双方发表了意向宣言：努力实现亚美尼亚教会和希腊教会的联合。为确保塔苏斯会议联合宣言顺利通过，纳西斯·朗布龙茨亲率代表团访问君士坦丁堡，然而他们没有受到君士坦丁堡牧首的欢迎，拜占庭对联盟一事表现得出奇的冷淡，根本不理会亚美尼亚人提出的条件，两个教会之间的分裂未有任何愈合的迹象。大主教对拜占庭的顽固感到十分沮丧，列翁二世的兴趣迅速转移到拉丁教会上。

综上所述，亚美尼亚教会与拜占庭谈判失败的原因，可归结如下：首先，对亚美尼亚普世主义者来说，理想的统一是信仰交流，而非教阶上的屈服或统一，即亚美尼亚人不接受东正教凌驾于亚美尼亚宗教之上的作法。其次，对于拜占庭来说，东正教会处于强势地位，没必要改变自己的信仰原则与亚美尼亚教会平起平坐。最后，信仰的改变对于任何一个文明体来说，几乎是难以实现的。亚美尼亚主动与拜占庭和解的自相矛盾的作法，其政治目的显而易见，即换取拜占庭帝国的政治支持。然而，当他们意识到谈判是徒劳的之后，便被第三次十字军东征深深打动了。神圣罗马帝国皇帝腓特烈一世的出现，使他们立刻转向了拉丁人一边。转变的动机是亚美尼亚人希望获得欧洲列强的政治和军事援助，以使他们的公国提升到王国的地位。这不仅是列翁二世的政治野心，也是亚美尼亚人的愿景。另外，拜占庭对亚美尼亚人的迫害有愈演愈烈之势，于是执行教会联盟政策的格里戈尔四世和纳西斯·朗布龙茨顺从了列翁二世的命令和亚美尼亚人的意愿。除此之外，当穆斯林、亚美尼亚、拉丁西方和拜占庭互相攻伐时，西方的相对强大促使列翁二世转向罗马教会。

种种迹象表明，列翁二世的加冕请求得到了罗马教廷的积极响

---

① Charles A. Frazee, “The Christian Church in Cilician Armenia: Its Relations with Rome and Constantinople to 1198”, pp. 181 - 182. 优迪克（Eutyches）和蒂莫西二世（Timothy II）皆为5世纪亚历山大学派基督教一性论神学家。

应，本人表示愿意接受教皇提出的任何条件。罗马教皇塞莱斯廷三世对授予王冠一事提出了最低限度的要求：亚美尼亚人和拉丁人在同一天庆祝圣诞节和复活节；教堂办公设在教堂内；复活节前的斋戒应遵循拉丁习俗；亚美尼亚人使用拉丁语。[①] 对于最后一点，似乎不太可能，亚美尼亚人不可能放弃自己的民族语言。

1197 年，美因茨大主教康拉德率罗马教会代表团带着教皇开出的条件来到奇里乞亚。根据乞剌可斯的报告，列翁二世毫不迟疑地接受了教皇的条件："我们迅速执行皇帝和教皇的命令。"[②] 但是，代表团们对亚美尼亚教会的立场持怀疑态度，要求奇里乞亚的 12 位主教宣誓对天主教的信仰是真诚的。对于纳西斯·朗布龙茨来说，这完全没有任何问题，其他主教犹豫了。根据乞剌可斯的说法，列翁二世召见了犹豫不决的主教们，承诺自己只是表面上答应西方的要求，而非要付诸行动。这样，列翁二世勉强得到了亚美尼亚神职人员的同意。

列翁二世的加冕把亚美尼亚公国提高到一个新的政治高度——与东方拉丁十字军王国享有同等甚至更高的地位。同时，这也意味着亚美尼亚族被天主教世界视为不可分割的一部分，亚美尼亚基督徒不再被天主教会斥责为异端或分裂者。几个月后，消息传到君士坦丁堡，拜占庭皇帝给他送来一顶王冠，对他说："不要把拉丁人的王冠戴在你头上，而是戴上我的王冠，因为我的国比罗马离我们更近。"[③] 列翁二世欣然接受了拜占庭皇帝送来的王冠，毫无疑问，两个王冠的份量是不一样的。

1198 年 7 月 14 日，纳西斯·朗布龙茨去世（年仅 48 岁）。他一生致力于希腊人、拉丁人和亚美尼亚人的团结。毫无疑问，他寻求和解的意愿使高加索亚美尼亚教会感到震惊。如前文所述，纳西斯·朗布龙茨给列翁二世的答复，是一个思想超前的雄辩。纳西

---

① Charles A. Frazee, "The Christian Church in Cilician Armenia: Its Relations with Rome and Constantinople to 1198", p. 182.

② Kirakos Gandzakets 'i, *History of the Armenians*, trans. Robert Bedrosian, p. 121.

③ Kirakos Gandzakets 'i, *History of the Armenians*, trans. Robert Bedrosian, p. 122.

斯·朗布龙茨之死使教会联合计划暂时受挫，国家和教会事务完全掌握在国王手中。从此以后，亚美尼亚人在一定程度上成为西方基督教世界的一部分，直到1375年亡国时为止。

加冕典礼后，列翁二世表现出对拉丁教会的狂热，但他似乎没有实现这一目标的打算，甚至在一段时期内将拉丁僧侣赶出了奇里乞亚。亚美尼亚神职人员强烈反对教会的统一，从未打算接受二性论。尽管如此，大主教康斯坦丁一世（1221—1267年在职）时期，双方交流的广度和深度不断扩大，而大主教本人也倾向于亚美尼亚文化的拉丁化。这一时期，德皇腓特烈二世（1194—1250年在位）和法王路易九世（1214—1270年在位）势力强大，国际优势的天平向西欧倾斜。亚美尼亚人利用各种政治机会，选择了对本国有利的外交策略。也就是在这个时候，奇里乞亚的意大利商业殖民地呈几何式增长；反之亦然。

1218年1月，匈牙利国王安德鲁二世（1205—1235年在位）率领十字军北上，来到了奇里乞亚。安德鲁二世的第三个儿子和列翁二世的女儿伊莎贝拉举行了订婚仪式，但她的新郎最终选择了更有利的俄罗斯婚姻。1219年，列翁二世驾崩，没有男性子嗣，伊莎贝拉被指定为合法继承人。1226年6月14日，伊莎贝拉嫁给了海屯一世（1226—1270年在位）。[1] 至此，奇里乞亚的两大主要势力——鲁本家族和海屯家族结束了长达一个多世纪的领土之争，海屯王朝登上了亚美尼亚政治舞台的前沿。

海屯统治者在与拉丁西方保持良好关系的同时，继续与拜占庭谈判，意图实现与希腊正教会的统一。然而，小亚细亚的政治形势出现了一个新的因素——蒙古人的出现。此时，亚美尼亚人对联合的渴望越强烈，失望也越大，因为亚美尼亚人与拉丁人的接近，引

---

① Krzysztof Stopka, *Armenia Christiana: Armenian Religious Identity and the Churches of Constantinople and Rome (4th-15th century)*, Kraków: Jagiellonian University Press, 2016, p. 151. 巴伯龙（Baberon）为托罗斯山脉上的一座亚美尼亚人的堡垒，遗址尚存，即今土耳其梅尔辛省的肯笛儿堡（Çandır Castle）。伊莎贝拉在嫁给海屯一世前与安条克的博希蒙德四世的儿子菲利普有过一段婚姻。然而，菲利普不顾亚美尼亚人的情感，洗劫了王宫，把王冠送给了安条克人，结果被海屯一世的父亲废黜，最后在西斯监狱中死去。

起了蒙古人、突厥人和埃及马穆鲁克人的怀疑。

当亚美尼亚人指望得到拉丁西方的保护时，君士坦丁堡已经日薄西山，欧洲亦精疲力竭，正在失去亚洲的地盘。宗教问题总与政治问题交织在一起。因此，在错综复杂的国际背景下，即使亚美尼亚教会与希腊正教、天主教会达成一个理想的解决方案，也不可能产生预期的效果，更何况亚美尼亚教会总是在拉丁派、希腊派和民族主义之间摇摆不定。无论如何，他们既不可能联合，也不可能对抗。最终，亚美尼亚人停止了教会联合的努力，继续奉行一千多年以来的宗教独立的政策。究其亚美尼亚教会与西方教会谈判失败的原因，有两点格外值得关注：

首先，在那个时代，希腊教会和拉丁教会有着无可争议的优势地位，拜占庭帝国和西欧的政治力量又加强了各自教会的力量。在这种情况下，他们自然不愿意接受与亚美尼亚教会平起平坐的地位，而是希望后者能够在服从他们的条件下实现教会的联合。分开来说，对于强势一方的希腊教会，它完全没有必要与亚美尼亚教会妥协，而是希望将其纳入自己的信仰体系。因此，在亚美尼亚与拜占庭的谈判中，尽管双方很少提及《迦克墩信经》，但希腊正教会的真实目的是主导亚美尼亚教会事务。马拉恰·奥曼扬（1896—1908 年在职）指出："希腊教会总是试图使亚美尼亚教会屈服甚至吞并它。"[①] 十字军东征期间，亚美尼亚教会与拉丁教会开始密切接触，并希望与拉丁教会实现统一。然而，对于同样处于强势一方的罗马教会来说，他们跟希腊正教会一样，不接受平等条件下的联合。在这种情况下，亚美尼亚教会与拉丁教会的联盟注定以失败收场。

其次，亚美尼亚民族特有的独立精神不允许他们屈服于西方教会。马拉恰·奥曼扬（1841—1918）的话贴切反映了亚美尼亚人的这种精神，他说：

> 亚美尼亚教会一向理解统一的真正含义和严格意义。她希

---

① Malachia Ormanian, *The Church of Armenia: Her History, Doctrine, Rule, Discipline Liturgy, Literature, and Existing Condition*, p. 57.

望看到统一建立在教会间的精神交流基础上，建立在相互尊重的基础上，建立在每个人都在自己的范围内享有自由的基础上，建立在基督教博爱精神压倒一切的基础上。她从来没有容忍过以统治为幌子的统一，也从来没有因误导改变宗教信仰。不幸的是，希腊和拉丁教会凭借他们的政治和社会地位，总是倾向于把她置于奴役之下才有可能实现教会的统一。更确切地说，拉丁人最看重的是统治精神。①

1384 年，罗马教皇教格雷戈里八世在《教皇诏书》中为亚美尼亚人作了辩解："在亚美尼亚民族对教会和基督教共和国的功绩中，有一项是杰出的，值得特别提及；也就是说，当基督教军队的首领们前往圣地执行任务时，没有任何国家和民族比亚美尼亚人更迅速、更热心地向他们提供人员、马匹、食物和建议方面的帮助，他们以最大的忠诚和勇气在圣战中帮助基督徒。"② 总之，亚美尼亚教会既想与西方教会联合，又欲秉持独立的自相矛盾的行为，注定了教会联盟的失败。

第二节　海屯王朝

自 11 世纪起，海屯家族在托罗斯山脉一带定居下来，控制了进入奇里乞亚的巴伯龙和兰普龙要塞。它们是海屯家族的大本营，战略位置十分重要。

列翁二世去世后，由于没有男性子嗣，王位传给了唯一的女儿伊莎贝拉。在这种情况下，亚美尼亚贵族必须在政治上为女王物色一位合适的丈夫。贵族会议决定把伊莎贝拉嫁给安条克亲王菲利普。显然，这桩婚姻的目的是实现两国的合并。然而，菲利普极力推行亚美尼亚教会的拉丁化政策。1224 年，巴伯龙亲王君士坦丁废

① Malachia Ormanian, *The Church of Armenia: Her History, Doctrine, Rule, Discipline Liturgy, Literature, and Existing Condition*, p. 58.

② Kevork A. Sarafian, *History of Education in Armenia*, p. 31.

黜了菲利普，将其逮捕入狱，自己任摄政王。1226 年，伊莎贝拉与君士坦丁的儿子海屯一世结婚。一个新的亚美尼亚人的王朝——海屯王朝，登上了奇里乞亚的政治舞台。

海屯王朝初期，近东的政治形势已经跟一个世纪前大不相同。这一时期，蒙古帝国是世界上最重要的政治势力，他们从中亚大草原向西一直挺进安纳托利亚，并在叙利亚北部建立了据点。进入西亚的蒙古人最初并不是穆斯林，而是萨满教徒。当时，蒙古人与该地区的基督徒有着共同的敌人——埃及的马穆鲁克王朝。因此，教皇、十字军和亚美尼亚人都努力与蒙古结盟，希望后者皈依基督教。海屯王朝时期，十字军、亚美尼亚人、蒙古人和马穆鲁克人成为近东政治发展的主要推动力。

一　亚蒙联盟的建立

在蒙古帝国扩张过程中，最不可思议的事件也许是亚美尼亚—蒙古联盟（简称亚蒙联盟）的形成。亚蒙联盟为奇里乞亚王国迎来了意想不到的经济繁荣和社会稳定。一个曾经栖息于南高加索的民族在地中海东岸分享着东西方文明碰撞带来的繁荣昌盛。奇里乞亚的成功是亚美尼亚政治家努力的结果。

当蒙古人到达南高加索时，许多贵族纷纷宣誓效忠。1236 年，阿尔查赫公国大公哈桑·贾拉勒向蒙古人投降。为发展与蒙古的关系，他两次前往蒙古都城和林，与大可汗共商合作细节。尽管如此，蒙古人的征服还是给大亚美尼亚带来巨大破坏，但奇里乞亚却未受到蒙古人的任何破坏。当然，这与海屯一世敏锐的政治嗅觉有关——当蒙古大军向奇里乞亚逼近时作出了臣服蒙古的决定。

小亚美尼亚臣服蒙古的模式不同于大亚美尼亚。大亚美尼亚的臣服是以王公贵族的臣服实现的，小亚美尼亚则是以一个主权国家的身份实现的。因此，两者臣服的含义不同，何况小亚美尼亚在东地中海的基督教王国中有着独特的政治地位——既与塞浦路斯、安条克公国有着紧密的联系，也与罗马教皇有着密切的外交关系。因此，海屯一世成为各方政治斗争和联盟的关键人物，而这一情况在大亚美尼亚是不存在的。就在罗马教廷和希腊教会强迫亚美尼亚人接受他们的教义时，小亚美尼亚还受到来自埃及的威胁，这使海屯一世怀着极大的兴趣等待着蒙古人与塞尔柱人在克塞山战争（1243年6月26日）的结果。很明显，如果蒙古击败罗姆苏丹国，他会毫不犹豫地与蒙古谈判。不出所料，蒙古人赢得了克塞山战役的胜利。海屯一世即刻意识到：如果与蒙古人开战，无疑螳臂当车，所以，毫不犹豫地派将军森帕德与拜住那颜谈判。森帕德在《编年史》中详细描述了这样一件事：

> 在这些日子里，蒙古人的指挥官进入罗姆国。苏丹［凯霍斯鲁二世（1237—1246年在位）］的母亲带着女儿逃到奇里乞亚。蒙古派人去见国王海屯，命令他交出逃亡的人。他说："否则你和我们建立的友谊都是虚假的。"他们害怕蒙古人涌入这个国家，交出了逃亡者。①

显然，海屯一世为与蒙古人达成协议，牺牲了邻国的避难者。根据13世纪叙利亚牧师巴尔·希伯来的描述，索要苏丹家室的蒙古使者一离开，亚美尼亚人就把他们交给了蒙古人。对此，这位叙利亚牧师愤愤地说："这种最可恨、最应该受谴责的行为呈现在所有国王的眼前，这是一件永远不应该做的事。王后被人掳去，还在那里，直到今日，没有被释放。"② 海屯一世交出罗姆国人质的行为虽不光彩，但也容易理解。不久之前，一些亚美尼亚贵族试图反抗海屯一世，投诚了塞尔柱人。因此，海屯一世将苏丹的家人交给蒙古人，一是为表达对塞尔柱人的不满，二是赢得蒙古人的好感。然而，海屯一世出卖罗姆国的行为在塞尔柱人和亚美尼亚人之间埋下了不可调和的矛盾。

---

① Smbat Sparapet, *Smbat Sparapet's Chronicle*, trans. Robert Bedrosian, p. 107.

② Bar Hebraeus, *Bar Hebraeus' Chronography*, trans. from Syriac by E. A. Wallis Budge, p. 477.

1248 年，森帕德出使蒙古。他在自己的《编年史》中说："697 年（1248），我，将军森帕德，去了鞑靼人那里，699 年（1250）我回到了王兄海屯身边。"① 在蒙古都城和林，森帕德见到了贵由可汗，并与之达成了臣服蒙古的意向。蒙古人承诺保证奇里乞亚的领土和主权的完整，协助亚美尼亚人夺回被塞尔柱人占领的领土。13 世纪，亚美尼亚历史学家格里戈尔·阿克内茨详述了亚美尼亚人须承担的义务，他说：

> 虔诚的海屯——基督加冕的亚美尼亚国王拥有列祖的智慧，他与受上帝福佑的兄弟和亲王举行了一次会议，决定向鞑靼人屈服，缴纳税款和哈阑，以不使蒙古人进入上帝创造的基督教国家。他们确实做到了。因为他们之前已经见到了鞑靼军队的首领拜住，并与之建立了友谊和服从的条约，随后他们将国王的兄弟，即亚美尼亚将军森帕德男爵派到了成吉思汗的继承人贵由可汗那里。在上帝的恩赐下，他见到了贵由可汗。贵由可汗是一个极端亲基督教者，也是一个善良的统治者。正是由于这些品质，他的人民称他贵由可汗，在他们的语言中，贵由可汗的意思是美好和善良的可汗。
>
> 贵由可汗见到亚美尼亚将军非常高兴，但更重要的是，森帕德——这位亚美尼亚人在他面前说的那些铿锵有力而又明智的话。他封他为封臣，给了他一道伟大的长生天圣旨、一道金牌和一个鞑靼妻子——把一个显赫的女人送给他们喜欢和尊敬的人，对他们来说是友谊的象征。因此，他非常尊重亚美尼亚人的司令官，可汗派人把他送回家园，交给了海屯，即被基督加冕的亚美尼亚国王，并令他亲自去见他们。当虔诚的亚美尼亚国王海屯看到可汗给他的兄弟森帕德男爵的荣耀和尊重时，

① Smbat Sparapet, *Smbat Sparapet's Chronicle*, trans. Robert Bedrosian, p. 107. "Constable" 最早是"马厩总管"的意思，后意为"皇家内务总管"，再后来成为军队总司令的意思。现代警察制度建立后，该词在西方用来表示警察、警官和治安官。由于奇里乞亚亚美尼亚政府大量使用法语术语，故借用了该词，含义相当于大亚美尼亚的"斯帕佩特"。

非常高兴，尤其是关于解放国家、修道院和所有基督徒的那些安排。①

由此可见，森帕德受到了蒙古统治者的欢迎。1248年2月7日，他在撒马尔罕给塞浦路斯国王亨利一世写了一封信，提到了唐兀锡和契丹信奉基督教之说，他说："从唐兀锡曾有三位国王来伯利恒朝拜耶稣基督。其国人民深知基督过去和现在的崇高与伟大，所以皈依基督教；契丹全国人民信仰这三位国王。"② 森帕德的话虽难以置信，却引起了欧洲人对东方的浮想。当时，西方人对长老约翰的故事深信不疑。因此，森帕德写信的目的是诱使西方与蒙古建立联盟。

按照蒙古人的惯例，臣服者须到蒙古都城宣誓效忠，否则"蒙古军队会入侵他的国并将其夷为平地"③。森帕德从大可汗那里得到的长生天圣旨和牌子（相当于护照），意味着蒙古帝国接受了小亚美尼亚的臣服；安排蒙古女子嫁给亚美尼亚人，意味着蒙古人创造了一个以示臣服的女婿。相较于大亚美尼亚，蒙古人对小亚美尼亚的政策似乎更加正式。事实上，蒙古的此类外交策略广泛应用于诸附属国之间，并非仅限于奇里乞亚。蒙古人同意建立联盟的原因，无外乎三个因素：第一，利用能征善战的亚美尼亚骑兵。马可·波罗曾经到过小亚美尼亚，证实了亚美尼亚人的骁勇，他说："古代的小亚美尼亚的上层贵族，都是出身于武士门第，剽悍善战。"④ 第二，当蒙古人进入小亚后，马穆鲁克王朝成为头号敌人，因此与奇里乞亚结盟可以联手对付埃及。第三，利用亚美尼亚人在拉丁西方中的特殊地位，发展蒙古与西欧的关系，进而争取西方的支持，协同打击埃及的马穆鲁克王朝。

---

① Grigor Aknerts 'i, *History of the Nation of Archers*, trans. Robert Bedrosian, pp. 7 – 8.

② ［英］裕尔撰，（法）考迪埃修订：《东域纪程录丛：古代中国闻见录》，张绪山译，中华书局2008年版，第126页注2。

③ Bar Hebraeus, *Bar Hebraeus' Chronography*, trans. from Syriac by E. A. Wallis Budge, p. 495.

④ ［意］马可·波罗：《马可波罗游记》，陈开俊、戴树英等译，第3页。

总之，奇里乞亚代表团与蒙古第一阶段的谈判相当成功。蒙古人通过他们的情报网络已经了解到了该地区的基本情况：奇里乞亚只是一个小基督教王国而已，并与周边的穆斯林国家有着不可调和的矛盾，这对于剔除蒙古扩张的绊脚石非常有益。正是基于上述情况，两者一拍即合，顺利建起了军事同盟关系，并签署了一份备忘录：蒙古归还罗姆国占领的奇里乞亚堡垒，并确保亚美尼亚人的安全，让亚美尼亚人“无所畏惧地”统治他们的王国。[①] 然而，蒙古可汗提出了另一个要求：海屯一世要亲自到蒙古宫廷觐见大可汗。

二 海屯行纪

海屯一世的东方之行，既是中世纪东西方文明交流最为杰出的典范，也是人类文明全球化发展的结果。需要指出的是，他的和林之行不同于同时代欧洲旅行家的东方之旅，因为他是一国之君，承载了更多的含义。

1253 年，海屯一世从西斯出发，经小亚细亚东部的突厥诸国，过卡尔斯、杰尔宾特，然后从那里一路穿过中亚，最终到达和林。返程时，他过撒马尔罕和伊朗高原北部，在那里目睹了那颜对塞尔柱人的胜利。在大亚美尼亚，他接见了各地的王公贵族和神职人员，1255 年，返回奇里乞亚，来回行程大约 1.1 万千米。海屯一世的东方之行可以说是前现代化交通时代的一次旷世之旅。

哈拉和林不仅是蒙古帝国的都城和元朝岭北行省的首府，也是 13 世纪中叶世界政治和文化的中心，有所谓“天策桓桓控上游，边庭都付晋藩筹。河山表带连中夏，风雪洪蒙戍北楼”之赞誉。[②] 它的故址在今蒙古国中部鄂尔浑河上游、乌兰巴托市西南 365 千米处。蒙古帝国鼎盛时期，它是世界各国使者、旅行者和商人的目的地。哈里发、塞尔柱苏丹和拜占庭使节常常云集于此，海屯一世就是在

① Kirakos Gandzakets ‘i, *History of the Armenians*, trans. Robert Bedrosian, pp. 266 – 267.

② 《元代史料丛刊》，黄时鉴点校，浙江古籍出版社 1986 年版，第 2695 页。

这里与蒙古大汗会晤的。巧合的是，就在海屯一世东行的30年前，山东栖霞人丘处机在1219年（兴定三年）一路西行，经和林抵今阿富汗兴都库什山一带，会见了成吉思汗。① 几乎在同一时间（1218），契丹人耶律楚材从北京出发，来到了克鲁伦河畔的成吉思汗宫，谒见了大汗。尽管方向和路线不同，如果将海屯一世与丘处机、耶律楚材的路线连起来的话，它便是一条贯穿东西方的“高速公路”，亦即赫赫有名的丝绸之路。总之，无论是信奉基督教的海屯一世，还是信奉道教的丘处机和尚儒的耶律楚材，他们都为人类命运计，劝说蒙古统治者放下屠刀。

海屯一世的旅行事迹，成为西方汉学家的研究热点，甚至被编成《海屯行纪》出版发行。海屯一世在东方的见闻印证了马可·波罗的描述，比如两者都提到了一些佛教知识。海屯一世和13世纪的卢布鲁克都描述了蒙古野驴，其提到的野马比1878年沙俄军官普热瓦尔斯基发现的普氏野马早了近600年。② 他描述的准噶尔沙漠中野人的故事，是西伯利亚民间传说的一部分，③ 柏朗嘉宾也听说了这个故事。④

海屯一世的东方之旅被时人所证实。乞剌可斯的版本侧重于介绍中亚的历史地理、动物学、矿物学、佛教和民间传说等内容，而与可汗会晤的具体细节描述较少。瓦尔丹·阿雷夫特茨说，海屯一世在1254年拜见了蒙哥汗后，前往和林，在那里受到了体面的接待，一年后又回到了他的王座上。⑤ 格里戈尔·阿克内茨说：

---

① （元）丘处机：《丘处机集》，赵卫东辑校，齐鲁书社2005年版，第476—486页。

② John Andrew Boyle, “The Journey of Het ‘um I, King of Little Armenia, to the Court of the Great Khan Möngke”, *Central Asiatic Journal*, Vol. 9, No. 3, 1964, p. 177. 普氏野马原分布于中国新疆准葛尔盆地北塔山以及甘肃和内蒙古交界的马鬃山一带。1878年，沙俄军官普热瓦尔斯基率领探险队先后3次进入准葛尔盆地捕获和采集野马标本。1881年，沙俄学者波利亚科夫给该类马正式定名为“普氏野马”。

③ ［英］裕尔撰，［法］考迪埃修订：《东域纪程录丛：古代中国闻见录》，张绪山译，第128页。

④ ［英］裕尔撰，［法］考迪埃修订：《东域纪程录丛：古代中国闻见录》，张绪山译，第128页。

⑤ Vardan Arewelts ‘i, *Compilation of History*, trans. Robert Bedrosian, p. 90.

“海屯一世出于对基督的爱，为了自己的国家免遭入侵，带着许多礼物去见了蒙哥汗。”[①] 13—14 世纪佚名作品《海屯二世编年史》确证了海屯一世的东方之旅，作者说：“702 年（1253），法国国王重建了西顿。塞浦路斯国王亨利一世驾崩。国王海屯去了蒙哥汗那里。”[②] 海屯一世的弟弟森帕德说：“702 年（1253），亚美尼亚国王海屯乔装成仆人，带着一头驮畜和数名随从从奇里乞亚出发，向东前往弓箭手（蒙古人）的国家，到蒙哥汗那里去……他由一个叫帕塞格的僧侣带路，此人曾多次走这条路……国王把最称心如意的礼物带到了蒙哥汗那里。他把礼物献给了（蒙哥汗），（蒙哥汗）高兴地接待了国王海屯，答应了他的任何请求。”[③] 现代学者试图重建海屯一世到达东方的路线。约翰·博伊尔详细考证了“海屯行纪”中的地理信息，指出海屯一世的行程是中世纪旅行者常走的标准路线。[④]

奇里乞亚从蒙古人那得到了一份保证国家安全和宗教自由的敕令。同时代亚美尼亚学者一致认为，蒙哥汗与海屯一世达成了联盟协议。根据“历史学家海屯”［海屯一世的侄子科利卡斯的海屯（约 1240—1320）］的描述，海屯一世向蒙哥汗提出了以下七点要求：

（1）蒙哥汗皈依基督教，与他的人民一起接受洗礼；

（2）蒙古人和基督徒之间建立永久的和平与友谊；

（3）亚美尼亚人可以在蒙古帝国的领土上建造基督教堂，免除亚美尼亚人的赋税和其他负担，并在已经征服和将要征服的领土上免除神职人员的赋税；

（4）从突厥人手中夺回的圣地和圣墓还给基督徒；

---

① Grigor Aknerts ‘i, *History of the Nation of Archers*, trans. Robert Bedrosian, p. 10.

② *Chronicle Attributed to King Het ‘um II*, trans. Robert Bedrosian, New Jersey: Sources of the Armenian Tradition, 2003, p. 8.

③ Smbat Sparapet, *Smbat Sparapet's Chronicle*, trans. Robert Bedrosian, p. 109.

④ John Andrew Boyle, “The Journey of Het ‘um I, King of Little Armenia, to the Court of the Great Khan Möngke”, *Central Asiatic Journal*, Vol. 9, No. 3, p. 177.

(5) 除掉巴格达的哈里发;

(6) 驻扎在亚美尼亚附近的蒙古军队在需要时给亚美尼亚人提供必要的援助;

(7) 归还突厥人和阿拉伯穆斯林占领的亚美尼亚人的土地,归还落入蒙古人手中的亚美尼亚人的土地。①

蒙哥汗和他的幕僚认真讨论了海屯一世的要求后,答复如下:

我接受你的请求。我接受洗礼,信奉基督教,并关注我的臣民都这样做,但不能进行任何强迫。关于第二个请求,让我们建立永久的和平并建立攻防联盟。同时,我们希望所有的基督教会、神职人员和俗人都享有自由,不骚扰亚美尼亚人。如果可能的话,我们要亲自敬拜圣地;然而,我们正忙于其他事情,我们派兄弟旭烈兀去占领它,把圣地还给基督徒。至于除掉巴格达的哈里发,我们把这个任务交给鞑靼人的指挥官拜住以及居住在突厥人及其附近地区的人民。鞑靼人将向亚美尼亚人提供一切援助,立即归还亚美尼亚人的土地。②

海屯一世向蒙古统治者提出皈依基督教的要求,不知道是否是作者的臆想或杜撰,但当西方人与蒙古帝国初次相遇时,确实有希望蒙古人皈依基督教的想法。然而,除历史学家海屯外,同时代的其他亚美尼亚学者却都没有提到这件事,也没有提到小亚美尼亚与蒙古协议的具体内容。因此,历史学家海屯的说法,容易引起人们的怀疑。例如,杰克逊指出:"蒙哥汗受洗和夺取耶路撒冷还给基

① Het ʻum the Armenian of the Praemonstratensian Order, *History of the Tartars* (The Flower of Histories of the East), trans. Robert Bedrosian, New Jersey: Sources of the Armenian Tradition, 2004, "Chapter 23", pp. 44 – 45.

② Het ʻum the Armenian of the Praemonstratensian Order, *History of the Tartars* (The Flower of Histories of the East), trans. Robert Bedrosian, "Chapter 23", pp. 45 – 46.

督徒的说法纯粹是历史学家海屯的幻想。”[1] 然而，笔者对杰克逊的观点，不敢苟同。历史学家海屯的《鞑靼人的历史》［或《东方历史之花》］使用了森帕德和海屯一世的口述材料，而他本人又是后两者的侄子，并是奇里乞亚杰出的政治家。因此，历史学家海屯掌握了其他作者不能掌握的资料，况且在乞剌可斯的描述中，海屯一世的确从蒙古帝国宫廷里得到了一份文件，这份文件很可能就是联盟协议。综上所述，历史学家海屯的描述是可靠的。

无论如何，亚蒙联盟开启了东西方关系的新阶段。1255/1256年，在蒙古人的保护下，海屯一世返回西斯。他出发的时候经过了大亚美尼亚，回程时又在那里逗留了很长时间。列翁二世曾以全亚美尼亚人的国王自居，并在铸币上印上了这个头衔，但海屯一世才是奇里乞亚统治者首次与母国人民直接接触。

亚蒙联盟建立后，海屯一世利用这一政治优势，于1256年10月攻打罗姆国。森帕德说他“得到了许多牛、羊、马、骡子、仆人和金子”，带着许多战利品回到了奇里乞亚。[2] 瓦赫兰也沾沾自喜地说：“他击溃了波斯人或突厥人的军队，占领了他们的国家，突厥人的辉煌逐渐消失。”[3] 显然，在蒙古帝国的庇护下，亚美尼亚人已不再视塞尔柱人为威胁。与此同时，海屯一世试图说服十字军拉丁王国与蒙古建立军事同盟，但响应者只有安条克亲王博希蒙德六世，后者在1259年左右臣服于蒙古。[4] 实际上，经法国国王路易九世的调解后，博希蒙德六世在1254年娶了海屯一世的女儿西比拉为妻，安条克公国事实上已经成为亚美尼亚人的属地。[5] 根据当时的情况来看，只要近东蒙古人的霸权持续存在，同盟就对亚美尼亚人有益。亚蒙联盟最主要的成就是占领阿勒颇和大马士革。对亚美尼

---

① P. Jackson, “The Crisis in the Holy Land in 1260”, in G. Holmes and A. Macintyre, eds., *The English Historical Review*, Vol. 95, London: Longman, 1980, p. 486.

② Smbat Sparapet, *Smbat Sparapet's Chronicle*, trans. Robert Bedrosian, p. 109.

③ Vahram, *Chronicle of the Armenian Kingdom in Cilicia during the Time of the Crusades*, p. 49.

④ Bayarsaikhan Dashdondog, *The Mongols and the Armenians (1220–1335)*, p. 89.

⑤ T. S. R. Boase, eds., *The Cilician Kingdom of Armenia*, p. 25.

亚人来说，最直接的好处是王国版图的扩大。

在蒙古人的支持下，海屯一世占领了马拉什，扩大了亚美尼亚人的势力范围。1258 年，亚蒙联军攻陷巴格达。1260 年 3 月，海屯一世与旭烈兀一起开进阿勒颇，并与博希蒙德六世和蒙古头号悍将怯的不花策马驶入大马士革。① 地中海东岸的十字军国家感到了亚蒙联盟带来的威胁，转而支持马穆鲁克王朝。结果，在 1260 年 9 月份的艾因·贾鲁战役中，怯的不花的蒙古军队被马穆鲁克军队击溃。当援军到来时，他们只是暂时阻止了马穆鲁克新领袖拜伯尔斯（1223—1277 年在位）的扩张步伐。该战役挽救了埃及被蒙古人吞并的危险，并鼓舞了大马士革、阿勒颇和叙利亚等地的穆斯林反抗蒙古征服者的信心。艾因·贾鲁战役后，蒙古军队被迫撤出叙利亚和黎凡特，仅囿于伊朗地区。由于距离太过遥远，蒙古已无法全力协助奇里乞亚抵抗马穆鲁克和塞尔柱人的进攻。然而，就是在这样的情况下，海屯一世不仅保住了自己的领土，甚至还在一定程度上扩大了王国的版图。1262 年，他占领了坚不可摧的贝塞尼，领土扩大到幼发拉底河边界。第二年，他在西部边境击退了一撮土库曼人的侵袭，夺取了塞琉西亚。中世纪亚美尼亚手稿大师托罗斯·罗斯林（约 1210—1270）称海屯一世是“击退了夏甲后裔和异教徒子孙的圣王”②。

---

① 海屯一世、博希蒙德和怯的不花一道进入大马士革的描述来自推罗的圣殿骑士的同名作品《推罗的圣殿骑士》。后来，这个戏剧性描述被很多历史学家引用。然而，现代学者认为这个故事是杜撰的。相关观点，可参见 Peter Jackson，“Crisis in the Holy Land in 1260”，*English Historical Review*，Vol. 95，No. 376，1980，pp. 481 – 513. 也有的学者认为，它可能是真实的，如 Reuven Amitai-Preiss 说：“虽然这份报告不能从字面上理解，但它可能包含了一点事实。亚美尼亚军队是怯的不花部队的一部分。蒙古占领期间，博希蒙德六世曾访问过巴勒贝克（黎巴嫩东北部的一个城镇名），甚至打算向旭烈兀索要这座城市……如果这位亲王到达了巴勒贝克，他很可能途经大马士革。”见 Reuven Amitai-Preiss，*Mongols and Mamluks*：*The Mamluk-Ilkhanid War*，*1260 – 1281*，p. 31。推罗的圣殿骑士是一位 14 世纪历史学家的名字，同时也是他所写的作品的名字。长期以来，人们一直认为，它是塞浦路斯的一位骑士写的，因为那时的塞浦路斯是圣殿骑士团、条顿骑士团和医院骑士团三大军事组织的行动基地。也有学者认为，作者可能是一位会说阿拉伯语的翻译家。相关观点，可参见 Paul F. Crawford，ed.，*The ‘Templar of Tyre’*：*Part III of the ‘Deeds of the Cypriots’*（Crusade Texts in Translation Book 6），New York：Rutledge，2017。

② T. S. R. Boase，eds.，*The Cilician Kingdom of Armenia*，p. 26.

然而，联盟的负面作用很快显现出来。当蒙古帝国因继承权问题转移了对付马穆鲁克人的精力时，失去了在叙利亚的权势。1265 年，拜伯尔斯穿过叙利亚，夺取了凯撒利亚、海法、阿尔苏夫、泰布宁和萨法德等一系列叙利亚城市，然后把矛头指向奇里乞亚。在此过程中，海屯一世试图同拜伯尔斯和谈，但后者提出的条件过于苛刻。在这种情况下，海屯一世前往大不里士，指望伊尔汗能给他提供力所能及的军事援助，这反而加速了拜伯尔斯的进攻步伐。1266 年，拜伯尔斯穿过阿曼山口，进入奇里乞亚，将军森帕德与海屯一世的两个王子（托罗斯和列翁）寡不敌众，在 8 月 24 日的马里之战中惨败。托罗斯被杀，列翁被俘。战后，马穆鲁克军队在奇里乞亚横行无阻，烧杀抢掠 20 余天。在都城西斯，他们放火烧毁了亚美尼亚人的大教堂。根据瓦尔丹・阿雷夫特茨的描述，拜伯尔斯从亚美尼亚人的国库中拿走了 60 万达克特金币，俘虏了 4 万人。[①] 当海屯一世返回时，他的国家已满目疮痍，于是心灰意冷地隐退到修道院中寻求精神抚慰。事实表明，海屯一世与蒙古人的联盟并没有给他的国家和人民带来安全。

三 与西方的外交

1269 年，海屯一世将王位传给儿子列翁三世后，自己隐退到修道院中过起了僧侣生活，一年后溘然离世。格里戈尔・阿克内茨说列翁三世“童年时就表现得异常聪明和敏锐”[②]。1271 年，马可・波罗访问了阿亚斯港，高度评价了列翁三世带给这个国家的富庶，他说：“我们必须指出，亚洲国家中的大小亚美尼亚王国是有严格区别的。小亚美尼亚王国的国王，住在塞巴斯托茨城，他的国家法制森严，人民都很守法。境内城镇林立，要塞和碉堡不计其数。国内物产丰饶，一切生活和娱乐的必需品丰富多彩，飞禽走兽应有尽有。”[③] 马可・波罗还注意到亚美尼亚士兵士气低落的现象，说他们

---

① Vardan Arewelts ‘i, *Compilation of History*, trans. Robert Bedrosian, p. 99.

② Grigor Aknerts ‘i, *History of the Nation of Archers*, trans. Robert Bedrosian, p. 22.

③ ［意］马可・波罗：《马可波罗游记》，陈开俊、戴树英等译，第 3 页。

已经堕落成醉生梦死、颓唐沮丧和受人蔑视的酒徒。

列翁三世上台时，伊尔汗国顺利实现了政权的更迭。1265 年，旭烈兀死，阿八哈汗即位。次年，金帐汗国与马穆鲁克的盟军向伊尔汗国发起了春天攻势，从而转移了阿八哈汗对奇里乞亚的注意。此时，列翁三世仍寄希望于亚蒙联盟确保奇里乞亚的安全。阿八哈则希望联合西欧国家共同对付拜伯尔斯，甚至向罗马教皇和英王爱德华一世（1272—1307 年在位）派去使节；但蒙古—基督联盟的想法并没有得到西方的积极响应。[①] 如果建立一个这样的联盟是否真能取得反马穆鲁克的成功，值得商榷，但在没有西方支持的情况下，埃及就可以肆无忌惮地讨伐奇里乞亚了。

拜伯尔斯的穷兵黩武给列翁三世提供了短暂的喘息机会。在此期间，他重建了被毁的城市和农业基础设施，鼓励发展商业。1271 年，他赋予威尼斯人新的商业特权。重建后的阿亚斯再次成为活跃的商业都市。马可·波罗在 1271 年访问过它，形容阿亚斯是“一座巨大的商业港口”，威尼斯、热那亚和来自世界各地的巨商大贾云集于此，是“各种香料、药材、丝绸、毛织品和其他珍贵商品进行交易和集散的港口”[②]。由于埃及人占领了叙利亚和巴勒斯坦的海港，阿亚斯的重要性与日俱增，成为东西方商品的汇聚地和西方旅行者前往东方的理想驻足地。[③] 然而，阿亚斯的重要性和富庶使奇里乞亚成为埃及的主要攻击目标。

1271 年，拜伯尔斯杀进奇里乞亚，列翁三世立即派使团与拜伯尔斯和谈。虽然拜伯尔斯最终返回了埃及，但惊恐未定的列翁三世火速赶往阿八哈汗宫廷寻求援助。阿八哈送给他 2000 兵马并承诺几个月后会亲赴奇里乞亚，英王爱德华一世也于同年带着 2000 十字军来到巴勒斯坦北部的阿克城。[④] 在此期间，海屯一世

---

① Sirarpie Der Nersessian, “The Kingdom of Cilician Armenia”, in Robert Lee Wolff and Harry W. Hazard, eds., *A History of the Crusades*, Vol. II, Wisconsin: The University of Wisconsin Press, 1969, p. 644.

② ［意］马可·波罗：《马可波罗游记》，陈开俊、戴树英等译，第 3 页。

③ ［意］马可·波罗：《马可波罗游记》，陈开俊、戴树英等译，第 3 页。

④ Smbat Sparapet, *Smbat Sparapet's Chronicle*, trans. Robert Bedrosian, p. 121.

的一个穆斯林情妇却纠集一群志同道合的穆斯林信徒，试图毒死他，但“这个女人的恶行被一个 11 岁的男孩揭露了”，国王幸免于难；同年，爱德华一世的一个仆从试图暗杀列翁三世，但没有成功。[①] 显然，两起暗杀事件是穆斯林和西方天主教徒极端分子所为，反映了亚美尼亚宗教与穆斯林、天主教信仰之间的矛盾。1274 年，奇里乞亚的拜占庭亲王发动叛乱，企图“抹去亚美尼亚人的王权”，要求列翁三世承认他们的宗教信仰自由。[②] 一系列谋杀和叛乱表明，列翁三世上台后推行了一些宗教迫害政策，引起了非亚美尼亚教徒的不满。

1275 年，马穆鲁克军队进入奇里乞亚，一路杀到科利卡斯。资料显示，拜伯尔斯的这次入侵并不是完全针对亚美尼亚，而是报复罗姆苏丹国。[③] 叙利亚牧师巴尔·希伯来说：“当奇里乞亚国王列翁意识到这一点时，打发人告诉鞑靼人的军长，告诉他们必须要防备埃及人，因为埃及人准备攻取他们。”[④] 然而，列翁三世的呼吁并没有引起蒙古军长佩瓦内的足够重视。拜伯尔斯入侵的另一个原因是亚美尼亚人停止向埃及纳贡，违反了先前签署的条约。[⑤] 不管确切的原因如何，马穆鲁克人突袭了奇里乞亚。亚美尼亚人毫无抵抗能力，马穆鲁克人大开杀戒，攻陷塔苏斯城，摧毁了王宫和圣索菲亚教堂，洗劫了亚美尼亚人的国库，1.5 万平民被杀害，1 万人被掳到埃及。[⑥]

1276 年，一小撮土库曼人突袭奇里乞亚，著名的历史学家、将军森帕德牺牲。年复一年的袭击让亚美尼亚人疲惫不堪。在这些入侵中，列翁三世几乎没有得到蒙古人的任何援助。尽管如此，他没有放弃亚蒙联盟的打算，但主要精力转向西方，希望欧洲列强能够

---

① Smbat Sparapet, *Smbat Sparapet's Chronicle*, trans. Robert Bedrosian, p. 121.

② Grigor Aknerts ‘i, *History of the Nation of Archers*, trans. Robert Bedrosian, p. 22.

③ Bayarsaikhan Dashdondog, *The Mongols and the Armenians (1220 – 1335)*, p. 169.

④ Bar Hebraeus, *Bar Hebraeus' Chronography*, trans. from Syriac by E. A. Wallis Budge, p. 536.

⑤ Bayarsaikhan Dashdondog, *The Mongols and the Armenians (1220 – 1335)*, p. 169.

⑥ Vahan M. Kurkjian, *A History of Armenia*, pp. 246 – 248.

给他提供军事支持。1278 年，他派代表团访问英王爱德华一世，但没取得任何成果。

在列翁三世向西方求助的时候，阿八哈的目光也投向西方，因为，两者在与马穆鲁克交手的过程中都没占到多少便宜。在节节败退的情况下，伊尔汗蒙古与亚美尼亚人一样，主动寻求拉丁西方的支持。蒙古国学者巴雅尔赛罕指出，伊尔汗蒙古是跟西方联系最为活跃的成吉思汗王朝。① 当然，这与伊尔汗国的政治环境有关。蒙古帝国创造了冷兵器时代无法企及的神话，但由于内讧分裂为中国元朝、钦察汗国、察合台汗国、伊尔汗国和窝阔台汗国等独立封地。随着彼此敌意的加剧，金帐汗国和察合台汗国都与伊尔汗国为敌。埃及的马穆鲁克王朝不断染指叙利亚和奇里乞亚，这不但遏制了蒙古西征的野心，也严重威胁到伊尔汗国的安全。因此，伊尔汗国统治者非常担心自己的安全。1260 年 9 月的艾因・贾鲁之战和 10 月的第一次霍姆斯战役，马穆鲁克击败了伊尔汗国，更加剧了它的这种担心。因此，伊尔汗国的统治者们认为如果没有拉丁西方的参与，战胜埃及是不可能的。他们也意识到，可以利用基督徒对圣地敏感，换取基督教文明圈的支持。正因为如此，从旭烈兀开始，伊尔汗统治者积极寻求与拉丁西方合作。1262 年，阿八哈写信给法王路易九世，请求他派遣一支舰队封锁埃及。法王未作出任何答复。恰恰相反，耶路撒冷、塞浦路斯、意大利和西西里的使节访问了拜伯尔斯，希望与开罗发展友好关系。显然，西方已视蒙古为威胁。

尽管如此，阿八哈没有放弃争取西方的努力，不断写信给罗马教皇，声明自己与西方合作的意图。在知道第八次十字军东征的计划后，他派特使前往教皇克莱门特四世（1265—1268 年在职）和阿拉贡的詹姆士一世（1213—1276 年在职）那里寻求联盟。他在 1268 年写给教皇的回信中同意派帖古迭儿援助第八次十字军东征。安条克的陷落更坚定了阿八哈寻求西方合作的决心，并决定亲自前往欧洲，会见英法国王（法王路易九世、菲利普三世和英王爱德华

① Bayarsaikhan Dashdondog, *The Mongols and the Armenians (1220 - 1335)*, p. 171.

一世），但由于各种原因未能成行。[①] 英王爱德华一世意识到了蒙古人的重要性，于 1271 年率领一支 2000 人的队伍抵达巴勒斯坦北部的阿克城，但兵力与以前的十字军规模差距甚大，难以有效应对马穆鲁克人的军事行动。

爱德华一世到达巴勒斯坦后，派特使雷金纳德·罗素和约翰·帕克同阿八哈商讨对拜伯尔斯的联合军事行动。这时（1272），拜伯尔斯安排 5 名刺客迁入阿克城，企图暗杀爱德华一世，但未成功。[②] 爱德华一世当即启程，返回国内，双方联合作战的计划不了了之。爱德华一世撤走后，阿八哈继续呼吁西方协同打击马穆鲁克。1274 年，教皇格雷戈里十世（1271—1276 年在职）召集第二次里昂大公会议，目的是策划一场新的十字军东征。阿八哈派阿什比的大卫和他的拉丁语翻译理查德乌斯参会。蒙古使节的突然到访，引起西方极大的骚动，理查德乌斯在会上总结了西方与伊尔汗国关系的进程，并向大会保证蒙古人会把马穆鲁克人赶出叙利亚。[③] 与大卫和理查德乌斯一起同行的还有 14 名蒙古高官，他们在同年 7 月 16 日接受了天主教的洗礼。[④] 事实上，此时的伊尔汗国在某种程度上已经屈服于西方，但拉丁西方失去了使蒙古人皈依的最佳机会。

亚美尼亚神职人员接到了参加第二次里昂大公会议的邀请，但没有出席。一些学者认为，在亚蒙联盟时期，特别是 1260—1288 年期间，亚美尼亚教会对罗马教会已不那么敏感了，因为他们从蒙古人那里获得了安全感，认为没有必要向罗马教会屈服，所以拒绝出席里昂会议。[⑤] 这也解释了 1261 年阿克宗教大公会议上亚美尼亚代表麦基塔尔·斯克韦拉茨的勇气，他说："罗马教会从哪里来的力量对使徒所见的另一个人进行审判，而她自己却不受审判？我们亚

---

① Bayarsaikhan Dashdondog, *The Mongols and the Armenians* (*1220 – 1335*), p. 172.

② *Chronicle Attributed to King Het 'um II*, trans. Robert Bedrosian, p. 11.

③ Peter Jackson, *The Mongols and the Islamic World: From Conquest to Conversion*, New Haven and London: Yale University Press, 2017, p. 190.

④ Peter Jackson, *The Mongols and the West*: 1221 – 1410, pp. 167 – 168.

⑤ Bayarsaikhan Dashdondog, *The Mongols and the Armenians* (*1220 – 1335*), p. 173.

美尼亚人确实有权像使徒那样审判你们的天主教会，你们没有权利否认我们的能力。”① 不可否认，这一论点恶化了亚美尼亚教会与拉丁教会的关系。蒙古人的支持鼓励了亚美尼亚教会的声张。

阿八哈与西方联合的努力没有任何成效，无论是罗马教皇还是英法国王都没有给予他任何答复。1277 年 4 月 15 日，拜伯尔斯率领 1 万多骑兵在埃尔比斯坦向伊尔汗国的蒙古军队发起总攻。巴尔·希伯来描述了蒙古的惨败，他说：

> 那一天，埃及人凶猛地扑向蒙古人，发现他们喝得酩酊大醉，醉得发昏，每个人费了好大劲才骑上马。因为鞑靼人的法律规定在与敌人交战前不能逃跑，所以鞑靼人起来与埃及人战斗但被击溃。在这个过程中，两个鞑靼人的首领被杀了，一个是托忽，另一个是运动员秃丹。与鞑靼人同来的还有 3 千伊比利亚人。由于他们奋勇抵抗，杀死了几千人；他们击杀了许多埃及人，1 千伊比利亚人逃了出来。蒙古人在战争中损失了约 5 千人。②

在庆祝胜利的时候，拜伯尔斯说：“我怎么能快乐呢？我原以为我和我的仆人会打败蒙古人，但我的左翼被他们打败了。只有真主帮助我们。”③ 阿八哈处死了佩瓦内，让贵族们吃掉了他的肉。同年，拜伯尔斯死于大马士革。他的大将嘉拉温（1279—1290 年在位）废黜并流放了拜伯尔斯的两个儿子，夺取了马穆鲁克王朝的最高统治权。1281 年，忙哥帖木儿大举进攻北叙利亚。在此之前，阿八哈向爱德华一世派去使节，恳求英国能从阿克城给蒙古军队提供军事和后勤支持。这是他最后一次向西欧寻求合作，但前来支援他的只有列翁三世、格鲁吉亚国王季米特里厄斯二世（1270—1289 年

---

① Bayarsaikhan Dashdondog, *The Mongols and the Armenians (1220 – 1335)*, p. 173.

② Bar Hebraeus, *Bar Hebraeus' Chronography*, trans. from Syriac by E. A. Wallis Budge, p. 536.

③ Reuven Amitai-Preiss, *Mongols and Mamluks: The Mamluk-Ilkhanid War, 1260 – 1281*, p. 176.

在位）、的黎波里的博希蒙德七世和姗姗来迟的塞浦路斯国王休格三世（1267—1284 年在位），以及少量医院骑士团骑士。伊尔汗国总兵力在 5 万人左右，其中列翁三世提供的兵力就有 3 万，他们与格鲁吉亚士兵共同构成蒙古军队的右翼。[①]

10 月 29 日，嘉拉温的马穆鲁克军队与蒙古联军在霍姆斯交火。右翼的亚美尼亚、格鲁吉亚军队击溃了马穆鲁克的左翼，嘉拉温击溃了中间的忙哥帖木儿。就在蒙古联军快要胜出时，一股伏兵突然出现，忙哥帖木儿突围时身负重伤，奔向了北美索不达米亚。忙哥帖木儿的撤离即刻导致了蒙古联军的溃败，马穆鲁克骑兵趁机追杀，列翁三世和格鲁吉亚军队损失约 2000 兵力，但安全撤离。[②] 根据 13 世纪斯捷潘诺斯・奥贝良的说法，大亚美尼亚派兵参加了霍姆斯之战。[③] 1282 年，阿八哈因酗酒过多猝死。同年，土库曼人和库尔德人趁机到奇里乞亚打劫，烧毁了阿亚斯港。战后，亚蒙两国都不得不重新调整外交策略，但军事已同盟名存实亡。

第二次霍姆斯战役标志着亚蒙联盟的尾声，也是自旭烈兀时代以来伊尔汗蒙古在叙利亚地区遭到的最惨烈的失败。列翁三世和阿八哈统治时期是亚蒙关系的巅峰时刻，深刻影响了 13 世纪下半叶的叙利亚政治格局。

四　帖古迭儿的入侵

阿八哈汗死后，帖古迭儿继承汗位。他在孩童时代受洗为基督徒，但后来热衷于伊斯兰教。格里戈尔・阿克内茨在他的《弓箭手国家的历史》中有一段专门用来描述他的话：

> 早些时候，我们曾报道过可汗（旭烈兀）的 7 个儿子。他们中的 3 个被杀，2 个投降，1 个被关进盐海的一个小岛上的监

① Bayarsaikhan Dashdondog, *The Mongols and the Armenians* (1220 – 1335), p. 174.

② Bayarsaikhan Dashdondog, *The Mongols and the Armenians* (1220 – 1335), p. 175.

③ Step 'anos Orbelean's, *History of the State of Sisakan*, trans. Robert Bedrosian, New Jersey: Sources of the Armenian Tradition, 2012 – 2015, p. 257.

> 狱中。其中一个投降的叫帖古迭儿，因他拥有骑兵、金银财宝和各种各样的物品而变得非常强大。他有300匹骆驼和150车的财宝，更不用说数不清的马和羊群了。他还有4万骁勇善战的骑兵，无所畏惧。他们在夜间封锁道路，靠抢劫摧毁了这个国家（大亚美尼亚和格鲁吉亚）的商队。他们把商队的货物从一个城市搬到另一个城市。同样，在晚上，他们在村里殴打村民，抢走所有的货物和牲畜，毫不留情地用箭射人。他们还到修道院里去，把祭司吊起来，把盐和烟灰倒进他们的鼻子里，说："给我拿酒来，给我拿肉来。"他们在很多地方都这么做。如果修道院里不幸没有酒喝，他们就会让牧师衔着狗尾巴。他们发誓说："要么照我们写的给我们酒喝，我们要多少就给多少，要么你们这样衔着狗尾巴。"①

历史学家海屯说，帖古迭儿上台后，积极推行蒙古人的伊斯兰化政策，并大肆迫害基督徒。他在《东方历史之花》中描述如下：

> 帖古迭儿想尽一切办法使鞑靼人皈依穆罕默德的信仰，对于那些不敢强迫的人赠送给他们礼物和荣誉；结果，无数的鞑靼人变成了萨拉森人（阿拉伯人）。然后［这个魔鬼的儿子］下令摧毁所有的基督教教堂，基督徒再也不敢宣讲基督的律法或教义。他公开宣扬穆罕默德的法律和教义。他把基督徒驱逐出境，摧毁了大不里士的基督教堂。他派人去见埃及的苏丹，与他签订了和平条约，并发誓要强迫他统治下的所有基督徒成为萨拉森人，否则就把他们斩首。于是萨拉森人充满了欢乐，而基督徒则充满了悲伤和恐惧。对于遭遇到的迫害，他们只能祈求上帝的怜悯，别无他法。②

---

① Grigor Aknerts'i, *History of the Nation of Archers*, trans. Robert Bedrosian, p. 21.

② Het'um the Armenian of the Praemonstratensian Order, *History of the Tartars* (The Flower of Histories of the East), trans. Robert Bedrosian, "Chapter 37", pp. 59 – 60.

从这时开始，亚美尼亚文献中对蒙古人的指责开始增加。关于这一点，亚美尼亚学者拉内说，亚美尼亚编年史家的证据似乎是一群受到孤立的、威胁的少数基督教徒的宗派阐释。[①] 如果从亚美尼亚编年史家对帖古迭儿的反基督的描述来看，拉内的话听起来似乎有道理。然而，叙利亚牧师巴尔·希伯来却提供了截然相反的说法。他说："帖古迭儿表现出极大的仁慈和慷慨。他打开了父亲和兄弟的宝库，拿出大量金银财宝，分给他的兄弟、埃米尔和蒙古军队。他以仁慈的目光看待所有的民族，尤其是基督教信仰的领袖们，他给他们颁布敕令，免除每个国家和地区的教堂、宗教机构、牧师和僧侣的赋税。"[②] 造成叙利亚史料与亚美尼亚史料差异的原因，可能与亚美尼亚人对帖古迭儿"叛教行为"的谴责有关，也可能反映了帖古迭儿本人的双重性格和矛盾心理。例如，1282 年，他在第比利斯铸造的铸币反映了他的宗教矛盾心理，铸币上的阿拉伯语铭文为："以圣父、圣子和圣灵的名义，神圣的上帝是一体的。"[③] 总而言之，伊尔汗蒙古人改宗伊斯兰教并与马穆鲁克王朝和解，对奇里乞亚的亚美尼亚王国来说将是另一场国运的考验。

五　与埃及的休战

第二次霍姆斯战役的失败，迫使列翁三世与埃及的马穆鲁克王朝和解。列翁三世这样做的原因有以下几方面的因素：首先，周边民族涌入奇里乞亚，给王国造成了严重破坏。巴尔·希伯来提到，1281 年冬天，无法无天的蒙古人、埃及人、土库曼人和库尔德人涌入奇里乞亚，烧毁了阿亚斯港口，洗劫了粮仓，亚美尼亚人纷纷逃到海上堡垒中。[④] 其次，帖古迭儿已与马穆鲁克王朝修好，亚美尼

---

① George E. Lane, *Early Mongol Rule in Thirteenth-Century Iran: A Persian Renaissance*, London and New York: Routledge Curzon, 2003, p. 56.

② Bar Hebraeus, *Bar Hebraeus' Chronography*, trans. from Syriac by E. A. Wallis Budge, p. 548.

③ Bayarsaikhan Dashdondog, *The Mongols and the Armenians (1220 - 1335)*, p. 177.

④ Bar Hebraeus, *Bar Hebraeus' Chronography*, trans. from Syriac by E. A. Wallis Budge, p. 546.

亚人很难独自对抗埃及。最后，阿鲁浑（1284—1291 年在位）上台后，在巴格达雇佣了 800 热那亚人造船，企图夺走红海的贸易，引起了列翁三世的警惕。正是基于上述原因，他向苏丹嘉拉温寻求和解。然而，嘉拉温却囚禁了谈判的使者，圣殿骑士团出面干预后才获释。1285 年，双方签署了一项为期十年的和平协议。除序言外，和平协议共有 30 条。嘉拉温声称保证奇里乞亚的和平与安全，如果亚美尼亚人履行以下义务：

(1) 每年给埃及 50 万迪拉姆银，50 匹骏马和质量上乘的骡子，1 万只马蹄铁；

(2) 释放所有关在奇里乞亚监狱中的穆斯林商人，归还他们的财产、货物、牲畜和奴隶；

(3) 埃及苏丹释放所有扣押在埃及和叙利亚的亚美尼亚外交官、官员和商人；

(4) 亚美尼亚确保来自伊拉克、伊朗和罗姆苏丹国的商人及旅行者的安全，并确保他们安全通过奇里乞亚边境；

(5) 双方同意在各自领海内将打捞上来的沉船货物移交给船东所在国政府；

(6) 奇里乞亚不再修筑军事堡垒；

(7) 亚美尼亚神职人员也要遵守本条约。①

该协议还包括一项引渡条款，规定当事方将逃离本国的人及其财产归还给各自的国家。由此可见，双方非常重视商业关系。条约清楚地反映了两国之间的权力关系，奇里乞亚成为臣服于埃及的附庸。对亚美尼亚人来说，这是一个屈辱性的休战条约。尽管如此，过境贸易仍给亚美尼亚人带来可观的利润。协议签署后，埃及苏丹减少了攻打奇里乞亚的次数，此后的入侵大多来自阿勒颇的小规模抢劫。政治稳定促进了奇里乞亚经济的繁荣，被毁的城市得到重建。

① Simon Payaslian, *The History of Armenia: From the Origins to the Present*, p. 94.

在蒙古方面，帖古迭儿极力推进蒙古人的伊斯兰化，结果招致了蒙古贵族的不满。1283 年，阿八哈的儿子阿鲁浑公开叛乱，并向忽必烈抱怨叔父的亲马穆鲁克和伊斯兰化宗教政策。忽必烈对帖古迭儿的政策也非常不满，警告他如果不收回其宗教政策，会亲赴伊尔汗国问责。① 最终，阿鲁浑推翻帖古迭儿，继任伊儿汗国的第四任君主。阿鲁浑上台后，停止了帖古迭儿的伊斯兰化执政方略，积极调整与基督教国家的关系。根据斯捷潘诺斯·奥贝良的报道，亚美尼亚人支持阿鲁浑的统治，阿鲁浑也注意改善与亚美尼亚人的关系。斯捷潘诺斯·奥贝良拜访阿鲁浑后，作如下描述：

> 从奇里乞亚来了几天后，我们见了统治世界的王阿鲁浑。他以极大的荣誉和友谊接待了我们。我们把我们的悲哀告诉了他，并把教宗通谕给他看，通谕是当着他的面翻译和宣读的。我们还向他出示了我的父亲给我们的有关物质遗产方面的世袭凭照。原属于我们的修道院中的一部分遗产已经归入他的国中，包括塔特夫修道院、新修道院、察格卡佐尔修道院和阿拉提斯修道院等。当［阿鲁浑］看到这一切，颁布诏令，再次确认精神和物质的双重公国里的这一切都是我们的。［阿鲁浑］令我们留下来，为皇家宫廷里一座由罗马教皇送来的［便携］教堂祈福。在场的还有聂斯脱利派大主教和 12 位主教，我们一起庄严地为教堂祈福。阿鲁浑亲手给我们穿上给大主教和所有主教定制的法衣。他手里拿着打板，在营地里走来走去，击打着它，为每个人祈福。②

如果斯捷潘诺斯·奥贝良的描述真实可靠的话，阿鲁浑的外交策略意味着重回阿八哈时代联合亚美尼亚对抗马穆鲁克王朝的基本方针。事实也如此，阿鲁浑紧锣密鼓地与拉丁欧洲斡旋，为即将到来的战争做准备。埃及苏丹嘉拉温敏锐地嗅觉到了伊尔汗

① Bayarsaikhan Dashdondog, *The Mongols and the Armenians* (*1220 - 1335*), p. 178.

② Step ‘anos Orbelean's, *History of the State of Sisakan*, trans. Robert Bedrosian, p. 244.

国的政治变化，才同意了列翁三世提出的休战请求，目的是瓦解亚蒙联盟。

综上所述，《1285年和平协议》是苛刻的，但它毕竟给了奇里乞亚一定程度的和平与稳定，列翁三世可以集中精力改善人民的生活，致力于国内经济建设。在此期间，他重建了西斯和其他各地的修道院，保护贸易和朝圣路线，扩大了阿亚斯港的商业和市场收入，这在一定程度上减轻了国家和人民的财政负担。1289年，列翁三世死，海屯二世即位。

六　亚蒙联盟的尾声

由于各种原因，海屯二世三次即位（1289—1292、1295—1296、1298—1305年在位）。登基之初，他面临的国际形势非常严峻：定期向蒙古人提供一定数目的武装；每年向开罗送去巨额贡赋。因此，夹在大国夹缝中的奇里乞亚处于极为危险的境地生存取决于周边力量的平衡。在这种情况下，海屯二世既要搞好与拜占庭、拉丁欧洲国家之间的关系，又要应对罗姆苏丹国的威胁，同时还要处理好与伊尔汗蒙古国的关系，并时刻警惕埃及的致命威胁。更为严重的是，十字军东征已经失去了欧洲君主的支持，进入了尾声。与之相应的是，在拉丁人眼里，亚美尼亚人失去了利用价值。除这些外部因素外，海屯二世还要面对一系列复杂的国内问题。

无论如何，南方的马穆鲁克王朝才是最大的威胁。1298年，嘉拉温占领的黎波里公国，决心结束十字军在叙利亚的存在。次年11月，正当他准备攻打阿克城时，死在开罗城外。1290年，阿什拉夫（1290—1293年在位）继任马穆鲁克王朝第八任苏丹。他将父亲嘉拉温的6000奴隶骑兵补充到自己的军团中，组成了主要由切尔克斯人构成的阿什拉菲娅军团。[①] 这支军团能征善战，阿什拉夫决心利用它开拓一番帝业——从基督徒手中夺回圣地。由于围攻阿克城的

① Amir Mazor, *The Rise and Fall of a Muslim Regiment: The Mansuriyya in the First Mamluk Sultanate*, 678/1279-741/1341, Bonn: Bonn University Press, 2015, p. 75.

计划早已拟好，1291 年 3 月 2 日战事重启。他向叙利亚的埃米尔下达命令，把所有的投石机运到阿克城。大马士革、的黎波里和约旦的军队接到命令后，火速向阿克城集结。1291 年 5 月，阿克城围攻战打响，镇守城池的圣殿骑士团虽进行了殊死抵抗，但仍没保住这座象征十字军东方存在的堡垒。阿克城被攻克的消息迅速传到大马士革和开罗。阿什拉夫意气风发地进入大马士革，法兰克俘虏带着镣铐，缴获的十字军旗倒挂着高高举起，以示基督教的失败。[①] 阿克城的陷落标志着地中海东岸拉丁十字军王国的血腥日落，十字军失去了耶路撒冷王国最后的堡垒。自十字军东征以来，耶路撒冷王国先后被萨拉丁、拜伯尔斯、嘉拉温和路易九世的第七次十字军夺取或摧毁过，现在它终于在“无垢者”马穆鲁克骑兵手中谢幕。教皇尼古拉四世（1288—1292 年在职）闻讯后，悲痛欲绝，准备发起新的东征，但在 1292 年去世。事实上，当时的欧洲各国君主已失去了东征的动力，忙于民族国家的构建。至于圣殿骑士团，则被法王腓力四世（1285—1314 年在位）和教皇克莱门特五世（1305—1314 年在职）指控为异端。至此，东方仅存的拉丁基督教王国只剩下塞浦路斯了。

阿鲁浑知道阿克城陷落的消息后，大为震惊，加快了向拉丁西方寻求支持的节奏。根据来自中国北京的拉班・扫马（1220—1294）的描述，阿鲁浑经常对他的大总管说：“如西方基督徒诸王不助我，我的愿望将不得实现。”[②] 阿鲁浑四次向西欧派出使团，都无果而终。1285 年，他给教皇霍诺留斯四世（1285—1287 年在职）写信，建议瓜分埃及领土；1287 年任命拉班・扫马为特使，出访拜占庭、意大利、法国和英国。第二年，拉班・扫马带着教皇尼古拉斯四世（1288—1292 年在职）、英王爱德华一世和法王腓力四世的信件回来。在信中，欧洲君主信誓旦旦地说要给他提供支持，但只

① B. Asili, *Al-Zahir Baibars and the End of the Old Crusades*, Beirut: Dar Alnafaes, 1992, p. 123.

② 伊尔汗国（佚名）：《拉班・扫马和马克西行记》，朱炳旭译，大象出版社 2009 年版，第 27 页。

是一纸空文而已。[①] 1289—1290 年间，阿鲁浑再次向教皇、英国和法国派出使团；与此同时，海屯二世的信件也被送往罗马，呼吁建立一个对抗埃及的蒙古—罗马—亚美尼亚联盟。[②] 最后一批使节在 1290 年夏天到达罗马，1291 年终于得到了教皇尼古拉斯四世敦促伊尔汗国臣民接受洗礼并对抗马穆鲁克人的回复。然而，教皇次年去世，发动十字军东征的计划化为泡影。阿鲁浑的外交政策给亚美尼亚人带来希望，但阿鲁浑本人却又执着于货币改革和追逐长生不老的炼丹术，这不仅分散了他的精力，也引起了蒙古贵族的不满。

1291 年 3 月 10 日，阿鲁浑去世。列翁三世与他的合作不仅没有带来任何预期的成果，反而使奇里乞亚沦为马穆鲁克的附庸。伊尔汗国新君主海合都（1291—1295 年在位）生活放荡，终日沉湎于酒色。1294 年 12 月 12 日，他下令用中国的纸币“交子”取代铸币，以充实国库。[③] 然而，金融改革引发了国内骚乱，人们拒绝使用纸币。次年，海合都被亲穆斯林贵族用弓弦勒死，旭烈兀之孙拜都被强行推上汗位（1295）。拜都在位仅 5 个月，统治期间宗教信仰问题似乎一直困扰着他。斯捷潘诺斯·奥贝良说，他以前是基督徒，被阿八哈的妻子德斯皮娜（拜占庭公主）抚养长大，但后来“被他的军事指挥官诱骗为穆斯林”[④]。巴尔·希伯来说，他在基督教和伊斯兰教两种信仰之间摇摆不定。[⑤] 拜都本来安排与海屯二世在马拉加会晤，但当后者到达并等了 10 天后，却等来了伊尔汗国的新可汗合赞（1295—1304 年在位）。巴尔·希伯来说：“万王之王（合赞）对他说：你是来见拜都的而不是我们。国王海屯回答说：我必须臣服于成吉思汗的所有后裔，我朝拜所有王座上的人。于是

---

① 伊尔汗国（佚名）：《拉班·扫马和马克西行记》，朱炳旭译，第 27—41 页。

② Bayarsaikhan Dashdondog, *The Mongols and the Armenians* (1220 - 1335), p. 183.

③ Bayarsaikhan Dashdondog, *The Mongols and the Armenians* (1220 - 1335), p. 185.

④ Step 'anos Orbelean's, *History of the State of Sisakan*, trans. Robert Bedrosian, p. 238.

⑤ Bar Hebraeus, *Bar Hebraeus' Chronography*, trans. from Syriac by E. A. Wallis Budge, pp. 593 - 594. 巴尔·希伯来在他的《编年志》中这样描述了拜都的宗教心理：“他常对基督徒说：‘我是基督徒’，并把十字架挂在脖子上。虽然他向穆斯林表明他是穆斯林，但从来没有学过净礼和斋戒……他用这样矛盾的政策统治了他的王国约 5 个月。”

万王之王热烈欢迎他，给他穿上御服，又吩咐人为他写下一道诏令——凡他所求的都要满足。”①

合赞汗是伊尔汗国历史上最有成就的君主之一，在位期间进行了一系列经济和社会改革。拉施特的巨著《史集》就是由他授命编撰的。1295 年，他定伊斯兰教为国教，但对亚美尼亚基督教也予以保护，比如他颁给海屯二世的第一道敕令就是“绝不能毁坏教堂”②。

就在埃及苏丹决心拿下叙利亚和安纳托利亚之际，海屯二世积极开展外交活动，以换取外部支持。1289 年，安吉洛达·克莱诺（1247—1337）和其他几个方济会修士来到亚美尼亚传教。他们曾因谴责教会的腐败在意大利多次被捕入狱，但在奇里乞亚，他们赢得了亚美尼亚教会的好感。1291 年，海屯二世派遣其中的（托伦蒂诺的）圣托马斯（1255—1321）前往罗马、巴黎和伦敦，鼓吹发起另一场十字军东征，却没有任何成效。③

占领阿克城后，马穆鲁克人没有立即进入奇里乞亚，而是在 1292 年春天攻打素有“罗马人城堡”之称的兰卡莱。该城是亚美尼亚教廷所在地。对亚美尼亚人来说，它有着非常重要的象征意义。城内守军坚守了 33 天后于 5 月 11 日沦陷。埃及人进入城内，洗劫了教堂，屠杀了众多僧侣，抢劫了无数珍贵文物和宝藏，囚禁了大主教斯蒂芬四世。兰卡莱的沦陷是伊斯兰教对基督教的另一场重大胜利。在大马士革，阿什拉夫受到英雄般欢迎，寺庙的喇叭持续鸣响了 7 天，蜡烛彻夜燃烧。④ 然后，他意气风发地从大马士革返回埃及，穿过胜利之门

---

① Bar Hebraeus, *Bar Hebraeus' Chronography*, trans. from Syriac by E. A. Wallis Budge, pp. 594 – 595.

② Bar Hebraeus, *Bar Hebraeus' Chronography*, trans. from Syriac by E. A. Wallis Budge, p. 595.

③ Alban Butler and Paul Burns, *Butler's Lives of the Sanits*, Kent: Burns& Oates, 1999, p. 68. 托伦蒂诺的圣托马斯在向罗马教皇克莱门特五世和红衣主教们发表演讲时，赞扬了孟高维诺在中国的工作。1308 年，他在普瓦捷与克莱门特五世讨论了此事，之后在中国建立了天主教会等级制度。圣托马斯死后，他的部分遗骸被鄂多立克带到中国福建泉州，见［意］鄂多立克等《海屯行纪·鄂多立克东游录·沙哈鲁遣使中国记》，何高济译，第 52 页。

④ Sirarpie Der Nersessian, “The Kingdom of Cilician Armenia”, in Robert Lee Wolff and Harry W. Hazard, eds., *A History of the Crusades*, Vol. II, p. 656.

进入开罗，庆祝的人群点燃数千支蜡烛，欢迎他的凯旋。

1293年5月，驻扎在大马士革的军队接到向西斯进军的命令。亚美尼亚人急忙派遣特使到埃及，表示愿意割地求和，并承诺将之前的贡赋增加一倍。[①] 巧合的是，12月14日，阿什拉夫被暗杀，埃及和叙利亚爆发了严重的饥荒和瘟疫，这给了亚美尼亚人喘息的机会。就在国家生死存亡之际，海屯二世把王位托付给托罗斯三世，自己隐退到马米斯特拉的修道院中。如前文所述，海屯二世三次登基，统治的不稳定性容易引起政局的动荡，正是在他统治时期，亚蒙联盟逐渐解体。海屯二世虽隐退为修士，但却没有完全离开政坛，这更给不稳的政局添加了诸多不稳定因素。隐修期间，他极力恳求埃及苏丹归还圣迹，并为此不惜到埃及，与苏丹怯的不花（1294—1296年在位）进行谈判。[②]

1295年，托罗斯三世敦促海屯二世重新登基，以恢复亚蒙联盟。海屯二世长途跋涉到大不里士，成功地得到了蒙古人的承诺。当他于1296年返回奇里乞亚时，拜占庭帝国传来要与他结为连理的消息。于是，海屯二世和托罗斯三世把王国置于兄弟森帕德（注意不要与历史学家森帕德混淆）的摄政之下，带着妹妹丽塔前往君士坦丁堡。在他离开奇里乞亚期间，大主教格里戈尔七世（1293—1307年在职）和教皇卜尼法斯八世（1294—1304年在职）支持森帕德篡夺了王位。[③] 返回时，海屯二世和托罗斯三世在凯撒利亚被俘，前者眼睛因烧灼，后者被勒死。1298年，海屯二世幼弟推翻森帕德释放了海屯二世。海屯二世第3次登基。森帕德篡夺王位并得到大主教和教皇的支持暗示了海屯二世的宗教政策引起了宗教界的

① Sirarpie Der Nersessian, "The Kingdom of Cilician Armenia", in Robert Lee Wolff and Harry W. Hazard, eds., *A History of the Crusades*, Vol. II, p. 656.

② Vahan M. Kurkjian, *A History of Armenia*, pp. 204 - 205. 这里的怯的不花与前文中的怯的不花非同一人，此处的怯的不花是第一次霍姆斯之战中被嘉拉温俘虏的蒙古战俘，来自“林木中百姓的斡亦剌人”。由于表现优秀，嘉拉温赐予他埃米尔头衔，后上位为马穆鲁克王朝第10任苏丹。

③ Sirarpie Der Nersessian, "The Kingdom of Cilician Armenia", in Robert Lee Wolff and Harry W. Hazard, eds., *A History of the Crusades*, Vol. II, p. 657.

不满。如前文所述，亚美尼亚人之间一直存在着亲拉丁教派和反拉丁教派的斗争，其中相当一部分贵族改信了天主教，造成了亚美尼亚人的分裂。因此，森帕德的夺权行为，很可能是宗教因素引起的。

亚美尼亚和伊尔汗国的内讧，诱使埃及人再次入侵奇里乞亚。1297 年，亚蒙联盟发起对马穆鲁克人的反攻，并试图建立拉丁—蒙古同盟。海屯二世的计划是将拉丁西方、塞浦路斯、奇里乞亚和伊尔汗国联合起来。然而，黎凡特的基督徒几乎没有得到欧洲的支持，也没有新的十字军来协助他们的军事行动。[1] 1298 年，马穆鲁克人在奇里乞亚攻城拔寨，洗劫了阿达纳和马米斯特拉。

由于马穆鲁克人的入侵，海屯二世写信给合赞汗，请求支持，合赞汗答应了他的请求。在此之前，亚蒙联盟出现了恶化的迹象。如前文提到的，伊尔汗国统治集团经常在伊斯兰教和基督教信仰之间摇摆不定，比如合赞汗信仰伊斯兰教，即位前对“基督徒怀有敌意”[2]。即位后的头两年（1295—1296），他迫害基督徒和犹太人。巴尔·希伯来说：“在那些日子，外邦人从四面八方赶到大不里士，毁坏那里的教堂，普天下的基督徒甚为忧愁。此时，尤其是在巴格达，无法用语言来描述基督徒所遭受的迫害、耻辱、嘲弄和羞辱。”[3] 尽管如此，个人宗教倾向让位于国家利益，合赞汗仍希望维系亚蒙联盟关系。正因为如此，他才向国王海屯二世保证，基督教教堂不会被摧毁，并承诺给亚美尼亚人提供军事援助。另外，合赞汗虽定伊斯兰教为国教，但他本人并非宗教狂热主义者，同时代的亚美尼亚史料来源几乎一致承认他对基督徒的宽容，比如斯捷潘诺斯·奥贝良说：“他是一个好人，身体健壮，战无不胜，对基督徒非常友好和

---

① Demurger Alain, *Croisades et croisés au Moyen Age*, Paris: Flammarion, 2006, p. 287. “在这几年里，西方国家没有十字军东征。只有塞浦路斯的法兰克军和小亚美尼亚军与蒙古人合作。”

② Het ‘um the Armenian of the Praemonstratensian Order, *History of the Tartars* (The Flower of Histories of the East), trans. Robert Bedrosian, “Chapter 41”, pp. 63 – 64.

③ Bar Hebraeus, *Bar Hebraeus' Chronography*, trans. from Syriac by E. A. Wallis Budge, pp. 595 – 596.

有益。"[①] 历史学家海屯谈到合赞汗时说："他在确立了权威之后，开始尊重并热爱基督徒，处死了那些引诱他相信萨拉森信仰的人。然后他命令鞑靼人举起武器，召集亚美尼亚国王、格鲁吉亚国王和其他基督徒，计划与埃及苏丹开战。"[②] 亚美尼亚史家看似前后矛盾的表述，反映了伊尔汗国统治者在伊斯兰教信仰和基督教信仰之间摇摆不定的态度。然而，马穆鲁克的威胁迫在眉睫，这成为亚蒙联盟得以再次成功的关键因素。

在与马穆鲁克开战前，合赞汗继续争取拉丁西方的支持，他写信给塞浦路斯国王，邀请他加入对叙利亚的马穆鲁克人的战争。[③] 1299年夏天，亚蒙联盟发起了对叙利亚的远征，成功占领了阿勒颇。圣殿骑士团和医院骑士团也参加了战斗。埃及苏丹纳绥尔（1293—1294、1299—1309、1310—1341 年在位）率领2 万—3 万马穆鲁克兵力，从大马士革向叙利亚北部挺进；合赞汗率领6 万蒙古人和4 万格鲁吉亚、亚美尼亚（4000 精锐骑兵）士兵越过幼发拉底河（马穆鲁克和伊尔汗国边境线）向南推进。[④] 在霍姆斯城附近，两军相遇，近15 万人形成了一条长达约16 千米宽的战线。一场决定奇里乞亚王国命运的战役即将打响。12 月22 日凌晨五点，太阳已经升起，马穆鲁克骑兵向蒙古人发起冲锋，战斗开始了。紧随其后，蒙古重装骑兵向马穆鲁克阵线发起冲锋，弓箭手站在马后，万箭齐发。接着，双方陷入肉搏战，厮杀一直持续到下午。马穆鲁克左翼被蒙古人突破后开始溃败。军队各部门之间的信息可能需要数小时才能到达战场的另一端。最终，蒙古人利用马穆鲁克左翼的崩溃，完全控制了战场，击溃了残余的埃及军队。马穆鲁克军队溃不成军，撤退时遭到了当地马龙派教

---

① Step ‘anos Orbelean's, *History of the State of Sisakan*, trans. Robert Bedrosian, p. 240.

② Het ‘um the Armenian of the Praemonstratensian Order, *History of the Tartars* (The Flower of Histories of the East), trans. Robert Bedrosian, "Chapter 41", p. 63.

③ Alain Demurger, *Jacques de Molay*, pp. 142 – 143.

④ P. J. Bearman, eds., "Wādī' L-Kabīr", *The Encyclopaedia of Islam*: *W-Z*, Vol. 11 (New Edition), Netherlands: Koninklijke Brill, 2002, pp. 17 – 18; Het ‘um the Armenian of the Praemonstratensian Order, *History of the Tartars* (The Flower of Histories of the East), trans. Robert Bedrosian, "Chapter 42", p. 65; Alain Demurger, *Jacques de Molay*, Paris: Payot & Rivages, 2007, pp. 142 – 143.

徒和德鲁兹教派弓箭手的袭击。马龙派是一个流行于黎巴嫩的天主教教派，德鲁兹教派是近东的一个什叶派教派。他们长期受马穆鲁克人的迫害，极力想摆脱他们的统治。

第 3 次霍姆斯之战是蒙古与马穆鲁克人交手以来唯一的一次大获全胜的大型野战。蒙古人声称取得了“伟大的胜利”，洗劫了大马士革，占领了耶路撒冷。根据 14 世纪亚美尼亚僧侣纳西斯·巴伦茨的报道，海屯二世在 1300 年访问了耶路撒冷，合赞汗将圣城送给了他。[1] 克劳德·穆塔菲安指出，可能正是在这种情况下，海屯二世将他的琥珀权杖交给了耶路撒冷的圣詹姆斯修道院。[2] 然而，有些历史学家对海屯二世是否真的到过耶路撒冷持怀疑态度。[3] 安格斯·斯图尔特指出，纳西斯·巴伦茨所述与同时代其他历史学家的描述不符，他的作品《奇里乞亚亚美尼亚王国史》写成了亚美尼亚的官宣材料。[4] 抛开猜测不谈，几个月后蒙古人向北撤退，埃及迅速收复了巴勒斯坦。

---

① Claude Mutafian, *Le Royaume Armenien de Cilicie*, Paris: CNRS Éditions, 1993, pp. 73 – 75. 纳西斯·巴伦茨（Nerses Balients）是 14 世纪亚美尼亚基督教僧侣，他最出名的作品是《奇里乞亚亚美尼亚王国史》。这部作品虽然被现代学者认为是那个时代的宝贵资料，但不是很可靠。纳西斯·巴伦茨在他的《历史》中说：“从对苏丹的战争中回来后，亚美尼亚国王去了耶路撒冷。他发现，所有的敌人都被比他先到的鞑靼人赶跑或歼灭了。当他进入耶路撒冷时，召集那些因为害怕而躲在洞穴里的基督徒。在耶路撒冷的 15 天里，他在圣墓大教堂举行了庄严的基督教仪式和欢庆活动，参观了朝圣者的地方，得到了极大的安慰。他在耶路撒冷时，收到了可汗将耶路撒冷及其近郊授予他的敕令。然后他回到达玛斯，与合赞一起过冬。”参见 Jules Tardif, ed., *Recueil des Historiens des Croisades: Documents Arméniens*, Paris: Imprimerie Impériale, 1869, p. 660。

② Claude Mutafian, *Le Royaume Armenien de Cilicie*, pp. 73 – 75.

③ “同时代的欧洲编年史家对在 1300 年蒙古人收复圣地的过程做了详细而又奇怪的描述。大量叙述和许多信件证明，在 1300 年 2—9 月间，西方的基督徒认为，合赞汗从穆斯林手中夺走了包括圣墓在内的耶路撒冷圣地，移交给了基督徒。事实上，所谓的收回圣地从未发生过。问题是这样的，‘新闻’是如何产生并被西欧所接受的。幸运的是，大量的文件幸存下来，使我们能够跟踪这个故事的起源。我们认为，这个故事的基础是蒙古人在叙利亚北部的胜利。这场胜利由于 1300 年这个非常特殊的时刻，变成了基督教所谓的收复圣地的故事。”相关观点，可参见 Sylvia Schein, “Gesta Dei per Mongolos 1300. The genesis of a non-event”, *The English Historical Review*, Vol. 94, No. 373, 1979 (October), pp. 805 – 819。

④ Angus Stewart, “The Assassination of King Het ‘um II: The Conversion of the Ilkhans and the Armenians”, *Journal of the Royal Asiatic Society*, Vol. 15, No. 1, 2005, pp. 45 – 61.

1300年2月，合赞汗因给养问题撤兵。两年后，埃及发起反攻，合赞汗派8万蒙古联军，发起了第3次也是最后一次叙利亚远征，但在1303年3月30日的霍姆斯之战中被击败。[①] 4月20日，海屯二世与蒙古大将忽都鲁沙在大马士革以南40公里的沙克哈卜与马穆鲁克军队交火。蒙古军队驻扎在河边，当忽都鲁沙的左翼攻击马穆鲁克右翼时，战斗打响了。接着，马穆鲁克军队的中心和左翼的正规军与贝都因人的非正规军投入战斗，而蒙古人则继续主攻埃及军队右翼。许多马穆鲁克人以为自己很快会失败，但埃及军队的左翼基本未受到冲击，队形有序。忽都鲁沙爬上附近一座山丘，期待着蒙古联军胜利的到来。然而，埃及人迅速包围了山丘。为保卫主帅，山上的蒙古人伤亡惨重。次日凌晨，马穆鲁克人故意给蒙古军队打开一条口子，让其向阿拉米河河床方向逃窜。当蒙古士兵到达河边给马匹饮水时，马穆鲁克人从后方发起攻击。随后的战斗一直持续到4月22日才结束。沙克哈卜战役，蒙古投入了2万—3万兵力，[②] 埃及投入了1.8万—2万兵力[③]。马穆鲁克伤亡1000人左右，[④] 蒙古联军具体伤亡数字不详。

根据埃及历史学家马克里兹（1364—1442）的说法，当合赞汗知道失败的消息后，勃然大怒，气得鼻腔流血。[⑤] 马穆鲁克获胜的消息迅速传到埃及，埃及人载歌载舞，连续数日庆祝这一辉煌的胜利。大亚美尼亚和格鲁吉亚士兵也参加了战斗。合赞汗准备发动第4次叙利亚远征，一洗前耻，但在1304年病逝。从此，亚蒙夺回叙利亚的希望彻底化为泡影，获取拉丁西方援助的希望也落空。阿八哈时期，亚美尼亚和伊尔汗蒙古是在几次争取西方合作的尝试之后

---

① Alain Demurger, *Jacques de Molay*, p. 158.

② Amir Mazor, *The Rise and Fall of a Muslim Regiment*: *The Mansuriyya in the First Mamluk Sultanate*, 678/1279-741/1341, p. 123.

③ James Waterson, *The Knights of Islam*: *The Wars of the Mamluks*, London: Greenhill Books, 2007, p. 210.

④ Amir Mazor, *The Rise and Fall of a Muslim Regiment*: *The Mansuriyya in the First Mamluk Sultanate*, 678/1279-741/1341, p. 124.

⑤ Al- Maqrizi, *Al Selouk Leme' refatt Dewall al-Melouk* (Mamluk History in Egypt), cited in "Battle of Marj al-Saffar" from wikipedia. org.

才决定攻击马穆鲁克的。阿鲁浑一直寻求与西方的联盟，甚至到死都没有与马穆鲁克人直接开战。然而，合赞汗却使用了不同的策略，当他与拉丁世界接触时，已经开始了对叙利亚的远征。1299—1302 年间，合赞汗分别给塞浦路斯国王亨利二世和英王爱德华一世写去信函，抱怨西方的不合作态度。① 可以推断，合赞汗失去了耐心，在未得到明确答复前就与埃及开战。

1304 年，马穆鲁克攻入奇里乞亚，成功夺回了亚美尼亚人占领的领地。次年，海屯二世将王位禅让给尚未成年的列翁四世（1305—1307 年在位），再次隐退到修道院中。这一时期，亚蒙联盟仍然存在，动机既包括获取东部领土的自身利益，也包括抵御罗姆苏丹国的侵犯。完者都（1304—1316 年在位）登基后，弱化了对附属国的保护，刻意减少对叙利亚马穆鲁克人的军事打击。根据同时代阿拉伯和波斯资料记载，伊尔汗国驻奇里乞亚代表比拉忽打算在西斯建一座清真寺。海屯二世写信给完者都，表达了对该项计划的担忧。② 不久前，比拉忽皈依了伊斯兰教。1307 年 11 月 17 日，应比拉忽邀请，海屯二世、列翁四世和 40 名亚美尼亚贵族一起前往阿纳扎布斯③出席宴会。海屯二世等人到达时，比拉忽下令屠杀了列翁二世等人。海屯二世的兄弟奥辛（1307—1320 年在位）得知这一骇人的消息后，立即向阿纳扎巴布斯进军，比拉忽被迫离开奇里乞亚。返回塔苏斯后，奥辛加冕为王，同时派人向完者都报告了比拉忽的背叛。完者都下令处死比拉忽，承认了奥辛的王位。

比拉忽阴谋杀害海屯二世一事，表面看起来似乎是报复后者写信给完者都的行为，但更有可能的是他对亚美尼亚基督教信仰的不满。实际上，自 1295 年蒙古人皈依伊斯兰教后，亚蒙联盟开始弱化。1297—1303 年间，亚蒙联军远征叙利亚只不过是两者对付共同敌人时的选择。海屯二世把王位禅让给侄子后致力于亚美尼

---

① Peter Jackson, *The Mongols and the West*: *1221 - 1410*, p. 171.

② Angus Stewart, "The Assassination of King Het ‘um II: The Conversion of the Ilkhans and the Armenians", *Journal of the Royal Asiatic Society*, pp. 45 - 61.

③ 奇里乞亚古城阿纳扎布斯（Anazarbus），又称阿纳扎巴（Anazarba），它是罗马帝国晚期奇里乞亚行省的都城，1374 年被摧毁。

亚教会与罗马教会的统一，因此，比尔忽杀害海屯二世的动机并不完全因为后者给完者都写信，而是一个虔诚的穆斯林对他的基督教臣民不满情绪的发泄。海屯二世的死尽管没有导致亚蒙联盟的立即结束，但也意味着名存实亡。在海屯二世与合赞汗的合作中，后者主导了亚蒙联盟的内外事务，前者只起到配角作用，较为被动。这一时期，亚美尼亚君主虽然有机会重新巩固与蒙古人日渐弱化的同盟关系，但海屯二世面临的外部环境十分复杂，使亚美尼亚人从这个联盟中没有得到任何好处。如前文所述，海屯二世是一个优柔寡断的人，不断地躲到修道院中寻求庇护：要么躲到马米斯特拉的修道院中，要么成为方济会修士，这种任性显然与他的时代格格不入。

沙克哈卜战役后，亚美尼亚人在近东立足的机会越来越渺茫，亚蒙联盟逐渐解体。尽管如此，两者最大的敌人仍是埃及，因此联盟关系勉强得以续存，只不过他们都将目光转向了拉丁西方。1307年，历史学家海屯前往法国普瓦捷，拜访了教皇克莱门特五世，并在那里写下了著名的《东方历史之花》，提议西方发起新的十字军东征。他怂恿说：

> 让我简单地重复一下这一观点：“看哪，现今正是悦纳的时候。看哪，现在是拯救的日子。因为对圣洁信仰的敌人发动战争的时机确实是恰当的和正确的。”
>
> ……
>
> 目前在鞑靼人的帮助下，会轻易地打败埃及王国和收复圣地，没有险境或危险。基督教军队应该毫不迟疑地前往圣地，拖延是很危险的：现在的朋友完者都可能会失败，一个遵从穆罕默德并与萨拉森人信仰一致的可汗可能会出现，这会给基督教国家和海外圣地带来巨大的破坏和危险。①

---

① Het ‘um the Armenian of the Praemonstratensian Order, *History of the Tartars* (The Flower of Histories of the East), trans. Robert Bedrosian, “Book Four”, pp. 73 - 85.

历史学家海屯的精神食粮慷慨激昂，但欧洲君主早已失去了东征的兴趣。完者都也寄希望于拉丁西方能够给他提供军事支持。这时，忽必烈之孙元成宗孛儿只斤·铁穆耳（1295—1307 年在位）和中亚蒙古统治者派来的使节告诉他，愿意停战和好。不久，金帐汗国可汗脱脱（1290—1312 年在位）遣使到伊尔汗国，表示愿意消除分歧。完者都很快把这些消息告诉了教皇和英法国王。1305 年，他写信给法王腓力四世，宣布蒙古帝国长达 45 年的敌对状态已经结束，并已承认铁穆耳为蒙古世界的共主。他还赞扬了西欧统治者之间的和平，暗示马穆鲁克王朝可能会给他们带来灾难性的后果。[①] 无论历史学家海屯的精神食粮，还是完者都的敦促，拉丁西方一如既往地使他们的希望落空。在西方援助无望的情况下，完者都将精力转移到伊朗东部边境的防御上，直到 1312 年他才发起了对马穆鲁克人的攻击，但以失败告终。1320 年，不赛因（1317—1335 年在位）与马穆鲁克人和解，伊尔汗国终于在历代统治者向拉丁西方寻求合作毫无结果的情况下彻底倒向了伊斯兰世界。亚美尼亚与伊尔汗国的联盟和友谊随之荡然无存。

信仰萨满教的蒙古人皈依伊斯兰教，是世界历史上少数不可预测的事件之一。当时，佛教、基督教和伊斯兰教竭力争取他们融入到自己的宗教体系中，这种场面在世界历史上是独一无二的。因此，很多学者质疑蒙古人为什么改信伊斯兰教而不是基督教。根据哈托格的说法，基督教只在蒙古人征服世界之初才具重要意义。[②] 然而，弗莱彻认为，伊斯兰教作为游牧民族的宗教吸引了同样是游牧民族的蒙古人。弗莱彻还用这一理论解释蒙古人拥抱藏传佛教额尔德派的原因，并指出，这一教派在成为西藏游牧民族的传统之后被蒙古人采纳。[③] 然而，弗莱彻的理论缺乏有效证据，也颇具争议。蒙古国学者巴雅尔赛罕认为，穆斯林臣民对蒙古人

① Peter Jackson, *The Mongols and the West*: *1221 – 1410*, p. 171.

② L. de Hartog, *Russia and the Mongol Yoke*: *The History of the Russian Principalities and the Golden Horde*, *1221 – 1502*, London, New York: I. B. Tauris, 1996, pp. 53 – 54.

③ J. Fletcher, "The Mongols: Ecological and Social Perspectives", *Harvard Journal of Asiatic Studies*, Vol. 46, No. 1, 1986, pp. 11 – 50.

进行了文化同化。[①] 亚美尼亚学者塞塔·达多扬认为，蒙古人皈依伊斯兰教是帝国主义意识形态支配的结果，蒙古人和之前的突厥人一样，企图用“伊斯兰教的基本原理”为他们的征服进行合法性辩护，并都认为，自己才是伊斯兰世界的领袖。[②] 总而言之，学者对伊尔汗蒙古皈依伊斯兰教的说法，众说纷纭。

事实上，在蒙古人彻底拥抱伊斯兰教之前，他们和基督教世界的联系更为密切，甚至很多蒙古人皈依了基督教。例如，在第二次里昂宗教大公会上，一些蒙古贵族接受了拉丁教会的洗礼。在与西方打交道的过程中，蒙古人是认真的，比如每当他们向拉丁国家派出使节时，总是小心翼翼地精心挑选使者，以获得西方统治者的信任，并使他们的提议带有基督教色彩。在这些人中，拉班·扫马是为数不多的聂斯脱利派使者之一。根据同时代历史学家的记载，蒙古征服者从一开始就表现出了对基督徒较为宽容的态度，免除了教会和神职人员的赋税。相反，穆斯林多次遭到蒙古人的迫害，比如旭烈兀攻陷巴格达后杀害了很多穆斯林，而基督徒则安然无恙。在拉丁西方最为关心的圣地问题上，伊尔汗蒙古君主（如旭烈兀和阿鲁浑）多次倡议夺回圣地后交给法兰克人。拉丁西方对蒙古人表现出来的偏爱基督教的倾向欢欣鼓舞，甚至出现了各种谣传。例如，1280 年流传这样一个故事，讲的是伊尔汗的妻子是亚美尼亚国王的女儿，她生了一个怪孩子，但在受洗时孩子完全正常了，于是伊尔汗皈依了基督教，继续夺取耶路撒冷。[③] 又如，前文提到的合赞汗把耶路撒冷送给了海屯二世的说法，也带有此类谣传的性质。

1299—1300 年间，蒙古人占领了叙利亚，拉近了它与拉丁西方的距离。尽管占领的时间短暂非常，但还是引起了西方的轰动。轰动的部分原因正如西尔维亚·沙因指出的：合赞汗的征服与教皇卜尼法斯八世宣布的千禧年重合。[④] 因此，在拉丁西方人眼里，蒙古

---

① Bayarsaikhan Dashdondog, *The Mongols and the Armenians (1220 - 1335)*, p. 196.

② Seta B. Dadoyan, *The Armenians in the Medieval Islamic World, Vol. II: Paradigms of Interaction Seventh to Fourteenth Centuries*, p. 154.

③ Peter Jackson, *The Mongols and the West: 1221 - 1410*, p. 172.

④ Sylvia Schein, “Gesta Dei per Mongolos 1300. The genesis of a non-event”, *The English Historical Review*, Vol. 94, pp. 805 - 819.

战役很快就有了基督教胜利的划时代的意义，似乎完成了西方期待已久的祭司王约翰的任务。上述种种事实表明，伊尔汗国蒙古人似乎有改宗基督教的趋势。那么，在这种情况下，拉丁西方为什么不给伊尔汗国和小亚美尼亚提供完全的军事支持呢？前文提到过，伊尔汗国统治者经常在伊斯兰教和基督教之间（甚至佛教）摇摆不定，这在一定程度上减少了西方对蒙古人的幻想，并对即将到来的皈依失去了信心。另外，马穆鲁克王朝成功分化了蒙古与拉丁西方的关系，使其保持了中立。在没有得到拉丁西方援助的情况下，蒙古统治者不免有失望的情绪。正是在这样的情况下，伊尔汗蒙古倒向了伊斯兰教世界。

尽管如此，蒙古人皈依伊斯兰教的原因比较复杂。众所周知，蒙古人在短短一年的时间里席卷了东方伊斯兰世界。因此，从成吉思汗征服中亚和伊朗之始，皈依伊斯兰教的大门便打开了——当他们来到亚洲中西部时，伊斯兰教早就深深根植于这片社会土壤。因此，即使蒙古统治者改宗基督教，也不太可能改变这一现状。事实上，在世界历史上，无论哪个民族与伊斯兰教文化互动多么密切，都很难改变他们的文化信仰，反而改宗伊斯兰教的民族比比皆是。总之，当合赞汗从一个佛教徒改信逊尼派并将其定为国教时，蒙古人皈依的速度大大加快。因此，当蒙古统治者管理穆斯林人口占多数的国土时，只能选择拥抱伊斯兰教。国家治理的重要性超越了宗教的重要性。

蒙古人改宗伊斯兰教，给亚蒙关系带来的最直接影响是亚蒙联盟的消失，并加速了两国的灭亡。1320—1322 年，埃及苏丹纳绥尔多次入侵并蹂躏了奇里乞亚，摧毁了阿亚斯港。教皇约翰二十二世（1316—1344 年在职）在得知阿亚斯港被洗劫的消息后悲痛欲绝，为了重建该港，他给亚美尼亚人送来 3 万弗罗林。[①] 亚美尼亚人利用这笔钱重建了阿亚斯港口的堡垒。1322 年 7 月 1 日，教皇从阿维尼翁给伊尔汗不赛因写了一封信，要求他帮助亚美尼亚人，并同时

① Bayarsaikhan Dashdondog, *The Mongols and the Armenians* (*1220 – 1335*), p. 212.

向法王腓力五世（1293—1322 年在位）寻求帮助。不赛因应罗马教皇的请求，派军队开进奇里乞亚，但这时亚美尼亚人已经与埃及苏丹签署了为期 15 年的休战协定。[①] 亚蒙联盟的解体，促使亚美尼亚人加强与法兰克人的关系。由于奇里乞亚与塞浦路斯王室联姻的关系，法国的吕西尼昂家族在奇里乞亚建立了统治（1341—1375）。

拉丁西方、亚美尼亚和马穆鲁克都不甘心蒙古人的伊斯兰化。亚蒙联盟的基础是共同对付埃及以及彼此对叙利亚和耶路撒冷的兴趣。当伊尔汗国与马穆鲁克人实现和解并皈依伊斯兰教时，联盟的基础就不存在了。资料表明，当蒙古人不再与亚美尼亚人合作时，两个国家都出现了统治集团的内讧。对奇里乞亚的亚美尼亚人来说，他们此后更容易受到马穆鲁克人的入侵，逐渐失去了地区战略上的重要性；对伊朗的蒙古人来说，他们失去了亚美尼亚人的支持，伊尔汗蒙古的衰落大大加速。对马穆鲁克人来说，蒙古的伊斯兰化使他们失去了继续打击蒙古的精神理由。

1375 年，教皇终于认识到援助亚美尼亚人的重要性了。然而，这种援助仅局限在外交和财政领域。黎凡特地区仅存的一个基督教王国终于走到了历史的尽头，从此，蒙古人的历史信息淡出了亚美尼亚历史学家的视野。不赛因死后不到 10 年，伊尔汗国土崩瓦解。

第三节　吕西尼昂王朝

吕西尼昂家族是一个源于法国的皇室贵族家族，在不同历史时期统治着耶路撒冷、塞浦路斯和黎凡特。12 世纪时，该家族迁到塞浦路斯。亚美尼亚人和吕西尼昂家族关系密切，若不是这层关系的话，亚美尼亚人很可能将塞浦路斯变为自己的殖民地。

海屯二世的侄子奥辛登基后，娶了历史学家海屯的女儿为妻。[②] 为寻求与拉丁西方的合作，他将自己的妹妹嫁给了推罗的阿马尔里

① Bayarsaikhan Dashdondog, *The Mongols and the Armenians* (*1220 - 1335*), p. 212.

② T. S. R. Boase, eds., *The Cilician Kingdom of Armenia*, p. 30.

克。当阿马尔里克从亨利二世手中篡夺了塞浦路斯王位时，奥辛将亨利二世囚禁在亚美尼亚。1310 年，阿马尔里克被暗杀，奥辛释放了亨利二世，将其送回塞浦路斯。1320 年，科利卡斯的奥辛毒死了奥辛（两个奥辛非同一人），拥立自己的儿子列翁五世（1320—1341 年在位）登基，科利卡斯的奥辛摄政（后文称摄政王奥辛）。列翁五世是海屯王朝的最后一位国王。

夺取奇里乞亚实权后，摄政王奥辛娶了列翁五世的继母安茹的珍妮。奥辛有三次婚史：第一位妻子是历史学家海屯的女儿伊莎贝尔，第二任妻子是吕西尼昂家族的伊莎贝拉，第三任妻子是安茹的珍妮。列翁五世的生母是历史学家海屯的女儿，她于 1310 年去世。

1321 年 8 月 10 日，列翁五世被迫与摄政王奥辛的女儿爱丽丝结婚。为巩固政权，摄政王奥辛杀害了许多皇室成员。20 年代，马穆鲁克多次突袭奇里乞亚，企图占领港口城市阿亚斯。十字军撤出中东后，阿亚斯在东西方贸易中的地位愈益重要。由于阿亚斯的关税要比亚历山大低得多，因此商业优势更强。马穆鲁克欲征服奇里乞亚的目的之一就是夺取阿亚斯，这一动机终于在 1322 年得以实现。1323 年，列翁五世与埃及苏丹签署条约，奇里乞亚每年给埃及 120 万迪拉姆银（50% 的收入来自阿亚斯的商业税，50% 的收入来自食盐出口税）。[①] 埃及苏丹同意从奇里乞亚撤兵，以让亚美尼亚人重建被毁的港口基础设施。

外部环境的恶化引发了内部派系的斗争。列翁五世亲政后要求与西方国家建立全面同盟关系，并为此处死了包括妻子和摄政王奥辛在内的反对派，娶了塞浦路斯国王亨利二世的遗孀——阿拉贡的康斯坦斯。康斯坦斯是西西里国王腓特烈三世的女儿，列翁五世的动机显然是加强与拉丁西方的关系。[②] 然而，他的亲西方政策激起了贵族的普遍反对，并引起了埃及的警惕。1337 年，苏丹纳绥尔兵进奇里乞亚，占领了阿亚斯，列翁五世被迫再次签署

---

① Simon Payaslian, *The History of Armenia: From the Origins to the Present*, pp. 98 – 99.

② T. S. R. Boase, eds., *The Cilician Kingdom of Armenia*, p. 30.

休战协议，承诺不再与西方打交道。国内贵族的反对，使列翁五世异常沮丧。在他统治的最后几年，仍幻想着西方能够给他提供援助（当时英法刚刚开启百年战争）。1341 年 12 月 28 日，他被贵族杀害。

由于列翁五世无男嗣，亚美尼亚贵族把王位交给了吕西尼昂家族的康斯坦丁二世（1342—1344 年在位）。康斯坦丁二世上台后致力于推行天主教教义。根据米赫兰·库尔多哈良的说法，贵族基本上接受了这一点，但农民反对这种改变，发动了起义。① 1344 年，康斯坦丁二世被杀，康斯坦丁三世（1344—1363 年在位）即位。康斯坦丁三世上台后，大力清除异己。对内，他安抚农民情绪，放弃了激进的宗教政策；对外，割塔苏斯和阿达纳给埃及。康斯坦丁三世的内外政策暂时稳定了动荡的局势。康斯坦丁四世（1363—1373 年在位）上台后与塞浦路斯的彼得一世结盟，后者将著名的科利卡斯海中城堡送给了他，并在其支持下于 1360 年夺取了安塔利亚。这时，奇里乞亚贸易复兴，但只不过是王国的回光返照而已。在那个动荡的时代，亚美尼亚人已经没有多少能够阻止外部入侵的资本。埃及人占领阿亚斯后，该港口失去了昔日的经济功能。1336 年，阿亚斯城的亚美尼亚人为发泄不满，杀害了两名马穆鲁克官员，招致了该城亚美尼亚人的屠杀。一位耶路撒冷的文士说："我们都在发抖；有些人逃到希腊的村庄；只有上帝知道将来会发生什么。"② 与此同时，中亚的突厥人进入奇里乞亚。"因为我们时代的灾难"，一位亚美尼亚文士说，"嘎勒莽国深入奇里乞亚，毁坏了许多地方"③。同年，西斯的另一位文士说："来自法老土地上无法无天的民族让奇里乞亚遭受了巨大的苦难和威胁。"④ 在外部环境急速恶化的情况

① Mihran Kurdoghlian, *Պատմութիւն Հայոց* (History of Armenia), Vol. II, pp. 53 – 56.

② Avedis K. Sanjian (selected, trans. and annoted), *Colophons of Armenian Mauscripts: A Source for Middle Eastern History, 1301 – 1480*, p. 75.

③ Avedis K. Sanjian (selected, trans. and annoted), *Colophons of Armenian Mauscripts: A Source for Middle Eastern History, 1301 – 1480*, p. 75.

④ Avedis K. Sanjian (selected, trans. and annoted), *Colophons of Armenian Mauscripts: A Source for Middle Eastern History, 1301 – 1480*, p. 77.

下，康斯坦丁四世在政治上现实起来，努力与埃及苏丹达成和平协议，然而贵族们却认为这是将自己的国家亲手送给埃及，杀害了康斯坦丁四世，列翁六世（1374—1375 年在位）即位。

列翁六世是奇里乞亚的最后一位国王。他试图团结亚美尼亚人，挽救国家于危亡，但家族恩怨和内斗充斥在亚美尼亚人之间，农民起义更使国内局势严重恶化。一位亚美尼亚修士在 1374 年的记载中说："823 年（1374），这个国家因干旱、被掳、毛毛虫、蝗虫、暴雨、瘟疫、物价上涨和其他灾难饱受苦难。"[①] 一些贵族逃到开罗，改宗了伊斯兰教，伺机推翻列翁六世。[②] 奇里乞亚王国气数已尽，无论列翁六世如何努力，都已无力回天。1375 年，埃及攻陷西斯。历史上，亚美尼亚人在传统历史故地之外建立的濒海殖民国家至此谢幕。亚美尼亚主教扎卡雷哀叹道："在那艰苦的岁月，也就是在西斯城被攻陷的那一年。我，卑微的主教扎卡雷，碰巧在那儿。谁能把我亲眼所见的悲剧写下来呢？因为我看到了灿烂的太阳、星星和月亮的陨落。"[③] 另一位文士也记载了西斯城陷落后的情况，声称那一年发生了严重的饥荒，物价飞涨。[④]

西斯陷落后，列翁六世和他的家人被掳到埃及，经卡斯提尔国王斡旋后，流亡到巴黎，于 1393 年在那里去世。1396 年，列翁五世的堂兄即塞浦路斯国王詹姆斯一世承袭了亚美尼亚国王的称号，从此塞浦路斯国王自称"塞浦路斯国王、奇里乞亚亚美尼亚国王和耶路撒冷国王"，尽管这一头衔有名无实。[⑤] 1489 年，塞浦路斯失守后，吕西尼昂家族的黎凡特分支移居到君士坦丁堡，19 世纪又迁

---

① Avedis K. Sanjian (selected, trans. and annoted), *Colophons of Armenian Mauscripts: A Source for Middle Eastern History, 1301 - 1480*, p. 99.

② T. S. R. Boase, eds., *The Cilician Kingdom of Armenia*, p. 32.

③ Avedis K. Sanjian (selected, trans. and annoted), *Colophons of Armenian Mauscripts: A Source for Middle Eastern History, 1301 - 1480*, p. 99.

④ Avedis K. Sanjian (selected, trans. and annoted), *Colophons of Armenian Mauscripts: A Source for Middle Eastern History, 1301 - 1480*, p. 99.

⑤ Alexander-Michael Hadjilyra, *The Armenians of Cyprus*, New York: Kalaydjian Foundation, 2009, p. 12.

到俄国的圣彼得堡。1827 年，俄国沙皇尼古拉斯一世承认了这一称号。①

马穆鲁克控制奇里乞亚的时间非常短。1402 年，帖木儿在安哥拉战胜突厥人后，进入小亚细亚和叙利亚。1453 年，奥斯曼土耳其人占领了君士坦丁堡。有一段时间，该地区的亚美尼亚人仍然向西方寻求援助，并继续与教皇谈判，但奇里乞亚已经沦为奥斯曼帝国的一个行省。奥斯曼帝国统治期间，那里的亚美尼亚人享有相当程度的宗教自由，并幸存了下来。1895 年、1896 年和 1915 年，奇里乞亚的亚美尼亚人遭到迫害，亚美尼亚人的教堂被拆毁。如今，人们只能通过文献记录和纪念碑来追溯亚美尼亚人曾经的辉煌。

第四节　小亚美尼亚社会和文化

奇里乞亚亚美尼亚是亚美尼亚文明史上最为精彩的一页。战争、侵略、破坏和掠夺的历史可能会掩盖那个时期亚美尼亚人真正的文化成就。小亚美尼亚文化的性质与大亚美尼亚不相同，由于它与十字军、蒙古人、突厥人、马穆鲁克人和拜占庭人互动频繁，所以，那里的亚美尼亚文化吸收了更多的外来要素。

小亚美尼亚的封建政治制度与大亚美尼亚的纳哈拉封建制不同，而是类似于西欧的封君、封臣制，但它又不像西方那样成熟。在社会属性上，它是亚美尼亚和西欧封建制度结合的产物。在奇里乞亚，国王拥有很大的权力，不仅决定国内外政策，还拥有铸造货币的唯一权力。王室是国家治理的最高行政机构，其职能有些沿用了亚美尼亚传统，有些受中世纪西欧的影响，统治方式采用了欧洲的管理模式，并使用了大量法兰克官阶术语，比如“斯帕佩特”在大亚美尼亚原本是将军的意思，但在奇里乞亚被欧洲的“大总管”一词取代。大总管负责指挥军队，保护边疆。“佩尔”是太子的导师，并在太子未成年时担任摄政王。首相办公室设有秘书处和翻译处，

---

① Viscount Bryce, *The Treatment of Armenians in the Ottoman Empire*, Germany: Textor Verlag, 2008, pp. 465 - 467.

负责处理具体的外交事务；掌管国家印玺，并与国王一起准备国家法令的起草和颁布工作。管家负责王室管理和后勤工作，并掌管宫廷的各项开支。海关局长监督国家税收。在事关国家重大问题上，国王要与地主组成的政务院进行磋商。各部长官不是由纳哈拉家族的成员把持，而是由有实力雄厚的社会精英出任。国家武装部队维持在 6 万人左右，核心力量是按照欧洲惯例武装起来的骑兵。常备军由贵族组成。战时，民兵组织也会加入战斗。①

在中央王朝之下，全国划分为若干区。地方自治机构在国家政府体系中有着重要的作用。有些城市和区由国王直接管理，并由国王任命的总督统治。封臣既是地主又是地方统治者，拥有广泛的行政、军事、财政和司法权力，但封臣没有封臣。区政府机构设有长老会。每个区由若干农村公社组成。长老会和牧师负责农村公社的管理工作。在城市中，管理机构主要有市长、公民议会、行会和工会等行政机构。② 司法系统由王室法庭、财产法庭和宗教法庭组成。法典采用《安条克巡回审判法》，并在案件诉讼中借鉴了亚美尼亚法学家麦基塔尔·高什编撰的《法典》。《安条克巡回审判法》是博希蒙德四世统治时期编纂的一部法律汇编，有 17 章涉及高等法院事项，21 章涉及资产法庭事项，规定了十字军拉丁国家非贵族居民的各项权利，内容涉及嫁妆、继承权、遗嘱、金融交易和财产出售等各项民事诉讼。虽然《安条克巡回审判法》最初用法语写成，但在 13 世纪中叶，它由奇里乞亚王国的大管家森帕德译成亚美尼亚语，用于审判涉及奇里乞亚拉丁基督徒和宫廷贵族的各项诉讼案件。该法典法语原文的亚美尼亚语译本是现存的唯一版本。③

---

① Armen Khachikyan, *History of Armenia: A Brief Review*, pp. 82－83.

② A. G. Sukiasyan, *Կիլիկիայի Հայկական պետության և իրավունքի պատմություն* (11－14 դարեր) [History of the Armenian State and Law of Cilicia (11－14 Centuries)], Yerevan: University of Yerevan, 1978, pp. 154－176.

③ Marwan Nader, *Burgesses and Burgess Law in the Latin Kingdoms of Jerusalem and Cyprus*, 1099－1325, Burlington: Ashgate, 2006, 64－66; Ani Atamian Bournoutian, "Cilician Armenia", in Richard G. Hovannisian, ed., *The Armenian People from Ancient to Modern Times, Volume I: The Dynastic Periods: from Antiquity to the Fourteenth Century*, p. 283.

封建贵族是王国的统治基础，享有一系列世袭特权。例如，迟至1215年时，某些贵族还保留了对外国商人征收关税的权利。贵族的权力往往能左右王位的继承。在奇里乞亚，亚美尼亚贵族按照欧洲传统被封为爵士。马背长矛比赛是流行的贵族运动，而这项欧式运动在大亚美尼亚几乎闻所未闻。一些拉丁语和法语词汇进入了亚美尼亚语，并取代了相应的亚美尼亚词汇，比如法语“男爵”一词取代了亚美尼亚语中的“纳哈拉”。为适应某些西方语言的发音，亚美尼亚字母表增加了字母“o”和“f”音。法语和拉丁语成为官方第二语言。从现存的彩饰手稿和编年史记载中可以看出，贵族常常穿着西方服饰。欧洲（特别是法国）人名，如利奥、君士坦丁、雷蒙德、亨利、埃蒂安、爱丽丝、伊莎贝拉和梅利桑德等人名非常受欢迎。亚美尼亚王名“列翁”与“利奥”同意。在那个时代，联盟和缔结条约往往是以联姻的形式实现的。拉丁贵族与亚美尼亚贵族（主要是亚美尼亚贵族女性）频繁通婚，以至于每个拉丁十字军国家和拜占庭宫廷里都有亚美尼亚血统的人。为了促成联姻，亚美尼亚贵族有时改信天主教或希腊东正教。①

在贵族之下，奇里乞亚是一个异质型社会，居住着不同信仰的民族，如信仰天主教的欧洲人、信仰东正教的希腊人、信仰犹太教的犹太人和信仰伊斯兰教的穆斯林。因此，亚美尼亚人不可避免地每天与他们打交道。但是，普通人之间的通婚程度要比贵族小。在奇里乞亚人口结构中，商人和农民占多数，他们与异族通婚的现象可能很少或根本没有。② 毫无疑问，神职人员尽其所能地保持了民族的纯洁性，不与外族通婚。

奇里乞亚属典型的地中海气候，非常适合发展农业，人们除种植柑橘、橄榄和葡萄等经济作物外，还大力发展畜牧业。当地出口

---

① Ani Atamian Bournoutian, “Cilician Armenia”, in Richard G. Hovannisian, ed., *The Armenian People from Ancient to Modern Times, Volume I: The Dynastic Periods: from Antiquity to the Fourteenth Century*, p. 283.

② Ani Atamian Bournoutian, “Cilician Armenia”, in Richard G. Hovannisian, ed., *The Armenian People from Ancient to Modern Times, Volume I: The Dynastic Periods: from Antiquity to the Fourteenth Century*, p. 284.

的商品主要有马匹、生丝、羊毛制品和葡萄酒。它的羊毛织品因韧性好，享誉地中海世界。奴隶交易也非常有利可图。然而，最重要的经济活动是商业。由于地理位置特殊，数条贸易路线在这里汇集。发达的商业贸易使亚美尼亚人聚敛了巨额财富，给王室带来稳定而又可靠的收入。

中世纪地中海国家经济的觉醒（特别是意大利城邦）使奇里乞亚受益匪浅。第一次十字军东征后，热那亚、威尼斯、叙利亚、巴勒斯坦和奇里乞亚间的贸易相较以前格外活跃。13 世纪下半叶，从阿亚斯港到大不里士、苏丹尼耶城的国际贸易，飞速发展。随着时间的推移，富有的亚美尼亚商人融入西方世界贸易体系中。他们也积极开展与大亚美尼亚和东方穆斯林国家的贸易关系。经济的繁荣促进了政治、军事力量的强大。① 亚美尼亚历史学家瓦汗·库尔克扬说：

> 亚美尼亚人的奇里乞亚，由于列翁大帝的远见卓识，在欧洲资本到来之前已经敞开大门，并在 13 世纪成为主要的国际贸易市场。在西方列强与埃及苏丹激烈战斗期间，有一段时期，教皇诏书规定基督教商人禁止进入穆斯林人的海港。于是，奇里乞亚大受裨益，快速繁荣和昌盛起来，权利和财富不断增长。在奇里乞亚海岸，有十多个繁忙的海港。在亚美尼亚人统治期间，阿亚斯港最为有名，被欧洲人称为“亚美尼亚国王的海港”。②

的确，阿亚斯港是当时最为重要的国际贸易海港之一。商人从这里出发，经锡瓦斯、埃尔津詹和埃尔祖鲁姆等城市，抵达伊朗北部的大不里士。另一条商路将大不里士与黑海沿岸的特拉布宗连接起来。在大不里士，从中国和印度出发的商路与上述两条商路相

---

① Hakob Manandian, *The Trade and Cities of Armenia in Relation to Ancient World Trade*, trans. Nina Garsoïan, 1965, p. 175.

② V. M. Kurkjian, “The Great Seaport of The Armenians”, cited in Kevork A. Sarafian, *History of Education in Armenia*, p. 104.

汇。这样，阿亚斯港既与东来的丝绸之路相连，又通达黑海经济圈。中国的丝绸和瓷器、印度和东南亚的香料，沿丝绸之路到阿亚斯港，再经阿亚斯港走海路运抵欧洲各地。由于欧洲基督徒不愿意与穆斯林打交道，所以，西方商人大多经阿亚斯港与东方开展贸易——这解释了为什么马穆鲁克王朝每次入侵奇里乞亚首先攻打阿亚斯港的原因。马可·波罗到过阿亚斯港，说世界各地的巨商大贾云集于此，从事香料、药材、丝绸、毛织品和其他珍贵商品的生意。① 塞塔·达多扬夸张地指出，所有种类的货物经阿亚斯港往来于东、西、南、北，所有途经的城市都有亚美尼亚商人。②

商业的繁荣与统治者的重商主义密切相关。列翁二世主动与热那亚、威尼斯和比萨等意大利北部城邦签订协议，后又与法国和加泰罗尼亚签订协议，给予他们免税和商业特权，鼓励他们到奇里乞亚经商。因此，在阿亚斯、塔苏斯、阿达纳和马米斯特拉都有欧洲商社。根据贸易协定，欧洲商人还可以建立自己的教堂和法院。法语成为王国的第二官方语言，意大利语是第二商业用语。③

商业的繁荣促进了铸币制造业的兴起。皇家铸币厂设在西斯和塔苏斯，铸造的金币称为德拉姆，银币称为塔弗罗林。意大利金币达克特、弗罗林和泽奇诺，以及希腊的贝赞特、阿拉伯的迪拉姆和法国的里弗，在奇里乞亚广为流通。④

1187 年，耶路撒冷王国倒台后，大量十字军来到这里谋生。由于列翁二世给予欧洲人一些商业特权，他们纷纷在奇里乞亚设立办事处，经营金融业，甚至开办手工工厂。许多地方还建立了拉丁宗教团体和学术机构，用同时代亚美尼亚历史学家瓦赫兰的

---

① ［意］马可·波罗：《马可波罗游记》，陈开俊、戴树英等译，第 3 页。

② Seta B. Dadoyan, *The Armenians in the Medieval Islamic World, Vol. II: Paradigms of Interaction Seventh to Fourteenth Centuries*, p. 152.

③ Ani Atamian Bournoutian, "Cilician Armenia", in Richard G. Hovannisian, ed., *The Armenian People from Ancient to Modern Times, Volume I: The Dynastic Periods: from Antiquity to the Fourteenth Century*, p. 284.

④ Ani Atamian Bournoutian, "Cilician Armenia", in Richard G. Hovannisian, ed., *The Armenian People from Ancient to Modern Times, Volume I: The Dynastic Periods: from Antiquity to the Fourteenth Century*, p. 284.

话说，奇里乞亚像“天堂一样幸福”，人们坐在葡萄树下“享受收获的快乐”①。

13 世纪末，奇里乞亚的国际环境恶化。1268—1291 年间，马穆鲁克苏丹相继征服了安条克和十字军的叙利亚城市。奇里乞亚虽在一定时期内经受住了袭击，但终于在连绵的战争中耗尽了力量。大约一百年后，西方人开始了叹为观止的大航海时代，奇里乞亚在国际贸易圈中的地位变得无足轻重。

第五节　11—14 世纪亚美尼亚文明的特点

当巴格拉图尼王国的最后一位国王被暗杀后，他的骑兵散去，其中部分亚美尼亚人在奇里乞亚东部的凡卡要塞附近定居了下来。小亚美尼亚的鲁本王朝（或公国）与大亚美尼亚的扎卡里德王朝，遥相呼应。13 世纪下半叶，在蒙古人的批准下，在幼发拉底河上游西部、本都以南地区，亚美尼亚人的城邦国家埃尔津詹公国②崛起。如此一来，中世纪后期的亚美尼亚政治版图形成了“三角王朝”的局面。亚美尼亚历史进入了一个伊斯兰教和基督教传统互为交融的现实政治时期。与这种改变相适应的是，亚美尼亚人的统治权由纳哈拉人转移到新兴商人、军事贵族和海外移民手中。当然，相当一部分实权者仍然是纳哈拉人的后裔。

至此，亚美尼亚高地上除了当地的阿拉伯人、库尔德人和亚美尼亚人之外，三股新势力到达该地区：突厥部落、十字军和蒙古人。由此，亚美尼亚政治史发生了根本性的变化，进入了一个斗争异常激烈的新阶段，但这也为三个亚美尼亚权力中心的出现创造了有利的外部环境。

11—14 世纪，亚美尼亚文明的一大特点是内部的裂变。11—12

---

① Vahram, *Chronicle of the Armenian Kingdom in Cilicia during the Time of the Crusades*, pp. 44, 49.

② 埃尔津詹公国又称埃尔津詹省（Beylik）。1243 年克塞山战役后，伊尔汗蒙古人成为安纳托利亚事实上的统治者。伊尔汗王朝瓦解后，各地封建诸侯纷纷宣布独立，埃尔津詹公国就是其中之一。埃尔津詹公国是亚美尼亚历史上短暂而又独特的一个历史阶段。

世纪期间，该地区的拜占庭、格鲁吉亚和亚美尼亚基督教势力集团与穆斯林势力集团形成对峙局面。在双方对峙的过程中，他们时而结盟，时而成为敌人。两大势力集团内部也并非铁板一块，有时某个穆斯林势力与基督教势力勾结，以反对另一个国家或民族；反之亦然。对于亚美尼亚人来说，三个亚美尼亚飞地分别处于阿拉伯人、突厥人、土库曼人、库尔德人、波斯人以及蒙古人的包围圈中。在这样一个错综复杂的人口、种族和文化交融的“博物馆”中，占人口多数的亚美尼亚人与“外来者”形成了某种形式的妥协或平衡，不同势力的统治者也接受了这一现状，招募亚美尼亚人到他们的政府和社会管理机构中。例如，拜占庭帝国中有很多亚美尼亚裔高官，塞尔柱人的国家中有些亚美尼亚人接受了穆斯林的世袭采邑伊克塔，并皈依了伊斯兰教。即使在埃及，也有些亚美尼亚人皈依了伊斯兰教，甚至成为宰相。造成这种现象的原因可以说既有经济上的原因，也有文化上的原因。当外部势力强大到亚美尼亚人无法改变现状时，他们只能将外来势力或文化当成替代，以达到生存的目的。另外，征服者和被征服者之间的通婚，使亚美尼亚文化和制度在某种程度上出现了亚美尼亚文化与外来文化的混合。必须指出的是，大部分亚美尼亚人都坚守了自己的民族信仰和文化。中世纪亚美尼亚文明的这一特点，在其他文明体中很少见，并且在接下来的几个世纪里还要继续。

十字军到达后不久，亚美尼亚人根据自己的生存环境，对拉丁人采取了不同的态度。尽管双方存在利益冲突，但大多数亚美尼亚贵族还是找到了一个天然的盟友。在这种情况下，亚美尼亚教会除受到拜占廷教会的压力外，还受到罗马天主教会的压力。一个看似微不足道的事件反映了亚美尼亚当时的状况，预示了亚美尼亚神职人员面临的困境。1101 年，埃德萨的马修提到：“波斯的埃米尔达尼什曼德、塞瓦斯蒂亚和整个罗马人的领主，率领许多军队前进。他们带着数量极多的骑兵部队来到梅利泰内，对该城进行猛烈攻击。”① 这座城市的领

① Matthew of Edessa, *Armenia and the Crusades: Tenth to Twelfth Centuries: The Chronicle of Matthew of Edessa*, p. 176.

主——亚美尼亚人加布里埃尔立即寻求十字军的帮助，并承诺将这座城市交给他们。然而，当一支由十字军和亚美尼亚人组成的联军抵达时，却被击败了，统帅被俘。在这场不对称的战斗中，两名亚美尼亚主教丧生。马修解释说，由于十字军对他们的“崇高敬意”，他们的统帅被带走了。[①] 在其他许多早期十字军扩张的故事中，马修形容十字军是邪恶的根源，或者说是“作恶者”“掠夺者”。从马修的描述中可以看出，亚美尼亚人对十字军态度的转变，而这种转变正是奇里乞亚亚美尼亚人所面临的困境。在这种困境下，亚美尼亚文明体发生了大、小亚美尼亚文化的分裂。

奇里乞亚的统治者为获得拜占庭或拉丁西方的军事支持，希望与东正教会或天主教会建立联盟，甚至允许改变一些宗教形式，但这种改变遭到包括小亚美尼亚人在内的整个亚美尼亚族群的反对。统一的愿望虽然没有实现，但给亚美尼亚文化的分裂埋下了种子，并一直延续到今天。至 18—19 世纪时，亚美尼亚语也有了东方和西方之分。

亚美尼亚文明内部裂变最为突出的是社会阶层的演变。12 世纪以降，亚美尼亚社会精英并非全部来自纳哈拉，而是在军方或非传统背景下成长起来的新生代亚美尼亚人。换句话说，栖息地的变化和政治经济环境的改变，必然导致社会阶层的突变。在教会和传统贵族削弱的同时，新的政治文化在跨文化互动的过程中出现了。尽管如此，亚美尼亚人的政治生活并没有停滞，反而在裂变的同时变得更富有活力。这一阶段最有争议也是最容易被人们忽视的问题是领地占有权的合法性与民族身份的认同。然而，当非亚美尼亚文明势力在近东政治中起支配作用并超出了亚美尼亚人改变现状的能力时，领地占有的合法性和身份问题成为一个相对问题，而非绝对正确。征服者和被征服者眼中的正统与异端的二分法也变得模糊不清，因为界定这些界线的约定习俗逐渐削弱，甚至消失。当部分亚美尼亚精英与各种基督教或穆斯林派别建立新的联盟时，这部分人

---

① Matthew of Edessa, *Armenia and the Crusades: Tenth to Twelfth Centuries: The Chronicle of Matthew of Edessa*, pp. 176 – 178.

向其他宗教、政治文化的过渡是不可避免的。因此，除“正统”亚美尼亚人外，还出现了天主教化、东正教化和穆斯林化亚美尼亚人。亚美尼亚人的身份问题成为一种范式，在这种情况下，即使是教条主义者也会感到困惑。

蒙古人的到来给中世纪亚美尼亚文明注入了新的活力。1199—1203 年间，大亚美尼亚的扎卡里德王朝和格鲁吉亚实现了一定程度的复兴，两者一道从突厥人手中收复了许多失地。然而，扎卡里德王朝名义上是格鲁吉亚的附属国，须向后者缴纳一定数额的赋税。蒙古人确立了高加索的统治权后，它对格鲁吉亚的效忠模式转到了伊尔汗蒙古那里。蒙古人的统治尽管非常短暂，但却是亚美尼亚文明的经济、文化繁荣期，比如农民拥有更高程度的自由。这一时期，传统的纳哈拉人几乎消失殆尽，军事贵族，麦卡坦人[①]成为萌芽中的资产阶级。麦卡坦人主要指商人、金融家、放债者和大资本家。[②] 这个阶层的人的名字经常出现在教堂捐助者的铭文中。

商人阶层为获取商业利益，支持蒙古人的统治，蒙古人也从他们的贸易中获益。在蒙古人的保护下，亚美尼亚商人活跃于地中海贸易圈和黑海经济圈，甚至要求前往远东的蒙古总部。商人的活动将亚美尼亚人的三个权力中心连接起来。商业的繁荣促进了农业社会向城市社会的转型，丰富的经济文化生活促成了新的城市社会阶层——地主、商人、知识分子、手工业者、艺术家，纷纷出现在亚美尼亚舞台上，古老的封建制度正失去统治地位。蒙古统治者对当地宗教信仰比较宽容，教会获得了免税特权，修道院地位相对稳定，而它们又在许多方面成为知识和文化的建筑师。正是通过修道院的努力，亚美尼亚出现了文艺复兴现象，其中一些修道院还组建了神学院、医学院和大学。

然而，蒙古人的伊斯兰化成为近东和亚美尼亚历史上的一个分水岭。完者都不仅提高了亚美尼亚人的赋税，还煽动穆斯林迫害基

---

① 在这一时期，亚美尼亚古典文献中出现了“mecatun”一词，意谓“富人”。

② Seta B. Dadoyan, *The Armenians in the Medieval Islamic World, Vol. II: Paradigms of Interaction Seventh to Fourteenth Centuries*, p. 150.

督徒。许多人因拒绝改宗被杀害，亚美尼亚人必须佩戴蓝色标记（徽章、头巾或帽子）以区别于穆斯林。宗教压迫与伊尔汗国的经济恶化同步发生，权力的竞争和内部冲突导致了旧贵族的崩溃，其中一些人又皈依了基督教。在14世纪剩下的时间里，土库曼人和奥斯曼人之间的冲突，加剧了高地文明性质的裂变。最终，突厥人成为安纳托利亚高原上的优势群体，控制了高地西部地区。1385年，金帐汗国的脱脱迷失从杰尔宾特迁往阿塞拜疆，掠夺了纳希切万。[1]蒙古统治后期，亚美尼亚人的生存环境急剧恶化，但仍不能否定他们给亚美尼亚文明注入新鲜血液的事实，甚至在某种程度上说，正是蒙古人的存在，亚美尼亚三角王朝才有了与其他文明势力对抗的资本。

① Seta B. Dadoyan, *The Armenians in the Medieval Islamic World, Vol. II: Paradigms of Interaction Seventh to Fourteenth Centuries*, p. 153.

第十三章　奥斯曼帝国属亚美尼亚：1453—1918 年

1453 年，奥斯曼土耳其人攻陷君士坦丁堡，彻底改变了安纳托利亚的政治格局。与此同时，伊朗高原上的萨法维帝国崛起。两大帝国为控制亚美尼亚，持续斗争了近一个半世纪之久。最终，它们瓜分了亚美尼亚：奥斯曼得到了西亚美尼亚，伊朗分得了东亚美尼亚。奥斯曼帝国统治下的六个亚美尼亚人的省份分别是：埃尔祖鲁姆省、凡省、比特利斯省、迪亚巴克尔省、哈普特省和锡瓦斯省。西亚美尼亚的命运通常称为“亚美尼亚问题”——亚美尼亚近现代史的关键问题。

第一节　第三次亚美尼亚瓜分

1502 年，萨法维家族的伊斯玛仪一世击败白羊王朝之后，征服了南高加索和伊拉克，定都大不里士，确立了伊朗的统治权。伊朗的统一震惊了奥斯曼苏丹塞利姆一世。1512 年，苏丹击溃伊斯玛仪一世，征服了大不里士、南高加索、伊拉克、叙利亚、阿拉伯和埃及。伊斯玛仪一世不甘心失败，把土耳其人赶出了伊朗和南高加索。双方的拉锯战主要发生在亚美尼亚人的领土上，最激烈的战斗发生在 1553—1555 年。1554 年的冬天，苏丹苏莱曼一世（1520—1566 年在位）兵入亚美尼亚，摧毁了埃里温，夺走了无数战利品，时土耳其历史学家佩切维（1572—1650）说：“从未有如此多的财富流入奥斯曼军队。”[1] 1555 年 5 月 29 日，双方厌倦了战争，签署《阿马西亚和约》，瓜分了包括亚美尼亚在内的南高加索地区。根据和约规定，西亚美尼亚归土耳其，东亚美尼亚归伊朗。双方还商定了安纳托利亚东部的几个缓冲区——埃尔祖鲁姆、凡城和卡尔斯。战争期间，亚美尼亚人为躲避战乱，纷纷迁向奥斯曼帝国的偏远地区。格鲁吉亚人也是受害者，但他们的王国依然存在。在奥斯曼人的鼓励下，库尔德人涌入亚美尼亚人的土地，成为逊尼派对抗什叶派土库曼人的帮凶。

《阿马西亚和约》只为奥斯曼和伊朗带来 20 余年的和平，其间两国都为未来的战争做准备。16 世纪 60 年代，奥斯曼试图占领阿斯特拉罕和北高加索，打算挖掘一条从顿河通往伏尔加河的运河，以便帝国舰队能从黑海直航到里海。为此目的，他们在克里米亚的鞑靼人的帮助下，深入格鲁吉亚、希尔凡，突袭了大不里士。当时，伊朗与俄国的丝绸、大米、食盐和石油贸易规模巨大，萨法维国王每年仅从希尔凡获得的收入约为 2500 万阿斯皮尔（银币，纯度 90%）。[2] 因此，奥斯曼与萨法维的战争，并非仅仅为争夺领土，贸易是其中一个非常重要的因素。早些时候，苏丹苏莱曼一世禁止与波斯人从事丝绸贸易，在这个混乱时刻，亚美尼亚商人接管了两国丝绸贸易（具体见后文新朱利法商人部分）。[3]

---

① Dickran Kouymjian, “Armenia from the Fall of the Cilician Kingdom (1375) to the Forced Emigration under Shah Abbas (1604)”, in Richard G. Hovannisian, ed., *The Armenian People from Ancient to Modern Times, Volume II: Foreign Dominion to Statehood: The Fifteenth Century to the Twentieth Century*, Los Angeles: University of California, 1997, pp. 16 - 17.

② Dickran Kouymjian, “Armenia from the Fall of the Cilician Kingdom (1375) to the Forced Emigration under Shah Abbas (1604)”, in Richard G. Hovannisian, ed., *The Armenian People from Ancient to Modern Times, Volume II: Foreign Dominion to Statehood: The Fifteenth Century to the Twentieth Century*, p. 18.

③ Dickran Kouymjian, “Armenia from the Fall of the Cilician Kingdom (1375) to the Forced Emigration under Shah Abbas (1604)”, in Richard G. Hovannisian, ed., *The Armenian People from Ancient to Modern Times, Volume II: Foreign Dominion to Statehood: The Fifteenth Century to the Twentieth Century*, p. 18.

1578年，苏丹穆拉德三世（1574—1595年在位）的帕夏[1]穆斯塔法，率领一支20万人的军队，从埃尔祖鲁姆出发，发起了奥波战争的第五次战役。8月，穆斯塔法向阿尔达罕和格鲁吉亚挺进，摧毁了第比利斯。克里米亚的鞑靼人趁机洗劫了占贾、希尔凡和杰尔宾特。波斯人提出和平请求，但被苏丹拒绝。不久，奥斯曼帝国占领了阿尔查赫、吉哈库尼和埃里温。1584年，奥斯曼人占领了北亚美尼亚、格鲁吉亚、希尔凡和达吉斯坦，次年攻陷了大不里士，但很快被波斯人夺回。1588—1589年，波斯人占领了占贾、阿尔查赫和纳希切万。为应对乌兹别克人对呼罗珊的威胁，1590年，沙阿阿巴斯一世（1588—1629年在位）放弃大不里士、希尔凡和格鲁吉亚，与奥斯曼帝国和解。

16世纪下半叶，新航路开辟导致的价格革命在奥斯曼帝国引发了严重的货币危机，并导致了“杰拉里暴动”。杰拉里是奥斯曼帝国地方土匪、军阀领导的非正规军，他们的收入来源主要为固定土地租金，但严重的通货膨胀使他们的收入持续降低。[2] 16世纪晚期到17世纪中期，杰拉里发动叛乱，反抗帝国的压榨。1590—1610年间，他们四处掠夺，严重破坏了安纳托利亚的社会秩序。在此期间，沙阿阿巴斯一世粉碎了乌兹别克人的威胁，准备趁机攻打奥斯曼帝国。1603年9月26日，阿巴斯一世不宣而战，先后占领了大不里士、埃里温和第比利斯，不久又攻陷了巴格达。奥斯曼帝国迅速发起反攻，大有势如破竹之势。1618年，当奥斯曼军队威胁阿尔达比勒时，萨法维沙阿求和。1639年5月17日，精疲力竭的奥斯曼政府和伊朗签订《祖哈布条约》，奥波战争结束。该条约是对1555年《阿马西亚和约》的确认，重申了萨法维帝国对南高加索的主权。根据条约规定，东亚美尼亚、东格鲁吉亚、达吉斯坦和阿塞

---

① 帕夏（Pasha），又译“巴夏”或“帕沙”，伊斯兰教国家高级官吏的称谓，比如总督、将军和高官。帕夏是敬语，相当于英国的“勋爵”，它也是埃及前共和时期地位最高的官衔。

② Halil İnalcık, “Military and Fiscal Transformation in the Ottoman Empire, 1600 - 1700”, *Archivum Ottomanicum*, Vol. 6, 1980, pp. 283 - 337.

拜疆归伊朗，西格鲁吉亚和西亚美尼亚完全归属奥斯曼帝国。[①]

奥波战争持续了一个多世纪，亚美尼亚遭到史无前例的破坏。亚拉腊平原和纳希切万等许多地方被遗弃，游牧的库尔德人和土库曼人趁机涌入，许多亚美尼亚人不得不背井离乡，逃到更遥远的地方谋生。

第二节 奥斯曼帝国治下的亚美尼亚社会

蒙古人入侵期间，一支突厥部落在小亚细亚的西北部定居下来。1299 年，这个部落的首领奥斯曼宣布独立，建立了同名国家——奥斯曼土耳其帝国（1299—1922）。1453 年，它占领了君士坦丁堡，成为近东最强大的帝国。奥斯曼帝国的兴起是世界历史上的一件大事，在相当程度上改变了人类文明发展的进程，更是彻底改变了亚美尼亚人的命运。

根据 1555 年《阿马西亚和约》，西亚美尼亚割给了奥斯曼帝国；1639 年《祖哈布条约》确认了这一分割。此后，西亚美尼亚便称为"土耳其亚美尼亚"或"奥属亚美尼亚"。奥斯曼土耳其帝国疆域辽阔，境内生活着大量信仰各异的民族。为管理这些少数民族，帝国政府将他们组织在米利特宗教社区内。亚美尼亚米利特由亚美尼亚教会最高领袖——君士坦丁堡的亚美尼亚大牧首统治。然而，帝国境内的亚美尼亚人主要居住在东部省份。

奥斯曼帝国的亚美尼亚人口分布如下：少数精英居住在君士坦丁堡（1928 年后的伊斯坦布尔）等大城市中，大部分亚美尼亚人生活在农村（约占 70%）。1878 年帝国人口统计数据表明，亚美尼亚总人口约为 300 万，其中 40 万人生活在君士坦丁堡和巴尔干，60 万人生活在小亚细亚，67 万人生活在小亚美尼亚和开塞利，130 万

---

① Floor and Herzig, eds., *Iran and the World in the Safavid Age*, London: I. B. Tauris, 2015, p. 86.

人生活在东安纳托利亚高原。①

根据穆斯林国家的齐民制度②，基督徒只享有部分自由。这一制度是在717年《欧麦尔公约》的基础上发展起来的，它确立了非穆斯林的财产、生计和信仰自由的权利。但非穆斯林在本质上仍为二等公民，即土耳其人口中的“异教徒”或“无信仰者”。《欧麦尔公约》规定，非穆斯林不得建造礼拜场所。但在某些情况下，当局也会酌情处理，这导致非穆斯林社区主要聚集在已有的礼拜场所周围。非穆斯林的生活须遵循一定的限制：（1）在穆斯林法庭上针对穆斯林的证词无效；（2）非穆斯林禁止携带武器，不能骑马和骆驼；（3）非穆斯林房子的高度不能超过穆斯林人的房子；（4）禁止基督教堂的钟声响起。③ 帝国统治初期，非穆斯林虽不能像穆斯林一样享有充分的公民权，但总体来说，基督徒没有遭到大规模迫害，甚至比欧洲的穆斯林享有更充分的自由。

一　亚美尼亚米利特

在突厥人来到安纳托利亚高原之前，就有大批亚美尼亚人移居到拜占庭帝国，并在那里取得了重要的军事和政治地位。奥斯曼人占领君士坦丁堡后，苏丹穆罕默德二世为重振经济，有意将亚美尼亚商人和工匠安置到城中。15世纪末，君士坦丁堡大约有1000户亚美尼亚家庭。除亚美尼亚人外，还有大量其他非穆斯林人居住在帝国境内。为管理这些非穆斯林，苏丹允许他们居住在社区内部并实行自治，以达到巩固统治的目的，这为米利特制度的形成奠定了基础。

1461年，苏丹邀请亚美尼亚主教霍瓦金一世（1461—1478年

---

① Azat S. Hambaryan, “Հայաստանի սոցիալ-տնտեսական և քաղաքական դրությունը 1870 - 1900 թթ (Armenia’s social-economic and political situation, 1870 - 1900)“, in Tsatur Aghayan, eds., *Հայ ժողովրդի Պատմություն* (History of the Armenian People) 6, Yerevan: Armenian Academy of Sciences, 1981, p. 22.

② 齐民（dhimmi），又称“保护民”或“受保护的人”，特指穆斯林土地上的基督徒，他们享有信仰自由但必须缴纳宗教人头税“吉兹亚（jizya）”。

③ Gúbor Ágoston and Bruce Alan Masters, *Encyclopedia of the Ottoman Empire*, New York: Infobase Publishing, 2010, p. 185.

在职）到君士坦丁堡担任亚美尼亚基督徒的牧首，亚美尼亚米利特形成。它与希腊米利特、犹太米利特是帝国框架内 3 个官方非穆斯林机构。在土耳其语中，“米利特”是“宗教团体”或“人民”的意思。因此，米利特是一个基于共同信仰的宗教社区，而非政治单位。帝国初期，这一制度确实有效可行，它不仅给非穆斯林族裔带来一些益处，也稳定了社会秩序，安抚了不同宗教族裔的情绪。尤为重要的是，这一制度维持了非穆斯林的宗教信仰，使他们的民族属性得以延续下来。对于非穆斯林来说，只要履行了自己的封建义务，就没有什么理由破坏这种既定的社会平衡。[①] 17 世纪，穆斯林酋长的叛乱、行政官僚的腐败和帝国的衰落，促使帝国政府收紧了这一宗教宽容政策。在接下来的一个世纪里，帝国的欧洲领土大都丧失，巴尔干半岛的基督徒骚动不安。在这种情况下，宗教对立尖锐起来，亚美尼亚人的生存环境急剧恶化。

伊斯兰文化并没有把宗教问题和世俗问题分开。苏丹是帝国的最高统治者，几乎控制了一切。16 世纪上半叶，苏莱曼一世为完善国家组织进行了立法和行政改革，建立了两个独立的国家机构：一个管理公民，一个管理军队。人民的控制权留给了民政当局。历史学家称这一制度为“奥斯曼体系”，然而，这一名称给人一种刚性结构的感觉。[②] 帝国初期，亚美尼亚人口就存在于这种根本“不存在的”刚性结构中。事实上，亚美尼亚人的事务由亚美尼亚米利特负责。18 世纪晚期，帝国政府终于将几个世纪前阿拉伯征服者在中东建立的松散制度制度化，也就是说，帝国政府将各少数民族组织成宗教团体，而非政治或种族团体。因此，从严格意义上说，米利特是宗教自治团体。苏丹把米利特的统治权交给了各民族的宗教领袖，以监督或督促非穆斯林履行自己的社会职责，完成自己的封建义务。每个米利特都有处理民族内部事务的法律和法规，并承担一定的行政职能。

---

① Richard G. Hovannisian, *Armenia on the Road to Independence*, Berkeley and Los Angeles: University of California Press, 1967, p. 25.

② “Armenians in the Ottoman Empire”, from Wikipedia, 2020 - 2 - 9.

苏丹通过米利特制度把非穆斯林社区定格在君士坦丁堡或其他城市中心，也许这是世界历史上最早的区块链或方格式社会管理模式。苏丹允许米利特设立自己的社会机构（如学校、慈善机构和医院），社区争端由社区委员会解决，帝国政府很少干预。因此，如果没有社区宗教领袖的判决，帝国政府就不能执行惩罚权。就亚美尼亚米利特来说，牧首的合法地位得到了苏丹的确认，享有统治亚美尼亚人的民政、宗教和法律的权力，并维持着一股警察部队，设有自己的监狱。米利特制度是奥斯曼帝国巩固统治的一种方式。拜占庭帝国时期，希腊东正教会视亚美尼亚宗教为异端，不允许他们在君士坦丁堡开展宗教活动。现在的情况却截然相反，亚美尼亚人可以在君士坦丁堡的本社区内开展宗教活动。从这个意义上说，奥斯曼帝国的亚美尼亚人享有比拜占庭时期更充分的宗教自由。1453 年后，君士坦丁堡新建了 55 座亚美尼亚教堂，其中一些建于 16 世纪。[①] 这足以说明奥斯曼帝国早期的宗教宽容。

然而，奥斯曼帝国的米利特一开始就存在各种缺陷，并随着时间的推移变得相当危险。在米利特制度框架下，亚美尼亚人和其他非穆斯林一样，都被视为二等臣民，活动受到许多限制。穆斯林与非穆斯林之间的法律地位不平等，非穆斯林之间的地位也不平等，比如神职人员享有各种特权，农民是纳税阶级，其权利是不充分的。因此，亚美尼亚人的不平等现象既体现在它与穆斯林的外部不平等，也体现在内部不同阶层之间的不平等。非穆斯林有自己的法庭和监狱，司法相对公正，但穆斯林法律不适用于非穆斯林。由于在穆斯林法庭中非穆斯林的证词是无效的，因而穆斯林可以轻易地获得对非穆斯林的胜诉。后来，政府允许非穆斯林作证，但他们的证词几乎忽略不计。英国作家汉弗莱·桑德维斯（1822—1881）博士观察到这样一个案例：

① “Armenians in the Ottoman Empire”, from Wikipedia, 2020 - 2 - 9.

> 一位亚美尼亚商人正准备离开这个小镇前往另一个城市，因为纸币在他的目的地不流通，他试图将一些纸币换成黄金。一位军官听说了这件事后，就找到他，用亚美尼亚金币换了5000皮阿斯特（某些中东国家的货币单位）纸币（约40英镑），再扣减10%。亚美尼亚人接受了这个提议，把纸币给了这位军官，后者答应立即把黄金给他。过了一段时间，军官没有露面，亚美尼亚人便去找他，费了好大的劲才把4060皮阿斯特分批要回来。这个亚美尼亚人随后向土耳其人的指挥官申请要回其余的款项，后者建议他将该案件提交给民事法庭。那个土耳其人看到证据对他相当不利时，就坚持要去宗教法庭，因为他知道《古兰经》会在他需要的时候帮助他。于是，亚美尼亚人和土耳其人在宗教法庭上对质。法庭上，土耳其人变得像穆斯林一样勇敢，宣称根本不欠亚美尼亚人东西，反而声称这个亚美尼亚人要抢劫他……"你敢发誓吗?"审判长问。土耳其人回答："我对《古兰经》发誓。""这就足够了。"这个亚美尼亚人带来了证人，但他们都是基督徒，他们的证据是不成立的；因此，这个倒霉的亚美尼亚人不得不退给他先前的所有黄金，自己反而成了败诉之人。①

从这个案件中，可以看出，在非穆斯林与穆斯林的诉讼案件中，根本不存在对前者有利的判决。非穆斯林除了这一普遍劣势外，还受到其他歧视，比如不能携带武器，这往往使他们成为穆斯林极端分子掠夺的对象。由于只有穆斯林才可拔剑保卫伊斯兰教，所以非穆斯林享有免于兵役的好处，但这也意味着亚美尼亚人不可能担任军官，在帝国军事中没有发言权。这一情况与拜占庭帝国时期截然相反，那时的亚美尼亚人在帝国军事领域中人才济济。

---

① Dr. Humphry Sandwith, *A Narrative of the Siege of Kars and of the Six Months' Resistance by The Turkish Garrison Under General Williams to the Russian Army*, London: John Murray, 1856, pp. 168 - 170.

除此之外，亚美尼亚基督教徒还受到“德米舍梅”制度的不利影响。德米舍梅制度，即壮丁征召制度，字面意思是“招募”，又称“儿童税”或“血税”。[①] 该制度是帝国政府从东欧、南欧和高加索基督教家庭的孩子中招募士兵和官员的作法。他们把8—20岁的男孩从父母身边带走，在君士坦丁堡进行军事和宗教训练。[②] 征召的男孩必须皈依伊斯兰教，然后再从中挑选出最有能力者加入帝国军队，或充当禁卫军。壮丁征召制度起源于14世纪穆拉德一世统治时期，用来对抗突厥贵族。16世纪末，这一制度在某些亚美尼亚地区已成为惯例。[③] 18世纪，德米舍梅制度消失。帝国当局通过这种方式总共招募了大约20万年轻人。[④]

在赋税方面，所有基督徒都要缴纳人头税，有的情况下，还要缴纳财产税。然而，帝国税收制度并不是根据有序、合理的法定程序进行，而是实行包税制。因此，包税人会尽可能地勒索人民，而农民在青黄不接的时候却得不到任何救济。最令亚美尼亚人憎恨的一项制度是，亚美尼亚农民必须向库尔德牧民及其羊群提供免费的过冬场所，并在需要时提供食物和饲料，服务周期每年长达4—6个月。这项制度不仅增加了农民的财政开支，还有极强的侮辱感。[⑤]

上述因素导致了大多数亚美尼亚人的持续贫困。19世纪后期，库尔德人和什叶派的叛乱导致越来越多的亚美尼亚人移居到君士坦丁堡，该城的亚美尼亚人口达25万之多。[⑥]

---

① Ingvar Svanberg and David Westerlund, *Islam Outside the Arab World*, New York: Routledge, 1999, p. 140.

② John K. Cox, *The History of Serbia*, Westport: Greenwood Publishing Group, 2002, p. 29.

③ Christopher J. Walker, *Armenia: The Survival of a Nation*, p. 87.

④ Peter F. Sugar, *Southeastern Europe under Ottoman Rule, 1354 - 1804*, Seattle: University of Washington Press, 2012, p. 56.

⑤ Joel S. Migdal, ed., *Boundaries and Belonging: States and Societies in the Struggle to Shape Identities and Local Practices*, New York: Cambridge University Press, 2004, pp. 45 - 46.

⑥ George A. Bournoutian, *Concise History of the Armenian People: From Ancient Times to the Present*, p. 191.

二　阿米拉的权势与衰落

奥斯曼帝国疆域辽阔，其中包括了大片亚美尼亚人的原始居住地，比如今土耳其东部各省曾经都是亚美尼亚人的历史领土。18世纪以前，在奥斯曼帝国的非官方术语中，这些地方称为“亚美尼亚斯坦”，其中包括今土耳其的埃尔祖鲁姆、凡城、比特利斯、迪亚巴克尔、埃拉泽和锡瓦斯等城市或省份。尽管亚美尼亚人与突厥人共享这片土地，但却意味着民族同质性不复存在。尽管如此，亚美尼亚人仍是高地上最为重要的族裔。

在这个多民族帝国中，帝国政府选拔官员的标准取决于种族和宗教身份，而非个人能力。因此，政府机构中的官员几乎全为土耳其人。这样一来，政府把权力机构交给了土耳其人，经济职能交给了非土耳其人。由于游牧的土耳其人尚未达到管理帝国经济水平的能力，统治者不得不依靠非土耳其人发展经济。在这种情况下，亚美尼亚人只能投身于各类经济活动中。亚美尼亚人是世界上最古老的经商民族之一，有着丰富的经济管理经验，因此，在帝国经济领域迅速崛起。在对外贸易方面，亚美尼亚商人控制了奥斯曼与伊朗、印度，以及地中海和黑海沿岸各国的贸易。士麦那（今土耳其城市伊兹密尔）是帝国最为重要的港口城市之一。亚美尼亚人利用该港，大力发展与欧亚各国的贸易。亚美尼亚商人缴纳的关税是帝国财政收入的主要来源之一。16—19世纪，亚美尼亚商人在奥斯曼帝国的国民经济生活中发挥了重要作用。

18世纪，一个被称之为“阿米拉”的商业阶层在亚美尼亚社会中脱颖而出。“阿米拉”源于阿拉伯语“埃米尔”，是“首领”和“指挥官”的意思。[①] 在亚美尼亚米利特，阿米拉是统治阶级，受到帝国政府的特别眷顾，享有各种特权。他们不仅拥有巨额财富，而且与土耳其官场有着千丝万缕的联系。19世纪，亚美尼亚历史学家使用阿米拉一词指银行家、火药厂负责人、建筑师和铸币厂厂长，

---

① Edvard B. Aghaian, *Ardi Hayereni Batsatrakan Bararan* (Definitional Dictionary of Modern Armenian), Vol. 1, Erevan: Hayastan Hratarakchutyun, 1976, p. 33.

以及那些向政府和军队提供必需品的商人。[①] 因此，阿米拉是帝国中那些出类拔萃的亚美尼亚资本家，他们站在帝国工业化进程的最前沿，与欧洲和印度有着广泛的商业联系，为欧洲技术进入帝国工业体系作出了不可估量的贡献，也为18—19世纪帝国行会的形成奠定了基础。

然而，阿米拉却是一个非官方寡头，他们通过给总理大臣、高官和纳税农民放贷的形式，获得了其他非穆斯林不能享有的特权。一些富有的阿米拉甚至成为苏丹的债主，故在宫廷里有很大的影响力。阿米拉人可以穿戴只有突厥贵族才能穿戴的衣服和服饰，甚至可以骑马，而非穆斯林不享有这两项特权。一些阿米拉家族受雇于帝国政府，获得了极高的声望和巨额财富，并代代相传。例如，巴良家族是建筑师，该家族的克里科尔（1764—1831）被授予“帝国建筑师”的称号；[②] 达德良家族开办兵工厂；杜茨扬家族掌管帝国铸币厂；贝兹江家族负责帝国贸易；古本江家族垄断了银行业和石油业；卡瓦菲扬家族经营造船业。[③] 克里米亚战争前，奥斯曼帝国为数不多的工厂几乎全部由亚美尼亚资本家出资建造，并且在很多情况下，工厂经理都是亚美尼亚人。[④] 19世纪，帝国最为重要的18位银行家中有16位是亚美尼亚人。[⑤] 有亚美尼亚学者统计过，奥斯曼帝国大约有来自77个家族的166位阿米拉。[⑥]

由于阿米拉拥有左右帝国经济的能力，享有极高的社会地位，

---

① Hgop L. Barsoumian, *The Armenian Amira of the Ottoman Empire*, Yerevan: American University of Armenia, 2006, pp. 34 - 35. “阿米拉”是亚美尼亚人对本民族精英的尊称。奥斯曼帝政府文件中没有出现这个特定群体的敬语，但在亚美尼亚文件中，阿米拉一词经常出现。简而言之，这个头衔是亚美尼亚人对他们领袖的称呼，甚至是对贵族的一种表达方式，反映了亚美尼亚人的纳哈拉情节。它最早出现在1758年的亚美尼亚语铭文中。

② Hgop L. Barsoumian, *The Armenian Amira of the Ottoman Empire*, Yerevan: American University of Armenia, 2006, p. 97.

③ Razmik Panossian, *The Armenians: From Kings and Priests to Merchants and Commissars*, p. 85.

④ Christopher J. Walker, *Armenia: The Survival of a Nation*, p. 97.

⑤ “Armenians in the Ottoman Empire”, from Wikipedia, 2020 - 2 - 9.

⑥ George A. Bournoutian, *Concise History of the Armenian People: From Ancient Times to the Present*, p. 192.

成为帝国的宠儿。然而，他们毕竟不是穆斯林，而且他们的财富和地位与帕夏的政治地位息息相关，并取决于后者的善意。有些阿米拉直接依赖于苏丹的赞助。一位同时代历史学家这样说："就财政而言，银行家们可以把任何一位土耳其总督降为私人财产，然而他们没有自己的权力，没有显著的影响力，他们完全被剥夺了所有的政治影响力。"①

阿米拉的财富及其所享有的威望在亚美尼亚米利特内部转化为特权，成为高高在上的土耳其宫廷和米利特社会之间的中间人。事实上，他们不仅控制着米利特，还可以随意任命或解雇牧首。② 这一权力确实非常大，因为君士坦丁堡的亚美尼亚牧首是帝国公认的亚美尼亚人的领袖，教会机构起到了社区政府的作用。法律授予牧首本人对他的米利特臣民的绝对权力，并管理着教区的教堂、学校和慈善组织，甚至还有一个小型监狱。因此，谁控制了牧首的职位，就等于控制了整个亚美尼亚社会。③ 由此可见，阿米拉在亚美尼亚社会中有举足轻重的地位，甚至在某种程度上成为纳哈拉的变体，是亚美尼亚文化延续的中流砥柱。例如，在凡湖盆地一带，由阿米拉资助的亚美尼亚社区，经济和文化蓬勃发展；士麦那、君士坦丁堡和印度马德拉斯的学校、医院和印刷厂也大部分由阿米拉资助建设。④ 后来，这些地方都成为亚美尼亚民族觉醒的中心。

来自西方和亚美尼亚的资料表明，在君士坦丁堡和帝国的其他省份，亚美尼亚人积累了巨额资本后就会从事放贷业务，这部分人

① Hagop Barsoumian, "The Dual Role of the Armenian Amira Class within the Ottoman Government and the Armenian Millet (1750 - 1850)", in Benjamin Braude and Bernard Lewis, eds., *Christians and Jews in the Ottoman Empire*, *Vol. I*: *The Central Lands*, New York and London: Holmes and Meier, 1982, p. 176.

② Hagop Barsoumian, "The Dual Role of the Armenian Amira Class within the Ottoman Government and the Armenian Millet (1750 - 1850)", in Benjamin Braude and Bernard Lewis, eds., *Christians and Jews in the Ottoman Empire*, *Vol. I*: *The Central Lands*, p. 172.

③ Razmik Panossian, *The Armenians*: *From Kings and Priests to Merchants and Commissars*, p. 86.

④ George A. Bournoutian, *Concise History of the Armenian People*: *From Ancient Times to the Present*, p. 201.

称之为“萨拉夫”。可以说，萨拉夫是阿米拉中的阿米拉。绝大多数阿米拉人都会从事这一行业。希腊人和犹太人也可以从事这一职业，但他们尚无法与亚美尼亚人匹敌。[①] 持有执照的萨拉夫的名册保存在帝国金库或苏丹的个人金库中。一般情况下，萨拉夫职业世袭，然而，这并不是说其他人不能进入这一行业，只要拥有一定资本并在缴纳一定费用后，就可加入萨拉夫行列。一旦得到官方的批准，萨拉夫可以依据法律、法规和习俗向任何人放贷，但是，那些希望进入政府交易的人必须获得特别许可。国家授权的萨拉夫称作“库鲁克鲁”（特权的意思），他们享有与帝国财政和税务部门合作的特权。[②] 一般情况下，帕夏先与帝国财政部签订合同，得到在各省征税的权利，然后再将其委托给萨拉夫。这一制度使国库在实际征税前就得到了税款。农民一般以实物形式支付税金，因此，在实际征税前有一段等待期。征税权在拍卖会上出售，出价最高者获准在某个省份征税的权利。为了保证标的金额安全兑现，帝国财政部要求帕夏为萨拉夫提供担保，中标者必须立即或分期交付商定的金额。这样一来，帕夏和萨拉夫的利益便捆绑在了一起。在这种情况下，萨拉夫承担了巨大的风险，因为支付税收标的金额的是他们，而不是帕夏。因此，帕夏一旦政治失意或失信，萨拉夫可能血本无归。总的来说，帕夏握有较高的政治权利，但缺少用来支付国库税金的足够资本。因此，帝国政府对萨拉夫的支付能力更有信心，因为帕夏可以拖欠付款，而萨拉夫则必须兑付现金。萨拉夫向国库支付的金额不等，一般在1500—11000 皮阿斯特之间。[③]

萨拉夫享有“无限的信用”“以至于从来没有要求他们设立一个专门的账户……即便他们非常有钱”[④]。因此，帕夏和萨拉夫之间

---

① Joel S. Migdal, ed., *Boundaries and Belonging: States and Societies in the Struggle to Shape Identities and Local Practices*, pp. 56 – 57. “当希腊人和亚美尼亚人通过经济多样化应对地区经济转变时，犹太人却做不到这一点：1826 年废除苏丹亲兵是对虚弱不堪的奥斯曼犹太人经济的最后一击。”

② Hgop L. Barsoumian, *The Armenian Amira of the Ottoman Empire*, p. 60.

③ Hgop L. Barsoumian, *The Armenian Amira of the Ottoman Empire*, p. 61.

④ Hgop L. Barsoumian, *The Armenian Amira of the Ottoman Empire*, p. 64.

的关系建立在相互信任的基础之上。一位19世纪早期的亚美尼亚编年史家记录道："在这些日子里（1809），独眼帕夏优素福在前往君士坦丁堡的路上来到了塞瓦斯蒂亚，与他一起来的还有萨拉夫卡斯巴。"① 另一份亚美尼亚手稿记载了帕夏布拉克·侯赛因和一位叫达克斯的阿米拉之间的私人关系。当前者被苏丹塞利姆三世（1788—1807年在位）赶下台时，后者在经济上帮助了他。切布拉克·侯赛因出任总理大臣时，不仅指定达克斯为官方萨拉夫，而且秘密地把他的家人接到君士坦丁堡，"给了他一个惊喜"②。可以看出，萨拉夫从帕夏的提升中获益，会帮助帕夏获得晋升的机会。

1830年希腊独立后，希腊人成为帝国怀疑的对象，亚美尼亚人迅速填补了希腊人空出来的重要位置，进一步增强了阿米拉的力量。在苏丹眼里，亚美尼亚米利特不像巴尔干的基督徒那样反动，是"忠诚的米利特"③。统治者的青睐反过来又使阿米拉积累了巨额财富，许多人甚至成为欧洲公司的代理人。

财富是跻身阿米拉阶层的必要条件，因此，阿米拉人对财富的欲望是贪婪的。然而，通过官商勾结的方式积累起来的财富，既含糊又不确定。毕竟，阿米拉的地位必然引起土耳其统治阶层的焦虑和嫉妒。任何历史学家都能想象到，在封建专制国家中，巨额财富会给本人带来巨大危险。由于这个原因，阿米拉的成功既令人难以捉摸，又引人注目，同时助长了政府腐败现象的滋生。正如当时的一位西方观察家所指出的那样，腐败和贿赂在政府中普遍存在，没有贿赂就一事无成。④ 这种作法并不局限于一般的政府雇员，甚至苏丹本人需要钱的时候，也会毫不犹豫地没收商人的财富。⑤ 在封建独裁政治氛围中，许多富有的阿米拉人失去了生命，财产被没

---

① Hgop L. Barsoumian, *The Armenian Amira of the Ottoman Empire*, p. 64.

② Hgop L. Barsoumian, *The Armenian Amira of the Ottoman Empire*, p. 64.

③ George A. Bournoutian, *Concise History of the Armenian People: From Ancient Times to the Present*, p. 203.

④ Stanley Lane-Poole, *The People of Turkey*, Vol. 1, London: J. Murray, 1878, p. 16.

⑤ Stanford Shaw, *History of the Ottoman Empire and Modern Turkey*, Vol. 1, Cambridge: Cambridge University Press, 1976, p. 265.

收。当“一个萨拉夫变得如此富有，以至于值得为之牺牲时……（他）被绞死、斩首，财产被没收，家庭陷入赤贫”[①]。在专制社会中，私有财产随时可以被剥夺。

在亚美尼亚社会内部，除光鲜的阿米拉阶层外，还生活着大量的中产阶级，他们大多是工匠和手工艺人。为维护本阶层的利益，他们联合起来组成各种行会。19 世纪中期，奥斯曼帝国的亚美尼亚行会大约有 100 个，成员约有 4 万人。[②] 然而，君士坦丁堡和士麦那的亚美尼亚人的生活条件并非都能达到小康水平。1860 年，约有 2 万亚美尼亚工人涌入这两座城市，蜷缩在拥挤和破烂不堪的贫民窟里，从事最为卑微的工作，很多人死于贫困和疾病。[③]

特别强调的是，阿米拉的影响延伸到两个层面：亚美尼亚米利特和帝国政府。作为前者的一部分，他们是统治阶级，享有各种特权；作为后者的一部分，他们与穆斯林在政治上是不平等的。这种二元性身份决定了他们的双重角色，并产生了积极和消极的影响。从这个意义上说，阿米拉是以突厥贵族仆人的身份获得了经济特权，但却不能享有与穆斯林一样的平等权利。在米利特内部，他们控制了亚美尼亚人的宗教和文化生活，而且变得越来越保守，受到新生代年轻人和行会的挑战。这些挑战一起制造了奥斯曼帝国统治下的亚美尼亚人的压力。如果形容这种压力是一把钳子的话，挑战者是钳子的一只手，另一只手是帝国当局。当这种压力达到一定程度的时候，阿米拉遭到普遍的迫害，逐渐衰落。然而，阿米拉衰落的原因并不是单因素造成的，而是多因素综合作用的结果。总体来说，以下几个因素起到了关键作用：

首先，西方的重商主义国策鼓励经济扩张和工业发展，以获取更多的财富。在重商主义影响下，欧洲市场开始了货币经济时代，而同时代的奥斯曼帝国经济仍然依赖于传统的农业生产，继续使用

① Hgop L. Barsoumian, *The Armenian Amira of the Ottoman Empire*, p. 84.

② George A. Bournoutian, *Concise History of the Armenian People: From Ancient Times to the Present*, p. 204.

③ George A. Bournoutian, *Concise History of the Armenian People: From Ancient Times to the Present*, p. 204.

物物交换等落后的交易方式。结果，在西欧金融资本的渗透下，奥斯曼帝国的经济变得十分脆弱。当帝国政府努力保卫领土时，大量银币从美洲和欧洲流入国内，白银急剧贬值。此外，中央政府把帕夏和地方官职卖给出价最高的人，这一作法使经济腐败和政治不稳成为普遍现象。官员一旦掌权，就对他们的臣民课以重税，以收回买官时的成本。所有这些，农民难以承受。1839年，帝国政府颁布《古尔罕法令》，废除了农业税，那些依靠农业税发财的阿米拉遭到沉重打击。[①] 尽管政府后来又恢复了旧的征税方式，但阿米拉已元气大伤，失去了原先享有的各种特权。

其次，在克里米亚战争期间和之后，欧洲人向奥斯曼帝国提供贷款，阿米拉的生存状况进一步恶化。1856年之后，随着亚美尼亚宪法运动的开始，阿米拉人在亚美尼亚米利特的作用被一群受过西方教育的年轻人取而代之。

最后，坦齐马特时期提出了个人权利和法律地位平等的问题，于是要求变革的亚美尼亚自由主义者对牧首和阿米拉的权威提出挑战。商人、知识分子、手工业者，甚至一些普通工人要求结束阿米拉的寡头统治。1838年，一群活跃的行会成员反对阿米拉的统治，要求在社区事务中拥有更多的发言权。随着事态的发展，牧首和帝国政府不得不出手干预。1841年，工会取得重大胜利，成立了一个由24名商人和工匠组成的委员会，协助阿米拉管理亚美尼亚米利特。到1847年，又成立了一个由14名神职人员组成的宗教委员会和一个由20名世俗人员组成的民事委员会，监督社区事务。教育、经济和司法事务委员会也很快成立。另外，亚美尼亚内斗的核心是牧首本人的地位问题，因为谁控制了牧首的选举，谁就控制了整个社区。1848年，阿米拉试图迫使一位颇受欢迎的牧首辞职，但君士坦丁堡的亚美尼亚人奋起反抗，选出了另一位更受欢迎的牧师。

---

① Hagop Barsoumian, *The Armenian Amira Class of Istanbul*, PhD, Columbia University, 1980, p. 105.

三 《亚美尼亚国民宪法》的产生

1856年《帝国诏书》[①] 结束了非穆斯林"被保护人"的地位，社区臣民可以从他们的成员中选出代议制政府，亚美尼亚牧首的地位受到削弱。诏书规定，每个宗教团体都要准备一份自治文件，并把它交给宗教法庭。1857年，亚美尼亚人提交了自治草案；1859年，提交了修订版自治方案。1860年5月24日，一个由选举产生的亚美尼亚米利特制宪会议通过了《亚美尼亚国民宪法》(下文简称《国民宪法》)。尽管制宪会议与耶路撒冷宗主教区就后者的权力和管辖权有争议，但稍加修改后在1863年获得了帝国政府的批准。《国民宪法》由150条条文组成，规定了牧首的权力，并新成立了"亚美尼亚国民议会"。议会成员的6/7由世俗人员组成，其余的由神职人员组成。《国民宪法》明确了米利特行政组织的结构和官阶，成为奥斯曼帝国法律的一部分，用来处理帝国政府与亚美尼亚米利特的关系。[②]

《国民宪法》是一个没有自己国家的民族制定国家宪法的一个引人入胜的例子。它不受任何具体领土的限制，而是以社区为基础。宪法将亚美尼亚人组织成了一个类似现代国家的国家结构，尽管它并没有给予亚美尼亚人独立的公民权，但它确实为亚美尼亚人提供了一个具有广泛代表性的内部治理体系。简言之，《国民宪法》以非常明确的方式确立了一套新的政治原则，并以自由主义和民族主义概念重建了亚美尼亚人的民族特性，而这些概念正是启蒙运动时期反复出现的主题。

《国民宪法》是新生代亚美尼亚人努力的结果。他们大多在欧洲受过系统的教育，接受了欧洲自由主义和制宪精神的理念。但是，它是否符合整个亚美尼亚人的利益，值得怀疑，因为它没有

---

① "Hatt-i-Humayun (帝国诏书)" 指奥斯曼苏丹签署的文件或便条，"hatt" 是 "手写" 或 "命令" 的意思，"Humayun" 是 "帝国" 的意思。

② Hagop Barsoumian, "The Eastern Question and the Tanzimat Era", in Hovannisian, ed., *The Armenian People from Ancient to Modern Times, Volume II: Foreign Dominion to Statehood: The Fifteenth Century to the Twentieth Century*, p. 198.

考虑奥斯曼帝国的特殊国情，即帝国本身就是一个没有宪法的专制国家，因此，亚美尼亚国民宪法的产生是建立在坦齐马特继续进行的假设之上。结果，温和的改革主义只能蹒跚前行，随时会遭到被扼杀的命运。在帝国种族主义浪潮风起云涌的背景下，《国民宪法》不仅没有给亚美尼亚人提供任何庇护，反而将亚美尼亚米利特置于中产阶级日益增长的自由主义和帝国不断增强的集权主义的夹层之中，大大削弱了阿米拉和牧首的力量。尽管如此，学校、医院和慈善机构等社会组织可以在成文法框架内向更广泛的社会群体开放，这不仅仅是谁来控制米利特的杠杆问题，而是一个新的政治阶层正试图根据一套不同的原则——自由主义和民族主义取代了以宗教社区体系为代表的社会秩序的观念。简言之，亚美尼亚知识分子和城市中产阶级不再把米利特想象成一个完全的民族宗教社区，而是一个现代化国家。于是，改革成为亚美尼亚政治框架的一部分，而不是民族独立。他们希望亚美尼亚人在享受自治的同时，能够得到帝国公民的待遇。这有两层含义：一是以亚美尼亚宪法为基础的亚美尼亚社会内部层面，二是以法律和秩序为基础的帝国外部层面。

个人权利、公民身份、公民义务、立宪主义和以改革为基础的政治概念都是通过西方社会进入亚美尼亚人的政治意识形态的。最后，也是非常重要的一点——在亚美尼亚人的建国意识中，有一种散居身份感，因此，君士坦丁堡的自由民族主义者认为国家不一定（或完全）必须建立在领土基础之上，而是以民族为核心。1863 年《国民宪法》就是这种意识的体现。新成立的亚美尼亚国民议会有 140 个席位，其中 80 个来自君士坦丁堡，各省的代表只得到了 40 个席位。[①] 必须指出的是，这一国家概念意识并不是在帝国框架内完成的，而是发生在亚美尼亚米利特内部。尽管如此，它确实给亚美尼亚人的民族身份烙上了深刻的印记。

---

① Razmik Panossian, *The Armenians: From Kings and Priests to Merchants and Commissars*, p. 153.

四 亚美尼亚农村社会生活

奥斯曼亚美尼亚人大体可分为四类：富人、工商业者、农民和山民。富人一般生活在君士坦丁堡或士麦拿。近代旅行者接触到的亚美尼亚人主要是城镇工商业者。农民人数最多，靠土地和羊群过着朝不保夕的生活，在青黄不接时向土耳其人和库尔德人借债。埃尔祖鲁姆和穆什平原上有许多亚美尼亚人的村庄。1839 年 6 月 1 日，英国领事布兰特在他的旅行报告中说，整个穆什平原上没有任何穆斯林农民。[①] 山民一般生活在人迹罕至的偏远山区，受中央政府权力的影响较小，过着半自治的生活。

亚美尼亚人与他们的穆斯林邻居之间的关系，因地而已。他们之间除法律地位上的不平等外，没有什么区别。一般情况下，亚美尼亚人与他们的穆斯林邻居混居在一起。19 世纪 60 年代，英国驻奥斯曼领事泰勒说："在平原地区和城市附近，勤劳的亚美尼亚人是居民的主要组成部分，他们几乎提供了所有的农业劳动和商业贸易，而穆斯林大多是牧民，居住在平原附近的山坡上，他们只想着自己的羊群。"[②] 泰勒在同一份报告中谈到凡城时指出，有钱的库尔德人经营高利贷，要求基督徒债务人每月支付 3%—4% 的利息，所以泰勒评论道："几乎没有一个基督徒不欠他们的钱，他不可能为偿还债务牺牲一切。"[③] 宗教差异造成经济地位的不平等，是显而易见的。

19 世纪上半叶之前，亚美尼亚人还没有形成统一的民族意识。君士坦丁堡的亚美尼亚精英似乎对亚美尼亚农民的生存状况漠不关心，这一情况直到麦克提奇·克里米扬（1869—1873 年在职）当选为牧首时，才得到改变。麦克提奇·克里米扬是亚美尼亚历史上著名的作家、政治家和宗教领袖，他走访了近东各地的亚美尼亚社

---

① Christopher J. Walker, *Armenia: The Survival of a Nation*, p. 94.

② Cited in Ibid., p. 96.

③ Cited in Ibid., p. 96.

区，致力于改善农民的生活境况。[1] 他利用文学为武器，积极反映亚美尼亚农民和底层人民的需求和愿望。他的著作《亚拉腊之邀》（1850）仿照古罗马诗人维吉尔的《牧歌》，训诫人们要热爱自己的土地，宣扬把农民从压迫中解放出来。[2] 该作品对亚美尼亚开明人士的思想产生了巨大影响，敲开了君士坦丁堡亚美尼亚精英阶层的大门。

事实上，亚美尼亚自古至今都是一个传统的农业社会。[3] 从长时段意义来说，农村生活变化不大（除发达国家外）。因此，笔者结合自己对亚美尼亚农村的考察，试图勾勒出奥斯曼帝国时期亚美尼亚人的乡村社会生活。但在此之前，有必要描述一下当下亚美尼亚人的农村生活，以达到以管窥豹的效果。

亚美尼亚村庄一般位于有水供应的地方。亚美尼亚高地上的冲积洼地孤立存在，类似于沙漠中的绿洲，这迫使居住环境比较紧凑，但相邻村庄之间接触较少。这种居住环境使家族间的关系非常密切，但也会造成对其他社区的人的不信任。无论是高地的村庄，还是低地的村庄，都享受着某些共同的利益，承担某些共同的义务。例如，村民对水、木材、粘土、建筑石材、石灰和公共用地等某些自然资源享有共同使用权。保持运河的清洁是所有家庭的集体责任。

畜牧业是农村地区最主要的产业之一，牲畜主要有牛、羊、猪等，并饲养各种家禽。园艺业是亚美尼亚农民非常重要的副业，几乎每家附近都有院子，院子里种植各种蔬菜、水果等农作物。亚美尼亚水果享誉世界，在农村地区能品尝到天然美味的食物，因此，农村地区的人一般不买蔬菜和水果。每当村民需要购买大件时，他们必须去附近的城镇或城市。亚美尼亚村庄里一般没有超市或购物中心，只有一些小商店，但在那里可以购买到基本的生活用品。在

---

① Rouben Paul Adalian, *Historical Dictionary of Armenia*, p. 446.

② Razmik Panossian, *The Armenians: From Kings and Priests to Merchants and Commissars*, p. 140.

③ Susie Hoogasian Villa and Mary Kilbourne Matossian, *Armenian Village Life before 1914*, London: Croom Helm, 1987.

毗邻埃里温的农村，每个房子前面都有一个花园。村民们种植各种各样的花卉，比如玫瑰、紫罗兰和其他人们未知的鲜花。村民们很乐意照料他们的花园，认为花园在某种程度上反映了自己的身份和品味。无论什么节日，亚美尼亚人都喜欢馈赠鲜花。

今天的亚美尼亚农村地区，有的以畜牧业或园艺业为生，只有少数人才有机会到学校、银行和某些企事业单位找到工作。有时，农村地区的年轻人会去城市寻找工作，但机会很少。如果你碰巧访问亚美尼亚村庄，会发现村民非常好奇。首先，他们邀请你去他们家中做客。他们的门总是为客人敞开，并尽量用自制的有机食物来满足你的胃口，直到你尝遍桌上的每一道菜后才会满意。当你终于为自己的尝试感到高兴时，他们会提示你喝咖啡或茶，并配上自制的蛋糕和水果罐头，如果拒绝则很不礼貌。在这个过程中，村民们会打听外部世界来满足他们的好奇心。他们可能会问你是谁、你为什么来这里等类似的问题。他们也愿意告诉你任何有趣的事情。亚美尼亚人喜欢谈论自己的日常生活，向你介绍如何做事情、如何栽树、如何给动物制作饲料等。他们还会告诉你一些村子里的故事，比如村长是如何为村民们做慈善活动等事迹。如果你碰巧在冬天去某个村庄，当地人会邀请你品尝一种叫做“茨普尔”的食物——在铁炉上炸的土豆。亚美尼亚人对任何事情都非常有仪式感，喜欢在丰盛的餐桌上庆祝每一件小事。他们喜欢用烤肉来招待客人。亚美尼亚烤肉非常有名。当然，亚美尼亚人在庆祝任何活动时都会喝酒，桌子上摆满各种饮料。酒一般要一饮而尽，再盛另一杯。亚美尼亚人的主食是面包。对亚美尼亚人来说，面包是每顿饭的基本组成部分。在亚美尼亚语中，“我们吃面包去吧”类似于中国的“我们去聚餐吧”。因此，“吃面包”并不是单纯吃面包，而是含有各种饮料、酒和烤肉等内容。总而言之，亚美尼亚农民非常好客，游客根本不用担心安全问题。古希腊历史学家色诺芬于公元前 5 世纪到过亚美尼亚，他在《长征记》中多次提到亚美尼亚村民的热情好客。今天，亚美尼亚人的好客精神依然如此。值得注意的是，很多村庄都有一个古老的小教堂。

上述是现代亚美尼亚人的农村生活风貌。毋庸置疑，它与奥斯曼帝国时期的亚美尼亚农村生活状况有很多相似之处，因为，从长时段来说，一个民族的生活习俗（特别是农村）是静止的，变化很小。具体到奥斯曼帝国统治时期，亚美尼亚农民的生活状况如何呢？

自奇里乞亚亚美尼亚王国灭亡后，亚美尼亚人失去了自己的国家机构，领土被奥斯曼帝国、伊朗和沙俄瓜分。虽然征服者都有自己的官方语言，但大多数人只会讲亚美尼亚语。在奥斯曼帝国，中央政府并非是一个多民族政权的代表机构，农村主要根据自己的习俗管理地方事务，只有当事方不能以双方认可的方式解决争端时，才会求助于上级当局。由于中央政权的软弱，当局维持农村地区的社会秩序时，显得无能为力。有时政府会修建一些通往内陆的道路，扩大世俗法庭的管辖网络，但当局仍然无法迅速应对内乱。这一点在 1895 年的安纳托利亚和 1905 年的南高加索叛乱中表现得格外明显，当时一些地方政府官员参与了对亚美尼亚人的迫害。中央政府软弱的主要原因是经济因素，19 世纪末，工商业虽得到了很大发展，但大多数帝国臣民仍以自给自足的农业和畜牧业为生，因此赋税基础非常有限。国家的军事需求经常超过经济资源的供给能力。种族多样化是造成中央政权软弱的另一个原因，因为各个民族都扎根于自己的固有土地上，顽强地抵制着土耳其人的同化。因此，亚美尼亚农村像一个首尾不同的连续体，一端由中央政府控制，另一端由武装牧民库尔德人控制。

亚美尼亚家庭观念非常强。在亚美尼亚语中，“家庭”指一个由父亲、母亲和孩子组成的核心家庭；“宗族”指可以追溯到同一代父母或祖父母的大家庭；“民族”指“人民”或“信仰共同体”。值得注意的是，“炉子”一词在亚美尼亚语中使用广泛，意义深刻，带有家庭的含义。亚美尼亚语“炉子”象征拥有同一个炉子的人——仆人、学徒以及血亲，同时它也是一个纳税单位。[①] 除此之

① Susie Hoogasian Villa and Mary Kilbourne Matossian, *Armenian Village Life before 1914*, p. 23.

外，“炉子”或“灶台”在亚美尼亚语中还有很多其他含义，比如有“亚美尼亚是我的炉子”的说法。另外，“炉子”也是最重要的祝酒词之一。“炉子”是家庭妇女烤面包和烹饪的热量来源，象征着亚美尼亚家庭的核心。很多亚美尼亚慈善组织也用炉子来表示，比如有为特殊群体提供福利的“暖炉运动”组织。

亚美尼亚家庭大多数几代同堂，成员世世代代生活在自己的村庄里，当有宗教仪式或迎娶新娘时，他们才会到临近的村庄，在后一种情况下乐器和掌声会陪伴着新娘来到村子里。

村长通常来自相对富裕的家族。如果有正式选举，候选人倒扣帽子。然后，每个家庭的男性家长在自己选择的候选人的帽子里放一颗坚果或豆子，盛放最多者当选。村长的收入，部分依赖自己的劳动，部分来自农忙时村民提供的水果和烈酒。村长负责调解家庭和邻居之间的矛盾，接待外来访客，负责把赋税落实到每个家庭。村长是村里的大管家，负责雇佣夜间警卫，也为孤儿指定监护人，组织乡村学校的运行等。村长有权用罚款、剥夺自由和棒打等手段惩罚违法者，但妇女不会受到这样的惩罚。在极端情况下，村长还可以将违法者逐出村子。有时，宗族在村长的协调下可以与异族通婚。在东亚美尼亚，从19世纪下半叶开始，户主们会在夏天召开村民大会，就村里的重大事务作出决定。①

亚美尼亚人的宗法制观念非常强，宗族是最大的血亲单位，在山区一带影响非常大。那里的农民拥有私人土地，中央权威很难延伸到这些地方。宗族的主要功能是自卫，所有男性成员都有保护族人的义务。在流散的亚美尼亚社区中，宗族势力也很强大。族长负责处理所有与宗族有关的公共事务，并代表本家族解决争端，但他不鼓励本族的年轻人与其他宗族的年轻人交往。族长的妻子通常是助产士或治疗师。②

---

① Susie Hoogasian Villa and Mary Kilbourne Matossian, *Armenian Village Life before 1914*, p. 23.

② Susie Hoogasian Villa and Mary Kilbourne Matossian, *Armenian Village Life before 1914*, p. 24.

亚美尼亚人的族名源于创始人的教名、职业或者居住地。如果男性家庭成员居住在另一个村庄，他仍被视为家族的一员。但当一个家族分支在另一个村子里住了五代以上，他的后代则被视为一个独立的家族，这种情况下他们会使用第一个迁徙过来的男性的名字作家族名。大约在1850年以前，只有贵族才有姓氏。自那之后，普通人也开始使用姓氏。一些宗族成员会用宗族创始人的教名作姓氏。如果一个人的法定姓氏和宗族姓氏不同，会用宗族的名字作身份的补充。① 在一个家庭里，孙子有时会使用爷爷的名字，所以亚美尼亚人有很多重名的现象，读者在阅读时一定要注意这种情况。

家族成员之间的婚姻是绝对禁止的，即使远房表亲之间也不能结婚。尽管教会法律规定同一宗族第七代人之前禁止结婚，但是如果一个地方的宗族只有四代人，那么第三代表亲之间可以结婚。此外，有的家族内部禁止男子与兄弟遗孀之间结婚。按照传统习俗，宗族成员结婚之前，必须征得首领和父亲的同意。结婚时，整个家族成员都会带着礼物来参加婚礼。婚礼一般在教堂中举行。即使家族成员与新娘或新郎住在不同的社区，情况亦是如此。婚礼结束后，新婚夫妇会到圣炉旁接受祝福。

一般来说，宗族会将去世的成员埋葬在宗族墓地中。有些宗族有本族的祭祀中心，通常在宗族墓地的圣树旁，或在房屋角落的圣炉旁，或在祖先废弃的房子里。一个人去世时，圣炉旁会有信徒带来的烛台、祈祷书、福音书、十字架和家庭护身符，以及象征身体的破布、蜡烛或铁像之类的祈祷物品，以表明来访者曾为去世的亲人祈祷过。教父家庭之间即使没有血缘关系，也禁止通婚。显赫的神职人员和王室成员去世后，会埋葬在教堂里或附近。

20世纪早期，随着各类社会运动的风起云涌，地区单位不再完全由一个家族的成员组成。然而，由于宗族成员都住得很近，因

---

① 亚美尼亚人的姓氏一般以 - ian、 - iants、 - ints、 - unts 或 - ents 结尾。“ts” 表示居住地；“ - ian”“ - yan” 表示 “某某人的儿子”，比如 Petrosian 是 Petros 的儿子；贵族家族大多以 “uni” 或 “ooni” 结尾；宗教家族多带有 “ter”“der” 前缀。有些姓氏与祖先的职业有关，比如 Najarian 是 “木匠的儿子” 的意思，Vosgerichian 是 “金匠的儿子” 的意思。

此，完全由血亲家庭组成的经济单位还是很普遍的。例如，耕地和奶牛场往往由宗族成员组成。此外，宗族可能拥有某些类型的公共财产，如林地、磨坊、橄榄压榨机和果树等。只有取得整个宗族的同意后，才能处理宗族财产。因此，亚美尼亚宗族与14—15世纪意大利、德国和法国南部城乡地区的宗族很相似。19世纪末20世纪初，在土耳其人、阿布哈兹人、格鲁吉亚人、匈牙利人、塞尔维亚人中间也存在着类似的宗族风俗。成员们互相保护，以防世仇。宗族忠诚度的强弱与中央政府的权威成反比：政府越弱，宗族观念越强。

在任何社会，家庭都是社会的基本构成单位。在亚美尼亚家庭中，父权观念浓厚。父亲完全控制着家庭财富。父亲和儿子们组成基本的劳动单位，父亲作出重要经济决策，并在与外界的接触中代表家庭成员解决争端。如果家里有其他成年男子，父亲或许向他们请教重要的问题，但决定权只属于父亲一个人。孩子们没有经济上的独立，个人自由受到很大限制。儿子的婚姻一般基于共同利益的两个家庭的高级成员安排，婚后他们与妻子及自己的孩子们仍处在父权的控制下。家庭事务安排服从父亲的意志。女子婚前与父母住在一起，婚后搬到丈夫家里。家长的妻子指导所有家庭妇女的工作和生活，并在家庭事务中有很大的话语权。家庭内部有严格的等级制度，所有成员都按性别、年龄论资排辈。一个大家庭通常住在一栋房子或几栋相连的房子里。如果一个家庭分裂了，它在社会上的威望就会大大降低，所以家庭会努力克服各种压力，尽可能保持团结。[1] 1600年，英国传教士卡特赖特来到亚美尼亚，对亚美尼亚家庭描述如下：

> 在我们第一次进入这个国家的时候，我们经过了一片美丽广阔的令人心旷神怡的平原，平原两边是一排高山，在那里有许多完全由亚美尼亚人居住的村庄；这是一个非常勤劳的民族：

① M. K. Matossian, *The Impact of Soviet Policies in Armenia*, Leiden: E. J. Brill, 1962, pp. 3–6.

他们的妇女就像古代勇猛的亚马逊人一样灵巧和活跃，善于射击和使用任何武器。他们的家庭非常大；因为儿子、侄子和侄女们都住在一个屋檐下，所有的资产都是共有的：父亲死了，长子管理其余的家庭成员；所有的人都服从于他的权威。如果长子死了，政府不会把父权交给他所有的儿子，而是给他的长子。若是弟兄们都死了，偶然落了空，那么政府就给他长兄的长子。在饮食和穿戴上，他们吃得和穿得都一样，生活在完全的和平与安宁中，一切基于真爱、诚实和简朴。[①]

根据卡特赖特的描述，亚美尼亚宗法制观念十分强烈。17世纪，亚美尼亚历史学家扎卡良·卡纳克茨（1627—1699）的描述证实了卡特赖特的见闻。根据他的描述，在一个亚美尼亚农村中，大地主埃瓦兹有3个儿子，长子道拉特·贝格继承了父权，他与他的3个兄弟和及其妻儿继续生活在一个家庭里，这个家庭有30多人。道拉特·贝格的两个弟弟都比他先死，父权传给了他的大儿子——另一个埃瓦兹，因此，这个埃瓦兹成为家长，这个家庭不仅包括他的妻儿、兄弟、未婚姐妹、侄子和侄女，还包括他的堂兄妹和他们的后代，家庭妇女都要听从女家长埃瓦兹的母亲玛利亚姆的安排。[②]

在亚美尼亚家庭中，长子的地位非常重要。长子通常照看家畜，其他男性负责耕种和收获。长子的妻子在婆婆不在家的时候负责照料和监督家庭生活。在奥斯曼帝国的一些亚美尼亚村庄里，有的家庭可能有5—6代人，规模达到70—100人。[③] 数代同堂可能与亚美尼亚人的不安全感有关。通常情况下，家人一早把被褥收拾起来，象征着家庭的团结。当一个家庭里的一群人分开叠被褥时，邻居们

---

① John Cartwright, *The Preacher's Travels*, Vol. I, compiled by Earl of Oxford, London: P Thomas Osborne, 1745, p. 720.

② Edmund M. Herzig, *The Armenian Merchants of New Julfa, Isfahan: A Study in Pre-modern Asian Trade*, p. 159.

③ Susie Hoogasian Villa and Mary Kilbourne Matossian, *Armenian Village Life before 1914*, p. 26.

会说这个家庭“怀孕了”——家庭单位的再分。在大多数情况下，西亚美尼亚家庭在男户主及其妻子死后，家庭才会再分。[①]

关于家庭财产的继承问题，如果父母双亡，长子继承父亲的宅地；如果还活着，家庭财产通常归最小的儿子所有。通常情况下，所有的财产在兄弟之间均分。在一些地方，未婚女儿会分得一半。母亲的嫁妆和她个人的收入根据她的意志分配。有时村长和牧师帮助分配财产。家庭再分的时候会有一个仪式，在这个仪式上，新家庭的创始人从父亲的炉中取一些火，点燃自己家中的炉火。[②] 然而，不同地区的亚美尼亚家庭的继承制度存在一定差异。《阿斯特拉罕亚美尼亚人法律书》规定，如果合法继承人的人数小于或等于 4 人，则必须将至少 1/3 的财产留给合法继承人；如果继承人数超过 4 人，则必须将至少一半的财产留给合法继承人，其余的可以随意处置。合法继承人分为三类：第一类是子女及到第六代的子孙；第二类是父母、兄弟姐妹及其后代；第三类是祖父母、曾祖父母、叔舅婶姨及其后代。如果有第一类继承人，那么第二类继承人就没有继承权，依此类推。所有的子女都应该在父母的财产中享有平等的份额，如果女方先于自己的外公和外婆去世，女方的子女就没有资格继承外公和外婆的财产，因为她是唯一与夫家有血缘联系的人。一封写于 1700 年的遗嘱明确表达了对男性的偏好：21 个女儿继承的财产只有儿子的 1/8。[③] 在父母有生之年，孩子不能从祖父母那里继承遗产。只有在遗嘱中有明确的、充分理由的情况下，才能剥夺子女们的继承权。

在收养问题上，《法律书》同样关注的是父系的延续。《法律书》只有收养儿子方面的规定，没有关于收养女儿的同等规定。无儿无女的人，可以签署协议，收养某人。被领养人必须是独立的：

---

① Susie Hoogasian Villa and Mary Kilbourne Matossian, *Armenian Village Life before 1914*, p. 27.

② Susie Hoogasian Villa and Mary Kilbourne Matossian, *Armenian Village Life before 1914*, pp. 27 – 28.

③ Edmund M. Herzig, *The Armenian Merchants of New Julfa, Isfahan: A Study in Pre-modern Asian Trade*, p. 160.

要么他的亲生父亲去世，要么他与其父合法分家，或按照父亲的意志过继给收养人。被收养人必须年满18岁，且年龄不超过养父的一半。[①] 收养的目的不是给孤儿找到栖身之处，而是要他彻底融入现有的家庭。被收养人的继承权不能优于收养人的亲生子，除非后者被剥夺了继承权。如果收养人在收养了一个儿子后有了亲生子，那么被收养人与亲生子享有平等继承权。被收养人往往与收养人存在着血缘关系，养子可能是养父的侄子或外甥，这有助于宗族成员共享家族经济利益。亚美尼亚人的继承和收养制度，体现了父权维系家庭的概念。

跟前现代时期大部分农业社会一样，亚美尼亚农村经济都是自给自足。农民家庭最基本的食物是谷物、奶制品、蔬菜和水果。大多数农村人视牲畜为宝贵财富，除少量或特殊场合外，他们很少吃肉。为了满足生产和生活的需要，农村家庭以物物交换的方式换取自己需要的东西。山地家庭用盐味黄油、奶酪和小麦换取橄榄、水果和坚果。富裕的农民家庭可以买到鞋子、布料和金属物品。一般情况下，每个村里都会有一些手工艺人，如铁匠和木匠，但他们并不是全职的，也会从事农业和畜牧业。

第三节　亚美尼亚文艺复兴

亚美尼亚文艺复兴经历了两个发展阶段：10—14世纪和18—19世纪。第一阶段始于格里戈尔·纳雷卡茨的诗作，第二阶段始于麦基塔尔学派（或麦基塔尔会众）的努力。第一阶段的特点是对自由精神的强调，第二阶段的特点是民族意识的复兴。亚美尼亚神职人员没有像中世纪西欧那样陷入教义之争，妨碍思想的发展。第二阶段主要是通过麦基塔尔会众的努力实现的。麦基塔尔会指本笃亚美尼亚安东尼修士会。该教团成立之初，会众致力于对东方教义的改革，到19世纪早期，又致力于亚美尼亚语言、文学和文化的复兴。

---

① Edmund M. Herzig, *The Armenian Merchants of New Julfa, Isfahan: A Study in Pre-modern Asian Trade*, pp. 161 - 162.

欧洲文艺复兴标志着强调以“神”为中心的中世纪意识形态向强调以人“为”中心的转变。在古典式视觉中，人是核心。在人文主义者看来，人不再是跪着的奴隶。欧洲文艺复兴最早出现在意大利，然后蔓延到欧洲各地，在文学、艺术、哲学、政治和科学方面创造了许多熠熠生辉、光彩夺目的成就。文艺复兴时期的杰出人物都以人文主义为指导，而艺术家们则努力追求现实主义及对人的情感的描绘。在亚美尼亚实践中，以人文主义为特征的文艺复兴发展得不是很彻底，而是与基督教的规范相一致。尽管如此，仍然涌现出了很多新思想、新艺术和新观点。

麦基塔尔会众的民族自我表达，解放了亚美尼亚人的思想。鲁本·阿达良说：“如果有人认为自己是新亚美尼亚概念的核心，那就是文化的全部意义。”① 新亚美尼亚文化使亚美尼亚人摆脱了心理困境下形成的中世纪思维方式。

亚美尼亚人是一个高度流动性的民族，这引起了亚美尼亚人对未来的关注，并思考如何利用现代化工具传播亚美尼亚文化。随着古腾堡活字印刷术变为实用技术，印刷术得到广泛应用。此时，亚美尼亚知识分子选择书籍传播民族文化。最早的亚美尼亚出版物出现在荷兰的阿姆斯特丹、波兰的里沃夫、伊朗的新朱利法、意大利的威尼斯和印度的马德拉斯的亚美尼亚社区。威尼斯的情况与其他地方有所不同。1717 年，亚美尼亚教士麦基塔尔·塞巴斯特茨（1676—1749）及其追随者聚集在威尼斯，他们就是著名的麦基塔尔会众，开始了现代书籍出版方面的实践，并取得了不俗的成就。

麦基塔尔·塞巴斯特茨是麦基塔尔学派的创始人，出生在奥斯曼帝国统治下的亚美尼亚社区，后进入修道院学习。他非常关注帝国统治下的亚美尼亚文化的发展，游历了整个西亚美尼亚，确信亚美尼亚教育已降到低点。于是，他试图建立一种宗教秩序以满足族人们的精神和智力需求。在此过程中，他对西方文化产生了浓厚兴趣，打算将欧洲文献翻译成亚美尼亚语。在他看来，拉丁教会拥有

① Rouben Paul Adalian, *Historical Dictionary of Armenia*, p. 37.

完成使命的必要工具和精神支持。1700 年，他来到君士坦丁堡，次年与 16 位志同道合者一起加入拉丁教会，成立了一所神学院。① 麦基塔尔认为，他们可以在承认教皇权威的同时保证对亚美尼亚宗教的忠诚。麦基塔尔的行为意味着亚美尼亚教会与罗马教会的正式团聚。显然，他的计划遭到了长期以来坚持宗教独立的亚美尼亚人的激烈反对。拉丁传教士也反对他，因为谁都无法接受双重忠诚。在这种情况下，麦基塔尔率领门生搬到了威尼斯的摩里亚半岛。1705 年，他的追随者请求教皇克莱门特十一世（1700—1721 年在职）承认他们的修会。1712 年，梵蒂冈承认了麦基塔尔修会的合法地位。

1715 年，奥斯曼帝国占领了摩里亚半岛，摧毁了麦基塔尔修道院，会众被迫前往威尼斯。威尼斯元老院投票通过一项法令，将隔离麻风病人的圣拉扎罗岛送给了麦基塔尔修道院。1717 年 9 月 8 日，麦基塔尔及其门生搬到了那里。1718 年，麦基塔尔访问罗马，为他的修会辩护，以澄清各种谣言。最终，他说服梵蒂冈相信了他的正统。1749 年 4 月 27 日，他在圣拉扎罗岛去世。1773 年，一群心怀不满的会众离开威尼斯，于 1803 年在意大利东北部港市里雅斯特建立了一个分会。拿破仑入侵意大利后，他们逃到维也纳，在那里建立了一个新的学术中心。②

麦基塔尔会众非常关心如何保存和复兴亚美尼亚文化，以及如何研究亚美尼亚历史和语言。他们把一些西方经典著作翻译成亚美尼亚文，同时使用拉丁文、希腊文和其他语种的各类原始资料撰写历史、语言、文学和宗教类著作。他们在圣拉扎罗岛建立了一个印刷厂，出版各类亚美尼亚语书籍，将其销往世界各地。结果，书籍生产成为威尼斯共和国的重要财政来源之一。1810 年，当拿破仑宣布取缔所有修道院时，只有圣拉扎罗岛上的麦基塔尔修会幸免于难。1816 年 11 月 13 日，英国著名诗人拜伦勋爵参观了该修道院。

---

① Hugh Chisholm, ed, "Mechitharists", *Encyclopedia Britannica*, Vol. 17 (11th ed.), Cambridge University Press, p. 1018.

② George A. Bournoutian, *Concise History of the Armenian People: From Ancient Times to the Present*, p. 193.

麦基塔尔会众的工作，标志着现代亚美尼亚学的诞生。他们工作的第一阶段是尽可能地收集零散在各地的亚美尼亚古籍。麦基塔尔修会的图书馆闻名于世。利奥说："［该教团的］成员在亚美尼亚各地游荡，拯救灵魂，但他们拯救的不仅仅是灵魂，还有从毁灭中拯救了古亚美尼亚思想的成果，保存了散落在各修道院、教堂和私人住宅中的古代手稿文献。麦基塔尔派的奠基者像蜜蜂一样收集这些珍贵的民族文化遗产，小心翼翼地把它们带到意大利保存起来。"① 他们对搜集到的手稿并没有束之高阁，而是进行了深入的研究，其中一些译成欧洲各国的语言，然后加以出版，这是他们工作的第二阶段。在这一阶段，他们首先使用白话文整理和出版了4—5世纪的一些亚美尼亚作品，同时将一些古典希腊作品译成现代亚美尼亚语。结果，这促进了亚美尼亚世俗文学语言的发展，从而使普通亚美尼亚人也能够读懂自己的历史。在此以前，只有神职人员或统治精英才能接触到这些作品。在某个时期，麦基塔尔会众在维也纳的一所房子里成立了"好书传播协会"。据说，该协会发行了近100万册书，平均每年印刷和出版6种新书。② 协会还致力于研究本民族的礼拜仪式和宗教历史，出版了无数期刊、手册、圣经、地图、版画、字典、历史和地理类出版物。在训诂学方面，他们成就斐然，赢得了很多社会荣誉。总体来说，麦基塔尔会众对亚美尼亚学最有价值的贡献主要表现在以下几个方面：

第一，翻译成就。从成立之初到接下来的两个多世纪里，麦基塔尔修会开始了一系列名著的翻译工作，其中包括荷马、圣托马斯阿奎那和维吉尔等人的作品。许多古代亚美尼亚教父的作品也被译成了白话文。例如：公元1—2世纪的《安条克的圣伊格那修的书信（13封）》《圣伊格那修殉道史》、叙利亚人圣厄弗棱的《福音调和》《对圣保罗书信的评论》，以及优西比乌斯的《教会史》，等

① Leo, *Երկերի ժողովածու* (Collected Works), Vol. III (b), Yerevan: Hayastan, 1969, p. 502.

② Charles Herbermann, ed., "Mechitarists", *Catholic Encyclopedia*, trans. Douglas J. Potter, New York: Robert Appleton Company, 1913, p. 9762.

等。在出版工作方面，著名的帕斯卡·奥谢（1774—1885）得到了时任梵蒂冈图书馆馆长、意大利红衣主教安吉洛·梅（1782—1854）的资助。他还是拜伦勋爵的亚美尼亚语导师和“精神导师”。1824 年，帕斯卡·奥谢把《失乐园》译成亚美尼亚语，1845 年又把《亚美尼亚祈祷书》译成德文。[①]

第二，语言学成就。麦基塔尔开创了这个领域。1727—1730 年间，他出版了一些古典亚美尼亚语语法方面的书籍。在他死后的第三周，他的门生整理出版了他的《亚美尼亚语综合词典》第一卷，1769 年出版了第二卷。[②] 麦基塔尔词典奠定了现代亚美尼亚文学语言的基础，避免了外来词汇和地区变化造成的混乱。在接下来的 50 多年里，他的门生完成并完善了这个项目，建立了现代亚美尼亚语标准规范。总之，麦基塔尔学派在语言学领域确立了现代亚美尼亚身份认同的文化标准——白话文亚美尼亚语。[③]

第三，史学成就。由于亚美尼亚商人对印刷书籍产业的推动，阅读开始面向大众。渐渐地，历史成为麦基塔尔会众研究的重心。在这一努力过程中，最杰出的代表人物是米迦勒·恰姆奇扬（1738—1823）和赫温特·阿里山（1820—1901）。恰姆奇扬学识渊博，除宗教学、语法学方面的成就外，他还著有 3 卷本《从世界之处到 1784 年的亚美尼亚历史》（1784—1786 年出版）。这部巨著是亚美尼亚国家认同时期最为完整的历史作品，也是自 5 世纪莫夫谢斯的《亚美尼亚史》诞生以来的首部系统阐述亚美尼亚历史的文本之一，标志着现代亚美尼亚浪漫民族主义的开始。[④] 直到 19 世纪末，它一直是研究亚美尼亚史的权威资料来源之一。他当时对可用

---

① Charles Herbermann, ed., “Mechitarists”, *Catholic Encyclopedia*, trans. Douglas J. Potter, New York: Robert Appleton Company, 1913, p. 9762.

② Razmik Panossian, *The Armenians: From Kings and Priests to Merchants and Commissars*, p. 103.

③ Razmik Panossian, *The Armenians: From Kings and Priests to Merchants and Commissars*, p. 103.

④ Razmik Panossian, *The Armenians: From Kings and Priests to Merchants and Commissars*, p. 104.

的亚美尼亚语和非亚美尼亚语手稿进行了极为详尽的研究，整部书稿多达 3000 页。1811 年，恰姆奇扬又准备了一套英文删节版的《亚美尼亚史》，于 1827 年在印度加尔各答出版。恰姆奇扬对亚美尼亚学和东方学研究产生了巨大影响，他的《亚美尼亚史》至今仍被视为史学领域的经典之作。

赫温特·阿里山是麦基塔尔派另一杰出史学家。1820 年，他出生在君士坦丁堡的一个钱币考古学家庭里，1838 年进入威尼斯麦基塔尔修会深造。毕业后，他在威尼斯的穆拉德—拉菲尔良学院任教（1841—1850、1866—1872），并自 1848 年起担任该学院的督导员。1849—1851 年，他在亚美尼亚研究学术期刊《史前史杂志》担任编辑。1859—1861 年，他到巴黎的穆拉蒂扬学院从教。从 1872 年起，他全身心投入科学研究。1886 年，法国科学院授予他荣誉军团勋章。他还是意大利亚洲学会、莫斯科考古学会、威尼斯考古学会和圣彼得堡考古学会荣誉会员。[①] 1885 年，阿里山设计制作了第一面现代亚美尼亚三色国旗（从上到下依次为红、绿、白），但它与今亚美尼亚共和国国旗的颜色不同（从上到下依次为红、蓝、黄）。阿里山博学多才，精通多种语言，翻译过很多作品，并将美学技巧融入史学创作中。现代学者一致认为，他的作品跨越了古典主义，为浪漫主义铺平了道路，是现代亚美尼亚浪漫主义文学流派的奠基者。[②] 1869 年他出版了美学史作《亚美尼亚家园的回忆》，1901 年出版《亚美尼亚史》。他还将地理自然概况与历史研究结合起来，先后出版了《希拉克》（1881）、《锡西安》（1885）、《亚拉腊》（1890）和《锡西坎》（1893）。上述作品都是亚美尼亚区域地理与历史结合的著述。

第四，教育成就。麦基塔尔会工作的第三阶段是大力发展教育事业。来到圣拉扎罗岛后不久，修道院开办了自己的学校。在

① John Ruskin, *The Works of John Ruskin*, Vol. 32, edited by Alexander Wedderburn, et al., London: George Allen, 1907, p. 305.

② "Today is famous Armenian poet, historian Ghevond Alishan's birthday", 2019 - 6 - 7, *https://haydzayn.com*, 2019 - 9 - 25.

他们建立的学校中，有些是欧式的或奥斯曼帝国式的预科学校，其中最著名的是 19 世纪 30 年代在威尼斯成立的穆拉德—拉菲尔良学院。[①] 这所学校直到 1997 年才关闭。1846 年，大商人塞缪尔·莫林在巴黎建立了一个类似的教育机构。其他著名的教育机构还有：1815 年在莫斯科创建的拉扎良研究院、1821 年在印度加尔各答成立的玛尔塔希拉坎学校、1830 年在格鲁吉亚第比利斯成立的纳锡扬学院、1874 年在埃奇米阿津成立的格沃尔江·杰马拉研究院。[②] 据 20 世纪初的统计，麦基塔尔修会在世界各地共创建了 14 座修道院，有 152 名僧侣，其中大多数是牧师。[③] 也许对一个有着百年历史的修会来说，这些数量并不是很多，但是，它服务的对象仅限于亚美尼亚人，因此其发展必然受到限制，不可能规模过于庞大。上述教育机构大多由来自印度和新朱利法的亚美尼亚富商赞助开办。

在麦基塔尔学派创办的教育机构中，教育对象通常在 8 岁或 9 岁的时候进入学校，接受小学教育。学生大约花 9 年的时间研究哲学和神学，25 岁时由他们的主教和院长任命为牧师，再从事各种各样的事业。毕业生首先要做的是传教工作，而不是致力于异教徒的皈依，目的主要是向散居在世界各地的亚美尼亚人提供宗教服务。其次，毕业生的工作是从事对青年人的教育工作，编写和出版各类文学作品。[④]

19 世纪末 20 世纪初，威尼斯的麦基塔尔修会培养了大批知识分子。利奥认为，18 世纪 20 年代至 19 世纪 40 年代是“麦基塔尔学派的世纪”[⑤]。这一时期，该修道院的僧侣知识分子不仅研究亚美

---

① Razmik Panossian, *The Armenians: From Kings and Priests to Merchants and Commissars*, p. 106.

② Simon Payaslian, *The History of Armenia: From the Origins to the Present*, p. 118.

③ Charles Herbermann, ed., “Mechitarists”, *Catholic Encyclopedia*, trans. Douglas J. Potter, p. 9762.

④ Charles Herbermann, ed., “Mechitarists”, *Catholic Encyclopedia*, trans. Douglas J. Potter, p. 9762.

⑤ Leo, *Երկերի ժողովածու* (Collected Works), Vol. III (b), p. 495.

尼亚历史、语言和文化，还阐述对亚美尼亚文化的认知以及对民族未来的思考。最重要的是，他们开办印刷厂，广建学校，向散居在世界各地的亚美尼亚人普及知识。在亚美尼亚历史上，这是第一次建立在广泛群众基础上的民族文化的复兴运动，以前知识只局限在修道院或图书馆的知识精英群体中。显然，麦基塔尔修会并不是一个盈利性组织，也不完全是一个宗教组织，而是一个培育亚美尼亚民族启蒙的近代学术团体。拉兹米克·帕诺相说：

> 麦基塔尔会众并没有创造或发明亚美尼亚这个国家，而是拯救了它，并在这个过程中重塑了亚美尼亚，使之适应现代社会。这些天主教僧侣通过重印中世纪早期亚美尼亚历史学家的著作，并在此基础上撰写自己的历史，其作品为亚美尼亚世俗民族主义的出现奠定了基础。①

综上所述，由于麦基塔尔会众的努力，造成了这样一个奇怪的历史现象——亚美尼亚人在外族统治下实现了民族文化的复兴。到了19世纪，欧洲的历史学家、考古学家甚至艺术家开始对东方文化产生兴趣。巴比伦、埃及、伊朗、希腊、中国和亚美尼亚人的文化吸引了大量英、法、德等国家的追随者。东方主义在西欧成为一种时尚，很多著名学者纷纷到东方游学。从亚美尼亚方面的例子看，英国诗人拜伦勋爵到威尼斯的麦基塔尔会学习亚美尼亚语，法国学者朗格卢瓦（1863—1929）和德国学者海因里希·胡布斯奇曼（1848—1908）对亚美尼亚历史和语言有着浓厚的兴趣，后者确定了亚美尼亚语是印欧语系的一个独立分支的说法。②

除麦基塔尔会众的努力外，其他一些因素也唤起了亚美尼亚文化的复兴。19世纪，随着米利特地位的削弱，西方国家在奥斯曼帝

① Razmik Panossian, *The Armenians: From Kings and Priests to Merchants and Commissars*, p. 107.

② George A. Bournoutian, *Concise History of the Armenian People: From Ancient Times to the Present*, p. 200.

国的影响与日俱增。很多来自法国、爱尔兰、英国和美国的传教士在土耳其开设西式学校。这些欧美教育机构极力宣传欧美文化，带来了西方社会的价值观。尽管西方人的理念对穆斯林的影响收效甚微，但对亚美尼亚人的影响十分巨大。法国大革命后，改信天主教的亚美尼亚青年人数激增，并导致了1831 年亚美尼亚天主教米利特的形成。①

值得注意的是，19 世纪早期，美国福音派传教士来到奥斯曼帝国。他们使用亚美尼亚语和土耳其方言印刷圣经。在这些传教士中，伊莱·史密斯（1801—1857）和威廉·古德尔（1792—1867）是最早访问帝国内亚美尼亚人的美国传教士。威廉·古德尔几乎在安纳托利亚和奇里乞亚的每个主要城市开办了亚美尼亚学校，到 19 世纪中叶，已经有超过 8000 亚美尼亚人皈依了天主教。1847 年，在英美传教士的影响下催生了亚美尼亚福音派米利特。这些米利特的建立，使亚美尼亚人不仅有机会接触西方文化，还吸引了很多亚美尼亚人到欧美留学，进一步接受西方教育。他们完成学业后返回奥斯曼帝国后，极力宣扬西方文化，进一步诱发了亚美尼亚民族主义的复兴。

士麦那（今土耳其伊兹密尔）的亚美尼亚知识分子对西方文化的反应格外强烈，他们与君士坦丁堡的神职人员遥相呼应，建立了很多学校。例如，士麦那的亚美尼亚人建立的梅斯罗布学院吸引了像斯捷潘·伏斯卡尼扬（1825—1901）那样著名的知识分子来从教。马特奥斯·马穆良（1830—1901）在巴黎学习后，于 1851 年回到士麦那开办了一所学校，并于 1871 年成为报纸《东方新闻》的编辑。② 总而言之，19 世纪，亚美尼亚教育家、翻译家和报纸编辑等知识分子唤醒了亚美尼亚人的民族自觉意识。

受麦基塔尔会众和西方耶稣会传教士的影响，君士坦丁堡也建

① George A. Bournoutian, *Concise History of the Armenian People: From Ancient Times to the Present*, p. 201.

② George A. Bournoutian, *Concise History of the Armenian People: From Ancient Times to the Present*, p. 202.

立了很多亚美尼亚人的学校。塞利姆三世（1789—1807 年在位）改革取消了对公共教育的限制，亚美尼亚人兴起了一股创办学校的高潮。例如，1790—1800 年，亚美尼亚教会在君士坦丁堡开办了一系列小学；1820 年创办了一所女子学校；1839 年开办了贾马兰高级学院。[①] 到 19 世纪中叶时，仅君士坦丁堡就有近 5000 亚美尼亚学生就读于 40 所中小学和两所亚美尼亚大学。在富商的资助下，这些学校免费向学生开放，每年输送大约 24 名学生到法国学习。[②] 留学生归国后，通过教学、写作和出版报纸等方式传播欧洲思想，至坦齐马特时代结束时（1876），中小学校已遍布亚美尼亚人居住的各个省份。

上述教育项目大多由阿米拉投资建立。无疑，受西方思想影响的教育理念促进了亚美尼亚文化的复兴和民族精神的觉醒。1840 年，亚美尼亚第一份方言期刊《亚拉腊的黎明》出版。到 19 世纪下半叶，许多亚美尼亚作家不顾教会和官僚机构的告诫，使用君士坦丁堡的亚美尼亚方言出版各类出版物，并发展出了西亚美尼亚语。直到今天，中东、欧洲和美洲大部分地区使用的亚美尼亚语仍然是西亚美尼亚语。士麦那是亚美尼亚文学复兴的起点，但君士坦丁堡的国际化氛围吸引了士麦那的知识分子。1852 年，阿拉马兹德扬家族在士麦拿创办了一家出版社，30 余年时间里出版了约 200 多个版本的法语、英语和德语亚美尼亚文学作品，影响了大批亚美尼亚知识分子。他们在向外积极推介亚美尼亚文化的同时，还将欧洲古典悲剧翻译成亚美尼亚语。在麦克提奇・贝希克塔什良（1828—1868）的指导下，君士坦丁堡第一家剧院出现了。[③]

新闻界在亚美尼亚文化复兴中发挥了关键作用。1812 年，亚美尼亚人创办的第一份报纸在奥斯曼帝国刊行。1840—1866 年，君士

---

① George A. Bournoutian, *Concise History of the Armenian People*: *From Ancient Times to the Present*, p. 201.

② George A. Bournoutian, *Concise History of the Armenian People*: *From Ancient Times to the Present*, p. 201.

③ George A. Bournoutian, *Concise History of the Armenian People*: *From Ancient Times to the Present*, p. 203.

坦丁堡有14种亚美尼亚语期刊，其中最著名的有《马西斯》《蜜蜂》《祖国》《瓦斯普拉坎之鹰》《塔伦之鹰》。[①] 19世纪下半叶，一些报刊发展成日报。它们在促进亚美尼亚人的政治觉醒方面发挥了重要作用。

19世纪，文化复兴为亚美尼亚社会引入了全新的元素。一批知识精英出现在世界各地的散居亚美尼亚社区中，他们不同于宗教知识分子和贵族群体，而是在西方文化思想影响下成长起来的新生代资产阶级知识分子。尽管新生代知识分子与商人和教士的保守主义有冲突，但他们共同促成了亚美尼亚文化的复兴，重塑了亚美尼亚人的社会思想和价值观。

综上所述，现代亚美尼亚文化的先驱通过扫盲、教育、进步和专业化教育等手段，扫除了人们的思想障碍。19世纪末，普通人民的读写能力不断提高，白话文成为主要用语，并出版了成千上万的世俗书籍，亚美尼亚人的集体意识不断增强。然而，这个民族的愿望很快就被政治现实击碎了。

第四节 民族解放运动和民族主义的兴起

亚美尼亚被瓜分后，人们发现，他们再次分裂成东西两部，而且两个帝国都在亚美尼亚领土上建立了新的行政机构和统治形式。18世纪初，奥斯曼帝国和伊朗的萨法维帝国经济衰退，政治腐败。在没有征服战争的情况下，统治阶级的利润已经枯竭，对被征服民族的剥削不断升级，赋税成倍增加。正如汤因比指出的，18世纪，非穆斯林的苦难“大多起因于伴随着帝国解体而来的政治腐败”[②]。为逃避沉重的税负，亚美尼亚农民向城市迁徙，城市人口的增长夯实了亚美尼亚民族解放运动的基础。与此同时，帝国内部的穆斯林

① George A. Bournoutian, *Concise History of the Armenian People: From Ancient Times to the Present*, p. 203.

② ［英］阿诺德·汤因比：《历史研究》下，郭小凌等译，上海人民出版社2010年版，第743页。

民族与基督教民族的矛盾不断加深。随着矛盾的升级，在亚美尼亚知识分子的推动下，民族解放运动蓬勃发展，与之相应的是民族主义的兴起。

一 俄国的介入和西方的博弈

奥斯曼帝国统治下的亚美尼亚，在行政上划分成若干省份，每个省份由苏丹任命的总督（帕夏）统治。总督在本省内有最高行政权、财政权和军事权。法官从穆斯林神职人员中任命。每个省份由若干区组成，由区长统治。伊朗统治下的亚美尼亚，地方行政单位为汗国，可汗在领土内也享有最高行政权、财政权和军事权。可汗由沙阿任命，但萨法维帝国的可汗与奥斯曼帝国的帕夏不同，可汗还拥有司法权。信奉基督教的亚美尼亚人须缴纳土地税和人头税，只有神职人员才免税。此外，亚美尼亚人还要承担各种劳役税，如修建寺院、道路和渠道等。然而，征税随意性很强，税吏经常滥用职权。基督徒在法庭上对穆斯林的指征也不予承认。

无论是在奥斯曼帝国，还是在伊朗的萨法维帝国，亚美尼亚人都受到一定程度的民族和宗教歧视。但两者建立的持久和平对亚美尼亚人也产生了一些积极的影响，比如帝国政府为发展经济，逐步恢复了贸易、农业和手工业生产。持久的和平刺激了国际贸易的发展，亚美尼亚商人从东方进口丝绸、棉花、香料和宝石到欧洲，再把欧洲的商品运到东方各地。在地中海和印度洋上，经常看到亚美尼亚人的商船。17—18 世纪，亚美尼亚商人成为欧洲商人最强有力的竞争对手，甚至垄断了里海到南俄的贸易。1667 年，俄国授予新朱利法亚美尼亚商人贸易垄断特权。①

在一些人迹罕至的偏远地区，存在着一些亚美尼亚人的小公国，如西亚美尼亚的塔伦省就存在这样的公国。他们在向苏丹进贡的前提下，享有充分的自治权。在东亚美尼亚的阿尔查赫和休尼克等地，也幸存下来一些亚美尼亚人的小公国。波斯统治下的这些小公

---

① Armen Khachikyan, *History of Armenia: A Brief Review*, p. 98.

国的统治者称为马利克。马利克的权力世袭，在公国里享有最高行政权、司法权和军事权。马利克向人民征收赋税和关税，维持着一定的武装力量，但须向中央政府纳税，并为萨法维沙阿提供一定数量的武装。① 正是各地存在的亚美尼亚自治政权激起了他们建国的愿望。

亚美尼亚的民族主义主要诞生于亚美尼亚社区。他们打算摆脱穆斯林的统治，但又没有足够的实力推翻土耳其或波斯人的统治，因此希望借助外部势力的介入实现民族独立。他们甚至天真地认为，西欧会为了打败奥斯曼帝国帮助他们实现这一愿望。

埃奇米阿津的亚美尼亚教会是民族解放运动的中心。亚美尼亚教会希望得到教皇的支持，以换取欧洲列强支持亚美尼亚人的民族事业。1547 年，大主教斯捷潘诺斯・萨尔马斯特茨（1545—1567 年在职）在埃奇米阿津召开秘密会议，决定派遣代表团前往欧洲，游说西方。在为期 2 年的访问中，代表团先后到了罗马、威尼斯、德国和波兰，但无果而归。1562 年，奇里乞亚大主教派遣阿卜伽・托克塔茨到威尼斯，游说建立一个亚美尼亚—威尼斯联盟。与前一个代表团一样，他们没有得到欧洲的任何承诺。17 世纪中叶，法国成为欧洲最强大的国家。亚美尼亚使者拜见了法王路易十四，请求他帮助亚美尼亚人摆脱土耳其人的统治，但结果跟以前一样，使者无功而返。②

1677 年，大主教哈科布・朱加耶茨（1655—1680 年在职）在埃奇米阿津再次召开秘密会议，邀请了几个主要的马利克和神职人员参加。在那里，他提议派遣一个代表团前往欧洲，以便为亚美尼亚人找到一个保护国。在与格鲁吉亚统治者埃列克莱一世（1688—1703 年在位）商议后，会议决定派代表团前往君士坦丁堡。然而，代表团还未到达目的地，大主教便意外去世了。③ 这时，一个名叫伊斯雷尔・奥里的青年，继续他的欧洲之旅。他首先到了威尼斯，

---

① Armen Khachikyan, *History of Armenia: A Brief Review*, p. 98.

② Armen Khachikyan, *History of Armenia: A Brief Review*, p. 99.

③ Armen Khachikyan, *History of Armenia: A Brief Review*, pp. 98 – 99.

然后去了法国。他在路易十四的军队中服役几年后升到少校位置，但在与英国人的一次战斗中不幸被俘。获释后，他移居普鲁士，娶普法尔茨亲王约翰·威廉家族的一个女子为妻。在此期间，他制订了一项解放亚美尼亚的计划。为了引起欧洲列强的兴趣，他提议亚美尼亚改信天主教，并把独立后的亚美尼亚王位赠给约翰·威廉亲王。约翰·威廉对此很感兴趣。[①] 伊斯雷尔·奥里打算筹建一支20万步兵和1万骑兵的军队，但是，由于《卡洛维茨条约》禁止欧洲军队穿越奥斯曼帝国领土，他的计划没有实现。

1699年，伊斯雷尔·奥里返回家乡。在大主教的主持下，马利克和神职人员再次召集会议，讨论他的计划。但热情很快被异议取代，代表们质疑接受教皇的宗主权是否明智。然而，一些马利克支持这一计划，把他送回普鲁士。返回普鲁士后，约翰·威廉深受鼓舞，建议他去维也纳向神圣罗马帝国皇帝利奥波德一世（1658—1705年在职）寻求帮助。神圣罗马帝国皇帝对他的计划表示兴趣，但指出，如果没有俄罗斯的合作，将会一事无成，因为俄罗斯的领土介于欧洲和亚美尼亚之间。[②] 伊斯雷尔·奥里毅然前往俄国，1701年，见到了沙皇彼得大帝（1689—1725年在位）。事实上，彼得大帝早就有了占领南高加索的计划，他立即派遣俄国舰队前往亚美尼亚，并写信给大主教，告诉他俄国将对土耳其和伊朗进行远征。然而，俄瑞战争推迟了计划的实施，伊斯雷尔·奥里被迫返回欧洲。1704年，他再次到俄罗斯，为彼得效力。1708年，他代表俄国出使伊朗，目的是评估伊朗的内部情况，但他的计谋被识破，次年返回圣彼得堡，二年后在阿斯特拉罕去世。

伊斯雷尔·奥里的行动代表了时亚美尼亚人的普遍心态：借助外部势力的干预实现独立。然而，亚美尼亚人向西方寻求援助的努

---

① George A. Bournoutian, "Eastern Armenia from the 17 Century to the Russian Annexation", in Richard G. Hovannisian, ed., *The Armenian People from Ancient to Modern Times, Volume II: Foreign Dominion to Statehood: The Fifteenth Century to the Twentieth Century*, p. 86.

② George A. Bournoutian, "Eastern Armenia from the 17 Century to the Russian Annexation", in Richard G. Hovannisian, ed., *The Armenian People from Ancient to Modern Times, Volume II: Foreign Dominion to Statehood: The Fifteenth Century to the Twentieth Century*, p. 86.

力无一成功，欧洲列强不愿意花费金钱和精力去帮助亚美尼亚人，因为如果他们那样去做的话，有与近东各国开战的风险。

18 世纪，俄土爆发了多次战争，彼得大帝，尤其是叶卡捷琳娜将俄国的势力范围扩张到巴尔干半岛和南高加索一带。奥地利对普鲁士的关注，阻碍了它对俄罗斯的掣肘。对于奥地利来说，既担心俄国向巴尔干地区渗透，也担心普鲁士和俄国结盟。叶卡捷琳娜与土耳其的第一次战争（1768—1774）取得了陆地和海上的重大胜利。这时，奥地利女大公玛丽娅·特蕾莎（1740—1780 年在位）和普鲁士的腓特烈大帝（1740—1768 年在位）都关心俄国的战局，试图阻止俄国的扩张，于是同意在 1772 年瓜分波兰。尽管有来自德国的压力，但叶卡捷琳娜拒绝结束俄土战争。1774 年，普加乔夫起义才使她签订《库楚克—开纳吉条约》，第一次俄土战争结束。

《库楚克—开纳吉条约》不仅使俄国占据了克里米亚的重要堡垒，还使俄国舰队获得了在黑海自由航行的权利。克里米亚的鞑靼人从奥斯曼帝国的统治下独立出来后，奥斯曼帝国承诺给予摩尔达维亚和瓦拉吉亚（今天的罗马尼亚）自治权，这为俄国的干涉埋下了伏笔。此外，条约赋予俄国人在君士坦丁堡建立教堂的权利，并享有治外法权。上述条款激起了亚美尼亚民族主义者对俄国的幻想。然而，西方列强，尤其是英国不承认该条约，认为它只给了俄国在君士坦丁堡建立教堂的权利，而对奥斯曼少数民族的条款极其模糊。如何处理巴尔干民族主义浪潮，如何遏制俄奥在该地区的扩张，以及如何衡量他们对奥斯曼帝国可能带来的影响，成为众所周知的东方问题。虽然东方问题主要涉及巴尔干半岛，但英国在印度、埃及和波斯湾的利益使它支持土耳其反对俄国在地中海地区扩张。此外，英国对俄国在中亚的扩张也心存恐惧，这间接地将东方问题与“大博弈”联系一起。“大博弈”指 19 世纪大英帝国和俄罗斯帝国在阿富汗和南亚问题上的对抗。俄国害怕英国在中亚的商业和军事扩张会危及自身的利益，英国担心俄国在亚洲的扩张会危及它在印度的利益，这导致了两大帝国互不信任，甚至不惜一战的态度。所有的这些政治博弈对亚美尼亚人的命运产生了重要影响。

当西方列强在近东博弈时，亚美尼亚争取民族独立的斗争在18世纪下半叶又有了新的动力：世界各地的亚美尼亚资产阶级已形成一股庞大的势力，且财富惊人。新生的资产阶级希望建立自己的国家，印度和俄罗斯的亚美尼亚社区尤其如此。约瑟夫·埃明（1726—1809）是来自印度的亚美尼亚民族解放运动的代表，他试图在南高加索地区组织一场解放运动。约瑟夫·埃明的活动促成了亚美尼亚民族解放思想的产生。

1759年，约瑟夫·埃明来到亚美尼亚。他在考察国内外局势后得出结论：解放亚美尼亚必须借助外部力量。1761年，他来到俄罗斯，向总理沃龙佐夫（1714—1767）提出了解放亚美尼亚的计划，并从后者那里获得授权。带着俄国总理的授权，他来到格鲁吉亚国王埃雷凯二世的宫廷，试图组织一场解放运动，然而，重重阻碍使他失去了所有的希望，最终返回印度。1770年，他在马德拉斯出版了《约瑟夫·埃明的生活和冒险》，激励人们永远不要放弃亚美尼亚人的解放事业。[①] 亚美尼亚革命者正是在他的精神鼓舞下，走上了民族独立的道路。

1769年，一位来自阿斯特拉罕的亚美尼亚商人向俄国政府提交了一份解放亚美尼亚的计划：在俄军的支持下建立一支由亚美尼亚和格鲁吉亚人组成的志愿军，解放后的亚美尼亚成为俄国庇护下的独立王国。1771年，沙哈米尔·沙哈米良（1723—1797）在印度马德拉斯成立了一家出版社。1773年，约瑟夫·埃明的弟弟莫夫谢斯·巴拉米扬在该出版社出版了名为“劝诫”的一本新书。他在书中号召亚美尼亚人为解放祖国而斗争，并严厉批评奥斯曼政府的专制统治。不久之后，巴拉米扬参加了建立亚美尼亚资产阶级共和国宪法草案的起草工作。在巴拉米扬看来，俄国的帮助同样是必不可少的。18世纪下半叶，俄土战争似乎让亚美尼亚人再次看到了希望。沙哈米尔·沙哈米良于1773年在印度的马德拉斯发表《光荣的陷阱》一文。这是一篇关于亚美尼亚解放和独立后国家构建的论

① Armen Khachikyan, *History of Armenia: A Brief Review*, p. 106.

文。他设想在俄军的帮助下解放亚美尼亚，建立一个议会制共和国。根据他的设想，国会议员由人民投票选举产生，议会从议员中任命内阁；成立一支6000 人的俄国特遣队，由亚美尼亚当局全额资助，部署在亚美尼亚，为期20 年。该计划还设想在俄国和亚美尼亚之间实现自由贸易和旅行。无论是主张建立亚美尼亚王国的伊斯雷尔·奥里，还是主张建立共和国的沙哈米尔·沙哈米良，都没有摆脱借助外部势力介入的窠臼。

1783 年，俄国与格鲁吉亚签订《格鲁吉夫斯克条约》，宣布将格鲁吉亚置于俄国的托管之下。亚美尼亚人希望得到俄国支持的愿望变得愈加强烈。生活在俄国的亚美尼亚主教约瑟夫·阿尔古京斯基（1743—1801）向叶卡捷琳娜二世提出了解放亚美尼亚的计划。根据他的计划，解放后的亚美尼亚将是俄国的盟友，都城设在阿尼，国王由叶卡捷琳娜任命。

就在亚美尼亚人求助于俄国的同时，叶卡捷琳娜和奥地利的约瑟夫二世（1780—1790 年在位）讨论了“希腊计划”（1781）。两国希望把土耳其人赶出欧洲。根据希腊计划，奥地利吞并巴尔干半岛的西半部，俄罗斯获得其余部分，恢复拜占庭帝国，叶卡捷琳娜的孙子在君士坦丁堡登基为新皇帝。[①] 二年后，叶卡捷琳娜吞并了克里米亚，第二次俄土战争（1787—1792）爆发。这时，普鲁士正专注于法国大革命，试图阻止叶卡捷琳娜向东欧的扩张。在普鲁士向波兰进军的同时，奥地利与土耳其单独媾和，1792 年俄国被迫与土耳其签署《雅西条约》，结束了第二次俄土战争。一年后，俄国和普鲁士结束了对波兰的第二次瓜分，1795 年又对波兰进行了第三次瓜分，彻底结束了波兰的独立地位。亚美尼亚问题暂时被欧洲抛到脑后。

当法国大革命震撼欧洲的时候，奥斯曼统治者意识到了外部威胁，开始认真考虑改革，以缓和国内民族矛盾。由于帝国内的基督徒早已厌倦了官员的敲诈勒索，他们在俄国的怂恿下，蠢蠢欲动，伺机叛乱。苏丹塞利姆三世（1789—1807 年在位）即位后，一项旨

① George A. Bournoutian, *Concise History of the Armenian People: From Ancient Times to the Present*, p. 196.

在巩固土耳其人统治的军事改革开始了，但苏丹周围的保守派与禁卫军团对任何现代化变革没有丝毫兴趣。尽管如此，塞利姆三世还是在法国的支持下创建了一支新军，复兴了土耳其海军，建立了几家现代化军工厂。改革成果虽然有限，但为西方思想的传入打开了大门。马哈茂德二世上台后继续推进改革。1826 年，他屠杀了土耳其禁卫军，这就是著名的“吉兆事件”。但是，1828—1829 年的俄土战争没有给他留下继续推进改革的机会。1829 年的《亚德里亚堡和约》结束了第八次俄土战争，土耳其承认格鲁吉亚并入俄罗斯帝国。这时，土耳其统治者意识到了自身的问题，欲推进改革。这些努力带来的最显著的成果是建立了一些现代化学校，引入了数学和医学等一系列课程。西方教育理念的引入加速了亚美尼亚民族独立意识的形成。

阿卜杜勒迈吉德一世（1839—1861 年在位）和阿卜杜勒阿齐兹（1861—1876 年在位）统治期间，奥斯曼苏丹试图实现从神权国家向现代国家的转型，并改善少数民族的状况。这一时期称为“坦齐马特”时代，亦称“仁政改革”时期（1839—1876）。改革的口号是“正义”和“秩序”。1839 年，阿卜杜勒迈吉德一世颁布《玫瑰厅贵族敕令》，宣布所有臣民的生命、自由和财产安全将会得到保障，建立省级议会、宗教混合法庭和技术学院。[①] 尽管这些法令打破了穆斯林传统，但它并不是通过立法颁布的，而是在苏丹个人意志下推出的，因此，法令有随时被废除的危险。然而，改革的承诺使土耳其人有效遏制了俄国在巴尔干地区的扩张势头。1841 年，当《帝国码头条约》到期时，欧洲国家签署的《伦敦海峡公约》禁止所有外国军舰进入博斯普鲁斯海峡和达达尼尔海峡，结束了俄国在土耳其的势力。总的来说，坦齐马特改革并没有产生深远的影响，反而唤醒了亚美尼亚民族的独立意识，并得到了俄国的支持。1853—1856 年的克里米亚战争彻底粉碎了难以捉摸的和平。这场战争表面上始于俄、法对圣地的保护之争，实际上是欧洲对俄国在

① George A. Bournoutian, *Concise History of the Armenian People: From Ancient Times to the Present*, p. 199.

《库楚克—开纳吉条约》中提出的领土要求的挑战。

俄国在克里米亚的失败促使新沙皇亚历山大二世（1855—1881 年在位）改善与西方的关系。1856《巴黎条约》允许土耳其加入"欧洲协调"，但俄国必须归还西亚美尼亚占领区，并拆除在黑海的防御工事。为阻止俄国干涉奥斯曼帝国的民族事务，英、奥、法驻土耳其公使迫使苏丹颁布《帝国诏书》。《帝国诏书》重申了《玫瑰厅贵族敕令》的各项改革内容，宣布奥斯曼帝国的所有臣民在法律面前一律平等，并保证基督徒的生命、荣誉和财产安全，废除人头税，限制米利特特权，允许世俗人员在米利特事务中有更多的代表权和决定权。《帝国诏书》给予亚美尼亚人极大的特权，达到了"以治而治"的目的。[①] 欧洲国际关系的演变和坦齐马特改革的推动，激起了亚美尼亚民族独立的欲望，亚美尼亚民族主义兴起。

二　现代民族主义的兴起与政党的产生

奥斯曼帝国的仁政改革对亚美尼亚社会产生了极大的影响。除此之外，俄国的扩张、巴尔干的民族主义、塞尔维亚起义（1804—1830）和希腊独立战争（1821—1832）等一系列事件促成了亚美尼亚民族主义的兴起。

现代亚美尼亚民族主义可定义为建立一个自由、独立和统一的亚美尼亚国，也可将其表述为"亚美尼亚事业"。亚美尼亚民族觉醒是在 19 世纪 80 年代奥斯曼帝国民族主义普遍兴起的背景下发展起来的，俄属亚美尼亚紧随其后。亚美尼亚教会是亚美尼亚民族主义的捍卫者，像麦克提奇·克里米扬这样的领袖，把一生都奉献给了亚美尼亚农民。1991 年，共和国的建立使亚美尼亚社会结构变得越来越复杂，民族主义转向了以自由主义为模式的现代民族主义。散居在外的亚美尼亚人有"散居民族主义"的表达——被其他民族同化的威胁。要了解现代亚美尼亚民族主义的兴起，还要追本溯源。

① Ilber Ortayli, *Tanzimattan Cumhuriyete Yerel Yönetim Gelenegi*, Istanbul: Hil Yayın, 1985, pp. 73.

乌拉尔图的发现对亚美尼亚民族主义的兴起发挥了推波助澜的作用。[①] 除上文提到的民族主义这一最普遍接受的术语外，这一概念还包括对史前亚美尼亚的一系列解释，其中包括现代亚美尼亚与铁器时代乌拉尔图王国的联系等一系列问题。亚美尼亚人对乌拉尔图及其史前先驱的认同，可以用来重申亚美尼亚人的原著性，比如亚美尼亚人视亚拉腊山为精神象征。[②] 亚美尼亚人强调与遥远过去的联系是他们对亚美尼亚高地合法占有权的声张。尽管亚美尼亚史学家将乌拉尔图与亚美尼亚文明等同起来的观点有失偏颇，但亚美尼亚文明的确与乌拉尔图存在继承关系，这一点毋庸置疑。在亚美尼亚人看来，塞尔柱人征服安纳托利亚前，这里并不是土耳其人的栖息地。土耳其学者认为，尽管亚美尼亚人早于土耳其人生活在安纳托利亚高原，但亚美尼亚人也是外来者，因此，土耳其人和亚美尼亚人的领土主张权是平等的。亚美尼亚人的历史编撰中也充斥着对民族历史本质主义的各种解释，苏联时期尤为盛行。总之，在民族主义逻辑下，亚美尼亚人和土耳其人之间的矛盾不断加深。

18 世纪以前，奥斯曼帝国的亚美尼亚社会结构基于米利特制度。米利特几乎等同于民族自治。在这一制度安排下，每个米利特在某个民族领袖的监督下（通常是宗教领袖）运作，几乎不受中央政府的干涉。亚美尼亚米利特领袖有很大的权力：制定法律，征收和分配税收。这样，亚美尼亚有自己的礼拜场所、宗教文献，并为他们的会众聘请神职人员。随着 18 世纪经济和技术的发展，亚美尼亚人不再满足于地方自治，试图在国家层面上拥有更多的发言权。在这种情况下，帝国统治下的亚美尼亚社会内部发生了一些变化——亚美尼亚启蒙运动。亚美尼亚人的启蒙运动有时也称亚美尼亚文艺复兴。亚美尼亚文艺复兴受两个因素的影响：第一个是麦基塔尔会众的文化运动，第二个是 19 世纪法国大革命和俄国革命思想。这两个因素促成了亚美尼亚民族主义的兴起。

麦基塔尔会众是亚美尼亚文化和进步的传道者，致力于避免亚

---

① Anne Elizabeth Redgate, *The Armenians*, p. 276.

② Anne Elizabeth Redgate, *The Armenians*, p. 276.

美尼亚族被其他民族同化，并努力引导古典亚美尼亚语向世俗语言转变。这一点，前文已有阐述，这里不再赘述。奥斯曼土耳其帝国在 18 世纪创立了许多新式学校和图书馆，亚美尼亚人有了到西欧大学深造的机会。与此同时，西方传教士参与了亚美尼亚人的新教改革，并建立了一些高等教育机构。[①] 很多亚美尼亚人在这些教育机构中学习，接触到了法国大革命的激进思想。大批受过西方教育的人试图把这些思想传播给他们的同胞，巩固他们的民族特性。根据古斯塔夫·沃尔内克（1834—1910）的说法，欧洲的知识潮流是通过 127 个新教圣团、1.3 万名圣餐者和 400 多所学校的 2.3 万亚美尼亚学生传播的。[②] 这些学生与麦基塔尔会众成长于 19 世纪 50—80 年代，他们不仅主张改革帝国政制，而且主张改革米利特。他们认为，保守的亚美尼亚教会阻碍了文学和艺术的发展，主张文化的自由化和世俗化。

1863 年，奥斯曼帝国的亚美尼亚人加入土耳其的改革中，成为坦齐马特的延伸。《国民宪法》规定了亚美尼亚人的状况，限制了牧首的权力。亚美尼亚人视宪法和议会为进步的重要里程碑。麦克提奇·克里米扬努力增加国民议会省级分会的影响力。君士坦丁堡的国民议会由 120 名亚美尼亚贵族和 20 名神职人员组成。实际上，首都的议会很少召开，地方议会对底层成员的抱怨充耳不闻。至 1880 年时，亚美尼亚富商对民族独立或自治的想法已失去兴趣，甚至上书苏丹，谴责民族主义。麦克提奇·克里米扬的作品多次强调了这一点。1892 年，麦克提奇·克里米扬被一致推举为全亚美尼亚人的大主教。所以，从理论上说，帝国政府的两次改革是社会法治

① Gustav Warneck, *Outline of a History of Protestant Missions from the Reformation to the Present Time*, edited by George Robson, Edinburgh and London: Oliphant Anderson & Ferrier, 1901, p. 241. 在西方传教士建立的教育机构中，最著名的是：加齐安泰普（Gaziantep）中央学院、幼发拉底河哈普特学院、马尔索万（Marsovan）安纳托利亚学院、马拉什中央女子学院、塔苏斯圣保罗学院、士麦那国际学院、美国女子学院、贝鲁特叙利亚新教学院和罗伯特学院。

② Gustav Warneck, *Outline of a History of Protestant Missions from the Reformation to the Present Time*, edited by George Robson, p. 241.

变革的典范，但现实给它的政治和行政结构带来巨大压力。亚美尼亚贵族对改革的态度非常消极，满足于现状，恐怕失去既得利益。

由于帝国未能解决一系列社会问题，民族主义再次得到滋养。随着米利特功能的退化，亚美尼亚人重新思考民族的未来。与此同时，帝国的亚美尼亚臣民由于受到散居亚美尼亚人和西方思想的影响，民族主义势头呈扩大之势，而1877—1878年的俄土战争又为亚美尼亚民族主义增添了一个新的因素——被俄国逐出的穆斯林大量涌入安纳托利亚高原。这些移民制造了新的紧张局势，改变了安纳托利亚东部地区人口构成和权利的平衡。由于俄国以亚美尼亚人的庇护者自居，这使那些被逐出的库尔德人格外仇视亚美尼亚人。新来者与当地亚美尼亚人关系的调整，复杂而漫长。这一变化不仅影响了亚美尼亚米利特，也影响了当地库尔德人。库尔德部落首领开始在乡村地区表达他们的权利，打破了地区社会结构和社区共存的平衡。于是，破碎的社会结构需要调整。埃里克·霍布斯鲍姆说："民族意识在各个群体中的兴起归因于他们对独特的文化、语言和民族身份的日益增长的认知，由于潜在的非历史民族的增加，种族和语言成为核心，并日益成为决定性甚至唯一的民族地位的标准。"① 因此，19世纪，土耳其和俄国的亚美尼亚民族主义一样，都是在种族界线出现的情况下发生的。卡吉克·奥赞扬声称，坦齐马特促成亚美尼亚政治阶层的形成，煽起了亚美尼亚人的民族精神，而这种精神与法国大革命视角下的国家建设是一致的。②

俄国驻土耳其总领事马耶夫斯基将军记录了亚美尼亚革命的三个原因：（1）对政治事务的熟悉（文明问题）；（2）亚美尼亚民族主义、救国与独立思想的发展（革命视角）；（3）西方政府的支持（外部介入）。③ 1878年4月13日，从"奥斯曼帝国内部社区共存"

---

① Eric J. Hobsbawm, *Nations and Nationalism since* 1780: *Programme*, *Myth*, *Reality* (2nd ed.), Cambridge: Cambridge University Press, 1992, p. 102.

② Gagik Ozanean, *Պատմութիւն հայ լեզուի եւ բանահիւսութեան* (History of the Armenian Language and Composition), Marzuan, 1913, p. 193.

③ Vladimir Feofilovich Mayewski, *Les Massacres d' Arménie* (Classic Reprint), London: Forgotten Books, 2019, pp. 11 – 13.

的崩溃是由信奉基督教的亚美尼亚人和信奉伊斯兰教的土耳其人、库尔德人无法直接生活在一起的立场，亚美尼亚大牧首纳西斯二世·瓦扎佩季扬（1874—1884 年在职）向英国外交大臣索尔兹伯里勋爵说：“亚美尼亚人和土耳其人再也不可能生活在一起了。只有基督教政府才能提供平等、公正和良心的自由。基督教政府应该取代穆斯林政府。在亚美尼亚（安纳托利亚东部）和奇里乞亚建立基督教行政当局。土耳其亚美尼亚人想要这个……也就是说，土耳其亚美尼亚像黎巴嫩一样需要一个基督教政府。”① 然而，大多数奥斯曼帝国的资料来源都不相信这些说法。他们提出的论点是，米利特制度已经使帝国延续了几个世纪，“文明冲突”的观点不符合事实，其论据是每个冲突事件的开始和结束都有清晰的时间，而且每个事件都没有超过 1000 人的死亡。② 土耳其学者认为，这一论据支持革命的观点，而非文明的冲突。

无论如何，苏丹哈米德二世的专制统治，促使亚美尼亚民族主义的再觉醒转变为民族主义革命。1878 年，《圣斯特凡诺条约》向《柏林条约》的转变，改变了亚美尼亚人的自我防御策略。随着当局管控措施愈加暴力，亚美尼亚人不再寄希望于外部的干涉，而是成立自己的革命组织。19 世纪末，亚美尼亚人的政党组织出现，如“黑十字会”“祖国保护者”“亚美尼亚人党”“社会民主党”“亚美尼亚革命联盟党”。③ 政党的成立标志着亚美尼亚民族运动的成熟。此后，革命的领导权转到了有组织的政党手中。尽管这些政党在意识形态和运作方式上存在差异，但他们的目标是一致的——解放亚美尼亚。

---

① Bilàl N. Simsir, *British Documents on Ottoman Armenians 1856 - 1880*, Vol. I, Ankara: Turk Tarih Kurumu, 1989, pp. 173, Document No. 69.

② “Armenian national awakening”, from Wikipedia, 2020 - 03 - 10.

③ Christopher J. Walker, “From Sassun to the Ottoman Bank: Turkish Armenians in the 1890s”, *Armenian Review*, No. 30, 1979, pp. 227 - 264. 在亚美尼亚语中，“Armenakan” 是亚美尼亚人的意思。亚美尼亚社会民主党又称 “社会民主钟声党（Social Democrat Hunchakian Party）”，简称 SDHP。它是是 19 世纪 80 年代奥斯曼帝国和波斯的第一个社会主义政党。笔者在本书中简称该党为社会民主党。亚美尼亚革命联盟又称 “达什奈克会（Dashnaktsutyun/Dashnak）”。

亚美尼亚民族觉醒虽是欧洲民族主义影响的产物，但亚美尼亚各党派一开始就受到了俄罗斯民粹主义和马克思主义的影响，比如亚美尼亚社会民主党的目标是建立一个独立的社会主义国家。关于亚美尼亚民族主义政党的形成，须弄清两点：首先，他们强调的不满是真实的，但这并不意味着这些不满必须通过东方问题来表达，民族主义者加剧了民族主义的发展。其次，民族主义组织在帝国的基督教人口中都已发展或正在发展。因此，在帝国当局看来，民族主义组织在亚美尼亚社区中的形成应该与希腊的民族主义者没有什么不同。出于同样的原因，由于到处都在表达民族主义，即使东部各省的困境没有多么严重，民族主义也会得到表达。换句话说，在民族主义盛行的大背景下，即使亚美尼亚人没有受到统治当局的迫害，也会有自己的民族主义表达。最初，新成立的各党派希望改革，但他们的改革诉求不仅是对平等和安全的渴望，更是对国家地位的期望。因此，亚美尼亚政党既不是对国家的特别挑衅，也不是亚美尼亚苦难的唯一合乎逻辑的表现，尽管土耳其史学强调前者，亚美尼亚史学强调后者，但从当局者的观点来看，亚美尼亚政党跟希腊、保加利亚的革命者有着共同的目标，那就是脱离奥斯曼帝国的统治。

总而言之，政党的出现标志着亚美尼亚人对帝国变革压力时代的结束，取而代之的是武装斗争。亚美尼亚革命联盟在首份声明中便宣布为祖国的解放，流尽最后一滴血，并制定了起义的确切时间。[①] 社会民主党也发表了类似的声明。苏丹哈米德二世利用亚美尼亚政党的声明给库尔德人造成这样的恐惧：亚美尼亚人要夺取库尔德人的土地，从而加剧了库尔德人和亚美尼亚农民之间的矛盾。

综上所述，亚美尼亚民族主义是在坦齐马特、亚美尼亚文艺复兴、欧洲民族革命、奥斯曼主义和第一次宪政运动（1876—1878）背景下兴起的。这表明原有的社区共存功能已经失能。在亚美尼亚

① Michael Varandian, "A History of the Armenian Revolutionary Federation (Part IV)", *AR*, Vol. 24, No. 1, 1971, pp. 63 – 73.

民族觉醒期间，“亚美尼亚国民议会”从君士坦丁堡大牧首的手中接管了米利特的世俗统治权；在亚美尼亚的精英阶层中，共和主义思想取代了君主专制理念。

三　梓橔叛乱

梓橔即今土耳其苏莱曼勒市。19 世纪下半叶，梓橔的亚美尼亚人为保留自治权，发动叛乱。叛乱的结果是亚美尼亚人获胜。[①]

大亚美尼亚和奇里乞亚被毁后，一些残存的亚美尼亚王公贵族流散到世界各地，其中一些躲到了多山的梓橔一带。由于地形崎岖，亚美尼亚居民成功抵御住了土耳其人的多次入侵。17 世纪，梓橔的亚美尼亚人口达到 2.5 万左右。[②] 17 世纪上半叶，苏丹穆拉德四世（1623—1640 年在位）为换取该地供应圣索菲亚清真寺的圣灯用油，承诺梓橔自治。梓橔是奥斯曼帝国为数不多的几个亚美尼亚人的自治区之一，苏丹多次试图取消它的自治，但都被该地的亚美尼亚人挫败。

19 世纪中期，巴尔干和俄国的穆斯林被驱逐出境，近 50 万流离失所的穆斯林涌入安纳托利亚高原。[③] 这些被赶出家园的穆斯林要求帝国政府给他们提供住处和土地，其中很多人来到奇里乞亚，帝国政府趁机将他们安置到梓橔附近，并煽动他们反对亚美尼亚人的独立。1862 年夏天，苏丹派一支 1.8 万人的军队开到梓橔，打算武力夺取该地的控制权。[④] 5000 亚美尼亚守军殊死抵抗，击退了土耳其军队的进攻，并缴获了两门野战炮和大量弹药。[⑤] 土耳其指挥

---

① Mihran Kurdoghlian, *Պատմութիւն Հայոց* (History of Armenia), Vol. 3, Athens: Council of National Education Publishing, 1996, pp. 28 - 29.

② George A. Bournoutian, *Concise History of the Armenian People: From Ancient Times to the Present*, p. 261.

③ George A. Bournoutian, *Concise History of the Armenian People: From Ancient Times to the Present*, p. 261.

④ Hagop Barsoumian, "The Eastern Question and the Tanzimat Era", in Richard G. Hovannisian, ed., *The Armenian People from Ancient to Modern Times, Volume II: Foreign Dominion to Statehood: The Fifteenth Century to the Twentieth Century*, p. 200.

⑤ Hagop Barsoumian, "The Eastern Question and the Tanzimat Era", in Richard G. Hovannisian, ed., *The Armenian People from Ancient to Modern Times, Volume II: Foreign Dominion to Statehood: The Fifteenth Century to the Twentieth Century*, p. 200.

官下令封锁梓檄，由于城内军民粮草断绝，于是请求拿破仑三世调解。在法国的压力下，封锁解除，但条件是允许政府在梓檄驻军。第一次梓檄抵抗在法国调解下结束，但它对帝国境内的亚美尼亚人产生了影响深远，激起人们反抗奥斯曼帝国统治的浪潮。不久，凡城（1862）、埃尔祖鲁姆（1863）和穆什（1864）爆发了亚美尼亚人的起义。

从本质上看，梓檄叛乱是奥斯曼帝国的内部事务，但它对奥斯曼苏丹和俄国沙皇的触动很大，因为两国民族问题严重，都不愿意看到民族叛乱的发生。然而，梓檄的成功唤起了两国亚美尼亚人的信心，激发了他们的民族主义情感和欲望。哈古普·巴苏米扬说：“如果说宪法的通过是亚美尼亚自由主义的顶峰，那么梓檄叛乱是亚美尼亚民族主义萌芽的开端。”①

土耳其政府对法国的调解结果不满意，继续寻求收回梓檄的控制权。驻扎在当地的政府军不断骚扰当地居民，甚至还频繁发出屠杀的威胁，② 这给梓檄的亚美尼亚人带来极大的恐惧。1891—1895年间，亚美尼亚社会民主党人来到奇里乞亚，在梓檄建立了党的分支机构，鼓励当地亚美尼亚人反抗土耳其人的压迫。也就是在这个时候，苏丹哈米德二世决定彻底铲除这个亚美尼亚自治点。③

1895年10月24日，帝国当局下令夷平梓檄附近的几个亚美尼亚村庄。当梓檄的亚美尼亚人闻讯土耳其军队正在对亚美尼亚人大开杀戒时，他们在社会民主党的领导下，决定武装抵抗，约1500—6000人携带火石枪和步枪开赴战场。围城期间，亚美尼亚人成立了自己的政府，选出16名领导人。④ 土耳其军事指挥官听到这个消息

---

① Hagop Barsoumian, “The Eastern Question and the Tanzimat Era”, in Richard G. Hovannisian, ed., *The Armenian People from Ancient to Modern Times, Volume II: Foreign Dominion to Statehood: The Fifteenth Century to the Twentieth Century*, p. 201.

② Vahakn N. Dadrian, *The History of the Armenian Genocide: Ethnic Conflict from the Balkans to Anatolia to the Caucasus*, Oxford: Berghahn Books, 1995, p. 127.

③ Mihran Kurdoghlian, *Պատմութիւն Հայոց* (History of Armenia), Vol. 3, pp. 28 – 29.

④ Mkrtich G. Nersisyan, “Զեյթունցիների 1895 – 1896 թթ. Ինքնապաշտպանական Հերոսամարտը (The Heroic Self-Defense of the People of Zeitun in 1895 – 1896)”, *Patma-Banasirakan Handes*, Vol. 143 – 144, No. 1 – 2, 1996, pp. 7 – 16.

后，告知苏丹亚美尼亚人起义了并准备屠杀穆斯林。哈米德二世决定荡平梓橔。

尽管土耳其军队占有压倒性优势，但亚美尼亚人作战勇猛，占领了附近的土耳其军营，俘虏了 600 士兵和军官，并吩咐亚美尼亚妇女看管他们。[①] 当囚犯们试图逃跑时，被全部杀死。由于气温极低，成千上万的土耳其军人在战争中死去，土耳其军队被迫同意谈判。

在欧洲大国的干预下，亚美尼亚人结束抵抗。帝国政府同意减轻亚美尼亚人的赋税，任命基督教教徒担任副总督。各方对梓橔叛乱的伤亡数字意见不一，但大部分学者认为土耳其军队损失巨大。1896 年 1 月 6 日，英国领事馆报告说："至少有 5000 土耳其人被杀，尽管老百姓的报告把这个数字夸大到 1 万人。"奥地利驻阿勒颇领事称，仅在最后的一场战斗中，亚美尼亚人就杀害了 1300 名土耳其人；英国领事估计，亚美尼亚人伤亡约 6000 人。[②] 法国作家皮埃尔·奎拉尔（1864—1912）估计，土耳其军队损失不少于 2 万人。[③] 总之，梓橔叛乱加剧了帝国政府对亚美尼亚人的敌视态度。

对亚美尼亚人来说，梓橔的胜利鼓舞了他们武装反抗奥斯曼帝国统治的信心，叛乱逐渐蔓延至整个帝国。亚美尼亚人要求与穆斯林享有平等的社会地位，由此导致了近东外交领域里出现了所谓的"亚美尼亚问题"。

第五节 柏林会议上的亚美尼亚问题

在 1878 年的柏林会议，出现了所谓的"亚美尼亚问题"。对于西方学者而言，亚美尼亚问题指欧洲列强保护亚美尼亚人不受穆斯

---

① Mkrtich G. Nersisyan, "Զեյթունցիների 1895 - 1896 թթ. Ինքնապաշտպանական Հերոսամարտը (The Heroic Self-Defense of the People of Zeitun in 1895 - 1896)", pp. 7 - 16.

② Vahakn N. Dadrian, *The History of the Armenian Genocide: Ethnic Conflict from the Balkans to Anatolia to the Caucasus*, p. 129.

③ Mkrtich G. Nersisyan, "Զեյթունցիների 1895 - 1896 թթ. Ինքնապաշտպանական Հերոսամարտը (The Heroic Self-Defense of the People of Zeitun in 1895 - 1896)", pp. 7 - 16.

林侵犯的问题。实际上，亚美尼亚问题是东方问题的一部分，并再现了东方问题的主要特征：奥斯曼帝国中的非穆斯林民族、民族文化的复兴、巴尔干半岛起义、土地问题和欧洲列强的竞争等。1856年的《帝国诏书》宣布了穆斯林和非穆斯林臣民的法律平等地位，但它并没有推广到安纳托利亚各省。虽然宪法议会是改革措施的成果，但主要受益者是君士坦丁堡的亚美尼亚资产阶级和神职人员，农民的境况则逐渐恶化。

土地问题是亚美尼亚问题的主要特点。由于奥斯曼帝国没有废除旧的赋税模式和封建地租，再加上各级官僚滥用权力，各省事实上处于无政府状态，这给中央政府带来巨大的财政压力。长期以来，亚美尼亚农民负债累累，被肆意掠夺，只能眼看着自己的收成和土地被高利贷者和穆斯林地主拿走。19 世纪下半叶，切尔克斯人的出现和库尔德人的扩张，迫使亚美尼亚农民流离失所，生存状况急剧恶化，失地农民急剧增加。自 1864 年之后，俄国的胜利导致大批切尔克斯人、库尔德人和阿布哈兹人被驱逐到奥斯曼帝国，并在土伊边境到奇里乞亚一带的高地上定居了下来。其间，他们占有的土地大部分都是从亚美尼亚农民手中夺来的，这无疑加剧了亚美尼亚人与穆斯林新来者的矛盾。从种族、宗教、社会和经济的角度看，新来者的成分虽各不相同，但帝国政府视他们为穆斯林群体，并刻意在他们与亚美尼亚人之间制造敌意。在当局的批准下，南部的库尔德游牧民族向北部和东北部方向扩张，在此过程中他们肆无忌惮地洗劫亚美尼亚人的城镇和村庄，要求当地农民为他们提供食物和贡品，甚至抢走亚美尼亚妇女和羊群。亚美尼亚农民的反应一般就是逃离或移走他处。1876 年，苏丹哈米德二世上台后，国家开始没收东部省份的亚美尼亚人的土地，并将其交给穆斯林移民。这些情况导致亚美尼亚高地人口大幅下降，大概 30 万亚美尼亚人离开了帝国，留下来的人搬到了城镇。① 这一时期，其他民族的生活状况也不乐观，比如 1875—1876 年间，帝国政府残酷镇压了波斯尼亚

① Raymond Kévorkian, *The Armenian Genocide: A Complete History*, London: I. B. Tauris, 2011, p. 271.

和保加利亚的农民反抗。[1]

19 世纪下半叶，亚美尼亚工人阶级的生活状况也持续恶化。大牧首麦克提奇·克里米扬时代，这类群体的生活状况才开始被公众了解，西方新闻界公开指责土耳其政府的不公和过高的赋税。与此同时，亚美尼亚人的民族意识却持续发酵。青年留学生从西方归来后，对革命的浪漫主义、政治哲学充满热情，并积极投身于新闻评论、教育和文学活动，出版各类煽动人心的作品。如前文所述，在欧美传教士的刺激下，亚美尼亚人的报纸传播到亚美尼亚人的城镇和村庄。民族主义舆论唤起了亚美尼亚人的集体意识和对生命财产安全的担忧，最终导致了亚美尼亚问题的出现。

人口分布对亚美尼亚政治思想的形成也产生了重要影响。奥斯曼帝国的大多数基督教臣民生活在巴尔干半岛，而亚美尼亚基督徒大多居住在君士坦丁堡、奇里乞亚和安纳托利亚东部省份。因此，奥斯曼帝国统治下的大部分亚美尼亚人仍然生活在自己的历史家园中。当希腊人、塞尔维亚人、罗马尼亚人和保加利亚人要求脱离帝国统治的时候，亚美尼亚人要求政治改革，制止抢劫和勒索。然而，坦齐马特后的帝国政府却陷入政治反动。苏丹哈米德二世是极端伊斯兰主义者，偏执地认为亚美尼亚人的改革诉求是要脱离帝国的统治。因此，亚美尼亚人的每一次呼吁和反抗都会引起更多的怀疑和对抗，而欧洲人半心半意的调解又加深了他的偏执。在苏丹看来，如果亚美尼亚人以巴尔干为榜样，那么除了一个被肢解的土耳其国家外，什么都不剩了。

穆斯林与基督徒的矛盾终于引起西方列强的关注。1875 年，巴尔干的起义和土尔耳对保加利亚农民的残酷镇压，在欧洲引起轰动。一些欧洲政治人物和西方媒体呼吁立即解决巴尔干问题。然而，以本杰明·迪斯雷利（1804—1881）为首的英国保守党，坚持传统外交，认为奥斯曼帝国是阻止俄国入侵地中海的唯一堡垒，反对肢解它。当时，苏伊士运河开通不久，英国对东地中海的兴趣大

---

① George A. Bournoutian, *Concise History of the Armenian People: From Ancient Times to the Present*, p. 262.

增，视其为通往印度的生命线。然而，在自由党反对派和国际舆论的压力下，英国提议在君士坦丁堡召开会议，邀请法、俄、德、奥、意的大使进行调解，以找到解决巴尔干问题的办法，但是人们“并不清楚这种方法将采取何种形式”①。

1876 年 12 月，“大使会议”召开，但大使们却收到了哈米德二世签署的宪法。宪法由土耳其民族主义组织“新奥斯曼人”起草。“新奥斯曼人”是土耳其民族主义团体的先驱，成立于 1865 年，主张建立一个由土耳其人主导的多民族帝国向一个更纯粹的土耳其国家转型，呼吁建立立宪政府。亚美尼亚人格里戈尔·奥德扬是宪法的主要起草者。② 1863 年《国民宪法》对 1876 年宪法的产生了一定的影响。③ 显然，苏丹向欧洲使者展示宪法的目的是表明自己的改革诚意，以削弱欧洲干涉的力度。1876 年《奥斯曼帝国宪法》规定在确保苏丹权力的同时，立法、行政、司法三权分立，法律面前人人平等，保障公民的宗教自由权和生命财产安全。④ 欧洲大使们想当然地认为，如果苏丹认真执行宪法，就可以消除帝国各民族人民的不满。然而，三年后苏丹废止了宪法，奥斯曼帝国第一宪政时代结束。

欧洲外交官们还认为，宪法的颁布使得任何关于巴尔干基督徒的讨论都是多余的。巴尔干半岛上的保加利亚人和其他东正教或斯拉夫少数民族感到被背叛了，冠以“东方危机”的东方问题继续发酵。俄罗斯的泛斯拉夫人情绪高涨，鼓励沙皇政府武力干涉。俄国政府认为，这是彻底废除 1856 年《巴黎条约》的最佳时机，于是在普法战争之际废除了关于黑海的条款，加强了在黑海港口的存

---

① ［英］阿诺德·汤因比：《历史研究》下，郭小凌等译，第 744 页。

② George A. Bournoutian, *Concise History of the Armenian People*: *From Ancient Times to the Present*, p. 263.

③ Roderic H. Davison, *Reform in the Ottoman Empire*, *1856 – 1876*, New York: Gordian Press, 1973, p. 134.

④ Richard G. Hovannisian, “The Armenian Question in the Ottoman Empire, 1876 – 1914”, in Richard G. Hovannisian, ed., *The Armenian People from Ancient to Modern Times*, *Volume II*: *Foreign Dominion to Statehood*: *The Fifteenth Century to the Twentieth Century*, p. 207.

在。1871年，法国战败，德国崛起为新的强国。1872年，德、俄、奥匈结成“三皇同盟”，同意在国际事务上互相支持，协调行动。

由于土耳其拒绝讨论保加利亚局势，1877年，俄军开进摩尔达维亚，开始了19世纪的最后一场俄土战争（1877—1878）。战争在巴尔干半岛和亚美尼亚高原上同时进行。君士坦丁堡的亚美尼亚领导层不信任俄国的泛斯拉夫主义，公开支持奥斯曼帝国。① 君士坦丁堡牧首纳西斯二世·瓦扎佩季扬甚至发布牧函，号召亚美尼亚人为奥斯曼帝国的胜利祈祷。然而，各省的亚美尼亚人无法忍受库尔德人对亚美尼亚村庄的袭击，厌倦了各种改革的承诺，因此欢迎俄军的到来。1878年，俄国占领了西亚美尼亚全境，向君士坦丁堡逼近。这时君士坦丁堡的亚美尼亚知识分子呼吁他们的领袖们不要再谨慎行事，而是请求俄国在即将到来的和平谈判中考虑亚美尼亚人的政治安排。纳西斯二世·瓦扎佩季扬和亚美尼亚国民会议终于放下了对俄国人的恐惧，谴责土耳其当局在战争期间对亚美尼亚农民的暴行。

俄土战争引发了一场国际危机。俄国的胜利和土耳其的投降打破了欧洲的平衡。迪斯雷利政府派遣一支海军中队开到达达尼尔海峡，以阻止俄国占领君士坦丁堡。在英、法外交压力下，俄国被迫同意谈判，于1878年3月3日签署《圣斯特凡诺条约》。条约实际上结束了奥斯曼帝国在巴尔干半岛的存在，塞尔维亚、黑山和罗马尼亚独立，保加利亚自治。在南高加索前线，俄国得到了巴统、阿尔达罕、卡尔斯、阿拉什克特和巴亚兹特等亚美尼亚地区。纳西斯二世·瓦扎佩季扬说服俄国在《圣斯特凡诺条约》中加入第16条——土耳其政府只有在亚美尼亚人居住的省份实施改革后，俄军才撤离。② 由于俄国占领了奥斯曼帝国大部分领土，苏丹被迫答应

---

① George A. Bournoutian, *Concise History of the Armenian People: From Ancient Times to the Present*, pp. 263 - 264.

② Richard G. Hovannisian, "The Armenian Question in the Ottoman Empire, 1876 - 1914", in Richard G. Hovannisian, ed., *The Armenian People from Ancient to Modern Times, Volume II: Foreign Dominion to Statehood: The Fifteenth Century to the Twentieth Century*, pp. 208 - 209.

对6个所谓的亚美尼亚省份进行改革，但有一个共识，即俄军监督改革的实施。

英国首相迪斯雷利和外交大臣索尔兹伯里在伦敦收到《圣斯特凡诺条约》后立即行动，索尔兹伯里谴责该条约把土耳其亚美尼亚人的定居点交给俄罗斯的行径。奥匈帝国对俄国在巴尔干地区的影响也深表担忧，因此积极响应英国，要求召开欧洲会议，解决东方问题。由于沙皇亚历山大二世被国内危机困扰，所以，不敢贸然与欧洲大国对抗，只好默许了英国的要求。德国总理俾斯麦以“调停人”的身份发出邀请。1878 年 6 月，欧洲列强的全权代表齐聚柏林。

当大牧首和亚美尼亚国民议会获悉事态的发展时，并不气馁。俄国的态度反而让他们大失所望，转而希望在英国的支持下实现一定程度的自治。在亚美尼亚人看来，最现实的选择是游说英国促成一个良好的土耳其政府，实现一定程度的自治。[①] 带着这个目标，一个由前大牧首麦克提奇·克里米扬率领的代表团前往欧洲各国，向即将前往柏林的外交官们提出亚美尼亚人的诉求：（1）东部各省任命基督教省长；（2）建立民事法庭；（3）实现地方自治；（4）创立由基督教徒和穆斯林组成的民兵组织；（5）所有男性纳税人享有选举权，并将大部分赋税用于地方建设。[②] 索尔兹伯里勋爵礼貌地接待了代表团，但没有作出任何承诺。在巴黎和柏林，代表团得到了类似的答复。

在柏林会议上，亚美尼亚代表团没有获得参会的资格，只能在会议厅外候着。会上，索尔兹伯里积极推动消除《圣斯特凡诺条约》中最具威胁性的条款。塞尔维亚、黑山和保加利亚面积缩小了，波斯尼亚、黑塞哥维那和保加利亚的大部分领土还给土耳其。

---

① Richard G. Hovannisian, “The Armenian Question in the Ottoman Empire, 1876 - 1914”, in Richard G. Hovannisian, ed. , *The Armenian People from Ancient to Modern Times, Volume II: Foreign Dominion to Statehood: The Fifteenth Century to the Twentieth Century*, p. 209.

② Richard G. Hovannisian, “The Armenian Question in the Ottoman Empire, 1876 - 1914”, in Richard G. Hovannisian, ed. , *The Armenian People from Ancient to Modern Times, Volume II: Foreign Dominion to Statehood: The Fifteenth Century to the Twentieth Century*, p. 209.

高加索的阿拉什克特和巴亚兹特地区也归还土耳其。会议没有讨论亚美尼亚人的自治问题，而是用《柏林条约》第 61 条取代了《圣斯特凡诺条约》第 16 条，规定："土耳其政府保证不得拖延亚美尼亚人居住省份的改革，并保证他们的安全不受切尔克斯人和库尔德人的侵犯。为此采取的步骤要定期告知监督其实施改革的权力机构。"①

1878 年 7 月 13 日的《柏林条约》在一定程度上迫使土耳其政府同意改革，而俄罗斯军队则被要求撤出。对亚美尼亚人来说，《柏林条约》似乎比《圣斯特凡诺条约》提供了更有力的保证，西方的自由主义者和东方的激进主义者也都抱有同样的期望。他们都明白，亚美尼亚问题导致了欧洲大国之间的对抗，英、法、德、俄、奥才是主要玩家，而奥斯曼帝国是他们斗争的对象，亚美尼亚改革问题只是西方向土耳其施加压力和谈判的筹码而已。西方国家不会为了改善亚美尼亚人的处境对奥斯曼帝国的改革进行干预。英国阿盖尔郡公爵简明扼要地指出了第 16 条改为第 61 条的结果："大家的事就是无人问津的事。"② 因此，尽管欧洲各国讨论了土耳其的改革问题，并为此发出了官方抗议，但实际情况正在恶化。然而，亚美尼亚人并没有放弃引起欧洲同情和关注的努力。正是在这种情况下，麦克提奇·克里米扬分析了亚美尼亚代表团失败的原因，并得出结论：必须通过武力才能引起欧洲的注意。③ "亚美尼亚人刚刚意识到被欺骗了"，他说，"虽然亚美尼亚民族比任何其他基督教民族受到更多的压迫，但它从来都不是外国势力的工具，也没有给奥斯曼帝国政府带来任何麻烦"④。

---

① Edward Hertslet, *The Map of Europe by Treaty*, *Vol.* 4: *Showing the Various Political and Territorial Changes Which Have Taken Place Since the General Peace of* 1814, ... *and Notes*; 1875 *to* 1891 (Classic Reprint), London: Butterworths [etc.], 1891, p. 2796.

② George Douglas Campbell, *Our Responsibilities for Turkey*: *Facts and Memories for Forty Years*, London: John Murray, 1896, p. 74.

③ Razmik Panossian, *The Armenians*: *From Kings and Priests to Merchants and Commissars*, p. 171.

④ Razmik Panossian, *The Armenians*: *From Kings and Priests to Merchants and Commissars*, p. 172.

麦克提奇·克里米扬的观点引起了亚美尼亚人的共鸣。接着，他进行了一场充满隐喻的布道：欧洲各国齐聚柏林享用“自由之餐”，当巴尔干人民带着“铁勺（武器和武力）”来到柏林享用美味的辣酱炖菜时，亚美尼亚人却只有“纸勺”（请愿书和承诺）；当小心翼翼地把纸勺放进辣酱炖菜时，纸勺消失了，亚美尼亚人什么也没有得到。[①] 亚美尼亚人认为，他所传达的信息是号召人民起来革命，即锻造一把“铁勺”。这个寓意很明显——亚美尼亚人必须发动武装革命。

麦克提奇·克里米扬的铁勺理论成为号召亚美尼亚人进行革命的隐喻。它使亚美尼亚民族主义者从改革诉求走向革命，并以前所未有的使命感唤起了亚美尼亚人的集体认同。因此，铁勺理论虽不是革命的理论，但被亚美尼亚人理解为发起战斗的号角。同时，它也表达了亚美尼亚人的沮丧，而非抽象的宪法问题或社会理论。因此，铁勺理论标志着亚美尼亚人的政治思想从抽象的民族主义到具体的民粹主义的转变，而麦克提奇·克里米扬本人则成为民族英雄进入了亚美尼亚人的民族意识。值得注意的是，麦克提奇·克里米扬对亚美尼亚未来的分析和展望不再基于民族宗教组织（如米利特），而是基于整个亚美尼亚民族。此外，他还谈到了民族权利、自由、人的自我意识和尊严等问题，并明确地把这些与他们在奥斯曼帝国的领土联系起来。

尽管如此，君士坦丁堡的亚美尼亚精英仍寄希望于通过改革来改善自身境况。纳西斯二世·瓦扎佩季扬在向亚美尼亚国民议会发言时宣布，他相信改革将从第61条开始，并宣誓继续效忠苏丹，强调在帝国框架内克服亚美尼亚人的不幸。这表明，在一些巴尔干民

---

① Richard G. Hovannisian, “The Armenian Question in the Ottoman Empire, 1876 - 1914”, in Richard G. Hovannisian, ed., *The Armenian People from Ancient to Modern Times, Volume II: Foreign Dominion to Statehood: The Fifteenth Century to the Twentieth Century*, p. 211. “梅克提奇·克里米扬并不是一个主张暴力的人，其含糊其辞的声明并非是亚美尼亚革命活动的主要原因。布道十多年后，他承认没有一个国家不使用武力就能发出自己的声音，但让亚美尼亚人用几支枪把自己从压迫中解放出来是不可能的，也不可能使奥斯曼帝国屈服并让欧洲外交官与亚美尼亚人民站在一起。”

族已经获得独立的时候，亚美尼亚人仍然幻想通过帝国的改革摆脱困境，而不是脱离帝国的统治。

《柏林条约》使亚美尼亚问题国际化，但亚美尼亚人并没有从中得到任何好处。帝国政府很快废止了 1876 年宪法赋予亚美尼亚人的各项自由，并结束了由此引入的议会制度。相反，苏丹哈米德二世不断加强专制统治，建立了一个遍布全国的间谍网。为控制亚美尼亚各省的局势，他成立哈米迪耶军团，以恫吓亚美尼亚人。[①] 总之，苏丹利用种族和宗教差异，建立了一个阻止亚美尼亚政治活动的体系。与此同时，政府对新闻和出版物实行严格的审查，控制媒体的言论。

欧洲列强在第 61 条的共同责任下进行了表面上的合作，并发出了一些集体照会。例如，1880 年，英国首相格莱斯顿提出“为亚美尼亚服务就是为文明服务”的亚美尼亚问题；次年 1 月 2 日，英国又向其他列强发出“关于亚美尼亚问题的通告”。但是，德国拒绝采取一致行动。同年，沙皇亚历山大二世被暗杀，新沙皇亚历山大三世（1881—1894 年在位）的统治格外专制和反动，极力推动少数民族的俄化。在英国，迪斯雷利下野，自由党人威廉·格莱斯顿重掌大权；但在推动土耳其改革方面，自由党并不比保守党更成功。这一时期，欧洲列强加紧了在非洲和远东的争夺，亚美尼亚问题暂时搁置起来。

对亚美尼亚人来说，欧洲人似乎签署了一项他们无意维护的条约，土耳其政府虽承诺改革，但根本不打算兑现。因此，亚美尼亚人对《柏林条约》规定的改革期望落空，对资产阶级所宣扬的自由主义、宪政主义和进步主义的认识发生改变。他们意识到，依靠武装革命脱离奥斯曼帝国的统治，是实现民族独立的唯一选择。

---

① 哈米迪耶军团主要由逊尼派库尔德人组成，但也有土耳其人、切尔克斯人、土库曼人、尤鲁克人（Yörüks）和阿拉伯骑兵。军团装备精良，主要用来攻击帝国东部省份的亚美尼亚人，并巡防俄罗斯与奥斯曼边境。在突厥语中，“Hamidiye”一词的后缀“iye”为拥有者的意思。哈米迪耶军团即“哈米德的军团”。

第六节 哈米德事件

哈米德事件是指1894—1896年间奥斯曼帝国对亚美尼亚人的一系列暴力事件的总称。据估计，约8万—30万亚美尼亚人死亡，5万儿童成为孤儿。[①] 这次事件以苏丹哈米德二世的名字命名，以别于1915年亚美尼亚事件。尽管土耳其人的主要目标是打压亚美尼亚人，但他们不分青红皂白地对各族基督教进行了屠戮，比如迪亚巴克尔约有2.5万亚述人被杀。[②] 当时，欧美媒体广泛报道并谴责了奥斯曼帝国政府的野蛮行径。

亚美尼亚人与土耳其人冲突的根源可以追溯到18世纪末。亚美尼亚人是基督徒，土耳其人是穆斯林，在双方矛盾急剧恶化前，他们已经一起生活了近千年的时间，但到18世纪末，亚美尼亚民族主义者在法国革命的鼓舞下要求自治。在这个过程中，宗教少数派变得更加极端化和政治化。由于帝国当局担心亚美尼亚民族主义者的示威和起义会导致帝国的分崩离析，于是对亚美尼亚人进行了血腥报复。

19世纪最后25年，随着欧洲民族主义时代的到来，帝国逐渐失去了对巴尔干半岛和各个基督教地区的控制。帝国内的亚美尼亚人长期以来被视为二等公民，他们要求政府进行改革，结束侵占农民的耕地，阻止库尔德人和切尔卡斯人对亚美尼亚城镇的掠夺，纠正税吏和政府官员滥用职权的行为，改变在审判中拒绝接受基督徒证词的情况。[③] 1872年3月4日，在亚美尼亚人提交给帝国政府一

---

① Taner Akçam, *A Shameful Act: The Armenian Genocide and the Question of Turkish Responsibility*, New York: Metropolitan Books, 2006, p. 42. 哈米德屠杀的死亡人数统计不一，有学者认为死亡数字在20万人左右。相关观点，可参见 Leslie Alan Horvitz and Christopher Catherwood, *Encyclopedia of War Crimes and Genocide*, New York: Infobase Publishing, 2006, p. 25。

② Michael Angold, ed., *The Cambridge History of Christianity*, Cambridge: Cambridge University Press, 2006, p. 512.

③ Taner Akçam, *A Shameful Act: The Armenian Genocide and the Question of Turkish Responsibility*, p. 36.

份报告中，亚美尼亚人总结了他们的不满，其中包括 73 起违法征税案件，154 起政府官员滥用权力的案件，249 起绑架、抢劫和非法阻止宗教工作人员履行职责的案件。① 帝国政府进行了回应，设立了一个由穆斯林和非穆斯林组成的委员会，决定惩罚报告中提到的当事人，并审查报告中提到的非法案件。② 可见，帝国政府确实想解决民族问题。然而，随着哈米德二世的上台，一切都改变了。

哈米德二世是奥斯曼帝国的最后一位苏丹，上台之时正是东方危机最为严重和帝国财政濒临崩溃的时候。即位之初，他确实采取了一些改革措施，比如改善国内通信和铁路基础设施，提高军队的作战效率等。但目睹了先前苏丹的命运后，他逐渐表现出极端的偏执，不惜重金编织了一个遍及全国的情报网。与他同时代的沙皇尼古拉二世（1894—1917 年在位）几乎实施了同样的计划：撤回了自由化政治改革的承诺，极力追求独裁统治。尤为严重的是，哈米德二世放弃了帝国一直坚持的宗教宽容政策，转向了泛伊斯兰主义，并使之成为国家意识形态。从逻辑上讲，在这种情况下，非穆斯林不得不接受自己的从属地位。此外，他还使用“哈里发”头衔以穆斯林世界的领袖自居。“哈里发”的使用，既有实用意义，也有意识形态意义。随着领土的逐渐丧失，奥斯曼帝国丧失了对欧洲各省的控制权，帝国精英们将目光转向东方的安纳托利亚，并将其视为穆斯林复兴的温床。然而，这对亚美尼亚人来说是巨大威胁，因为安纳托利亚高原大部分地区虽在奥斯曼帝国的统治之下，但却是亚美尼亚人的历史故地。显然，土耳其将目光转向东方，引起了亚美尼亚人的恐惧和不满。

苏丹的泛伊斯兰主义的本质是吸引各穆斯林群体，巩固奥斯曼帝国领土的完整和信仰的统一。为吸引草根穆斯林，哈米德二世重用苏菲派族长，原教旨主义迅速发展。为争取库尔德人的支

① Taner Akçam, *A Shameful Act: The Armenian Genocide and the Question of Turkish Responsibility*, p. 36.

② Taner Akçam, *A Shameful Act: The Armenian Genocide and the Question of Turkish Responsibility*, p. 37.

持，他重用库尔德人的首领，以扭转他们的离心倾向，企图将其纳入逊尼派集团。为此，他在1891年建立了哈米迪耶军团。军团的权力凌驾于安纳托利亚地方当局之上，兵力在3万人左右，而该地区的正规部队和警察很少，这对亚美尼亚人来说是一个不祥之兆。[①] 欧洲观察者一致认为，哈米迪耶军团是针对亚美尼亚人设立的，以打击亚美尼亚政党。[②] 军团驻扎在土俄边境的牧区一带，目的是在俄国和亚美尼亚人之间建立一道伊斯兰屏障。然而，哈米迪耶军团和库尔德人不断袭击亚美尼亚农民，抢走他们的粮食、牲畜和农业设备，结果导致了大范围的饥荒和成千上万人的死亡。

1877—1878年的俄土战争加速了穆斯林人从高加索地区涌入安纳托利亚高原的步伐。在土耳其人的民族记忆中，这个时期所经历的苦难和混乱称之为“索库穆”，即“灾难”和“解体”的意思。土耳其政府在铁路沿线为这些穆斯林难民提供必要的生活设施，将其安置在亚美尼亚人的居住地，这无疑给亚美尼亚人带来巨大压力，严重威胁到他们的生命和财产安全。1870—1910年间，约有10万亚美尼亚人移民国外，至少有74.1万公顷的亚美尼亚人的土地被侵占。[③] 1882年，埃尔祖鲁姆省的亚美尼亚人发起以“农业协会”为名的抵抗运动，防范库尔德人的掠夺。[④] 农民抵抗运动反映了政府功能在地方上的失灵。

亚美尼亚大牧首和土耳其政府对亚美尼亚人口的统计之争始于1878年。改组行省机构和重新划定各省边界，有利于改变亚美尼亚人口占多数的情况，而库尔德穆斯林人的流入实际上正在实

① Donald Bloxham, *The Great Game of Genocide: Imperialism, Nationalism, and the Destructuion of the Ottoman Armenians*, Oxford: Oxford University Press, 2007, p. 47.

② Sabri Sayari, “Turkey and the Middle East in the 1990s”, *Journal of Palestine Studies*, Vol. 26, No. 3, 1997, pp. 44 – 55.

③ Donald Bloxham, *The Great Game of Genocide: Imperialism, Nationalism, and the Destructuion of the Ottoman Armenians*, p. 48.

④ Saroukhan, “The Agricultural Society: The First Popular Movement in Western Armenia”, *AR*, Vol. 34, No. 2, 1981, pp. 152 – 164.

现这一目标，并有助于加强中央集权。在外交事务方面，哈米德二世最初希望保持中立，但随着俾斯麦大陆联盟体系的终结，国际局势和两极分化的加剧使他越来越倾向于斗争哲学。德国虽未承诺保护他的帝国，但被当成了陪衬，一方面是针对其失势的盟友俄国，另一方面是针对英国。在经历了英国的一系列干预后，帝国失去了塞浦路斯和埃及，因而对英国怀恨在心。犹如同一时期的俄、德，《柏林条约》签订后，哈米德二世担心英国对安纳托利亚基督徒的影响，尤其担心暂时搁置起来的亚美尼亚问题再度浮出。于是，他承认了德国在近东的经济利益，相信了柏林的暗示，即永远不会干涉奥斯曼帝国的内部事务。德国的态度减轻了苏丹的压力。①

事实上，德国的经济野心对土耳其政府来说非常重要，因为在所有的西方列强中，只有德国有实力挑战英、法，而且德国也一直在这么做。德国对土耳其的外交政策在对亚美尼亚人的政治援助和慈善援助之间划上了一道明显的分界线，因为德国不断给亚美尼亚人提供人道主义援助的同时，却对亚美尼亚问题不闻不问。② 19世纪90年代中期，亚美尼亚问题终于引起了柏林的关注，但更引起了哈米德二世的担忧。与此同时，保加利亚已经在名义上摆脱了土耳其的统治，而且相当成功，这更让哈米德二世担心亚美尼亚会成为下一个保加利亚。

就在亚美尼亚问题解决无望的情况下，亚美尼亚各政党，尤其是社会民主党，渗透到亚美尼亚人居住的各省份，协调革命活动，并大肆进口武器。社会民主党以保加利亚民族主义者为榜样，使用恐怖主义手段暗杀土耳其人，但偶尔也用来对付保守的亚美尼亚人。当时，革命党人的恐怖主义理论在一定程度上煽起了农民的反抗意识，从而使他们成为鲁莽的革命者的

① Donald Bloxham, *The Great Game of Genocide*: *Imperialism*, *Nationalism*, *and the Destructuion of the Ottoman Armenians*, pp. 48 – 49.

② Uwe Feigel, *Das evangelische Deutschland und Armenien*, Göttingen: Vanden-hoeck & Ruprecht, 1989, pp. 86 – 93, 322 – 323.

受害者，因为土耳其人的报复往往施加在农民身上。普通的亚美尼亚百姓，就像东部危机期间的保加利亚人一样，对民族主义者的行动很少表现出热情。美国政治家威廉·兰格（1886—1959）认为，亚美尼亚革命领导者们企图把亚美尼亚人的不幸当作吸引国际舆论的手段。① 1894 年，比特利斯省的萨逊地区发生大规模骚乱。②

对奥斯曼帝国的统治者来说，多山的萨逊地区就像梓檄地区一样难以控制。萨逊地区的居民主要是亚美尼亚人和库尔德人。因各种原因，那里的亚美尼亚人自 19 世纪 60 年代起停止向中央政府缴税，并享有广泛的自治权。③ 因此，萨逊成为革命党活动的基地。1894 年，比特利斯省当局宣布向萨逊人民征收双倍赋税，并得到了库尔德游牧民的支持。亚美尼亚人提出，除非他们得到不被库尔德人压迫的承诺，才愿意纳税。库尔德游牧民包围了亚美尼亚人的村庄，革命联盟党人迅速武装起来。8 月，两派爆发冲突。当库尔德牧民无法击败亚美尼亚人时，土耳其正规军介入。在随后的两个星期内，亚美尼亚人遭到追捕和杀害，估计约 3000 人被杀，同时还发生了集体强奸的恶性事件。④ 这次迫害使帝国内的亚美尼亚人群情激愤，民族主义情绪高涨。作为回应，穆什当局煽动当地穆斯林迫害亚美尼亚人。历史学家金罗斯勋爵写道，这类屠杀常常是将穆斯林聚集在当地的一座清真寺内，然后宣扬亚美尼亚人试图“打击伊斯兰教”⑤。于是，哈米德二世派遣军队和库尔德民兵进入该地区，以平息叛乱。然而，以暴制暴的方式并未达到目的，骚乱迅速蔓延到整个帝国的亚美尼亚社区。

---

① William L. Langer, *The Diplomacy of Imperialism, 1890 - 1902*, New York: Alfred A. Knopf, 1951, pp. 157 - 163.

② 1894 年，萨逊人武力反抗奥斯曼帝国的斗争称为“第一次萨逊抵抗”。第二次萨逊抵抗发生在 1904 年。

③ William L. Langer, *The Diplomacy of Imperialism, 1890 - 1902*, p. 51.

④ William L. Langer, *The Diplomacy of Imperialism, 1890 - 1902*, p. 52.

⑤ Patrick B. Kinross, *The Ottoman Centuries: The Rise and Fall of the Turkish Empire*, New York: Morrow, 1997, p. 559.

土耳其的民族骚乱引起了欧洲国家的注意。在英国的督促下，英、法、俄成立了一个奥斯曼调查委员会。调查结束后，英国领事霍尔沃德总结了调查结果："没有君士坦丁堡报告的那样的起义；村民们只是拿起武器抵抗库尔德人。这里的一名官员对我说，他们杀害了士兵和警察，但经过仔细调查后，我发现这是假的。"[①] 1895 年 5 月，英国提议在亚美尼亚人居住的省份进行新的改革，"让亚美尼亚人获得公平管理权，给予亚美尼亚人安全与满足"[②]。该提议还建议将亚美尼亚人的省份合成一个由欧洲任命的监督委员会监督的政治单位。不出所料，英国的提议遭到苏丹的坚决反对。

9 月 30 日，亚美尼亚社会民主党在君士坦丁堡示威。许多示威者都携带武器，显然这会带来不可预料的严重后果。不出所料，示威群众遭到警察和军队的镇压。特拉布宗也举行了类似的示威活动，民族矛盾一时弥漫帝国各地。在这种情况下，英、法、俄迫使哈米德二世签署了一项新的改革方案，旨在限制苏丹的权力。然而，该方案与《柏林条约》一样，从未得到执行。苏丹收到改革方案时说："这桩生意将以流血收场。"[③] 外部势力的介入，成为血腥镇压的催化剂。

苏丹没有进行任何改革的打算，亚美尼亚人的挫折感与日俱增。10 月 1 日，大约 2000 亚美尼亚人聚集在君士坦丁堡，向皇室宫邸逼近。[④] 他们打算向哈米德二世提交"请愿书"——谴责萨逊大镇压和政府的不作为。[⑤] 请愿书说："和平与安全对于一个希望通过公平手段达到相对繁荣的国家来说是必不可少的，它当

---

① Robert Melson, *Revolution and Genocide: On the Origins of the Armenian Genocide and the Holocaust*, Chicago: University of Chicago Press, 1992, pp. 54 – 56.

② Donald Bloxham, *The Great Game of Genocide: Imperialism, Nationalism, and the Destructuion of the Ottoman Armenians*, p. 52.

③ Jeremy Salt, *Imperialism, Evangelism and the Ottoman Armenians: 1878 – 1896*, London: Frank Cass, 1993, p. 88.

④ Peter Balakian, *The Burning Tigris: The Armenian Genocide and America's Response*, New York: Harper Collins, 2003, pp. 57 – 58.

⑤ Peter Balakian, *The Burning Tigris: The Armenian Genocide and America's Response*, pp. 57 – 58.

然有权利追求并达到其他国家人民正在迈入的进步与文明的水平。”① 亚美尼亚人还提出了平等赋税、公开集会、法律面前人人平等以及保障公民生命和财产安全的问题。正如一位历史学家所说：“这是奥斯曼帝国历史上一个非穆斯林民族首次敢于在帝国首都与中央政府对抗。”② 集会开始时，全城都很紧张，庄严的皇宫大门被骑兵和警察团团围起来。大批人群涌向市中心，向皇宫逼近，与此同时，请愿书复印件也传送到各国大使馆。正当社会民主党领袖在门口递交请愿书时，警察局长要求解散集会。随着冲突的升级，大约20人被打死，数百人受伤。在城市周围，戴着白色头巾的伊斯兰神学院的学生和警察也出现在大街小巷，攻击亚美尼亚人。由于城中亚美尼亚工人占据了该市大部分底层工作岗位，因而成为最显眼的攻击目标。③

10月的第一周，君士坦丁堡的血腥镇压开始了。欧洲各国外交官们向土耳其宫廷发出照会，要求结束镇压。英国大使菲利普·柯里致电总理大臣：情况正在恶化，亚美尼亚人在市内和整个郊区正遭到血腥镇压。大街上的伤亡人数越来越多，许多亚美尼亚人躲进了市内各处的教堂。10月10日，在西方各国大使的保证下，土耳其政府同意露面，但暴力浪潮已经席卷全国。④ 比特利斯、迪亚巴克尔、埃尔祖鲁姆、哈普特、凡省、锡瓦斯和特拉布宗等地的亚美尼亚人都遭到了不同程度的迫害。1895年，美国记者威廉·扎赫特勒本碰巧在埃尔祖鲁姆，目睹了针对亚美尼亚人的镇压行动。在给《泰晤士报》的一封长信中，他说：“这个星期五下午（11月1日）我亲眼所见的景象永远铭刻在我的脑海里，那是任何一个人所能看到的最可怕的景象。我

① Peter Balakian, *The Burning Tigris: The Armenian Genocide and America's Response*, p. 58.

② Vahakn N. Dadrian, *The History of the Armenian Genocide: Ethnic Conflict from the Balkans to Anatolia to the Caucasus*, p. 120.

③ Peter Balakian, *The Burning Tigris: The Armenian Genocide and America's Response*, p. 58.

④ Peter Balakian, *The Burning Tigris: The Armenian Genocide and America's Response*, p. 58.

和英国使馆的一名警卫、一名士兵、我的翻译和一名摄影师（亚美尼亚人）一起去了格雷戈里［亚美尼亚使徒］墓地……沿着北边的墙，宽 20 英尺，长 150 英尺，摆放着 321 具亚美尼亚人的尸体。"①

迪亚巴克尔的法国副领事古斯塔夫·梅里蔼向保罗·康邦大使讲述了亚美尼亚妇女和儿童被杀害的情况。他说："袭击者既懦弱又残忍。他们拒绝在人们自卫的地方发动攻击，而是在人们毫无防备的地方发起屠杀。"② 最严重的暴行发生在乌尔法，土耳其军队烧毁了亚美尼亚大教堂，约 3000 亚美尼亚人曾在此避难，试图逃跑的人被击毙。③ 哈米德二世的首席私人秘书在回忆录中写道："他决定对亚美尼亚人采取严厉和恐怖的政策，为了在这方面取得成功，他选择对他们进行经济打击的方法……命令他们绝不要与亚美尼亚人进行任何谈判或讨论，给他们决定性的打击，以了结宿怨。"④

1896 年 6 月 3—11 日，从埃尔祖鲁姆、哈普特和穆什出发的四个营的兵力和一些骑兵进入凡城。大约有 700 亚美尼亚人保卫他们的社区。英国副领事威廉斯报告说，他对亚美尼亚人的英勇行为和自卫技巧感到惊讶。⑤ 到了周末，苏丹被迫寻求英法的协助，以结束暴力，并承诺保证凡城的亚美尼亚人的生命和财产安全。在几次谈判失败后，亚美尼亚人同意从伊朗边界离开土耳其。当近一千人被押往边境时，土耳其军队和库尔德人开始了屠杀。不久，该地区

① Cited in Gia Aivazian, "The W. L. Sachtleben Papers on Erzerum in the 1890s", in Richard G. Hovannisian, ed., *Armenian Karin/Erzerum* (UCLA Armenian History and Culture Series: Historic Armenian Cities and Provinces, 4), Costa Mesa, CA: Mazda Publishers, 2003, pp. 246 – 247.

② Cited in Claire Mouradian, "Gustave Meyrier and the Turmoil in Diarbekir, 1894 – 1896", in Richard G. Hovannisian, ed., *Armenian Tigranakert/Diarbekir and Edessa/Urfa* (UCLA Armenian History and Culture Series: Historic Armenian Cities and Provinces, 6), Costa Mesa, CA: Mazda Publishers, 2006, p. 219.

③ Hans-Lucas Kieser, "Ottoman Urfa and its Missionary Witnesses", in Richard G. Hovannisian, ed., *Armenian Tigranakert/Diarbekir and Edessa/Urfa*, p. 406.

④ Vahakn N. Dadrian, *The History of the Armenian Genocide: Ethnic Conflict from the Balkans to Anatolia to the Caucasus*, p. 161.

⑤ Peter Balakian, *The Burning Tigris: The Armenian Genocide and America's Response*, p. 61.

边远村庄的屠杀事件也披露出来，在全国引起了恐慌。英国副领事威廉估计约有 2 万亚美尼亚人被杀，约 350 个村庄被毁，他写道："来自这些村庄的报告非常令人痛心。"①

亚美尼亚人的遭遇得到了欧洲人民的同情，但没有一个大国愿意采取行动。为引起西方的关注，革命联盟组织了 26 名全副武装的极端民族主义者在 8 月 26 日占领了帝国银行，劫持了欧洲的工作人员，并威胁说 48 小时内不满足他们的条件，将炸毁金库，杀死人质。在转交给土耳其和欧洲官员的照会中，他们谴责土耳其政府的行为，要求立即对西亚美尼亚六省实施欧洲监督下的改革。改革要求与之前的差别不大：财政、经济和司法方面的改进，归还亚美尼亚人的财产，允许亚美尼亚人返回自己的家园，赦免政治犯。② 照会得到了欧洲和美国媒体的关注，一致谴责哈米德二世的恐怖政策，把他描绘成"超级刺客""血腥苏丹"。尽管如此，苏丹拒绝了亚美尼亚人的要求，君士坦丁堡的血腥镇压再次开始。西方大国虽发誓采取措施，但由于政治和经济利益的原因，他们始终没有付诸行动。

1897 年，哈米德二世宣布亚美尼亚问题结束。帝国政府关闭了亚美尼亚米利特，限制亚美尼亚人的任何政治活动。1894—1896 年事件引起了欧美人民的公愤，他们开始了一场援助亚美尼亚人的国际人道主义救援行动。③

奥斯曼帝国的暴行是亚美尼亚人难以忘却的民族之殇。尽管历史学家引用的死亡数字在 10 万—30 万，但尚无法完全统计有多少亚美尼亚人被杀害。由于土耳其和亚美尼亚方面的统计难免带有主观色彩，因此来自第三方的数据应该比较可靠。德国牧师约翰内斯·列普修斯

---

① Peter Balakian, *The Burning Tigris: The Armenian Genocide and America's Response*, p. 61.

② Richard G. Hovannisian, "The Armenian Question in the Ottoman Empire, 1876 - 1914", in Richard G. Hovannisian, ed., *The Armenian People from Ancient to Modern Times, Volume II: Foreign Dominion to Statehood: The Fifteenth Century to the Twentieth Century*, pp. 224 - 225.

③ Peter Balakian, *The Burning Tigris: The Armenian Genocide and America's Response*, p. 62.

（1858—1926）收集各方面数据后，计算出 888243 人死亡，2493 个村镇被洗劫，456 个村庄改信伊斯兰教，649 座教堂和修道院遭到破坏，328 个基督教堂改成清真寺，54.6 万人陷入赤贫，约 10 万人死于饥荒，因屠杀患病的总人数约为 20 万。[①] 英国大使估计有 10 万人被杀害。[②] 德国外交部工作人员和突厥学家恩斯特·杰克赫（1875—1959）声称，20 万亚美尼亚人被杀，5 万人被驱逐，100 万人遭到抢劫。[③] 法国外交历史学家皮埃尔·勒努万（1893—1974）引用了一组类似的数字，声称有 25 万人死亡。[④] 德皇威廉二世根据收到的报告声称，到 1895 年 12 月 20 日，大约 8 万亚美尼亚人被杀。[⑤]

第七节　1908 年革命与青年土耳其党人的霸权

在改革无望的情况下，越来越多的亚美尼亚人支持武装推翻暴政。他们相信，亚美尼亚人必须像巴尔干人民那样拿起武器，才能实现民族独立。哈米德二世充分利用遍布全国的间谍网，逮捕持不同政见者。由于苏丹的顽固及其对权力的操纵，用艾伦·坎安宁的话说，20 世纪初，奥斯曼帝国已经成为一个“停摆的时钟”。[⑥] 政治的僵化，必然导致社会的动荡。

在 19 世纪末叶的一连串事件之后，成千上万的亚美尼亚人离开

---

① Johannes Lepsius, *Armenia and Europe*: *An Indictment*, London: Hodder and Stoughton, 1897, pp. 330 – 331.

② Vahakn N. Dadrian, *The History of the Armenian Genocide*: *Ethnic Conflict from the Balkans to Anatolia to the Caucasus*, p. 155.

③ Ernst Jäckh, *Der Aufsteugende Halbmond* (6th ed.), Berlin: Siegismund, 1916, p. 139.

④ P. Renouvin, E. Preclin and G. Hardy, *L' Epoque contemporaine II*, *La paix armee et la Grande Guerre* (2nd ed.), Paris: Presses Universitaires de France, 1947, p. 176.

⑤ J. Lepsius, A. Mendelssohn Bartholdy and H. Thimme, eds., *Die Grosse Politik der Europäischen Kabinette*, *1871 – 1914*, Vol. 10, Berlin: Deutsche Verlagsgesellschaft für Politik und Geschichte, 1923, p. 251.

⑥ Allan Cunningham, "The Wrong Horse: a Study of Anglo-Turkish Relations before the First World War", A. Hourani, ed., *Middle Eastern Affairs No.* 4 (St Antony's Papers No. 17), London: Oxford University Press, 1965, p. 63.

故土，移民到欧美。威廉·萨洛扬在《我的名字叫阿兰姆》一书中生动描述了美国加州亚美尼亚社区的扩张。[①] 留下来的亚美尼亚农民依然在贫困交加中度日。然而，他们并没有被吓倒，在革命联盟的领导下，山区中的亚美尼亚人沸腾起来。然而，他们在国际政治舞台上的影响力微不足道，西方列强无意激活亚美尼亚问题。1889 年 5 月，青年土耳其党成立，他们主张社会改革，恢复 1876 年宪法。1897 年，青年土耳其党发动政变，但未获成功。失望和幻灭像一块巨石一样压在亚美尼亚人的头上。哈米德事件更是分裂了社会民主党。许多党员认为，欧洲因它的社会主义意识形态放弃了亚美尼亚人，要求在战略和结构上进行根本性改革。也有党员认为，应该放弃社会主义目标，把全部精力投入到民族解放事业上来。[②] 在民族主义者的坚持下，该党进行了重组，但国际共产主义知识分子继续控制着党的中央机关，并在奇里乞亚、锡瓦斯、巴尔干和其他地方拥有大批的追随者。改革后的社会民主党逐渐向右靠拢，最终在 1921 年与其他政党合并，组成了民主自由党。简言之，内斗削弱了社会民主党的实力，亚美尼亚革命联盟的影响力反而不断增长，建立了自己的民兵组织，在山区一带袭击政府官员、告密者和穆斯林部落。然而，他们既无法改变农民的贫困现状，也无法扭转亚美尼亚人向外迁徙的趋势，反而加剧了帝国政府对亚美尼亚人的仇视。

1902 年，青年土耳其党和亚美尼亚革命联盟的领导人与阿拉伯人、阿尔巴尼亚人、犹太人和库尔德人的代表一道参加了在巴黎举行的第一届奥斯曼自由主义者大会，一致同意建立一个各民族和宗教群体组成的宪政国家。1904 年，当政府准备镇压萨逊叛乱时，革命联盟在保加利亚首都索菲亚召开第三次党代会，会议从谴责帝国制度的弊端转移到谴责苏丹个人的罪责。与会代表一致认为，个人确实会影响历史的进程，推翻暴君的统治会带来一个自由的社会。

---

① William Saroyan, *My Name Is Aram*, London: Faber and Faber Limited, 1963.

② Richard G. Hovannisian, "The Armenian Question in the Ottoman Empire, 1876 – 1914", in Richard G. Hovannisian, ed., *The Armenian People from Ancient to Modern Times, Volume II: Foreign Dominion to Statehood: The Fifteenth Century to the Twentieth Century*, p. 226.

大会决定在肉体上消灭苏丹哈米德二世。1905年，克里斯塔普尔·米卡耶良（1859—1905）策划暗杀苏丹。当他的革命伙伴实施刺杀计划时，哈米德二世因改变行程躲过了爆炸，等候苏丹的马车队及其随行人员被炸死。

1905年的日俄战争给近东社会带来很大的触动。日本对俄国的胜利是亚洲国家对欧洲强国的第一次胜利。这使土耳其、阿拉伯和伊朗的知识分子相信，西方化会结束本国的落后状态。因此，他们希望复制日本模式，实现帝国的现代化，结束“欧洲病夫”的污名。日俄战争后，俄国寻求与英国和解，英国出于对德国的警惕欣然接受。这种友好关系体现在1907年英俄达成的一项协议，协议将伊朗划分成几个势力范围，巩固了俄国在伊朗和土耳其东部的影响力。此外，1904年签署的《友好协约》消除了英、法在东地中海地区的紧张关系，这意味着第一次世界大战中结盟的三个大国在近东政策上趋同。

1906年，伊朗爆发起义，亚美尼亚人和伊朗阿塞拜疆人的联盟使亚美尼亚和土耳其革命者走近，他们计划推翻苏丹的独裁统治。亚美尼亚人暗杀苏丹的阴谋失败后，青年土耳其党搬到色雷斯（1906），以争取萨洛尼卡军官的支持。1907年，在巴黎举行的第二届奥斯曼自由主义者大会期间，亚美尼亚和土耳其革命者同意联手推翻苏丹政权，建立一个没有欧洲列强干涉的现代化国家。伊朗的革命者拒绝出席这两场集会，指责革命联盟与敌人勾结。一年后，在青年土耳其党的带领下，马其顿军队开进君士坦丁堡，废黜了哈米德二世，7月24日建立了立宪政府。

亚美尼亚人欢呼革命的胜利，奥斯曼帝国的基督教和穆斯林兄弟会的示威活动在首都街头随处可见，乐观主义浪潮席卷全国。革命的重心从巴黎流亡者烟雾缭绕的房间转到马其顿军官的兵营。1876年宪法恢复，专制暴力的黑夜似乎要结束了。人们在街上的种种表现似乎证明了哈米德二世的民族分裂政策已被扫除，一切矛盾似乎都是诡计多端的苏丹制造的特殊现象。7月25日，英国驻君士坦丁堡代理领事巴克利在给英国外交部的信中写道：“人们兴致勃勃，心情愉悦，穆斯林和基督教徒之间的友好关系令人印象深刻，尤其是亚美尼亚人。”[①] 10 天后，新任英国大使杰勒德·劳瑟爵士说：“昨天在希什利区的亚美尼亚墓地发生了一件不同寻常的事情，1895 年、1896 年大屠杀的受害者埋葬在那里。数千亚美尼亚人和土耳其游行队伍前往那里，两位神父为死者祈祷。”[②]

几个月后，在帝国宪法恢复的鼓舞下，一群亚美尼亚自由主义者反对继续实施恐怖主义袭击。当时，埃及的亚美尼亚社区是唯一的没有受到革命热情影响的地方。英国对埃及的统治，为该地新党派的形成创造了理想条件。1908 年 10 月 31 日，亚美尼亚人党的部分党员以及少数社会民主党、革命联盟的成员在亚历山大城成立了宪政民主党。该党在君士坦丁堡设立了党的分支机构，成为一个影响力颇大的亚美尼亚政党组织。该党以散居在外的亚美尼亚中产阶级自居，提倡欧洲的自由主义。

正当君士坦丁堡的人们庆祝即将开启亚美尼亚人和土耳其人新时代的时候，奥地利利用 1908 年的动乱吞并了波斯尼亚和黑塞哥维那，保加利亚趁机宣布独立，克里特岛并入希腊。这些危机促成了土耳其沙文主义的崛起，帝国分裂的谣言喧嚣尘上。1909 年 4 月，土耳其民族主义者发动政变，哈米德二世复辟。哈米德二世复辟仅仅 10 天，奇里乞亚的 200 多个村庄中数万亚美尼亚人被杀害，2000 穆斯林死亡。[③] 4 月 27 日，青年土耳其党人返回，废黜了哈米德二世，立其弟穆罕默德五世（1909—1918 年在位）为新苏丹，但实权落到了统一与进步委员会（CUP）[④] 手中。统一进步委员会是青年

① Christopher J. Walker, *Armenia: The Survival of a Nation*, p. 181.

② Christopher J. Walker, *Armenia: The Survival of a Nation*, p. 181.

③ Donald Bloxham, *The Great Game of Genocide: Imperialism, Nationalism, and the Destructuion of the Ottoman Armenians*, p. 60.

④ 1889 年 2 月 6 日，君士坦丁堡的一小撮医学生成立了秘密组织“统一进步委员会”，后改称“联合进步党”。1906 年，统一进步委员会与青年土耳其党合并。奥斯曼土耳其人称它为“统一派”。该秘密组织最初因呼吁帝国民主化和改革而遭到土耳其政府的迫害。明治时代的日本在没有牺牲民族属性的前提下从一个落后的国家实现了现代化，对统一进步委员会触动颇深。1908 年，该委员会成为奥斯曼帝国的实际统治者。第一次世界大战结束时，它的大多数成员被奥斯曼苏丹默罕默德六世送上军事法庭。1926 年，该组织的几名成员因企图暗杀凯末尔被处决，幸存下来的成员成为共和人民党和土耳其其他政党的成员，继续活跃在土耳其政坛上。

土耳其党众多派系中的一个秘密革命组织，其成员主要来自心怀不满的土耳其军官和极端民族主义者。在政治上，该组织倾向于独裁统治，主张不惜一切代价打压政敌。尽管如此，议会民主制的形式还是得到了遵守，议员们可以表达自己的不满，各少数民族也能够与“统治民族”交流。在第一届议会中，288 名议员中有 147 名土耳其人，60 名阿拉伯人，27 名阿尔巴尼亚人，26 名希腊人，14 名亚美尼亚人，10 名斯拉夫人和 4 名犹太人。① 然而，在统一进步委员会的独裁统治下，议会的存在没有任何实际意义。

新政权宣称要将奥斯曼土耳其帝国改造成“近东的日本”，反映了他们对日本军国主义的崇拜。② 在他们心目中，自己所扮演的角色类似于日本明治时期的寡头政治，1908 年革命相当于 1867 年推翻德川幕府的内战。陆军上校佩特夫·贝伊（1871—1927）写道：“我们将很快崛起……和几年前远东冉冉升起的太阳一样光芒四射！无论如何，我们不要忘记，一个国家总是依靠自己的力量崛起。”③ 日本吸引他们的另一个因素是：在实现现代化的同时实现了女性的从属地位。一个完全由男性组成的青年土耳其党不希望穆斯林女性变得像西方女性一样，而是希望延续女性的传统社会角色。在统一进步委员会看来，中东、印度次大陆和远东的文明才是高级文明，西方文明虽在经济和技术上比亚洲文明先进，但这只是一个不幸的巧合，并决心纠正这一错误。④ 他们也常常幻想与日本建立联盟，将东方的所有民族团结起来，发动一场战争，消灭那些“令人憎恨”的西方国家，用一场“黄浪”把欧洲文明冲走。⑤

---

① Christopher J. Walker, *Armenia: The Survival of a Nation*, p. 182.

② Renée Worringer, "'Sick Man of Europe' or 'Japan of the near East': Constructing Ottoman Modernity in the Hamidian and Young Turk Eras", *International Journal of Middle East Studies*, Vol. 36, No. 2, 2004 (May), p. 208.

③ Renée Worringer, "'Sick Man of Europe' or 'Japan of the near East': Constructing Ottoman Modernity in the Hamidian and Young Turk Eras", pp. 207 – 230.

④ Renée Worringer, "'Sick Man of Europe' or 'Japan of the near East': Constructing Ottoman Modernity in the Hamidian and Young Turk Eras", p. 208.

⑤ Renée Worringer, "'Sick Man of Europe' or 'Japan of the near East': Constructing Ottoman Modernity in the Hamidian and Young Turk Eras", pp. 208 – 209.

此外，统一进步委员会以社会达尔文主义和生物种族主义为哲学基础，认为历史就是残酷的种族斗争，只有最强大的种族才能幸存下来。[1] 就统一进步委员会而言，优秀的“日本民族”统治朝鲜人和中国人这样的“劣等民族”是正确的和自然的，优秀的“土耳其民族”统治希腊人和亚美尼亚人这样的“劣等民族”是合情合理的。[2] 这种社会达尔文主义的观点解释了为什么统一进步委员会在如此猛烈地抨击西方帝国主义的同时又支持日本帝国主义侵略朝鲜和中国的原因了。1910 年，日本吞并朝鲜时，他们基于社会达尔文主义理论支持日本的侵略行径，认为朝鲜只是一个弱小的民族，理应被强大的日本人接管，这既是为了他们自己的利益，也是为了日本帝国的利益。社会达尔文主义使他们坚信亚美尼亚和希腊民族严重威胁着“土耳其民族”的辉煌计划。[3]

基于上述理论，奇里乞亚的一些青年土耳其党人参与了针对亚美尼亚人的恐怖活动，亚美尼亚革命者和青年土耳其党人的关系迅速恶化。[4] 当时，在土耳其革命圈子里虽然存在着一些非民族主义派别，但 1908—1909 年的土耳其资产阶级革命毕竟是在穆斯林中进行的，且尤以维护土耳其人的核心利益为重。因此，来自萨洛尼卡的非民主主义者不希望为非穆斯林团体改革，甚至明确反对建立一个分权的社会，反而与集权主义和民族主义者结盟。[5] 因此，如果说青年土耳其党的革命运动在某种程度上是自由主义改革，那么民族主义远远超过了自由主义，而且很少考虑帝国中的非土耳其因素。20 世纪头 10 年，青年土耳其党领导人把所有穆斯林视作土耳

---

① Renée Worringer, “‘Sick Man of Europe’ or ‘Japan of the near East’: Constructing Ottoman Modernity in the Hamidian and Young Turk Eras”, p. 216.

② Renée Worringer, “‘Sick Man of Europe’ or ‘Japan of the near East’: Constructing Ottoman Modernity in the Hamidian and Young Turk Eras”, p. 257.

③ Taner Akçam, *A Shameful Act: The Armenian Genocide and the Question of Turkish Responsibility*, p. 150.

④ George A. Bournoutian, *Concise History of the Armenian People: From Ancient Times to the Present*, p. 271.

⑤ Donald Bloxham, *The Great Game of Genocide: Imperialism, Nationalism, and the Destructuion of the Ottoman Armenians*, p. 58.

其人，所以亚美尼亚农民的土地问题一直未得到解决。

尽管如此，亚美尼亚大牧首和革命联盟仍然没有放弃与青年土耳其党人合作的幻想，并在第一次巴尔干战争期间代表土耳其人作战。然而，青年土耳其党的领导阶层正在发生变化，泛突厥主义、种族主义和好战的民族主义成为主流政治思想。泛突厥主义者的目标是使少数民族皈依伊斯兰，并将安纳托利亚、伊朗、南高加索、俄罗斯、中亚和中国的突厥人团结起来，建立一个泛突厥帝国。1908—1912 年期间，数十万土耳其难民离开巴尔干半岛，泛突厥主义得到了更多的追随者。

第八节　1915 年亚美尼亚事件

1915 年亚美尼亚事件[①]特指第一次世界大战期间执政的奥斯曼帝国统一与进步委员会牵头执行的对亚美尼亚人及其身份的系统性破坏。根据一些学者的说法，这次事件主要是在强迫亚美尼亚人前往叙利亚沙漠的死亡行军中大规模屠杀亚美尼亚人以及强迫亚美尼

① “1915 年亚美尼亚事件”是一个有国际争议的问题，土耳其从来不承认屠杀过亚美尼亚人。该事件是影响亚美尼亚和土耳其外交关系最为重要的因素。为避免歧义，本文使用“1915 年亚美尼亚事件”一词。在“种族灭绝”一词出现之前，报道中多用“大屠杀”“暴行”“灭绝”“谋杀一个民族”“种族消灭”“反人类罪”等词汇。相关观点，可参见 Richard G. Hovannisian, *The Armenian Genocide: History, Politics, Ethics*, p. xvi；拉斐尔·莱姆金（Raphael Lemkin）首次使用了“种族灭绝”一词。他解释说：“这种事情发生了很多次……这发生在亚美尼亚人身上，在亚美尼亚人之后希特勒采取了行动。”见 Alessandra Stanley, “APBS Documentary Makes Its Case for the Armenian Genocide, With or Without a Debate”, 2006 - 4 - 17, *The New York Times*, https://www.nytimes.com, 2020 - 3 - 16. 亚美尼亚幸存者穆拉德扬（Mouradian）用“犯罪（Yeghern）”“重大犯罪（Medz Yeghern）”“四月犯罪（Abrilian Yeghern）”来描述这一历史事件。相关观点，可参见 Krikor Beledian, “L' expérience de la catastrophe dans la littérature arménienne”, *Revue d' histoire arménienne contemporaine*, Vol. 1, 1995, pp. 127 - 151. 一些国际组织认为，“种族灭绝”一词恰当描述了“1915 年奥斯曼帝国对亚美尼亚人的屠杀”。2005 年，国际种族灭绝协会确认：“奥斯曼帝国青年土耳其党政府对手无寸铁的基督教少数民族亚美尼亚人进行了系统性的种族灭绝。一百多万亚美尼亚人以杀戮、饥饿、酷刑和死亡行军的方式被消灭。”参见 International Association of Genocide Scholars, “Letter to Prime Minister Erdogan”, 2005 - 6 - 13, https://web.archive.org.

亚妇女和儿童伊斯兰化来实施的。[①] 按照惯例，事件开始日期定在1915年4月24日，即帝国当局围捕和驱逐235—270名亚美尼亚知识分子和社区领袖的那一天开始。如今，每年的4月24日是亚美尼亚人的“种族灭绝纪念日”。

1915年亚美尼亚事件分两个阶段实施。第一阶段以屠杀或强征入伍的方式消灭身体健全的亚美尼亚男性；第二阶段将亚美尼亚妇女、儿童和年老体弱者驱逐到叙利亚沙漠，不给他们提供任何食物和水，然后再实施集体屠杀。[②] 现在，遍布世界各地的亚美尼亚社区大部分都是这次事件的结果。其间，亚述人和希腊人也遭到不同程度的屠戮。1915年亚美尼亚事件是世界现代史上最早的种族灭绝之一。[③] 然而，土耳其政府一直否认“种族灭绝”。但近年来，要求承认这些罪行的呼声越来越高。2019年10月29日，美国众议院以405票对11票通过了“承认亚美尼亚种族灭绝”的决议，但特朗普政府迫于美、土关系的重要性否决了参议院的决议。2021年4月24日，美国总统拜登发表声明，正式承认了亚美尼亚“种族灭绝”。截至2021年，包括美国、俄国、德国和法国在内的32个国家的政府和议会承认了亚美尼亚种族灭绝的发生。

如前文所述，1908年青年土耳其党推翻了哈米德二世的统治。1909年4月13日，哈米德二世复辟。苏丹复辟的时间虽然仅仅只有10天，但阿达纳省对亚美尼亚人的迫害却持续了一个多月。阿达

---

① 150万是公布的最多数字。相关观点，可参见K. Derderian, “Common Fate, Different Experience: Gender-Specific Aspects of the Armenian Genocide, 1915 – 1917”, *Holocaust and Genocide Studies*, Vol. 19, No. 1, 2005 (March) pp. 1 – 25. 作者在该文中指出：“普遍认为150万人的数字是合理的。”然而，有的学者认为人数可能在70万人左右。相关观点，可参见Michael J. Kelly, “Can Sovereigns Be Brought to Justice? The Crime of Genocide's Evolution and the Meaning of the Milosevic Trial”, *St. John's Law Review*, Vol. 76, No. 2, 2002, p. 267. 也有学者认为数字在180万人左右。相关观点，可参见Fatma Muge Gocek, *Denial of violence: Ottoman Past, Turkish Present and Collective Violence against the Armenians, 1789 – 2009*, Oxford: Oxford University Press, 2015, p. 1.

② Hans-Lukas Kieser and Dominik J. Schaller, *Der Völkermord an den Armeniern und die Shoah* (The Armenian Genocide and the Shoah), Zürich: Chronos Verlag, 2002, p. 114.

③ Niall Ferguson, *The War of the World: Twentieth-Century Conflict and the Descent of the West*, New York: Penguin Press, 2006, p. 177.

纳的亚美尼亚人是"最富有和最兴旺的"，暴力事件包括摧毁"拖拉机和其他类型的机械化设备"[①]。结果，1912—1913 年间，亚美尼亚农民又回到了哈米德二世时期的不稳定状态。官方没有采取任何措施缓和局势。1913 年和 1914 年初，穆斯林和基督徒之间的关系已经到了不可调和的地步。[②]

国际形势的发展提前阻止了土耳其走向自由主义和民主的任何希望。1912 年，意大利占领利比亚。同年 10 月，第一次巴尔干战争爆发。在寄希望于政府改革的前提下，约 8000 亚美尼亚人加入了土耳其军队，这是穆斯林和亚美尼亚人首次为保卫奥斯曼帝国并肩作战。[③] 第一次巴尔干战争的结果是，保加利亚、塞尔维亚、希腊和黑山联军将土耳其人赶出了马其顿，土耳其丧失了约 85% 的欧洲领土。帝国中的许多人认为，他们的失败是"真主对一个不知道如何振作起来的社会的神圣惩罚"[④]。土耳其民族主义者只能将安纳托利亚视为最后的避难所，而那里则是亚美尼亚人的传统栖息地。巴尔干战争的另一个重要后果是穆斯林被大规模逐出巴尔干。从 19 世纪中叶开始，由于俄土战争、切尔克斯人屠杀[⑤]和巴尔干地区冲突的缘故，土耳其人、切尔克斯人、库尔德人和车臣人等数十万穆斯

---

① Taner Akçam, *A Shameful Act: The Armenian Genocide and the Question of Turkish Responsibility*, pp. 69 – 70.

② Christopher J. Walker, "World War I and the Armenian Genocide", in Richard G. Hovannisian, ed., *The Armenian People from Ancient to Modern Times, Volume II: Foreign Dominion to Statehood: The Fifteenth Century to the Twentieth Century*, p. 243.

③ Christopher J. Walker, "World War I and the Armenian Genocide", in Richard G. Hovannisian, ed., *The Armenian People from Ancient to Modern Times, Volume II: Foreign Dominion to Statehood: The Fifteenth Century to the Twentieth Century*, p. 243.

④ Taner Akçam, *A Shameful Act: The Armenian Genocide and the Question of Turkish Responsibility*, p. 84.

⑤ 切尔克斯人是今俄属高加索地区的原著居民。在俄土和俄波战争期间，俄国人对切尔克斯人进行了种族清洗。至 1864 年战争结束时，几乎所有的切尔克斯部落要么被杀，要么被驱逐出原住地。流散的切尔克斯人现主要分布在土耳其、叙利亚、伊拉克、黎巴嫩、约旦和以色列，澳大利亚和美国也有部分切尔斯克人。目前，超过 60% 的切尔克斯人居住在故土之外，但大多数生活在土耳其。今天，世界上的切尔克斯人估计在 5—6 百万之间，参见"Circassians, the Genocide and the Right of Return", 2019 – 06 – 06, https://www.ukdiss.com.

林被强制驱逐出高加索和巴尔干地区。这些无家可归的穆斯林游荡在安纳托利亚高原，给亚美尼亚人带来极大的恐惧。君士坦丁堡的一份杂志表达了这种情绪："让这成为警告……哦，穆斯林们，不要变得安逸！复仇前不要让你的血冷却。"① 据统计，多达85万穆斯林新来者定居在亚美尼亚人居住的地区。② 这些人在迫害亚美尼亚人方面起到了非常重要的作用。

国际形势的变化，加剧了土耳其国内局势的动荡，统一进步委员会以紧急状态为由，发动政变。1913年1月23日，帕夏恩维尔攻进苏丹宫廷，杀死战争部长，迫使首相辞职，建立了军事独裁统治。面对委员会极端狭隘的民族主义情绪，亚美尼亚人十分失望。事实证明，宪政革命就是一场骗局，亚美尼亚人失去了法律上与穆斯林公民平等的任何机会。英国自由主义者和后来的工党政治家诺埃尔·巴克斯顿（1869—1948）在访问亚美尼亚省份时，观察到："我们发现很多库尔德人家庭（来自伊朗西北部的俄罗斯移民）被安置在一个亚美尼亚人的村庄里，被撵出来的人挤在剩下的房子里。"③

土耳其人对亚美尼亚人的持续压迫，促使西方考虑另一项改革计划，以解决亚美尼亚问题。俄国终于同意了这项建议。④ 1913年，欧洲大使们在君士坦丁堡讨论改革问题。英、法、俄三国试图通过改革计划，但遭到德、奥的阻挠。土耳其民族主义者反对西方的干预，但在4月又突然支持该项计划，并提出由英国官员协助东部省份的管理。显然，土耳其政府的目的是瓦解协约国中的英、俄同盟。在1913年剩余时间里，西方大国就像多疑的歇斯底里的情敌一

---

① Taner Akçam, *A Shameful Act: The Armenian Genocide and the Question of Turkish Responsibility*, p. 86.

② Taner Akçam, *A Shameful Act: The Armenian Genocide and the Question of Turkish Responsibility*, p. 86.

③ Noel and Harold Buxton, *Travels and Politics in Armenia, with an introduction by Viscount Bryce and a contribution on Armenian history culture by Aram Raffi*, London: Smith, Elder & Co, 1914, p. 117.

④ 自1907年《英俄协约》签订后，英俄划分了在伊朗的势力范围。俄国人有了这种合法性，在1905年和1909年两次粉碎了伊朗宪政革命。

样，每个国家都企图阻挠对方，又互相挑拨离间。他们对未来作出疯狂而又矛盾的猜测：德国的计划是瓜分土耳其，俄国认为土耳其如果不改革就会分裂。1914 年 2 月 8 日，俄土双方最终签署了一项换汤不换药的改革计划：6 个亚美尼亚省份合成 2 个行政区，每个行政区由一名欧洲总监管理，总监人选由土耳其政府任命，再由西方大国批准；禁止贿赂，伸张正义和促进种族间的和谐；减少赋税，采取措施让游牧民定居下来。[①] 然而，第一次世界大战的爆发终结了亚美尼亚人的一切幻想。

如果一战没有爆发，改革计划能否在激进的泛突厥主义统治者手中实现，是一个毫无意义的猜想。表面上看，它流产的风险并不比苏丹哈米德二世时代低，因为统一与进步委员会比哈米德二世更激进，更具民族主义情绪，并被社会达尔文主义政治哲学支配。毕竟，苏丹在极端民族主义方面小心翼翼，利用改革者的形象对付外部压力，因此，苏丹的泛伊斯兰主义政策不过是一种老朽的发明，但统一与进步委员会的对外抱负是在日本军国主义精神影响下激发出来的种族主义。军国主义与民族主义结合的怪胎，给人类带来的破坏让人不寒而栗。

1914 年，帝国当局开始了宣传攻势，声称亚美尼亚人是威胁。8 月 2 日，也就是战争爆发的前两天，土耳其与同盟国签订了一份秘密协议：如果俄罗斯支持塞尔维亚对奥地利和德国开战，土耳其就加入同盟国。战争部长恩维尔认为，与俄罗斯开战是实现泛突厥主义梦想的最佳手段。5 日，他成立了一个准军事特别组织，由统一与进步委员会中央委员会领导，以确保有效执行政府的决定。这充分显示出他对征服的渴望。11 月 2 日，土耳其加入同盟国，开启了第一次世界大战的中东战场。高加索战役、波斯战役和加利波利战役影响了几个人口稠密的亚美尼亚人的居住中心。参战前（1914 年 7 月），统一与进步委员会派代表到埃尔祖鲁姆与亚美尼亚知识分子谈判，企图说服亚美尼亚人在高加索前线与俄国开战，并煽动

① Christopher J. Walker, *Armenia: The Survival of a Nation*, p. 194.

俄属亚美尼亚人起义，从而征服南高加索。[①] 会晤的公开结论是“以合法手段推进亚美尼亚人的诉求”[②]。历史学家埃里克松的结论是，会面之后，统一与进步委员会深信亚美尼亚方面制定了将该地区从奥斯曼帝国分离出去的详细计划。[③] 与此同时，俄国也在积极争取亚美尼亚人的支持。12 月，沙皇尼古拉二世视察了“高加索前线”，承诺“亚美尼亚人会有一个辉煌的未来”[④]。沙皇说：“所有国家的亚美尼亚人都争先恐后地加入光荣的俄罗斯军队，用他们的鲜血为俄罗斯军队的胜利斗争……让俄罗斯国旗在达达尼尔海峡和博斯普鲁斯海峡上空自由飘扬，让你们的意志使各国人民摆脱土耳其的枷锁，以获自由。”[⑤]

12 月 24 日，恩维尔在萨勒卡默什[⑥]实施了一项包围和摧毁高加索俄国军队的计划，目标是夺回 1877—1878 年俄土战争中失去的领土。在这次战役中，俄属亚美尼亚志愿兵成为俄国胜利的决定性因素，因为亚美尼亚人比俄国人更适应当地气候，更熟悉当地地形。亚美尼亚部队规模小，机动灵活，适合进行游击战。在战斗的关键时刻，亚美尼亚游击队死死盯住土耳其军队，“使俄罗斯高加索军

① Taner Akçam, *A Shameful Act: The Armenian Genocide and the Question of Turkish Responsibility*, p. 136.

② Christopher J. Walker, “World War I and the Armenian Genocide”, in Richard G. Hovannisian, ed., *The Armenian People from Ancient to Modern Times, Volume II: Foreign Dominion to Statehood: The Fifteenth Century to the Twentieth Century*, p. 244.

③ Edward J. Erickson, *Ordered to Die: A History of the Ottoman Army in the First World War*, Connecticut: Greenwood Publishing Group, 2001, p. 97.

④ Martin Gilbert, *The First World War: A Complete History*, New York: Palgrave Macmillan, 2004, p. 108.

⑤ Stanford Shaw and Ezel Kural Shaw, *History of the Ottoman Empire and Modern Turkey, Vol. 2: Reform, Revolution, and Republic: The Rise of Modern Turkey*, 1808 - 1975, New York: Cambridge University Press, 1977, pp. 314 - 315.

⑥ 萨勒卡默什（Sarikamish）战役是第一次世界大战期间俄土之间的一场战役，时间发生在 1914 年 12 月 22 日到 1915 年 1 月 17 日。它是高加索战役的一部分。与俄国相比，土耳其的领导和组织能力微不足道，结果俄国获胜。奥斯曼土耳其的战略目标是夺回阿尔特温省、阿达汗省、卡尔斯省和巴统港口。恩维尔的长期目标是打开通往第比利斯的通道。它的另一个目标（或确切的说是德国的战略目标）是切断俄罗斯对里海周围碳氢化合物资源的开发。当时，英波石油公司拥有除阿塞拜疆、吉兰、马赞达兰、阿斯拉巴德（Asdrabad）和呼罗珊省外的整个波斯帝国的石油开采权。

队得以在萨勒卡默什集结足够的兵力”[1]。结果，恩维尔军队被全歼。回到君士坦丁堡后，他公开指责亚美尼亚支持俄罗斯人的行径。沙皇鼓动人心的演讲，更使帝国当局相信亚美尼亚人为潜伏的第五纵队。土耳其政府声称，作为一个主权国家，完全有理由保护自己免受亚美尼亚人实际的或预期的起义。在这种舆论下，土耳其人很快掀起了仇视亚美尼亚人的热潮。

萨勒卡默什战役对土耳其来说是灾难性的，恩维尔返回君士坦丁堡后再也没有指挥过战斗。很多亚美尼亚人认为，萨勒卡默什战役是促成亚美尼亚人遭受迫害的决定性因素。[2] 尽管恩维尔把亚美尼亚人当成自己失败的替罪羊，但土耳其人对亚美尼亚人的公开敌意还没有彻底显露出来。不久，帝国当局以亚美尼亚人为叛国者为借口，开始了大规模的迫害和驱逐行动。这一行动分四个步骤进行。1915 年 2 月实施第一阶段，目标是征召年龄在 20—45 岁健全的亚美尼亚男子作劳工，然后将其处决。这个阶段是提前消灭可能遇到的亚美尼亚人的反抗。4 月 24 日开始了第二阶段的行动，亚美尼亚社区中的杰出人物，包括政治领袖、知识分子和牧师等显赫人物被驱逐到伊朗中部或被处决。如今，世界各地的亚美尼亚人视 4 月 24 日为种族灭绝纪念日。第三阶段发生在 5 月份，土耳其政府将剩余的亚美尼亚人驱逐到叙利亚沙漠中。在驱逐过程中，大批人死于饥饿或迫害，但仍有大约 20 万—30 万人幸存了下来。[3] 第四阶段，当局下令消灭残余的亚美尼亚人。青年土耳其党员分散到帝国各地，监督行动的实施。一些地方，甚至征召土耳其罪犯协助执行死刑。

至第一次世界大战结束时，近 150 万亚美尼亚人失去了生命，

---

① Garegin Pasdermadjian, *Why Armenia Should Be Free: Armenia's Role in the Present War*, Boston: Hairenik Publishing Company, 1918, p. 22.

② Christopher J. Walker, *Armenia: The Survival of a Nation*, p. 199. 奥斯曼帝国的许多亚美尼亚人加入了俄罗斯赞助的志愿军团，这或许是一个不明智的举动，但考虑到奥斯曼帝国一直拒绝承认他们的公民地位，也就不足为奇了。

③ Leslie Alan Horvitz and Christopher Catherwood, *Encyclopedia of War Crimes and Genocide*, p. 25.

安纳托利亚的“亚美尼亚问题”终于解决了。[①] 士麦那的亚美尼亚人与大多数希腊人一样，在1922年消失殆尽。1939年，法国把奇里乞亚的亚美尼亚居住地——亚历山大勒塔区（1918年成为叙利亚领土的一部分）还给土耳其。之后，那里的亚美尼亚人也离开了。第二次世界大战后，伊斯坦布尔的亚美尼亚人因歧视、骚扰和屠杀等原因，纷纷离开。

巴黎和会期间，亚美尼亚代表团提出了一项价值37亿美元（今天约为550亿美元）的教会财产损失评估报告。[②] 随后，又提出土耳其政府归还没收的财产和资产的诉求。亚美尼亚代表团声称，帝国政府摧毁了2000座教堂和200座修道院。[③] 声明还对土耳其和俄罗斯亚美尼亚个人财产损失总额作出评估，分别为145.9851亿法郎和45.32472亿法郎，总额约相当于今天的3540亿美元。[④] 土耳其政府未作出反应，也没有进行赔偿。20世纪30年代初，所有被驱逐出境的亚美尼亚人的财产被全部没收。历史学家认为，大规模没收亚美尼亚人的财产奠定了土耳其共和国的经济基础，并为其经济发展提供了原始资本积累。[⑤] 当代土耳其历史学家声称：“亚美尼亚人口的灭失使其留下来的财产用来发展土耳其社会。换句话说：如果没有没收亚美尼亚人的财产，土耳其国民经济建设是不可想象的。”[⑥]

---

① George A. Bournoutian, *Concise History of the Armenian People: From Ancient Times to the Present*, p. 275.

② Vahagn Avedian, “State Identity, Continuity, and Responsibility: The Ottoman Empire, the Republic of Turkey and the Armenian Genocide”, *European Journal of International Law*, Vol. 23, No. 3, 2012 (October), pp. 797 – 820.

③ Vahagn Avedian, “State Identity, Continuity, and Responsibility: The Ottoman Empire, the Republic of Turkey and the Armenian Genocide”, pp. 797 – 820.

④ Kevork K. Baghdjian, *The Confiscation of Armenian Properties by the Turkish Government Said to be Abandoned*, trans. and edited by A. B. Gureghian, Antelias: Catholicosate of His Eminence of Cilicia, 2010, p. 275.

⑤ Üngör Uğur Ümit and Mehmet Polatel, *Confiscation and Destruction: The Young Turk Seizure of Armenian Property*, London: Continuum International Publishing Group, 2011, p. 59.

⑥ Üngör Uğur Ümit and Mehmet Polatel, *Confiscation and Destruction: The Young Turk Seizure of Armenian Property*, p. 80.

1915 年事件对亚美尼亚文化、宗教、历史的破坏是难以估量的。安纳托利亚高原的亚美尼亚教堂和修道院要么被摧毁，要么被改为清真寺，亚美尼亚人的房屋和墓地被夷为平地。历史不止一次证明，任何宣传种族主义并实施屠杀者都不会有好的结果，并最终会得到应有的惩罚。第一次世界大战以同盟国的战败而告终，1918 年 11 月 23 日晚，自觉罪孽深重的“帕夏三巨头”逃离土耳其。1919 年，《蒙德罗斯停战协定》签订之后，负责君士坦丁堡的盟军当局命令苏丹穆罕默德六世（1918—1922 年在位）审判统一与进步委员会的成员，并列出了一份多达 130 人的嫌疑人名单，其中大多数是原奥斯曼帝国政府的高级官员。在巴黎和会上，美国国务卿罗伯特·兰辛（1928—1994）召见了苏丹穆罕默德六世和首相菲利特（1853—1923）。1919 年 7 月 11 日，菲利特正式承认了奥斯曼帝国对亚美尼亚人的大屠杀，并决定成立军事法庭审判罪犯实施者。军事法庭认为统一与进步委员会犯下了反人类罪，判处前首相、战争部长、海军部长和教育部长等人死刑。[1] 判决宣布后，统一与进步委员会解散。

---

① Gerald J. Libaridian, *Modern Armenia People*, *Nation*, *State*, New Brunswick, N. J.: Transaction Publishers, 2007, pp. 134 – 135.

第十四章　伊朗属亚美尼亚：1502—1828年

历史上，波斯文化对亚美尼亚文化产生了深远的影响。在皈依基督教前，亚美尼亚人几乎全盘接受了波斯文化。然而，萨珊波斯的宗教迫害迫使亚美尼亚人改信了基督教，从此亚美尼亚文化与波斯文化分道扬镳。阿拉伯征服伊朗高原后，波斯人皈依了伊斯兰教。11世纪，塞尔柱突厥人把成千上万的亚美尼亚人驱赶到伊朗的阿塞拜疆地区，一些人被变卖为奴，一些人靠手艺或经商生存了下来。蒙古人征服伊朗高原后，大量亚美尼亚人活跃在里海、黑海和地中海一带的国际贸易圈中，并在今伊朗西部一带的城市中定居了下来。帖木儿的入侵以及黑羊王朝和白羊王朝的战争几乎摧毁了亚美尼亚人的家园。1502年，伊朗高原的萨法维帝国击败白羊王朝，征服了南高加索。约50年后，它与奥斯曼帝国瓜分了亚美尼亚，得到了东亚美尼亚。伊朗亚美尼亚先后经历了萨法维帝国（1502—1736）、阿夫沙尔王朝（1736—1796）和恺加王朝（1796—1828）三个统治阶段。阿夫沙尔王朝和恺加王朝统治时期，亚美尼亚又称埃里温汗国（1747—1828）。伊朗亚美尼亚人称“伊朗哈雅”。1828年，俄国吞并东亚美尼亚，伊朗属亚美尼亚时代结束。

第一节　15—18世纪亚美尼亚文明的特点

15—16世纪是亚美尼亚历史上的另一个黑暗时代。该时期，亚美尼亚历史资料相对贫乏，社会文化出现一定的倒退。17—18 世纪，新朱利法亚美尼亚商人建立了一个世界性商业帝国，将亚美尼亚文明推向高潮。

1453 年，奥斯曼土耳其攻陷君士坦丁堡，拜占庭帝国灭亡。同一时期，伊朗高原上的萨法维帝国（1501—1736）兴起，亚美尼亚再次处于东西方帝国的夹缝中。1555 年，两大穆斯林帝国瓜分了亚美尼亚。从此，亚美尼亚政治不再取决于亚美尼亚人，而是逊尼派土耳其和什叶派萨法维。在帝国角逐的过程中，成千上万的亚美尼亚人被逐出家园，流散到世界各地。

瓜分后的亚美尼亚不再是一个主权独立的国家，而是一个亚美尼亚人居住的地区。一系列战争和宗教迫害摧毁了纳哈拉人的统治地位。为避免财产被没收，一些人将领地交给教会。在这种情况下，他们虽保留了财产的占有权，但结果是一样的——贵族不再享有世袭领导权，退出了历史舞台。与此同时，伊斯兰教法取代了旧有的统治规则。尽管如此，亚美尼亚人依靠长期积累起来的财富在奥斯曼帝国、萨法维帝国和莫卧儿帝国，成为杰出的商人。

15—16 世纪，亚美尼亚政治的不稳定性和社会精英对文化事业赞助的不连续性，影响了亚美尼亚文化的生产，手稿产量急剧下降。该时期亚美尼亚人的文化表达大多为渴望安全的诗歌或流亡歌曲。[①] 修道院继续开办神学院，教授哲学和科学课程。有些教堂和修道院通过商业家族的捐赠，财富和土地数量不但没有减少，反而得到增长。

国家的覆灭，使地理身份的构建失去意义，散居社区成为亚美尼亚身份塑造的中心，亚美尼亚语变成了地方方言，人们的日常生活与当地的穆斯林没有太大的区别。然而，亚美尼亚人并没有被同化，他们的宗教信仰、历史感和社区结构，在高地上延续了下来，成为近现代亚美尼亚民族主义产生的“原料”。

值得注意的是，亚美尼亚历史的“不幸”并非意味着所有的亚

① Razmik Panossian, *The Armenians: From Kings and Priests to Merchants and Commissars*, p. 68.

美尼亚人都处于赤贫状态或没有“统治者”。流散的亚美尼亚人失去了自己的土地，大都选择经商谋生。17—18 世纪，新朱利法亚美尼亚商人垄断了伊朗的生丝贸易，他们的足迹遍及欧、亚、非各地，编织起了一个真正意义上的现代商业帝国，甚至欧洲的东印度公司都要借助于亚美尼亚商人的帮助，才能在上述地区顺利开展贸易。虽然国家不复存在，但他们在精神上仍有自己的“国家”——亚美尼亚教会。在奥斯曼帝国，统治者推行米利特制度。米利特是非穆斯林社区之间的集体分界线，将亚美尼亚人与其他族群区分开。在这一制度下，亚美尼亚人的身份基于宗教，而非领土、种族和语言。由于亚美尼亚教会是一个独立的民族机构，具有排他性，因此种族和宗教完全重叠。在亚美尼亚米利特内部，教会是合法的领导机构。因此，亚美尼亚人的民族身份非但没有衰落，反而进一步巩固。简言之，奥斯曼米利特制度赋予了亚美尼亚人延续民族身份的机构。

从 11 世纪后期开始，突厥人和蒙古人的连续入侵重塑了亚美尼亚及其周边地区的政治、民族格局，摧毁了由骑士和纳哈拉人组成的亚美尼亚贵族制度。然而，阿尔查赫、休尼克和塞凡湖周围一带的纳哈拉人残存了下来，并在黑羊王朝统治时期获得了世袭贵族马利克头衔。1141 年，黑羊王朝将休尼克公国和阿尔查赫公国的统治权委托给了马利克人，并允许他们按照自己方式管理公国。事实上，马利克是亚美尼亚自治公国的酋长。1603 年，沙阿阿巴斯一世通过一项特别法令，承认了马利克公国的自治地位。在伊朗王朝统治下，马利克拥有自己的法院、军队、城堡和防御工事，并建立了以百夫长为首的军事体系。马利克与百夫长的关系是军事统帅和下级军官之间的关系，而不是封建领主和农奴之间的关系。农民没有土地，但可以拥有其他财产。俄国吞并东亚美尼亚后，马利克保留了原先享有的特权，其中许多人成了俄国的将军。

东亚美尼亚的马利克家族数量在 70—90 之间，其中，阿尔查赫有 5 个马利克公国，埃里温汗国有 11 个，占贾汗国有 4 个。马利克的民族身份感十分强烈，促成了 18 世纪亚美尼亚人的民族觉醒。拉菲的历史小说《五马利克国》《达维特·贝克》就是在阿尔查赫马利克的启发下创作的。

总之，在15—18世纪初的三百年间，亚美尼亚人的传统社会结构彻底改变。首先，土地贵族消失，商业贵族崛起，并成为文化的主要赞助者和教会的主要支持者。商人团体在17—18世纪达到顶峰，他们连同神职人员成为亚美尼亚文明发展的主要推动力。其次，亚美尼亚人的政治和文化中心转移到奥斯曼和伊朗的散居社区中。这一时期，散居社区成为亚美尼亚民族认同的中心。最后，教会成为社区的唯一官方领袖，扮演了政府首脑的角色，并代表亚美尼亚社会采取集体行动。然而，随着时间的推移，宗教精英的领导地位受到新生代知识分子的挑战。

第二节　新朱利法亚美尼亚人的商业帝国

1603年秋，沙阿阿巴斯一世（1587—1629年在位）趁安纳托利亚高原上发生杰拉里暴动（1590—1610），出兵占领了阿塞拜疆，将土耳其人赶出了南高加索。在此期间，他占领了著名的亚美尼亚城市朱利法（又译焦勒法）。朱利法是一座中世纪商业城市，位于古老的丝绸之路上。在奥斯曼帝国与伊朗萨法维战争期间，它不但未遭到破坏，反而十分繁荣。

朱利法城的亚美尼亚人大多为富有的商人。阿巴斯一世为发展伊朗国际贸易，把他们迁到伊斯法罕，然后拨给他们一块土地，建了一座新城，取名新朱利法。17世纪下半叶，新朱利法的亚美尼亚商人跻身于世界上最富有的商人之列，有些家族的财富堪比意大利的美第奇家族。经过几代人的努力，新朱利法的亚美尼亚商人编织起了一个西到大西洋，东到太平洋的商业帝国，足迹遍及印度、俄罗斯和欧洲各国的主要城市，甚至在偏远的中国拉萨也有一个小型的亚美尼亚商业社区。

从1666年开始，萨法维沙阿为减少新朱利法商人对国家的影响，对他们课以重税。在这种情况下，亚美尼亚商人不再成为国家的经济臂力，而是成了被掠夺和敲诈的对象。新航路开辟后，随着全球贸易格局的变化，新朱利法商人没落，逐渐让位于西欧商人。1722年，阿富汗人入侵伊朗，萨法维帝国结束，新朱利法失去了它在国际贸易中的地位。

一 老朱利法城

朱利法是亚美尼亚最著名的城市之一，在今天阿塞拜疆飞地纳希切万自治共和国。朱利法城坐落在一个长约2000米的狭长地带上，南面是著名的阿拉斯河，北面是陡峭的山脊，河流与山脊将它合围成月牙状。因此，从地形上来看，它犹如罗马圆形剧场。根据1921年苏联和土耳其达成的条约，纳希切万从亚美尼亚分离出去，成为阿塞拜疆共和国的自治领土。如今，纳希切万是阿塞拜疆共和国的一块飞地，中间被亚美尼亚领土隔开，与今伊朗和土耳其接壤。16世纪，朱利法是国际贸易中心之一，但其重要性却一直被忽视，长期以来未纳入学者的研究视野。①

朱利法南边的阿拉斯河，水流湍急，经常令中世纪旅行家望而却步。17世纪初，英国莫斯科贸易公司②代理人卡特赖特抱怨说："（这条河）有令人发指的急转弯和弯道。"③ 洪水泛滥时，过阿拉斯河非常危险，但冬天水位较低，商人可借助牲畜过河。阿拉斯河的朱利法河段，地势相对平坦，岩石较少，河流较为平缓，涉水相对容易。在古代，由于朱利法处于丝绸之路上，因此，它成为东西

① 老朱利法城的主要研究成果有：A. A. Ayvazyan, *Jugha*, Erevan, 1984; J. Baltrusaitis and D. Kouymjian, "Julfa on the Arax and its funerary monuments", D. Kouymjian, ed., In *Memoriam Haïg Berbérian*, Lisbon: Galouste Gulbenkian Foundation, 1986; Argam Aivazian, *Նախիջեւան. գիրքուշարձանաց* (Nakhijevan: Book of Monuments), Yerevan, 1990; Switzerland-Armenia Parliamentary Group, *The Destruction of Jugha*, Bern, 2006; Sebouh David Aslanian, *From the Indian Ocean to the Mediterranean: The Global Trade Networks of Armenian Merchants from New Julfa*, California: University of California Press, 2011.

② 莫斯科公司是一家注册于1555年的英国贸易公司，又称莫斯科贸易公司或俄罗斯公司。它是世界上第一家特许股份公司，自成立之初到1698年，一直垄断着英国和莫斯科之间的贸易。1917年以后，该公司改为一家慈善机构，现在仍在俄罗斯境内运营。

③ John Cartwright, *The Preacher's Travels*, Vol. I, compiled by Earl of Oxford, p. 34.

方商人的理想落脚点。从这里出发，北上可以到达俄罗斯，进入欧洲；南下向东，可以进入富饶的美索不达米亚平原和伊朗高原，然后再进入印度和中国；向西，可进入小亚细亚。因此，朱利法城的地理位置十分优越，是古代东西方交通的咽喉。

历史上，朱利法城位于亚美尼亚王国的休尼克省，建城史可追溯至国王提格兰一世统治时期，莫夫谢斯说他击败米底王国后在朱利法等城市安置了约 1000 人。① 在中世纪，朱利法城中有一座横跨阿拉斯河的古桥，帖木儿的军队经过它时，随同的波斯历史学家沙拉夫记录了桥的坚固程度及大桥北端商旅客栈的情况。② 有人声称阿巴斯一世撤离朱利法时拆毁了大桥，但当时的资料并未提及此事。③ 因此，大桥可能毁于洪水或地震。

目前为止，朱利法的资料大多为中世纪西方旅行者的游记以及该地区的石刻十字架和碑铭。值得一提的是，朱利法城本来有成千上万块的亚美尼亚十字架石，但经过多次破坏后，到 20 世纪初只剩下大约不到 5000 块。④ 1998 年和 2006 年，阿塞拜疆政府拆毁了朱利法墓群。⑤ 根据学者对 2000 多块幸存墓碑的研究，朱利法绝大多数十字架石和墓碑产生于 1570—1604 年间，很少有早于 1550 年的。⑥ 这说明朱利法的商业崛起于 16 世纪下半叶。

提格兰一世在阿拉斯河畔建立了这个小镇之后，它在亚美尼亚历史上一直默默无闻，未引起人们的关注。但到中世纪晚期，它从一个小城镇发展成为城市。朱利法的建筑材料多为石头，由于石头

---

① Movses Khorenatsi, *History of the Armenians*, trans. Robert W. Thomson, p. 120.

② Cited in Edmund M. Herzig, *The Armenian Merchants of New Julfa, Isfahan: A Study in Pre-modern Asian Trade*, Ph. D, St. Anony's College, 1991, p. 42.

③ Tavernier, *Les Six Voyages*, Vol. I, p. 43.

④ Dickran Kouymjian, "Dated Armenian Manuscripts as A statistical Tool for Armenian History", in T. J. Samuelian and M. Stone, eds., *Medieval Armenian Culture*, Chico California: Scholars Press, 1983, p. 431.

⑤ Sarah Pickman, "Tragedy on the Araxes: A place of memory is wiped off the face of the Earth", 2006 - 7 - 30, Archaeological Institute of America, *archive. archaeology. org/online/features/djulfa/*, 2019 - 1 - 3.

⑥ E. Herzig, "The Rise of the Julfa Merchants in the Late 16th Century", in C. Melville, ed, *Safavid Persia*, London: I B Tauris, 1996, pp. 305 - 322.

的耐久性非常好，所以，几百年后的今天仍然能看到一些古老建筑的遗迹。石头建筑必然导致熟练石匠和艺人的产生，如遗存下来的十字架石便是亚美尼亚石刻艺术最为杰出的代表。

朱利法城的岩石地貌不太适合发展农业。但有迹象表明，在悬崖的另一边，即朱利法以北的地区可以从事农耕。16 世纪以前的朱利法经济主要以采矿业、畜牧业和纺织业为主，[①] 到 16 世纪下半叶时，它的人口已多达 4 万，而且大部分居民从事商旅贸易和手工业。[②] 毫无疑问，过桥费和商人的消费给朱利法带来可观的收入，但该城的主要收入来源是丝绸贸易。当时，富有进取精神的朱利法商人前往东西方各贸易据点，建立贸易公司，开办代理机构，足迹遍及伊朗、印度、意大利、奥地利、荷兰、埃及、俄罗斯、土耳其、缅甸、菲律宾、中国（泉州）和爪哇岛。因此，大驱逐前几十年的朱利法非常繁荣。卡特赖特称它的石头建筑“非常漂亮”[③]。戈维亚（1575—1628）形容朱利法的亚美尼亚商人是“全省最富有的商人”[④]。正是朱利法人的杰出经商能力才吸引了沙阿阿巴斯一世的注意。

有人认为，朱利法的商业扩张始于 15 世纪，但直到 16 世纪中叶时还没有确凿的证据表明这里的商人已经参与到欧亚长距离贸易中来。朱利法商业扩张的第一阶段是在伊朗生丝出口贸易基础上发

---

① Dickran Kouymjian, ed. , *In Memoriam Haïg Berbérian*, p. 17.

② 1581 年 12 月，英国旅行家纽伯里经过朱利法，说城中有 3000 幢房子、1.5 万到 2 万居民和 7 座教堂。1590 年，卡特赖特说这里有 2000 幢房子和 1 万居民。其他估计数字高达 4000 幢房屋和 4 万居民，甚至多达 1 万幢房。Dickran Kouymjian 认为，该城最繁荣的时候至少有 3000 座建筑，参见 Dickran Kouymjian, ed., *In Memoriam Haïg Berbérian*, p. 18; Argam Ayvazyan, “Ջուղա (Jugha)”, in *Armenian Soviet Encyclopedia*, Vol. IX, Yerevan: Armenian Academy of Sciences, 1983, pp. 549 - 550。

③ John Cartwright, *The Preacher's Travels*, Vol. I, compiled by Earl of Oxford, p. 35.

④ Cited in Edmund M. Herzig, *The Armenian Merchants of New Julfa, Isfahan: A Study in Pre-modern Asian Trade*, p. 45. 戈维亚是西班牙哈布斯堡王朝的外交官，于 1602—1613 年期间担任驻伊朗大使。他原是奥古斯丁修会葡萄牙传教士，担任外交官期间被任命为昔兰尼领衔主教（1611—1628）和伊斯法罕亚美尼亚人的教区牧师，著有《旅程》（*Jornada*）和《荣誉与胜利的关系……》（*Relaçam em que se tratam as guerras…*）。此人并非到中国传教的何大化。本书对于该资料的使用主要转引自 Edmund M. Herzig, *The Armenian Merchants of New Julfa, Isfahan: A Study in Pre-modern Asian Trade*, 1991。

展起来的。因此，对丝绸贸易史的了解有助于研究朱利法商业贸易的兴起。

众所周知，丝绸是古代东西方贸易最为重要的商品之一。在张骞“凿空”西域后两千多年的历史里，丝绸之路成为欧亚大陆经济、文化交流的大通道。然而，丝绸的源头却一直掌握在中国手中。在丝绸之路全盛时期，它把各文明群体（如马札尔人、亚美尼亚人、波斯人、穆斯林、希腊人、罗马人和中国人）联系在一起。10 世纪初，唐朝的灭亡给丝绸之路贸易致命打击，陆路贸易急剧下降，这种情况直到蒙古西征时才得到彻底扭转。随着东西方接触的增加和欧洲对亚洲商品需求的扩大，西方才开始探索通往亚洲的海上航线。然而，蒙古帝国的分裂，粉碎了丝绸之路政治、经济和文化的统一性，黑羊王朝和白羊王朝时期的土库曼领主们从腐朽的拜占庭帝国手中夺取了丝路的西部通道。蒙古诸汗国灭亡后，丝绸之路沿线政治大国经济文化割裂，区域国家具体化的结果是游牧民族的衰落，造成这种现象的部分原因既是黑死病的打击，也是配备火药的定居文明的遇阻堆积。奥斯曼和萨法维的帝国统治刺激了陆路丝绸贸易的复兴。此时，波斯人已经掌握了养蚕和制丝技术，中国的丝绸在西方失去垄断地位。由于亚美尼亚人与西方文化有着天然的亲近性，以及西方对伊斯兰世界的排斥，所以位于东西方交通要道上的朱利法商人在 16 世纪后半叶成了架起伊朗与西方贸易桥梁的最佳中间商。

伊朗蚕丝业历史悠久，至今已有三千多年的历史。[①] 波斯人将这种技艺与他们的创造才能结合起来，使波斯地毯成为畅销世界的产品。当丝绸之路从伊朗高原穿过时，波斯人最早知道了丝绸贸易能够带来丰厚的利润。例如，萨珊波斯时代，丝绸生产已是伊朗蓬勃发展的行业之一。历史记载显示，在伊朗的许多农业区，养蚕是一件非常有利可图的产业，比如吉兰生产的丝绸柔软光亮，输入欧洲各地。当时，英、荷、法、意的商人都竞相从伊朗各地购买生丝或干茧。

---

① Alireza Bizhannia，“Brief Information about Sericulture Status in Iran”，*https*：//*www. bacsa-silk. org/en/iran*，2019 - 1 - 4.

随着纺织工业的兴起，西方对生丝的需求猛增。12 世纪，意大利纺织工业的生丝原料主要来自里海南部的伊朗地区。[①] 然而，这些地方与地中海不能相通，于是商人们寻求各种商贸路线，以克服地理、政治上的障碍。马可·波罗时代，热那亚商人从克里米亚出发，在里海一带与伊朗的吉兰人进行生丝交易。14 世纪早期，意大利商人佩戈洛蒂的《商业实践》给出的贸易路线是经奇里乞亚渡阿拉斯河，然后过黑海南岸的特拉布宗抵达大不里士。[②] 15 世纪，西班牙旅行家克拉维约发现，热那亚和威尼斯商人经常到伊朗的苏丹尼耶购买吉兰和沙马基生产的生丝。[③] 奥斯曼帝国的布尔萨和叙利亚也是欧洲商人前往伊朗采购生丝的基地。[④]

16 世纪，黎凡特的国际贸易繁荣起来。当时，欧洲经济蓬勃发展，需要更多的奢侈品、香料和丝绸。随着财富向社会底层的扩张，普通人开始消费得起丝绸。时尚对丝绸的消费也起到了一定的推动作用，因为这一时期质地较轻的丝绸面料取代了奢华面料。尤为重要的是，丝绸产业引入了资本化运作，比如外包制不仅鼓励了生产，而且对市场的反应更加迅速。尽管难以量化该时期的增长率，但毋庸置疑的是，西方对丝绸的需求量急增。16 世纪，意大利是最重要的丝绸制造业中心，随后英、法、荷、瑞、德都建立了自己的纺织工业。欧洲丝绸制造业的扩张激发了人们对生丝的兴趣，个人和政府都在努力为这个快速增长的行业寻找原材料。

生丝是欧洲贸易公司最感兴趣的商品之一。据学者估计，16 世纪的欧洲每年大约消耗 20 万—25 万公斤丝绸，86% 来自伊朗，而

---

① W. Heyd, *Hisoire du commerce du Levant au Moyen Age*, Vol. II, Leipzig, 1923, pp. 670 – 674.

② E. Ashtor, "The Economic Decline of the Middle East during the Later Middle Ages", *Asian and African Studies*, XV, 1981, pp. 266 – 269.

③ R. G. de Clavijo, *Narrative of the Embassy of R. G. de C. to the Court of Timour at Samarcand AD* 1403 – 1406, trans. Clements R. Markham, London: The Hakluyt Society, 1859, p. 93.

④ E. Ashtor, "The Economic Decline of the Middle East during the Later Middle Ages", pp. 266 – 269.

且大部分都是生丝。[①] 因此，一些历史学家口中的“西方的崛起”，可以说是资产阶级的崛起或欧洲对生丝需求的崛起。[②] 哈利勒·伊纳尔希克认为，生丝出口是奥斯曼和萨法维国民经济的基础。[③] 即使在两国交战期间，伊朗丝绸仍在奥斯曼各地出售，[④] 并通过阿勒颇、布尔萨和伊兹密尔的市场进入欧洲。朱利法的亚美尼亚人活跃于东西方各个市场中，用大宗伊朗生丝交换欧洲的白银和布匹，为萨法维王室带来可观的收入。

16 世纪最后 30 年，西欧生丝贸易融资能力大大增强。然而，这对奥斯曼的丝绸产业产生了不利影响。有学者认为，欧洲人不断增加黎凡特丝绸的购买量，重挫了奥斯曼的丝绸制造业。[⑤] 当时，阿勒颇是黎凡特地区伊朗生丝出口欧洲的主要商贸中心，但原因不清楚。不过，奥斯曼苏丹塞利姆一世在 1514 年下令对伊朗实行贸易禁运，商人不得不绕过土耳其领土前往伊朗。可以推测，阿勒颇大受裨益。总而言之，阿勒颇迅速成长为黎凡特地区的贸易中心和东方商品进入西方的终点站，到 1600 年时，它已彻底控制了亚洲到欧洲的丝绸贸易。[⑥] 16 世纪六七十年代，英俄公司曾组织了多次经俄罗斯、里海到伊朗的航行，希望能将部分丝绸贸易转移到这条航线上，但因资金缺乏、政治动荡等原因受挫。[⑦] 这一行动失败后，欧洲通往伊朗北方的过境路线一直关闭到 17 世纪下半叶。

---

① S. Faroqhi, *An Economic and Social History of the Ottoman Empire*, Vol. 2, Cambridge: Cambridge University Press, 1997, p. 503.

② See Edmund M. Herzig, "The Volume of Iranian Raw Silk Exports in the Safavid Period", *Iranian Studies*, Vol. 25, No. 1/2, 1992, pp. 61 – 79.

③ Halil Inalcik, *An Economic and Social History of the Ottoman Empire*, *Book I*, Cambridge: Cambridge University Press, 1997, pp. 218 – 255.

④ Sussan Babaie and Kathryn Babayan, *Slaves of the Shah*: *New Elites of Safavid*, London & New York: Kathryn Babayan, 2004, p. 50.

⑤ M. Çizakça, "Price History and the Bursa Silk Industry: A Study in Ottoman Industrial Decline, 1550 – 1650", *Journal of Economic History*, Vol. 40, No. 3, 1980, pp. 533 – 550.

⑥ Niels Steensgaard, *The Asian Trade Revolution of the Seventeenth Century*: *The East India Companies and the Decline of the Caravan Trade*, Chicago: University of Chicago Press, 1973, p. 160.

⑦ T. S. Willan, *The Early History of the Russia Company 1553 – 1603*, Manchester: Manchester University Press, 1956, pp. 67 – 68.

很显然，任何商人都希望从利润丰厚的丝绸贸易中分得一杯羹，自古善于经商的亚美尼亚人也不例外。在所有的亚美尼亚商人中，朱利法人因得天独厚的地理条件成为丝绸贸易中的佼佼者，深度卷入了工业革命来临前的东西方大贸易中。16 世纪之前，朱利法人在伊朗丝绸贸易中的地位并不突出，但到了 16 世纪下半叶，他们大量涌入阿勒颇。例如，在阿勒颇出土的 1604 年以前的 27 块亚美尼亚公墓石碑中，有 19 块是朱利法人的。① 这表明阿勒颇的朱利法亚美尼亚商人十分活跃。16 世纪下半叶，英俄公司的代理商在希尔凡、阿尔查赫和吉兰遇到了很多亚美尼亚商人，他们用批发来的生丝与阿勒颇的威尼斯商人交换欧洲布料，完成交易后再返回家乡，或直接去威尼斯。威尼斯公证文献经常出现朱利法商人。例如，1571 年，威尼斯外交官亚历山德里在陶里斯、的黎波里与亚美尼亚商人讨论贸易问题时，声称这些人大部分来自朱利法。② 16 世纪 70 年代，朱利法人已经在阿勒颇的贸易中占据主导地位，一家俄罗斯公司代理商指出："一位名叫朱利法的亚美尼亚村庄经商 500 年了，有时用 1000 头驴子驮着丝绸到阿勒颇。"③ 在欧洲，朱利法的声名鹊起出现在 1570 年的《奥特里乌斯世界地图》中，那时欧洲商人已经非常熟悉朱利法商人的贸易地位，并将其描述为"一个被丝绸奴役的民族"④。

朱利法商人在丝绸贸易中的地位，很大程度上是因为贸易性质的变化。另外，亚美尼亚商人的基督教身份为他们与西欧商人打交道提供了便利。相较于穆斯林，基督教西欧更愿意与基督教亚美尼亚人从事贸易。再者，逊尼派土耳其和什叶派伊朗之间的敌意以及

① A. K. Sanjian, *The Armenian Communities in Syria under Ottoman Dominion*, Cambridge, Mass.: Harvard University Press, 1965, pp. 46 – 48.

② Charles Grey (trans. and ed.), *A Narrative of Italian Travels in Persia in the Fifteen and Sixteenth Century*, London: Printed for the Hakluyt Society, 1873, p. 225.

③ Edward Delmar Morgan and Charles Henry Coote, *Early Voyages and Travels to Russia and Persia by Anthony Jenkinson and other Englishmen: With some Account of the First Intercourse of the English ... Caspian Sea*, London: Routledge, 2017, pp. 306 – 307.

④ Cited in Edmund M. Herzig, *The Armenian Merchants of New Julfa, Isfahan: A Study in Pre-modern Asian Trade*, p. 130.

奥斯曼苏丹对伊朗的经济封锁，使保持中立的朱利法商人成为架起两国经济往来的桥梁。最后，朱利法商人一直与萨法维上层保持着良好的关系。上述因素促成了朱利法商人的崛起。正因为如此，阿巴斯一世对这些富裕的亚美尼亚商人充满兴趣，并打算将他们搬到伊朗，为萨法维王室赚取外汇。

二 大驱逐与新朱利法城的建立

17 世纪初，阿巴斯一世撕毁先前与奥斯曼达成的和平协议，夺取了大不里士和纳希切万。[①] 亚美尼亚人和什叶派穆斯林欢迎波斯人的到来，前者视波斯人为摆脱奥斯曼帝国统治的机会，后者已经厌倦了逊尼派的宗教迫害。随军的一位欧洲使者说朱利法人载歌载舞，欢迎波斯军队的到来。[②] 一份 1603 年的文件记载道："那时，国王阿巴斯夺取了大不里士，把这片土地从枷锁中解放出来。"[③] 在朱利法城，达官显贵们穿上最好的衣服，端着盛满金币的盘子，恭迎沙阿的到来。在阿巴斯一世逗留期间，朱利法人点亮蜡烛，彻夜庆祝。三年前曾到过朱利法的欧洲旅行者卡特赖特证实了朱利法人"无论从本性上还是从情感上都是土耳其最大敌人"的说法。[④]

11 月，阿巴斯一世包围了埃里温，攻战数月破城。次年，土耳其人发起反攻，摧毁了卡尔斯和阿尼之间的堡垒，将亚美尼亚人逐到伊朗的阿塞拜疆。阿巴斯一世认为，土耳其人不会在冬天发起进攻，于是遣散了他的军队。然而，土耳其军队突然发起总攻，阿巴斯一世仓皇下令坚壁清野，巴亚兹特、凡城和纳希切万的所有居民迁走，以阻断土耳其人的进攻。1604—1605 年间，约 25 万—30 万

① George A. Bournoutian, *A Concise History of the Armenian People*: *From Ancient Times to the Present*, p. 210.

② Cited in Edmund M. Herzig, *The Armenian Merchants of New Julfa*, *Isfahan*: *A Study in Pre-modern Asian Trade*, p. 16.

③ V. Hakobyan and A. Hovhannisyan, eds., *Hayerēn dzeṛhagreri* 17 *dari hishatakaranner* (*1601 – 1602*) [Colophons of Seventeenth Century Armenian Manuscripts (1601 – 1620)], Vol. 1, Yerevan, 1974, p. 16.

④ John Cartwright, The Preacher's Travels, Vol. I, p. 35.

亚美尼亚人被迫离开故土，成千上万的人溺毙在阿拉斯河中。[①] “从朱利法到纳希切万，从埃里温到埃尔祖鲁姆和凡城，没有一座建筑能幸存下来。”[②] 最终，大批亚美尼亚人在伊朗的阿塞拜疆省定居下来。

当波斯军队到达朱利法时，土耳其军队紧随其后，进入纳希切万。如果土耳其进攻朱利法，波斯军队将不得不背水一战，处境十分危险。另外，如果富庶的朱利法落入土耳其人手中，肯定会得到很大的给养。于是，阿巴斯一世下令朱利法居民要么在三天之内撤离，要么被杀。朱利法人匆匆带上所有可能带走的东西，匆忙撤离。波斯士兵在混乱中趁机抢劫，许多妇女、儿童和年轻人被波斯人掳为奴隶。那些匆忙过河的人，很多溺毙在阿拉斯河中，一位目击者描述如下：

> 士兵将每个人集结在阿拉斯岸边，由于缺少船只，他们将普通人分开，然后将这些人推入河中，水流迅速吞噬了他们，阿拉斯河成为他们的坟场。士兵们看到他们在水中挣扎溺亡时，假装同情，接着将骑在马上的那些英俊的基督教青年带走，欺骗他们的父母帮他们过河，但是他们骑马走了，头也不回。当父母们明白过来时，痛苦欲绝，伏地而哭，将泥土倾洒在脸上，发出绝望的呼声；但是没有人去帮忙，因为在他们和绑架的孩子之间隔着河流。[③]

事实证明，阿巴斯一世的焦土战术奏效了，土耳其人找不到任何补给。严寒的气候和肆虐的暴雪迫使土耳其人放弃渡河追击。过了阿拉斯河后，亚美尼亚难民继续前行。阿巴斯一世决定将朱利法

---

① George A. Bournoutian, *A Concise History of the Armenian People: From Ancient Times to the Present*, p. 210.

② V. Hakobyan and A. Hovhannisyan, eds., *Hayerēn dzeṛhagreri* 17 *dari hishatakaranner* (*1601 – 1602*), p. 206.

③ V. Hakobyan and A. Hovhannisyan, eds., *Hayerēn dzeṛhagreri* 17 *dari hishatakaranner* (*1601 – 1602*), p. 286.

人安置在伊斯法罕。显然，他没有将这些亚美尼亚人遣送回去的打算，而是让他们永远留在伊朗。

无论如何，战争的最大受害者是平民。战时平民的临时疏散往往带来生灵涂炭，这种情况至今未变。土耳其军队撤退后，阿巴斯一世开始关注疏散到伊朗的亚美尼亚人的生活。驱逐到伊斯法罕的亚美尼亚人一部分寄宿在郊区，一部分住进老城，一部分暂住在商旅驿舍。由于人数众多，没有足够的地方容纳他们，那些露宿街头的妇女和儿童衣不蔽体，每个人脸上都充满困惑和痛苦的表情。尽管如此，亚美尼亚难民最终被安置下来，基督徒与穆斯林被特意分开。在伊斯法罕以外，唯一可知的亚美尼亚人安置点是设拉子省的一个有着500户居民的社区，该地是应萨法维帝国五大高官之一的阿拉威尔迪汗（1560—1613）要求建立的。葡萄牙传教士戈维亚在大驱逐后第4年曾经拜访过那里，发现亚美尼亚人贫困交加，男子在毗邻的穆斯林村庄里做雇工，孩子们在残羹剩饭中翻找食物。[1]

然而，朱利法人受到了沙阿的优待。阿巴斯一世下令把伊斯法罕郊区靠近扎因代河的一块地拨给朱利法人。赐予朱利法人土地的原始敕令已丢失，但是一份幸存下来的1619年敕令重申了这次授予：

> 现在规定，依照至尊皇家的宽宏大量和无限仁慈，为缓解朱利法亚美尼亚人的状况，我们授予他们伊斯法罕扎因代河岸边的一块土地，这是我们皇家陛下的地产，他们可以在上面建造房屋。底万的财务总官应将上述土地从国家财产登记册中删除，将其作为对上述亚美尼亚人的赠予登记入册。按照陛下的意愿，宰相、市长和伊斯法罕的官员不得违反命令，并应确认上述土地是赠予他们的。[2]

---

① Edmund M. Herzig, *The Armenian Merchants of New Julfa, Isfahan: A Study in Pre-modern Asian Trade*, p. 64.

② Edmund M. Herzig, *The Armenian Merchants of New Julfa, Isfahan: A Study in Pre-modern Asian Trade*, p. 64.

为纪念老城朱利法，新建的城市取名“新朱利法”。新朱利法城的亚美尼亚人大多为专业商人和娴熟工匠，农民则被带到生产丝绸的吉兰和马赞达兰等省份。由此可见，阿巴斯一世强迫迁徙亚美尼亚人是有预谋的行为。定居下来的亚美尼亚商人很快融入伊朗国际贸易体系中。不久之后，新朱利法成为亚美尼亚商业帝国的总部。关于新朱利法城亚美尼亚人口的数量，没有可靠的统计数据，一些到过伊斯法罕的欧洲游客的估计也不一致。综合各方面的材料，至18世纪初时，新朱利法城的亚美尼亚人在3万—5万之间。①

三　阿巴斯一世对新朱利法人的态度

老朱利法人在新朱利法定居下来后，阿巴斯一世授予他们完全的宗教自由权，并为其提供了诸多便利，以消除和防止他们的工作和生活受到极端穆斯林分子的干扰。如果阿巴斯一世驱逐朱利法人的初衷是战争的需要，那么安置亚美尼亚人的动机是要留住这些商业精英，阻止他们返回家园。尽管如此，阿巴斯一世确实善待了朱利法的亚美尼亚人。意大利商人庇错戴乐维对阿巴斯一世的行为大加褒扬，声称：“阿巴斯是开明独裁者的缩影，他不仅是王，也是父亲、导师和最慷慨的人民资助者。”②

根据前文所述，朱利法人不仅经商能力出众，而且曾经有恩于阿巴斯一世的军事行动。因此，沙阿对这些亚美尼亚人的眷顾，可以看作是他的回馈，但根本动机是要利用这些亚美尼亚商人为他赚取财富。为打消商人的疑虑，他多次微服私访新朱利法，接见亚美尼亚人的首领，甚至与他们共餐，并承诺减少基督徒的赋税。对于建造基督教堂一事，阿巴斯一世也持鼓励态度，允许亚美尼亚人参加主显节洗礼。因此，新朱利法人在伊朗不仅享有完全的宗教自由权，还可以公开庆祝基督教节日，甚至享有一定程度的行政和司法

① Sebouh David Aslanian, *From the Indian Ocean to the Mediterranean: The Global Trade Networks of Armenian Merchants from New Julfa*, California: University of California Press, 2011, p. 39.

② P. Della Valle, *Viaggi di Pietro della Valle il Pellegrino*, Vol. 1, Brighton: G. Gancia, 1843, p. 598.

自治权。[①] 1606—1620 年间，亚美尼亚人在新朱利法共建造了 12 座基督教堂。[②]

在世俗生活方面，阿巴斯一世同样给予亚美尼亚商人诸多特权，比如允许他们穿波斯人的服饰，给马鞍装饰金银。阿巴斯一世严格禁止穆斯林极端分子伤害或侮辱亚美尼亚人，以致时人称他为“亚美尼亚人的父亲”。[③] 在一些亚美尼亚人与穆斯林的争端中，阿巴斯一世倾向于支持亚美尼亚基督徒，把穆斯林居民赶出了亚美尼亚人的定居点。例如，他在 1605 年的一份解决新朱利法人与邻近穆斯林社区争端的判决书中，明显偏向前者，并要求后者要视亚美尼亚人为贵宾。[④] 在新朱利法城的建设过程中，他要求穆斯林为亚美尼亚人提供临时住所，帮他们过冬。阿巴斯一世还命令伊斯法罕总督给新朱利法人建造房屋和教堂提供必要的支持。为防止政府特工迫害亚美尼亚人，他让亚美尼亚人选出自己的警长，以捍卫他们的权益。[⑤]

在沙阿的庇护下，新朱利法人享有各种特权。新朱利法城专门为他们而设，穆斯林禁止进入。英国医生约翰·弗赖尔（1650—1733）感叹道：阿巴斯国王给予他们如此多的保护，以至于亚美尼亚人的“权利和特权比摩尔人的还要高”[⑥]。法国旅行家让—巴蒂斯特·塔韦尼耶（1605—1689）说：“朱利法的亚美尼亚人比所有基

---

① 亚美尼亚人是否依据沙阿敕令享有这些特权，尚不清楚。该方面的信息主要来自欧洲旅行者的描述，参见 V. Gregorian, “Minorities of Isfahan: The Armenian Community of Isfahan 1587 - 1722”, *Iranian Studies*, Vol. II, No. 3 - 4, 1974, pp. 652 - 680; Edmund M. Herzig, *The Armenian Merchants of New Julfa, Isfahan: A Study in Pre-modern Asian Trade*, p. 65.

② Sebouh David Aslanian, *From the Indian Ocean to the Mediterranean: The Global Trade Networks of Armenian Merchants from New Julfa*, p. 40.

③ Ismael Raein, *Iranian Armenians*, Tehran: Amir Kabir Publication, 1977, p. 33.

④ Falsafī, “Zindigānī”, cited in Edmund M. Herzig, *The Armenian Merchants of New Julfa, Isfahan: A Study in Pre-modern Asian Trade*, p. 65.

⑤ Dosarsou Sue, *The Reasons of the Fall of Shah Sultan Hussein*, trans. Valiollah Shadan, Tehran: Ketabsara publications, 1974, p. 190.

⑥ William Crooke, *A New Account of East Indies and Persia. Being Nine Years' Travels 1672 - 1681 by John Fryer: Vol. II*, London: Hakluyt Society, 1912 (reprinted in 2010), p. 258.

督徒都有一个优势，享有土地和特权，国王不允许任何伊斯兰教徒住在新朱利法。他们还像波斯人那样享有穿戴体面的特权，可以像他们那样使用金银马具。他们的妻子也非常富有，穿金戴银，有欧洲富人华丽的丝绸。”①

在尽力留住亚美尼亚人的同时，阿巴斯一世设法切断他们与历史故地的联系。为此，他编织了一个间谍网，阻止亚美尼亚人返回家园。事实上，阿巴斯一世在驱逐朱利法人时就已经有了这个想法，甚至打算拆毁已被战争弄得伤痕累累的埃奇米阿津大教堂，打算用这些石头在新朱利法城建一座基督教堂，但是他的计划遭到格鲁吉亚人和亚美尼亚人的一致反对。然而，他最终还是将埃奇米阿津圣坛的石头和启蒙者圣格雷戈里的右手遗骸带到了伊斯法罕，直到沙阿萨菲（1629—1642 年在位）统治时期才还给了亚美尼亚人。

阿巴斯一世的宗教宽容与他对基督教欧洲的外交动机相一致。善待基督徒是他改善与欧洲外交关系的一部分，目的是争取欧洲的支持以对付奥斯曼帝国。在伊朗，与西方建立反土耳其联盟的想法并不新鲜，比如一个多世纪以前，白羊王朝统治者乌尊·哈桑曾向威尼斯人请求军事援助。然而，阿巴斯一世之前，萨法维家族从未向欧洲摆出友好姿态。他的祖父塔马斯普一世曾逐走了英国旅行者、商人安东尼·詹金森（1529—1611）。② 阿巴斯一世调整了以前的外交政策，宣称：“宁愿爱低等的基督徒鞋底的尘土，也不喜欢高等级的奥斯曼人。”③ 西班牙是土耳其在欧洲的主要竞争对手，因此，阿巴斯一世非常重视发展与西班牙的关系，给予它在伊朗传播基督教和经商的特权。他对神圣罗马帝国的态度亦是如此，后者希

---

① Jean Baptiste Tavernier, *The Six Voyages of John Baptista Tavernier*, Vol. I, made English by John Phillips, London: Printed by William Godbid for Robert Littlebury ... and Moses Pitt at the Angel in St Paul's Church-yard, 1677, p. 159.

② Lawrence Lockhart and Arthur John Arberry, eds., *The Legacy of Persia*, Oxford, UK: Clarendon Press, 1953, p. 347.

③ Yves Bomati and Houchang Nahavandi, *Shah Abbas*, *Empereur de Perse*: 1587 - 1629, Paris: Perrin, 1998, p. 114.

望他能让 40 多万亚美尼亚臣民效忠罗马教皇。① 然而，英国的反土耳其兴趣不大，但阿巴斯一世还是寻找与英国合作的机会。1622 年，英属东印度公司帮他从葡萄牙人手中夺回了霍尔木兹海峡。总而言之，阿巴斯一世善待亚美尼亚人的原因主要有：

第一，在向欧洲运送丝绸方面，朱利法的亚美尼亚人处于独特地位，阿巴斯一世需要通过他们扩大伊朗的国际贸易。阿巴斯一世明白，如果没有商业精英的参与，很难实现富国强兵，而朱利法人则是实现这一目标的最佳人选：亚美尼亚人在政治上是中立的，他们既可以游刃于穆斯林世界，又与西方基督教世界有着密切联系，而且商业能力出众。因此，阿巴斯一世将老朱利法的亚美尼亚人驱逐到新朱利法，是有意为之，而非临时决定。事实也如此，在接下来的两个世纪里，亚美尼亚商人的足迹从大西洋穿越印度洋，一直来到太平洋沿岸的中国，几乎控制了 17—18 世纪的东西方国际贸易。所以，阿巴斯一世善待朱利法人的动机也就不难理解了。

第二，将朱利法人迁到伊朗境内，既达到了阻止土耳其袭击伊朗西北部的目的，也能使朱利法这个商业中心转移到伊斯法罕，从而将丝绸之路迁到伊朗南部港口，打击奥斯曼经济，实现伊朗经济的繁荣。

第三，对亚美尼亚基督徒的宽容可以博取欧洲国家的同情和支持，以便共同对抗奥斯曼帝国。这是阿巴斯一世的政治远见。罗杰·萨沃里说："沙阿阿巴斯的许多品质使他有资格被誉为'伟人'。他是一位杰出的战略家和战术家，他的主要特点是谨慎。他宁愿通过外交手段而不是战争达到个人目的，在追求目标的同时表现出极大的耐心。"②

然而，阿巴斯一世毕竟是穆斯林国家的领袖。因此，他也像其他沙阿一样，致力于归化基督徒为穆斯林。他经常派遣神职人员向

① Yves Bomati and Houchang Nahavandi, *Shah Abbas*, *Empereur de Perse*: 1587 - 1629, pp. 134 - 135.

② Roger M. Savory, *Iran under the Safavids*, Cambridge, UK: Cambridge University Press, 1980, p. 101.

亚美尼亚人传授伊斯兰教，并使他们的子女熟悉伊斯兰教教义。他甚至向亚美尼亚人承诺，如果接受伊斯兰教将会得到巨额金钱补偿，甚至宽恕了那些改宗了伊斯兰教而被判处死刑的基督徒囚犯。[①]有时，他出于某种政治考虑，强迫亚美尼亚人改信伊斯兰教，但这种情况不多。例如，1621年，当他在伊斯法罕某个地区考察时受到一些亚美尼亚妇女的侮辱和批评，为此，他强迫当地人接受伊斯兰教。[②] 在这一行动之后，该地区相当多的基督徒成为穆斯林。阿巴斯一世的这些行为让伊朗的亚美尼亚人感到十分恐惧，欧洲的亚美尼亚商人开始怀疑他们是否能安全返回伊朗。面对这种情形，阿巴斯一世很快调整策略，重申亚美尼亚人享有宗教自由权，同时向新朱利法人保证，不再强迫他们接受伊斯兰教。[③] 由此可见，阿巴斯一世对伊朗的经商环境非常敏感和重视。1592年一个威尼斯商人和一个亚美尼亚女子及她的兄弟在拉雷斯坦地区被绑架，这一事件激怒了阿巴斯一世。[④] 他下令波斯人必须尊重外国商人，命令法尔斯总督向拉雷斯坦首领索要这些商人，并逮捕绑架者。然而，拉雷斯坦总督易卜拉欣却试图霸占这位年轻的亚美尼亚女子，并强迫她皈依伊斯兰教。在威尼斯当局的压力下，阿巴斯一世攻入拉雷斯坦，解救了这位亚美尼亚女子。

总而言之，新朱利法的亚美尼亚人几乎获得了伊朗公民身份，并享有宗教信仰自由权。这种宽容可以用萨法维帝国统治者对国际贸易的务实态度来解释。然而，对其他地区的亚美尼亚人，他就没那么宽容了，强令他们缴纳土地税后才能进行宗教实践。

---

① Abdul Aziz Movahed Nasaj and M. Tofighian, "The Attitude of Shah Abbas I towards Armenian and Zoroastrian Religious Minorities during His Reign", *Research Journal of Fisheries and Hydrobiology*, Vol, 10, No. 9, 2015, pp. 617 – 620.

② Abdul Aziz Movahed Nasaj and M. Tofighian, "The Attitude of Shah Abbas I towards Armenian and Zoroastrian Religious Minorities during His Reign", pp. 617 – 620.

③ Abdul Aziz Movahed Nasaj and M. Tofighian, "The Attitude of Shah Abbas I towards Armenian and Zoroastrian Religious Minorities during His Reign", pp. 617 – 620.

④ MB Mohajer, et al, "Shah Abbas's Relationship with the Larestan Miladi Dynasty Rulers: Review of the Collapse of the Lar Dynasty, the Oldest Iranian Local State", *Journal of History Culture and Art Research*, Vol. 6, No. 6, 2017, pp. 32 – 38.

四　新朱利法商人与英属东印度公司的合作

阿巴斯一世即位之初，伊朗内忧外患。在割给土耳其大片领土之后，为振兴国内经济，他努力改善伊朗的经商环境。17 世纪，生丝是伊朗经济的支柱。伊朗生丝原料产地主要集中在里海西岸以及吉兰、马赞德省、阿尔查赫和希尔凡等省份。1592 年，他将吉兰省列为王室领地，在朱利法人的协助下，垄断了该省生丝的生产和销售。① 1593 年 2 月，阿巴斯一世授予朱利法大商人完全的贸易自由权，且不受州长、税务员、检查员、海关官员和各州官员的骚扰。② 1619 年，他宣布丝绸出口专卖。本来，阿巴斯一世打算将垄断权卖给英属东印度公司，以换取英国的军事援助，然而亚美尼亚商人嗅到了商机，以远远高于东印度公司的标价获得了生丝出口垄断权。③ 事实上，早在几年前，英属东印度公司就开始研究伊朗的贸易前景，与新朱利法人关系紧张。17 世纪剩余的时间里，东印度公司竭尽所能，在北部陆路贸易路线上与亚美尼亚人竞争。鲁迪·马特解释说："然而，他们昂贵的成本，对内陆的不了解，以及对大宗贸易的依赖，使得欧洲人不可能夺走足智多谋的亚美尼亚商人的优势地位。17 世纪八九十年，英国人在竞争中彻底失败后试图利用不稳定的土耳其贸易路线与亚美尼亚人竞争，并提出要与新朱利法人进行商业合作。"④

由于无法与亚美尼亚人竞争，英国人采取了"如果你不能打败他们，就加入他们"的商业策略。1688 年，公司董事会提出要与亚美尼亚商人领袖谈判。6 月 22 日，居住在伦敦的新朱利法商人法诺

---

① E. Herzig, "The Iranian Raw Silk Trade and European Manufacture in the 18th and 17th Centuries", *Journal of European Economic History*, Vol. 19, No. 1, 1990, pp. 73 – 89.

② Yarut' iwn Tēr-Yovhaneanc', Patmut' iwn Nor Jułayu (A History of New Julfa-Isfahan), Vol. I, New Julfa, 1880, pp. 158 – 159. for a partial English translation see Karapetian, p. 48, n. 1.

③ E. Herzig, "The Iranian Raw Silk Trade and European Manufacture in the 18th and 17th Centuries", pp. 73 – 89.

④ Rudolph P. Matthee, "Merchants in Safavid Iran: Participants and Perceptions", *Journal of Early Modern History*, Vol. 4, 2000, pp. 240 – 241.

斯·卡兰达尔代表亚美尼亚人与东印度公司签署《东印度公司与亚美尼亚民族协议》。法诺斯·卡兰达尔是新朱利法最有影响力的大商人之一，他在威尼斯、马赛、里窝那、苏拉特和马德拉斯设有代理商。东印度公司的谈判代表是副总裁乔西亚·查尔德爵士，法国胡格诺派宝石商人、旅行者让·查汀爵士是中间人。协议规定："亚美尼亚民族现在及以后任何时候都享有本公司现在所享有的或将来任何时候给予自己的冒险家或任何其他英国商人的平等待遇和利益。"① 英国还给予了亚美尼亚商人与英国公民平等的居住、旅行、宗教自由和不受限制地进入民事机关的权利。对东印度公司来说，协议的主要目的是鼓励亚美尼亚人"改变并转移他们进出欧洲的古老贸易路线"②。也就是说，英国希望亚美尼亚人使用东印度公司的船只运送商品，并放弃穿越奥斯曼土耳其的传统陆路贸易路线。对于亚美尼亚商人来说，他们签署协议的主要动机是得到英国的保护，降低各种关税、运费和贿赂费用等经商成本。

20 世纪40 年代，美国历史学家拉内发表了一系列开创性的经济类文章。他在一篇文章中指出："对于任何企业来说，一项基本的责任就是降低成本，保护企业免遭暴力破坏。"③ 与拉内的研究相呼应，菲利普·科廷在他的《世界史上的跨文化贸易》中指出："某种形式的保护费——某种形式的暗示或实际胁迫是做生意的正

① Vahe Baladouni and Margaret Makepeace, eds. , *Armenian Merchants of the Seventeenth and Early Eighteent Centuries*: *English East India Company Sources*, Philadelphia: American Philosophical Society, 1998, p. xxii – xxiii. 除与英属东印度公司签署贸易协议外，新朱利法人还与俄国（1667—1673）、法国（1681—1683）、拉脱维亚（1692）、瑞典（1697）、苏格兰（1699）和西班牙（1792）等国家签署了类似协议，参见 Sebouh David Aslanian, "Julfan Merchants and European East India Companies: Overland Trade, Protection Costs, and the Limits of Collective Self-Representation in Early Modern Safavid Iran", Nobuaki Kondo, ed. , *Mapping Safavid Iran*, Tokyo: Tokyo University of Foreign Studies, 2015, p. 191。

② Ronald Ferrier, "The Agreement of the East India Company with the Armenian Nation, 22nd June 1688", *Revue des Études Arméniennes*, new series 7, 1970, p. 438.

③ Frederic Lane, "National Wealth and Protection Costs", in Jesse Clarkson and Thomas Cochran, eds. , *War as a Social Institution*: *The Historian's Perspective*, New York: Columbia University Press, 1941, p. 12.

常成本。”[①] 正如拉内和科廷指出的，商家为确保伊斯法罕、伊兹密尔、大不里士（或阿勒颇）商业路线的安全，常常雇佣武装人员或贿赂当地酋长。这些费用数额巨大。因此，有理由认为，亚美尼亚人与东印度公司合作会降低成本，提高利润。海运成本要比陆运低，这也是亚美尼亚商人与东印度公司合作的原因之一。亚美尼亚商人与东印度公司的合作，导致了东西方贸易路线的变化，在一定程度上造成了奥斯曼和萨法维帝国的衰落，助长了英国在世界贸易市场上的崛起。

《协议》前言明确指出，它是代表“亚美尼亚民族”签署的。因此，它给人的印象是新朱利法似乎是一个独立的国家实体，掩盖了亚美尼亚人与其他民族之间的差异。英国和荷兰的东印度公司持有国家特许证，并由强大的国家机器作保障，因此，商人具有国家属性，有能力作出并实施集体决策。然而，亚美尼亚人却不具备这些特点，他们是一个散居民族，没有国家机器作支撑，其行为取决于支配他们的社会机构——家族企业或名门望族——代表了新朱利法社会的权利（力）。例如，协议的签署者法诺斯·卡兰达尔代表了整个亚美尼亚人的利益，而亚美尼亚人也承认了这一事实。在新朱利法，没有任何商人公会或市政会议这样的机构参与谈判或签署协议。简言之，英属东印度公司的背后是国家机器，亚美尼亚商人不具国家属性，这一特点注定了他们在未来的竞争中必然失败。

从长远来看，该协议对双方都有一定的好处，促进了亚美尼亚人向印度洋的扩张，并在诸如加尔各答、马德拉斯、孟加拉和孟买等印度各地定居下来。关于这一点，后文将会详细论述。条约签订之初，马德拉斯的英国东印度公司官员与新朱利法的亚美尼亚商人的合作是愉快的，亚美尼亚商人甚至打算在该城开辟一个名叫“朱利法”的特定区域，以希望吸引更多的亚美尼亚商人到那里。[②]

尽管 1688 年协议为英属东印度公司带来一些业务，但效果不是

---

① Philip D. Curtin, *Cross-Cultural Trade in World History*, Cambridge: Cambridge UniversityPress, 1984, p. 41.

② Vahe Baladouni and Margaret Makepeace, *Armenian Merchants of the Seventeenth and Early Eighteenth Centuries: English East India Company Sources*, “document 143” .

很理想。大部分亚美尼亚商人不愿与它合作。然而，东印度公司不愿意失去这些生意伙伴。1690 年 2 月 18 日，伦敦董事写给苏拉特的信这样说："亚美尼亚人的合同对国家和本公司非常有益。"① 大约 5 年后，公司邀请 5 名亚美尼亚豪商，尝试签署一份新的协议，以建立更为密切的贸易关系。亚美尼亚商界对这一邀请的反应既明确又中肯："一个长期习惯于一种贸易的商人，除非能在新的贸易中看到丰厚的利润，否则是不会屈服于另一种贸易的。"② 乔杜里观察到："这不仅仅是一种商人声称对商海盲目服从的风俗或传统，但可以肯定的是，股票会以交易双方都满意的价格找到买家。"③ 这的确是亚美尼亚商人所关心的问题。在亚美尼亚商人看来：

> ……至于把丝绸运到伊斯法罕……那只是空谈，因为我们运到阿勒颇时，没有人会如此疯狂。我们不止有一种方法处理丝绸；因为那里有英国人（黎凡特公司商人）、法国人、威尼斯人和荷兰人，而且如果我们不能以现金、部分现金、布匹、胭脂红、琥珀、珊瑚或假珍珠交易丝绸的话，我们自己会运到欧洲，但是如果把丝绸运到伊斯法罕的话，只有你们才购买，即使你们不给我们一个合理价格，我们也只能按你们的意愿卖给你们丝绸，购买布料。④

东印度公司总结了失败的原因：

> ……但有些人可能认为，至于我们如何剥夺他们在阿勒颇

---

① Vahe Baladouni and Margaret Makepeace, *Armenian Merchants of the Seventeenth and Early Eighteenth Centuries*: *English East India Company Sources*, "document 130".

② Vahe Baladouni and Margaret Makepeace, *Armenian Merchants of the Seventeenth and Early Eighteenth Centuries*: *English East India Company Sources*, "document 187".

③ K. N. Chaudhuri, *Trade and Civilization in the Indian Ocean*: *An Economic History from the Rise of Islam to 1750*, Cambridge: Cambridge University Press, 1985, p. 106.

④ Vahe Baladouni and Margaret Makepeace, *Armenian Merchants of the Seventeenth and Early Eighteenth Centuries*: *English East India Company Sources*, "document 244."

> 的布匹贸易的建议，他们（亚美尼亚人）不太可能放弃自身利益。我们对此予以答复，诚然，期待发生这样的事情是不合理的，期望这些聪明人使我们的贸易进一步恶化是违背自然和理性的，或许，自从世界上制造出布匹的时候起，他们就一直从事这种贸易，他们肯定是世界上最古老的商人，因此，我们把这件事交给他们不是要伤害他们，而是要给他们好处。①

综上所述，英属东印度公司与亚美尼亚人的合作并没有给双方带来满意的效果。尽管如此，亚美尼亚人在英国殖民地上还是获得了英国商人的平等地位。当然，他们除与英属东印度公司合作外，还与俄、法、拉脱维亚、瑞典、苏格兰和西班牙等国家签署了类似的协议，编织起了一个真正意义上的现代国际贸易网络。在国家实体不复存在的情况下，这不可不谓是一个奇迹。庇错戴乐维将亚美尼亚商人与热那亚商人相提并论，描述了亚美尼亚商人与萨法维国王之间的依赖关系，他说："没有国王，商人就无法生存；没有商人，国王无以为继。"② 阿巴斯一世的去世削弱了伊朗生丝的垄断地位。没有了国王的庇护，亚美尼亚商人反而可以直接从农民那里以较低的价格收购生丝，扩大出口额。与此同时，他们将国际商业网络扩张到印度、俄罗斯、意大利、荷兰、法国和英国等欧洲国家。③让·查汀注意到："在土耳其，基督徒和犹太人主要从事对外贸易；在波斯，基督徒和印度异教徒从事贸易。至于波斯人，他们和自己的同胞在省际之间经商，而且大多数还是与印度人贸易。亚美尼亚人则与整个欧洲做生意。"④

---

① Vahe Baladouni and Margaret Makepeace, *Armenian Merchants of the Seventeenth and Early Eighteenth Centuries: English East India Company Sources*, "document 245".

② Pietro Della Valle, *Les fameux voyages*, trans. E. Carneau and F. le Comte, Vols. I, Paris, 1663, p. 48.

③ R. W. Ferrier, "The Armenians and the East India Company in Persia", *Economic History Review*, N. S. 26/1, 1973, pp. 38 –62.

④ Jean Chardin, *Voyages du chevalier Chardin en Perse*, Vol. III, Paris: Lenormant, Imprimeur-Libraire, 1811, p. 122.

五 新朱利法商人的经商方式

新朱利法商人在世界各地建立了一系列贸易据点，积累了雄厚资本。新朱利法的所有成年男子几乎都从事国际贸易。弗赖尔是英国东印度公司的医师，他的旅行见闻描述了新朱利法的商人社区，他说："他们以孜孜不倦的努力提高了伊斯法罕的荣耀。他们是值得信赖的商人，个个腰缠万贯；他们在树荫下不断获得财富和自由；当他们懒洋洋得坐在家里的时候，世界各地的代理商带着蜂蜜（财富）回到蜂房（新朱利法）。在孩子成年前，他们在有经验的导师的指导下教育孩子，导师首先教他们为生计劳动，然后才允许他们花钱。"①

新朱利法商人的足迹遍及全球。法国耶稣会传教士菲利普·艾维尔（1654—1698）遵照南怀仁的指示尝试了一次远到中国的旅行，他在途中遇到了很多新朱利法人，他说："在这个商旅队伍中，有个亚美尼亚商人声称自己是罗马天主教徒，这样看来，他是耶稣会的好朋友。但是现在我不懂任何东方语言，我想，出于对他宗教信仰的信任，将来指望他最好不过了。他对我们这个社会的热爱，使他有义务在本次旅行中照顾我，这是我所有旅行中的第一次。"②

新朱利法商人能力出众，吃苦耐劳，享誉东西方世界。在世界各地，无论有多么偏僻，只要能够带来利润，他们就勇往直前，比如17世纪末叶的拉萨有一个亚美尼亚商业社区。亚美尼亚人的商业能力与他们的教育密不可分。17世纪，亚美尼亚教育家科斯坦德在新朱利法开设了一所商业学校，编制了一套商业教科书。该手册概述了贸易的基本规则、各国货币、重量单位和管理措施等内容。科

① John Fryer, *India and Persia, in Eight Letters: Being Nine Years Travels, Begun 1672 and Finished 1681*, London: R. R. for Ri. Chiswell at the Rose and Crown in St. Paul's Church-Yard, 1698, p. 268.

② Philippe Avril, *Travels into Divers Parts of Europe and Asia, undertaken by the French King's Order to Discover a New Way by Land into China…*, London: Printed for Tim. Goodwin…, 1693, p. 21.

斯坦德的商业课程还详细考察了商人做生意的地方，远东、中亚、俄罗斯、近东、北非、欧洲和美洲等国家的 100 多个城市都在他的课程名单上。[①]

从商校毕业后，毕业生一般作大商人的代理商。代理商制度是亚美尼亚商人成功的一个非常重要的因素。要成为一名合格的代理商，一个人首先证明自己是一个值得信赖的和勤奋的人，并受过贸易方面的系统培训。家族背景和信用对于代理商的信誉至关重要，他的家庭必须为他对雇主的义务作担保。17—18 世纪初，在数百名从事国际贸易的新朱利法商人中，大多数人作了多年的代理商，比如到拉萨经商的霍夫汉内斯。在债权人的委托下，代理商带着现金或商品穿梭于欧亚大陆，寻找一切商机。回到新朱利法后，他们与债权人进行结算，所得利润一般在 25%—30% 之间。[②] 成功的代理商积累一定的资本后也会成为独立商人。

康孟达是中世纪最盛行的商业合作形式，也是最早的企业形态。它源于 15 世纪意大利和地中海沿岸的城市。康孟达是资本所有者将资本委托给船东或其他商人经营的一种经营方式。资本所有者只承担有限责任，实际经营者负无限责任。[③] 在一份名为塞特签署的康孟达契约中，资本与管理分离。[④] 贸易结束后，塞特保留利润的 1/3，然后将股东的本金和利润的 2/3 返给投资人。塞特的合同当事人多达 22 人：经营者 1 人、股东 4 人、资金托管 2 人、证人 15 人。从契约当事人的身份来看，有大商人、代理商（塞特）、牧师、市镇官和仆人。值得注意的是，契约保证人，既有商人和教俗人士，也有仆人。可见，新朱利法商人的契约非常仔细，考虑缜密。在塞

---

① Vazken S. Ghougassian, "Julifa i. Safavid Period", *Encyclopaedia Iranica*, Vol. XV, Fasc. 2; Vol. XV, Fasc. 3, 2009, pp. 325 – 326, 225 – 231.

② E. Herzig, "The Commercial Law of the New Julfa Armenians", in Shushil Chaudhury and Kéram Kévonian, eds., *Les Arméniens dans le commerce asiatique au début de l' ère moderne*, Paris: Maison des Sciences de l' Homme, 2008, pp. 63 – 81.

③ 穆永强：《康孟达起源及历史地位探析》，《特区经济》2015 年第 3 期，第 135—136 页。

④ 合同文本，可参见 Edmund M. Herzig, *The Armenian Merchants of New Julfa, Isfahan: A Study in Pre-modern Asian Trade*, pp. 306 – 308。

特的契约中，投入的原始资本计630土曼币。伊朗金币以土曼计价，1土曼币等于1万第纳尔。银币和铜币以第纳尔和里亚尔计价。1682年12月19日至1693年12月6日，新朱利法商人霍夫汉内斯·乔哈耶茨到印度、尼泊尔和拉萨经商。根据他的簿记，1土曼=306.4克银=27卢比。① 2019年2月6日，国际白银美元收盘价为1盎司=15.736美元；又1盎司=28.35克，那么1克银=15.736美元÷28.35克=0.555美元。塞特及另外四个股东共投资630土曼币，折合成美元等于107132.76美元（630×306.4×0.555）。也就是说，塞特投入了6802.08美元，其他四位股东分别投入25082.67美元。他在拉萨和印度的日常生活日开支分别为3.79克银和8.18克银。② 由此可见，新朱利法商人资本雄厚。

总而言之，康孟达非常适合亚美尼亚人的长距离贸易。它把合伙人的资本与另一合伙人的劳动结合起来，以决定最终利润的分配。这使得拥有雄厚资本的新朱利法商人可以投资于长距离贸易，而不必承担旅途的风险。投资者也不必控制数千千米之外的代理人，也不必付给他薪水。简言之，投资者不参与康孟达的日常运作，也不对代理人的任何债务负责。他的风险限制在最初投资金额之内。因此，他对代理人会尽力进行有利可图的交易十分放心，因为代理人唯一的回报就是利润的分成。正如前文提到的，塞特的契约中尽管有许多来自不同社会阶层的保证人，但也反映出商人间的信任。投资人不必担心代理商携钱跑路。如前文所述，要成为一名合格的代理商，需要进行系统的商业培训，而且代理商家族还要在新朱利法社会中享有一定的社会声望，每个当事人都要写上父亲的名字。因此，如果代理商携钱跑路，肯定会失信于人，以后在整个亚美尼亚商业圈中无法生存。新朱利法商人之间的合作，既有彼此之间的信任，也有制度和习俗的约束。所以，每个代理商都会尽最大的努力

---

① Levon Khachikian, "The Ledger of the Merchant Hovhannes Joughayetsi", *Journal of the Asiatic Society of Bengal*, Vol. 8, No. 3, 1966, p. 178.

② 亓佩成：《新朱利法城亚美尼亚商人霍夫汉内斯的拉萨簿记》，《西藏大学学报》（社会科学版）2020年第2期，第53—59页。

创造利润。正是基于这种精神，亚美尼亚商人驰骋于全球贸易圈。

六　新朱利法商人在印度

新朱利法这个名字本身就代表着亚美尼亚商业的辉煌。17—18 世纪，他们的商贸网将中亚、远东、北非、俄国和欧美串联起来，促进了前现代时期长距离贸易的发展。新朱利法商人经营的产品种类广泛：出口波斯生丝、玫瑰水、地毯、干果、布匹、染料、盐、宝石、棉织品、丝绸织品、染布和细羊毛；从印度、远东和西藏进口织物、大米、糖、咖啡、茶、香料、象牙、椰子油、红白檀木、瓷器、靛蓝、黄金和珠宝；从欧洲进口镜子、玻璃器皿、水晶、吊灯、手表、棉布、毛织品，以及金银铸币等。

事实上，在大驱逐前，朱利法的商人已经与俄罗斯、奥斯曼帝国和欧洲的其他亚美尼亚社区建立了良好的关系，这是他们被驱逐到伊朗的原因之一，也显示了他们的经济价值。在伊朗安顿下来后，他们立即利用已有的贸易点建立了一个遍布世界各地的贸易网：从西边的阿姆斯特丹到东边的菲律宾，从印度到中国，从意大利到大不列颠。然而，印度是亚美尼亚商人最为活跃和最为成功的地方。

亚美尼亚人很早就到过印度，如前文所述，居鲁士大帝曾经向亚美尼亚人打听到印度的路线。然而，亚美尼亚人定居印度的可靠记载发生在 15 世纪的最后几年，时葡萄牙人在印度西海岸评估贸易前景时发现了亚美尼亚人。① 16 世纪初，马德拉斯就有亚美尼亚社区。根据葡萄牙方面的资料记载，普利卡特的亚美尼亚商人把葡萄牙人带到麦拉坡的圣托马斯的陵墓旁，那里有一座亚美尼亚人的小教堂。17 世纪后期，法属印度殖民地本地治里的创始人弗朗索瓦·马丁（1634—1706）退休后在圣托姆撰写了回忆录，他说：

> 修建圣托马斯教堂是许多亚美尼亚人的工作，他们经常到那里去，有的是为了做生意，有的是为了虔诚地供奉圣托马斯，

① Sebouh David Aslanian, *From the Indian Ocean to the Mediterranean: The Global Trade Networks of Armenian Merchants from New Julfa*, p. 47.

> 因为圣托马斯镇以他的名字命名。当葡萄牙人在印度安顿下来后，这个民族的成员就在全国各地定居下来，其中一些人居住在圣托姆，他们与已经定居在那里的亚美尼亚人合作。然后，他们借助与印度其他地区的贸易，建造了一座城镇和一些住宅。可以肯定的是，在过去，这个地方有些百万富翁家庭，这个地方的早期贸易是开采金矿。①

奥斯曼帝国和萨法维帝国瓜分亚美尼亚后，很多亚美尼亚人移居到莫卧儿帝国。据说，阿克巴大帝（1556—1605年在位）邀请亚美尼亚商人到帝国都城阿格拉定居，并给予他们宗教自由权和在政府中工作的机会。阿克巴大帝的妻子玛利亚姆和首席大法官阿卜杜勒·哈伊都是亚美尼亚人，亚美尼亚商人伊斯坎德尔获得了帝国高级军衔“曼萨卜达尔”，还有的亚美尼亚人担任孟加拉省省长和莫卧儿盐场监督员等高级职位。② 除此之外，还有很多亚美尼亚人在莫卧儿王室中效劳，阿格拉的亚美尼亚社区有亚美尼亚人的教堂。③有些亚美尼亚人成为印度的经销商和军火商，有些在孟加拉和旁遮普担任各类行政长官。根据莫卧儿帝国的一项敕令，亚美尼亚商人进出口的商品免交关税，可以在外国人不允许进入的地区自由活动和经商。加尔各答的亚美尼亚学者雅各布·塞思（1820—1900）解释了莫卧儿帝国善待亚美尼亚商人的原因：

> 一般人可能不知道，亚美尼亚人自古以来就与印度有着贸易往来。他们通过陆路，从波斯、阿富汗和西藏来到这个国家，早在欧洲商人来到这个国家之前，他们就在所有的商业中心打

---

① François Martin, *Mémoires de François Martin, fondateur de Pondichéry (1665 - 1696)*, Vol. 1, edited by Alfred Martineau, Paris: Soc. d'Éd. Géographiques, Maritimes et Coloniales, 1931, pp. 335 - 336.

② Sebouh David Aslanian, *From the Indian Ocean to the Mediterranean: The Global Trade Networks of Armenian Merchants from New Julfa*, p. 47.

③ Edmund M. Herzig, *The Armenian Merchants of New Julfa, Isfahan: A Study in Pre-modern Asian Trade*, p. 147.

> 下了良好的基础。然而，值得注意的是，早期的亚美尼亚商人没有在印度建立永久定居点或殖民地。他们像候鸟一样从《圣经》中著名的亚拉腊之地远道而来，购买香料和上等的细棉布，古印度就是以这些东西闻名的。正是阿克巴——印度的马可·奥勒留，诱使他们来到他的领土上定居，而非到这个国家旅居。他十分了解亚美尼亚人的情报及其对商业事务的熟悉，并希望通过他们的商业机构改善本国贸易。①

除雅各布·塞思谈到的原因外，印度较低的赋税、英属东印度公司的承诺和宗教宽容，也是吸引亚美尼亚商人到印度的重要因素。值得注意的是，亚美尼亚人移居印度与伊朗的反基督教政策的兴起相吻合。1647 年，沙阿阿巴斯二世强迫伊斯法罕的亚美尼亚人搬到新朱利法，艾娜认为，这是新朱利法人特权地位的结束和亚美尼亚隔离区的建立。② 大不里士的阿拉克尔（1590—1670）声称，这是国王隔离饮酒与不饮酒的人的计划的一部分。③ 沙阿苏莱曼（1666—1694 年在位）统治时期，亚美尼亚人在伊朗的生存状况急剧恶化。苏丹侯赛因（1694—1722 年在位）公开迫害基督徒，强行改宗亚美尼亚人成为既定国策。在高压政策下，有些亚美尼亚人改信了伊斯兰教，但更多的人拒绝叛教，移民到印度。辛哈认为，印度的亚美尼亚人大部分来自新朱利法。④

通过上文可以看出，新朱利法城建立前，亚美尼亚商人已经在印度扎根而且还非常有名。新朱利法城建立后，亚美尼亚商人向印度的移民速度加快。17 世纪，印度对亚美尼亚商人来说是一片充满机遇的

---

① Mesrovb Jacob Seth, *Armenians in India: From the Earliest Times to the Present Day*, Calcutta: Published by the Author, 1937, p. 1.

② Ina Baghdiantz Mccabe, *Shah's Silk for Europe's Silver: The Eurasian Trade of the Julfa Armenians in Safavid Iran and India, 1530 – 1750*, Atlanta: Scholars Press, 1999, p. 45.

③ Arakel of Tabriz, *The History of Vardapet Arakel of Tabriz*, Vol. 2, trans. G. Bournoutian, Cosa Mesa, CA: Mazda Publishers, 2006, pp. 445 – 447.

④ N. K. Sinha, "The Armenian Traders in Bengal", in A. Siddiqi, ed., *Trade and Finance in Colonial India 1750 – 1860*, Dehli: Oxford University Press, 1995, p. 99.

土地，许多人希望到印度实现自己的发财梦——印度的纺织品和生丝价格低廉、质量上乘。为发展印度经济，印度统治者鼓励亚美尼亚人在孟买、加尔各答、马德拉斯和锡兰等重要城市建立商业殖民地。[①]

17 世纪中叶，印度北部的胡格利、巴特那和加尔各答，南部的海得拉巴、戈尔康达和默苏利珀德姆等地已经遍布亚美尼亚定居点。1724 年，在加尔各答的一片亚美尼亚墓地旁建起了圣拿撒勒教堂，最早的墓碑可追溯到 1630 年。[②] 这表明，英属东印度公司在印度建立第一家贸易站点之前（1690），亚美尼亚人已经在加尔各答附近定居下来。亚美尼亚印度教区主教由新朱利法的主教任命。亚美尼亚神职人员的到来，有利于保持印度亚美尼亚人的民族身份。

印度西部港市苏拉特是亚美尼亚人最早建立社区的城市之一。在苏拉特的亚美尼亚公墓中有一位牧师妻子的铭文（死于 1579 年）。1683 年，到中国西藏拉萨做生意的霍夫汉内斯抵达印度后，在苏拉特停留了 2 个月，1 年后又在那里停留了一个半月，并与那里的亚美尼亚人做生意。[③] 根据上述两点，可以清楚地看出，苏拉特是一个繁荣的亚美尼亚殖民地。内地城市布尔汉布尔也有很多亚美尼亚人。当时，它是印度北部的棉纺织业制造中心，城里有一座亚美尼亚教堂。西部城市阿默达巴及其北边的锡龙杰也有亚美尼亚社区，该地也是印度的棉纺织业制造中心。1680 年奥兰加巴德市出现了亚美尼亚社区，1632 年英国商人彼得·芒迪在印度东北城市巴特那发现了亚美尼亚社区。[④] 1673 年，法国商人在印度南部城市比

---

① James Barry, "Iranian-Armenian on the Silk Road", in A. M. Vicziany and R. Cribb, eds., *Proceedings of the 17th Biennial Conference of the Asian Studies Association of Australia* (ASAA), Vol. 1, Melbourne: Monash University Publishing, 2008, pp. 1-15.

② Bhaswati Bhattacharya, "Armenian European Relationship in India, 1500-1800: No Armenian Foundation to a European Empire?", *Journal of the Economic and Social History of the Orient*, Vol. 48, No. 2, 2005, pp. 277-322.

③ Edmund M. Herzig, *The Armenian Merchants of New Julfa, Isfahan: A Study in Pre-modern Asian Trade*, p. 147.

④ P. Mundy, *The Travels of Peter Mundy in Europe and Asia 1608-1667*, Vol. 2, edited by R. Camac Temple and L. M. Anstey, London: Hakluyt Society, *1907-1925*, p. 159.

贾布尔看到了亚美尼亚商队。[1] 上述种种事实表明，亚美尼亚商人可以在印度自由迁徙、定居和经商。

17 世纪下半叶，西方殖民主义扩张的步伐加速，在印度经商的不止有亚美尼亚人，荷兰人、法国人、西班牙人和英国人纷至沓来，并向亚洲内陆渗透。欧洲人的到来为亚美尼亚人提供了各种可能，并不得不与欧洲新来者竞争。那个时代也是商旅文学最为丰富的时代。西方通往东方的航线开始变得拥挤，大批西方冒险家到东方的蛮荒水域寻求财富。在欧洲人涌入印度之前，亚美尼亚人已经在亚欧主要贸易站点站稳了脚跟。欧洲的东印度公司成为亚美尼亚商人最主要的竞争对手。在欧洲旅行记录中，亚美尼亚商人常常被描述为无处不在的邪恶之徒，这反映了亚美尼亚竞争对手的嫉妒。[2] 然而，在多元的商人社会里，他们共享相同的商业机会。欧洲商人与亚美尼亚人的一个共同特点是他们都是基督徒，所有这一切使亚美尼亚人和欧洲人如何在亚洲海域竞争变得非常有趣。

美国塔夫斯大学的艾娜在研究了伊朗和印度的新朱利法人之后认为，亚美尼亚人除与英国人合作外，很少与其他欧洲人合作。[3] 英属东印度公司背后有强大的政府作后盾，势力强大，而亚美尼亚人没有自己的国家，仅凭一己之力无法与东印度公司抗衡。另外，印度的营商条件也迫使亚美尼亚人与英属东印度公司合作。亚美尼亚人可以利用东印度公司的商船将自己的货物运送到世界各个贸易中心，英国人利用亚美尼亚人对印度经商环境的谙熟，以及他们与莫卧儿王室的人脉关系，雇佣他们与帝国官员

---

① Carré, "The Travels", cited in Edmund M. Herzig, *The Armenian Merchants of New Julfa, Isfahan: A Study in Pre-modern Asian Trade*, p. 148.

② 法国珠宝商塔沃尼说："只要亚美尼亚人发现哪里能赚到钱，就毫不犹豫地为偶像提供物质……" 见 Jean Baptiste Tavernier, *The Six Voyages of John Baptista Tavernier*, Vol. I, made English by John Phillips, p. 261。"（亚美尼亚人）同样接受了亚洲所有奴性的教育，懂得如何忍受侮辱，这是自由国家的知识分子难以忍受的……" 见 J. Hanway, *An Historical Account of the British Trade over the Caspian Sea*, Vol. 2, London: Printed for T. Osborne, 1753, p. 31。

③ Ina Baghdiantz Mccabe, *Shah's Silk for Europe's Silver: The Eurasian Trade of the Julfa Armenians in Safavid Iran and India, 1530 - 1750*, pp. 344 - 345.

谈判。[①] 英属东印度公司留下来的大量日志和簿记等信息证明了这一点。

事实上，自英国人踏上印度领土的那一刻起，就雇佣亚美尼亚人作信使或翻译。初来乍到，英国人不熟悉当地语言和文化环境，所以亚美尼亚人成为英国人首选的合作对象。英国人的到来也为印度的亚美尼亚商人开辟了新的商业途径，他们利用东印度公司的商船将世界各地的亚美尼亚社区联系起来，实现了商业利益的最大化。

在深入研究两者关系之前，有必要将他们各自的经商模式进行简单比较。新朱利法城是亚美尼亚商人的总部，公司董事会负责世界各地的商业事务，解决商业纠纷。[②] 印度的大部分亚美尼亚商人要么是他们的代表，要么是他们的合作伙伴，要么两者都是。英属东印度公司留下来的文献数不胜数，代表了具备某些特征的贸易组织。尼尔斯将东印度公司比作“生产型企业”，是一个通过暴力实现再分配的贸易公司。[③] 很多历史学家曾详细论述过这些公司的双重性质：在国外享有准国家的地位，在国内享有政府授予的贸易垄断权。[④] 英国女王伊丽莎白二世颁给东印度公司特许状，使它获得了为期 15 年的与好望角和麦哲伦海峡以外的国家进行贸易的独家特权。有人认为，东印度公司是最早的跨国公司。虽然公司的大部分资本来自商人的直接投资，但许多普通人也可以将自己的财产处置权交给它，比如公司的大部分营运资本是通过发行季度或半年期的固定利率的债券融资的。作为股份公司，它以股权和债权两种资本

---

① Ruquia Kazim Hussain, *Armenian Merchants in India 1550 – 1800*, Ph. D. dissertation, Aligarh: Aligarh Muslim University, 1989, p. 79.

② Ina Baghdiantz Mccabe, *Shah's Silk for Europe's Silver: The Eurasian Trade of the Julfa Armenians in Safavid Iran and India, 1530 – 1750*, pp. 244 – 245.

③ Niels Steensgaard, "The Dutch East India Company as an institutional innovation", in M. Aymard, ed., *Dutch Capitalism and World Capitalism*, Cambridge: Cambridge University Press, 1982, pp. 235 – 257.

④ Niels Steensgaard, "The Companies as a Specific Institution in the History of European Expansion", in L. Blussé and F. S. Gaastra, eds., *Companies and Trade: Essays on Overseas Trading Companies during the Ancien Régime*, Leiden: Leiden University Press, 1981, pp. 245 – 264.

形式开展交易，将资本管理与所有权分离。公司复杂的管理程序使它像国中之国。18世纪初，欧洲殖民地的准主权性质带来的利益显而易见，而亚美尼亚商人不具备这些特点。[①]

东印度公司是有组织性的机构，而亚美尼亚商人大多为个体。另外，东印度公司在亚洲的海洋贸易中经常使用武力，亚美尼亚人从来不使用武力，而是依靠长期积累的资本和信誉拓展市场。使用武力，不仅使东印度公司能够从主权国家获得特权，还使这种特权得到保障。欧洲市场的竞争、亚洲地区实力的增强，给东印度公司带来紧迫感和制度上的凝聚力。然而，亚美尼亚人的贸易却没有这些优势。孟加拉行政长官西拉杰·达乌拉（1733—1757）写给亚美尼亚大商人瓦吉德的信证实了这一点。他在信中如是说："亚美尼亚人虽是孟加拉的外国人，但他们没有建造任何堡垒，在莫卧儿帝国政府的保护下进行贸易；为什么欧洲人，尤其是英国人要坚持建造防御工事呢？"[②]

印度的亚美尼亚人不能够代表伊朗的萨法维帝国。因此，相较于使用胡萝卜加大棒的欧洲公司或商人来说，亚美尼亚商人更像印度人，其商业地位或利益主要来自莫卧儿王室的政策。然而，亚美尼亚商人比其他商业竞争者更具优势：亚美尼亚社区遍布世界各地，这种情况使很多亚美尼亚人不仅能读懂各种语言，而且还能利用社区网络建立起一个全球性贸易帝国。另外，亚美尼亚商人不像东印度公司那样拥有各种类型的合资公司。以赫兹格的博士论文研究为例，他指出以宗法制为基础的家族企业是亚美尼亚商人的主要商业组织形式，以家庭关系为基础的商业活动最为流行。布罗代尔指出，家族为商业提供了最自然和最受欢迎的解决方案。[③] 艾娜也

---

① Bhaswati Bhattacharya, "Armenian European Relationship in India, 1500 - 1800: No Armenian Foundation for European Empire?", p. 280.

② Samuel Charles Hill, ed., *A Selection of Public and Private Papers Dealing with the Affairs of the British in Bengal during the Reign of Siraj-Uddaula*, Vol. 1, London: John Murray, 1905, pp. 3 - 5.

③ Fernand Braudel, *Civilization and Capitalism 15th-18th Century*, *Vol 2*: *The Wheels of Commerce*, trans. S. Reynolds, London: Harper & Row, 1982, p. 150.

承认，家族是亚美尼亚商会的基本单位和首选制度。① 17 世纪，弗赖尔描述了亚美尼亚人的贸易模式：“亚美尼亚人精通各国所有错综复杂的贸易，并与这些人一起进入最遥远的王国，通过自己的产业和对家族的忠诚，成为最富有的人。”②

在以家族公司为商业组织的情况下，代理人制成为亚美尼亚人长距离贸易的另一个重要基础。代理人往往是家族成员。弗赖尔对该制度进行了描述，说：“他们（亚美尼亚人）通过一些赞助人进入商业剧场，他们冒险把赞助人的钱拿来，回报的四分之一是自己的：他们这样会为自己和雇主带来巨大财富。”③ 这种商业伙伴关系在南亚的亚美尼亚社区中普遍存在，在拉萨经商的霍夫汉内斯亦是如此。

当欧洲商人出现在印度时，他们与亚美尼亚人的起点就不一样了。前者以强大的国家为后盾，后者以家族企业为基础。对于东印度公司来说，它不必考虑亚美尼亚人的国家政治因素。在 1688 年的协议中，英国赋予亚美尼亚人平等的英国公民权利，亚美尼亚人可以乘坐东印度公司的任何船只自由进出印度。在该协议的附件中，东印度公司同意：

> 每当 40 个或以上的亚美尼亚人定居在东印度公司属的任何要塞、城市或乡镇时，上述亚美尼亚人不仅享有宗教自由权，还应当拨给他们一块土地建立教堂，并按照他们的方式敬拜和侍奉上帝。我们负担相关费用，因为他们按自己的喜好用石头或其他固体材料建造舒适的教堂。以上统治者和公司在 7 年的时间里每年拨付 50 英镑，以维持神父或牧师执行职务期间的生计。④

---

① Ina Baghdiantz Mccabe, *Shah's Silk for Europe's Silver*: *The Eurasian Trade of the Julfa Armenians in Safavid Iran and India*, *1530 – 1750*, pp. 245 – 250.

② William Crooke, *A New Account of East Indies and Persia*, *Being Nine Years' Travels 1672 – 1681 by John Fryer*: *Vol. II*, p. 249.

③ William Crooke, *A New Account of East Indies and Persia*, *Being Nine Years' Travels 1672 – 1681 by John Fryer*: *Vol. II*, p. 249.

④ Cited in Sebouh David Aslanian, *From the Indian Ocean to the Mediterranean*: *The Global Trade Networks of Armenian Merchants from New Julfa*, p. 49.

印度的新朱利法人大多是大商人，而非那些骑在牛背上的孤独小贩。像霍夫汉内斯这样的小商人，并不能代表整个亚美尼亚商人的情况。霍夫汉内斯当时正在为一个显赫的新朱利法商人家族工作。乔杜里称这些亚美尼亚商人是一群“高度熟练的套利交易者”，随时“准备经营任何有盈利前景的商品”，并根据风险程度及时改变商业规模。[①] 有些印度亚美尼亚商人的财富堪比伦敦和阿姆斯特丹的富商，乔杜里声称几乎所有英国商人“都欠亚美尼亚商人很多债”[②]。1689年，一位在伦敦的英属东印度公司董事说：“这些人（亚美尼亚人）是一群节俭、吝啬和谨慎的人，他们走遍了整个印度，几乎知道莫卧儿领土上的每一个村庄和每一种商品，他们的技能和判断力超过了我们最古老的布商。”[③] 1690年，该董事再次指出，亚美尼亚人是勤奋、节俭和非常有经验的商人，并要求他在孟加拉的员工一定要通过亚美尼亚人购买孟加拉布料，因为他们知道如何“买得比你们更好”[④]。

在印度的亚美尼亚大商人中，伊斯雷尔·沙尔哈德和瓦吉德最为有名。18世上半叶，他们几乎主宰了孟加拉的经济。英属东印度公司很早就注意到亚美尼亚商人深受莫卧儿皇帝青睐的事实，于是雇佣沙尔哈德为谈判代表，于1698年7月从莫卧儿皇帝奥朗则布（1618—1707年在位）手中购买了加尔各答、苏塔奴蒂和戈宾多布尔三个村庄的统治权和柴明达尔（征税的权利，但实际上是所有权）。[⑤] 今天的印度加尔各答就是在这三个村庄的基础上发展起来的。沙尔哈德与莫卧儿皇帝法鲁克锡亚（1713—1719年在位）私人

---

① K. N. Chaudhuri, *Trading World of Asia and the English East India Company, 1660 - 1760*, Cambridge: Cambridge University Press, 1978, p. 137.

② K. N. Chaudhuri, *Trading World of Asia and the English East India Company, 1660 - 1760*, p. 403.

③ Vahe Baladouni and Margaret Makepeace, *Armenian Merchants of the Seventeenth and Early Eighteenth Centuries: English East India Company Sources*, “document 121”.

④ Vahe Baladouni and Margaret Makepeace, *Armenian Merchants of the Seventeenth and Early Eighteenth Centuries: English East India Company Sources*, “document 127”.

⑤ Mesrovb Jacob Seth, *Armenians in India: From the Earliest Times to the Present Day*, p. 544.

关系非常好。在皇帝年少尚未即位时，他就时常送给他一些玩具和礼物，以培养私人关系。由此可见，亚美尼亚商人能把商业人脉关系做到极致。1715 年，又是在沙尔哈德的帮助下，英属东印度公司从莫卧儿皇帝手中购得了“大诏书”；1717 年，英属东印度公司获得了在印度的自由贸易权，他因此获得了每年 3000 卢比的报酬。① 英国购买的上述三个村庄，不仅促成了加尔各答的崛起，也奠定了英国殖民印度的基础。英属东印度公司与莫卧儿的谈判几乎都是通过沙尔哈德进行的。

瓦吉德也来自新朱利法。他在孟加拉的胡格利经营着自己的商业帝国，根据亚历山大·休谟（1773—1853）的回忆录和荷属东印度公司董事们提供的信息，他是 18 世纪三四十年代最有影响力的亚美尼亚大商人马赫梅特·法泽勒的儿子。② 当时，瓦吉德是孟加拉最为重要的金融大亨，利用借贷关系控制着印度和欧洲的私商。③ 乔杜里将亚美尼亚大商人比作印度的美第奇家族（意大利）、福格尔家族（德意志）和特里普斯家族（英国）。④ 18 世纪上半叶，亚美尼亚大商人控制了孟加拉的商业和经济生活。⑤

18 世纪的头几十年里，由于阿富汗部落首领马哈茂德的破坏，孟加拉的商业地位急剧下降，很多亚美尼亚商人迁到加尔各答。1722 年，阿富汗人占领了新朱利法城，大批商人涌入加尔各答。由于亚美尼亚人很早就熟悉胡格利河，所以在河岸一带定居了下来。很快，活跃的亚美尼亚社区生活开始了。与此同时，也有大量亚美

---

① Mesrovb Jacob Seth, *Armenians in India: From the Earliest Times to the Present Day*, p. 544.

② Sushil Chaudhury, “Armenians in Bengal Trade and Politics in the 18th Century”, in S. Chaudhury and K. Kévonian, eds., *Les Arméniens dans le commerce asiatique au début de l' ère moderne*, Paris: Éditions de la Maison des sciences de l' homme, 2007, pp. 149 – 167.

③ Nordin Hussin, “Charting the Early History of Penang Trading Networks and Its Connections with the New ASEAN Growth Triangle (Malaysia-Indonesia-Thailand)”, *Malaysian Journal of Society and Space*, No. 3, 2007, pp. 75 – 83.

④ Sushil Chaudhury, *From Prosperity to Decline: Eighteenth Century Bengal*, New Delhi: Manohar Publisher, 1999, p. 124.

⑤ Sushil Chaudhury, *From Prosperity to Decline: Eighteenth Century Bengal*, p. 124.

尼亚人来到科罗曼德、马德拉斯、赛达巴德、达卡和巴特那等港口城市。在这些印度城市中，马德拉斯是亚美尼亚人最重要的聚居地之一，并在 18 世纪下半叶成为亚美尼亚文化觉醒的中心，著名史学家布罗代尔惊叹道："如果没有亚美尼亚人，马德拉斯会是什么样子？"[①] 1712 年，一座亚美尼亚教堂在马德拉斯落成，成为该城的标志性建筑，但过了一段时间，亚美尼亚人放弃了它，因为英国当局不允许建这么高的建筑。[②] 后来，在拉利伯爵的领导下，法军于 1746 年占领了马德拉斯，教堂随之被拆毁。[③]

马德拉斯的亚美尼亚商人控制了印度与马尼拉的贸易。在某个时候，东印度公司的董事指责亚美尼亚商人使用其他国家的商船运送货物。一份东印度公司文件说明了马德拉斯亚美尼亚商人的贸易方式以及他们与该公司的关系，摘录如下：

> 1724 年 4 月 27 日星期一。董事长告诉董事会，亚美尼亚人长期以来表现得非常傲慢无礼；他们不配享有给予的特权，而且还违反了条例的若干规定，使政府感到厌恶；他还命令他们出席董事会，对他指控他们的几项事实作出回答。第一件事是，大商人乔治和"伦敦"号轮船的其余船东在本地治里违反公司规定，进口了大部分货物，共计 12000 塔（印度旧金币）；从他们 1708 年 4 月 7 日的信中完全可以看出，他们违反马德拉斯的风俗，把居民逐出边界，把贸易带到圣托姆；本地治里亦是如此，因为他们把货物进口到哪里，他们就在哪里违反习俗。他，也就是董事长，在 1719 年 12 月 19 日的公司信函中，以同样的话提到了法国人——我们的仆人，无论是欧洲人还是印度人，无论是我们的商

① Fernand Braudel, *Civilization and Capitalism*, 15*th*-18*th Century*, *Vol. III*: *The Perspective of the World*, trans. from the French by Sian Reynolds, London: Williams Coliins Sons & Co Ltd, 1984, p. 490.

② Mesrovb Jacob Seth, *Armenians in India*: *From the Earliest Times to the Present Day*, p. 580.

③ Mesrovb Jacob Seth, *Armenians in India*: *From the Earliest Times to the Present Day*, p. 581.

> 人还是经纪人，都不允许与他们做买卖，或以其他方式帮助他们进行交易或买卖……所有这些行为都极大地损害了公司的规定，破坏了英国人的航运。他补充说，这种罪恶长期以来一直发展，以至于到了现在的程度，而且每天还在继续。如果委员会不采取措施加以阻止，马德拉斯的商业必然会归于无有。①

1724年5月20日的报告说："亚美尼亚人没有接受董事会最近颁布的命令的警告，而是变得更加傲慢无礼；从那以后，他们与西班牙人阿戈什蒂纽·巴西里奥打交道。"② 到18世纪下半叶，马德拉斯的亚美尼亚社区不仅建立了自治机构，而且还产生了实施自治的法律基础——社区规章制度。亚美尼亚大商人彼得鲁斯在某个时候从马尼拉来到马德拉斯。今印度钦奈的"亚美尼亚街"仍熙熙攘攘，商店琳琅满目，见证了该市亚美尼亚历史和文化的变迁，其中很多著名的建筑都与彼得鲁斯有关，并一直保存到今天，比如圣托马斯山教堂的台阶和马尔马龙桥都是彼得鲁斯的作品。③

亚美尼亚大商人阿伽·沙默尔发迹于马德拉斯，他于1723年出生在新朱利法，后移居到印度，经营珍珠、波斯玫瑰、香水和干果。他资本雄厚，借给了卡纳蒂克的英国官员很多钱。当英国人占领该地时，这位英国官员还没有还清欠他的债务。于是，阿伽·沙默尔去见了这位英国官员。根据雅各布·塞思的说法，英国长官问道："我最亲爱的朋友，你对我的财务状况有任何担心吗？因此你来要我给予你应得的补偿吗？"阿伽·沙默尔回答："不是这样的，我的主。我像往常一样来向殿下表示我的敬意。我对你的要求只不

---

① J. Talboys Wheeler, *Madras in the Olden Times Being a History of the Presidency from the First Foundation of Fort St. George to the Occupation of Madras by the French (1639 – 1748)*, Madras, 1882, reprint of Asian Educational Services, 1993, pp. 418 – 419.

② J. Talboys Wheeler, *Madras in the Olden Times Being a History of the Presidency from the First Foundation of Fort St. George to the Occupation of Madras by the French (1639 – 1748)*, p. 420.

③ Mesrovb Jacob Seth, *Armenians in India: From the Earliest Times to the Present Day*, p. 582.

过是你鞋上的一点尘土!”他一边说着，一边从胸袋里掏出了欠条，撕成碎片。这一举动虽不浪漫，却使这位英国官员感激涕零。他命令秘书写了一份令书，把诺布利村的地契送给了他，并规定以后无论英国政府还是自己的继任者都不能以任何方式收回地契，并免除其任何赋税。[①] 阿伽·沙默尔还送给格鲁吉亚国王希拉克略二世（1744—1798 年在位）一颗珍贵的钻石。作为回报，格鲁吉亚国王于 1775 年把高加索的洛里及其周围的村庄、田野、山川、森林和水道赠送给了他。1786 年，希拉克略二世颁布敕令，任命阿伽·沙默尔及其儿子为格鲁吉亚亲王，并送给他一枚纹章。

加尔各答是亚美尼亚人在印度的另一个重要聚居地，圣拿撒勒大教堂就在该城。马瑟赫·巴巴扬和阿卜杜勒·姆森是该市著名的亚美尼亚大商人。加尔各答有一条亚美尼亚街，很多商店和剧院都是亚美尼亚人投资建设的。亚美尼亚人的“亚美尼亚街”犹如华人的“唐人街”，反映了两个古老民族的惊人适应能力。

雄厚的资本成为亚美尼亚民族主义复兴和文化启蒙的必要条件。整个 18 世纪，加尔各答一直是亚美尼亚民族主义和文化复兴的中心。约瑟夫·埃明的回归和 1772 年阿伽·沙默尔在马德拉斯建立的印刷厂，标志着印度的亚美尼亚启蒙运动的开始，并一直持续到 1852 年《亚拉腊爱国者杂志》关闭时为止。约瑟夫·埃明是亚美尼亚民族解放运动的先驱，曾前往欧洲各国和俄罗斯，为摆脱伊朗和奥斯曼帝国的统治寻求支持。他出生在伊朗的哈马丹市，幼年时随父来到加尔各答。他的梦想是去欧洲学习军事，目的是“至少在某种程度上对他的国家有用”，然后“像欧洲军官一样”移居亚美尼亚，因为他“不能容忍像野兽一般没有自由和知识就只知道吃喝拉撒”的生活。[②] 1751 年，埃明移居伦敦。在英国政治家埃德蒙·伯克（1729—1797）的推荐下被伍尔维奇军事学院录取。1757 年毕业

---

① Mesrovb Jacob Seth, *Armenians in India: From the Earliest Times to the Present Day*, p. 587.

② Joseph Emin, *The life and Adventures of Joseph Emin, an Armenian*, Calcutta: Baptist Mission Press, 1918, p. 59.

后，他参加了英国和普鲁士对法国的战争。1759 年，他前往埃奇米阿津，企图说服大主教解放亚美尼亚。两年后，他去了俄罗斯，从俄国总理沃龙佐夫伯爵那里得到了一封推荐信，目的是与格鲁吉亚联手解放亚美尼亚。被拒绝后，失望的埃明在印度度过了余生。

就时间、地理和意识形态而言，印度的亚美尼亚启蒙运动可以分为两个阶段：马德拉斯时期（1772—1797）和加尔各答时期（1797—1852）。马德拉斯时期的主要特点是泛亚美尼亚民族主义的出现。加尔各答时期的主要特点是温和的民族主义发展时期。对于后者，亚美尼亚启蒙分子关注的焦点是对当地的亚美尼亚人进行世俗教育，促进亚美尼亚人对民族文化的认同。①

总而言之，印度的亚美尼亚社区在亚美尼亚历史上有非常重要的地位和影响力。鼎盛时代，印度的亚美尼亚人主导了整个亚美尼亚社会前进的方向，成为近现代亚美尼亚民族解放运动的多维能量之一。例如，马德拉斯和加尔各答的 16 家亚美尼亚印刷厂出版了近 200 种书籍，其中大多都是世俗书籍，而非传统的宗教刊物。显然，印度为亚美尼亚人的世俗生活、商业活动提供了肥沃的土壤。印度的亚美尼亚人的影响力如此之大，那么在印度的亚美尼亚人口总数是多少呢？加尔各答的亚美尼亚首席牧师霍夫汉内斯·哈奇基扬多年来以亚美尼亚人的精神领袖自居，他认为，19 世纪 60 年代，印度的亚美尼亚总人数为 1225 人。② 由此推断，前现代时期印度的亚美尼亚人口规模也就在千人左右。但是，人口数量并不代表什么，最为重要的是，印度的亚美尼亚商人似乎有着无限的能量、活力和爱国精神，他们追求光明、自由和财富，为亚美尼亚文明的发展作出了重要贡献。

究竟是什么因素使印度成了近代亚美尼亚启蒙运动和泛亚美尼亚解放运动的中心呢？首先，奥斯曼帝国和萨法维政权对亚美尼亚

---

① Vazken Ghougassian, "The Quest for Enlightenment and Liberation: The Case of the Annenian Community of India in the Late Eighteenth Century", in Richard G. Hovannisian and David N. Myer, eds., *Enlightenment and Diaspora: The Armenian and Jewish Cases*, Atlanta: Scholars Press, 1999, p. 242.

② Hovhannes Khachkyan, *Little Mirror*, Calcutta, 1869, p. 41.

民族思想的压制，迫使他们将民族解放运动的中心设在国外。其次，近代欧洲开始关注亚美尼亚问题，并对该国的历史产生了广泛的兴趣，但却没有相关的组织机构。最后，印度的亚美尼亚社区，特别是马德拉斯和加尔各答的亚美尼亚社区都是一些小而紧密的定居点。他们积累了大量财富，组织相对完善。另外，印度的亚美尼亚人与西方国家联系密切，这无疑开阔了他们的政治视野。与此同时，印度的历史、哲学和文化，特别是反殖民斗争，对他们产生了积极的影响。

1858 年，英国政府结束了东印度公司在印度的统治，亚美尼亚人在印度的经济和政治影响力逐渐衰落。印度的经济衰退也是亚美尼亚社区失去活力的重要原因之一。由于失去了经济上的优势，他们开始向印度以外的地区迁徙，并在他们所熟悉的地方继续探索新的生活，其中一些人来到了缅甸、海峡殖民地和荷属东印度。在缅甸，一些亚美尼亚人获得了油田开发的垄断权，开办造船企业。仰光最著名的海滨酒店被亚美尼亚人买下，马来西亚的很多企业和酒店（如著名的莱佛士酒店）也都是从印度来的亚美尼亚人建立的。当英国人把新加坡沦为殖民地时，这里成了亚美尼亚人的另一个主要居住中心。1834—1836 年，来自印度的亚美尼亚人在这里建造了新加坡历史上的第一座基督教教堂——圣格雷戈里教堂。该教堂在新加坡的禧街，如今已成为旅游胜地。新加坡的国花“卓锦万黛兰”是由亚美尼亚人阿格尼丝·卓锦（1854—1899）培育出来的；新加坡全国性报纸《海峡时报》的创始人是亚美尼亚人卡奇克·摩西。①

七　新朱利法商人在中国

中国自古以来就在亚美尼亚人的商业地图上。17 世纪八九十年代，中国开始欢迎外国商人到华南一带经商，广东吸引了少量新朱利法人。1698 年，法国人弗朗索瓦·弗罗热乘坐昂费德里特号商船

① Nadia Wright, *Respected Citizens: The History of Armenians in Singapore and Malaysia*, Victoria: Amassia Publishing, 2003, pp. 145, 147, 220.

抵达广州，他发现广州的亚美尼亚商人已经在澳门和马尼拉之间做生意。[①] 这些亚美尼亚人主要来自印度的马德拉斯，从事茶叶贸易。18世纪，澳门有一个小型亚美尼亚人社区。[②] 1783年，曾在大清皇家海关总税务司履职的美国人马士（1855—1934）在广州的人口普查中列出了大约30位亚美尼亚人。奥哈内斯（欧洲资料中的 Matheus Joannes）是其中的一位亚美尼亚人，于1794年在广州去世。[③] 奥哈内斯在18世纪八九十年代以“澳门和广州贸易的杰出参与者”和“中国最杰出的私商之一”的身份出现，据说他的净资产是澳门年度预算的数倍。[④] 在一份签于1761年1月30日（或1761年2月1日）的商业运输合同中，背面显示一个瑞典人从澳门的亚美尼亚人安东尼奥·巴普蒂斯塔·斯塔姆马那里借了1300西班牙元。[⑤] 背面合同文本这样说：

> 立借洋利人陈贵观，今借到味氏喘三班敖立花钱一千三百员（元），言定配搭三广兴船往安南或往加喇叭，利不加三。等船回广之日，九月备银送还，不得有误。立此为据。见证人潘启观。达丰行陈贵观。乾隆二十五年十二月二十五日。[⑥]

值得注意的是，法国旅行家让·查汀（1643—1713）提到，新朱利法亚美尼亚商人在西藏拉萨建立了一个小型定居点，他们在这

---

① François Froger, *Relation du premier voyage des François à la Chine fait en 1698, 1699 et sur le vaisseau 'L'Amphitrite'*, Leipzig: Verlag der Asia Major, 1926, pp. 92, 143.

② 刘迎胜：《乾隆年间澳门的亚美尼亚商人》，《文化杂志》第45期，2002年冬季刊中文版，第39—42页。

③ Hosea Ballou Morse, *The Chronicles of the East India Company Trading to China 1635 - 1834*, Vol. 2, Oxford: Oxford University Press, 1926 - 1929, pp. 84 - 85.

④ Sebouh David Aslanian, *From the Indian Ocean to the Mediterranean: The Global Trade Networks of Armenian Merchants from New Julfa*, p. 58.

⑤ Paul A. Van Dyke, *Merchants of Canton and Macao: Success and Failure in Eighteenth-Century Chinese Trade*, Hong Kong: Hong Kong University Press, 2016, pp. 82, 313.

⑥ Paul A. Van Dyke, *Merchants of Canton and Macao: Success and Failure in Eighteenth-Century Chinese Trade*, "Plate 03. 10".

里用印度纺织品交换中国的麝香、宝石和黄金等。[①] 亚美尼亚商人霍夫汉内斯·乔哈耶茨便是其中的一位，他在拉萨生活了约 6 年的时间（1686 年 9 月 30 日至 1692 年 6 月 21 日），其簿记详细记载了拉萨的物价、货币、赋税、政府机构、法律生活，以及食物和日常开支等内容。霍夫汉内斯·乔哈耶茨的《拉萨簿记》较为真实地反映了中世纪末西藏人民的经济生活状况。

八　亚美尼亚人的海洋贸易

从 17 世纪早期开始，英国、荷兰和法国的贸易公司激烈争夺欧洲与印度的贸易份额。新朱利法商人也参与到了这场西方大国主导的商业竞争中，并经受住了考验。弗赖尔对亚美尼亚人的表现印象深刻，他说："亚美尼亚人精通国内贸易的所有复杂和微妙之处，他们带着这些来到遥远的国度，凭借自己的勤劳和忠诚的家族元素成为最富有的人，他们无论到哪里都擅长讨价还价，从而避开中间人；他们学习一切节俭的艺术，他们旅行只花 50 先令，我们没有 50 土曼是行不通的。"[②]

17 世纪是海洋长距离贸易的时代。在前地理大发现时代，国际贸易基本上是亚欧大陆之间的陆路货物贸易。随着海洋时代的兴起，新朱利法商人卷入海上长距离贸易中来。

事实上，亚美尼亚人海洋贸易兴起于 12 世纪，当时的奇里乞亚王国成为一个典型的海洋强国。它不仅拥有强大的海上军事力量，还有专门的商业舰队。但它的海洋贸易范围主要集中在地中海贸易圈。[③] 值得一提的是，亚美尼亚商人对国际海事法作出了重要贡献。

---

① Jean Chardin, *Voyages du Chevalier Chardin en Perse*, Vol. III, pp. 322 – 324. 费尔南德·布罗代尔曾说新朱利法亚美尼亚商人没有到过中国，见 Fernand Braudel, *The Wheels of Commerce*: *Civilization & Capitalism 15th-18th Century*, trans. Sian Reynolds, London: Harper & Row, 1981, p. 154。然而，很多资料和作品表明新朱利法商人的确到过中国，珠江三角洲地区存在着一些新朱利法亚美尼亚社团。

② John Fryer, *India and Persia*, *in Eight Letters*: *Being Nine Years Travels*, *Begun 1672 and Finished 1681*, p. 263.

③ Eduard L. Danielyan, "Civilizational Factors of Armenian Sea Trade Development and the International Competition in the 17th Century", *21st Century*, No. I (9), 2011, pp. 46 – 53.

中世纪时，欧洲普遍流行“强制法”或“船舶失事权法”。严格意义上说，强制法是欧洲的传统习俗，是非正式的法律。它允许沿海地区的居民或领主没收冲上海岸的船只残骸和货物，甚至有权将失事船只上的人变卖为奴。根据中世纪基督教国家的法律伦理，船只遇难是因为上帝要惩罚船员的恶，因此拿走失事船只上的货物是光明正大的行为。罗马法和拜占庭法也没有对失事船只如何处置作出具体规定。虽然教皇卡利克斯特二世（1119—1124 年在职）和尤里乌斯二世（1503—1513 年在职）分别于 1124 年和 1509 年颁布诏书，禁止掠夺失事船只，但收效甚微。中世纪末叶，随着海洋贸易的兴起，“强制法”开始引起立法者的注意，在这方面，亚美尼亚人走在了时代的前列。1184 年，亚美尼亚著名立法者麦基塔尔·高什《法典》的 214 章就谴责了这一行径，告诫人们：“因船只失事而劫掠是违法的。”① 有学者认为，跟世界其他国家相比，高什的法典在该方面的规定不仅时间早，而且内容也较先进。② 在 1201 年的国际法律标准会议上，奇里乞亚国王列翁一世坚决反对“强制法”，放弃了奇里乞亚海域的“海滩权”，后继的亚美尼亚国王都继承了列翁一世的这一政策。③

新朱利法城建立后，亚美尼亚商人的海运贸易路线主要有两条：第一条，从里海沿伏尔加河水路进入俄罗斯，然后通过陆路到欧洲各地；第二条是伊朗的阿巴斯港和印度各港口之间的航线。整个 17 世纪，亚美尼亚人垄断了巴库和阿斯特拉罕之间的海上贸易。1667—1673 年，他们同俄国签订了《俄亚协定》，该协定促进了新朱利法商人的海上贸易的繁荣。④ 当俄罗斯帝国取消了英属东印度

---

① Mxit'ar Goš, *The Lawcode (Datastanagirk')* *of Mxit'ar Goš*, trans. Robert W. Thomson, Amsterdam and Atlanta, Ca.: Rodopi, 2000, p. 262.

② Eduard L. Danielyan, “Civilizational Factors of Armenian Sea Trade Development and the International Competition in the 17th Century”, pp. 46 – 53.

③ Eduard L. Danielyan, “Civilizational Factors of Armenian Sea Trade Development and the International Competition in the 17th Century”, pp. 46 – 53.

④ Հակոբյան Հ, *Ուղեգրություններ*, *աղբյուրներ Հայաստանի և Անդրկովկասի պատմության* (*13—16* 世纪亚美尼亚和南高加索游记和档案), h. U., ԺԳ-ԺԶ դարեր, Երևան, 1932, էջ 442.

公司经俄国与伊朗的贸易特权后，亚美尼亚商人与欧洲公司之间的竞争初见端倪。实际上，经俄罗斯进入伊朗的国际贸易水运路线当时都在亚美尼亚商人的掌控中。与此同时，在与西班牙人、意大利人、荷兰人和英国人的竞争中，亚美尼亚商人保持了中立立场，确保了自己与西方不同当事国之间合作的机会，比如亚美尼亚人与荷兰的贸易合作就非常成功。

新朱利法商人在印度的国际海洋贸易中独领风骚，甚至连英、法和丹麦的东印度公司都望尘莫及，纷纷学习或模仿亚美尼亚人的经商方法，开拓印度市场。由于亚美尼亚人大多倾向于租用欧洲船只，欧洲船东赚得盆满钵满。1688 年协定签署后，亚美尼亚商人在印度的权利得到保障。随着时间的推移，他们开始购买或建造自己的船只，成为欧洲商人强有力的竞争对手。新朱利法大商人霍夫汉的“新耶路撒冷号”商船和霍夫塞普·马尔卡良的“圣克鲁斯号”商船，成了欧洲海盗的牺牲品。[①] 巴塞尔霍夫说：“随着亚美尼亚人对建立航海自由和海洋开放政策的推进，长达数个世纪的亚美尼亚人的海上贸易也是一场与欧洲海盗的斗争传奇。”[②]

新朱利法海洋贸易的遭遇与萨法维帝国的外交有关。如前文所述，阿巴斯一世非常注重发展与欧洲的外交关系，但自他以后，伊朗与欧洲的外交活动减少。苏莱曼一世（1666—1694 年在位）曾要求英国国王威廉三世（1689—1702 年在位）送给他一批熟练工匠，但他却从未与其开展任何积极的外交活动。[③] 当俄罗斯特使访问伊斯法罕时，苏莱曼一世拒绝接见他，理由是伊朗不愿恶化与土耳其的关系。1683 年，奥斯曼帝国再次入侵伊朗，同年还包围了维也

---

① Барсегов Ю. , Пиратство и армянская морская торговля, cited in Eduard L. Danielyan, “Civilizational Factors of Armenian Sea Trade Development and the International Competition in the 17th Century”, pp. 46 – 53.

② Барсегов Ю. , Из истории борьбы армянского купечества против европейского пиратства в XVIIв, cited in Ibid, pp. 46 – 53.

③ Rudi Matthee, “SOLAYMĀN I”, *Encyclopædia Iranica*, 2015 – 8 – 26, available at http://www. iranicaonline. org, 2019 – 2 – 9.

纳，欧洲各国使节纷纷到伊朗寻求帮助，但也得到了同样的回应。[①]同一时期，伊朗没有向欧洲派出任何对等使节。[②] 伊朗与西方的疏远，间接影响了亚美尼亚人的海洋贸易。

1687 年，丹麦东印度公司捕获了一艘孟加拉商船，将其拖到了丹麦殖民地——印度东南海岸的特兰奎巴港。船上的货物是新朱利法商人的。不久，丹麦人把这艘载着满满货物的商船开到了哥本哈根。4 年后，伊朗外交官出现在哥本哈根，以解决货款问题。1691 年 12 月 11 日，伊朗外交官向丹麦国王克里斯蒂安五世（1670—1699 年在位）出示了他的公文和苏莱曼一世写给前国王克里斯蒂安三世（1553—1559 年在位）的信，信中载有亚美尼亚商人的名字。[③] 这份公文和信的精美包装纸今珍藏在丹麦艺术设计博物馆中。著名的“格达号”商船的命运与此颇为相似，它的悲情遭遇如下：

1696 年 4 月，在印度的苏拉特，一群亚美尼亚商人雇佣了一艘排水量为 350 吨的名为“格达号”的商船，船东是一名来自印度的亚美尼亚大商人。[④] 这些商人得到了当地英属东印度公司代表奥古·佩雷·卡伦达尔的协助。[⑤] 约翰·赖特担任船长，另外还有 2 名荷兰大副、1 名法国炮手、90 多名印度船员和 30 名亚美尼亚商人。几经耽搁后，商船于 1697 年底抵达孟加拉。在孟加拉，亚美尼亚商人用棉花交换了 1200 件棉布和其他布料，以及 1400 袋红糖、84 包生丝、80 箱鸦片，还有一些铁和硝石等其他物品。[⑥] 返航前，亚美尼亚商人向法属东印度公司代表弗朗索瓦

---

① Rudi Matthee, “Rudeness and Revilement: Russian-Iranian Relations in the Mid-Seventeenth Century”, *Iranian Studies*, Vol. 46, No. 3, 2013, pp. 354 – 355.

② Adrien Burton, *The Bukharans: A Dynastic, Diplomatic and Commercial History 1550 – 1702*, New York: St. Martin’s Press, 1997, p. 343.

③ “Suleiman of Persia”, from Wikipedia, 2019 – 02 – 09.

④ Richard Zacks, *The Pirate Hunter: The True Story of Captain Kidd*, New York: Hyperion Press, 2002, p. 266. 在当时的印度古吉拉特邦，大商人被尊称为“霍加（Khoja）”“火者”。霍加在印度属于贸易种姓，该词在英语中书写为“Coirgi”，法语作“Dewji”。

⑤ Richard Zacks, *The Pirate Hunter: The True Story of Captain Kidd*, pp. 266, 153.

⑥ Richard Zacks, *The Pirate Hunter: The True Story of Captain Kidd*, p. 153.

·马丁办理了合法手续。1698 年 1 月 30 日，在离印度柯钦约 75 海里的地方，英国基德船长在他的“冒险号”船只上发现并扣押了“格达号”商船。

基德的任务本来是受英国政府委托，捕获敌人的船只并缴获海盗战利品。虽然这艘船为印度所有，但悬挂的是亚美尼亚旗帜，船长是英国人，船员大多是印度人，因此，这次扣押行为不属于基德的任务。然而，航船的手续是从英国的敌人法国那里办理的，所以，从技术上讲，扣押又是合法的。

基德和他的船员在清点战利品时，了解到这次航行的中间人是英国东印度公司后，认为抢劫会引起英国政府的不满，于是投票决定是把船和货物运走还是卖给亚美尼亚人。一个名叫科吉·巴巴的人提出以货物实际价值的 1/20 赎买商船和船上的货物，但被船员拒绝，因为他们想当然地认为，这是一次合法抓捕，会卖个好价钱。在这种情况下，基德打算先回纽约，与殖民地总督分享该船货物，然后再到英国与他的投资者瓜分战利品。

“格达号”商船事件迅速演变为国际丑闻，损害了英国的国际信誉。虽然基德认为抓捕是合法的，但很快就有传言说基德是海盗。于是，基德被指控涉嫌海盗和谋杀罪被处决。在基德船长囚禁于纽约和英国期间，商船的命运掌握在他雇佣的商人手中。他们打算将船停靠在加勒比海，等待船长回来。当他们听说基德的遭遇后，商人们卖掉了大部分货物，烧毁了船。从此，“格达号”商船遗骸的确切位置一直是一个谜。2007 年 12 月，在多米尼加共和国卡塔琳娜岛海岸 21 米处，当地居民发现了船只遗骸。如今，这艘商船已经成为多米尼加共和国的一个旅游景点。“格达号”商船事件是新朱利法亚美尼亚海洋贸易辉煌的见证，有力地说明了前工业化时代他们在国际海洋贸易中的地位。

新朱利法商人在菲律宾马尼拉的国际贸易中也独树一帜。葡萄牙探险家迪亚士、达·伽马发现到印度洋的航线后，新朱利法商人便与葡萄牙人建立了密切的商业关系。法国旅行家让—巴蒂斯特·塔韦尼耶在 1630—1668 年间 6 次航行到伊朗和印度，他注意到“没有亚美尼亚人不参与的贸易”[1]。本地治里首任总督法国人弗朗索瓦（1634—1706）提到，除了葡萄牙人外，“印度人和亚美尼亚人允许进入马尼拉”[2]。1711—1714 年的马德拉斯市英国文献显示，亚美尼亚商人控制了一半的印度与中国和马尼拉的贸易。[3] 俄国学者巴塞尔霍夫深入研究了亚美尼亚航海商人与马尼拉的贸易后，得出结论：只有亚美尼亚商船才能进入马尼拉，因为英、法、荷在大多数情况下与西班牙不和。[4] 由于新朱利法商人控制了马尼拉的海外贸易，所以西方国家一般借助亚美尼亚人才能在那里开展商业活动。根据印度马德拉斯圣乔治堡档案材料显示，从马德拉斯、苏拉特、孟买、加尔各答等港口驶向马尼拉的商船只有悬挂亚美尼亚人的旗帜才能畅通无阻；新朱利法大商人斯捷潘·马克和霍夫汉内斯·马克控制了马尼拉和苏拉特之间的航运；1709 年，“伊拉希”号商船是亚美尼亚人的；[5] 又据 1709 年 7 月的圣乔治堡档案所载，一个名叫莱特的亚美尼亚商人把价值 4100 个印度金币（帕戈达）的货物从马德拉斯运往中国厦门。[6] 上述种种事实表明，前现代时期，亚美尼亚海洋贸易在国际贸易中占有一席之地。

九　亚美尼亚人的商业规则

一般来说，亚美尼亚商人共同遵循着以麦基塔尔·高什的《法典》为基础的《阿斯特拉罕亚美尼亚法典》。麦基塔尔·高什是影响中世纪亚美尼亚人民生活范式最重要的知识分子之一，是有史以

---

① Jean Baptiste Tavernier, *The Six Voyages of John Baptista Tavernier*, Vol. I, made English by John Phillips, pp. 158 – 159.

② Pierre Margry, *Relations et mémoires inédits pour servir à l' histoire de la France dans les pays d' outre-mer*, Paris: Challamel Aîné éditeur, 1867, p. 125.

③ Eduard L. Danielyan, "Civilizational Factors of Armenian Sea Trade Development and the International Competition in the 17th Century", pp. 46 – 53.

④ Eduard L. Danielyan, "Civilizational Factors of Armenian Sea Trade Development and the International Competition in the 17th Century", pp. 46 – 53.

⑤ East India Company: *Records of Fort St. George: Diary and Consultation Book of* 1709, Vol. 40, Madras: Printed by the Superintendent, Government Press, 1929, p. 14.

⑥ East India Company: *Records of Fort St. George: Diary and Consultation Book of* 1709, Vol. 40, p. 61.

来最杰出的立法者之一。[①] 1184 年，高什为亚美尼亚人编纂了一部法典，成为约束中世纪亚美尼亚人经济活动的准则。他的法典主要源于亚美尼亚人的习惯法，包括前言、世俗法和教会法三部分。由于法典反映了亚美尼亚人的道德精神，因此被所有的亚美尼亚人接受，成为指导中世纪亚美尼亚人行为道德规范的准则。该法典不仅适用于亚美尼亚，也适用于俄罗斯、波兰、格鲁吉亚、拉脱维亚和印度等世界各地的亚美尼亚社区。1519—1772 年间，波兰一直使用这部法典管理利沃夫和卡缅涅茨—波多利斯基市的亚美尼亚人。

在被外族占领期间，能够修订本民族法律的精神实在难能可贵，这样的例子在世界历史上很少见。高什是一位博学的僧侣，在 12 世纪的最后十几年，他将基督教宗教敕令和亚美尼亚人的世俗习惯相结合，汇编了一部法典。当时，亚美尼亚处于穆斯林统治之下，而伊斯兰教法只适用于穆斯林，不适用于基督徒，因此亚美尼亚人亟需本民族的管理规则来解释和处理内部问题，而不必将亚美尼亚人的案件诉诸穆斯林法庭。[②] 毫无疑问，这成为高什编撰法典的动机。在法典编撰的过程中，他随机地将世俗法和教会法糅合在一起。法典的著名研究者汤姆森指出："教会法是为减少罪恶，世俗法也是为减少罪恶。前者是被逐出教会或忏悔，后者是被惩罚或监禁。"[③] 需要注意的是，高什编写法典的工作完全是个人行为，而非国家意志的体现。后来，他的法典被奇里乞亚的亚美尼亚王国所采用。

在亚美尼亚历史上，高什是第一个用社会经济原因来解释人类非自由问题的人。[④] 他认为，阶级、法律和财富的不平等在于人们

---

① Susanna Davtyan, et al., "Mkhitar Gosh's Medieval Law Code and Its Implications for Armenian Communities Abroad", *Medicine and Law*, Vol., 33, No. 2, 2014, pp. 41-47.

② Mxit'ar Goš, *The Lawcode (Datastanagirk') of Mxit' ar Goš*, trans. Robert W. Thomson, p. 21. "因为我们没有成文法，亚美尼亚人在穆斯林面前处于劣势。"

③ Mxit'ar Goš, *The Lawcode (Datastanagirk') of Mxit' ar Goš*, trans. Robert W. Thomson, p. 24.

④ Gevorg Poghosyan, "History of Evolution of the Armenian Sociological Thought", *Social Sciences*, Vol. 4, No. 5, 2015, pp. 119-126.

对社会的依赖，这是因为造物主创造了人类的自由从而产生了对土地和水的需求。[①] 因此，上帝的律法和人类制定的法律是平等的。他认为，复国后的亚美尼亚人民，不论其种族和宗教，在法律面前一律平等；法律赋予每个社会群体一定的权利和义务，促进了正义，是实现公共利益的必要条件；公共利益高于任何阶级或个人利益。他一方面号召臣民服从主人，另一方面又要求主人照顾好他们的臣民，并在法律上与他们建立联系。高什从这个角度出发十分重视解决社会问题，缓和社会矛盾，协调不同社会阶层之间的利益。尽管法典的目的是维护封建制度，但也包含了一些限制封建专制权力的道德戒律。高什法典虽不是政府意志的反映，也没有得到官方的正式批准（因为当时亚美尼亚被外族占领，不存在国家意志），但它仍然适用于所有亚美尼亚人，中世纪波兰城市利沃夫就是一个典型的例子。

利沃夫是中世纪亚美尼亚商人的一个重要据点，城内亚美尼亚社区的内部组织就是根据高什的法典建立的。中世纪波兰的亚美尼亚法包括普通法、法院判决和法典规则。1343 年，利沃夫的亚美尼亚人把当地惯例与高什法典相结合，编纂了一套新法典。“1343 年法典”最初有 10 个条目，1462—1469 年之间又增加了一套更大的成文法。这两部分构成了所谓的《亚美尼亚规约》，该规约被译成拉丁文，于 1519 年得到老西格蒙德一世（1506—1548 年在位）国王的批准，在利沃夫的亚美尼亚社区生效。[②] 该规约本质上是高什法典的变体。

在高什完成法典编撰的一个多世纪之后，奇里乞亚的森帕德将军为适应奇里乞亚的社会环境，将高什的法典改编成《亚美尼亚法典》。高什法典同样适用于新朱利法的亚美尼亚人，以解决商人之间的争端，这是因为：其一，伊朗和奥斯曼帝国统治下的亚美尼亚

---

① Mxit'ar Goš, *The Lawcode (Datastanagirk') of Mxit' ar Goš*, trans. Robert W. Thomson, p. 141.

② Eleanora Nadel-Golobich, “Armenians and Jews in Medieval Lvov: Their Role in Oriental Trade, 1400 - 1600”, *Cahiers du monde russe et soviétique*, Vol. 20, No. 3/4, 1979, pp. 345 - 388.

人受到伊斯兰教法的歧视。在伊斯兰教法庭里，非穆斯林的证词不被采纳。根据萨法维的伊斯兰教法，只有法官在场的情况下签署的合同才生效。[①] 其二，中世纪末，国际贸易制度尚不完善，还没有普遍认可的标准合同、债务追偿和破产清算等现代经济制度。因此，世界各地的商业社团或协会大多制定自己的商业惯例或标准，并被圈内的人所接受。毫无疑问，新朱利法商人也起草了自己的商业准则，并同时用阿拉伯语、波斯语和亚美尼亚语颁布施行，对所有的新朱利法商人有效。这代表着在以后的经济纠纷中，他们创立的准则会在所有的法庭上生效。[②] 同时，为解决将来可能会发生的商业争端，新朱利法人还建立了自己的商业法庭。如果没有诉诸法律的可能性，他们就不会保存大批文件、合同、协定、证人陈述书、法案、授权书和账目等材料了。《阿斯特拉罕亚美尼亚法典》证实了新朱利法亚美尼亚人有一部既定的商法法典，并借鉴了波斯商人的商法，对商人账簿等单证的法律地位作了较为详细的界定，阐释了各类单证的正确编制方法。[③]

具体来说，亚美尼亚商人的贸易纠纷或争端由新朱利法的商人公会和市镇官讨论解决，签署的裁决书保存在教会档案中。如果发生贸易纠纷，当事人须先向商人公会提出书面申请。商人公会仔细权衡后，再作出裁决。裁决结果一般按如下格式写在申请书上："商人公会的决定如下……我们对本案的判决如下……"[④] 关于账单未兑付的案件，上诉人须提前把账单寄到新朱利法城。

对于庞大的亚美尼亚商人群体来说，法律和仲裁具有非常重要的作用，它为新朱利法贸易网中的每一个亚美尼亚商人提供了解决

---

① Jean Chardin, *Voyages du chevalier Chardin en Perse*, Vol. VI, Paris: Lenormant, Imprimeur-Libraire, 1811, pp. 71 – 74.

② Edmund M. Herzig, *The Armenian Merchants of New Julfa, Isfahan: A Study in Pre-modern Asian Trade*, p. 185.

③ Mxit'ar Goš, *The Lawcode (Datastanagirk') of Mxit'ar Goš*, trans. Robert W. Thomson, "Introduction", p. 39.

④ H. Ter-Hovhaniants, *A History of Nor Jougha a Suburb of Isfahan*, Vol. 1, Nor Jougha, 1880, p. 183.

争端的既定机制，而不必诉诸当地法院，以保障亚美尼亚商人的合法权益不受侵犯，也有助于维持商业网络的健康运行。但这并不是说所有的贸易争端都会诉诸新朱利法城的商人公会，这是因为大部分商人常年旅居海外，与故地路途遥远，且通信十分不便，因此，他们有时会将案件交给当地的亚美尼亚社区解决。社区一般会邀请一些知名商人组成审判庭，或邀请当地有名的牧师作出裁决。例如，在阿姆斯特丹的一起案件中，裁决是由一位牧师作出的；1735年，印度马德拉斯法院邀请了一些商人和一位牧师处理了一起纠纷案件。在威尼斯国家档案馆中保存着一份新朱利法人商业纠纷裁决的法庭纪要。纪要表明，法庭邀请了4名亚美尼亚商人作裁判官，争端当事方在他们面前宣誓后再由证人指正所提交的账目的签字是否为当事方父亲的亲笔签名。[①] 然后，他们将案件的细节和欠款的数额记录下来，并将裁决结果记录在案。裁决结果一式三份，原告、被告各持一份，另一份保存在威尼斯的亚美尼亚圣十字教堂里。[②] 当上述条件不具备时，亚美尼亚商人一般会将贸易纠纷诉诸当地法院，霍夫汉内斯在拉萨的纠纷案件就属于这种情况（由达赖喇嘛裁决）。

第三节　东亚美尼亚的政治变迁：1639—1828年

1639年的《祖哈布条约》确认了奥斯曼土耳其帝国和伊朗萨法维帝国对亚美尼亚的瓜分。自此以后，“东亚美尼亚”或“波斯亚美尼亚”，“西亚美尼亚”或“土耳其亚美尼亚”等术语很快被当时的旅行者、地理学家、历史学家所采用。就东亚美尼亚来说，萨法维帝国将其领土划分到以下两个省份：埃里温省和阿尔查赫省。前者大体以今天的亚美尼亚为中心；后者包括历史上的阿尔查赫

---

① 亚美尼亚商业合同须有父亲的签名，例如霍夫汉内斯与雇主的合同便由其父大卫签字生效。

② Edmund M. Herzig, *The Armenian Merchants of New Julfa, Isfahan: A Study in Pre-modern Asian Trade*, p. 187.

省、休尼克省和乌提克省。萨法维沙阿将上述地区交给恺加部族的可汗管理，由驻守大不里士的总督监管。在这两个省份中，埃里温省格外重要，因为埃里温是伊朗抵御奥斯曼帝国入侵的重要战略要塞。①

由于亚美尼亚人在国际贸易中的巨大成功，东亚美尼亚出现了一个富有而强大的群体。这些富有的精英阶层与教会关系密切，形成某种共生现象，这与几个世纪之前的纳哈拉制颇为相似。随着亚美尼亚经济的扩张，他们与俄国建立了密切关系，并得到了圣彼得堡和莫斯科的庇护。因此，当俄国的军事活动扩张到里海和高加索地区时，东亚美尼亚与来自北方的斯拉夫基督教势力迅速建立了密切的政治、经济和文化联系。

阿巴斯一世去世后，萨法维帝国开始衰落，这迫使一些大商人移民到印度和意大利等国家，并在那里建立了一系列贸易公司或分支机构。萨法维的衰落还意味着新朱利法亚美尼亚商人无法再与欧洲的东印度公司分庭抗礼。商业上的衰落导致了东亚美尼亚人生活境况的急剧恶化。从 18 世纪初开始，越来越多的人移民到俄国、印度和中东欧地区。与此同时，伊朗的不安全因素也意味着亚美尼亚人倒向基督教欧洲，尤其是向俄国寻求庇护。1722 年，阿富汗人占领了伊斯法罕，标志着新朱利法商业的衰落，然而这并非意味着亚美尼亚人结束了在伊朗的存在。在伊斯法罕和其他伊朗城市中，仍有大量亚美尼亚社区。

萨法维帝国的覆灭激起了沙皇彼得大帝南下的野心。阿富汗人占领伊斯法罕后，土耳其人趁机征服了伊朗西部省份，势力扩张到高加索一带，威胁到了俄国的利益。1722 年 5 月，彼得大帝挥兵南下，占领了杰尔宾特。不久之后，他又折回，这让当地的亚美尼亚人非常失望，因为彼得大帝没有帮助他们摆脱穆斯林的统治。彼得虽然撤走了，但亚美尼亚和格鲁吉亚的地方军事力量已经武装起来，打算随时向沙皇提供军事援助，解放南高加索。

---

① George A. Bournoutian, *Concise History of the Armenian People: From Ancient Times to the Present*, p. 213.

亚美尼亚人的武装力量由阿尔查赫的军事首领达维特·贝克（1669—1728）指挥。达维特代表了亚美尼亚的武士阶层。[①] 亚美尼亚武士阶层同伊斯兰世界的其他基督教武士阶层一样，都出现在地形崎岖的山区一带。在阿富汗人攻打伊斯法罕时，萨法维国王塔马斯普二世（1722—1732 年在位）逃到亚拉腊山附近的荒野之地，达维特与其签署了一项协议。根据这项协议，达维特承认沙阿的宗主权并向他提供军事支持，条件是沙阿承认他是高加索地区的最高统治者，可汗要听命于他的指挥。[②] 然而，达维特很快去世，他的继任者们争吵不休，严重削弱了刚刚集聚起来的军事实力。

彼得大帝远征伊朗后，发现南高加索难以呆下去，因为俄国人不适应那里的闷热气候，容易染上疟疾。[③] 因此，尽管俄国占领了巴库，但在随后的几年里，所有占领区都归还给了伊朗。1725 年，彼得大帝去世，来自北方的动力消失了。在近半个世纪的时间里，俄国对南高加索地区不再感兴趣。就伊朗而言，纳迪尔沙（1736—1747 年在位）统治时期重新崛起为一个强国。纳迪尔沙雄才大略，被伊朗人视为“最后一位亚洲征服者”“亚洲的拿破仑”“第二个亚历山大大帝”。[④] 1736 年，他在呼罗珊的东北角开创了阿夫沙尔王朝（1736—1796），最终统一了除坎大哈以外的原萨法维帝国的领土。在木干草原的一次集会上，他被波斯贵族、部落首领和高级神职人员拥立为王。

纳迪尔沙对少数宗教派别，特别是对亚美尼亚人和犹太人表现出极大的宽容，犹太人甚至视纳迪尔沙的统治为宗教解脱。[⑤] 为鼓励亚美尼亚人对抗奥斯曼帝国的入侵，纳迪尔沙免除了他们的赋

---

① Christopher J. Walker, *Armenia*: *The Survival of a Nation*, p. 40.

② Christopher J. Walker, *Armenia*: *The Survival of a Nation*, p. 40.

③ Christopher J. Walker, *Armenia*: *The Survival of a Nation*, p. 41.

④ Michael Axworthy, *Iran*: *Empire of the Mind*: *A History from Zoroaster to the Present Day*, Philadelphia: Perseus Books Group, 2008, p. xvii.

⑤ Michael Axworthy, *Iran*: *Empire of the Mind*: *A History from Zoroaster to the Present Day*, p. 157.

税，承认他们的自治权。为此，他出访埃奇米阿津，确认了教会的免税特权，并将突厥部落从东亚美尼亚驱走。为巩固统治，纳迪尔沙又将该地区划分为四个亚美尼亚人的汗国：埃里温汗国、纳希切万汗国、占贾汗国和阿尔查赫汗国。[①]

然而，纳迪尔沙统治后期愈益残暴，许多地方爆发起义。尽管如此，他却模仿帖木儿，用受害者的头颅筑起高塔。1747年，纳迪尔沙前往呼罗珊，打算惩罚那里的库尔德叛军，但被暗杀。纳迪尔沙统治后期的残忍使整个帝国陷入混乱，各地纷纷宣布独立。在这种背景下，东亚美尼亚陷入长达15年的混乱，被逐走的突厥部落趁机返回亚美尼亚高地，出现在阿尔查赫平原上。这时，赞德王朝（1751—1794）崛起。他们在部落首领卡里姆汗（1750—1779年在位）的领导下，统一了除呼罗珊以外的整个伊朗高原。卡里姆汗的统治给伊朗带来短暂的和平。当时，阿富汗的入侵和纳迪尔沙时代的战乱使许多伊朗城市被摧毁。到18世纪中期，前首都伊斯法罕的大部分地区已无人居住。萨法维帝国统治的最后几年，该城还是一座拥有55万人口的繁荣城市，繁华程度甚至与当时的伦敦相媲美，但在阿富汗围攻战结束后，该城剩下不到10万人，到1736年时已不足5万。据估计，由于战争、疾病和移民，伊朗的总人口从18世纪初的900万降至中叶的约600万或更少。[②]为重振经济，促进人口增长，卡里姆汗重建了设拉子，并与英属东印度公司签署贸易协议。由于卡里姆汗的权力中心在伊朗南部，南高加索地区留给了阿尔查赫的易卜拉欣汗（1730—1806）和东格鲁吉亚国王埃雷凯二世（1762—1798年在位）。两人将东亚美尼亚划定为自己的势力范围。

卡里姆汗死后，伊朗再次陷入内斗的漩涡。斗争的一方是赞德部族，另一方是恺加部族。恺加部落在宗教领袖穆罕默德汗

---

① George A. Bournoutian, *Concise History of the Armenian People: From Ancient Times to the Present*, pp. 214 – 215.

② Michael Axworthy, *Iran: Empire of the Mind: A History from Zoroaster to the Present Day*, p. 167.

（1789—1797年在位）的领导下，开始了伊朗的统一运动。到1794年时，他已剪除了所有的竞争对手，开创了伊朗历史上的恺加王朝（1789—1925）。恺加王朝统治者声称拥有南高加索主权。值得一提的是，穆罕默德汗是宦官，因此，恺加王朝是历史上为数不多的一个由宦官开拓的王朝。在恺加王朝统一伊朗期间（1779—1794），亚美尼亚陷入混乱，易卜拉欣汗、埃雷凯二世、埃里温汗国、占贾汗国和马利克人之间的冲突不断。为躲避战乱，大量亚美尼亚人从埃里温和阿尔查赫移居到俄罗斯和格鲁吉亚。从这一时期开始，格鲁吉亚东部的第比利斯成为亚美尼亚人的主要居住中心。

1800年12月，沙皇保罗（1796—1801年在位）宣布格鲁吉亚并入俄罗斯帝国，终结了巴格拉季昂尼王朝。1801年9月，新沙皇亚历山大一世宣布将北亚美尼亚并入俄国，并计划吞并埃里温和占贾。大约在这个时候，国际政治发展的趋势对亚美尼亚极为不利，当时英俄结成反拿破仑同盟，俄国的扩张野心使英国如鲠在喉。当高加索的政治平衡被打破时，英国与伊朗结盟，以遏制俄国的扩张。这样一来，唯一能够给亚美尼亚人提供庇护的只有北方的俄罗斯。

根据1813年的《古利斯坦条约》，伊朗把南高加索地区的大片领土割让给俄国。根据1828年的《土库曼恰伊条约》，恺加王朝放弃了南高加索地区的剩余领土，其中就包括今亚美尼亚和阿塞拜疆共和国的部分领土。“1828年割让”使伊朗属亚美尼亚被俄属亚美尼亚取代，今天俄国境内的亚美尼亚人大部分就是这次割让的结果。《土库曼恰伊条约》进一步规定，亚美尼亚人有权从伊朗移居到俄属亚美尼亚。[1] 这导致了该地区人口结构的巨大变化：伊朗的亚美尼亚人响应这一号召进入高加索，而高加索的穆斯林则被逐到伊朗。自帖木儿征服之后，穆斯林突厥势力统治了该地区，亚美尼亚人成为少数族裔。在俄国吞并东亚美尼亚之前，这里的穆斯林人

① William Bayne Fisher, et al., *The Cambridge History of Iran*, Vol. 7, Cambridge: Cambridge University Press, 1991, p. 339.

口高达 80%，亚美尼亚人不到 20%。[①] 因此，俄国吞并东亚美尼亚，才使东亚美尼亚的亚美尼亚人成为多数族裔。据英国旅行者林奇（1862—1913）的说法，19 世纪 90 年代初，埃里温的亚美尼亚人和穆斯林各占一半。[②]

① George A. Bournoutian, "The Population of Persian Armenia Prior to and Immediately Following its Annexation to the Russian Empire: 1826 – 1832", in Blair A. Ruble and Arcadius Kahan, ed., *Industrial Labor in the U. S. S. R.* (Special Study of the Kennan Institute for Advanced Russian Studies, the Wilson Center, No. 1), Oxford: Pergamon Press, 1980, pp. 12 – 13.

② Erich Kettenhofen, George A. Bournoutian and Robert H. Hewsen, "Erevan", *Encyclopaedia Iranica*, Vol. 8, Fasc. 5, 1998, pp. 542 – 551.

第十五章　俄属亚美尼亚：1828—1917年

"1828年割让"使原伊朗控制的亚美尼亚（东亚美尼亚）并入俄罗斯帝国版图。在俄国统治下，大致相当于今天的亚美尼亚共和国被称为"埃里温省"。与奥斯曼亚美尼亚相比，俄国亚美尼亚人的生活相对稳定。1991年，苏联解体后，亚美尼亚独立。今天，俄国境内的亚美尼亚人仍然是该国最大的少数民族之一。根据2010年俄罗斯人口普查，俄国境内约有118万亚美尼亚人，但综合各方面的数据，今俄国境内的亚美尼亚人实际规模在250万人以上，占俄国总人口的0.8%—1.7%。[①] 现在，莫斯科、圣彼得堡、北高加索的克拉斯诺达尔边疆区，以及远东的符拉迪沃斯托克都居住着大量亚美尼亚人。

第一节　亚美尼亚与俄国的早期关系

中世纪后期，亚美尼亚人出现在俄罗斯。当时，亚美尼亚商人通过巴尔干半岛、君士坦丁堡、高加索地区与基辅罗斯有了往来。亚美尼亚城市阿尼陷落后，一些亚美尼亚人在克里米亚定居下来，然后从这里出发，经伏尔加河北上，进入俄罗斯腹地。突厥人和蒙古人的入侵再次导致大批亚美尼亚难民北上。13世纪中叶，克里米亚、乌克兰

---

① Yuri Harutyunyan, "Об этносоциологических исследованиях армян России", *Patma-Banasirakan Handes*, No. 1, 2010, pp. 129 - 136.

和波兰出现了许多亚美尼亚人的殖民地。

亚美尼亚商人在俄国非常有名，他们贩卖的商品统称“亚美尼亚货”[1]。14 世纪时，莫斯科出现了亚美尼亚定居点。一个世纪后，亚美尼亚商人已经在莫斯科站稳了脚跟。他们在这里进口丝绸、马匹和宝石，出口毛皮和金属。由于亚美尼亚商人得到了蒙古统治者的青睐，他们在俄罗斯、伊朗、中亚和中国十分活跃。[2] 15—17 世纪，奥斯曼帝国占领了大部分中东欧地区。与此同时，黑海以北的哥萨克人完成了斯拉夫人的殖民化进程，并以顿河地区为大本营迅速扩张到南高加索。从此，俄国开始介入亚美尼亚人的历史，并一直持续到现在。

16 世纪中叶，亚美尼亚人在俄罗斯和波兰的贸易活动范围十分广泛。1552 年、1556 年，伊凡大帝占领了莫斯科以东的喀山和里海沿岸的阿斯特拉罕。征服两地后，俄国人实际控制了伏尔加河进入里海的航线，使得伏尔加河流域的商业更为安全。亚美尼亚人在这条航线上开辟了通往俄罗斯腹地的贸易。1552 年的人口普查表明，大约 5000 名亚美尼亚人居住在喀山。[3] 有迹象表明，俄国早期亚美尼亚商人大部分是流动商贩，经常从一个城市搬到另一个城市。尽管如此，他们还是在一些定居点建立了自己的教堂。在接下来的几百年里，特别是 17 世纪下半叶以后，由于南高加索、伊朗和土耳其的困境，俄国出现了许多亚美尼亚人的社区。由于得到了俄罗斯统治者和当地亲王的庇护，迁来的亚美尼亚难民持续增加，并融入先前的亚美尼亚社区中。

在亚美尼亚人北上的同时，俄国人南下并在 16 世纪末到达了南高加索地区。南下的俄国人先在捷列克河沿岸建立了一些殖民地，

---

① George A. Bournoutian, “Eastern Armenia from the 17 Century to the Russian Annexation”, in Richard G. Hovannisian, ed., *The Armenian People from Ancient to Modern Times, Volume II: Foreign Dominion to Statehood: The Fifteenth Century to the Twentieth Century*, p. 82.

② George A. Bournoutian, “Eastern Armenia from the 17 Century to the Russian Annexation”, in Richard G. Hovannisian, ed., *The Armenian People from Ancient to Modern Times, Volume II: Foreign Dominion to Statehood: The Fifteenth Century to the Twentieth Century*, p. 84.

③ David Zenian, “From Imperial Russia to the Soviet Union”, *Magazine Archive*, 2002 - 10 - 1, https://agbu.org/news-item/from-imperial-russia-to-the-soviet-union, 2020 - 2 - 18.

确立了途经俄罗斯的欧亚贸易路线。俄国相对安全的环境鼓励更多的亚美尼亚人加入欧亚长距离贸易活动中来。因此，亚美尼亚人成为俄国扩张的受益者。格鲁吉亚和亚美尼亚领导人对俄国人的到来持欢迎态度，希望利用俄国的干涉，结束土耳其和伊朗的战争。俄国对南高加索十分垂涎，希望占领它后向地中海和波斯湾方向扩张。然而，当俄国的小股部队被穆斯林山地部落击溃后，暂时放弃了向高加索地区扩张的计划，退到捷列克河对岸。

阿斯特拉罕是亚美尼亚商人进入俄国的起点。1639 年，亚美尼亚人在那里建立了教堂，后又在该城修筑了很多仓库。贸易带来的巨额利润使亚美尼亚商人富可敌国。17 世纪下半叶，伊朗的新朱利法城成为世界上最重要的国际贸易中心之一。新朱利法人企图利用他们在国际贸易中的地位，与俄国人签订双边贸易协定，扩大在俄国的贸易份额。1660 年，一位亚美尼亚富商赠给沙皇阿列克谢一世（1645—1676 年在位）一个镶满钻石的宝座。这次馈赠促成了新朱利法商人和俄国签订了一项贸易条约（1667 年）。根据条约规定，俄国授予亚美尼亚商人在俄销售波斯商品（主要是丝绸）的专卖权。不久，一座亚美尼亚教堂和一家制革厂出现在莫斯科。[1]

在与俄国人打交道的过程中，一些亚美尼亚人进入俄国外交部门工作。到 17 世纪末，由于交通便利和沙皇的支持，俄国各个城市出现了亚美尼亚商业殖民点。俄国的亚美尼亚商人从沙皇手中获得了如下特权：（1）在俄国建造教堂和享有宗教信仰自由的权利；（2）免除兵役义务却享有公民身份的权利；（3）开办学校和建立印刷厂的权利；（4）一定的自治权利；（5）从事外交活动的权利。数个世纪以来，亚美尼亚人终于在俄国找到了思考民族政治前途的条件，他们的下一个目标便是借助俄国的力量摆脱穆斯林国家统治，实现民族独立。

---

① George A. Bournoutian, "Eastern Armenia from the 17 Century to the Russian Annexation", in Richard G. Hovannisian, ed., *The Armenian People from Ancient to Modern Times, Volume II: Foreign Dominion to Statehood: The Fifteenth Century to the Twentieth Century*, p. 84.

第二节　俄国的吞并：1828 年割让

17 世纪下半叶，萨法维帝国政治、经济的恶化使亚美尼亚人认识到外来统治的危险。许多亚美尼亚人为寻求民族解放，移民到俄国和印度。由于亚美尼亚人很难依靠自己的力量摆脱穆斯林的统治，于是把目光投向了同为基督教信仰的俄国。

1680 年，俄国人击退了克里米亚鞑靼人的进攻。次年 1 月 3 日，与土耳其和克里米亚汗国签署《巴赫奇萨赖和平条约》，结束了第一次俄土战争（1676—1681）。1686 年，俄国加入反土耳其的神圣同盟（奥地利、波兰、威尼斯）。战争期间，俄国军队组织了两次克里米亚战役（1687、1689）和两次亚速之战（1695、1696）。俄国的介入标志着新一轮俄土战争的开始。鉴于正准备与瑞典的战争，况且其他国家已同土耳其签署了《卡尔洛夫奇条约》（1699），俄国在 1700 年与土耳其签署《君士坦丁堡条约》。俄国的一系列胜利大大提高了它的国际地位，加速了亚美尼亚人倒向俄国的步伐。土耳其和伊朗的宗教环境与经济状况日益恶化，也促使亚美尼亚人不断向俄国移民。如前文所述，伊斯雷尔·奥里的努力没有产生任何具体的结果，但他开启了亚美尼亚精英与俄国政府直接接触的机会，并开始视俄罗斯人为天然盟友。1716 年，在彼得大帝的庇护下，亚美尼亚教会在俄国获得了合法地位，米纳斯·提格兰扬（1658—1740）被正式任命为俄国全亚美尼亚人的大主教，教廷设在阿斯特拉罕市。[①] 1723 年，彼得大帝的一项特别敕令使亚美尼亚人获得了在俄国定居的权利，1736 年的一项特别敕令使亚美尼亚人获得了在俄国服役和永久居留的权利。[②]

18 世纪 20 年代，萨法维帝国已经到了崩溃的边缘。格鲁吉亚

---

① George A. Bournoutian, "Eastern Armenia from the 17 Century to the Russian Annexation", in Richard G. Hovannisian, ed., *The Armenian People from Ancient to Modern Times, Volume II: Foreign Dominion to Statehood: The Fifteenth Century to the Twentieth Century*, p. 87.

② David Zenian, "From Imperial Russia to the Soviet Union", *Magazine Archive*, 2002-10-1, https://agbu.org/news-item/from-imperial-russia-to-the-soviet-union, 2020-2-18.

人是波斯军队中最有战斗力的一股军事力量，而亚美尼亚人则是伊朗经济的主要贡献者，此时他们都被萨法维国王侯赛因（1694—1722 年在位）疏远了，这使得什叶派原教旨主义的复兴成为可能。1721 年，帝国的逊尼派穆斯林在高加索和阿富汗发动起义，伊朗的基督徒遭到普遍迫害，希尔凡的俄国商人被杀。鉴于这种情况，阿斯特拉罕总督敦促彼得大帝与伊朗开战。当时，沙皇刚刚与瑞典签订了《尼斯塔德条约》（1721 年 9 月 10 日），结束了“大北方战争”，所以，彼得大帝可以腾出手来吞并高加索。1722 年，阿富汗人攻陷了萨法维首都伊斯法罕，亚美尼亚人和格鲁吉亚人里应外合，俄国军队不费吹灰之力越过捷列克河，占领了里海城市杰尔宾特，接着控制了里海沿岸地区。① 土耳其政府向彼得大帝发出抗议，鉴于有开战的风险，沙皇返回了阿斯特拉罕。

为防止俄国人夺走亚美尼亚和格鲁吉亚的战略要地，1723 年，土耳其人进入南高加索。格鲁吉亚人紧急通知俄国，但彼得大帝担心与土耳其直接开战，便把军力驻扎在里海沿岸，却怂恿亚美尼亚人和波斯人抵抗土耳其的进攻，并承诺会坚决保卫埃里温和占贾。次年，土耳其人占领了南高加索的大部分堡垒和伊朗西部边境的大片领土。

彼得大帝的南下，重新点燃了亚美尼亚人和格鲁吉亚人的希望，他们希望俄国的武器可以帮助他们摆脱穆斯林的枷锁。1722 年，卡潘和阿尔查赫地区的穆斯林暴行激起了马利克人的不满，他们向瓦赫坦六世发出军事介入的邀请。瓦赫坦六世令达维特率领一小股格鲁吉亚军队进入休尼克，当地亚美尼亚人纷纷举起反抗穆斯林统治的旗帜，加入了达维特的行列，成功赶走了那里的突厥部落。阿尔查赫的马利克人也加入亚美尼亚人的民族解放事业中来，并给达维特提供各种人力、物力支持。② 达维特把从穆斯林手中夺取的土地

---

① Robert Hewsen, *Armenia: A Historical Atlas*, pp. 163 – 165.

② 当时，阿尔查赫地区有五大马利克公国，分别是：Gulistan、Jraberd、Varanda、Khachen、Dizak。关于上述五大公国的详细内容，参见 Raffi, *The Five Melikdoms of Karabagh (1600 – 1827)*, trans. Ara Stepan Melkonian, London: Taderon Press, 2010。

分封给支持者，在卡潘附近的哈里佐尔建立了统治机构。

在击败当地突厥部落首领之后，达维特直面土耳其军队的进攻。在此过程中，亚美尼亚军队设法破坏土耳其人的藏身之处，并希望俄国军队能够给他们提供支援。然而，俄国人始终未出现，因为彼得大帝不想再发起另一场战争。南高加索地区成了俄土的势力范围。一年后，彼得大帝去世，俄国人失去了吞并南高加索的兴趣。到 1725 年时，除了阿尔查赫和赞格祖尔外，整个东亚美尼亚都在土耳其人控制之下。奥斯曼政府在亚美尼亚各大城市和人口密集地区驻扎军队，设置总督统治，总部设在埃里温。然而，当残余的亚美尼亚志愿军冒着生命危险与土耳其人作战时，马利克人陷入内斗。达维特花了很大精力才勉强维持住了亚美尼亚人的团结。1728 年，达维特去世。据说，他埋葬在哈里佐尔堡垒外的墓地里。达维特的斗争，反映了亚美尼亚人借助外部势力重获民族独立的愿望。他的失败表明，这个计划是不可能实现的。

叶卡捷琳娜大帝（1762—1796 年在位）上台后，俄国恢复了扩张主义路线，俄土战争（1768—1774）再次爆发，双方最终签订了有利于俄国的《库楚克—开纳吉条约》。该条约标志着土耳其人的失败，也是对奥斯曼帝国最具羞辱性的打击，也预示着两国之间未来一系列冲突的开始。条约规定，俄国获得了黑海沿岸的大部分领土，并获得经达达尼尔海峡进入地中海和保护土耳其境内基督徒的权利。① 在亚美尼亚人看来，条约是有利的，从而加速了亚美尼亚人倒向俄国的步伐。随着亚俄关系的深入发展，叶卡捷琳娜大帝鼓励克里米亚的亚美尼亚人到俄国西南部城市罗斯托夫定居。② 1778 年 8 月和 9 月，估计有 1.25 万亚美尼亚人移到该城。③ 1783 年，克里米亚汗国正式并入俄国。在叶卡捷琳娜大帝统治期间，几个显赫的亚美尼亚家族挤入俄国政坛，其中包括在莫斯科创立了东方语言

---

① Dale H. Hoiberg, ed, "Abdulhamid I", *The New Encyclopedia Britannica*, Vol. 1, (15th ed.), Chicago, IL: Encyclopedia Britannica Inc., 2010, pp. 22.

② Simon Payaslian, *The History of Armenia: From the Origins to the Present*, p. 109.

③ David Zenian, "From Imperial Russia to the Soviet Union", *Magazine Archive*, 2002-10-1, https://agbu.org/news-item/from-imperial-russia-to-the-soviet-union, 2020-2-18.

学院的拉扎列夫。1815 年，拉扎列夫在莫斯科又创立了亚美尼亚学院，这座建筑如今已是亚美尼亚共和国驻莫斯科大使馆的馆址。

圣彼得堡是亚美尼亚人迁徙到俄国的另一个重要目的地。在亚美尼亚人从克里米亚大规模迁出之前，就已有亚美尼亚人定居在该城。根据一些历史学家的说法，圣彼得堡建城（1710）仅 7 年后，就出现了亚美尼亚社区。① 第一批定居者大多是商人、工业家、士兵和在俄军中服役的军官。到 1730 年时，亚美尼亚人在圣彼得堡有了自己的牧师，不久之后，该城出现了“亚美尼亚街”。在随后的几十年里，数座亚美尼亚教堂在圣彼得堡拔地而起，其中包括至今仍然屹立在该城的圣凯瑟琳教堂。随着亚美尼亚人在俄国的迅速扩张，他们很快成为俄国最重要的贸易商，比如阿斯特拉罕市约 81% 的进出口贸易都掌握在亚美尼亚商人手中。②

英法等西方列强曾与俄国一道对抗土耳其，但到了 18 世纪后期，这种合作似乎不那么稳固了，因为欧洲的工业和殖民利益与俄国在巴尔干半岛、高加索和伊朗的扩张发生冲突。到了 19 世纪，帝国主义列强争夺高加索和中亚的大博弈开始了。在此期间，俄属亚美尼亚社区在诸如拉扎列夫等显赫家族的统治下，经历了一段时期的经济和文化的复兴。③

拉扎列夫与印度的约瑟夫·埃明计划利用俄国人的帮助摆脱土耳其和伊朗的统治。俄国和印度的亚美尼亚人提出了两种不同的建国方案。第一个方案为：建立一个以瓦加尔沙帕特为首都的亚美尼亚王国，国王由俄国沙皇任命，人选可是亚美尼亚人或俄罗斯人；亚美尼亚国王有铸币权和自己的玉玺，届时亚俄签署商业条约。第二个提案由印度的亚美尼亚人起草，主张建立一个共和政体而非君主政体国家，未来的国家由总理和议会领导；亚美尼亚政府在圣彼得堡派驻一个永久大使馆；亚俄签署共同安全防务条约，俄国有权

---

① David Zenian, “From Imperial Russia to the Soviet Union”, *Magazine Archive*, 2002 - 10 - 1, https: //agbu. org/news-item/from-imperial-russia-to-the-soviet-union, 2020 - 2 - 18.

② David Zenian, “From Imperial Russia to the Soviet Union”, *Magazine Archive*, 2002 - 10 - 1, https: //agbu. org/news-item/from-imperial-russia-to-the-soviet-union, 2020 - 2 - 18.

③ Simon Payaslian, *The History of Armenia: From the Origins to the Present*, p. 109.

在亚美尼亚常驻一支规模6000人的部队，但在20年内逐步撤出；战争期间，亚美尼亚向俄国提供6000人的部队；俄罗斯商人可以自由进入亚美尼亚市场，享有亚美尼亚国民待遇。[①] 这两项提议反映了亚美尼亚人的两种思潮，第一个代表了传统的封建理念，试图恢复君主制和纳哈拉家族的权利。第二个提案显然受到英国政府模式的影响，表达了新兴资产阶级的愿望——建立一个由议会领导的民主制国家。

1783年4月，俄国制订了跨高加索作战计划。在与格鲁吉亚进一步商讨后，双方于次年达成《格鲁吉夫斯克条约》。根据条约第1、2、4、6、7条款，俄国是格鲁吉亚的唯一宗主国，并保证格鲁吉亚的主权和领土完整。双方承诺“视各自的敌人为她（叶卡捷琳娜）的敌人”[②]。条约的主要目的是在俄土之间建立一个缓冲区。从此以后，格鲁吉亚国王须宣誓效忠俄国沙皇，战时无条件支持俄国；未经俄国同意，格鲁吉亚不得与其他国家有任何外交往来。实际上，该条约将格鲁吉亚沦为了俄国的附属国。

1784年，叶卡捷琳娜与土耳其签订了一项关于克里米亚安全的条约。1787—1792年俄土战争后，俄国对南高加索的介入不断升级，然而，法国在伊斯法罕日益增长的影响力挫败了俄国建立亚美尼亚保护国的计划。巴黎政府认为，俄国和伊朗的走近会损害它在该地区的利益，因此，主张土伊联合，共同对抗俄国。1794—1796年，伊朗袭击了第比利斯和东亚美尼亚，加剧了高加索地区的紧张局势。

俄、伊、土三国在高加索地区的竞争牵涉欧洲列强的利益，尤其是英国和法国。英、法都有自己的野心，但地缘战略目标是相同的——阻止俄、伊、土任何一方在该地区变得过于强大。1800年12月，沙皇保罗（1796—1801年在位）宣布格鲁吉亚并入俄国。次年9月，沙皇亚历山大一世（1801—1825年在位）宣布格鲁吉亚和亚

① Simon Payaslian, *The History of Armenia: From the Origins to the Present*, pp. 109 - 110.

② Charles King, *The Ghost of Freedom: A History of the Caucasus*, New York: Oxford University Press, 2008, p. 26.

美尼亚北部领土并入俄国版图，并计划吞并埃里温和占贾。俄罗斯吞并格鲁吉亚之后，格鲁吉亚王室流亡到伊朗。1804 年，俄罗斯以占贾为格鲁吉亚固有领土为由，占领了占贾，第一次俄波战争（1804—1813）爆发。俄国的目的在于夺取里海西岸（现在的阿塞拜疆）和南高加索地区。伊朗恺加王朝统治者认为，俄罗斯对亚美尼亚、阿尔查赫和阿塞拜疆的威胁，不仅使伊朗西北部有被夺走的危险，更是对伊朗主权的直接挑战。在英、法支持下，伊朗宣布对俄开战。当地亚美尼亚人站在俄国一边。占贾和阿尔查赫的亚美尼亚人给俄军指挥官巴维尔·齐齐阿诺夫（1754—1806）提供了重要支持。1804 年，俄军向埃里温挺进。当地亚美尼亚人欢迎俄国军队的到来。然而，伊朗的反攻阻挡住了俄军进攻的步伐，齐齐阿诺夫被迫从埃里温撤退，很多亚美尼亚人跟随俄军移居到第比利斯。

齐齐阿诺夫在格鲁吉亚的统治异常强硬，他以顽固回应顽固，宣布："我因渴望用你们的罪恶之血浇灌我们的土地而颤抖……用刺刀和霰弹，直到你们血流成河。"① 尽管许多人憎恨齐齐阿诺夫的统治，但他在很大程度上取得了成功，比如大规模改造格鲁吉亚的国防道路，征服占贾和希尔凡。1806 年，他虚张声势地策马来到巴库城墙前，要求巴库投降，结果被击毙，他的头颅被送到德黑兰的伊朗国王法阿里（1797—1834 年在位）那里。齐齐阿诺夫之死使俄国人放慢了扩张的步伐，伊凡·古多维奇（1741—1820）在第比利斯等待时机。由于战局不明朗，西方列强没有对南高加索现状作出任何政治安排。

俄国在高加索地区的扩张，引起了拿破仑的警惕。1807 年 5 月 4 日，法国和伊朗签署《芬肯施泰因条约》，法伊同盟形成。根据条约规定，拿破仑一世保证伊朗领土完整，承认格鲁吉亚部分地区和高加索东南地区为伊朗领土，并尽一切努力把这些领土归还伊朗。拿破仑还承诺向沙阿提供武器、军官和技术工人，条件是伊朗对英宣战，把英国人逐出伊朗，并与阿富汗达成谅解，共同入侵印度。

---

① Philip Longworth, *Russia's Empires: Their Rise and Fall: From Prehistory to Putin*, London: John Murray, 2005, p. 191.

伊朗与法国结盟后，立即对军队进行了现代化改造。与此同时，伊朗在亚美尼亚统治区进行了一些改革，以安抚埃里温和纳希切万人的情绪。伊朗改革的目的是在将来的对俄作战中得到亚美尼亚人的支持。然而，改革非常仓促，尤其是在拿破仑和俄国沙皇亚历山大一世签订《提尔西特条约》（1807年7月7日）并宣告《芬肯施泰因条约》无效之后。尽管如此，改革取得了一些成效，比如1808年古多维奇将军向埃里温进军，由于当地人的反抗未能攻破这座要塞。一些亚美尼亚人担心穆斯林会卷土重来，跟随古多维奇迁到了格鲁吉亚。

接下来的十年，对埃里温的亚美尼亚人极为有利，恺加王朝不仅给亚美尼亚教会和统治者许多特权，甚至归还了萨法维帝国时期没收的亚美尼亚人的土地。与此同时，伊朗政府也注意恢复和发展亚美尼亚经济。这些努力产生了一定成效，到19世纪20年代，埃里温的国际贸易占伊朗出口额的1/4（估值多达25万英镑的商品）。[①] 此时的亚美尼亚人的生活境况虽有所改善，但改革似乎来得太晚了。

《提尔西特条约》迫使英国不得不重新评估伊朗的战略价值。在英国政府看来，俄国向黑海和波斯湾地区的扩张威胁到它通往印度的通道。由于法国实质上已经抛弃了伊朗，恺加王朝欣然接受了英国的援助。根据英国特使琼斯安排的《德黑兰初步条约》（1809年3月15日），英国训练和装备1.6万波斯步兵；如果伊朗被欧洲列强入侵，英国进行调解并提供10万英镑的补贴。这增强了伊朗统治者将战争继续进行下去的决心。1809年，伊朗使者访问伦敦。次年，戈雷·奥西利（1770—1884）以英国全权大使兼部长的身份访问伊朗，英伊关系进一步升温。在奥西利的主持下，双方签署《友好同盟条约》（1812）。该条约不仅确认了先前的承诺，还将援助金

① George A. Bournoutian, "Eastern Armenia from the 17 Century to the Russian Annexation", in Richard G. Hovannisian, ed., *The Armenian People from Ancient to Modern Times, Volume II: Foreign Dominion to Statehood: The Fifteenth Century to the Twentieth Century*, p. 102.

额提高到15万英镑。[①] 英伊同盟建立后，英国帮助伊朗完成了由法国人修建但尚未完工的堡垒，并在伊朗的阿塞拜疆和东亚美尼亚训练伊朗新军。此时，俄奥战争（1806—1812）、俄瑞冲突、俄英冲突和达吉斯坦部落的反抗活动，给了伊朗充足的时间组建和训练新军。

拿破仑入侵俄国后，南高加索的俄军孤立无援，很容易受到伊朗的攻击。于是，埃里温的将领考虑与土耳其结盟，但是谈判中一名土耳其代表被一个伊朗库尔德人杀害，谈判随之破裂。伊朗军队终于发起了对俄国的攻击，亚美尼亚人再次与守卫阿尔查赫和占贾的俄军浴血奋战，俄军避免了被全歼的危险。就在这个关键时刻，英俄关系迅速改善，并在1812年结盟。鉴于英俄同盟关系，英国削减了对伊朗的军事支持。此后不久，《布加勒斯特条约》（1812）结束了俄土战争。与此同时，拿破仑在俄国节节败退，伊朗不得不独自面对俄国的威胁。尽管新成立的伊朗新军表现出非凡的战斗力，但却输掉了一些关键战役。英国已是俄国的盟友，没有必要继续给伊朗提供支持，于是建议恺加王朝与俄国和解，并表示愿意充当中间人，协调两国达成一个公平的解决方案。伊朗别无选择，1813年10月24日，同俄国签署《古利斯坦条约》。根据条约规定，伊朗割让阿拉斯河和库拉河以北的领土给俄国，输掉了第一次俄波战争。

波斯人的失败加剧了他们对亚美尼亚人的不信任感。一些伊朗领导人将阿尔查赫和占贾的失败归咎于亚美尼亚人。1814年，亚美尼亚主教纳西斯·阿什塔拉克茨（1770—1857）前往第比利斯，公开呼吁俄国帮助亚美尼亚人摆脱伊朗和土耳其的统治，建立一个独立的亚美尼亚国家。他的行动加剧了亚美尼亚与伊朗的紧张关系，在接下来的10年里，亚美尼亚与伊朗的关系降到冰点。1824年，他在第比利斯建立了纳西斯学校，该学校对亚美尼亚文化的复兴起到了极大的推动作用，很多亚美尼亚知识分子和民族主义者都是从这所学校毕业的。为打压亚美尼亚人的独立活

① Christopher J. Walker, *Armenia: The Survival of a Nation*, p. 43.

动，埃里温的伊朗地方政府停止了对教会的保护，并增加赋税，伊朗和亚美尼亚关系急剧恶化，大主教耶普雷姆一世（1809—1830年在职）被迫离开埃奇米阿津，到修道院中寻求庇护。大主教的缺席使亚美尼亚人失去了自己的领导人，一些穆斯林趁机掠夺亚美尼亚人的财产，更多的亚美尼亚人移居到格鲁吉亚或阿塞拜疆。埃里温的统治者试图减少亚美尼亚人的赋税，归还教会财产，以此吸引耶普雷姆一世回归，但被拒绝了。亚美尼亚人对伊朗人的示好反应冷淡。

由于俄国和伊朗都不满意《古利斯坦条约》，爆发战争只是时间问题。俄罗斯人视第比利斯附近的伊朗为主要威胁，伊朗人认为如果基督教俄国继续统治穆斯林，自己会失去在伊斯兰世界的威望。

1825年，俄国发生十二月党人起义。次年7月19日，伊朗对俄开战，第二次俄波战争（1826—1828）爆发，这是俄罗斯帝国和伊朗之间的最后一次大规模军事冲突。由于俄国人措手不及，伊朗取得了初步胜利。当地穆斯林积极响应圣战的号召，在占贾和阿尔查赫发动起义。亚美尼亚人再次站到了俄国一边。由于将军阿列克谢·叶尔莫洛夫（1772—1861）害怕失去第比利斯，犹豫不决。新沙皇尼古拉一世（1825—1855年在位）启用伊凡·帕斯科维奇（1782—1856）。他率领大批增援部队开赴前线。几个月后，俄军在狂轰乱炸下占领了伊朗的阿巴萨巴德、奥尔杜巴德、萨尔达拉巴德、纳希切万和埃里温。当俄国人越过阿拉斯河威胁到大不里士时，伊朗被迫求和。1828年2月10日，双方签署《土库曼恰伊条约》。条约规定：东亚美尼亚并入俄国领土，阿拉斯河为两国新边界，伊朗赔偿2000万卢布，俄国在伊朗享有政治和经济特权。[①] “1828年割让”彻底改变了高加索地区的政治格局，俄国成为东亚美尼亚的主人。根据俄国的安排，占贾并入格

① George A. Bournoutian, "Eastern Armenia from the 17 Century to the Russian Annexation", in Richard G. Hovannisian, ed., *The Armenian People from Ancient to Modern Times, Volume II: Foreign Dominion to Statehood: The Fifteenth Century to the Twentieth Century*, p. 104.

鲁吉亚省，阿尔查赫与巴库、舍基、库巴和希尔凡汗国合并，形成南高加索的穆斯林行省。[1] 这给未来的纳卡问题埋下了隐患。

第三节 俄属亚美尼亚社会

自18世纪30年代至1828年，东亚美尼亚一直处于波斯人的统治之下。其间，当波斯帝国软弱或受到攻击时，亚美尼亚人便能享受到一些自治。第二次俄波战争结束后，以埃里温和塞凡湖为中心的亚美尼亚割让给了俄国。在俄国统治下，大致相当于今亚美尼亚共和国的地区成为俄国的“埃里温省”。跟西亚美尼亚相比，俄属亚美尼亚人的生活相对安全稳定。

一 南高加索政治社会结构的重塑

第二次俄波战争期间，亚美尼亚大主教纳西斯·阿什塔拉克茨设计了一面国旗，并征集了约1000名志愿兵加入战斗。虽然亚美尼亚部队不是俄国的主要战斗部队，也没有改变战争的进程，但在一些关键战役中发挥了重要作用。例如，他们在奥沙坎、阿什塔拉克和埃奇米阿津的战斗中作战勇猛，确保了俄军的胜利。后来，纳西斯·阿什塔拉克茨跟随俄国军队来到埃奇米阿津，并以亚美尼亚人对俄军的贡献为由，发起了家园重建运动。但是，此时的亚美尼亚人已经沦为地区少数族裔。[2] 亚美尼亚裔美国历史学家乔治·布努季扬总结了当时的种族构成：“在19世纪的前25年，埃里温汗国包括东亚美尼亚的大部分地区，面积约为7000平方英里（1.8万平方千米）。这片土地多山且干燥，人口约10万，其中80%是穆斯林

---

① George A. Bournoutian, “Eastern Armenia from the 17 Century to the Russian Annexation”, in Richard G. Hovannisian, ed., *The Armenian People from Ancient to Modern Times, Volume II: Foreign Dominion to Statehood: The Fifteenth Century to the Twentieth Century*, p. 103.

② George A. Bournoutian, “Eastern Armenia from the 17 Century to the Russian Annexation”, in Richard G. Hovannisian, ed., *The Armenian People from Ancient to Modern Times, Volume II: Foreign Dominion to Statehood: The Fifteenth Century to the Twentieth Century*, p. 105.

（波斯人、阿塞拜疆人和库尔德人），20% 是基督徒（亚美尼亚人）。”[①] 鉴于此，纳西斯·阿什塔拉克茨说服俄国领导人在《土库曼恰伊条约》增加了遣返亚美尼亚人的第 15 条款——伊朗的亚美尼亚人迁到高加索，并释放亚美尼亚战俘。[②] 伊朗属亚美尼亚人的重新安置，使南高加索的人口结构发生重大变化。简言之，在俄国统治下，很多亚美尼亚人返回了历史故地。因此，从某种意义上说，俄国的统治使亚美尼亚人在自己的历史故土上复活了，奠定了今亚美尼亚共和国的领土基础。

《土库曼恰伊条约》签订后不久，约 3 万伊朗亚美尼亚人迁到俄国的埃里温省。俄土战争（1828—1829）结束后，又有大约 2.5 万西亚美尼亚人进入东亚美尼亚，同样数量的穆斯林（波斯人、库尔德人和土库曼人）被逐出东亚美尼亚。[③] 罗纳德·桑尼说：“在 1828 年以前，埃里温汗国大约有 8.7 万穆斯林和 2 万亚美尼亚人。移徙之后的亚美尼亚人数达到 6.5 万人，穆斯林人数下降到 5 万多人，其中包括约 1 万库尔德人；但埃里温市的穆斯林人口仍占多数，在其中的 1.14 万公民中，超过 7 千人是穆斯林，亚美尼亚人口不到 4 千。”[④] 直到一百多年后，东亚美尼亚部分地区的亚美尼亚人口才略微超过了穆斯林人口。克里米亚战争和俄土战争（1877—1878）之后，又有很多亚美尼亚人回到历史故地，最终形成了亚美尼亚人口占多数的情况。然而，直到 20 世纪初，亚美尼亚人才成为埃里温市的主体人口。俄罗斯征服南高加索及其移民政策所带来的最重要

---

① George A. Bournoutian, *Eastern Armenia in the Last Decades of Persian Rule, 1807 - 1828*, Malibu: Undena Publications, 1982, p. 165.

② William Bayne Fisher, et al., *The Cambridge History of Iran*, Vol. 7, Cambridge: Cambridge University Press, 1991 p. 339. “格里博耶多夫（Griboedov）不仅将保护范围扩大到高加索俘虏，还积极促成那些不打算自愿返回的人返回。自 1804 年或早在 1795 年，就有大批格鲁吉亚和亚美尼亚俘虏居住在伊朗。”

③ George A. Bournoutian, “Eastern Armenia from the 17 Century to the Russian Annexation”, in Richard G. Hovannisian, ed., *The Armenian People from Ancient to Modern Times, Volume II: Foreign Dominion to Statehood: The Fifteenth Century to the Twentieth Century*, p. 105.

④ Ronald Grigor Suny, “Eastern Armenians under Tsarist Rule”, in Richard G. Hovannisian, ed., *The Armenian People from Ancient to Modern Times, Volume II: Foreign Dominion to Statehood: The Fifteenth Century to the Twentieth Century*, p. 112.

的结果是，亚美尼亚人终于在他们的历史家园的一小块领土上形成了亚美尼亚人口占多数的情况，这对亚美尼亚文明具有重要的政治意义，因为未来的亚美尼亚共和国就是在东亚美尼亚人口基础上建立的。

俄国征服埃里温后，亚美尼亚人产生了建立自治区的想法，其中包括制定自己的国旗和成立政府。克里斯多夫·埃奇莫维奇与亲俄派领导人亚历山大·赫达巴谢夫、阿古廷斯基·多戈鲁奇制定了一个俄国庇护下的亚美尼亚自治公国的计划。[1] 然而，沙皇尼古拉一世认为它不利于俄国的统治，拒绝了亚美尼亚人的提议，只是批准建立一个由俄国人管理的亚美尼亚区的计划。俄国的否决，让那些幻想建立自治国家的人大失所望。纳西斯·阿什塔拉克茨被赶出了高加索，耶普雷姆一世因不满俄国的政策辞职。新任大主教霍夫汉内斯八世（1831—1842 年在职）支持俄国的政策。几年后，俄国人颁布敕令，对教会的权力作了一系列约束。

俄国的让步只是暂时的。不久，埃里温和纳希切万合并为俄属亚美尼亚省，阿尔查赫和占贾并入格鲁吉亚—伊梅列季州和里海省，给亚美尼亚人造成了半自治的假象。1840 年，俄国政府取消亚美尼亚省，1849 年成立埃里温省。从此以后，亚美尼亚就像俄国的其他地方一样成为地方行政单位。俄国对东亚美尼亚的行政安排，留下了很多历史隐患，这些问题一直延续至今（如纳卡问题），成为今亚美尼亚共和国与邻国冲突的根源之一。

俄罗斯行政重组的目的是将边疆地区尽可能纳入俄国官僚体系。对于俄国政府来说，将高加索纳入帝国直接统治是其战略的一部分。然而，沙皇的幕僚对于如何开发高加索存在分歧。外交部长卡尔·内塞尔洛德伯爵（1780—1862）主张大力发展地区贸易，归化亚美尼亚人和格鲁吉亚人；财政部长坎克林（1774—1845）建议将

---

① Ronald Grigor Suny, "Eastern Armenians under Tsarist Rule", in Richard G. Hovannisian, ed., *The Armenian People from Ancient to Modern Times*, *Volume II*: *Foreign Dominion to Statehood*: *The Fifteenth Century to the Twentieth Century*, p. 113.

该地区视作亚洲省份进行开发，农业会为俄国带来可观的利润。[①]俄国的殖民主义观点意味着，俄国政府不会太多照顾到亚美尼亚人的福祉。

沙皇派驻南高加索的官员有两种类型，一种为完全无视当地传统和习俗的官员，如帕斯科维奇试图把俄国的法律强加于非俄罗斯人民；另一种是相信高加索人会逐渐融入中央集权体制。然而，高加索人对俄罗斯政府的不满和敌意，促使沙皇任命精明能干的沃龙佐夫伯爵出任总督。1845 年，沃龙佐夫走马上任。任期内（1845—1854），他非常注意照顾各类社会群体的利益诉求，并与格鲁吉亚人、亚美尼亚人甚至大多数穆斯林人建立了良好关系。同时，他还注意到随意的领土分割会容易引起当地人民的不满。于是，为了便于管理，他将南高加索划分成四个较小的省份：库塔斯省、谢马赫省、第比利斯省和杰尔宾特省，再在省内细分出县和区。[②] 东亚美尼亚地区属第比利斯省。由于沃龙佐夫的努力，格鲁吉亚和亚美尼亚人的抵触情绪减弱。为发展高加索经济，他刻意降低关税，鼓励发展过境贸易。由于亚美尼亚人擅长贸易，沃龙佐夫给予他们商业特权，免除了他们的兵役和纳税义务。结果，亚美尼亚中产阶级成为高加索地区最具影响力的社会群体，格鲁吉亚人称这类人为“城市人”。[③] 为赢得亚美尼亚人的好感，他还将亚美尼亚商人归类为“受尊敬的帝国公民”，并将埃里温和纳希切万分离出去，创建了第五个省份——埃里温省。[④] 沃龙佐夫的继任者继续在南高加索进行行政重组。1862 年，谢马赫省更名为巴库省，杰尔宾特省重组为达

---

① Ronald Grigor Suny, “Eastern Armenians under Tsarist Rule”, in Richard G. Hovannisian, ed., *The Armenian People from Ancient to Modern Times*, *Volume II*: *Foreign Dominion to Statehood*: *The Fifteenth Century to the Twentieth Century*, p. 114.

② George A. Bournoutian, *Concise History of the Armenian People*: *From Ancient Times to the Present*, p. 282.

③ Ronald Grigor Suny, “Eastern Armenians under Tsarist Rule”, in Richard G. Hovannisian, ed., *The Armenian People from Ancient to Modern Times*, *Volume II*: *Foreign Dominion to Statehood*: *The Fifteenth Century to the Twentieth Century*, p. 114.

④ George A. Bournoutian, *Concise History of the Armenian People*: *From Ancient Times to the Present*, p. 283.

吉斯坦省，从埃里温省分离出来的洛里并入第比利斯省。1868 年，俄国政府再从巴库省、埃里温省和第比利斯省各划出一些地方，组建了伊丽莎白波尔省，其中包括阿尔查赫、占贾和休尼克地区。显然，领土的随意分割给高加索地区遗留下了大量历史隐患。

值得注意的是，这一时期亚美尼亚资产阶级崛起。他们的生活条件要比传统的农业贵族好得多，后者在全球化时代来临前夜已经走向没落。由于沃龙佐夫的改革和南高加索地区经济的发展，亚美尼亚资本家几乎控制了第比利斯的经济生活，到 19 世纪中叶，他们已经成为俄国统治的忠实支持者，甚至许多人取俄罗斯名字，把孩子送进俄国人的学校，试图融入俄罗斯文化圈中。简言之，饱受战争摧残的亚美尼亚人在俄国统治下找到了安全感。

至此，俄国终于将东亚美尼亚完全纳入帝国的怀抱，亚美尼亚人也受益于俄国的稳定统治，实现了自身的安全，并开始接触西方的自由主义思潮。然而，东亚美尼亚失去了它的战略地位和商业价值，成为一个停滞不前和经济发展滞后的地方。大批亚美尼亚精英离开故土，迁到条件更好的第比利斯、巴库、莫斯科、圣彼得堡和俄国的其他城市。[①] 尽管如此，亚美尼亚文明的精神中心——亚美尼亚教会仍在埃奇米阿津。正是在这个小小的角落里，那些幸存者下定决心，试图开启亚美尼亚历史的新篇章。

综上所述，俄国人永久改变了南高加索的政治格局。首先，伊朗彻底放弃了对该地区的主权要求，拱手让给了俄国。这样，东亚美尼亚成为俄罗斯帝国的一部分，进而成为欧洲的一部分。对高加索地区的亚美尼亚人来说，俄国的统治改变了长期以来穆斯林国家二等公民的地位，现在他们是基督教君主制的臣民，那些与伊斯兰教意识形态有关的宗教敌意和歧视消失了。因此，俄国的统治对亚美尼亚人来说是有利的，他们不仅在俄国的政治庇护下享有一定程度的自由，而且极大地扩大了他们的商业机会，融入俄罗斯帝国广阔的商业版图中。

---

① George A. Bournoutian, "Eastern Armenia from the 17 Century to the Russian Annexation", in Richard G. Hovannisian, ed., *The Armenian People from Ancient to Modern Times, Volume II: Foreign Dominion to Statehood: The Fifteenth Century to the Twentieth Century*, p. 106.

19 世纪，俄国经济发展迅速。高加索地区的商业有了相当发展，城镇成长为城市。第比利斯的发展格外迅速，成为国际大都市，大量亚美尼亚人在这里从事工业生产和金融业等经济活动。里海海岸石油的发现，使高加索地区出现了一批石化企业，极大地促进了地区经济的发展。为发展石油工业，俄国人兴修铁路，将这里的各个城市与俄国的主要城市连接起来。在经济高涨的背景下，南高加索人口增长迅速。

经济的快速发展打破了旧有的社会秩序，建立在新经济基础之上的新社会秩序出现了。勤劳能干的亚美尼亚人成为该地区最富有的人，财富程度超过了当地的格鲁吉亚人和阿塞拜疆人，后两者在经济转型时期仍依赖于土地过活。由于大量社会资源集中在城市，亚美尼亚人反而因流散实现了从农村向城市生活的转型。城市生活有助于民族主义运动的开展、从殖民主义的枷锁中解放出来。

在俄属亚美尼亚经济飞速发展的同时，奥斯曼亚美尼亚经济也有了一定程度的发展。在土耳其，19 世纪的自由化改革使一些有能力的亚美尼亚人进入政府部门，米利特制度在一定程度上得到巩固。在奥斯曼帝国的经济领域，亚美尼亚人同样非常优秀，很多工业企业和金融部门都掌控在亚美尼亚商人手中。但不久，欧洲利益集团开始取代亚美尼亚人，控制了土耳其大部分经济部门。尽管如此，奥斯曼帝国经济的扩张，也使那里的亚美尼亚社会生活的中心从农村转向城市。相对富庶的亚美尼亚人很快引起了穆斯林的嫉妒和怀疑。数个世纪以来，伊斯兰文化圈的大多数穆斯林的经济状况并没有得到多大改善。在穆斯林看来，异教徒的繁荣兴旺是不可接受的。简言之，近现代经济生活带来的巨变是穆斯林和基督徒关系恶化的原因之一。

二　波罗真尼制度

19 世纪上半叶，在俄国，关于亚美尼亚人最重要的决定是 1836 年尼古拉一世颁布的《波罗真尼法令》。“波罗真尼”是“法规”“条例”的意思。它规定了沙皇政府和亚美尼亚教会之间的关系，进而用于管理整个亚美尼亚社区事务。该法令赋予亚美尼亚人一定程度的自治权。《波罗真尼法令》将教会排除在政治事务之外，并将其置于沙皇权力之下。政教分离制度使得亚美尼亚教会获得了相当程度的自主权。其他方面的规定还有：政府保证亚美尼亚教会财产的安全；亚美尼亚人享有宗教自由权；免除神职人员的赋税；教会学校管理权归教会，但开设的课程必须得到俄国东正教会的批准，并提交给民政部审查。埃奇米阿津教会在亚美尼亚人的心目中享有最高权威，埃里温、格鲁吉亚、阿尔查赫、希尔凡、纳希切万、比萨拉比亚和阿斯特拉罕的六个亚美尼亚教区也享有一定程度的自治。法令还规定亚美尼亚人的大主教由亚美尼亚国民大会选出，国民大会必须由世俗人员和神职人员共同组成。具体过程为：国民大会首先选出 2 名大主教人选，然后沙皇指定其中 1 人为亚美尼亚人的新教宗。新任大主教宣誓效忠沙皇。为确保教会的忠诚，沙皇政府派 1 名检察官代表沙皇出席亚美尼亚人的宗教会议。需要指出的是，该法令没有造成教会和国家之间的对立，反而建立了一种合作关系。事实上，俄国政府很少干预亚美尼亚教会事务。①

三　农村与农民生活

尽管俄国的统治给南高加索地区带来经济的繁荣，但大部分亚美尼亚人生活在农村地区，过着饥寒交迫的生活，商人和工匠只占人口的6%左右。② 地主和神职人员不用纳税，他们是亚美尼亚社会的上层阶级，得到了俄国政府的庇护。伊朗统治时期，汗国的所有土地由可汗控制着，贵族经营地产，向农民收税。俄罗斯人到来后，政府确认了土地私有权。为换取高加索精英阶层的忠诚，1846 年，沃龙佐夫说服帝国政府颁布一项新的法律，给予地主土地世袭权，固定税制取代了原波斯统治时期肆意收税的作法。这无疑有助于地主兼并土地，事

---

① Ronald Grigor Suny, "Eastern Armenians under Tsarist Rule", in Richard G. Hovannisian, ed., *The Armenian People from Ancient to Modern Times*, *Volume II*: *Foreign Dominion to Statehood*: *The Fifteenth Century to the Twentieth Century*, p. 115.

② Ronald Grigor Suny, "Eastern Armenians under Tsarist Rule", in Richard G. Hovannisian, ed., *The Armenian People from Ancient to Modern Times*, *Volume II*: *Foreign Dominion to Statehood*: *The Fifteenth Century to the Twentieth Century*, p. 122.

实上，俄国将东亚美尼亚社会纳入了俄罗斯农奴制体系。

南高加索地区地形崎岖，农民耕地时要使用沉重的铁犁，一般由 6—10 头牛拖曳，3—4 个男劳力在后面推动。农忙时，整个家庭甚至数个家庭共同协作，才能顺利完成农事。除施加一些有机肥外，人们很少使用化肥。土地贫瘠时就休耕，或用来作牧场。因此，19 世纪，亚美尼亚农业生产效率十分低下，流行实物地租。由于气候因素，农作物生长季节比较晚，生长期短，农闲时间长。为了增加收入，贫苦农民要么把妇女送去做家仆，要么在当地市场上出售一些手工制品。东亚美尼亚人的家庭单位跟西亚美尼亚一样，数代同堂，形成庞大的家庭经济单位。男性家长是一家之主。维持这样庞大的家庭，生存是头等大事，因此，所有成员的收入都要集中起来，以确保每个人能获得足够的食物。随着情况的改善，家庭规模逐渐缩小。通常情况下，一个典型的传统家庭一般由父母、儿女和孙子组成。当孩子成年并有了自己的儿女时，就会组建新的家庭。

农村地区的男女分工明确。男劳动力从事野外耕作，女劳动力只负责谷物脱粒。男人照料牲畜，剪羊毛，女人负责整理羊毛并将其纺成织线，再编织成衣服、地毯或其他织物。最年长的女子安排家务，在家庭里管理着一个纪律严明的“母系社会”，有权为儿子们指定新娘。新娘入门后，地位低下，甚至不能和男性长者谈话，并有义务为男人和尊贵的客人洗脚。尽管有些妇女在家庭生活中有很大的权利和影响力，但总体来说，男子具统治地位。村子里所有重要决策都由男性决定，甚至连亲属的称谓都暗示了父系的重要性，比如男性亲戚称“阿兹伽坎”，女性亲戚称“巴雷卡姆”。①

在埃里温省，超过 2/3 的农民生活在国有土地上，其余的人住在

① Ronald Grigor Suny, “Eastern Armenians under Tsarist Rule”, in Richard G. Hovannisian, ed., *The Armenian People from Ancient to Modern Times, Volume II: Foreign Dominion to Statehood: The Fifteenth Century to the Twentieth Century*, p. 123. 旧亚美尼亚语词“阿茨伽坎（ազգական/azgakan）”一词由ազգ（azg）+ -ական（-akan）构成，在东亚美尼亚语中意为“家庭成员”“亲戚”。巴雷卡姆（barekam）的亚美尼亚语形式为“բարեկամ”，字面意思是“好心人”。现在，这个词在东亚美尼亚专指亲戚，在西亚美尼亚专指朋友。

穆斯林酋长、可汗或牧师的土地上。[①] 最大的亚美尼亚地主是埃奇米阿津修道院。19 世纪上半叶，受农奴制再版的影响，俄属亚美尼亚地区的农民受到贵族地主的剥削日益加重，法律地位接近农奴。但是，从 1861 年开始，俄国政府开始了解放农奴的漫长过程。1870 年 5 月 14 日，俄国农奴制改革扩展到亚美尼亚及南高加索的穆斯林省份。以前，所有的土地都掌握在贵族手中，但是，农奴制改革后，农民可以通过赎买的方式获得一小块土地。在土地改革过程中，亚美尼亚贵族们只是将最贫瘠的土地卖给农民，牧场、果园和葡萄园仍归领主所有，农民得到的土地少得可怜，甚至根本没有得到任何土地，因为很少有农民攒起足够的钱购买土地。[②] 农民既无力购买土地，也不能擅自离开土地。到 1901 年时，束缚在国有土地上的亚美尼亚农民仍然负担各种封建义务。因此，农奴制改革后的东亚美尼亚农民处于“临时义务”的法律边缘，这种半自由的农奴状态一直持续到 1912 年。

四 资产阶级的崛起

虽然很难概括沙皇解放农民的复杂结果，但以下两点显而易见：首先，农民在革命前的自由程度不是特别显著；其次，政府改善农民生活的努力失败了，因为它不愿意削弱穆斯林和亚美尼亚精英的力量。尽管如此，19 世纪下半叶，埃里温省的农业产量有所增加，但并不均衡。90 年代初，亚美尼亚遭遇粮食危机，并迅速波及俄国的其他地区，粮食不得不从俄罗斯中部地区进口。1900—1913 年，实际粮食产量急剧下降，但商品经济作物开始推广，其中最为重要的是棉花和葡萄。由于阳光充足，葡萄产量不仅高，而且品质好，由此催生了一批成功的酒类企业。1887 年，

---

① Ronald Grigor Suny, “Eastern Armenians under Tsarist Rule”, in Richard G. Hovannisian, ed., *The Armenian People from Ancient to Modern Times, Volume II: Foreign Dominion to Statehood: The Fifteenth Century to the Twentieth Century*, p. 123. “伯克”是世袭地方官吏或头人们的通称。古汉文献中的“孛阔”“孛可”“别乞”“别吉”就源于波斯语中的“伯克”。

② Ronald Grigor Suny, “Eastern Armenians under Tsarist Rule”, in Richard G. Hovannisian, ed., *The Armenian People from Ancient to Modern Times, Volume II: Foreign Dominion to Statehood: The Fifteenth Century to the Twentieth Century*, p. 123.

棉被商人纳西斯·泰洛夫（1859—1938）在埃里温建造了一家葡萄酒工厂。这家工厂是俄罗斯第一家白兰地酒企。后来，其他著名的亚美尼亚商人，如吉奥扎洛夫、阿非季扬和萨拉耶夫等人，创建了一些葡萄酒和白兰地工厂。亚美尼亚白兰地一推向市场，就受到世界各地人民的喜爱。不久，舒斯托夫接管并改进了泰洛夫的工厂，产量提高了 12 倍。亚美尼亚酒商在欧洲和俄国各地纷纷开设分厂或代理销售点。到 1913 年时，亚美尼亚生产的白兰地已占高加索总产量的 82%，比俄罗斯其他地区的总和还要多。[①] 亚美尼亚葡萄酒和白兰地至今仍被公认为世界上最好的美酒之一。亚美尼亚的“亚拉腊”牌白兰地驰名世界，是斯大林和丘吉尔非常喜爱的酒品之一。

除酒业生产外，亚美尼亚矿产资源丰富。在埃里温省，很多亚美尼亚人到铜矿和冶炼厂工作。苏联著名政治家米高扬（1895—1978）是亚美尼亚人，出生在俄属亚美尼亚伊丽莎白波尔省。他是卫国战争期间苏联国防委员会委员，曾秘密访问过中共机关所在地西柏坡（1949 年 1 月 31 日至 2 月 7 日），为新中国成立前刘少奇访问苏联做好了准备。[②] 米高扬的父亲和弟弟在阿拉韦尔迪的铜矿工作，矿工们的恶劣工作条件，给他留下了深刻的印象。19 世纪末，亚美尼亚铜产量有所增长，但在 1901—1903 年世界工业危机的冲击下，铜价在 3 年内下跌了 19.7%。日俄战争期间，亚美尼亚铜产量虽有所提高，但很快萧条。直到 1913 年，这个行业才复苏。亚美尼亚提供了俄国 12.5% 的铜，然而主导亚美尼亚铜业生产的决定权掌握在法国人手中，亚美尼亚资产阶级在俄国资本主义发展过程中只起到了次要作用。[③]

---

① Ronald Grigor Suny, “Eastern Armenians under Tsarist Rule”, in Richard G. Hovannisian, ed., *The Armenian People from Ancient to Modern Times, Volume II: Foreign Dominion to Statehood: The Fifteenth Century to the Twentieth Century*, p. 124.

② 薛衔天、王晶：《关于米高扬访问西柏坡问题——评〈米高扬访华的秘密使命〉》，《近代史研究》1996 年第 3 期，第 147—154 页。

③ Ronald Grigor Suny, “Eastern Armenians under Tsarist Rule”, in Richard G. Hovannisian, ed., *The Armenian People from Ancient to Modern Times, Volume II: Foreign Dominion to Statehood: The Fifteenth Century to the Twentieth Century*, p. 125.

在俄属第比利斯和巴库等地区，亚美尼亚资产阶级要重要得多。在俄国资本主义工业向高加索山脉以南扩张的几十年里，南高加索地区的经济发展十分不平衡。石油之都巴库创造了地区90%的财富，第比利斯仅占4%，而埃里温所占的比例更低。因此，亚美尼亚商人将注意力转向了利润丰厚的纺织制造、烟草和石油加工行业。亚美尼亚企业家对巴库的石油工业作出了巨大贡献，比如亚美尼亚人米尔佐夫是第一个在巴库钻探出“黑金”的人（1871）。他与亚美尼亚企业家利亚诺夫、阿达莫夫、察塔图罗夫等巨头都跻身于那个时代的俄罗斯富豪榜，甚至与欧洲久负盛名的罗斯柴尔德家族、诺贝尔兄弟齐名。1900年，亚美尼亚人拥有巴库近1/3的石油公司。随着垄断工业企业的兼并和重组，亚美尼亚人拥有的曼塔舍夫公司与几家俄罗斯公司合并，形成了该行业的巨头——俄罗斯通用石油公司。①

直到1901年，巴库一直是世界石油中心之一，甚至超过了当时美国产油量的总和。在短短的几十年里，石油使巴库成了封建土地上的资本主义岛屿和被农民包围的无产阶级绿洲。亚美尼亚人、俄罗斯人、阿塞拜疆人和伊朗人纷纷被巴库的富庶吸引，到这座城市寻找梦想。穆斯林通常得到的是技术含量不高和薪水低的工作，亚美尼亚人和俄罗斯人加入了技术工人和白领行列。在社会底层，工人们逐渐向激进的政治理论靠拢，并与萌芽中的社会主义运动有了接触。在社会上层，拥有巨额财产的人控制着市政府，并与沙皇当局结盟，以维持统治，享受石油带来的财富和特权。在这种情况下，巴库中下层社会和上层社会之间的分化日益加深，民族差异又使不同宗教群体之间产生隔阂，而种族和宗教差异又强化了这种社会差异。该时期，基督徒通常比穆斯林生活条件好，但在罢工或政治示威期间，不同国籍、民族和宗教群

---

① Ronald Grigor Suny, “Eastern Armenians under Tsarist Rule”, in Richard G. Hovannisian, ed., *The Armenian People from Ancient to Modern Times*, *Volume II*: *Foreign Dominion to Statehood*: *The Fifteenth Century to the Twentieth Century*, p. 125.

体之间的工人基于共同的利益暂时联合了起来。[①]

第四节　亚美尼亚国家意识的形成

俄国的统治对亚美尼亚社会产生了革命性的影响。在此之前，由于各种原因，俄国境内的亚美尼亚社区互为孤立，较为松散，维系他们的是教会。现在，他们生活在中央权威之下，与教会领袖的联系比以前更加密切，不同社区之间的联系也更为紧密。与此同时，俄罗斯和西欧的政治发展给亚美尼亚知识分子留下了深刻的印象，他们决心唤醒人们的民族国家意识。因此，现代亚美尼亚民族文化觉醒或文艺复兴并不是亚美尼亚精神的自我释放，而是亚美尼亚知识分子政治、智力活动的产物。

然而，俄属亚美尼亚人的以下几个特点阻碍了民族共性的发展。首先，亚美尼亚人广泛分布于俄国各大城市，居住分散，彼此间经济文化生活有一定的差异。其次，城市中的资产阶级与穷乡僻壤中的农民之间差异巨大。最后，受西方自由主义思想影响的亚美尼亚知识分子与传统的宗教权威渐行渐远。尽管存在上述种种不利因素，但俄国的统治毕竟使东亚美尼亚人生活在同一国家权威之下，随着时间的发展，城市与农村之间、不同社区之间的价值观差异越来越小。另外，从某种意义上说，俄国的统治使亚美尼亚人结束了长时间以来被穆斯林统治的局面，开启了亚美尼亚人的启蒙之门。但是，俄国统治的积极意义也被一些消极因素抵消：军国主义、独裁统治、对少数民族文化的冷漠以及对欧洲反蒙昧主义思想的抵制。因此，俄国的统治对亚美尼亚人是矛盾的，它一方面开辟了通往西方的道路，接触到了新的思维方式，增加了人们对未来的憧憬；另一方面，俄国依靠国家力量维持现状，思想守旧，努力使亚美尼亚人服从俄国的统治。

---

① Ronald Grigor Suny, "Eastern Armenians under Tsarist Rule", in Richard G. Hovannisian, ed., *The Armenian People from Ancient to Modern Times, Volume II: Foreign Dominion to Statehood: The Fifteenth Century to the Twentieth Century*, p. 125.

鉴于亚美尼亚人的分散性，以及不同社会群体之间的差异和分歧，实现亚美尼亚人的统一是不可能的。因此，对于俄属亚美尼亚民族来说，要么建立一个由教会维系在一起的民族社会，要么在共同利益的基础上走到一起，建立一个有着共同信仰的民族国家。显然，亚美尼亚人选择了后者。当时，亚美尼亚知识分子已经在麦基塔尔会众启蒙的基础上形成了民族国家的概念。这一概念不同于传统的宗教意识，而是基于对世俗国家的理解。然而，那些希望建立一个全新的亚美尼亚社会的知识分子与那些捍卫基督教社会概念的人进行了数十年的斗争。

19 世纪之前，亚美尼亚教育事业都掌握在教会手中。教会垄断了艺术和文学的生产，其保守的本性阻碍了思想的启蒙。因此，在俄国吞并高加索之前，东亚美尼亚没有真正现代意义上的学校，第比利斯和俄国的学校对大多数亚美尼亚人来说都是陌生的。① 亚美尼亚知识分子意识到了现代教育的重要性，于是创办了自己的学校，到 1836 年时，南高加索地区亚美尼亚学校已经达到 21 所。1850 年，教会开设了第一所用亚美尼亚语授课的三年制小学；1860 年，已经有 29 所这样的学校，1885 年增长到 270 所。② 至 20 世纪时，年轻一代亚美尼亚知识分子在俄罗斯建立了 500 多所学校，有 2 万多学生和 1000 多名专职教师。③ 随着教育规模的扩大，教会希望人们能够在宗教框架下从事教学和学习，但有过西方教育背景的年轻知识分子希望将世俗教育引入亚美尼亚人的教育事

① Ronald Grigor Suny, "Eastern Armenians under Tsarist Rule", in Richard G. Hovannisian, ed., *The Armenian People from Ancient to Modern Times, Volume II: Foreign Dominion to Statehood: The Fifteenth Century to the Twentieth Century*, p. 116. 19 世纪，亚美尼亚人在第比利斯接受教育的情况比较常见。另外，亚美尼亚人在阿斯特拉罕（1810）、新纳希切万（1811）和莫斯科（1813）建立了一些学校。在亚美尼亚本土，1813 年埃奇米阿津开设了神学院。

② Ronald Grigor Suny, "Eastern Armenians under Tsarist Rule", in Richard G. Hovannisian, ed., *The Armenian People from Ancient to Modern Times, Volume II: Foreign Dominion to Statehood: The Fifteenth Century to the Twentieth Century*, pp. 117 – 118.

③ George A. Bournoutian, *Concise History of the Armenian People: From Ancient Times to the Present*, p. 286.

业，并努力拓展教育的范围。例如，被誉为亚美尼亚现代“文学之父”的哈恰杜尔·阿博维扬（1805—1848）就是这样的知识巨擘。他在各种压力下，坚持世俗教学。值得一提的是，他的《亚美尼亚之殇》是第一部用现代亚美尼亚语①出版的小说，标志着亚美尼亚文学的新纪元。② 这部作品的特点是强调情感和个人主义，以及对历史和自然的赞美。从此，亚美尼亚知识界几乎与欧洲浪漫主义者在同一时刻发起了一场所谓的浪漫主义“文学复兴运动”。浪漫主义知识分子大肆宣扬民族主义，极力颂扬对自由的热爱。阿博维扬的《酒壶》《休闲娱乐》《发现美国》《故事集》《教育入门读本》，批评了俄罗斯的官僚主义，谴责了人们的罪恶、不公正和道德堕落等社会现象。正如阿博维扬的价值理念所示，亚美尼亚现代主义者强调文化的自由化和世俗化，并努力引导古典亚美尼亚语向世俗语言转变，以提高大众的文化水平。同时，他们还致力于将欧洲的一些经典著作翻译成亚美尼亚语，以传播欧洲文艺复兴和启蒙思想的成果。

知识分子的努力提高了亚美尼亚人的识字率，促进了思想的解放。除阿博维扬外，启蒙运动的另一位代表人物加布里埃尔·帕特坎尼扬（1802—1899）③ 试图将世俗和西方教育理念引入教学过程中，但遭到当局和教会的反对。结果，他被学校开除，流放到格鲁吉亚。鉴于亚美尼亚民族主义思想的传播，俄国当局开始对亚美尼亚书籍和报刊严格审查，清除学校里的不“安分守己”者。当局对

① 亚美尼亚语经历了古亚美尼亚语（Grabar）、中世纪亚美尼亚语（Mijin hayeren）、现代亚美尼亚语（Ashkharabar）发展阶段。19世纪的现代亚美尼亚有两个标准语系：西亚美尼亚语和东亚美尼亚语。

② Razmik Panossian, *The Armenians: From Kings and Priests to Merchants and Commissars*, p. 145.

③ 加布里埃尔·帕特坎尼扬是亚美尼亚爱国诗人拉法耶尔·帕特坎尼扬（Rafayel Patkanian, 1830—1892）的父亲，也是激进记者和政治活动家米凯耶尔·纳尔班德扬（Mikayel Nalbandian, 1829—1866）的老师。加布里埃尔·帕特坎尼扬曾和他的父亲塞洛夫贝（Serovbe）一起学习，后者接受了威尼斯麦基塔尔学派的教育，参见 Ronald Grigor Suny, “Eastern Armenians under Tsarist Rule”, in Richard G. Hovannisian, ed., *The Armenian People from Ancient to Modern Times, Volume II: Foreign Dominion to Statehood: The Fifteenth Century to the Twentieth Century*, p. 117。

亚美尼亚教育文化事业的压制，不但没有达到同化亚美尼亚人的效果，反而激起了人们的觉醒。亚美尼亚人整体知识水平的提高，助长了民族国家意识的形成。

值得注意的是，俄国的亚美尼亚知识分子不像他们在土耳其的同胞那样。前者更乐意在德国和俄国接受教育，后者更倾向于到意大利和法国接受教育。尽管如此，唯心主义哲学及其民族论对两国的亚美尼亚知识分子都产生了相当大的影响，都对最热门的文化问题充满兴趣——创造一种鲜活的亚美尼亚文学语言，实现从古典语言到世俗语言的转变。东亚美尼亚语夹杂着格鲁吉亚语、俄语方言。因此，埃里温、阿尔查赫和克里米亚的亚美尼亚人在语言交流上有一定的困难。此外，俄国的亚美尼亚书籍都用古典亚美尼亚语印刷出版，而西亚美尼亚知识分子则更希望使用白话文传播亚美尼亚文化。口语化的白话文在东亚美尼亚知识分子中引起了共鸣，吸引了大批支持者，如前文提到的阿博维扬的《亚美尼亚之殇》。

迈克尔·纳尔班德扬（1829—1866）是另一位激进民族主义知识分子。他出生在纳希切万的一个小镇上，是著名的作家、诗人、政治理论家和社会活动家。他同阿博维扬一样，提倡使用现代亚美尼亚语，坚持世俗主义，反对宗教权威，并直言不讳地批评教会的保守。受欧洲启蒙运动和意大利统一运动的启发，他主张在亚美尼亚人中间进行改革和平均地权。受赫尔岑和车尔尼雪夫斯基等俄国激进知识分子的影响，他极力宣扬民族主义。他的政治观点集中反映在他翻译的法国小说家欧仁·苏（1804—1857）的《流浪的犹太人》的序言中。他说："祭司们通过分配、称重和测量民族智慧之光来强化选择方向的时代已经过去了。世界的变化总是惊人的，但更惊人的是，仍然有那么多人不相信已经发生了变化。"① 显然，纳尔班德扬的主张与宗教界发生冲突。他搬到莫斯科后，创办报纸《北极光》，目的是为亚美尼亚人提供世俗文

① Cited in Ibid., p. 119.

学作品，以取代宗教文学。[①]《北极光》代表了新生代知识分子的反宗教权威倾向。亲教会报纸《亚美尼亚之蜂》《亚拉腊之鸽》对他进行了回击。然而，大多数高加索亚美尼亚人拥护格里戈尔·阿茨鲁尼创办的亲俄报纸《分蘖》。格里戈尔·阿茨鲁尼和其他一些自由派编辑认为，俄罗斯的统治不仅使亚美尼亚文化复兴，而且还为亚美尼亚人提供了社会经济增长的动力和免遭入侵的安全保障。[②]《分蘖》宣扬的观点代表了大多数亚美尼亚人的亲俄态度，他们提倡沿着资本主义路线发展，反对社会主义学说，主张使用改革而不是革命的方式改善和提高人民的生活条件。

纳尔班德扬主张建立一个以平民为基础的国家。在他看来，亚美尼亚人不仅仅是一个宗教团体，更是一个以民族为基础的社会团体；只有向平民灌输国家意识才能创造出民族性，为此应该建立现代化国立学校，教育国家的真正主人——普通民众，而这样的启蒙只有在使用本民族语言时才会发生。他说："只有在民族语言的影响下，才能使一个民族的心灵和灵魂保持纯洁性和独特性。谁否认这一事实，谁就否认了他的民族性。"[③] 纳尔班德扬的观点反映了亚美尼亚知识分子对俄罗斯化的担忧。在这方面，他特别重视妇女在国家意识形成方面的作用，他呼吁："亚美尼亚的女士们！今天我向你们呼吁。如果一个国家的国内生活已经凋零，那么国家的复兴和拯救只是梦想。母亲们要教孩子们母语。母亲们要把民族的种子牢牢地植入她们幼小的心灵，既不让北方的严寒风暴，也不使南方的炎热使初露头角的嫩芽枯萎。"[④]

---

① Ronald Grigor Suny, "Eastern Armenians under Tsarist Rule", in Richard G. Hovannisian, ed., *The Armenian People from Ancient to Modern Times, Volume II: Foreign Dominion to Statehood: The Fifteenth Century to the Twentieth Century*, p. 119.

② George A. Bournoutian, *Concise History of the Armenian People: From Ancient Times to the Present*, p. 287.

③ Cited in Ronald Grigor Suny, "Eastern Armenians under Tsarist Rule", in Richard G. Hovannisian, ed., *The Armenian People from Ancient to Modern Times, Volume II: Foreign Dominion to Statehood: The Fifteenth Century to the Twentieth Century*, p. 119.

④ Cited in Ibid., p. 120.

19 世纪 60 年代初，纳尔班德扬在俄国已经“臭名昭著”：不仅引起了教会的憎恨，还因涉嫌颠覆活动引起了警方的怀疑。在他生命的最后阶段，他去伦敦拜访了俄国激进思想家赫尔岑等人，接受了社会主义思想。他返回俄国后被捕，警察在他的公寓里发现了土地改革的小册子《以农为真》。①

综上所述，俄国的统治给亚美尼亚社会带来这样的变化：统一的法律、赋税和政治权威使他们意识到自己是一个统一的民族。与此同时，经济的发展、学校的普及和新生代知识分子的努力，终于使亚美尼亚人产生了国家意识，而这种意识是在亚美尼亚国家不复存在的情况下产生的——没有固定的领土和国家机构。正是在这样的背景下，《北极光》《亚美尼亚之殇》拥有大批读者。显然，人们对西方思想越来越感兴趣，对教会和社区的传统领导地位形成挑战。

19 世纪末至 20 世纪初，欧洲的社会巨变——资本主义市场的发展、工业生产的普及、人口从乡村向城市的迁移，以及中下层阶级活动的增加，都对俄属亚美尼亚人产生了巨大影响。在第比利斯、莫斯科和巴库，亚美尼亚城市资产阶级是纺织生产、烟草加工、石油工业和长距离贸易的先驱。② 然而，农民被束缚在土地上，收入仅能满足家庭开支以及完成对地主和国家的义务。城市的繁荣吸引着农村人口向城市转移，因此一些贫穷的农民，特别是青年，离开农村，进入第比利斯、巴库和巴统等城市。流入城市的农民最终演变成新的工人阶级，他们成为亚美尼亚革命者依靠的一支重要社会力量。总之，俄国统治下的亚美尼亚人之间的社会差异十分明显，并随着时间的推移变得越来越大，资产阶级和工人阶级的形成增强了亚美尼亚人在俄国的影响力。

---

① Ronald Grigor Suny, “Eastern Armenians under Tsarist Rule”, in Richard G. Hovannisian, ed., *The Armenian People from Ancient to Modern Times, Volume II: Foreign Dominion to Statehood: The Fifteenth Century to the Twentieth Century*, p. 120.

② Ronald Grigor Suny, “Eastern Armenians under Tsarist Rule”, in Richard G. Hovannisian, ed., *The Armenian People from Ancient to Modern Times, Volume II: Foreign Dominion to Statehood: The Fifteenth Century to the Twentieth Century*, p. 121.

第五节　从共识到冲突：学校、教会危机和一战

自俄国吞并东亚美尼亚到 19 世纪 80 年代，亚美尼亚人的愿望与俄国人的利益是一致的。农民虽不得不忍受地主和官吏的盘剥，但资产阶级和许多知识分子认为，俄国的庇护可以使他们免遭穆斯林国家的入侵，有利于亚美尼亚人的福祉和财产安全。然而，俄国和土耳其民族主义的兴起，引起了俄国统治者的警惕。随着事态的发展，亚美尼亚人强调民族独立。在俄国和土耳其统治者看来，一旦亚美尼亚问题上升为国际问题，亚美尼亚人会成为分裂势力。19 世纪最后 20 年，俄国政府开始推行反亚美尼亚政策，视亚美尼亚人为潜在的威胁。

长期以来，俄罗斯帝国对广袤国土有一种天然的不安全感，历代沙皇对国土的统一、民族的一致有着天生的贪婪。为加强帝国外围地区的控制，帝国政府颁布了各种法律、法规。对于像亚美尼亚这样独立意识特别强的民族，俄国统治者肯定会尽其所能地剥夺他们的权利，压制他们的影响力。对于中央集权制政府来说，消除地方法律体系和自治意识，是维护国家统一的必要手段，只有这样才可以实施有效的管理，提高抵御外来威胁的能力。因此，历任沙皇都不遗余力地推行少数民族俄罗斯化的政策。总体来说，俄国少数民族的俄罗斯化大致有三条主线：第一，自发的俄化，即非俄罗斯人逐渐适应或被同化到俄语文化群体中。例如，许多亚美尼亚人的名字都以俄语结尾，把孩子送进俄语学校，甚至模仿统治者的怪癖。第二，行政上的俄罗斯化，在少数民族地区引入俄罗斯制度、法律和官僚作风。在 19 世纪前 2/3 时间里，格鲁吉亚、亚美尼亚的法律和习俗被俄罗斯的官僚专制主义取代。第三，俄国政府强行把俄语、斯拉夫文化强加给非俄罗斯人。例如，沙皇亚历山大三世强化了少数民族的俄罗斯化政策。①

---

① Ronald Grigor Suny, "Eastern Armenians under Tsarist Rule", in Richard G. Hovannisian, ed., *The Armenian People from Ancient to Modern Times, Volume II: Foreign Dominion to Statehood: The Fifteenth Century to the Twentieth Century*, pp. 128 – 129.

沙皇亚历山大三世是狂热的民族主义分子，推翻了亚历山大二世的某些自由主义改革措施，反对任何限制君主独裁的行为。他相信，保持对俄罗斯东正教的忠诚并进行独裁统治，会使俄国免于革命的动乱。为此，他削弱地方自治组织的权力，将农民公社置于政府任命的“土地队长”的监管之下，以削弱土地贵族和农民的力量。然而，中央集权的加强引起了农村公社的恐慌。

亚历山大三世的政治理想是将俄国打造成一个单一的民族、文化帝国。为实现这一宏伟抱负，他下令帝国境内的德国人、波兰人、芬兰人和亚美尼亚人的学校教授俄语，企图摧毁非俄罗斯族的文化基因。他还是一个极端的反犹太主义者，也憎恨波兰人。他对所谓的“俄罗斯原则”“俄罗斯力量”“俄罗斯人民”的帝国沙文主义思想深信不疑。[①] 1882 年，亚历山大三世颁布“五月法”，强化少数民族的俄罗斯化政策。

1885 年，大规模的俄罗斯化政策首先在波罗的海地区和波兰推行，然后推广到南高加索。南高加索当局认为，民族主义和革命精神、爱国主义和民粹主义在亚美尼亚学生中特别猖獗，必须要铲除它们。[②] 高加索总督东杜科夫—科尔萨科夫（1820—1893）下令关闭亚美尼亚学校，取而代之的是俄罗斯人的学校。事实上，俄国对亚美尼亚教育事业的打压早在 70 年代就开始了。1873 年《俄国教育法》及其附加条款措辞如下：“亚美尼亚教会当局负责开办学校，指导学校，制订适当的教学方法、规则和条例，维持学生和教师之间的适当关系。”[③] 根据 1873 年 11 月 22 日《帝国法令》的规定，公立学校的督学或主任有责任监督亚美尼亚教会开办的学校。督学的具体职责是：确保所有的学校教授俄语，课程应包括通史和地

① Ronald Grigor Suny, “Eastern Armenians under Tsarist Rule”, in Richard G. Hovannisian, ed., *The Armenian People from Ancient to Modern Times, Volume II: Foreign Dominion to Statehood: The Fifteenth Century to the Twentieth Century*, p. 129.

② Ronald Grigor Suny, “Eastern Armenians under Tsarist Rule”, in Richard G. Hovannisian, ed., *The Armenian People from Ancient to Modern Times, Volume II: Foreign Dominion to Statehood: The Fifteenth Century to the Twentieth Century*, p. 129.

③ Kevork A. Sarafian, *History of Education in Armenia*, p. 263.

理。显然，这遭到了亚美尼亚教会的反对，但矛盾尚未激化。然而，1885 年的学校危机使亚美尼亚人的亲俄情绪迅速消失，一些有识之士对俄罗斯政府越来越敌视，也变得更加民族主义和激进。几年内，亚美尼亚人就在俄国建立了自己的革命组织。尽管如此，亚美尼亚人并没有停止教学工作，而是转入地下秘密组织教学。克里斯塔普尔·米卡耶良向同胞散发传单："我们的学校对我们来说就像圣殿一样神圣；我们光荣的过去给我们留下了两件神圣的东西——国家教会和国家学校。这两件神圣的东西，保存了我们的语言，保存了我们的国家……我们的学校在刺刀下关闭了。让每个亚美尼亚家庭成为自己的亚美尼亚学校。胜利将属于我们。"[①] 由此可见，政府的打压不但没有使亚美尼亚人屈服，反而有爆发革命的风险。1891—1892 年的饥荒和随后的霍乱疫情，使这一政策没有得到彻底执行。疫情和饥荒反而允许出现一些自由活动，因为政府无法独自应对危机，不得不允许地方自治组织协助救灾。无论如何，少数民族的俄罗斯化政策遭到了包括亚美尼亚人在内的非俄罗斯民族的强烈反对，但却意外地加强了俄罗斯人的民族认同感。

1886 年，政府决定重新开放亚美尼亚人的学校，但教职工遭到清洗，对教师的监督更加严厉。1889 年，俄国政府出台了一些新的限制措施，比如禁止教授亚美尼亚历史、地理和物理，这种情况一直持续到 1895 年。由于日俄战争的原因，1903 年 8 月 1 日，帝国议会取消了对亚美尼亚教育的打压和限制措施。

学校危机结束后，亚美尼亚革命团体开始反思他们的革命活动。以前，他们认为，一个强大的俄罗斯帝国有助于解放土耳其统治下的西亚美尼亚人民，现在他们开始调整策略，反对沙皇的独裁统治。与此同时，俄国政府没收教会财产的作法在亚美尼亚人中间引起了强烈反应。1903 年 6 月 12 日，沙皇尼古拉二世在高加索总督格里戈里·戈利岑（1838—1907）亲王的建议下，废除了《波罗真

---

① Ronald Grigor Suny, "Eastern Armenians under Tsarist Rule", in Richard G. Hovannisian, ed., *The Armenian People from Ancient to Modern Times*, *Volume II*: *Foreign Dominion to Statehood*: *The Fifteenth Century to the Twentieth Century*, p. 131.

尼法令》，没收亚美尼亚教会财产，并将学校移交给俄国当局。戈利岑推测，一旦教会和学校摆脱亚美尼亚人的控制，革命者失去支持，俄罗斯的西化进程会更快。① 从某种程度上说，教会是全亚美尼亚人唯一的共同机构，在人们的心目中有着至高无上的地位。没收教会财产显然旨在扼杀亚美尼亚文化。事实上，对教会的打压起到了相反的效果，那些本来对政治活动不感兴趣的人也加入革命队伍中来。革命联盟及时修改策略，采取更社会主义的观点，成立了“中央防御委员会”，发誓捍卫亚美尼亚人的权利。② 1903 年夏天，亚美尼亚农民、工人、工匠、商人和知识分子自发起义，抵抗运动最初以和平游行的方式将农村的男女老少聚集在一起，但游行迅速演变成示威，造成了一定人员的伤亡。9 月 2 日，巴库的亚美尼亚工人罢工，袭击了俄国当局。沙皇政府宣布进入紧急状态，逮捕了数百人。亚美尼亚各党派对亚美尼亚人的突然觉醒感到惊讶，自发地在中央防御委员会的协调下领导各地的群众运动。

在 1903 年 10 月的第比利斯，3 名年轻的社会民主党人企图刺杀亲王戈利岑，这是针对沙皇官员的一系列恐怖主义活动的开始。从 1904 年开始，革命联盟取代社会民主党，举行了一系列暴力示威、罢工和恐怖主义行动，他们杀害、打残或打伤了数百名俄罗斯官员。然而，对马克思主义者来说，这是一场灾难：正当革命运动在俄罗斯开展时，社会民主党和革命联盟利用民族主义打压工人阶级。③ 尽管社会民主党不断呼吁阶级斗争，却没有解决紧张局势。面对俄国、格鲁吉亚和亚美尼亚的马克思主义活动，革命联盟拒绝阶级斗争。亚美尼亚民族的极端分散性、人数和力量的不足，使他们认识到民族解放初期社会各阶层的联合是必不可少的。因此，俄国革命的第一个迹象在 1903 年的南高加索出现，它迫使亚美尼亚的

---

① George A. Bournoutian, *Concise History of the Armenian People: From Ancient Times to the Present*, p. 292.

② George A. Bournoutian, *Concise History of the Armenian People: From Ancient Times to the Present*, p. 292.

③ Anaide Ter Minassian, *Nationalism and Socialism in the Armenian Revolutionary Movement (1887 - 1912)*, trans. A. M. Berrett, p. 32.

马克思主义者、社会主义者和民族主义者正视阶级斗争和民族斗争之间的矛盾。①

然而，1905 年，俄国革命的爆发迅速改变了事态的发展方向。1 月 9 日，一群工人到圣彼得堡的冬宫外广场示威，以表达社会底层人民的困苦，希望沙皇改善他们的经济状况。但是，示威群众遭到射击，民众在惊慌中争相逃散，多人死伤。这就是人们所熟知的“流血星期日”事件。布尔什维克最初劝阻工人不要对沙皇专制政府抱有任何幻想，结果现实教育了群众，骚乱迅速蔓延到俄国的每个角落。面对危险的形势，沙皇颁布《十月宣言》，承诺给予人民言论、出版和集会自由，并打算建立民选议会杜马。然而，危机并没有结束，革命持续了二年。巴库的亚美尼亚人与阿塞拜疆人在街上互相打斗，杀害无辜的人民群众，高加索处于崩溃的边缘。沙皇尼古拉二世被迫表达了对亚美尼亚臣民的特殊感情，同时任命精明能干的沃龙佐夫—达什科夫伯爵（1837—1916）出任高加索总督。总体上来说，沃龙佐夫对亚美尼亚人比较友好。1905 年 8 月 1 日，部长会议废除了没收亚美尼亚教会财产的法令。

事实证明，沙皇政权的最后 12 年（1905—1917）的宪法实验是失败的。尼古拉二世迫于压力，不得不限制自己的专制权力，但他的激进改革运动几乎没有表现出任何容忍。1906 年 4 月，第一届国家杜马开幕，4 名亚美尼亚人进入杜马。然而，沙皇很快解散了议会，要求重新选举。1907 年，第二次国家杜马会议比第一次更激进，5 名亚美尼亚代表参加了杜马。1907 年 6 月 3 日，沙皇再次解散杜马，修改了选举法，使之更有利于沙皇的专制统治。根据新法规的要求，高加索亚美尼亚只允许选出 1 名代表。1907 年和 1912 年，革命联盟的一名党员出席了第三届和第四届杜马。在此期间，亚美尼亚革命联盟受到俄国当局的打压，党刊被迫关停，数以百计的党员被送上法庭。与此同时，亚美尼亚资产阶级放弃了对革命的支持，只满足于城市杜马的政治活动。

---

① Anaide Ter Minassian, *Nationalism and Socialism in the Armenian Revolutionary Movement (1887 - 1912)*, trans. A. M. Berrett, pp. 32 - 33.

沃龙佐夫取得了亚美尼亚资产阶级的支持，他努力向沙皇表明亚美尼亚族是一个忠诚的民族。鉴于此，沙皇尼古拉二世和外交部长谢尔盖·萨佐诺夫（1860—1927）积极响应土耳其亚美尼亚人的改革请愿书。经过多轮博弈后，1914 年 2 月 8 日，俄土签署一项改革法案：东安纳托利亚分成两个大省，每省任命一名外国总监监督改革的实施。正当监管改革的机构即将建立起来的时候，第一次世界大战爆发。几个月后，俄土交火，奥斯曼帝国和罗曼诺夫帝国都被打垮了。1914 年 8 月，沃龙佐夫在第比利斯会见了亚美尼亚领导人，敦促他们援助俄国军队作战。亚美尼亚大主教、第比利斯市长亚历山大·卡季相（1874—1945）和其他亚美尼亚领导人接受了沃龙佐夫的提议，承诺筹建一支 15 万人的军队。[①] 沙皇会见了大主教，宣称亚美尼亚的解放依赖于俄国，并保证他们将有一个“最为辉煌的未来”。

1916 年，俄国几乎占领了西亚美尼亚全境，但那里的亚美尼亚人已所剩无几。亚美尼亚人对沙皇的热情是土耳其政府大规模驱逐亚美尼亚人的最后动机。然而，俄国政府很快改变了对亚美尼亚人的态度，一些俄罗斯民族主义者提出建立一个“没有亚美尼亚人的亚美尼亚”的口号。[②] 同年 5 月 16 日签订的《赛克斯—皮科协定》使英、法瓜分了奥斯曼帝国，稍后俄、意也加入了瓜分的行列。根据协定的要求，英国占有阿拉伯领土；法国占有黎巴嫩、叙利亚、奇里乞亚和半个西亚美尼亚；俄国得到特拉布宗和君士坦丁堡。[③] 沙皇解除了沃龙佐夫的职务，解散了亚美尼亚志愿军，禁止土耳其亚美尼亚难民进入俄国。

---

① Ronald Grigor Suny, “Eastern Armenians under Tsarist Rule”, in Richard G. Hovannisian, ed., *The Armenian People from Ancient to Modern Times, Volume II: Foreign Dominion to Statehood: The Fifteenth Century to the Twentieth Century*, p. 136.

② Ronald Grigor Suny, “Eastern Armenians under Tsarist Rule”, in Richard G. Hovannisian, ed., *The Armenian People from Ancient to Modern Times, Volume II: Foreign Dominion to Statehood: The Fifteenth Century to the Twentieth Century*, p. 136.

③ George A. Bournoutian, *Concise History of the Armenian People: From Ancient Times to the Present*, p. 295.

然而，俄国在西线的惨败造成了后方的经济混乱和人民的不满，食物短缺更是加剧了工人和士兵对政府的敌意。1917 年 2 月下旬，彼得格勒的妇女们走上街头要求面包，许多工人加入她们的行列。一场革命运动从不起眼的事件迅速发展，推翻了 300 年的罗曼诺夫王朝。南高加索人民欢欣鼓舞地迎接了二月革命，亚美尼亚人期望俄国新政权会履行沙皇未兑现的诺言。然而，亚美尼亚领导人深知，如果俄军从西亚美尼亚撤军，会把土耳其军队引到东亚美尼亚。在这种担忧下，东亚美尼亚领导人在第比利斯召开会议。亚美尼亚革命联盟、社会民主党和新成立的民粹主义政党“人民党”出席了大会，但与会代表大部分都是革命联盟的代表。大会成立了由阿维季斯·阿哈罗尼扬（1866—1948）领导的全国委员会，敦促俄国临时政府加速解散在欧洲作战的亚美尼亚部队，以便他们能够返回南高加索，保卫家园。然而，亚美尼亚人的愿望破灭了，十月革命结束了临时政府，取而代之的是苏维埃政权。

综上所述，亚美尼亚人在俄罗斯的历史既是一部进步的历史，也是一部受迫害的历史，更是一个带来深刻社会、政治变革以及文化和语言复兴的故事。在俄国统治下，亚美尼亚人自愿或非自愿地尝试过俄罗斯化，但失败了。与之相反的是，他们的民族和国家意识感变得更强烈。其间，亚美尼亚人成立了自己的政党，创办了自己的学校、报纸，而且经济实力雄厚，成为俄罗斯帝国不可忽视的政治力量。当奥斯曼土耳其帝国大肆驱逐亚美尼亚人时，俄属亚美尼亚反而幸存了下来并成为他们仅存的历史家园。因此，俄国对亚美尼亚统治的积极意义不容抹杀。

第十六章　亚美尼亚第一共和国

亚美尼亚第一共和国是自中世纪亚美尼亚丧失国家地位以来的第一个现代国家。该共和国是在解体的俄属东亚美尼亚领土上建立的，政府领导人大多来自亚美尼亚革命联盟。它的北面是格鲁吉亚民族共和国，西面是奥斯曼帝国，南面是波斯帝国，东面是阿塞拜疆民主共和国。根据 1920 年 8 月 10 日的《色佛尔条约》的规定，它的领土面积应是 17.4 万平方千米，但实际控制面积约为 7 万平方千米，人口大约 130 万。

第一共和国经历了几个发展阶段。第一阶段，即 1918 年 5—11 月，这是最为艰难的时期，亚美尼亚政府雏形形成。第二阶段，即 1918 年 11 月至 1919 年 6 月，这是第一次世界大战结束后世界大国博弈和调整的阶段，共和国疆域扩大。第三阶段，即 1919 年 6 月至 1920 年 5 月，亚美尼亚领导人努力建立议会民主制度，确定党和国家之间的关系。在外交方面，亚美尼亚第一共和国领导人继续寻求西方政治、经济和军事支持，但协约国重新定义了亚美尼亚问题。第四阶段，即 1920 年 5 月至被苏联红军征服。这一时期，亚美尼亚革命联盟接管了政府，镇压布尔什维克起义和穆斯林叛乱。与此同时，他们积极寻求与苏联达成解决方案，但是未放弃西化的愿望。事实证明，西方只是给它颁发了一份奖状，而对执行这一奖状没有丝毫兴趣。[①] 在土耳其

① Richard G. Hovannisian, "The Republic of Armenia", in Richard G. Hovannisian, ed., *The Armenian People from Ancient to Modern Times, Volume II: Foreign Dominion to Statehood: The Fifteenth Century to the Twentieth Century*, p. 303.

和苏联的双重压力下，亚美尼亚人选择了后者，成为苏联的一个加盟共和国。

第一节 共和国的诞生

第一次世界大战期间，南高加索陷入了战争的漩涡。与土耳其人的和平谈判、前线的军事活动、亚美尼亚人和穆斯林的冲突，以及苏维埃秩序的建立，成为南高加索政治发展的困境。

1917 年 10 月，俄国布尔什维克从临时政府手中夺取政权，宣布退出一战。格鲁吉亚、亚美尼亚和阿塞拜疆都不承认布尔什维克的合法性。12 月 5 日，土耳其和俄国高加索军粮部签署《埃尔津詹停战协定》，结束了武装冲突。南高加索代表召开紧急会议，创建了一个名为“南高加索议会”的临时区域行政机构。亚美尼亚代表希望俄罗斯的反布尔什维克力量能够在俄国内战中获胜。1918 年 2 月，亚美尼亚、格鲁吉亚和阿塞拜疆组成了南高加索联邦。3 月 3 日，俄国与德国签署《布列斯特和约》，退出了战争。《布列斯特和约》第 4 条规定：俄国人将西亚美尼亚各省，以及亚美尼亚人居住的卡尔斯、巴统和阿尔达罕等省份移交给土耳其。[1] 除了这些规定外，俄土还秘密商定遣散亚美尼亚志愿军，南高加索各民族自谋生路。[2] 3 月 12 日，凡省、埃尔祖鲁姆省落入土耳其军队之手，西亚美尼亚彻底终结。土耳其继续向东推进，企图占领巴库，填补俄国退出的空白。但土耳其毕竟是第一次世界的战败国，未能达到控制东亚美尼亚和阿塞拜疆的目的。在这种情况下，俄土两大帝国在南高加索地区的斗争戛然而止。

俄国统治结束后，南高加索民主联邦共和国（1918 年 4 月 22 日至 5 月 28 日）短暂地填补了该地区的政治空白。尽管这让亚美尼

① Razmik Panossian, *The Armenians: From Kings and Priests to Merchants and Commissars*, p. 243.

② Razmik Panossian, *The Armenians: From Kings and Priests to Merchants and Commissars*, pp. 103 – 105, 130.

亚亲俄派颇为失望，但他们不得不同意这样做，以便共同抵御土耳其的威胁。然而，联邦既没有实力抗衡土耳其，也缺乏必要的团结。因为，格鲁吉亚人、阿塞拜疆人和亚美尼亚人的根本利益不同：格鲁吉亚人希望与德国结盟，阿塞拜疆人希望与土耳其结盟，亚美尼亚人希望在俄国缺席的情况下与英、法、美结盟。① 不久，土耳其军队越过《布列斯特和约》商定的边界，向埃里温、巴库和格鲁吉亚南部地区进军。最终，三国领导人决定分道扬镳。5 月 26 日，格鲁吉亚宣布独立，联邦政府结束。紧接着，阿塞拜疆宣布独立。

当格鲁吉亚和阿塞拜疆宣布独立时，亚美尼亚领导人陷入了恐慌，互相指责。全国委员会指控孟什维克党的叛变，谴责格鲁吉亚的独立。亚美尼亚社会革命者和无党派人士坚持不应该宣布独立。在他们看来，如果亚美尼亚成为一个独立的国家，不可避免地会遭到土耳其的入侵。然而，社会民主主义者主张独立。② 由于意见不一，革命联盟分裂。同一天晚上，在第比利斯召开的革命联盟领导人会议上，他们采取了比全国委员会更为果断的行动，一致认为在联邦共和国崩溃的情况下，全国委员会应该迁往埃里温，行使政府职能。第二天晚上，他们向全国委员会报告了巴统发生的情况，强调生存的唯一条件是宣布独立并与土耳其实现和平。

5 月 29 日，亚美尼亚和土耳其代表在巴统进行和平谈判。土耳其允许亚美尼亚人保留约 4000 平方英里的领土，这个面积还不到原埃里温省的一半。亚美尼亚领导人别无选择，只能宣布独立。5 月 30 日，亚美尼亚革命联盟庄严宣布："鉴于南高加索的政治统一已经瓦解，以及格鲁吉亚和阿塞拜疆宣布独立所造成的新局势，亚美尼亚全国委员会是亚美尼亚各省的最高和唯一的行政当局。由于某些严重的情况，全国委员会推迟到组成一个亚美尼亚民族政府时为止，暂时承担所有的政府职能，以便领导亚美尼亚各省的政治和行

---

① Razmik Panossian, *The Armenians: From Kings and Priests to Merchants and Commissars*, p. 243.

② Richard G. Hovannisian, *Armenia on the Road to Independence*, p. 190.

政管理。”[1] 6月2日，当亚美尼亚人取得胜利的消息传到巴统后，土耳其代表同意小范围调整领土，又分给亚美尼亚400平方英里的领土。然后，土耳其军队从埃里温撤退。[2] 两天后，亚美尼亚与土耳其签署《巴统协定》，规定：亚美尼亚承认俄土两国确定的边界，土耳其将新巴亚兹特县、亚历山德罗波尔东半部、埃奇米阿津、埃里温和沙鲁尔—达拉吉亚茨的东部地区划归亚美尼亚；亚美尼亚必须给予穆斯林居民充分的宗教自由权，大幅度削减军队的规模，驱逐对同盟国有敌意的分子，确保土耳其军队和物资在亚美尼亚共和国全境畅通无阻；如果亚美尼亚不履行这些义务，土耳其保留干涉的权利。[3] 当天，格鲁吉亚、阿塞拜疆也与土耳其缔结条约，其中阿塞拜疆与土耳其签署的文件具有联盟的性质。

《巴统协定》是亚美尼亚第一共和国签署的第一个外交文件，但这个条约需要经协约国的审查和确认。条约签署15天后，亚美尼亚代表应邀来到君士坦丁堡。在交出的领土上，战前的125万居民大多数是亚美尼亚人，仅埃里温省被割让的地区就有40多万人。在土耳其入侵期间，这些人大多逃到格鲁吉亚或高加索山脉以外，或挤在埃里温省的东部地区。

第二节　政府体系的建设

共和国独立后，亚美尼亚领导人亟需建立一套完善的行政制度，并维持与土耳其脆弱的和平关系。在这种情况下，革命联盟试图组建联合内阁，但未能成功，因为社会革命党和社会民主党拒绝加入

---

① Richard G. Hovannisian, *Armenia on the Road to Independence*, p. 191.

② 1918年5月11日，南高加索联邦与土耳其在巴统召开会议，土耳其领土扩大到第比利斯及亚历山德罗波尔和埃奇米阿津一带，并希望修建一条通往卡尔斯、朱利法和巴库的铁路。这条运输走廊经过亚美尼亚领土，因此土耳其方面要求亚美尼亚给予他们自由通行权。亚美尼亚和格鲁吉亚代表采取拖延战术，于是土耳其军队在5月21日向东亚美尼亚的埃里温进军。亚历山德罗波尔（Alexandropol）今亚美尼亚城市久姆里。

③ Richard G. Hovannisian, “Armenia Road to Independence”, in Richard G. Hovannisian, ed., *The Armenian People from Ancient to Modern Times*, *Volume II*: *Foreign Dominion to Statehood*: *The Fifteenth Century to the Twentieth Century*, p. 300.

联合内阁。资产阶级和民粹主义者坚持认为，西亚美尼亚的崩溃和土耳其对东亚美尼亚地区的占领，使革命联盟名誉扫地。1918 年 6 月底，全国委员会确认了一个精简的内阁名单。在这个内阁名单中，除了军事部长外，所有内阁成员都来自革命联盟成员。卡贾兹努尼（1868—1938）出任总理，亚兰·马努季扬（1879—1919）担任内政部长。

由于第比利斯已经成为格鲁吉亚共和国的都城，共和国政府决定将都城迁到埃里温。亚美尼亚人在第比利斯的总理府、军火库、印刷厂、铁路修车厂、金融和其他社会机构均成为格鲁吉亚共和国的资产。7 月 19 日，卡贾兹努尼总理领导的亚美尼亚政府抵达埃里温，从驻守在那里的马努季扬手中接过权力。独立的亚美尼亚共和国正式运作。

新政府面临的境况非常严峻。《巴统协定》给亚美尼亚留下了约 4500 平方英里的领土和 70 万居民，其中有 30 万是西亚美尼亚难民，还有近 10 万人是阿塞拜疆人和库尔德人。[①] 这时的埃里温城因连绵不断的战火，已杂草丛生，满目疮痍。工业中心亚历山德罗波尔及肥沃的沙鲁尔和纳希切万都不在共和国领土范围之内。农业设施的损坏降低了农业生产率。俄国统治时期，埃里温只是一个尘土飞扬的小镇，大多数知识分子、工匠和企业家都生活在第比利斯、巴库或俄罗斯各大城市。1918—1919 年的冬天格外严酷，对于共和国的建设者来说，这是一个异常困难的冬天，霍乱和斑疹伤寒等传染病使该国损失了近 20% 的人口，许多村庄被遗弃。饥寒交迫的亚美尼亚人徘徊在生死边缘，食不果腹，缺医少药。武装团伙更是在光天化日之下肆意抢劫，这些都预示着新共和国暗淡的前景。

尽管如此，政府体系的建设并没有被忽视。建立议会制政府需要有一个立法机构，但是普选在当时的条件下是不可能的，因此全国委员会同意成员增加 3 倍，起到临时立法机构的作用。8 月 1 日，立法会议召开，18 名革命联盟党员、6 名社会民主党人、6 名社会

---

① George A. Bournoutian, *Concise History of the Armenian People: From Ancient Times to the Present*, p. 300.

革命党人、6名民粹主义者、2名无党派人士，以及6名穆斯林、1名俄罗斯人和1名雅兹迪人出席了立法会议。[①] 土耳其、伊朗、乌克兰、德国和奥匈帝国政府的使节出席了开幕式。亚美尼亚著名诗人、作家阿维季克·萨哈季扬（1875—1957）回顾了导致共和国成立的悲惨事件，并乐观地得出结论：

> 是的，我们的共和国很小，它的边界很窄。它被剥夺了最好的土地，没有足够的地方容纳所有的人。它的独立存在似乎缺少条件。但我认为一个国家的边界不可能永远不可逾越。我相信，我们的边界将以生命的钢铁意志扩展开来，捍卫我们在被占土地上的公正和无可争辩的权利，并与土耳其及其盟国政府缔结一项新的友好条约。[②]

演讲完毕后，乐队演奏了国歌，升起了红、蓝、橙三色旗。接着，立法会议进行了选举。奥匈代表团团长弗兰肯斯坦回到第比利斯后向维也纳报告说，他对亚美尼亚立法机构的成立留下了良好的印象，所有的少数民族都有代表参加。[③] 两天后，卡贾兹努尼发表公开就职演说，公布了内阁施政纲领。他解释说，这片土地上普遍存在着彻底的混乱，甚至连统治所必需的基本机构都没有；连绵的战争破坏了这个国家的经济，成千上万的难民仅能依赖可怜的救济过活。因此，就职演说中常见的理想主义词汇省略了，政府施政纲领只是对现实的打算——摆脱无政府状态。对此，卡贾兹努尼内阁努力实现以下目标：

> （1）内部事务：保护人民的生命与财产安全；恢复交通和邮电系统；缓解难民的困境；

---

① Richard G. Hovannisian, "Armenia Road to Independence", in Richard G. Hovannisian, ed., *The Armenian People from Ancient to Modern Times, Volume II: Foreign Dominion to Statehood: The Fifteenth Century to the Twentieth Century*, p. 306.

② Richard G. Hovannisian, *Armenia on the Road to Independence*, pp. 211 - 212.

③ Richard G. Hovannisian, *Armenia on the Road to Independence*, p. 211.

(2) 财政方面：为发行国家货币做好准备；复兴贸易和工业；

(3) 司法行政：根据地方习俗和条件调整司法程序；

(4) 军事方面：重组国家军事力量；

(5) 对外关系：促使土耳其军队撤出被占领土；遣返难民回家园；确定与格鲁吉亚和阿塞拜疆的边界；清算和分配前南高加索联邦的资产。①

在随后召开的第三次、第四次立法会议上，各派代表对卡贾兹努尼内阁的施政纲领产生分歧。社会革命党抱怨声明中既没有具体的建议，也没有说明计划如何实施，尤其让他们不安的是，施政纲领没有提及与俄国的关系。该党派坚定地支持重建南高加索民主，使之成为俄罗斯民主共和国的联邦单位。左派社会民主党声称，卡贾兹努尼的提议让人想起了俄罗斯政治家斯托雷平（1862—1911）的“先和平，再改革”的策略。马克思主义者谴责劳工立法、经济和健康等问题被忽视。唯一的布尔什维克党员阿尔沙韦尔·梅利季扬极力颂扬世界革命，贬低民族独立，主张与俄国统一。左翼政党虽反对总理的声明，但右翼政党对他的保守和谨慎感到满意。民粹主义者、穆斯林成员和社会革命联盟一起给卡贾兹努尼投了信任票，社会革命党和社会民主党投了弃权票。② 事实上，所有党派都很清楚：在土耳其的威胁下，只有暂时团结起来，才能克服眼下的困境。

尽管联合内阁中有少数社会主义者，但政治领导权主要由革命联盟把持。每个党派都有不同的政治哲学观。人民党结构灵活，主张建立一个更加开放的政府。革命联盟是活跃的革命者，为了达到目的，有时会对人民使用一些非常措施。他们的党组织，特别是中央局，不但非常僵化，而且要求党员绝对服从。人民党的成员是在第比利斯、巴库、莫斯科和圣彼得堡的中上层阶级的自由主义传统

① Richard G. Hovannisian, *Armenia on the Road to Independence*, pp. 212 - 213.

② Richard G. Hovannisian, *Armenia on the Road to Independence*, p. 213.

中长大的，甚至从未到过埃里温，而革命联盟党员大多来自社会中下层，充满革命热情和民族主义精神。

尽管如此，各个政治集团以亚美尼亚人的福祉为大局，并以不同的方法谋求实现这一目标。在接下来的四个月里，他们摆脱了混乱局面，习惯了在肮脏条件下的生活和工作。1918 年夏末，一战的战局已开始对英、法、美有利。因此，亚美尼亚人有理由保持谨慎的乐观：一旦协约国集团获胜，土耳其军队会被赶出南高加索。8 月 16 日，从埃里温到第比利斯的火车首次获准开通。一段时间以来，德国政府一直在劝说土耳其在亚美尼亚难民遣返问题上让步，但总是得到这样的回应：我们不能允许 50 万武装的敌人进入我们军队的后方。[①] 从共和国的第二年开始时，形势似乎一片大好，工业略有复苏。然而，农民最关心的是土地问题。尽管如此，各种民事组织、现代法庭制度和农村自治制度都建立起来。简言之，人们建设国家的热情非常高，政府官员努力推动亚美尼亚语为官方语言，但由于大多数知识分子使用俄语，因此两种语言经常并行使用。然而，要彻底放弃俄罗斯上百年统治期间建立起来的体系并非易事，但如果亚美尼亚要成为一个独立的共和国、赢得全体人民的忠诚，就必须转型。1919 年 4 月，政府部门开始了行政制度亚美尼亚化的进程。

在一些城市中心，共和国建设者们开设了一些中小学和一所国立大学，但由于缺乏燃料和财政捉襟见肘，入学人数很少。不过，人们的情绪还是乐观的，国家设计、发行了邮票和货币。在经济方面，联合内阁采取了一些非常措施，将一家名为“舒斯托夫”的白兰地和葡萄酒企业收归国有。这家企业成为政府为数不多的收入来源之一。为安置难民就业，政府对几家纺织厂进行了翻修。尽管缺乏基本的医疗设备和药品，但医院还是营业了，收容了成千上万的孤儿。俄罗斯工程师和技术人员，开始研究土壤，调查矿藏，评估工业潜力，制订了亚美尼亚重建计划。政府也采取了具体的措施改

---

① Richard G. Hovannisian, *Armenia on the Road to Independence*, pp. 213 - 214.

善运输和交通路线。冬雪融化后，工人们修复了受损的铁路和仓库，扩大了电报网络。

如何建立一个适应小国军事需要的军事制度极其困难。大多数军事干部使用俄语，对亚美尼亚语知之甚少，就像缺少武器和弹药一样，头重脚轻的军事结构降低了军队的作战效力。原来的武装人员只是参加过一些地方叛乱，从未有过正规的军事训练。为了解决这些问题，政府调整了军阶制度，任命陆军上校克里斯多夫·亚拉腊季扬（1876—1937）为军事部长，德罗为军事部长助理。人们希望两人能够紧密合作，为共和国培养出一支纪律严明、训练有素的国防军。

1919 年春，政府部长空缺职位填补完成。尽管联合政府的政治平衡保持未变，但是两极分化越来越严重。民粹主义的热情很快消失在痛苦和幻灭中，埃里温的生活条件使他们难以忍受，官僚们早已习惯了第比利斯的舒适和奢华，有些领导人以到第比利斯处理紧急事务为由，不再返回埃里温。然而，第比利斯的魅力和埃里温的艰难，并没有让民粹主义者完全失望；但对于自由立宪党员来说，他们却极为失望，因为建立议会民主制的可能性已变得十分渺茫。除此之外，他们对革命联盟激进分子的鲁莽心存恐惧，对普遍存在的混乱局面感到沮丧。

5 月 28 日，在庆祝共和国成立一周年时发表的《统一亚美尼亚法案》导致了联合内阁的垮台。共和国独立之初，大批西亚美尼亚难民涌入。1917 年，第一次西亚美尼亚代表大会召开，成立了一个难民组织。当西亚美尼亚在 1916—1917 年被俄罗斯占领后，他们中的一些人暂时回到了自己的家园，然而高加索前线的崩溃和土耳其军队的挺进使他们再次迁往东部。鉴于政治上的变化，西亚美尼亚人的一个政党间委员会于 1918 年 12 月成立了一个特别委员会，以筹备第二次大会。第二次西亚美尼亚大会于 1919 年 2 月 6—13 日在埃里温举行。会议于 2 月 12 日通过了一项决议，内容主要为成立一个经选举产生的 9 人“执行机构”，旨在创建一个统一和自由的亚美尼亚人的国家。2 月 25 日，联合政府批准了请愿书。

对于亚美尼亚人来说，5 月 28 日是个喜庆的日子，共和国终于熬过了那个可怕的冬天，美国援助的面粉运来了，政府机关开始运转。镇上的居民和孤儿们站在街道两旁，街上插满红、蓝、橙三色国旗，军乐队奏起《我们的祖国》。代理总理亚历山大・卡季相宣布了《亚美尼亚统一法案》，内容摘录如下："为恢复亚美尼亚的完整，保障人民的完全自由和繁荣，亚美尼亚政府依照全体亚美尼亚人民的坚定意志和愿望，宣布从今天起，各分离的亚美尼亚领土永远合并为一个独立的政治实体……"[①] 随后，卡季相邀请 12 位新当选的西亚美尼亚代表进入立法机关，以代表西亚美尼亚人参与共和国的管理——实际上它没有统治过任何西亚美尼亚领土。显然，西亚美尼亚代表的加入反映了共和国企图恢复历史故地的政治意愿，然而这却导致了相反的效果。历史学家理查德・霍夫汉内斯说："这个宣言原本是为表达团结，却加剧了俄国亚美尼亚人、土耳其亚美尼亚人以及革命联盟和反革命联盟领导人之间的不和。"[②] 几天后，民粹主义部长们退出了联合内阁。他们认为一旦政府与西亚美尼亚的立宪民主主义者结盟，会挑战社会革命联盟的优势。

尽管《亚美尼亚统一法案》从未付诸实践，只停留在纸面上，但它却是亚美尼亚人政治梦想的表达。法案通过后，共和国政府进行了议会选举。选举不分性别、种族、宗教和出身，所有成年人都享有选举权，并规定选举应在普遍、直接、平等和比例代表制的基础上进行。6 月 21—23 日，第一次全国大选如期举行。中央选举局公布的总票数显示，革命联盟获得了近 90% 的选票，位居第二的社会革命党只获得了 5% 的选票。[③] 然而，党派之争并没有停息。9 月

① Richard G. Hovannisian, "Armenia Road to Independence", in Richard G. Hovannisian, ed., *The Armenian People from Ancient to Modern Times, Volume II: Foreign Dominion to Statehood: The Fifteenth Century to the Twentieth Century*, p. 323.

② Richard G. Hovannisian, "Armenia Road to Independence", in Richard G. Hovannisian, ed., *The Armenian People from Ancient to Modern Times, Volume II: Foreign Dominion to Statehood: The Fifteenth Century to the Twentieth Century*, p. 323.

③ Richard G. Hovannisian, "Armenia Road to Independence", in Richard G. Hovannisian, ed., *The Armenian People from Ancient to Modern Times, Volume II: Foreign Dominion to Statehood: The Fifteenth Century to the Twentieth Century*, p. 324.

下旬至11月初，在埃里温举行的第九届世界革命联盟大会上，代表们就党国关系问题进行了激烈的辩论。老革命家鲁本·捷尔—米纳相（1882—1951）认为，党对政府的直接控制对国家渡过危机至关重要，但此后如果仍无条件服从党的指挥，不合时宜；如果要避免党政不分和布尔什维克的精英主义自我延续的弊病，就必须通过立法机关保持国家机器运转的独立性。然而，卡季相的追随者则强调党的历史，反对民主权力下放。[①] 党派纷争严重削弱了共和国的实力。

共和国政府还面临其他各种棘手的问题，如难民问题和领土纠纷。尤为严重的是，穆斯林起义将地方政府成员和成千上万的农民赶出了沙鲁尔和纳希切万，并封锁了通往伊朗的道路。在这种情况下，政府失去了偿债能力，入不敷出。货币滥发引发了严重的通货膨胀，腐败现象司空见惯。[②] 农民约占共和国人口的90%，土地问题一直未得到解决。到1919年年底，工业产量略有恢复。劳工纲领虽反对剥削，但工作条件非常艰苦。劳工和福利部呼吁政府关注不公的就业行为，执行八小时工作制，禁止使用童工，严格执行解雇程序。[③] 然而，无论政府多么努力，如果没有大国的帮助，它不可能实现持久的独立。亚美尼亚人的目光仍然盯着欧美列强。

第三节　巴黎和会上的亚美尼亚问题

第一次世界大战以协约国的胜利结束。在君士坦丁堡，帕夏艾

---

① Richard G. Hovannisian, "Armenia Road to Independence", in Richard G. Hovannisian, ed., *The Armenian People from Ancient to Modern Times, Volume II: Foreign Dominion to Statehood: The Fifteenth Century to the Twentieth Century*, p. 326.

② Richard G. Hovannisian, "Armenia Road to Independence", in Richard G. Hovannisian, ed., *The Armenian People from Ancient to Modern Times, Volume II: Foreign Dominion to Statehood: The Fifteenth Century to the Twentieth Century*, p. 327.

③ Richard G. Hovannisian, "Armenia Road to Independence", in Richard G. Hovannisian, ed., *The Armenian People from Ancient to Modern Times, Volume II: Foreign Dominion to Statehood: The Fifteenth Century to the Twentieth Century*, p. 330.

哈迈德·伊泽特（1864—1937）政府取代了青年土耳其党的政权，并在1918年10月30日签署了《摩得洛司停战协定》。11月11日，德国投降。停战协定规定：（1）协约国占领巴库和巴统；（2）土耳其帝国交出安纳托利亚以外的驻军；（3）协约国占领达达尼尔海峡和博斯普鲁斯海峡的堡垒，拥有“在混乱的情况下”占领任何其领土的权利；（4）遣散土耳其军队，所有的港口、铁路和其他战略据点交给盟军；（5）土耳其军队撤出南高加索和伊朗北部，释放被监禁的亚美尼亚人。[①] 在摩得洛司会议上，协约国虽坚持土耳其军队撤出南高加索，但最关心的是两海海峡的通道问题。因此，土耳其代表团暂时保住了卡尔斯省和巴统省的部分地区，并使奇里乞亚脱离了西亚美尼亚各省。根据协定规定，土耳其在11月份完成了从埃里温省的撤军，英国军队占领了巴库，乔治·米尔恩（1866—1948）的军队在君士坦丁堡设立总部，协约国负责指挥安纳托利亚和高加索地区的占领军。总而言之，停战之后，协约国集团瓜分了奥斯曼帝国。由于土耳其独立战争的爆发，紧随之后的《色佛尔条约》未能生效。

1919年1月18日，协约国在巴黎凡尔赛宫召开战后会议。巴黎和会宣布：“由于土耳其对其臣民的历史错误统治和近年来对亚美尼亚人和其他民族的可怕屠杀，同盟国和协约国一致认为，亚美尼亚、叙利亚、美索不达米亚、巴勒斯坦和阿拉伯必须完全脱离土耳其帝国……亚美尼亚和其他国家可以暂时承认为独立国家，但须由一个委托国为其提供行政咨询和帮助。”[②] 协约国计划让美国托管亚美尼亚。同年，美国总统威尔逊派遣以少将哈伯德（1866—1947）为首的委员会到西亚美尼亚和亚美尼亚共和国进行为期2个月的调查，评估托管的可能性。委员会分析了支持和反对托管的同等论点后提出：如果从人道主义的观点来看，托管是可取的，但代

---

① Efraim Karsh, *Empires of the Sand: The Struggle for Mastery in the Middle East*, Harvard University Press, 2001, p. 327.

② United States Department of State, *Papers Relating to the Foreign Relations of the United States, The Paris Peace Conference, 1919*, Vol. 3, Washington, D. C., 1943, pp. 785 - 786, 795 - 796.

价将是巨大的，会使美国陷入无数的问题。①

1919 年 2 月 4 日，阿维季斯·阿哈罗尼扬率领的亚美尼亚代表团抵达巴黎，却得知战后协约会议已将亚美尼亚共和国排除在正式参与国之外，而是安排埃及籍亚美尼亚人博戈斯·努巴尔（1851—1930）为亚美尼亚国家代表团团长出席会议。阿哈罗尼扬只能简单阐述了政府的目标，而博戈斯·努巴尔代表团代表了西亚美尼亚人和散居在外的亚美尼亚人，该代表团的大多数成员属于宪政民主派。

共和国代表团希望盟军支持亚美尼亚人的统一事业，并修建条通往黑海港口的走廊。② 博戈斯·努巴尔和他的支持者认为，现存的共和国领土不仅应该延伸到安纳托利亚的 6 个亚美尼亚人的省份，而且要延伸到奇里乞亚；真正的亚美尼亚不仅包括亚美尼亚的核心地带，还要延伸到地中海，以消除潜在的封锁威胁。尽管存有分歧，但为统一代表权，两人同意合并代表团。③ 对于一个如此软弱的政府和一个如此分裂的国家来说，这似乎是不现实的。英法两国早前秘密签署《赛克斯—皮科协定》（1916），把奇里乞亚和西亚美尼亚的一半分给了法国。此外，库尔德人的领土要求与亚美尼亚人的领土要求相冲突。最为重要的是，安纳托利亚的土耳其军队还没有解除武装，而亚美尼亚这个小共和国由于缺乏武器和资源，不可能建立起这样一个如此广袤的国家。

然而，亚美尼亚代表团得到了西方国家表面上的支持。美国和平谈判委员会（前身为调查委员会）提议建立一个亚美尼亚国家，其边界不止限于现亚美尼亚共和国，而且包括亚美尼亚人的历史领地。威尔逊总统的“十四点计划”需要得到美国国会的授权。亚美尼亚人焦急地等待着：协约国与德国的和平，因为这是解决任何其他问题的先决条件；美国参议院和国联对和平解决方案的批准。同

---

① George A. Bournoutian, *Concise History of the Armenian People*: *From Ancient Times to the Present*, p. 308.

② Simon Payaslian, *The History of Armenia*: *From the Origins to the Present*, p. 153.

③ Richard G. Hovannisian, *The Republic of Armenia*, *Vol. 1*: *The First Year*, *1918 - 1919*, Berkeley: University of California Press, 1971, pp. 257 - 260.

大多数小民族国家一样，亚美尼亚代表没有得到和会的席位，也没有参加英、法、意领导人间的私人会晤。①

2 月 7 日，英国起草的一份正式备忘录同意美方的提议。2 月 26 日，阿哈罗尼扬和努巴尔与“十巨头”（盟军最高理事会）会晤时，提出了一个类似的亚美尼亚方案。然而，欧洲列强在瓜分土耳其和中东地区时产生分歧。此外，英国在《贝尔福宣言》中给了犹太人和阿拉伯人（通过阿拉伯的劳伦斯的努力）一个含糊不清的承诺，同时许诺给予库尔德人和亚述人一定程度的自决权。美国总统威尔逊向国会提交了所谓的“欧洲人的协定”，推迟了和平的进程。这段时间，亚美尼亚领导人等待着美国参议院就亚美尼亚问题辩论的结果。然而，政治现实很快凌驾于承诺之上，俄国内战爆发。3 月，匈牙利无产阶级成立了苏维埃共和国，亚美尼亚与邻国格鲁吉亚和阿塞拜疆的战争一触即发。此外，穆斯林世界希望英国能对战败的土耳其网开一面。在这种情况下，英国对亚美尼亚事务的态度不是很积极，甚至宣布在 7 月 15 日撤出南高加索，后推迟到 8 月 15 日。②

西方列强的支持不会轻易到来，他们拒绝承认亚美尼亚人的共和国，即使热心主张民族自决的威尔逊总统也以条件不成熟为由拒绝承认共和国。与之相反，协约国支持土耳其政府，反对亚美尼亚建国的主张，拒绝亚美尼亚边界扩展到地中海或黑海。在这种情况下，没有一个西方大国愿意承担亚美尼亚建国的责任，而该地区唯一拥有强大军事力量的英国正从高加索地区撤出。③ 最终，巴黎和会没有给亚美尼亚带来任何实质性好处。那么，在没有西方军事大国保护的情况下，亚美尼亚共和国能够生存下来吗？

---

① George A. Bournoutian, *Concise History of the Armenian People: From Ancient Times to the Present*, p. 303.

② Richard G. Hovannisian, *Republic of Armenia, Vol. 2: From Versailles to London, 1919 – 1920*, Berkeley: University of California Press, 1982, pp. 22, 26, 27, 35 – 37.

③ Richard H. Ullman, *Anglo-Soviet Relations, 1917 – 1921, Vol. 2: Britain and the Russian Civil War, November 1918-February 1920*, Princeton: Princeton University Press, 1968, pp. 65 – 80.

第四节 亚美尼亚与阿塞拜疆的冲突

南高加索地区是一个多民族杂居的地方，既有成千上万的穆斯林，也有千千万万的亚美尼亚基督徒。两者互不信任，加剧了问题的复杂性。在亚美尼亚人的眼里，阿塞拜疆人跟土耳其人没什么区别。总体来说，亚美尼亚人和阿塞拜疆人（下文简称亚阿）之间的敌意，既有宗教、政治因素，也有民族、领土等方面的原因。两者的对抗主要是在沙俄统治期间发展起来的。

第一，19 世纪后期，俄国的经济和社会发展导致了亚阿人民之间的阶级分化：阿塞拜疆人主要生活在农村，普遍贫穷，没有技能；亚美尼亚人多居住在城市，很多是成功的企业家和商人。经济生活的差距增加了阿塞拜疆人对亚美尼亚人的怨恨情绪，而这种情绪叠加上宗教和民族因素，逐渐演变成反亚美尼亚运动。

第二，泛突厥主义的发展加重了两个民族的对立。19 世纪 70 年代后期，泛突厥主义在许多受过教育的阿塞拜疆人中生根发芽，部分原因在于沙皇政府对阿塞拜疆人进行俄罗斯化的结果。泛突厥主义具有世俗民族主义的特点，源于 19 世纪晚期的奥斯曼帝国。泛突厥主义者主张建立一个基于共同语言和民族的突厥帝国，疆域从巴尔干半岛一直延伸到中国西部。俄国阿塞拜疆人的泛突厥意识形态助长了他们的反亚美尼亚情绪，而亚美尼亚则是突厥世界的一个地理障碍，消除这个障碍有利于突厥人的联合。历史学家阿纳海德·捷尔·米纳相说："在一小撮与地主贵族和新兴工业资产阶级有联系的阿塞拜疆知识分子的影响下，阿塞拜疆民族意识的发展与其说是针对俄罗斯的殖民者，不如说是针对亚美尼亚人。"①

第三，俄国亚美尼亚人对阿塞拜疆人怀有同样的怨恨情绪，他们经常将阿塞拜疆人与土耳其的反亚美尼亚肇事者相提并论。因此，俄国的亚美尼亚民族主义者倾向于煽动反土耳其情绪，进而发

① Anahide Ter Minassian, "The Revolution of 1905 in Transcaucasia", *Armenian Review*, Vol. 42, No. 2, 1989 (Summer), p. 14.

起反阿塞拜疆人的运动。归根到底，宗教信仰的差异是他们冲突的根本原因之一，其结果是，两者互不信任，怀疑和敌对情绪扩散，而这种情绪也得到了一定程度的报应。

第四，俄国统治者对南高加索领土的随意分割是亚阿冲突的重要原因之一。阿塞拜疆人认为，亚美尼亚只是被俄国吞并的一个缩小版的埃里温省，而自己才是巴库省和占贾省的真正继承者，阿尔查赫和赞歌祖尔也属于阿塞拜疆。亚美尼亚人的复国意识降低了它与阿塞拜疆妥协的可能。亚美尼亚人认为，阿塞拜疆的部分领土（如纳卡）一直是亚美尼亚人的历史故地，因此，亚美尼亚人对这些地区拥有合法主权。上述种种因素，似乎使亚阿冲突成为不可调和的矛盾。除此之外，大国争霸使本来就十分复杂的地区冲突变得更加难以解决。

1918 年春，土耳其对东亚美尼亚发动突然袭击，企图开辟一条通往阿塞拜疆的走廊。亚美尼亚人在萨达拉巴德战役中挡住了土耳其人的进攻。当土耳其准备发动另一场大规模进攻时，亚美尼亚领导人接受了《巴统协定》。俄国十月革命后不久，石油资源丰富的巴库成为布尔什维克的大本营。3 月，布尔什维克和泛突厥平等党①之间爆发了一场短暂的冲突。在“三月天”事件中，亚美尼亚军队与布尔什维克结盟，粉碎了平等党人试图控制巴库的企图。② 亚美尼亚人视平等党人为土耳其人，以报被屠戮之仇。暴行持续了几个星期，双方互不相让。大量群众在街上游荡，焚烧房屋，随意杀害路人，许多无辜的人死于亚美尼亚人和阿塞拜疆人之手。这场始于平等党人和亚美尼亚人之间的政治斗争呈现出种族骚乱特征。③

土耳其人对亚美尼亚的进攻，并不是孤立事件，然而“三月天”事件却使亚阿之间先前存在的种族紧张关系浮出水面。此外，随着高加索人口结构的变化，亚阿人民混居在一起，加剧了种族间的紧张关系。十月革命后，俄国从南高加索撤军，虽然这标志着亚

---

① 穆萨瓦特党（Musavat）成立于 1911 年的巴库，又称平等党。

② Ronald G. Suny, *The Baku Commune*, 1917 – 1918: *Class and Nationality in the Russian Revolution*, Princeton: Princeton University Press, 1972, p. 218.

③ Firuz Kazemzadeh, *The Struggle for Transcaucasia*, *1917 – 1921*, New York: Philosophical Library, 1951, p. 73.

阿大动乱的开始，但1918年10月土耳其人的失败使本已疯狂的局势更加恶化。根据10月30日《摩得洛司停战协定》的规定，土耳其军队应该从南高加索撤出，以便为即将到来的英国军事占领让路。然而，在英国军队完全到位之前，南高加索三国都不顾一切地把有争议的领土并入各自羽翼未丰的共和国内，双方在纳卡问题上表现出的民族主义热情尤为突出。

纳卡地区原为亚美尼亚人的传统历史地区之一，这里的居民大多数是亚美尼亚人。点燃纳卡冲突的导火线出现在1918年春天，当时伊斯兰的泛突厥军队入侵东亚美尼亚。在阿塞拜疆的怂恿下，土耳其部队于8月向纳卡地区推进，要求亚美尼亚人向阿塞拜疆投降。土耳其击溃了亚美尼亚人的抵抗，纳卡领导人被迫向“伊斯兰军”投降，以换取宽大处理。[①] 然而，阿塞拜疆和土耳其的统治却非常残暴，在不到一个星期的时间里，穆斯林发动了一场针对城镇居民的恐怖运动。作为回应，纳卡的亚美尼亚领导人拒绝接受土耳其人的条件，决定发动武装叛乱。第一次世界大战的最后几天，土耳其军队从南高加索撤出，纳卡冲突暂时平息。

土耳其人撤出后，亚美尼亚人仿佛看到了收回纳卡的机会。然而，另一个新玩家出现在地区政治舞台上——大英帝国。英国的介入不但没有带来和平，反而加剧了冲突。英国人优先考虑的是巴库的石油利益，这就需要英阿之间保持良好的关系。对于英国来说，一个独立而强大的阿塞拜疆有助于抵御泛伊斯兰主义的威胁和俄国的扩张。在这种情况下，英国支持阿塞拜疆，甚至宣布纳卡属于阿塞拜疆共和国。[②]

英国的决定出乎亚美尼亚人的预料，因为他们在一战中始终站在协约国一边，认为英国人应该同情自己的诉求。1919年2月12日，亚美尼亚人在舒沙集会，决定使用暴力抵抗“在亚美尼亚阿尔

① Richard G. Hovannisian, *The Republic of Armenia*, *Vol. 1*: *The First Year*, *1918 – 1919*, p. 85.

② Richard G. Hovannisian, “Nationalist Ferment in Armenia”, *Freedom at Issue*, No. 105, 1988, pp. 29 – 35.

查赫（纳卡）强行建立阿塞拜疆政权”的任何企图。[①]

在巴库，英国迫使亚美尼亚人接受阿塞拜疆人的统治。受挫后，英国当地指挥官默许阿塞拜疆人使用武力迫使亚美尼亚人就范。5月20日，英国承认阿塞拜疆总督苏塔诺夫拥有切断从高地到平原的所有交通联系的权力，这一行动实际上是对纳卡的封锁。与此同时，库尔德非正规军不断袭击亚美尼亚村庄。[②] 冲突已箭在弦上。6月5日，英国军队从纳卡撤出后，冲突随即爆发。阿塞拜疆和库尔德非正规军攻击了舒沙的一些村庄，杀死约600名亚美尼亚人。[③]虽然苏塔诺夫声称这些部队不在他的控制之下，也不按他的命令行事，但他向亚美尼亚人明确表示要使用武力解决纳卡问题。在武器和人数上，纳卡的亚美尼亚人处于劣势，此时共和国政府也面临着一系列棘手问题，几乎无法给纳卡提供援助。眼看纳卡失手，该地区的亚美尼亚领导人决定与阿塞拜疆人和谈。最终，双方签署一项和平协定，规定在巴黎和会最后决定纳卡地位之前，巴库对纳卡地区进行临时统治。[④] 对亚美尼亚人来说，这次投降是巨大的失败；对阿塞拜疆人来说，这是巨大的胜利，因为临时统治是迈向实际统治的关键一步。苏塔诺夫任命一位亚美尼亚人担任他的民政事务助理，并选出三位亚美尼亚人担任《协定》规定所设的理事会成员。纳卡的交通封锁解除后，人民的生活恢复正常，但潜在的敌意仍然存在，亚美尼亚的民族主义者对阿塞拜疆人的怨恨挥之不去。阿塞拜疆方面则强烈希望将纳卡的临时行政当局变成永久统治机构。

1920年初，双方都开始为改变现状做准备。2月19日，英国督察员离开后，苏塔诺夫向纳卡的亚美尼亚全国委员会发出最后通

---

① Gerard J. Libaridian, ed., *The Karabakh File: Documents and Facts on the Question of Mountainous Karabakh*, 1918 – 1988, Cambridge: The Zoryan Institute, 1988, pp. 17 – 19.

② Christopher J. Walker, *Armenia and Karabagh: The Struggle for Unity*, London: Minority Rights Publications, 1991, p. 84.

③ Richard G. Hovannisian, *The Republic of Armenia, Vol. 1: The First Year, 1918 – 1919*, pp. 176 – 177.

④ Michael P. Croissant, *The Armenia-Azerbaijan Conflict: Causes and Implications*, Westport: Praeger Publishers, 1988, p. 16.

牒，要求无条件同意该地区并入阿塞拜疆，但遭到拒绝。3 月 22 日晚，亚美尼亚人在纳卡发动大规模起义，苏联出兵征服了阿塞拜疆。1919—1920 年间，亚阿冲突几乎从未中断。除纳卡地区外，双方还在纳希切万和赞歌祖尔地区不时交火。

除亚阿冲突外，1918 年 12 月，共和国还与格鲁吉亚发生了短暂的冲突，但规模不大。冲突主要发生在洛里、阿哈尔卡拉基和扎瓦赫季等地区。两国都声称对上述地区拥有主权。12 月 14 日，亚美尼亚军队向格鲁吉亚方面发起进攻，向第比利斯挺进。12 月 25 日，当协约国介入时，亚美尼亚军队距第比利斯（当时亚美尼亚人口占多数）不到 50 千米。12 月 31 日，在英国斡旋下，双方同意停火，结束敌对行动，次年 1 月签署和平协议。亚美尼亚和格鲁吉亚军队都离开了有争议地区。总体来说，亚美尼亚和格鲁吉亚矛盾不大，甚至希望联合遏制穆斯林的扩张。

第五节　共和国的外交

1920 年 1 月 19 日，国联正式承认亚美尼亚共和国的合法地位。① 同年，它与包括中国在内的大部分国家建立了外交关系。亚美尼亚共和国领土包括今亚美尼亚大部分地区，以及卡尔斯、厄德尔和阿尔达罕，纳希切万、纳卡、赞格祖尔和哈萨克斯坦区则与阿塞拜疆有争议。

联合政府期间的外交事务主要侧重于调整与邻国的关系，推动协约国对亚美尼亚问题的重视。由于南高加索联邦的分裂造成了巨大的历史遗留问题，因此，它在调整格鲁吉亚和阿塞拜疆的关系方面花费了很长时间。

在亚美尼亚人最困难的时候，美国给他们提供了很多无私的帮助。早在 1915 年，一群有影响力的美国传教士、慈善家、实业家和教育家成立了亚美尼亚救济委员会，以帮助亚美尼亚难民渡过难

① Charlotte Mathilde Louise Hille, *State Building and Conflict Resolution in the Caucasus*, Leiden: Brill, 2010, p. 143.

关。美国与土耳其断绝外交关系之后，一些美国传教士仍然坚守在工作岗位上，竭力保护亚美尼亚人。美国近东救济委员会（AC-RNE）的前身便是亚美尼亚救济委员会，它在1919年为亚美尼亚筹集了近2000万美元的私人捐款。[①] 1月，詹姆斯·巴顿（1855—1936）视察了高加索地区，带回了一份令人震惊的报告。第一批美国医疗队于3月抵达亚美尼亚，并同政府达成协议，负责救济院和孤儿院的儿童救济工作。[②] 历史学家理查德·霍夫汉内斯指出："在这一年（1919），当世界大部分地区被饥荒吞噬，满目疮痍的时候，美国向全世界提供了10多亿美元的援助。在这场伟大的美国十字军东征中，到达亚美尼亚的涓涓细流足以支撑起这个共和国，使它有望迎来第二个更加光明的生存之年。"[③]

1919年2月，美国国会创建了美国救济管理局（ARA），由未来的美国总统胡佛担任局长，旨在救济战后遭遇饥荒的人们。4月，该机构运往亚美尼亚的第一批物资抵达巴统；5月，2艘轮船抵达；6月，又有3艘轮船抵达。运送的物资有面粉、谷物、炼乳和其他食品，共计4万多吨。美国救济管理局供应的最后四批货在8月份抵达。对于每一批救济货物，亚美尼亚政府发行期票存入美国财政部，但实际上美国将这些物资送给了亚美尼亚人。1919年，美国近东救济委员会和救济管理局给亚美尼亚人的总物资交付量达8.4万公吨，虽然这一数字只占美国援助全世界的2%，但足以使亚美尼亚人民重新开始新的生活。[④]

---

① Richard G. Hovannisian, "Armenia Road to Independence", in Richard G. Hovannisian, ed., *The Armenian People from Ancient to Modern Times, Volume II: Foreign Dominion to Statehood: The Fifteenth Century to the Twentieth Century*, p. 311.

② Richard G. Hovannisian, "Armenia Road to Independence", in Richard G. Hovannisian, ed., *The Armenian People from Ancient to Modern Times, Volume II: Foreign Dominion to Statehood: The Fifteenth Century to the Twentieth Century*, p. 311.

③ Richard G. Hovannisian, "Armenia Road to Independence", in Richard G. Hovannisian, ed., *The Armenian People from Ancient to Modern Times, Volume II: Foreign Dominion to Statehood: The Fifteenth Century to the Twentieth Century*, p. 312.

④ Richard G. Hovannisian, "Armenia Road to Independence", in Richard G. Hovannisian, ed., *The Armenian People from Ancient to Modern Times, Volume II: Foreign Dominion to Statehood: The Fifteenth Century to the Twentieth Century*, p. 312.

共和国一直对西方大国充满期待，但它在欧洲统治者眼里只不过是一枚棋子而已。俄国内战期间，由于战局最初不是很明朗，西方拒绝承认亚美尼亚或其他南高加索共和国。1920 年初，白军被击败，欧洲列强才勉强承认南高加索三国为独立的国家。英国外交大臣寇松勋爵赞成向亚美尼亚提供武器，抵抗布尔什维克，但陆军部的温斯顿·丘吉尔则不同意，认为任何武器都将落入布尔什维克手中。

1920 年初，西方开始撤退。美国国会经过数月的犹豫后拒绝了威尔逊总统托管亚美尼亚的提议，只给予共和国外交上的承认。与此同时，西方列强亲土耳其情绪抬头，警告土耳其的分裂会带来可怕的经济后果，并引发穆斯林殖民地的动荡。因此，西方承认 3 个南高加索共和国的独立地位只不过是对俄国白军战败和红军南下的回应而已。2—4 月，正当欧洲讨论土耳其定居点的建设时，他们收到了奇里乞亚的亚美尼亚人遭到屠杀的报告。第一次世界大战结束后，15 万多亚美尼亚人曾经返回奇里乞亚的各大城市和村庄，当时它正处于法国的托管之下。法国拒绝保护奇里乞亚的亚美尼亚人，这招致了更多的亚美尼亚人被杀，幸存下来的人被迫再次离开家园，前往黎巴嫩和叙利亚。1921 年底，法国外交官富兰克林·布伊莱安为了保住叙利亚，把奇里乞亚交给了土耳其。①

4 月 19—26 日，在意大利圣雷莫会议上，协约国同意把凡省、埃尔祖鲁姆省和比特利斯省，以及一个通往黑海的出海口送给亚美尼亚。然而，对亚美尼亚人来说，《圣雷莫决议》（1920 年 4 月 25 日）只是一纸空文，因为欧洲根本不打算帮助亚美尼亚人实现对上述领土的控制。8 月 10 日，战胜国与土耳其签订《色佛尔条约》。该条约包括一项关于亚美尼亚人的条款：各签署国承认亚美尼亚是一个独立、自由的国家，承诺向幸存者提供赔偿并归还他们的财产；遣返被土耳其人和库尔德人带走或收养的亚美尼亚妇女和儿

① George A. Bournoutian, *Concise History of the Armenian People: From Ancient Times to the Present*, p. 309.

童；亚美尼亚人保证西亚美尼亚穆斯林的宗教和文化自由。[①] 然而，划定边界的工作是由美国总统威尔逊和美国国务院完成的，直到11月22日才提交给亚美尼亚。新边界使亚美尼亚拥有了进入黑海的出海口，并将土耳其东部省份的大片领土划归共和国。[②]

然而，国际环境的变化瞬息万变。土耳其共和国的缔造者凯末尔成立了以他为首的国民政府，拒绝承认《圣雷莫决议》，反对威尔逊的亚美尼亚计划。6月，希腊军队在英国的支持下，大举进攻土耳其，但被击退。

第六节　土耳其和苏俄的入侵

在土耳其独立战争中，凯末尔积极寻求苏俄的支持。苏俄领导人也意识到，土耳其在近东穆斯林世界中有着广泛的影响力，对抵御西方列强的干涉和拯救布尔什维克革命有重要的作用。于是，苏俄领导人答应了凯末尔的请求。凯末尔派特工到巴库联系布尔什维克地下组织，目的是在俄土之间建一座陆地桥梁，而实现这一目标的方法是把阿塞拜疆置于苏俄势力范围内，使格鲁吉亚保持中立。[③] 1920年4月底，布尔什维克进入巴库，受到阿塞拜疆领导人的欢迎，这时他们忘记了民族主义狂热，把自己描绘成工人阶级的代表。巴库的陷落迫使埃里温政府紧急派使团到莫斯科，以说服莫斯科相信一个独立、友好的亚美尼亚更有利于苏俄的利益。苏俄外交委员奇切林和助理委员加拉罕向亚美尼亚保证：（1）苏俄无意颠覆亚美尼亚政府；（2）赞歌祖尔和纳希切万属于亚美尼亚共和国；（3）纳卡的命运可以通过仲裁或公民投票决定；（4）苏俄和土耳其

---

① George A. Bournoutian, *Concise History of the Armenian People: From Ancient Times to the Present*, p. 310.

② Richard G. Hovannisian, *The Republic of Armenia*, *Vol. 4: Between Crescent and Sickle, Partition and Sovietization*, Berkeley: University of California Press, 1996, pp. 40 – 44.

③ Richard G. Hovannisian, "Armenia Road to Independence", in Richard G. Hovannisian, ed., *The Armenian People from Ancient to Modern Times, Volume II: Foreign Dominion to Statehood: The Fifteenth Century to the Twentieth Century*, p. 334.

的合作有利于对付西方帝国主义；（5）亚美尼亚不要阻碍苏俄和土耳其的合作。奇切林暗示，部分西亚美尼亚领土将来纳入亚美尼亚共和国。6 月 10 日，代表团给埃里温政府发来电报，表示原则上已就主要问题达成一致，剩下的就是敲定细节了。①

5 月，就在亚美尼亚代表同苏俄谈判期间，亚美尼亚布尔什维克发动起义，要求建立苏维埃共和国，史称“五月起义”。革命联盟迅速反应，处决了一些亚美尼亚布尔什维克党人，其余的人逃到巴库。然而，这次短暂的起义却导致了亚历山大·卡季相政府的倒台。革命联盟中央局全面接管政府，哈玛扎斯普·奥汉贾扬出任总理。在清除了布尔什维克之后，中央局下令驱逐所有不接受政府权威的穆斯林。许多穆斯林离开了共和国，但这些行动疏远了亚美尼亚自由主义者。总之，“五月起义”将亚美尼亚政府推向独裁。埃里温代表团与苏俄达成的共识付诸东流，亚美尼亚政府失去了苏俄的信任。

俄土谈判仍在继续。一些布尔什维克坚持土耳其必须割让一些领土给埃里温，但土耳其拒绝讨论边界问题。此时，斯大林和列宁都同意了这一点。② 美国的中立和欧洲的不作为，诱使土耳其在 9 月 20 日下旬袭击了亚美尼亚，并要求后者接受以《布列斯特和约》规定的边界为基础的停火。9 月 24 日，亚美尼亚对土耳其宣战，土耳其—亚美尼亚战争（1920 年 9 月 24 日至 12 月 2 日）爆发。

土耳其与亚美尼亚的战争又称“东方战线”。战后，土耳其虽被协约国军占领，但土耳其军队直到 1919 年 2 月才撤回到战前的俄土边界，但在边界上部署了大量军队。根据土耳其和苏联的资料来源，土耳其早在 1920 年 6 月就已经制定了收回前奥斯曼帝国东部领土的作战计划。③ 凯末尔确信，协约国和苏俄不会保卫亚美尼亚。9

---

① Richard G. Hovannisian, “Armenia Road to Independence”, in Richard G. Hovannisian, ed., *The Armenian People from Ancient to Modern Times, Volume II: Foreign Dominion to Statehood: The Fifteenth Century to the Twentieth Century*, p. 335.

② George A. Bournoutian, *Concise History of the Armenian People: From Ancient Times to the Present*, p. 312.

③ Richard G. Hovannisian, *The Republic of Armenia, Vol. 4: Between Crescent and Sickle, Partition and Sovietization*, p. 194 “note 27”.

月13日凌晨2时30分，土耳其第15集团军的五个营在卡拉贝克尔（1882—1948）的统领下，越过两国边界线，突袭了兵力稀疏的亚美尼亚。由于协约国和苏俄对土耳其的军事冒险未作任何反应，凯末尔下令继续向卡尔斯推进。10月初，亚美尼亚政府请求协约国介入，但毫无结果。当时，英国正在镇压伊拉克的部落起义，法国和意大利正在安塔利亚与土耳其革命者作战，邻国格鲁吉亚宣布中立。在英法看来，南高加索早晚会落入布尔什维克之手，因此，与其援助亚美尼亚，倒不如维持一个强大的土耳其遏制苏联。

苏俄政府虽对土耳其的进攻忧心忡忡，但它需要土耳其，于是希望通过斡旋阻止战争。然而，苏俄对土耳其的快速推进十分震惊，担心土耳其人会占领格鲁吉亚的海港和通往伊朗的唯一铁路。在与埃里温政府接触后，苏俄出面调解。10月11日，苏俄全权代表鲍里斯·罗格郎（1884—1936）带着一份新的协议抵达埃里温。10月24日，亚美尼亚同苏俄签署协议。凯末尔政府对苏俄和亚美尼亚之间的协议十分不满，大国民议会政府向卡拉贝克尔通报了协议的情况，催促他尽快拿下卡尔斯。卡拉贝克尔向卡尔斯发起进攻。由于力量悬殊，亚美尼亚人决定放弃这座城市。30日，土耳其完全占领了卡尔斯。一周后，土耳其军队占领了亚历山德罗波尔，11月12日，占领了阿尼城废墟东北方向的战略要地阿欣村，并计划向埃里温挺进。11月13日，格鲁吉亚进入洛里。土耳其向亚美尼亚政府发出最后通牒：（1）立即签署和平条约；（2）放弃《色佛尔条约》以及对卡尔斯、阿尔达罕在内的所有西亚美尼亚的领土要求；（3）接受土耳其对纳希切万和沙鲁尔的临时管辖。[①] 作为回报，土耳其人将会保证共和国其余领土的完整和独立。11月18日，土耳其和亚美尼亚达成停火协议。

11月23日，亚美尼亚外交部长亚历山大·卡季相启程前往亚历山德罗波尔，开始与卡拉贝克尔进行谈判。同日，由于亚美尼亚政府名誉扫地，西蒙·弗拉茨扬（1882—1969）组阁。他的内阁认

---

① Robert H. Hewsen, *Armenia: A Historical Atlas*, p. 237.

为，现在的主要目的是保住亚美尼亚民族的物理存在。土耳其的进攻已经威胁到苏俄的利益，在列宁的授权下，斯大林令苏军从阿塞拜疆进入亚美尼亚。11 月 29 日，苏俄第 11 军进入亚美尼亚北部的伊杰万。同一天，一些亚美尼亚布尔什维克也进入伊杰万，宣布成立亚美尼亚苏维埃共和国。次日，罗格郎宣布，亚美尼亚断绝同西方帝国主义的一切联系，与俄国工农红军团结起来。① 亚美尼亚政府被迫辞职，将权力移交给苏俄支持的苏维埃政府，亚美尼亚成为苏维埃社会主义共和国。苏俄表示将给亚美尼亚苏维埃政府提供必要的军事支持，并承诺其他各党派不会受到迫害。权力暂时移交给军事革命委员会。委员会由共产党任命的 5 名成员和 2 名左翼革命联盟成员组成，军事指挥权委托给德罗和苏俄全权代表奥托·西林。第一共和国政府发布了最后一道政令："鉴于这片土地上的外部环境，亚美尼亚共和国政府决定在 1920 年 12 月 2 日的会议上辞职，并放弃一切军事和政治权力，由现任战争部长德罗当权。"②

然而，苏俄的支持并没有消除土耳其的威胁。卡拉贝克尔威胁说，只有满足土耳其发出的最后通牒才会撤军。12 月 2 日，布尔什维克军占领了埃里温和埃奇米阿津。第二天，卡季相政府虽已经倒台，但却与土耳其大国民议会签署《亚历山德罗波尔条约》，结束了持续两个多月的战争。卡季相天真地认为，此举是为埃里温争取时间，阻止土耳其的进一步进攻；自己已经不再代表亚美尼亚政府，没有权力缔结条约，埃里温的苏维埃政府会否决他的行为。事实证明，卡季相的权宜之计是错误的。苏俄根本没有兴趣为亚美尼亚苏维埃政府收复失地。12 月 5 日，亚美尼亚革命委员会进入埃里温，历时一千天左右的第一共和国结束。

《亚历山德罗波尔条约》要求亚美尼亚把整个卡尔斯省和埃里温省的苏马鲁割让给土耳其，埃里温省南部的大部分地区割让给阿

---

① Richard G. Hovannisian, "Armenia Road to Independence", in Richard G. Hovannisian, ed., *The Armenian People from Ancient to Modern Times, Volume II: Foreign Dominion to Statehood: The Fifteenth Century to the Twentieth Century*, p. 343.

② Oliver Baldwin, *Six Prisons and Two Revolutions*, London: Hodder and Stoughton, 1926, p. 32.

塞拜疆。条约第 2 条确认了两国的边界，土耳其和亚美尼亚和国的边界改为阿尔达罕—卡尔斯线，共和国 50% 以上的领土割让给土耳其大国民议会。第 10 条规定亚美尼亚放弃《色佛尔条约》。①

按照要求，《亚历山德罗波尔条约》需要在一个月之内得到亚美尼亚议会的批准。然而，这并没有发生，因为苏俄已经占领了亚美尼亚。在已经倒台的亚美尼亚政府和苏俄驻埃里温代表签署的协定中，苏俄承认亚美尼亚的边界与土耳其入侵前一样。1921 年 3 月 16 日，苏俄与土耳其签署《莫斯科条约》，同意了土耳其的领土要求。10 月 23 日，双方再签署《卡尔斯条约》，1922 年 9 月 11 日，埃里温政府批准了该条约。根据条约规定，土耳其把巴统割让给苏俄（给格鲁吉亚），以换取对卡尔斯和阿尔达罕的主权。简言之，苏俄为巩固与土耳其的联盟牺牲了亚美尼亚。

亚美尼亚第一共和国的结束，标志着亚美尼亚独立的结束。外部因素是共和国失败的根本原因。凯末尔主义者和莫斯科政府互相利用，反对西方帝国主义，在这种情况下，亚美尼亚成为牺牲品。曾经向亚美尼亚作出一系列承诺的西方大国不见了踪影，用共和国最后一任总理西蒙·弗拉茨扬的话说，亚美尼亚“夹在布尔什维克的铁锤和土耳其的铁砧之间”②。至此，亚美尼亚人的命运再次由外部力量决定。尽管如此，亚美尼亚第一共和国的存在成为亚美尼亚民族复兴、统一和存在的支点。希冀获得永久独立的愿望落空后，许多人带着悲伤、沮丧和怨恨流散到世界各地。然而，第一共和国的遗产并没有丧失，它对亚美尼亚人的民族身份产生了重大影响，并为其引入了一套新的符号和动态，强化了亚美尼亚人的传统信仰和态度。“1915 事件”之后，第一共和国的战斗精神成为这个民族生存的典范。

---

① Richard G. Hovanissian, *Armenian Kars and Ani*, Costa Mesa, CA: Mazda Publishers 2011, p. 316.

② Razmik Panossian, *The Armenians: From Kings and Priests to Merchants and Commissars*, p. 245.

第十七章　亚美尼亚苏维埃社会主义共和国

亚美尼亚苏维埃社会主义共和国，又称亚美尼亚第二共和国。苏联时期，它从农业国变为工业生产中心。1990 年 8 月 23 日，亚美尼亚宣布独立，改名为亚美尼亚共和国，但暂时留在苏联内。1991 年 9 月 21 日，亚美尼亚共和国正式宣布独立，并得到了国际社会的承认。

第一节　亚美尼亚的苏维埃化

从 1828 年的《土库曼恰伊条约》到 1917 年的十月革命，东亚美尼亚一直是俄罗斯帝国的一部分。1918 年 5 月，随着俄罗斯帝国的崩溃，亚美尼亚及其邻国阿塞拜疆、格鲁吉亚宣布脱离俄罗斯的统治，各自建立了自己的共和国。在 1915 年亚美尼亚事件和随后的土耳其与亚美尼亚战争期间，西亚美尼亚的亚美尼亚人几乎全部迁走。

1920 年晚些时候，亚美尼亚短暂的独立实验失败了，最终成为苏联的一个加盟共和国。随着凯末尔主义者在西亚美尼亚的胜利，只有东亚美尼亚仍在亚美尼亚人手中。

红军的进入结束了大国在亚美尼亚土地上的敌对行动。12 月 2 日，亚美尼亚革命联盟政府全权代表德罗将军和苏联代表西林，宣布亚美尼亚为独立的社会主义共和国。1921 年 3 月，俄土双方签署

《苏土友好条约》，重新划分了亚美尼亚共和国的边界。10月，土耳其与高加索地区的苏维埃共和国签订了《卡尔斯条约》。根据条约规定，土耳其放弃巴统的主权要求，以换取卡尔斯的主权（大致相当于今土耳其的卡尔斯、厄德尔省和阿尔达罕省）。中世纪亚美尼亚王国都城阿尼及亚美尼亚文化的象征——亚拉腊山割给了土耳其。此外，斯大林将纳希切万和纳卡地区让给阿塞拜疆。[①] 不久之后，格鲁吉亚、阿塞拜疆和亚美尼亚苏维埃社会主义共和国一起并入了南高加索苏维埃社会主义共和国。1936年12月5日，《苏维埃社会主义共和国联盟宪法》（简称"1936年苏联宪法"）通过后，南高加索联邦解散，亚美尼亚成为苏联的一个加盟共和国。

有了苏联的庇护，亚美尼亚人终于远离了炮火纷飞的战场，人口出现一定程度的增长。1915年事件后，西亚美尼亚人几乎全部离开了土耳其。第一次世界大战爆发后，由于战争、移民、饥荒和瘟疫等原因，亚美尼亚人口急剧下降。到1920年，只有72万人居住在东亚美尼亚，人口减少了30%。[②] 即使在这些人口中近一半的人是难民，亚美尼亚社会似乎又回到了农业社会。然而，在苏联的稳定统治下，社会趋于稳定，东亚美尼亚人口从1926年的约88万增长到1989年的330万，几乎翻了两番。[③]

苏维埃社会主义共和国成立后，散居在外的亚美尼亚人对新政府的态度发生分歧：革命联盟的支持者不支持苏联的统治，亚美尼亚博爱联盟[④]则对新成立的苏维埃政权持积极态度。[⑤] 1921年6月，列

---

① Mary Kilbourne Matossian, *The Impact of Soviet Policies in Armenia*, p. 30. 布尔什维克于1920年承诺将这两个地区交给亚美尼亚。

② Ronald Grigor Suny, "Soviet Armenia", in Richard G. Hovannisian, ed. , *The Armenian People from Ancient to Modern Times, Volume II: Foreign Dominion to Statehood: The Fifteenth Century to the Twentieth Century*, p. 347.

③ Ronald Grigor Suny, "Soviet Armenia", in Richard G. Hovannisian, ed. , *The Armenian People from Ancient to Modern Times, Volume II: Foreign Dominion to Statehood: The Fifteenth Century to the Twentieth Century*, p. 347.

④ 1906年，亚美尼亚博爱联盟成立于埃及开罗，致力于亚美尼亚人的教育、文化和人道主义项目。

⑤ Laycock Jo, "Survivor or Soviet Stories? Repatriate Narratives in Armenian Histories, Memories and Identities", *History and Memory*, Vol. 28, No. 2, 2016, pp. 123 – 151.

宁的全权代表亚历山大·米斯尼可扬赦免了叛乱分子。一群自称“进步联盟”的亚美尼亚社会主义者虽与莫斯科官方意见向左，但还是乐意与新政府对话。1921 年成立的亚美尼亚民主自由党是一个相对较大的非执政党，实际上它是由亚美尼亚人党、社会民主党、人民党和宪政民主党组成的政治团体，党员大多是工匠、专业人士、商人和知识分子。该党认为，由于苏维埃亚美尼亚是目前唯一的亚美尼亚民族国家，应不顾一切地支持它；如果没有苏联的保护，亚美尼亚将无法抵抗外来威胁。革命联盟不仅不支持苏维埃共和国，反而认为，布尔什维克背叛了他们，决定“解放亚美尼亚”①。

尽管面临各种政治分歧，埃里温的新苏维埃政府的首要任务是恢复经济建设，为饥肠辘辘的人们提供食物，确立新的政治秩序。革命联盟和共产党一致同意将权力移交给革命委员会。革命委员会由 5 名共产党员、2 名革命联盟成员组成。② 由于厌倦了战争、饥饿、疾病和政治冷漠，亚美尼亚人迫切希望苏联红军能把土耳其人赶出亚历山德罗波尔和其他被占领的地区。因此，新政府迎来的不是抗议，而是沉默。

苏维埃化带来了共产主义意识形态及其相关的阶级斗争理论。在亚美尼亚人的具体事例中，意味着要消灭极端民族主义者和资产阶级。随着这两个群体的衰落或消亡，社会秩序重新洗牌，阶级差异逐渐消失。然而，新掌权者缺乏政治经验，成立了一个类似契卡的秘密警察组织，逮捕了许多革命联盟党成员，废除了共和国政府机构，新的苏俄法律和法规取代了第一共和国使用的俄罗斯帝国法典。③ 另外，战时共产主义政策引起了人们的不满，并直接导致了

---

① George A. Bournoutian, *Concise History of the Armenian People*: *From Ancient Times to the Present*, pp. 317 – 318.

② Ronald Grigor Suny, “Soviet Armenia”, in Richard G. Hovannisian, ed., *The Armenian People from Ancient to Modern Times*, *Volume II*: *Foreign Dominion to Statehood*: *The Fifteenth Century to the Twentieth Century*, p. 348.

③ Ronald Grigor Suny, “Soviet Armenia”, in Richard G. Hovannisian, ed., *The Armenian People from Ancient to Modern Times*, *Volume II*: *Foreign Dominion to Statehood*: *The Fifteenth Century to the Twentieth Century*, p. 348.

亚美尼亚人的“二月起义”。[①] 起义者西蒙·弗拉茨扬建立了一个短暂的新政府，并向西方呼吁援助新亚美尼亚。苏俄红军征服格鲁吉亚后，于4月2日进入埃里温，新政府领导人被赶出亚美尼亚。[②]

亚美尼亚人的起义给苏共带来很大的触动。莫斯科政府任命亚历山大·米斯尼可扬担任亚共第一书记。亚历山大·米斯尼可扬政治经验丰富，受过良好的教育，他受列宁的委托，希望用温和的政策把亚美尼亚人纳入苏联的怀抱。列宁认为，由于高加索的苏维埃共和国落后，“更加是农民的国家”，社会主义政策的实施必须要缓慢，并在对待小资产阶级、知识分子，特别是农民时，要“更加缓慢、更加谨慎、更加有步骤地向社会主义过渡——这对于高加索各共和国来说是可能的和必要的，这就是它们不同于俄罗斯联邦的特点。”[③] 列宁相信，为了把小民族争取到苏联的事业中来，一定程度的自治是必要的。

在列宁思想的指导下，第二届亚美尼亚苏维埃政府放弃了一些极端作法，亚历山大·米斯尼可扬把精力转移到经济建设上来。为了加速高加索地区的经济发展，3个南高加索共和国合并成一个联邦，于1922年12月加入苏联。与此同时，苏俄政府也采取了温和的经济政策，即新经济政策（NEP）。该政策给予农民更多的支配剩余粮食的权利，允许私有经济的存在。随着新经济政策的实行，亚美尼亚人开始了一段相对稳定的时期。因此，苏俄治下的亚美尼亚与奥斯曼帝国最后几年的动荡相比，人们的生活更加稳定——亚美尼亚人从中央政府那里得到了药品、食品和其他供应品，并进行了广泛的识字运动。

---

① Ronald Grigor Suny, “Soviet Armenia”, in Richard G. Hovannisian, ed., *The Armenian People from Ancient to Modern Times, Volume II: Foreign Dominion to Statehood: The Fifteenth Century to the Twentieth Century*, p. 350.

② Richard G. Hovannisian, *The Republic of Armenia, Vol. 4: Between Crescent and Sickle, Partition and Sovietization*, pp. 405–407.

③ 《列宁全集》，1992年第2版第41卷，第184—186页。原文载于1921年5月8日《格鲁吉亚真理报》第55号。

第二节　亚美尼亚新经济政策

1921年，苏俄从战时共产主义政策向新经济政策转变。在列宁看来，新经济政策不是放弃共产主义目标，而是向共产主义的缓慢过渡。新经济政策允许私营企业、合资企业、外资企业和商品经济的存在，也就是后来众所周知的国家资本主义。

新经济政策给亚美尼亚人民带来一段经济恢复时期。该时期，灌溉系统、水力发电、城市规划、教育系统得到了很大的发展，社会秩序缓慢地向平等主义方向过渡，到1925年时46%的贸易掌握在私营企业手里。①

20世纪20年代，政治气氛是足够宽容的，一些海外自由主义知识分子也对这个时期的亚美尼亚社会赞誉不绝。例如，亚美尼亚著名诗人耶吉舍·夏朗茨（1897—1937）用华丽的诗歌重新将亚美尼亚人的爱国情怀与革命黎明的精神联系起来。夏朗茨的作品充满激情，在海外亚美尼亚人中产生了强烈共鸣。他们远离政治，再次利用文化的力量，努力恢复、巩固自己的民族身份。这一时期，政府容忍了神职人员的存在。一切都表明，亚美尼亚人准备告别过去，建设未来。亚美尼亚苏维埃政委们的奉献，甚至使那些持不同政见者注意到了新政府的成就。美国传教士克拉伦斯·厄谢尔博士在写给亚美尼亚领导人的信中说："我相信在目前的情况下，把他们赶出去是一个错误……亚美尼亚真正的共产主义者非常少。他们的成就值得赞扬……不管这个国家发生了什么事，我希望以前的党政府不再控制这个国家。如果他们这样做，那纯粹是冒险。"② 尽管如此，他也批评了政府的税收政策。牧师哈罗德·巴克斯顿注意到："埃里温政府的成员都是认真的、聪明的和勤奋的人。"③

---

① Christopher J. Walker, *Armenia: The Survival of a Nation*, p. 339.

② Clarence D. Ussher, *An American Physician in Turkey: A Narrative of Adventures in Peace and in War*, New York and Boston: Houghton Mifflin Company, 1917, pp. 235 - 236.

③ Harold Buxton, *Transcaucasia*, London: Faith Press Collection Robarts, 1926, p. 55.

新苏维埃政府给亚美尼亚人带来的安全是明显的。在列宁的支持下，亚美尼亚人成功保住了赞歌祖尔，并成为苏联和土耳其之间的缓冲带。对亚美尼亚人来说，不确定性终于结束了。然而，亚美尼亚却是南高加索共和国中经济最落后的国家，没有较大的工业中心和城市。由于发达地区对欠发达地区的人才虹吸效应，很多亚美尼亚人搬到了第比利斯、巴库和俄罗斯的一些城市。另外，阿塞拜疆和格鲁吉亚控制着进出这个内陆国家的所有通道，因此，亚美尼亚的经济建设离不开苏俄和它的两个邻国的支持。为加强统治，斯大林打算把南高加索合并为一个政治实体，并在政治和经济上与莫斯科政府联系起来。格鲁吉亚最初反对这种合并，但当它认识到这样做会使格鲁吉亚孤立时，便同意为解决各共和国之间的边界争端提供便利。南高加索三国都得到了某种形式的回报：亚美尼亚得到了洛里并保住了赞歌祖尔；格鲁吉亚得到了阿哈尔卡拉基；阿塞拜疆接收了阿尔查赫和纳希切万。[①] 作为对亚美尼亚共产党抗议的让步，纳卡地区划为阿塞拜疆的自治区，但纳希切万从苏维埃亚美尼亚分离出来，成为阿塞拜疆自治共和国的飞地，埃里温省的沙鲁尔割让给了纳希切万。[②]

斯大林主导下的南高加索领土的再分割，留下了大量历史隐患，比如纳卡问题。纳卡是苏联使用的一个官方术语，亚美尼亚人称之为“阿尔查赫”。历史上，纳卡是亚美尼亚领土的一部分，自 18 世纪以来一直是亚美尼亚人反穆斯林活动的基地，境内居民多数为亚美尼亚人。苏联政府为了赢得国内穆斯林的好感，向阿塞拜疆让步，把纳卡置于阿塞拜疆统治之下。纳卡问题曾使第一亚美尼亚共和国的领导人感到忧虑。事实上，安德拉尼克将军和一支亚美尼亚军队曾打算占领它，但在凡尔赛会议上被英国阻止。

根据列宁的提议，1922 年 3 月 12 日，南高加索三国合并为南

① George A. Bournoutian, *Concise History of the Armenian People: From Ancient Times to the Present*, p. 319.

② George A. Bournoutian, *Concise History of the Armenian People: From Ancient Times to the Present*, p. 319.

高加索苏维埃社会主义共和国联邦联盟（1922—1936）。同年 12 月 13 日，第一次南高加索苏维埃大会将其重新命名为南高加索苏维埃社会主义联邦共和国，形式上保留了各共和国的自治权，并成立了中央执行委员会（最高立法机构）和人民委员会议（政府）。第比利斯是共和国的首都。30 日，苏维埃社会主义共和国联盟成立。[①]

虽然斯大林不满意这种安排，希望南高加索联邦处于完全的从属地位，但列宁坚持要求各共和国保留一定程度的自治权。亚美尼亚仿效俄罗斯共和国宪法，制定了自己的宪法，亚共在行政上对克里姆林宫的党书记（中央执行委员会）负责。每个共和国的预算是联盟预算的一部分。整个苏联的外交政策、对外贸易、法律、教育、卫生和军队都是统一的，服从莫斯科方面的安排。亚美尼亚作为联邦中地位较低的成员，不得不向实力较强的邻国妥协。亚共第一书记亚历山大·米斯尼可扬与列宁、斯大林和格鲁吉亚领导人都有着不错的私人关系，这为亚美尼亚挣得了一些有利的筹码。

新经济政策对亚美尼亚的经济、文化产生了巨大影响。列宁的社会主义本土化思想鼓励了民族教育和文化的发展。在文化本土化思潮的激励下，亚美尼亚变得更加亚美尼亚化，成千上万流离失所的亚美尼亚人迁移到共和国内，许多难民在埃里温及其周边地区定居下来。由于格鲁吉亚和阿塞拜疆共和国也积极推行本土化政策，两国的亚美尼亚人纷纷迁到亚美尼亚。埃里温成为一个多元化的社会，人们说着不同的方言，带来了不同的风俗。总之，他们构成了苏维埃亚美尼亚共和国的第一代公民。随着埃里温人口的增长，工业开始复苏。最为重要的是，亚美尼亚语成为共和国的官方语言。[②]然而，各种方言阻碍了人们之间的交流，于是埃里温方言成为标准用语，并在此基础上发展出了新的拼字法。女性的传统社会角色也得到改变，她们可以选择堕胎、离婚和参加工作。

根据苏共第十次党代会（1921 年 3 月）的一项决议，亚美尼亚

① Ronald Grigor Suny, *The Making of the Georgian Nation*, pp. 191 - 192, 245.

② George A. Bournoutian, *Concise History of the Armenian People: From Ancient Times to the Present*, p. 321.

当局概述了“根化”或“本土化”的政策，要求地方行政机构、经济机构、学者、剧院、报纸和其他机构都要使用亚美尼亚语。[①] 9月，亚美尼亚人民委员会颁布一项法令，要求所有16—50岁的文盲和半文盲学习亚美尼亚语。政府在埃奇米阿津开办了一所文化和历史研究所，4年后在埃里温成立科学和艺术研究所（即后来的科学院）。结果，成年人识字率全面普及。与此同时，全国范围内建立了幼儿园和七年制中小学教育体系。工人可以参加特殊学校，培养劳动技能。亚美尼亚语是官方教学语言。[②]

在政府的支持和鼓励下，许多海外知识分子返回亚美尼亚，从事文学艺术创作。大学、科学研究所、音乐学院、国家剧院和电影制片厂纷纷建立起来。1922年1月，国家剧院奠基。第二年，政府建立了一所音乐学院。1925年，亚美尼亚电影制片厂上映了第一部国产科幻电影。在亚美尼亚艺术家看来，20年代是一个重生、实验和创新的时代。民族主义和反苏情绪是不能容忍的，本土化和穆斯林的离开创造了一个更加同质化的亚美尼亚国家。亚美尼亚作家和诗人将社会主义与民族主义结合起来，终于实现了阿博维扬和拉菲[③]梦寐以求的目标。[④]

然而，民族主义艺术创作受到严格限制，宗教虽然没有受到打压，但国家大力进行反宗教宣传，一些反宗教狂热分子甚至关闭了教堂。1927年，大主教承认苏维埃政府是亚美尼亚的合法政府，然而定期开展的反宗教运动困扰着教会与国家的关系。20年代末，激

① Ronald Grigor Suny, “Soviet Armenia”, in Richard G. Hovannisian, ed., *The Armenian People from Ancient to Modern Times, Volume II: Foreign Dominion to Statehood: The Fifteenth Century to the Twentieth Century*, p. 355.

② Ronald Grigor Suny, “Soviet Armenia”, in Richard G. Hovannisian, ed., *The Armenian People from Ancient to Modern Times, Volume II: Foreign Dominion to Statehood: The Fifteenth Century to the Twentieth Century*, p. 356.

③ 拉菲（Raffi），即哈科布·梅利克·哈科比扬（Hakob Melik Hakobian，1835—1888）。拉菲是他的笔名。拉菲被誉为亚美尼亚最伟大的小说家和历史小说的奠基人。《愚人》是他最为著名的代表作。该作品以1877年俄土战争为背景，描述了亚美尼亚农民的生活状况。

④ George A. Bournoutian, *Concise History of the Armenian People: From Ancient Times to the Present*, p. 321.

进的无神论者再次关闭了某些乡村教堂。这对于一个血液里流淌着基督情节的民族来说，是不能接受的。[①] 无论如何，新经济政策已经走到了尽头，国家正准备发起一场新的革命。

1923年年底，革命联盟正式结束了在亚美尼亚的存在，其成员连同独立的社会主义者一起被赶出了政府。亚历山大·米斯尼可扬1925年死于飞机失事，亚美尼亚人视他为社会主义时代的英雄，今天在俄罗斯驻亚美尼亚大使馆和埃里温市政厅之间的格里戈尔·卢萨沃利奇街上能看到人们为他矗立的雕像。后米斯尼可扬时代，亚美尼亚政坛人事变动频繁，侧面反映了克里姆林宫内部权力斗争的激烈。

第三节　斯大林时代的亚美尼亚

新经济政策一直持续到20世纪20年代末，但苏共领导人认为，经济增速还是不够快，工业产能严重不足。1927年年底，从农民手中收到粮食数量逐年下降。低廉的农产品价格和工业产品的短缺，促使农民们坚守自己的农产品，不愿意出售多余的粮食。1928年，斯大林开始废止新经济政策，发起了农村大改造运动，并全力以赴实现工业化。在斯大林的敦促下，苏共第十六次党代会（1929年4月）通过了第一个五年计划。苏联各地的共产主义者坚信，他们的国家总有一天会摆脱落后的农业社会，成为工业强国。然而，南高加索地区的许多领导人试图说服莫斯科不要实行农业集体化，认为自己的粮食不能自给，无法生产可供出口的粮食。但是，中央领导人拒绝了他们的要求。斯大林的激进政策在亚美尼亚、阿塞拜疆和格鲁吉亚得到有效执行，农民纷纷加入集体农场。

1929年末至1930年初，工人、大学生工作队被派往农村，帮助各地农民建立集体农场，农业集体化迅速推进。1929年12月，

---

① Ronald Grigor Suny, "Soviet Armenia", in Richard G. Hovannisian, ed., *The Armenian People from Ancient to Modern Times, Volume II: Foreign Dominion to Statehood: The Fifteenth Century to the Twentieth Century*, p. 358.

只有3.9%的亚美尼亚家庭加入了集体农场，但到了1930年2月初，这个数字上升到65.6%。[①] 然而，随着苏联各地农民反抗运动的蔓延，斯大林亲自介入集体农庄运动。3月2日，斯大林在《真理报》发表《胜利冲昏头脑》重要文章，谴责地方当局强迫农民加入集体农场的行为，这在一定程度上遏止了农村的集体化运动，农民离开集体农庄，到4月1日，亚美尼亚只有25%的农户还留在集体所有制中，8月已经下降到10%以下。[②] 亚美尼亚共产党也承认，把农民推向社会主义集体农庄的行动过于草率。1930年秋，农业集体化运动再次复兴，但这一次比较温和，至30年代末，几乎所有的农民加入了集体农庄或国营农场。[③]

农业集体化严重打击了亚美尼亚经济，也给亚美尼亚社会带来深刻的变化。它一劳永逸地结束了小农经济和个体农业生产方式。在这个过程中，农民失去了对家庭经济的控制权，成为给国家机器提供粮食的农奴。亚美尼亚农村社会的传统领袖——村长，被逐出了家园。在整个苏联社会，农民没有被纳入社会保障体系，生产效率低下，劳动报酬极低。1932年12月，苏联为城市居民颁发内务护照，农民却没有资格得到这种证件，因此不能随意离开集体农庄。然而，很多农民不顾禁令，离开农村，迁到城镇。幸运者加入到工厂的劳动大军中，找不到工作的人在街头游荡，留在农村的人常常食不果腹。[④]

对亚美尼亚的另一个打击是“本土化”民族政策的结束。莫斯

---

① Ronald Grigor Suny, “Soviet Armenia”, in Richard G. Hovannisian, ed., *The Armenian People from Ancient to Modern Times, Volume II: Foreign Dominion to Statehood: The Fifteenth Century to the Twentieth Century*, p. 359.

② Ronald Grigor Suny, “Soviet Armenia”, in Richard G. Hovannisian, ed., *The Armenian People from Ancient to Modern Times, Volume II: Foreign Dominion to Statehood: The Fifteenth Century to the Twentieth Century*, p. 360.

③ Ronald Grigor Suny, “Soviet Armenia”, in Richard G. Hovannisian, ed., *The Armenian People from Ancient to Modern Times, Volume II: Foreign Dominion to Statehood: The Fifteenth Century to the Twentieth Century*, p. 360.

④ Ronald Grigor Suny, “Soviet Armenia”, in Richard G. Hovannisian, ed., *The Armenian People from Ancient to Modern Times, Volume II: Foreign Dominion to Statehood: The Fifteenth Century to the Twentieth Century*, p. 360.

科政府规定，所有学生都必须学习俄语，到新开办的俄罗斯学校就读。任何希望在莫斯科获得晋升的人都认为，送孩子去亚美尼亚学校没有就业前景。俄语词汇代替了某些亚美尼亚语词汇，民族主义遭到谴责，取而代之的是爱国主义，而爱国主义本身就是俄罗斯民族主义的一种形式。拉菲的通俗小说被指责为反革命文章。根据一些学者的说法，大清洗使东方文艺复兴完全停滞。① 教会也未能幸免，随着反宗教活动的增加，大主教科伦一世（1932—1938 年在职）在埃奇米阿津被勒死。抽象艺术也遭到谴责，现实主义成为所有艺术的规范。随着时间的推移，俄罗斯人接管了政府的高级职位。

斯大林主义使许多人的声音沉寂了下来，人们唯唯诺诺，不敢批评政府，杰出的亚美尼亚党员遭到清洗，很多人失去了宝贵的生命。例如，阿加西·可汗季扬（1901—1936）是 1930—1936 年的亚共第一书记。他是斯大林的门生，后来与苏联二号人物贝利亚（1899—1953）发生冲突。贝利亚与斯大林关系密切，是苏联秘密警察的头目。1936 年 7 月初，可汗季扬被召到第比利斯，出乎意料地“自杀”了。② 尽管他的死亡情况不明，但亚美尼亚人深信，贝利亚下令处死了他。此时，亚美尼亚大主教乔治五世（1911—1930 年在职）已成为关在埃奇米阿津大教堂的囚徒，但仍被杀害。1930—1932 年、1938—1945 年，亚美尼亚教宗空缺。

20 世纪 30 年代是一个热衷于社会主义建设的时代，政府极力宣扬苏联是世界经济大萧条中资本主义的救星和对抗法西斯的堡垒。这一时期，亚美尼亚工业突飞猛进，工人数量增长了 2.5 倍，工业占国民生产总值的 62%。③ 工业化年代是社会向上流动的时代，农民变成了工人，工人成了领班或经理，管理者变成了党和国家的

---

① George A. Bournoutian, *Concise History of the Armenian People: From Ancient Times to the Present*, p. 323.

② Ronald Grigor Suny, *Looking Toward Ararat: Armenia in Modern History*, p. 156.

③ Ronald Grigor Suny, "Soviet Armenia", in Richard G. Hovannisian, ed., *The Armenian People from Ancient to Modern Times, Volume II: Foreign Dominion to Statehood: The Fifteenth Century to the Twentieth Century*, p. 361.

领导人。但是，工厂往往只强调产量，不注重质量和工人的安全。过度的国有化和集体化严重阻碍了生产力的发展。

第二次世界大战爆发后，亚美尼亚人加入了世界反法西斯战争。值得庆幸的是，亚美尼亚不是第二次世界大战的战场，避免了再次被蹂躏的命运。希特勒入侵苏联之后，卫国战争开始。亚美尼亚人为苏联的反法西斯战争作出了巨大贡献。当时，亚美尼亚在役士兵估计30万—50万，其中一半没有返回。[①] 50多位苏联将军是亚美尼亚人，许多人获得了“苏联英雄”的称号，其中包括著名军事统帅（后来的苏联元帅）巴格拉米扬（1897—1982）。[②] 从1943年2月起，亚美尼亚人内维尔·萨法良少将担任苏军第89师指挥官，解放了塔曼半岛（刻赤海峡东侧）。鲜为人知的是，内维尔·萨法良指挥的亚美尼亚军是第一支进入柏林的苏军（1945）。[③] 3名苏联海军上将也是亚美尼亚人。[④] 考虑到亚美尼亚从未有过海岸线，这的确令人惊叹。苏联海军统帅伊萨科夫（1894—1967）是亚美尼亚人，他对苏联海战的经典描述已成为一些西方军事院校的素材。总而言之，亚美尼亚人为世界反法西斯斗争作出了重要贡献，3.2万多亚美尼亚士兵被授予各种勋章。[⑤] 在美国的反法西斯军队中大约有2万亚美尼亚人参加了反法西斯战争。[⑥] 部分在华亚美尼亚人也参加了抵抗日本侵略的斗争。

亚美尼亚人以中世纪亚美尼亚传奇英雄萨逊的大卫为名创建了一支坦克部队。这支坦克部队于1943年1月在埃奇米阿津成立，

---

① Kliment Harutyunyan, *Հայ ժողովրդի մասնակցությունը Երկրորդ համաշխարհային պատերազմին*, 1939 - 1945 թթ. (The Participation of the Armenian People in the Second World War, 1939 - 1945), Yerevan: Hrazdan, 2001.

② Konstantine Khudaverdyan, “Սովետական Միության Հայրենական Մեծ Պատերազմ, 1941 - 1945”, (The Soviet Union's Great Patriotic War, 1941 - 1945), *Armenian Soviet Encyclopedia*, Vol. 10, Yerevan: Armenian Academy of Sciences, 1984, pp. 542 - 547.

③ Christopher J. Walker, *Armenia: The Survival of a Nation*, p. 356.

④ Christopher J. Walker, *Armenia: The Survival of a Nation*, pp. 355 - 356.

⑤ Alexander Henderson, “The Pan-Turanian Myth in Turkey Today”, *Asiatic Review*, Vol. XLI, No. 145, 1945 (January), pp. 88 - 92.

⑥ Christopher J. Walker, *Armenia: The Survival of a Nation*, p. 356.

1944 年 2 月下旬投入战场。海外的亚美尼亚人也积极为世界反法西斯战争捐款，比如美国的亚美尼亚人捐款 11.5 万美元；黎巴嫩的亚美尼亚人捐款 18.5 万英镑；叙利亚的亚美尼亚人捐款 27.6 万英镑；埃及的亚美尼亚人捐款 1.4 万英镑；伊朗的亚美尼亚人捐款 200 万里亚尔。① 然而，东欧的一小撮革命联盟党分子，包括第一共和国时期的一些著名人物，采取了亲纳粹德国的立场，这成为部分穆斯林学者攻击亚美尼亚人的理由。1941 年 7 月 19 日，《泰晤士报》发表了一篇文章，驳斥了亚美尼亚人支持轴心国的观点。文章的作者日赖尔·米萨季扬是英国唯一的革命联盟党员。他写道："亚美尼亚人向轴心国倾斜的'离奇暗示'确实是《纽约时报》驻伊斯坦布尔记者提供的，他们的报道呼应了土耳其丑化亚美尼亚人的尝试。"② 尽管如此，革命联盟党同纳粹关系密切，是无可争辩的事实。1941 年 12 月 30 日，德军决定成立亚美尼亚营——"亚美尼亚 812 营"。该营由德罗指挥，成员主要是亚美尼亚人，早期总数达 8000 人，后来增加到 2 万。1942 年 12 月 15 日，占领区的纳粹党魁阿尔弗雷德·罗森伯格（1893—1946）正式承认了革命联盟的"亚美尼亚全国委员会"。③

亚美尼亚革命联盟与纳粹的合作成为该党的一个污点。那么，他们与纳粹合作的动机是什么？笔者认为，首先，亚美尼亚并入苏联后，革命联盟被清除出了亚美尼亚政坛，政治上的失意促使该党与德国合作，企图从布尔什维克手中夺回亚美尼亚；其次，斯大林的过激措施使部分亚美尼亚人有了脱离苏联的打算；最后，纳粹的恶意妄想症促使占领区的革命联盟党为避免遭到犹太人的命运，选择与纳粹合作。亚美尼亚族是一个爱好和平的民族，在亚美尼亚人的世界观中，很少看到法西斯理论的存在，反而屡次成为帝国侵略的受害者。尽管如此，人们很难对亲轴心国集团产生多少同情，因为纳粹的罪行给人类带来了巨大灾难。

---

① Christopher J. Walker, *Armenia: The Survival of a Nation*, p. 356.

② Quoted in Ibid., pp. 356 – 357.

③ Christopher J. Walker, *Armenia: The Survival of a Nation*, p. 357.

总而言之，第二次世界大战给亚美尼亚带来许多变化。纳粹的威胁迫使斯大林与教会和解，并寻求各民族的支持，以拯救共同的家园。拉菲的作品再次出版，埃奇米阿津大教堂和印刷机重新启动，神学院继续培训牧师。一些被流放的牧师从西伯利亚返回。纳粹的暴行使人们忘记了过去的不幸，亚美尼亚人团结在苏联的周围，与前线的红军并肩作战。据估计，第二次世界大战损失了近17.5万亚美尼亚人，苏联10大元帅中有4人是亚美尼亚人。[①] 主教格雷戈里六世（1945—1954年在职）与苏联政府合作，开始了一场遣返运动。10万多散居在外的亚美尼亚人返回家园，投入反法西斯斗争中。这些人大多是1915—1922年期间流离失所的难民。

尽管付出了巨大代价，第二次世界大战还是改变了亚美尼亚和苏共中央政府之间的关系，斯大林重新提出亚美尼亚问题，要求土耳其政府归还原亚美尼亚人的领土卡尔斯和阿尔达罕。到1945年秋，高加索地区的苏联军队已经在集结，准备入侵土耳其。然而，随着冷战的到来，特别是1947年杜鲁门主义政策颁布后，土耳其加强了与西方的联系，加入了北约。最终，苏联放弃了为亚美尼亚收回领土的打算，因为一旦与土耳其发生冲突，北约将会介入。事实上，斯大林的动机并非为亚美尼亚人利益着想，根据他的想法，新归还的领土将送给他的母国格鲁吉亚。[②] 在冷战的历史背景下，美国在土耳其部署了导弹和核武器，以围堵苏联。这样，一旦美国与苏联交战，亚美尼亚肯定首当其冲，成为北约的攻击对象；反之亦然。为避免与西方的冲突，克里姆林宫改变了对亚美尼亚的政策，有意识地控制任何关于民族主义的文化表达。

综上所述，斯大林革命对亚美尼亚产生了深刻的社会和经济影响，亚美尼亚从一个农业国逐渐走向以工业和城市为主的国家。随着工业的发展，农民进入城市，城市人口增加，这一过程一直持续

① George A. Bournoutian, *Concise History of the Armenian People: From Ancient Times to the Present*, p. 324.

② George A. Bournoutian, *Concise History of the Armenian People: From Ancient Times to the Present*, p. 324.

到20世纪70年代末。然而，亚美尼亚的工业化不是以科学的市场规律推动完成的，而是在苏式计划经济体制的框架内进行的，也就是说，莫斯科大举投资亚美尼亚是意识形态、政治和军事考虑的结果。

随着工业化的推进，埃里温从一个尘土飞扬的小镇变成了大都市。亚历山大·塔曼尼扬（1878—1936）是苏联著名的亚美尼亚建筑师。他为埃里温规划了宽阔的林荫大道、环城公路和众多的公园，设计建造了歌剧院、博物馆、国家档案馆和政府大楼。许多建筑材料使用了红色、红橙色、黄色和淡紫色的火山凝灰岩，这赋予了埃里温独特的外观。苏联计划经济的目的是维持各加盟共和国之间的依存关系，亚美尼亚共和国充分感受到了这些措施带来的积极影响。但斯大林主义阻碍了个人潜力的充分发挥。成就和新愿望之间的矛盾给亚美尼亚人造成了巨大的挫折感，人们的不满不能公开表达，亚美尼亚人被拉向两个方向：一方面，国家变得更加亚美尼亚化，更加同质化，更加意识到自己的传统；另一方面，斯大林主义的偏执和严格的管控切断了各种表达渠道。斯大林去世后的几十年里，他所建立的物质和精神上的紧张关系又以一种新的民族主义形式表现出来。1952年，苏联亚美尼亚共和国的人口数量再次回到战前水平（约136万）。

第四节　赫鲁晓夫时代的亚美尼亚

1953年，斯大林去世，苏联的一个时代结束了，亚美尼亚也进入了一个新的时代。斯大林去世时，苏联经济停滞不前，农业凋敝，工业增长放缓，轻重工业比例严重失调。在国际上，苏联被西方孤立。东方，朝鲜战争爆发；西方，反共产主义主导了美国和西欧的政治话语体系。在冷战背景下，西方与苏联的任何谈判几乎不可能成功。在苏联国内，僵化的政治制度扼杀了创新性、主动性和文化的自由表达。苏联领导层面临着艰难的政治选择：要么继续已故领袖的政策，要么着手改革，推行温和的外交政策。克里姆林宫内部的普遍共识是：必须在更大程度上满足消费者的需求，缓和与西方阵营的关系。苏共新领袖赫鲁晓夫说服其他领导层，取消了秘密警察制度，处决了贝利亚和内务部的其他头号党羽。贝利亚倒台后，南高加索地区发生了一些变化，但亚共领导人拒绝自我革新。① 在莫斯科中央委员会的压力下，1953 年 11 月，苏伦·托夫马西扬（1953—1960 年在职）取代格里戈里·阿鲁季诺夫（1937—1957 年在职），出任亚共第一书记。然而，托夫马西扬作风强硬，亚美尼亚政治情况变化不大。

赫鲁晓夫时期（1953—1964），亚美尼亚经济和文化出现了一定程度的繁荣。赫鲁晓夫把更多的资源投入到消费品和住房的生产上。这是自 20 世纪 30 年代以来苏联最密集的改革时期，斯大林主义的坚冰开始消融。1954 年 3 月，赫鲁晓夫的顾问兼密友——亚美尼亚政治局委员米高扬（1895—1978）在埃里温发表了一场激动人心的演讲。在那次演讲中，米高扬为诗人夏朗德恢复了名誉。他说："夏朗德的作品无与伦比，充满了革命情感和苏联的爱国主义，必须成为苏联读者的财产。"② 其他遭到清洗的 88 位作家也恢复了名誉。米高扬还敦促亚美尼亚人重申自己的民族身份，出版拉菲和夏朗德的作品。1955 年，大主教瓦兹根一世就职时，亚美尼亚人获得了有限程度的宗教自由。③

在苏共二十次党代会上（1956），赫鲁晓夫全盘否定了斯大林执政时期的各种理论，并得到了米高扬的支持，这在很大程度上放松了对人民的控制。值得注意的是，米高扬是中国人民的老朋友。1949 年 1 月 31 日至 2 月 7 日，他秘密访问中共机关所在地西柏坡。正是这次访问，奠定了新中国对苏"一边倒"的外交格局。④ 作为

---

① 赫鲁晓夫对亚美尼亚政策的转变，可参见 Amatuni Virabyan, *Հայաստանը Ստալինիցմինչևխրուշչով: Հասարակական-քաղաքականկյանքը 1945 – 1957 թթ*.（Armenia from Stalin to Khrushchev: Social-political life, 1945 – 1957）, Yerevan: Gitutyun Publishing, 2001。

② Mary Kilbourne Matossian, *The Impact of Soviet Policies in Armenia*, p. 201.

③ Mary Kilbourne Matossian, *The Impact of Soviet Policies in Armenia*, p. 201.

④ 薛衔天、王晶：《关于米高扬访问西伯坡问题——评〈米高扬访华的秘密使命〉》，《近代史研究》1996 年第 3 期，第 147—154 页。

苏联政治局的高级领导人，米高扬给一些去世的共产党人平反，西伯利亚古拉格集中营中数以千计的人获释。

赫鲁晓夫的经济政策给亚美尼亚带来的变化是巨大的。大的集体农场被细分成小的集体农场，农民可以种植烟草、蔬菜和葡萄等非粮食作物，地方政府部门享有更大的决策权，官职交给受过良好教育的人。农民可以耕种自用的小块土地，畜牧业生产和各种灌溉项目提高了农业产量。1950—1978 年，农业产量增长了 218%。[①] 然而，土地的匮乏意味着亚美尼亚农业不能自给，不得不从其他共和国进口粮食。但在工业方面，它超过了邻国格鲁吉亚和阿塞拜疆。在并入苏联前，亚美尼亚 80% 的人口从事农业，在斯大林统治的最后几年，50% 的亚美尼亚劳动力从事农林业，但这个数字在 1960 年下降到 35%，1975 年下降到 20%；1950 年，亚美尼亚工人只占劳动力的 24%，1960 年增长到 32%，1975 年增长到 38%，超过了阿塞拜疆的 28% 和格鲁吉亚的 27%。[②] 经过 20 世纪 60 年代苏式现代化建设，亚美尼亚成为一个以城市和工业为主的社会，到 20 世纪 80 年代早期，只有 1/3 的亚美尼亚人生活在农村，2/3 的人生活在城镇。[③]

后斯大林时代的亚美尼亚工业仍然发展迅速。1950—1978 年，工业以年均 9.9% 的速度增长，超过了同时期的格鲁吉亚（8.2%）和阿塞拜疆（7.4%）。[④] 然而，按人均计算，亚美尼亚的工业增速低于同时期苏联的平均水平。尽管如此，它从一个几乎完全依靠铜矿开采和干邑蒸馏企业的国家，发展成拥有先进机

---

① Ronald Grigor Suny, "Soviet Armenia", in Richard G. Hovannisian, ed., *The Armenian People from Ancient to Modern Times, Volume II: Foreign Dominion to Statehood: The Fifteenth Century to the Twentieth Century*, p. 372.

② Ronald Grigor Suny, "Soviet Armenia", in Richard G. Hovannisian, ed., *The Armenian People from Ancient to Modern Times, Volume II: Foreign Dominion to Statehood: The Fifteenth Century to the Twentieth Century*, p. 372.

③ Ronald Grigor Suny, "Soviet Armenia", in Richard G. Hovannisian, ed., *The Armenian People from Ancient to Modern Times, Volume II: Foreign Dominion to Statehood: The Fifteenth Century to the Twentieth Century*, p. 372.

④ Ronald Grigor Suny, "Soviet Armenia", in Richard G. Hovannisian, ed., *The Armenian People from Ancient to Modern Times, Volume II: Foreign Dominion to Statehood: The Fifteenth Century to the Twentieth Century*, p. 373.

械加工和制造的国家。大约40%的工业工人从事机械加工、电气设备和机床制造。到1978年，工业生产是1913年的335倍。[①] 从大多数指标上看，亚美尼亚虽然比苏联其他地方落后，但仍比穆斯林邻国土耳其和伊朗富裕得多。显然，苏联的统治给亚美尼亚带来了巨大经济利益。

在经济飞速发展的同时，腐败、投机和黑市出现了。国有企业的资金遭到挪用，物资被盗和任人唯亲的现象十分猖獗。赫鲁晓夫试图废除斯大林主义的官僚体制，并在经济和政治领域开展实验，但却引发了克里姆林宫的一场权力斗争。1960年，哈科布·扎罗比扬出任亚共第一书记（1960—1966年）。由于他与旧官僚瓜葛较少，因而更关注亚美尼亚人的福祉。

第五节　勃列日涅夫时代的亚美尼亚

20世纪60年代初，后斯大林主义的政治环境为个人和身份的表达提供了机会。西方社会学家和分析人士曾经预测，随着时间的推移，苏联各民族之间的差异将会逐渐消失，较小的族群最终会俄罗斯化，但是，亚美尼亚人和其他民族的经验证明，这种期望是错误的。苏联的长期目标虽然是建立单一的民族国家，但它并没有强制推行少数民族的俄罗斯化，而是容忍了文化的多样性。至少在亚美尼亚，没有禁止教育工作者和政治家推动双语教育（亚语和俄语），亚美尼亚人仍使用自己的民族语言。

各加盟共和国在主权上虽隶属苏联中央政府，但在亚美尼亚，亚美尼亚民族是主体民族，官方语言是亚美尼亚语，甚至国内的库尔德人、阿塞拜疆人也使用亚美尼亚语。[②] 尽管如此，亚美尼亚父母为孩

---

① Ronald Grigor Suny, "Soviet Armenia", in Richard G. Hovannisian, ed., *The Armenian People from Ancient to Modern Times, Volume II: Foreign Dominion to Statehood: The Fifteenth Century to the Twentieth Century*, p. 373.

② Ronald Grigor Suny, "Soviet Armenia", in Richard G. Hovannisian, ed., *The Armenian People from Ancient to Modern Times, Volume II: Foreign Dominion to Statehood: The Fifteenth Century to the Twentieth Century*, p. 375.

子的未来或政治前途考虑更愿意把孩子送到俄语学校。大部分亚美尼亚人虽使用双语（亚语和俄语），但他们并没有任何俄罗斯化的危险，这与西斯拉夫人和波罗的海各国人民的情况形成鲜明对比。

亚美尼亚人是继犹太民族之后最为流散的民族。至20世纪70年代末，2/3的亚美尼亚人居住在亚美尼亚，剩余的1/3居住在格鲁吉亚、阿塞拜疆和俄罗斯。① 另外，许多受过良好教育的亚美尼亚人，为了自己的事业和孩子的未来着想，常常迁到俄罗斯或苏联的其他地方工作或学习。随着时间的推移，长期移居在国外的亚美尼亚人面临着不懂自己的母语、与异族通婚和俄罗斯化的可能性。因此，当亚美尼亚人充满民族自豪感时，在共和国之外，许多亚美尼亚人正变得俄罗斯化。当然，这种现象并非只发生在亚美尼亚人身上，而是现代社会发展的一个普遍现象。

苏联当局曾经在1978年考虑废除格鲁吉亚和亚美尼亚宪法中官方语言为民族语言的条款，但第比利斯的抗议迫使中央政府让步，亚美尼亚人也就没有必要捍卫使用母语的权利了。苏联容忍民族多样性的存在，并不一定代表允许民族运动的任意发展。1964年，赫鲁晓夫的下台使苏联陷入了长期经济停滞，改革试验戛然而止。1966年，安东·科奇尼扬出任亚共第一书记（1966—1974年在职）。在勃列日涅夫的领导下（1964—1982年在职），斯大林主义的官僚们慢慢地回到了克林姆林宫。勃利日涅夫政权不允许挑战其基本价值观，1968年的“布拉格之春”便是证明。勃列日涅夫时代的克格勃无孔不入，广大人民几乎没有任何自由空间，亚美尼亚人不得不再次压制对自由的渴望。亚美尼亚政治人类学家列翁·阿布拉哈米扬说：“共产主义从未像在俄罗斯那样影响我们。这就是为什么这里没有人反对共产党的原因，只是亚美尼亚人为了保护自己而采取的一种制度而已。”②

在苏联，一方面是民族凝聚力的巩固，另一方面是潜在的文化

① George A. Bournoutian, *Concise History of the Armenian People: From Ancient Times to the Present*, p. 327.

② Quoted in Razmik Panossian, *The Armenians: From Kings and Priests to Merchants and Commissars*, p. 290. “早在20世纪20年代末，苏联部分共产党积极分子意识到了共产主义意识形态和政策正与农村社会内部的传统元素（如当地家族）融合。”

适应和同化，两者之间的冲突使少数民族担心丧失自己的民族特性。这种恐惧促成了新民族主义意识的出现。亚美尼亚民族主义的独特之处在于不是脱离苏联，而是针对它的宿敌——土耳其。已故的亚美尼亚共产党领导人谢尔盖·巴达良说："苏联的意识形态已经完全进入了亚美尼亚人的本性；它是人们心理的自然组成部分。"① 因此，亚美尼亚共产党不仅对民族主义者让步，而且鼓励民族主义的发展。于是，在亚美尼亚，人们可以谈论正统的或官方的民族主义，这是党所接受的；非正统的或持不同政见的民族主义则严格禁止。通俗来说，亚美尼亚人针对土耳其的民族主义表达符合国家利益，所以才容忍它的存在。

然而，正统民族主义与持不同政见的民族主义之间的界线并不总是那么清晰，随着党对民族表达宽容程度的放松，亚美尼亚知识分子在莫斯科和埃里温重新提出了与亚美尼亚语言、文化、宗教和领土有关的问题，政府作出适度让步。例如，1965 年成立的亚美尼亚历史古迹保护协会，为亚美尼亚民族英雄瓦尔丹·马米科尼扬、安德拉尼克和丹尼尔·瓦鲁让（1884—1915）矗立纪念碑；1968 年，为纪念 1918 年 5 月那场阻止土耳其军队占领埃里温的战役，修建了一个纪念馆；60 年代末，官方开始使用"共和"一词。②

1965 年 4 月 24 日，在纪念 1915 年事件 50 周年的纪念日上，埃里温举行了大规模示威游行。当官方纪念仪式在斯宾季阿扬歌剧院③举行时，人们聚集在剧院外，投掷石块，要求土耳其人归还亚美尼亚人的土地。这是苏联境内首次出现的、持不同政见的民族主义行

① Razmik Panossian, *The Armenians: From Kings and Priests to Merchants and Commissars*, p. 290.

② Ronald Grigor Suny, "Soviet Armenia", in Richard G. Hovannisian, ed., *The Armenian People from Ancient to Modern Times, Volume II: Foreign Dominion to Statehood: The Fifteenth Century to the Twentieth Century*, p. 376.

③ 斯宾季阿扬歌剧院以亚美尼亚著名作曲家亚历山大·斯宾季阿扬（Alexander Spendiaryan，1871—1928）命名。斯宾季阿扬是亚美尼亚民族交响乐和古典音乐创始人之一。他的交响乐作品《棕榈树》《传教士别达（*Preacher Beda*）》《我们休息一下》都获得了格林卡奖。他的音乐作品在业界享有很高的地位。1926 年，苏联亚美尼亚政府为表彰他在音乐和公共生活方面的成就，授予他"人民艺术家"的称号。

为。政府无法安抚人群，大主教瓦兹根一世出面劝说也无济于事。在苏联，示威游行是一件非同寻常的事，然而它最终以不流血的方式和平解决。亚共第一书记哈科布·扎罗比扬引咎下台，继任者安东·科奇尼扬谴责了前政府对民族主义和意识形态的放纵。与此同时，当局明确表示要在埃里温建立种族灭绝纪念馆。亚美尼亚种族灭绝纪念馆又称“茨纳卡伯德”。它由三个主要建筑物组成：第一个是100米高的玄武岩墙，上面雕刻着亚美尼亚人居住过的城市和村庄；第二个是一根45米高的花岗岩石柱（两根石柱的合体），象征着亚美尼亚人的两个分支（本国的人和散居在外的人或历史上的亚美尼亚和现在的亚美尼亚）；第三个是斜墙体建筑，中心是永不熄灭的火焰。1967年11月，科奇尼扬为种族纪念馆揭幕。简言之，亚美尼亚种族灭绝纪念馆的建成表明民族主义复兴的事实。

1965年6月，13名亚美尼亚知识分子向莫斯科提交了一份请愿书，要求将阿尔查赫与亚美尼亚统一，莫斯科没有回应。1966年，埃里温的亚美尼亚知识分子也呼吁统一。不久，阿尔查赫的亚美尼亚人请求埃里温政府处理此事，并表达了对阿塞拜疆统治的不满。他们说：“我们的情况比以往任何时候都糟……我们的荣誉受到玷污，我们的尊严和权利受到蔑视。”[①] 莫斯科和埃里温政府拒绝就此事进行谈判。1968年，亚美尼亚人和阿塞拜疆人在斯捷潘纳克特爆发冲突。一旦民族主义表达超出了官方的界限，无疑会被迅速镇压下去。1974年1月20日，一个25岁的年轻人在埃里温中心广场点燃了列宁的画像。根据调查显示，这个年轻人是亚美尼亚秘密地下党——民族团结党的成员，该党派要求将纳希切万、阿尔查赫和西亚美尼亚归还给亚美尼亚人，并成立一个统一的独立国家。[②]

通过上述事件不难看出，苏联时期的亚美尼亚民族主义是他们要求土耳其和阿塞拜疆归还领土的政治诉求。新民族主义的兴起是

---

① Richard F. Staar, *Communist Regimes in Eastern Europe* (4th ed.), Stanford, CA: Hoover Institution Press, 1982, p. 137.

② Ronald Grigor Suny, “Soviet Armenia”, in Richard G. Hovannisian, ed., *The Armenian People from Ancient to Modern Times, Volume II: Foreign Dominion to Statehood: The Fifteenth Century to the Twentieth Century*, p. 377.

赫鲁晓夫和勃列日涅夫改革的结果。在苏联统治下，亚美尼亚已成为一个更加城市化和工业化的国家，人民受到了良好的教育，更全面了解了他们的历史、语言和文化。正是在这种情况下，被压抑的民族主义情绪不可避免地宣泄出来。

尽管苏联政府有各种各样的缺点，亚美尼亚社会还是取得了巨大的进步。赫鲁晓夫打开的改革之门已无法关闭。只要生产配额完成，没有混乱，中央就很少干涉地方事务。旅游业是前苏联亚美尼亚经济的重要组成部分。散居在外的亚美尼亚人来到祖国，亲眼目睹了社会的进步，配套酒店和博物馆陆续开放，并建立了各种交流项目。为鼓励旅游，政府成立了“海外亚美尼亚人联系文化委员会”，办公地点设在前革命联盟政府的办公大楼内。散居在外的亚美尼亚人积极支持祖国的建设，免费给共和国送来教科书，并资助报纸、期刊和书籍的印刷和出版。然而，亚美尼亚知识分子与大量散居在外的资产阶级同胞的联系极为危险，为谨慎起见，交流大多限于向教堂、教育和文化事业提供资金。

勃利日涅夫时期，亚美尼亚工业仍然取得了重大发展。1980 年建造的“米沙摩尔”核电站（亚美尼亚人称“黑水洼核电站”）为亚美尼亚提供了 40% 的电力。但工业化也带来了严重的生态问题，塞凡湖的水位持续下降，河流污染严重。

共和国的升学率约为 98%，13 所高等教育机构中在校人数约 57900 人；有 1371 所中小学校，在校学生人数约 592000 人。[①] 著名诗人霍夫汉内斯·设拉子（1915—1984）和帕鲁耶尔·塞瓦克（1924—1971）创造了许多优秀作品，甚至在一定程度上塑造了亚美尼亚政治文化生活的性质。他们主张文学思想应从莫斯科和埃里温的统治下解放出来，然而，这种世界观与克里姆林宫的苏维埃化、去民族化和去领土化意识形态相冲突。[②]

① Simon Payaslian, *The History of Armenia: From the Origins to the Present*, p. 186.

② Marina Kurkchiyan, “Society in Transition”, in Edmund Herzig and Marina Kurkchiyan, eds., *The Armenians: Past and Present in the Making of National Identity*, London: Routledge, 2005, pp. 216 – 217.

苏联政府设法消除落后的传统习俗对家庭的影响。在这一过程中，亚美尼亚妇女获得了受教育和就业的机会。此外，苏联法律要求婚姻自由，禁止嫁妆，定强奸为犯罪。苏联政府还鼓励妇女参政。到1990年时，亚美尼亚最高苏维埃会议中有30%是妇女，叶卡捷琳娜·费切娃（1910—1974）还进入了政治局。[①] 尽管如此，勃列日涅夫时代，亚美尼亚仍然是一个不发达国家，甚至经济出现停滞，腐败现象非常猖獗。许多亚美尼亚人对亚共第一书记凯伦·杰米尔强（1974—1988年在职）政权的腐败和傲慢感到愤怒，人们的不满言论越来越多。[②] 经济停滞、政治镇压和克里姆林宫的权斗，释放了各共和国的离心力。这种离心力最初表现为要求政治改革，后来演变成分离主义运动。

勃列日涅夫去世后，克格勃首脑安德罗波夫、契尔年科相继担任苏共中央总书记。正如政权的更迭，整个体制正在消亡。1985年4月的苏共中央全会和1986年初的苏共二十七大确立了戈尔巴乔夫的最高领导地位及其改革路线。新领导层认为，如果要在21世纪与西方竞争，必须改变苏联的政治经济体制。戈尔巴乔夫打算进行一次彻底的改革，着手带领他的国家走出勃列日涅夫时代的停滞，开始了一项名为“改革”的经济革新计划。戈尔巴乔夫主张政治权力下放，允许人们自由表达自己的权利。然而，戈尔巴乔夫改革释放出的能量对苏联帝国的未来产生了始料未及的后果，他的政治民主化推动了各共和国基层政治运动兴起。因此，戈尔巴乔夫开启的改革进程，直接或间接促进了以民族国家为基础的共和国运动的兴起，这些运动的目标常常与其他民族团体的利益发生冲突。亚美尼亚和阿塞拜疆之间的情况尤为如此，纳卡问题浮出水面，并最终演化为战争。

在戈尔巴乔夫改革路线下，亚美尼亚民族主义情绪激化，大多数亚美尼亚人要求减少俄罗斯的政治和文化影响，并提出亚美尼亚要亚美尼亚化的问题。例如，埃里温第183中学为复兴亚美尼亚文

---

① Simon Payaslian, *The History of Armenia*: *From the Origins to the Present*, p. 186.

② Simon Payaslian, *The History of Armenia*: *From the Origins to the Present*, p. 187.

化，擅自改变教育课程体系。20世纪90年代初，一位观察家写道："人们梦想着改造他们的学校，这里的人们正在这么做。"[①] 更重要的是，183中学不仅仅是亚美尼亚文化复兴的中心，也成了政治动乱的温床。

1986年4月26日，乌克兰发生"切尔诺贝利核事故"，莫斯科政府反应迟钝，这成为苏共倒台的前兆。1988年，亚美尼亚发生大地震。根据官方数据，地震至少夺走了2.5万人的生命，摧毁了58个村庄，破坏了21个城镇和地区，数百个教育、文化机构和200多个制造业设施遭到不同程度的损毁。[②] 莫斯科和埃里温政府对地震救灾反应迟钝，刺激了反对派的崛起。与此同时，苏联在阿富汗的糟糕表现，降低了莫斯科的威信。与之形成鲜明对比的是，以美国为首的西方大国在现代化和全球化方面表现得相当成功。以上因素成为苏联解体的重要原因。1987年1月，戈尔巴乔夫在苏共中央委员会全体会议上发表讲话，呼吁民主化和建立自由选举制度。演讲结束后，政府释放了政治犯。与这一政策相配套的是"公开性"，目的是让人们公开讨论以前的禁忌问题，以吸引公众支持他的改革。然而，经济和政治体制改革释放出的能量却埋葬了苏联帝国。1991年秋天，随着中央政府权力的迅速消失，几乎所有的苏维埃共和国都建立了自己的独立国家。9月20日，亚美尼亚举行全民公投，以99%的压倒性多数赞成独立，次日亚美尼亚议会全票（213票）赞成脱离苏联，23日宣布独立。[③] 一个新的亚美尼亚共和国诞生了，即亚美尼亚第三共和国。

尽管苏联解体了，但苏联时期给亚美尼亚留下来的遗产非常多。从种族构成上看，它是苏维埃共和国中最单一的国家；从经济上说，它是苏联最落后的国家。苏联解体时，由于纳卡战争和地震等原因，这个国家近1/4的人口无家可归。当时，亚美尼亚人口约

---

① Marina Kurkchiyan, "Society in Transition", in Edmund Herzig and Marina Kurkchiyan, eds., *The Armenians: Past and Present in the Making of National Identity*, p. 211.

② Simon Payaslian, *The History of Armenia: From the Origins to the Present*, p. 188.

③ George A. Bournoutian, *Concise History of the Armenian People: From Ancient Times to the Present*, p. 336.

300 万，邻国阿塞拜疆约 700 万，格鲁吉亚约 500 万；南高加索人口总共不到 1600 万，仅占苏联总人口的 6% 左右；亚美尼亚人仅占苏联人口的 1.1%，国民生产总值仅占 0.9%。[①] 因此，苏联时期，亚美尼亚高度融入了苏联经济体制。它的出口几乎完全流向苏联其他地区，而进口则来自姊妹共和国。亚美尼亚 40% 的企业在苏联时期致力于国防。从政治上说，强大的苏联维护了各加盟共和国的平衡，避免了种族冲突，而对于亚美尼亚这样的小国来说，这显得格外珍贵和重要。后苏联时代，每一个共和国要么独立对付民族问题，要么独自应付外部威胁。事实证明，苏联解体后，纳卡战争随之爆发。

---

① Ronald Grigor Suny, "Soviet Armenia", in Richard G. Hovannisian, ed., *The Armenian People from Ancient to Modern Times*, *Volume II*: *Foreign Dominion to Statehood*: *The Fifteenth Century to the Twentieth Century*, p. 386.

第十八章　纳卡战争的由来与现实

自1923年斯大林将纳卡并入阿塞拜疆苏维埃社会主义共和国之后，他的继任者拒绝重新讨论这个问题，纳卡的历史地位问题似乎被莫斯科的中央集权统治冻结了。然而，在亚美尼亚人和阿塞拜疆人心中，纳卡问题的重要性从未减弱——亚美尼亚人强烈希望与同胞统一，而阿塞拜疆人强烈希望留住这块飞地。当戈尔巴乔夫"解冻"时代到来时，表面平静之下的纳卡紧张局势爆发，暴力和流血冲突呈螺旋式循环前进，持续的时间甚至比苏联的历史还要长，并有可能延续到未来。

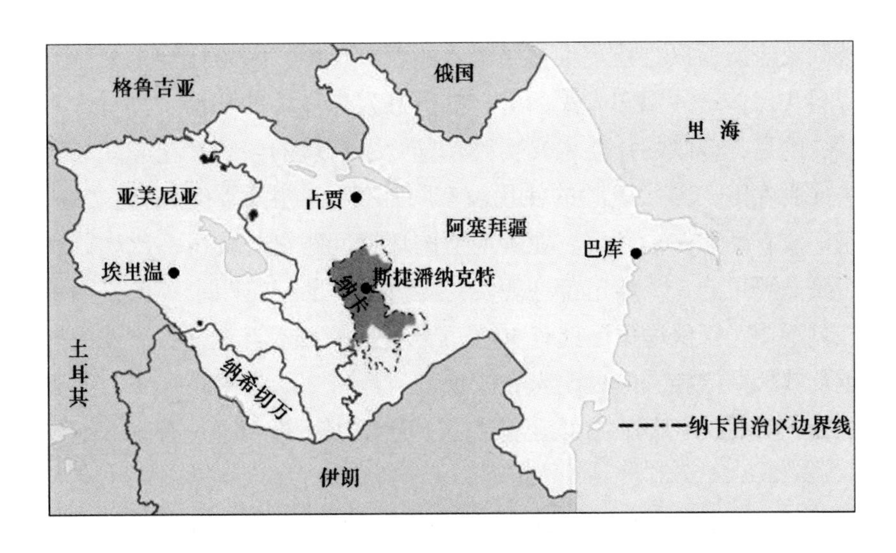

图18－1　纳卡战争（2020）后的纳卡自治区地图

纳卡战争是亚美尼亚和阿塞拜疆一系列冲突的总称。1994 年，亚美尼亚完全控制了纳卡地区，成立了阿尔查赫共和国，第一次纳卡战争（1988—1994）结束。2020 年 9 月 27 日上午，两国在接触线上爆发大规模冲突，舆论称之为“第二次纳卡战争”“六星期战争”“四十四天战争”（2020 年 9 月 27 日至 11 月 10 日）。2022 年 9 月 12 日，双方在“俄乌战争”期间再次爆发公开冲突。纳卡战争的原因十分复杂，种族主义、领土主义、泛突厥主义、帝国霸权、民族主义和宗教问题交织在一起，给两国人民带来巨大损失，严重威胁到地区国际安全。

第一节　戈尔巴乔夫的纳卡政策

戈尔巴乔夫的改革意外导致了民族问题的复兴，直接或间接促成了以加盟国为基础的民族运动。这些运动的目标常常与其他民族集团的利益产生冲突，亚美尼亚和阿塞拜疆之间的情况尤为如此。

1987 年，亚美尼亚民族主义运动也与糟糕的生态环境有关。直到 20 世纪 60 年代中期，苏联政府才对环境保护有所重视。最初，苏联政府认为只有社会主义经济才能保护环境，因为社会主义生产资料和自然资源都归人民所有，能促进人与环境的和谐。具有讽刺意味的是，苏联的社会主义实践却导致了环境的毁灭。在苏联社会主义制度下，自然资源的使用没有附加价格。由于资源是免费的，工厂没有动力保护环境。亚美尼亚的环境问题格外突出，比如苏联污染最严重的 5 个城市都在亚美尼亚。[①] 20 世纪三四十年代，由于规划不周，仅仅埃里温就有 40 座工厂。苏联虽有环境保护方面的规定及其惩罚措施，但远比未完成生产目标带来的后果小得多。亚美尼亚 33% 的人口居住在埃里温，人们经常因污染中毒。有时，附近

① Tamara C. Gureghian, “Medzamor: Weighing the Reopening of Armenia's Unstable Nuclear Power Plant and the Duties of the International Community”, *Villanova Environmental Law Journal*, Vol. 5, Issue 1, 1994, p. 174.

工厂排放的化学物质使整个城市被一层白色灰尘覆盖，天空呈灰黄色。

米沙摩尔核电厂建于1977年，但它未达到安全生产标准。[①] 在核电厂运行的头十年里，发生了150多起事故。放射性物质渗入土地或散发到空气中，污染了供水系统。令人惊讶的是，米沙摩尔问题并没有阻止亚美尼亚进一步发展核电的计划。20世纪80年代初，苏联共产党第27次党代会决定在埃里温建造第二座核电站，切尔诺贝利事故带来的恐惧才促使政府停止了这一计划。80年代上半叶，大约2万亚美尼亚人从亚拉腊谷地撤出，逃避难以忍受的污染。亚美尼亚人虽经历了几十年的环境危机，但由于害怕苏联政权，一直保持沉默。戈尔巴乔夫上台后，亚美尼亚是第一个公开推行开放政策的共和国。有了公开性政策，人们不再害怕公开发表意见。1987年10月17日，亚美尼亚人走上街头，公开反对环境污染问题。超过2000抗议者签署了一份请愿书，递交给苏联最高苏维埃第五届会议。在反对环境污染的同时，纳卡问题将亚美尼亚人的民族主义情绪推向高潮。

1987年下半年发生的两件事使亚美尼亚人深信，统一纳卡的机会之窗已经打开。第一件是，阿塞拜疆前总统海达尔·阿利耶夫（1923—2003）被免去了苏共中央政治局委员的职务，这向亚美尼亚人传递了一个积极的信号——阻碍纳卡统一的政治领导人已经出局。几周后，戈尔巴乔夫的高级经济顾问阿贝尔·阿甘别江在伦敦之行中表示，莫斯科愿意以同情的态度对待亚美尼亚与纳卡统一的诉求。[②] 这使亚美尼亚人有理由相信解决纳卡问题的机会来了。对亚美尼亚人来说，这是一项真正的泛民族事业，远比脱离苏联重要得多。8月，约7.5万亚美尼亚人签署一份请愿书，请求戈尔巴乔

① Tamara C. Gureghian, "Medzamor: Weighing the Reopening of Armenia's Unstable Nuclear Power Plant and the Duties of the International Community", p. 176.

② Patrick Cockburn, "Dateline USSR: Ethnic Tremors", *Foreign Policy*, No. 74, 1989 (Spring), pp. 168 – 184.

夫把纳卡并入亚美尼亚。[1] 第二件是，纳卡边界的亚美尼亚村民遭到阿塞拜疆人的殴打。消息传到埃里温后，成千上万的人走上街头，纳卡问题上升为苏联最为重要的问题之一，并引起了国际社会的广泛关注。阿塞拜疆对亚美尼亚的示威进行了回应，双方情绪都很激动，战争一触即发。

1988 年初，纳卡的亚美尼亚人举行示威，要求成为亚美尼亚的一部分。2 月 20 日，该地苏维埃政府投票，以压倒性多数赞成纳卡与亚美尼亚合并。同一天，埃里温和斯捷潘纳克特的亚美尼亚人欢欣鼓舞，举行大规模示威游行。克里姆林宫反应迟钝，示威活动持续了一周，几乎每天都有数十万人走上埃里温街头，呼吁统一。23 日，莫斯科回应道："苏共中央委员会审查了纳卡自治区事态发展的资料，认为旨在修改现有国家和领土结构的行动和要求违背了苏维埃阿塞拜疆和亚美尼亚劳动人民的利益，会损害民族间的关系。"[2] 中央委员会的态度导致亚美尼亚更大规模的游行，戈尔巴乔夫亲自出面解决，亚美尼亚人才同意暂停示威一个月。就在局势似乎要缓和时，阿塞拜疆人正在以自己的方式解决纳卡问题。

2 月 24 日，纳卡自治区党委书记鲍里斯·凯沃尔科夫被解职。[3] 27—29 日，阿塞拜疆苏姆盖特市的亚美尼亚人和阿塞拜疆人发生冲突。3 月 1 日，苏联武装部队进入苏姆盖特，平息了骚乱。官方公布的死亡人数为 32 人，其中 26 人是亚美尼亚人。[4] 苏姆盖特事件后，亚美尼亚人离开了这个城市。亚阿双方在苏联统治下维持了近 70 年的表面和平之后，再次选择以暴力的方式解决

---

① Gerard J. Libaridian, ed., *The Karabakh File: Documents and Facts on the Question of Mountainous Karabakh, 1918 – 1988*, Cambridge: The Zoryan Institute, 1988, p. 88.

② Gerard J. Libaridian, ed., *The Karabakh File: Documents and Facts on the Question of Mountainous Karabakh, 1918 – 1988*, p. 98.

③ Thomas De Waal, *Black Garden: Armenia and Azerbaijan through Peace and War*, New York: New York University Press, 2003, p. 289.

④ Thomas De Waal, *Black Garden: Armenia and Azerbaijan through Peace and War*, p. 289.

争端，揭开了现代亚阿冲突的序幕。苏姆盖特事件让亚美尼亚人想起了 1915 年事件的场景。他们坚信类似的迫害将在纳卡地区重演，于是向苏联最高苏维埃提出把纳卡割让给亚美尼亚的要求，但被戈尔巴乔夫拒绝。

在双方冲突愈演愈烈的情况下，阿塞拜疆的亚美尼亚人纷纷前往亚美尼亚共和国；反之亦然。两个族裔的人都害怕随着事态的升级遭到对方的报复。然而，难民在抵达目的地时发现自己已不适应当地环境。失业率居高不下，到处都是高涨的不满情绪。随着时间的推移，难民成为一股不稳定的力量，加剧了种族间的冲突。另外，双方对莫斯科的处理方式都不满意，进一步扩大了暴力冲突的规模。从一开始，克里姆林宫就教条地以《宪法》第 78 条处理纳卡问题。《宪法》第 78 条规定："未经同意，不得改变联邦共和国的领土。各联盟共和国之间的边界可由相关联盟共和国的相互协议加以改变，但须经苏联的确认。"[①] 显然，宪法机制无法产生一个让各方都满意的解决方案。因此，纳卡成了戈尔巴乔夫政权非常棘手的问题，一时找不到双方都能接受的办法。每当亚美尼亚人和阿塞拜疆人发生冲突时，戈尔巴乔夫就把责任归咎于"流氓分子""反改革势力""不明真相的群众"。[②] 因此，在接下来的两年时间里，亚美尼亚人与阿塞拜疆人之间的冲突仍在继续，苏联领导人已失去了处理这些问题的能力和智慧。

1988 年 3 月，苏联政府将纳卡问题提交给最高苏维埃和苏共中央委员会讨论。戈尔巴乔夫承诺给纳卡地区提供 4 亿卢布的一揽子计划，其中包括增加住房、工业和社会服务的投资，加大亚美尼亚语电视和书籍的供应量，以换取事态的平息。对民族主义者来说，这显然是不够的。亚美尼亚人拒绝了戈尔巴乔夫的一揽子计划，这标志着亚美尼亚支持苏联领导人及其改革计划的终结。[③]

---

① Quoted in Michael P. Croissant, *The Armenia-Azerbaijan Conflict: Causes and Implications*, p. 28.

② Philip Taubman, "Gorbachev Says Ethnic Unrest Could Destroy Restructuring Effort", *New York Times*, 1988 - 11 - 28, A6.

③ Christopher J. Walker, *Armenia and Karabagh: The Struggle for Unity*, pp. 125 - 126.

在民众的支持下，阿尔查赫委员会主张在新苏维埃联邦框架下，实现纳卡与亚美尼亚的合并，并实行政治、经济改革，建立一个民主、独立的主权国家。[①] 这时，阿尔查赫委员会实际上已成为亚美尼亚最大的在野党。亚共领导人面对挑战，被迫让步。6 月 15 日，经过 5 个小时的激烈辩论，亚美尼亚苏维埃社会主义共和国最高苏维埃通过了一项决议，要求苏联最高苏维埃按照纳卡当局的要求批准亚美尼亚共和国对纳卡的吞并。不出所料，阿塞拜疆最高苏维埃在两天后以违反苏联宪法为由，拒绝了亚美尼亚人的要求。纳卡问题陷入僵局，所有的目光都转向了莫斯科。戈尔巴乔夫在第十九届党代会上发表主旨演讲，谴责了旨在重新划分边界和滥用“公开性”的企图。当苏联拒绝改变共和国间边界的消息传到亚美尼亚后，亚美尼亚人立即行动。阿尔查赫委员会发誓不让这个问题从莫斯科的注意力中消失，于 7 月 3 日在埃里温举行总罢工。一些示威者前往兹瓦尔特诺茨机场，意图扰乱机场的正常运行，以向莫斯科政府施压。两天后，苏联内务部对机场进行空袭，造成 2 人死亡，40 多人受伤。中央政府的粗暴行为助长了亚美尼亚人对莫斯科的愤怒。

随着事态的升级，纳卡的亚美尼亚人最后一次试图通过法律手段实现与亚美尼亚苏维埃社会主义共和国的统一。7 月 12 日，纳卡苏维埃人民代表大会投票支持从阿塞拜疆单方面分离出去，这是苏联历史上前所未有的举动。阿尔查赫委员会要求暂时停止总罢工，等待莫斯科的最终决定。由于危机正在加剧，戈尔巴乔夫于 7 月 18 日召开最高苏维埃主席团特别会议，审议纳卡问题。经过 8 个小时的激烈辩论，主席团通过一项声明，重申纳卡地区属于阿塞拜疆。

9 月中旬，纳卡爆发了新一轮种族骚乱，33 名亚美尼亚人和 16 名阿塞拜疆人伤亡。[②] 由于担心暴力蔓延，苏联当局宣布该地区进入紧急状态，但紧张局势和零星暴力事件持续增加，对亚阿两族关

---

① Ronald Grigor Suny, *Looking Toward Ararat: Armenia in Modern History*, p. 202.

② Michael P. Croissant, *The Armenia-Azerbaijan Conflict: Causes and Implications*, p. 31.

系以及他们与莫斯科的关系都产生了不利影响。

阿塞拜疆人迅速动员起来，誓死保卫共和国的领土完整。他们不满之一是，纳卡虽名义上属阿塞拜疆苏维埃社会主义共和国，但事实上已经分离出去。苏联对纳卡问题的处理方式同样引起了阿塞拜疆人的不满，点燃了阿塞拜疆人的民族主义热情。他们发现可以利用亚美尼亚人的方法表达自己的不满。因此，从某种意义上说，阿塞拜疆民族主义的兴起是对亚美尼亚民族主义的效仿。

11 月 17—23 日，数十万人走上巴库街头。21 日，当苏联最高法院对一名参与暴力事件的阿塞拜疆人判处死刑的消息传到人群中时，示威活动演变成暴力游行，并蔓延到周边城市。在种族关系高度紧张的情况下，骚乱引发了新难民潮，情况变得更加糟糕。12 月 7 日，亚美尼亚西北部发生里氏 6. 9 级地震，数个城市被夷为平地，多达 2. 5 万人死亡，数十万人无家可归。[①] 然而，这场灾难远没有掩盖纳卡问题，反而使亚美尼亚人对亚共的不满情绪格外强烈。在受地震影响的地区，无数质量不合格的住宅成为亚美尼亚人的葬坑，救援迟滞更加重了人们对当局的不满。12 月 10 日，戈尔巴乔夫提前结束对美国的访问抵达现场，他对中央政府对危机的反应非常不满和愤怒。然而，这位苏联领导人将地震视为消除亚美尼亚民族主义的机会，下令逮捕了阿尔查赫委员会的 11 名成员和其他几位活动人士。由于未经审判就被逮捕入狱，亚美尼亚人对苏联的统治更加充满敌意。

总之，亚阿争端不仅加深了两国人民之间的敌意，也扩大了他们与莫斯科的分歧。事实证明，克里姆林宫试图在不改变现状的情况下解决纳卡问题是不可能成功的。1988 年年底，亚美尼亚人和阿塞拜疆人已无视苏联政府的权威，单独行动。1989 年 1 月，苏联政府将纳卡设为苏联的“特别行政区”。然而，阿塞拜疆人和亚美尼亚人都出奇的平静，正在酝酿新的冲突。特别行政区由 6 人组成的

---

① Ronald Grigor Suny, *Looking Toward Ararat: Armenia in Modern History*, p. 210.

委员会领导，戈尔巴乔夫的私人特使阿尔卡季·沃尔斯基（1932—2006）主持工作，对莫斯科政府负责。

4 月 24 日，亚美尼亚种族灭绝纪念活动演变成一场大规模的示威抗议活动，人们要求释放被监禁的阿尔查赫委员会领导人。5 月 31 日，为安抚抗议者，莫斯科释放了委员会的领导人，并在接下来的一个月里允许该组织合法化，名为“亚美尼亚泛民族运动”组织。[①] 8 月 16 日，纳卡的亚美尼亚人举行了未经苏联授权的选举，新当选的 78 名成员组成国民委员会，取代了莫斯科任命的特别行政区委员会。随后，亚美尼亚最高苏维埃通过一项决议，承认国民委员会为纳卡地区的合法组织。当莫斯科和阿塞拜疆犹豫不决时，纳卡国民委员会建立了自己的政府和军事组织。

纳卡特别行政区的建立意味着阿塞拜疆失去了纳卡的实际控制权。在阿塞拜疆人看来，纳卡事态的发展是不可接受的。1989 年春，一股新的政治力量——阿塞拜疆民族主义阵线出现。阿尔查赫委员会和阿塞拜疆人民阵线的崛起都是苏联解体前夜民族主义运动的结果。阿塞拜疆民族主义阵线领导人主要来自民族主义知识分子，他们重申阿塞拜疆对纳卡的直接统治权，认为莫斯科任命的以沃尔斯基为首的 6 人委员会是对共和国的公然干涉。[②] 从 8 月开始，人民阵线在阿塞拜疆各地组织了一系列罢工，迫使政府满足他们的要求，尤其是要求阿塞拜疆共产党正式承认并重申纳卡的领土主权。由于收效甚微，人民阵线从 9 月份开始封锁了通向亚美尼亚和纳卡地区的铁路。途经阿塞拜疆的铁路，对亚美尼亚人来说非常重要，85% 的食物和燃料依靠这条铁路运输。[③] 铁路运输的中断，直接导致了亚美尼亚人的报复行动。

莫斯科对铁路封锁发出强烈抗议，阿塞拜疆共产党政府同人民阵线谈判，希望尽早结束封锁，并承认了人民阵线的合法地位。在阿塞拜疆最高苏维埃特别会议上，人民阵线推动会议通过了一

---

① Michael P. Croissant, *The Armenia-Azerbaijan Conflict: Causes and Implications*, p. 33.

② Michael P. Croissant, *The Armenia-Azerbaijan Conflict: Causes and Implications*, p. 34.

③ Michael P. Croissant, *The Armenia-Azerbaijan Conflict: Causes and Implications*, p. 34.

项关于共和国主权的法律，并将其范围扩大到纳卡和赋予阿塞拜疆自由退出苏联的权利。[①] 因此，阿塞拜疆的事态发展对苏联的制度安排构成了直接挑战。因此，1989 年的最后几个月，克里姆林宫面临着来自亚美尼亚和阿塞拜疆民族主义运动的风险，这些运动与苏联的政策背道而驰。此外，阿塞拜疆人和亚美尼亚人已开始组织民兵，暴力升级的可能性大大增加。莫斯科被迫再次使用政治手段进行干预。然而，苏联领导层的作法反而助长了冲突的升级。

1989 年 11 月 28 日，苏联最高苏维埃通过了废除沃尔斯基委员会和恢复阿塞拜疆对纳卡直接统治的权力。为了促进恢复工作，设立了一个主要由阿塞拜疆人组成的监督委员会，负责纳卡的日常行政工作。此外，戈尔巴乔夫还将纳卡的安全职能授权给阿塞拜疆各机构，然而这却忽视了亚美尼亚人的诉求以及由此造成的后果。总而言之，戈尔巴乔夫非左即右、摇摆不定的政策，为亚阿冲突埋下了隐患。无论如何，莫斯科本可以找到一个双方都可以接受的方案，避免冲突升级。

显然，亚美尼亚人对莫斯科的政治安排非常不满。纳卡的国民委员会已经是亚美尼亚人的一股主要政治力量。为应对事态的发展，12 月 1 日，亚美尼亚最高苏维埃和纳卡全国委员会召开了一次特别联席会议，宣布成立一个由亚美尼亚苏维埃社会主义共和国和纳卡组成的亚美尼亚共和国。阿塞拜疆政府谴责《宣言》是非法的和不可接受的，是对阿塞拜疆内部事务的粗暴干涉。纳卡战争，一触即发。

第二节　纳卡冲突的升级

1989 年年底，东欧政权的倒台鼓励了民族主义者和共产主义者之间的冲突。波罗的海共和国发生了严重的分裂活动。莫斯科亲阿

---

① Michael P. Croissant, *The Armenia-Azerbaijan Conflict: Causes and Implications*, p. 35.

塞拜疆的立场在亚美尼亚引发了分离主义运动。1990年1月，阿塞拜疆民族主义领导人没有控制住巴库和纳卡的暴民，大量亚美尼亚人受到迫害，财产被掠夺。在这种情况下，苏联军队于1月20日接管了巴库。与此同时，亚美尼亚和阿塞拜疆的民族主义情绪高涨，双方在两国边界大打出手，暴力活动日益增加。亚美尼亚人的反应是攻击居住在亚美尼亚的阿塞拜疆农民，迫使成千上万的人离开家园。反之亦然，巴库的约5万亚美尼亚人紧急撤离。① 此时，局势已经完全失控，阿塞拜疆称其为“黑色一月”②。

“黑色一月”把亚阿之间的种族紧张关系和反莫斯科情绪推向高潮，并向公开战争的方向迈进。在亚美尼亚，“黑色一月”事件增加了人们对莫斯科的失望情绪。最令他们愤怒的是，驻扎在巴库的苏联部队袖手旁观，眼看着两个族群互相残杀，直到暴力结束后才进行军事干预。③ 在接下来的几个月里，愤怒转化为行动，亚美尼亚泛民族运动候选人在5月28日的选举中大获全胜，第一共和国的三色国旗取代了苏维埃亚美尼亚国旗。作为回应，克里姆林宫给予巴库更多的控制权，并向埃里温派遣坦克。亚美尼亚人非常失望，出现了非官方民兵组织，其中规模最大、最活跃的是5000人组成的国民军。④ 这些民兵组织纷纷从当地苏联军队那里抢劫武器和弹药。7月，戈尔巴乔夫颁布法令，要求所有的非法武装在15天内解散，武器由内务部收缴，如不执行命令，内务部队将强制解除其武装；总参谋部也发布命令，要求军队配合地方政府执行这一法令。⑤ 但是，亚美尼亚议会否决了戈尔巴乔夫的法令，夺取苏联武器的活动有增无减。

8月，纳卡国民委员会领导人彼得罗相当选为亚美尼亚议会议

---

① Claire Mouradian, “The Mountainous Karabagh Question: Inter-Ethnic Conflict or Decolonization Crisis?” *Armenian Review*, Vol. 43, No. 2-3, 1990, p. 30.

② Michael P. Croissant, *The Armenia-Azerbaijan Conflict: Causes and Implications*, p. 36.

③ Michael P. Croissant, *The Armenia-Azerbaijan Conflict: Causes and Implications*, p. 38.

④ Michael P. Croissant, *The Armenia-Azerbaijan Conflict: Causes and Implications*, p. 38.

⑤ 韩克敌：《民族问题，苏联之殇——再谈苏联解体的原因》，《俄罗斯东欧中亚研究》2013年第6期，第13—23页。

长。他随即宣布，亚美尼亚将在一年内就独立问题举行全民公投。然而，彼得罗相小心翼翼地避免与莫斯科发生正面冲突，谨慎地使用敏感词“独立”。① 他严格根据《苏联宪法》细则，采用民主和多党公民投票程序投票，以2/3票的赞成结果主张从苏联分离出去。许多西方观察家认为，亚美尼亚政府一丝不苟地遵循宪法条文，使戈尔巴乔夫无法像在立陶宛那样使用武力镇压。② 此时，亚共名誉扫地，民族主义者很快控制了国内政局。70年来第一个非共产主义亚美尼亚政府于1990年8月5日掌权，彼得罗相当选为最高苏维埃主席。

彼得罗相当选后，当局立即着手恢复共和国秩序。然而，亚美尼亚民兵组织并不急于放下武器，显然违反了戈尔巴乔夫的命令。8月29日，亚美尼亚最高苏维埃宣布全国进入紧急状态，并指示所有未经授权的武装部队交出武器，并立即解散。在亚美尼亚内政部的大力支持下，国民军解散，局势趋于稳定。与此同时，当局着手准备脱离苏联。8月23日，亚美尼亚宣布为主权独立国家，亚美尼亚苏维埃社会主义共和国更名为亚美尼亚共和国，废除了所有外来法律，建立了独立的武装和警察部队，并宣布纳卡是共和国领土不可分割的一部分。③

在苏联即将解体前，亚美尼亚的独立只是戈尔巴乔夫面临的诸多问题的一部分。在其他地区，特别是波罗的海诸国的分离主义和共产党右翼分子的挑战，使戈尔巴乔夫无所适从。为了苏联的存在，他在1990年最后几个月公布了一份新的联盟条约草案，给予各共和国更大的自治权。对亚美尼亚和阿塞拜疆来说，莫斯科试图重新划定中央与边疆地区之间的关系成为推动两国走向公开战争的关键因素。

---

① George A. Bournoutian, *Concise History of the Armenian People: From Ancient Times to the Present*, p. 334.

② George A. Bournoutian, *Concise History of the Armenian People: From Ancient Times to the Present*, p. 335.

③ Michael P. Croissant, *The Armenia-Azerbaijan Conflict: Causes and Implications*, p. 39.

第三节 “环”行动与亚阿关系的恶化

1991年，亚阿暴力冲突首先从社区混乱开始，然后逐渐扩大为两国的武装对抗。起初，亚美尼亚和阿塞拜疆决策者的精力尚未集中在纳卡问题上，而是专注于棘手的共和国和苏联命运的问题上。3月17日是戈尔巴乔夫决定的全民公决的日子，目的是对一项给予各共和国更大自治权的新联盟条约草案表决。阿塞拜疆和亚美尼亚最高苏维埃讨论了是否参加投票的问题。阿塞拜疆领导人阿亚兹·穆塔利博夫是戈尔巴乔夫改革的坚定支持者，决定参加联盟条约公投。亚美尼亚对苏联领导人试图重新定义莫斯科与各共和国之间的关系感到不满，决定不参加联盟公投，并声称公投结果对亚美尼亚无效。与此同时，亚美尼亚开始了正式脱离苏联的进程。很明显，亚美尼亚和阿塞拜疆对各自的未来采取了截然不同的态度。

在阿塞拜疆方面，3月17日的投票结果是75%的选票赞成新联盟条约。[①] 亚美尼亚、格鲁吉亚、摩尔多瓦和波罗的海三国（立陶宛、拉脱维亚和爱沙尼亚）誓言不参加公投。为了阻止亚美尼亚独立，莫斯科与巴库开始对纳卡地区的亚美尼亚人采取行动。亚美尼亚民兵组织进行了激烈的抵抗，到1991年初，局势急剧恶化。4月初，苏联第23摩托化步兵师的第4集团军部署到亚阿边境。本来负责防止冲突升级的苏联部队反而成为暴力的参与者。[②] 4月的第三周，穆塔利博夫拜访了苏联军事安全官员后，提出在纳卡境内和周围进行联合军事行动，以执行戈尔巴乔夫解散未经授权的民兵武装组织的总统法令。[③] 表面上看，联合行动是正当的，但事实上是双方都为满足自己的目的：阿塞拜疆控制纳卡，莫斯科阻止亚美尼亚独立。

---

① Michael P. Croissant, *The Armenia-Azerbaijan Conflict: Causes and Implications*, p. 41.
② Michael P. Croissant, *The Armenia-Azerbaijan Conflict: Causes and Implications*, p. 41.
③ Michael P. Croissant, *The Armenia-Azerbaijan Conflict: Causes and Implications*, p. 41.

4 月 30 日，阿塞拜疆和苏联发起了代号为“环”的军事行动（4 月 30 日至 5 月 15 日）。[①] 第一次行动始于 4 月 30 日，当时阿塞拜疆和苏联军队包围了纳卡以北 25 公里的戈塔申村和马尔图纳申镇。[②] 如其名称“环”所示，阿塞拜疆民兵和苏联内政部军队使用坦克、装甲车、大炮和直升机包围了各村庄。当军方接近沙胡姆扬村的时候，他们用喇叭呼吁当地居民出示自己的身份证明（称为“护照制度”检查）。苏联部队在这两个城镇完成行动后，下令全面驱逐镇上的亚美尼亚居民，用直升机把他们送到纳卡首府斯捷潘纳克特，然后再送到亚美尼亚境内。3 年前逃离的阿塞拜疆难民迅速补充到该地。莫斯科和巴库当局一致认为，这两个城镇的居民都窝藏了戈尔巴乔夫“7 月法令”禁止的亚美尼亚民兵。亚美尼亚政府，以及包括《真理报》《莫斯科新闻报》在内的苏联媒体谴责了这次行动，并将暴力描述为过分的和不必要的行为，而苏联和阿塞拜疆政府则以这些村庄藏有民兵组织为由进行了辩解。[③]

在对上述两个村镇采取行动之后，“环”行动的范围有所扩大，开始了第二阶段的行动。5 月 7 日，在坦克和直升机的掩护下，苏

---

① 亚美尼亚人称环行动为“Օղակգործողություն/Oghak gortsoğut’yun”，俄国人称之为“Операция Кольцо/Operatsia Koltso”，阿塞拜疆人称之为“Çaykənd əməliyyatı”。这次军事行动与宣称的目标相反，沙胡姆扬（Shahumyan）地区 24 个亚美尼亚人的村庄被赶出了家园。沙胡姆扬地区大约有 2 万人，85% 是亚美尼亚族，参见 Markar Melkonian, *My Brother's Road: An American's Fateful Journey to Armenia*, New York: I. B. Tauris, 2005, p. 186。英国记者托马斯·德·瓦尔称“环行动”是苏联的第一场也是唯一的一场内战，参见 Thomas De Waal, *Black Garden: Armenia and Azerbaijan through Peace and War*, p. 120。一些学者把苏联和阿塞拜疆的这次联合行动描述为种族清洗。相关观点，可参见 Erik Melander, “State Manipulation or Nationalist Ambition”, in Annika Rabo and Bo Utas, eds., *The Role of the State in West Asia*, New York: I. B. Tauris, 2006, p. 173。这次军事行动发生了一系列侵犯人权的行为，见 Human Rights Watch/Helsinki, *Azerbaijan: Seven Years of Conflict in Nagorno-Karabakh*, New York: Human Rights Watch, 1994, p. 9。阿塞拜疆警察部队对飞地内的亚美尼亚村庄进行了各种骚扰，其中包括对集体农场的袭击和对公共设施的破坏，参见 David E. Murphy, “‘Operation Ring’: The Black Berets in Azerbaijan”, *The Journal of Soviet Military Studies*, Vol. 5, No. 1, 1992, p. 82。

② Michael P. Croissant, *The Armenia-Azerbaijan Conflict: Causes and Implications*, p. 41.

③ Michael P. Croissant, *The Armenia-Azerbaijan Conflict: Causes and Implications*, pp. 41 - 42.

联和阿塞拜疆部队进入亚美尼亚境内的3个城镇，再次借口以藏有非法民兵为由，逮捕亚美尼亚人。① 联合部队开着坦克和装甲车进入沃斯克帕尔镇，并以该镇的民兵部队正准备向阿塞拜疆发动攻击为借口，采取了与上次一样的行动，但结果更严重。联军在沃斯克帕尔镇随意逮捕了20人，一辆载有30名亚美尼亚警察的公共汽车遭到第23师的炮击，11名警察当场死亡，其余的被逮捕。② 在这次行动中，一个名为“黑色贝雷帽”的阿塞拜疆民兵组织抢劫甚至夷平了沃斯克帕尔镇周围的几个村庄。③ 村民被迫签署自愿离开家园的文件，逃到亚美尼亚各地。

第二次环行动激起了亚美尼亚政府的愤怒，认为这是对共和国主权的严重侵犯。亚美尼亚总统彼得罗相声称，苏联政府因他的国家没有参加全民公投，正在对它进行报复，并导致了该国城镇人口的减少。针对媒体对阿塞拜疆民兵组织暴行的报道，俄罗斯议会的4名议员代表亚美尼亚人进行了干预，并于5月15日抵达沃斯克帕尔镇，苏联军队随即停止了行动。

一些人权组织记录了苏联和阿塞拜疆部队侵犯人权的情况：强行驱逐平民、非法杀害、酷刑、绑架、强奸和肆意破坏财产的行为。④ 尽管国际舆论谴责了“环”行动，但苏联和阿塞拜疆政府既没有采取措施防止侵犯人权，也没有惩罚肇事者。沙胡姆扬23个村中的约1.7万亚美尼亚人被逐出。⑤ 哈佛大学教授理查德·威尔逊在第一届国际安德烈·萨哈罗夫（1975年获诺贝尔和平奖）会议上提交了一份报告。他指出，他的调查小组没有发现

---

① Michael P. Croissant, *The Armenia-Azerbaijan Conflict: Causes and Implications*, p. 42.

② Thomas De Waal, *Black Garden: Armenia and Azerbaijan through Peace and War*, p. 117.

③ David E. Murphy, "'Operation Ring': The Black Berets in Azerbaijan", *The Journal of Soviet Military Studies*, Vol. 5, No. 1, 1992, p. 91.

④ Rachel Denber and Robert Goldman, *Bloodshed in the Caucucasus: Escalation of the Armed Conflict in Nagorno-Karabakh* (Vol. 1245 of Human Rights Documents), New York: Human Rights Watch, 1992, p. 9.

⑤ Markar Melkonian, *My Brother's Road: An American's Fateful Journey to Armenia*, p. 186.

亚美尼人自愿离开戈塔申村的证据。①

7月4日，戈尔巴乔夫宣布结束“环”行动。然而，该行动无论在军事上还是战略上，都是失败的。解除亚美尼亚民兵组织的目标从未实现，民兵们设法逃脱了追捕。“环”行动也未能达到阿塞拜疆的目标，因为它不但没有破坏纳卡与亚美尼亚共和国联合的愿望，反而激起了纳卡民众的反阿塞拜疆情绪。纳卡人相信解决问题的唯一办法就是武装抵抗。此外，该行动扩大了亚、阿、苏之间的矛盾。一方面，“环”行动加深了埃里温和莫斯科之间的分歧，使亚美尼亚彻底疏远了莫斯科。亚美尼亚官员一致认为，这次行动是克林姆林宫以解散非法武装为借口，企图打压共和国的自卫力量。②另一方面，“环”行动加深了亚阿人民之间的种族分歧，用迈克尔·克鲁瓦桑的话说：“这实际上排除了它与阿塞拜疆族共存的可能性。”③ 戈尔巴乔夫和其他苏联官员坚持认为，为防止地区局势进一步恶化，“环”行动是必要的，况且民兵的存在违反了总统法令。亚美尼亚对这次行动的合法性进行了激烈辩论，不到两个月就宣布脱离苏联。几个月后，阿塞拜疆和亚美尼亚之间的关系迅速恶化，全面战争爆发。

第四节　苏联的撤出与全面战争的爆发

1991年8月，共产党和克格勃中的保守分子发动政变，戈尔巴乔夫被软禁，这对亚阿冲突的发展产生了重大影响。政变几个月后，这两个共和国宣布独立，苏联军队撤出纳卡，暴力升级。此时就像1918年的情况一样，独立的亚美尼亚和阿塞拜疆共和国在战争状态中诞生了。

---

① Professor Richard Wilson, “On the Visit to the Armenian-Azerbaijani Border, May 25 – 29, 1991”, *Presented to the First International Sakharov Conference on Physics*, Moscow: Lebedev Institute, on May 31, 1991.

② Elizabeth Fuller, “What Lies Behind the Current Armenian-Azerbaijani Tensions?”, *Report on the USSR 3*, No. 21, 1991 (May), p. 14.

③ Michael P. Croissant, *The Armenia-Azerbaijan Conflict: Causes and Implications*, p. 42.

在对八月政变的态度上，戈尔巴乔夫的密友穆塔利博夫表示欢迎，格鲁吉亚新领导人未表态。此前，戈尔巴乔夫虽采取了种种反亚美尼亚政策，但亚美尼亚政府谴责了政变，拒绝承认新政府。[①]结果，政变未遂，戈尔巴乔夫成功返回莫斯科。

阿塞拜疆政府最初的立场是支持八月政变。据称，政变发生时，穆塔利博夫在伊朗表示对戈尔巴乔夫下台表示满意。8 月 23 日，在庆祝政变失败的大型集会时，阿塞拜疆人民阵线攻击了示威者，洗劫了苏联边防军，造成 50 多人受伤。[②] 人民阵线被镇压之后，穆塔利博夫以唯一候选人的身份当选阿塞拜疆总统。8 月 30 日，阿塞拜疆通过了一项独立宣言。穆塔利博夫认为，为巩固统治，必须迎合民族主义情绪，打击纳卡的分离主义。

莫斯科政变引发的混乱导致内政部在纳卡的角色模糊不清。由于中央当局没有明确的指示，苏联部队停止与阿塞拜疆民兵部队合作，然而，这并不意味着它在纳卡问题上的结束。事实上，苏联军队仍然是亚阿敌对行动升级的一个重要因素。南高加索是苏联的重要军事要地，部署了大量重型武器。八月政变失败后，南高加索的苏联军队陷入混乱，军纪崩溃，亚美尼亚人和阿塞拜疆人趁机从他们手中购买了大量重型武器和弹药，甚至袭击并抢劫了该地区的军事设施和仓库。因此，双方战前拥有大量重型武器，大大加剧了亚阿战争的惨烈程度。

在冲突升级前，俄罗斯总统和哈萨克斯坦总统进行了调解，试图阻止两个共和国爆发公开战争。俄罗斯总统叶利钦和哈萨克斯坦总统纳扎尔巴耶夫于 1991 年 9 月开始了第一次和平外交努力。9 月 20—23 日，各方在巴库、占贾、斯捷潘纳克特和埃里温举行了一系列谈判。最终，叶利钦、纳扎尔巴耶夫、穆塔利博夫和彼得罗相在俄罗斯城市热烈兹诺沃德斯克签署《热烈兹诺沃德斯克联合公报》。公报声称：“双方认为，解决冲突的必要和有约束力的条件是在

---

① George A. Bournoutian, *Concise History of the Armenian People: From Ancient Times to the Present*, p. 336.

② Michael P. Croissant, *The Armenia-Azerbaijan Conflict: Causes and Implications*, p. 43.

1992年1月1日之前停火，废除所有阿塞拜疆和亚美尼亚关于纳卡地区的违反宪法的法令，承认合法权力机构的权威，除苏联内政部和国防部外，所有武装部队撤出冲突地区。”[①]

此后，在俄罗斯和哈萨克斯坦的监督下，纳卡逐步恢复了1989年以前的行政机构，释放了人质，遣返了被驱逐的人。最后，双方授权各方代表团参加旨在最终政治解决纳卡争端的双边会谈。然而，纳卡冲突似乎是不可调和的，9月24日，即在联合公报签署后的第一天，阿塞拜疆轰炸了斯捷潘纳克特和恰帕尔，和平努力陷于停顿，直到一架阿塞拜疆MI－8型直升机被击落后军事行动才暂告结束。飞机上，一个由俄罗斯、哈萨克斯坦和阿塞拜疆高级官员组成的调解团，全部遇难。[②]

1991年下半年，亚美尼亚民兵发起攻势，夺取了5月7日阿塞拜疆占领的亚美尼亚人的村庄，阿塞拜疆部队撤离时将些村庄付之一炬。[③] 年底，阿塞拜疆发起反攻，亚美尼亚民兵则袭击了阿塞拜疆人的村庄。据莫斯科人权组织“纪念”称，在阿塞拜疆轰炸斯捷潘纳克特时，亚美尼亚人袭击并烧毁了两个阿塞拜疆人的村庄，数十名平民被杀害。双方都指责对方利用这些村庄作军事掩护。为打通亚美尼亚到纳卡的通道，亚美尼亚民兵有系统地清理了该走廊上的阿塞拜疆人。有时，亚美尼亚武装团伙依靠当地亚美尼亚人识别阿塞拜疆人的村庄和家园，然后将其烧毁。根据一个散居亚美尼亚人的说法，他以前的亚美尼亚邻居告诉他：“我们杀你不是因为我们想要你的土地。我们杀你是因为你是穆

---

① “Zheleznovodsk Declaration”, Zheleznovodsk, 23 September 1991, https://peacemaker.un.org, 2020－04－20.

② Kristen Eichensehr and W. Michael Reisman, *Stopping Wars and Making Peace: Studies in International Intervention*, Leiden: Martinus Nijhoff Publishers, 1988, p. 54.

③ 根据设在莫斯科名为“纪念”的人权组织的说法，由于亚美尼亚武装部队的攻击，阿塞拜疆村庄的几千居民不得不离开家园。一些村庄被武装分子烧毁，并发生了针对平民的暴力事件，参见“Доклад правозащитного центра《Мемориал》о массовых нарушениях прав человека, связанных с занятием населенного пункта Ходжалы в ночь с 25 на 26 февраля 1992 г. вооружёнными формированиями”, 1992－07－01, https://memohrc.org, 2020－04－20。

斯林。”[①] 甚至一些被调查者将亚美尼亚人描述为动物。阿塞拜疆人认为，亚美尼亚与俄罗斯和欧洲世界的紧密联系使他们享有特权，而皈依了穆斯林的亚美尼亚人则受到歧视。总而言之，双方都认为对方给自己造成了巨大损失，都是对方的受害者。

12 月 19—27 日，内政部从纳卡撤出，局势已变得无法控制，南高加索地区一时出现权力真空，双方都试图从苏联武器库中获得更多的武器和弹药。最初，优势向阿塞拜疆倾斜。冷战期间，苏联的军事逻辑是一旦北约成员国土耳其从西方入侵，亚美尼亚将成为战区。因此，苏联在亚美尼亚共和国境内只驻扎了 3 个师，储存了大约 500 节火车车厢的弹药，但没有军用飞机场；而阿塞拜疆则驻扎了 5 个师，拥有 5 个军用机场，储存了 1 万节火车车厢的弹药。[②] 因此，苏联给亚美尼亚和阿塞拜疆遗留下了一个巨大的火药库和大量的武器。戈尔巴乔夫 3 年前派遣到这里的苏联军队大多来自其他共和国，且多是贫穷的义务兵，因此许多人把武器（甚至坦克和装甲车）卖给双方，以换取金钱和伏特加。从某种意义上说，戈尔巴乔夫的政策给双方大规模武装冲突提前准备好了武器和弹药。阿塞拜疆外交部报告说，在权力真空期，阿塞拜疆购买了 286 辆坦克、842 辆装甲车和 386 门大炮。[③]

除了来自苏联的武器外，双方都从黑市购买或以接受外国援助的方式获得了大量武器弹药。阿塞拜疆从土耳其、以色列和许多阿拉伯国家得到了大量军事援助。在战争过程中，亚美尼亚侨民也捐赠了大量物资和金钱，甚至游说美国国会通过了一项名为“支持自由法案”的法令，禁止给阿塞拜疆提供经济和军事援助。1992 年，美国全面禁止向阿塞拜疆提供军事援助。虽然阿塞拜疆指责俄罗斯人最初是在帮助亚美尼亚人，但据说“该地区的阿塞拜疆战士装备

---

① David D. Laitin and Ronald Grigor Suny, “Armenia and Azerbaijan: Thinking a Way out of Karabakh”, *Middle East Policy*, Vol. 7, No. 1, 1999, p. 153.

② David Petrosian, “What Are the Reasons for Armenians’ Success in the Military Phase of the Karabakh Conflict?” *Noyan Tapan Highlights*, 2000 (June 1).

③ Thomas De Waal, *Black Garden: Armenia and Azerbaijan through Peace and War*, p. 199.

的苏联军事武器要比他们的对手好得多"[①]。

1991 年 12 月 26 日，戈尔巴乔夫辞去总书记一职，乌克兰、白俄罗斯和俄罗斯宣布独立。苏联的解体改变了南高加索地缘政治格局，亚美尼亚和阿塞拜疆发动全面战争的障碍不复存在。[②] 苏联统治的终结，使莫斯科对这两个共和国之间不断升级的暴力冲突的任何束缚都消失了。一方面，两国在国际舞台上成为 70 多年来第一次可以独立行动的演员；另一方面，苏联势力撤退后，周边主要大国（土耳其、伊朗和俄罗斯）争相维护自己在该地区的地缘政治利益。土耳其对苏联解体表现出最大的兴趣。随着苏联的消失和独立国家的出现，土耳其的政策制定者将苏联南部地区视为潜在机会。它不仅强调自己与南苏联突厥人民在历史和语言上的联系，而且还强调了自身的西方化、世俗化和市场化的民主国家地位，并吹嘘新独立的穆斯林国家可以在此基础上从苏联统治中转型到它的道路上来。事实上，安卡拉试图把自己描绘成突厥民族的领袖（前苏联有 6 个穆斯林共和国）。除此之外，安卡拉政府越来越感到苏联的解体使它的地缘战略价值正在消失。因此，土耳其努力充当西方与前苏联突厥共和国之间桥梁的角色。除此之外，阿塞拜疆是土耳其东部的桥头堡，丰富的石油资源和 750 万突厥人对土耳其来说非常重要。但在地理上，亚美尼亚共和国将土耳其与阿塞拜疆分割开来。因此，独立后的亚美尼亚像楔子一样插在土耳其和阿塞拜疆之间。正是在这种背景下，亚美尼亚将莫斯科列为外交政策的核心，加入了苏联解体后的独联体，把自己置于"集体安全保护伞"之下。阿塞拜疆没有加入独联体。1992 年 1 月，独联体部队在斯捷潘纳克特设立了司令部，整合了包括第 366 摩托化步兵团和原苏联第 4 军的在内的军事力量。

---

① James Carney, "Former Soviet Union Carnage in Karabakh", *Time*, 1992 - 04 - 13, http: //www. time. com, 2020 - 04 - 21.

② 在苏联解体前一个月（11 月 21 日），阿塞拜疆议会取消了阿尔查赫的自治地位，将其首都命名为"赞坎迪（Xankandi）"。12 月 10 日，在阿尔查赫的一次公民投票（遭到当地阿塞拜疆人的抵制）中，亚美尼亚人以压倒性多数赞成独立。1992 年 1 月 6 日，该地宣布脱离阿塞拜疆。

与此同时，亚美尼亚和阿塞拜疆都在积极筹建自己的军队。“环”行动使两国都招募了数千名志愿兵，组成临时部队。此后，亚美尼亚人与阿塞拜疆人之间的零星战斗愈演愈烈。在亚美尼亚，出现了像安德拉尼克·奥扎尼扬和加列金·恩日德这样能征善战的人物，他们曾在19世纪末20世纪初参加过与土耳其帝国的作战，军事经验丰富。① 除环行动期间招募的志愿军外，亚美尼亚还征召18—45岁之间的成年男子入伍，另外还有很多亚美尼亚人自愿加入战斗。许多亚美尼亚妇女也加入了纳卡的军队，负责提供急救和从战场上撤离伤员等任务。

阿塞拜疆也进行了军事动员，其方式与亚美尼亚大同小异。它的军队大约由3万人组成，另外还有近1万名防暴警察和数千名来自人民阵线的志愿兵。富商苏雷特·胡塞诺夫筹建了一支私人武装——第709军团，并购买了大量武器和军用车辆。② 伊斯甘达尔·哈米多夫的“灰狼旅”也动员起来。除此之外，还有来自其他国家的一些雇佣军。战前，亚阿兵力比为55：130（万）。双方大多数兵员都曾在苏联军队中服役，参加过阿富汗战争，因而双方都有一定的军事经验。③ 然而，大多数阿塞拜疆人在苏联军队中经常受到歧视，一般被分配到建筑营工作，很少参加实际战斗。因此，相对于亚美尼亚军人来说，阿塞拜疆士兵缺乏军事经验。在军事指挥上，双方都聘请了外援，亚美尼亚人聘请了苏联军事指挥官阿纳托利·齐尼维奇，阿塞拜疆聘请了阿富汗指挥官古勒卜丁·希克马蒂亚尔。

1992年1月18日，纳卡最高苏维埃宣布独立，成立了阿尔查赫共和国。阿塞拜疆部队随即封锁了斯捷潘纳克特，该市平民及其

---

① Thomas De Waal, *Black Garden: Armenia and Azerbaijan through Peace and War*, p. 208.

② Thomas De Waal, *Black Garden: Armenia and Azerbaijan through Peace and War*, p. 199.

③ 数据来自伦敦国际战略研究所1993年出版的年度《军事平衡》。阿尔查赫共和国的20000人包括来自亚美尼亚共和国的8000志愿兵；阿塞拜疆的统计数据显示，军队有3.8万人，其中空军1600人，参见International Institute for Strategic Studies, *The Military Balance* 1993, Vol. 93, London: Brassey, 1993 (January 1), pp. 68 - 69, 71 - 73。

附近的村庄遭到大炮和飞机的蓄意轰炸。2 月初，亚美尼亚人占领了几个阿塞拜疆人的村庄，至少 99 名平民死亡，140 人受伤。[①] 拉钦走廊是亚美尼亚连接纳卡的唯一陆路通道，只有直升机才能到达那里，而该地区的唯一机场在哈加利镇。哈加利镇有一个阿塞拜疆炮兵营，2 月初，多达 400 枚格拉德导弹如雨点般落在亚美尼亚人的居民区里。2 月底，亚美尼亚部队发出最后通牒，声称除非阿塞拜疆人停止炮击，否则将占领该镇。残酷的战争，使亚美尼亚人和阿塞拜疆人都成为大屠杀和种族清洗的实施者和受害者。2 月 26 日，一支亚美尼亚军队和独联体第 366 团夺取了哈加利。[②] 阿塞拜疆当局声称 1275 名阿塞拜疆人被扣为人质，613 名平民被杀，其中包括 106 名妇女和 63 名儿童。[③] 平民是战争中最大的受害者。

占领哈加利镇等于打通了亚美尼亚本土通向纳卡的空中桥梁。对阿塞拜疆人来说，哈加利的陷落是一场巨大的军事失败，诱发了巴库的政治动荡，穆塔利博夫政府倒台。巴库的政治动荡为亚美尼亚发起新一轮进攻创造了条件，但在新冲突之前，伊朗出面斡旋。

1992 年上半年，伊朗总统拉夫桑贾尼为和平谈判作出了新的努力。双方都认为，伊朗是纳卡问题可靠的中间人。从伊朗的角度看，调解亚阿冲突是提高国际地位的机会，还可扩大在南高加索地区的影响力。于是，伊朗外交人员进行了多轮穿梭外交，于 5 月 7 日邀请阿塞拜疆新总统马马多夫和亚美尼亚总统彼得罗相到德黑兰进行双边会谈。在各方就国际法律准则、边界稳定和难民危机达成协议之后，马马多夫、彼得罗相和拉夫桑贾尼签署了《德黑兰公报》。但第二天，亚美尼亚军队占领了舒沙，和平谈判彻底失败。舒沙的陷落给阿塞拜疆造成巨大的心理打击，因为舒沙不仅是纳卡地区阿塞拜疆文化和民族主义的历史中心，也是该地区仅存的最后一个阿塞拜疆人的定居点。舒沙陷落使阿塞拜疆政局陷入动荡，在

---

① Svante E. Cornell, "The Nagorno-Karabakh Conflict", *Report No* 46, *Department of East European Studies*, Uppsala University, 1999.

② Human Rights Watch/Helsinki, *Bloodshed in the Caucasus: Escalation of the Armed Conflict in Nagorno Karabakh*, *Vol.* 1245 *of Human rights documents*, 1992, p. 24.

③ "Khojaly Massacre", from Wikipedia, 2020 - 04 - 21.

5月14—15日的24小时内，政府更迭了两次，而此时亚美尼亚部队对拉钦发动攻击。拉钦在战略上位于阿塞拜疆土地最窄之处，将纳卡和亚美尼亚分隔开来。舒沙陷落后，阿塞拜疆部队退守到拉钦。5月18日，亚美尼亚部队拿下拉钦，清除了残余的阿塞拜疆人。占领拉钦后，纳卡与亚美尼亚共和国的陆路通道打开了，运送物资的车队源源不断地驶向纳卡。①

拉钦的陷落改变了纳卡战争的进程，加速了阿塞拜疆败退的速度。拉钦走廊的建立使亚美尼亚共和国和纳卡之间建立了直接联系，并实际上结束了斯大林在1923年对纳卡与亚美尼亚的分割。随着时间的推移，拉钦的地位成为政治解决亚阿冲突的核心议题。

总之，亚美尼亚占领拉钦走廊，标志着它在纳卡战争中的军事胜利，纳卡战争的第一阶段结束了。巴库的政治不稳助长了亚美尼亚的胜利。到5月底，亚美尼亚部队牢牢控制住了纳卡地区，阿塞拜疆卷土重来的前景已变得十分渺茫。1992年6月16日，阿布拉法兹·埃利奇别伊当选为阿塞拜疆新领导人，人民阵线的许多政治领导人当选为议会议员。埃利奇别伊反对俄罗斯的任何调解，倾向于与土耳其建立更紧密的关系。② 埃利奇别伊政府在执行亲土耳其外交政策的同时，着手恢复纳卡问题上的主动权。由于先前的阿塞拜疆非正规部队往往独立行动，不好协调。于是，他下令改组军队，提高军事战斗力，遣散了所有非正式编制的武装力量。不久，阿塞拜疆军队在戈兰博伊行动中取得了重大胜利。

第五节　戈兰博伊行动

戈兰博伊行动指阿塞拜疆对纳卡地区发动的大规模军事行动

① Michael P. Croissant, *The Armenia-Azerbaijan Conflict: Causes and Implications*, pp. 78 – 79.

② Michael E. Brown, *The International Dimensions of Internal Conflict*, Cambridge: MIT Press, 1996, p. 125.

(1992 年 6 月 12 日至 1993 年 3 月)，其目的是控制整个纳卡地区。戈兰博伊行动使纳卡战争进入一个更为激烈的阶段。此次行动，阿塞拜疆总共动用了 4 个营 8000 多士兵、数百辆坦克和装甲车，以及 Mi – 24 武装攻击直升机等。

1992 年 6 月 12 日，在大炮和近距离空中支援下，苏雷特 · 胡塞诺夫武装从东部向纳卡中心地带阿斯格兰发起了代号为“戈兰博伊”的大规模军事行动。戈兰博伊是阿塞拜疆西南部的一个城市，意思是“靠近戈兰河的地方”。在阿塞拜疆的猛烈进攻下，纳卡的亚美尼亚部队被迫放弃了早些时候占领的村庄。由于亚美尼亚提前逃离了该地区，因此没有造成平民伤亡，邻近的阿塞拜疆人和俄罗斯人的村庄也没有受到影响。15 日，阿塞拜疆占领戈兰博伊之后，向阿格达拉方向发起猛攻。经过多天的激烈战斗后，阿塞拜疆部队封锁了阿格达拉：708 旅切断了进入阿格达拉的南部路线，703 旅封锁了北部路线，701 旅封锁了西部路线。25 日 10 点 33 分，亚美尼亚志愿军发起反攻，阿塞拜疆方面损失了 30—40 名士兵。戈兰博伊行动，使阿塞拜疆占领了纳卡 48% 的领土，造成了 6 万难民流离失所，数百人死亡或失踪。[①] 8 月 15 日，纳卡国防卫委员会成立，宣布进入紧急状态，18—40 岁的男子和有过军事训练经验的妇女紧急入伍，新征召的男兵在 1.5 万人左右。[②] 军事改革随即展开，许多独立作战的亚美尼亚志愿军整合成统一的国防军。纳卡的指挥官们计划：如果阿塞拜疆方面不停止进攻，他们将摧毁马尔塔克尔特区的一座重要水电站。俄国紧急向亚美尼亚提供武器，重新组织反攻，遏制了阿塞拜疆的进攻浪潮。1992 年底，阿塞拜疆军队已精疲力竭，损失惨重，苏雷特 · 胡塞诺夫撤到占贾，准备发起另一场反攻。戈兰博伊行动期间，交战双方损失惨重，并引起了国际社会的广泛关注。不久，在俄罗斯的调解下，双方达成了一项停火协议。

---

① Thomas De Waal, *Black Garden*: *Armenia and Azerbaijan through Peace and War*, pp. 195 – 211.

② Thomas De Waal, *Black Garden*: *Armenia and Azerbaijan through Peace and War*, pp. 195 – 211.

第六节　国际社会的调解

伊朗协调失败后退出了纳卡战争的调解。莫斯科和欧安会试图找到解决纳卡问题的新办法。欧洲安全与合作会议是欧洲国家及北大西洋公约组织非欧洲成员国讨论欧洲安全与合作问题的国际会议，简称“欧安会”。它成立于1973年，旨在促进东西方在军事安全、经济和人权问题上的对话。苏联解体后，很多前苏联加盟共和国加入了该组织，因此欧安会承担了一个原先并不打算承担的任务。但在新情况下，欧安会声称要以1975年《欧洲安全和合作最后文件》阐明的基本原则——国际边界的不可侵犯性、自主决定的权利和普遍尊重人权——解决纳卡问题。1992年中期，欧安会在赫尔辛基成立了由11个国家组成的明斯克小组，由法国、俄罗斯和美国共同主持，目的是调解亚阿冲突，达成和平协议。在1992年的年度首脑会议上，该组织未能处理和解决自苏联解体以来出现的许多新问题，如南斯拉夫战争、车臣的分离主义运动、格鲁吉亚与俄罗斯的纷争、南奥塞梯和阿布哈兹问题，更不用说纳卡问题了。欧安会建议北约和独联体监督双方停火，保护人道主义援助物资的运送，但俄罗斯反对北约多国维和部队进入南高加索地区，认为此举侵犯了它的后院。由于欧安会的调解几乎没有成功的可能性，因此，俄罗斯试图单独介入亚阿冲突谈判。然而，莫斯科的目标仅局限于实现停火，而把最棘手的问题搁置起来。在俄罗斯国防部长格拉乔夫的积极斡旋下，双方秘密进行了马拉松式谈判，终于在9月19日签署协议，停火5个月，并分阶段将交战各方的武装部队撤出纳卡。①

同大多数停战谈判一样，交战双方无意实现真正的停火，军事行动反而不断升级。1992年的最后一个月，双方在边界上发生了激烈战斗，随时有爆发全面战争的危险。俄罗斯总统叶利钦和美国总统克林顿不断呼吁双方停火，但和平的前景十分渺茫。亚美尼亚部

① Michael P. Croissant, *The Armenia-Azerbaijan Conflict*: *Causes and Implications*, p. 86.

队开始了新一轮的进攻，占领了纳卡北部的一些村庄。阿塞拜疆的军事失败再次诱发了巴库的政治动荡。当时，胡赛诺夫正在占贾休养，但闻讯亚美尼亚人的进攻后并没有向纳卡进军，而是在1993年6月带着几千人的部队向巴库挺进。6月中旬，埃利奇别伊逃离巴库。亚美尼亚军队利用巴库政局不稳的时机，夺回了阿格达拉。同年晚些时候，亚美尼亚不仅恢复了原来的阵地，而且建立了几个安全缓冲区，扩大了阿尔查赫共和国的领土范围。

1993年10月和11月，联合国安理会分别通过了关于纳卡冲突的874号和884号决议，承认纳卡是阿塞拜疆的一个地区。然而，这并没有阻止战争的延续，但阿塞拜疆再也无力夺回飞地纳卡了。在戈兰博伊行动期间，俄罗斯电视台播出了一系列令人震惊的战争场面，俄罗斯和独联体国家的观众亲眼看到了纳卡战争的残酷，从而引发了俄罗斯和世界媒体的大量报道和辩论。在世界舆论的压力下，欧安会和俄罗斯提出了一项新的停火建议。与此同时，双方筋疲力尽，都希望停火。1994年初，亚美尼亚和阿塞拜疆的外交人员会面，敲定停火细节。与此同时，美国总统克林顿政府加强了对纳卡冲突的关注。最终，在俄罗斯的积极斡旋下，各方承诺遵守5月12日上午12时01分生效的停火协议。协议由三个主要交战方——亚美尼亚、阿塞拜疆和阿尔查赫共和国的国防部长签署。[①]

在许多观察家看来，只有俄罗斯人在调解纳卡冲突上取得了成果，他们带着新的活力回到高加索地区，甚至美国和土耳其也支持俄国在纳卡地区部署多国维和部队的建议。俄罗斯的目标是提高在南高加索的影响力，阻止其他国家向该地区渗透。纳卡成为国际强权政治博弈的一个象征。

1994年的最后几个月是俄罗斯和高加索地区特别动荡的时期。巴库的一次政变被阿利耶夫挫败。叶利钦派遣俄罗斯军队进入车臣。埃里温市前市长被谋杀后，彼得罗相逮捕了革命联盟领导人，关闭了该党党刊。12月，大约在俄国发动车臣战争的时候，双方同

① Christine Bell, *Peace Agreements and Human Rights*, Oxford: Oxford University Press, 2005, p. 326.

意达成政治协议后参加在纳卡的多国维和部队。[1] 然而，西方在维和部队的指挥权上发生分歧，俄国希望获得完全指挥权，而欧安会成员则坚持俄国的指挥权不能高于 50%。

自 1995 年以来，欧安组织明斯克小组一直在亚美尼亚和阿塞拜疆政府之间进行调解，以达成一项新的解决办法。人们提出了许多建议，希望双方让步，其中一项建议规定：亚美尼亚部队撤出纳卡的 7 个地区；而阿塞拜疆则分享给亚美尼亚一些经济利益，其中包括从巴库经亚美尼亚到土耳其的石油管道的利润。[2] 根据亚美尼亚前总统彼得罗相的说法，如果把阿尔查赫的某些领土交给阿塞拜疆，纳卡冲突会在 1997 年得到解决，缔结和平协定，确定纳卡的地位。彼得罗相多年后指出："阿尔查赫的领导方式是最高纲领主义者，他们认为，他们可以得到的更多。"[3] 总而言之，亚美尼亚人拒绝了任何妥协方案，他们认为，这是一个不可商量的问题。同样，阿塞拜疆警告不会放弃使用武力解放纳卡。1998 年 3 月 30 日，科恰良当选为亚美尼亚总统，继续拒绝任何达成协议的国际呼吁。2001 年，科恰良和阿利耶夫在佛罗里达的基韦斯特市举行了由欧安组织主办的和平会谈，虽然一些西方外交官表达了乐观态度，但两国民众未有任何妥协的打算。[4]

阿塞拜疆人对亚美尼亚人的仇恨一直在延续，他们在纳希切万朱利法的一个大型历史墓地销毁了数以千计的中世纪亚美尼亚十字架石，到 2005 年时，那里的亚美尼亚十字架石被彻底摧毁，朱利法亚美尼亚文明的痕迹被擦除。2005 年 1 月 25 日，国际"老有所依"组织（PACE）通过了一项有争议的非约束性决议，即第

---

[1] David D. Laitin and Ronald Grigor Suny, "Armenia and Azerbaijan: Thinking a Way out of Karabakh", p. 162.

[2] Ariel Cohen, ed., *Eurasia in Balance: US and the Regional Power Shift*, Aldershot, England: Ashgate, 2005, p. 60.

[3] "Ter-Petrosyan on the BBC: Karabakh conflict could have been resolved by giving certain territories to Azerbaijan", *Armenia Now*, 2011-05-11, https://www.armenianow.com, 2020-04-22.

[4] Jean-Christophe Peuch, "Armenia/Azerbaijan: International Mediators Report Progress On Karabakh Dispute", 2001-04-10, https://www.rferl.org/a/1060234.html, 2020-04-22.

1416号决议。该决议批评了“大规模的种族驱逐和建立单一民族地区”的作法，并宣布亚美尼亚军队正在占领阿塞拜疆的土地。2008年5月14日，联合国大会39个国家通过了第62/243号决议，该决议要求“立即、完全和无条件地将所有亚美尼亚军队撤出阿塞拜疆共和国的所有被占领土”。将近100个国家投了弃权票，俄、美、法等7国投了反对票。在伊斯兰会议组织峰会和外长理事会会议期间，成员国分别于2008年3月14日和2010年5月18日通过了伊斯兰会议组织第10/11号决议和外长理事会第10/37号决议。这两项决议都谴责了亚美尼亚对阿塞拜疆的侵略，并要求亚美尼亚立即执行联合国安全理事会第822号、853号、874号和884号决议。亚美尼亚领导人回应道：阿塞拜疆企图利用伊斯兰国来获得更多的国际支持。①

国际社会调解期间，亚美尼亚和阿塞拜疆之间爆发了一些零星冲突，但规模不大。2014年7月8月，局势再次升级。阿塞拜疆违反停火协议，总理阿利耶夫威胁要对亚美尼亚发动战争。② 2016年4月2日，纳卡地区爆发了自1994年停火以来最严重的冲突。亚美尼亚国防部声称，阿塞拜疆发动了一场企图占领纳卡的进攻。阿塞拜疆国防部发言人说，他们的12名士兵在战斗中被打死，2架直升机和3辆装甲车被摧毁，平民遭到炮击。亚美尼亚总统萨尔基相说，18名亚美尼亚士兵被杀，35人受伤。③ 2017年5月15日，阿塞拜疆军队摧毁了亚美尼亚武装部队的9K33奥萨地对空导弹系统（SA-8近程防空系统），土耳其总统埃尔多安声称将永远与阿塞拜疆人民站在一起。④ 2018年9月，阿塞拜疆举行大规模军事演习。2019年10月3日，阿塞拜疆总统阿利耶夫受俄国总统普京邀请，

---

① “Nagorno-Karabakh War”, from Wikipedia, 2020-04-23.

② “Members of Congress Condemn Azerbaijani Aggression”, 2014-08-10, Asbarez. com, 2020-04-22.

③ 中央电视台：《纳卡冲突的背后》，《世界周刊》，央视网，2016年4月10日。亚美尼亚方面声称打死阿塞拜疆士兵200余人，摧毁其坦克15辆。阿塞拜疆声称击毙亚方多名高级军官。

④ 《纳卡冲突的“小国政治”与“大国博弈”》，来源：中国军网。

出席第16届“瓦尔代”国际辩论俱乐部年会全体会议时表示，25年来联合国安理会通过的关于解决纳卡冲突的四项决议一直未得到执行；同年，在一次小型军事摩擦中，一名亚美尼亚士兵被打死。[①]

第七节　2020年纳卡战争

亚美尼亚人和阿塞拜疆人之间的敌对情绪并没有随着第一次纳卡战争的结束而结束。纳卡的地位悬而未决，从而为两国人民潜在的冲突搭好了舞台，严重威胁到国际安全和两国人民的福祉。2020年9月27日上午，双方在第一次纳卡战争（1988—1994）后建立的纳卡接触线上公开交火。舆论称这次冲突为“第二次纳卡战争”“六星期战争”“四十四天战争”（2020年9月27日至11月10日）。[②]

战争期间，亚美尼亚和阿尔查赫实行了戒严和全面动员。阿塞拜疆实行了戒严、宵禁和部分动员。土耳其向阿塞拜疆提供了军事支持（支持的程度存在争议）。土耳其的介入增加了阿塞拜疆的优势，削弱了俄罗斯在该地区的影响力。国际分析人士认为，战斗始于阿塞拜疆的进攻，主要目标是收复防御比较薄弱的纳卡南部山区。战争的特点是使用无人机、传感器和远程重型火炮，以及双方在社交媒体上的舆论战。双方死亡人数在数千人以上。国际社会强烈谴责这场战争，呼吁双方立即缓解紧张局势，恢复谈判。阿塞拜疆占领纳卡第二大定居点舒沙之后，在俄国的调停下，阿塞拜疆总统阿利耶夫、亚美尼亚总理帕希尼扬和俄罗斯总统普京签署停火协议——从莫斯科时间2020年11月10日零点结束敌对行动。阿尔查赫总统哈鲁蒂乌扬也同意结束敌对状态。协定规定，交战双方继续控制纳卡的实际占领区，亚美尼亚把1994

---

① 《“纳卡”起了新纷争，俄罗斯态度很微妙》，来源：中国青年报客户端巴库10月8日电。

② 在亚美尼亚国内，人们称这场战争为“第二次阿尔查赫战争”“生存之战”。阿塞拜疆方面称之为“第二次阿尔查赫战争”“爱国之战”“亚美尼亚执行和平运动”“反攻运动”。12月10日，阿塞拜疆政府发起代号为“铁拳行动”的军事进攻。

年占领的纳卡地区附近的领土归还阿塞拜疆；阿塞拜疆获得通往纳希切万的陆地通道；俄国在拉钦走廊部署 2000 兵力，期限至少 5 年。①

冲突的报道大多来自交战双方的官方声明。在整个战争过程中，阿塞拜疆严重依赖无人机打击亚美尼亚部队，几乎瘫痪了亚美尼亚的防空系统和坦克部队。无人机的使用是本次战争的最大特点，在一定程度上改变了传统作战方式。除此之外，双方还使用了集束炸弹，遭到了国际社会的一致谴责。一系列袭击造成了平民伤亡。阿塞拜疆的占贾和纳卡的亚美尼亚平民也出现很多伤亡情况。纳卡的基础设施成为攻击目标，造成了广泛的破坏。冲突甚至溢出了国际边界，一些炮弹和火箭落在伊朗的阿塞拜疆省，但没有造成人员伤亡。格鲁吉亚声称两架无人机在卡赫季省坠毁。

由于亚美尼亚人的顽强抵抗，阿塞拜疆地面进攻缓慢。从入侵点到最西端的距离约为 100 千米，阿塞拜疆花了四周，而到最北端的距离约为 80 千米，花了六周。简单地说，这不是一场闪电战，阿塞拜疆成功的关键是它的空中打击能力。在最初的几天里，双方都派出了战机和武装直升机，进行地面攻击，但事实证明，防空系统太致命了。在双方飞机和直升机遭到严重损失之后，天空被清理干净，无人机开始执行作战任务。亚美尼亚的无人机主要执行侦察火炮的任务，但阿塞拜疆的自杀式无人机对亚美尼亚的地面攻击更加致命。总之，这次战争是世界军事上的一个里程碑，因为无人机首次赢得了一场战争，意义深远。

在真实的战场之外，双方还进行了一场舆论战。战争期间，双方都在官方主流媒体和网络社交媒体上进行广泛的宣传活动。由于无人机能够记录杀戮，这使阿塞拜疆的宣传非常有效。在巴库，电子广告牌上播放着阿塞拜疆导弹袭击亚美尼亚士兵、坦克和其他物资的高分辨率画面。阿塞拜疆总统阿利耶夫在土耳其电视台上说，无人机减少了阿塞拜疆的伤亡人数，“这些无人机显示了突厥人的

---

① Uzi Rubin, “The Second Nagorno-Karabakh War: A Milestone in Military Affairs”, *Sadat Center for Strategic Studies*, No. 184, 2020 (Dec.), pp. 1 – 15.

力量"[1]。亚美尼亚、阿塞拜疆及其盟国的黑客参加入了双方的网络战，阿塞拜疆黑客攻击亚美尼亚网站，并张贴阿利耶夫的声明，希腊黑客则攻击阿塞拜疆政府网站，甚至旧视频被当作新视频供全世界人民分享。战争期间，亚阿新社交媒体账户数量激增，其中许多来自真实用户，但也发现了许多虚拟账户。总而言之，2020 的纳卡战争由于媒体的宣传而被放大，吸引了全世界人民的目光。

值得注意的是，土耳其在这场战争中起到了非常重要的作用。在冲突开始之前，网络媒体出现了土耳其对亚美尼亚的强硬言论，以及土耳其招募叙利亚难民的消息。叙利亚武装分子在阿塞拜疆的证据和土耳其的军事参与，引起了国际社会的担忧。冲突爆发两天后，几名叙利亚国民军成员和叙利亚人权瞭望台成员访问了巴库。报道称，一家土耳其私人安保公司招募叙利亚人到纳卡作战，阿塞拜疆和土耳其均予以否认。法国《独立报》《卫报》报道了土耳其在叙利亚招募雇佣军并与阿塞拜疆士兵一起作战的证据。《泰晤士报》的一篇报道证实了土耳其派遣 200 名叙利亚战士支持阿塞拜疆军事行动的事实。

第八节　纳卡问题的影响

纳卡冲突是苏联几个冻结的地区冲突之一，此外，还有阿布哈兹和南奥塞梯问题、摩尔多瓦与德涅斯特河沿岸共和国的纠纷问题、乌克兰与俄罗斯的纷争，以及俄国对克里米亚的占领等一系列历史遗留问题。亚阿争端严重破坏了地区和平，造成了大量人员伤亡，许多城镇和村庄被彻底摧毁。据估计，有 50 万—80 万阿塞拜疆人在战争中流离失所，被迫到巴库和其他城镇过着肮脏的生活。亚美尼亚也面临着同样的问题。

目前，阿塞拜疆和亚美尼亚的国家权力都很脆弱，民众情绪十分低落。纳卡战争没有给两国人民带来什么实际利益，停火只是冻

① Robin Forestier-Walker, "Nagorno-Karabakh: New weapons for an old conflict spell danger", aljazeera. com, 2020 - 10 - 15.

结了潜在的危险而已。两国政治领导人都面临着来自各方面的反对意见，都不愿接受国际上提出的任何妥协方案。亚美尼亚坚决反对阿塞拜疆对纳卡的主权要求；反之亦然。阿塞拜疆人认为，自己是亚美尼亚侵略者的受害者，强烈要求政府坚决捍卫共和国的领土完整。总之，纳卡战争使两国人民之间充满敌意，带来无法弥合的分歧。今天阿塞拜疆国内的反亚美尼亚情绪和亚美尼亚国内的反阿塞拜疆情绪依然很严重。俄罗斯教授乔治·米尔斯基说："阿尔查赫对阿塞拜疆人并不像对亚美尼亚人那样重要。也许，这就是为什么来自亚美尼亚本土的年轻志愿者比阿塞拜疆人更渴望为阿尔查赫战斗和牺牲。"① 安德烈·萨哈罗夫在冲突一开始就发表了他的评论："对阿塞拜疆人来说，阿尔查赫问题是一个野心问题，对阿尔查赫的亚美尼亚人来说，这是一个生死问题。"②

亚阿冲突的原因复杂，结果悲惨，战争需要引起人们的关注。从长远来看，尽管双方都已经停火，但仍孕育着再次爆发大规模战争的风险，比如 2022 年 9 月，双方在边境线上再次爆发大规模冲突，造成数百人员的伤亡。

2022 年 12 月 12 日，阿塞拜疆以"环境抗议"为由，封锁了纳卡地区。封锁给纳卡民众带来严重的人道主义危急：食品、燃料和药品的进口受阻，学校关闭，12 万居民被困。封锁期间，阿塞拜疆切断了阿尔查赫的天然气、电力和互联网等民用基础设施的供应。阿塞拜疆总统阿利耶夫表示，纳卡的亚美尼亚人要么接受阿塞拜疆公民身份，要么移走它处。2023 年 9 月 19 日，阿塞拜疆突然发动大规模军事进攻。次日，在俄罗斯的调解下，阿尔查赫政府同意解除武装，并与阿塞拜疆方面达成一项完全停止敌对行动的协议。9 月 28 日，阿尔查赫总统颁布法令，宣布阿尔查赫共和国将于 2024 年 1 月 1 日起停止存在。

---

① Georgiy I. Mirsky, *On Ruins of Empire: Ethnicity and Nationalism in the Former Soviet Union*, Westport, CT: Greenwood Press, 1997, p. 63.

② Levon Chorbajian, *The Making of Nagorno-Karabagh: From Secession to Republic*, New York: Palgrave MacMillan, 2001, p. 1.

总之，纳卡问题成为悬在两国人民头上的一颗暴雷，随时都可能会被引爆。如果纳卡问题得不到很好的解决，地区安全将会受到严重威胁，亚阿两国人民的生命财产得不到保障。事实上，要想找到解决纳卡冲突的办法，就需要重新思考民族主义、领土问题和种族冲突的一些传统观念，更需要亚阿两国人民的智慧和国际社会的努力。有些历史学家和政治学家认为，亚美尼亚人和阿塞拜疆人之间的仇恨根深蒂固，而正是由于这种根深蒂固的仇恨，冲突难以解决。这种观点基于国家、民族的历史领土的叙述中，似乎缺乏证据。南高加索基督徒和穆斯林之间过去的敌对（或合作）与当前的冲突只有微弱的联系。事实上，这两个不同信仰的民族在历史上大部分时间都能和平共处。如果两国找不到一个解决纳卡问题的有效办法，两国人民的福祉都会受到威胁。

第十九章　国家秩序的构建与现代亚美尼亚社会

苏联解体后的亚美尼亚亦称亚美尼亚第三共和国，即今天的亚美尼亚。值得注意的是，它是苏联解体后15个继承国中唯一避免内战的前苏联加盟国之一，而它的两个邻国（格鲁吉亚和阿塞拜疆）脱离苏联后都经历了内战的困扰。那么，为什么会出现这种情况呢？也许以下几方面的因素解释了这一现象。

首先，亚美尼亚族的同质性在前苏联各加盟共和国中程度最高。其次，亚美尼亚和平的另一种解释与这个民族的传统认识有关——亚美尼亚人都来自同一种族，拥有共同的历史，都珍惜自己的国家。强烈的民族共识有时会避免内战的爆发。最后，亚美尼亚族集中生活在一起，共享相同的宗教、语言和文化，无疑有利于民族团结。另外，苏联解体后的亚美尼亚领导人小心谨慎，纳卡战争更使亚美尼亚人同仇敌忾，空前团结。上述种种因素，避免了独立后爆发内战的可能性。

第一节　国家秩序的重塑

1991年9月21日，亚美尼亚人举行全民公投，以压倒性多数决定独立。这一天标志着亚美尼亚泛民族运动党的胜利。当时，尽管纳卡暴力时有发生，但亚美尼亚领导人通过和平手段，依靠人民的支持，实现了政权的和平交接。共和国独立后实行多党民主制，总统彼得罗相的新政府很快得到了国际社会的承认。当时人们充满了乐观情绪，相信国家会迅速繁荣起来。然而，纳卡战争的爆发使这些希望破灭了。由于战争期间的封锁，国际社会援助的物资无法进入这个内陆国家，经济濒临崩溃。

为实现国家安全，彼得罗相向土耳其保证：亚美尼亚对土耳其没有领土要求，并希望建立睦邻友好关系，同样的信息也送到格鲁吉亚、伊朗和阿塞拜疆。彼得罗相的务实外交，在一定程度上突破了意识形态上的教条主义，但就纳卡问题而言，亚美尼亚重申：这是一个民族自决的问题，冲突不是发生在亚阿之间，而是亚美尼亚飞地阿尔查赫和巴库之间的战争。革命联盟严厉批评彼得罗的土耳其政策，而社会民主党和共产党则批评他疏远了莫斯科。

从长远来看，亚美尼亚欲改善土耳其关系的努力没有实现。土耳其不仅始终保持着对亚美尼亚的封锁，而且坚持认为，必须先解决纳卡问题，才能讨论其他问题。阿塞拜疆的封锁给亚美尼亚的打击更大，国内粮食和燃料严重短缺。1989 年，核电站的关闭意味着亚美尼亚人民将不得不度过一个艰难的冬天。俄罗斯和格鲁吉亚的政治和经济形势表明，除了能够得到零星的国际援助外，亚美尼亚人必须依靠自身的努力，才能实现长治久安。

苏联解体前夜，戈尔巴乔夫试图最后挽救这个国家，提议建立一个主权国家联盟。他的提议得到了包括阿塞拜疆在内的 7 个共和国领导人的口头同意，但遭到了亚美尼亚、格鲁吉亚、乌克兰和波罗的海三国的拒绝。阿塞拜疆总统穆塔利博夫打算继续与戈尔巴乔夫合作，以迫使纳卡屈服。阿塞拜疆宣布独立后，土耳其第一个承认了它的合法地位。1991 年 11 月初，阿塞拜疆关闭了通往亚美尼亚的天然气管道，11 月底废除了纳卡的自治地位，并决定出兵直接占领它。[①] 从此，亚美尼亚政府的主要精力放在了纳卡问题上。

苏联解体后，亚美尼亚以主权国家的身份进入国际舞台。1992 年 3 月 2 日，它成为联合国会员国。在国家财政捉襟见肘的情况下，

---

① George A. Bournoutian, *Concise History of the Armenian People: From Ancient Times to the Present*, p. 373.

外交使团被派往世界各国，执行国家任务。不久之后，新政府制定了护照、邮票和货币（德拉姆）制度，并修改了苏联时期的街道和地名。著名的列宁广场（1940—1990）更名为共和国广场。共和国广场被誉为埃里温的“建筑精髓”“最杰出的建筑重唱”[①]。旅游作家迪尔德丽·霍尔丁认为，共和国广场“是20世纪世界上最好的中心广场之一”[②]。广场由两部分组成。椭圆形的建筑群中间有一块石头图案，从上面看就像亚美尼亚人的传统地毯。梯形建筑部分是国家历史博物馆和国家美术馆，前面是音乐喷泉。该广场是1924年亚美尼亚建筑大师亚历山大·塔曼尼扬设计建造的。

尽管新政府面临一系列问题的困扰，诸如难民、食物短缺、医疗资源和燃料严重不足，但总体来说，政府组织良好，运行有序。1995年7月5日，全民投票通过了《亚美尼亚共和国宪法》（2005年和2015年进行了修正）。根据宪法规定，国家政权三权分立，立法权、行政权和司法权互为制衡。国民大会是人民代表机构，行使立法权，并监督行政权和执行宪法规定的其他职责。国民大会至少由100名代表组成，实行差额选举。总统是国家元首，行使行政权，由公民选举产生，任期5年。首席大法官根据宪法规定的权力履行职能。议员由国民大会选举产生，任期7年。政府是最高行政机构，制定和执行国内外政策。国家行政系统各机构对政府负责。政府由总理、副总理和各部部长组成。总理由议会多数党选出的党魁担任，但须经总统任命。副总理和各部部长根据总理的提名由总统任命。总理确定政府政策，协调和组织政府成员的工作。司法系统由宪法法院、上诉法院、初审法院、行政法院和特别法庭组成。最高司法委员会保障了法院和法官的独立性。该委员会是一个由10人组成的独立机构，其中5名委员由法官委员会选举产生，另5名由国民大会选举产生。亚美尼亚共和国领土分为若干省和社区。省由农

① Eugenie Harris Gross and Jeffrey Gross, *The Soviet Union: AGuide for Travelers*, New York: John Murray, 1977, p. 255. “位于市中心的列宁广场是耶烈万最杰出的建筑群。”

② Deirdre Holding, *Armenia: with Nagorno Karabagh*, Bucks, England: Bradt Travel Guides, 2014, p. 128.

村和城市社区组成。目前亚美尼亚共有10个省，分别为：（1）阿拉加措特恩省，（2）亚拉腊省，（3）阿尔马维尔省，（4）格加尔库尼克省，（5）科泰克省，（6）洛里省，（7）希拉克省，（8）休尼克省，（9）塔武什省，（10）瓦约茨佐尔省。首都埃里温实行自治（图中11）。

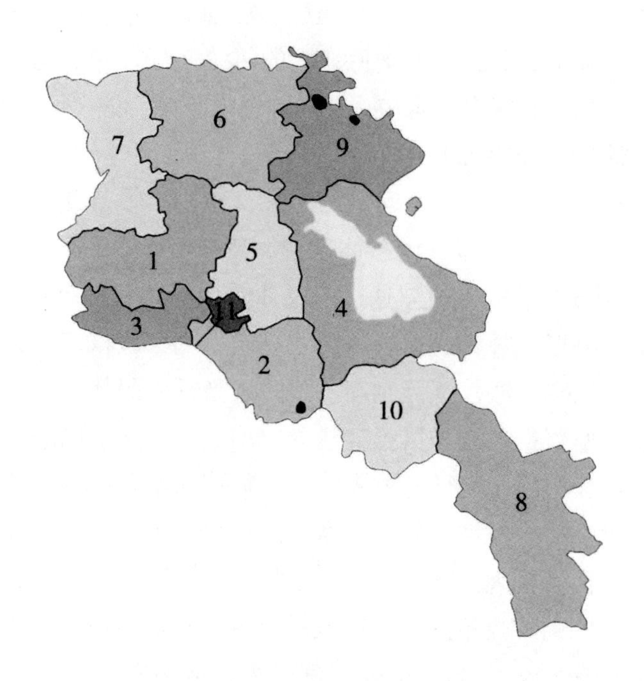

图19－1　亚美尼亚行省分布图

第一次纳卡战争结束后，亚美尼亚外交工作取得了不俗的成就，在亚洲、欧洲和美洲设立了很多特派团。然而，难民问题一直困扰着共和国政府。阿塞拜疆和土耳其的经济封锁，严重阻碍了经济的发展，国家只能从俄罗斯、伊朗、中国和其他国家那里得到有限的援助。独立后的头几年，人民生活水平大幅下降，失业率居高不下。1994年年底，超过50万人移民到欧美各地。①

---

① George A. Bournoutian, *Concise History of the Armenian People*: *From Ancient Times to the Present*, p. 373.

为促进经济的发展，亚美尼亚政府努力推行经济私有化和向市场经济过渡的经济政策。1990 年 10 月，通过了《亚美尼亚共和国国有财产法》。私有化首先从农业领域开始，目的是让农民支配自己的收益。在 1991—1992 年间，80% 的农业用地实现了私有化并无偿分给了农民，创造了大约 32 万个私人农场。[①] 但是，苏联解体导致了经济关系的破裂，经济危机又使金融系统陷入混乱，通货膨胀非常严重，货币迅速贬值。由于燃料短缺，人们每天只能用 1—2 小时的电。在灾区，难民们多年来一直住在帐篷里。最低工资和养老金甚至不能满足基本生活需要，大多数人生活在贫困线以下。1993—1995 年，亚美尼亚不得不向外国申请贷款，世界银行提供了 1200 万美元的贷款，美国拨出 100 万美元用于亚美尼亚购买小麦，俄罗斯提供了 500 万美元贷款，用于购买俄罗斯石油和农产品。[②] 然而，由于政府管理不善或官员中饱私囊，只有很少一部分用于改善民生。

经济困难助长了在野党的政治活动，他们纷纷指控政府侵犯人权的行径。1995 年，反对党联合起来组成全国联合联盟（NCA），举行了若干大型反政府集会。社会的两极分化导致了人们对泛民族运动的失望，新政党纷纷建立。1995 年，令亚美尼亚人印象最深刻的事件是核电站的重启和大主教的选举。黑水洼核电厂曾经给亚美尼亚人提供了近一半的电力，1989 年在环保人士的压力下，核电厂被迫关闭。迫于亟需电力，亚美尼亚政府不顾环保人士的抗议，重启核电厂，埃里温频繁的停电现象终于结束了。同年 4 月，奇里乞亚的卡里金二世当选为大主教，成为全亚美尼亚人的第 131 任教宗。有传言说，卡里金二世是在总统彼得罗相的支持下才成功当选的。从结果来看，这次选举对泛民族运动党来说是一次巨大的成功。当时，奇里乞亚教廷控制着中东的亚美尼亚教区，而且在欧美的亚美尼亚移民中有大批追随者。新教宗的当选促使人们呼吁埃奇米阿津和奇里乞亚教会合并。革命联盟党和共产党被指责为分裂势力，而

① Armen Khachikyan, *History of Armenia: A Brief Review*, p. 225.

② Armen Khachikyan, *History of Armenia: A Brief Review*, pp. 225 – 226.

泛民族运动党则被人们视为倡导团结、合作的政党。在1995年的国民大会选举中，泛民族运动党胜出。反对党指责政府选举舞弊，政府逮捕了一些反对派领导人，搜查了他们的总部。

1996年9月，亚美尼亚举行了第二届总统选举，彼得罗相连任。然而，人们希望权力更迭，改善民生。泛民族运动党领导层不愿放弃权力。反对派支持者大失所望，冲进国民议会大楼，抗议选举造假，并发生了暴力事件。共和国的政治气候变得让人不安，政府陷入信任危机，甚至有传言说政府打算放弃纳卡。当欧安组织明斯克小组提议在纳卡的政治地位最终决定前亚美尼亚军队应该撤出该地区时，谣言进一步加剧。议会中的阿尔查赫派（即国土保卫党）坚决反对明斯克提议，并得到了国防部长瓦兹根·萨尔基相的支持。亚美尼亚总理、内政部长和国家安全部长也都坚持认为，邦联模式是解决阿尔查赫冲突的唯一办法，这与主张地区自治的彼得罗相内阁产生严重分歧，彼得罗相和他的政府不得不在1998年初辞职，前阿尔查赫总统罗伯特·科恰良当选为第二任总统（1998—2008）。

罗伯特·科恰良时期，亚美尼亚逐步摆脱危机，政治生活常态化，国内恢复了民主生活。为了加快经济发展，新政府通过了包括教育法在内的一系列新法律，经济逐步好转。截至1995年，私营部门已占国内生产总值的40%。从1994年到2019年，除受2008年世界经济危机影响经济下降外（2009年下降14.15%），其他年度经济一直正增长，人口也从2012年开始由负增长转为正增长。[①] 根据世界银行的官方数据，2019年亚美尼亚国内生产总值为133亿美元，占世界经济的0.01%。[②] 亚美尼亚教育事业也进步很大，自从独立后，世界银行为教育项目提供了1500万美元的贷款。据统计，2003—2004年间，亚美尼亚有18所国立高等教育机构，在校学生

① "Gross Domestic Product (GDP) of Armenia", https://www.worldometers.info/gdp/armenia-gdp, 2020-04-25.

② "Armenia GDP Annual Growth Rate: 1998-2019 Data", https://tradingeconomics.com, 2020-04-25.

55000 人；73 所私立大学，在校学生 22000 人。[1] 1991 年，在南加利福尼亚大学的支持下，共和国成立了亚美尼亚美国大学。此后，欧洲的一些大学也相继在埃里温设立分校，如斯拉夫大学和法国大学等。中国在埃里温设有孔子学院。

从科恰良政府开始，议会选举定期举行。1999 年，瓦兹根・萨尔基相和凯伦・杰米尔强领导的共和党和人民党联盟赢得了议会选举的胜利，在国会中占多数席位。杰米尔强当选议长，萨尔基相出任总理。新领导层努力提高人民生活水平，工厂恢复生产。然而，就在国内外形势不断改善时，一次恐怖主义行动打破了人们的乐观主义情绪。1999 年 10 月 27 日，正当进行大主教选举时，5 名恐怖分子闯入国会大楼，杀害了杰米尔强和萨尔基相等 6 名政府高官，议员被扣为人质。科恰良总统亲自与恐怖分子谈判。经过 24 小时的谈判，议员全部获释，恐怖分子投降。然而，有人企图趁机在军队内组织叛乱。国防部长瓦格哈谢克・哈鲁蒂乌扬立即宣布军队不会兵变，武装部队进入戒备状态，以防可能的外部入侵。为了保持各主要政党的团结，科恰良任命萨尔基相的弟弟阿拉米・萨尔基相为总理，杰米尔强的儿子为人民党主席。几个月后，亚美尼亚政局稳定下来。由于死刑在亚美尼亚已经被废除，恐怖分子被判终身监禁。

21 世纪是亚美尼亚新希望的开始。2000 年 5 月，共和党主席安德拉尼克・马尔家良出任总理。然而，内部分歧尚未消除，因此，新总理在团结各党派和稳定政局方面做了大量工作。由于国外投资的增加，经济逐步走上正轨，并成为世贸组织的成员。中国、美国、日本、韩国和俄国等向亚美尼亚提供了大量资金援助。上述国家大多投资于铜、钼、铝和黄金资源开发，给这个国家造成了一定的环境污染。除自然资源开发外，亚美尼亚食品加工业兴起，比如葡萄酒、白兰地、矿泉水和果汁饮料等产品享誉世界。由于宽松的政治环境，毗邻伊斯兰国家的人纷纷到该国度假和寻找刺激。

---

① Armen Khachikyan, *History of Armenia: A Brief Review*, p. 227.

2001 年 8—9 月，全世界基督徒的目光投向了亚美尼亚——庆祝亚美尼亚皈依基督教 1700 周年。与此同时，为了庆祝共和国成立十周年（2001 年 9 月 21 日），一座以“启蒙者格雷戈里”命名的新大教堂正式竣工。罗马教皇约翰·保罗二世访问了亚美尼亚，并谈到了 1915 年的种族事件。外国政府代表团和散居在外的亚美尼亚人纷纷抵达亚美尼亚，参加庆祝活动。一些欧洲国家承认了亚美尼亚种族灭绝的事实。

为更好地建设自己的家园，亚美尼亚政府召开了数次侨民会议，以拟订国家发展战略计划。为支持国家建设，亚美尼亚侨民以母国的身份参加了奥林匹克运动会。另外，亚美尼亚每两年举行一次泛亚美尼亚运动会，届时共和国的运动员与国外的散居侨民同场竞技，共同展示亚美尼亚人的风采。

2003 年，亚美尼亚举行了新的总统和议会选举，科恰良连选连任。在议会选举中，共和党、革命联盟和法治党赢得了多数席位。国民大会主席阿图尔·巴格达萨扬当选为议长，共和党主席马尔家良连任总理。2005 年 11 月 27 日，全民公决通过了宪法修正案，国民代表大会代表人数从 190 人减少到 131 人，其中 2/3 的名额从各政党组织提交的候选人名单中按差额代表制选出，但至少获得 5% 的得票率的政党才能进入议会。① 2006 年 5 月，阿图尔·巴格达萨扬出于政治动机辞去了国民大会议长一职，执政联盟出现危机。共和党代表提格兰·托罗相出任议长。此后，亚美尼亚政局趋于稳定，对国家经济建设起到了十分积极的作用。交通业和通讯业迅速发展，对外贸易持续增长，货币德拉姆趋于稳定。

2007 年 3 月初，在喜庆的气氛中，伊朗通向亚美尼亚的天然气管道正式开通，它给亚美尼亚提供了约 40% 的天然气需求。阿拉斯河上一座连接伊朗的大桥也建起来。自 2007 年 5 月 25 日起，首都兹瓦尔特诺茨国际机场新航站楼投入运营，每年机场旅客吞吐量达 200 万。② 在国际舞台上，亚美尼亚的地位不断提高。现在，亚美尼

---

① Armen Khachikyan, *History of Armenia*: *A Brief Review*, p. 230.

② Armen Khachikyan, *History of Armenia*: *A Brief Review*, pp. 230 - 231.

亚不仅是欧洲理事会的正式成员，而且正积极筹备加入欧盟。3 月 27 日，新一届议会选举前夕，总理马尔家良去世。他是共和国的第 10 任总理，担任政府首脑长达 7 年，为稳定国家经济做了大量工作。任职期间，灌溉系统得到修缮，国家预算得到提高，教师工资持续增长。5 月，亚美尼亚国民议会选举如期进行，但进入议会的政党只有 5 个：共和党、繁荣亚美尼亚党、革命联盟、法律国家党和遗产党。共和党在 131 个席位中赢得了 67 个席位。尽管该党达到了可以自行组阁的法定权利，但为确保决策时达到法定人数，它选择与繁荣亚美尼亚党和革命联盟党组阁。共和党代表提格兰・托罗相再次当选议长，共和党主席谢尔日・萨尔基相出任总理。

独立十多年后，亚美尼亚政治终于摆脱了苏联的集权模式，走向了民主化道路。民族主义反对派成功遏制了苏联时期遗留下来的权力垄断。到 2004 年，亚美尼亚至少举行了 7 次议会或总统选举，以及若干次宪法公投。尽管这些选举没有完全遵循民主模式，但至少选举能够如期举行，而且总体上没有发生大规模暴力事件（除 1996 年总统选举）。据观察，亚美尼亚的每次选举规范都有所改进。1995 年 8 月，反对派候选人开始使用电子投票。反对派政党、非政府组织和独立媒体起到了监督选举和滥用权力的作用。毫无疑问，选举为真正的政治民主提供了机会。选民的意志决定了执政者能否继续履行职责，因此争取公众的支持是必不可少的。彼得罗相在 1996 年有争议的连任后成为跛脚总统，科恰良在第二次选举后也因被质疑弄虚作假而声名狼藉，总统地位岌岌可危。议会在国家政治生活中起到越来越重要的作用，彼得罗相失去议会的支持是他辞职的一个重要原因（1998）。随着民主政治的发展和成熟，亚美尼亚国民议会的工作也日益专业。

尽管亚美尼亚政府在独立后的头十年中逐渐稳定和巩固，但党争在很大程度上削弱了政府的工作效率，增加了政治倾轧的风险。另外，亚美尼亚各政党意识形态、政治纲领往往定义不清，党员容易叛变和分裂。简言之，政治与普通人的生活和需求脱节。

第二节 追求新秩序：天鹅绒革命

2018年4月到5月初，亚美尼亚发生了“天鹅绒革命”。亚美尼亚人称之为“拒绝谢尔日运动”或“不流血革命”。当年，公民契约党领袖尼科尔·帕希尼扬在共和国广场发起一场反政府的群众闪电运动。在不到两周的时间内，谢尔日·萨尔基相辞职，帕希尼扬成为国家元首。天鹅绒革命是一场和平权力的过渡，亚美尼亚人以不流血的方式实现了政权的更迭。

一 平民抵抗与威权政治的缺陷

亚美尼亚独立后，政府的社会管理方式并没有完全摆脱苏式政治集权主义作风，终于招致了平民抵抗运动——天鹅绒革命——非暴力、民主和公民不服从运动。

2008年2月19日，亚美尼亚举行总统大选，6位候选人角逐总统宝座。结果，共和党候选人谢尔日·萨尔基相当选为第3任总统。彼得罗相（总统）的支持者们占领了自由广场，拒绝承认选举结果。阿布拉哈米扬说：“他的竞选活动和演讲明显是以后苏联时代的统治方式组织起来的，并使用了各种伪造机制。”[①] 选举结束后，反对派连续数十天到歌剧院广场集会，声称彼得罗相才赢得了选举。谢尔日·萨尔基相的支持者们则占领了共和国广场，谴责反对派的行为。共和国广场代表官方，歌剧院广场代表普通大众。[②] 3月1日清晨，警察驱散示威者，迫使他们离开歌剧院广场。示威者与警察发生冲突，几人被捕。首都埃里温出现大规模骚乱，傍晚时分演变成了大规模的抗议活动。由于市中心被警察包围，示威者到市长办公室对面的米亚斯尼基扬广场集合。晚上，示威者和警察发生

① Levon Abrahamian and Gayane Shagoyan, “Velvet Revolution, Armenian Style”, *The Journal of Post-Soviet Democratization*, Vol. 26, No. 4, 2018, pp. 509 – 529.

② Levon Abrahamian and Gayane Shagoyan, “Velvet Revolution, Armenian Style”, pp. 509 – 529.

冲突，人们用任何能找到的东西武装自己，挡在推翻的公共汽车后面与警察对峙。在人民的压力下，警察不得不撤退到梅斯罗布·马什托茨大道。骚乱中，很多商店被洗劫一空。

3 月 1 日事件严重损害了亚美尼亚的国际形象，破坏了国家的稳定。埃里温政府宣布进入紧急状态，逮捕了煽动骚乱的反对派领导人。骚乱造成 8 名平民和 2 名警察死亡。[①] 欧洲理事会和其他国际机构讨论了亚美尼亚的局势。紧急状态解除后，反对派又进行了数次小规模集会，但人民革命活动停止了。4 月，权力移交给了新当选的总统。5 月，前中央银行主席提格兰·萨尔基相组建新政府。鉴于群众抗议的威力，新政府积极履行总统选举期间的承诺，如改善赋税制度和海关管理、增加社会保障支出、打击腐败，等等。但是，2008 年的政治骚乱给亚美尼亚政治埋下了一个隐患，即萨尔基相的新政府是在有缺陷的情况下上台的，这为天鹅绒革命的发生提供了条件，比如彼得罗相的发言人尼科尔·帕希尼扬成为天鹅绒革命的领导人和组织者。

2008 年是全球经济衰退的第一年。这一年，亚美尼亚经济遭到重创，在经历连续数年两位数的经济增长后，经济突然下滑。与此同时，纳卡的稳定性也在下降。纳卡虽在法律上不属于共和国，但它却是亚美尼亚社会有机体的一部分。因此，纳卡冲突虽在形式上是外部问题，但事实上是共和国的内部问题。然而，2008—2018 年，纳卡局势逐步升级，断断续续的狙击战升级到系统的对抗战，冲突从纳卡和阿塞拜疆之间的边界蔓延到两国边界。2016 年，冲突陡然升级，数百人丧生。亚美尼亚公众将纳卡事态的发展归咎于当局的不作为。围绕纳卡冲突的公开讨论愈演愈烈，各大媒体、社交网络和反对党，纷纷指责政府立场软弱，且未能保护纳卡的亚美尼亚人。公众的不安全感陡然增加，人们将其归咎于政府的无能。

除此之外，提格兰·萨尔基相任人唯亲，腐败猖獗，这是天鹅绒革命发生的另一个重要因素。他的 10 年总统任期带有勃列日涅夫

---

① Alexander Iskandaryan, "The Velvet Revolution in Armenia: How to Lose Power in Two Weeks", *The Journal of Post-Soviet Democratization*, Vol. 26, No. 4, 2018, pp. 465 – 482.

时代的特征，这不仅是他对共产主义的复仇所致，也是闷声发大财的结果。萨尔基相的弟弟在亚美尼亚臭名卓著，到处欺诈。笔者到访埃里温时，人们经常提到他的种种劣迹，比如埃里温任何商业企业要正常营业，须向他交保护费。这种矛盾也反映在几个笑话中，比如“月亮遇见他后变成半月，夜晚变成午夜”等等。实际上，萨尔基相的治国方式既利用了苏式官僚主义风格，又以一种非苏联式的自我资本主义方式行事。

政党制度的缺陷是诱使天鹅绒革命发生的一个原因。执政党巩固权力的同时，很容易陷入声名狼藉的境地，而政治反对派则十分软弱、分散和边缘化。两种情况并行了多年，结果是人们既憎恨当权者，也鄙视那些试图推翻它的政治家。共和党的行政资源加上反对派的无组织性，使反对党候选人要么没有赢得选举的机会，要么通过抗议掌权。从1995年开始，败选的政党或候选人几乎无一例外地拒绝重新记录选举结果。反过来，每次选举都宣布存在缺陷，随之而来的是各种强度的抗议活动。整个政治体系有失去合法性的趋势。

2008年是共和国政治的分水岭。之前，执政党的可信度很低，公众对反对党尚有一定信任。危机过后，整个政党体系失去公信力。反对党领导人也失去了公众的支持，因为反对派不是在选举中失败，就是以其他方式掌权，既损害了某些特定政治集团和领导人的声誉，也损害了那些反对派或政治精英的声誉。结果，选民的政治热情消失，对政客们的花言巧语失去兴趣。共和党利用这种冷漠，操纵选举，赢得了2008年的总统大选。根据目击者的描述，共和党通过贿赂（如给农民种子和肥料）和向公务员（如教师和医生）施压的方式赢得了选举。共和党使用各种手段接管了大部分政治平台，如总统办公室、议会、省政府、市政厅和多数村委会。共和党的成功带来一种错觉——该党想当然地认为可以实现永久统治，或者至少统治很长时间。然而，新的抗议活动正在酝酿。

另一个促成天鹅绒革命的因素是多元政权体制作祟。事实上，萨尔基相政权是脱离苏联后最温和的政权，例如他的政府很少迫害政敌，选举舞弊只是赢得选举的手段而已。他不但没有禁止言论自由，反而允许反对派在议会中占一定席位。[①] 根据蒂利的理论，“颜色革命”对混合政权的影响大于对专制政权的影响。[②] 的确，后苏联时代，颜色革命只发生在那些政治多元化、新闻自由化和反对党多极化的国家，比如吉尔吉斯坦、乌克兰、格鲁吉亚和摩尔多瓦。白俄罗斯和土库曼斯坦没有发生颜色革命。[③] 可以说，强大的专制政权在一定程度上遏制了反对派的形成，使潜在的革命者遭到打压、监禁或被谋杀。相比之下，在所有发生过颜色革命的国家，批评政府的声音不绝于耳。反对派虽然实力软弱，但其存在是真实的，并对执政党的统治提出质疑。就亚美尼亚情况来说，街头抗议是21世纪头10年政治生活的常态，这为2018年的天鹅绒革命铺平了道路。

后苏联时代，苏联国家政治的一个共同特征是议会制的存在。议会制似乎更有利于政治制衡，然而在缺乏完善的政党制度的情况下是否可行，是一个悬而未决的问题。无论如何，所有多元化、言论自由和温和政权的后苏联国家都选择了议会制，这绝非巧合。亚美尼亚也不例外，议会制改革的动力源于反对派的存在。在萨尔基相的第二任期内，这一看法在反对派政治家中特别流行。2013年的某个时候，萨尔基相政府开始对议会制产生兴趣。究其原因，主要有以下几方面的因素：

首先是外部因素。在俄罗斯的胁迫下，亚美尼亚取消了与欧盟签署联合协议的计划，转而加入俄罗斯领导下的关税同盟。此举损害了亚美尼亚与欧洲的关系，也损害了它在欧盟中的形象，尽管它设法恢复了与欧盟的关系并于2017年签署了《全面和加强伙伴关

---

① Dmitri Furman, “Imitation Democracies: The Post-Soviet Penumbra”, *New Left Review*, No. 54, 2008 (Nov-Dec), pp. 29 – 47.

② Steven Levitsky and Lucan A. Way, *Competitive Authoritarianism: Hybrid Regimes After the Cold War*, Cambridge: Cambridge University Press, 2010, pp. 57 – 60.

③ “阿拉伯之春”是也门到突尼斯各种革命的统称，大多发生在极端专制的国家。阿拉伯之春究竟属于颜色革命，还是更接近于近代欧洲资产阶级革命的范畴，是一个颇具争议的问题。

系协议》（CEPA）。亚美尼亚成为俄罗斯主导的欧亚经济联盟中唯一与欧盟签署类似文件的成员国。但回到2013年，亚美尼亚需要给欧洲提供它与欧盟互补的证据。因此，向议会制过渡是加入欧盟的一种姿态，这种过渡却在一定程度上给反对派提供了政治舞台。

其次是内部因素。天鹅绒革命爆发最为重要的原因是人们对共和党权力固化的不满。萨尔基相于2008年就任总统，但共和党自1999年以来长期执政，没有实现权力的更迭。2012—2017年，亚美尼亚人对政府的信任度只有25%，对司法体系的信任度只有29%，这一数字远低于它的邻国。2015年12月，对宪法修正案进行全民公投，结果，在投票率很低（51%）的情况下通过了修正案。[①] 反对派声称，选举欺诈，但抗议活动很快平息了下来，因为萨尔基相在公投前的竞选活动中承诺不再竞选总统或总理。

2017年的议会选举以新宪法为基础，共和党获得多数席位，而唯一的反对党“出路联盟”只赢得了105个席位中的9个。[②] 这是多年来第一次没有反对党反驳的选举结果。显然，共和党领导层认为，这是继续掌权的积极信号，在反对党存在的情况下可以巩固共和党的统治。然而，1年后，这一逻辑缺陷就显现出来：一旦公众信誉度降到极点，恐怕很难再掌权。

二　网络社交平台的推波助澜

亚美尼亚人对当局的抗议活动首先在网络社交平台上爆发。对现政权不满者使用“脸书”“推特”等网络社交工具抱怨环境污染、城市规划、政治腐败等一系列社会问题。实际上，网络抗议活动具有政治性质，而电视和广播等传统媒体失灵了。数字空间和社交网络的开放性，意味着传统电视、广播、报纸的审查变得毫无意义。因此，网络社交媒体对2018年春天的抗议活动起到了推波助澜的作

① BBC News, “Armenia Fraud Claims Mar Referendum on Constitution”, 2015 - 12 - 07, https://www.bbc.co.uk/news/world-europe-35025853, 2020 - 04 - 30.

② Alexander Iskandaryan, “The Velvet Revolution in Armenia: How to Lose Power in Two Weeks”, *The Journal of Post-Soviet Democratization*, pp. 465 - 482.

用，颠覆了传统舆情的发展和传播方式，考验着政治家的智慧。很快，抗议活动从虚拟空间转到真实空间。网络时代，任何一个参与者都不是孤立的，他们只要站在街上，就可以录制一段视频发到网络社交媒体上，引起人们对现实政治的关注。另外，每个参与者可以在网络上发表自己的评论和看法，表达自己的政治诉求。如有必要，直播成为对抗警察的证据。从虚拟空间到真实空间的转移非常迅速；反之亦然。这种现象的另一种表现形式是，艺术家通过漫画或书法作品的形式制作各种表情包，成为抗议活动的宣传标语。虚拟空间与真实空间的结合对天鹅绒革命的发生起到了十分重要的作用，抗议活动领袖帕希尼扬实际上剥夺了传统媒体的影响力。分析人士发现，抗议活动期间存在30多个活跃数字用户，每个都有成千上万的粉丝，帕希尼扬的网络社交账户有大量的订阅者和粉丝。①

2018年3月，经过网络舆论的充分酝酿后，亚美尼亚人走上街头。同时，执政的共和党声称不排除提名萨尔基相担任总理，这意味着萨尔基相的统治（无论是作为总理还是总统）将继续下去——2015年修改宪法取消了任期限制。抗议者誓言要在4月14日封锁执政党总部，因为该党领导人将在那里集会，打算正式提名萨尔基相出任新一届总理。不出人们所料，共和党一致投票提名萨尔基相为总理。亚美尼亚革命联盟党和繁荣亚美尼亚党支持共和党的决定。②

3月31日，帕希尼扬开始了他的名为“我的步伐”的抗议游行。他从久姆里出发，步行穿过瓦纳佐尔、迪利然、赫拉兹丹和阿博维扬等城镇，4月13日抵达埃里温后举行了一场小型集会。第一天的抗议活动结束后，数百名抗议者在法国广场上过夜，继续抗议活动，警方没有对示威者采取强制措施。16日，“拒绝谢尔日”运动开始了公民抗命行动。17日，也就是总理选举的预定日期，抗议

① Levon Abrahamian and Gayane Shagoyan，“Velvet Revolution，Armenian Style”，*The Journal of Post-Soviet Democratization*，p. 528.

② https：//eadaily. com/en/news/2018/04/17/serzh-sargsyan-elected-prime-minister-of-armenia-among-clashes-in-yerevan，2020-04-30.

者打算封锁国民议会大楼入口，以阻止选举的进行。防暴警察阻止抗议者向国民议会大楼挺进，然而抗议活动继续扩大。为回应不满的群众，萨尔基相要求政府收回几周前分配给他的总统官邸。21日晚，大约5万名示威者聚集在共和国广场，首都街道被封锁，示威活动迅速蔓延到全国各地。[①] 抗议者要求总理辞职。当时，亚美尼亚正在向新政府体制过渡——总统权力削弱，总理地位加强。反对者说，这种转变实际上使萨尔基相成为亚美尼亚的终身领导人。

22日，帕希尼扬被捕，但在第二天获释。萨尔基相在同一天辞职，并说："尼科尔·帕希尼扬是对的。我错了。目前的情况有几种解决办法，但我不是其中之一。我将辞去国家领导人的职务，并辞去亚美尼亚总理职务。"[②] 获释前，帕希尼扬在脸书上说："自豪的亚美尼亚共和国公民，你们赢了。没有人能从你们手中夺走这场胜利。"[③] 许多观察家认为，这是一场和平革命，一场没有流血的光荣革命。25日晚上，亚美尼亚革命联盟退出执政联盟，议会中的反对党宣布支持帕希尼扬总理的候选资格。国民议会定于5月1日投票表决，唯一的候选人帕希尼扬需要53票才能当选总理，但要达到合法选票必须至少赢得6名共和党议员的选票。然而，共和党全票反对帕希尼扬：102名议员出席，56人投了反对票，45人投了赞成票。5月8日进行了第二次投票，最终，帕希尼扬以59票当选总理。简言之，2018年的权力过渡是平稳的、非暴力的，天鹅绒革命载入了亚美尼亚史册。

三　天鹅绒革命的影响与教训

自苏联解体以来，颜色革命就席卷了苏联各加盟共和国，比如乌克兰的橙色革命、欧洲广场抗议、吉尔吉斯坦的郁金香革命、

---

① https：//www. ctvnews. ca/world/armenia-protests-70-arrested-including-2-suspected-bombers-1. 3896248，2020－04－30.

② https：//armenianweekly. com/2018/04/23/breaking-serge-sarkisian-resigns-as-prime-minister，2020－04－30.

③ https：//armenianweekly. com/2018/04/23/breaking-serge-sarkisian-resigns-as-prime-minister，2020－04－30.

格鲁吉亚的玫瑰革命。上述国家无一例外都存在经济不景气和高度腐败现象。值得注意的是，革命的主要推动力是年轻公民。他们大多出身中产阶级，教育水平高，且大部分都是大学生或年轻的白领。年轻人更关注国家的前途和未来，充满政治激情。这一代亚美尼亚人的父母一般生长于苏联时代，他们对孩子的生活规划大多是学习数理化，以谋求一份更好的职业。亚美尼亚独立后，许多具有叛逆精神的年轻人涌入人文社会科学领域，比如历史学、国际关系学、政治经济学、法学、管理学、教育学和新闻学等专业。可以说，正是年轻社会阶层成为"天鹅绒革命"的主要推动力。对他们来说，公民活动是释放能量的出口。拥有人文和社会科学学位的年轻人构成了非政府组织、网络平台、青年倡议和社会运动的核心力量。

帕希尼扬政府上台后，依循民意行事。打击腐败是新政府的主要工作之一，但也常被理解为打击政敌的手段。旧政权的重要人物，包括前总统科恰良和萨尔基相的家人，因各种指控被起诉。虽然采用的是法律手段，但不免让人怀疑新政府借此迫害政敌。尽管如此，普遍存在的腐败现象得到有效遏制。目前，亚美尼亚面临着一系列无法一蹴而就的系统性问题，如贫困、失业、基础设施落后、投资不足、政商不分，纳卡问题更是威胁经济和社会安全的现实因素，严重阻碍了国家的发展。

此外，帕希尼扬政府存在某些政治缺陷。公民契约党的力量非常弱小，而且没有得到体制上的支持。大多数议员来自共和党和繁荣亚美尼亚党。一个强大的政党不可能在短时间内建成，这意味着新的统治精英需要通过个人和团体的自我合作，实现政府的有效运行。因此，亚美尼亚能否确立稳定的政治制度还有待于实践。另外，平民运动曾帮助这个国家实现了权力下放，社会更加公平，而这些特点如果把握不好，会成为国家建设的障碍。国家的健康发展取决于制度和结构的科学化、完善化。一般来说，统治者的变化会给国家注入新的活力，赋予新政府一定的公信力。因此，新一代决策者走上权力的舞台，预示着亚美尼亚人新希望的开始。尽管如此，亚美尼亚新政府面临着各种挑战。首先，如何驾驭与俄罗斯的棘手关系具有很强的挑战性。亚美尼亚依赖俄罗斯的军事保护，来自俄罗斯的亚美尼亚侨民的收入对它的经济至关重要。与此同时，帕希尼扬的选举集团在早期的竞选活动中承诺与欧洲建立更紧密的关系，但这很容易激怒莫斯科政府或违背俄罗斯的利益。帕希尼扬虽然承诺使纳卡地区最终成为亚美尼亚人的领土，但这一提议肯定会与阿塞拜疆发生冲突，并可能导致地区稳定失衡。尽管存在上述挑战，天鹅绒革命仍然为俄罗斯势力范围内的政治运动提供了教训。因为，如果他们挑战地缘政治现状，肯定会招致俄罗斯的报复。相比之下，以亚美尼亚为榜样可以降低俄罗斯干涉的可能性。2022 年 2 月 24 日，俄乌战争爆发后，俄国在南高加索的影响力急剧下降，亚美尼亚将面临更多的不确定性因素的挑战。

第三节　19—20 世纪亚美尼亚文明的特点

亚美尼亚文明是一个拥有完整历史序列的人类文明之一。自古以来，宗教、语言、历史和文学使亚美尼亚人保持了独特的身份，但现代亚美尼亚文明的特征是通过一系列社会思潮和政治事件呈现出来的。数个世纪以来，奥斯曼亚美尼亚人生活在米利特内，享有一定的自治权。君士坦丁堡、黑海和爱琴海沿岸城市中的亚美尼亚社区蓬勃发展。希腊独立战争后，苏丹赐给亚美尼亚米利特“帝国忠诚社区”的荣誉。然而，俄土战争和民族主义思潮促使哈米德二世决定镇压那些潜在的“西化者”或“叛徒”，导致了亚美尼亚人的大规模出走。不久之后，亚美尼亚人成立了自己的革命政党，决定发动武装起义。随着第一次世界大战的爆发，青年土耳其党视亚美尼亚人为“第五纵队”，结果导致了“1915 年事件”的发生。1917—1920 年间，苏俄和土耳其在南高加索的领土冲突中利用亚美尼亚人和阿塞拜疆人发起了一场代理人的战争。最终，苏俄接管了东亚美尼亚。苏联时期是亚美尼亚文明史上的一个“黄金时代”——苏联的民族政策巩固和发展了亚美尼亚文明的特性。苏联解体后，独立的亚美尼亚共和国与流散的亚美尼亚社区共同促进了现代亚美尼亚文明的发展。

一　现代社会思潮的泛起

19—20 世纪，亚美尼亚文明最大的特点是各种社会思潮的泛起，尤以民族主义、民粹主义和社会主义为甚。民族主义是以民族为核心的价值观体系，民粹主义是一系列强调“人民”观念的政治立场。社会主义也是一种社会学思想。19 世纪末和 20 世纪初，上述三种思潮给现代亚美尼亚社会带来很大的冲击。

亚美尼亚的王政时代结束后，亚美尼亚人的民族意识并没有消失，到 19 世纪时，它已经跨越了几个世纪，并以不同的方式表达出来。根据亚美尼亚文化的特点，民族主义最初表现为对国家的怀念。在法国大革命、1848 年欧洲革命和巴尔干独立战争的影响下，当代亚美尼亚人的政治思想具备了现代化特点。19 世纪末，国家、人民的概念连同所有向心的意涵，慢慢地从奥斯曼帝国的米利特制度和俄罗斯帝国的波罗真尼制度中浮现出来。

民族主义不是亚美尼亚人特有的一种学说，东亚美尼亚人赋予了它原始特征，同时在西亚美尼亚人中间找到了动力，并权衡了土耳其和俄国的统治带来的消极和积极影响——前者带来专制和殖民主义，后者促进了亚美尼亚经济和文化的发展，保证了它的物理安全（领土和人身安全）。然而，大多数亚美尼亚人并不赞成东亚美尼亚的民族主义，如《分蘖》的观点。

1887—1921 年间，当《莫斯科条约》终止了亚美尼亚独立建国的希望时，社会主义与民族主义结合起来——把社会主义引入民族运动中来。[①] 但是，马克思主义思想在亚美尼亚社区发展得十分缓慢（直到加入苏联时才被确立为官方意识形态），因为亚美尼亚人企图建立一个泛亚美尼亚组织来解决亚美尼亚问题，视民族主义为

① Anaide Ter Minassian, *Nationalism and Socialism in the Armenian Revolutionary Movement (1887 - 1912)*, trans. A. M. Berrett, Cambridge: The Zoryan Institute, 1984, p. vii.

社会前进的动力。在这种社会思潮的影响下，他们参加了1905年的南高加索革命、1906—1912年的伊朗宪政运动和1908年的青年土耳其党革命。在这一过程中，他们吸取了法国大革命、1848年欧洲革命和民族解放运动的教训，认为现代社会唯一的助产士——革命不仅是必要的，而且是必须的。民主主义者认为，如果发起人民革命，肯定会取得胜利。这一思想决定了亚美尼亚激进知识分子的行为：只要可能就发动革命。① 因此，东亚美尼亚人是东方民主主义、自由主义和社会主义思想的先驱之一。

必须注意的是，民族主义、民粹主义和社会主义与亚美尼亚人的特殊历史背景有关。土耳其和俄国统治时期，亚美尼亚人谋取民族独立的方式没有固定的模式可循，只能摸着石头过河。由于俄土亚美尼亚知识分子接受的教育不同，东、西亚美尼亚民族主义思想有着一定的区别。土耳其的亚美尼亚知识分子受法国大革命、希腊起义、意大利统一和乌托邦哲学影响较深，俄国的亚美尼亚知识精英受德俄哲学影响较大。俄国的亚美尼亚知识分子和革命者由于不具备流散特点，倾向于社会主义思想表达，土耳其的西亚美尼亚知识分子更倾向于民族主义表达。在这种情况下，19世纪下半叶到20世纪初，东亚美尼亚小说家、剧作家、新闻记者、历史学家和诗人仿效西方浪漫主义，极力颂扬爱国主义、正义主义和自由主义。

19世纪80年代，俄国的民粹主义思想传到南高加索。在那里，民粹主义者用革命的热情积极发动群众。然而，当俄国民粹主义者提出“回归人民”的口号时，亚美尼亚人提出“回归祖国”的口号。② 这是因为民粹主义者意识到亚美尼亚精英大多分散在君士坦丁堡、士麦那、巴库和第比利斯等大城市中，离平民太遥远了。因此，民粹主义者没有发动农民开展社会主义运动，也没有像俄国民

① Anaide Ter Minassian, *Nationalism and Socialism in the Armenian Revolutionary Movement (1887 - 1912)*, trans. A. M. Berrett, p. vii.

② George A. Bournoutian, *Concise History of the Armenian People: From Ancient Times to the Present*, p. 289.

粹主义分子那样发起革命活动，而是愿意接受俄国的统治，以摆脱穆斯林的枷锁。正因如此，亚美尼亚人参加了克里米亚战争。在这场战争中，俄国占领了西亚美尼亚部分领土，使他们产生了亚美尼亚解放的遐想。尽管俄国签署《巴黎条约》（1856）后从西亚美尼亚撤出，但亚美尼亚人的政治幻想并没有减弱。21年后，俄国废除《巴黎条约》，发动了最后一次俄土战争。这次，亚美尼亚人仍然与俄军并肩作战，一块进入西亚美尼亚，试图解放他们的历史故地。1878年，俄国几乎控制了整个西亚美尼亚，亚美尼亚彷佛成为一个统一的国家。和平谈判期间，亚美尼亚人的宗教、军事和商业领袖利用一切影响力，将西亚美尼亚人的命运纳入了《圣斯特凡诺条约》。

正如前文所看到的，《圣斯特凡诺条约》第16条规定，俄罗斯军队继续留在西亚美尼亚，以确保坦齐马特时代承诺的政治改革付诸实施。俄军撤离时，许多亚美尼亚人不顾欧洲外交官的保证，跟随俄军一起离开了家园。俄军虽然撤出，但东亚美尼亚人认为，亚美尼亚人罗利斯—梅利科夫（1825—1888）出任俄国总理是俄国打算帮助他们解放西亚美尼亚的信号。

1881年3月，沙皇亚历山大二世的遇刺给南高加索的政局带来许多不稳定因素。亚历山大三世（1881—1894年在位）上台后，努力推行少数民族的俄罗斯化政策。在南高加索，亚美尼亚人成为当局改造的首选目标。[①] 当时，亚美尼亚资产阶级在高加索各主要城市影响巨大，经济实力雄厚，引起了当地俄罗斯人、格鲁吉亚人和突厥鞑靼人的嫉妒。1885年，当局关闭了亚美尼亚学校，取而代之的是俄罗斯学校。当亚美尼亚人秘密组织地下教学时，政府开放了学校，但规定使用俄罗斯教程。俄国政府的行动促使一些亚美尼亚人模仿俄罗斯革命者发动革命。

1887年，俄国的6名亚美尼亚年轻学生自称马克思主义者，在日内瓦创立了社会民主党。党纲的主导思想是“人民意志”，而非

① George A. Bournoutian, *Concise History of the Armenian People: From Ancient Times to the Present*, p. 290.

马克思主义。[1] 1890 年夏天，一个由民粹主义、民族主义和马克思主义者组成的学生团体在第比利斯成立了革命联盟党。两党有着相同的目标：保卫和解放西亚美尼亚，把“亚美尼亚革命”视作激活欧洲解决亚美尼亚问题的手段。[2] 但是，两党在社会主义问题上发生分歧，各自开展革命活动。总而言之，南高加索的社会民主党首次将社会主义引入亚美尼亚问题。它的最低纲领是通过革命手段建立一个民主、自由和独立的亚美尼亚，但最高纲领谴责了人对人的剥削，把社会主义作为未来的目标。[3] 社会民主党十分注重宣传的力量，把许多社会主义著作翻译成亚美尼亚文，并发表在党刊上，或以小册子的形式散发给亚美尼亚人。1894 年，亚美尼亚语版《共产党宣言》出版。[4]

1890—1896 年间，由阿维季斯·纳扎尔贝基扬（1866—1939）领导的社会民主党在日内瓦建立了党总部。后来，党总部从日内瓦搬到巴黎，后又迁到雅典，最后挪到伦敦。该党在君士坦丁堡和特拉布宗有大批追随者，他们决定为亚美尼亚事业奋战。[5] 然而，君士坦丁堡游行以及萨逊和梓檄的叛乱，引起了青年土耳其党人的警惕，并进行了野蛮的回应，实施了 1894—1896 年的亚美尼亚大迫害。1896 年，该党在伦敦召开党代会，中间派遭到猛烈抨击。土耳其和埃及的社会民主党人视来自高加索的党员为少数派，批评他们把亚美尼亚问题与俄国的工人问题联系起来。这不仅吓坏了保守的资产阶级，也让穆斯林社会和西方资产阶级感到震惊。另外，大多

---

① Anaide Ter Minassian, *Nationalism and Socialism in the Armenian Revolutionary Movement* (1887 - 1912), trans. A. M. Berrett, p. 9.

② 革命联盟内部一开始就存在社会主义和民族主义之争。第比利斯的革命领袖并不是完全的社会主义者，这使日内瓦的社会民主党创始人非常不满，后者更关心国际社会主义的成功而非单纯的西亚美尼亚的解放。

③ Anaide Ter Minassian, *Nationalism and Socialism in the Armenian Revolutionary Movement (1887 - 1912)*, trans. A. M. Berrett, p. 10.

④ Anaide Ter Minassian, *Nationalism and Socialism in the Armenian Revolutionary Movement (1887 - 1912)*, trans. A. M. Berrett, p. 10.

⑤ Anaide Ter Minassian, *Nationalism and Socialism in the Armenian Revolutionary Movement (1887 - 1912)*, trans. A. M. Berrett, p. 10.

数亚美尼亚人不理解社会主义，认为它的思想不可能付诸实践，而民粹主义和民族主义口号则容易引起人们的共鸣。在这种情况下，社会民主党分裂，重组后的政党于1898年在伦敦成立，并从土耳其、埃及和美国的亚美尼亚人中吸收成员。社会民主党被孤立，实力遭到削弱，最后只保留下了社会主义的标签。改组后的社会民主党继续鼓吹民粹主义，其中一些人加入了革命联盟。革命联盟将社会主义事业置于民族事业之下，成功团结了大部分亚美尼亚人，成为最具影响力的亚美尼亚政党。俄罗斯的亚美尼亚革命者也没有闲着，革命圈子在埃里温、阿尔查赫、莫斯科、圣彼得堡和第比利斯形成。第比利斯是东亚美尼亚革命活动的中心，他们在克里斯塔普尔·米卡耶良的领导下，成立了革命组织"青年亚美尼亚"，并在伊朗和土耳其招募成员。它是一个土生土长的高加索革命组织，但只持续了一年。① 该组织没有明确的革命纲领，主要目的是惩罚那些迫害亚美尼亚人的库尔德人，本质上类似于恐怖组织，因此不可能长久。

1892年，亚美尼亚革命联盟重组，确立了新的党纲：（1）建立一个自由选举产生的政府；（2）所有民族、宗教团体地位平等，并享有言论、集会和新闻自由；（3）无偿分配土地给无地农民，根据支付能力纳税；（4）公民享有平等参兵、教育和工作的权利；（5）武装人民，用暗杀手段保卫亚美尼亚人。革命联盟的计划在很多方面与俄国左翼恐怖组织"人民意志派"十分相似。具有讽刺意味的是，当社会民主党呼吁建立一个独立的西亚美尼亚时，更具民族主义色彩的革命联盟却主张在帝国框架下谋求自治。②

20世纪初，俄国社会民主工党发起的罢工运动只吸引了少数亚美尼人参加。亚美尼亚的马克思主义者很快分裂成两派，一派是斯捷潘·沙胡米扬（1878—1918）③ 那样的共产主义者，加入了跨高

① "Creation of First Armenian Parties", armenian-history. com, 2020-03-30.

② George A. Bournoutian, *Concise History of the Armenian People: From Ancient Times to the Present*, p. 291.

③ 斯捷潘·沙胡米扬是亚美尼亚人，被称为"高加索的列宁"。他还是几家报纸和杂志的创始人、编辑，但最为人所知的身份是巴库公社的领袖。

加索联盟，信奉正统马克思主义，宣扬阶级斗争；另一派是建立了自己政党的马克思主义者，认为亚美尼亚的情况不同于俄国的工人阶级，坚持在马克思主义运动中考虑民族自决和文化自主。[①] 1903年，俄国马克思主义者也分裂成两派：布尔什维克（多数派）和孟什维克（少数派）。亚美尼亚的马克思主义者走的是布尔什维克路线，比如沙胡米扬；另一些人追随孟什维克派。还有一些人形成了独立的社会主义小圈子。一小撮亚美尼亚人加入了民粹主义组织——社会主义革命党。该党和社会民主党一样，呼吁土地社会化。然而，俄国的亚美尼亚知识分子大部分加入了自己的政党组织——亚美尼亚革命联盟。[②] 政党的成立是亚美尼亚国家意识形态成熟的标志。

二　集体身份的觉醒与统一

亚美尼亚人的身份认同形成于前基督教时代。公元 5 世纪，亚美尼亚文化迎来了第一个黄金时代。当时，基督教和亚美尼亚字母明确了亚美尼亚文明的属性。此后，宗教和语言维持了亚美尼亚人的集体意识一千多年。从 19 世纪开始，这些文化标志再次赋予亚美尼亚人强烈的向心感，促成了亚美尼亚集体身份意识的觉醒。

在亚美尼亚人的集体记忆中，19 世纪是一个民族觉醒的时代。亚美尼亚文明虽然被不同的文化元素所强调，但有一个不争的事实是，沉睡的亚美尼亚人在帝国的腐朽统治之下苏醒了。然而，民族主义知识分子并不能解释该时期亚美尼亚身份转变的复杂过程。实际上，现代亚美尼亚民族身份的转变与其说是一个现存民族的觉醒，倒不如说是亚美尼亚民族意识的现代化构建。现代亚美尼亚文明有特定的传统文化标记，比如宗教、语言和文字，换句话说，亚美尼亚族同其他民族一样，是一个建立在早期文明传统基础之上的

① George A. Bournoutian, *Concise History of the Armenian People: From Ancient Times to the Present*, p. 292.

② George A. Bournoutian, *Concise History of the Armenian People: From Ancient Times to the Present*, p. 292.

民族共同体。因此，当现代亚美尼亚民族主义意识刚出现时，就引起了强烈的历史共鸣。

19 世纪，亚美尼亚民族觉醒与早期商人、纳哈拉人的活动不同，而是知识分子和政治家以亚美尼亚身份为基础的协调一致的行动——共同塑造亚美尼亚人的集体意识。“现代亚美尼亚文艺复兴，”罗纳德·苏尼写道：“不是根深蒂固的亚美尼亚精神的自我释放，而是亚美尼亚学者、教师和政治家辛勤智力工作的产物。”① 罗纳德·苏尼所说的现代亚美尼亚文艺复兴主要有两个觉醒点：西方点和东方点。因为亚美尼亚人没有自己的国家，所以，这些复兴点都扮演了民族国家的角色。从地理上看，两个觉醒点虽来自不同的方向，却因共同的目标交织在一起。西方点是以君士坦丁堡为中心的西亚美尼亚，向自由主义、宪政主义和西方民族主义方向发展；东方点是以第比利斯为中心的东亚美尼亚，向激进主义和东方民族主义方向发展。两个觉醒点都没有属于亚美尼亚人的国家或类似于国家政治实体的机构存在，但它们却是同一民族运动的组成部分，目标是重塑亚美尼亚人的集体身份。民族运动的结果是民族身份趋向统一，影响文明特征的关键要素——语言、文学、政治和宗教信仰得到巩固。

早在 18 世纪，亚美尼亚知识分子就清楚地认识到民族身份的统一需要通俗易懂的标准化语言。到 19 世纪上半叶，这种观点得到了进一步的巩固：语言是统一的媒介，而不是分裂的来源。经过多次辩论和斗争后，19 世纪下半叶，白话文（现代亚美尼亚语）取得了胜利，成为亚美尼亚人的标准用语。然而，由于东、西亚美尼亚之间缺乏联系，处于两大帝国统治之下的亚美尼亚人出现了两种方言：基于君士坦丁堡方言的西亚美尼亚语和基于埃里温方言的东亚美尼亚语。当时，只有一小撮文人、知识分子和神职人员了解古典亚美尼亚语，大多数人无法理解它，所以，古典亚美尼亚语不利于

① R. Suny, “Eastern Armenians under Tsarist Rule”, in Richard Hovannisian, ed., *The Armenian People from Ancient to Modern Times, Vol. II: Foreign Domination to Statehood: The Fifteenth Century to the Twentieth Century*, p. 161.

亚美尼亚人的交流和语言的统一。亚美尼亚人在5世纪发明字母表的目的是将亚美尼亚人联系在一起，19世纪，亚美尼亚语的再次标准化的目的又是将亚美尼亚人——东亚美尼亚人和西亚美尼亚人，联系起来。

如前文所述，西亚美尼亚方言是从君士坦丁堡的知识分子和威尼斯的麦基塔尔会众的作品中发展出来的。古典语和白话文的支持者就这个问题争论了几十年。到19世纪80年代，白话文已经成为西亚美尼亚人的主要文学用语。1840年，第一本白话文杂志在士麦那出版。1891年，君士坦丁堡出版的日报《祖国》将亚美尼亚白话文的使用推向高潮。至此，亚美尼亚知识分子主要使用白话文创作诗歌、文学和宗教作品，并把西方思想传播到东亚美尼亚，这在一定程度上打破了两个亚美尼亚之间的政治边界和身份边界。

东亚美尼亚人也发展出了自己的文学和书面用语，这方面的工作主要是由莫斯科的拉扎良研究院、第比利斯的纳锡扬学院以及埃奇米阿津神学院、格沃尔江神学院的知识分子完成的。他们在研究了各地方言后，形成了基于埃里温方言的标准化亚美尼亚语——东亚美尼亚语。拉法耶尔·帕特坎尼扬的白话文爱国诗歌《阿拉斯河之泪》将东亚美尼亚白话文的应用推向高潮。根据瓦赫·奥沙甘的说法，它确保了东亚美尼亚方言在俄属亚美尼亚的胜利。[①] 到19世纪70年代时，以埃里温方言为基础的东亚美尼亚语已取得了主导地位，一直延续到今天。

很明显，现代亚美尼亚知识分子为统一亚美尼亚语进行了有意识的努力。奥斯曼亚美尼亚人受君士坦丁堡方言的影响主要使用西亚美尼亚语，俄罗斯亚美尼亚人主要使用东亚美尼亚语。因此，现代亚美尼亚语有两种方言：东亚美尼亚语和西亚美尼亚语。尽管存在方言上的差异，但现代亚美尼亚语毕竟在泛民族层面上统一了亚美尼亚民族。

---

① Vahé Oshagan, "Modern Armenian Literature and Intellectual History from 1700 to 1915", in Richard Hovannisian, ed., *The Armenian People from Ancient to Modern Times, Vol. II: Foreign Domination to Statehood: The Fifteenth Century to the Twentieth Century*, pp. 43 – 44.

19 世纪 40 年代，现代亚美尼亚文学腾飞，出版了大量白话文作品。奥沙甘强调了该时期亚美尼亚文学和文化的多重影响后说："现代亚美尼亚文化本质上是一种城市现象，在亚美尼亚世界范围内的大城市中蓬勃发展，并处在外国文化的接触点——马德拉斯和加尔各答的英语文化；士麦那、君士坦丁堡和巴黎的法国文化；威尼斯的意大利文化；多尔帕特……维也纳的德国文化；圣彼得堡、莫斯科和第比利斯的俄罗斯文化。这一事实使现代亚美尼亚文化具有了某种世界性特征。"[①] 总而言之，白话文对亚美尼亚人的民族认同产生了重要影响，但影响的方式、地点和程度各不相同。尽管如此，它们共同构成了现代亚美尼亚文学的基础，巩固了现代亚美尼亚文明的文化特征。

如果说语言和文学是现代亚美尼亚文明的文化肌理，那么政治意识则是现代亚美尼亚民族主义的清晰表达。19 世纪末，亚美尼亚文化复兴进入了民族主义政治阶段。然而，亚美尼亚民族觉醒并没有明确的政治意识形态和一套连贯的原则作指导，而是各种各样的元素与概念交织在一起，并最终形成了一套多样性的思想——融入民族主义的自由宪政主义、社会主义和民粹主义的亚美尼亚事业。思想的多样性反映在各政党的活动和行动中，也就是说，政治意识不是民族主义的替代品，而是同一民族运动中的不同的核心要素。由于奥斯曼改革的失败和激进民族主义者的挑战，现代国家概念未成为 19 世纪亚美尼亚政治意识形态的主导思维模式，因为亚美尼亚人有强烈的流散认同感，1863 年宪法就是这方面的例子。东亚美尼亚同西亚美尼亚的民族主义者一样，只是渴望成为现代国家的自由主义者。19 世纪 90 年代，浪漫民族主义成为主流政治意识形态，并同时将自由主义和社会主义纳入了反奥斯曼帝国和库尔德部落威胁的民族主义计划中，目的是确保西亚美尼亚人的安全，也就是说，亚美尼亚人的解放并非意味着一定脱离奥斯曼帝国。在这种背景下，斗争的最初目的不是独立建国，而是要进行彻底的改革，实

---

① Vahé Oshagan, "Modern Armenian Literature and Intellectual History from 1700 to 1915", p. 142.

现一定程度的自治。同样，东亚美尼亚人也没有脱离俄国的打算，而是想当然地认为俄国的统治要比土耳其人的统治好得多。

亚美尼亚民族主义的另一面是排斥那些居住在亚美尼亚土地上的非亚美尼亚民族。因此，亚美尼亚人的事业只包括亚美尼亚人。亚美尼亚人的民族认同在很大程度上以血缘为基础，毫无疑问，这是亚美尼亚事业的局限性。总之，民族身份与社会经济问题、个人权利、政治意识和社区解放一并进入了亚美尼亚人的民族主义运动中。俄罗斯和欧洲的革命思想在亚美尼亚人那里“民族化”了。民粹主义者对“人民”的理想转化成了亚美尼亚人的理想。社会激进主义与亚美尼亚人确立的文化标志——语言、文学、政治、宗教、土地和历史交织在了一起。然而，愈演愈烈的民族主义促使奥斯曼政府决定将亚美尼亚人赶出安纳托利亚高原，这使亚美尼亚人变得更加激进，并强化了他们的受害者心态——“土耳其人都是邪恶的”。

综上所述，亚美尼亚民族集体意识的两个觉醒点相互影响，并都以不同的方式对现代亚美尼亚文明产生了重要影响。现代亚美尼亚集体身份的塑造基于民族而非宗教，这显然与中世纪亚美尼亚人的集体意识不同。然而，这并不是说亚美尼亚民族主义与他们的宗教信仰泾渭分明，相互对立。一千多年以来，宗教一直是亚美尼亚文明的支柱，教会是唯一的泛亚美尼亚机构，并在相当程度上推动了亚美尼亚事业的发展。自公元 5 世纪起，亚美尼亚教会就将世俗主义与宗教主义融合在一起。因此，亚美尼亚教会并不是一个纯粹的宗教机构，而是有重要的世俗功能，米利特制度和波罗真尼制度就是很好的证明。亚美尼亚人的世界观从宗教主义向世俗主义的转变是民族主义的胜利，没有以牺牲教会为代价。也就是说，宗教虽已不再是当代亚美尼亚人观察世界的棱镜，但它仍然是民族认同的核心，比如一些牧师成为亚美尼亚民族运动的斗士。

三　现代亚美尼亚人的“种族灭绝”意识

“1915 年事件”是现代亚美尼亚人民族身份认同的基石，深刻影响了亚美尼亚文明的构成要素。对现代亚美尼亚社会来说，“种族灭绝”是一个决定性的时刻：标志着亚美尼亚人与历史家园的彻底决裂。因此，这一事件成为解释现代亚美尼亚政治、文化和民族心理的棱镜。目前，种族灭绝是大部分亚美尼亚文学作品的主题，内容几乎清一色地证明种族灭绝的真实性，而非分析它对亚美尼亚文明的影响。现代亚美尼亚学者和土耳其学者对“1915 年事件”的看法存有严重分歧，但毋庸置疑的事实是，土耳其境内的亚美尼亚人所剩无几，留下来的一些人被迫皈依了伊斯兰教。具体来说，现代亚美尼亚人的种族灭绝意识表现如下：

首先，它仿佛使每个亚美尼亚人都成了受害者和幸存者。历史上，受害者心态一直是亚美尼亚身份的重要组成部分，“1915 年事件”再次成为亚美尼亚集体意识的核心要素。每年的 4 月 24 日是亚美尼亚人的种族灭绝纪念日。1915 年的那个晚上，数百名亚美尼亚知识分子和政治领袖在君士坦丁堡被捕并被杀害。在种族灭绝纪念活动中，以下四个主题交织在一起：（1）“我们是受害者”；（2）“我们遭到了巨大的不公”；（3）“我们被逐出了历史家园”；（4）“我们要保护好自己的东西（特别是纳卡）”。每当亚美尼亚人谈起自己的历史时，上述表述是最常用的表达。总之，受害者意识进入了现代亚美尼亚人的集体意识，而且还会继续下去。不了解亚美尼亚人的这种心态，很难理解今天的亚美尼亚社会和文化。

其次，它将被逐的西亚美尼亚人转变为流散社区。流散在亚美尼亚文明史上并不是一件新鲜事。根据传统意义上的理解，流散总是与流放或逃难相关，但在 1915 年之后，这一概念被放大了，流散已不是商人、淘金者、知识分子和政治流亡者的自愿出走，而是西亚美尼亚人与家园的彻底决裂。此外，流散与故土不再是一个民族的两个组成部分。由于历史故地被彻底摧毁，流散的亚美尼亚人不再有返回的机会，进一步加剧了亚美尼亚人的失落感和受害感。因此，西亚美尼亚人因流散获得了额外的身份：不仅是“1915 年事件”的受害者，而且是生活在异国他乡的流散者。目前，流散成为种族灭绝概念的延续——在异国他乡被文化同化的危险。

再次，种族灭绝与领土有关。种族灭绝后的亚美尼亚事业在很大程度上领土化了，民族主义者要求夺回自己的历史家园，否则自治或独立不具有任何意义。苏联解体后，亚美尼亚人将这一意识与纳卡问题联系在了一起。因此，对亚美尼亚人来说，失去纳卡就是“1915 年事件”的重演。

第四，在亚美尼亚人眼中，土耳其人是历史上的他者。种族灭绝之后，这个他者变成了“邪恶”的化身。由于土耳其否认种族灭绝，“邪恶的土耳其人”的概念成为亚美尼亚人的主流意识。因此，反土耳其主义在亚美尼亚文化中非常受欢迎，直到最近，这种态度才开始改变。

第五，游说世界各国承认种族灭绝成为亚美尼亚人政治认同的重要内容。在这一过程中，亚美尼亚人坚持使用“种族灭绝”一词指“1915 年事件”，而非“大屠杀”。例如，每年 4 月，美国的亚美尼亚游说团体都试图让美国国会通过种族灭绝决议，并最终取得了成功。

尽管种族灭绝主要影响的是西亚美尼亚人，但它却是一个泛亚美尼亚人的问题，并是现代亚美尼亚民族身份认同的核心要素。值得注意的是，“1915 年事件”并没有消灭亚美尼亚文明，反而使亚美尼亚人的民族意识更强烈，生存意志更强大。

四　苏联时期亚美尼亚人的身份认同

第一次世界大战后，亚美尼亚人独立建国的实验失败了。1920 年 12 月，苏联接管了短命的亚美尼亚第一共和国。1936 年 12 月，苏联宪法授予亚美尼亚苏维埃社会主义共和国合法地位。在苏联的庇护下，亚美尼亚迅速从一个农业国转变为重要的工业生产中心。苏联的统治不仅没有削弱亚美尼亚文明的特性，反而使其有所增强。

苏联时期，亚美尼亚虽只是一个准自治国家，但亚美尼亚人终于成了自己国家的真正主人——亚美尼亚人通过苏联加盟共和国的身份扎根于特定的领土并拥有了“国家身份”。拉斯玛·卡克林斯说："以领土为基础的群体认同是民族自我认知的核心，也是苏联民族政策实践的核心。苏联联邦制为 14 个非俄罗斯共和国提供了一些行政和文化特权，以及群体平等的承诺。"① 列宁的民族政策虽在意识形态上被视为各个民族最终融合的过渡阶段，但也证明了苏维埃联邦制的合理性。中央集权的政党结构是制约分散的国家体制的主要机制，上述两种倾向间的紧张关系一直存在于苏联时期，但到了 20 世纪 60 年代和 70 年代，这一机制的天平转向各加盟共和国。波兰裔加拿大政治学家特蕾莎·拉科夫斯卡—哈斯通指出："在基层和现代精英中都有一种独特的民族认同感，并被后者当作体制允许范围内的、最大限度的民族自治的基础。"② 由于中央政府的能力有限，各民族共和国享有某些独立的权力。因此，苏联通往现代化的道路不仅没有消除地方民族主义，反而加强了各加盟共和国的民族认同感。当然，亚美尼亚也不例外。

亚美尼亚在苏联加盟共和国中的民族、文化同质化程度最高。在苏联统治下，亚美尼亚的同质化进一步加强：亚美尼亚人从苏联的阿塞拜疆、格鲁吉亚回到自己的母国，阿塞拜疆人也离开了亚美尼亚。最终的结果是，亚美尼亚几乎成为一个单一的民族国家。纳希切万的经历就是一个很好的例子。苏联时期，纳希切万的亚美尼亚人口略低于 50%，到 20 世纪 80 年代，这一比例降为 1%—2%。③ 纳希切万曾经是亚美尼亚人的领土，今天的亚美尼亚人使用"纳希切万化"一词表示历史故地上亚美尼亚人口的减少——去亚美尼亚化。在亚美尼亚人看来，如果不阻止这种趋势，纳卡将会成为下一个纳希切万。亚美尼亚人是一个非常传统和保

---

① Rasma Karklins, *Ethnic Relations in the USSR: The Perspective from Below*, London: Unwin Hyman, 1986, p. 206.

② Teresa Rakowska-Harmstone, "Integration and Ethnic Nationalism in the Soviet Union: Aspects, Trends, and Problems." in Carl Linden and Dimitri Simes, eds., *Nationalities and Nationalism in the USSR: A Soviet Dilemma*, Washington: Center for Strategic and International Studies, Georgetown University, 1977, pp. 32 – 33.

③ Razmik Panossian, *The Armenians: From Kings and Priests to Merchants and Commissars*, p. 282.

守的民族，家庭观念非常强。亚美尼亚女子很少与外族通婚（尽管有些与俄国人通婚，但比例很小），这在一定程度上确保了民族的同质性。

综上所述，共产党的统治确保了亚美尼亚文明的延续。从苏联亚美尼亚成立之初，共和国的政治精英几乎全部为亚美尼亚人。因此，尽管有来自莫斯科方面的约束，但国家领导权始终掌握在亚美尼亚人手中，并在大多数情况下，共产党成为亚美尼亚民族认同感和国家发展的主要推动力。杰米尔强说："1920 年，共产党第一次将亚美尼亚从注定的毁灭中拯救出来。他们从狮子或鳄鱼的口中把它救了出来。从那以后，他们开始建造它。"① 独立后的亚美尼亚首位总理瓦兹根·马努季扬说："苏联亚美尼亚领导人知道如何将共产主义'亚美尼亚化'，并将其应用到亚美尼亚人的性格中。"② 很明显，亚美尼亚社会主义意识形态与现实之间存在巨大差距——苏式生活的双重性。也就是说，社会主义不仅没有削弱民族主义，反而促进了民族主义的发展。斯大林死后一年，米高扬在埃里温的演讲表明，亚美尼亚人潜在的民族主义观念非常强烈。苏联解体后，纳卡战争的爆发便是很好的证明。

五　当代亚美尼亚社会的分裂与统一

早在公元 4 世纪，大亚美尼亚之外就存在亚美尼亚流散社区，奇里乞亚亚美尼亚王国就是流散的亚美尼亚人建立的一个濒临东地中海海岸的基督教王国。现代亚美尼亚人的流散主要是第一次世界大战的结果。目前，亚美尼亚侨民在世界上是一个庞大的群体，只有不到三分之一的亚美尼亚人生活在今亚美尼亚共和国境内。俄罗斯和美国有世界上最大的亚美尼亚社区。亚美尼亚人口分布的分散性，使现代亚美尼亚文明沿着境内与境外两条轨

---

① Razmik Panossian, *The Armenians: From Kings and Priests to Merchants and Commissars*, p. 284.

② Razmik Panossian, *The Armenians: From Kings and Priests to Merchants and Commissars*, p. 286.

迹发展，并相互影响，使得现代亚美尼亚社会呈现出分裂与统一的特点。

如果说亚美尼亚苏维埃社会主义共和国是苏式“国家建设”，那么境外的亚美尼亚社区则是流散式“国家建设”。后者是亚美尼亚精英努力的结果，旨在塑造一个流散的民族身份，只不过，这一过程是在共和国之外完成的，而且没有自己的国家机构，在不同的东道国限制下以截然不同的方式发展。流散式“国家建设”的结果是，不同区域的亚美尼亚人虽表现出很大的差异，但在身份、宗教、语言和政治忠诚方面保持了同质性。简言之，流散亚美尼亚人的民族身份取代了不同社区之间的差异。

“1915 事件”后的一段时期内，世界各地的亚美尼亚群体发起了亚美尼亚民族身份的塑造运动。黎巴嫩的亚美尼亚社区就是典型案例。对于许多亚美尼亚人来说，黎巴嫩是第二故乡。1915 年后，数以千计的亚美尼亚难民流亡到那里。20 世纪二三十年代，黎巴嫩的亚美尼亚人形成一定规模的流散社区。贝鲁特是流散亚美尼亚人的政治和文化中心。1939 年，法国将亚历山大勒塔的叙利亚领土交给土耳其后，那里的亚美尼亚人搬到贝卡谷地，法国托管当局将部分亚美尼亚难民安置在黎巴嫩南部的难民营，安贾尔的亚美尼亚社区至今尚存。黎巴嫩的亚美尼亚人虽为基督徒，但他们在异教文化圈的包围中实现了政治、经济和文化的繁荣。1930 年，奇里乞亚亚美尼亚教廷搬到了贝鲁特的山省，并一直延续到今天，因此，黎巴嫩是流散亚美尼亚人的精神中心。目前，黎巴嫩有三个著名的亚美尼亚政党：亚美尼亚革命联盟、社会民主党和民主自由党。他们在黎巴嫩亚美尼亚人的社会生活方面发挥了重要作用，并对黎巴嫩政治有着十分重要的影响力。黎巴嫩内战（1975—1990）爆发后，许多亚美尼亚人迁到了亚美尼亚共和国。俄国的亚美尼亚社区也十分繁荣，据估计，俄国的亚美尼亚人约有 200 万人，是该国最大的少数民族之一。美国的亚美尼亚社区仅次于俄国，是世界第二大亚美尼亚侨民社区。大量亚美尼亚人居住在洛杉矶、纽约和波士顿等城市中。美国的亚美尼亚游说团是美国第三大院外游说团体。

散居亚美尼亚人竭力保持自己的民族身份，但却陷入两难境地：一方面是“融入”东道国社会的现实需要，另一方面是将民族身份传递给下一代。但总体而言，流散亚美尼亚人通过教育等手段成功塑造了一个坚定维持民族身份的群体。从黎巴嫩的范例中可以归纳出：“（教育的）主要目标是将主观和象征意义注入仅仅是客观的区别中，从而将大多数当地亚美尼亚人与黎巴嫩的阿拉伯土著人区分开来。”[①] 一般情况下，在人口众多的流散社区，都有亚美尼亚人的学校。沙加尔德杨说：“这些学校的唯一使命是创造‘真正的亚美尼亚人’的形象，培养新一代亚美尼亚人，了解自己的历史和文化，精通自己的母语，致力于亚美尼亚民族主义理想。”[②] 总之，教育在向亚美尼亚侨民灌输民族世界观方面，发挥了重要作用。一般来说，流散亚美尼亚身份的构成要素是：使用母语、了解历史、返回家园（西亚美尼亚）、参与社区组织的活动、成为亚美尼亚教会成员、致力于亚美尼亚事业——这些观念正内化为流散亚美尼亚人的规范或理想。

冷战结束后，散居亚美尼亚人对亚美尼亚共和国产生了新的兴趣。亚美尼亚脱离苏联后，散居亚美尼亚人经常以游客、志愿者或非政府组织活动家的身份访问亚美尼亚。他们来到亚美尼亚的目的并不是单纯的旅游，而是以发展亚美尼亚为目标。在这种情况下，虚无缥缈的爱国主义神话正在减弱。今天，新生代亚美尼亚人将亚美尼亚共和国当成了想象中的故土，尽管他们的真正祖籍在土耳其。

随着时间的推移，亚美尼亚人的散居身份的原始涵义正在发生变化，故土文化逐渐变得陌生和遥远，东道国已经成了他们真正的“家”。然而，这并不意味着亚美尼亚身份的消失，反而成为一个有身份追求的群体。因此，现代亚美尼亚文明的两个发展点：亚美尼

---

① Nikola Schahgaldian, “Ethnicity and Political Development in the Lebanese-Armenian Community, 1925 - 1975”, *Armenian Review*, Vol. 36, No. 1, 1983, pp. 46 - 61.

② Nikola Schahgaldian, *The Political Integration of an Immigrant Community into a Composite Society: The Armenians in Lebanon, 1920 - 1974*, Ph. D., Columbia University, 1979, p. 165.

亚共和国和散居社区都在不同地理空间各自发展和维持着亚美尼亚人的民族身份和文化。这种分裂与统一并不是亚美尼亚文明独有的社会现象，但是从亚美尼亚的案例中可以得出民族认同的一般性结论：民族共同体的多样性、主观性和现代性。从洛杉矶、莫斯科、贝鲁特到埃里温，尽管居住地不同，但亚美尼亚人都视自己为同一文明体中的不同成员。可以想象，随着时间的推移，文明的构成要素可能会改变，但文明的身份意识——基于民族共同体的原则仍会存在和发展。

综上所述，在加强和维持民族认同的过程中，一个庞大而有组织的散居社区与共和国同样重要，两者都是维系文明的共同力量。国家在维持和增强亚美尼亚人的主观统一性和归属感方面发挥了关键作用，而散居社区则成为亚美尼亚文明（或社会）的延伸。因此，现代亚美尼亚人虽被分割在不同的政治单位和文化群体中，但都被亚美尼亚文明的主观归属感维系。

第二十章　中国—亚美尼亚交流史

中国与亚美尼亚（下文简称“中亚”或“亚中”）交往的历史非常悠久，两国人民自古以来就知道彼此的存在。“亚美尼亚”一词在汉语里听起来非常优美，像“美丽的亚洲少女”的意思。在亚美尼亚资料、传说和神话故事中，中国被称为“Chenk”或“Chinastan”，意谓“光明之国”。本章主要探讨两国记事于册的史事，以及两国人民的友好往来。

第一节　中国史料中的亚美尼亚

相较于亚美尼亚学者对中国记载的详细程度而言，中国史料对亚美尼亚的描述相对简单。《史记》称亚美尼亚“阿蛮”。在其他中国史籍中，有时又称它“亚梅”“阿没”“阿昧”“穆国”“阿而马尼”“亚利晚”“阿哩敏”。上述词汇听起来都与“Armenia”的汉语音译有关，译名的不同可能与译者的方言有关。

张一纯在《经行记笺注》中说：“亚梅，《元史译文证补》卷26下以为即《后汉书·安息传》之‘阿蛮’，贾耽《四夷路程》中之‘阿没’国亦得为其对音。《新唐书·大食传》之阿没国或曰‘阿昧’，即阿梅（Armenia）。”[①]《诸蕃志》中的瓮蛮，苏继庼认为“今译阿蛮”[②]。冯乘钧在评《中西交通史料汇编》时说：“《元史译

① （唐）杜环：《经行记笺注》，中华书局2000年标点本，第58页。

② （元）汪大渊：《岛夷志略校释》，中华书局1981年标点本，第86页。

文证补》阿蛮为'Armenia'（此说不适于丁谦），尚有历史根据。至撰者数百字考订之Oman，在音学上不能证明，盖古译以阿（A）代O音者从无其例。"[①] 张星烺答《冯乘钧〈评中西交通史料汇编〉》时声称，阿蛮为亚美尼亚尚有历史根据，但"曷举不出根据"[②]。岑仲勉一开始将"阿蛮"翻译为"埃克巴坦钠"[③]，后又补正为亚美尼亚。[④] 维也纳奥地利科学院的拉弗·考兹经过一番考证后认为，中国史书中的"阿蛮""亚梅""阿没""阿昧"等词指亚美尼亚。[⑤] 总而言之，中国史料很早就记载到了亚美尼亚，而上述称呼皆指亚美尼亚已得到学者的普遍认可。

当中国人将目光瞄准西部世界时，毋庸置疑，首先关注的是与自己切身利益相关的丝路贸易国，比如大宛、乌孙、大夏、月氏、康居和奄蔡等。这些小国与中国互动频繁，被时中国政府熟知，故记载相对较多。亚美尼亚虽也为丝绸之路上的一个重要沿线国家，但它在历史上大多为罗马和波斯帝国的附庸，政治地位比较模糊，故中国古籍对其记载相对较少（或干脆将其等同于波斯）。这种情况在一定程度上掩盖了古代中国和亚美尼亚交流的具体史话。

张骞出使西域时（前139年至前115年）是否到达了亚美尼亚，不得而知，但安息［正义］：地理志云："安息国京西万一千二百里。自西关西行三千四百里至阿蛮国。"[⑥] 彼时，亚美尼亚的统治者阿尔塔瓦兹德一世和提格兰一世正积极投身于东西方贸易，亚美尼亚城市阿尔塔沙特就是在这一时期成为东西方贸易中转站的。[⑦]

---

① 冯承钧：《评〈中西交通史料汇编〉》，张星烺：《中西交通史料汇编》第6册附录一，第451页。

② 张星烺：《答冯承钧〈评中西交通史料汇编〉》，张星烺：《中西交通史料汇编》第6册附录二，第466页。

③ 岑仲勉：《汉书西域传地里校释·各传校释》，中华书局1981年版，第194页。

④ 岑仲勉：《汉书西域传地里校释·附录五》，第574页。

⑤ Ralpha Kauz and Liu Yingsheng, "Armenia in Chinese Sources", *Iran and the Caucasus*, Vol. 12, No. 2, 2008, pp. 175 – 190.

⑥ 《史记》卷123，中华书局1982年第2版标点本，第3162页

⑦ Geoge A. Bournoutian, *A History of the Armenian People, Vol. I: Pre-History to 1500 A. D.*, p. 41.

为进一步开拓丝绸市场，汉和帝永元九年（97），甘英奉西域都护班超之命出使大秦。《后汉书》载："自安息西行三千四百里至阿蛮国。"[①] 据此，甘英到达了亚美尼亚。这一时期，沐浴在"奥古斯都和平"中的罗马贵族正享受着奢华的生活，对中国的丝绸有着巨大需求。在罗马帝国，贵妇穿丝绸长袍是身份高贵的象征。为满足人们对丝绸的需求，罗马帝国每年进口东方奢侈品金额高达80万英镑。[②] 罗马—安息战争（58—63）结束后，亚美尼亚、安息和罗马政局稳定，国外环境和平。因此，甘英出使大秦期间，东西方基本上都处于和平状态，亚欧贸易恢复生机，亚中交往也逐渐增多起来。

《史记》《后汉书》所载"阿蛮"是汉朝中国与亚美尼亚直接接触的证据，然而两者都未对亚美尼亚作过多描述，也未提供任何与之相关的地理信息，而且还总被后来的史料抄袭和复制。另外，《史记》《后汉书》所载域外信息总带有实用主义色彩，在彼时中国人眼里，丝路贸易的主要市场似乎只有安息和罗马，所以中国史书未对亚美尼亚着墨过多，何况时亚美尼亚还是安息属国。需要注意的是，中国史书称亚美尼亚"阿蛮"绝未有蔑称的含义或企图，只是对"亚美尼亚"一词的音译而已。

东汉末年至三国时期，中国政治分裂割据严重，然而丝绸之路不但没有中断，反而有扩大之势。这一时期，亚美尼亚仍见诸于中国史料。《后汉纪·孝殇皇帝纪》载："自安息西关西至阿蛮国三千四百里。自阿蛮西至斯宾国，渡河西南至于罗国有九百六十里，安息西界极〔矣〕。其南乘海，乃通大秦。"[③] 又《魏略·西戎传》云："且兰、汜复、斯宾［和］阿蛮北有一山，东西行。大秦、海西东各有一山，皆南北行。"[④]《后汉纪》对亚美尼亚的记述与《史记》《后汉书》一样简单，或只是对后者的重复，而《魏略》所述

① 《后汉书》卷88，中华书局1965年标点本，第2918页。
② ［英］爱德华·吉本：《罗马帝国衰亡史》第1卷，席代岳译，第46页。
③ （晋）袁宏：《后汉纪》，中华书局2002年标点本，第301页。
④ （晋）陈寿：《三国志》卷30，中华书局1982年第2版标点本，第862页。

信息相对丰富。且兰、汜复和斯宾的具体位置，学界尚有争议，不属本文讨论范畴。然而，《魏略》提到“阿蛮北有一山”，它应是东西走向的高加索山脉。① 也就是在这一时期，马米科尼扬家族的祖先从中国迁徙到亚美尼亚。

两晋南北朝时期，中国政治动荡。同一时期的亚美尼亚分别臣服于拜占庭和萨珊波斯。彼时，中国的战乱及南北分裂虽在一定程度上阻碍了东西方陆路贸易的发展，但中国的对外交往不但没有减弱的迹象，反而呈扩大之势。《魏略·西戎传》曰：“从敦煌玉门关入西域，前有二道，今有三道。”从玉门关西出，经婼羌转西，越葱岭，经悬度，入大月氏，为南道。从玉门关西出，发都护井，回三陇沙北头，经居卢仓，从沙西井转西北，过龙堆，道故楼兰，转西诣龟兹，至葱岭，为中道。从玉门关西北出，经横坑，辟三陇沙及陇堆，出五穿北，到车师界戊己校尉治所高昌，转西与中道合龟兹，为新道。② 此时的亚美尼亚和中国仍有联系，有着古老经商传统的亚美尼亚人不可能放弃利润丰厚的丝绸贸易，然而，他们却开始从印度采购中国丝绸。东罗马帝国皇帝查士丁尼统治时期，亚美尼亚成为中国丝绸进入西方世界的集散地，爱德华·吉本说波斯人经常到亚美尼亚购买丝绸再送到罗马人手中。③ 这一时期，中国的史料似乎未提到亚美尼亚。

隋唐时期，中国连接西方的丝绸之路并没有发生多大变化，稳定的政治环境使东西方贸易更加通畅。当时从中国通往地中海东岸的商道有三条。《北史》载：“发自炖煌，至于西海，凡为三道，各有襟带。”④ 从地理上看，这三条商路南北相连，亚美尼亚位于其中。这时，中国与亚美尼亚的互动较以前更为深刻，如前文所述，中国曾派使者到访亚美尼亚，《初史》作者还在王室宫廷中向中国派来的使者询问马米科尼扬家族一事。亚美尼亚也再次出现在中国

---

① Donald Daniel Leslie and Kenneth Herbert James Gardiner, *The Roman Empire in Chinese Sources*, Roma: Bardi, 1996, p. 268.

② 《三国志》卷30《魏书》，第859页。

③ ［英］爱德华·吉本：《罗马帝国衰亡史》第4卷，席代岳译，第50页。

④ （唐）李延寿：《北史》卷38，中华书局1974年标点本，第1389页。

史书中。《新唐书》载："岐兰之东南二十日行，得阿没，或曰阿昧；东南距陀拔斯十五日行；南沙兰，一月行；北距海二日行。居你诃温多城，宜马羊，俗柔宽，故大食常游牧于此。"① 另一部提到亚美尼亚的史书是《通典》，它编于公元 801 年，其对亚美尼亚的有关描述基本上是对《后汉书》的引用，故未提供新的地理信息，然而它却提到了一个重要地名"亚梅"。后世的《文献通考》也提到亚梅，但只是对《通典》的重复。"亚梅"一词并非属于《通典》本身，而是源自杜环的《经行记》。杜环是《通典》的作者杜佑的族子，参加过怛逻斯之战，后游历于西亚、北非一带，于 762 年返回中国。《经行纪》以注释的形式存在《通典》的第 193 卷。杜环谈到大食时说："末禄国在亚梅国西南七百余里。"② 有人认为，末禄国是历史上的木鹿，在今土库曼斯坦。亚梅是亚美尼亚的音译。土库曼斯坦与亚美尼亚隔里海相望，在亚美尼亚东南方向。如果末禄国真在今土库曼斯坦境内的话，那么杜环很可能把它与亚梅的方位弄错了；如果杜环没有弄错的话，此处的亚梅应该是阿拉伯半岛的阿曼。《册府元龟》载："木鹿城，号为小安息，去洛阳二万里。西行三千四百里，至阿蛮国。从阿蛮国西行三千六百里，至斯宾国。"③ 这里的亚美尼亚在木鹿以西 3400 里处，距离和方位都是正确的。

上述中国典籍对亚美尼亚的记载以及前文所述亚美尼亚史料对中国的记载，表明了这样一个基本事实：中国与亚美尼亚互动频繁，政治文化联系紧密。至于中国史书对亚美尼亚的称呼为何从之前的"阿蛮"改为"阿梅"或"亚梅"等地理名词，与作者（译者）本身受方言影响有关。

唐朝之后，陆上丝绸之路被盘踞在中国西部和北方的政权阻断，南方海上丝路在宋朝时期兴盛起来。这一时期，亚美尼亚人

① （宋）欧阳修：《新唐书》卷 221，中华书局 1975 年标点本，第 6264 页。

② （唐）杜佑：《通典》卷第 193，中华书局 1988 年标点本，第 5280 页。

③ （宋）王钦若等编纂：《册府元龟》卷 957，凤凰出版社 2006 年标点本，第 11091 页。

从波斯湾出发，经海路来到中国。《元史》没有提到亚美尼亚，但却记载到了格鲁吉亚（谷儿只国）。在《回回药方》中，亚美尼亚作“阿而马尼”[①]。尽管元、明史料对亚美尼亚的记载非常少，但这并不是说两者的交流中断，与之相反的是，蒙元时期开辟了亚美尼亚与中国交流的新纪元，大批亚美尼亚商人来到中国，定居在北京、泉州和广州一带。例如，奇里乞亚国王海屯一世，不辞万里，途经今中国西北一带，亲自到蒙古帝国都城拜访大汗。这一时期，北京和泉州出现了亚美尼亚教堂，关于这一点见后文论述。

清朝时期，很多亚美尼亚人到中国珠三角一带从事贸易。整个18世纪，他们在珠三角的存在引起了西方人的注意。在重新审查18世纪中叶至19世纪中叶现有的中国文献之后，清朝中期，中国人知道亚美尼亚和亚美尼亚人。《皇清职贡图》是乾隆朝官修的民族史书，记述了海外诸国及国内各民族的情况。乾隆十六年（1751），清朝各地总督和巡抚把辖内的民族以图画的形式编成了《皇清职贡图》。书中记载都为作者亲眼所见，故非常真实可信。第一卷最后有“亚利晚国夷人”两幅图，它们描述的就是亚美尼亚人。描述该部分的文字为：“亚利晚国在西洋，与回回国相近，天气温和，风俗淳厚。夷人戴八角帽，着长衣，采色相间，文如柳条，像窄袖束腰，蹑革履。夷妇披发不笄，以青帕防首及背领饰金银，着长衣，常持盥器，善事女工。”[②]

值得注意的是，《皇清职贡图》第一卷所反映的其他民族一般都先说明再绘图，唯有亚利晚国先有图后说明。很显然，这里的“亚利晚”是一个外来词。那么，它最初的意思是什么呢？《皇清职贡图》第一卷后半部分收录了“诸侯国”人民的形象，根据乾隆时期中国的对外贸易条件，大部分外国人和使节生活在广州，因此，对这些民族的翻译和解释很可能是由广东人进行的，作者使用广东

① 关于对阿而马尼为亚美尼亚的确定，参见刘迎胜《海路与陆路：中古时代东西交流研究》，北京大学出版社2011年版，“乾隆年间澳门的亚美尼亚商人”章节。

② 傅恒等编著：《皇清职贡图》卷1，辽沈书社1991年版，第154页。

话音译外国专有名词。清朝时期，亚利晚的粤语发音与现代粤语发音区别不大。值得注意的一点是，从利玛窦开始，“ya”用来拼写外来词的第一个音节“A”。[①] 由于汉语中没有“r”音，因此广东人常将“l”音代替“r”音，故“亚利晚”的粤语拼音是“Arman”。毋庸置疑，“Arman”指亚美尼亚（Armenia）。由于在古汉语音译中，原词经常省略一些音，故而“亚利晚”等同于“亚美尼亚”。

另外，从《皇清职贡图》的人物图饰特征看，“亚利晚人”显然来自西亚，不属于穆斯林人的装束。这与近东地区的宗教信仰地理分布相吻合——除亚美尼亚和格鲁吉亚外，其他地区几乎都是穆斯林国家。另外，图饰中男子的八角帽与瑞典牧师佩尔·奥斯贝克（1723—1805）在印度苏拉特对亚美尼亚人的服饰的描述相吻合。他说，那里的亚美尼亚人戴着一顶小帽，帽顶有一个两英寸边的四角黑天鹅绒帽子，帽子的前面和后面是开着的。[②] 图像中的女性服饰与亚美尼亚女性穿着很相似。解说文字也与亚美尼亚人的风俗相差无几，比如亚美尼亚人热情好客等。所有这些因素导致了这样一种假设，即清朝人叫“亚美尼亚”为“亚利晚”。

除语言和服饰因素外，历史也证明了珠江三角洲生活着亚美尼亚人的事实。17—18世纪，世界贸易是新朱利法亚美尼亚人的时代。当时，新朱利法的亚美尼亚商人遍布世界各地，编织了一个地跨东西方的世界贸易网。1747年，住在广州的英国人查尔斯·弗雷德里克·诺布尔写道：“我在广州看到了许多亚美尼亚人；如果他们中没有很多犹太人（这里可能带有贬义），那我就大错特错了。他们总是聚集在一起，在这里，就像在欧洲的其他地方一样，他们把自己与中国人区分开来。他们的胡子、五官和肤色证实了我的猜想。我有时问我的中国朋友，他们是什么人。他们用蹩脚而混杂的英语和葡萄牙语回答

① Xi Yang, “Some Possible Chinese Records about Armenia and the Armenians in Mid-Qing Dynasty”, *Iran and the Caucasus*, Vol. 13, No. 2, 2009, pp. 229 – 238.

② Daniel H. Bays, *A New History of Christianity in China*, West Sussex: John Wiley & Sons, 2012, p. 13.

我，我听不懂。其中一人指着他们中的一人告诉我，他们没有中国的神像，或者用更好的英语说，那些人不崇拜我们的神，而是别的神。”① 由此可见，当时的中国人不仅知道亚美尼亚人是一个独立的民族，而且还知道他们有自己的信仰。然而，中国人对西方人的面孔辨识不清，故对西方人的种族身份及其之间的差异反应迟钝。另外，有学者将清代谢清高编著的《海录》中的“阿哩敏”解读为亚美尼亚。② 从读音上看，这一解读似乎非常有道理。

综上所述，中国人自古以来注意到了亚美尼亚人和他们的国家，甚至熟悉这个民族的些许特征，以及他们家园的一些细节。尽管如此，古代中国人习惯于通过服饰来区分其他民族，因此，时人对亚美尼亚（人）的称呼都是音译，没有统一的标准和规范。这意味着讲汉语的中国古人在与讲亚美尼亚语的人交流时，借助于第三方语言（比如英语），这在今天仍然是一种普遍做法。

第二节　亚美尼亚人在中国

丝绸之路将中、亚两国联系起来，亚美尼亚的药材、矿物和胭脂红等产品很早就传到中国，中国的丝绸、茶叶和瓷器等产品销往亚美尼亚。考古学家在亚美尼亚城市加尼、德温和阿穆柏尔特等遗址发现了中世纪早期来自中国的瓷器等物品，直接证明了中国和亚美尼亚很早就有经贸往来关系的事实。

至蒙古西征时，中国和亚美尼亚的交流频繁起来，很多亚美尼亚商人沿着丝绸之路来到中国这片辽阔的土地上，寻找商机。反之亦然，中国的经济和文化元素传到了亚美尼亚，比如中国的龙凤文化影响到了奇里乞亚的细密画艺术，又如在瓦斯普拉坎艺术中能看到艺术家对中国家具的描绘。③ 1254 年，奇里乞亚国王

---

① Daniel H. Bays, *A New History of Christianity in China*, pp. 229 – 238.

② Xi Yang, “Some Possible Chinese Records about Armenia and the Armenians in Mid-Qing Dynasty”, pp. 229 – 238.

③ 在埃里温名为“玛坦纳达兰”的国立古籍博物馆中，两部 13 世纪的手稿中有三幅绘有中国龙凤符号的细密画。

海屯一世到蒙古宫廷时途经中国西北一带，见证了一些中国文化元素。

蒙元朝时期，许多亚美尼亚商人到中国旅行和生活。1305 年，在意大利传教士孟高维诺的影响下，元大都的几千名亚美尼亚基督徒皈依了天主教，因为当时中国没有亚美尼亚神职人员，只有皈依了天主教后才有资格进入天主教堂礼拜。[①] 这表明亚美尼亚人在北京已经形成了一定的规模，有自己的社区。这些亚美尼亚人于 1318 年，在北京建立了一座自己的教堂，孟高维诺曾在这座教堂里为亚美尼亚人作过弥撒。[②] 1326 年 1 月，泉州天主教区第三任主教安德烈·佩鲁贾的一封信写到："在大海的岸边有一个伟大的城市，在波斯语中叫做刺桐（泉州）；城市里有一位富有的亚美尼亚女士确实建造了一座又大又好的教堂，这座教堂是根据大主教（孟高维诺）意愿建造的。她把生前的一笔非常可观的财产捐给了教堂，并立下遗嘱交给修士杰勒德以及与他在一起的会士使用，于是杰勒德成了第一任主教。"[③]

据考证，这位亚美尼亚女士建造的教堂遗址在今泉州城内靠近东门城根的邻近地段。[④] 来到中国的亚美尼亚妇女显然是怀着在中国永久居住的目的才踏上了东方的旅程，很难相信一个女子会到东方去执行某种特定的政治或宗教任务，这说明了元朝时期亚美尼亚人在中国达到了一定的规模。亚美尼亚人对泉州的基督教事业的发展起到了很大的推动作用，在泉州商界有着很大的影响力。[⑤] 上述那位亚美尼亚妇女便是一位商人的妻子。根据笔者观察，元代泉州的宗教石刻相当一部分有亚美尼亚十字架石的风格，因此，不排除

---

① Daniel H. Bays, *A New History of Christianity in China*, p. 13.

② Francis A. Rouleau, "The Yangchow Latin Tombstone as a Landmark of Medieval Christianity in China", *Harvard Journal of Asiatic Studies*, Vol. 17, No. 3/4, 1954 (Dec.), pp. 346-365.

③ Francis A. Rouleau, "The Yangchow Latin Tombstone as a Landmark of Medieval Christianity in China", *Harvard Journal of Asiatic Studies*, note 11.

④ 李玉昆：《外国人在泉州与泉州人在海外》，海风出版社 2007 年版，第 71 页。

⑤ 李静蓉：《试论元代泉州的亚美尼亚人及其对基督教的影响》，《福建师大福清分校学报》2012 年第 1 期，第 7—9 页。

它们是亚美尼亚人墓碑的可能。[①] 泉州的亚美尼亚人遵循的是方济各天主教拉丁仪式，说明他们来自奇里乞亚。[②]

明清时期，中国虽闭关锁国，但仍有很多亚美尼亚人生活在珠三角一带。如前文所述，17—18 世纪，大量亚美尼亚人生活在印度和东南亚一带，这些人经常往来于印度与中国之间，非常了解印度通往中国的道路及其当地语言、传统和习俗，当时欧洲的东印度公司为开辟东方市场雇佣他们为向导和翻译。来华的亚美尼亚商人在广州、澳门和香港建立了社区，生意十分成功。在西藏的拉萨也有一小群亚美尼亚人。“在 17—18 世纪，亚美尼亚人利用中国当局的保护和人民的同情，在全国各地取得了显著的影响”，埃里温大学的赫拉希亚·阿恰扬院士说，“中国一直对外国人，尤其是基督徒，紧闭大门。但亚美尼亚人例外，他们拥有绝对的自由。亚美尼亚商人在中国非常出名，以至于耶稣会传教士把自己伪装成亚美尼亚商人，以便自由进出中国”[③]。

由于明清时期中国的亚美尼亚人大多来自印度或东南亚，时国人误认为他们所见到的亚美尼亚人为印度人或其他族裔。但情况也并非完全如此，《皇清职贡图》表明，广州的中国人知道这个民族的存在。印度亚美尼亚历史学家梅斯罗布·赛斯多次提到来中国经商的印度亚美尼亚人。例如，1580 年，一伙亚美尼亚人和欧洲人将从中国买来的丝绸献给莫卧儿皇帝阿克巴。对此，梅斯罗布·赛斯断言，16 世纪末，果阿的亚美尼亚商人从事与中国的丝绸贸易。[④]

---

① 吴文良的《泉州宗教石刻》收录了元代泉州部分古基督教墓碑石，很多都不能确定墓主人的身份，但毫无疑问，其中的某些石刻属于亚美尼亚人。蒙元时期，亚美尼亚是蒙古的重要盟友，享有很高的政治地位。当时很多亚美尼亚商人富甲天下，因此中国的商业中心泉州吸引了许多亚美尼亚商人的到来。关于这些石刻的信息，可参见吴文良《泉州宗教石刻》，科学出版社 1957 年版。

② Jeremy Clarke, *The Virgin Mary and Catholic Identities in Chinese History*, Hong Kong: Hong Kong University Press, 2013, p. 17.

③ “Armenians in China”, 2017 - 07 - 24, https: //allinnet. info/history/armenians-in-china, 2020 - 05 - 06.

④ Mesrovb Jacob Seth, *Armenians in India: From the Earliest Times to the Present Day*, p. 90.

17 世纪末，由于英国、法国、荷兰的斗争，亚美尼亚人在中国的贸易受到影响。1783 年 4 月 28 日，约翰·雅各布在从苏拉特寄给新朱利法的信中写道：“我们亚美尼亚商人因为一艘从中国来的船在海上被捕获而损失了 2 万卢比。”① 1803 年，一本在爱丁堡出版的名为《印度的娱乐》的书对加尔各答的亚美尼亚人评价道：“亚美尼亚人是这个城市中最受尊敬的人，也许是外国商人中人数最多的。他们将大宗商品从中国的东方港口运到西方。”② 1779 年出生在新朱利法的亚美尼亚人阿劳顿·阿普卡尔是印度加尔各答最为显赫的商人，精通中国和马尼拉间的贸易。③

保罗·遮打（1846—1926）是著名的亚美尼亚裔香港慈善家和商人，也是香港行政会议和立法会议员。他对香港和中国其他各地的学术机构和宗教场所都做了大量的捐赠。例如，香港的圣约翰大教堂、九龙的圣安德烈大教堂和香港大学分别收到了他捐赠的 25 万英镑；九龙联合教会收到了他捐赠的 10 万英镑，香港联合教会收到了他捐赠的 6 万英镑。④ 1924 年 9 月，爱尔兰记者奥康纳（1848—1949）在《星期日泰晤士报》上说：

> 保罗·遮打爵士也许是最不为人知的显赫人物之一，更重要的是，他是帝国中最仁慈的人之一。这位来自加尔各答的年轻亚美尼亚人和香港的一切都密不可分地联系在一起。他是那里一切的头头；所有的企业需要他的帮助才能成功。海运、银行以及总部在伦敦或巴黎的国际公司——他全都参与其中。他积累了帝国最大的财富。他是香港万物之父，长期在那里定居

① Mesrovb Jacob Seth, *Armenians in India*: *From the Earliest Times to the Present Day*, p. 249.

② Mesrovb Jacob Seth, *Armenians in India*: *From the Earliest Times to the Present Day*, p. 455.

③ Mesrovb Jacob Seth, *Armenians in India*: *From the Earliest Times to the Present Day*, p. 528.

④ Mesrovb Jacob Seth, *Armenians in India*: *From the Earliest Times to the Present Day*, pp. 551 – 552.

并服务于香港。他是英国最年长的居民，也是执行委员会最年长的成员。他从自己巨额财富中拿出大笔钱慷慨地奉献给了每一项美好的事业；因此，他是那个非常繁荣和有前途的殖民地的首席慈善家和最年长的定居者，是我们帝国中最骄傲和最好的作品之一。①

保罗·遮打死后，一位上海的记者写道：

保罗·遮打的职业生涯在各方面都表现出现代浪漫性，因为他从一个穷小子成长为香港的金融之王、最为伟大的地主、最慷慨的捐助者之一和行政部门的首脑，并且是中国最有名的六人之一，他在许多国家享有盛名。②

总而言之，19 世纪末 20 世纪初，保罗·遮打爵士在香港有着举足轻重的地位，为香港的规划和繁荣作出了不可磨灭的贡献，他的一生都奉献给了这个最为繁荣的英国殖民地。1926 年 5 月 30 日的《香港星期日先驱报》缅怀道：

有人说，要想公正地评价保罗·遮打爵士，要写半打的书。他在星期四去世了，仅用言语不足以表达这个殖民地的丧亲之痛。香港未来的历史学家将会发现过去的 60 年是一份闲差，因为香港的历史记录就是遮打爵士事业的翻版。在这漫长的岁月里，他的活动不仅多种多样，而且精彩绝伦。他的精力、主动性、远见性和进取心是无限的。他把卡内基和皮尔庞特·摩根的优点融为一体。香港会永远从他的每一项神来之笔和慷慨之举中受益匪浅。保罗爵士虽已归入故里，但只要香港还在，他

① Mesrovb Jacob Seth, *Armenians in India: From the Earliest Times to the Present Day*, p. 554.

② Mesrovb Jacob Seth, *Armenians in India: From the Earliest Times to the Present Day*, p. 554.

的丰功伟绩和崇高的精神将被人们永远铭记。①

保罗·遮打爵士早年还是一名出色的板球运动员，曾担任香港“赛马会”的董事。在数十年时间里，他在香港赛马中赢得了19次冠军。尤为一提的是，他对中国马驹情有独钟，其在草地上的成功成为香港赛马的一大特色。② 1926年5月27日凌晨，他埋葬在香港跑马地（俗称快活谷）哥哥的墓前。在他的丧礼上，数百名中国人从圣约翰大教堂一直列队到欢乐谷墓地的路上，以给这位香港“无冕之父”献上最崇高的敬意。

霍夫汉内斯·哈扎良（又名约翰·拉撒尔）是生活在中国的另一位著名的亚美尼亚人。1778年，他出生在澳门的一个富商家庭。当时，澳门有中国最大的亚美尼亚社区。哈扎良不仅能够讲一口流利的中文，而且精通葡萄牙语。他在广州的葡萄牙办事处开始了自己的职业生涯。在那里，他为葡萄牙人翻译各种公文信函，并帮助他们翻译寄给北京朝廷的官方信件。后来，他继承了家族事业，于1802年移居到印度的加尔各答。然而，他在印度的生意不是很顺利，但这个年轻人出色的语言天赋吸引了当地英国官员的注意，越来越多的人开始雇佣他翻译中文。由于熟知新教，哈扎良来到了加尔各答附近的塞兰坡镇。19世纪初，印度总督在这里建立了威廉堡学院——英国东方学术研究中心之一。该学院设有把圣经翻译成东方语言的一个部门。在物色人选时，学院领导人找到了这位年轻人，以每年450个英国金币的薪酬聘他教授汉语和翻译圣经。③ 哈扎良以英语版和亚美尼亚语版圣经为基础，开始了翻译工作。校长布朗对他的翻译工作非常满意，在寄给伦敦的一封信中，他写道：“拉沙先生（哈扎良）把他翻译的圣经章节寄给了我。这些都是他

① Mesrovb Jacob Seth, *Armenians in India: From the Earliest Times to the Present Day*, p. 556.

② Mesrovb Jacob Seth, *Armenians in India: From the Earliest Times to the Present Day*, p. 557.

③ “Armenians in China”, 2017-07-24, https://allinnet.info/history/armenians-in-china, 2020-05-06.

思想和勤奋的体现。拉沙先生是真正的中国人。他能看懂中文，写得又快又轻松。如果上帝再给他5—6年的时间，他会把全部圣经翻译成中文，成就一番伟大的事业。”①

1807年，一份由哈扎良亲笔书写并加以装饰的《马太福音》书庄严地呈送给坎特伯雷大主教。这是孟加拉东方研究中心第一次把《圣经》翻译成中文。1822年，英国和外国圣经公会出版了他翻译的整部中文版《圣经》——已知的第一部最完整、最好的中文印刷版圣经。②

哈扎良将《圣经》翻译成中文一事，不仅在西方和中国鲜为人知，亚美尼亚人也很少知道这件事。这与几百年来亚美尼亚人散居在世界各地，未引起人们的关注有关。历史上，翻译活动在亚美尼亚非常流行，比如在亚美尼亚人的日历上，从5世纪开始就有了翻译家的节日。在这种背景下，真正的汉学家哈扎良和他的同事们都没有发现他们的翻译活动有什么特别之处，正如他们所说，他们的生活原则就是“不管发生什么，做你要做的”③。

在“1915年事件”期间，数百名亚美尼亚人辗转来到中国，在哈尔滨、满洲里、海拉尔、天津和上海等各大城市定居下来。中国接受了这些亚美尼亚难民，为他们提供了食宿和教堂。因此，中国成为亚美尼亚人的避难所之一。在哈尔滨和上海等地，亚美尼亚建立了自己的救济组织、唱诗班、语言学校和妇女团体等。1898年，在俄罗斯帝国承建中国东方铁路期间，少数亚美尼亚人来到中国东北，定居到满洲里、海拉尔和哈尔滨等城市。④ 一张拍摄于1919年中国满洲里的亚美尼亚社区的集体照描绘了大约150个男子、女人和孩子，照片配有亚美尼亚三色旗，证明了满洲里亚美尼亚社区的规模。

---

① “Armenians in China”, 2017 - 07 - 24, https://allinnet.info/history/armenians-in-china, 2020 - 05 - 06.

② “Armenians in China”, from Wikipedia, 2020 - 05 - 06.

③ “Armenians in China”, from Wikipedia, 2020 - 05 - 06.

④ Khatchig Mouradian, “China as Refuge for Armenian Genocide Survivors”, *Armenian Weekly*, https://armenianweekly.com, 2020 - 05 - 06.

图 20－1　拍摄于满洲里的亚美尼亚人（1919 年）

第三节　哈尔滨的亚美尼亚社区

最初，定居在哈尔滨的亚美尼亚人大多数是铁路工人和商人，但人数很少，只有几十人。由于日俄战争的需要，来华的亚美尼亚人日益增多。为逃避奥斯曼帝国的迫害，包括塞特拉克·安东扬在内的几千亚美尼亚人来到了中国。加拉贝德·梅尔季克扬也是逃到中国的亚美尼亚幸存者之一。1914 年，他被土耳其军队征召去埃尔津詹作战。在库尔德人的庇护下，他奇迹般地活了下来。然后，他加入俄国军队，参加了卡尔斯战役。俄国军队撤出后，他到了第比利斯，然后从那里辗转来到西伯利亚，最后在满洲里定居了下来。[①] 在满洲里，梅尔季克扬成为该市最成功的商人之一，并在亚美尼亚人的社区生活中发挥了关键作用。他成立了一个青年组织，从马萨诸塞州波士顿的海雷尼克出版社购买来亚美尼亚书籍，开办了一个

---

① H. Bsag（Hamazasb Bsagian），“Garabed Mldigian”，*Asbarez Daily*，12 April 1963，https：//armenianweekly. com，2020－05－07.

小型亚美尼亚语图书馆。①

19 世纪末和 20 世纪初，中国成为很多亚美尼亚人的避难所。其中，相当一部分人希望从中国东北前往美国。1918 年末，美国传教士欧内斯特·亚罗在海参崴遇到了大约 200 位亚美尼亚难民，他们中的大多数人“在美国有朋友并希望以某种方式到达那里”②。第一次世界大战结束后，由于南高加索地区持续动乱，大部分亚美尼亚人选择继续留在中国，哈尔滨的亚美尼亚社区十分繁荣。

当亚美尼亚难民抵达中国时，许多中国人对奥斯曼亚美尼亚人的遭遇表示同情。中国第一家英文报刊《北华捷报》连续数篇报道了哈米德屠杀、阿达纳屠杀和 1915 年亚美尼亚事件，并呼吁中国人向亚美尼亚人伸出援手。③ 1918 年末，美国传教士欧内斯特·亚罗从海参崴来到满洲里，以帮助这里的亚美尼亚人。亚美尼亚人对这位传教士充满感激之情，克里科尔·卡斯扬茨在他的回忆录中写道：“我们（从哈尔滨）到了海参崴……第一辆进站的车是亚美尼亚人的车辆。”④ 在亚罗的帮助下，很多亚美尼亚人在中国东北安顿了下来，并将中国当成了自己的家园。为给哈尔滨的亚美尼亚人提供帮助，哈尔滨成立了一个名为“亚美尼亚民族组织”的机构。很快，第一代在中国出生的亚美尼亚人就出现了。据报道，20 世纪上

---

① H. Bsag（Hamazasb Bsagian），“Garabed Mldigian”，*Asbarez Daily*，12 April 1963，https：//armenianweekly. com，2020 – 05 – 07. 梅尔季克扬 1937 年去世，妻儿最后定居美国加利福尼亚的夫勒斯诺市。

② “Letter from Yarrow to Rev. Dr. Earle H. Ballou（20 November 1918）”，ABC 16. 9. 7，Vol. 25d，item 260（Papers of the ABCFM，reel 717）.

③ Khatchig Mouradian，“China as Refuge for Armenian Genocide Survivors.”《北华捷报》在 1915 年 12 月 14 日发表了一篇署名为“亚美尼亚大屠杀，可怕的暴行”的文章，详细报道了奥斯曼土耳其对亚美尼亚人的暴行；另一篇题为“亚美尼亚大屠杀，大批人溺死在特拉布宗”（1915 年 10 月 16 日）的文章指出：“德国对亚美尼亚大屠杀负有不可推卸的道德责任。”作者在呼吁进行最大程度宣传的同时，表示相信那里受过教育的穆斯林也会对暴行感到愤怒，认为拯救幸存者的唯一方法是“世界舆论，特别是来自中立国的舆论”。

④ Krikor Z. Yeghoyan，*The Story of My Life*，quoted in Khatchig Mouradian，“China as Refuge for Armenian Genocide Survivors.”

半叶，哈尔滨有400多户亚美尼亚家庭。① 为提高和改善他们的精神生活和教育水平，亚美尼亚民族组织与“妇女救助会”经常组织各类社会活动，举办民族文学和戏剧演出等，培训亚美尼亚语课程。在亚美尼亚人的民族宗教节日里，他们还会组织茶会。

由于亚美尼亚人的生活离不开宗教，他们在哈尔滨南岗区租赁了一幢民房用于祈祷。1918年，中东铁路局将辽阳路街角处的花园街18号（22号）的一块地皮拨给亚美尼亚人。② 于是，亚美尼亚人在那里建造了自己的教堂。1921年教堂完工。亚美尼亚人给教堂取名“远东大教堂”。首任主教是耶吉舍·罗斯达托缅茨。③ 他在海参崴教堂关闭后，举家迁到哈尔滨。1925年，中国当局将教堂登记为哈尔滨亚美尼亚—格雷戈里教堂。④ 在《哈尔滨市志》里，教堂名为阿尔缅教堂。不久，亚美尼亚人在教堂相邻的花园街建立了一个社交大厅，供亚美尼亚人交流聚会用。哈尔滨的亚美尼亚教堂主要为中国和日本的亚美尼亚人提供宗教服务。哈尔滨成为亚美尼亚人在中国的生活中心。

不久，哈尔滨的亚美尼亚人开始到中国其他城市寻找谋生之路。耶烈万德·马卡良于1920年出生在哈尔滨。1925年，马卡良举家迁到天津。第二次世界大战爆发后，他加入法国军队与纳粹作战，后来又加入在越南作战的法国外籍军团。战后，他在上海法国租界做起了警察，不久与岳父在上海开了两家名为“高加索”的俄罗斯餐馆。据说，他的餐馆生意相当火爆。新中国建立后，由于被定性为资本家，马卡良和他的家人于1951年移民到巴西，后移民到美国，在好莱坞的日落大道上重开了“高加索”的餐厅。他的餐厅很受好莱坞电影明

---

① “Armenians in China”, 2017 - 07 - 24, https: //allinnet. info/history/armenians-in-china, 2020 - 05 - 07.

② 哈尔滨市地方志编纂委员会：《哈尔滨市志·宗教方言》，黑龙江人民出版社1998年版，第148页。

③ 哈尔滨市地方志编纂委员会：《哈尔滨市志·宗教方言》，第148页，原文翻译为罗斯达托缅茨·巴吉斯。

④ “Armenians in China”, from Wikipedia, 2020 - 05 - 07.

星和导演的欢迎。[①] 马卡良在他的回忆录中写道："作为一个有家室的男人，我在中国、巴西和加利福尼亚拥有并管理着餐馆，所有的餐馆都是俄罗斯/亚美尼亚餐馆，所有的餐馆都叫高加索。"[②] 由此可见，马卡良在中国的生活给他留下了深刻的记忆。

1932 年，哈尔滨的亚美尼亚教堂主教去世。此后数年，教会和房屋租给了路德教会，亚美尼亚人在中国没有了自己的精神领袖。1937 年，在亚美尼亚民族组织主席捷尔·奥瓦基莫夫的推动下，年仅 27 岁的年轻牧师阿索吉·加扎良从耶路撒冷来到哈尔滨。[③] 他也是 1915 年亚美尼亚事件的幸存者，懂 5 种语言，才华横溢。牧师的到来给亚美尼亚人带来莫大的精神慰藉。在哈尔滨期间，亚美尼亚商人资助他扩大和翻修了教堂附近的一座建筑。第二次世界大战期间，他被关进了日本在沈阳的集中营，1950 年获释后，返回了耶路撒冷。在接下来的几年时间里，大批亚美尼亚人离开哈尔滨。"文化大革命"期间，亚美尼亚教堂遭到破坏。

值得注意的是，在第二次世界大战中，亚美尼亚人加入了中国和朝鲜军队，后来又加入了美国和英国的军队，共同抵抗日本法西斯的入侵。大多数亚美尼亚人追随蒋介石的国民党部队或加入共产党的八路军，与中国人一道抵抗日寇，亚美尼亚人总共损失了约 5000 人。[④] "文化大革命"期间，大部分宗教活动遭到抵制，许多教堂被毁，大多数亚美尼亚人迁到前苏联的中亚地区或印度。

第四节　亚美尼亚与中国的外交关系

20 世纪 50 年代后，散居在中国的大部分亚美尼亚侨民迁到美国或回到苏联的亚美尼亚共和国。苏联解体后，亚美尼亚宣布独

---

① "Yervand Markarian", 2009 - 06 - 10, http: //www. armeniapedia. org/wiki/Yervand_ Markarian, 2020 - 05 - 07.

② Yervand Markarian, *Kavkaz*: *A Biography of Yervand Markarian*, United States, 1996, p. 7.

③ "Armenians in China", from Wikipedia, 2020 - 05 - 07.

④ "Armenians in China", from Wikipedia, 2020 - 05 - 07.

立，成立第三共和国。1992 年 6 月 4 日，中国与亚美尼亚共和国正式建立外交关系；同年 7 月，中国驻亚美尼亚大使馆在埃里温开幕。1996 年 10 月 10 日，亚美尼亚共和国驻华大使馆在北京开幕。自此以后，中国与亚美尼亚关系逐渐升温，建立起了双边友好关系。目前，中国与亚美尼亚签署了互免持普通护照人员签证的协定（180 天），两国人民的友好往来逐年增多。

随着中国影响力的增强，亚美尼亚与中国的全面对话成为其外交政策的优先事项。目前，中国是亚美尼亚的第三大贸易伙伴，汉语已经成为该国仅次于英语的第二外语。1996 年，亚美尼亚总统彼得罗相访问了中国；2004 年，总统科恰良对中国进行了正式访问；2010 年，总统萨尔基相在“上海世博会”期间访问了北京；2019 年，总理帕希尼扬在“亚洲文明对话”大会期间访问了北京。随着两国经贸、文化往来的增多，中亚关系越来越密切。亚美尼亚也是中国外交的重点之一。2015 年 3 月，两国签署《关于进一步发展和深化友好合作关系》的联合声明。声明指出，经贸合作是亚中友好合作关系的重要组成部分，双方都同意致力于丝绸之路经济带的建设。[①] 同时，中国人民银行与亚美尼亚中央银行签署了规模为 10 亿元人民币（770 亿亚美尼亚元）的双边本币互换协议，旨在便利双边贸易和投资。[②] 2017 年，中国在埃里温的新大使馆奠基，这是中国在俄罗斯之外欧亚地区最大的大使馆，直接证明了中国对亚美尼亚外交关系的重视。

中亚关系的升温对亚美尼亚产生了重要影响。亚美尼亚有孔子学院和中亚友好学校。中国向亚美尼亚捐赠了一批公共汽车和救护车，改善了亚美尼亚民生。此外，中国还帮助亚美尼亚提升公共电视广播水平，向亚美尼亚提供高清数字广播和网络技术服务支持。在经济领域，亚美尼亚从中国进口小到纸张大到汽车的各类商品，向中国出口的产品主要有铜、铜矿、酒精和钻石等产品。中国在亚

① 中央电视台：《习近平同亚美尼亚总统举行会谈》，CCTV－1 综合频道，2015－03－25.

② 《中国与亚美尼亚签署货币互换协议》，《经济日报》，2015－03－25.

美尼亚的原材料领域有大量投资。在“一带一路”倡议下，中国帮助亚美尼亚修建了一条从久姆里通往格鲁吉亚的高速公路。公路建设完成后，将有助于黑海经济圈南北走廊的物流畅通。总而言之，目前，中亚关系良好，亚美尼亚人对中国人充满好客之情，两国在经济、文化和政治领域的合作不断加深。

参考文献

一　中文文章

《“纳卡”起了新纷争，俄罗斯态度很微妙》，中国青年报客户端巴库10月8日电。

《纳卡冲突的“小国政治”与“大国博弈”》，中国军网。

《中国与亚美尼亚签署货币互换协议》，《经济日报》2015年3月25日。

保罗：《从史籍及〈格萨尔〉看丝绸之路与西藏的关系》，《西藏研究》2016年第2期。

韩克敌：《民族问题，苏联之殇——再谈苏联解体的原因》，《俄罗斯东欧中亚研究》2013年第6期。

何文华：《论中世纪西方旅行家建构的西藏形象》，《阿坝师范高等专科学校学报》2015年第1期。

李静蓉：《试论元代泉州的亚美尼亚人及其对基督教的影响》，《福建师大福清分校学报》2012年第1期。

刘复生、黄博：《严重依赖外商的近代西藏阿里外贸业》，《藏学学刊》2016年第1期。

刘迎胜：《乾隆年间澳门的亚美尼亚商人》，《文化杂志》第45期，2002年冬季刊中文版。

美郎宗贞、贡秋扎西：《近现代西藏货币流通与金融管理制度研究》，《西藏研究》2015年第2期。

穆永强：《康孟达起源及历史地位探析》，《特区经济》2015年第3期。

青海省文物考古研究所：《青海乌兰县大南湾遗址试掘简报》，《考古》2002年第12期。

仝涛：《西藏西部的丝绸与丝绸之路》，《中国国家博物馆馆刊》2017年第2期。

薛衔天、王晶：《关于米高扬访问西柏坡问题——评〈米高扬访华的秘密使命〉》，《近代史研究》1996 年第 3 期。
张清民：《丝绸之路青海道上的西宁及其历史地位》，《青海师范大学学报》2016 年第 6 期。
中央电视台：《纳卡冲突的背后》，《世界周刊》，央视网 2016 年 04 月 10 日。
中央电视台：《习近平同亚美尼亚总统举行会谈》，CCTV－1 综合频道，2015－03－25。
［法］让—皮埃尔·马艾：《亚美尼亚人和中国》，《复旦大学学报》（社会科学版）2014 年第 3 期。

二　中文著作

（汉）司马迁：《史记》，中华书局 1982 年第 2 版。
（晋）陈寿：《三国志》，中华书局 1982 年第 2 版。
（晋）袁宏：《后汉纪》，中华书局 2002 年版。
（唐）杜环：《经行记笺注》，中华书局 2000 年版。
（唐）杜佑：《通典》，中华书局 1988 年版。
（唐）李延寿：《北史》，中华书局 1974 年版。
（南朝宋）范晔：《后汉书》，中华书局 1965 年版。
（宋）欧阳修：《新唐书》，中华书局 1975 年版。
（宋）王钦若：《册府元龟》，凤凰出版社 2006 年版。
（元）汪大渊：《岛夷志略校释》，中华书局 1981 年版。
（明）宋濂：《元史》，中华书局 1976 年版。
《元代史料丛刊》，黄时鉴点校，浙江古籍出版社 1986 年版。
岑仲勉：《汉书西域传地里校释》，中华书局 1981 年版。
傅恒等编著：《皇清职贡图》卷一，辽沈书社 1991 年版。
哈尔滨市地方志编纂委员会：《哈尔滨市志·宗教方言》，黑龙江人民出版社 1998 年版。
李玉昆：《外国人在泉州与泉州人在海外》，海风出版社 2007 年版。
刘景华：《人类六千年版》（上），中国青年出版社 2017 年版。
刘迎胜：《海路与陆路：中古时代东西交流研究》，北京大学出版社 2011 年版。
罗旺扎布、德山等：《蒙古族古代战争史》，民族出版社 1992 年版。
亓佩成：《古代西亚文明》，山东大学出版社 2016 年版。
丘处机：《丘处机集》，赵卫东辑校，齐鲁书社 2005 年版。

特·官布扎布：《蒙古秘史》，阿斯钢译，新华出版社 2005 年版。

吴文良：《泉州宗教石刻》，科学出版社 1957 年版。

张星烺：《中西交通史汇编》1—5 册，中华书局出版社 1978 年版。

中共中央马克思恩格斯列宁斯大林著作编译局：《列宁全集》，1992 年版第 2 版。

中国基督教三自爱国运动委员会、中国基督教协会：《圣经》，2009 年版。

[波斯] 拉施特：《史集》1—3 卷，余大钧译，周建奇译，商务印书馆 1985 年版。

[波斯] 志费尼：《世界征服者史》上下册，何高济译，内蒙古人民出版社 1980 年版。

[古罗马] 塔西佗：《编年史》，王以铸、崔秒因译，商务印书馆 1981 年版。

[古希腊] 普鲁塔克：《希腊罗马名人传》1—3 卷，席代岳译，吉林出版集团有限责任公司 2011 年版。

[古希腊] 色诺芬：《长征记》，崔金戒译，商务印书馆 1985 年版。

[古希腊] 色诺芬：《居鲁士的教育》，沈默译，华夏出版社 2007 年版。

[古希腊] 希罗多德：《历史》，王以铸译，商务印书馆 1959 年版。

[西] 克拉维约：《克拉维约东使记》，[土] 奥玛·李查译，杨兆钧译，商务印书馆 1985 版。

[亚美尼亚] 佚名著：《萨逊的大卫》，严永兴译，译林出版社 2018 年版。

[伊尔汗国]（佚名）：《拉班·扫马和马克西行记》，朱炳旭译，大象出版社 2009 年版。

[意] 鄂多立克等著：《海屯行纪·鄂多立克东游录·沙哈录遣使中国记》，何高济译，中华书局 2019 年版。

[意] 马可·波罗：《马可波罗游记》，陈开俊、戴树英等译，福建科学技术出版社 1981 年版。

[英] 阿诺德·汤因比：《历史研究》（上、下），郭小凌等译，上海世纪出版集团 2010 年版。

[英] 爱德华·吉本：《罗马帝国衰亡史》第 1 ~ 5 卷，席代岳译，吉林出版集团有限公司 2011 年版。

[英] 裕尔撰，（法）考迪埃修订：《东域纪程录丛：古代中国闻见录》，张绪山译，中华书局 2008 年版。

三　亚美尼亚语部分

Հայկական Սովետական Սոցիալիստական Հանրապետություն (Armenian Soviet

Encyclopedia), 13 Vols., Yerevan: Armenian Academy of Sciences, 1974 – 1987.

Albert Musheghyan, "Որտե՞ղ է գտնվել Մովսես Խորենացու հիշատակած Բյութանյան (Where Had Been Situated Bithynia Mentioned by Movsēs Xorenac'i?)", *Patma-Banasirakan Handes*, No. 1, 1990. and idem "Վասպուրական տերմինի նշանակությունը Հայ դասական մատենագրության մեջ (The Meaning of the Term 'Vaspurakan' in Classical Armenian Literature)", *Iran Nameh*, 2 – 3, 1996.

Alek'sandr Sahinyan, *Gaṛnii antik kaṛuyts'neri chartarapetut'yunĕ* (Architcture of the ancient structures of Garni), Armenian SSR Academy of Sciences Publishing, 1983.

Amatuni Virabyan, *Հայաստանը Ստալինից մինչև Խրուշչով: Հասարակական-քաղաքական կյանքը 1945 – 1957 թթ.* (Armenia from Stalin to Khrushchev: Social-political life, 1945 – 1957), Yerevan: Gitutyun Publishing, 2001.

Argam Aivazian, *Նախիջեւան. գիրք հուշարձանաց* (Nakhijevan: Book of Monuments), Yerevan, 1990.

Arman Yeghiazaryan, "Արմինիա ոստիկանության սահմանները (Borders of the Vicegerency of Arminia)", *Պատմա-բանասիրական հանդես* (Patma-Banasirakan Handes), Yerevan: Armenian Academy of Sciences, No. 1, 2005.

Armen Aivazian, *Հայաստանի պատմության լուսաբանումը ամերիկյան պատմագրության մեջ* (The History of Armenia as Presented in American Historiography), Yerevan: Artagers Press, 1998.

Edvard B. Aghaian, *Ardi Hayereni Batsatrakan Bararan* (Definitional Dictionary of Modern Armenian), Vol. 1, Erevan: Hayastan Hratarakchutyun, 1976.

Gagik Kh. Sargsyan, ed., *Մովսես Խորենացի* (Movses Khorenatsi), Soviet Armenian Encyclopedia, Vol. 8, Yerevan: Armenian Academy of Sciences, 1982.

Gagik Kh. Sargsyan, ed., *Movses Khorenatsi's Հայոց Պատմություն, Ե Դար*, Yerevan: Hayastan Publishing, 1997.

Gagik Ozanean, *Պատմութիւն հայ լեզուի եւ բանահիւսութեան* (History of the Armenian Language and Composition), Marzuan, 1913.

Galician-Volynian Chronicle, trans. by George A. Perfecky, Munchen: Wilhelm Fink Verlag, 1973

Gnel Grigoryan, *Տարոնի Բագրատունիների Ֆեոդալական Իշխանությունը IX-X Դարերում* (*The Feudal Bagratuni Principality of Taron from the* 9th to 10th Centuries), Yerevan: Armenian SSR: Armenian Academy of Sciences, 1983.

Grigor Tananyan, "Գառնի պատմամշակութային կոթողը (տաճարի վերականգնման 40-ամյակի առթիվ) [The Historic & Cultural Monument of Garni (to the 40th anniversary of the restoration of the temple)]", *Patma-Banasirakan Handes*, No. 2, 2014.

G. Sukiasyan, *Կիլիկիայի Հայկական պետության և իրավունքի պատմություն* (11 – 14 դարեր) [History of the Armenian State and Law of Cilicia (11 – 14 Centuries)], Yerevan: University of Yerevan, 1978.

G. V. Abgarya, ed., *Patmut' iwn Sebe ' osi*, Erivan: Haykakan SSH GA Hratar, 1979.

Hagop Manandian, *Քննական Տեսություն Հայ Ժողովրդի Պատմության K' nnakan* (Critical Survey of the History of the Armenian People), Vol. 3, Erevan: Academy of Sciences Press, 1952.

H. Ačaṙean, *Hayerēn Armatakan Baṙaran*, Yerevan: Yerevan State University, 1971.

H. G. T' urshyan, "Շահ-ի-Արմեններ (The Shah-i Armens)", *Historico-Philological Journal*, No. 4.

Kliment Harutyunyan, *Հայ ժողովրդի մասնակցությունը Երկրորդ համաշխարհային պատերազմին, 1939 – 1945 թթ.* (The Participation of the Armenian People in the Second World War, 1939 – 1945), Yerevan: Hrazdan, 2001.

Leo, *Երկերի ժողովածու* (Collected Works), Vol. III (b), Yerevan: Hayastan, 1969.

Manuk Abeghian, *Աշխատանքները* (Works), Vol. III, Yerevan: Hayastan Publishing Press, 1968.

Mihran Kurdoghlian, *Պատմութիւն Հայոց* (History of Armenia), 3 Vols., Athens: Council of National Education Publishing, 1996.

Mkrtich G. Nersisyan, "Զեյթունցիների 1895 – 1896 թթ. Ինքնապաշտպանական հերոսամարտը (The Heroic Self-Defense of the People of Zeitun in 1895 – 1896)", *Patma-Banasirakan Handes*, Vol. 143 – 144, No. 1 – 2, 1996.

Stepan Malkhasyants, *Խորենացու առեղծված շուրջը* (About the Enigma of Khorenatsi), Yerevan: Armfan Publishing, 1940.

S. H. Baghdassarian-Thapaltsian, "Շիրակի դաշտավայրի բարբառային նկարագիրը (Dialect Description of Shirak Valley)", *Bulletin of Social Sciences*, No. 6, 1970.

Tadevos Hakobyan, *Անիի Պատմություն, Հնագույն Ժամանակներից մինչև 1045 Թ* (The History of Ani, from Ancient Times Until 1045), Vol. I, Yerevan: Yerevan State University Press, 1980.

Tsatur Aghayan, eds., *Հայ Ժողովրդի Պատմություն* (History of the Armenian People) 6, Yerevan: Armenian Academy of Sciences, 1981.

T. Kh. Hakobyan, *Պատմական Հայաստանի քաղաքները* (The Cities of Historic Armenia), Erevan: Hayastan Press, 1987.

Vache Nalbandyan, *Yeghishe's* *Վարդանի և Հայոց Պատերազմի Մասին* (Vardan and the Armenian War), Yerevan: Hayastan Publishing, 1994.

V. Hakobyan and A. Hovhannisyan, eds., *Hayerēn dzeṛhagreri 17 dari hishatakaranner (1601 – 1602)* [Colophons of Seventeenth Century Armenian Manuscripts (1601 – 1620)], Vol. 1, Yerevan, 1974.

V. M. Harutyunyan, "Միջնադարում Հայաստանում քաղաքաշինության մշակույթը (The Culture of City Construction in Armenia in the Middle Ages)", *Patmabansirakan Hands*, No. 2, 1963.

四 西语文章

Abdul Aziz Movahed Nasaj and M. Tofighian, "The Attitude of Shah Abbas I towards Armenian and Zoroastrian Religious Minorities during His Reign", *Research Journal of Fisheries and Hydrobiology*, Vol, 10, No. 9, 2015.

Alexander Henderson, "The Pan-Turanian Myth in Turkey Today", *Asiatic Review*, Vol. XLI, No. 145, 1945 (Jan.).

Alexander Iskandaryan, "The Velvet Revolution in Armenia: How to Lose Power in Two Weeks", *The Journal of Post-Soviet Democratization*, Vol. 26, No. 4, 2018.

Anahide Ter Minassian, "The Revolution of 1905 in Transcaucasia", *Armenian Review*, Vol. 42, No. 2, 1989.

Andrew C. S. Peacock, "Nomadic Society and the Seljūq Campaign in Caucasia", *Iran and Caucasus*, Vol. 9, No. 2, 2005 (Jan.).

André-Salvini and M. Salvini, "The Bilingual Stele of Rusa I from Movana", *Studi Micenei ed Egeo-Anatolici*, Vol. 44, No. 1, 2002.

Armen Petrosyan, "Forefather Hayk in the Light of Comparative Mythology", *Journal of Indo-European Studies*, Vol. 37, No. 1&2, 2009.

Ashtor, "The Economic Decline of the Middle East during the Later Middle Ages", *Asian and African Studies*, No. 15, 1981.

Bertille Lyonne, et al., "Mentesh Tepe, An Early Settlement of the Shomu-Shulaveri Culture in Azerbaijan", *Quaternary International*, Vol. 395, 2016 (Feb.).

Bhaswati Bhattacharya, "Armenian European Relationship in India, 1500 – 1800: No Armenian Foundation to a European Empire?" *Journal of the Economic and Social History of the Orient*, Vol. 48, No. 2, 2005.

Caroline Hamon, "From Neolithic to Chalcolithic in the Southern Caucasus: Economy and Macrolithic Implements from Shulaveri-Shomu Sites of Kwemo-Kartli (Georgia)", *Paléorient*, Vol. 34, No. 2, 2008 (Jan.).

Charles A. Frazee, "The Christian Church in Cilician Armenia: Its Relations with Rome and Constantinople to 1198", *Church History*, Vol. 45, No. 2, 1976.

Christoper Edens, "Transcaucasia at the End of the Early Bronze Age", *Bulletin of the American Schools of Oriental Research*, No., 299/300, 1995.

Christopher J. Walker, "From Sassun to the Ottoman Bank: Turkish Armenians in the 1890s", *Armenian Review*, No. 30, 1979.

Claire Mouradian, "The Mountainous Karabagh Question: Inter-Ethnic Conflict or Decolonization Crisis?" *Armenian Review*, Vol. 43, No. 2 – 3.

Cornelia B. Horn, "The Lives and Literary Roles of Children in Advancing Conversion to Christianity: Hagiography from the Caucasus in Late Antiquity and the Middle Ages", *American Society of Church History*, Vol. 76, No. 2, 2007.

Cyril Toumanoff, "Aspet", *Encyclopedia Iranica*, Vol. II, Fasc. 8, 2011.

Cyril Toumanoff, "Kamsarakan", *Encyclopaedia Iranica*, Vol. 15, Fasc. 5, 2010.

Cyril Toumanoff, "The Mamikonids and the Liparitids", *Armeniaca Venise*, Venice, 1969.

Cyrille Toumanoff, "Vice-rois iraniens (Marzpans) d'Arménie", *Les dynasties de la Caucasie chrétienne de l'Antiquité jusqu'au xixe siècle: Tables généalogiques et chronologiques*, Rome, 1990.

David D. Laitin and Ronald Grigor Suny, "Armenia and Azerbaijan: Thinking a Way out of Karabakh", *Middle East Policy*, Vol. VII, No. 1, 1999.

David E. Murphy, "'Operation Ring': The Black Berets in Azerbaijan", *The Journal of Soviet Military Studies*, Vol. 5, No. 1, 1992.

David Morgan, "The Great Yāsā of Chingiz Khān' and Mongol Law in the Īlkhānate", *Bulletin of the School of Oriental and African Studies*, Vol. 48, No. 1, 1986.

David Petrosian, "What Are the Reasons for Armenians' Success in the Military Phase of the Karabakh Conflict?" *Noyan Tapan Highlights*, 2000 – 1 – 06.

Dmitri Furman, "Imitation Democracies: The Post-Soviet Penumbra", *New Left Review*, No. 54, 2008 (Nov-Dec).

Edmund M. Herzig, "The Volume of Iranian Raw Silk Exports in the Safavid Period", *Iranian Studies*, Vol. 25, No. 1/2, 1992.

Eduard L. Danielyan, "Civilizational Factors of Armenian Sea Trade Development and the International Competition in the 17th Century", *21st Century*, Issue 1 (3), 2011.

Eleanora Nadel-Golobich, "Armenians and Jews in Medieval Lvov: Their Role in Oriental Trade, 1400 – 1600", *Cahiers du monde russe et soviétique*, Vol. 20, No. 3/4, 1979.

Elizabeth Fuller, "What Lies Behind the Current Armenian-Azerbaijani Tensions?" *Report on the USSR* 3, No. 21, 1991.

Eric Pratt Hamp, "The Expansion of the Indo-European Languages: An Indo-Europeanist's Evolving View", *Sino-Platonic Papers*, No. 239, 2013.

Erich Kettenhofen, George A. Bournoutian and Robert H. Hewsen, "Erevan", *Encyclopaedia Iranica*, Vol. 8, Fasc. 5, 1998.

Francis A. Rouleau, "The Yangchow Latin Tombstone as a Landmark of Medieval Christianity in China", *Harvard Journal of Asiatic Studies*, Vol. 17, No. 3/4, 1954 (Dec.).

Geoff Wade, "The Polity of Yelang and the Origin of the Name 'China'", *Sino-Platonic Papers*, No. 188, 2009 (May).

Georgi Derluguian and Ruben Hovhannisyan, "The Armenian Anomaly: Toward an Interdisciplinary Interpretation", *The Journal of Post-Soviet Democratization*, Vol., 26, No. 4, 2018.

Gevorg Poghosyan, "History of Evolution of the Armenian Sociological Thought", *So-*

cial Sciences, Vol. 4, No. 5, 2015.

Gregory Peradze, "The Pilgrims' Derivation of the Name Georgia", *Georgica*, Nos. 4 & 5, 1937 (Autumn).

Guy Bar-Oz, et al., "Hovk 1 and the Middle and Upper Paleolithic of Armenia: A Preliminary Framework", *Journal of Archaeological Science*, No. 39, 2012.

Hakob Simonyan and Mitchell Rothman, "Regarding Ritual Behaviour at Shengavit, Armenia", *Ancient Near Eastern Study*, No. 52, 2015.

Halil I nalcık, "Military and Fiscal Transformation in the Ottoman Empire, 1600 - 1700", *Archivum Ottomanicum*, Vol. 6, 1980.

Heleanor B. Feltham, "Justinian and the International Silk Trade", *Sino-Platonic Papers*, No. 194, 2009.

Henry Desmond Martin, "The Mongol Army", *Journal of the Royal Asiatic Society*, No. 1 - 2, 1943.

Herzig, "The Iranian Raw Silk Trade and European Manufacture in the 18th and 17th Centuries", *Journal of European Economic History*, Vol. 19, No. 1, 1990.

H. Skold, "L'Origine des Mamiconiens", *Revue des etudes armeniennes*, 1925.

James R. Russell, "EZNIK OF KOŁB", *Encyclopœdia Iranica*, Vol. IX, Fasc. 2, 2012.

Jean Aubin, "Etudes Safavides: Shah Ismail I et les notables de l' iraq Persan", *Journal of the Economic and Social History of the Orient*, No. 2, 1959.

Jeffrey J. Klein, "Urartian Hieroglyphic Inscriptions from Altintepe", *Anatolian Studies*, Vol. 24, 1974.

John Andrew Boyle, "The Journey of Het 'um I, King of Little Armenia, to the Court of the Great Khan Möngke", *Central Asiatic Journal*, Vol. 9, No. 3, 1964.

John A. C. Greppin and I. M. Diakonoff, "Some Effects of the Hurro-Urartian People and Their Languages upon the Earliest Armeinans", *Journal of the American Oriental Society*, Vol. 111, No. 4, 1991.

John A. C. Greppin, "Comments on Early Armenian Knowledge of Botany as Revealed in the Geography of Ananias of Shirak", *Journal of the American Oriental Society*, Vol. 115, No. 4, 1995.

J. D. Hawkes, et al., "Finding the Khasa Malla: Preliminary Investigations of the Surkhet Valley, West Nepal", *Ancient Nepal*, No. 179, 2012.

J. Fletcher, "The Mongols: Ecological and Social Perspectives", *Harvard Journal of*

Asiatic Studies, Vol. 46, No. 1, 1986.

Karim Alizadeh, et al., "The End of the Kura-Araxes Culture as Seen from Nadir Tepesi in Iranian Azerbaijan", *American Journal of Archaeology*, Vol. 122, No. 3, 2018.

Krikor Beledian, "L' expérience de la catastrophe dans la littérature arménienne", *Revue d' histoire arménienne contemporaine*, Vol. 1, 1995.

K. Derderian, "Common Fate, Different Experience: Gender-Specific Aspects of the Armenian Genocide, 1915 – 1917", *Holocaust and Genocide Studies*, Vol. 19, No. 1, 2005 (March).

Lalueza-Fox, et al., "Unravelling Migrations in the Steppe: Mitochondrial DNA Sequences from Ancient Central Asians", *Proceedings: Biological Sciences*, Vol. 271, No. 1542, 2004.

Laycock Jo, "Survivor or Soviet Stories? Repatriate Narratives in Armenian Histories, Memories and Identities", *History and Memory*, Vol. 28, No 2., 2016.

Levon Abrahamian and Gayane Shagoyan, "Velvet Revolution, Armenian Style", *The Journal of Post-Soviet Democratization*, Vol. 26, No. 4, 2018.

Levon Khachikian, "The Ledger of the Merchant Hovhannes Joughayetsi", *Journal of the Asiatic Society of Bengal*, Vol. 8, No. 3, 1966.

Levon Ter-Petrosyan, "Moses Khorenats 'i, History of the Armenians, Translation and Commentary on the Literary Sources by Robert W. Thomson (Review)", *Patma-Banasirakan Handes*, No. 1, 1980.

Lori Khatchadourian, "Making Nations from the Ground up: Traditions of Classical Archaeology in the South Caucasus", *American Journal of Archaeology*, Vol. 112, No. 2, 2008.

Luciano Petech, "Un itinirario della Persia alla Cina", *Bolletino della Società Geografica Italiana*, 8th ser., 3. 2/3, 1950 (Mar. -June).

Marc Haber and Massimo Mezzavilla, et al., "Genetic Evidence for An Origin of the Armenians from Bronze Age Mixing of Multiple Populations", *Europe Journal of Human Genetics*, Vol. 24, No. 6, 2016.

Margaret Cool Root, "The Parthenon Frieze and the Apadana Reliefs at Persepolis: Reassessing a Programmatic Relationship", *American Journal of Archaeology*, Vol. 89, No. 1, 1985.

Margaret Lavinia Anderson, " 'Down in Turkey, Far Away': Human Rights, the Armenian Massacres, and Orientalism in Wilhelmine Germany", *Journal of Modern History*, *Vol.* 79, No. 1, 2007 (March).

MB Mohajer, et al, "Shah Abbas's Relationship with the Larestan Miladi Dynasty Rulers: Review of the Collapse of the LarDynasty, the Oldest Iranian Local State", *Journal of History Culture and Art Research*, Vol. 6, No. 6, 2017.

Michael J. Kelly, "Can Sovereigns Be Brought to Justice? The Crime of Genocide's Evolution and the Meaning of the Milosevic Trial", *St. John's Law Review*, Vol. 76, No. 2, 2002.

Michael Varandian, "A History of the Armenian Revolutionary Federation (Part IV)", *Armenian Review*, Vol. 24, No. 1, 1971.

Mr Hervé Lethier, *Report on the Spot Expert Appraisal of the Khosrov Forest State Reserve*, 23 – 25, Strasbourg: Standing Committee (37th meeting), 2017 (May).

M. Diakonoff, "Hurro-Urartian Borrowings in Old Armenian", *Journal of the American Oriental Society*, Vol. 105, No. 4, 1985 (Oct-Dec.).

M. Poulmarch and F. Le Mort, "Diversification of the Funerary Practices in the Southern Caucasus from the Neolithic to the Chalcolithic", *Quaternary International*, Vol. 395, 2016 (Feb.).

M. Çizakça, "Price History and the Bursa Silk Industry: A Study in Ottoman Industrial Decline, 1550 – 1650", *Journal of Economic History*, Vol. 40, No. 3, 1980.

Nordin Hussin, "Charting the Early History of Penang Trading Networks and Its Connections with the New ASEAN Growth Triangle (Malaysia-Indonesia-Thailand)", *Malaysian Journal of Society and Space*, No. 3, 2007.

N. Adontz, "Les Légendes de Maurice et de Constantin V, empereurs de Byzance", *Annuaire de l' institut de Philologie et d' Histoire Orientates*, 2, Brussels, 1934.

N. G. L. Hammond, "Alexander and Armenia", *Phoenix*, Vol. 50, No. 2, 1996.

Patrick Cockburn, "Dateline USSR: Ethnic Tremors", *Foreign Policy*, No. 74, 1989 (Spring).

Paul A. Blaum, "Diplomacy Gone to Seed: A History of Byzantine Foreign Relations, A. D. 1047 – 1057", *International Journal of Kurdish Studies*, Vol. 18, No. 1, 2004.

Peter Jackson, "Crisis in the Holy Land in 1260", *English Historical Review*, Vol. 95, No. 376, 1980.

Petros Hovhannisyan, "Review of History of the Armenians", *Banber Yerevani Hamalsarani*, Vol. 45, 1982.

Phyllis Zagano, "Catholic Women's Ordination: The Ecumenical Implications of Women Deacons in the Armenian Apostolic Church, the Orthodox Church of Greece, and the Union of Utrecht Old Catholic Churches", *Journal of Ecumenical Studies*, Vol. 43, No. 1, 2008.

Professor Richard Wilson, "On the Visit to the Armenian-Azerbaijani Border, May 25 – 29, 1991", *Presented to the First International Sakharov Conference on Physics*, Moscow: Lebedev Institute, on May 31, 1991.

Ralpha Kauz and Liu Yingsheng, "Armenia in Chinese Sources", *Iran and the Caucasus*, Vol. 12, No. 2, 2008.

Renée Worringer, " 'Sick Man of Europe' or 'Japan of the near East': Constructing Ottoman Modernity in the Hamidian and Young Turk Eras", *International Journal of Middle East Studies*, Vol. 36, No. 2, 2004 (May).

Richard G. Hovannisian, "Nationalist Ferment in Armenia", *Freedom at Issue*, No. 105, 1988.

Robert Bedrosian, "China and the Chinese according to 5 – 13th Century Classical Armenian Sources", *Armenian Review*, Vol. 34, No. 1 – 133, 1981.

Robert H. Hewson, "The Primary History of Armenia: An Examination of the Validity of An Immeoriality Transmitted Historical Tradition", *History in Africa*, Vol. 2, 1975.

Ronald Ferrier, "The Agreement of the East India Company with the Armenian Nation, 22nd June 1688", *Revue des Études Arméniennes*, new series 7, 1970.

Rouben Paul Adalian, "The Historical Evolution of the Armenian Diasporas", *Journal of Modern Hellenism*, No. 6, 1989.

Rudi Matthee, "Rudeness and Revilement: Russian-Iranian Relations in the Mid-Seventeenth Century", *Iranian Studies*, Vol. 46, No. 3, 2013.

Rudolph P. Matthee, "Merchants in Safavid Iran: Participants and Perceptions", *Journal of Early Modern History*, Vol. 4, 2000.

Rüdiger Schmitt, "Von Bopp bis Hübschmann: Das Armenische als indogermanische Sprache", *Zeitschrift für vergleichende Sprachforschung*, 89. Band, 1975.

R. Pinhasi and B. Gasparian, et al., "Hovk 1 and the Middle and Upper Paleolithic of Armenia: a preliminary framework", *Journal of Human Evolution*, Vol. 55, No. 5, 2008.

R. W. Ferrier, "The Armenians and the East India Company in Persia", *Economic*

History Review, N. S. 26/1, 1973.

Sabri Sayari, "Turkey and the Middle East in the 1990s", *Journal of Palestine Studies*, Vol. 26, No. 3, 1997.

Saroukhan, "The Agricultural Society: The First Popular Movement in Western Armenia", *AR*, Vol. 34, No. 2, 1981.

Shapur Shahbazi, "Besṭām O Bendōy", *Encyclopaedia Iranica*, Vol. IV, Fasc. 2, 1989.

Shapur Shahbazi, "Hormozd IV", *Encyclopaedia Iranica*, Vol. XII, Fasc. 5, 2012.

Simonyan H. E., "The Archaeological Site of Shengavit: An Ancient Town in the Armenian Highland", *Fundamental Armenology*, No. 1, 2015.

Stephen Batiuk and Mitchell S. Rothman, "Early Transcaucasian Cultures and Their Neighbors: Unraveling Migration, Trade, and Assimilation", *University Museum of the University of Pennsylvania: Expedition*, Vol. 49, No. 1, 2007.

Stephen D. Batiuk, "The Fruits of Migration: Understanding the 'longue dureé' and the Socio-Economic Relations of the Early Transcaucasian Culture", *Journal of Anthropological Archaeology*, Vol. 32, No. 4, 2013.

Stephen H. Rapp, "Coinage of Tamar, Sovereign of Georgia in Caucasia: A Preliminary Study in the Numismatic Inscriptions of Twelfth and Thirteenth Century Georgian Royal Coinage", *Le Muséon*, Vol. 106, No. 3 – 4, 1993.

Susanna Davtyan, et al., "Mkhitar Gosh's Medieval Law Code and Its Implications for Armenian Communities Abroad", *Medicine and Law*, Vol., 33, No. 2, 2014.

Suvaryan Y. M., "Armenian State Government in the Epochs of the Kingdoms of Great Armenia and Cilicia", *Fundamental Armenology*, No. I, 2015.

Svante E. Cornell, "The Nagorno-Karabakh Conflict", *Report No* 46, *Department of East European Studies*, Uppsala University, 1999.

Sylvia Schein, "Gesta Dei per Mongolos 1300. TheGenesis of A Non-event", *The English Historical Review*, Vol. 94, No. 373, 1979 (Oct.).

Tamara C. Gureghian, "Medzamor: Weighing the Reopening of Armenia's Unstable Nuclear Power Plant and the Duties of the International Community", *Villanova Environmental Law Journal*, Vol. 5, Issue 1, 1994.

Thomas Gamkrelidze and Vyacheslav V. Ivanov, "The Early History of Indo-European Languages", *Scientific American*, Vol. 262, No. 3, 1990.

Tigran Yepremyan and Nicolas Tavitian, "An Introduction to the Armenian Diaspora in Europe", *Europäisches Journal für Minderheitenfragen*, 2017 (June), Issue 1 – 2.

United States Department of State, Papers Relating to the Foreign Relations of the United States, *The Paris Peace Conference*, 1919, Vol. 3, Washington, D. C., 1943.

Vahagn Avedian, "State Identity, Continuity, and Responsibility: The Ottoman Empire, the Republic of Turkey and the Armenian Genocide", *European Journal of International Law*, Vol. 23, No. 3, 2012 (Oct.).

Vardanyan V. M., "The Armenian Princely System in Vaspurakan During the Struggle of the Armnian People against the Caliphate's Dominance (the 8th Century)", *Fundamental Armenology*, No. 2, 2015.

Vazken S. Ghougassian, "Julifa i. Safavid Period", *Encyclopaedia Iranica*, Vol. XV, Fasc. 2; Vol. XV, Fasc. 3, 2009.

Viada Arutjunova-Fidanjan, "Some Aspects of the Military-Administrative Districts and of Byzantine Administration in Armeniaduring the 11th Century", *Revue des Études Arméniennes*, NS., 20, 1986 – 1987 (Moscow).

Vrej Nersessian, "Review of History of the Armenians", *Journal of Ecclesiastical History*, Vol. 30, No. 4, 1979 (Oct.).

V. Gregorian, "Minorities of Isfahan: the Armenian Community of Isfahan 1587 – 1722", *Iranian Studies*, Vol. II, No. 3 – 4, 1974.

William M. Austin, "Is Armenian an Anatolian Language", *Language*, Vol. 18, No. 1, 1942.

Xi Yang, "Some Possible Chinese Records about Armenia and the Armenians in Mid-Qing Dynasty", *Iran and the Caucasus*, Vol. 13, No. 2, 2009.

Yuri Harutyunyan, "Об этносоциологических исследованиях армян России", *Patma-Banasirakan Handes*, No. 1, 2010.

"Jean-Pierre Mahé's Review of Aram Topchyan's The Problem of the Greek Sources of Movsēs Xorenac 'i's History of Armenia", *Revue des Études Arméniennes*, No. 30, 2005 – 2007.

五 西语著作（包括古希腊罗马、亚美尼亚、阿拉伯和波斯等古典文献）

Abu Al-Abbas Ahmad Bin Jab Al-Baladhuri, *The Origins of the Islamic State*, Vol. I, trans. by Philip Khuri Hitti, New York: Columbia University, 1916.

Abū Ya' lá Ḥamzah ibn Asad ibn al-Qalānisī, *The Damascus Chronicle of the Crusades*, extracted and trans. from the Chronicle of ibn Al-Qualānisī by H. A. R. Gibb, Mineola, New York: Dover Publications, 2002.

Adam Hochschild, *King Leopold's Ghost: A Story of Greed, Terror, and Heroism in Colonial Africa*, Boston, MA: Mariner Books, 1999.

Adrian Brisku, *Bittersweet Europe: Albanian and Georgian Discourses on Europe, 1878 – 2008*, New York: Berghahn Books, 2013.

Adrian Fortescue, "Gregory the Illuminator", *The Catholic Encyclopedia*, Vol. 7, New York: Robert Appleton Company, 1910.

Adrian J. Boas, ed., *The Crusader World*, Wisconsin: The University of Wisconsin Press, 2016.

Adrien Burton, *The Bukharans: A Dynastic, Diplomatic and Commercial History* 1550 – 1702, New York: St. Martin's Press, 1997.

Adrienne Mayor, *The Poison King: The Life and Legend of Mithradates, Rome's Deadliest Enemy*, New Jersey: Princeton University Press, 2009.

Agathangelos, *History of the Armenians*, trans. and commentary by R. W. Thomson, New York: State University of New York Press, 1976.

Agop J. Hacikyan, eds., *The Heritage of Armnian Literature*, Vol. I, Detroit: Wayne State University Press, 2000.

Ahmad Ibn Yahya al-Baladhuri, *The Origins of the Islamic State: Being a Translation from the Arabic*, Vol. I, accompanied with annotations, geographic and historic notes of the Kitàb Fitûh al-Buldàn of al-Imàm abu-l Abbàs Ahmad ibn-Jàbir al-Balàdhuri, trans. by Phillip Hitti, London: P. S. King & Son, Ltd., 1916.

Alain Demurger, *Jacques de Molay*, Paris: Payot & Rivages, 2007.

Alban Butler and Paul Burns, *Butler's Lives of the Sanits*, Kent: Burns& Oates, 1999.

Albert Kirk Grayson, *Assyrian and Babylonian Chronicle*, Indiana: Eisenbraun, 1975.

Alexander Basilevsky, *Early Ukraine: A Military and Social History to the Mid*-19*th Century*, McFarland: McFarland & Co., 2016.

Alexander Daniel Beihammer, *Byzantium and the Emergence of Muslim-Turkish Anatolia, ca.* 1040 – 1130, New York: Routledge, 2017.

Alexander Kazhdan, ed., *The Oxford Dictionary of Byzantium*, Oxford University Press, 1991.

Alexander Mikaberidze, *Historical Dictionary of Georgia* (2 ed.), Lanham: Rowman & Littlefield, 2015.

Alexander-Michael Hadjilyra, *The Armenians of Cyprus*, New York: Kalaydjian Foundation, 2009.

Amir Mazor, *The Rise and Fall of a Muslim Regiment: The Mansuriyya in the First Mamluk Sultanate*, 678/1279-741/1341, Bonn: Bonn University Press, 2015.

Amjad Jaimoukha, *The Chechens: A Handbook*, London and New York: Routlege Curzon, 2005.

Ammianus Marcellinus, *Roman History*, 3 Vols. trans. by John C. Rolfe, London: Harvard University Press, 1986 – 2000.

Amélie Kuhrt, *The Ancient Near East*, London: Routledge, 1995.

Amélie Kuhrt, *The Persian Empire*, London: Routledge, 2007.

Anaide Ter Minassian, *Nationalism and Socialism in the Armenian Revolutionary Movement* (*1887 – 1912*), trans. by A. M. Berrett, Cambridge: The Zoryan Institute, 1984.

Ananias of Širak, *The Geography of Ananias of Širak: Ašxarhac' oyc'*, *the Long and the Short Recensions*, introduction, translation and commentary by Robert H. Hewsen, Wiesbaden: Dr. Ludwig Reichert Verlag, 1992.

Angus Donal Stewart, *The Armenian Kingdom and the Mamluks: War and Diplomacy During the Reigns of Hetum II* (1289 – 1307), Netherlands: Brill Academic Publishers, 2011.

Anna Comnena, *The Alexiad*, trans. by Elizabeth Dawes, London: Routledge, 1928.

Anne Elizabeth Redgate, *The Armenians*, Cambridge: Cambridge University Press, 1995.

Annika Rabo and Bo Utas, eds., *The Role of the State in West Asia*, New York: I. B. Tauris, 2006.

Anthony Kaldellis, *Streams of Gold, Rivers of Blood: The Rise and Fall of Byzantium*, 955 *A. D. to the First Crusade*, New York: Oxford University Press, 2017.

Antony Eastmond, *Royal Imagery in Medieval Georgia*, University Park, PA: Pennsylvania State Press, 1998.

Appian, *Appian's Roman History*, Vol. 2, trans. by Horace White, first printed 1912, reprinted 1932, 1955, 1962, Printed in Great Britain.

Arakel of Tabriz, *The History of Vardapet Arakel of Tabriz*, Vol. 2, trans. by G. Bournoutian, Cosa Mesa, CA: Mazda Publishers, 2006.

Aram I Catholicos Keshishian, *St. Nerses the Gracious and Church Unity*, Antelias: Catholicosate Publications, 2010.

Aram Ter-Ghewondyan, *The Arab Emirates in Bagratid Armenia*, trans. by Nina G. Garsoïan, Lisbon: Livraria Bertrand, 1976.

Aram Topchyan, *The Problem of the Greek Sources of Movsēs Xorenac' i's History of Armenia*, *Leuven*: *Peeters Publishers*, 2006.

Ariel Cohen, ed., *Eurasia in Balance*: *US and the Regional Power Shift*, Aldershot, England: Ashgate, 2005.

Aristakes Lastivertc 'i, *Aristakes Lastivertc 'i's History*, trans. by Robert Bedrosian, New York: Sources of the Armenian Tradition, 1985.

Armen Khachikyan, *History of Armenia*: *A Brief Review*, Yerevan: Edit Print, 2010.

Arnold Hugh Martin Jones, J. R. Martindale and J. Morris, *The Prosopography of the Later Roman Empire*: *Vol.* 2, *A D* 395 - 527, Cambridge: Cambridge University Press, 1980.

Arnold Joseph Toynbee (Author) and Viscount James Bryce (Creator), *Armenian Atrocities*, *the Murder of a Nation*, London and New York: Hodder & Stoughton, 1915.

Aron Katsenelinboĭgen, *The Soviet Union*: *Empire*, *Nation and Systems*, New Brunswick: Transaction Publishers, 1990.

Asili, *Al-Zahir Baibars and the End of the Old Crusades*, Beirut: Dar Alnafaes, 1992.

Avedis K. Sanjian (selected, trans. and annoted), *Colophons of Armenian Mauscripts*: *A Source for Middle Eastern History*, *1301 - 1480*, Massachusetts: Harvard University Press, 1969.

A. Cook, ed., *A History of the Ottoman Empire to* 1730, Cambridge University Press, 1976.

A. R. Gibb, eds., *The Encyclopaedia of Islam*, New Edition, Vo. I: A-B, Leiden: E. J. Brill, 1960.

A. Sinclair, *Eastern Turkey*: *An Architectural & Archaeological Survey*, 4 Vols., London: Pindar Press, 1989.

Bar Hebraeus (Gregory Abu' l-Faraj), *Bar Hebraeus' Chronography*, trans. from Syriac by E. A. Wallis Budge, London: Oxford University Press, 1932.

Barbara A. West, *Encyclopedia of the Peoples of Asia and Oceania*, New York: Infobase Publishing, 2010.

Bayarsaikhan Dashdondog, *The Mongols and the Armenians* (1220 - 1335), Boston: Leiden, 2011.

Bearman, eds., *The Encyclopedia of Islam*, Vol. 9, Leiden: Brill, 1997.

Benjamin Braude, eds., *Christians and Jews in the Ottoman Empire*, *2 Vols.*, New York and London: Holmes and Meier, 1982.

Benjamin of Tudela, *The Itinerary of Benjamin of Tudela*, Critical text, translation and commentary by Marcus Nathan Adler, London, Oxford University Press, 1907.

Bilàl N. Simsir, *British Documents on Ottoman Armenians* 1856 – 1880, Vol. I, Ankara: Turk Tarih Kurumu, 1989.

Blair A. Ruble and Arcadius Kahan, ed. , *Industrial Labor in the U. S. S. R.* (Special Study of the Kennan Institute for Advanced Russian Studies, the Wilson Center, No. 1), Oxford: Pergamon Press, 1980.

Blussé and F. S. Gaastra, eds. , *Companies and Trade: Essays on Overseas Trading Companies during the Ancien Régime*, Leiden: Leiden University Press, 1981.

Boris B. Piotrovsky, *The Ancient Civilization of Urartu*, New York: Cowles Book, 1969.

Boyle, ed. , *The Cambridge History of Iran*, Vol. 5, Cambridge: Cambridge University Press, 1968.

Bryan S. Turner, *Weber and Islam*, Vol. 7, London: Routledge, 1998.

Bulent Gokay, *The Politics of Caspian Oil*, New York: Palgrave MacMillan, 2003.

Buzandats' i P' awstos (Faustus of Byzantium), *The Epic Histories attributed to Pawstos Buzand*, trans. and commentary by N. G. Garsoïan, Cambridge, Mass. : Harvard University Press, 1989.

B. Bury, *History of the Later Roman Empire from the Death of Theodosius I to the Death of Justinian*, New York: Dover Publications, 2012.

Charles Grey (trans. and ed.), *A Narrative of Italian Travels in Persia in the Fifteen and Sixteenth Century*, London: Printed for the Hakluyt Society, 1873.

Charles Herbermann, ed. , *Catholic Encyclopedia*, trans. by Douglas J. Potter, New York: Robert Appleton Company, 1913.

Charles King, *The Ghost of Freedom: A History of the Caucasus*, New York: Oxford University Press, 2008.

Charles Rollins, *Ancient History*, Vol. 4: History of the Macedonians, the Seleucidae in Syria, and Parthians, New York: R. Carter, 1844.

Charlotte Mathilde Louise Hille, *State Building and Conflict Resolution in the Caucasus*, Leiden: Brill, 2010.

Chaudhury and K. Kévonian, eds. , *Les Arméniens dans le commerce asiatique au début de l' ère moderne*, Paris: Éditions de la Maison des sciences de l' homme, 2007.

Christian Lassen, *Indische Alterthumskunde*, *Vol. I: Geographie und die älteste Ge-*

schichte, Bonn: H. B. Koenig, 1874.

Christine Bell, *Peace Agreements and Human Rights*, Oxford: Oxford University Press, 2005.

Christopher J. Walker, *Armenia and Karabagh: The Struggle for Unity*, London: Minority Rights Publications, 1991.

Christopher Kremmer, *The Carpets Wars*, New York: Harper Collins Publishers, Inc., 2002.

Christopher Tyerman, *God's War: A New History of the Crusades*, Cambridge: Belknap Press, 2006.

Christopher Walker, Armenia: *The Survival of a Nation* (2nd edition), New York: St. Martin's Press, 1990.

Clarence D. Ussher, *An American Physician in Turkey: A Narrative of Adventures in Peace and in War*, New York and Boston: Houghton Mifflin Company, 1917.

Claude Cahen, *La Syrie du nord à l' Époque des Croisades et la Principauté Franque d' Antioche* (North Syria at the Time of the Crusaders and the Frankish Principality of Antioch), Paris: Librairie Orientaliste Paul Geuthner, 1940.

Claude Mutafian, *Le Royaume Armenien de Cilicie*, Paris: CNRS Éditions, 1993.

Claude Mutafian, *Roma-Armenia*, Rome: Edizioni de Luca, 1999.

C. S. Peacock, eds., *The Seljuks of Anatolia: Court and Society in the Medieval Middle East*, London: I. B. Tauris, 2013.

Dale H. Hoiberg, ed., *The New Encyclopedia Britannica*, Vol. 1, (15th ed.), Chicago, IL: Encyclopedia Britannica Inc., 2010.

Daniel David Luckenbill, ed., *Ancient Records of Assyria and Babylonia*, Vol. I, Chicago: University of Chicago Press, 1926.

Daniel H. Bays, *A New History of Christianity in China*, West Sussex: John Wiley & Sons, 2012.

David Leeming, *The Oxford Companion to World Mythology*, Oxford University Press, 2005.

David Marshall Lang, *Armenia: Cradle of Civilization*, Boston: George Allen & Unwin, 1970.

David Nicolle, *Manzikert* 1071: *The Breaking of Byzantium*, Oxford: Osprey Publishing, 2013.

David Nicolle, *Sassanian Armies: The Iranian Empire Early 3rd to Mid-7th Centuries AD*, Stockport: Montvert, 1996.

David Nicolle, *The Crusades*, London: Osprey Publishing, 2001.

David Steele, *Lord Salisbury: A Political Biography*, London: UCL Press, 1999.

Deirdre Holding, *Armenia: with Nagorno Karabagh*, Bucks, England: Bradt Travel Guides, 2014.

Della Valle, *Viaggi di Pietro della Valle il Pellegrino*, Vol. 1, Brighton: G. Gancia, 1843.

Demurger Alain, *Croisades et croisés au Moyen Age*, Paris: Flammarion, 2006.

Dickran Kouymjian, ed., *Études Arméniennes: In Memoriam Haïg Berbérian*, Lisbon: Calouste Gulbenkian Foundation, 1986.

Diodorus Siculus, *The Persian Wars to the Fall of Athens Book II*-14.34 (480 – 401*BCE*), trans. with introduction and Notes by Peter Green, Austin: University of Texas Press, 2010.

Dion Gassius, *Roman History*, 9 *Vols.*, trans. by Earnest Cary, London: William Heinemann, 1914 – 1927.

Dionysius of Tell-Mahre, *La Chronique de Denys de Tell-Mahre*, trans. by J-B. Chabot, Paris: Émile Bouillon Library, 1896.

Donald Bloxham, ed., *The Oxford Handbook of Genocide Studies*, Oxford, USA: Oxford University Press, 2010.

Donald Bloxham, *The Great Game of Genocide: Imperialism, Nationalism, and the Destructuion of the Ottoman Armenians*, Oxford: Oxford University Press, 2007.

Donald Daniel Leslie, et al., *The Roman Empire in Chinese Sources*, Roma: Bardi, 1996.

Donald Rayfield, *Edge of Empires: A History of Georgia*, London: Reaktion Books Ltd, 2012.

Donald Rayfield, *The Literature of Georgia: A History*, Surrey: Curzon Press, 2000.

Dosarsou Sue, *The Reasons of the Fall of Shah Sultan Hussein*, trans. by Valiollah Shadan, Tehran: Ketabsara publications, 1974.

Dr. Humphry Sandwith, *A Narrative of the Siege of Kars and of the Six Months' Resistance by The Turkish Garrison Under General Williams to the Russian Army*, London: John Murray, 1856.

East India Company, *Records of Fort St. George: Diary and Consultation Book of* 1709, Vol. 40, Madras: Printed by the Superintendent, Government Press, 1929.

Edmund Herzig, eds., *The Armenians: Past and Present in the Making of National Identity*, London: Routledge, 2005.

Edmund M. Herzig, *The Armenian Merchants of New Julfa, Isfahan: A Study in Pre-modern Asian Trade*, (Ph. D), St. Anony's College, 1991.

Edward Delmar Morgan and Charles Henry Coote, *Early Voyages and Travels to Russia and Persia by Anthony Jenkinson and other Englishmen: With some Account of the First Intercourse of the English ... Caspian Sea*, London: Routledge, 2017.

Edward Gibbon, *The History of the Decline and Fall of the Roman Empire* (revised), Vol. I, Philadelphia: Porter and Coates, 1845.

Edward Hertslet, *The Map of Europe by Treaty, Vol.* 4: *Showing the Various Political and Territorial Changes Which Have Taken Place Since the General Peace of* 1814, ... *and Notes*; 1875 *to* 1891 (Classic Reprint), London: Butterworths, 1875 – 1891.

Edward J. Erickson, *Ordered to Die: A History of the Ottoman Army in the First World War*, Connecticut: Greenwood Publishing Group, 2001.

Efraim Karsh, *Empires of the Sand: The Struggle for Mastery in the Middle East*, Harvard University Press, 2001.

Eghishē, *The History of Vardan and the Armenian War*, trans. by Robert W Thomson, Cambridge, Mass.: Harvard University Press, 1982.

Ehsan Yarshater, ed., *Cambridge History of Iran*, Vol. 3 (1), Cambridge: Cambridge University Press, 1983.

Ehsan Yarshater, ed., *Encyclopaedia Iranica*, Vol. II: Anamaka through Atar al-Wozara, Costa Mesa, CA: Mazda Publisher, 1987.

Ehsan Yarshater, ed., *The Cambridge History of Iran*, Vol. 3 (1), New York: Cambridge University Press, 1983.

Eichmann and H. Parzinger, eds., *Migration und Kultur Transfer: Der Wandel vorder- und zentralasiatischer Kulturen im Umbruch vom* 2. *zum* 1. *Vorchristlichen Jahrtausend. Ak ten des Internationalen Kolloquiums Berlin*, 23. *bis* 26. *November* 1999, Bonn: Rudolf Habelt, 2001.

Encyclopaedia Britannica, *Encyclopœdia Britannica*, 29 Vols., Cambridge: Cambridge University Press, 1910 – 1911.

Eric J. Hobsbawm, *Nations and Nationalism since* 1780: *Programme, Myth, Reality* (2nd ed.), Cambridge: Cambridge University Press, 1992.

Ernst Jäckh, *Der Aufsteugende Halbmond* (6th ed.), Berlin: Siegismund, 1916.

Esat Uras, eds., *The Armenians in History and the Armenian Question*, Istanbul: Documentary Publications, 1988.

Eugene Hinterhoff, *Persia: The Stepping Stone to India. Marshall Cavendish Illustrated Encyclopedia of World War I*, Vol. 4, New York: Marshall Cavendish Corporation, 1984.

Eugenie Harris Gross and Jeffrey Gross, *The Soviet Union: A Guide for Travelers*, New York: John Murray, 1977.

Eutropius, *Abridgement of Roman History*, trans. by the Rev. John Selby Watson, London: Henry G. Bohn, 1853.

Ełišē, *History of Vardan and the Armenian War*, trans. by Robert Thomson, Cambridge, MA: Harvard University Press, 1982.

E. D. Allen and Paul Muratoff, *Caucasian Battlefields: A History of the Wars on the Turco-Caucasian Border*, Cambridge: Cambridge University Press, 1953.

Father Michael Chamicii, *History of Armenia*, Vol. I, printed at Bishop's College Press by H. Townsend, 1827.

Fatma Muge Gocek, *Denial of violence: Ottoman past, Turkish Present and Collective Violence against the Armenians*, 1789 – 2009, Oxford: Oxford University Press, 2015.

Fernand Braudel, *Civilization and Capitalism*, 15*th*-18*th Century*, 3 Vols., trans. from the French by Sian Reynolds, London: Williams Coli ins Sons & Co Ltd, 1981 – 1984.

Firuz Kazemzadeh, The Struggle for Transcaucasia, 1917 – 1921, Westport, Conn.: Hyperion Press, 1981.

Floor and Herzig, eds., *Iran and the World in the Safavid Age*, London: I. B. Tauris, 2015.

Francesco Balducci Pegolotti, *La pratica della mercatura* (Medieval Academy of America), edited by Allan Evans, Cambridge: The Academy, 1936.

François Martin, *Mémoires de François Martin, fondateur de Pondichéry* (1665 – 1696), Vol. 1, edited by Alfred Martineau, Paris: Soc. d'Éd. Géographiques, Maritimes et Coloniales, 1931.

Friar Jordanus, *Mirabilia Descripta: The Wonders of the East, edited by Henry Yule*, London: Hakluyt Society, 1863.

Fà' iz El-Ghusein, *Martyred Armenia*, trans. from the Original Arabic, London: C. Arthur Pearson, Ltd., 1917.

F. B. Lynch, *Armenia: Travels and Studies*, Vol. II, London: Longmans, Green, and Co., 1901.

F. Lehmann, *A Reader in 19th Century Historical Indo-European Linguistics*, Bloomington: Indiana University Press, 1967.

Garegin Pasdermadjian, *Why Armenia Should Be Free: Armenia's Role in the Present War*, Boston: Hairenik Publishing Company, 1918.

Geoffrey Greatrex and Samuel N. C Lieu, *The Roman Eastern Frontier and the Persian Wars*, New York and London, U. K: Routledge, 1992.

Geoge A. Bournoutian, *A History of the Armenian People*, 2 Vols. , Costa Mesa, Califonia: Mazada Publishers, 1993 – 1994.

George A. Boumoutian, *A Concise History of the Armenian People: From Ancient Times to the Present*, Costa Mesa: Mazda Publishers, Inc. , 2006.

George A. Bournoutian, *Eastern Armenia in the Last Decades of Persian Rule*, 1807 – 1828, Malibu: Undena Publications, 1982.

George Douglas Campbell, *Our Responsibilities for Turkey: Facts and Memories for Forty Years*, London: John Murray, 1896.

George E. Lane, *Early Mongol Rule in Thirteenth-Century Iran: A Persian Renaissance*, London and New York: Routledge Curzon, 2003.

George H. Hepworth, *Through Armenia on Horseback*, New York: E. P. Dutton & Co. , 1898.

Georgiy I. Mirsky, *On Ruins of Empire: Ethnicity and Nationalism in the Former Soviet Union*, Westport, CT: Greenwood Press, 1997.

Gerald J. Libaridian, *Modern Armenia People*, *Nation*, *State*, New Brunswick, N. J. : Transaction Publishers, 2007.

Gerard J. Libaridian, ed. , *The Karabakh File: Documents and Facts on the Question of Mountainous Karabakh*, 1918 – 1988, Cambridge: The Zoryan Institute, March, 1988.

Gerard Libaridian, ed. , *A Crime of Silence: The Armenian Genocide: Permanent Peoples' Tribunal*, London: Zed Books Ltd, 1985.

Ghazar P'arpec'i, *History of the Armenians*, trans. by Robert Bedrosian, New York: Sources of the Armenian Tradition, 1985.

Ghewond (Łewond), *The History of Łewond: the eminent vardapet of the Armenians*, trans. by Zaven Arzoumanian, Philadelphia: St. Sahag and St. Mesrob Armenian Church, 1982.

Giuseppe Motta, *Less Than Nations: Volume* 1 *and* 2: *Central-Eastern European minorities after WWI*, Newcastle upon Tyne: Cambridge Scholars Publishing, 2014.

Grigor Aknerts 'i, *History of the Nation of Archers*, trans. by Robert Bedrosian, New Jersey: Sources of the Armenian Tradition, 2003.

Gustav Warneck, *Outline of a History of Protestant Missions from the Reformation to the Present Time*, edited by George Robson, Edinburgh and London: Oliphant Anderson & Ferrier, 1901.

Guy Perry, *John of Brienne: King of Jerusalem, Emperor of Constantinople, c.* 1175 – 1237, Cambridge: Cambridge University Press, 2013.

Gάbor Ágoston and Bruce Alan Masters, *Encyclopedia of the Ottoman Empire*, New York: Infobase Publishing, 2010.

Gérard Dédéyan, *History of the Armenian People*, Tolosa: Privat Press, 2007.

Géza G. Xeravits, ed., *A Pious Seductress: Studies in the Book of Judith* (Deuterocanonical and Cognate Literature Studies 14), Berlin and New York: De Gruyter, 2012.

G. de Clavijo, *Narrative of the Embassy of R. G. de C. to the Court of Timour at Samarcand AD* 1403 – 1406, trans. by Clements R. Markham, London: The Hakluyt Society, 1859.

G. Hewitt, *Georgian: A Structural Reference Grammar*, Amsterdam & Philadelphia: John Benjamins Publishing, 1995.

G. W. Bowersock and Peter Brown, eds., *Late Antiquity: A Guide to the Postclassical World* (2nd ed.), Cambridge, Mass.: Belknap Press of Harvard University Press, 1999.

Hacikyan, et al., *The Heritage of Armenian Literature*, 3 Vols., Detroit: Wayne State University Press, 2000 – 2005.

Hagop Barsoumian, *The Armenian Amira Class of Istanbul*, PhD diss., Columbia University, 1980.

Hakob Manandian, *The Trade and Cities of Armenia in Relation to Ancient World Trade*, trans. by N. G. Garsoïan, Lisbon: Livrafia Press, 1965.

Hakob Manandyan and George A. Bournoutian, *Tigranes II and Rome: A New Interpretation Based on Primary Sources*, Costa Mesa, CA: Mazda Publishers, 2007.

Hakobyan, ed., *Minor Chronicles of the* 13*th*-18*th Centuries*, Vol. 1, Erevan: Academy of Sciences Press, 1951.

Halil Inalcik, *An Economic and Social History of the Ottoman Empire*, Book I, Cambridge: Cambridge University Press, 1997.

Hans Henrich Hock and Ladislav Zgusta, *Historical, Indo-European, and Lexicographical Studies*, Berlin: Walter de Gruyter, 1997.

Hans-Lukas Kieser and Dominik J. Schaller, *Der Völkermord an den Armeniern und die Shoah* (The Armenian Genocide and the Shoah), Zürich: Chronos Verlag, 2002.

Harold Buxton, *Transcaucasia*, London: Faith Press Collection Robarts, 1926.

Hayk Khachatryan, *141 Kings of the Armenians*, Erevan: Amaras, 2006.

Helsinki Watch, *Bloodshed in the Caucasus: Escalation of the Armed Conflict in Nagorno-Karabakh*, New York: Helsinki Watch, 1992.

Henry Morgenthau, *Ambassador Morgenthau's Story: A Personal Account of the Armenian Genocide* (First published 1918), New York: Cosimo Classics, 2010.

Henry Morgenthau, *Secrets of the Bosphorus*, London: Hutchinson & Co., 1918.

Het ' um the Armenian of the Praemonstratensian Order, *History of the Tartars* (The Flower of Histories of the East), trans. by Robert Bedrosian, New Jersey: Sources of the Armenian Tradition, 2004.

Heyd, *Hisoire du commerce du Levant au Moyen Age*, Vol. II, Leipzig, 1923.

Hgop L. Barsoumian, *The Armenian Amira of the Ottoman Empire*, Yerevan: American University of Armenia, 2006.

Holmes and A. Macintyre, eds., *The English Historical Review*, Vol. 95, London: Longman, 1980.

Hourani, ed., *Middle Eastern Affairs No. 4* (St Antony's Papers No. 17), London: Oxford University Press, 1965.

Houri Berberian, *Armenians and the Iranian Constitutional Revolution*, 1905 – 1911, Boulder: Westview Press, 2001.

Hovhannes Draskhanakerttsi (Yovhannes Drasxanakertc ' i), *History of Armenia*, trans. by K. H. Maksoudian, Atlanta: Scholars Press, 1987.

Hovhannes Khachkyan, *Little Mirror*, Calcutta, 1869.

Hugh Kennedy, *The Early Abbasid Caliphate: A Political History*, London and Sydney: Croom Helm, 1986.

Hugh Kennedy, *The Great Arab Conquests: How the Spread of Islam Changed the World We Live in*, Philadelphia: Da Capo Press, 2007.

Hugh Kennedy, *The History of Al-Tabari*, Vol. 29: Al-Mansur and Al-Mahdi, New York: State University of New York Press, 1990.

Human Rights Watch/Helsinki, *Bloodshed in the Caucasus: Escalation of the Armed Conflict in Nagorno Karabakh, Vol.* 1245 *of Human rights documents*, New York: Human Rights Watch, 1992.

Human Rights Watch/Helsinki, *Azerbaijan: Seven Years of Conflict in Nagorno-Karabakh, New York: Human Rights Watch*, 1994.

Ḥamd Allāh Mustawfī Qazvīnī, *The Geographical Part of the Nuzhat-Al-Qulūb*, Vol. 2, trans. by G. Le Strange, Leiden: E. J. Brill, 1915.

Ḥamd Allāh Mustawfī Qazvīnī, *The Ta' ríkh-i-guzída or "Select history" of Hamdul láh Mustawfí-i-Qazwíní*, compiled in A. H. 730 (A. D. 1330), and now reproduced in fac-simile from a manuscript dated A. H. 857 (A. D. 1453) by Edward G. Browne, Leiden: E. J. Brill, 1910.

H. M. Jones, et al., *The Prosopography of the Later Roman Empire*, Vol. 1, Cambridge University Press, 1971.

H. Ter-Hovhaniants, *A History of Nor Jougha a Suburb of Isfahan*, Vol. 1, Nor Jougha, 1880.

Iain Gardner, Samuel N. C. Lieu and Kenneth Parry, *From Palmyra to Zayton: Epigraphy and Iconography*, Turnhout: Brepols Publishers, 2005.

Ian Heath and Angus McBride, *Byzantine Armies*, 886 – 1118, London: Osprey, 1979.

Ibn Hawkal, *Configuration de la terre (Kitab surat al-ard)*, trans. by J. H. Kramers and G. Wiet, Paris: G. -P. Maisonneuve/Larose, 1964.

Ibn Khaldun, *The Muqaddimah: An Introduction to History*, 2 Vols. trans. by Franz Rosenthal, London: Routledge & Kegan Paul, 1958 – 1967.

Ilber Ortayli, *Tanzimattan Cumhuriyete Yerel Yönetim Gelenegi*, Istanbul: Hil Yayın, 1985.

Ina Baghdiantz Mccabe, *Shah's Silk for Europe's Silver: The Eurasian Trade of the Julfa Armenians in Safavid Iran and India*, 1530 – 1750, Atlanta: Scholars Press, 1999.

Ingvar Svanberg and David Westerlund, *Islam Outside the Arab World*, New York: Routledge, 1999.

International Institute for Strategic Studies, *The Military Balance* 1993, Vol. 93, London: Brassey, 1993 (Jan. 1).

Ismael Raein, *Iranian Armenians*, Tehran: Amir Kabir Publication, 1977.

Israel Charney, *Encyclopedia of Genocide: A-H.*, Vol. 1, Santa Barbara, CA: ABC-Clio, 1999.

Jacques de Morgan, *The History of the Armenian People*, Boston, MA: Hayrenik Association, 1965.

James Hastings, ed., *Encyclopœdia of Religion and Ethics*, Vol. 1, Edinburgh: T&T Clark, 1908.

James Orr, *The International Standard Bible Encyclopaedia*, Vol. 5, Chicago: Howard-Severance Company, 1915.

James P. Mallory and Douglas Q. Adams, eds., *Encyclopedia of Indo-European Culture*, London: Fitzroy Dearborn 1997.

James P. T. Clackson, *The Ancient Languages of Asia Minor*, New York: Cambridge University Press, 2008.

James Waterson, *The Knights of Islam: The Wars of the Mamluks*, London: Greenhill Books, 2007.

James Wynbrandt, *A Brief History of Saudi Arabia*, New York: Infobase Publishing, 2010.

Jannic Durand, "*Reliquaires et orfèvrerie liturgique (Reliquaries and Liturgical Goldsmithery)*", *Armenia sacra — Mémoire chrétienne des Arméniens (IVe-XVIIIe siècle)* [Sacred Armenia-Christian Memory of Armenians (4th-18th Centuries), Paris: Somogy/Musée du Louvre, 2007.

Jean Baptiste Chabot, ed., *Synodicon Orientale ou Recueil de synodes nestoriens*, Paris: Imprimerie Nationale, 1902.

Jean Baptiste Tavernier, *The Six Voyages of John Baptista Tavernier*, Vol. I, made English by John Phillips, London: Printed by William Godbid for Robert Littlebury... and a Moses Pitt at the Angel in St Paul's Church-yard, 1677.

Jean Chardin, *Voyages du chevalier Chardin en Perse*, Vol. III and Vol. VI, Paris: Lenormant, Imprimeur-Libraire, 1811.

Jeremy Clarke, *The Virgin Mary and Catholic Identities in Chinese History*, Hong Kong: Hong Kong University Press, 2013.

Jeremy Salt, Imperialism, *Evangelism and the Ottoman Armenians*: 1878 – 1896, London and Portland OR: Frank Cass, 1993.

Jesse Clarkson and Thomas Cochran, eds., *War as a Social Institution: The Historian's Perspective*, New York: Columbia University Press, 1941.

Johannes Avadall, *History of Armenia*, Vol. 2, Calcutta: Bishop' College Press, 1827.

Johannes Lepsius, *Armenia and Europe: An Indictment*, London: Hodder and Stoughton, 1897.

John B. Bury, *A History of the Later Roman Empire from Arcadius to Irene*, Vol. 2, London: Macmillan, 2005.

John Cartwright, *The Preacher's Travels*, Vol. I, compiled by Earl of Oxford, London: P Thomas Osborne, 1745.

John Fryer, *India and Persia, in Eight Letters: Being Nine Years Travels, Begun* 1672 *and Finished* 1681, London: R. R. for Ri. Chiswell at the Rose and Crown in St. Paul's Church-Yard, 1698.

John G. Heidenrich, *How to Prevent Genocide: A Guide for Policymakers, Scholars, and the Concerned Citizen*, Westport, CT: Greenwood Publishing Group, 2001.

John Julius Norwich, *A Short History of Byzantium*, New York: Vintage Books, 1997.

John Julius Norwich, *Byzantium: The Apogee*, New York: Viking, 1991.

John K. Cox, *The History of Serbia*, Westport: Greenwood Publishing Group, 2002.

John L. Esposito, ed., *The Oxford History of Islam*, Oxford: Oxford University Press, 1999.

John Meyendorff, *Imperial Unity and Christian Divisions: The Church 450 – 680 A. D.* (The Church in History 2), Crestwood, NY: St. Vladimir's Seminary Press, 1989.

John Prevas, *Envy of the Gods: Alexander the Great's Ill-Fated Journey across Asia*, Cambridge: De Capo Press, 2004.

John Robert Martindale, eds., *The Prosopography of the Later Roman Empire*, 3 Vols., Cambridge: Cambridge University Press, 1992.

John Ruskin, *The Works of John Ruskin*, Vol. 32, edited by Alexander Wedderburn, et al., London: George Allen, 1907.

John Skylitzes, *A Synopsis of Byzantine History*, 811 – 1057, trans. and notes by Jean-Claude Cheynet, Cambridge, UK: Cambridge University Press, 2010.

John V. A. Fine, *The Ancient Greeks: A Critical History*, Cambridge, Mass.: The Belknap Press of Harvard University Press, 1983.

Jonathan Shepard, ed., *The Cambridge History of the Byzantine Empire c.* 500 – 1492, Cambridge, UK: Cambridge University Press, 2008.

Josef Wiesehöfer, *Ancient Persia*, New York: I. B. Tauris, 2001.

Joseph Emin, *The life and Adventures of Joseph Emin, an Armenian*, Calcutta: Baptist Mission Press, 1918.

Joseph Strayer, *Dictionary of the Middle Ages*, Vol. 1, New York: Charles Scribners Sons, 1982.

Jules Tardif, ed., *Recueil des Historiens des Croisades: Documents Arméniens*, Paris: Imprimerie Impériale, 1869.

Jurgen Tubac, eds. , *Caucasus during the Mongol Period*, Wiesbaden: Reichert Verlag, 2012.

J. B. Segal, *Edessa: The Blessed City*, Piscataway, N. J. : Gorgias Press LLC, 2005.

J. Gordon Melton and Martin Baumann, *Religions of the World*, *Second Edition*: *A Comprehensive Encyclopedia of Beliefs and Practices*, Santa Barbara, California: ABC-CLIO, 2010.

J. Hanway, *An Historical account of the British Trade over the Caspian Sea*, Vol. 2, London: Printed for T. Osborne, 1753.

J. Lennart Berggren and Alexander Jones, *Ptolemy's Geography*: *An Annotated Translation of the Theoretical Chapters*, Princeton: Princeton University Press, 2000.

J. Lepsius, A. Mendelssohn Bartholdy and H. Thimme, eds. , *Die Grosse Politik der Europäischen Kabinette*, 1871 – 1914, Vol. 10, Berlin: Deutsche Verlagsgesellschaft für Politik und Geschichte, 1923.

J. M. Cook, *The Persian Empire*, New York: Barns & Noble Books, 1993.

J. M. Hussey, ed. , *The Cambridge Medieval History*, Vol. 4, Cambridge: Cambridge University Press, 1966.

J. P. Mallory, *Douglas Q. Adams*, *Encyclopedia of Indo-European Culture*, London: Fitzroy Dearborn Publishers, 1997.

J. Talboys Wheeler, *Madras in the Olden Times Being a History of the Presidency from the First Foundation of Fort St. George to the Occupation of Madras by the French* (*1639 – 1748*), Madras, 1882, reprint of Asian Educational Services, 1993.

Kalistrat Salia, *History of the Georgian Nation* (2nd ed.), trans. by Katharine Vivian, Paris: Académie française, 1983.

Kamal Salibi, *Syria under Islam- Empire on Trial* 634 – 1097, New York: Caravan Books, 1977.

Kamuran Gurun, *The Armenian File*: *The Myth of Innocence Exposed*, New York: St. Martin's Press, 1985.

Karīm al-Dīn Āqsarūyī, *Musāmarat al-Akhbār va Musāyarat al-Akhyār*, edited by Osman Turan, Ankara: Türk Tarih Kurumu, 1993.

Kenneth M. Setton, eds. , *A History of the Crusades*, *Vol. II*: *The Later Crusades*, 1189 – 1311, Madison, Wisconsin: The University of Wisconsin Press, 1969.

Kenneth Warren Chase, *Firearms*: *A Global History to* 1700, Cambridge University Press, 2003.

Kevin Alan Brook, *The Jews of Khazaria* (Second Edition), Plymouth: Rowman & Littlefield Publishers, Inc., 2006.

Kevork Aslan, *Armenia and the Armenians: from the Earliest Times until the Great War* (1914), trans. from the French by Pierre Crabites, New York: The Macmillan Company, 1920.

Kevork A. Sarafian, *History of Education in Armenia*, California: Press of the La Verne Leader,

Kevork K. Baghdjian, *The Confiscation of Armenian Properties by the Turkish Government Said to be Abandoned*, trans. and edited by A. B. Gureghian, Antelias: Catholicosate of His Eminence of Cilicia, 2010.

Khalid Yahya Blankinship, *The End of the Jihàd State: The Reign of Hishām ibn 'Abd al-Malik and the Collapse of the Umayyads*, New York: State University of New York Press, 1994.

Kirakos Gandzakets 'i, *History of the Armenians*, trans. by Robert Bedrosian, New York: Sources of the Armenian Tradition, 1986.

Koriun, *The Life of Mashtots, trans. from Old Armenian (Grabar) by Bedros Norehad*, New York: Armenian General Benevolent Union of America, 1964.

Kouymjian, ed., *Memorian Haïg Berbérian*, Lisbon: Galouste Gulbenkian Foundation, 1986.

Krijnie Ciggaar, eds., *East and West in the Crusader States*, Leuven and Dudley: Peeters Press, 1996.

Kristen Eichensehr and W. Michael Reisman, *Stopping Wars and Making Peace: Studies in International Intervention*, Leiden: Martinus Nijhoff Publishers, 1988.

Krzysztof Stopka, *Armenia Christiana: Armenian Religious Identity and the Churches of Constantinople and Rome (4th-15th century)*, Kraków: Jagiellonian University Press, 2016.

K. Kh. Kushnareva, *The Southern Caucasus in Prehistory: Stages of Cultural and Socioeconomic Development from the Eighth to the Second Millennium B. C.*, Philadelphia: University of Pennsylvania Museum of Archaeology, 1997.

K. N. Chaudhuri, *Trading World of Asia and the English East India Company*, 1660 – 1760, Cambridge: Cambridge University Press, 1978.

K. Sanjian, *The Armenian Communities in Syria under Ottoman Dominion*, Cambridge: Harvard University Press, 1965.

Lawrence Lockhart and Arthur John Arberry, eds. , *The Legacy of Persia*, Oxford, UK: Clarendon Press, 1953.

Leslie Alan Horvitz and Christopher Catherwood, *Encyclopedia of War Crimes and Genocide*, New York: Infobase Publishing, 2006.

Levon Abrahamian and Nancy Sweezy, eds. , *Armenian Folk Arts, Culture, and Identity*, Bloomington: Indiana University Press, 2001.

Levon Chorbajian, *The Making of Nagorno-Karabagh: From Secession to Republic*, New York: Palgrave MacMillan, 2001.

Liz James. ed. , *Women, Men and Eunuchs: Gender in Byzantium*, London and New York: Routledge, 1997.

Lori Khatchadourian, *Social Logics under Empire: The Armenian 'Highland Satrapy' and Achaemenid Rule, ca. 600 – 300 BC*, PhD diss. , University of Michigan, 2008.

Lynn Jones, *Between Islam and Byzantium: Aght' amar and the Visual Construction of Medieval Armenian Rulership*, Aldershot, UK: Ashgate Publishing, 2007.

L. de Hartog, *Russia and the Mongol Yoke: The History of the Russian Principalities and the Golden Horde, 1221 – 1502*, London, New York: I. B. Tauris, 1996.

L. Shahinian, *The Armenian Encyclopedia*, Vol. 3, Yerevan: ASE, 1977 – 1979.

Malachia Ormanian, *The Church of Armenia: Her History, Doctrine, Rule Discipline, Liturgy, Literature, and Existing Condition, trans. form the French Edition by G. Marcar Gregory*, London: A. R. Mowbray & Co. Ltd. , 1912.

Maria Brosius, *The Persians: An Introduction*, Hoboken: Taylor & Francis, 2006.

Mariam Davydovna Lordkipanidze, et al. , *Georgia in the* 11 – 12 *Centuries*, Tbilisi: Ganatleba Publishers, 1987.

Mark Levene, *The Crisis of Genocide, Devastation: The European Rimlands* 1912 – 1938, Vol. 1 (1st Edition), Oxford: Oxford University Press, 2014.

Mark Whittow, *The Making of Orthodox Byzantium*, 600 – 1025, London: Macmilian Press Ltd. , 1996.

Markar Melkonian, *My Brother's Road: An American's Fateful Journey to Armenia*, New York: I. B. Tauris, 2005.

Martin Gilbert, *The First World War: A Complete History*, New York: Palgrave Macmillan, 2004.

Martin Martino, *Novus Atlas Sinensis*, Vienna, 1653.

Marwan Nader, *Burgesses and Burgess law in the Latin Kingdoms of Jerusalem and Cyprus*, 1099 – 1325, Burlington: Ashgate, 2006.

Mary Boyce, *Zoroastrians: Their Religious Beliefs and Practices*, London: Psychology Press, 2001.

Mary Boyce, *Cambridge History of Iran*, Vol. 3, Cambridge: Cambridge University Press, 1983.

Mary Boyce, *History of Zoroastrianism*, Vol. I, Leiden: Brill, 1975.

Mary Kilbourne Matossian, *The Impact of Soviet Policies in Armenia*, Leiden: E. J. Brill, 1962.

Matthew Bunson, et al. , *Our Sunday Visitor's Encyclopedia of Saints*, Indiana: Our Sunday Visitor Publishing, 2003.

Matthew of Edessa (Matt' eos Urhayec 'i), *Armenia and the Crusades: Tenth to Twelfth Centuries: The Chronicle of Matthew of Edessa*, trans. from the original Armenian with a commentary and introduction by Krikor H. Maksoudian, Maryland: University Press of Amertca, 1993.

Melville, ed, *Safavid Persia*, London: I B Tauris, 1996.

Melvin Ember and Peter N. Peregrine, *Encyclopedia of Prehistory*, New York: Plenum Publishers, 2001.

Melvin Ember, eds. , *Carol R. Ember and Ian Skoggard*, *Encyclopedia of Diasporas: Immigrant and Refugee Cultures around the World*, 2 Vols, New York: Springer Science & Business Media, 2004.

Mesrovb Jacob Seth, *Armenians in India: From the Earliest Times to the Present Day*, New Delhi: Asian Educational Services, 1992.

Michael Angold, ed. , *The Cambridge History of Christianity*, Cambridge: Cambridge University Press, 2006.

Michael Axworthy, *Iran: Empire of the Mind: A History from Zoroaster to the Present Day*, Philadelphia: Perseus Books Group, 2008.

Michael B. Oren, *Power, Faith, and Fantasy: America in the Middle East 1776 to the Present*, New York: W. W. Norton & Co. 2007.

Michael E. Brown, *The International Dimensions of Internal Conflict*, Cambridge: MIT Press, 1996.

Michael Levey, *The World of Ottoman Art*, London: Thames and Hudson, 1976.

Michael P. Croissant, *The Armenia-Azerbaijan Conflict: Causes and Implications*,

Westport: Praeger Publishers, 1988.

Michael Russell, *A Connection of Sacred and Profane History: From the Death of Joshua to the Decline of the Kingdoms of Israel and Judah*, London: William Tegg, 1865.

Michael Whitby, *The Emperor Maurice and His Historian: Theophylact Simocatta on Persian and Balkan Warfare*, Oxford: Clarendon Press, 1988.

Mikhail Chamchyants, *History of Armenia from B. C.* 2247 *to the Year of Christ* 1780, *or* 1229 *of the Armenian Era*, Vol. 2, Boston: Adamant Media Corporation, 2005.

Mohsen Zakeri, *Sasanid Soldiers in Early Muslim Society: The Origins of ' Ayyārān and Futuwwa*, Otto Harrassowitz Verlag, 1995.

Moojan Momen, *An Introduction to Shi' i Islam: The History and Doctrines of Twelver Shi' ism*, New Haven and London: Yale University Press, 1985.

Movses Khorenatsi, *History of the Armenians*, with translation and commentary on the Literary Sources by Robert W. Thomson, Massachusetts: Harvard University Press, 1978.

Mxit' ar Goš, *The Lawcode (Datastanagirk') of Mxit' ar Goš*, trans. by Robert W. Thomson, Amsterdam and Atlanta, Ca.: Rodopi, 2000.

M. Aymard, ed., *Dutch Capitalism and World Capitalism*, Cambridge: Cambridge University Press, 1982.

M. A. Ubicini, *Letters on Turkey, an Account of the Religious, Political, Social, and Commercial Condition of the Ottoman Empire ... Trans. from the French ... by Lady Easthope*, Vol. I, London: John Murray, 1856.

M. Bunsen, *Encyclopedia of the Roman Empire*, New York: Infobase Printing, 2009.

M. Bunson, *A Dictionary of the Roman Empire*, Oxford: Oxford University Press, 1995.

M. Chahin, *The Kingdom of Armenia: A History*, New York: Routledge, 2001.

M. Diakonoff, *Phrygian*, New York: Caravan Books, 1984.

M. Vicziany and R. Cribb, eds., *Proceedings of the 17th Biennial Conference of the Asian Studies Association of Australia (ASAA)*, Vol. 1, Melbourne: Monash University Publishing, 2008.

M. K. Matossian, *The Impact of Soviet Policies in Armenia*, Leiden: E. J. Brill, 1962.

Nadia Wright, *Respected Citizens: The History of Armenians in Singapore and Malay-*

sia, Victoria: Amassia Publishing, 2003.

Nana Rusishvili, *The Grapewine Culture in Georgia on Basis of Palaeobotanical Data*, Tbilisi: Mteni Association, 2010.

Nano Chatzidakis, *Byzantine Mosaics*, Vol. 7, Athens: Ekdotike Athenon, 1994.

Niall Ferguson, *The War of the World: Twentieth-Century Conflict and the Descent of the West*, New York: Penguin Press, 2006.

Niccolao Manucci, *Storia do Mogar*, Vol. II, trans. by William Irvine, London: John Murray, 1907.

Nicholas Adontz, *Armenia in the Period of Justinian: The Political Conditions Based on the Naxarar System*, translated with partial revisions, a bibliographical note, and appendices by Nina G. Garsoiean, Lisbon: Calouste Gulbenkian Foundation, 1970.

Nicholas Holding, *Armenia with Nagorno Karabagh*, Chalfont St. Peter: Bradt Travel Guides, 2006.

Niels Steensgaard, *The Asian Trade Revolution of the Seventeenth Century: The East India Companies and the Decline of the Caravan Trade*, Chicago: University of Chicago Press, 1973.

Nobuaki Kondo, ed. , *Mapping Safavid Iran*, Tokyo: Tokyo University of Foreign Studies, 2015.

Noel and Harold Buxton, *Travels and Politics in Armenia*, with an introduction by Viscount Bryce and a contribution on Armenian history culture by Aram Raffi, London: Smith, Elder & Co, 1914.

Noel Lenski, *Failure of Empire: Valens and the Roman State in the Fourth Century A. D*, Los Angeles: University of California Press, 2003.

Nosson Dovid Rabinowich, ed. , *The Iggeres of Rav Sherira Gaon*, Jerusalem: Moznaim Publication Corp. , 1988.

N. Chaudhuri, *Trade and Civilization in the Indian Ocean: An Economic History from the Rise of Islam to* 1750, Cambridge: Cambridge University Press, 1985.

N. Khanjyan, *Ministry of Nature Protection of the Republic of Armenia—Specially Protected Nature Areas of Armenia*, Yerevan: Tigran Metz Publishing House, 2004.

N. N. Ambraseys and C. P. Melville, *A History of Persian Earthquakes: Cambridge Earth Science Series*, Cambridge: Cambridge University Press, 2005.

Oliver Baldwin, *Six Prisons and Two Revolutions*, London: Hodder and Stoughton, 1926.

Paris Herouni, *Armenians and Old Armenia*, Yerevan: Tigran Metz Publishing House, 2004.

Parvaneh Pourshariati, *Decline and Fall of the Sasanian Empire: the Sasanian-Parthian Confederacy and the Arab Conquest of Iran*, I. B. Tauris in association with the Iran Heritage Foundation, 2008.

Patrick B. Kinross, *The Ottoman Centuries: The Rise and Fall of the Turkish Empire*, New York: Morrow, 1997.

Patrick Donabédian, *Jean-Michel Thierry*, *Les arts arméniens* (The Armenian Arts), Paris: Éditions Mazenod, 1987.

Paul E. Zimansky, *Ancient Ararat: A Handbook of Urartian Studies*, New York: Caravan Books, 1998.

Paul F. Crawford, ed., *The 'Templar of Tyre': Part III of the 'Deeds of the Cypriots'* (Crusade Texts in Translation Book 6), New York: Rutledge, 2017.

Paul K. Davis, *100 Decisive Battles from Ancient Times to the Present: The World's Major Battles and How They Shaped History*, Oxford: Oxford University Press, 1999.

Paul T. Keyser and Georgia L. Irby-Massie, eds., *Encyclopedia of Ancient Natural Scientists: The Greek Tradition and its Many Heirs*, London-New York: Routledge, 2008a.

Peter Balakian, *The Burning Tigris: The Armenian Genocide and America's Response*, New York: Harper Collins, 2003.

Peter F. Sugar, *Southeastern Europe under Ottoman Rule, 1354 – 1804*, Seattle: University of Washington Press, 2012.

Peter Jackson, *The Mongols and the Islamic World: From Conquest to Conversion*, New Haven and London: Yale University Press, 2017.

Peter Jackson, *The Mongols and the West*, 1221 – 1410, London and New York: Routledge, 2005.

Philip D. Curtin, *Cross-Cultural Trade in World History*, Cambridge: Cambridge UniversityPress, 1984.

Philip Longworth, *Russia's Empires: Their Rise and Fall: From Prehistory to Putin*, London: John Murray, 2005.

Philip Schaff, ed., *A Religious Encyclopaedia or Dictionary of Biblical, Historical, Doctrinal, and Practical Theology* (3rd edition), Vol. 2, Toronto, New York & London: Funk & Wagnalls Company, 1894.

Philippe Avril, *Travels into Divers Parts of Europe and Asia, undertaken by the French King's Order to Discover a New Way by Land into China*…, London: Printed for Tim. Goodwin…, 1693.

Philo of Alexandria, *The Works of Philo*, trans. by C. D. Yonge and Foreword by David M. Scholer, Massachusetts: Hendrickson Publishers, 1997.

Philostratus, *The Life of Apollonius of Tyana*, Vol. I, trans. by F. C. Conybeare, Loeb Classical Library, 1912.

Pierre Margry, *Relations et mémoires inédits pour servir à l' histoire de la France dans les pays d' outre-mer*, Paris: Challamel Aîné éditeur, 1867.

Pietro Della Valle, *Les fameux voyages*, trans. by E. Carneau and F. le Comte, Vols. I, Paris, 1663.

Pliny the Elder, *The Natural History*, 6 Vols., trans. by John Bostock and Henry T. Riley, London: Henry G. Bohn, 1855.

Procopius of Caesarea, *History of the Wars: Books I – II, the Persian War*, trans. by James Loeb, London: William Heinemann, 1914.

Procopius, *On Buildings*, Vol. III, trans. by H. B. Dewing and G. Downey, London: Harvard University Press, 1940.

Procopius, *The Secret History*, trans. with an introduction by G. A. Williamson, Harmondsworth: Penguin Books, 1966.

P. J. Bearman, eds., *The Encyclopaedia of Islam: W-Z*, Vol. 11 (New Edition), Netherlands: Koninklijke Brill, 2002.

P. L. Kohl, *The Making of Bronze Age Eurasia*, New York: Cambridge University Press, 2001.

P. Mundy, *The Travels of Peter Mundy in Europe and Asia* 1608 – 1667, Vol. 2, edited by R. Camac Temple and L. M. Anstey, London: Hakluyt Society, 1907 – 1925.

P. Renouvin, E. Preclin and G. Hardy, *L' Epoque contemporaine II, La paix armee et la Grande Guerre* (2nd ed.), Paris: Presses Universitaires de France, 1947.

P. Vavroušek, "Fry ština", *Jazyky starého Orientu*, Praha: Univerzita Karlova v Praze, 2010.

Rachel Denber and Robert Goldman, *Bloodshed in the Caucasus: Escalation of the Armed Conflict in Nagorno-Karabakh, Vol.* 1245 *of Human Rights Documents*, New York: Human Rights Watch, 1992.

Raffi, *The Five Melikdoms of Karabagh* (1600 – 1827), trans. by Ara Stepan Melkonian, London: Taderon Press, 2010.

Raymond H. Kévorkian, *des massacres d' Adana au mandat fran, ais* (Annales de la Bibliothèque Nubar de l' Union Générale Arménienne de Bienfaisance), Paris: Bibliothèque Nubar de l' Ugab, 1995.

Razmik Panossian, *The Armenians: From Kings and Priests to Merchants and Commissars*, New York: Columbia University Press, 2006.

Reginald L. Poole, ed., *The English Historical Review*, Vol. 25, London: Longmans, Green and Co., 1910.

René Grousset, *Histoire de l' Arménie des origines à* 1071, Paris: Payot et Rivages, 1947.

Reuven Amitai-Preiss, *Mongols and Mamluks: The Mamluk-Ilkhanid War*: 1260 – 1281, Cambridge: Cambridge University Press, 1995.

Richard Crocker and David Hiley, eds., *The New Oxford History of Music* (2nd ed.), Oxford: Oxford University Press, 1990.

Richard F. Staar, *Communist Regimes in Eastern Europe* (4th ed.), Stanford, CA: Hoover Institution Press, 1982.

Richard G. Hovanissian, *Armenian Kars and Ani*, Costa Mesa, CA: Mazda Publishers 2011.

Richard G. Hovannisian and David N. Myer, eds., *Enlightenment and Diaspora: The Armenian and Jewish Cases*, Atlanta: Scholars Press, 1999.

Richard G. Hovannisian, ed., *Armenian Karin/Erzerum* (UCLA Armenian History and Culture Series: Historic Armenian Cities and Provinces, 4), Costa Mesa, CA: Mazda Publishers, 2003.

Richard G. Hovannisian, ed., *Armenian Tigranakert/Diarbekir and Edessa/Urfa* (UCLA Armenian History and Culture Series: Historic Armenian Cities and Provinces, 6), Costa Mesa, CA: Mazda Publishers, 2006.

Richard G. Hovannisian, ed., *Armenian Van/Vaspurakan, Historic Armenian Cities and Provinces*, California: Mazda Publishers, 2000.

Richard G. Hovannisian, ed., *The Armenian People from Ancient to Modern Times*, 2 Vols., New York: St. Martin's Press, 1997.

Richard G. Hovannisian, *Armenia on the Road to Independence*, Berkeley and Los Angeles: University of California Press, 1967.

Richard G. Hovannisian, *Republic of Armenia*, 4 Vols., Berkeley: University of California Press, 1967 – 1996.

Richard G. Hovannisian, *The Armenian Genocide: History, Politics, Ethics*, London: Macmillan, 1992.

Richard H. Ullman, *Anglo-Soviet Relations*, 1917 – 1921, Vol. 2: Britain and the Russian Civil War, Princeton: Princeton University Press, 1968.

Richard Nelson Frye, *The History of Ancient Iran*, Vol 3., München: C. H. Beck, 1984.

Richard N. Frye, ed., *The Cambridge History of Iran*, Vol. 4, Cambridge: Cambridge University Press, 1975.

Richard N. Frye, *The History of Ancient Iran*, Munich: C. H. Beck, 1984.

Richard Zacks, *The Pirate Hunter: The True Story of Captain Kidd*, New York: Hyperion Press, 2002.

Rika Gyselen, ed., *Des Indo-Grecs aux Sassanides: Données pour l' histoire et la géographie historique*, Leuven: Peeters Publishers, 2007.

Robert Armot and Alfred Aghajanian, *Armenian Literature: Comprising Poetry, Drama, Folklore, and Classic Traditions*, Los Angeles, CA: Indo-European Pubication., 2007.

Robert Bedrosian, trans., *Chronicle Attributed to King Het ' um II*, New Jersey: Sources of the Armenian Tradition, 2003.

Robert Bedrosian, *The Turco-Mongol Invasions and the Lords of Armenia in the* 13 – 14*th Centuries*, Ph. D., Columbia University, 1979.

Robert Bevan, *The Destruction of Memory Architecture at War*, London: Reaktion, 2006.

Robert B. Pynsent and S. I. Kanikova, *Reader's Encyclopedia of Eastern European Literature*, New York: Harper Collins, 1993.

Robert Fisk, *The Great War for Civilisation: The Conquest of the Middle East*, New York: Alfred A Knopf, 2005.

Robert H. Hewsen (introduction, translation and commentary), *The Geography of Ananias of Širak: The Long and the Short Recensions*, Wiesbaden: Dr. Ludwig Reichert Verlag, 1992.

Robert H. Hewsen, *Armenia: A Historical Atlas*, Chicago: University of Chicago Press, 2001.

Robert Lee Wolff and Harry W. Hazard, eds., *A History of the Crusades*, Vol. II, Wisconsin: The University of Wisconsin Press, 1969.

Robert Melson, *Revolution and Genocide: On the Origins of the Armenian Genocide and the Holocaust*, Chicago: University of Chicago Press, 1992.

Robert W. Thomson, *Rewriting Caucasian History: The Medieval Armenian Adaptation of the Georgian Chronicles: The Original Georgian Texts and the Armenian Adaptation*, Oxford: Clarendon Press, 1996.

Roderic H. Davison, *Reform in the Ottoman Empire, 1856 – 1876*, New York: Gordian Press, 1973.

Roger D. Woodard, eds., *The Ancient Languages of Asia Minor*, Cambridge, UK: Cambridge University Press, 2008.

Roger M. Savory, *Iran under the Safavids*, Cambridge, UK: Cambridge University Press, 1980.

Ronald Grigor Suny, *Armenia, Azerbaijan, and Georgia*, Darby, PA: Diane Publishing, 1996.

Ronald Grigor Suny, Fatma Müge Göçek and Norman Naimark, eds., *A Question of Genocide: Armenians and Ottoman Muslims at the End of the Ottoman Empire*, Oxford: Oxford University Press, 2011.

Ronald Grigor Suny, *Looking Toward Ararat: Armenia in Modern History*, Bloomington: Indiana University Press, 1993.

Ronald Grigor Suny, *The Baku Commune*, 1917 – 1918: *Class and Nationality in the Russian Revolution*, Princeton: Princeton University Press, 1972.

Ronald Grigor Suny, *The Making of the Georgian Nation*, Bloomington, Indiana: Indiana University Press, 1994.

Ronald Grigor Suny, *"They Can Live in the Desert but Nowhere Else": A History of the Armenian Genocide*, Princeton: Princeton University Press, 2015.

Rose Lambert, *Hadjin and the Armenian Massacres*, New York: Fleming H. Revell, 1911.

Rouben Paul Adalian, *Historical Dictionary of Armenia* (2nd ed.), Lanham, MD: Scarecrow Press, 2010.

Ruquia Kazim Hussain, *Armenian Merchants in India 1550 – 1800*, Ph. D., Aligarh: Aligarh Muslim University, 1989.

R. Naroll, V. L. Bullough and F. Naroll, *Military Deterrence in History: A Pilot Cross-Historical Survey*, New York: State University of New York Press, 1974.

R. Price, et al., *The Acts of the Lateran Synod of* 649, Liverpool: Liverpool University Press, 2014.

R. Scott Peoples, *Crusade of Kings*, Rockville, MD: Wildside Press, 2008.

R. Stephen Humphreys, *From Saladin to the Mongols: The Ayyubids of Damascus*, 1193－1260, New York: State University of New York Press, 1977.

Sagona, ed., *A View from the Highlands: Archaeological Studies in Honor of Charles Burney*, Leuven: Peeters, 2004.

Said Nafisi, *Babak Khorramdin Delawar-e-Azerbaijan* (Babak Khorramdin, the Brave Heat of Azerbaijan), Tehran: Tabesh Publishers, 1955.

Salpi Bocchieriyan, *The Achaemenid Satrapy of Armenia*, *Undergraduate Honors Theses*, Boulder: University of Colorado, 2016.

Samuel Charles Hill, ed., *Bengal in 1756－57*, *A Selection of Public and Private Papers Dealing with the Affairs of the British in Bengal during the Reign of Siraj-Uddaula*, Vol. 1, London: John Murray, 1905.

Sebeos, *The Armenian History Attributed to Sebeos*, trans. with notes by R. W. Thomson, Historical Commentary by James Howard-Johnston, Liverpool University Press, 2000.

Sebeos, *The Primary History of Armenia*, trans. by Robert Bedrosian, New Jersey: Sources of the Armenian Tradition, 2004.

Sebouh David Aslanian, *From the Indian Ocean to the Mediterranean: The Global Trade Networks of Armenian Merchants from New Julfa*, California: University of California Press, 2011.

Seta B. Dadoyan, *The Armenians in the Medieval Islamic World*, 3 Vols., New Jersey: Transaction Publishers, 2011－2013.

Shushil Chaudhury and Kéram Kévonian, eds., *Les Arméniens dans le commerce asiatique au début de l' ère moderne*, Paris: Maison des Sciences de l' Homme, 2008.

Siddiqi, ed., *Trade and Finance in Colonial India* 1750－1860, Dehli: Oxford University Press, 1995.

Simon Payaslian, *The History of Armenia: From the Origins to the Present*, New York: Palgrave Macmillan, 2007.

Smbat Sparapet (Sempad the Constable), *Smbat Sparapet's Chronicle*, trans. by Robert Bedrosian, New Jersey: Sources of the Armenian Tradition, 2005.

Speros Vryonis, *The Decline of Medieval Hellenism in Asia Minor and the Process of Is-*

lamization from the Eleventh through the Fifteenth Century, Berkeley, Los Angeles and London: University of California Press, 1971.

Stanford Shaw, eds. , *History of the Ottoman Empire and Modern Turkey*, 2 Vols. , Cambridge: Cambridge University Press, 1976 – 1977.

Stanley Lane-Poole, *Saladin and the Fall of the Kingdom of Jerusalem: Heroes of the Nations*, London: G. P. Putnam's Sons, 1906.

Stanley Lane-Poole, *The People of Turkey*, Vol. 1, London: J. Murray, 1878.

Step 'anos Orbelean's, *History of the State of Sisakan*, trans. by Robert Bedrosian, New Jersey: Sources of the Armenian Tradition, 2012 – 2015.

Step 'anos Tarōnec 'i, *The Universal History of Step 'anos Tarōnec 'i*, trans. by Tim Greenwood, Oxford, UK: Oxford Universtiy Press, 2017.

Steven Levitsky and Lucan A. Way, *Competitive Authoritarianism: Hybrid Regimes After the Cold War*, Cambridge: Cambridge University Press, 2010, .

Steven Runciman, *The Emperor Romanus Lecapenus and His Reign: A study of tenth-century Byzantium*, Cambridge: Cambridge University Press, 1988.

Steven Runciman, *A History of the Crusades*, 3 Vols. , New York: Cambridge University Press, 1951 – 1954.

Strabo, *The Geography of Strabo*, Vol. 5, trans. by Horace Leonard Jones, Cambridge: Harvard University Press, 1969.

Sushil Chaudhury, *From Prosperity to Decline: Eighteenth Century Bengal*, New Delhi: Manohar Publisher, 1999.

Susie Hoogasian Villa and Mary Kilbourne Matossian, *Armenian Village Life before 1914*, London: Croom Helm, 1987.

Sussan Babaie and Kathryn Babayan, *Slaves of the Shah: New Elites of Safavid*, London & New York: Kathryn Babayan, 2004.

Svante Cornell, *Small Nations and Great Powers: A Study of Ethnopolitical Conflict in the Caucasus*, Richmond: Curzon Press, 2001.

Switzerland-Armenia Parliamentary Group, *The Destruction of Jugha*, Bern, 2006.

Sébastien De Courtois, *The Forgotten Genocide: The Eastern Christians, the Last Arameans*, New Jersey: Gorgias Press, 2004.

S. Faroqhi, *An Economic and Social History of the Ottoman Empire*, Vol. 2, Cambridge: Cambridge University Press, 1997.

S. Wise Bauer, *The History of the Medieval World: From the Conversion of Constantine to the First Crusade*, New York: W. W. Norton Company Inc. , 2010.

Taner Akçam, *A Shameful Act: The Armenian Genocide and the Question of Turkish Responsibility*, New York: Metropolitan Books, 2006.

Taner Akçam, *From Empire to Republic: Turkish Nationalism and the Armenian Genocide*, London: Zed Books 2004.

Temporini and W. Haase, *Politische Geschichte*, Berlin & New York: Walter de Gruyter, 1980.

Theodore Roosevelt, *Letters and Speeches*, New York: Library of America, 2004.

Thomas Artsruni, *History of the House of Artsrunik*, trans. by Robert W. Thomson, Detroit: Wayne State University Press, 1985.

Thomas De Waal, *Black Garden: Armenia and Azerbaijan through Peace and War*, New York: New York University Press, 2003.

Thomas T. Allsen, *Mongol Imperialism: The Policies of the Grand Qan Möngke in China, Russia and the Islamic Lands*, 1251 – 1259, Berkeley: University of California Press, 1987.

Titus Flavius Josephus, *The Complete Works of Flavius Josephus*, trans. by William Whiston, Arkansas: Attic Books, 2008.

Tony Rea and John Wright, *The Arab-Israeli Conflict: A History*, Oxford: Oxford University Press, 1993.

Touraj Daryaee, *Sasanian Persia: The Rise and Fall of an Empire*, London and New York: I. B. Tauris, 2008.

T ‘ovma Metsobets ‘i, *History of Tamerlane and His Successors*, trans. by Robert Bedrosian, New York: Sources of the Armenian Tradition, 1987.

T. J. Samuelian and M. Stone, eds. , *Medieval Armenian Culture*, Chico California: Scholars Press, 1983.

T. Smith, eds. , *Archaeology in the Borderlands: Investigations in Caucasia and Beyond*, Los Angeles: Cotsen Institute of Archaeology, 2003.

T. S. R. Boase, eds. , *The Cilician Kingdom of Armenia*, London: Scottish Academic Press, 1978.

T. S. Willan, *The Early History of the Russia Company* 1553 – 1603, Manchester: Manchester University Press, 1956.

Uwe Feigel, *Das evangelische Deutschland und Armenien*, Göttingen: Vanden-hoeck & Ruprecht, 1989.

Vahakn N. Dadrian, *The History of the Armenian Genocide: Ethnic Conflict from the Balkans to Anatolia to the Caucasus*, Oxford: Berghahn Books, 1995.

Vahakn N. Dadrian, *Warrant for Genocide: Key Elements of Turko-Armenian Conflict*, New Brunswick, N. J.: Transaction Publishers, 1999.

Vahan Baibourtian, *International Trade and the Armenian Merchants in the Seventeenth Century*, New Delhi: Sterling Publishers, 2004.

Vahan M. Kurkjian, *A History of Armenia*, New York: Armenian General Benevolent Fund, 1958.

Vahan M. Kurkjian, *The Armenian Kingdom of Cilicia*, New York: The American committee for the independence of Armenia, 1919.

Vahe Baladouni and Margaret Makepeace, eds., *Armenian Merchants of the Seventeenth and Early Eighteent Centuries: English East India Company Sources*, Philadelphia: American Philosophical Society, 1998.

Vahram, *Chronicle of the Armenian Kingdom in Cilicia during the Time of the Crusades*, London: Printed for the Oriental Translation Fund and Sold by J. Murray, 1831.

Valeri Silogava, *History of Georgia from the Ancient Times through the "Rose revolution"*, Tbilisi: Caucasus University Publishing House, 2007.

Vardan Arevelts 'i, *Compilation of History*, trans. by Robert Bedrosian, New Jersey: Sources of the Armenian Tradition, 2007.

Vasili O. Kliuchevsky, *A Course in Russian History*, Vol. I, trans. by Marshall S. Shatz. Armonk, New York: M. E. Sharpe, 1991.

Vasken Hakobyan, ed., *The Book of Cannon Law*, Burbank: Publication of the Western Diocese of the Armenian Church, 2010.

Victor Langlois, *Collection des Historiens Anciens et Modernes de l' Armenie*, Vol. I, Paris: Firmin Didot frères, fils et cie., 1869.

Viktor Krivopuskov, *Мятежный Карабах*, Moscow: Golos Press, 2007.

Viscount Bryce, *The Treatment of Armenians in the Ottoman Empire*, Germany: Textor Verlag, 2008.

Vladimir Feofilovich Mayewski, *Les Massacres d' Arménie* (Classic Reprint), London: Forgotten Books, 2019.

Vladimir Minorsky, *Studies in Caucasian History*, New York: Taylor's Foreign Press, 1953.

Vrej Nersessian, *Treasures from the Ark*: 1700 *Years of Armenian Christian Art*, Los Angeles: J. Paul Getty Museum, 2001.

Walter Emil Kaegi, *Heraclius*: *Emperor of Byzantium*, New York: Cambridge University Press, 2003.

Walter the Chancellor, *The Antiochene Wars*, trans. by Thomas S. Asbridge, et al., New York: Routledge, 1999.

William A. Schabas, *Genocide in International law*: *The Crimes of Crimes*, Cambridge: Cambridge University Press, 2000.

William Bayne Fisher, et al., *The Cambridge History of Iran*, Vol. 7, Cambridge: Cambridge University Press, 1991.

William Crooke, *A New Account of East Indies and Persia. Being Nine Years' Travels* 1672 - 1681 *by John Fryer*: *Vol. II*, London: Hakluyt Society, 1912, reprinted in 2010.

William J. Durch, ed., *UN Peacekeeping*, *American Politics and the Uncivil Wars of the* 1990*s*, New York: Palgrave Macmillan, 1996.

William L. Langer, *The Diplomacy of Imperialism*, 1890 - 1902, New York: Alfred A. Knopf, 1951.

William Saroyan, *My Name Is Aram*, London: Faber and Faber Limited, 1963.

William Smith, ed., *Dictionary of Greek and Roman Biography and Mythology*, Vol. III, London: John Murray, 1891.

Wolfgang Felix, *Byzanz und die islamische Welt im früheren* 11. *Jahrhundert*: *Geschichte der politischen Beziehungen von* 1001 *bis* 1055 (Byzantium and the Islamic World in the early 11th Century: History of the Political Relationships from 1001 to 1055), Vienna: Verlag der Österreichischen Akademie der Wissenschaften, 1981.

Wolfgang Gust, ed., *The Armenian Genocide Evidence from the German Foreign Office Archives*, 1915 - 1916, New York: Berghahn Books, 2013.

Yael Danieli, ed., *International Handbook of Multigenerational Legacies of Trauma*, New York: Springer Science & Business Media, 1998.

Yervand Markarian, *Kavkaz*: *A Biography of Yervand Markarian*, United States, 1996.

Yevgenya Ghalumyan, et al., *History of Medieval Armenia*, Yerevan: Academic Council of Yerevan State University Faculty of History, 2016.

Yves Bomati and Houchang Nahavandi, *Shah Abbas*, *Empereur de Perse*: 1587 - 1629, Paris: Perrin, 1998.

Yücel Güçlü, *The Armenian Events of Adana in* 1909, London: The Rowman & Littlefield Publishing Group, Inc., 2018.

Zabelle Boyajian, *Armenian Legends and Poems*, with an introduction by Viscount Bryce, New York: E. P. Dutton, 1916.

Zoé Oldenbourg, *The Crusades*, New York: Pantheon Books, 1996.

Önver A. Cetrez, eds., *The Assyrian Heritage: Threads of Continuity and Influence*, Uppsala: Uppsala University Press, 2012.

Üngör Uğur Ümit and Mehmet Polatel, *Confiscation and Destruction: The Young Turk Seizure of Armenian Property*, London: Continuum International Publishing Group, 2011.

Édouard Utudjian, *Armenian Architecture: 4th to 17th Century*, Paris: Editions A. Morancé, 1968.

译名对照表

Areni 阿雷尼

Armistice of Mudros《摩得洛司停战协定》

Aaron 亚伦（人名）

Abbas ibn Abd al-Muttalib 阿拔斯（哈里发）

Abbas Mirza 阿巴斯·米尔扎

Abbasabad 阿巴萨巴德（伊朗城市）

Abd al-Aziz ibn Hatim al-Bahili 阿卜杜勒·阿齐兹

Abd al-Malikibn Marwan 阿卜杜勒·马里克（倭马亚哈里发）

Abd ar-Rahman ibn Rabiah 阿卜杜勒·拉赫曼

‘Abdal-Kabīr b. ‘Abdal-Ḥamīd 哈米德

Abdallah ibn Ahmad al-Sulami 苏拉米

Abdldang 阿卜杜勒当

Abdul Hai 阿卜杜勒·哈伊

Abdul Hamid II 阿卜杜勒·哈米德二世（奥斯曼苏丹）

Abdul Msehen 阿卜杜勒·姆森

Abdülmecid I 阿卜杜勒迈吉德一世

Abd al-Malik ibn Marwan 阿卜杜勒·马里克

Abel Aganbegyan 阿贝尔·阿甘别江

Abgar Tokhatetsi 阿卜伽·托克塔茨

Abkhazians 阿布哈兹人

Abouset 阿布塞特

Abu Sa’id Mirza 卜撒因（帖木儿国王）

Abul Haija 阿布尔·哈贾

Abulfaz Elchibey 阿布拉法兹·埃利奇别伊

Acathius of Melitene 梅利泰内的阿卡丘斯

Acheulean 阿舍利文化

Achin 阿钦（海岬）

Achot 阿绍特（人名）

Acilisene 阿克里西尼（地名）

Acre 阿克（城）

ACRNE 美国近东救济委员会

Adamov 阿达莫夫

Adana 阿达纳（城）

Addon 阿东（人名）

Adhur Gushnasp 阿杜尔·古什纳普（马尔兹班）

Adhur Hormizd 阿杜尔·霍尔米兹德

Adiabene 阿迪亚波纳（北美索不达米亚一王国）
Afrikian 阿非季扬（人名）
Afsharid（伊朗的）阿夫沙尔王朝
Afshin 阿夫辛
Agah Owen John Jacob 约翰·雅各布
Against the Paulicians 反保罗主义者
Agathangelos 阿伽桑格罗斯（4 世纪古亚美尼亚历史学家）
AGBU 亚美尼亚博爱联盟
Agha Mohammad Khan 穆罕默德汗
Aghasi Khanjian 阿加西·可汗季扬
Aghdara 阿格达拉
Aghdzk 阿格茨克（村）
Aghin 阿欣（村）
Aghiovit 阿吉奥维特（凡湖北岸地区古名）
Aghsartan I 阿格萨尔坦一世
Agnes Joaquim 阿格尼丝·卓锦
Agostinho Bassilio 阿戈什蒂纽·巴西里奥
Ahlahshahs/Shah-Armens 阿赫拉特（亚美尼亚人的统治者）
Ahlat 阿赫拉特（地名）
Ahmad Shah Qajar 艾哈迈德·沙阿·恺加
Ahmadabad 阿默达巴（印度城市）
Ahmad 艾哈迈德
Ahmed Izzet Pasha 艾哈迈德·伊泽特帕夏
Ahmed Riza 艾哈迈德·丽莎
Aimery 艾默里（人名）
Ajdanakan 阿贾达纳坎（村）
Ak Koyunlu/Aq Qoyunlu 白羊王朝
Akdamar 阿克达玛岛
Akesga 阿克萨（地名）
Akhalkalaki 阿哈尔卡拉基（地名）
Akhtamar 阿赫塔马尔（古亚美尼亚城市）
Akhuryan 阿胡良（亚美尼亚王国省份）
Aknashen 阿克纳申遗址
Akn（亚）阿肯（城）
Akori 阿科里
Al-Adil I 阿迪勒一世（阿尤布王朝苏丹）
Al-Afdal 阿夫达尔（人名）
Alarodii 阿拉罗狄欧伊人
Al-Ashraf Khalil 阿什拉夫
Alaverdi 阿拉韦尔迪（人名）
Al-Baladhuri 拜拉祖里（穆斯林历史学家）
Alberic 阿伯里克（人名）
Albert Avogadro 艾伯特·阿佛加德罗
Aleksey Ermolov 阿列克谢·叶尔莫洛夫
Alessandri 亚历山德里（人名）
Alexander Hume 亚历山大·休谟
Alexander Khatisyan 亚历山大·卡季相
Alexander Tamanian 亚历山大·塔曼尼扬
Alexandria Eschate 亚历山大埃舍特城
Alexei Mikhailovich 阿列克谢·米哈伊洛维奇
Alexios I Megas Komnenos 阿列克谢一

世（特拉布宗国王）
Alexios II 阿列克谢二世（教皇）
Alfred Rosenberg 阿尔弗雷德·罗森伯格
Al-Hafiz 哈菲兹（阿拔斯哈里发）
Aliev 阿利耶夫
Aligarh 阿里格尔（印度城市）
Allahverdi Khan 阿拉威尔迪汗（人名）
Allen 艾伦（人名）
Alma Johannson 阿尔玛·约翰松
Al-Ma' mun 马蒙（阿拔斯哈里发）
Al-Muktafi 穆克塔菲（阿拔斯哈里发）
Al-Muqtadir 穆克塔迪尔（阿拔斯哈里发）
Al-Musta' in 穆斯塔因（阿拔斯哈里发）
Al-Mustansir 穆斯坦绥尔（阿拔斯哈里发）
Al-Mu' tadid 穆塔迪德（阿拔斯哈里发）
Al-Mu' tamid 穆塔米德（阿拔斯哈里发）
Al-Mu' tasim 穆阿台绥姆（阿拔斯哈里发）
Al-Mu' tawakkil 穆塔瓦基勒（阿拔斯哈里发）
Alp Arslan 阿尔普·阿斯兰
Altintepe 阿丁丘遗址
Amalric I 阿马尔里克一世
Amasya 阿马西亚（人名）
Amberd 阿穆柏尔特（云中堡垒）
Ameletaburları 劳工营
Aemoda mountain 艾莫德山
Amil 税吏
Amir ibn Ismail 埃米尔·伊斯玛仪
Amira 阿米拉
Amirspasalar 埃米尔斯帕萨拉（格鲁吉亚将军）
Amir 埃米尔
Amjad Jaimoukha 阿姆贾德·贾茂哈（人名）
Ammianus Marcellinus 阿米安·马塞林（罗马历史学家，330—391/400）
Anania Shirakatsi 阿纳尼亚·希拉卡茨（约 510—610），亚美尼亚科学家
Anahide Ter Minassian 阿纳海德·捷尔·米纳相
Anahit 厄娜喜特（神名）
Anak 阿纳克（人名）
Anastas Mikoyan 米高扬
Anastasian War 安娜斯塔西娅战争（502—506）
Anatolius 亚纳多留斯（人名）
Anatoly Shabad 阿纳托利·沙巴德
Anatoly Zinevich 阿纳托利·齐尼维奇
Anazarbus 阿纳扎布斯（地名）
ANA 亚美尼亚国民军
Andranik Margaryan 安德拉尼克·马尔家良
Andranik Ozanian 安德拉尼克·奥扎尼扬
Andrea da Perugia 安德烈·佩鲁贾（14 世纪泉州主教）
Andreas Artsruni 安德里亚斯·阿茨鲁尼

Andrei Sakharov 安德烈·萨哈罗夫
Andronicus 安德罗尼柯（人名）
Andronikos I Komnenos 安德罗尼可一世（拜占庭皇帝）
Angelo Mai 安吉洛·梅
Anglon 盎格隆
Angeloda Clareno 安吉洛达·克莱诺
Anik 阿尼克（神名）
An-Nasir Muhammad 纳绥尔（马穆鲁克苏丹）
Antalya（土）安塔利亚
Antelias（黎巴嫩的）山省
Anthony Jenkinson 安东尼·詹金森
Anti-Taurus Range 反托罗斯山脉（在今土耳其东部和南部，即托罗斯山脉的中段）
Anton Kochinyan 安东·科奇尼扬
Antonio Baptista Stamma 安东尼奥·巴普蒂斯塔·斯塔姆马
Antonio de Gouvea 戈维亚
Anushirwan 努失儿完
Apamea 阿帕美（古希腊罗马城市）
APF 阿塞拜疆民族主义阵线
APNM 美尼亚泛民族运动
Ara Sarafian 阿拉·萨拉菲扬
Arakel of Tabriz 大不里士的阿拉克尔
Aram Manukian 阿拉米·马努季扬
Aramanay 阿拉曼内（村）
Aramaneak 亚玛拿克
Aramayis 阿拉马斯（人名）
Aramazd 阿拉马兹德（神）
Aram 亚兰
Aranmanaikaran Street 亚美尼亚街
Ararat 亚拉腊
Aras River 阿拉斯河
Aratashen 阿拉塔申遗址
Aratis 阿拉提斯修道院
Arayik Harutyunyan 哈鲁蒂乌扬
Ara 阿拉（美男子）
ARA 美国救济管理局
Arbok 阿尔博克
Arčēš 阿尔塞斯（地名）
Archesh 阿切什（地名）
Ardabil 阿尔达比勒（伊朗古城）
Ardahan 阿尔达罕（城）
Ardashir 阿尔达希尔（人名）
Areguni Mount. 阿尔贡尼山
Arevelian Mamul《东方新闻》
ARF 亚美尼亚革命联盟
Argishti I 阿尔吉什提一世（乌拉尔图国王）
Argishtihinili 阿尔吉什提喜尼里（乌拉尔图王国城市）
Argyll（英国）阿盖尔郡
Ariobarzanes II 阿里奥巴尔扎内斯二世（亚美尼亚国王）
Aristakes Lastivertsi 阿里斯塔克斯·拉斯蒂弗茨（亚美尼亚历史学家）
Aristakes the Rhetorician 雄辩学家阿里斯塔克斯
Arius 阿里乌斯（希腊神学家）
Arjesh 阿杰什（古亚美尼亚城市）
Arkady Volsky 阿尔卡季·沃尔斯基
arkuni divan（亚）档案保管员
Armavir 阿尔马维尔（古亚美尼亚城市）

Armenakan 亚美尼亚人党

Armenak 亚美纳克

Armeniaka Themata 亚美尼亚边疆区

Armenus 亚美努斯（人名）

Arme-Shupria 亚美—舒普利亚（地名）

Armianskaia Oblast（俄属）亚美尼亚省

Arminiya（阿拉伯的）亚美尼亚行省；阿美尼亚

Arran 阿兰（地名）

Arratoon Apcar 阿劳顿·阿普卡尔

Arsacid dynasty（亚）阿萨息斯王朝

Arsames I 阿撒米斯一世（亚美尼亚国王）

Arsamosata 阿撒莫撒塔（古亚美尼亚城市）

Arsamosata 阿萨默塞塔（今土耳其埃拉泽市）

Arsanias 阿尔撒尼亚斯河（穆拉特河）

Arsen of Iqalto 伊卡尔托的阿尔森

Arshakavan 阿沙克万（亚美尼亚古城）

Arshakuni 阿沙库尼王朝

Arsharunik 阿沙鲁尼克（亚美尼亚历史地区）

Arshavir Melikian 阿尔沙韦尔·梅利季扬

Artabanus III 阿尔达班三世（安息国王）

Artagira 阿尔塔吉拉（亚美尼亚城镇名）

Artashat 阿尔塔沙特

Artashesian dynasty 阿尔塔什斯王朝

Artashes 阿尔塔什斯（人名）

Artašir 阿尔塔希尔（人名）

Artavanian 阿塔瓦尼扬（人名）

Artavan 阿尔达万

Artavazd I 阿尔塔瓦兹德一世（亚美尼亚国王）

Artavizd Mamikonian 阿塔维兹德·马米科尼扬

Artaxata 阿尔塔沙特城（古亚美尼亚城市）

Artaxiad dynasty 阿尔塔希德王朝（阿尔塔什斯王朝的希腊语称呼）

Artches 阿切斯（人名）

Artik 阿提克（亚美尼亚王国省份）

Artogerassa 阿塔格尔萨（城堡）

Artsakh 阿尔查赫（纳卡）

Artur Baghdasaryan 阿图尔·巴格达萨扬

Artzruni 阿茨鲁尼（家族名）

Aruch 阿鲁克（村）

Aruchavank 阿鲁克修道院

Arzanene 阿扎尼（亚美尼亚历史地区）

Ashkhadar 阿什卡达尔（亚美尼亚国王）

ashkharhabar（亚美尼亚语）白话文

Ashkharhats 'oyts '《地理学》（亚美尼亚古典著作）

ashkharhazhoghov（亚）人民论坛

Ashot III 阿绍特三世（亚美尼亚国王）

Ashot I 阿绍特一世（亚美尼亚国王）
Ashot-Sargis 阿绍特—萨吉斯
Ashot 阿绍特（人名）
Ashrafiyya 阿什拉菲娅军团
Ashtarak 阿什塔拉克（地名）
Askeran 阿斯格兰
Askold 阿斯科尔德
Asorestan 阿索尔斯坦（亚述）
Aspacures II 阿斯帕库雷斯二世（伊比利亚国王）
Asper 阿斯皮尔（银币）
Aspet 族长
Assizes of Antioch《安条克法典》
Assoghig Ghazarian 阿索吉·加扎良
Astghik 阿丝提克（神）
Astrakhan 阿斯特拉罕（俄国城市）
Astyages 阿斯提阿格斯（米帝国王）
Atabegs 总督；阿塔贝格
Atabek Park 阿塔别克公园
Athanasius of Alexandria 亚历山大的亚塔那修
Athanasius 亚塔那修
Atlas 巨人阿特拉斯
Atrnerseh II 阿特尔奈谢赫二世
Atrpa 阿塞拜疆（阿拉伯称呼）
Atsiz ibn Uvaq 阿即思·乌瓦克
Attila the Hun 匈奴人阿提拉
Augun Peree Callendar 奥古·佩雷·卡伦达尔
Aurangzeb 奥朗则布（莫卧儿皇帝）
Austen Henry Layard 莱亚德（英国学者）
Avag Zakarian 阿瓦格·扎卡良
Avagsepuh（亚）太子
Avan Yuzbashi 阿万·尤兹巴什
Avetik Isahakyan 阿维季克·伊莎克扬
Avetik Sahakian 阿维季克·萨哈季扬
Avetik 阿维季克（人名）
Avetis Aharonian 阿维季斯·阿哈罗尼扬
Avetis Nazarbekian 阿维季斯·纳扎尔贝基扬
Avroman 阿弗罗曼（亚美尼亚村名）
Ayaz Mutalibov 阿亚兹·穆塔利博夫
Ayrivank 艾瑞修道院
Ayvaz 埃瓦兹（人名）
Āzādān 阿扎坦（波斯第四种姓）
Azat River 阿扎特河
Azat（亚）阿扎特人（中小贵族；骑士）
azgakan（亚）阿兹伽坎（与男性有血缘关系的人）
azg（亚）族人
azk（亚）民族
Baalbek 巴勒贝克（黎巴嫩城市名）
Babken I（亚）巴伯肯一世（大主教）
Bab 巴布（人名）
Badr al-Din al-Ayni（阿拉伯历史学家）巴德尔丁·阿尼
Badr al-Jamali 巴德尔·贾马尔
Bagaran 巴格兰（亚美尼亚古城市名）
Bagavan 巴加万（古亚美尼亚人的宗教圣地）
Baghaberd 巴哈伯德（亚美尼亚人的堡垒城市），据说西萨克的巴克格建造

Baghak of Sisak 西萨克的巴克格（人名）；西萨克在亚美尼亚休尼克省
Baghatur 巴特尔（可萨可汗）
Bagramyan 巴格拉米扬
Bagras 巴格拉斯堡
Bagrat Borian 巴格拉特·博里扬
Bagrat III 巴格拉特三世
Bagratid 巴格拉提德王朝
Bagrationi（格鲁吉亚的）巴格拉季昂尼王朝
Bagrat 巴格拉特
Bagrevand 巴格烈万德（亚美尼亚王国一省名）
Bagrevan 巴格烈万（地名）
Baha ad-Din ibn Shaddad 伊本·沙达德
Bahl-Shahastan 巴赫－沙阿斯坦（贵霜地名）
Bahram Chobin 巴赫拉姆·楚宾
Bahram IV 巴赫拉姆四世（萨珊君主）
Baibars 拜伯尔斯（马穆鲁克苏丹）
Baiburt 拜波尔特（今土耳其拜波尔特）
Baiju 拜住
Bajunais 巴朱奈斯（地名）
Bakhchisaray Peace Treaty《巴赫奇萨赖和平条约》
Bakur 巴库尔（人名）
Baladhuri（阿拉伯历史学家）拜拉祖里
Balasakan 巴拉萨坎（地名）
Balash 巴拉什（萨珊君主）
Baldwin II 鲍德温二世（耶路撒冷国王）
Balfour Declaration《贝尔福宣言》
Balian 巴良（家族）
Banik 巴尼克（人名）
Bar Hebraeus 巴尔·希伯来
Barclay 巴克利
Bardaisan 巴戴山（人名）
Barda 巴达（阿塞拜疆城市）
Barekam 巴雷卡姆（与女性有学院关系的亚美尼亚人）
Barkiyaruq 巴尔基雅鲁克（塞尔柱苏丹）
Baron 男爵
Barsegh Kesaratsi 帕塞格·克萨拉茨
Barsegh 帕塞格（人名）
Barsel 巴赛尔
Bartholomew Tirel 巴塞洛缪·提埃尔
Basian 巴辛（地名）
Basil I 巴西尔一世（拜占庭皇帝）
Battle of Ain Jalut 艾因·贾鲁特战役（1260）
Battle of Aslanduz 阿斯兰杜兹战役（1812）
Battle of Avarayr 阿瓦雷尔战役（451）
Battle of Cunaxa 库纳克萨战役（前490）
Battle of Ertsukhi 埃尔津基战役（1104）
Battle of Kösedağ 克塞山战役（1243）
Battle of Magnesia 马格尼西亚战役（前190）
Battle of Mari 马里之战（1266）

Battle of Rhandeia 郎戴亚战役（62）
Battle of Sardarabad 萨达拉巴德战役（1918）
Bayazit 巴亚兹特（地区）
Bayburt 拜波尔特（古亚美尼亚城市）
Bdeshkh 总督（亚美尼亚王国军区长官）
Bdeshkh 总督
Behistun 贝希斯敦山
Bel 贝尔（神）
Benedict XV 本笃十五世（教皇）
Benjamin of Tudela 图德拉的便雅悯（犹太旅行家）
Berd Kapoyt 伯德卡波特（蓝色城堡）
Bernau 伯诺（人名）
Berytus 贝鲁特（腓尼基城市）
Besant 贝赞特（希腊银币）
Beshken II Orbelian 贝什肯二世
Besni 贝塞尼（城）
Bey（奥斯曼）区长
Beylagan 贝拉甘（地名）
Beylerbeyi 贝勒贝伊宫
Beyliks 小公国
Bezjian 贝兹江（家族）
Biainili 比亚伊尼里（乌拉尔图人的自称）
Bicknell Park 比克内尔公园
Bijapur 比贾布尔（地名）
Bilarghu 比拉忽
Bir el Qutt Inscriptions《比勒奎特铭文》
Bitlis 比特利斯（今土耳其一城市）
Bjni 比杰尼（村）
Bldokh 鲍多赫
Boghaz-keuy（Boğazköy）博阿兹考伊
Boghos Nubar Pasha 博戈斯・努巴尔帕夏
Bohemond I 博希蒙德一世
Boris Kevorkov 鲍里斯・凯沃尔科夫
Boris Legran 鲍里斯・罗格郎
Braudel 布罗代尔
Brusa 布鲁萨
Bubak 布巴克（人名）
Bugha al-Kabir 布加・凯比尔
Burhanpur 布尔汉布尔（印度城市）
Burtel 博特尔（人名）
Byurakan Mountains 布拉堪山脉
Bznuniants 本尼亚斯海（凡湖）
Bzoummar 巴祖玛（地名）
Calcutta 加尔各答（印度城市）
Gulbenkian 古本江（家族）
Captain Kidd 基德船长
Carré 卡莱（人名）
Cartwright 卡特赖特
Catchick Moses 卡奇克・摩西
Catholicos（亚）大主教（教宗）
Çavuşooğlu 恰武什奥卢
Celestine III 莱斯廷三世（教皇）
Çengeli 森格里（村）
Cevad Bey 塞瓦德・贝伊
Ch'inastani/Չինաստանի（亚文）中国
Chaghri 查基尔（人名）
Chalagan 迦勒冈（地名）
Chaldeans 迦勒底人
Chaldiran 恰尔德兰（地名）

Chamlich 查姆里奇（可萨人的城镇）
Chapar 恰帕尔
Charles Doughty-Wylie 查尔斯·道蒂-怀利
Charles Frederick Noble 查尔斯·弗雷德里克·诺布尔
Charles Rollin 查尔斯·罗林（法国历史学）
Charles-Victor Langlois 朗格卢瓦
Chavndour 查夫杜尔（家族）
Chenbakur（中国）天子
Chetes 切特斯（奥斯曼组织）
Chicherin 奇切林
Chihor Vishnasp 希霍尔·维斯纳普
Christopher Kremmer 克里斯多夫·克莱默
Chroesus 克里萨斯（吕底亚国王）
Chronicles of Horhor《霍霍尔编年史》
Chukhur Sa ‘d 埃里温（省）
Çiblak Hüseyin 切布拉克·侯赛因
Cissians 奇西亚人
Clara Barton 克拉拉·巴顿
Clarence Ussher 克拉伦斯·厄谢尔
Clavijo 克拉维约
Cleopatra 克娄巴特拉（人名）
Cochin 柯钦（印度地名）
Cogi Baba 科吉·巴巴
Colchis 科尔基斯（古地名）
Commagene 科马根（今土耳其中南部的古地区名）
Constable 总司令；大总管
Constance 康斯坦斯（人名）
Constantia 康斯坦提亚
Constantine-Silvanus 君士坦丁—西尔瓦诺斯（保罗派创世人）
Corbulo 科尔布罗（罗马将军）
Corduene 科杜内（亚美尼亚历史地区）
Cossack 哥萨克人
Council of Shahapivan 沙哈比万宗教会议
Cumans（突厥部）库曼人
CUP（奥斯曼）统一与进步委员会
Curopalate（格鲁吉亚）近卫军首领
Cyaxares the Great 库阿克撒列斯大帝（米底国王）
Cyril 西里尔（人名）
Cyzistra 克齐斯特拉（城）
Dadian 达德良（家族）
Daghestan 达吉斯坦
Dahekan 大赫坎（古亚美尼亚货币单位）
Dakes 达克斯（人名）
Damat Ferid Pasha 菲利特（奥斯曼首相）
Daniel Varuzhan 丹尼尔·瓦鲁让
Dariwnk 达里温克（村）
Dashnakist（亚美尼亚）极端民族主义者
dastakert 府邸
Datastanagirk《法典》
David Anhaght 大卫·安哈特
David Bek's Castle 大卫·贝克堡
David of Ashby 阿什比的大卫
David of Sassoun 萨逊的大卫（亚美尼亚传奇英雄）

David Soslan 大卫·索斯兰
Davit Bek 达维特·贝克
Dawlat Beg 道拉特·贝格
Dayeak（亚）太傅
Daylamites 德拉米特人
Debed River 黛比德河
Deir ez-Zor 代尔祖尔省
Demetre II 季米特里二世（格鲁吉亚国王）
Demetrius I 季米特里厄斯一世（格鲁吉亚国王）
Demetr 季米特尔
Denshapuh 丹沙普赫（人名）
Derbent 杰尔宾特（城市名）
Derjan 提尔詹（村）
Despina 德斯皮娜（人名）
Deutscher Hilfsbund（德国）援助联盟
Devdad 戴夫达德（人名）
Devshirme 德米舍梅制（奥斯曼壮丁征召制度）
Dhimmi 被保护人（非穆斯林）
Dhimmi 齐民制度
Dhirā 迪拉；臂长（阿拉伯人的长度单位）
Diarbekir 迪亚巴克尔（城市）
Diauehi 狄亚乌喜王国
Didgori 迪戈里（地名）
didi turkoba 突厥大入侵
Dilijan 迪利然（亚美尼亚城市）
Dinar 第纳尔
Dionysius of Tell-Mahre 特尔马尔的戴奥尼夏（叙利亚历史学家）
Dioscorus I 狄奥斯库若一世
Divan 底万
Diyar Bakr 迪亚巴克尔（城）
Diyār Muḍar 迪亚尔·慕达尔
Diyarbekir 迪亚巴克尔
Djahap al-Qais 贾哈普·卡伊斯
Dmanisi 德马尼西（地名）
Dolmabahce Palace 多马巴切皇宫
Dondukov-Korsakov 东杜科夫－科尔萨科夫
Dopi 多琵（人名）
Dorpat 多尔帕特（大学）
Dpir（亚）秘书长
Dprapet（亚）首相
Dram 德拉姆（奇里乞亚金币）
Drastamat 德拉斯塔玛特（沙普尔二世的宫廷太监）
Dresdner 德累斯顿
Druze 德鲁兹教派
Ducat 达克特（古欧洲货币单位）
Duchy of Kartli 卡特利公国
Duduk 杜杜克（亚美尼亚传统乐器）
Dura-Europus 杜拉欧罗普斯（古叙利亚城市名）
Dura 杜拉城（城市名）
Dvin 德温
Dabîl 达比尔（阿拉伯人对德温城的称呼）
Dzirav 德兹拉夫（村名）
Ecthesis《显示法》
Edmund Burke 埃德蒙·伯克
Ekaterina Furtseva 叶卡捷琳娜·费切娃
Elazig 埃拉泽

Elbistan 埃尔比斯坦
Eldiguzid 埃尔迪古兹王朝
Eli Smith 伊莱·史密斯
Elizabetpol 伊丽莎白波尔省
Enver 恩维尔（人名）
Ephrem the Syrian 叙利亚的圣厄弗冷
Erasxadzor 伊拉沙佐尔（山）
Erato 埃拉托（人名）
Erciş o 埃尔吉斯（今土耳其地名）
Erebuni 埃瑞布尼（堡垒）
Erekle II 埃雷凯二世
Eriemeno 阿利美诺
Erikson 埃里克松（人名）
Erimena 阿里美纳（乌拉尔图国王）
Eriza 埃里萨（古亚美尼亚地名）
Erkat（亚）铁人
Ermeni Millet 亚美尼亚米利特
Ermenistan 亚美尼亚斯坦
Ermeniyye（阿拉伯语）阿尔明尼亚（亚美尼亚）
Ernest Yarrow 欧内斯特·亚罗
Ernjak 埃尔扬克（要塞）
Eruandashat 伊鲁达沙特（亚美尼亚古城）
Erzerum 埃尔祖鲁姆
Erzincan 埃尔津詹
esnaf 行会
Etchmiadzin Cathedral 埃奇米阿津大教堂
Eugene III 尤金三世（教皇）
Eugène Sue 欧仁·苏（法国小说家）
Euripides 欧里庇得斯（希腊悲剧诗人）
Eustateus 尤斯坦特乌斯（人名）
Eustathios Boilas 尤斯塔西奥斯·布瓦拉斯
Farrukhsiyar 法鲁克锡亚（莫卧儿皇帝）
Fath-Ali 法阿里（伊朗国王）
Faustus of Byzantium 拜占庭的浮士德（亚美尼亚历史学家）
Festus 弗斯图斯（罗马历史学家）
Fidayi（亚）民兵组织
Firuz Kazemzadeh 费鲁斯·卡泽姆扎德
Fitna 菲特纳（穆斯林内战）
Flavius Arinthaeus 弗拉维乌斯·阿林特乌斯（人名）
Florentius 佛罗伦提乌斯（人名）
François Froger 弗朗索瓦·弗罗热
Francois Martin 弗朗索瓦·马丁
Frankenstein 弗兰肯斯坦
Franklin Bouillion 富兰克林·布伊莱安
Friedrich Eduard Schulz 舒尔茨（德国学者）
Friedrich Parrot 弗里德里希·帕罗特
Gabriel Patkanian 加布里埃尔·帕特坎尼扬
Gagik I 加吉克一世（亚美尼亚国王）
Gagik-Abas II 加吉克－阿巴斯二世（亚美尼亚国王）
gah/bardz（亚）贵族的地位或王座
Gahnamak《皇家登记册》
Gail River 盖尔河
Galician-Volhynian Chronicle《加利西亚－伏尔涅纪事》

Gallipoli（土）盖利博卢半岛
Gamir 加米尔（地名）
Gandzak 冈扎克
Garabed Meltickian 加拉贝德・梅尔季克扬
Garabed Utudjian 加拉贝德・迪昂
Garabed 加拉贝德（人名）
Garegin Nzhdeh 加列金・恩日德
Gargar 加格尔（村）
Garmir Giragi 红色星期日
Garni 加尼
Gavar 加瓦尔（奇里乞亚行政区）
Gavit 加维特（教堂附属建筑物）
Gavours 无信仰者
Gayane 加雅涅（人名）
Gaziantep 加齐安泰普（地名，土耳其加齐安泰普省首府）
Gdihon 格迪昂（人名）
Gegham Mount. 格哈姆山
Geghama Sea 格哈马海（塞凡湖）
Geghard 格加尔德（地名）
Gegharkunik（亚）格加尔库尼克省
Gegharkunik 吉哈库尼（地名）
Gelam 吉拉姆（人名）
Gelati 杰拉蒂（神学院）
George Hepworth 乔治・赫普沃思
George Lorensis 乔治・罗伦西斯
George Milne 乔治・米尔恩
George Washburn 乔治・沃什伯恩
Georgian-Imeretian 格鲁吉亚—伊梅列季州
Geozalov 吉奥扎洛夫（人名）
Gerard Lowther 杰勒德・劳瑟
Gerard 杰勒德
Gerdastan 宗族
Germanicus 耳曼尼库斯（人名）
Getashen 戈塔申
Getik 格季克（地名）
Gevorgian Jemaran Academy 格沃尔江・杰马拉研究院
Ghaznavid 伽色尼王国
Ghevond Erets 杰文德・埃莱茨
Ghevont Alishan 赫温特・阿里山
Ghazar Parpetsi 加扎尔・帕佩茨（5世纪末6世纪初亚美尼亚历史学家）
Ghewond 格温德（古亚美尼亚历史学家）
Gimirri 吉米里（格鲁吉亚语辛梅里安人）
Gisaneh 吉萨尼赫
Gishi 吉什（地名）
Gladstone 格莱斯顿
Gladzor 格拉佐尔
Gnel 格内尔（人名）
Gnuni 格努尼（家族）
Gobindapur 戈宾多布尔（印度村名）
Goghtn/Gołt' n 戈赫顿（亚美尼亚历史地名）
Gogovit 高戈维特（省）
Golconda 戈尔康达（印度城市）
Gora 戈拉（今格鲁吉亚哥里）
Gordian III 戈尔迪安三世（罗马皇帝）
Gore Ouseley 戈雷・奥西利
Goris 戈里斯（城市名）

Goshavank 高什修道院
grabar 古典亚美尼亚语
Grand Vizier 总理大臣
Great Game 大博弈
Gregory IX 格雷戈里九世（奇里乞亚大主教）
Gregory Lusavorich 格雷戈里·卢萨沃利奇
Gregory of Philippopolis 菲利普波利斯的格雷戈里
Gregory Stanton 格雷戈里·斯坦顿
Gregory the Illuminator 启蒙者格雷戈里；亚美尼亚教会第一任大主教
Gregory the Magistros 导师格雷戈里（亚美尼亚学者）
Grigol Orbeliani 格里高尔·奥贝利亚尼（格鲁吉亚诗人）
Grigor Mamikonean 格里戈尔·马米科尼扬
Grigor Narekatsi 格里戈尔·纳雷卡茨（亚美尼亚哲学家）
Grigor Odian 格里戈尔·奥德扬
Grigor Skevratsi 格里戈尔·斯凯夫拉茨（画家）
Grigor Tatevatsi 格里戈尔·塔特夫茨（古亚美尼亚历史学家）
Grigor Tgha 格里戈尔·特加赫（古亚美尼亚学者）
Grigory Arutyunov 格里戈里·阿鲁季诺夫
Grigory Gagarin 格里戈里·加加林（俄国画家）
Grigory Golitsyn 格里戈里·戈利岑
Gugark 古伽尔克（人名）
Gulbuddin Hekmatyar 古勒卜丁·希克马蒂亚尔
Gulhane Rescript《古尔罕法令》
Gurgan 居尔甘（地名）
Gurgēn 居尔根（伊比利亚国王）
Guria 古里亚（公国）
Gurjistan 谷儿只（格鲁吉亚）
Gushnasp Bahram 古什纳普·巴赫拉姆（马尔兹班）
Gustave Meyrier 古斯塔夫·梅里蔼
Guzerat 古泽拉特（印度港市）
Gyut（亚）古特（大主教）
H. F. B. Lynch 林奇（英国旅行者）
H. Parseghyan 帕斯基扬
Habib ibn Maslama al-Fihri 哈比卜
Hadjin 哈德津
Haghartsin 哈格阿特辛（修道院）
Haghpatavank 哈格帕特修道院
Hagop Vartovian 哈古普·瓦托维扬
Haik-Armen 哈依克—亚美（部落）
Hairenik 海雷尼克
Hakob Jughayetsi（亚）哈科布·朱加耶茨（大主教）
Hakob Manandyan 哈科布·马南德扬
Hakob Zarobian 哈科布·扎罗比扬
Halidzor 哈里佐尔（地名）
Hallward 霍尔沃德
Halys River 哈吕斯河
Hamazasp II Mamikonian 哈马扎普二世·马米科尼扬
Hamazasp Ohanjanian 哈玛扎斯普·奥汉贾扬

Hamazasp 哈马扎斯普（人名）
Hama 哈马（叙利亚城市）
Ḥamd Allāh Mustawfī Qazvīnī 穆思妥菲·可疾维尼（波斯学者）
Hamdanid dynasty 汉达尼德王朝（中世纪什叶派王朝）
Hamidian Massacres 哈米德屠杀
Hamidiye 哈米迪耶军团
Ḥārim 哈利姆（要塞）
Harissa 哈里萨辣酱
Hark 哈尔克（地点）
Harmay 哈马（人名）
Harold Buxton 哈罗德·巴克斯顿
Harper's Weekly《哈珀周刊》
Harpoot 哈普特省
Harput 哈普特堡
Hārūnal-Rashīd 哈伦·拉希德统治（阿拔斯哈里发）
Harutyun Abelyants 哈鲁特云·阿贝尔扬茨
Hasan Jalal 哈桑·贾拉勒
Hasan the Deaf 聋子哈桑
Hasan 哈桑（人名）
Hashteank 哈什特克（人名）
Hasmonean 哈斯摩王国（犹太人曾用的国号）
hats untenk（亚）我们吃面包去吧（聚餐的意思）
Hattian 哈梯人
Hatt-i-Humayun《帝国诏书》
Hatt-ıŞerif of Gülhane《玫瑰厅贵族敕令》
Hayasa 哈雅萨
Hayastan 哈雅斯坦
Haykazuni 哈依克王朝
Hayk 哈依克
Hayreniq 世袭财产
Hayriye Talaat Bafralı 哈伊里耶
Hayrmardpet（亚）财务大臣
Hayton of Corycus/Het' owm Patmič' 科利卡斯的海屯（亚美尼亚政治家、历史家）
hazarapet（亚）执事
Heinrich Hübschmann 海因里希·胡布斯奇曼
Helen 海伦
Heliopolis 赫利奥波利斯（埃及城市名）
Hemaiak 赫米亚克（人名）
Hems 胡姆斯（城）
Henrik Edoyan 亨利克·埃多扬
Henry Morgenthau 亨利·摩根索
Hentchak/Hentcha（亚）社会民主党；亨切克
Henotikon《联合诏令》
Hephaestus 赫菲斯托斯（神）
Heraclius 希拉克略（拜占庭皇帝）
Hereti 赫里季（格鲁吉亚历史地区）
Hesiod 赫西奥德（希腊诗人）
hetsel 附庸义务
Heydar Aliyev 海达尔·阿利耶夫
Hippolytus 希波吕托斯（罗马神学家）
Hisham ibn Abd al-Malik 希沙姆（倭马亚哈里发）
Hiusisapail《北极光》

Hizankuran 希赞克兰（村）
HMS Diana 戴安娜号巡洋舰
Homs 霍姆斯（叙利亚古城）
Honents 霍尼茨（家族）
Honorius III 霍诺留斯三世（教皇）
Hooghly River 胡格利河
Hormizd IV 霍尔密兹德四世（萨珊君主）
Hosea Ballou Morse 马士
Hovakim I（亚）霍瓦金一世（大主教）
Hovhan Mandakuni（亚）霍夫汉·曼达库大主教）
Hovhannes Adamyan 霍夫汉内斯·亚当扬
Hovhannes Draskhanakerttsi（亚）霍夫汉内斯·德拉斯哈纳克尔茨（大主教）
Hovhannes Erznkatsi 霍夫汉内斯·埃詹卡茨（亚美尼亚哲学家）
Hovhannes Ghazaryan 霍夫汉内斯·哈扎良
Hovhannes IV Otznetzi（亚）霍夫汉内斯四世·奥兹涅茨（大主教）
Hovhannes Joughayetsi 霍夫汉内斯·乔哈耶茨
Hovhannes Khachkyan 霍夫汉内斯·哈奇基扬
Hovhannes Masehian 霍夫汉内斯·马塞扬
Hovhannes Tumanyan 霍夫汉内斯·图马尼扬
Hovhannes 霍夫汉内斯（人名）
Hovhan 霍夫汉
Hovk I 霍夫克洞穴 1
Hovsep I（亚）霍夫塞普一世（大主教）
Hovsep Markarian 霍夫塞普·马尔卡良
Hrachia Ajarian 赫拉希亚·阿加良
Hrachya Acharyan 赫拉希亚·阿恰扬
Hramanatar 指挥官
Hrant Bagratyan 赫兰特·巴格拉特扬（人名）
Hraparak（埃里温的）共和国广场
Hrazdan 赫拉兹丹
Hripsime 希普西姆（人名）
Hromgla 兰卡莱（堡垒）
hrovartak 诏书
Hugh III 休格三世（塞浦路斯国王）
Hugh I 休格一世
Hugli 胡格利（印度城市）
Humphry Sandwith 汉弗莱·桑德维斯
Hurmazd 赫尔马兹德（人名）
Hüseyin Hilmi 侯赛因·希勒米
Hyderabad 海得拉巴（印度南部城市）
Hye Dat 亚美尼亚人的事业
Ibn al-Athīr 伊本·艾西尔（阿拉伯历史学家）
Ibn Isfandiyar 伊本·伊斯凡迪亚尔（伊朗历史学家）
Ibn Wāḍiḥ Al-Ya‘qūbī 雅库比（阿拉伯历史学家）
Ibn-Khurdadhbih（阿拉伯地理学家）伊本
Ibrahim Inal 易卜拉欣·伊纳尔

Iconium 以哥念（今土耳其科尼亚）
Igdir 厄德尔
Ijevan 伊杰万
Ikalto 伊卡托（学院）
Ilahee 伊拉希号（商船）
Ildaruni 伊尔达鲁尼河（今赫拉兹丹河）
Imereti 伊梅列季（地名）
Imogene 伊莫金号（巡洋舰）
Imaeus mountain 马厄斯山（喜马拉雅山）
Inju（奇里乞亚）分封
Ioane Petritsi 阿内·彼得里齐
Ioane 约阿内（人名）
Iqta 伊克塔（穆斯林封建采邑）
Iranahayer 伊朗亚美尼亚人
Isaac II 艾萨克二世
Isabelle 伊莎贝拉
Isakov 伊萨科夫
Isauria 伊苏利亚（罗姆国苏丹）
Isgandar Hamidov 伊斯甘达尔·哈米多夫
Ishkhanatsishkhan（亚）大公
ishkhan 伊什汗（亲王）；王子
Iskandar 伊斯坎德尔（人名）
Ismail I 伊斯玛仪一世
Ispuini 伊什普伊尼（乌拉尔图国王）
Israel Ori 伊斯雷尔·奥里
Israel Sarhad 伊斯雷尔·沙尔哈德
Ivan Gudovich 伊凡·古多维奇
Ivan Paskevich 伊凡·帕斯科维奇
Ivane Mkhargrzeli 伊万涅·姆哈尔杰利
Ivane Orbeli 万涅·奥贝利
Ivane Zakarian 伊万涅·扎卡良（人名）
J. Zhirair Missakian 日赖尔·米萨季扬
Jafar Khan 贾法尔汗
Jahan Shah 贾汗·沙
Jahhaf 贾哈夫部落（阿拉伯部落）
Jalairid 札剌亦儿王朝
Jalūl al-Dīn 札兰丁
James Guthrie Harbord 哈伯德（美国少将）
James L. Barton 詹姆斯·巴顿
Jaqeli 贾凯利（人名）
Javakheti 扎瓦赫季（地名）
Jean Baptiste Tavernier 让—巴蒂斯特·塔韦尼耶
Jean Chardin 让·查汀
Jeanne of Anjou 安茹的珍妮
Jelali/Celali Revolts 杰拉里暴动
Jemaran 贾马兰
Jevdet Bey 杰弗德特·贝伊
Johann Wilhelm 约翰·威廉
Johannes Lepsius 约翰内斯·列普修斯
John Chrysostom 约翰·赫里索斯托姆（人名）
John D. Rockefeller 约翰·洛克菲勒
John Fryer 约翰·弗赖尔
John Lassar 约翰·拉沙
John of Bagaran 巴格兰的约翰
John Parker 约翰·帕克
John Wright 约翰·赖特
Jonathan Shepard 乔纳森·谢泼德

Jorokh River 约洛克河
Joseph Argutinsky 约瑟夫·阿尔古京斯基
Joseph Emin 约瑟夫·埃明
Josiah Child 乔西亚·查尔德爵士
Julfa/Jugha 朱利法；焦勒法
jus naufragii 强制法
K. Argutinskii Dolgorukii 阿古廷斯基·多戈鲁奇
Kadag-xwadāy 卡达格—西瓦迪（波斯第五种姓）
Kadi（奥斯曼）法官
Kadmos 卡德摩斯（人名）
Kagik Ozanyan 卡吉克·奥赞扬
Kahana 卡哈纳（亚美尼亚已婚牧师的称呼）
Kajaznuni 卡贾兹努尼（人名）
Kalāntar（萨法维）市长
Kalantar（新朱利法人的）市镇官
Kalbajar 克尔巴贾尔（地名）
Kalikala 卡利卡拉（阿拉伯人对亚美尼亚地名的称呼）
Kalka 卡尔卡（地名）
Kamianets-Podilskyi 卡缅涅茨—波多利斯基（波兰城市）
Kamo 卡莫（地名）
Kamsarakan 金萨健（家族）
Kamuran Gurun 卡穆兰·古伦
Kanaker 卡纳克（村）
Kankrin 坎克林
Kapan 卡潘市
Kapetron 卡佩特隆（今土耳其哈桑卡尔堡市）
Kaputan 卡普坦湖（乌鲁米耶湖）
Kara Koyunlu/Qara Qoyunlu 卡拉·科雍鲁王朝（黑羊王朝）
Karabakh 卡拉巴赫
Karabekir 卡拉贝克尔
Karahunj 卡拉胡尼（亚美尼亚村名）
Karakashian 卡拉卡希扬（人名）
Karamanids 卡拉曼王朝
Karamanoğlu 嘎勒莽国
Karekin II 卡里金二世
Karen Demirchian 凯伦·杰米尔强
Karen 凯伦（人名）
Karim Khan 卡里姆汗
Karin 卡林（埃尔祖鲁姆的古名）
Karl Nesselrode 卡尔·内塞尔洛德伯爵
Karmir Blur 铣褓邱（地名）
Kars 卡尔斯（城）
Kartli 卡特利（地名）
Kasim 卡西姆（人名）
Katakalon Kekaumenos 卡塔卡隆·凯卡梅诺
Katranide 卡特兰尼德（人名）
Kavadh I 卡瓦德一世（萨珊君主）
Kavafian 卡瓦菲扬（家族）
Kavkaz 高加索
Kayenadzor 卡耶纳佐尔修道院
Kaykaus I 凯考斯一世
Kaykhusraw II 凯霍斯鲁二世
Kaysite dynasty 凯斯特王朝
Kaysites 凯斯特王朝
Kays 凯斯（部落）
Kekaumenos 科考梅诺斯（人名）

Kevork II（亚）基沃克二世（大主教）
Khachatur Abovian 哈恰杜尔·阿博维扬
Khachen 哈钦（纳卡古名）
Khachik II 哈奇克二世（奇里乞亚大主教）
Khachik 哈奇克（人名）
Khachkar 亚美尼亚石刻十字架
Khakhulitriptych 哈胡利三联画
Khalat 哈拉提（外袍）
Khaldi 哈尔迪（战神）
Khālid ibn-Yazīd 哈尔迪·伊本—耶齐德
Khal 补充兵员
Khanate 汗国
Khanlar 汉拉尔（村）
Kharja（萨法维）土地税
Kharja 土地税
Khate 坎特（地名）
Khazar 可萨人
Khilat Arjish 克拉特·阿吉什（阿拉伯人对亚美尼亚地名的称呼）
Khlat 克拉特（古亚美尼亚城市）
Khojaly Massacre 卡利事件
Khojaly 哈加利（镇）
Khoja 大商人
Khor Virap 霍尔维拉普修道院（深坑修道院）
Khoranashat 霍拉纳沙特修道院
Khoren I（亚）科伦一世（大主教）
Khoren Sinanian 霍伦·西纳尼扬
Khorramdin 胡拉米叶教派
Khoshak 霍沙克（人名）
Khosrov I 霍斯罗夫一世（亚美尼亚国王）
Khosrov of Andzev 安捷夫的霍斯罗夫（亚美尼亚诗人）
Khosrovanuysh 霍斯罗夫瓦努什（人名）
Khosrovidukht 霍斯罗夫维杜克（人名）
Khosrow I 霍思劳一世（萨珊君主）
Khoy 霍伊（伊朗古城）
Khram 克拉姆（城）
Khurja 库尔贾（印度城市）
Khutulukhaga 胡图卢哈伽（人名）
Khuzayma Khazim 扎伊玛
Khwaja Mahmet Fazel 马赫梅特·法泽勒
Khwaja Petrus 大商人彼得鲁斯
Khwaja 大商人
Kilij Arslan 乞力赤·阿斯兰二世
Kipchak 钦察部落
Kirakos Gandzaketsi 乞剌可斯·冈扎克茨（亚美尼亚政治家，历史学家）
Kirakos 乞剌可斯（人名）
Kitāb al-buldān《列国志》
Kiurikian 丘里江（家族）
Kogovit 科戈维特省
Kohne 克内丘遗址
Komitas I 柯米塔斯一世
kommerkiarioi（拜占庭的）海关监事
konak 大楼；大官邸
Konak 科纳克（人名）
Konstantin Pobedonostsev 康斯坦丁·波别多诺斯采夫

Konstantine Hovhannisyan 康斯坦丁·霍夫汉尼相（人名）
Konya 科尼亚
Kordvats Mountains 柯瓦茨山脉
Koryun 柯云（亚美尼亚历史学家）
Kostandin 康斯坦丁
Kostand 科斯坦德（人名）
Kotayk 科泰克（省）
Kotlyarevsky 科特利耶夫斯基
Kotman River 科特曼河
Kouropalatate 古罗帕尔特（宫殿守护者）
Kozan 科赞（今土耳其城市）
Krikor 克里科尔
Kristapor Araratian 克里斯多夫·亚拉腊季扬（人名）
Kristapor Mikayelian 克里斯多夫·米卡耶良（人名）
Kristofor Ekimovich 克里斯多夫·埃奇莫维奇（人名）
Krmapet（亚）大祭司
Kuarlini 夸里尼（乌拉尔图人的自称）
Kubadh 库巴德（人名）
Kuba 库巴
Kumkapı 库姆卡帕（地名）
Kura River 库拉河
Kura-Araxes Culture 库拉—阿拉斯文化
Kurdik Mamikonian 库尔迪克·马米科尼扬
Kutais 库塔斯省
Kuyruklu 库鲁克鲁
L' Amphitrite 昂费德里特号（商船）
Lampron 兰普龙（地名）
Lane 拉内
Laodicea 老底嘉（叙利亚最大海港拉塔基亚的古名）
Laodice 劳迪丝（人名）
Larestan 拉雷斯坦（地名）
Latakia 拉塔基亚（叙利亚港口城市）
Lavrenti Beria 拉夫连季·贝利亚
Lazarev 拉扎列夫（家族）
Lazarian Academy 拉扎良研究院
Lazica 拉齐卡王国
Leo Phokas 利奥·佛卡斯
Lett 莱特（人名）
Lev Karakhan 加拉罕
Levon Abrahamian 列翁·阿布拉哈米扬
Levon Ter-Petrossian 彼得罗相
Levon Tokmajyan 列翁·托卡马江（亚美尼亚雕刻家）
Lianozov 利亚诺夫
Liparit IV 李帕特四世
Liparitids-Orbeliani 李帕季德—奥贝里亚尼（家族）
Livre 里弗（法国银币）
Loris-Melikov 罗利斯—梅利科夫
Lucius Caesennius Paetus 帕伊图斯（人名）
Lucullus 卢库勒斯（古罗马执政官）
Lycus River 吕科斯河
Maghkhazut（亚）近卫军长官
magister militum（拜占庭）大元帅
Mahmud II 马哈茂德二世（塞尔柱苏丹）
Makaravank 马卡拉修道院

Mako 马可堡
Malabar 马拉巴尔（印度港市）
Malachia Ormanian 马拉恰·奥曼扬
malik al-mashriq wa' l-maghrib 东西方之王
Malik Dūnishmand 马里克·达尼什曼德
Malikshah I 马里克沙一世
mal 篾尔（蒙古人的税种）
Mamgon 马姆贡
Mamik 马米科
Mamistra 马米斯特拉（城）
Mamlan 马姆兰（人名）
Mananaghi 马纳吉（地名）
Mansabdari（莫卧儿的）曼萨卜达尔（官位）
Mansur ben Djawana 曼苏尔·本·德加瓦纳
Manṣūr 曼苏尔（阿拔斯哈里发）
Mantashev 曼塔舍夫
Manuel Bagratuni 曼纽尔·巴格拉图尼
Manuel Mamikonian 曼纽尔·马米科尼扬
Manzikert 曼兹科特
Mar Ibas Katina 马尔·伊巴斯·卡提纳
Maragha 马拉加（城）
Maragheh 蔑剌哈（地名）
Marand 马兰德（城）
Marash（土）马拉什（城）
Marcianopolis 马西亚诺波里斯（罗马古城）
Marcian 马西安（罗马皇帝）
Mardians 马尔迪人
Mardin 马尔丁（城）
mardpe（亚）皇家财政和堡垒行政官
metsdatavorut（亚）最高法院法官
mardpetakan 禁卫军
Mariam Begum Saheba 玛利亚姆·贝古姆·萨赫巴
Mariam 玛利亚姆
Mark Levene 马克·列文
Mark 马克
Marmalong Bridge 马尔马龙桥
Marneuli 马尔内乌利（地区）
Maronite 马龙派教徒
Marsovan 马尔索万（今土耳其地名）
Martakert 马尔塔克尔特
Martasirakan School 玛尔塔希拉坎学校
Martin Gilbert 马丁·吉尔伯特
Martin 马丁
Martiros Saryan 马里洛斯·萨尔良
Martunashen 马尔图纳申（镇）
Marzan 马赞（度量单位）
Marzipan 马尔兹班（总督）
Masiats Aghavni《亚拉腊之鸽》
Masis《马西斯》
Maslama ibn Abd al-Malik 马斯拉玛
Masseh Babajan 马瑟赫·巴巴扬
Masulipatam 默苏利珀德姆（印度城市）
Matenadaran 玛坦纳达兰（埃里温国立古籍博物馆）
Mateos ordi Ohanessi 马特奥斯·奥尔迪·奥哈内斯

Matienian 玛提耶涅人
Matteos Mamurian 马特奥斯·马穆良
Matthew of Edessa 埃德萨的马修（古亚美尼亚历史学家）
Mayewski 马耶夫斯基（人名）
Mazdakite 新玛兹达克教派
Mazyar 马扎亚尔
Mec Manšur《大法令》
Mecatun 麦卡坦人（亚美尼亚富人）
Mechitarist 麦基塔尔学派
Medzamor 米沙摩尔（地名）
Meghri 梅洛里（地名）
Meghu Hayastani《亚美尼亚之蜂》
Mejlis（穆斯林）民事法庭
Melik 马利克
Melitene 梅利泰内（今土耳其马拉蒂亚的古名）
Mentesh Tepe 曼泰什土丘遗址
Menuakhinili 迈努阿喜尼里（堡垒）
Menua 迈努阿（乌拉尔图国王）
Mer Hairenik《我们的祖国》（歌曲）
Meruzhan Artzruni 梅鲁詹·阿茨鲁尼（人名）
Merzhir Serzhin 拒绝谢尔日运动
Meskene 美斯肯（地名）
Mesrop Mashtots 梅斯罗布·马什托茨（亚美尼亚字母发明人）
Metrodorus 梅特罗多勒斯（希腊历史学家）
Mezpin 梅茨平（今土耳其努赛宾城）
Mher the Younger 小马赫（人名）
Michael Croissant 迈克尔·克鲁瓦桑
Michael Sebastatsi 迈克尔·塞巴斯塔茨（奇里乞亚大主教）
Michael the Syrian 叙利亚人米海尔
Mihr Narseh 米赫尔·纳塞赫
Mihr（亚美尼亚的）太阳神密赫尔
Mihran 米赫兰（家族）
Mihrdat III 米赫尔达特三世
Mihr 密赫尔（神名）
Mikael Nalbandian 迈克尔·纳尔班德扬
Mikayel Chamchian 米迦勒·恰姆奇扬
millet-isadika 忠诚米利特
Millet 米利特
Minas Tigranian 米纳斯·提格兰扬
Miriam 米里亚姆（人名）
Mirian III 米利安三世（格鲁吉亚国王）
Mirza Malkam Khan 米尔扎·玛勒堪汗
Mirzoev 米尔佐夫
Mithridates 米特里达梯（人名）
Mithrobazanes 米特罗巴赞斯（亚美尼亚王国将军）
Mjej 姆杰伊（人名）
Mkhargrzeli 姆哈尔杰利（家族名）
Mkhitar Heratsi 麦基塔尔·赫拉茨（亚美尼亚医学之父）
Mkhitar Setastatsi 麦基塔尔·塞巴斯特茨
Mkhitar Skewratsi 麦基塔尔·斯克韦拉茨
Mekhitar of Ayrivank 艾里修道院的麦基塔尔（1230/35—1297/1300）
Mkrtich Beshiktashlian 麦克提奇·贝

希克塔什良
Mkrtich Khrimian 麦克提奇·克里米扬
Mleh 马利赫（人名）
modius 斗（度量单位）
Moghan Plain 木干草原
Mohammad Mosaddegh 穆罕默德·摩萨台
Mohammad Reza 穆罕默德·礼萨
Mohammad Vali Khan 穆罕默德·瓦里汗
mokalakebi 城市人（格鲁吉亚对亚美尼亚人的称呼）
Monaspa 莫纳斯帕（卫队）
Ayrivank 艾瑞修道院（洞穴修道院）
Glakavank 哥拉克修道院
Moneses 莫尼塞斯（人名）
Monomachus 蒙那马裘斯（君士坦丁九世）
Mount Aragats 阿拉加茨山
Mount Npat 恩帕特山
Movses Bagramian 莫夫谢斯·巴拉米扬
Movses Daskhurantsi 莫夫谢斯·达斯库兰茨（人名）
Movses Khorenatsi 莫夫谢斯·科列那茨（第一位亚美尼亚语历史学家）
Mren 梅伦（人名）
Mshak《分蘖》
mstovarni 告密者
Mt. Sepuh 塞布山
Mtskheta 姆茨赫塔
Muawiyah 穆阿维叶
Mudarris（穆斯林）宗教学院的院长
Mufti 伊斯兰法学家
Muhajir 穆哈吉尔（穆斯林难民）
Muhammad al-Afshin 穆罕默德·阿夫辛
Muhammad al-Mahdi 穆罕默德·马赫迪（阿拔斯哈里发）
Muhammad ibn Marwan 穆罕默德·马尔万
muqātila（波斯）边疆太守
Muradiye 穆拉迪耶（地名）
Murad-Rafaelian College 穆拉德—拉菲尔良学院
Murat Bardakcı 穆拉特·巴达克萨
Murat River 穆拉特河
Muratyan College 穆拉蒂扬学院
Musasir 穆萨西尔（地名；神庙名）
Musavat 泛突厥平等党
Mushegh I Mamikonyan 穆什赫一世·马米科尼扬
Mushel Mamikonean 穆舍尔·马米科尼扬
Mushki 穆什基人
Mush 穆什
Muskan Niusalavurt 穆斯坎·纽萨拉夫特
Mustawfīs（萨法维）财务总官
Mutesarif 穆特萨里夫
Myasnikian 米亚斯尼基扬广场
Mylapur 麦拉坡（城）
Mysia 米西亚（地名）
Nabopolassar 那波帕拉沙尔（新巴比伦国王）

Nadir 纳迪尔（地名）
Nagorno-Karabakh 纳戈尔诺—阿尔查赫；纳卡
naharardom 纳哈拉人为皇室提供大尊贵服务
Nairi 奈里部落
Nakharar 纳哈拉；亚美尼亚封建贵族
Nane 娜讷（神）
Narseh 纳塞赫（亚美尼亚国王）
Nar 纳尔（神）
Nasr 纳斯尔（人名）
Navasard 纳瓦沙德（亚美尼亚人的节日）
Nawab（莫卧儿的）行政长官
Naxchradzor 拿革拉佐尔（村）
NCA（亚）全国联合联盟
Neoptolemus 尼奥普托列墨斯
NEP 新经济政策
Nersehapat 纳斯哈帕特（地名）
Nerses Ashtaraketsi 纳西斯·阿什塔拉克茨
Nerses II Varzhaptian 纳西斯二世·瓦扎佩季扬
Nerses III the Builder 建造者纳西斯三世
Nerses Lambronatsi 纳西斯·朗布龙茨
Nerses Tairov 纳西斯·泰洛夫
Nersisian College 纳锡扬学院
Nesbitt 内斯比特
Never Safarian 内维尔·萨法良
New Julfa 新朱利法
Nicholas Marr 尼古拉斯·马尔
Nicodème Ruhashyankiko 尼克戴姆·鲁哈斯扬基科
Nikhor Vshnasp 尼科霍尔·瓦什纳斯普
Nikol Pashinyan 尼科尔·帕希尼扬
Nimrod（巨人）宁录
Nizami 尼札米（波斯诗人）
Nizāriyya 尼扎里耶人
Nlir 尼利尔（要塞）
Noel Buxton 诺埃尔·巴克斯顿
Noomblee 诺布利（印度村名）
Noravank 新修道院
Nor-Bayazit 新巴亚兹特县
Novgorod-Sviatopolch 诺夫哥罗德—斯维亚托波尔奇
Nvarsak Treaty《纳瓦萨克条约》
Nysian 尼西扬（神）
Obersalzberg 盐山
Odessa 敖德萨
Odishi 奥迪西（公国）
Oghuz 乌古斯人
ojakh 炉子
Oltu 奥尔图城（今土耳其一城市）
Olympias 奥林匹娅丝（人名）
Operation Goranboy 戈兰博伊行动
Operation Nemesis 涅墨西斯行动
Orbelians 奥贝良家族
Ordubad 奥尔杜巴德（伊朗城市）
Orinats Yerkir（亚）法治党
Orion 俄里翁（神话人物）
Orodes II 奥罗德斯二世（帕提亚国王）
Orontes I Sakavakyats 奥龙提德一世（亚美尼亚国王）

Orontid 奥龙提德王朝（耶烈万杜尼王朝的希腊语名称）
Oshakan 奥沙坎（地名）
Oshin 奥辛（奇里乞亚国王）
Osroes I 奥斯罗斯一世（安息国王）
Ostia 奥斯蒂亚（人名）
ostikan 奥斯季坎（总督）
Otto A. Silin 奥托·西林
Outrou 奥特鲁（平原）
PACE 国际“老有所依”组织
Pacorus I 帕科鲁一世（帕提亚国王）
Pact of Umar《欧麦尔公约》
Pagoda 帕戈达（印度旧金币）
Pahlavuni 巴拉夫尼（家族）
Palakazio 帕拉卡齐奥湖（今土耳其锡尔迪尔）
Palatinate 普法尔茨
Pappus of Alexandria 亚历山大的帕普斯（地理学家）
Pap 帕普（亚美尼亚国王）
Paradjanov 帕拉赞诺夫
Parandzem 帕兰赛姆（人名）
parasang 帕勒桑（古波斯距离单位）
paroikoi 农民
Paroyr 帕鲁尔（人名）
Partav 帕塔夫，今阿塞拜疆巴达
Barda 巴达（地名）
Parthamasiris 帕塔马西里斯；安世高（亚美尼亚国王）
Partition of Triparadeisus《特里帕拉迪苏斯分封协议》
Paruyr Skayordi 帕路易·斯格奥狄（人名）
Pascal Aucher 帕斯卡·奥谢
Pasek 帕塞克节（复活节）
Pasha 帕夏（穆斯林高官）
Patna 巴特那（印度港市）
Patriarch 牧首
patrik 帕特里克（拜占庭的贵族称号）
Patrocles 伯特勒克尔斯（人名）
Paul Cambon 保罗·康邦
Paul Chater 保罗·遮打
Pavel Tsitsianov 巴维尔·齐齐阿诺夫
P ‘awstos Buzand/Faustus of Byzantium 拜占庭的浮士德（古亚美尼亚历史学家）
Paytakaran 帕塔卡兰省
Peace of Amasya《阿马西亚和约》
Pechenegs 佩切涅格人
Pegolotti 佩戈洛蒂
Pehr Osbeck 佩尔·奥斯贝克
Pentapolis 五城地区
Pergamum 珀加蒙（古希腊城市）
Peroz I 卑路斯一世（萨珊君主）
Pertev Bey 佩特夫·贝伊
Peter I Ketadarz（亚）彼得一世·科塔达兹（大主教）
Peter Mundy 彼得·芒迪
Peter of Capua 加普亚的彼得
Petros I（亚）彼得罗斯一世（大主教）
Phanoos Kalandar 法诺斯·卡兰达尔
Pharasmanes I 法拉斯曼斯（伊比利亚国王）
Pharnaces I 法那西斯一世（本都国王）

Philaretos Brachamios 菲拉雷托斯·布拉卡米奥斯
philhellene 希腊之友
Philip Currie 菲利普·柯里
Philippikos Bardanes 腓利皮克斯·巴尔达尼斯
Philostratus 菲洛斯特拉图斯（雅典诡辩家）
Phirmilianos 皮尔米利亚诺斯（人名）
Phocas 福卡斯
Phraates III 弗拉特斯三世（帕提亚国王）
Piastre 皮阿斯特（中东国家的货币单位）
Pierre Quillard 皮埃尔·奎拉尔
Pierre Renouvin 皮埃尔·勒努万
Pizu 皮祖（修道院）
Pok ‘r Manšur《小法令》
Polemon I 波莱蒙一世（本都国王）
Polikarpos 波利卡波斯（地名）
polozhenie《波罗真尼》（法令）
Pondicherry 本地治里（印度地名）
Pope Francis 教皇方济各
presiding prince 盛大亲王
Principality of Kakheti 卡赫季公国
Principality of Khachen 卡钦公国
Profuturus 普罗图弗鲁斯（人名）
Prosh Khaghbakian 普罗什·哈格巴季扬
Protospatharios（拜占庭）生命卫队队长
Przewalsky 普热瓦尔斯基（人名）
Pseudo-Shapuh 伪沙普赫
Pulikat 普利卡特（地名）
pulpulak 普拉普拉克（亚美尼亚街头公共饮水设施）
Pyrrhonist（皮浪的）绝对怀疑主义者
Qadi（穆斯林）宗教法官
qalan/khalan 哈阑（蒙古人的税种）
Qalā’ūn 嘉拉温
Qara Iskander 卡拉·伊斯坎达尔
Qara Osman 卡拉·奥斯曼（帖木儿国王）
Qara Yusuf 卡拉·优素福
Qarmatian 卡尔马特派（坚持七伊玛目派合一的什叶派分之）
Qazakh 哈萨克斯坦区
Qazvin 加兹温（城）
qubchur 忽卜出（绰）儿（蒙古人的税种）
Quedagh 格达号商船
Qutalmish 库塔尔米什
Qutlugh-Shah 忽都鲁沙
Rabbanbar Sauma 拉班·扫马
Rabia 拉比雅人
Radulf 拉杜尔夫（人名）
rahdāri 拉达里（萨法维征收的关税）
Ramgavar 亚美尼亚民主自由党
ramik（亚美尼亚）城市平民
Ramkavar Azatakan（亚美尼亚）民主自由党
Raphael Lemkin 拉斐尔·莱姆金
Rashid-al-Din 拉施特（波斯历史学家）
Raynald 雷纳尔德（人名）
Rayy 赖城

Refik Turan 雷菲克·土兰
Reginald Russell 雷金纳德·罗素
Resaina 瑞塞纳
Reza Shah Pahlavi 礼萨·巴列维
Rhadamistus 拉达米斯图斯（人名）
Rhahzadh 拉赫扎德赫（人名）
Richardus 理查德乌斯
Rita 丽塔
Robert Kocharian 罗伯特·科恰良
Robert Lansing 罗伯特·兰辛
Robert Sahakyants 罗伯特·萨哈克扬茨
Romanos IV 罗马努斯四世（拜占庭皇帝）
Rose Lambert 罗丝·兰伯特
Rosebery 罗斯伯里
Rossler 罗斯勒（人名）
Rostevan 罗斯捷万（人名）
Rothschilds 罗斯柴尔德家族
Rouben Mamoulian 鲁本·马莫良
Rshtuni 拉什图尼（家族）
Ruben I 鲁本一世（小亚美尼亚国王）
Ruben Ter-Minasian 鲁本·捷尔－米纳相
Ruis-Urbnisi Synod 鲁伊西－乌尔伯尼斯公会议
Rurik 留里克
Rusa II 鲁萨二世
Rusahinili 鲁萨希尼里（城市名）
Rustam 鲁斯塔姆
Rustavi 鲁斯塔维（地名）
Rusudan 鲁苏丹（人名）
Sabir-Arab 萨比尔－阿拉伯人
Sadun 沙屯（人名）
Sahak II 萨哈克二世（马尔兹班）
Sahak Mamikonian 萨哈克·马米科尼扬
Sahak Partev（亚）萨哈克·帕特夫（大主教）
Sahakanush 萨哈卡努什（人名）
Saharuni 萨哈鲁尼（家族）
Sahinian 萨希尼扬（人名）
Sahmadin 萨赫马丁（地名）
Sahmanadir Ramkavar（亚）宪政民主党
šahrdārān 沙赫尔达（波斯第一种姓）
Saint Basil of Caesarea 凯撒利亚的圣巴西尔
Saint Hovhannes Karapet 圣霍夫汉内斯·卡拉佩特
Saint Hripsime 圣希普西姆教堂
Sakartvelo 萨卡特维洛（格鲁吉亚人的自称）
Sarai 萨莱
Saladin 萨拉丁
Saldadjian 萨尔达德江（人名）
Salisbury 索尔兹伯里
Salman ibn Rabiah 萨尔曼
Salonika 萨洛尼卡
Saltukids 萨尔图吉王朝
Samanids（伊朗）萨曼王朝
Samarra 萨马拉（伊拉克城市）
Samshvilde 萨姆什维尔德（地名）
Samtskhe 桑茨季（公国）
Samuel Anetsi 塞缪尔·阿内茨（亚美尼亚历史学家）

Samuel Morin 塞缪尔·莫林
San Remo（意大利）圣雷莫
San Thomé 圣托姆（地名）
Sanahin 萨那欣
Sanatruces 萨纳特鲁克（亚美尼亚国王）
Sanatruk 萨纳特鲁克（亚美尼亚国王）
Sanjak（奥斯曼）行政区
Sarayev 萨拉耶夫（人名）
Sardarabad 萨尔达拉巴德（伊朗城市）
Sarduri I 萨杜里一世（乌拉尔图国王）
Sargis Haykazn 萨吉斯·哈伊克津
Sargis I 萨吉斯一世（格鲁吉亚国王）
Sargis Zakarian 萨吉斯·扎卡良
Sarikamish 萨勒卡默什（人名）
Sarkis I 萨尔吉斯一世（耶路撒冷亚美尼亚教区大主教）
sarraf 萨拉夫
Sarvandikar 萨万提卡尔（城）
Sasuntzi David 萨逊茨·大卫
Satenik 萨蒂妮克（人名）
Saurmag II 绍尔玛格二世（格鲁吉亚国王）
Sawūda 萨瓦德（人名）
Sayat Nova 萨雅·诺娃
SDHP 社会民主党
Sebasteia 萨巴斯蒂亚（拜占庭军区）
Sebasteia 锡瓦斯（城）
Sebastoz 塞巴斯托茨城
Seidenstrasse 丝绸之路
Seleucia 塞琉西亚（小亚细亚古城）
Seleucus I Nicator 塞琉古一世（塞琉古国王）
Semiramis 塞米勒米斯（亚述女王）
Sempad the Constable 总司令森帕德
senekapet（亚美尼亚）秘书处
Senekerim 谢涅克里姆（人名）
Sepuh（亚美尼亚）王子
Serampore 塞兰坡镇
Sera 西拉（西安）
Sergei Badalian 谢尔盖·巴达良
Sergey Manassarian 谢尔盖·马萨纳良
Sergey Sazonov 谢尔盖·萨佐诺夫
Serzh Sargsyan 谢尔日·萨尔基相
Setrak Antonyan 塞特拉克·安东扬
Sevan Mount. 塞凡山
Seyhan（土）塞伊汗
Shaddadids 沙达迪德王朝（库尔德人王朝）
Shahamir Shahamirian 沙哈米尔·沙哈米良
Shah 沙阿（伊朗国王的名称）
Shahanshah 诸王之王；沙汗沙
Shahnshah Zakarian 沙恩沙·扎卡良
Shalmaneser III 萨尔玛那萨尔三世（亚述国王）
Shamakha 沙马基（地名）
Shamiram 沙米拉姆（渠）
Shams Tabrizi 沙姆斯·大不里士（波斯诗人）
Shamshi-Adad V 沙姆什—阿达德五世（亚述国王）
Shamshi-ilu 沙马什—伊路（亚述总督）

Shapur I 沙普尔一世（萨珊君主）
Shapur Mihran 沙普尔·米赫兰（人名）
Shaqhab 沙克哈卜（地名）
Sharaf ad-Din Ali Yazdi 沙拉夫
sharakan《沙拉坎》（亚美尼亚赞美诗集）
Shaybani 谢巴尼（阿拉伯部落）
Sheki 舍基
Shemakh 谢马赫省
Shengavit（埃里温的）申加维特区
Shimshat 申夏特（阿拉伯人对亚美尼亚地名的称呼）
shinakan（亚）农民
Shirakavan 希拉克万
Shirak 希拉克（省）
Shirimni 希里姆尼（村）
Shirin 希琳（人名）
Shirvan 希尔凡城
Shivine 士凡尼（神名）
Shota Rustaveli 绍塔·鲁斯塔韦利
Shulaveri-Shomu 舒拉韦利—朔姆文化
Shupria 舒普利亚
Shushanik 舒莎妮克（人名）
Shusha 舒沙
Shustov 舒斯托夫（酒名）
Sibt ibn al-Jawzi 希伯特·伊本·贾沃齐（阿拉伯历史学家）
sīghah（新朱利法人的）商业准则
Sigismund I 西格蒙德一世（波兰国王）
Simon Vratsian 西蒙·弗拉茨扬
Sioni 肖尼文化
Siraj ud-Daulah 西拉杰·达乌拉
Sironj 锡龙杰（印度城市）
Sisakan《西斯坎》
Sisli 希什利区
Sis 西斯（奇里乞亚王国都城）
Siwnikia 西瓦尼卡（中国）
Slkuni 休库尼（家族）
Smbat IV 斯姆巴特四世
Smbat Orbelian 斯姆巴特·奥贝良
Smbat 斯姆巴特（人名）
Smyrna 士麦那
Sohaemus 苏霍姆斯（罗马执政官）
sokumu 索库穆（灾难；解体）
Soltaniyeh 苏丹尼耶城
Sophene 索芬尼
Sourb Astvatsatsin 圣阿斯特瓦茨塔辛教堂
Spahbed（萨珊）将军
spāhbed（波斯）陆军参谋长
Spandaramet 斯潘达拉梅（神名）
sparapet（亚）将军；斯帕佩特
Speri 斯佩里（城）
Sper 施佩尔（地名）
spitak 塔克银币（蒙古在高加索征收的银币）
St. Ephrem the Syrian 叙利亚人圣厄弗棱
St. Hovsep I（亚）圣霍夫塞普一世（大主教）
St. Husik（亚）圣胡斯克一世（大主教）
St. Thaddeus the Apostle 圣使徒圣撒迪厄斯

St. Vrtanes I（亚）圣弗坦尼斯一世（大主教）
Stange 斯唐厄（人名）
Statius Priscus 斯塔提乌斯·普里斯库斯（人名）
Stefan Ihrig 斯蒂芬·伊里格
Stepan Shahumyan 斯捷潘·沙胡米扬
Stepan Voskanian 斯捷潘·伏斯卡尼扬
Stepanakert 斯捷潘纳克特
Stepanos Asoghik 斯捷潘诺斯·阿索吉克
Stepanos Orbelian（亚）斯捷潘诺斯·奥贝良（大主教）
Stepanos Taronetsi 斯捷潘诺斯·塔伦茨（亚美尼亚历史学家）
Stephan Astourian 斯蒂芬·阿斯图里扬
Stephanos Salmastetsi（亚）斯捷潘诺斯·萨尔马斯特茨（大主教）
Stephen Batiuk 斯蒂芬·巴蒂尤克（人名）
Stolypin 斯托雷平
Strategos（古希腊等的）将军
struk（亚）奴隶
Subuk 苏布克（人名）
Sulaym 苏莱姆（部落）
Suleiman I 苏莱曼一世
Sulem Smbatorents 苏莱姆·斯巴托雷茨
Sultanate of Rūm 罗姆苏丹国
Sultanov 苏塔诺夫
Sumgait 苏姆盖特（阿塞拜疆城市）
Surat 苏拉特（印度港市）
Surb Gords 神圣的任务
Surb Khach（威尼斯亚美尼亚人的）圣十字教堂
Surb Nishan 圣十字大教堂
Suren Pahlav 苏伦·巴拉维（人名）
Suren Tovmasyan 苏伦·托夫马西扬
Suret Huseynov 苏雷特·胡塞诺夫
Surmalu 苏马鲁（地名）
Sutanuti 苏塔奴蒂（印度村名）
Svaneti 斯瓦涅季（公国）
Svetitskhoveli（格鲁吉亚）生命之柱主教座堂
Sybilla 西比拉
Sykes-Picot Agreement《赛克斯—皮科协定》
Symeon 西缅
Tabaristan 陀拔思单国
tagadiraspet（亚）加冕官
taghar 塔格耳（蒙古人的税种）
tagvorin 塔弗罗林（奇里乞亚银币）
Ṭāhirids（伊朗）塔希尔王朝
Tahmasp I 塔马斯普一世
Talaat 塔拉特（人名）
Talin 塔林（城）
Tall Bāshir 塔尔·巴希尔省
Tall Hamdun 哈姆敦（今土耳其托普拉卡莱）
Tamar 玛拉（格鲁吉亚女王）
tamgha 塔木花（蒙古人的税种）
Tamt 塔姆特（人名）
Taner Akçam 塔内尔·阿卡姆
tanuter（纳哈拉家族的）首领

tanuter 塔努特（王族的族长）
Taochi 陶契（地名）
Tao-Klarjeti 陶—卡拉杰季（地名）
TARC 亚美尼亚和解委员会
Tā'rīkh Al-Ya'qūbī《雅库比纪事》
Tarikh-e-Tabaristan《陀拔思单国史》
Taron 塔伦（亚美尼亚历史地区）
Tarsayich Orbelian 塔萨伊奇·奥贝良
Tarsus 塔苏斯（城）
Tashir 塔希尔（要塞）
Tatev Monastery 塔特夫修道院
Tauris 陶里斯（城）
Tavbloor 塔夫布鲁尔（地名）
Tayk 塔伊克（地名）
Tehcir Law《临时驱逐法》
Teishebaini 特什拜尼（地名），乌拉尔图王国都城，在埃里温附近。
Terek River 捷列克河
Typos《型诏》
Theme（拜占庭）军区
Themistius 忒弥修斯（罗马政治家）
Theodore Herzl 西奥多·赫茨尔
Theodore of Mopsuestia 摩普绥提亚的西奥多
Theodore 西奥多
Theodorus 西奥多勒斯
Theophanes the Confessor 虔信者狄奥法内斯
Thodanum 索丹纳姆（村名）
Thomas Artsruni 托马斯·阿茨鲁尼（亚美尼亚历史学家）
Thomas of Tolentino 托伦蒂诺的圣托马斯
Thomas Power O' Connor 奥康纳（爱尔兰记者）
Thoros I 托罗斯一世（小亚美尼亚国王）
Tibnin 泰布宁（城）
Tiglath-Pileser III 提格拉特帕拉沙尔三世（亚美尼亚国王）
Tigran Torosyan 提格兰·托罗相
Tigranakert 提格兰纳克特（古亚美尼亚城市）
Tigranes II 提格兰二世
Tigran 提格兰（亚美尼亚国王）
Tinatin 季纳京（人名）
Tiran 季郎（人名）
Tiribazus 季里巴左斯（人名）
Tiridates/Trdat 梯里达底
Tirit 提里特（人名）
Tir 提尔（神）
Titumnia 提图姆尼亚（城市名）
Toghu 托忽
Tondrakians 托德拉基派
Tondrak 托德拉基（市）
Tophane（君士坦丁堡的）托普哈内区
Toporov 托波洛夫
Toprak Kale 托普拉克卡勒山
Toros Roslin 托罗斯·罗斯林
Toros Toramanian 托罗斯·托拉曼尼扬
Tovma Metsobetsi 托夫马·梅卓贝茨（15 世纪亚美尼亚历史学家）
Tovuz 塔乌兹区（地区）
Tozb 托茨布（古亚美尼亚地名）

Trankebar 特兰奎巴（港）
Transylvania 特兰西瓦尼亚（地名）
Trdat/Tiridates 梯利达特（亚美尼亚国王）
Treaty of Ekeghiats《埃克盖茨条约》
Treaty of Finckenstein《芬肯施泰因条约》
Treaty of Georgievsk《格鲁吉夫斯克条约》
Treaty of Gulistan《古利斯坦条约》
Treaty of Jassy《雅西条约》
Treaty of Karlowitz《卡尔洛夫奇条约》
Treaty of Küçük Kaynarca《库楚克—开纳吉条约》
Treaty of Tilsit《提尔西特条约》
Treaty of Turkmenchay《土库曼恰伊条约》
Treaty of Unkiar-Skelessi《帝国码头条约》
Treaty of Zuhab《祖哈布条约》
Trialeti 特里亚勒季文化
Trinquemale 特林奎马尔（印度海港）
Tripoli 的黎波里（黎巴嫩）
Tsaghkadzor 察格卡佐尔修道院（峡谷之花）
Tsaghkotn 察戈坦省
Tsaturov 察塔图罗夫
tsipul 茨普尔（亚美尼亚一种食物）
Tsiteli Gorebi 茨特利·戈雷比（遗址）
Tsitsernakaberd 茨纳卡伯德（亚美尼亚种族灭绝纪念馆）
Tsovinar 佐维纳（地名）
Tsumb 楚姆布（村）
Tsvetana Paskaleva 茨维塔纳·帕斯卡列娃
Tudan 秃丹
Tughril 图格里勒
Tuğrulshah 图格鲁沙（人名）
Tumanishvili 图马尼什维利（家族）
tūmān 土曼（古伊朗金币）
Tumen 万户制
Turan 土兰
Tushpah 图什帕（地名）
tuzghu 图苏湖（蒙古人的税种）
Tyarndarach 圣烛节
Tyre 推罗（腓尼基城市）
Uishdish 乌什狄什（地名）
Ukhtanes of Sebastia 塞瓦斯蒂亚的乌赫塔尼斯（亚美尼亚历史学家）
Umayya 乌马亚（人名）
Umek 乌梅克（人名）
Umeshe 乌梅舍（水渠）
undanik 家庭
Ukhtanes Sebastatsi 赫坦尼斯·塞巴斯塔茨（亚美尼亚历史学家）
Urashtu（阿卡德语）乌拉什图
Urhnayr 乌尔纳伊尔（阿尔巴尼亚国王）
Uthman ibn Affan 奥斯曼哈里发
Vachagan III 瓦恰甘三世（阿尔巴尼亚国王）
Vache II 瓦赫二世
Vache Mamikonian 瓦奇·马米科尼扬
Vache Vachutyan 瓦奇·瓦丘扬
Vadomarius 瓦多玛留斯（人名）

Vagharshak Harutyunyan 瓦格哈谢克·哈鲁蒂乌扬
Vagharshapat 瓦加尔沙帕特城（埃奇米阿津的别称）
Vahan Mamikonian 瓦汗·马米科尼扬
Vahan Siunetsi（亚）瓦汗·休恩茨（大主教）
Vahan Amatuni 瓦汗·阿马图尼（人名）
Vahka 凡卡（今土耳其费克）
Vahram Pahlavouni 瓦赫兰·巴列沃尼
Vahram 瓦赫朗（人名）
Vakhtang I（伊比利亚国王）瓦赫坦一世
Valambrosa 瓦隆布罗萨（意大利一村庄）
Vanadzor 瓦纳佐尔
Vanatur 瓦纳图尔（神）
Vaneni 瓦内妮（人名）
Vanevan Monastery 瓦内万修道院，建于903年
Varangian Guard 瓦兰吉卫队；北欧卫队
Varazdat 瓦拉扎特（人名）
Varaztirots II 瓦拉季罗茨二世
Vardan Areveltsi 瓦尔丹·阿雷夫特茨（亚美尼亚历史学家）
Vardan II 瓦尔丹二世；红色瓦尔丹
Vardan Mamikonian the Junior 小瓦尔丹·马米科尼扬
Vardanakert 瓦尔丹克特（镇）
Vardanduxt 瓦尔丹杜克特（人名）
Vardenis Mount. 瓦尔代尼斯山
Vard 瓦尔德（人名）
Varsken 瓦斯肯（人名）
Vasak Mamikonian 瓦萨克·马米科尼扬
Vasak Syuni 瓦萨克·休尼（马尔兹班）
vāspuhrān 瓦斯普郎（波斯第二种姓）
Vaspurakan 瓦斯普拉坎（地名）
Vayotsdzor 瓦约茨佐尔（地名）
Vazgen Sargsyan 瓦兹根·萨尔基相
vazir 宰相
Vehmihrshapuh 维米尔沙普尔（亚美尼亚马尔兹班）
Vepkhistqaosani《豹皮骑士》
Verethragna（波斯战神）韦勒斯拉纳
Verk Hayastani《亚美尼亚之殇》
Victor Polyanichko 维克托·波利亚尼奇科
Victor 维克托（人名）
Viktor Krivopuskov 维克托·克里沃普斯科夫
Vilayet 行政区；小公国
Vladimir Liakhov 弗拉基米尔·利亚科夫
Vologases I 沃洛加西斯一世（亚美尼亚国王）
Vonones I 沃诺奈斯一世（亚美尼亚国王）
Vorontsov-Dashkov 沃龙佐夫—达什科夫伯爵
Vorontsov 沃龙佐夫
Vorotan River 佛洛坦河
Voskepar 沃斯克帕尔镇

Vostanik 皇家军团
Vostan（亚）沃斯坦（城）
Vramshapuh 巴拉姆沙普尔（亚美尼亚国王）
Vrtanes（亚）弗坦尼斯（大主教）
Waqf 瓦克夫（教会地产）
Warthān 卧尔珊（阿塞拜疆城市）
William Goodell 威廉·古德尔
William Langer 威廉·兰格
William Sachtleben 威廉·扎赫特勒本
William Schabas 威廉·沙巴斯
Winston Churchill 温斯顿·丘吉尔
Woolwich 伍尔维奇
wuzurgān 乌祖尔干（波斯第三种姓）
Yamāniyya 也门
Yaqub Mammadov 马马多夫
Yaqub 雅库布（帖木儿国王）
Yazdegerd II 伊嗣埃二世（萨珊君主）
Yazdegerd I 伊嗣埃一世（萨珊君主）
Yazdin 亚兹丁（人名）
Yazid ibn Usayd al-Sulami 耶齐德
Yazid 耶齐德
Yeghishe Charents 耶吉舍·夏朗茨
Yeghishe Rostomiants 耶吉舍·罗斯达托缅茨
Yeghishe/Eghishe/Elishe/Ełišē 耶吉舍（亚美尼亚历史学家）
Yeprem I（亚）耶普雷姆一世（大主教）
Yeprem Khan 耶普雷姆汗
Yeretzgin 耶雷茨金（亚美尼亚已婚牧师妻子的称呼）
Yerkrapah（亚）国土保卫党
Yernjak/Ernjak/Alinja 耶恩扎克城
Yervand Markarian 耶烈万德·马卡良
Yervandashat 耶烈万达沙特（古亚美尼亚城市）
Yervanduni dynasty 耶烈万杜尼王朝
Yervand 埃里温（亚美尼亚国王）
Yeznik Koghbatsi/Eznik of Kolb 耶兹尼克·科赫巴茨（亚美尼亚历史学家）
Yezidis 雅兹迪人（说北库尔德语的一个民族，大多数居住在伊拉克境内，今亚美尼亚境内有少部分雅兹迪人）
Yildiz 耶尔德兹
Yovhannes 约夫汉内斯
Yudenich 尤登尼奇
Yūsuf Rashīd al-Sulamī 优素福
Zakare 扎卡雷
Zakaria Kanakertsi 扎卡良·卡纳克茨
Zakarid Armenia 扎卡里德亚美尼亚公国
Zakarid 扎卡里德王朝
Zakaryan Hayastan 扎卡良·哈雅斯坦（扎卡里德公国）
Zamosc 扎莫希奇（波兰地名）
Zand Dynasty 赞德王朝
Zangezur 赞格祖尔（古亚美尼亚地名，相当于今休尼克）
Zaptiches 警察
Zaqaryans 扎卡良家族
Zarehavan 扎雷哈万（古亚美尼亚城市）
Zariadres 扎里亚德雷斯（人名）

Zarishat 扎里沙特（亚美尼亚城市名）
Zarmanduxt 扎曼杜赫特（人名）
Zartonk 文学复兴运动
zecchino（威尼斯）泽奇诺金币
Zeitun Rebellion 梓橔叛乱
zemskiye nachalniki 土地队长
zemstvo 自治组织
Zenobia 芝诺比娅（人名）
Zeno 芝诺（亚美尼亚国王）
Zenob Glak 芝诺布·格拉克（亚美尼亚历史学家）
Zheleznovodsk 热烈兹诺沃德斯克（俄国城市）
Zik 齐克（人名）
zīq（衣服的）黑领
Ziya Gökalp 齐亚·格卡尔普
Zoe Karbonopsina 佐伊·卡博诺西娜
Zoranamak《军事登记册》
Zvartnots 兹瓦尔特诺茨（天使的力量）
Մամիկոնեան/Mamikonian 马米科尼扬家族

后　记

我对亚美尼亚的最初认识来自《古代西亚文明》的撰写过程。其间，在我搜集波斯与罗马的战争资料时，发现亚美尼亚是两大帝国激烈争夺的对象，于是我思考哪些因素成为它们争夺亚美尼亚的动机；一次巧合，我认识了一些亚美尼亚朋友，发现他们不仅非常友好、淳朴，而且对本族的历史引以为豪。从此，我对亚美尼亚的兴趣一发不可收拾，开始了亚美尼亚学的研究。然而，当我着手撰写亚美尼亚历史时，在“通史”和“文明史”的两个术语之间犹豫了。如果用通史体例，相对来说容易一些，但又感觉这样似乎不能反映亚美尼亚历史和文化的独特性。因为，亚美尼亚民族、语言、文化和信仰自古代起就延续到现在，而且在多次外来文明的冲击下保持了自身的独特性，并没有被外来势力同化或消失在历史长河中，这一点使我决心使用选题“亚美尼亚文明史”开展我的研究工作。

2018 年是我人生的一个重要年份：考上了天津师范大学的世界史博士生；申请成功国家社科基金冷门“绝学”和国别史研究专项“亚美尼亚文明史研究”。课题的立项，反映了国家对亚美尼亚学研究的重视。读博期间，我的导师刘景华教授给予我很多指导。刘老师不仅学术造诣深，而且性格也十分慷慨和正直。在刘老师的悉心指导下，我于 2022 年顺利毕业，博士论文“奇里乞亚亚美尼亚研究”获得天津师范大学优秀博士论文。事实上，2018 年本书稿已经基本完成，这给了我充足的时间完成课题。2019 年 8 月，我去了一趟亚美尼亚。2021 年 3 月—2022 年 7 月，我到亚美尼亚国立埃里温大学历史系进行研修。研修期间，我认识了很多亚美尼亚朋友，他们给我提供了很多帮助。亚美尼亚玛坦纳达兰（古籍博物馆）和外交部的工作人员以及亚美尼亚驻中国全权大使谢尔盖·马纳萨良先生在资料搜集和实地调查方面给我提供了诸多便利。有幸的是，我结交了亚美尼亚著名哲学家和文学家亨利克·埃多扬先生。在亚美尼亚期间，我们两人经常探讨亚美尼亚历史和文化，他的观点和思路给了我很多启发。我的另外两位亚美尼亚朋友阿瑟和阿尔曼先生不仅十分关心我在亚美尼亚的生活，而且还帮我翻译了很多法语、德语和意大利语等方面的资料。我在埃里温大学的指导老师大卫·季诺扬教授是一位十分热心的学者，他在我撰写博士论文期间提供了很多有益的建议。一次偶然的机会，我认识了在亚美尼亚的华商陈忠先生。陈忠不仅在商业上非常成功，而且对亚美尼亚历史和文化充满兴趣。在他的支持下，我走访了亚美尼亚、格鲁吉亚、土耳其、阿塞拜疆和黎巴嫩各地，进行实地调研。回国后，在陈忠先生的资助下，“中国第一届亚美尼亚学学术会议”于2023年9月22—24日在北京召开。

2023年又是一个值得纪念的年份。7月份，我在陈忠先生的资助下自驾去了一趟亚美尼亚。旅行过程中，我对人类生活的多样性、丰富性更有了深刻的体会。期间，我的脑海中经常浮现徜徉在古丝绸之路上的商旅团队的形象。经验告诉我，古代中西交通并没有想象中的那么困难。2023年我又申请成功了国家社科基金一般项目“17—19世纪亚美尼亚商人在华活动及影响研究”。这对我来说是莫大的鼓励，决心加大亚美尼亚学研究的力度和深度，为中国亚美尼亚的文化交流作一点微薄的贡献。

在本书的撰写过程中，我的同事王保中、王凤翔、路来庆、陈玉涛、姜志刚、韩安庄、姜路平、王爱民、刘涛、马晓菲、张龙海、阎成红、梅寒、李玉泠和陈冉等老师给我提供了很多帮助。特别一提的是，我的硕士生导师杨俊明教授自始至终给予我学术上的指导和生活上的关心。最后，对于所有帮助我的同事、社会各界人士及山东航空学院表示衷心感谢！

亓佩成

2023年12月24日